DAS PFENNIG-MAGAZIN
DER GESELLSCHAFT ZUR VERBREITUNG
GEMEINNÜTZIGER KENNTNISSE.
1841.

DELPHI 1019.

9783921568545 7

D1652108

NEU VERLEGT BEI FRANZ GRENO, NÖRDLINGEN 1985.

Herausgegeben von Reinhard Kaiser.

Reproduktionen G. Mayr, Donauwörth
und G. Bergmann, Frankfurt/Main.
Gedruckt und gebunden bei Wagner GmbH, Nördlingen.
Printed in Germany.

ISBN 3921568544.

Das

Pfennig-Magazin

der

Gesellschaft

zur

Verbreitung gemeinnütziger Kenntnisse.

Neunter Band.

Nr. 405—456.

Leipzig,

In der Expedition des Pfennig-Magazins.

(F. A. Brockhaus.)

1841.

Inhaltsverzeichniß des neunten Jahrganges.

Zur bequemen Übersicht der mit Abbildungen versehenen Artikel sind die Titel derselben mit gesperrter Schrift gedruckt; die mit [ ] versehenen Ziffern weisen die Nummer des Stücks nach, die am Ende der Zeilen stehenden die Seitenzahl.

Das Pfennig-Magazin

für

Verbreitung gemeinnütziger Kenntnisse.

405.]   Erscheint jeden Sonnabend.   [Januar 2, **1841**.

Rückkehr Napoleon's von St.-Helena nach Frankreich. *)

Napoleon auf dem Sterbebette.

In dem letzten Monate des verflossenen Jahres hat in Frankreich eine Feierlichkeit stattgefunden, die zu merkwürdig, zu einzig in ihrer Art, für die ganze civilisirte Welt zu interessant ist, um nicht auch in diesen Blättern erwähnt, ja vielmehr ausführlich beschrieben zu werden. Die Mehrzahl unserer Leser hat aus diesem Eingange auch ohne die Überschrift bereits errathen, was wir meinen: die Beisetzung der Überreste Napoleon's in der Invalidenkirche in Paris. Bevor wir über die Feier selbst und die ihr vorausgehenden Ereignisse berichten, sei es uns vergönnt, an Napoleon's letzte Lebensjahre zu erinnern, die er, seiner Kaiserwürde entkleidet, auf der einsamen, von den Wogen des atlantischen Oceans umrauschten Felseninsel verlebte.

Am 22. Juni 1815, nur vier Tage nach der verhängnißvollen Schlacht bei Waterloo, dankte Napoleon zum zweiten Male ab und begab sich nach Rochefort, in der Absicht, sich nach Amerika einzuschiffen; da ihn englische Kreuzer daran hinderten, suchte er, um nicht in die Hände der Bourbons zu fallen, bei den Eng-

ländern Schutz und ergab sich am 14. Juli an den englischen Capitain Maitland, der das Linienschiff Bellerophon commandirte. An Bord desselben kam er am 26. an der englischen Küste (im Hafen von Plymouth) an, wo ihm, der nach England als Gast, nicht als Gefangener gekommen zu sein glaubte, die Insel St.-Helena als Aufenthaltsort angewiesen wurde, eine Bestimmung, gegen die er vergebens protestirte. Am 7. August wurde er an Bord des Kriegsschiffs Northumberland gebracht, das Admiral Cockburn befehligte, und mußte sich von dem größten Theile seines Gefolges trennen; am 11. Aug. segelte das Schiff aus dem Kanal La Manche ab und ging am 15. October auf der Rhede von St.-Helena vor Anker; am folgenden Tage stieg der Kaiser ans Land. Kurz vor seiner Abreise aus Europa, am 2. Aug. 1815, war von den europäischen Großmächten ein Vertrag geschlossen worden, durch welchen er zum gemeinschaftlichen Gefangenen aller Verbündeten unter der besondern Obhut Englands erklärt worden war. Freiwillig waren ihm in die Verbannung gefolgt: die Generale Bertrand, Montholon und Gourgaud, die beiden ersten mit Frau und Kind, der Graf Las Cases mit seinem Sohne, außerdem aber neun männliche und drei weibliche Diener.

Die Insel St.-Helena liegt unter dem 16. Grade südlicher Breit‚ also in der heißen Zone, in demjeni-

*) Die beiden zu diesem Artikel gehörigen Abbildungen sind entlehnt aus der „Geschichte des Kaisers Napoleon" von P. M. Laurent. Mit 500 Zeichnungen von Horaz Vernet. Leipzig, bei J. J. Weber. Von diesem Werke erscheint jetzt die zweite Auflage in 20 Lieferungen von 5—6 Bogen à 10 Ngr. oder 8 gGr. Das erste Heft wird am 15. Januar ausgegeben.

gen Theile des atlantischen Oceans, welcher das äthiopische Meer heißt, 300 Meilen westlich von Afrika (dem Cap Negro gegenüber) und 450 Meilen nordwestlich vom Vorgebirge der guten Hoffnung. Sie wurde im J. 1502 am Feste der heiligen Helena, woher sie ihren Namen erhielt, entdeckt, ist seit 1651 im Besitze der englisch-ostindischen Compagnie und kann als ein einziger Basaltfelsen betrachtet werden, der nach allen Seiten fast senkrecht abfallend aus dem Meere emporsteigt; schon von Natur uneinnehmbar ist sie durch gewaltige Festungswerke noch mehr gegen jeden Angriff geschützt worden und bietet wegen ihrer hohen, mauerähnlichen Felsmassen einen höchst grotesken Anblick dar. Unmittelbar an der Wasserstraße von Europa nach Ostindien gelegen, war die Insel bis in die neueste Zeit der einzige Platz, an welchem die Schiffe der Compagnie auf dem Wege nach und von Ostindien und China anlegten, um Wasser und Lebensmittel einzunehmen. Sie hat nur 6—7 Meilen im Umfang und einen Flächenraum von 5½ Quadratmeilen; im Mittel erhebt sie sich 1400 Fuß über dem Meere und einzelne Gipfel (der höchste ist der Dianenberg) erreichen die Höhe von 2700 Fuß. Die Berge sind fruchtbar und sorgfältig angebaut, die höchsten Gipfel mit üppigem Pflanzenwuchse bedeckt, die Thäler aber größtentheils unfruchtbar; unverkennbar ist die Insel einst durch gewaltige vulkanische Kräfte aus dem Meere hervorgehoben worden. Die einzige Stadt ist Jamestown mit etwa 200 Häusern und einem sehr guten Landungsplatze.

Auf diesem kleinen Eilande verlebte der Mann des Jahrhunderts, der einst einen so großen Theil der Erde beherrschte und die ganze Welt mit dem Ruhme seiner Thaten erfüllt hatte, die letzten sechs Jahre seines Lebens in stiller Abgeschiedenheit, verdammt zu einer Unthätigkeit, die keinem Andern gleich unerträglich gewesen wäre. Anfangs schlug er seine Wohnung bei dem Kaufmanne Balcombe auf, bis das zu seinem Aufenthalte bestimmte Landhaus zu Longwood eingerichtet war, welches er am 18. Dec. bezog. Es steht auf einer im Innern der Insel gelegenen Hochebene, die größtentheils unfruchtbar und unangebaut und nach allen Seiten von tiefen und steilen Abgründen umgeben ist; jetzt ist es in eine Mühle verwandelt. Das bittere Loos der Verbannung wurde dem gestürzten Helden noch unerträglicher durch die harte Behandlung, die er von Seiten des neuen Gouverneurs Sir Hudson Lowe zu erfahren hatte, der am 14. April 1816 auf der Insel ankam und als gefühlloser Kerkermeister alle Rücksicht, die er dem Unglücke schuldig war, aus den Augen setzte, ja seine Ehre darin suchte, dem jetzt machtlosen Gefangenen seine eigne Macht auf jede Weise fühlbar zu machen. Von Napoleon's Unglücksgefährten mußte ihn Las Cases schon 1817 verlassen, indem er wegen eines Briefes an des Kaisers Bruder Lucian, den er heimlich nach Europa zu schicken versucht hatte, nach dem Cap deportirt wurde; auch General Gourgaud ging 1818 seiner durch den Aufenthalt auf der Insel geschwächten Gesundheit halber nach Europa zurück. Die vielfachen Versuche, die der Erstere nach seiner Rückkehr nach Europa machte, um durch Vorstellungen an die Monarchen Napoleon's Schicksal zu erleichtern, waren völlig vergeblich. Die Hauptbeschäftigung des Kaisers bestand in der Abfassung seiner Denkwürdigkeiten, die er seinen Begleitern dictirte; zur Erholung spielte er Schach, um wenigstens im Spiele von seinem Feldherrntalente Gebrauch zu machen, oder ließ sich vorlesen,

wobei er am liebsten Trauerspiele hörte. Seine Gesundheit wurde bald so zerrüttet, daß er ärztlicher Hülfe bedurfte. Im Anfange behandelte ihn der Arzt O'Meara, ein Irländer, der den Kaiser, welcher ihn an Bord des Bellerophon kennen gelernt, auf besondern Wunsch desselben begleitet hatte, sich aber gegen Hudson Lowe nicht fügsam genug zeigte und daher im J. 1818 entfernt wurde; hierauf blieb er mehre Monate ohne ärztlichen Beistand, da er nicht bewogen werden konnte, einen ihm vom Gouverneur geschickten englischen Arzt anzunehmen, bis am 18. Sept. 1818 D. Antommarchi, als geborener Corse Napoleon's Landsmann, anlangte, dessen Absendung der Mutter des Kaisers durch Verwendung des Cardinals Fesch gestattet worden war. Erst in den letzten sechs Wochen nahm Napoleon's Krankheit, die in der Zerstörung des Magens ihren Grund hatte und nach der Behauptung Einiger durch das Klima erzeugt worden war, einen bedenklichen Charakter an. Napoleon selbst täuschte sich über seinen Zustand nicht und sah seinem Ende mit ruhiger Fassung entgegen; alle stolzen Hoffnungen auf Wiedererlangung irdischer Macht und Größe hatte er längst aufgegeben. Am 19. April 1821 kündigte er selbst seinen Freunden sein baldiges Ende an. Vom General Bertrand unterstützt, machte er sein Testament, was ihn 15 Stunden beschäftigte, empfing am 3. Mai das letzte Abendmahl und verschied am 5. Mai 1821 früh um 6 Uhr, umgeben von seinen treuen Unglücksgefährten Bertrand und Montholon und ihren Familien, nach einem langen und schweren Todeskampfe. Die von ihm verordnete Section vollzogen englische Ärzte im Beisein Antommarchi's. Die Leiche des Kaisers wurde hierauf, bedeckt von dem blauen Mantel, den er in der Schlacht bei Marengo getragen hatte, auf einem Feldbette ausgestellt, um welches sich die Bewohner der Insel zwei Tage drängten. Am 8. Mai wurde der Leichnam dem Schooße der Erde eine Stunde von Longwood in einem einsamen romantischen Thale, das er selbst zu seiner Ruhestätte bestimmt hatte und welches den seltsamen Namen „des Teufels Punschnapf" nun mit dem Namen „Thal des Grabes" vertauschte, unter kriegerischen Ehrenbezeigungen übergeben. Seitdem ist dieses Grab von unzähligen Reisenden besucht worden, und wie einst der Verbannte auf St.-Helena bei seinem Leben der Gegenstand der allgemeinsten Theilnahme gewesen war, die auch seine persönlichen und politischen Gegner seinem Unglücke und dem hochtragischen Glückswechsel nicht versagen konnten, so blieben fortwährend die Blicke der Franzosen nicht nur, sondern aller gefühlvollen Menschen auf das Grab gerichtet, welches die Überreste eines der merkwürdigsten Menschen aller Zeiten umschloß.

Kurze Zeit vor seinem Tode sprach Napoleon theils mündlich, theils in einem Codicill vom 16. April 1821 den Wunsch aus, „daß seine Asche an den Ufern der Seine ruhen möchte, inmitten des französischen Volks, das er so innig geliebt habe". Nicht die mindeste Aussicht schien damals vorhanden zu sein, daß dieser Wunsch je in Erfüllung gehen würde, und doch ist er jetzt in Erfüllung gegangen. Seit dem Jahre 1830 waren den französischen Kammern mehre bezügliche Petitionen übergeben worden, die vielen Anklang fanden, aber daß die Regierung selbst auf die Sache eingehen würde, konnte im Grunde nicht erwartet werden. Um so mehr mußte es überraschen, als am 12. Mai des vorigen Jahres den Kammern angezeigt wurde: daß England dem Verlangen Frankreichs in Betreff der Auslieferung der Überreste Napoleon's bereitwillig entgegengekommen sei und demgemäß der Prinz von Joinville, dritter Sohn des Königs, sich auf einem Kriegsschiffe nach St.=Helena begeben werde, um die Leiche des Kaisers in Empfang zu nehmen. Allgemein war der Jubel, den diese Nachricht in Frankreich erregte, und der Beifall, den man deshalb der Regierung und dem damals an der Spitze derselben stehenden Premierminster Thiers zollte. Am 7. Juli segelte der Prinz von Joinville auf der Fregatte La Belle=Poule, welche von der Corvette Favorite begleitet wurde, aus Toulon nach St.=Helena ab; zugleich mit ihm die Generale Bertrand und Gourgaud (General=adjutant des Königs), der Deputirte Emanuel de Las Cases und Napoleon's Kammerdiener Marchand, welche ihm sämmtlich in der Verbannung Gesellschaft geleistet hatten. Nach kurzem Aufenthalte im Hafen von Bahia, den sie am 4. Sept. verließen, kamen die Schiffe am 8. Oct. auf der Rhede von Jamestown auf St.=Helena an, worauf sich der Prinz mit dem derzeitigen Gouverneur der Insel, General Meddlemore, in Verbindung setzte. Die Ausgrabung wurde am 18. October (also gerade 25 Jahre nach der Ankunft Napoleon's auf St.=Helena) um Mitternacht im Beisein französischer und englischer Commissaire und unter Leitung des englischen Capitains Alexander begonnen und nach neun Stunden beendigt. Als der Sarg bloßgelegt war, welcher eingemauert und daher von den Einwirkungen der Luft und einer nahen Quelle, derselben, aus welcher Napoleon täglich zu trinken pflegte, fast unberührt geblieben war, wurde von einem französischen Geistlichen ein Gebet gesprochen, dann aber der Sarg sorgfältig aus dem Grabe genommen und von englischen Soldaten in ein zu diesem Zwecke errichtetes Zelt getragen. Hier öffnete man die Särge, welche die Leiche umgaben, von denen der letzte blecherne mit weißem Atlas ausgeschlagen gewesen war, der abgefallen die Leiche umhüllte. Groß war die Rührung der Anwesenden, als nach Beseitigung aller Hüllen die kaiserliche Leiche zum Vorschein kam, die sich unerwartet gut gehalten hatte; für Diejenigen, welche den Kaiser im Leben gekannt und seine Verbannung getheilt hatten, muß der Eindruck des Augenblicks wahrhaft überwältigend gewesen sein. Noch waren die Züge des Gesichts vollkommen kenntlich; fast ganz unverändert waren die Hände und die linke, welche General Bertrand vor 19 Jahren vor dem Schlusse des Sarges noch einmal geküßt hatte, war leicht gehoben geblieben; auch der bekannte kleine Hut und die dunkelgrüne Uniform hatten wenig gelitten. Zwischen den Beinen standen die beiden silbernen Vasen, welche des Kaisers Herz und Magen enthalten. Der Arzt D. Guillard traf nun einige Vorkehrungen, um einer schnellen Zerstörung der Leiche auf der langen Seereise thunlichst vorzubeugen. Nachdem man hierauf den sechsfachen Sarg (auf den innersten blecheren folgte einer von Mahagony, dann zwei bleierne, einer von Eben= und zuletzt einer von Eichenholz) wieder sorgfältig geschlossen hatte, brachte man ihn auf den zu diesem Behufe auf der Insel gebauten Wagen, der von vier schwarz behangenen Pferden gezogen wurde. „Um 3½ Uhr" — so heißt es weiter in dem vom Prinzen von Joinville an den Marineminister erstatteten Berichte — „verkündigten die Kanonen des Forts, daß der Leichenzug sich nach der Stadt Jamestown in Bewegung setze. Die Milizen und die Garnison schritten vor dem Wagen her, der mit einem Leichentuche bedeckt war, dessen Zipfel die Generale Bertrand und Gourgaud, sowie die Herren Lascases und Marchand hielten. Die Behörden und die Einwohner folgten in Menge. Auf der Rhede

antworteten die Kanonen der Fregatte dem Fort und schossen von Minute zu Minute. Von früh Morgens an führten alle Schiffe Zeichen der Trauer. Als der Leichenzug auf dem Hafendamme erschien, bildeten die englischen Truppen Spalier, und der Wagen bewegte sich langsam bis an den Strand. Hier, wo die englische Truppenreihe aufhörte, hatte ich die Offiziere der französischen Schiffsabtheilung um mich versammelt. Alle in tiefer Trauer, entblößten Hauptes, erwarteten wir die Annäherung des Sarges. Zwanzig Schritte von uns hielt der Zug an, und der Generalgouverneur schritt auf mich zu und übergab mir im Namen seiner Regierung die Reste des Kaisers Napoleon. Sobald der Sarg in die zu seiner Aufnahme vorbereitete Schaluppe der Fregatte gebracht worden — auch jetzt war die Rührung groß und innig — begann sich der Wunsch des sterbenden Kaisers zu erfüllen. Seine Asche ruhte unter der Nationalflagge. Jetzt wurde jedes Zeichen der Trauer beseitigt. Dieselben Ehren, welche der Kaiser bei Lebzeiten empfangen hätte, wurden seiner Asche erwiesen. Unter den Salven der flaggenbedeckten Schiffe, die Mannschaften auf den Raaen, setzte die Schaluppe, von allen Booten sämmtlicher Fahrzeuge geleitet, sich langsam zur Fregatte hin in Bewegung. Am Bord wurde der Sarg zwischen zwei Reihen von Offizieren unter den Waffen empfangen und auf das zu einer Trauerkapelle eingerichtete Hinterdeck gebracht. Eine 60 Mann starke Wache unter dem Befehle des ältesten Fregattenlieutenants erwies die militairischen Ehren. Obwol es schon spät war, wurde noch das Gebet gesprochen, und die Leiche blieb so die ganze Nacht ausgestellt. Der Almosenier und ein Offizier hielten Wache bei ihr. Am 16. Oct., nachdem die Offiziere und die Mannschaften der französischen Kriegs= und Kauffahrteischiffe sich am Bord der Fregatte versammelt hatten, wurde ein Todtenamt abgehalten. Dann brachte man die Leiche unter das Zwischendeck, wo zu ihrer Aufnahme ein Katafalk vorbereitet war. Um 1 Uhr war Alles beendigt und die Fregatte segelfertig. Die Aufnahme der Protokolle machte aber noch zwei Tage nöthig, und erst am 18. Oct. Morgens konnten die Belle=Poule und die Favorite unter Segel gehen. Nach einer glücklichen und leichten Fahrt bin ich soeben am 30. Nov. um 5 Uhr früh auf der Rhede von Cherbourg vor Anker gegangen."

Über die Feierlichkeiten, welche in Frankreich selbst sowol auf dem Wege nach Paris als während der Beisetzung im Invalidendome stattgefunden haben, werden wir in einer spätern Nummer berichten.

Vielen Lesern ist es vielleicht erwünscht, bei dieser Gelegenheit zu erfahren, wer von Napoleon's Angehörigen gegenwärtig noch am Leben ist. Vor allen Dingen ist seine Wittwe zu nennen, die Erzherzogin Marie Luise, Herzogin von Parma, bekanntlich eine Schwester des Kaisers von Östreich. Von den Brüdern des Kaisers ist nur einer gestorben, Lucian, Fürst von Canino, der einzige, welcher nicht zu bestimmen war, von seinem Bruder irgend eine Würde anzunehmen (er starb zu Viterbo am 29. Juni 1840); Joseph, Ludwig und Jerome, die gewesenen Könige von Spanien, Holland und Westfalen, welche später die Titel Graf von Survilliers, Graf von St.=Leu und Fürst von Montfort angenommen haben, sind noch am Leben, aber aus Frankreich verbannt; Ludwig's Sohn, gleiches Namens, büßt gegenwärtig in der Citadelle von Ham für das Attentat von Boulogne, durch welches er zum zweiten Male die jetzige französische Regierung zu stürzen suchte. Die drei Schwestern des Kaisers sind sämmtlich gestorben: Elise, Gemahlin des

Fürsten Bacciocchi, am 7. August 1820, Pauline, Gemahlin des Fürsten Borghese, am 9. Juni 1825 und zuletzt die jüngste, Karoline, Gräfin von Lipona, Witwe des am 13. Oct. 1815 erschossenen Königs Murat, am 18. Mai 1839. Sämmtliche Geschwister Napoleon's (mit Ausnahme der Fürstin Borghese) haben Kinder hinterlassen. Des Kaisers Mutter, Lätitia, starb am 2. Februar 1836 in einem Alter von 86 Jahren; ihr Stiefbruder, der Cardinal Fesch, am 13. Mai 1836. Napoleon's einziger Sohn, der Herzog von Reichstadt, ist bekanntlich schon am 22. Juni 1832 gestorben; von den Stiefkindern des Kaisers starb der Herzog von Leuchtenberg, Eugen, einst Vicekönig von Italien, dessen noch lebende Gemahlin eine Schwester des regierenden Königs von Baiern ist, am 21. Februar 1824, und Hortense, Gemahlin des Königs Ludwig von Holland, am 5. Oct. 1837. Des Erstern Familie ist gegenwärtig unter den nicht souverainen Fürstenhäusern eins der reichsten und angesehensten; von seinen Söhnen war der älteste, August, mit der Königin von Portugal vermählt, starb aber plötzlich am 28. März 1835; der zweite, Maximilian, ist der Schwiegersohn des Kaisers von Rußland; von seinen Töchtern ist die älteste Kronprinzessin von Schweden, die zweite Fürstin von Hohenzollern-Hechingen, die dritte die Witwe des Kaisers von Brasilien, Dom Pedro I., die vierte mit dem Grafen Wilhelm von Würtemberg verlobt. Noch am Leben ist endlich Napoleon's Adoptivtochter Stephanie, Witwe des Großherzogs Karl von Baden. Napoleon's Begleiter nach St.-Helena, Montholon, Bertrand, Gourgaud und Las Cases, leben noch sämmtlich; der Erstgenannte befindet sich wegen seiner Theilnahme am Attentat des Prinzen Louis Napoleon im Gefängnisse zu Ham; des Kaisers Ärzte auf St.-Helena, Antommarchi und O'Meara, sind Beide gestorben, jener am 3. April 1838, dieser im Juni 1836. Von Napoleon's Marschällen sind noch am Leben: Bernadotte (bekanntlich König von Schweden), Soult (der jetzige Premierminister), Marmont (lebt im Auslande), Moncey, Oudinot und Victor.

Explosionen auf Dampfbooten.

Auf sämmtlichen englischen Dampfbooten sind seit 1817 nach dem Berichte einer deshalb niedergesetzten Commission 92 Unglücksfälle vorgekommen. Von diesen stehen mehr als 60 mit der Dampfkraft in keiner Verbindung, indem 40 durch Schiffbruch, 12 durch Zusammenstoßen, 17 durch Feuer und andere Ursachen und nur 23 durch Explosionen stattfanden; die Dampfkessel insbesondere betrafen 26 der Unglücksfälle, sodaß jährlich etwa ein Unglücksfall durch Dampfkraft verursacht wurde. Von diesen Fällen waren 15 mit dem Verluste von Menschenleben verbunden. Daß die englischen Dampfschiffe ungleich sicherer sind als die amerikanischen, ergibt sich daraus, daß bei einer ungefähr gleichen Dampfflotte (sowol in England, als in Vereinigten Staaten von Nordamerika beträgt die Zahl der jetzt in Gebrauch befindlichen Dampfschiffe etwa 800) in dem angegebenen Zeitraume in Nordamerika nicht weniger als 230 Unglücksfälle vorkamen, also etwa $2\frac{1}{2}$ Mal so viel als in England.

Die Ruinen von Ephesus. *)

Unweit der westlichen Küste Kleinasiens und der Mündung des Flusses Kutschuk-Minder (des alten Kaystros) in eine Bucht des ägäischen Meers liegt jetzt eine armselige türkische Ortschaft Ajasaluk, die seit der griechischen Revolution wieder neu aufgebaut worden ist und von Turkomanen bewohnt wird, an der Stelle der einst so berühmten und prachtvollen Stadt Ephesus, deren Dianentempel zu den sieben Wunderwerken der Welt gezählt wurde. Auf dem Felsenhügel, an den sich das Dorf Ajasaluk anlehnt, und den es halbmondförmig umschlingt (daher der türkische Name, welcher kleiner Mond bedeutet), lag die Burg der alten von den Kariern und Lelegern gegründeten, von den Joniern nur erweiterten Stadt; auf den südlicher liegenden Anhöhen, welche die meisten Trümmer des Alterthums enthalten, lag die von Lysimachus erbaute neuere Stadt, von Ajasaluk durch eine fruchtbare, von Wassergräben durchschnittene Flur geschieden. Ajasaluk selbst war nur eine Vorstadt des griechisch-römischen Ephesus. Einst war die jetzt versandete und verschlammte Bucht, in welche der Kaystros mündete, bis heran an die alte Stadt schiffbar, wie sich an den mit Steinpflaster belegten Hafendämmen noch jetzt erkennen läßt; jetzt ist das Meerufer in Folge des Anwachsens des Landes mehr als eine Stunde weit von der Stätte des ehemaligen Ephesus entfernt. Von den Ruinen nennen wir zuvörderst die Überreste eines alten Stadiums, eines mächtigen Gebäudes; die Länge der eigentlichen Rennbahn beträgt 625 Fuß, also ein gewöhnliches römisches Stadium; die vormaligen, in vielen Reihen übereinander sich erhebenden Marmorsitze sind längst herausgebrochen, nur an den Fronte hat sich noch ein Theil der Marmorstücke nebst einem Thorbogen erhalten. Unfern des Stadiums, an derselben Seite des Berges Prion, hatte das Theater seinen Platz, an welches ein Säulengang stieß; von den Sitzen der Zuschauer ist ein Theil der Grundlage und an beiden Seiten ein Theil der architektonischen Zierathen geblieben. Nicht fern vom Theater finden sich in einem Thale zwischen dem Prion und dem Corissus die Überreste des Odeums; weiterhin nach der Ebene zu die Reste des Gymnasiums mit einigen Bruchstücken von großen Statuen, an einer andern Stelle der alten Stadt das ziemlich wohlerhaltene Bauwerk eines römischen Tempels. Die ansehnliche Wasserleitung, die sich links vom Hügel der Ruinen des ältesten und neuern Castelles nach dem Abhange des Paktolus hinzieht, ist von spätern Herrschern aus den Trümmern des alten Ephesus erbaut worden. Was die Reste des ehemaligen Wunderwerks der Welt, des Dianentempels, betrifft, so ist jetzt nicht einmal die Stätte desselben mit Genauigkeit zu bestimmen. Man zeigt dieselbe auf einem nur wenig erhöhten Grunde nahe an dem alten jetzt mit Moorerde und Kies erfüllten Hafen, sodaß der Schiffer schon aus weiter Ferne die Fronte von weißem Marmor erblicken mußte; die zerbrochenen Säulen von Porphyr, die Trümmer von Serpentin und manche Bruchstücke architektonischer Zierathen lassen nebst den riesenhaften Substructionen auf die ehemalige Herrlichkeit des Gebäudes schließen, das einst hier stand; nach Andern war aber die eigentliche Baustelle des Tempels weiter hinab nach dem Meere und seine Reste mögen tief unter dem angeschwemmten Lande vergraben liegen. Übrigens ist der Tempel schon, als er noch

---

*) Nach Schubert.

stand, mehrer seiner schönsten Zierden beraubt worden; schon in der frühesten Zeit kamen mehrere seiner Säulen in die Kirche des heiligen Grabes zu Jerusalem, acht der schönsten in die Sophienkirche nach Konstantinopel und zwei sollen die Domkirche zu Pisa zieren.

Die Souveraine Europas am 1. Jan. 1841, nach ihrem Alter geordnet.

	Geburtstag.	Alter.	Regierungsdauer.		
1. König Karl XIV. Johann von Schweden	26. Jan. 1764;	76 J. 11 M.;	22 J. 11 M.;	vermählt;	luth.
2. Papst Gregor XVI.	18. Sept. 1765;	75 = 3 =	9 = 11 =	unverm.	kath.
3. König Ernst August von Hanover . .	5. Juni 1771;	69 = 7 =	3 = 6 =	vermählt;	engl.
4. = Ludwig Philipp I. der Franzosen	6. Oct. 1773;	67 = 3 =	10 = 5 =	vermählt;	kathol.
5. Kurfürst Wilhelm II. von Hessen-Kassel	28. Juli 1777;	63 = 5 =	19 = 10 =	vermählt;	reform.
6. Großherzog Ludwig II. v. Hessen-Darmst.	26. Dec. =	63 = — =	10 = 9 =	Witwer;	luth.
7. Herzog Heinrich von Anhalt-Köthen .	30. Juli 1778;	62 = 5 =	10 = 4 =	vermählt;	reform.
8. Landgraf Philipp von Hessen-Homburg	11. März 1779;	61 = 10 =	1 = 11 =	(morg. verm.) ref.	
9. Großherzog Georg v. Mecklenb.-Strelitz	12. Aug. =	61 = 5 =	24 = 2 =	vermählt;	luth.
10. Herzog Franz IV. von Modena .	6. Oct. =	61 = 3 =	25 = 7 =	Witwer;	kathol.
11. König Wilhelm I. von Würtemberg .	27. Sept. 1781;	59 = 3 =	24 = 2 =	verm. (III)	luth.
12. Großherzog Karl Friedr. v. Sachsen-Weimar	2. Febr. 1783;	57 = 11 =	12 = 7 =	vermählt;	luth.
13. = August von Oldenburg . .	13. Jul. =	57 = 6 =	11 = 7 =	verm. (III)	luth.
14. Herzog Ernst v. Sachsen-Koburg-Gotha	2. Jan. 1784;	57 = — =	34 = 1 =	verm. (II)	luth.
15. Fürst Georg Wilh. v. Lippe-Schaumburg	20. Dec. =	56 = — =	53 = 11 =	vermählt;	reform.
16. = Karl Anton v. Hohenzollern-Sigmar.	20. Febr. 1785;	55 = 10 =	9 = 3 =	vermählt;	kathol.
17. = Heinrich LXII. von Reuß-Schleiz	31. Mai =	55 = 7 =	22 = 8 =	unverm.;	luth.
18. König Ludwig I. von Baiern .	25. Aug. 1786;	54 = 4 =	15 = 3 =	vermählt;	kathol.
19. = Christian VIII. von Dänemark .	18. Sept. =	54 = 3 =	1 = 1 =	verm. (II)	luth.
20. Herzog Joseph von Sachsen-Altenburg	27. Aug. 1789;	51 = 4 =	5 = 3 =	vermählt;	luth.
21. Fürst Georg von Waldeck . . .	20. Sept. =	51 = 3 =	27 = 4 =	vermählt;	evang.
22. Großherzog Leopold von Baden .	29. Aug. 1790;	50 = 4 =	10 = 9 =	vermählt;	evang.
23. König Leopold I. der Belgier . .	16. Dec. =	50 = 1 =	9 = 6 =	verm. (II)	luth.
24. Herzogin Marie Luise von Parma .	12. Dec. 1791;	49 = 1 =	26 = 7 =	Witwe;	kathol.
25. König Wilhelm II. der Niederlande .	6. Dec. 1792;	48 = 1 =	— = 3 =	vermählt;	reform.
26. Kaiser Ferdinand I. von Östreich . .	19. April 1793;	47 = 8 =	5 = 10 =	vermählt;	kathol.
27. Fürst Günther v. Schwarzb.-Rudolstadt .	6. Nov. =	47 = 2 =	33 = 2 =	vermählt;	luth.
28. = Heinrich XX. von Reuß-Greiz .	29. Juni 1794;	46 = 6 =	4 = 2 =	verm. (II)	luth.
29. Herzog Leopold von Anhalt-Dessau .	1. Oct. =	46 = 3 =	23 = 5 =	vermählt;	reform.
30. König Friedrich Wilhelm IV. v. Preußen	15. Oct. 1795;	45 = 3 =	— = 7 =	vermählt;	evang.
31. Fürst Aloys von Liechtenstein .	26. Mai 1796;	44 = 7 =	4 = 8 =	vermählt;	kathol.
32. Kaiser Nikolaus I. von Rußland . .	6. Juli =	44 = 6 =	15 = 1 =	vermählt;	griech.
33. Fürst Leopold von Lippe-Detmold .	6. Nov. =	44 = 2 =	38 = 9 =	vermählt;	reform.
34. = Heinrich LXX. v. Reuß-Ebersdorf	27. März 1797;	43 = 9 =	18 = 6 =	unverm.;	luth.
35. König Friedrich August II. v. Sachsen	18. Mai =	43 = 7 =	4 = 7 =	verm. (II)	kathol.
36. Großherzog Leopold II. von Toscana .	3. Oct. =	43 = 3 =	16 = 6 =	verm. (II)	kathol.
37. König Karl Albert von Sardinien . .	2. Oct. 1798;	42 = 3 =	9 = 8 =	vermählt;	kathol.
38. Herzog Karl von Lucca . .	22. Dec. 1799;	41 = — =	16 = 10 =	vermählt;	kathol.
39. Großherz. Paul Friedr. v. Meckl.-Schwerin	15. Sept. 1800;	40 = 4 =	3 = 11 =	vermählt;	luth.
40. Herzog Bernhard von Sachsen-Meiningen	17. Dec. =	40 = 1 =	37 = 2 =	vermählt;	luth.
41. Fürst Friedrich v. Hohenzollern-Hechingen	16. Febr. 1801;	39 = 10 =	2 = 4 =	vermählt;	kathol.
42. = Günther v. Schwarzb.-Sondershaus.	24. Sept. =	39 = 3 =	5 = 4 =	verm. (II)	luth.
43. Herzog Alexander von Anhalt-Bernburg	2. März 1805;	35 = 10 =	6 = 9 =	vermählt;	reform.
44. = Wilhelm von Braunschweig .	25. April 1806;	34 = 8 =	9 = 8 =	unverm.,	luth.
45. König beider Sicilien, Ferdinand II. .	12. Jan. 1810;	31 = — =	10 = 2 =	verm. (II)	kathol.
46. = Otto I. von Griechenland .	1. Juni 1815;	25 = 7 =	8 = 3 =	vermählt;	kathol.
47. Herzog Adolf von Nassau . . .	24. Juli 1817;	23 = 5 =	1 = 4 =	unverm.;	reform.
48. Königin Maria II. von Portugal .	4. April 1819;	21 = 9 =	14 = 8 =	verm. (II)	kathol.
49. = Victoria I. von Großbritannien	24. Mai =	21 = 7 =	3 = 6 =	vermählt;	engl.
50. Großsultan Abdul-Medschid . .	20. April 1823;	17 = 8 =	1 = 6 =	vermählt;	moham.
51. Königin Isabella II. von Spanien .	10. Oct. 1830;	10 = 3 =	7 = 3 =	unverm.;	kathol.

Am längsten regiert der Fürst von Lippe-Schaumburg, der bereits im vorigen Jahrhunderte, vor fast 54 Jahren, zur Regierung gekommen ist, dieselbe jedoch erst 20 Jahre nachher wirklich angetreten hat. 24 Souveraine haben die Regierung erst im letzten Jahrzehnd 1831—40, die Könige von Preußen und der Niederlande haben sie erst im verflossenen Jahre angetreten. Von allen 51 Souverainen sind gegenwärtig 6 noch unvermählt, 3 verwitwet, die übrigen 42 vermählt, worunter 1 in morganatischer Ehe, 9 in zweiter, 2 in dritter Ehe, wie die eingeklammerten Zahlen (II) und (III) angeben. Von den 45 vermählten oder verwitweten Souverainen sind 10 kinderlos (7, 8, 24, 26, 28, 30, 35, 41, 43, 46), zwei haben nur Töchter (20 u. 49); die übrigen 33 haben Söhne (Erbprinzen), von denen 6 (jedoch einer nur in morganatischer Ehe) vermählt, 2 aber verlobt sind. Großväter sind 10 Souveraine, von denen 2 (der König der Franzosen und der Fürst von Hohenzollern-Sigmaringen) je 6, die übrigen weniger Enkel haben. Von denjenigen 18 Souverainen, welche keine Söhne haben, haben 9 Brüder, einer (die Königin von Großbritannien) eine Tochter, einer (die Königin von Spanien) eine Schwester, einer (der Fürst von Hohenzollern-Hechingen) einen Großoheim zu präsumtiven Nachfolgern; 5 werden im Falle ihres Ablebens von andern bereits souverainen Linien beerbt werden; des Papstes Nachfolger wird bekanntlich durch Wahl bestimmt.

Skizzen aus der Krim.

Die Halbinsel Krim — bei den Alten Taurien genannt — war nach der Meinung alter und neuer Schriftsteller in einer unvordenklichen, vorhistorischen Zeit eine völlige Insel, während sie jetzt mit dem festen Lande durch eine Landenge zusammenhängt, deren Breite 8½ Werst oder 1¼ geographische Meile beträgt. Gleich am Eingange, in der Mitte der Landenge, steht Perekop, eine steinerne fast regelmäßige Festung mit sechs Bastionen und tiefen Gräben. Innerhalb derselben befinden sich nur die für die Besatzung nöthigen Gebäude, in der Vorstädten aber wohnen außer Marketendern nur die bei den Salzseen angestellten Beamten; die übrigen Einwohner, Kaufleute, Handwerker u. dgl., ihrer Abstammung nach ein Gemisch von Russen, Tataren, Griechen, Armeniern und Juden, wohnen drei Werst davon in einem Städtchen, das der armenische Bazar genannt wird. Hier befinden sich ungeheure Niederlagen von Salz, das aus den naheliegenden Salzgewonnen wird, die jährlich über 25,000 Wagenladungen liefern.

Die nördlichen drei Viertheile der Halbinsel bestehen aus einer Steppe, die gegen Süden allmälig ansteigt und weder Berge, noch Bäume, noch Gewässer enthält; erst bei Simferopol, 134 Werst oder 19 Meilen südlich von Perekop, ändert sich die Scene und man kommt in fruchtbare und anmuthigere Gegenden. Simferopol, bei den Tataren Sultan-Serai oder der Palast des Sultans genannt, jetzt die Hauptstadt des Gouvernements, wurde im J. 1500 von Ibrahim-Bei gegründet. Die Lage der Stadt ist malerisch; sie wird von dem kleinen Flusse Salgir durchströmt und liegt drei Meilen von einem ansehnlichen Berge, Tschatyrdagh, entfernt. In den krummen Straßen der alten tatarischen Stadt, die eine griechische, eine armenische Kirche und vier Moscheen enthält, sind die Häuser in asiatischem Geschmack gebaut; die von ihr ganz getrennte neue, unter der russischen Herrschaft gebaute, in welcher nicht ein Tatar wohnt, ist regelmäßig gebaut und enthält breite und gerade Straßen, in der Mitte einen großen freien Platz. Von hier südlich reisend, kommt man durch reizende Landschaften mit fruchtbarem und gut bearbeitetem Boden; überall sind Gärten und Tabacksfelder, die durch Kanäle bewässert werden. Über die Dörfer Petrowskoje, Sultan-Mahmud und Klein-Tschafki kommt man in der Nähe eines kleinen Wasserfalls zu den Felsen von Kisil-Koba, in denen sich zwei berühmte Tropfsteinhöhlen befinden, die nicht zusammenhängen scheinen. Neun Werst von Tschafki kommt man in das Thal Tauschan Bazar (Hasenmarkt), dann über einen steilen

Berg, dessen Höhe auf 2800 Fuß über dem Meere angegeben wird; dieses letztere erblickt man bald nachher, sowie das an demselben liegende Städtchen Aluschta, aber bevor man es erreicht, wird die Aufmerksamkeit durch den ungeheuren, von der Natur seltsam gestalteten Felsen von Demirdsche angezogen. Der ganze Felsen besteht aus rosenrothem, blauem und grauem Marmor mit großen Flecken und hat im Sonnenschein ein überaus grelles Ansehen. Über das Flüßchen Schuma kommt man nun in das von Bergen eingeschlossene Thal von Aluschta, wo man überall Weinreben nach europäischer Weise angepflanzt erblickt. Die Zahl der Weinreben in der Krim hat sich in den letzten Jahren in Folge der Bemühungen des jetzigen Gouverneurs Grafen Woronzow ungemein vermehrt und beträgt jetzt über 2 Millionen. Die anfangs nicht ganz günstigen Erfolge des Weinbaus sind jetzt sehr erfreulich; die Weine vom Südufer der Krim können sich mit guten Tischweinen der übrigen europäischen Länder vollkommen messen, wenn sie nur aus reifen Trauben bereitet, geschickt behandelt, in guten Kellern aufbewahrt und zur rechten Zeit versendet werden.

Aluschta liegt auf einer Höhe zwischen zwei Thälern und enthält eine Poststation und eine große Moschee, aber außer drei alten Thürmen, die aus der Zeit des Kaisers Justinian herrühren mögen, nichts Merkwürdiges; ehemals blühend ist es jetzt ein armes Städtchen. Reist man von hier am Meeresufer südöstlich, so kommt man durch reizende, unaufhörlich wechselnde Aussichten darbietende Gegenden nach Kutschuk-Lambat am hohen Aju-Dag (Bärenberg), der ganz ins Meer vorspringt und in steilen Felsen rasch abfällt, von da aber über Partinit, das auf steilem Abhange dicht am Meere liegt, das schöne Gut Artek und an einer Menge anderer Landgüter russischer Grafen, sowie an den Überresten genuesischer Befestigungen vorbei nach dem Dorfe Ursuf, mit einem großen, ehemals dem Herzoge von Richelieu gehörigen Gute, das durch einen am Bergesabhange angelegten Garten, schönen Rasen, Granaten- und Feigenbäume, Cypressen und Pappeln geziert ist. Von Ursuf führt unser Weg über Nikita, ein ins Meer vorspringendes Krongut mit einem botanischen Garten, und Marsanda, eine sehr reiche, mit stattlichen Gebäuden aller Art geschmückte, auch ein Gestüt enthaltende Besitzung des Grafen Woronzow, wo ehemals eine Gräfin Potocka eine große Stadt zu gründen beabsichtigt hatte, nach Jalta. Immer schöner werden die Aussichten; rechts ist die Jailakette, an deren Fuße sich dichte Wälder hinziehen; zwischen diesen und dem Meere läuft ein schmaler Streifen fruchtbares Land. Das Städtchen Jalta hat einen ziemlich sichern Hafen und wird durch das Anlegen der zwischen Odessa und Kertsch gehenden Dampfschiffe immer bedeutender. In der Nähe ist der Wasserfall des Akarsu bemerkenswerth, der 40 Klafter tief über einen Felsen herabstürzt, aber nur im Frühjahre und nach großem Regen eine bedeutende Wassermasse enthält. Unter den schönen Gütern der Umgegend ist besonders die dem Fürsten Gallizin gehörige Besitzung Gaspre zu erwähnen; letztere besteht aus einem neu erbauten, schönen, gothischen Schlosse, das mit Thürmen geziert und von einem großen englischen Garten umgeben, im Innern sehr reich und mit Geschmack meublirt ist, aber von dem Besitzer niemals besucht wird.

In höchst romantischer Lage an dem hohen Felsen Megabi liegt Orianda, der Landsitz des Grafen Witt, wo wir reiche Weinberge, sowie künstlich angelegte und gut bewässerte Gärten finden; namentlich aber zieht Alupka, der großartige Landsitz des Grafen Woronzow, zahlreiche Besucher an. Von hier kehren wir nach Jalta zurück, um hier die Krim auf dem Dampfschiffe zu verlassen.

Die Krim ist wegen ihrer Fruchtbarkeit, ihrer trefflichen Häfen (besonders Kertsch und Sebastopol) und als Schlüssel des asowschen Meeres für Rußland eine Besitzung von höchster Wichtigkeit. Obgleich sie aber überall die Grundlage eines innern Wohlstandes enthält, denn selbst der nördliche Theil bietet treffliche Weiden dar, so können sich doch Gewerbe und Ackerbau, Wissenschaften und Künste dort nicht entwickeln, weil bei der großen Entfernung von der Hauptstadt die Reichen nicht veranlaßt finden, ihren Wohnsitz auf der Halbinsel aufzuschlagen. Das ganze Gedeihen, der ganze Wohlstand derselben hängt von dem Gouverneur ab, und da der jetzige, Graf Woronzow, eine große Vorliebe für seine Provinz hegt, so hat er ihr, von umfassenden Kenntnissen und einem großen Vermögen unterstützt, ein gewisses Leben einzuflößen gewußt, das freilich nur künstlich ist und seine Verwaltung schwerlich lange überdauern wird.

Unter den Bewohnern der Krim sind es die Tataren, die unsere Aufmerksamkeit am meisten auf sich ziehen. Man muß unter ihnen zwei Classen unterscheiden: Berg= und Steppentataren. Die letztern haben sich von einer Vermischung mit andern Völkern rein zu erhalten gewußt und tragen daher noch das unverkennbare Gepräge ihrer mongolischen Abstammung. Sie sind klein und durchgängig mager, gleichwol schwerfällig, haben breite Gesichter, gewölbte Schädel, flache Nasen und gleichen völlig den Kalmücken mit der Ausnahme, daß sie hellfarbiger sind; im Umgange sind sie befangen und zaghaft. Ihre Frauen sind durchgängig häßlich, gleichwol verbergen sie sich vor den Fremden sehr sorgfältig. Ein weit schönerer Menschenschlag sind die Bergtataren, die sich mit den ältesten Bewohnern der Halbinsel, den Griechen und Gothen, vermischt haben; sie sind von hohem, schlankem Wuchse, haben regelmäßige Züge, ausdrucksvolle Gesichter, schwarze Haare und sind im Umgange viel freier und ungezwungener als die Steppentataren, welchen sie auch an Verstand überlegen sind; das Gesagte gilt freilich nur von den Männern, doch sind auch die Frauen der Bergtataren wenigstens zum Theil wohlgebildet. Was die Steppentataren zu ihrem Vortheile unterscheidet, ist ihr Fleiß; bald pflügen sie, bald graben sie an Bewässerungskanälen oder beschäftigen sich mit ihren Heerden u. s. w., wogegen der Bergtatar ganze Tage im Schatten sitzt und seine Pfeife raucht und den größten Theil seiner Zeit im Nichtsthun hinbringt. Die Vornehmen lieben die Jagd mit Falken und Windhunden. Im Allgemeinen sind die Tataren gastfrei und gegen Fremde gefällig. An die russische Herrschaft haben sie sich längst gewöhnt und befinden sich unter ihr wohl, da sie in ihrem Glauben auf keine Weise beeinträchtigt werden und von fast allen Steuern und Rekrutenaushebungen befreit sind.

Eliçabide.

Pierre Vincent Eliçabide, 29 Jahre alt, gebürtig aus Gotrin im Bezirk Mauléon in den Niederpyrenäen, auf welchem dreifache gräßliche Blutschuld lastet, da er nicht nur seine Verlobte, Marie Anizart aus Pau, sondern auch ihre beiden Kinder erster Ehe, einen Sohn von zwölf Jahren und eine Tochter von neun Jahren, auf die greuelvollste Art ermordet hat, dient zum traurigen Beweise, wie wenig Einfluß oft die Bildung des Geistes auf die des Herzens hat. Er hatte die beste Erziehung erhalten, war vom Studium der Theologie zum Amt eines praktischen Lehrers und Erziehers nach der vollgültigsten in Bordeaux abgelegten Prüfung übergegangen und lehrte selbst die mathematischen Wissenschaften in Paris in mehren Familien mit vollem Beifall; schon sein freundliches, verbindliches Wesen und die von ihm mit niedergeschlagenem Blick im Erziehungsfache empfohlene Milde (obwol man sich hier und da über seine übertriebene Strenge und öftere Mishandlung der Zöglinge beschwerte) wirkten in Beziehung auf Andere gewinnend. Seine Mußestunden brachte er auf den Bibliotheken zu; ja er arbeitete mit unermüdetem Fleiß eine christliche Religionsgeschichte zum Unterricht kleiner Kinder aus, und nichtsdestoweniger hegte er das grausamste Tigerherz in seinem Busen und besaß eine Fühllosigkeit, welche die Menschheit schaudern macht. Seine Geliebte, deren Sohn er selbst früher in der Primairschule zu Bearn unterrichtete, sendet diesen auf Verlangen Eliçabide's, der ihr verschwieg, daß er in den dürftigsten Umständen lebt, mit der zärtlichsten Empfehlung in der Hoffnung günstigerer Versorgung nach Paris; der 13. März ist als der Tag des Eintreffens gemeldet; er empfängt ihn bei der Postanstalt selbst, führt ihn sofort in einem Theile der Stadt herum, bewirthet ihn in einer Restauration und nimmt ihn dann nach La Villette außerhalb der Barrièren, wo er mittels eines Messers und Hammers das fröhliche, unschuldige Kind ermordet. Unter den Regengüssen eines Gewitters eilt er triefend, bleich, erschöpft nach Hause, und den Tag darauf arbeitet er fleißiger und emsiger als je, nimmt den Reisekoffer des Schlachtopfers in Empfang und besitzt Muth genug, die von der armen Mutter mit rührender Sorgfalt gepackten Sachen, die feinen Hemden, die Pantalons, das zierlich gefältete Jäckchen, die kleinen Schnürstiefeln und die weiße baskische Mütze mit blauer Quaste — zum Himmel schreiende Zeugnisse der Mutterliebe und der mit Füßen getretenen Bestimmung zum unschuldigen kindlichen Lebensgenuß — ruhig zu mustern und in eigene Verwahrung zu nehmen. Unerschüttert lassen ihn die ringsherum laut werdenden Gerüchte von dem in der Morgue ausgestellten, wegen seiner Schönheit bewunderten Leichname des dort unbekannten Kindes; ungerührt die von der arglosen Mutter den ganzen April hindurch posttäglich eingehenden Briefe, erfüllt mit ängstlichen Nachfragen und Erkundigungen. Er antwortet ihr, daß es dem kleinen Joseph wohl gehe; er sei fleißig und brav, nur ein wenig leichtsinnig, das pariser Klima bekomme ihm sehr gut, er sei größer und stärker geworden und es gefalle ihm in Paris außerordentlich u. s. w. Dabei foderte er seine Geliebte mit den zärtlichsten Versicherungen seiner Liebe auf, nach Paris zu kommen, und versprach ihr, sie in Bordeaux abzuholen. Als sie es endlich den Entschluß, Pau, ihren Wohnort, zu verlassen und die Residenz zu ihrem Wohnsitz zu wählen, ankündigt, weiß er sie zu Bordeaux, als dem Stelldichein, zurückzuhalten, und verbirgt den Höllenplan der Vernichtung hinter dem Vorwand, sie dort abholen zu wollen. Erst nach dreitägigem freundlichen Verkehr in einem gemeinsamen Gasthause tritt er mit Marie Anizart und ihrer Tochter am 9. Mai Abends mit einem Lohngeschirr die verhängnißvolle Fahrt nach Quatre=Pavillons an, um nach abgelegtem Besuche bei der dort wohnenden Schwe=

ster angeblich mit der Diligence nach Paris abzugehen. Das Mädchen, welches noch im von ihnen besuchten Gehölz sich Maikäfer in ihr Schächtelchen eingefangen, wird kurz darauf von ihm mörderisch niedergeworfen und findet gleich der verzweifelnden Mutter durch dieselben Mordwerkzeuge ihren Tod, durch welche bei La Villette der Sohn fiel. Merkwürdig ist, daß dieser verruchte Bösewicht, welcher nicht vergaß, sich der in 165 Francs bestehenden Baarschaft, sammt den Kleidungsstücken der Getödteten zu bemächtigen, die in der schwarz ausgeschlagenen Kirche zu Antigues ausgestellten Leichen mit größter Fühllosigkeit anerkannte, während die Anwesenden in Thränen zerflossen, und die Frauen vor der feierlichen Bestattung das schöne Haar des getödteten Kindes sich zum traurigen Andenken erbaten. Elicabide aber hat auch im Kerker eine solche Verstocktheit gezeigt, daß er ganz ruhig sich einen Paletot von dem zu sich entbotenen Schneider anmessen ließ und mit diesem über Farbe und Schnitt ausführlich verhandelte, gleich als ob er sich gar nicht in gefänglicher Haft befände, wobei er zugleich ganz gelassen des zu gewartenden Rechtsspruchs gedachte. Daß er dem Todesurtheile nicht entgehen konnte, braucht wol nicht erst erwähnt zu werden; in der That, was sollte man von der Handhabung der Justiz in Frankreich denken, wenn ein solches Scheusal der Guillotine entginge? Sein kaltes, unumwundenes Geständniß verkürzte die Untersuchung und die Debatten des Gerichtshofs der Gironde, sodaß der Spruch schon nach der zweiten Gerichtssitzung erfolgte; der Mörder hörte ihn mit scheinbar unerschütterter Fassung an, ergriff aber später den Rechtsweg der Cassation, der keinen Erfolg haben konnte. Am 2. Nov. vorigen Jahres wurde Elicabide zu Bordeaux hingerichtet.

Eine originelle Neujahrsfeier.

Bei Gelegenheit der Lebensbeschreibung des großen Astronomen Herschel (Nr. 391) haben wir des von ihm verfertigten 40füßigen Spiegelteleskops gedacht, das mit Recht mit dem Namen eines Riesenteleskops bezeichnet wird und weder vorher noch nachher seines Gleichen gehabt hat; ohne Zweifel war es das größte und berühmteste aller optischen Instrumente, die je verfertigt worden sind. Der Nutzen, den es gewährte, war freilich seiner Größe und Kostspieligkeit nicht angemessen; der große Metallspiegel verlor in einer einzigen kühlen Nacht seine hohe Politur und wurde dadurch unbrauchbar; er ist nicht wiederhergestellt und nachmals in das Ausland (wenn wir nicht irren, an den kürzlich verstorbenen Prinzen von Canino, Lucian Bonaparte, Bruder des Kaisers Napoleon) verkauft worden. Noch immer aber stand in der Nähe von Slough, unweit London das kolossale Gerüst, welches dazu gedient hatte, das 60,000 Pfund schwere Instrument zu handhaben und in jede beliebige Richtung zu bringen. Am Schlusse des Jahres 1839 ließ Herschel's Sohn, Sir John Herschel, der sich gleichfalls als Astronom vielfache Verdienste erworben hat und einer der berühmtesten unter den jetzt lebenden Astronomen ist, das große Teleskop ab- und auseinandernehmen, um aus dessen Bestandtheilen ein Denkmal seines Vaters zu construiren. Bei dieser Gelegenheit wurde das 40 Fuß lange Rohr selbst in horizontaler Richtung auf drei steinerne Pfeiler gelegt und mit einem frischen Anstriche versehen, der in der Folge so oft wiederholt werden soll, als nöthig ist, um das Rohr möglichst lange zu erhalten. In der Neujahrsnacht von 1839 auf 1840 wurde im Innern des Rohrs ein astronomisches Familienfest veranstaltet, an welchem Sir John Herschel, dessen Gattin, ihre sechs ältesten Kinder (von 3—10 Jahren) und deren Gouvernante Theil nahmen und zur Feier des Teleskops, seit dessen Errichtung gerade ein halbes Jahrhundert verflossen war, ein von John Herschel verfaßtes englisches Gedicht sangen. Wol selten ist eine Neujahrsfeier unter so eigenthümlichen Umständen begangen worden. Herschel's vieljährige unermüdliche Mitarbeiterin, seine Schwester Karoline, die in ihrem 91. Lebensjahre steht, aber für dieses hohe Alter noch ausnehmend rüstig ist, lebt in Hanover und konnte leider an jener Feier nicht Theil nehmen.

Grab Napoleon's auf St.-Helena.

Herausgegeben unter Verantwortlichkeit der Verlagshandlung F. A. Brockhaus in Leipzig.

Das Pfennig-Magazin

für
Verbreitung gemeinnütziger Kenntnisse.

406.]   Erscheint jeden Sonnabend.   [Januar 9, 1841.

Lincoln.

Ansicht von Lincoln.

Die alte Stadt Lincoln in England ist wegen der Schönheit ihrer Lage, der Menge und Wichtigkeit ihrer Alterthümer und der Pracht ihrer Kathedrale merkwürdiger als viele größere und volkreichere Städte des Landes. Besonders schön ist die Ansicht von der londoner Straße her, welche unsere Abbildung zeigt; man erblickt zur Linken das offene Land, zur Rechten das Thal des Flusses Witham, vor sich die Stadt, die sich von der Ebene bis über den gegenüberliegenden Hügel ausdehnt, den sie bedeckt und auf dessen Gipfel das Irrenhaus mit seiner langen Fronte, das alte Schloß, jetzt als Gefängniß dienend, und die herrliche Kathedrale sich erheben. Betritt man die Stadt selbst, so erscheint sie in der Nähe ebenso interessant als schön in der Ferne, aber von allen ihren Gebäuden sind die oben genannten, schon in der Ferne in die Augen fallenden am merkwürdigsten. Das Irrenhaus, dessen Lage so

reizend ist, wie bei wenig ähnlichen Anstalten, kann als eine wahre Musteranstalt betrachtet werden; die Mittel, welche zur Heilung der hier wohnenden Unglücklichen angewandt werden, bestehen fast allein in liebevoller Behandlung und dem wohlthätigen Einflusse der freien Luft. Von dem Schlosse Wilhelm's des Eroberers, das von so ungeheurer Größe war, daß nicht weniger als 166 Häuser weggerissen werden mußten, um Raum für dasselbe zu gewinnen, sind nur einzelne Theile noch vorhanden, namentlich das ausgedehnte Gefängniß, auf einem hohen künstlichen Hügel stehend, und ein Theil der Mauern, welche 17—30 Fuß hoch sind. Die Kathedrale hat einen Thurm von 267 Fuß Höhe, der aber früher noch um 101 Fuß höher war, und zwei niedrigere Thürme; jener ruht auf vier Bogen von gewaltiger Größe und Höhe. Die Fenster sind mit der herrlichsten Glasmalerei des Mittelalters geziert. Vor der Reformation besaß die Kathedrale zwei prachtvolle Altäre, einen silbernen und einen (angeblich) goldenen; diese sowol als zahlreiche andere goldene und silberne Gegenstände zum Belaufe von 2621 Unzen Gold und 4285 Unzen Silber und eine fast zahllose Menge von Juwelen und kostbaren Gewändern sind von Heinrich VIII. der Kirche genommen worden. Unweit der Kathedrale findet man die interessanten Ruinen des alten bischöflichen Palastes, von dessen Größe man sich daraus einen Begriff machen kann, daß der große Saal 85 Fuß lang und 58 Fuß breit war. Die Schönheit und Pracht des Gebäudes läßt sich aus den vorhandenen Überresten noch erkennen.

Die Stadt umfaßt 14 Kirchspiele, welche im J. 1831 11,892 Einwohner zählten. Außer den schon genannten öffentlichen Gebäuden sind das Theater, das Stadtgefängniß, eine Subscriptionsbibliothek, eine Entbindungsinstitut und mehre Kapellen der Dissenters zu erwähnen. Man findet hier nicht weniger als 8—10 Dampfmaschinen, einige ausgedehnte Brauereien und drei Banken; was den Handel anlangt, so ist nur der mit Mehl, welches auf Dampf= und Windmühlen gemahlen und nach London und Manchester gesandt wird, von Wichtigkeit.

Als die Römer die Städte Britanniens in vier Classen theilten, setzten sie Lincoln in die zweite, die der Colonien, welche nach römischen Gesetzen regiert wurden. Von den vier römischen Thoren von außerordentlicher Festigkeit ist das eine noch jetzt vorhanden und gilt für eins der vollkommensten und interessantesten Denkmäler römischer Baukunst in England. Von den Einfällen der Sachsen hatte Lincoln viel zu leiden, namentlich 870 und 1016. Im J. 1086 erbaute Wilhelm der Eroberer das alte Schloß; damals war Lincoln eine der volkreichsten Städte in England. Um dieselbe Zeit entwarf Remigius, einer von den Begleitern des Königs Wilhelm, der seinen Bischofssitz von Dorchester hierher verlegte, den Plan zur Kathedrale und begann den Bau derselben. Im Bürgerkriege unter Karl's I. Regierung setzten sich die Royalisten 1643 durch Verrätherei in den Besitz der Stadt; im folgenden Jahre nahm der Graf von Manchester an der Spitze der Parlamentstruppen den untern Theil der Stadt wieder ein und zwang die Royalisten, sich in das Castell und die Kathedrale zu flüchten, welche letztere sie so viel als möglich befestigten; beide wurden am 5. Mai nach einem hartnäckigen Widerstande der Royalisten mit Sturm genommen.

Sir Sidney Smith.

Nur wenige Menschen können sich rühmen, ein an abenteuerlichen Begebenheiten so reiches Leben geführt zu haben, als der englische Admiral Sir William Sidney Smith. Er wurde im J. 1764 als Sohn eines Schiffscapitains in London geboren, wurde in seinem 18. Jahre Seecadet an Bord des Schiffes Sandwich und erhielt schon 1783, da er noch nicht 19 Jahre alt war, den Grad eines zweiten Fregattencapitains. Da ihm die Unthätigkeit, zu welcher die englische Flotte durch den in demselben Jahre abgeschlossenen pariser Frieden verurtheilt war, auf die Länge nicht behagte, trat er 1788 in schwedische Dienste und zeichnete sich in dem Seekriege zwischen Schweden und Rußland, namentlich in der großen Seeschlacht am 9. Juli 1790, sehr aus. Aber in demselben Jahre wurde der Friede zu Werelä geschlossen; er verließ daher, mit dem Schwert-

orden geschmückt, die schwedischen Dienste, ging nach Konstantinopel und nahm Dienste in der türkischen Flotte. Als er 1793 den Ausbruch des Krieges zwischen England und Frankreich erfuhr, eilte er sogleich zu der Toulon belagernden englischen Armee und Flotte unter Admiral Hood. Bekanntlich nahmen die Republikaner das von den Engländern eroberte Toulon später wieder ein, worauf Smith den gefährlichen Auftrag erhielt, die französische Flotte, die Magazine und Alles, was dem Feind von Nutzen sein konnte, zu verbrennen. Er unterzog sich der Vollziehung dieses Auftrags mit Kühnheit, nur von wenigen Leuten unterstützt; die im innern Hafen liegende, mit mehren Tausenden von Pulverfässern beladene Fregatte Iris flog in die Luft und that unermeßlichen Schaden; aber Smith's schauervolles Unternehmen gelang nicht ganz, indem sein Versuch, auch die großen Marinegebäude des Hafens zu zerstören, fehlschlug; die Republikaner hatten sogleich die kräftigsten Maßregeln ergriffen und ihre Kugeln trieben die Engländer überall zurück. Smith, der von der französischen Regierung als Mordbrenner bezeichnet und mit dem grimmigsten Hasse verfolgt wurde, wurde von Lord Hood nach England geschickt, um den Bericht über das Vorgefallene zu überbringen, und später zu den gefährlichsten Unternehmungen verwandt. 1795 wurde er von der vor Brest aufgestellten Flotte des Admirals Warren abgeschickt, um die vor Anker liegende französische Flotte zu recognosciren, und war so verwegen, mit französischer Flagge in den Hafen selbst einzufahren; er wurde hierbei zwar entdeckt, entkam aber glücklich. Als er 1796 vor Havre kreuzte, bemächtigte er sich eines französischen Schiffes, wurde aber bei eintretender Flut mit demselben die Seine hinaufgetrieben und am folgenden Morgen gefangen genommen. Das Directorium betrachtete ihn als einen Spion, beschuldigte ihn, Mörder ans Land gesetzt zu haben, verweigerte seine Auswechselung und sperrte ihn in den Tempel ein, wo er gegen alles Völkerrecht zwei Jahre festgehalten wurde. Bonaparte, an den er sich wandte, verweigerte ihm seine Fürsprache. Die zwei Jahre seiner Gefangenschaft waren reich an Abenteuern, da er es an Befreiungsversuchen nicht fehlen ließ. Unter Anderm knüpfte er mit royalistisch gesinnten Damen, die ihm gegenüber wohnten, Einverständnisse an, die jedoch wiederholter Versuche jener ungeachtet keinen Erfolg hatten. Besonders gewagt war der Versuch, durch die Kerkermauer in einen benachbarten Keller zu kommen, aber der gewagteste Versuch war der letzte, der auch zum günstigen Erfolge gekrönt wurde. Der Plan dazu ging von Herrn von Phelippeaux aus, einem enthusiastischen Royalisten, der später, obgleich Schulkamerad Napoleon's, die Festung St.=Jean d'Acre gegen diesen vertheidigt hat. Dieser fertigte einen nachgemachten Befehl des Policeiministers, durch welchen die Versetzung des Gefangenen geboten wurde; das Siegel dazu wußte er sich durch Bestechung zu verschaffen. Zwei seiner Freunde, die den Kerkermeistern unbekannt waren, erschienen im Gefängnisse und zeigten den Befehl vor, dessen Echtheit nicht in Zweifel gezogen wurde. Dem Gefangenen wurde der vermeintliche Befehl des Directoriums angekündigt, über welchen er sich misvergnügt stellte, indem er gegen diese Maßregel protestirte, worauf ihn einer der vermeintlichen Regierungsbeamten über die Absichten des Directoriums beruhigte. Als hierauf der Greffier (Gefängnißschreiber) bemerkte, der Gefangene müsse wenigstens von sechs Mann Wache escortirt werden, stimmten die Überbringer des Befehls anfangs in diese Vorsichtsmaßregel ein, aber plötzlich wandte sich der

Eine, der sich für den Generaladjutanten L'Oger ausgab, zu Smith und sagte: „Commodore, Sie sind Offizier wie ich; Ihr Ehrenwort ist mir mehr als eine Wache; geben Sie mir dieses und die Escorte ist überflüssig." Der Gefangene gab sein Wort, überallhin zu gehen, wohin ihn Jener führen werde, was er freilich mit gutem Gewissen versprechen konnte; der vorgebliche Generaladjutant stellte eine schriftliche Bescheinigung aus, daß ihm der Gefangene überliefert worden sei, und das Thor des Gefängnisses that sich auf. Sie eilten nun zu einer Miethkutsche, und in dieser in die Vorstadt St.-Germain, wo Phelippeaux sie erwartete; dieser eilte sogleich mit Smith nach Rouen, wo Alles zu ihrem Empfang bereit war; hier blieben sie einige Tage, und begaben sich dann an die Küste, wo sie ein erwartende Schiff Argo sie glücklich nach England brachte.

In London wurde Smith mit dem größten Enthusiasmus empfangen, woran sein wunderbares Entkommen nicht geringen Antheil hatte; auch der alte König Georg III. stimmte in die allgemeine Freude ein, wünschte dem Commodore zu seiner Befreiung Glück und ernannte ihn zum Befehlshaber des Tiger von 80 Kanonen, mit welchem er die ägyptische Küste bewachen sollte, und zum Mitbevollmächtigten am türkischen Hofe. Von Ägypten segelte er nach Syrien, vertheidigte in Gemeinschaft mit Phelippeaux, bekanntlich mit dem glücklichsten Erfolge, die Feste St.-Jean d'Acre und trug dadurch gewiß nicht wenig dazu bei, Bonaparte zum Aufgeben seiner weitaussehenden Pläne auf den Orient zu veranlassen. Später schloß er mit General Kleber die Convention von El Arisch ab, die von der Regierung nicht genehmigt wurde. Mit öffentlichen Ehrenbezeigungen überhäuft, kehrte Smith von dem ruhmvollen Feldzuge nach London zurück und wurde 1802 zum Mitgliede des Unterhauses gewählt, spielte indeß, da es ihm an Rednergaben fehlte, im Unterhause keine besonders ausgezeichnete Rolle.

In dem Kriege, welcher nach dem Bruche des Friedens von Amiens zwischen England und Frankreich ausbrach, wurde Smith aufs neue im activen Dienst verwandt und zum Grade eines Contreadmirals erhoben. Sein erstes Commando war unter Admiral Duckworth bei der unglücklichen Expedition gegen Konstantinopel im Anfange des Jahres 1807. Die Engländer drangen damals durch die Dardanellen und erschienen mit einer furchtbaren Flotte vor der Hauptstadt, die verloren schien, da keine Vorbereitungen zum Widerstande getroffen waren. Schon war die Pforte zum Nachgeben bereit, da gelang es dem französischen Gesandten General Sebastiani, ihr neuen Muth einzuflößen und die Leitung der Widerstandsmaßregeln in seine Hände zu spielen. Durch die Thätigkeit und das Talent ausgezeichneter französischer Genieoffiziere, die von Napoleon mit gutem Vorbedacht der Gesandtschaft beigegeben waren, namentlich des Generals Foy, wurden die Küsten schnell mit Vertheidigungsanstalten und Vertheidigern bedeckt, und Admiral Duckworth mußte sich glücklich schätzen, daß er ohne großen Verlust wieder aus den Dardanellen entkam.

Nach der Rückkehr von dieser mislungenen Expedition segelte Smith nach Portugal und von da mit der portugiesischen Flotte, auf welcher sich der vor den Franzosen fliehende Prinz-Regent von Portugal mit seinem Hofe befand, nach Brasilien. Da er später hier Interessen vertheidigte, die mit denen Englands nicht harmonirten, wurde er zurückgerufen und lebte seit dieser Zeit ohne Anstellung auf dem festen Lande; die Ungnade, in welche er gefallen war, wurde allgemein sei-

nen Verbindungen mit der Prinzessin von Wales, nachmaligen Königin Charlotte, zugeschrieben. Indessen wurde er später zum Viceadmiral ernannt und 1812 nach dem mittelländischen Meere geschickt, mit dem Auftrage, in der guten Jahreszeit Toulon zu blockiren und im Winter in Port Mahon auf der Insel Minorca zu liegen, freilich eine Aufgabe, die für Smith's rastlosen Geist wenig erfreulich war. Um in diese einförmige Beschäftigung einige Abwechselung zu bringen, führte er theatralische Unterhaltungen in Mahon ein und errichtete auf seinem Schiffe ein Lesecabinet; sein Admiralschiff war überdies mit einer vollständigen Druckerpresse versehen und ein an Bord desselben gedrucktes Buch wurde von Smith der Bodlejanischen Bibliothek zu Oxford überreicht.

Im J. 1814 begab sich Smith im Auftrage mehrer philanthropischen Gesellschaften in England nach Wien, um beim Congresse die Abschaffung der Christensklaverei und eine Expedition gegen die Barbareskenstaaten zu betreiben; da diese Sendung ohne Erfolg blieb, bildete er im folgenden Jahre zu Paris eine antipiratische Gesellschaft, die 1818 wieder aufgelöst wurde. In Paris lebte Smith bis zum Jahre 1830, wo er, von Wilhelm IV. zum Generallieutenant der Marine ernannt, auf einige Zeit nach London ging, bald aber wieder nach Paris zurückkehrte. Hier starb er am 26. Mai 1840.

Die Galvanoplastik.

Unter den großen Entdeckungen, die in der neuesten Zeit in der Physik und Technologie gemacht worden sind, ist die von dem Hofrath und Akademiker Jacobi in Petersburg erfundene Galvanoplastik ohne Zweifel eine der wichtigsten und folgenreichsten. Man versteht darunter, um des Erfinders eigene Worte zu brauchen, das Verfahren, cohärentes Kupfer in Platten oder nach sonst gegebenen Formen unmittelbar aus Kupferauflösung auf galvanischem Wege zu produciren. Jacobi kam auf die dem Verfahren zum Grunde liegenden Erscheinungen durch Zufall zu Dorpat im Febr. 1837; er verfolgte die Sache weiter und in der Sitzung der petersburger Akademie vom 5. Oct. 1838 wurde ein von ihm verfaßtes Schreiben verlesen, welches das Wesentliche der ganzen Erfindung beschreibt; nachher ist dieselbe theils von ihm, theils von Andern, unter denen der Engländer Spencer in Liverpool darum zu nennen ist, weil er die Erfindung als die seinige in Anspruch nimmt, noch weiter ausgebildet worden. Statt des von ihm erbetenen zehnjährigen Privilegiums hat Jacobi von der russischen Regierung die Belohnung von 25,000 Silberrubeln unter der Bedingung erhalten, daß er eine ausführliche Beschreibung seiner Erfindung herausgeben sollte. Dieselbe ist vor kurzem zu Petersburg sowol in russischer als in deutscher Sprache erschienen und bei der großen Wichtigkeit der Sache scheint es uns angemessen, einen Auszug daraus zu geben, um die früher mitgetheilten Angaben zu vervollständigen.

Schon seit dem Anfange des 19. Jahrhunderts wußte man, daß die elektrischen Ströme fast alle zusammengesetzten Stoffe in ihre Bestandtheile zerlegen und besonders die Metalle aus ihren Auflösungen oder Verbindungen wiederherstellen (reduciren); bisher erhielt man aber die Metalle gewöhnlich nur in Pulverform oder in Krystallen und Blättern. Man kann aber Kupfer in metallischer Form aus Kupferauflösungen dargestellt erhalten, wenn man die beiden die galvani-

*

sche Kette bildenden Metalle (gewöhnlich Zink und Kupfer) in verschiedene Flüssigkeiten bringt, die durch eine poröse Scheidewand, welche den elektrischen Strom durchläßt, getrennt sind, und zwar das Zink in eine verdünnte Säure (Schwefelsäure) oder Salzauflösung (von Kochsalz, Salmiak, Glaubersalz u. s. w.), das Kupfer in eine Auflösung von Kupfervitriol. Dann entwickelt sich nach vorgängiger Schließung der galvanischen Kette an der Zinkplatte Sauerstoffgas, welches das Zink, wenn es nicht amalgamirt ist, angreift und sich mit demselben zu Zinkvitriol verbindet, aus der Kupferauflösung aber schlägt sich auf der Kupferplatte metallisches Kupfer nieder und bildet allmälig eine zweite feste Kupferplatte; das an der Kupferplatte entwickelte Wasserstoffgas wird nicht frei, wie bei einem gewöhnlichen galvanischen Apparate der Fall sein würde, sondern dient dazu, das Kupfer in metallischer Form darzustellen. Galvanische Apparate dieser Art haben noch den großen Vorzug, daß sie Tage, ja Wochen lang in ununterbrochener und gleichförmiger Wirksamkeit bleiben, während in der gewöhnlichen die Kraft sehr schnell abnimmt; daher können jene Apparate, wie sich von selbst versteht, bei allen andern Anwendungen des Galvanismus, wo eine längere Dauer und gleichförmige, aber weniger intensive Stärke des galvanischen Stroms erheischt wird, mit großem Vortheil gebraucht werden. Den Haupttheil des galvanischen Apparats bildet ein völlig wasserdichter und außerdem durch Asphaltkitt oder Pechüberzug gegen den Angriff der Säure geschützter hölzerner Kasten (statt dessen man wol noch besser einen von Glas oder Porzellan nehmen kann). In die Seitenwände des Kastens, welche deshalb zwei Furchen enthalten, wird eine Platte von schwach gebranntem und unglasirtem Thon oder Porzellan dicht eingekittet; man kann jedoch auch zur Trennung der Flüssigkeiten thönerne Gefäße oder statt des Thons andere Substanzen, z. B. weiches Holz, thierische Blase, braunes englisches Papier, Pergament, Leder, dichtgewebte Zeuge u. s. w. anwenden. Die Kupfervitriolauflösung in der Kupferzelle muß so gesättigt als möglich sein und wird am besten heiß bereitet; der volle Sättigungsgrad muß fortwährend erhalten werden, was durch einen Vorrath kleingestoßener Kupfervitriolkrystalle bewirkt wird. Die Flüssigkeit in der Zinkzelle muß von Zeit zu Zeit erneuert oder wenigstens mit Wasser verdünnt werden, da sie sich nach und nach durch das aufgelöste Zink zu sehr sättigt und endlich krystallisirt. Wir bemerken hier zugleich, daß das gebildete Zinkvitriol mit Vortheil wieder verwerthet werden kann. Wenn die Reduction oder Kupferbildung regelmäßig von statten geht, so erkennt man dies an der hellrothen Fleischfarbe des gebildeten Kupfers; ist die Farbe dunkler, so muß man den Strom schwächen, weil sonst das Kupfer nicht gut wird. Die zweite Platte, welche man auf diese Weise erhält, was freilich mehre Tage erfodert, unterscheidet sich von einer gewöhnlichen Kupferplatte durch etwas größere Sprödigkeit (bei langsamer Bildung erlangt sie eine größere Zähigkeit) und liefert eine vollkommen genaue Copie der Originalplatte, nur daß sie natürlich Das, was diese vertieft enthält, erhaben enthält und umgekehrt. Sie enthält selbst das kleinen, nur durch Vergrößerungsgläser sichtbaren Striche, welche beim Poliren der Originalplatte, sowie diejenigen die Poren der Haut zeigenden Flecke, welche bei einer Berührung derselben mit dem Finger entstanden sind, sodaß es keinem Zweifel unterliegt, daß die Galvanoplastik an Sicherheit, Schärfe und Genauigkeit alle Methoden, Copien durch Abguß oder Abdruck zu erhalten, weit übertrifft. Das Trennen beider Platten

wird nach dem Abfeilen der übergreifenden Ränder mit leichter Mühe bewerkstelligt, wenn nur das Kupfer des Originals von guter Beschaffenheit, nicht schwammig, porös oder blättrig und frei von sogenannten Aschenflecken war, wenn die galvanisch gebildete Platte die gehörige Dicke erlangt hat und wenn die Züge des Originals nicht untergearbeitet waren (in welchem Falle selbst ein Gypsabguß sich nicht abheben lassen würde). Die durch den galvanischen Proceß gewonnenen Kupferplatten eignen sich nicht nur trefflich zum Graviren und gewähren den Vortheil, daß sie die Mühe des Schleifens und Polirens ganz überflüssig machen, sondern die auf ihnen niedergeschlagenen Platten lassen sich vorzüglich leicht ablösen. Zur Erleichterung der Trennung dient es, wenn die Originalplatte vorher mit einer dünnen Fett- oder Ölschicht überzogen wird, wie sie z. B. nach der Fertigung eines Stearinabgusses zurückbleibt. Ganz besonders leicht geht die Trennung bei versilberten oder vergoldeten Platten von statten.

Das beschriebene Verfahren hat außer andern Übelständen den Nachtheil, daß man sowol hinsichtlich der Gestalt als der Größe der darzustellenden Platten zu sehr beschränkt ist; aber durch eine zweite sogleich zu beschreibende Methode ist es Jacobi gelungen, jene Übelstände zu beseitigen und somit das Feld der Galvanoplastik sehr bedeutend zu erweitern. Nach dieser Methode ist der Apparat oder Behälter, in welchem die Bildung der Kupferplatte vor sich geht, von dem galvanischen Apparate, der ganz auf die vorhin beschriebene Art vorgerichtet ist, völlig getrennt. Der erstere ist nur mit einer beinahe gesättigten Kupferauflösung angefüllt, in welcher sich zwei Kupferplatten befinden; diese sind mit den beiden Polen des galvanischen Apparats durch metallische Leitungen (Drähte oder Streifen) verbunden. Die mit dem Kupferpole verbundene Platte, an welcher Sauerstoff entsteht, löst sich allmälig auf, während sich die andere Platte (an welcher Wasserstoff entsteht) mit cohärentem hellrothem Kupfer überzieht. Die Kupferauflösung bleibt hier immer gesättigt, da fast genau so viel Kupfer, als der Flüssigkeit entzogen wird, durch Auflösung der mit dem Kupferpole verbundenen Platte wieder ersetzt wird. Bei diesem Verfahren wird theils die Scheidewand in dem zur Kupferbildung dienenden Gefäße erspart, theils die Zeit der Operation abgekürzt; täglich wird etwa eine $\frac{1}{6}$ Linie dichte Kupferschicht erzeugt, was ungefähr die Dicke eines starken Kartenblattes ist. Zu bemerken ist übrigens, daß das niedergeschlagene oder reducirte Kupfer sich auf dem Original leichter vertheilt, wenn dieses eine horizontale, als wenn es eine verticale Lage hat. Die sich auflösende Kupferplatte bedeckt sich gewöhnlich mit einem schwärzlichen oder braunrothen Pulver, welches, wenn es auf die andere Kupferplatte niederfällt, das niedergeschlagene Kupfer brüchig macht. Um dies zu verhüten, braucht man nur Leinwand, Flanell oder einen ähnlichen Stoff zwischen beiden Platten auszuspannen.

Die Originalplatte braucht nicht aus Kupfer zu bestehen; man kann auch Platten von andern negativen Metallen, namentlich Platina, Gold und Silber nehmen. Auch Letternmetall, Zinnlegirungen und Blei sind brauchbar; zwar wird reines blankes Blei von der Kupfervitriolauflösung ein wenig angegriffen, aber sobald sich eine dünne Kupferhaut gebildet hat, hört die fernere Auflösung auf; man kann daher gravirte Kupferplatten mit einer starken Walzenpresse auf Bleiplatten abdrucken und dann von diesen galvanische Copien nehmen. Reines Zinn ist nur dann anzuwenden, wenn man sich mit einem geringern Grade von

Schärfe und Reinheit begnügen will; Eisen, Zink und Messing sind dagegen ganz unbrauchbar. Will man kupferne Abgüsse von nicht metallischen Gegenständen erhalten, so muß man sie vorher mit einer dünnen Metall= oder Graphitschicht überziehen; diese ist hinreichend, da es auf die Dicke der leitenden Substanz fast gar nicht ankommt. So kann man Originale von unglasirtem Thon, Porzellan, Schiefer, Gyps, Schwefel, Stearin (das sehr scharfe Abgüsse liefert und sich gut hobeln und drehen, wahrscheinlich auch graviren läßt), Siegellack, Holz u. s. w. brauchen, wenn man sie zuvor mit dünnen Metallblättern, Folien oder zarten Metall=, Graphit= oder Kohlenpulvern überzieht. Ein sehr schönes Kupferpulver erhält man durch Fällung aus salpetersaurer Kupferauflösung mittels des Eisens. Den Metallpulvern ist der fein geschlämmte Graphit, den man mit Wasser zu einem dicken Brei rührt und dann aufstreicht oder auch trocken mit einem mit Öl befeuchteten Pinsel aufträgt, darum noch vorzuziehen, weil er sich feiner vertheilt und besser haftet. Will man Gyps als Original brauchen, so muß er vorher einer besondern Vorbereitung unterworfen werden, damit er der Nässe widerstehen kann; dieselbe besteht darin, daß man ihn in einer heißen Mischung von Stearin und Wachs so lange tränkt, als noch Luftblasen aufsteigen. Da aber die dünn vertheilte Metall= oder Graphitschicht schlecht leitet, so erfodert die Anbringung des Leiters bei nicht metallischen Substanzen größere Sorgfalt und Vorsicht; am besten thut man, wenn man das Modell mit einem Metallstreifen umgibt.

Was nun die Anwendungen der Galvanoplastik betrifft, so sind diese höchst mannichfaltig und zahlreich. Zuvörderst kann man durch dieselbe treue Copien von gestochenen Kupferplatten bekommen, indem man erst eine galvanische Copie nimmt, welche Das, was auf dem Originale vertieft ist, erhaben zeigt, dann von dieser wieder eine zweite Copie, die nun dem Originale völlig gleich ist und ebenso wie dieses gravirt erscheint. Ferner kann man ganz auf dieselbe Weise Copien von Münzen, Medaillen und erhabenen oder getriebenen Metallarbeiten erhalten. Um den Abdruck einer kupfernen, silbernen oder bronzenen Münze zu erhalten, legt man sie unmittelbar auf die im galvanischen Apparate befindliche Kupferplatte (wenn diese nämlich eine horizontale Lage hat) und überklebt dann den freibleibenden Theil der letztern auf der obern, dem Zink zugekehrten Seite mit Wachs, um zu verhindern, daß sich auch auf jenem Theile unnöthigerweise Kupfer niederschlägt, was der Copie verloren gehen würde. Daß sich von der so erhaltenen vertieften Copie auf bekannte Weise, durch Ausgießen mit Wachs, Gyps, Schwefel u. s. w., eine erhabene, dem Originale völlig gleiche Copie nehmen läßt, braucht kaum erst erwähnt zu werden. Auch für die Buchdruckerei ist die Galvanoplastik von der höchsten Wichtigkeit; man kann nämlich mittels derselben kupferne Matrizen zu einzelnen Lettern oder ganzen Stereotypplatten (unmittelbar über einem Lettersatze) erhalten und dann diese Matrizen entweder auf gewöhnliche Weise mit Lettermetall ausgießen, oder auf galvanischem Wege den Satz selbst, welcher zum Abdrucke verwandt werden soll, von reducirtem galvanischen Kupfer anfertigen. Durch die Galvanoplastik lassen sich ferner Holzschnitte ungleich schärfer und treuer als durch die bisher gewöhnliche Methode des Clichirens vervielfältigen. Dieselbe besteht darin, daß von dem Originalholzschnitte, welcher an und für sich nur eine beschränkte Anzahl von Ab-

drücken gestattet, ein Abguß von Gyps gefertigt und dieser dann wieder mit einem leicht flüssigen Metall ausgegossen wird, wodurch man ein sogenanntes Cliché erhält, das nun zu Abdrücken mittels der Presse verwandt werden kann. Hierbei füllt aber weder der Gyps die Vertiefungen des Holzes, noch das Metall die des Gypses genau aus, während die Vollkommenheit der galvanischen Kupfercopie nichts zu wünschen übrig läßt. Um hierbei den Originalholzschnitt mit einer dünnen Metallhaut zu überziehen und zwar zu versilbern, hat der schon oben genannte Spencer in Liverpool ein besonderes Verfahren angegeben und sich ein Patent darauf ertheilen lassen; dasselbe besteht in Folgendem. Er bringt in starken Alkohol, der sich in einem mit Kork zu verschließenden Arzneiglase befindet, ein Stück Phosphor, stellt dann das Glas einige Minuten in heißes Wasser und schüttelt es von Zeit zu Zeit um. Hierauf taucht er die Oberfläche der Holztafel einige Secunden lang in eine schwache Auflösung von salpetersaurem Silber, die sich in einer flachen Schale oder auf einem Teller befindet, wodurch sich die Flüssigkeit in das Holz hineinzieht. Endlich gießt er eine kleine Quantität der Phosphorauflösung in ein Schälchen oder Uhrglas und hält die Holztafel mit ihrer gestochenen Oberfläche über den entstehenden Dampf, wodurch sich das salpetersaure Silber sofort in Phosphorsilber verwandelt, auf welches der galvanische Niederschlag sich ablagern kann. Das ganze Verfahren dauert wenige Minuten; man kann auch eine Auflösung von Phosphor in Äther und statt der Silberauflösung eine solche von Chlorgold oder Chlorplatina nehmen. Abdrücke von kupfernen, auf diese Weise gewonnenen Copien versilberter Holzschnitte sind von den Abdrücken des Originals auf keine Weise zu unterscheiden. Auch die Stempel zu großen Anfangsbuchstaben und andern typographischen Verzierungen brauchen künftig nur in hartem Holze geschnitten zu werden, da es so leicht ist, kupferne Copien zu erhalten. Ferner lassen sich auf galvanoplastischem Wege leicht erhalten: Formen zum Tapeten= und Kattundrucke, Formen zu den in neuester Zeit aufgekommenen Landkarten und Plänen von Städten in relief, Formen zur Anfertigung von gebrannten Steinen und andern mit erhabenen Verzierungen versehenen Thongegenständen u. s. w. Basreliefs und andere halberhabene Kunstgegenstände, deren Original am besten aus Wachs bossirt wird, lassen sich nach Belieben in Metall oder in Gyps ins Unendliche vervielfältigen, ohne daß im ersten Falle ein Nacharbeiten oder Ciseliren nöthig wäre. Endlich setzt uns die Galvanoplastik in den Stand, künftig unsere Gebäude sowol innerlich als äußerlich mit wohlfeilen und zahlreichen Verzierungen von Bronze auszustatten.

Will man freilich auf galvanischem Wege ganze Figuren oder Gegenstände aus einer complicirten, aus vielen Stücken bestehenden Form anfertigen, so ist dies mit weit größern Schwierigkeiten verbunden, die aber nicht unüberwindlich sein dürften. Von einer in Wachs bossirten Büste en haut relief erhielt Jacobi durch folgendes Verfahren einen ziemlich guten galvanischen Abguß. Das Original wurde mit einer dünnen Graphitschicht überzogen, dem galvanischen Processe unterworfen und überzog sich nun vollständig mit einer dünnen Kupferschicht; hierauf wurde das Wachs ausgeschmolzen, die so erhaltene hohle Form im Innern durch Terpenthinspiritus gereinigt und dann ihrerseits dem galvanischen Processe unterworfen. Dadurch schlug sich in ihrem Innern Kupfer nieder und nachdem dieses eine genügende Dicke erlangt hatte, wurde die dünne äußere

Hülle abgelöst, worauf man endlich die wahre Copie des Originals erhielt. Ein großer Übelstand liegt bei diesem Verfahren darin, daß sowol das Original als die zuerst gebildete kupferne Copie verloren geht. Mit ähnlichen Versuchen hat sich dem Vernehmen nach auch der verdiente Steinheil in München beschäftigt; er producirt auf galvanischem Wege die Hälften runder Körper einzeln, die sich dann leicht zusammenlöthen lassen.

Erst vor kurzem hat Jacobi's Verfahren durch den scharfsinnigen Akademiker und Professor von Kobell in München eine ganz neue und sehr wichtige Anwendung erhalten, nämlich auf Herstellung von Kupferstichen oder Vervielfältigung von Gemälden in Tuschmanier durch den gewöhnlichen Kupferdruck, jedoch ohne das bisher übliche Ätzen, Radiren u. s. w. Zu diesem Ende wird das zu copirende Bild in einer Farbe (zu welcher man das in der Porzellanmalerei zur Anwendung kommende sogenannte Eisenroth brauchen kann) mit eingedicktem Terpentinöl, wie es die Porzellanmaler brauchen, oder einer Auflösung von Dammaraharz mittels eines Pinsels auf eine blanke Platte von Silber oder Kupfer gemalt, und zwar so, daß die blanken Stellen des Metalls die höchsten Lichter, die gedeckten aber die Schatten liefern. Hohes Auftragen ist durchaus unnöthig, ja das Bild wird desto besser und schneller wiedergegeben, je zarter und feiner es gemalt ist; die Farbe muß nach dem Trocknen auf der Unterlage gut haften. Die bemalte Platte wird, nachdem sie völlig trocken geworden, mit der Zeichnung nach oben auf die horizontale Kupferplatte in einen galvanischen Apparat der zuerst beschriebenen Art gelegt, der am besten folgende Einrichtung hat. In einen aus Glasplatten zusammengesetzten Kasten ist ein Pergamentrahmen gehängt; in jenem liegt eine Kupferplatte, in diesem auf Glasstäben eine Zinkplatte; von beiden gehen Kupferstreifen aus, die durch eine Schraubenzwinge aneinander befestigt werden können. Man legt die bemalte Platte so, daß die Scheidewand von Pergament etwa ½ Zoll oder weniger von der Zeichnung absteht; der freibleibende Theil der nicht bemalten Kupferplatte wird mit Wachs überzogen. Hierauf gießt man in beide Abtheilungen des Glasgefäßes die oben angegebenen nöthigen Flüssigkeiten, worauf sogleich die galvanische Wirkung beginnt und die gemalte Kupferplatte sich mit einer Kupferschicht überzieht, welche nach vier bis fünf Tagen zu einer hinlänglich dicken Kupferplatte wird. Die letztere kann durch Abfeilen der Ränder von der gemalten Platte gewöhnlich leicht getrennt, und nachdem sie durch Äther von den anhängenden Farbentheilen gereinigt worden ist, unmittelbar zum Abdrucke gebraucht werden. Die Abdrücke geben die genaueste Copie des Originals, in welcher auch die zartesten, nur durch einen Hauch von Farbe hervorgebrachten Töne zum Vorschein kommen, und sehen wie getuscht aus. Übrigens kann in eine solche Platte noch nachträglich radirt und gravirt werden, um Einzelnes nach Willkür kräftiger geben zu können. Die Erfindung Kobell's wurde durch die Bemerkung veranlaßt, daß auch nicht leitende Substanzen von geringer Masse, z. B. Öltropfen, sich bei der galvanischen Zersetzung des Kupfervitriols mit Kupfer belegen, wenn sie von leitenden unterbrochen und umgeben sind. Zuerst schlägt sich das Kupfer nur auf den nicht bemalten blanken Stellen der Platte nieder; diese niedergeschlagenen Schichten werden nach oben zu immer dicker, wachsen endlich oben zusammen und bilden auf diese Weise auch über den bemalten, nicht leitenden Stellen einen Niederschlag, wel-

cher von der übermalten Kupferfläche nur um die Dicke der aufgetragenen Farbenschicht entfernt ist, also eine Kupferplatte, welche das gemalte, etwas erhabene Bild schwach vertieft enthält, als wenn es geätzt worden wäre.

Wie ungemein wichtig diese Anwendung des Jacobi'schen Princips ist, wird unsern Lesern wol auf den ersten Blick einleuchten, wiewol die Überzeugung an Stärke außerordentlich gewinnt, wenn man Abdrücke, die auf diesem Wege erhalten sind, selbst gesehen hat. Einer der größten Vortheile dieser Methode liegt darin, daß Jeder ohne besondere Kenntnisse dadurch in den Stand gesetzt wird, irgend eine Zeichnung oder ein Bild durch den Kupferdruck zu vervielfältigen. Für die Kunst aber hat die Methode einen ungleich höhern Werth, als die Production der Daguerre'schen Lichtbilder; denn während das Daguerrotyp nichts weiter leistet, als daß es wirklich vorhandene Gegenstände, und zwar im Allgemeinen nur solche, denen Leben und Bewegung mangelt, mit mathematischer Genauigkeit wiedergibt, bietet die neue Erfindung ein Mittel dar, um jede beliebige Schöpfung der bildenden Kunst mit größter Leichtigkeit und gleichfalls mit einer Genauigkeit, die nichts zu wünschen übrig läßt, zu vervielfältigen.

Der eifrige Fischer.

Es ist bekannt, wie die Norweger geborene Seeleute und Fischer sind, dies bestätigt folgender Vorfall, der sich vorigen Herbst in der Nähe von Christiansand ereignete. Ein fischender Greis von 76 Jahren ward von einem gewaltigen Lachse, den er an der Angel hielt, in den tiefen Strom hinabgerissen. Er hätte sich sofort retten können, wenn ihm mehr am Leben als an der herrlichen Beute gelegen gewesen wäre. Doch diese wollte er nicht fahren lassen. Mit vieler Mühe gelang es einigen Herzueilenden, den hartnäckigen Fischer, doch nicht ohne den Fisch, von welchem er sich durchaus nicht trennen wollte, aufs Trockene zu bringen. Sofort lud das unansehnliche Männchen das zappelnde große Thier auf den Rücken und trollte wohlgemuth von dannen.

Obst und Obsthandel in Petersburg.

Je seltener in Rußland die Obstbäume werden, desto reichlicher und häufiger sind beerentragende Gebüsche, was man schon in Kurland und Liefland, noch mehr aber bei Petersburg wahrnehmen kann. Alle esthnischen und finnischen Wälder sind voll Erdbeeren, von denen ungeheure Ladungen in Petersburg auf den Markt kommen; auch Heidelbeeren, Preißelbeeren, sowie viele unbekannte Beeren gedeihen in Menge und Stachelbeeren, Himbeeren, Johannisbeeren erlangen eine bei uns unbekannte Größe und Güte. Die Russen und Finnen brauchen die Beeren in ihren Wirthschaften auf vielfache Weise; sie machen sie theils mit Zucker ein, theils trocknen sie dieselben und trinken Thee davon; auch brauchen sie fast alle zur Bereitung ihrer zahlreichen Liqueure. Die wohlschmeckendsten Beeren kommen noch weiter aus dem Norden, dies sind die in Petersburg beliebten Mamurami oder nordischen Brombeeren, die unter dem Moos in Nordfinnland am besten gedeihen und eingezuckert nach Petersburg kommen.

Unsere deutschen Obstsorten können im Allgemeinen

den petersburger Winter nicht ertragen. Äpfel= und Birnenarten läßt man wol im Freien überwintern, sie geben aber dann auch nur eine schlechte Frucht; außerdem kommen auch einige saure Kirschenarten im Freien fort. Alles andere Steinobst aber, Pflaumen, Aprikosen, Kirschen u. s. w., zieht man in Treibhäusern, die man Kirschenhäuser nennt, welche man im Winter hermetisch verschließt und nur im heißen Sommer durch Wegnahme der Glasdächer und Holzwände der frischen Luft öffnet. In solchen Kirschenhäusern erziehen die Reichen in ihren Gärten Pflaumen und Kirschen, wie wir Feigen und Orangen, aber diese wie jene bleiben an Süßigkeit und Wohlgeschmack hinter denen zurück, die im Freien wachsen. Man zieht auch kleine Kirschen= und Pflaumenbäume in Töpfen und besetzt bei großen Festen die Tafel mit solchen fruchttragenden Bäumchen, die oft dahin gebracht werden, einen großen Reichthum von Früchten zu erzeugen. Alle reifen und vollkommenen Früchte kommen theils aus Südrußland, theils aus dem Auslande. Die Russen selbst warten fast bei keiner Frucht die Reife ab und bringen die meisten unzeitig zu Markte. Die Weintrauben kommen vorzüglich aus Astrachan am kaspischen Meere und Malaga in Spanien, Äpfel aus Pommern (Stettin) und der Krim. In Stettin werden in jedem Herbste ganze Schiffsladungen von Äpfeln aus allen Theilen Deutschlands nach Petersburg verladen. Die Äpfel aus der Krim, welche dort von Tataren gezogen und mit den Obst=Karavanen durch ganz Rußland verführt werden, sind in Petersburg und Moskau die beliebteste Frucht; sie haben ein festes, der Fäulniß lange trotzendes Fleisch, sind sehr saftig und von der Größe und Form der Gänseeier. Eine im russischen Norden vorzüglich gut gedeihende Apfelart sind die Glasäpfel, deren Fleisch und Schale bei vollkommener Ausbildung so durchsichtig ist, wie mattes grünliches Krystallglas. Birnen, Aprikosen, Pfirsichen sind in Petersburg weit seltener, weil sie sich schwer transportiren lassen; die Birnen kommen eingezuckert aus Kiew und die Pfirsichen und Aprikosen theils getrocknet theils eingemacht aus Persien und dem Kaukasus.

Die Fruchtläden Petersburgs finden sich in der ganzen Stadt zerstreut, aber die vornehmsten und elegantesten befinden sich in langer Reihe, 20 an der Zahl, auf derjenigen Straße, welche die Perspective heißt. Wegen des Geschmacks, mit welchem ihre Waaren angeordnet und aufgestellt sind, gewähren sie einen interessanten und anziehenden Anblick. Die Früchte hängen an Schnuren, bekränzen die Fenster und Wände oder bedecken, in zierlichen Figuren und malerischen Gruppen zusammengestellt, die Tische und Schränke; zur Ausfüllung der Zwischenräume aber dienen fruchttragende Erdbeersträuche und Kirschbäumchen oder symmetrisch vertheilte Blumensträuße. Man findet in diesen Läden nicht nur frische, sondern auch eingemachte und eingezuckerte Früchte, welche großen Absatz finden, da die Russen Süßigkeit, besonders süße Fruchtsäfte sehr lieben und in großer Menge consumiren: Äpfel, Kirschen, Erdbeeren, Ananas und Aprikosen, so lange sie noch selten sind, ferner Rosinen, Mandeln, Feigen, Nüsse, Apfelsinen, moskauische eingemachte Beeren, kiewsche Confecte, türkische Gebäcke in Schachteln u. s. w. Erdbeeren und Kirschen findet man hier schon um die Mitte des März und sie werden ihres hohen Preises ungeachtet (10—20 Rubel Bco., d. i. 1—2 Dukaten für den Teller) in Menge gekauft; im April sind die Erdbeeren schon veraltet und an ihre Stelle treten Kirschen und halbreife Aprikosen. In der Kunst, die Früchte und Gemüse früh

zu zeitigen, haben es die Russen weit gebracht, ohne in der höhern Gärtnerei etwas zu leisten, weshalb alle Pflanzenhandlungen und Kunstgärtnereien im Besitze von Deutschen sind. Unter den vielen großen Treibhäusern Petersburgs enthält die Orangerie des taurischen Palastes eins der größten, wie aus folgenden Angaben erhellt. Dreißig große und kleine Säle sind mit Blumen, Gemüsen und Obstbäumen gefüllt. Einige enthalten Lauben und Alleen von Weinstöcken nach Art der am Rhein üblichen Weinpflanzungen; einem Reisenden, der das Treibhaus am 28. Febr. 1837 besuchte, wurde versichert, daß die Trauben im Anfang des Juni völlig reif sein würden und eine Ernte von 50 Centnern hoffen ließen. Auf die Menge der Aprikosenbäume, die zu jener Zeit in der schönsten Blüte standen, läßt sich daraus schließen, daß man Ende Mai 25,000 Stück reife Aprikosen ernten zu können hoffte. Erdbeerbüsche waren in 15,000 Töpfen gepflanzt; die meisten trugen schon reife Früchte. Die Bohnen waren in 6000 Töpfen vertheilt; die Levkoien und andere Blumen füllten deren 10—11,000 u. s. w. Bemerkenswerth ist, daß man in den russischen Gewächshäusern nicht, wie in den englischen, Pflanzen aus allen Welttheilen findet, die großentheils nur für Blumisten und Botaniker ein Interesse haben, sondern fast alle enthalten ausschließlich solche Gewächse, die sich zum Schmucke der Zimmer oder der Tafel, sowie für die Zwecke der Küche verwenden lassen.

Der Antinous.

Ein Mann von 60 Jahren und von hoher schöner Gestalt, dessen ungemein schönes Gesicht sich besonders durch Regelmäßigkeit auszeichnet, wird vor das Zuchtpoliceigericht in Paris gebracht.

Präsident. „Wie heißen Sie?"

„Pierre Simeon Tripet, genannt Antinous."

„Sie sind angeklagt, in den Häusern gebettelt zu haben."

„Sie sehen in mir die Nichtigkeit des Ruhmes und die Unbeständigkeit alles Menschlichen .. Ich führte die Lanze des Achilles, ich trug den Schild Alexander's. Gar mancher Rosenkranz zierte meine stolze Stirn und jetzt — muß ich mich an die Mildthätigkeit des Publicums wenden, um nur ein Stück Brot zu erhalten."

„Was soll das heißen? Mit dem Manne scheint es nicht richtig zu sein."

„Oh, darüber können Sie ganz ruhig sein; der Kopf ist noch gut. Was ich sage, setzt Sie in Erstaunen? Das wird aufhören, wenn ich Ihnen sage, daß ich Modell bin, d. h. Modell war und das erste vor allen, ich darf es laut sagen."

„Ich verstehe. Haben Sie keine Mittel zum Unterhalte mehr?"

„Keines. Im Stolze meines Glückes wähnte ich, meine Jugend würde ewig währen .. Ich war so schön! Unter dem Directorium hätten Sie mich sehen sollen! Die Künstler stritten sich untereinander um meinetwillen. Vien wäre ohne mich nichts gewesen, und David, der berühmte David verdankt seinen schönsten Erfolg meinem Torso. Sie können mich auf dem Raube der Sabinerinnen sehen, der Zweite links im Vordergrunde .."

„Dies Alles ist der Anklage fremd, um die es sich hier handelt."

„Ja, aber es ist doch schmerzlich, so tief gefallen

zu sein, nachdem man so hoch gestanden hat. Sowie Sie mich hier sehen, bin ich in den Hauptstädten der Welt — im Einzelnen. Ich habe einen Fuß in Preußen, einen Schenkel in Amsterdam. Mein Torso ist überall, denn der Torso war immer das Beste an mir. Das tröstet mich noch."

„Noch einmal, gestehen Sie, gebettelt zu haben?"

„Ich mußte es wol, da ich meine Schönheit verloren. Ich wähnte, sie würde ewig dauern, aber der Rücken Achill's ist gekrümmt, die Kniee des Philoktet sind steif geworden, Ajax hat einen dicken Bauch bekommen und Hektor ist kurzathmig. Ich tauge zu

nichts mehr, nicht einmal zu einem Diogenes mag man mich trotz des treuen Costums; nur zu einem alten Bettler werde ich noch sitzen können." Der Angeklagte setzt sich nieder und ein trauriges Lächeln schwebt über sein ernstes Antlitz.

„Haben Sie Niemanden, der sich Ihrer annehmen kann?"

„Niemanden in der Welt. Meine Ältern habe ich nicht gekannt und meine Künstler sind todt."

Das Gericht verurtheilt Tripet zu eintägigem Gefängniß und verfügt seine Verweisung in eine Versorgungsanstalt.

Das Bergpferd.

Die Bergpferd = Jagd.

Die Thierwelt von Südafrika enthält mehre Arten des Pferdegeschlechts, die jenen Gegenden eigenthümlich zu sein scheinen. Sie übertreffen zum Theil an Eleganz der Form und Schönheit der Farbe noch das eigentliche Pferd, sind aber bisher von den Menschen nur als Nahrungsmittel benutzt worden, ähnlich dem wilden, feurigen Dschiggetai oder Halbpferde Asiens, das zwischen Pferd und Esel die Mitte hält. Jene Arten sind: das Zebra, der Quagga und das Bergpferd. Das Zebra, das in seiner Gestalt mehr dem Esel ähnlich ist, ist schön und regelmäßig, weiß und braun gestreift, hat aber weiße Beine. Der Quagga, dem Pferde ähnlicher als das Zebra, ist braun und hat am Halse und Schultern weißliche Querstreifen. Das Bergpferd, auch wilder Paard, von den Hottentotten Dau genannt, ist isabellengelb und hat an allen

Theilen des Körpers, selbst an den Füßen, weiße und schwarze Streifen; es ist etwas kleiner als der Esel und hat eine aufrecht stehende Mähne. Von dem Zebra unterscheidet sich das Bergpferd außer durch Farbe und Beschaffenheit der Streifen, auch durch seine Lebensart; jenes ist ein Bewohner der Ebene, dieses liebt mehr die Berge. Man findet das Bergpferd zwar in der Ebene in der Nähe der Gebirge; wenn es aber verfolgt wird, flieht es in die letztern. Beide Thiere gewähren ein sehr schönes Ansehen, wenn sie in ganzen Heerden vor dem Jäger fliehen. Das Fleisch aller dieser Thiere wird von den Eingeborenen geliebt, wiewol es nach dem Urtheile von Europäern nicht wohlschmeckender als unser Pferdefleisch ist; selbst der Löwe soll ihr Fleisch dem trockenen und zähen mehrer Antilopenarten jener Gegend vorziehen.

Herausgegeben unter Verantwortlichkeit der Verlagshandlung F. A. Brockhaus in Leipzig.

1

Das Pfennig-Magazin

für

Verbreitung gemeinnütziger Kenntnisse.

407.]   Erscheint jeden Sonnabend.   **[Januar 16, 1841.**

Die vierte Säcularfeier der Erfindung der Buchdruckerkunst.

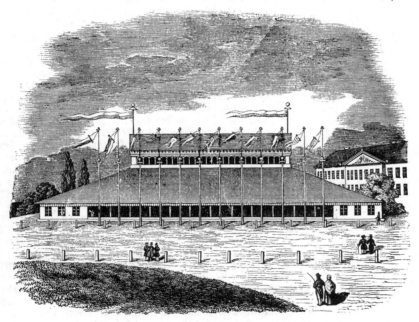

Festhalle auf dem Augustusplatze zu Leipzig.

Ein ebenso schönes als seltenes Fest, dessen Wiederkehr keiner der Jetztlebenden zu erleben hoffen darf, ist in dem verflossenen Jahre in einer großen Anzahl von Städten innerhalb und außerhalb der deutschen Grenzen gefeiert worden, ein Fest, das jeden Gebildeten zur lebhaften Theilnahme auffodern mußte — das vierhundertjährige Jubiläum der Erfindung der Buchdruckerkunst. Gemeinsame Übereinkunft, getroffen im Aug. 1837 zu Mainz, während der Feier der Aufrichtung von Gutenberg's Denkmal in seiner Geburtsstadt, hatte die Feier des Festes auf Johannis 1840 festgesetzt, worin man dem Beispiele der zunächst vorhergegangenen Jahrhunderte gefolgt war*), da es zwar aus vielen Gründen wahrscheinlich, aber doch noch keineswegs über allen Zweifel erhaben ist, daß die hochwichtige Erfindung gerade dem Jahre 1440 und nicht vielmehr einem der zunächst vorhergehenden oder darauf folgenden Jahre angehört. In der That, hochwichtig ist die Erfindung, so wichtig, daß außer der Erfindung der Schreibekunst, deren Urheber und Zeit uns unbekannt sind, wol keine andere als wichtiger bezeichnet werden kann. Sie war es, welche das Dunkel des Mittelalters zerstreute und das Licht der Aufklärung über den Erdball ausgoß; sie war es, welche die Wohl-

thaten der Civilisation bald über alle Völker Europas verbreitete; sie war es, welche die Wissenschaften zu der Blüte emporhob, deren sie sich jetzt erfreuen. Die geistigen Schöpfungen der edelsten Geister aller Länder und Zeiten sind jetzt das Gemeingut aller Nationen; was herrliche Dichter und große Gelehrte gesungen und erzählt, geforscht und gelehrt haben, kann, durch Gutenberg's Kunst vervielfältigt, Tausende erheben und erfreuen, belehren und bilden, wie denn seit der Erfindung der Kunst schon viele Millionen, welche zu zählen ein vergebliches Beginnen wäre, durch ihre Erzeugnisse erhoben und erfreut, belehrt und gebildet worden sind. Dichter freilich, Gelehrte, Schriftsteller hat es zu allen Zeiten, schon im grauen Alterthume gegeben, aber so lange Gutenberg's Kunst noch nicht erfunden war, dichteten, forschten und schrieben sie nur für wenige Auserwählte, denen es vergönnt war, sich in den Besitz einer Abschrift ihrer Geisteswerke zu setzen, während jetzt die trefflichsten Werke, in vielen Tausenden von Exemplaren verbreitet, auch dem Unbemittelten zugänglich und im eigentlichsten Sinne Gemeingut aller Menschen geworden sind. Aber ohne Zweifel sind die meisten, ja wol alle Leser dieses Blattes von der hohen Bedeutung der Erfindung der Buchdruckerkunst längst viel zu fest überzeugt, als daß es nöthig sein sollte, hier ihre Wohlthaten noch ausführlicher auseinander zu setzen. Wie aber die letztern der ganzen Menschheit zu Theil geworden sind, so war auch eigentlich das Fest, welches

*) In einer spätern Nummer werden wir einige Nachrichten über die Jubelfeier, welche in den Jahren 1640 und 1740 zu Leipzig stattfand, mittheilen.

gefeiert worden ist, ein allgemeines, zu dessen Theilnahme Jeder, der den Werth der Buchdruckerkunst zu schätzen vermochte, berufen war, und wenngleich natürlich war, daß die Anordnung des Festes den Jüngern derselben überlassen wurde, so war es auf der andern Seite ebenso natürlich und naheliegend, eine geeignete Theilnahme an demselben allen Ständen möglich zu machen.

Unter den wenigen Städten Deutschlands, wo das Fest auf eine solche allgemeine und großartige Weise gefeiert worden ist, stehen Leipzig und Mainz obenan, und wenn wir bei der Feier, welche in Leipzig stattfand, etwas länger verweilen, so wird dies in dem Umstande, daß unser Blatt gerade aus dieser Stadt hervorgeht, seine Rechtfertigung finden, wenn es einer solchen überhaupt bedarf.

Leipzig war als der Centralpunkt des deutschen Buchhandels und diejenige Stadt, welche unter allen deutschen Städten die meisten Buchhändler zählt und zugleich die meisten Pressen in Bewegung setzt*), zu einer möglichst glänzenden Feier dieses Festes berufen. Diesen Beruf hat es auch in seiner ganzen Ausdehnung erkannt und ihm auf das vollständigste entsprochen. Der Buchdruckerinnung, welche zuerst schon im J. 1836 den Plan einer Feier des Festes entworfen hatte, schlossen sich bald die Schriftgießer und im J. 1839 die Buchhändler an; ein von diesen drei vereinigten Corporationen niedergesetzter Ausschuß arbeitete ein Programm aus, nach welchem sich die Feier auf drei Tage, den 24., 25. und 26. Juni, erstrecken sollte. Die Regierung gab einen Beweis ihrer nicht genug zu rühmenden Freisinnigkeit und ihres Vertrauens zu den Festgebern, wie zu den Bewohnern Leipzigs überhaupt, indem sie die beabsichtigten Feierlichkeiten in ihrer ganzen Ausdehnung gestattete. Um die höchst bedeutenden Kosten zu bestreiten, wurden von allen Buchdruckern und Schriftgießern Leipzigs schon seit dem J. 1836, später auch von allen Buchhändlern (Principalen und Gehülfen) bestimmte wöchentliche Beiträge gegeben; außerdem wurden von den genannten Corporationen ansehnliche Summen bewilligt, wozu noch ein sehr beträchtlicher Zuschuß aus der Stadtkasse gekommen ist. Beiweitem die meisten Kosten verursachte der Bau der hier abgebildeten Festhalle auf dem Augustusplatze, welche ebenso sehr durch ihre ungeheure Größe, als durch ihre elegante Construction und Decoration ausgezeichnet war. Dieselbe war ganz aus Holz construirt, 134½ Ellen lang, 104 Ellen breit und 32 Ellen hoch und auf der Seite der Hauptfaçade, wie die Abbildung zeigt, offen. Das Dach war mit schwarzem Wachstuch überzogen, die äußern Wände weiß, das Ganze stützten 140 Säulen weiß und grün angestrichen. Der mittelste Theil hatte ein oberes Stockwerk, das eine Galerie für Musikchöre enthielt; das Dach desselben war mit zwei Fahnen geziert, die 92 Fensteröffnungen mit auf Leinwand gemalten gothischen Fenstern geschlossen. Außerdem war das Innere mit Eichenlaubgewinden und Fichtenzweigen, die Façade aber mit 13 weiß und grün angestrichenen Mastbäumen geziert, von deren Spitzen Wimpel mit den Farben der bedeutendsten deutschen Staaten niederflatterten. Das Ganze,

*) Gegenwärtig zählt Leipzig 113 Buch-, Kunst- und Musikalienhandlungen, 24 Buchdruckereien mit 170 gewöhnlichen Pressen (manche besitzen 20—40), 10 Druckmaschinen oder Schnellpressen, 610 Gehülfen und 187 Lehrlingen, endlich 6 Schriftgießereien. 1640 befanden sich in Leipzig 5 Druckereien mit 14 Gehülfen; 1740 18 Druckereien mit 136 Gehülfen.

erst am Abend des 24. Juni vollendet, bot einen ebenso großartigen als prachtvollen Anblick dar; nur Das wurde allgemein bedauert, daß der schöne Bau, der so viele Hände Monate lang beschäftigt hatte, nur für den Gebrauch weniger Tage bestimmt sein und dann spurlos verschwinden sollte.

Schon am Vorabende des Festes, 23. Juni, war die Stadt, in deren Mauern bereits zahlreiche Scharen von Fremden eingetroffen waren, insbesondere aber die Häuser mehrer der bedeutendsten Buchhändler und Buchdrucker mit Fahnen und Guirlanden festlich geschmückt; auch vor dem Bahnhofe der leipzig-dresdner Eisenbahn flaggten, wie am Tage ihrer Eröffnung, zahlreiche Wimpel, theils die sächsischen Farben, theils die der Eisenbahncompagnie (schwarz und blau) tragend, sowie die Fahnen der Städte Leipzig und Dresden. Vor dem innern grimmaischen Thore, zunächst der Festhalle, war eine geschmackvolle Ehrenpforte aufgerichtet, aus zwei Pfeilern bestehend, zwischen denen über Guirlanden das Wappen der Buchdruckerinnung schwebte, das derselben vom Kaiser Friedrich III. im J. 1446 verliehen worden sein soll (ein zweiköpfiger Adler, darüber ein Helm mit einer Krone, aus welcher sich ein silberner Greif in aufrechter Stellung erhebt, der in seinen Krallen die Auftrageballen hält). Am Morgen des 24. Juni durchzogen schon um fünf Uhr vier Militair- und Civilmusikchöre, von einer zahlreichen Menge gefolgt, in zwei Abtheilungen die Straßen der Stadt und Vorstadt, um durch ihre Reveille den Beginn des Festes zu verkünden. Um halb acht Uhr begaben sich die Behörden, das Offiziercorps, die Geistlichkeit u. s. w., sowie die zunächst betheiligten drei Corporationen in feierlichen Zügen in die Thomaskirche, wo unter Theilnahme mehrer Tausende der Festgottesdienst gehalten wurde. Nach dessen Beendigung begann der eigentliche große Festzug, worunter sich außer den Festgebern selbst und vier Musikchören die Schulen und Gymnasien (durch ihre Lehrer und einen Theil der Schüler repräsentirt), die Universität mit ihren alterthümlichen Insignien und selbstgewählten Führern in reichen Uniformen, die königlichen und städtischen Behörden, das Offiziercorps der Communalgarde und des Militairs, die Consuln der auswärtigen Staaten, die Geistlichkeit aller Confessionen, die Schützengesellschaft und sämmtlichen städtischen Innungen befanden. Ein höchst glänzendes Ansehen erhielt dieser endlose Zug durch die zahlreichen Marschälle und Ehrenherren, sowie durch die stattlichen Fahnen der Universität, der Eisenbahncompagnie und der meisten Innungen, die zum Theil erst zum Behuf dieses Festes angefertigt waren. Die Zahl dieser Fahnen, welche zuvor 27 betrug, wurde an dem selbst mit Fahnen und Draperien geschmackvoll verzierten Buchhändlerbörse noch um eine sehr schöne in Form einer Standarte vermehrt, welche von den Frauen der Buchdrucker- und Schriftgießerprincipale der Buchdruckerinnung verehrt wurde. Vor ihr her gingen vier Buchdrucker mit der ersten mainzer Bibel von 1450, dem Sachsenspiegel von 1490, einem der ersten in Leipzig gedruckten Bücher, einer in Leipzig gedruckten Fest- und Prachtausgabe des Neuen Testaments und einem die Geschichte der jetzigen leipziger Buchdruckereien darstellenden Album. Das Ziel dieses prachtvollen und großartigen Zuges war der geräumige Marktplatz, auf welchem eine kolossale, amphitheatralische Schautribune, die fast die ganze Breite desselben einnahm, in der Mitte aber eine Festofficin erbaut war. Nachdem der Zug auf dem Markte angekommen war und sich innerhalb der bezeichneten

Schranken um die Festofficin aufgestellt hatte, begann die Aufführung einer von dem gefeierten Componisten Mendelssohn-Bartholdy componirten Festcantate durch einen zahlreichen Männerchor mit doppeltem Orchester und unter der Leitung des Componisten, worauf der Vorsitzende des Festcomité, R. Härtel, einer der Chefs der altberühmten Officin Breitkopf und Härtel, die Rednerbühne betrat und eine begeisterte Rede hielt, welche mit den Worten schloß: „Ein Jubelfest ist auch ein Ausruhen von hundertjähriger Arbeit und das ernste Geschäft des Lebens verklärt sich zum heitern Festspiele. Darum öffne sich die Werkstatt und der alte Meister erscheine mitten unter seinem Feste." Bei diesen Worten fielen die Hüllen und eine sehr gelungene Gypscopie der in Mainz aufgestellten Statue Gutenberg's, gefertigt von dem leipziger Bildhauer Funk, überraschte die Zuschauenden, natürlich von der versammelten Menge mit lautem Jubelruf begrüßt; vor dieser Bildsäule wurde die Festofficin sichtbar, auf welcher Schriftgießer, Setzer und Drucker in voller Thätigkeit waren. An einem Schriftgießerofen wurden Lettern gegossen, und gleichzeitig auf zwei Pressen, einer hölzernen mit Ballen (nach der alten Construction) und einer neuen eisernen mit Walzen, zahlreiche Exemplare des Festliedes gedruckt, worauf beide Arten von Erzeugnissen, sowie sie fertig wurden, unter das von allen Seiten herzuströmende und den ersehnten Gaben Hände und Hüte entgegenhaltende Publicum ausgetheilt wurden. Zum Schluße wurde das vertheilte Lied von dem Sängerchore und der versammelten Menge nach der Melodie „Eine feste Burg ist unser Gott" gesungen und damit die Feierlichkeiten auf dem Markte, denen der zufällig in Leipzig anwesende Erzherzog Albrecht von Östreich auf dem Balcon des Rathhauses zusah, beendigt. Der schönste Sonnenschein hatte sie begünstigt, wiewol es am Morgen viel und noch nach Beginn des Zuges geregnet hatte. Um drei Uhr begann in der Festhalle ein glänzendes Mittagsmahl, an welchem gegen 3000 Personen Theil nahmen, die an 72 Tischen saßen und von 200 Kellnern bedient wurden. Die Bewirthung dieser großen Tischgesellschaft hatten vier der ersten Gastwirthe übernommen und die Speisen wurden an Ort und Stelle in vier improvisirten Küchen bereitet. Den Beschluß des ersten Tages machte eine Illumination, welche so glänzend und allgemein war, wie nur wenige der frühern. Einen herrlichen Anblick gewährte namentlich der Augustusplatz, wo außer der Festhalle selbst, an welcher von Zeit zu Zeit bengalisches Feuer aufflammte, die ihn umgebenden großen öffentlichen Gebäude, das Postgebäude, die Bürgerschule, das Augusteum, die Universitätskirche und mehre der hier stehenden stattlichen Privatgebäude glänzend beleuchtet waren.

Am zweiten Festtage, 25. Juni, versammelten sich die Kunst- und Gewerbsgenossen, außerdem aber auch alle Diejenigen, welche sich für das Fest interessirten, um acht Uhr zu einer Besprechung in der Festhalle, wo mehre ansprechende Vorträge gehalten wurden. Um neun Uhr wurde eine überaus reichhaltige und interessante typographische Ausstellung in der Buchhändlerbörse eröffnet, in welche alle auf Typographie und die damit verwandten Geschäftszweige bezüglichen Gegenstände, namentlich alte Drucke (Incunabeln), alte Holzschnitte als Vorläufer der Buchdruckerkunst, Prachtwerke, Druckapparate u. s. w. aufgenommen worden waren. Nach zehn Uhr begann eine von der Universität veranstaltete Feierlichkeit in der Aula oder dem großen Saale des Universitätsgebäudes, wo der

rühmlichst bekannte Philolog Gottfried Hermann, als Professor der Beredtsamkeit, eine lateinische, dann der Bibliothekar der Universität, Hofrath Gersdorf, eine deutsche Rede hielt. Die letzere schilderte namentlich die Geschichte der Einführung der Buchdruckerkunst in Leipzig und nahm Bezug auf eine beträchtliche Anzahl alter Druckwerke, die zur Ansicht ausgelegt und der an Schätzen dieser Art sehr reichen Universitätsbibliothek, zum Theil auch der königlichen Bibliothek in Dresden entnommen waren. Unter ihnen befanden sich zwei Exemplare der ältesten, von Gutenberg zu Mainz 1450—55 gedruckten Bibel, von welcher überhaupt, so viel bekannt, nur 15 Exemplare vorhanden sind. Nachmittags fand in den weiten Räumen der Thomaskirche ein großes Concert statt, bei welchem unter der Leitung von Mendelssohn-Bartholdy, der eine neue herrliche Composition zur Aufführung brachte, über 500 Musiker und Sänger beschäftigt waren. Von neun Uhr an wurde in der durch 560 Cylinderlampen und 5 Kronleuchter glänzend erleuchteten Festhalle ein Ball gehalten, der an Großartigkeit seines Gleichen suchen dürfte, da an demselben gegen 5000 Personen aller Stände Theil nahmen.

Der dritte Festtag, 26. Juni, war dem Volksfeste gewidmet, doch war durch eine interessante Morgenvorstellung im Theater, welche aus einer Reihenfolge von Stücken und Scenen der vorzüglichsten deutschen Dichter seit der Erfindung der Buchdruckerkunst zusammengesetzt war, auch eine Vielen willkommene Gelegenheit zum Kunstgenusse geboten. In den ersten Nachmittagsstunden nahm das Volksfest, gewiß für Viele der interessanteste Theil des ganzen Festes, seinen Anfang, freilich leider nicht bei dem freundlichsten Wetter. Als Schauplatz desselben diente der sehr geräumige und geeignete Exercierplatz am Rosenthale, unweit des Dorfes Gohlis, der mit zahlreichen Zelten und Breterhütten besetzt und mit Ehrenpforten geschmückt war. Im festlichen Zuge langten zuerst, von Kanonensalven begrüßt, die Festgeber an und nahmen das für sie bestimmte große Zelt im Mittelpunkte ein; ihnen folgte ein noch ungleich zahlreicherer, fast unabsehbarer Zug der meisten leipziger Innungen mit ihren Fahnen und Insignien, welcher durch die phantastischen Anzüge der Anführer von mehren ein ungleich bunteres und mannichfaltigeres Ansehen als am ersten Tage erhielt. So erschien an der Spitze der Böttcher Bacchus, der Gott des Weins, auf dem Fasse reitend, den Becher schwingend und sich so lustig als möglich geberdend; als Anführer der Instrumentmacher sein Bruder Apollo, auf der Leier spielend, dem zwei arkadische Schäfer in idealer Tracht zur Seite gingen; an der Spitze der Klempner erschien hoch zu Roß ein Rittersmann in messingner Rüstung mit rothem Wappenrock, von mehren geharnischten Reisigen gefolgt; auch der Bäckerzunft schritten nach alter Sitte mehre Geharnischte und Behelmte, die sogenannten Klopffechter, voran, hinter welchen ein kunstvoll gearbeiteter, 4 Ellen langer, 2 Ellen breiter und ¼ Elle hoher Festkuchen getragen wurde; die Choragen der Schneider waren altdeutsch costümirt u. s. w. Alle diese Innungen stellten ihre Fahnen und Insignien um das im Mittelpunkte befindliche große Zelt auf, wodurch dieses ein überaus malerisches Ansehen erhielt, und trennten sich dann, verschiedenen Sammel- und Belustigungsplätzen zueilend. Die das eigentliche Volksfest bildenden Spiele und Belustigungen waren sehr mannichfacher Art; als die hauptsächlichsten nennen wir: komische Wettrennen (mit künstlichen Pferden), Klettern auf zwei Kletterstangen, Vogel- und Figurenstechen, Fahren auf einem Carrousel, Schaukeln und Tanzen auf vier gedielten Tanzplätzen; außerdem stiegen von Zeit zu Zeit kleine Luftballons. Alle diese Belustigungen fanden, da zum Glück das Wetter kein weiteres Hinderniß in den Weg legte und sich, nachdem eine Hagelwolke sich entladen hatte, aller weiterer Niederschläge enthielt, ebenso zahlreiche Theilnehmer als Zuschauer; aber so allgemein auch die Fröhlichkeit, so zahlreich und bunt gemischt auch die versammelte Menge war, so wurden doch die Schranken des Anstandes und der Mäßigung nirgend überschritten und alle polizeilichen Maßregeln erschienen völlig überflüssig. Konnte wol auch gleich anfangs von dem besonnenen Charakter der Leipziger erwartet werden, daß sie die gegebene Erlaubniß eines Volksfestes nicht misbrauchen würden, so hätten doch wol Wenige erwartet, daß dasselbe so durchaus friedlich und anständig von allen Ständen der Bevölkerung gefeiert werden würde, und wie die Veranstaltung des Festes dem dasselbe ordnenden Comité, die Gestattung desselben aber der Regierung und den Behörden, so macht die bei der Feier desselben vom Anfang bis zum Ende an den Tag gelegte anständige Haltung der Bevölkerung der Stadt und Umgegend große Ehre. Um fünf Uhr wurden einige Fässer Wein und der Festkuchen vertheilt, was auf so zweckmäßige Weise geschah, daß jeder störende Andrang vermieden wurde. Mit einbrechender Nacht, gegen zehn Uhr, wurde ein brillantes Feuerwerk abgebrannt, dessen Schluß das inmitten einer Sonne in feurigen Zügen am Horizont erscheinende Buchdruckerwappen bildete. Im festlichen Zuge, wie sie gekommen, kehrten nun die Festgeber nebst den übrigen Innungen nach der Stadt zurück und ein Fackelzug von mehr als tausend Fackeln, vielleicht der größte, der sich je durch die Straßen Leipzigs bewegt hat, beendigte bald nach Mitternacht das großartige schöne Fest, das gewiß Allen, die daran Theil nahmen, unvergeßlich bleiben wird.

Nächst Leipzig zeichnete sich Mainz durch seine großartige Feier des Festes am meisten aus, wozu jene Stadt als Geburtsstadt Gutenberg's unstreitig vorzugsweise berufen war. Die Vorfeier am 23. Juni bot hauptsächlich zweierlei dar: eine Festvorstellung im Theater („Albrecht Dürer in Venedig") und einen Fackelzug zum Monumente Gutenberg's. Der Hauptfesttag, 24. Juni, wurde durch Kanonendonner, Glockengeläute und Musik von den Kirchthürmen verkündigt; dann folgte der Festzug durch die Hauptstraßen (deren Häuser der Mehrzahl nach festlich geschmückt waren) in den Dom, wo der Bischof ein feierliches Hochamt hielt. Vom Dome ging der Zug nach dem Gutenbergsplatze, wo mehr als 1000 Sänger und Sängerinnen Neukomm's Festcantate unter der Direction des Componisten aufführten; die Rede des Bürgermeisters wurde durch das eingefallene Regenwetter unterbrochen, aber durch die aufgestellten Pressen vollständig gedruckt (als die Mainzer Zeitung, und dann das Volkslied „Heil dir, Moguntia" gesungen. Darauf folgte Festbankett im Casino und um fünf Uhr wieder eine höchst großartige Musikaufführung (Händel's Alexanderfest) im neuen Saale der Fruchthalle*) durch 12—1500 Sänger und Musiker. Abends war die Stadt glänzend beleuchtet. Am dritten Tage fand zuerst im Casino eine Versammlung von Gelehrten, Buchdruckern und Buchhändlern. Nachmittags Volksbelustigung auf dem Rhein, Abends Festball in der Fruchthalle statt, womit das Fest sich schloß.

Unter den übrigen deutschen Städten haben Frankfurt am Main und Stuttgart das Fest am glänzendsten gefeiert. In Frankfurt fand gleichfalls ein großer Festzug statt, der sich nach dem Roßmarkte bewegte, wo im Festlocal erbaut und eine die drei Erfinder des Buchdrucks, Gutenberg, Fust und Schöffer, darstellende, von Launitz in Gyps ausgeführte Gruppe errichtet war, die später in Erz oder Stein ausgeführt werden soll, wenn anders die Kosten durch die bereits eröffnete Subscription gedeckt werden; nach Aufführung von Neukomm's Tedeum hielt der Pfarrer D. Friederich die Festrede, worauf die Presse ihre Thätigkeit begann. Nachmittags folgte ein Bankett auf der Mainlust. Am folgenden Tage wurde eine typographische Ausstellung eröffnet und das Monument erleuchtet. Einem für die Taunuseisenbahn bestimmten neu angekommenen Dampfwagen wurde der Name Gutenberg beigelegt. In Stuttgart folgte dem Festgottesdienste ein Festzug (dem der König zusah) auf den Markt, wo D. Menzel die Festrede hielt; charakteristisch war, daß eine festlich geschmückte Presse auf einem von vier Pferden gezogenen Wagen und ein gleichfalls mit Fahnen und Kränzen gezierter, achtspänniger, allwöchentlich die Büchereilfuhr nach Leipzig besorgender Frachtwagen im Zuge erschienen. *) Tags zuvor war Händel's Messias aufgeführt worden. Auch in Hamburg, Bremen (wo ein neues Dampfschiff von Stapel gelassen und Gutenberg genannt wurde), Braunschweig, Hanover, Ulm, Karlsruhe, Jena, Gotha u. s. w. wurde das Fest, obschon minder feierlich begangen. In der preußischen Monarchie mußte wegen der durch das kurz vor dem Feste eingetretene Ableben des Königs Friedrich Wilhelm III. verursachten Landestrauer die Feier des Festes verschoben werden und hat in Berlin erst am 25. und 26. Sept. nachträglich stattgefunden; im ganzen Königreiche Baiern dagegen haben die Buchdrucker wegen der ihnen auferlegten Beschränkungen auf die Feier gänzlich Verzicht geleistet.

Aber auch außer Deutschlands Grenzen ist das Fest an mehren Orten würdig begangen worden. Vor allen glänzend war die Feier in Strasburg, wo bekanntlich der erste Keim zu der Erfindung gelegt wurde. Hier wurde auf dem Gärtnermarkte, wo Schriftgießer und Drucker ihre Thätigkeit entfalteten und drei Reden gehalten wurden, eine von dem trefflichen Bildhauer David gefertigte und der Stadt zum Geschenk gemachte Bildsäule Gutenberg's enthüllt; an dem großen Festzuge nahmen Deputationen vieler französischer Städte und Corporationen Theil. Abends fand glänzende Illumination der Stadt und großes Concert im Schauspielhause statt. In Basel, St.-Gallen, Presburg fand gleichfalls eine öffentliche Feier statt, während sie in Zürich, Kopenhagen, Christiania u. s. w. auf geschlossene Räume beschränkt war. Selbst in Philadelphia, auf der andern Erdhälfte, ist das Fest gefeiert worden. Kaum läßt sich bezweifeln, daß das Jahr 1940, welches die Menschheit in ihrem Entwickelungsgange um ein Beträchtliches weiter fortgeschritten finden dürfte, noch eine weit allgemeinere Feier dieses Festes herbeiführen wird.

Paul und Virginie.

Der anziehende kleine Roman von Bernardin de St.-Pierre, „Paul und Virginie", ist seiner Zeit so allge-

---

*) Die Fruchthalle ist 200 Fuß lang, 135 Fuß breit, 76 Fuß hoch und mit einem Aufwand von 10,000 Gulden in einen Festsaal umgewandelt worden.

*) Der letztere ist gleich nachher nach Leipzig abgegangen und daselbst am 3. Juli in seinem Festschmucke angekommen.

mein verbreitet worden, wie nur wenige Bücher; fast unzählige Mal ist er übersetzt worden und auch unter unsern Lesern sind wol nur wenige, die ihn nicht, sei es im Original oder in einer Übersetzung, gelesen haben. Weniger bekannt dürfte das „Wahre an der Sache" sein, die Thatsachen, die dem Roman zum Grunde liegen.

Paul, Margaretha und Frau von Latour sind fingirte Personen; in dem Thale auf Isle de France, welches die beiden letztern bewohnt haben sollen, befindet sich nur eine einzige Besitzung, die seit langer Zeit im Besitz der Familie Berchen ist. Dagegen hat Virginie wirklich gelebt, nur war ihr Familienname nicht Latour, sondern Mallet. Eine einzige Thatsache hat dem Verfasser des Romans die Idee zu demselben eingegeben, nämlich Virginiens tragischer Tod bei dem Schiffbruche des Schiffes Saint=Géran; dieses Ereigniß wurde im J. 1804 von Virginiens Bruder, welcher Offizier in dem auf Isle de France stehenden französischen Regimente war, einem Franzosen, der sich für die Grundlage des Romans interessirte und deshalb Erkundigungen einzog, auf folgende Weise erzählt:

„Mein Vater hatte meine Schwester ihrer Erziehung halber nach Frankreich geschickt; im J. 1743 kehrte sie von dort auf dem Schiffe Saint=Géran zurück, das der Insel schon ganz nahe war, als am 23. December Abends ein heftiger Sturm ausbrach. Am Nachmittage war das Schiff auf der Insel signalisirt, aber nicht erkannt worden. Mit dem Gedanken an ihre Tochter beschäftigt, wachte meine Mutter in der Nacht auf und erzählte mit dem Ausdrucke des Schreckens, daß sie im Traume ein Schiffbruch leidendes Schiff gesehen habe, auf welchem sich ihre Tochter in großer Gefahr befunden; vergeblich war jeder Versuch, sie zu trösten. Bald nach Tagesanbruch verbreitete sich in dem Quartier Pamplemousses, wo wir wohnten, das Gerücht, daß ein Schiff gescheitert sei; meine Mutter wollte sich selbst an die bezeichnete Stelle der Küste begeben, begnügte sich aber auf Zureden meines Vaters, unter der Leitung eines gewissen Domingo einige Schwarze dahin zu senden. Als diese an die Küste kamen, fanden sie allerdings ein Schiff, das bereits gänzlich zerstört war. Von dem Gouverneur Herrn v. Labourdonnaye und mehren Civil= und Militairbeamten, die an die Küste gekommen waren, um den unglücklichen Schiffbrüchigen Beistand zu leisten, erfuhren sie, daß Fräulein von Mallet sich unter den Passagieren des Saint=Géran befunden und ihr Leben verloren habe. Die Verzweiflung meiner Familie bei dieser Nachricht brauche ich nicht erst zu schildern."

„Es hat seine Richtigkeit, fuhr Herr v. Mallet fort, daß einer der Offiziere des St.=Géran, Namens Longchamps de Montendre, während der Überfahrt eine heftige Zuneigung zu meiner Schwester gefaßt hatte, wie man von einigen Personen, die von dem Schiffbruch glücklich entkommen sind, erfahren hat. Als dieser Offizier sah, daß das Schiff gescheitert war und, von den Wogen des wüthenden Meeres gepeitscht, schnellen Untergang drohte, erbot er sich sogar meine Schwester, sie zu retten, wenn sie sich entkleiden wollte, weil er nur dann im Stande sein werde, mit ihr durch die Brandung zu schwimmen. Sie schlug dies Anerbieten aus, weil es, wie sie meinte, unmöglich sein werde, das Land zu erreichen, und in der Hoffnung, daß das Hintertheil des Schiffes, auf welchem sie stand, Widerstand leisten werde. Sogleich warf sich der junge Mann ins Meer und erreichte das Ufer; als er hier wieder Kräfte gesammelt, kehrte er auf das Schiff

zurück, einen kleinen Baumzweig mitbringend, um meiner Schwester zu beweisen, daß es nicht unmöglich sei, durch die Brandung zu kommen. Als der Tag anbrach, sah man (wie Bernardin de St.=Pierre richtig sagt) vom Ufer aus deutlich, wie die Wogen gegen das Hackbord des Saint=Géran schlugen, dessen Trümmer sie bald nachher zerstreuten. Man bemerkte auch jenen jungen Mann, der sich vergeblich bemühte, meine Schwester zum Ablegen ihrer Kleider zu bereden, damit er sie retten könne. Mit jeder Minute wuchs die Gefahr; endlich benutzte der Offizier einen Augenblick, wo die Welle sich zurückzog, um meine Schwester über Bord zu stürzen; in demselben Augenblicke stürzte er sich ihr nach; Beide sah man nie wieder. Ihre Leichen waren nicht unter Denen, die man nach dem Sturme an der Küste fand, wiewol im Roman gesagt wird, daß Virginiens Körper in der Bucht des Grabes ans Land geschwommen sei."

Emir Beschir.

Der jetzt abgesetzte alte Fürst des Libanon, Emir Beschir, den die Zeitungen in der letzten Zeit so oft genannt haben, wurde 1763 geboren und ist der Familie Schaas, einer der ältesten edlen Familien des Libanon, entsprossen, die ihren Ursprung auf Fatime, die Tochter Mohammed's, zurückführt. Sein Vater, Kossem=Schaas, ein vornehmer Häuptling des Gebirges von unermeßlichem Reichthum, verwandte viel Sorgfalt auf die Erziehung seines vielversprechenden Sohnes und schickte ihn, da er 20 Jahre alt war, an den Hof des Emirs Jussuf, seines Oheims, welcher damals Fürst des Libanon war. Hier wußte er sich bald die höchste Gunst zu erwerben; er zeichnete sich in Allem auf das Vortheilhafteste aus, was bei den Bewohnern jenes Gebirges Bedeutung hat. Er führte die Waffen mit der größten Gewandtheit und Kunst; er wußte mit unvergleichbarem Anstande das arabische Roß zu lenken; gleiche Bewunderung erregte er im Kampfe durch seinen kühnen Muth, als bei Berathungen durch seine Klugheit und List; der schwierigsten Aufträge, mit denen ihn sein Oheim, der seine Tüchtigkeit erkannte und ihn liebgewann, zu den benachbarten Paschas sandte, entledigte er sich allezeit zur allgemeinsten Zufriedenheit. Allein in Beschir, der sich bewundert und geehrt sah, erwachten bald Ehrgeiz und Herrschsucht; er fühlte seine Kräfte und beschloß, sie für sich selbst zu gebrauchen. Den Gedanken, Herrscher des Gebirges zu werden, der frühzeitig in ihm aufgestiegen war und immer klarer und drängender wurde, in's Werk zu setzen, fand er bald Gelegenheit. Im Jahre 1792, als zwischen dem Fürsten und dem Pascha von St.=Jean d'Acre, Dschezzar, dem blutdürstigen Tyrannen, der nachmals seine Stadt glücklich gegen Bonaparte vertheidigte, Zwist entstand, entsandte der Emir zur friedlichen Beilegung desselben seinen Neffen. Dieser, treulos vergessend der seinem Oheim schuldigen Dankbarkeit, verbündete sich mit dessen heftigstem Feinde, dem mächtigen Scheikh Beschir Dschomblat, und foderte sodann den Pascha Dschezzar, zu welchem er sich begab, auf, mit ihm gegen seinen Oheim Jussuf zu ziehen, worauf jener willig einging. Beide zogen nun vereint mit einem Heere von 10,000 Albanesen gerade auf Jussufs Residenz Deir=el=Kamar los, schlugen ihn, der sich mit geringem Anhange zurückgezogen, und nöthigten ihn zur Flucht nach Tripolis. Beschir nahm die Stadt ein und belohnte seinen Verbündeten mit den von ihm gefoderten ungeheuern Summen, welche er mit der größ= ten Grausamkeit von den armen Bewohnern des Ge= birges erpreßte, die nun um ihrer Treue willen des Treulosen ganze Wuth fühlen mußten. Juffuf war vertrieben, aber auch so konnte er Beschir noch gefähr= lich werden; dieser beschloß daher mit Dschezzar seinen Untergang. Der Letztere übernahm die Ausführung des verrätherischen Planes; er ließ Juffuf, dem er vorge= spiegelt hatte, er bereue was er gethan und wolle ihn wieder in Besitz seiner rechtmäßigen Herrschaft setzen, zu sich nach St.=Jean d'Acre kommen und ihn dort nebst seinem Begleiter, Kandun Sad, welchen Lud= wig XVI. zum französischen Consul in Beirut ernannt hatte, erdrosseln. Aber die Freundschaft Dschezzar's mit Beschir war nicht von Bestand. Er unterstützte bald die drei noch unmündigen Kinder Juffufs, für die ein kühner Maronit, Georg Baz, im Stillen An= hänger gewonnen hatte, gegen Beschir, der bei Beirut angegriffen, geschlagen und zur Flucht nach Cypern genöthigt wurde.

Während der fünf Jahre, in welchen die Söhne Juffufs, berathen von jenem Maroniten Georg Baz, mild und leutselig herrschten, genoß das Gebirge des Libanon der Segnungen des Friedens. Plötzlich ver= ließ Beschir im J. 1807 Cypern und zwang die jungen Prinzen, nachdem er in Syrien gelandet, zu ei= nem Vergleich, demzufolge sie die Herrschaft im Li= banon mit ihm theilten. Aber Beschir, obgleich er den Vertrag durch einen Eid auf die Bibel bekräftigt hatte, dachte doch an nichts weniger als ihn zu hal= ten. Sein Bruder Hassan, der im Einverständnisse mit ihm war, mußte sich stellen, als wäre er ihm feind= lich, und sich in die Residenz Dschebail der Söhne Juffufs begeben, scheinbar um ihren Beistand anzu= rufen; dann im Juli 1808 eroberte Beschir diese Stadt, angeblich um seine Vettern dafür zu bestrafen, daß sie seinen feindlichen Bruder aufgenommen, und ließ sie ermorden; ebenso ließ er nach seiner Rückkehr nach Deir=el=Kamar den treuen Freund jener, Georg Baz, den er hinterlistig und heuchlerisch dahin gelockt, tödten und unterdrückte den Aufstand seiner Anhänger, denen er den blutenden Leichnam von den Mauern herab hatte zuwerfen lassen.

So befand sich Beschir eine lange Reihe von Jah= ren im unbeschränkten Alleinbesitze der Herrschaft im Li= banon. Als die Pforte im J. 1819 den aufrühreri= schen Pascha von Acre, Abdallah, seiner Würde entsetzt und den Pascha von Damaskus beauftragt hatte, den Befehl zu vollstrecken, wußte jener den Emir Beschir zu täuschen, indem er ihm vorspiegelte, der Pascha von Damaskus wolle ihn gegen den Willen des Sultans aus Acre verdrängen, und bewog ihn, gegen diesen zu ziehen, welchen er auch in einem Treffen besiegte. Als Beschir später erfuhr, daß man ihn getäuscht hatte, be= harrte er dennoch im Aufstande gegen den Sultan, wurde aber später dadurch, daß sich sein bisheriger Verbünde= ter, der Scheikh Dschomblat, ihm weg zu der Pforte wandte, bewogen, im J. 1823 die Vermitte= lung Mohammed Ali's, Paschas von Ägypten, beim Sul= tan zu suchen, durch welche er denn auch, nach Zah= lung einer bedeutenden Summe (von 100,000 Beu= teln), nebst Abdallah Verzeihung und Bestätigung in seiner Würde erlangte. Den Scheikh Dschomblat, sei= nen Nebenbuhler, überfiel und besiegte Beschir, der sei= ner sein wollte. Jener flüchtete sich zu den Beduinen der Wüste, wurde aber von diesen ausgeliefert, worauf ihn Abdallah erdrosseln ließ. Als Mohammed Ali später gegen Abdallah Krieg unternahm, trat Beschir auf die

Seite Jenes, weil er in ihm den Mächtigern erkannte, als Ibrahim Pascha nach dem Siege von St.=Jean d'Acre Abdallah Pascha gefangen genommen hatte, und blieb ihm von nun an getreu. Unter dem Na= men eines Scherif des Hauran beherrschte er Drusen wie Maroniten, die er gegeneinander aufhetzte und ab= wechselnd zur Dämpfung der Aufstände benutzte, welche Ibrahim's Bedrückungen hervorgerufen hatten; je nach= dem er sich diesem oder jenem Volksstamme nähern wollte, pflegte er in der christlichen Kirche die Messe zu hören oder in der Moschee dem Gebete beizuwohnen, denn Beides befand sich in seinem Palaste, dem Schlosse Betiddin.

Als Beschir die Macht Mohammed Ali's durch die vereinigten Türken und Engländer im vorigen Herbste erschüttert sah und die Herrschaft desselben in Syrien ihrem Ende nahe glaubte, verließ er seinen alten Be= schützer und trat auf die Seite der Verbündeten, ohne jedoch den rechten Zeitpunkt wahrzunehmen. Am 5. Oct. schloß er mit Abgeordneten des türkischen Serias= kers Izzet Mohammed Pascha und des Admirals Stopford eine Convention ab, worin er sich gegen Si= cherung seines Lebens und seines Eigenthums anheischig machte, sich dem Sultan zu unterwerfen und zwei sei= ner Söhne als Geiseln des Vertrags ins osmanische Lager zu schicken. Da dies zur bestimmten Frist nicht erfolgt war und Emir Beschir über die Ursache dieser Zögerung nichts weiter hören ließ, hielt sich Admiral Stopford an dem mit seinem Abgeordneten abgeschlosse= nen Vertrag nicht mehr gebunden und publicirte den Fer= man des Sultans, kraft dessen Emir Beschir abgesetzt und die Verwaltung des Libanon seinem Vetter, dem Emir El=Kassim, übertragen wurde, welcher Letztere sogleich von einem Delegirten Izzet Mohammed Pascha's im Namen des Sultans mit den Insignien seiner neuen Würde bekleidet wurde. Als Emir Beschir am 9. Oct. seine Absetzung erfuhr, war er darüber im hohen Grade bestürzt und schloß sich mit seinen Söhnen in seinen Ha= rem ein, wo er Niemanden vor sich ließ. Am folgen= den Tage brach er mit seiner ganzen Familie und einem zahlreichen Gefolge aus seiner Residenz Deir=el=Kamar auf und verfügte sich nach Saida, wo er am 11. Oct. anlangte und sich zur Verfügung des Linienschiffscapi= tains Barklay, Commandanten der dortigen Station, stellte; am folgenden Tage wurde er auf Befehl des Admirals Stopford mit allen den Seinigen an Bord eines englischen Dampfschiffes nach Beirut gebracht. Vor seinem Abgange aus Deir=el=Kamar befahl Emir Beschir allen seinen Drusen, sich mit den dem Sultan ergebenen Maroniten zu vereinigen und gemeinschaftlich mit ihnen gegen Ibrahim Pascha und die Ägypter zu Felde zu ziehen.

Am 27. October traf er am Bord eines englischen Kriegsdampfschiffes mit seiner Familie und einem zahl= reichen Gefolge, in Allem 126 Personen, in Malta ein; von dorther werden über ihn und seine Familie folgende interessante Einzelheiten gemeldet. Seine Fa= milie besteht aus seiner zweiten Frau mit ihren zwei kleinen Töchtern, seinen drei Söhnen aus seiner ersten Ehe, Hassem, Khalil, der für seinen dereinstigen Nach= folger gehalten wurde, und Amyn, der die Finanzangele= genheiten zu verwalten pflegte, der Gemahlin des ältesten Sohnes mit einer Tochter und endlich den fünf Söhnen des zweitgeborenen Sohnes. Emir Beschir ist in die Tracht seines Landes gekleidet, ohne jedoch irgend ein Aus= zeichnung zu tragen, welche seinen Rang andeutete. Seine Gesichtszüge verrathen den despotischen Charakter, wel= chen man ihm beimißt, eine Adlernase, hohle und wild umherblickende Augen, eine dunkelgelbe Gesichtsfarbe und ein barbarisches Aussehen vollenden das Gemälde des Drusenfürsten. In seiner Rede ist er kurz und bündig, läßt kaum mehr als drei Worte hintereinander vernehmen und sucht etwas Majestätisches und Hochtönendes in seine Rede zu legen. Den ganzen Tag bringt er auf dem Divan ausgestreckt mit Rauchen zu; während seiner Reise von Saida nach Malta auf dem Dampfschiffe hielt er sich beinahe stets auf dem Verdeck auf. Er ist außerordentlich bigot; kaum war er in Malta eingetroffen, als er sogleich die Messe zu hören und ein Gelübde, das er der Madonna del Carmine gemacht, zu erfüllen verlangte. Bevor er nämlich sich dem Schutze Englands anvertraute, that er das Gelübde, diesem Muttergottesbilde ein Kleinod von großem Werthe zu schenken, und er freute sich sehr auf den Augenblick, wo er diesem Gelübde genügen konnte. Er ist von einem armenischen Geistlichen, Stephan Abasul, einem Zöglinge der Propaganda in Rom, begleitet, der den Titel eines Kaplans Sr. Hoheit führt und der Einzige unter seinem ganzen Gefolge ist, der etwas Französisch und Italienisch versteht. Weder Emir Beschir noch die Mitglieder seiner Familie, noch Einer aus seinem Gefolge verstehen etwas Anderes als Arabisch und ein wenig Türkisch. Der Minister und Secretair des Emir Beschir ist ein gewisser Pietro Coramen, wegen seiner Talente sehr gerühmt; doch auch er versteht keine andere Sprache als das Arabische und Türkische. Außer diesen beiden hohen Beamten befinden sich unter seinem Gefolge noch ein gewisser sogenannter Marquis Musa Dahda, Secretair der Gemahlin des Emirs, Mozuni=Cheuri, „Kammerherr" Emir Beschir's, und Area Bei, Secretair seines Sohnes Assim. Die genannte Gemahlin des Drusenfürsten, Eva Gehan, ist eine schöne Georgierin mit schwarzen Augen und herrlich gewölbten Augenbrauen; sie mag gegen 22—23 Jahre alt sein; in ihrem Umgange ist sie höchst liebenswürdig und scheint eine viel bessere Erziehung genossen zu haben als ihr Gemahl, der nicht den geringsten Funken von Talent oder Bildung verräth. Jedoch lebt die Fürstin sehr zurückgezogen und erscheint stets mit einem Schleier bedeckt, der nur die Augen sehen läßt; auch spricht sie nur Arabisch. Sie hat, wie oben erwähnt, zwei Töchter, die Prinzessinnen Sahed und Sahud. Die Gemahlin des Erstgeborenen des Drusenfürsten, mit Namen Kulbahan, wird nur mit Excellenz angeredet; sie lebt weniger zurückgezogen, besitzt aber auch nicht die Vorzüge der Fürstin Eva Gehan; sie zeigt sich öfter und weniger verschleiert wie jene. Emir Beschir trägt stets die Convention bei sich, welche Admiral Stopford im Namen Englands mit ihm eingegangen, als er sich den Engländern ergeben; oft legt er die Hand darauf und erklärt, er hoffe, daß er in seine Herrschaft wieder eingesetzt werden würde, wobei sein Kaplan hinzufügt, daß sich kein besserer Herrscher für sein Land finden lasse. Er wird wahrscheinlich den ganzen Winter über in Malta bleiben, und auf dem Lande richtet man bereits eine Wohnung ein, die er mit seinem ganzen Gefolge bewohnen wird. In Bezug auf die Schätze, die Emir Beschir mitgebracht haben soll, hat noch nichts Gewisses verlautet; nur hört man, daß er viele kostbare Edelsteine und Kleinodien besitzt. Vom Sultan nach Konstantinopel eingeladen, wo ein Palast für ihn in Bereitschaft gesetzt wurde, zog er es vor, in Malta zu bleiben, gedenkt aber später nach eingeholter Erlaubniß des Papstes seinen Aufenthalt in Rom zu nehmen.

––––––––––

Die Insel Melos (Milo).

Diese in der alten Geschichte berühmte Insel liegt 13 deutsche Meilen von der Küste des Peloponnes und hat einen Umfang von etwas mehr als drei Quadratmeilen. Sie scheint vulkanischen Ursprungs zu sein, denn ihr Boden besteht durchgehends aus verwitterter Lava und Bimsstein, auch enthält er, besonders in der Gegend von St.=Johannes, viel Eisen, sowie Schwefel und Alaun. In den tiefer liegenden Theilen steigt bisweilen Dampf aus dem Boden auf, und an mehren Stellen findet man eisen= und schwefelhaltige heiße Quellen.

Wegen der häufigen Ausdünstungen ist die Luft in den niedrig gelegenen Gegenden nicht gesund, das Trinkwasser fast stets mit Schwefeltheilen verunreinigt und deshalb, besonders für Fremde, schädlich. Auf den Anhöhen ist es weniger ungesund, obgleich die Leute alle sehr gelb und kränklich aussehen. Man sammelt das Trinkwasser in Cisternen, da es überhaupt an gutem Wasser fehlt.

Melos hat jetzt kaum 2500 Einwohner, ohne Ausnahme Griechen. Sie finden in dem Landbau nur einen spärlichen Unterhalt, weshalb Viele als Lootsen auf Fahrzeuge gehen, die den Archipel beschiffen. Mit Ausnahme einiger fruchtbaren Stellen ist der Boden im Durchschnitt wenig ergiebig. Weizen erbaut man kaum so viel, als für den eigenen Bedarf hinreicht, ebenso Wein, welcher weiß und von geringer Qualität ist und sich nur von einem Herbste bis zum andern hält; Gerste und Baumwolle führt man nach Kreta, Santorin, Sifanto und Seriphos aus. Öl, das hier schlecht bereitet wird, Honig und Wachs müssen zum Theil eingeführt werden. Übrigens findet man auf Melos die besten Melonen des ganzen Archipels.

Pferde hat man auf der Insel fast gar nicht, sondern man gebraucht Hornvieh, Esel und Maulthiere für den Landbau. Zwischen 8000 und 9000 Schafe und Ziegen liefern sehr guten Käse; die Wolle wird auf Melos für eigene Kleidung verbraucht.

Wenn der Ertrag des Ackerbaues gering ist, so bietet dagegen der Boden für eine fleißige Bevölkerung reichen Ersatz in andern Erzeugnissen dar. Auf einer Anhöhe, Panagia Armenia genannt, hinter der alten Stadt ist eine allem Anschein nach reichhaltige Alaungrube, die jedoch bereits seit länger als 100 Jahren nicht mehr bearbeitet wird. Die Salzpfannen an der Südküste, neben dem Hafen, sind auch im Verfall, woran zum Theil der von der jetzigen Regierung festgesetzte zu hohe Preis Schuld ist. Sie werden von Privatleuten für gemeinschaftliche Rechnung mit der Regierung bearbeitet, weshalb sie dem Staate nur wenig einbringen, was auch mit dem Gyps der Fall ist, woran die Insel Überfluß hat. Von dem weichen Stein, welcher in Menge vorhanden ist, wird in der neuesten Zeit viel für die neuen Bauten in Athen gebraucht. Außerdem findet man viele Brüche von einem andern Steinart, die in der ganzen Levante häufig als Mühlstein gebraucht wird. Da dieselben schon im Alterthum bekannt waren, so behaupten Einige, daß die Insel ihren Namen davon erhalten habe; Mylos bedeutet nämlich einen Mühlstein.

Der Einfuhrhandel ist höchst unbedeutend; die wenigen Bedürfnisse, welche für die sehr arme Bevölkerung durchaus unentbehrlich sind, werden zu Syra und Paros eingetauscht.

Melos hat einen vortrefflichen Hafen, welcher mehre Flotten aufnehmen kann. Vorzüglich an der Seite von Protothalassa liegt man darin gegen alle Winde geschützt vor Anker; auch ist der Hafen gar nicht ungesund, so lange man an Bord bleibt. Die einheimische Marine von Melos besteht nur aus kleinern Fahrzeugen, die theils für den Lootsendienst, theils für die Frachtfahrt zwischen griechischen Häfen benutzt werden.

Außer dem Hauptorte, Kastron, findet man auf Melos nur noch drei höchst unbedeutende Dörfchen. Die sogenannte alte Stadt lag in einer Ebene, eine halbe Stunde von dem Ende des Hafens, und verlor ihre Bevölkerung durch eine Pestseuche; sie ist gegenwärtig nur noch ein großer Schutthaufen.

Als Antiquität höchst merkwürdig ist das marmorne Amphitheater, auf einer malerischen Anhöhe bei dem Eingange des Hafens am Meere gelegen, wovon noch viele schöne Überreste vorhanden sind. Um dieses interessante Denkmal des Alterthums vor Zerstörung zu sichern, hat der König von Baiern den Grund, worauf es liegt, vor einigen Jahren angekauft.

Der Erdfall bei Armouth in England.

Am 24. Dec. 1839 versank auf dem Küstenstriche Dowlands in der englischen Grafschaft Devonshire ein ganzes Stück Land mit Gärten und Häusern, ohne daß dabei Jemand umgekommen wäre; ähnliche mehr oder minder bedeutende Zerstörungen erstreckten sich vier englische Meilen längs der Küste. Der entstandene Abgrund geht in einer krummen Linie von Osten nach Westen, ist fast 1½ englische Meilen lang, zwischen 200 und 300 Fuß tief und zwei- bis dreimal so breit. Dieser lange Streifen hat sich gegen die Mitte mit großer Regelmäßigkeit und Gleichförmigkeit gesenkt; große Stücke von vier verschiedenen Feldern, deren ursprünglich horizontale Oberfläche fast ganz eben geblieben ist, tragen noch ihre Pflanzungen von Rüben und jungem Weizen. Selbst die Hecken, welche diese Felder theilten und bis an den Rand des Abgrundes hinlaufen, können in dem eingesunkenen Lande verfolgt werden. Diese Regelmäßigkeit findet jedoch nicht überall statt. Das westliche Ende ist sehr zerrüttet, aber die größte Verwüstung ist am östlichen Ende zu bemerken. Große Säulen sind dort gleich riesigen Thürmen von Kalk stehen geblieben, während die weichern Theile um sie herum eingefallen sind; gewaltige Kiesmassen, auseinandergerissene Felsen, entwurzelte Bäume und die Ruinen zweier Häuser bilden eine Scene der Zerstörung, die bei aller Wildheit erhaben genannt werden muß.

Erscheinungen dieser Art sind so selten und von so außerordentlicher Art, daß sie die Aufmerksamkeit der Gelehrten nicht nur, sondern aller Gebildeten in Anspruch nehmen. Anfänglich schrieb man die Erderschütterung einem Erdbeben zu, aber wenn man die Lage der Erdschichten und die Beschaffenheit der ganzen Gegend in Betrachtung zieht, so scheint diese Annahme nicht haltbar zu sein. Jedenfalls sind aber die verheerenden Wirkungen nicht geringer, als die vieler vulkanischer Ausbrüche in Südamerika. In mehren Gegenden Englands sind Spuren ähnlicher Ereignisse wahrzunehmen, unter andern auf der Insel Wight, aber in allen diesen Fällen sind über die Zeit, in welcher die Erdoberfläche diese Veränderungen erlitt, keinerlei Nachrichten, nicht einmal mündliche Überlieferungen vorhanden.

Herausgegeben unter Verantwortlichkeit der Verlagshandlung F. A. Brockhaus in Leipzig.

Das Pfennig-Magazin

für
Verbreitung gemeinnütziger Kenntnisse.

408.]   Erscheint jeden Sonnabend.   [Januar 23, **1841.**

John Howard.

John Howard, der den schönen Namen eines Menschenfreundes und Wohlthäters der Menschheit in so vorzüglichem Grade verdient, wurde im J. 1726 (nach Andern 1727) zu Hackney geboren, wo sein Vater ein reicher Kaufmann war. Seine Erziehung war so mangelhaft, daß er nicht einmal seine Muttersprache correct sprechen oder schreiben lernte. Nach beendigten Schuljahren kam er in London zu einem Kaufmanne in die Lehre, gab aber, durch den frühen Tod seines Vaters in den Besitz eines großen Vermögens gelangt, seiner Schwächlichkeit wegen diesen Lebensberuf auf und reiste auf den Continent und zwar nach Frankreich und Italien. Bald nach seiner Rückkehr nach London (1752) bezog er seiner Kränklichkeit wegen eine Landwohnung, beschäftigte sich mit Physik und Medicin und heirathete seine Wirthin, eine Witwe, deren Alter mehr als das Doppelte des seinigen betrug, um ihr seine Dankbarkeit für ihre sorgsame Pflege durch die That zu beweisen; er lebte drei Jahre lang mit ihr glücklich und gedachte ihrer bis an seinen eignen Tod mit liebevoller

Achtung. Im J. 1756 wurde er zum Mitglied der königlichen Societät der Wissenschaften ernannt, nicht weil er sich in den Wissenschaften besonders hervorgethan hätte, sondern in Gemäßheit des Gebrauchs jener Gesellschaft, vermögende Männer durch Aufnahme in ihren Schoß an die Interessen der Wissenschaft zu knüpfen. Nach dem Tode seiner Gattin trat er eine zweite Reise nach dem Continent an, zunächst in der Absicht, die Ruinen von Lissabon, die Folgen des verheerenden Erdbebens von 1755, in Augenschein zu nehmen. Auf dieser Reise begegnete ihm dasjenige Ereigniß, welches seinem Geiste zuerst die Richtung auf Das gab, was er sich später zur Aufgabe seines Lebens machte. Wir theilen die Erzählung desselben mit seinen eignen Worten mit: „Im J. 1756 wurde ein lissaboner Packetschiff, auf welchem ich mich als Passagier befand, von einem französischen Caperschiffe genommen. Bevor wir Brest erreichten, litt ich den brennendsten Durst, indem ich mehr als 40 Stunden lang keinen Tropfen Wasser erhielt; im Castell von

Brest lag ich sechs Nächte auf Stroh; wie hart meine Landsleute von den Franzosen behandelt wurden, konnte ich sowol dort beobachten, als in Morlaix, wohin ich später gebracht wurde, und in Carhaix, wo ich mich zwei Monate auf Ehrenwort befand. Ihre Behandlung war so barbarisch, daß mehre Hunderte umkamen; in Dinnan wurden an einem Tage 36 in einer Grube begraben. Als ich gleichfalls auf Ehrenwort nach England kam, zeigte ich den Commissionnairen der kranken und verwundeten Matrosen die einzelnen Umstände an; in Folge dessen wurden Vorstellungen an den französischen Hof gerichtet, die den erwünschten Erfolg herbeiführten."

Im J. 1758 verband sich Howard mit der Tochter eines ausgezeichneten Juristen, kaufte ein Landgut und führte mehre Jahre lang das ruhige Leben eines Landedelmannes, versäumte aber keine Gelegenheit, Gutes zu thun. Aber schwerlich wäre sein Name außerhalb der Sphäre seines unmittelbaren Einflusses bekannt geworden, wenn er nicht im J. 1773 Sheriff der Grafschaft Bedford geworden wäre. In dieser Eigenschaft wurde er mit den Gefängnissen der Grafschaft genauer bekannt und fand, daß viele von den Geschworenen für nicht schuldig Erklärte, ferner Solche, deren Ankläger nicht erschienen waren u. s. w., fortwährend in Haft gehalten wurden, weil sie die üblichen Vergütungen an den Kerkermeister, den Assistenschreiber u. s. w. nicht entrichten konnten. Er besuchte die Gefängnisse mehrer benachbarten Grafschaften und fand hier dieselbe Ungerechtigkeit in Ausübung; je mehr er aber das in den Gefängnissen herrschende Elend kennen lernte, desto mehr wuchs sein Wunsch und Eifer, es zu lindern. So besuchte er nach und nach, um eine genaue Kenntniß des Gegenstandes zu erlangen, die meisten Grafschaftsgefängnisse in England, später auch die Correctionshäuser und Gemeindegefängnisse, wobei er sein Augenmerk hauptsächlich auf das Kerkerfieber und die Pocken richtete. Bald nachher gingen im Hause der Gemeinen, nachdem er vor demselben über diesen Gegenstand abgehört und ihm der Dank des Hauses votirt worden war, zwei Bills durch, die eine über die Freilassung freigesprochener Gefangenen, die ungebührlich in Haft gehalten wurden, weil sie die üblichen Vergütungen nicht zahlen konnten, die andere in Bezug auf die Erhaltung der Gesundheit der Gefangenen. In kurzem erstreckten sich seine edeln, wahrhaft menschenfreundlichen Absichten auf ganz Europa, indem er den Plan entwarf, sich mit dem Zustande der Gefängnisse aller Länder bekannt zu machen, und der Ausführung desselben zwölf Jahre, 1775—87, widmete. Während dieser Zeit reiste er vier Mal nach Deutschland, fünf Mal nach Holland, zwei Mal nach Italien; außerdem bereiste er die nordischen Staaten, Spanien und Portugal und die Türkei. Überall wurde er mit größter Achtung aufgenommen und fand selbst an manchen Höfen, z. B. bei Joseph II., Zutritt und gerechte Würdigung seiner edeln Absichten. Als Ergebniß seiner Reisen gab er schon 1777 ein Werk heraus, das einen Bericht über den Zustand der Gefängnisse und Hospitäler in Großbritannien, Frankreich, der Schweiz, Deutschland und den Niederlanden enthält. Dieses Buch trug die schönsten Früchte, indem es die Aufmerksamkeit vieler europäischer Regierungen auf Verbesserung der Gefängnisse hinleitete und eine menschlichere Behandlung der Gefangenen (namentlich in Deutschland, Frankreich und England) herbeiführte.

Seit 1785 war Howard's Augenmerk auf die Maßregeln gegen die Verbreitung der Pest gerichtet. Er reiste deshalb in jenem Jahre zuerst nach Marseille und besuchte dann sämmtliche Pesthäuser und Lazarethe in Italien und der Türkei, wobei er sich der größten Gefahr aussetzte und einmal wirklich von jener furchtbaren Krankheit befallen wurde. Hierauf erschien 1787 seine wichtige Schrift über die bedeutendsten Lazarethe in Europa, welcher Abbildungen der Lazarethe in Marseille, Genua, Livorno, Neapel, Venedig u. s. w. und Abhandlungen über die Pest beigegeben sind. Um die Pest auch im Innern Asiens kennen zu lernen, trat er im Sommer 1789 eine neue Reise an und reiste durch Preußen, Curland, Liefland nach Petersburg und Moskau, von da nach Cherson in der Krim (am schwarzen Meere). Hier wurde er bei einem Krankenbesuche bei einer jungen Dame, die an einer ansteckenden Krankheit danieberlag, von derselben angesteckt und starb am 20. Jan. 1790. Nach seinem Wunsche wurde er neben dem Landhause eines Franzosen unweit Cherson beerdigt, wo ein kleiner Obelisk sein Grab bezeichnet; in der Paulskirche zu London aber wurde ihm später ein größeres Denkmal errichtet, das seine aufopfernde Menschenliebe gewiß verdient hatte.

Das Neueste aus Persien. *)

Am 23. März verließen wir Teheran, reisten in südwestlicher Richtung und kamen am 25. in Savah an. Diese Stadt lag schon vor 200 Jahren ganz in Ruinen; seitdem hat ihre Bevölkerung beständig abgenommen, und jetzt enthält sie nur noch einige wenige bewohnte Häuser. Nach den Moscheen zu schließen, die wir in Trümmern liegen sahen, bedeckt mit cufischen Inschriften, muß Savah eine wichtige Stadt gewesen sein.

Am 27. sahen wir die goldenen Kuppeln von Kom schon längst am Horizonte glänzen, bevor wir diese Stadt erreichten, deren Ruinen eine weite Fläche bedecken. Feth-Ali-Schah hatte vergebens versucht, sie wieder zu erheben und ihr ein wenig von dem Glanze wieder zu geben, den sie als heilige Stadt und sehr besuchter Wallfahrtsort besessen hatte. Das hier befindliche, im ganzen Orient in hoher Verehrung stehende Grab der Fatme ist ein merkwürdiges Denkmal. Fatme war eine Enkelin Ali's, welche sich, um den Verfolgungen des Kalifen zu entgehen, an diesen Ort zurückzog und nach dem Glauben des Volks gen Himmel gefahren sein soll. Das aus Marmor, Gold und Mosaik zusammengesetzte Grabmal ist durch eine gewaltige Thüre von massivem Silber verschlossen, und die Kuppel hat Feth-Ali-Schah von außen mit Goldplatten bedecken lassen. Ich machte einen Versuch, in das Heiligthum einzudringen, dessen Zugang der muselmännische Fanatismus allen Christen untersagt hat; schon war ich bis in den letzten Hof gedrungen, begleitet von einem sogenannten Ferrasch oder Fremdenführer, den die Hoffnung einer guten Belohnung kühn gemacht hatte; aber kaum hatte ich die erste Stufe der zu dem geheimsten Orte führenden Treppe betreten und einen neugierigen Blick auf die Thüre des Grabes gerichtet, als sich ein wüthender Mollah zwischen uns warf, und ohne sich an mich zu wagen, meinem Führer zu Leibe ging, indem er ihm auf das

---

*) Aus den brieflichen Mittheilungen eines jungen französischen Künstlers, welcher die im vorigen Jahre nach Persien gegangene französische Gesandtschaft unter Herrn v. Sercey begleitete. Sie sind aus Isspahan vom 28. April v. J. datirt.

strengste befahl, augenblicklich den Christen hinwegzuführen, dessen bloße Gegenwart den Boden, den er betrat, entweihte.

Feth-Ali-Schah hatte schon bei seinen Lebzeiten zu seinem Begräbniß eine an das Grab Fatmens anstoßende kleine Moschee bestimmt und mit Marmor, Gold und Fensterscheiben geziert. Hier liegt er wirklich begraben; sein Grabstein ist ein würfelförmiger Alabasterblock, auf dessen Vorderseite sein Bildniß in ganzer Figur ausgehauen ist. Der Iman-Dschemma oder das Oberhaupt aller Mollahs der Stadt lud uns Alle ein, im Innern dieses das Königsgrab enthaltenden Heiligthums unsern Thee zu trinken, als wenn er uns die Brutalität des fanatischen Mollah hätte vergessen machen wollen.

Als wir Kom verließen, betraten wir eine dürre, mit Salz bedeckte und schneeweiße Ebene, die den Anfang der großen, sich nach Osten bis zum Lande der Afghanen erstreckenden Salzwüste bildet. Durch diese Wüste, wo wir von den Sonnenstrahlen viel zu leiden hatten, kamen wir nach Kachan. Diese Stadt, wo einige Industrie getrieben wird, sieht weniger alt als die übrigen aus, ja man kann sie, einiger Trümmer ungeachtet, eine der blühendsten Persiens nennen; ihre Bevölkerung beläuft sich auf etwa 30,000. Nachdem wir Kachan verlassen, erstiegen wir einen Gebirgskamm, wo der Schnee in großen Flocken fiel; der Wind wehte heftig, und wir litten sehr von der Kälte, die wir nach der in der Ebene erduldeten unerträglichen Hitze nicht erwartet hätten. Zum Glück reichten zwei Tage hin, um aus dieser rauhen Gebirgsgegend herauszukommen; in der Ebene fanden wir wieder eine mildere Temperatur bis Ispahan, wo wir endlich am 5. April ankamen.

Wir hielten unsern Einzug in diese alte Hauptstadt inmitten einer zahllosen Menge, unter der sich mehre Prinzen aus königlichem Geblüte befanden, die der Schah dem Gesandten entgegengeschickt hatte, um ihm eine größere Ehre zu erweisen. Der Zug machte Halt vor einem im freien Felde errichteten Zelte, unter welchem wir willkommene Erfrischungen fanden. Gegen zwei Uhr erreichten wir das Thor der Stadt, in welcher wir schon längst angekommen zu sein geglaubt hätten, wenn man uns nicht schon früher von der außerordentlichen Ausdehnung der Vorstädte in Kenntniß gesetzt hätte. Wir kamen durch einige enge, schmuzige und mit Ruinen bedeckte Straßen, in denen eine Menge Weiber versammelt waren, welche ihre Neugierde durch unsern Anblick zu stillen suchten. Keine von ihnen vergalt Gleiches mit Gleichem, indem sie den Schleier lüftete; aber die elenden Lumpen, welche sie bedeckten, machten uns nach Dem, was er verbarg, wenig lüstern. Noch kamen wir durch viele mit zahlreichen Scharen Neugieriger erfüllte Bazars, und dann auf einen großen Platz, genannt Meidan-Schah (Platz des Schahs), wo die große Moschee und der Residenzpalast des Schahs stehen. Nachdem wir ihn durchschritten, befanden wir uns in einer langen Allee, welche durch sechs Reihen von Platanen gebildet und in ihrer ganzen Länge durch einen kleinen Kanal bewässert wird, und sowol ihrer Länge, als ihrer herrlichen Bäume wegen einen großartigen Eindruck macht. Sie führt zu einer schönen Brücke über den Fluß Zendirud und diese zu einer geräumigen Wiese, auf welcher mehre Regimenter in Schlachtordnung aufgestellt waren, deren Musik unsere Ankunft begrüßte. Vor uns sahen wir Kuppeln und Glockenthürme, die uns eine christliche Stadt ankündigten. Es war die Vorstadt Djoulfa, die man ihrer Ausdehnung und ihrer zahlreichen (24) Kirchen wegen als eine Stadt

für sich betrachten kann; sie wird von Armeniern bewohnt, von denen einige katholisch sind. Hier hatte uns der Schah Wohnungen bereiten lassen, von denen wir, an das Ziel einer fünfmonatlichen Reise gelangt, mit großer Freude Besitz ergriffen.

Nach mehrstündiger Rast begannen wir unsere Excursionen in der Stadt und ihren Umgebungen. Zuerst besuchten wir das königliche Lager, am Ufer des Flusses auf dem Platze eines ehemaligen königlichen Gartens errichtet. Es kann etwa 6000 Mann Infanterie, unregelmäßige Cavalerie und Artillerie fassen; diese kleine Armee hat den Schah nach Ispahan begleitet, mit dessen Bewohnern oder doch mit einigen Classen derselben er sehr unzufrieden war. So groß Ispahan ist, enthält es doch nicht über 40,000 Einwohner, die sich unter den sie zu drei Vierteln bedeckenden Trümmern ganz verlieren; es bot also bequeme Schlupfwinkel dar, welche von zahlreichen, regelmäßig organisirten Räuberbanden bewohnt wurden. Diese brandschatzten das Volk, erhoben von den Kaufleuten willkürliche Auflagen und plünderten die Häuser Derer, die ihnen Widerstand leisteten. Es ist unbegreiflich, wie die ganze Bevölkerung von Ispahan das Joch dieser Verruchten so lange ertragen konnte, und wenn man nicht beständig sähe, mit welcher Gleichgültigkeit und Langsamkeit die wichtigsten Angelegenheiten in Persien betrieben werden, so hätte man Mühe, zu glauben, daß die Beendigung dieser Greuel so lange auf sich warten lassen konnte. Was aber noch unbegreiflicher und eine Schande für die Religion der Perser ist, ist der Umstand, daß jene Räuberbanden unter dem erklärten Schutze des Großmollahs von Ispahan, des Muchtaïd, standen. Dieser reiche Priester verachtete die königliche Obergewalt, trotzte der Armee, indem er sich auf jene Räuberbanden stützte, hoffte jener durch Aufstellung einer gleichen Macht das Gleichgewicht zu halten, und hatte so eine sehr gefährliche Partei gebildet, deren Demüthigung dringend Noth that. Die Hauptverbrecher sind festgenommen und von dem Diwan-Khané, einem aus den vornehmsten Staatsbeamten bestehenden Gerichtshofe, gerichtet worden. Ihre Verurtheilung fand ohne Verzug statt und ihre Hinrichtung kam an Barbarei ihren Verbrechen gleich. Die einen wurden mit Bayonnetten durchbohrt, den andern wurden die Zähne, die Augen und die Nägel ausgerissen. Einer der Schuldigsten wurde an den Füßen wie ein Esel beschlagen und seiner Nase und untern Kinnladen beraubt, dann ihm ein Strohsack um den Hals gebunden; er soll in diesem Zustande noch drei Tage gelebt haben. Ich habe Frauen gesehen, die um das Recht, selbst einem Räuber den Kopf abzuschneiden, wie um eine außerordentliche Vergünstigung baten; ohne Zweifel gehörten sie zu den Opfern dieser Banditen.

Drei Tage waren seit unserer Ankunft in Ispahan vergangen, und die Etikette verlangte, daß der Botschafter dem Schah seine Aufwartung machte. Wir wurden daher eingeladen, uns in das ihm als Aufenthalt dienende Lager und zwar in einen kleinen Pavillon zu begeben, welcher der Zerstörung, die den alten von Schah-Hussein erbauten Palast am Ende des 17. Jahrhunderts betroffen hat, entgangen ist. Der Oberceremonienmeister und der Minister der auswärtigen Angelegenheiten empfingen uns unter einem Kiosk mit Spiegelwänden, den 16 Säulen von geschnitztem Holz trugen. Hier wurden uns Kaffee, Thee und Pfeifen gereicht; nachdem wir diese Erfrischungen eingenommen, begaben wir uns zwischen zwei Reihen von Soldaten

*

in das Gemach des Monarchen. Mohammed=Schah saß in einem Sessel auf einer ziemlich hohen Estrade, die ihm als Thron diente; er trug ein Scharlach=gewand, das mit Perlen gestickt war, unter denen einige Diamanten und andere Edelsteine glänzten; seine Mütze war von einer Reiherfeder mit Brillanten über=ragt. Er empfing uns mit vieler Güte, ließ den Ge=sandten niedersitzen, und erkundigte sich nach Namen und Stand eines Jeden unter uns. Diese ceremoniöse Audienz dauerte nur kurze Zeit; später habe ich den Schah öfter gesehen, da er mir gestattete, ihn zu por=traitiren, und mir zu diesem Ende mehre Sitzungen bewilligte. Jedesmal fand ich ihn ausnehmend lie=benswürdig und sehr heiter; für die Franzosen zeigte er große Vorliebe und äußerte seine Freude, während seiner Regierung eine aus Frankreich kommende Gesandt=schaft erlebt zu haben. Großes Vergnügen machten ihm die Geschenke, welche Herr v. Sercey zu über=reichen Auftrag hatte, vor allen die geschriebene und mit Abbildungen versehene Geschichte Napoleon's. Er übergab sie sogleich einem Dolmetscher, um sie in der kürzesten Zeit zu übersetzen; er sehnte sich, wie er sagte, das Leben dieses auch von ihm bewunderten Mannes näher kennen zu lernen.

Mohammed=Schah ist 33 Jahre alt und von sehr brauner Gesichtsfarbe; seine Miene ist edel und würde=voll; er hat große, ausdrucksvolle, schwarze Augen, trägt einen kurzen, aber sehr dichten Bart, ist von mittlerm Wuchse, sehr wohlbeleibt und hinkt etwas in Folge der Gicht, die ihn schon sehr peinigt. Er hofft diesem Übel durch Bewegung zu begegnen und hat in Folge dessen an einem herumziehenden Leben Geschmack ge=funden. Seine Kleidung ist sehr einfach; außer dem Hause sieht man ihn in der Regel zu Pferde, selbst einen Sonnenschirm tragend, selten zu Wagen. Vor ihm her geht eine große Zahl von Läufern oder so=genannten Ferrasch; als Escorte dient ihm eine Schar von Reitern, die mit Flinten und Lanzen bewaffnet sind und zum Theil Windhunde an der Leine führen. Die Vorschriften der Religion beobachtet der Schah sehr ge=wissenhaft, trinkt niemals Wein und überläßt sich keiner der in Persien so gewöhnlichen unnatürlichen Ausschwei=fungen. Mit der Leitung der Staatsangelegenheiten befaßt er sich nicht; sein Leben verbringt er im Müßiggang und in den Freuden des Harems. Ihn umgeben Minister, Mollahs und andere Personen, die ihm die Last der Regierung abnehmen und ohne sein Wissen, ja wol wider seinen Willen Alles anordnen. Die oberste Macht übt sein erster Minister Mirza=Hadji=Agassi, ein klei=ner und hagerer alter Mann, ebenso schlau als falsch, seiner Religion bis zum Fanatismus ergeben, zugleich als Dichter und Redner geschätzt und endlich wie jeder Perser von unmäßiger Eigenliebe beseelt. Der Minister der auswärtigen Angelegenheiten, Mirza=Ali, ist ein junger Mann von 22 Jahren, welcher eitel und gefallsüchtig wie ein Weib ist, fast europäische Manieren hat, das Französische vollkommen spricht, aber gänzlich unter dem Einflusse des ersten Ministers steht. Die übrigen Minister oder Mirzas, welche Papierrolle und Tinten=faß im Gürtel tragen, sind mehr Schreiber als Staats=männer und bloße Secretäre von Mirza=Hadji=Agassi.

In Ispahan haben wir zum ersten Mal etwas einer Armee Ähnliches gesehen, Scharen von Männern in Kleidern von ziemlich gleicher Farbe, die aber in Fetzen herabfallen, auf der Brust einen ehemals weiß gewesenen Riemen tragend; alle exerciren mit schlechten Flinten, die meist ohne Feuersteine oder gar ohne Schloß sind. Commandirt werden sie von fast ebenso schlecht ausse=hen=

den Offizieren, deren militairische Kenntnisse sich auf die ersten Handgriffe beschränken. Gleichwol fehlte es diesen so wenig versprechenden Truppen nicht an Tapferkeit und bei der Belagerung von Herat haben Viele von ihnen Beweise von großem Muthe gegeben. Gemeine und Offiziere erhalten ihren Sold sehr unregelmäßig, manche haben einen ganzen Jahressold zu fodern. Der Schah glaubt 54 Bataillone unter den Waffen zu haben und bezahlt für so viele; aber Diejenigen, in deren Hände dieses Geld kommt, lassen es nicht bis zu den Soldaten gelangen, die auf Nebenbeschäftigungen denken müssen, um nicht zu verhungern. Ebenso geht es in allen Zweigen des öffentlichen Dienstes. Die Regierung kann nicht bezahlen, was sie schuldig ist; die Schulden wachsen an und endlich kommt die Zeit, wo ihre Bezahlung unmöglich ist. Dasselbe gilt vom Privatverkehr; nichts ist in Persien so selten als ein Mann, der seine Schulden bezahlt.

Die Stadt Ispahan ist sehr groß, liegt aber, wie gesagt, zum größten Theile in Trümmern. Zahlreiche Auswanderungen von Armeniern, Kriege mit den be=nachbarten Völkern und die Thronbesteigung der Kad=jaren, welche Teheran zur Hauptstadt des Reichs mach=ten, alles Dies hat dazu beigetragen, die Bevölkerung zu mindern und die Ruinen zu mehren. Selbst der Pa=last der frühern Könige hat den Verfall der Stadt ge=theilt. Der König Schah=Abbas hatte vor 200 Jah=ren am Ende der Stadt einen großen Palast bauen lassen, den seine Nachfolger zu erhalten verabsäumten. Er fiel in Trümmern, als unter Feth=Ali=Schah's Regierung der Statthalter der Provinz auf der Stelle des alten einen neuen bauen ließ und mit den Ziera=then des alten, Spiegeln, Mosaik, Bildhauerarbeit, Malerei u. s. w. schmückte. Noch trägt der neue den Namen Schah=Abbas', aber mit Ausnahme eines Kiosks ist Alles, was aus der Regierung dieses Mon=archen herrührt, nichts als ein gigantischer Haufe von Trümmern.

Aber unter dem Schatten großer 100jähriger Bäume verbirgt sich ein reizender Zufluchtsort, den sein be=scheidenes Ansehen kaum verräth: die Wohnung eines Sohns Feth=Ali=Schah's, des Prinzen Sefid=Ali, der sich an einem versteckten Platze eine kleine Einsiedelei hat bauen lassen, in welcher Kunst und Phantasie Alles vereinigt haben, was sie Reizendes und Zierliches ersinnen konnten, und wo man ohne großen Widerwillen als Einsiedler leben möchte. Sie besteht in einem mit den schönsten Blumen besäeten, von den zartesten Wohlgerüchen durch=dufteten Garten, an welchen ein geheimnißvolles Ge=mach stößt, in welches die Sonne nur durch die zier=lichen Zeichnungen farbiger, blumenförmig ausgeschnit=tener Scheiben einige Strahlen gelangen läßt. Laut=los gleitet der Fuß über weiche Teppiche hin; Malerei beschäftigen die Augen; weiche Kissen laden zur Ruhe ein. Unwillkürlich denkt man in diesem üppigen Ge=mach an Feen und Houris und wiegt sich in süßen Träumen. Ein Vorhang hebt sich und ein neues Ge=mach erscheint, die geheime Wohnung der Schönheit, das Bad, in welches die Liebesgötter die Enden ihrer Flügel tauchen. Man findet hier ein Bassin, angefüllt mit klarem und tiefem Wasser, in welchem sich 16 Karyatiden baden, welche vier goldene Säulen tragen; in der Mitte ein Wasserstrahl, dessen Tropfen auf den marmornen Boden fallen; überall angemessene Malereien, Mosaik und Spiegel, welche die Einzelheiten dieses zau=berischen Orts vervielfältigen; im Hintergrunde ein klei=nes dunkles Gemach, wo der Besitzer seine Frauen be=lauschte. Dies ist die Wohnung eines Persers, welcher, dem ihr umgebenden Elend entfliehend, sich ein Paradies auf Erden geschaffen hat; von Allem, was ich gesehen, ist sie das Einzige, was im heutigen Persien an die Tausend und eine Nacht und die Wunder der Zauberpaläste erinnert.

Das Collegium der Mollahs, genannt Medreß, ist ein großes Gebäude, das in seiner Bauart und Einrichtung einer Moschee ähnlich ist, ohne die religiöse Strenge einer solchen zu haben. Hier werden diejenigen jungen Männer unterrichtet, welche Mollahs werden wollen. Um einen herrlichen Hof, der mit großen und schönen, durch Blumengewinde verbundenen Bäumen bepflanzt ist, stehen kleine zellenähnliche Häuschen, in denen der Unterricht stattfindet. Alle Wände sind mit schöner Mosaik bekleidet, bestehend aus kleinen emaillirten Steinen, welche zierliche Arabesken oder Blumen bilden. Dieses Gebäude, eins der merkwürdigsten, die wir in Persien gesehen haben, rührt von Schah-Hussein her, der sich durch mehre große Werke und Thaten Anspruch auf die Dankbarkeit der Nation erworben hat. Er ist es auch, der im Anfang des 18. Jahrhunderts die Afghanen, welche lange Zeit Ispahan belagerten, geschlagen und vertrieben hat.

Die große Moschee ist eins der bedeutenden Bauwerke aus der Regierung des Schah-Abbas; sie ist die größte im Lande und zeichnet sich durch die sie zierende Mosaik und Alabastersculptur aus. Nicht weit davon steht an dem einen Eingange des großen Palastes ein Thor von massivem Silber, das der Schah Abbas von dem Grabe Ali's in Kerbelah bei Bagdad wegholen und als einen der heiligsten Gegenstände der Verehrung von Ali's Anhängern hierher bringen ließ. Vielleicht hatte jener Fürst auch politische Absichten, als er dieses Thor, vor welchem jeder Perser niederkniet, an dem Eingange seines Palastes aufstellen ließ.

Auch die Brücken sind bewundernswürdige Werke derselben Regierung. Der Zenderud ist ein nicht sehr tiefer Fluß, dessen Bette aber sehr breit ist und sich zur Zeit der Regen und nach dem Schmelzen des Schnees im Gebirge noch ganz außerordentlich ausbreitet, weshalb es sehr langer Brücken bedurfte. In Ispahan gibt es deren fünf, von denen sich zwei, die Brücken von Djoulfa und Schiras, durch Architektur und Dimensionen auszeichnen. Beide sind horizontal, zu beiden Seiten mit hohen Mauern versehen, in deren Dicke Arkaden angebracht sind, die zu einer den Fluß beherrschenden Seitengalerie führen. Die Perser besuchen sehr gern diese Brücken, um hier frische Luft zu schöpfen. Die erstgenannte Brücke hat 34 Bogen, die andere kürzere nur 21; die letztere hat noch eine unter das Niveau des Flusses herabgehende untere Galerie.

Die Umgebungen von Ispahan sind wenig anziehend; hohe, von einander getrennte, senkrecht abfallende Berge umgeben die Stadt von Osten, Süden und Westen. Zwar erhalten sie durch ihre Kahlheit und Schroffheit einen imposanten Charakter, gestatten aber dem Auge nicht, mit Wohlgefallen auf ihnen zu verweilen, und bieten kein angenehmes Ziel zu Spaziergängen dar. Auf einem der höchsten Gebirgskämme sieht man noch die Überreste eines Altars des Feuers, welches die Gebern, die alten Bewohner des Landes, verehren. Die östlichen Berge trennen das Gebiet der Stadt von der großen Salzwüste, die südlichen öffnen ihre Pässe der Straße nach Schiras und die westlichen, die sich bis Arabistan erstrecken, sind von nomadischen Stämmen der Baktyaris bewohnt, welche die Reisenden plündern und die Bewohner von Djoulfa oft erschreckt haben.

Die Wärme ist in Ispahan sehr groß, aber der Gebirgswind erfrischt oft die Luft, und das Klima ist dort sehr gesund. Alles zusammengenommen ist Ispahan vielleicht der angenehmste Aufenthaltsort in ganz Persien.

_____

Ein animalisches, der Baumwolle ähnliches Product.

In einer Zeit, wo aus Sägespähnen wohlschmeckendes Brot und aus Rhabarber und Steckrüben die köstlichsten Weine bereitet werden, muß es uns befremden, so wenig Vortheile von den natürlichen Producten der Kapadawürmer oder der sogenannten Fliegenträger ziehen zu sehen, welche in Massen in Westindien angetroffen werden. Diese Insekten sind Todfeinde der Indigo- und Kapadapflanzen; ganze Felder werden von ihnen oft in einer Nacht völlig zerstört, und sie gaben zu dem Sprüchworte Veranlassung: „Die Indigopflanzer gehen reich zu Bette und stehen als Bettler auf."

Bisher dachte man mehr auf die wirksamsten Mittel, diese Thiere zu vertilgen, als irgend einen Nutzen von ihnen zu ziehen, und doch dürfte dieser leicht erwachsen, da sie eine blendend weiße Substanz erzeugen, welche der feinsten Baumwolle oder Seide gleich kommt, wenn nicht gar dieselben in vieler Beziehung übertrifft. In den Hospitälern der Schwarzen bedient man sich ihrer zur Charpie, da sie die Wunden kühlt, während Seide und Baumwolle dieselben bekanntlich entzünden. Wir geben hier einen gedrängten Auszug aus Burt's Berichte über das in Rede stehende Insekt in seinen „Observations on the curiosities of nature" (Beobachtungen über die Merkwürdigkeiten der Natur):

„Der Kapadawurm oder der Fliegenträger entsteht gleich der Seidenraupe aus Eiern, welche das Weibchen in Menge legt, bevor es sich in einen weißen Schmetterling verwandelt. Er kriecht gegen Ende Juli als eine Raupe vom glänzendsten Farbenspiel aus; im August geht mit ihm eine merkwürdige Verwandlung vor: er streift dann seine prächtige Hülle ab und nimmt eine sehr schöne wellengrüne Farbe an, welche je nach seinen verschiedenen wellenförmigen Bewegungen und der Wirkung der darauf fallenden Lichtstrahlen ins Gelbliche oder Blaue spielt. Jetzt naht die Periode, wo er zu den größten Martern verdammt ist. Er wird plötzlich von einem Schwarme Ichneumonfliegen belagert, deren jede eine der Poren seines Körpers dergestalt einnimmt, daß mit Ausnahme des obern Theils des Kopfes auch nicht der geringste Raum unbesetzt bleibt, und alle seine sichtlichen Kämpfe, um sich von seinen Quälern zu befreien, sind vergebens. Die Fliegen, welche so klein sind, daß man sie nur mit Hülfe eines Vergrößerungsglases beobachten kann, treiben ihren Stachel in den Rücken und die Seiten ihres Opfers, lassen ihre Eier in die ihm so beigebrachten Wunden gleiten, entfernen sich dann, und der Patient bleibt nun ungefähr eine Stunde lang regungslos und gleichsam in einer Lethargie liegen, aus welcher er nur erwacht, um sich mit seiner gewohnten Gefräßigkeit auf die Indigopflanzen zu stürzen und sie zu zernagen. Sein körperlicher Umfang nimmt nun sichtlich zu; die grüne Farbe seiner Haut wird immer dunkler und die durch den Reflex des Lichtes erzeugte Schattirung tritt nur noch deutlicher hervor. Im Laufe von 14 Tagen haben sich die Eier befruchtet, und da alle Fliegen zu gleicher Zeit auskriechen, so sieht man durch ein Mikroskop die zahlreiche belebte Brut auf dem Kapadawurm wimmeln. Die grüne Farbe wird jetzt schmuzig weiß, und die Fliegen erscheinen dem Auge schwarz, wiewol ihre eigentliche gewöhnliche Farbe dunkelbraun ist."

„Haben die Ichneumonwürmer die Eier verlassen, so schwitzen sie ein flüssiges Gummi aus, welches von der Luft verdichtet wird. Hierauf erheben sie sich alle gleichzeitig auf den hintern Theil ihres Körpers, schütteln ihre Köpfe und die obere Hälfte ihres Leibes und schwingen sich nach allen Richtungen empor. Jetzt beginnt eine höchst merkwürdige Thätigkeit unter den Thierchen; ein jedes schafft sich selbst ein kleines Gehäuse oder einen Cocon in Gestalt eines Eies, worein es sich spinnt. Dies währt ungefähr zwei Stunden, und da mehre Tausend sich aneinander reihen, so bilden sie eine Art Decke über den Kapadawurm, welcher während der ganzen Verrichtung im Zustande einer völligen Lähmung verbleibt. Kaum haben aber die kleinen Künstler ihr Werk vollendet und sich gänzlich eingesponnen, so erwacht er wieder und sucht sich seiner ihn plagenden Gäste zu entledigen, was ihm nach der größten Anstrengung endlich auch gelingt."

„Jetzt ist er zwar von seiner drückenden Last befreit; aber seine Kraft ist gebrochen; er wird welk und schwach und bietet das leibhaftige Bild des hinfälligen Alters; der Körper schrumpft zusammen, die Haut runzelt sich, die frühere schöne Farbe wird unscheinbar und alle Symptome der nahen Auflösung stellen sich ein. Noch macht er den letzten verzweiflungsvollen Versuch, ein Blatt zu benagen — umsonst! Allmälig geht er in den Zustand einer Puppe über, und während er mehren tausend Geschöpfen das Leben gab, fiel er selbst dem Tode anheim."

„Die auf diese merkwürdige Weise erzeugte Baumwolle bedarf keines besondern vorbereitenden Processes und bei der bei den Seidenraupen erfoderlichen Vorsicht, um benutzt zu werden; man kann sich ihrer gleich bedienen, sobald die Fliegen ihre Cocons verlassen haben, was gewöhnlich acht oder zehn Tage nach deren Einspinnen geschieht; die Hülle der Ichneumonfliegen ist so vollkommen wohl gearbeitet und so ausgiebig, daß man in weniger als zwei Stunden 100 Pinten zusammenbringen kann."

Dieses so höchst merkwürdige Thier verdient gewiß jede Aufmerksamkeit, welche man aber, wie gesagt, bisher nur auf dessen Ausrottung verwendete. Wir wissen nicht, ob schon Versuche zur Verarbeitung des gewonnenen Gespinstes gemacht worden sind; ist aber die gelieferte Beschreibung richtig, und wir haben keinen Grund, hieran zu zweifeln, so dürften sie die günstigsten Resultate liefern.

D. Mitchell aus Neuyork behauptete, daß dieser vegetabilische Stoff nicht nur dem Kapadawurme allein eigen sei, sondern sich auch auf den Körpern der Wespen, der Sphynxe und anderer Insekten vorfinde; daß die Kerbthiere überhaupt mehren pflanzenartigen Substanzen zur Nahrung dienen; daß einige dieser Schmarozerpflanzen ihre zerstörende Gewalt gleich den Ichneumonfliegenlarven im Leibe mancher lebenden Insekten üben, und dieselbe so lange äußern, bis sich das Thier durch dieselbe aufgelöst hat; daß diese Verbindung des vegetabilischen und animalischen Lebens nicht sobald die Fäulniß des todten Körpers zulasse, und dieser lange genug fest bleibe, um zum Gegenstande wissenschaftlicher Untersuchung der Naturforscher dienen zu können. D. Mitchell ist der Meinung, daß der Pflanzenstoff von der Natur den Insekten beigesellt

worden sei, um so der schnellen Zunahme und schädlichen Verbreitung derselben entgegenzuwirken.

Die Marmorhöhle bei Serravezza.

An dem Monte Corchia, zwei Miglien von dem Dorfe Livigliani und vier Stunden hinter Serravezza im Herzogthume Modena, hat man im vorigen Sommer eine unterirdische Höhle entdeckt, die von dem schönsten Bildhauermarmor gebildet wird. Der Stein ist blendend weiß, vom feinsten Kern und besonders guter Härte, und die Marmorlagen geben einen herrlichen Anblick. Die Entdeckung ist darum sehr wichtig, weil der Strich des sogenannten Mutterflecks den Bildhauern makellose Blöcke von großen Dimensionen verspricht, welche zu finden immer großen Schwierigkeiten unterliegt, und um so erfreulicher, da die Jahre lang genährte Hoffnung, die Marmorgruben Griechenlands wieder nutzbar gemacht zu sehen, durch die Saumseligkeit der griechischen Regierung nicht in Erfüllung zu gehen scheint. Der Eingang der Höhle ist so niedrig, daß man auf allen Vieren kriechen und sich wie eine Schlange durchwinden muß. Dies dauert etwa fünf Minuten, dann erweitert sich die Höhle zu einer Öffnung von 10—12 Fuß Breite, während die Höhe an manchen Stellen 30—50 Fuß erreicht. Die Höhle theilt sich nun in drei Arme; in dem ersten läuft sie 440 toscanische Ellen fort und wird dann so niedrig, daß ferneres Durchkriechen unmöglich wird. Auf der entgegengesetzten Seite des Berges scheinen diese Gänge wieder ins Freie zu führen, denn in allen Theilen der Höhle athmet man eine angenehme reine Luft und am Eingange der schmalen Öffnung herrscht ein sehr starker brausender Luftzug. Die Marmorwände der Höhle sind mit einem Überzuge von Tropfstein und Krystalliten bedeckt; an mehren Stellen sieht und hört man das Tröpfeln des Wassers. Überall geht man auf Marmorkrystalliten und Tropfsteinbildungen, an einigen Stellen auch auf gelbem Sande, mit welchem die Marmorflächen durchgängig 1—2 Linien stark durchzogen sind. An der Außenseite des Berges hat man Marmor zu brechen angefangen, der mit dem im Innern der Höhle vorhandenen von gleicher Qualität ist. Oberhalb des Berges hat man fleischfarbigen Marmor vorgefunden; auch diese Entdeckung ist für die Plastik von Wichtigkeit.

Merkwürdige Heilung einer Monomanie.

Oft ist das Beispiel wieder erzählt worden, wie Boerhaave in einem Armenhause zu Harlem eine convulsivische Krankheit, welche auf eine ansteckende Weise fast alle Kinder dieser Anstalt befiel, durch den Eindruck geheilt habe, welchen der Anblick einer Anzahl kleiner eiserner, mit feurigen Kohlen angefüllter Öfen und darauf gelegter Haken und anderer eiserner Werkzeuge, unter der Drohung, daß man dem ersten Kinde, welches wieder von der Krankheit befallen werden würde, den Arm entblößen und auf einer gewissen Stelle mit den Haken das Fleisch bis auf die Knochen durchbrennen wolle, auf ihre Einbildungskraft hervorgebracht. Ähnlich, sofern auch durch letztere gewirkt wurde, war die Cur einer Gemüthskranken in der Krankenanstalt zu Tours, von welcher das Journal d'Indre et Loire

Meldung thut. Sie glaubte nämlich steif und fest, daß eine große Anzahl Spinnen, von denen sie ein Paar mit einem Trunke Wassers verschluckt, welches sich immer weiter vermehrt habe, ihr Inneres aufzehre, und klagte daher über ein unaufhörliches Jucken, Nagen Kneipen, Stechen, Beißen, das sie nicht nur an Händen, Füßen und Schultern, sondern auch im Magen und in den Eingeweiden verspüre. Dawider half keine freundliche Vorstellung, Widerlegung oder Zusprache, welchen Bemühungen sie hingegen die gröbsten Schimpfreden und ärgsten Drohungen entgegensetzte. Ja, sie gerieth zuweilen so außer sich, daß sie schon Versuche, sich zu erdrosseln und aus dem Fenster zu stürzen, in unbewachten Momenten gemacht hatte. Da man nun einsah, daß vernünftige Vorstellungen nichts fruchteten, so beschloß der Arzt, zur List seine Zuflucht zu nehmen. Unter dem Vorgeben, ihre Meinung zu theilen, erklärte er daher, es bleibe hier nichts übrig als eine Operation, worüber die Kranke große Freude bezeugte, zumal da mit Zuverlässigkeit diese als das einzige Mittel gepriesen wurde, sie von ihrer Höllenqual zu befreien. So erfolgte denn an einem bestimmten Tage ein Einschnitt in der Gegend der Herzgrube, und man stellte sich, als ob man ein ganzes Dutzend Spinnen aus dieser Gegend ziehe, wodurch sie schon eine große Erleichterung empfand. Die folgenden Tage erfolgte dasselbe Manoeuvre unter vorgeblichen angenehmen Empfindungen der Patientin. Endlich die letzte Operation, wo man ihr 50 Spinnen als glückliches Ergebniß vorzeigte, setzte ihren unerhörten Leiden ein glückliches Ziel, und von dem Augenblick an erlangte sie den völligen Gebrauch ihrer Vernunft wieder. Dieser merkwürdige Fall scheint geeignet, eine völlige Reform in der Heilart mancher Gemüthskrankheiten hervorzubringen.

Der Troubadour.

Ein gewisser Folignon erschien vor dem pariser Zuchtpoliceigerichte. Er trug hellblaue Beinkleider mit einer breiten schwarzgewordenen Goldtresse, eine rothe Jacke mit grauen Schnuren und Borten und die baskische Mütze, an welcher statt der Troddel an einem Bindfaden ein kleiner Strohwisch hing. Auf dem runden rothen Gesichte des Angeklagten schwebte fortwährendes Lächeln und trällernd setzte er sich nieder.

„Ihr Stand?" fragte der Präsident.

„Blos Troubadour."

„Sie sind angeklagt, öffentlich und ohne Erlaubnißschein gesungen zu haben."

„Ich habe um diesen Erlaubnißschein angehalten und singe unterdeß."

„Darin besteht eben Ihr Vergehen."

„So habe ich die Sache gar nicht verstanden; ich sang, weil der Gesang die Langeweile des Wartens vertreibt, und auch mit, weil man essen muß, wenn man nicht verhungern will."

„Thun Sie etwas Anderes, bis Sie die Erlaubniß erhalten, öffentlich zu singen."

„Ich kann nichts weiter als singen; mein Vater hat 60 Jahre lang nichts Anderes gethan und hinterließ mir bei seinem Tode nichts als seine Guitarre und die Bezahlung des rückständigen dreivierteljährigen Hauszinses. Diese Bezahlung habe ich nicht acceptirt, die Guitarre aber nahm ich und mit dieser friste ich mein Leben und erfreue die Ohren meiner Mitbürger."

„Sie sind auch eines noch schwerern Vergehens angeklagt; Sie haben den Agenten der Policei beschimpft, der Sie verhaftete."

„Ich habe „die Frühlingsrückkehr" gesungen, ein schönes Lied, das ich besonders schön singe und spiele, wie ich mir schmeichle. Der letzte Ton erklang in meiner Kehle und auf meinem Instrumente, als ein Mensch zu mir trat und mich fragte, ob ich ihm das Lied nicht noch einmal singen wollte. Ich stimmte meine Guitarre und fing an, so.. (und Folignon sang die drei ersten Verse). Als ich so weit war, sagte der Mann: „Genug nun; jetzt sollst Du mich begleiten." — „Mit meiner Guitarre?" fragte ich. „Nein, Du selbst gehst mit", sagte er. Er war ein verkleideter Policeidiener. Sie können mir wol glauben, daß mir dies sehr unangenehm war, und ich habe ihm dies unverhohlen gesagt."

„Daran haben Sie sehr Unrecht gethan."

„Es thut mir leid, aber sagen Sie mir, was soll ich machen? Man gebe mir die Erlaubniß und meine Guitarre zurück und ich bin zufrieden."

Das Gericht verurtheilte Folignon zu achttägiger Gefängnißstrafe und in die Kosten.

„Die Kosten?" rief Folignon. „Geld können Sie von mir nicht bekommen; aber ich will Ihnen dafür etwas vorsingen."

Der Dachs.

Es ist eine ausgemachte Sache, daß die Fortschritte in dem Anbau eines Landes auf die Lebensart der verschiedenen in demselben einheimischen Thiergeschlechter beträchtlichen Einfluß haben müssen. Manche werden mit der Zeit ganz ausgerottet, andere an Zahl sehr vermindert; auf fleischfressende, den Heerden nachtheilige Thiere wird Jagd gemacht und diejenigen, welche nur in den Verstecken großer Wälder Sicherheit finden können, werden eine leichtere und häufigere Beute ihrer Verfolger, wenn die Gegend mehr entholzt wird. Manche werden des Werths ihrer Felle wegen getödtet, bis ihre Seltenheit es nothwendig macht, sich aus andern Ländern zu versorgen. So wird gegen völlig harmlose Thiere ebenso gut als gegen wirklich schädliche Krieg geführt. Im Laufe der Zeit können manche Thiere, denen die Jagdliebhaber mit Eifer nachstellen, nur in Thiergärten und andern geschützten Orten, in denen sie vor Verfolgung sicher sind, erhalten werden; andere Thiere dagegen vermehren sich und breiten sich im Lande aus, je mehr dessen Reichthum und Fruchtbarkeit durch einen ausgedehnten und vervollkommneten Ackerbau zunimmt. Der Dachs würde, da sein Fell von einigem Werthe und sein Fleisch eßbar ist, in vielen Ländern vielleicht längst ausgerottet sein, wenn nicht sein einsames, nächtliches Leben ihn schützte.

Linné und andere ihm folgende Naturforscher stellten den Dachs ebenso wie den Vielfraß und den Waschbär in ein Geschlecht mit den Bären; neuere Naturforscher haben jedes dieser Thiere als besondere Gattung aufgestellt. Indessen gehört der Dachs gleich den Bären zu denjenigen reißenden Thieren, welche Sohlengänger (Plantigrada) genannt werden, weil sie auf der ganzen Sohle laufen, deren Fläche deshalb unbehaart ist. Die Zähne sind von denen des Bäres verschieden und geeignet zum Kauen von Pflanzenstoffen, zu denen der Dachs in der Gefangenschaft eine entschiedene Vorliebe zeigt. In seinem natürlichen Zustande lebt er vor

Wurzeln, Früchten, Beeren, Insekten, Würmern, Fröschen, Mäusen, Ratten, jungen Hasen, stellt aber auch den Eiern und Jungen der Fasanen, Rebhühner und anderer Vögel, die ihre Nester auf die Erde bauen, nach. Bisweilen greift er Bienenstöcke an und plündert den Honigvorrath, ohne sich vor den Bienenstichen zu fürchten, die sein dickes Fell nicht durchdringen können, selbst wenn sein borstiges langes Haar nicht hinreichenden Schutz gewährte.

Der Dachs hat die Größe eines mittelgroßen Hundes, aber sein Körper ist breiter und auch wegen der kurzen Beine viel niedriger. Der Kopf ist lang und spitzig, die kurzen und runden Ohren in den Haaren des Kopfs fast ganz verborgen, der Schwanz so kurz, daß er kaum bis zur Mitte der Hinterfüße reicht; das Haar schleppt auf jeder Seite am Boden, wenn das Thier läuft. Unter dem Schwanze befindet sich eine Drüsentasche, worin eine stinkende, fettige Flüssigkeit abgesondert wird. Die Farbe der Haare ist hellgelb an den Wurzeln, braun in der Mitte, tiefergelb an den Spitzen; diese Mischung von dunkelbraun und blaßgelb gibt der Farbe des Thiers im Allgemeinen ein graues Ansehen. Die Füße sind mit starken Krallen versehen; ihre Bildung macht es ihm leicht, seine Wohnung unter der Erde zu graben, die er mit großer Standhaftigkeit behauptet; will man ihn ausgraben, so läuft er, eine Art Damm hinter sich bildend, mit so großer Behendigkeit von einem Ende zum andern, daß es schwer ist, ihn zu vertreiben. Der Dachs zieht einen sandigen oder leichten Kiesboden zur Anlegung seiner Höhle vor; diese hat mehre weit voneinander entfernte Eingänge, welche in mehre Abtheilungen führen, die mit einer kreisrunden endigen. Die letztere ist mit Moos, Laub, trockenem Gras u. s. w. ausgefüttert. Hier verlebt der Dachs

den ganzen Tag in träger Ruhe und geht nur bei Nacht aus, um Futter zu suchen. Er führt das einsamste und ruhigste Leben von der Welt und wird nicht einmal in Gesellschaft von Weibchen seiner eignen Art gefunden. Beständiger Schlaf, während dessen er auf seinem warmen Heulager zusammengerollt liegt, scheint ihm sehr gut zu bekommen, da er im Sommer sehr fett wird; im Winter schläft er Tag und Nacht, geht aber doch zuweilen aus, um Futter zu suchen. Wiewol er stets die verborgensten Gegenden der Wälder zu seiner Wohnung wählt, wo er im Frieden sollte leben können (am liebsten bewohnt er gemischte Eichen= und Buchenwaldungen), ist er doch in Folge vieler Nachstellungen, zu denen besonders mondhelle Nächte geeignet sind, überall selten geworden. Die Zahl der Jungen, welche auf einmal zur Welt kommen, ist 3—5; sie werden 5—6 Wochen lang gesäugt, und dann sich selbst überlassen. So harmlos der Dachs in der Regel ist, zeigt er doch angegriffen viel Muth und Entschlossenheit und ist innerhalb seines Baus kein verächtlicher Gegner, da er es mit einem doppelt so großen Hunde aufnimmt; außerhalb seiner Wohnung kann er sich nur schlecht vertheidigen. Man verfolgt ihn auf mehre Arten; entweder man treibt ihn durch Dachshunde heraus, oder gräbt ihn aus, oder verstopft die Nebenröhren seines Baus durch Reißbündel, wenn man sein Herausgehen beobachtet hat, und hetzt ihn dann mit Hunden, oder fängt ihn im Tellereisen. Die Jungen lassen sich leicht zähmen und sind sehr gelehrig und drollig, aber keine noch so sorgsame Behandlung kann den Charakter des erwachsenen Thieres ändern. Das Fell des Dachses liefert treffliche Pistolenhalfter; die Haare werden zu Pinseln und Einfassungen von Putzgegenständen gebraucht. Das Fleisch wird an manchen Orten gegessen, schmeckt aber widrigsüß.

Der Dachs.

Herausgegeben unter Verantwortlichkeit der Verlagshandlung F. A. Brockhaus in Leipzig.

Das Pfennig-Magazin

für
Verbreitung gemeinnütziger Kenntnisse.

409.]   Erscheint jeden Sonnabend.   [Januar 30, **1841.**

Furnes in Westflandern.

Marktplatz in Furnes.

Die alte Stadt Furnes in Westflandern liegt unweit der belgisch-französischen Küste, etwa ¾ Meile vom Meere und 2½ Meilen von Dünkirchen, an der Straße von Calais nach Ostende und Brüssel. Sie ist ziemlich gut gebaut und zählt in 756 Häusern ungefähr 4500 Einwohner, die sich vom Ackerbau, außerdem hauptsächlich durch Gerbereien, Brauereien und Ölmühlen nähren. Den Handel der Stadt, der übrigens von geringer Bedeutung ist und sich fast ganz auf landwirthschaftliche Producte beschränkt, erleichtern die Kanäle, mittels deren sie mit allen Theilen Belgiens und Frankreichs in Verbindung steht. Die Festungswerke der Stadt waren früher von einiger Wichtigkeit, sind aber bald nach dem Frieden von 1814 geschleift worden. Die umliegende Gegend ist eine der fruchtbarsten in Belgien und für den Getreide- wie für den Wiesenbau gleich geeignet, weshalb sie einen Theil der benachbarten Provinzen mit Korn versieht. Von dem blühenden Feldbau der Umgegend soll die Stadt auch ihren Namen erhalten haben, der im Flämändi-

schen Veurne heißt und eine Furche bedeutet. In den ältesten Zeiten lag sie ganz dicht am Meere, wurde aber während des Einfalls der Normannen gänzlich zerstört und im J. 869 vom Grafen Balduin, genannt der Eisenarm, an ihrer jetzigen Stelle wieder aufgebaut. Auf der Ebene von Furnes wurde im J. 1297 zwischen Graf Robert von Artois, der die Truppen Philipp's des Schönen befehligte, und Graf Guy von Flandern, dem Befehlshaber der englischen Streitkräfte, ein Treffen geliefert. Die Stadt ist öfter im Besitze der Franzosen gewesen. Ludwig XV. nahm sie im J. 1744 in Besitz und behielt sie bis zum Frieden von Aachen; in der französischen Revolution kam sie ebenfalls unter die Botmäßigkeit der Franzosen und blieb unter derselben bis 1814, als ein Theil des Departements der Lys.

Unsere Abbildung stellt die Westseite des Marktplatzes vor, auf welchem man den Justizpalast und hinter demselben die Domkirche der heiligen Walpurgis wahrnimmt; die letztere, von kleinen rothen Backsteinen erbaut, enthält manche Merkwürdigkeiten. Unter den Häusern am Markte sind einige, welche von den Spaniern unter der Herrschaft Ferdinand's und Isabellens erbaut worden sind, wegen der eigenthümlichen Eleganz ihrer Bauart sehr merkwürdig.

Das Buchdrucker-Jubiläum zu Leipzig in den Jahren 1640 und 1740.

Daß das erste Jubiläum der Erfindung der Buchdruckerkunst, welches auf das Jahr nach der zu Pfingsten 1539 durch Luther in Leipzig begonnenen Reformation fiel, nicht ausdrücklich gefeiert wurde, konnte nicht befremden, da die große Umgestaltung aller geistlichen Institute in Leipzig alle Köpfe und Gemüther in große und anstrengende Bewegung setzte. Die in ihrer Art mit großer Planmäßigkeit, Ausführlichkeit und Besonnenheit begangene Feier des zweiten Jubelfestes im J. 1640 aber muß mit vollem Rechte als rühmlicher Beleg echter und unerschrockener Begeisterung für eine so einzig wichtige Erfindung gelten. Wer hätte wol glauben sollen, daß zu jener trübseligen Zeit des dreißigjährigen Krieges, welcher auf Leipzig als Festung vorzugsweise die größten Gefahren häufte, wo die Generale von Pfuel und Baner mit Sturm und Belagerung drohten, wo die Kanonen auf den Basteien aufgepflanzt waren, die Sturmfässer auf dem Markte bereit standen, wo auf den Thürmen die Bewegungen der kaiserlichen und schwedischen Truppen beobachtet werden mußten, wo man der Eroberung der Stadt, der Plünderung und sonstiger Greuel unversehens sich gewärtigen mußte, wo man selbst die Messe von Jubilate bis zum 31. Mai zu verschieben sich genöthigt sah, die Kunstverwandten Muth und Zuversicht genug besessen hätten, ein Freudenfest zu feiern, und dazu Einladungen in mehre vornehme Reichs-, See- und Handelsstädte, vornehmlich aber nach Strasburg und an die Universitäten Wittenberg und Jena freundlich und brüderlich ergehen zu lassen? Die Zeitläufte selbst müssen es erklären, wenn der Charakter des Festes mehr Ernstes und Strenges an sich hatte. Zuerst zogen die gesammten Genossen der Kunst in der von ihnen verabredeten Ordnung in die Nikolaikirche, wo der Superintendent D. Johann Höpner eine eigene Festpredigt hielt, wie auch der Vesperprediger, M. Lucas Pollio, der Buchdruckerkunst ausführlich gedachte. An diese kirchliche Feier schloß sich die bürgerliche, zu welcher ein ansehnliches Haus, das ein Garten begrenzte, gemiethet war. Hier begann unter den Gewerbsgenossen selbst die Feier mit mannichfaltigen Unterhaltungen über die wunderbare Erfindung, über die Fortpflanzung und Erhaltung der trefflichen Kunst, über ihre technische und mechanische Vervollkommnung, worauf drei Postulirte, nach zunftmäßiger Erlernung der Kunst, auf Ansuchen die Confirmation erhielten und mit gewöhnlichen Ceremonien zu vollständigen Kunstverwandten erklärt wurden. Nun eröffnete sich ein großer mit Gemälden gezierter, mit Maien, schönen Blumen und wohlriechenden Kräutern ausgeschmückter Saal, um die eingeladenen Gäste beiderlei Geschlechts, die Cantorei und den Organisten, für welchen eine kleine Orgel hergerichtet war, sammt dem Redner zu empfangen. Das Orchester begann mit einer Ouverture (Introitus), worauf eine Cantate und der 111. Psalm musikalisch ausgeführt wurde, demnächst aber die Versammlung einen geistlichen Choral anstimmte. Der Conrector der Ni-

kolaischule, M. Sebastian Gottfried Starck, trat sodann auf und hielt eine Rede, deren sinnreicher und anmuthiger Inhalt gerühmt wird. Nach deren Beendigung begleitete der Organist ein Tedeum mit der Orgel; hierauf folgten noch einige musikalische Säße und endlich ward der Act mit der Antiphone: Benedicamus Domino, Deo dicamus gratias geschlossen.

Die Kunstverwandten ließen nun an die sämmtlichen Anwesenden die freundliche Bitte ergehen, bei der angestellten Ehrenmahlzeit da bleiben und vorlieb nehmen zu wollen, während die Cantorei zugleich ersucht wurde, bis zu Ende des Tages mit dem Lobe Gottes fortzufahren. Nun setzte man sich zur Tafel, und es wurden in Fröhlichkeit, jedoch mit Stille, Sittsamkeit und Ehrbarkeit, nach gesprochenem Benedicite die Gaben Gottes genossen, auch bis zum Aufbruche verschiedene geistliche Lieder motettenmäßig gesungen, das Gratias gesprochen und der 147. Psalm angestimmt. Eine neue Abwechselung gewährte die Austheilung der von Vornehmen und Gelehrten eingesendeten gedruckten Gedichte und Ehrenschriften. „Eine feste Burg ist unser Gott!" von Trompeten und Pauken begleitet, nahm das schöne Gloria sit Deo! auf, und so ward der erste Festtag wohl und glücklich, ohne Unannehmlichkeit und Störung beschlossen. Eine ähnliche geistliche Erbauung mit Anstimmung erbaulicher Choräle begleitete das Gastmahl des zweiten Tages, welches sich durch eine Armenspende auszeichnete.

Im J. 1740 war die Feier ebenfalls ziemlich still und beschränkt. Am Johannistage selbst geschah weiter nichts, als daß die Prediger (unter ihnen Superintendent Professor Deyling in der Nikolaikirche) in ihren Kanzelvorträgen auf die Jubelfeier Bezug nahmen. Die eigentliche Feier ging erst am 27. Juni und zwar auf folgende Weise vor sich. Zuerst fand in dem philosophischen Hörsaale der Universität eine akademische Feierlichkeit statt, zu welcher Professor Mentz als Decan eingeladen hatte. Nachdem eine Cantate mit Musikbegleitung gesungen worden war, hielt Professor Gottsched eine Lob- und Gedächtnißrede auf die Erfindung der Buchdruckerkunst, worauf Gesang die Feier beschloß. Nachmittags gaben die gesammten Druckerherren (im ranstädter Schießgraben, der jetzt nicht mehr existirt) ein Gastmahl, dem mehre Professoren und Rathsherren und die meisten Buchhändler beiwohnten. Auch war dafür gesorgt, daß die Gehülfen an diesem und den folgenden Tagen sich vergnügen konnten, „welches auch Alles", wie sich ein Bericht aus jener Zeit ausdrückt, „ohne die geringste Unordnung und mit besonderer Zufriedenheit abgegangen". Wie ärmlich diese Feier im Vergleich mit der diesmaligen erscheint, bedarf keiner Erinnerung. (Vergl. über dieselbe Nr. 407.)

Die Drusen.*)

Dieser merkwürdige syrisch-arabische Völkerstamm, eigentlich El-Durzi genannt und meist in dem Gebirge Libanon und Antilibanon in Syrien wohnhaft, wird am sichersten von den alten Ituräern abgeleitet, welche in der Gegend des Libanon wohnten und sich als gute Bogenschützen auszeichneten. Weniger wahrscheinlich, obgleich gewöhnlicher, ist die Ableitung des Namens von dem religiösen Reformator der Drusen, Muhammed-Ebn-Ismael, welcher den Beinamen El Dursi führte.

---

*) Vgl. Nr. 139.

Ganz ungereimt und eine Erdichtung späterer Zeit ist die Meinung, nach welcher sie von einem Grafen Dreux abstammen sollen, der zur Zeit der Kreuzzüge eine Colonie Franzosen in das Gebirge des Libanon geführt haben soll. Die Drusen scheinen ihre alte Freiheit die ganze Zeit der Kreuzzüge, sowie der größern Eroberungen der Khalifen hindurch in ihren Bergen behauptet zu haben und höchstens von Zeit zu Zeit tributpflichtig gewesen zu sein. Erst Sultan Amurath III. vermochte im J. 1588 sie zu bändigen, indem er nach Verjagung ihrer Häuptlinge ihnen einen Großemir oder einen obersten Anführer gab. Da das Volk so zu mehr Einheit und Kraft gelangte, so glückte es im 17. Jahrhunderte einem Drusenfürsten Fakr=ed=din (Fakardin) aus dem Hause Maan, ihr Gebiet bedeutend zu vergrößern und sich selbst der Hafenstädte Tripolis und Saida (Sidon) zu bemächtigen. Da er jedoch nur die eine der jetzt entstandenen Hauptparteien, die Kaissi mit der rothen Fahne, auf seiner Seite hatte, während die andere, die Irmini mit der weißen Fahne, es mit den Türken hielt, so sah er sich genöthigt, nach Italien zu fliehen, wo er sich beim Herzoge von Florenz aufhielt und von dort aus Verbindungen anknüpfte. Bei seiner Rückkehr wurde er geschlagen, sein Sohn Ali aber, dem er während seiner Abwesenheit die Regierung übergeben hatte, fiel in der Schlacht, sodaß er selbst, von Allen verlassen, sich den Türken ergeben mußte, die ihn nach Konstantinopel brachten, wo ihn Amurath IV. im J. 1631 erdrosseln ließ. Dem Geschlechte der Schehabs, das sich nun erhob, sind alle neuern, seit dieser Zeit durch die Türken eingesetzten Großemirs der Drusen entsprossen. Besonders glücklich in seinen Unternehmungen war Emir Melhem II. (1740—59), der den Namen der Drusen wieder zu bedeutendem Ansehen brachte. Nach seinem Tode entriß sein ältester Sohn, Jussuf, bei den christlichen Maroniten erzogen und christlich getauft, seinem Oheim Mansur die Regierung über die Drusen, welche im J. 1773, von den Russen unterstützt, einen vergeblichen Versuch machten, sich von dem türkischen Joche zu befreien. Der Pascha von Acre, Ahmed=Dschezzar=Pascha, der erst mit ihm gemeinschaftliche Sache gemacht, dann aber sich zu den Türken geschlagen hatte, setzte einen neuen Emir, Namens Beschir, aus dem Stamme Schehab ein, dessen Leben in einer frühern Nummer dieser Blätter (407) beschrieben worden ist.

Die Drusen bewohnen südlich von den Maroniten den äußern Westabhang des Libanon und fast den ganzen Antilibanon von Beirut bis Tyrus (Sur) und von dem mittelländischen Meere bis Damaskus, ein aus 18 Hauptdistricten bestehendes Land von 110 Quadratmeilen. In der Provinz Schur befindet sich die Residenzstadt des Großemirs Deir=el=Kamar (d. h. Kloster des Mondes, sogenannt von einem ehemals dort befindlichen, der in Syrien mit dem Bilde des Mondes zu ihren Füßen abgebildeten heiligen Jungfrau geweihten Kloster), eine Tagereise von Saida (Sidon), wo die wichtigen Angelegenheiten des Landes berathen werden. Die Einwohner derselben, an 300 Drusen und 900 Maroniten, treiben viel Seidenbau, daher in der Nähe viele Maulbeerpflanzungen, und Weinbau; auch fertigen sie die Kleider für die Bergbewohner, besonders auch kostbare seidene, mit Gold und Silber durchwirkte Röcke, sogenannte Abbas, für die reichen Scheiks. Der ebenfalls unter dem Großemir stehende große District Kesroan, eine anmuthige, terrassenartig abgestufte fruchtbare Gegend, wird nur von Christen bewohnt. Das Klima des Landes ist je nach den Terrainverhält-

nissen höchst verschieden; während die höchsten Spitzen des Libanon von dichtem Schnee bedeckt sind, gleicht die westliche Küstengegend und das Land zwischen den Gebirgen einem freundlichen Garten, in dem Citronen, Pomeranzen, Feigen und Oliven prangen.

Die Zahl der Drusen wird sehr verschieden angegeben, von 100—160,000 Seelen; neuern Angaben zufolge beträgt die Anzahl streitbarer Männer 15—20,000. Ihre Verfassung ist demokratisch, doch gemildert durch alte Geschlechter und eine Art Stände, welche von dem zahlreichen Adel und allen andern Grundbesitzern gebildet werden. An der Spitze steht der Großemir. Sie haben zwar die arabische Sprache seit Ausbreitung der muhammedanischen Religion angenommen, doch sind sie allezeit fertig, gegen die Araber, sowie gegen Türken und alle Muselmänner zu streiten. Geschieht ein Aufgebot, so versieht der Scheik seine Bauern mit Waffen und Munition und Alles ist in der größten Schnelligkeit gerüstet. Sie streiten sämmtlich, ausgenommen die Emirs und Scheiks, welche reiten, zu Fuß und zeichnen sich wie durch tollkühne Tapferkeit, so auch durch große Mäßigkeit und Ausdauer aus; Brot, Zwiebeln, Oliven und Käse reichen aus zu ihrem Unterhalte. Gleich den Bergvölkern des Kaukasus scheuen sie sich vor regelmäßigen Schlachten; aber durch ihre Schnelligkeit, mit der sie plötzlich wie ein Bienenschwarm aus Hinterhalten hervorbrechen, durch kluge Terrainbenutzung und Unermüdlichkeit sind sie dem Feinde furchtbar. Eine rothe Fahne mit einer weißen Hand führt sie jetzt zur Schlacht, während sich die Maroniten, ihre Bundesgenossen, einer rothen Fahne mit einem weißen Kreuze bedienen. Eine Haupttugend der Drusen ist ihre Gastfreiheit, die ihr Land von jeher zu einem Asyl für alle benachbarten Völker machte. Da sie im Punkte der Ehre sehr reizbar und leicht zu verletzen sind, rächen sie jede ihnen angethane öffentliche Beleidigung mit dem Tode; in Bezug auf ihre Weiber werden sie als außerordentlich eifersüchtig geschildert, und die Verstoßung derselben (die meisten Drusen haben nur eine Frau, nur die Vornehmern zwei, obgleich das Gesetz Vielweiberei gestattet) ist der Willkür der Männer anheimgestellt. Ackerbau, Wein-, Oliven-, Tabac- und vorzüglich Seidenbau und einiger Handel mit den Producten ihres Landes, außerdem Jagd, sind ihre hauptsächlichsten Beschäftigungen. Des Lesens und Schreibens sind die meisten unter den Drusen mit Ausnahme der Vornehmen unkundig, hauptsächlich wol auch wegen der Absonderung ihrer Geistlichen oder Gelehrten; die duldsamen und geschickten Maroniten aber, die ihnen auch sonst zu manchen Dingen unentbehrlich sind, dienen ihnen als Schreiber. Über die Religion und die Religionsgebräuche der Drusen ist schon früher einmal in diesen Blättern gesprochen worden. Es stehen sich Geistliche oder Wissende (Akal) und Weltliche oder Unwissende (Dsiahsel) entgegen. Jene, zu welchen die meisten Scheiks gehören sollen, bilden in strenger Sonderung von diesen einen geheimen Orden in verschiedenen Abstufungen, besitzen allein die Geheimnisse der Drusenreligion und zeichnen sich durch einen weißen Turban von besonderer Form auch äußerlich aus. Die Drusen beobachten weder Beschneidung noch Fasten, Enthaltung von Wein und Schweinefleisch, wie die Muselmänner thun, und achten äußere Gebräuche ziemlich gering. Wahrhaftigkeit, Schutz der Brüder, Absonderung von andern Religionssekten macht ihnen ihre Religion zur Pflicht. Hauptlehre derselben ist, daß das Göttliche in der Person des dritten fatimitischen Khalifen Hakem um das Jahr 1009 n. Chr. erschienen sei, welcher auch einst zum Gericht und zur Vergeltung wiederkehren und die Drusen über alle andern Religionsbekenner erheben werde. Auch ein aus Metall geformtes Kalb soll Gegenstand eines geheimen Cultus sein. Äußerlich bekennen die Drusen, die überhaupt im Verkehr mit andern Völkern leicht fremde Religionsgebräuche annehmen, den Islam, zu dessen Beobachtung sie sogar für ihre Gäste eine Moschee in ihrer Hauptstadt haben; sie selbst aber sind fern von dem Streben, Andere zu ihrer Religion zu bekehren.

Die atmosphärische Eisenbahn.

Da diese Art von Eisenbahn die allgemeine Aufmerksamkeit in hohem Grade in Anspruch nimmt, so wird es zweckmäßig und unsern Lesern erwünscht sein, wenn wir, es nicht bei der kurzen Mittheilung darüber in Nr. 349 bewenden lassend, jetzt, wo uns genauere Nachrichten über die kleine bereits ausgeführte Eisenbahn dieser Construction vorliegen, nochmals darauf zurückkommen, wenngleich es seine Schwierigkeiten hat, die einzelnen Theile der Construction, namentlich den merkwürdigsten und frappantesten, das Ventil oder die Klappe, ohne Figuren vollkommen deutlich zu machen. Der Druck der Luft ist, wie bekannt, die Triebkraft, welche den Wagenzug auf der neu erfundenen Eisenbahn, die eben daher atmosphärische oder Luft-Eisenbahn, wol auch pneumatische Eisenbahn genannt wird, in Bewegung setzt. Um sie ihm mitzutheilen, befindet sich zwischen den Schienen, auf den die Schienenstühle tragenden Querschwellen mit Bolzen befestigt, eine fortlaufende Hauptröhre von Gußeisen, welche 8¾ Zoll im Durchmesser hat und durch Luftpumpen ausgepumpt wird; diese werden durch stehende Dampfmaschinen getrieben, die neben der Eisenbahn, nach Befinden ein bis drei englische Meilen voneinander entfernt, aufgestellt sind. In der Röhre befindet sich ein Kolben, der mittels eines an ihm befestigten Arms an dem Gestell des ersten Wagens angehängt ist und durch den Luftdruck in dem von ihm erzeugten luftverdünnten Raume vorwärts getrieben wird, die Röhre aber nur an seinem vordern Ende durch eine Lederkappe verschließt. In der obern Fläche der Röhre (die weder ausgebohrt noch ausgeschliffen, aber inwendig zur Verminderung der Reibung in der Dicke von ¹⁄₁₀ Zoll mit gepreßtem Talg belegt ist) ist ein fortlaufender, 1½ Zoll breiter Längenschlitz, in seiner ganzen Länge durch eine Klappe bedeckt, deren Einrichtung und Bau in der That höchst sinnreich genannt werden muß. Sie besteht aus einem zwischen zwei Eisenplatten eingezwängten Lederstreifen und läßt geschlossen keine Luft in die Röhre eindringen. Jede einzelne Platte ist einen Fuß lang; das Leder überragt den Schlitz der Röhre; die an der untern Lederseite befindliche Eisenplatte füllt genau den Schlitz aus und ergänzt dadurch die Röhre zu einem hohlen Cylinder; die oberhalb befindliche Platte ist breiter als der Schlitz, damit die Klappe nicht durch dieselbe durchgedrängt werden kann. Die eine Seite der Klappe wird durch Eisenstäbe niedergehalten, die an eine auf die Röhre gegossene Längenrippe befestigt sind, sodaß sich das Leder wie ein Angelgewinde oder Charnier bewegen kann; die andere Seite fällt in eine Spalte oder Fuge, die eine bei gewöhnlicher Temperatur feste, aber bei geringer Erwärmung schmelzende Composition aus Wachs und Talg enthält. Um die Klappe gegen Schnee und Regen zu schützen, ist über

derselben ein Wetterdeckel angebracht, der aus fünf Fuß langen, mit Leder besetzten Eisenplatten besteht, von denen jede das Ende der nächsten in der Richtung der Kolbenbewegung bedeckt, sodaß eine nach der andern gehoben wird. Der Verbindungsarm, welcher an den ersten Wagen befestigt ist, besteht in einer eisernen Platte, ½ Zoll dick und 12 Zoll breit, und ist sechs Fuß hinter dem Kolben an der horizontalen Kolbenstange angebracht, an welche auch fünf eiserne Räder (Frictionsrollen) angehängt sind, deren fünfte und größte zum Heben des Ventils dient; ein anderes Rädchen hängt am Wagen selbst, wird durch eine Feder regulirt und ist bestimmt, das Ventil vollkommen zum Schließen zu bringen, indem es unmittelbar nach dem Durchgange des Armes über die Deckelplatten hinläuft. Die Verbindungsplatte selbst ist übrigens so gebogen, daß die Klappe nicht gerade senkrecht aufzustehen braucht, um jene durchzulassen. Ferner ist an der untern Seite des Wagens ein kleiner Ofen befestigt, der mit Holzkohlen geheizt wird und eine horizontale, zehn Fuß lange kupferne Röhre beständig heiß erhält, welche letztere, nachdem die Klappe sich wieder geschlossen hat, über die Oberfläche der gedachten Composition hinläuft und sie mittels einer daran befindlichen kupfernen Rippe oder Schneide schmilzt; indem sich sodann diese Composition abkühlt, wird sie wieder fest, sodaß die Klappe luftdicht schließt. Die fortlaufende Röhre besteht aus etwa acht Fuß langen Stücken, die nicht mit Flantschen, sondern durch Muffe zusammengefügt sind, in deren jedem ein ringförmiger Raum gelassen und mit einem halbflüssigen Körper ausgefüllt wird, wodurch das Eindringen von Luft in die Röhre unmöglich gemacht ist. Jedes Röhrenstück ist der Verstärkung und Befestigung wegen in Distanzen von zwei Fuß mit drei excentrischen Bauchringen von Metall versehen, welche unten etwa vier Zoll vorragen und die Röhre ganz frei in der Luft halten. Jede Section oder Röhrenlänge (die nach Befinden ein bis drei, auch vier englische Meilen haben kann) befindet sich zwischen zwei Ventilen. Hat der Wagenzug eine Section durchlaufen, so läuft er von selbst, in Folge des erlangten Bewegungsmoments, bis zur nächsten Section, die erst in 3—600 Fuß Entfernung beginnt; sobald aber das Eintrittsventil der zweiten Section durch den Wagenzug geöffnet worden ist, äußert der in ihr erzeugte luftverdünnte Raum sofort seine Wirkung.

Die Ausführbarkeit der Erfindung kann nicht mehr in Zweifel gezogen werden und ist durch die Wirklichkeit dargethan. Zu Bayswater, etwa drei englische Meilen westlich von London, ist nämlich eine solche Eisenbahn bis zur Länge einer halben englischen Meile ausgeführt worden; dieselbe wurde am 18. Juni vorigen Jahres unter großem Zulauf eröffnet; sie mündet neben der Straße von Uxbridge auf die große Westbahn aus und hat eine Steigung von 1 Fuß auf 115; die Schnelligkeit betrug bei einer Last von zehn Tonnen (zwei Wagen mit 45 Passagieren) 13—22½ englische Meilen in der Stunde. Zum Auspumpen dient eine Dampfmaschine von 16 Pferdekraft, welche eine Luftpumpe von 37½ Zoll Durchmesser und 22½ Zoll Kolbenhub in Bewegung setzt; von der Luftpumpe läuft eine Röhre von neun Zoll Durchmesser nach der auszupumpenden Röhre von gleichem Durchmesser. Die Prüfung der Bahnstrecke durch zwei Regierungscommissare fiel zu deren Gunsten höchst günstig aus. Seitdem werden wöchentlich zwei Mal Probefahrten auf derselben gemacht, an denen das Publicum unentgeldlich Theil nehmen kann. Vor uns liegt der Bericht eines sachkundigen deutschen Gelehrten, **D. Mohr** in *Koblenz*, der jene Bahnstrecke am 7. Sept. vorigen Jahres befahren und mit aller nur möglichen Genauigkeit untersucht hat; auf seine Mittheilungen kommen wir sogleich zurück. Von einer Ausführung in größerm Maßstabe ist noch nichts bekannt geworden, wiewol früher von einer nach diesem Muster zu erbauenden Verbindungsbahn zwischen den nach *Birmingham* und *Bristol* führenden Bahnen die Rede war. In Deutschland haben die Bankiers Oppenfeld zu Berlin für Preußen ein achtjähriges Privilegium auf eine Vorrichtung bei der atmosphärischen Eisenbahn erhalten, um den Längenschlitz in dem Röhrenstrange luftdicht zu schließen und nach Erfoderniß zu öffnen, indeß ist noch keine Aussicht vorhanden, daß sie in den Stand gesetzt werden würden, von diesem Privilegium Gebrauch zu machen.

Über die wichtige Frage, ob das neue Transportmittel wirkliche Vortheile im Vergleich mit dem bisher üblichen Eisenbahnbetriebe verspreche und namentlich ökonomischer sei, spricht sich der Verfasser des obengedachten Berichts sehr entschieden verneinend aus. Zuerst muß schon die Anlage der atmosphärischen Eisenbahn höher als die einer gemeinen Eisenbahn zu stehen kommen. Die Kosten, welche der Ankauf des Terrains verursacht, werden bei beiden Systemen ganz gleich, ja sie können bei dem gewöhnlichen noch niedriger sein. Das letztere kann sich recht füglich, wenigstens bei einer nicht zu kolossalen Frequenz, mit einem Gleise begnügen; die atmosphärische Eisenbahn dagegen bedarf zu einem einigermaßen schwunghaften Betriebe nothwendig zweier nebeneinander liegender Gleise, wenn gleichzeitig Wagenzüge in entgegengesetzten Richtungen abgehen sollen, da das Kreuzen der Wagenzüge auf den Ausweichungsstellen mit Schwierigkeiten verbunden sein würde, die sich schwerlich beseitigen lassen; die vielen stehenden Dampfmaschinen nehmen außerdem nicht wenig Terrain in Anspruch. Allerdings kann die neue Eisenbahn, da sie leichtere Lasten befördert, schwächere Schienen gebrauchen; aber dafür muß der Röhrenapparat theils wegen des dazu nöthigen bedeutenden Materials an Eisen und Leder, theils wegen seiner sehr schwierigen Herstellung sehr kostspielig sein. Was die Behauptung betrifft, daß die Erdarbeiten billiger zu stehen kommen würden, weil bei dieser Art von Eisenbahn ansehnliche Steigungen nicht gescheut zu werden brauchten und daher Tunnels, tiefe Einschnitte, hohe Dämme und Viaducte erspart werden könnten, so ist auch dieser vorgebliche Vortheil nur scheinbar. Auch bei der atmosphärischen Eisenbahn wird eine gegebene Last einen größern Kraftaufwand erheischen, wenn sie bergauf, als wenn sie in der Ebene transportirt werden soll, und dieselbe Kraft, die eine Last auf der ebenen Bahn fortbewegt, reicht nicht hin, um sie eine Anhöhe hinaufzubringen, thut sie aber das Letztere, so geht ein größerer oder kleinerer Theil von ihr in der Ebene als überflüssig verloren. Auf der horizontalen Fläche wird der atmosphärische Druck nur zur Überwindung der Reibung und des Luftwiderstandes verwandt; auf der schiefen Ebene muß ein Theil der Kraft (und zwar ein desto größerer, je steiler die Steigung ist) zur Hebung der Last verwandt werden, z. B. bei einer Steigung von 1 auf 100 muß für je 100 Centner der Ladung außer der zur Überwindung der Reibung nöthigen Kraft noch ein Centner Kraft vorhanden sein, d. h. so viel Kraft, als nöthig wäre, um einen Centner über eine Rolle in die Höhe zu ziehen. Aber selbst angenommen, jedoch nicht zugestanden, daß die atmosphärische Eisenbahn hinsichtlich der Ersteigung schiefer Ebenen

Vortheile darböte, so wäre sie auf der andern Seite streng auf die Beobachtung der geraden Linie angewiesen, weil das Durchgehen des Kolbens durch eine krumme Röhre mit den größten Schwierigkeiten verbunden sein würde.

Auch der Betrieb oder die Benutzung der atmosphärischen Eisenbahn muß weit theurer sein als der der gewöhnlichen Eisenbahn mit Locomotiven. Zunächst ist der stattfindende Kraftverlust ungemein groß. Eine größere Verdünnung der in der Röhre eingeschlossenen Luft als zu ⅓ ihrer gewöhnlichen Dichtigkeit (bei den angestellten Versuchen ging die Verdünnung meistens nicht einmal so weit) läßt sich nach den Angaben des erwähnten Berichts nicht erzielen, sodaß auch bei der größten Anstrengung der Dampfmaschine kein größerer Effect als ⅔ des atmosphärischen Drucks erlangt werden kann. Dazu kommt, daß der Kolben auch auf seiner hintern Seite keinen vollen atmosphärischen Druck erleidet, weil die gelüfteten Klappen nicht genug offenen Querschnitt darbieten, um die Luft einzulassen, welche den vom Kolben durchlaufenen Raum auszufüllen bestimmt ist, und weil die dem Kolben nachfolgende Luft die ganze Länge der Röhre durchfliegen muß. Auch von dem übrigbleibenden Theile der Kraft wird ein großer Theil durch die eigenthümliche Art ihrer Benutzung vernichtet, weil bei der atmosphärischen Eisenbahn außer der Reibung der stehenden Dampfmaschine noch die in der großen Luftpumpe, die des Kolbens in der Röhre, die Steifheit des Leders u. s. w. in Anschlag gebracht werden muß. Nur die Friction der Räder ist bei der neuen Eisenbahn geringer, weil keine Locomotive mitgenommen wird.

Je länger man nun die einzelnen Bahnsectionen macht, desto unvollkommener muß die erzeugte Luftverdünnung sein und bei einer Entfernung der stehenden Dampfmaschinen von zwei englischen Meilen (dem Vierfachen der ausgeführten Bahn) — größer dürfte die Entfernung schwerlich sein — würde wol höchstens die Hälfte des atmosphärischen Drucks gerechnet werden können. Demnach wären aber auf einer Bahn von z. B. 100 englischen (20 deutschen) Meilen 50 stehende Maschinen nöthig, welche zusammen zu ihrer Bedienung wenigstens 100 Menschen erfodern, während eine Locomotive nur zwei Mann erfodert. Dazu kommt, daß bei den stehenden Maschinen, die während der Fahrzeit immerwährend geheizt sein müssen, viel Feuerung unnöthig verschwendet werden würde, da die angenommene Distanz von zwei englischen Meilen bei der gewöhnlichen Schnelligkeit der Locomotiven in vier Minuten durchlaufen wird, und unmöglich alle vier bis sechs Minuten Züge abgehen können. Endlich liegt ein großer Mangel der atmosphärischen Eisenbahn darin, daß man im Falle eines großen Zudrangs von Passagieren, wie er bei besondern Veranlassungen stattzufinden pflegt, die Kraft, mithin auch die mitzunehmende Last oder Zahl von Reisenden nicht nach Belieben erhöhen kann, wie bei der gewöhnlichen Eisenbahn durch Vermehrung der Locomotiven, weil der atmosphärische Druck und der Durchmesser der Röhre, jener diesem entsprechend, ein für allemal gegeben sind und keine Abänderung zulassen

---

Safran.

Der Safran kommt von einem perennirenden Zwiebelgewächse, aus der Familie der irisartigen Pflanzen, genannt *Crocus sativus*, das im October blüht, wahrscheinlich im Orient wild wächst und dort, sowie in

Östreich, Frankreich, Italien und andern Ländern von Südeuropa, aber auch in England im Großen angebaut wird. Die Blüte, welche unmittelbar aus den nußgroßen, mit feinen faserigen Häuten umgebenen Zwiebelknollen kommt, ist von schöner violetter Farbe und riecht angenehm; sie hat drei Staubfäden, die sich mit pfeilartigen Spitzen endigen, und ein Pistill, dessen dünner Griffel sich zur halben Länge des Blumenblatts erhebt und drei längliche Narben von rothgelber Farbe hat. Diese Narben sind die einzigen werthvollen Theile der Blumen und geben nach gehöriger Zubereitung den Safran; sie enthalten ein gelbes Öl von beißendem Geschmack, das im Wasser zu Boden sinkt.

Der arabische Name dieser Pflanze ist Zahafram, wovon ohne Zweifel die Namen des getrockneten Productes in der englischen, französischen, holländischen, deutschen und russischen Sprache abzuleiten sind. Schon den Römern waren die Heilkräfte des Safrans bekannt; wir lesen, daß er von den cilicischen Ärzten des Antonius und der Kleopatra deshalb empfohlen wurde, weil er die Leber von überflüssiger Galle befreit; er diente ferner bei Entzündungen, besonders der Augen, und galt für wirksam zur Vertreibung von Husten, Seitenstechen u. s. w. Plinius gibt an, daß die Pflanzen, welche den besten Safran liefern, auf dem Berge Corycus in Cilicien wachsen; eine geringere Qualität kommt vom Berge Olympus in Lycien, die dritte von Phlegra in Macedonien. Auch Sicilien war reich an Safran, den die Römer sehr schätzten und als Parfum brauchten. Sie pflegten ihn in Wasser einzuweichen und mit diesem Aufgusse die Theater zu besprengen.

Die Methode der Cultur dieser Pflanze und der Bereitung des Safrans selbst ist in England folgende. Der zu einer Safranpflanzung geeignete Boden sei eine gute leichte Gartenerde über einer Kalkschicht, in einiger Entfernung von Pflanzungen, welche die freie Luftcirculation hindern könnten. Die nöthige Zubereitung des Bodens, bestehend in Düngen und Pflügen, nimmt zwei bis drei Monate hinweg und endet in der Mitte des Sommers; im Anfange des Juli beginnt das Pflanzen. Die Zwiebeln werden in einer Entfernung von etwa drei Zoll in engen Furchen gepflanzt, die voneinander ebenfalls nur drei Zoll abstehen, sodaß ein Safranfeld einer sehr großen Menge von Zwiebeln bedarf. Im September erscheinen die jungen Pflanzen, worauf sie sorgfältig von Unkraut befreit werden; im folgenden Monate erscheint die Blüte. Der Besitzer der Pflanzung versammelt dann eine Anzahl von Gehülfen und beginnt mit ihnen die Ernte am frühen Morgen, bevor die Blumen sich aufgeschlossen haben. Die Blüten werden in Körbe gesammelt und um 11 Uhr Morgens endigt die Arbeit; dann werden sie nach Hause getragen und dort auf einen Tisch ausgebreitet; die Narben werden mit einem Theile des Griffels sorgfältig herausgezogen und das Übrige als werthlos weggeworfen. Ein tragbarer Ofen von eigenthümlicher Construction dient zum Trocknen der Narben, welche in Bogen weißen Papiers und mit diesen auf ein über den Ofen gelegtes Stück Haartuch gelegt werden. Nach Anzündung des Feuers wird eine grobe, fünf- oder sechsfach gelegte Decke durch ein belastetes Bret auf das den Safran enthaltende Papier gedrückt. Die Hitze muß anfänglich bedeutend sein, damit die Feuchtigkeit des Safrans gehörig ausschwitzen kann; nach Verlauf von zwei Stunden, während deren der Safran einmal umgedreht worden ist, wird die Wärme vermindert und eine mäßige Hitze 24 Stunden lang unterhalten, wobei der Safran alle halbe Stunden umgedreht wird.

Nun ist er geschickt, in den Handel zu kommen. Durch das gedachte Verfahren wird der Safran in Kuchen gebildet; wenn aber der sogenannte Heusafran gemacht werden soll, so werden die Narben in ihrer getrennten Form getrocknet und erlangen so eine feinere Qualität. Von fünf Pfund frischen Safran, wozu die Narben von ungefähr 200,000 Blüten erfodert werden, erhält man ein Pfund getrockneten, was den hohen Preis des Safrans erklärlich macht. Die erste Ernte gibt eine viel geringere Menge als die beiden folgenden, aber immer ist der Ertrag eines Safranfeldes sehr unsicher, ja bisweilen reicht er nicht hin, die Kosten des Pflanzens, Sammelns und Trocknens zu decken.

Englischer Safran ist vorzüglicher als der in andern Ländern erzeugte; die Blättchen sind viel breiter und er ist sorgfältiger getrocknet. Dem englischen zunächst kommt der französische und sicilische, weit geringer ist der spanische, welcher fettig und schlecht getrocknet ist und behufs seiner bessern Aufbewahrung mit etwas Öl vermischt sein soll. Der Safran wird auf verschiedene Weise nachgemacht und verfälscht. Bisweilen braucht man dazu die zerschnittenen Blüten von der Ringelblume, dem Safflor und der Granate, nicht selten wird auch Safran, aus welchem der Färbstoff schon ausgezogen worden ist, betrüglicherweise mit dem ächten vermischt, auch mitunter feiner Sand, um das Gewicht zu vermehren. Der beste Safran (der gewöhnlich unter dem Namen Crocus anglicus verkauft wird) hat eine schöne orangegelbe Farbe mit geringer Beimischung von blassern Fasern, einen schwachbitterlichen und gewürzhaften Geschmack und einen eigenthümlichen starken Geruch; Aufgüsse davon sind von heller goldgelber Farbe.

Die medicinischen Wirkungen des Safrans wurden ehemals sehr gepriesen, besonders seine Kraft, heiter zu machen und eine hypochondrische Niedergeschlagenheit zu entfernen. Auch in Lungenkrankheiten sollte er gut sein; man band ihn in kleinen Beuteln unter das Kinn Solcher, die an den Pocken litten, da er den Ausbruch derselben beschleunigen und den Kranken erleichtern sollte; endlich wurde es empfohlen, ihn als Mittel gegen die Seekrankheit auf Seereisen zu tragen. Inzwischen beschränkte man sich auf den Gebrauch geringer Dosen; schon Galen sagt, daß Safran, zu reichlich angewandt, entweder den Verstand des Kranken zerstöre oder seinen Tod bewirke, und Boerhaave zählte den Safran zu den betäubenden Giften. Jetzt ist der Safran aus der Zahl der Heilmittel fast verschwunden, da seine medicinischen Wirkungen bei großer Kostspieligkeit doch verhältnißmäßig gering sind. Als stark reizendes Mittel braucht man lieber das Opium, welches wohlfeiler ist. Dagegen braucht man den Safran als Färbstoff, zur Bereitung von Safransyrup, beim Backen u. s. w. Seiner betäubenden Eigenschaft wegen wird er besonders von den orientalischen Völkern, die alle diese Eigenschaft habenden Gewächse lieben, zu mancherlei Speisen verwandt; ehemals diente er auch in Deutschland namentlich den Landleuten zur Würze von Speisen, ist aber von besser schmeckenden Gewächsen fast ganz verdrängt worden. Den Vögeln gibt man, wenn sie sich mausern, oft einen Aufguß von Safran, doch muß er auch hier mit Vorsicht gebraucht werden, weil eine zu große Dosis leicht gefährlich werden kann.

Die Wurzel der Safranpflanze ist einer Krankheit ausgesetzt, welche zuweilen eine ganze Pflanzung verwüstet. Sie rührt von einer kleinen Schmarotzerpflanze her, welche auf der Zwiebel wächst und durch ihre fadenartigen Wurzeln die für den Safran bestimmte Nahrung an sich zieht. Die einzige Methode, um das Umsichgreifen dieser Krankheit zu verhindern, besteht in dem Ziehen kleiner Gräben zwischen dem gesunden und dem angesteckten Theile des Feldes.

Der in Südeuropa wildwachsende Safran ist eine andere Art, deren Blumen erst dann zum Vorschein kommen, wenn die Blätter abgestorben sind. Noch mehre andere Arten dieser Gattung sind beliebte Zierpflanzen in unsern Gärten und kommen in zahlreichen Spielarten vor, namentlich der Frühlingssafran, der im ersten Frühlinge blüht und dessen Blüten von den verschiedensten Farben vorkommen, der gelbe Safran, der ebenfalls sehr früh blüht und immer gelb erscheint, der weißblühende Safran u. s. w.

Sonderbares Testament.

Ein auf dem Kirchhofe von York in England begrabener Mann hat seinen Erben ausdrücklich befohlen, jedes Jahr an seinem Begräbnißtage eine Flasche Cognac und eine Flasche Ale auf sein Grab zu gießen und zwölf Armen der Gemeinde so viel Porter zu verabreichen, als sie nur trinken wollen.

Der Palast der Deputirtenkammer in Paris. *)

Obgleich dieses schöne Gebäude in kein hohes Alter zurückreicht, weil die ersten Bauten auf diesem Platze nicht vor 1722 stattfanden, so sind doch die Ereignisse, deren Schauplatz dasselbe seit der großen Revolution von 1789 gewesen ist, so merkwürdig und die Umgestaltungen, die es bis zur Vollendung der Deputirtenkammer, wie sie jetzt ist, erfahren hat, so groß, daß eine kurze Aufzählung derselben auch für deutsche Leser nicht ganz ohne Interesse sein dürfte.

Der Palast wurde 1722 von Louise Franciska, verwitweter Prinzessin von Bourbon=Condé, erbaut und hieß zuerst Palast Bourbon. Seit 1765 war er von dem Prinzen Ludwig Joseph von Condé bewohnt und in Folge der Revolution im J. 1790 Staatseigenthum. Im Jahre III der Republik verordnete ein Decret, daß der Rath der Fünfhundert hier seine Sitzungen halten sollte, und die Architekten Gisors und Lecomte wurden beauftragt, das Gebäude für diese neue Bestimmung einzurichten. Am 1. Sept. 1795 wurde ein Theil des vormaligen Palastes Bourbon der eben gestifteten polytechnischen Schule eingeräumt. Unter der Regierung Napoleon's nahm das Gebäude, für die Sitzungen des gesetzgebenden Körpers bestimmt, eine neue Gestalt an; das große Peristyl von zwölf korinthischen Säulen wurde erbaut und alle Sculpturarbeiten dem Lobe des Siegers von Austerlitz gewidmet. Im J. 1814 wurden alle diese Embleme beseitigt. An die Stelle der Statue des Kaisers, welcher dem gesetzgebenden Körper die bei Austerlitz eroberten Fahnen überreicht, trat die Charte, begleitet von den Figuren Frankreichs und der Gerechtigkeit, alle drei die Wissenschaften, die Künste und den Gewerbfleiß beschützend, während ein Gesetz vom 14. Dec. desselben Jahres dem Prinzen von Condé den Palast zurückgab, der jedoch der Deputirtenkammer gegen einen jährlichen Miethzins von 124,000 Francs als Sitzungslocal eingeräumt wurde. Im J. 1827 kam der Palast an die Regierung und heißt seitdem Palast der Deputirtenkammer. Im J. 1828 wurde unter Martignac's

*) S. die Abbildung desselben in Nr. 48.

Ministerium der Bau eines neuen Saales angeordnet und ein provisorischer Saal eingerichtet, in welchem sich die Deputirten noch während der Revolution von 1830 versammelten. Wie der Palast jetzt ist, wurde 1832 durch den geschickten Architekten Jules de Joly vollendet.

Mit Einschluß des Grunderwerbs und des für das Ameublement bezahlten Preises sind auf den Palast folgende Summen verwandt worden: 1) von 1722—78 16,361,246 Francs; 2) vom Jahre III—VI der Republik 1,023,796; 3) 1807—10 1,759,062; 4) 1829 für den provisorischen Saal 213,242; 5) 1829—40 4,885,047 Francs, zusammen also von 1722—1840 24,242,393 Francs (etwa 7 Millionen Thaler).

Die Holländer an der Südspitze von Afrika.

Als wir uns vor längerer Zeit mit der englischen Colonie in Südafrika beschäftigten (Nr. 289), war uns ein seitdem eingetretenes wichtiges Ereigniß noch unbekannt: die bereits 1838 begonnene Auswanderung der Boers oder Bauern, Nachkommen der holländischen Ansiedler, aus der Capcolonie, worüber die Zeitungen das Nähere mitgetheilt haben. Die Auswanderung dauert noch immer fort; bereits sind an 15,000 Menschen ausgewandert, und ihre Anzahl wird sich noch bedeutend steigern. Die Ursachen dieser Auswanderung bringen englische Berichte unter vier Hauptpunkte: Abschaffung der Sklaverei, Landvermessung, Wegnahme des Eigenthums im Kaffernkriege und Unsicherheit der Grenze. Für die Sklaven wurde kaum der dritte Theil des Marktpreises als Entschädigung bewilligt und diese wurde in London ausgezahlt, daher durch die Bankiers ansehnlich geschmälert. Hinsichtlich des erwähnten zweiten Punktes schrieb das Gesetz vor, daß bei jedem Kauf von Ländereien der Käufer eine gewisse Summe erlegen mußte, um die Kosten der Vermessung und Aufnahme zu bestreiten; hierbei kam es nicht selten vor, daß dem Boer die erlegte Geldsumme zum zweiten und dritten Male abgefodert wurde und Regierungsbeamte ihn um sein Eigenthum betrogen. Während des Kaffernkriegs erlitten viele Boers von den englischen Befehlshabern wahre Plünderungen. Alles dies vereinigt brachte in den Boers einen entschiedenen Haß gegen die Engländer hervor, den auch die Weiber in so starkem Grade theilten, daß sie ihre Männer auf dem beschwerlichen Zuge, wo sie in blutige Kämpfe mit den wilden eingeborenen Völkerschaften geriethen, zur Ausdauer ermahnten, ihnen erklärend, daß sie entschlossen wären, nicht wieder unter die Herrschaft der Engländer zurückzukehren. Noch ein Grund zur Unzufriedenheit lag in dem Benehmen der Hottentotten und freien Schwarzen, welche den religiösen Boers durch ihre Ausschweifungen ein Ärgerniß gaben, aber auch Gewaltthaten aller Art gegen sie begingen, ohne von den englischen Behörden hieran sehr gehindert zu werden, die sich ihrer wahrscheinlich als Gegengewicht gegen die Boers bedienen wollten. Übrigens erklärten die Boers bei ihrer Auswanderung in einer deshalb an den Gouverneur gerichteten Denkschrift, daß es nicht die Abschaffung der Sklaverei sei, die sie zur Auswanderung treibe, da sie die Nachtheile und Kostspieligkeit der Sklavenarbeit hinreichend kennen gelernt hätten, weshalb sie künftig weder Sklaverei noch Sklavenhandel dulden würden. Eine ansehnliche Anzahl Farbiger begleitete sie auf ihrem Zuge und blieb ihnen unverbrüchlich treu.

Gleich anfangs nahmen die Boers ihre Richtung gegen Port=Natal an der Ostküste von Südafrika, dessen Gegend ihnen als besonders fruchtbar und gesund geschildert worden war. In jener Gegend herrschte Dingaan, der Häuptling des Zulastamms, bis zu seinem kürzlich erfolgten Tode der Hauptfeind der ausgewanderten Boers. Diese wollten das Land vom Togalafluß, der östlich von Port=Natal ins Meer fällt, bis zum Flusse St.=Johns, das fast eine Einöde war, von Dingaan kaufen und hatten bereits eine von ihm unterzeichnete Abtretungsurkunde erlangt, als er plötzlich den Anführer der Boers, Retief, mit 60 seiner Gefährten verrätherisch ermordete; am folgenden Tage überfiel er das Lager der Boers und metzelte 370 Männer, Weiber und Kinder nieder. Für diese Treulosigkeit mußten die Zulas schwer büßen. Die Boers sandten 600 Mann gegen sie, und schon nach zwei Gefechten waren unter den Kugeln der Boers, welche als fleißige Jäger treffliche Schützen sind und auch im Besitze einiger kleinen Kanonen waren, gegen 5000 Zulas gefallen. So sahen sich die Zulas genöthigt, um Frieden zu bitten, der im April 1839 zwischen Dingaan und dem an die Stelle Retief's getretenen Anführer der Boers, Prätorius, der die von jenem eingeschlagene Vermittelung der Engländer beharrlich ablehnte, geschlossen wurde; nach demselben wurde den Boers das von Dingaan erkaufte Land, das gegen 900 geographische Quadratmeilen umfassen soll, wiederholt zugesichert. Aber noch immer zögerte Dingaan, der augenscheinlich mit den Engländern in Verbindung stand, mit der Rückgabe des geraubten Eigenthums an Vieh, Pferden, Waffen u. s. w., weshalb sich die Boers noch immer schlagfertig hielten. Die Engländer haben, um sie zu beobachten und von der See abzuschneiden, noch im J. 1838 eine Expedition nach Port=Natal geschickt, deren Anführer Befehl hatte, allen in Port=Natal befindlichen Bewohnern Waffen und Munition wegzunehmen und sich mit den Eingeborenen in Verbindung zu setzen. Inzwischen bessert sich die Lage der Boers mit jedem Tage; ihre Angelegenheiten leitet ein Ausschuß oder sogenannter Volksraad von 24 Mitgliedern und ihre Anzahl vermehrt sich fortwährend. Östlich der Gebirgskette zwischen dem Gebiete des obern Gariep oder Orangeflusses und der Küste, bis gegen Port=Natal hin, befinden sich jetzt 4—5000 Auswanderer, im Gebiete des obern Gariep aber mehr als doppelt so viel, die der Gewalt der Engländer ganz entrückt sind.

Die englische Colonie ist jetzt in großer Gefahr. Ihre jetzigen Grenzen kann sie, durch die zahlreichen Auswanderungen geschwächt, nicht überschreiten und auf die entfernten Völker keinen Einfluß ausüben. Die Boers stehen jetzt zwischen den kräftigsten Stämmen, den tapfern Zulas nordwärts vom Flusse Togala und den Amapondas, welche 30,000 Krieger stellen können und zwar den Zulas nie widerstehen konnten, aber ihre südwestlichen Nachbarn, die Amatembu oder Tambukis, fast vernichtet haben; beide werden sich die Boers in kurzer Zeit unterwerfen, sich ihrer im Kriege als Hülfsvölker bedienen und dann eine Macht bilden, der die Engländer kaum widerstehen können. Alle Unterordnung unter die Engländer haben die Boers entschieden zurückgewiesen, aber erklärt, daß sie dringend wünschten, in Frieden und Freundschaft mit ihnen zu leben.

Nach den neuesten Nachrichten vom Cap der guten Hoffnung sind die englischen Truppen von Port=Natal abgezogen und die Boers besitzen die factische Souverainetät dieser neuen Niederlassung, wo sie ein Zollhaus errichtet haben und verschiedene Einfuhrartikel aus der alten Colonie mit Zoll belegen, während sie Weizenmehl, Feuerwaffen u. s. w. zollfrei einlassen. Nach einigen Nachrichten scheint indeß der Zustand der neuen Colonie nicht so unbedingt günstig zu sein. Es fehlt an Lebensmitteln für Menschen und Vieh und viele Boers würden, wie es heißt, gern in die alte Colonie zurückkehren, wenn sie die Mittel dazu hätten oder die Regierung die Rückkehr gestattete.

Die rastenden Auswanderer aus der Capcolonie.

Herausgegeben unter Verantwortlichkeit der Verlagshandlung F. A. Brockhaus in Leipzig.

Das Pfennig-Magazin

für
Verbreitung gemeinnütziger Kenntnisse.

410.]   Erscheint jeden Sonnabend.   [Februar 6, 1841.

Dresden.

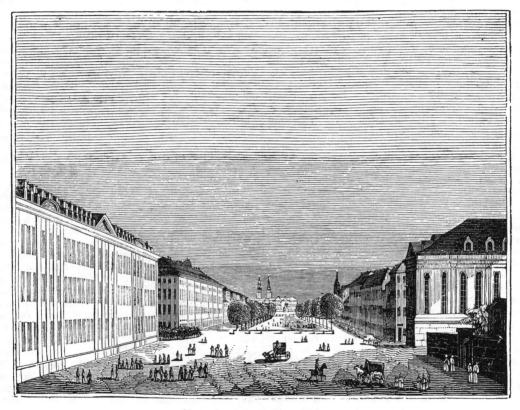

Neustadt = Dresden.

Unter den Residenzstädten Deutschlands nimmt Dresden an Größe und Einwohnerzahl zwar nur den vierten Platz ein, vereinigt aber so viele und mannichfaltige Reize und Vorzüge, daß es den Vergleich selbst mit weit größern Residenzen in und außer Deutschland nicht zu scheuen hat, weshalb es auch jährlich eine stets wachsende Zahl von Fremden, die großentheils dem fernen Auslande angehören, in seinen Mauern sich versammeln sieht. Auf seltene Weise haben Natur und Kunst sich hier die Hand geboten, um den Aufenthalt in Dresden angenehm zu machen, und in dieser doppelten Hinsicht ist die Stadt des Namens Elbflorenz gewiß nicht unwerth, obgleich sie den milden Himmel Italiens leider entbehren muß. Ihre geringere Ausdehnung und Volkszahl gibt dem Leben einen gewissen gemüthlichen Charakter, der eigentlich großen Städten, wie Wien und Berlin, der Natur der Sache nach immer fehlen wird, und gewiß hat keiner unserer Leser, wenn sie nicht etwa bereits ihren Wohnsitz in Dresden haben, diese Stadt auf längere oder kürzere Zeit besucht, ohne daß ihm der Wunsch angekommen wäre, sich hier häuslich niederlassen zu können!

Dresden liegt im meißner Kreisdirectionsbezirk des Königreichs Sachsen an beiden Ufern der in nordwestlicher Richtung fließenden Elbe in einer reizenden Thalebene, welche fast auf allen Seiten von Anhöhen begrenzt wird, von denen die östlichen mit dem Felsengebirge der sächsischen Schweiz, die südlichen und westlichen aber mit dem Erzgebirge zusammenhängen, wozu im Nordwesten die isolirt stehenden weinbekränzten Höhen der Hoflösnitz kommen. Fast überall ist der Boden fruchtbar und producirt Feldfrüchte, Gartenfrüchte, Obst und Wein, von denen der letztere besonders auf dem rechten Elbufer von Pillnitz abwärts gebaut wird; nur im Nordosten der Stadt findet man einen meist mit Kiefern bedeckten sandigen Bergabhang, die dresdner Haide, eine Sandfläche, die aber zum großen Theil angebaut worden ist. Die Stadt bestand bis vor kurzem aus drei Theilen, von denen die Altstadt Dresden mit drei Vorstädten und die durch die Weißeritz von jener getrennte Friedrichsstadt auf dem linken, die Neustadt aber auf dem rechten Ufer der Elbe liegen; in den letzten Jahren aber hat sich der neue Anbau, der bisher zur Neustadt gerechnet wurde und sich mit reißender Schnelligkeit erweitert hat, zu einem besondern Stadttheil, der den Namen Antonstadt angenommen hat, aufgeschwungen. Der Flächeninhalt sämmtlicher Stadttheile beträgt über 16 Millionen Quadratellen oder etwa 1/9 Quadratmeile; die Anzahl der Häuser beträgt gegen 3000, die Einwohnerzahl nach der Zählung vom 1. Dec. 1837 (das Resultat der neuesten vom 1. Dec. 1840 ist noch nicht bekannt) 69,523, worunter 4351 Katholiken, 510 Reformirte, 28 Griechen, 647 Juden, die übrigen Lutheraner. Die Stadt ist im Ganzen sehr gut und regelmäßig, wenn auch nicht nach der Schnur gebaut; die Häuser sind großentheils von Sandstein, der in der Nähe (unweit Pirna) gebrochen wird und daher wohlfeil ist; die Straßen sind mit wenigen Ausnahmen sehr gut gepflastert und die nächtliche Beleuchtung ist gleichfalls vorzüglich, da seit 1828 (anfangs nur in einem kleinen Theile der Stadt) Gasbeleuchtung eingeführt ist.

Zu einer Aufzählung der einzelnen Merkwürdigkeiten der Stadt übergehend, machen wir mit der Neustadt den Anfang, als dem Stadttheile, den Derjenige zuerst betritt, welcher auf der Eisenbahn ankommt und der in der bessern Jahreszeit wöchentlich Tausende von Fremden nach Dresden bringt, sodaß wahrscheinlich die Mehrzahl der nach Dresden Kommenden in jenem Falle ist. Bereits haben wir bei Gelegenheit einer Beschreibung der leipzig-dresdner Eisenbahn der Gebäude des hiesigen Bahnhofs Erwähnung gethan, seitdem aber haben sich dieselben um ein überaus stattliches massives Expeditionsgebäude, das zugleich eine Restauration enthält, vermehrt. Vom Bahnhofe kommend, passiren wir zu Fuße oder in einem der zur Bequemlichkeit der Reisenden unweit der Eisenbahn aufgestellten Omnibus durch das leipziger Thor in Dresden ein und werden gewiß schon durch den geräumigen, von lauter gutgebauten Häusern umgebenen Palaisplatz sehr günstig für die Stadt eingenommen. Jener hat seinen Namen von dem auf S. 48 abgebildeten sogenannten japanischen Palais (bis 1732 das holländische Palais genannt), ohne Zweifel der schönsten Zierde von Neustadt, das im J. 1715 vom Feldmarschall Flemming erbaut und von August II., der es Jenem abkaufte und 1730 vollendete, anfangs zu einer Sommerwohnung bestimmt wurde, jetzt aber einer durch die Inschrift auf dem Friese: „Museum usui publico patens" bezeichneten würdigern Bestimmung dient und mehre höchst werthvolle Sammlungen enthält, unter denen die königliche öffentliche Bibliothek die wichtigste ist. Dieselbe ist aus einer von Kurfürst August 1555 angelegten Büchersammlung entstanden, enthält an 250,000 Bände gedruckter Bücher, 2700 Handschriften, über 150,000 Dissertationen und eine Landkartensammlung von 20,000 Blättern und ist seit 1788 in zwei Stockwerken des Palais in drei großen Sälen und 22 Zimmern aufgestellt. Außerdem umfaßt das Palais eine sehr werthvolle und reichhaltige Antikensammlung, Bildwerke in Marmor und Bronze enthaltend, die in zehn Sälen des Erdgeschosses aufgestellt ist, das Münzcabinet, besonders an sächsischen Münzen vollständig, endlich eine Sammlung von chinesischem, japanischem, ostindischem und sächsischem (meißner) Porzellan in 18 Zimmern, die hinsichtlich des asiatischen Porzellans einzig in Europa genannt werden darf. Auch der zum Palais gehörige große und schöne Garten an der Elbe, der Jedermann offen steht und durch seine reizende Aussicht aus-

gezeichnet ist, darf nicht unerwähnt bleiben. Vom Palais aus wenden wir uns nach dem Innern der Neustadt und treffen hier unweit der Brücke auf dem Markte das bedeutendste Denkmal Dresdens, die im J. 1736 errichtete Reiterstatue des Königs August II. des Starken, dem die Stadt den größten Theil ihrer Kunstschätze verdankt; sie ist von Wiedemann aus Augsburg aus vergoldeten Kupferplatten verfertigt und stellt den König in römischer Tracht, aber zugleich mit einer zu jener allerdings nicht recht passenden Stutzperücke dar, in der rechten Hand einen Feldherrnstab haltend; das Fußgestell ist von Sandstein. Die Hauptstraße, die wir nun betreten und welche die Neustadt in zwei Hälften theilt, ist mit Linden besetzt und die breiteste, längste und schönste Straße Dresdens; sie führt uns durch Spaziergänge zum bauzener Thore und in die Antonstadt, wo wir, wie in Neustadt, eine große Zahl eleganter, von Gärten umgebener Wohnhäuser bewundern, die ihr Dasein der neuesten Zeit verdanken. Öffentliche Gebäude von Bedeutung hat die Neustadt mit Ausnahme der Casernen und des Cadetenhauses nicht aufzuweisen, weshalb wir uns an der Hauptwache vorbei zur Elbbrücke wenden, die uns in die Altstadt führt. Sehr zweckmäßig ist die Einrichtung, daß Jeder, der die Brücke betritt, den ihm rechts liegenden Fußweg einschlagen und darauf bleiben muß, wenn er nicht von den aufgestellten Schildwachen zurechtgewiesen sein will.

Die Elbbrücke, seit 1344 ganz aus Sandstein erbaut (eine steinerne Brücke von 24 Pfeilern stand bereits 1288) ist 1358 Fuß lang und demnach eine der längsten steinernen Brücken in Europa, hat 17 Pfeiler oder 16 Bogen (ursprünglich 23, von denen fünf im J. 1547 und zwei im J. 1737 verschüttet wurden), und erhielt 1727—31 ihre jetzige Gestalt, ihr eisernes, schönes, 30 Zoll hohes Geländer aber erst 1814 und 1828. Ein 13½ Ellen breiter Fahrweg wird auf jeder Seite von einem mit Granitplatten belegten Fußwege begrenzt; auf jeder Seite der Brücke stehen 18 Ruhebänke. Näher nach Altstadt zu steht ein schwach vergoldetes metallenes Crucifix, 33 Centner schwer. Von der Brücke aus, die mit Gas erleuchtet wird, hat man eine herrliche Aussicht theils stromauf- und stromabwärts auf die reizenden Ufer des Flusses, theils auf die beiden Haupttheile der Stadt, von denen namentlich die Altstadt einen gewiß großartigen Anblick gewährt. Zunächst der Brücke sind es hauptsächlich folgende Gebäude, die unsere Aufmerksamkeit in Anspruch nehmen: 1) das neue königliche Theater von ovaler Form, ohne Zweifel eins der schönsten Schauspielhäuser in ganz Deutschland, in den Jahren 1838—41 vom Professor Semper mit einem Kostenaufwande von mehr als 300,000 Thalern erbaut und für 1600 Personen berechnet; die Eröffnung desselben steht in diesem Jahre bevor. Die in der Nähe stehenden kleinen Häuser an der Elbe führen den Namen des italienischen Dörfchens, weil sich die beim Bau der sogleich zu erwähnenden Kirche beschäftigten Italiener hier niedergelassen hatten. 2) Die katholische Hofkirche, in den Jahren 1737—56 von dem italienischen Baumeister Gaetano Chiaveri aus Sandstein in italienischem Geschmacke erbaut und 1751 eingeweiht, ein von innen und außen prachtvolles, wenngleich in architektonischer Hinsicht nicht tadelloses Gebäude, dessen Bau nebst der innern Einrichtung an 2 Millionen Thaler gekostet hat. Außer dem Hochaltare zählt sie noch acht Altäre; jenen und zwei der andern zieren Altarblätter von Mengs; der Fußoden ist mit Marmor gepflastert. Die Orgel ist Silbermann's letztes und, wie man sagt, schönstes Werk. Das doppelte Geländer des Dachs ist mit 64 Statuen von Heiligen aus Sandstein geziert; der Thurm ist 302 Fuß hoch. 3) Das königliche Schloß, mit der gedachten Kirche durch einen bedeckten Gang verbunden, ist ein unschönes formloses Gebäude, das 1534 vom Herzog Georg angelegt, von August II. aber durch einen neuen Flügel vergrößert und im Innern prachtvoll ausgeschmückt wurde. Der Schloßthurm ist der höchste Thurm der Stadt, bis zur höchsten Spitze 355½ Fuß hoch. Unter dem einen Schloßflügel führt ein Durchgang, das Georgenthor, in das Innere der Stadt. Im Erdgeschosse wird eine der kostbarsten Sammlungen aufbewahrt, welche existiren, nämlich das grüne Gewölbe, im eigentlichsten Sinne eine Sammlung von Kostbarkeiten, zu deren Benennung das grün ausgemalte Zimmer, in welchem Kurfürst August die Anfänge derselben aufstellte, den Anlaß gab. Man findet hier einen überaus reichen Schatz von Edelsteinen, Perlen und Kunstarbeiten aus Gold, Silber, Elfenbein u. s. w. in acht Zimmern, die nach den darin enthaltenen Gegenständen benannt werden: 1) das Bronzezimmer mit 107 Statuen und Gruppen, meist Nachbildungen antiker Kunstwerke, 2) das Elfenbeinzimmer, 3) das Kaminzimmer, Mosaiken-, Perlmutter- und Emailarbeiten, Muscheln u. s. w. enthaltend, 4) das Buffetzimmer mit goldenen und silbernen Gefäßen, sowie Geschirren aus Rubin- und Granatflüssen, 5) das Pretiosenzimmer, worin eine 15 Pfd. schwere Krystallkugel, 6) das Pretiosencabinet, 7) das Provinzwappenzimmer, 8) das Juwelenzimmer, worin ein 6⅔ Zoll hoher, 4¼ Zoll breiter Onyx, ein grüner Diamant von 160 Gran, eine Smaragdstufe u. s. w. (Einlaßkarten für je sechs Personen kosten zwei Thaler.)

Der katholischen Kirche gegenüber, auf der andern Seite des Schloßplatzes, den von der Brücke Kommenden links, steigt seit 1814 eine schöne breite Freitreppe empor, die uns auf die sich unmittelbar über der Elbe erhebende Brühl'sche Terrasse (sonst Wallgarten genannt) führt, welche die herrlichste Aussicht auf den Fluß, die Brücke und die Neustadt bietet und als Sammelplatz und Lieblingsspaziergang der feinen Welt, namentlich aber der Fremden dient. An dem Gebäude der Akademie der Künste und dem zu Kunst- und Gewerbausstellungen dienenden Gebäude (dem frühern Doublettensaale) vorbei kommen wir hier in den Brühl'schen Garten und zu dem seinen Namen gewiß verdienenden Belvedere, einem eben wegen seiner Aussicht auf die reizenden Elbufer überaus besuchten Kaffeehause. Nicht weit von hier sehen wir die 1838 vollendete, in einem eigenthümlichen, beim ersten Blicke an den Orient erinnernden Styl erbaute zierliche Synagoge; ganz in der Nähe befindet sich auch das steinerne Denkmal des Kurfürsten Moritz, an der Ecke des ehemaligen Festungswalls von seinem Bruder August errichtet, sowie das 1559 erbaute, gegen 190 Ellen lange Zeughaus, ehemals eins der berühmtesten in Europa (vor dem siebenjährigen Kriege enthielt es angeblich an 1500 Kanonen und Mörser und 100,000 Gewehre), dem das Gebäude der chirurgisch-medicinischen Akademie gegenüber steht.

Der Brühl'sche Garten stößt an das 1737 erbaute Brühl'sche, jetzt dem Könige gehörige Palais; zwischen diesem und dem königlichen Schlosse hingehend kommen wir zu dem an das letztere grenzenden, von Christian I. 1586 erbauten, ursprünglich für fürstliche Gäste bestimmten Stallgebäude, in welchem seit 1745 die Bildergalerie aufbewahrt wird, wiewol es in mehrfacher

Hinsicht zu diesem Zwecke sehr wenig geeignet ist, weshalb der Bau eines Museums projectirt ward und in kürzerer oder längerer Zeit unfehlbar zu Stande kommen dürfte. Über eine Freitreppe gelangen wir in die dem Publicum täglich geöffnete Galerie, die bekanntlich in ganz Deutschland, ja in vieler Hinsicht in Europa ihres Gleichen sucht und deren Geldwerth von Sachverständigen auf 8 Millionen Thaler angeschlagen wird. Von ihren drei Abtheilungen enthält die äußere Galerie, meist aus Werken niederländischer Meister bestehend, über 1000, die aus italienischen Gemälden bestehende innere 348, das Pastellcabinet über 150 Bilder. Daß viele Bilder in den hohen Sälen gar zu hoch hängen und daher schwierig oder fast gar nicht betrachtet werden können, ist ein großer Übelstand; das Schlimmste ist aber, daß der Zustand der Bilder immer schlechter wird, was hauptsächlich in dem unheizbaren Locale, nächstdem in dem Eindringen des Kohlenstaubes seinen Grund hat. Der erste Stifter der Galerie ist Herzog Georg der Bärtige, Freund des Malers Lukas Kranach; ihre herrlichsten Schätze verdankt sie aber dem König August III., der die Gemäldesammlung in Modena für 1,200,000 Thaler kaufte und das berühmteste Bild der ganzen Galerie, die sixtinische Madonna von Rafael, für 17,000 Dukaten an sich brachte. Im Erdgeschosse des Stallgebäudes, das einst Ställe für 130 Pferde enthielt, befindet sich in einer großen, hochgewölbten Halle seit 1792 die Sammlung der Gypsabgüsse (an Zahl mehr als 1000), welche Rafael Mengs von allen merkwürdigen Antiken in Rom und andern Städten Italiens genommen und die Schwester desselben an König Friedrich August III. verkauft hat. In demselben Gebäude finden wir noch eine gegen 2000 Stück enthaltende Sammlung von ältern und neuern Gewehren (Gewehrgalerie) und in derselben die Abbildungen aller sächsischen Regenten von der Fabelzeit an bis zu Kurfürst Friedrich Christian, welcher 1763 starb. Vom Stallgebäude, in dessen Hofe ehemals glänzende Turniere, Ringelrennen und andere Feste gehalten wurden, an welche noch einige Spuren erinnern, gelangen wir über den Neumarkt, einen sehr ansehnlichen, von schönen Gebäuden umgebenen Platz, zur Frauenkirche, der ältesten aller sächsischen Kirchen, die wahrscheinlich schon am Ende des 11. Jahrhunderts stand. Jene alte Kirche wurde jedoch seit 1722 abgetragen und im J. 1726 der Bau einer neuen nach dem Muster der Peterskirche in Rom begonnen; 1734 wurde die Kirche, aber erst 1745 der Thurm vollendet; der gesammte Kostenaufwand betrug 300,000 Thaler. Diese schöne Kirche, aus Sandsteinquadern, die mit eisernen Klammern verbunden sind, ohne alles Holzwerk erbaut, ist kreisrund, 62 Ellen breit und 86 lang und hat eine prächtige Kuppel, die durch vier Bogenfenster Licht erhält. Die Orgel ist ein Werk Silbermann's und hat 3 Claviere, 44 Register und 6000 Pfeifen; vom Thurme aus hat man die schönste Aussicht auf Stadt und Umgegend, weshalb der Besuch desselben Fremden sehr zu empfehlen ist. Unweit des Neumarktes, an welchem drei der größten und vorzüglichsten Gasthöfe liegen (Stadt Rom, Stadt Berlin, Hôtel de Saxe), finden wir in der pirnaischen Gasse das imposante, auch seiner prachtvollen Treppe wegen bemerkenswerthe Landhaus, wo die Landstände sich versammeln, 60 Ellen lang und 100 Ellen tief, 1775 erbaut, aber seit Einführung der neuen sächsischen Verfassung im Innern vielfach verändert und mit zwei schönen Sitzungssälen für die beiden Kammern versehen.

(Der Beschluß folgt in Nr. 411.)

*

Von den Fernröhren.

Wenn wir uns gegenwärtig im Besitz einer Kennt=
niß des Weltalls befinden, die, obschon noch immer
mangelhaft und fragmentarisch, dennoch unendlich um=
fassender und vollständiger ist, als diejenige war, welche
die Menschen in frühern Zeiten besaßen, so haben wir
dies einestheils der wissenschaftlichen und vorurtheils=
freien Weise, mit der die Gelehrten unserer Zeit in
der Naturforschung zu Werke gehen, vorzugsweise aber
den vollkommenern Beobachtungsmitteln zu danken, un=
ter denen diejenigen Werkzeuge, mit welchen wir der
Schwäche oder vielmehr der natürlichen, in ihrer Or=
ganisation bedingten Beschränktheit unserer Gesichts=
organe zu Hülfe kommen, eine der ersten Stellen ein=
nehmen. Bekanntlich zerfallen diese Werkzeuge in zwei
Classen, indem die einen dazu dienen, uns solche Ge=
genstände sichtbar zu machen oder größer zu zeigen, die
wir wegen ihrer Kleinheit auch dann, wenn wir sie
aus der Nähe betrachten, gar nicht oder doch nicht
deutlich genug sehen können, die andern dagegen zur
Beobachtung derjenigen Gegenstände dienen, die uns
ihrer großen Entfernung wegen entweder ganz unsicht=
bar bleiben, oder doch nur klein und undeutlich er=
scheinen. Werkzeuge der ersten Art heißen bekanntlich
Vergrößerungsgläser (Mikroskope), dagegen Werkzeuge
der zweiten Art Ferngläser oder Fernröhre. Nur von den
letztern soll in dem gegenwärtigen Artikel die Rede sein.

Die Geschichte der ersten Erfindung der Fernröhre
ist noch nicht hinreichend aufgeklärt. Wahrscheinlich ist,
daß ein Brillenmacher in der holländischen Stadt Mid=
delburg um 1590 oder 1600 der Erfinder war; ob
aber Zacharias Jansen (der den gegründetsten Anspruch
auf diese Ehre zu haben scheint) oder Lippersheim oder
Metius, muß unentschieden bleiben. Man hat zwar
die Erfindung auf das 13. Jahrhundert zurückführen
wollen, weil in Baco's Schriften einige Stellen vor=
kommen, wo von der Möglichkeit fernrohrähnlicher In=
strumente die Rede ist, doch reicht dies durchaus nicht
hin, um daraus zu schließen, daß man schon damals
Fernröhre mit Gläsern gehabt habe. Der berühmte
italienische Naturforscher Galilei erhielt erst im J.
1609 in Venedig Nachricht von einem solchen in Hol=
land verfertigten Instrumente, welches entfernte Gegen=
stände so zeigte, als ob sie nahe wären, errieth bald
nachher selbst die Einrichtung desselben und verfertigte
sich nun selbst Fernröhre, mit deren Hülfe er seine
astronomischen Entdeckungen machte. In London waren
die Fernröhre schon 1609 ziemlich zahlreich.

Im Allgemeinen zerfallen die Fernröhre in zwei
wesentlich verschiedene Hauptclassen: in dioptrische Fern=
röhre oder Refractoren, welche beiweitem die gewöhn=
lichsten sind, und in katoptrische oder Spiegelteleskope.
Die erstern, durch welche man sieht, um Gegen=
stände zu betrachten, bestehen aus zwei oder mehren
einander parallel gestellten Linsengläsern, die durch eine
Röhre verbunden sind. Das größte Glas, welches dem
zu beobachtenden Gegenstande zugekehrt ist und die
Lichtstrahlen von demselben empfängt, heißt das Ob=
jectivglas; es ist immer ein convexes oder Sammelglas.
Bekanntlich haben die convex oder erhaben geschliffenen
Linsengläser, welche in der Mitte dicker als am Rande
sind *) die Eigenschaft, daß sich die von einem sehr

entfernten Punkte ausgehenden und auf das Glas fal=
lenden Strahlen auf der andern Seite des Glases in
Folge der von demselben bewirkten Brechung wieder in
einem Punkte, dem sogenannten Brennpunkte, ver=
einigen; dadurch entsteht ein in der Luft schwebendes
verkehrtes Bild des entfernten Gegenstandes. Die Ent=
fernung dieses Punktes von dem Glase heißt die Brenn=
weite desselben und ist desto größer, je geringer die
Wölbung der Flächen des Glases oder je weniger auf=
fallend der Unterschied zwischen der in der Mitte und
der am Rande stattfindenden Dicke des Glases ist.
Das erwähnte, im Innern des Fernrohrs entstehende
Bild wird nun durch ein zweites kleineres Glas be=
trachtet, welches das Augen= oder Ocularglas heißt;
statt eines einfachen Oculars, das aus einem einzigen
Glase besteht, ist oft eine Verbindung mehrer Gläser
vorhanden, die ein zusammengesetztes Ocular bilden und
sich in einer verschiebbaren Röhre, der Ocularröhre, be=
finden.

Unter den dioptrischen Fernröhren sind nun drei
Arten zu unterscheiden: 1) Das holländische oder Ga=
lilei'sche Fernrohr, diejenige Einrichtung, die zuerst in
Gebrauch kam; dasselbe hat außer dem convexen Objectiv=
glase ein einziges und zwar concaves Ocularglas. Concav
heißen bekanntlich die Linsengläser, die am Rande dicker
als in der Mitte sind, wie sie zu den Brillen kurz=
sichtiger Personen gebraucht werden. Sie haben nicht
die Eigenschaft, die Strahlen zu vereinigen oder zu
sammeln; vielmehr fahren parallele oder von einem sehr
entfernten Punkte kommende Strahlen, die auf ein
solches Glas fallen, bei ihrem Austritte aus demselben
nach allen Seiten auseinander, jedoch so, als kämen
sie alle von einem einzigen jenseit des Glases liegenden
Punkte, welcher der Zerstreuungspunkt heißt, sowie die
Entfernung desselben vom Glase die Zerstreuungsweite
(zuweilen auch Brennweite). Wenn dagegen conver=
girende, nach einem und demselben Punkte und zwar
nach dem Zerstreuungspunkte gerichtete Strahlen auf
ein solches Glas fallen, so werden sie nach ihrem Aus=
tritte aus demselben parallel. In dem holländischen
Fernrohre ist das concave Ocularglas zwischen dem Ob=
jectivglas und dem Brennpunkte desselben so gestellt,
daß der letztere mit seinem Zerstreuungspunkte zusam=
menfällt. Die Folge davon ist, daß die aus dem
Ocularglase kommenden Strahlen für jeden Punkt des
beobachteten Gegenstandes parallel sind, wie ein ge=
sundes Auge sie braucht, um jenen deutlich zu sehen;
er erscheint aufrecht und größer als das bloße Auge
ihn sehen würde. Dieses Fernrohr hat die große Unbe=
quemlichkeit, daß das Gesichtsfeld oder der Raum,
den man durch dasselbe auf einmal übersieht, sehr
klein ist, zumal dann, wenn das Auge nicht dicht
hinter dem Augenglase steht. Man bedient sich daher
dieser Einrichtung des Fernrohrs nur noch sehr selten,
nämlich nur noch bei solchen Taschenfernröhren, für die
keine starke Vergrößerung nöthig ist, wie sie z. B. im
Theater gebraucht werden (Theaterperspective, Opern=
gucker). Die Stärke der Vergrößerung wird gefunden,
wenn man die Brennweite des Objectivglases durch die
des Ocularglases dividirt; beträgt daher jene zehn Zoll,
diese einen Zoll, so vergrößert das Fernrohr zehn Mal,
d. h. es zeigt uns alle Gegenstände zehn Mal größer,
als wir sie mit bloßem Auge sehen, oder, was ganz
Dasselbe ist, es rückt sie uns scheinbar zehn Mal näher
und zeigt sie so, wie wir sie mit bloßem Auge sehen
würden, wenn ihre Entfernung von uns zehn Mal
kleiner wäre, als sie wirklich ist. Die Länge des Fern=
rohrs ist bei dieser Einrichtung gleich dem Unterschiede

---

*) Gläser derselben Art sind es, die als Brenngläser, einfa=
che Vergrößerungsgläser (Loupen) und Lesegläser oder Bril=
len für Fernsichtige dienen. S. den Artikel über die Brillen
in Nr. 323 fg.

der Brennweiten, also in dem angeführten Beispiele gleich neun Zoll. Ein kurzsichtiger Beobachter muß das Ocularglas ein wenig herausziehen oder vom Objectivglase entfernen, ein fernsichtiger dagegen muß es hineinschieben oder dem Objectivglase nähern.

2) Das astronomische Fernrohr, dessen Einrichtung bald nach der Erfindung des Fernrohrs (um 1620 oder später) von dem berühmten deutschen Astronomen Kepler ersonnen wurde. Es hat ein einfaches und zwar convexes Ocularglas, welches so gestellt ist, daß sein Brennpunkt auch zugleich der des Objectivglases ist und zwischen beiden Gläsern liegt. Das im Brennpunkte entstehende Bild des beobachteten Gegenstandes wird durch das Ocularglas betrachtet und erscheint darin vergrößert, wie alle durch convexe Gläser betrachtete Gegenstände, aber verkehrt; das Letztere ist bei der Beobachtung der Himmelskörper, zu welcher dieses Fernrohr einzig gebraucht wird, ohne allen Nachtheil. Das Gesichtsfeld ist hier viel größer, als bei dem holländischen Fernrohre, und kann durch ein doppeltes Ocular noch mehr vergrößert werden. Die Vergrößerung wird, wie bei jenem, durch den Quotienten der Brennweiten ausgedrückt, die Länge des Fernrohrs aber ist der Summe der Brennweiten gleich. Um die Größe eines Fernrohrs zu bezeichnen, gibt man übrigens nur die Brennweite des Objectivglases an; unter einem zwölffußigen Fernrohre ist daher ein solches zu verstehen, dessen Objectivglas eine Brennweite von dieser Länge hat, wiewol die Vergrößerung nach dem Gesagten von beiden Brennweiten abhängt und desto stärker ist, je größer die des Objectivs im Verhältnisse zu der des Oculars ist. Schon die frühern Optiker gaben sich viele Mühe, Gläser mit sehr großen Brennweiten zu liefern; so benutzte Cassini Gläser von 100 und 136 Fuß Brennweite und entdeckte mit denselben mehre Monde des Saturn; auch Compani in Rom und Huyghens in Holland verfertigten solche lange Fernröhre, ja der französische Optiker Auzout hat ein Glas von 600 Fuß Brennweite verfertigt, das jedoch nicht gebraucht werden konnte, weil man es nicht aufzustellen im Stande war. Man kann sich denken, daß die Verfertigung von Röhren, die für solche Gläser von großen Brennweiten passend, mithin mindestens ebenso lang als diese waren, mit nicht geringen Schwierigkeiten verknüpft war. Um diesen zu entgehen, schlug Huyghens Ferngläser ohne Röhren oder Luftferngläser vor, d. h. eine Vorrichtung, um zwei durch keine Röhre verbundene, in die gehörige Entfernung gebrachte Gläser in die nöthige Lage zu bringen und zu handhaben, und mehre Astronomen haben sich wirklich dieser Vorrichtung bedient; freilich ist sie nur bei Nacht anwendbar, wo das Auge durch keine fremdartigen Lichtstrahlen afficirt und gestört ist, welche sonst durch das Rohr abgehalten werden. Eine besondere Art der astronomischen Fernröhre sind die Kometensucher oder Nachtfernröhre, welche dazu bestimmt sind, Gegenstände von geringer Helligkeit, deren Ort entweder gar nicht oder nicht genau bekannt ist, aufzusuchen, z. B. Kometen, kleine Sterne, Schiffe oder Gegenstände am Ufer. Bei ihnen hat das Objectivglas eine mäßige Brennweite, aber eine große Öffnung oder Apertur, worunter man den freibleibenden Durchmesser des Glases versteht; dadurch wird aber ein doppelter Zweck erreicht: das Gesichtsfeld ist groß, ebenso die Lichtstärke bedeutend, d. h. die Gegenstände erscheinen möglichst hell und gut beleuchtet; dagegen ist die Vergrößerung ziemlich gering.

3) Das Erdfernrohr. Zur Betrachtung von Gegenständen auf der Erde ist das zuerst beschriebene Fernrohr wegen seines gar zu kleinen Gesichtsfeldes, das astronomische aber darum nicht zu brauchen, weil es alle Gegenstände verkehrt zeigt, was uns unangenehm und störend ist. Zwar können die Bilder durch ein zweites Augenglas wieder aufrecht gestellt werden, aber diese Einrichtung ist wegen des kleinen Gesichtsfeldes, sowie aus andern Gründen nicht brauchbar. Der Jesuit de Rheita gab jenen beiden Übelständen zugleich abhelfende Einrichtung an, bei welcher das Ocular aus drei convexen Gläsern besteht und gleichsam zwei astronomische Fernröhre miteinander verbunden werden. Diese Einrichtung ist unter dem Namen des Erdfernrohrs bekannt und noch immer im Gebrauch; doch häufiger ist es, das Ocular aus vier Gläsern, die ebenfalls sämmtlich convex sind, zusammenzusetzen.

Alle drei Arten von Fernröhren haben in der angegebenen Einrichtung einen Übelstand miteinander gemein: die Farbenzerstreuung. Wenn nämlich ein weißer Lichtstrahl aus einem durchsichtigen Mittel in ein anderes, z. B. aus Luft in Glas übergeht, und dabei von seiner frühern Richtung abgelenkt oder gebrochen wird, so wird er zugleich in Strahlen von den verschiedenen Farben zerlegt, aus welchen das weiße Licht oder die weiße Farbe gemischt ist, weil die verschiedenen Farben verschiedene Brechungsgesetze befolgen, und nur dann, wenn der ausfahrende Strahl dem einfallenden parallel ist (wie z. B. dann der Fall ist, wenn wir durch eine Fensterscheibe sehen, deren beide Flächen parallel sind), werden die verschiedenfarbigen Strahlen wieder vollkommen vereinigt. Bei den Linsengläsern ist dies nicht der Fall und der Vereinigungspunkt der rothen Strahlen ist daher z. B. von dem der violetten verschieden; jener ist von dem Glase am weitesten entfernt, dieser aber ist ihm am nächsten. Die Folge davon ist, daß zwar in der Mitte des Glases die verschiedenen Farben vereinigt, am Rande aber die Gegenstände farbig und undeutlich erscheinen. Wenn das Bild durch die Farbenzerstreuung nicht zu undeutlich werden soll, darf das Objectivglas bei bestimmter Brennweite nur eine bestimmte Öffnung, einen bestimmten Durchmesser haben; ist derselbe größer, so muß das Glas mit einer Blendung umgeben werden, d. h. mit einem Ringe aus Holz, Blech oder Pappe, welche dazu dient, die vom Rande herkommenden Strahlen, welche das Bild undeutlich machen, abzuhalten. Dieser Einrichtung ungeachtet bleibt aber (wenn man sich nicht sehr langer Fernröhre von 100—150 Fuß bedienen will, die ihrer Schwerfälligkeit wegen fast ganz unbrauchbar sind) der nachtheilige Einfluß der Farbenzerstreuung noch sehr groß und die Beseitigung desselben ist unstreitig der wichtigste Fortschritt, der in der Verfertigung der Fernröhre gemacht worden ist; ohne ihn wären gewiß sehr viele der wichtigsten und schönsten Entdeckungen am Himmel nicht gemacht worden. Solche Fernröhre nun, in denen die Farbenzerstreuung entfernt ist, heißen achromatische, d. h. farbenlose; bevor wir aber ihre Einrichtung näher angeben, müssen wir das Wichtigste über ihre Entstehung erwähnen.

Der unsterbliche Newton, welcher zuerst die Zusammensetzung des weißen Sonnenlichts aus verschiedenfarbigen Strahlen und die verschiedene Brechbarkeit derselben entdeckt hat, hielt es für unmöglich, der Farbenzerstreuung abzuhelfen, und brauchte daher die von diesem Übelstande freien Spiegelteleskope, von denen später die Rede sein wird. Bald nachher, im J. 1747, behauptete der scharfsinnige Mathematiker Euler, auf die Brechung des Lichts im menschlichen Auge gestützt, daß sich die Farbenzerstreuung durch Zusammensetzung mehrer Gläser zu einer Linse aufheben lasse. Er schlug zwei Glaslinsen vor, welche zwischen ihren hohlen Flächen Wasser oder eine andere Flüssigkeit enthielten, stellte aber eine ganz irrige Theorie auf und erfuhr daher heftigen Widerspruch. Um 1754 machte der englische Optiker John Dollond, der bereits 1748 vergebliche Versuche nach Euler's Theorie angestellt hatte, Versuche mit verschiedenen Glasarten und wurde endlich im J. 1758 der eigentliche Erfinder der achromatischen Linsengläser. Sein erstes achromatisches Fernrohr hatte eine Objectivlinse, deren Brennweite nur fünf Fuß betrug, übertraf aber die besten bisher verfertigten achromatischen Fernröhre von 15 und 20 Fuß Brennweite. Wodurch aber — so werden die Leser natürlich fragen — wird der Zweck erreicht, der hier zu erreichen ist? Dadurch, daß man die Objectivlinse aus zwei oder drei Linsen von verschiedenen Glasarten zusammensetzt: von Kronglas und Flintglas. Das erstere ist eine schöne Art von Tafelglas; das letztere enthält viel Bleikalk, ist daher beträchtlich schwerer als Kronglas und hat überdies die merkwürdige Eigenschaft, daß es nicht nur das Licht stärker bricht, sondern auch die verschiedenfarbigen Strahlen stärker zerstreut. Wenn also ein Sonnenstrahl unter einem und demselben Winkel auf Flintglas und Kronglas fällt, so wird er nicht nur im Flintglase stärker von seiner Richtung abgelenkt, sondern die farbigen Strahlen, in welche er zerlegt wird, breiten sich auch viel weiter aus als beim Kronglase und ein Flintglasprisma bringt daher ein viel längeres farbiges Sonnenbild als in seiner Größe und Gestalt nach jenem völlig gleiches Kronglasprisma hervor. Nimmt man nun zwei Prismen von beiden Glasarten, aber nicht von gleicher, sondern von verschiedener, genau berechneter Gestalt, so geben sie verbunden ein farbenloses Sonnenbild, indem die entgegengesetzten Farben zusammenfallen und daher sich aufheben. Hierauf beruht nun die Verfertigung von Fernröhren, welche die Gegenstände ohne fremdartige, störende Farben zeigen und daher achromatische (farbenlose) genannt werden. Bei denselben besteht die Objectivlinse aus einer concaven Linse von Flintglas und einer oder zwei convexen Linsen von englischem Kronglas; gegenwärtig nimmt man eine Kronglaslinse, sodaß die Objectivlinsen doppelt sind; dreifache Objective wurden bald nach Erfindung der achromatischen Gläser angewandt, sind aber schon wegen des größern Lichtverlustes, der bei den öftern Übergängen aus Glas in Luft und umgekehrt stattfindet, weniger vortheilhaft. Wiewol nun auch durch solche achromatische Fernröhre keine vollkommene Farblosigkeit der Bilder, im strengsten Sinne, sondern nur eine Vereinigung der zwei äußersten Farben erzielt wird, so ist doch der Vorzug, den sie vor den ältern chromatischen haben, ganz außerordentlich. Er zeigt sich namentlich darin, daß Fernröhre dieser Art weit mehr leisten, als nichtachromatische von weit größerer Länge. Seit Erfindung der achromatischen Fernröhre hat ihre Verfertigung sehr bedeutende Fortschritte gemacht. Die Hauptschwierigkeit, welche zu überwinden war, lag in der Fabrikation des Flintglases, welches völlig rein und gleichförmig herzustellen ausnehmend schwierig ist, weil das schwere Bleioxyd bei der Schmelzung leicht niedersinkt; aber schon die geringste Ungleichartigkeit der Masse wird beim Gebrauche im Fernrohr dadurch merklich, daß die Gegenstände ein streifiges Ansehen haben, welches von der nicht in allen Theilen der Masse gleichen Brechung der Lichtstrahlen herrührt. Das vortreffliche Glas, dessen sich John Dollond und sein Sohn Peter, der seinen Vater noch

übertraf, bedienten, scheint durch Zufall entstanden zu sein; später hat man sich lange vergeblich bemüht, diese Glasart nachzumachen; erst in der neuern Zeit, um 1811, gelang es dem deutschen Optiker Fraunhofer in München, ein Verfahren zur Verfertigung eines gleichartigen, reinen, fehlerfreien Flintglases aufzufinden, und die von ihm gelieferten Fernröhre leisten ungleich mehr als alle früher verfertigten. Leider ist er durch einen frühen Tod hinweggerafft worden (im J. 1824), aber sein Geheimniß ist nicht mit ihm untergegangen und in der von ihm gestifteten Fabrik (dem Utzschneider'schen optischen Institute) werden noch immer die besten Fernröhre verfertigt. Die Schwierigkeit der Verfertigung von Flintglaslinsen, also von achromatischen Objectivgläsern überhaupt, wächst in viel schnellerm Verhältnisse als ihre Größe, von der doch die Wirkung der Fernröhre großentheils bedingt ist. Das größte von Fraunhofer selbst gelieferte Fernrohr (in Dorpat befindlich) hat ein Objectivglas von 9 Zoll Öffnung oder Durchmesser und ist 13½ Fuß lang; die stärkste Vergrößerung beträgt 600 Mal, die Kosten desselben etwa 7000 Thaler. Ein völlig gleiches Fernrohr besitzt die Sternwarte zu Berlin. Fraunhofer's Nachfolger, der Optiker Merz, hat ein Fernrohr von 12 Zoll Öffnung angefertigt; noch bedeutend größer ist aber das Fernrohr, welches von der Utzschneider'schen Werkstatt für die neuerrichtete Sternwarte in Pulkowa bei Petersburg geliefert ward. Dasselbe hat eine Öffnung von 14 Zoll und eine Brennweite von 21 Fuß und kostet 70,000 Rubel Banco (24,000 Thlr.); die stärkste Vergrößerung beträgt 1200 Mal. (Von der gänzlichen Vollendung und Ablieferung desselben ist noch nichts bekannt geworden.) Fraunhofer selbst versicherte, daß er kein Bedenken trage, auf Verlangen Linsen von 18 Zoll Öffnung zu fertigen.

(Der Beschluß folgt in Nr. 411.)

Nachträgliches über den Tanz der Araber.

Bald nach Abfassung der kurzen Notiz über diesen Gegenstand, welche der in Nr. 398 enthaltenen Abbildung beigegeben ist, hatte Referent Gelegenheit, seine Begriffe über denselben durch eigne Anschauung zu vervollständigen und zu berichtigen. Eine Reise in den Orient brauchte er deshalb nicht zu unternehmen, sondern nur in das leipziger Schauspielhaus zu gehen, in welchem am 7. und 9. Nov. sieben Araber, angeblich aus der Wüste Sahara, Namens Achabid-Ben-Ali, Had-Dschamed-Beira-Abdallah, Mehame-Ben-Hassein, Habsalem-Ben-Zida, Hamed-Ben-Mohammed, Omar-Ben-Abdallah und Mohammed-Ben-Praim, unter der Direction des Herrn Louis Desorme, Unternehmer des französischen Theaters in Algier, zwei Vorstellungen gaben, die in der That in hohem Grade interessant waren. Bereits in einem großen Theile von Europa, namentlich in Frankreich, England, Deutschland und Italien, hatten diese Kinder der Wüste ihre Künste gezeigt; bald nach ihrer Ankunft in Frankreich, die vor wenigen Jahren stattfand, meldeten die Zeitungen von der außerordentlichen Sensation, die sie in Paris erregt hatten, seitdem aber waren sie fast ganz verschollen; um so mehr mußte ihr Erscheinen in Deutschland überraschen. Ihre Leistungen fanden den größten und allgemeinsten Beifall und müssen ihn wol überall finden, da sie alle ähnlichen Productionen weit übertreffen; in Leipzig wenigstens ist ganz entschieden von keinem der zahlreichen Athleten, Springer und Seiltänzer, die sich alljährlich in der Messe dort einzufinden pflegen, etwas so Eminentes und so nahe ans Unglaubliche Grenzendes geleistet worden. Da nur der kleinste Theil unserer Leser sie zu sehen Gelegenheit gehabt haben dürfte, so sind einige nähere Angaben über die Künste dieser unvergleichlichen Springer gewiß nicht am unrechten Orte.

In den beiden ersten Abtheilungen spielte das Springen die Hauptrolle. Die erste begann mit einem wunderlichen Tanze, der natürlich mit unserm Tanze nur sehr geringe Ähnlichkeit hatte und bei welchem ein häufiges Niederkauern, zuweilen aller Tänzer im Kreise, besonders charakteristisch war. Konnte diese Art von Tanz nach europäischen Begriffen nicht eben schön genannt werden, so war sie doch auch lange nicht so einförmig und langweilig als der Tanz der Bajaderen, über welchen wir früher berichtet haben. Zur Begleitung des Tanzes dienten außer der europäischen Musik des Orchesters, um welche sich die Tänzer natürlich wenig kümmerten, zwei von Arabern gespielte Instrumente, eine Art Schalmei, von der aber fast nichts zu hören war, und ein Tambourin. Auf diesen Tanz, in welchem keine besondere Geschicklichkeit höhern Ranges hervortrat, folgten laut Anschlagezettel „Spiele der Kabylen mit Anwendung von Kraft und Geschwindigkeit“, die darin bestanden, daß die Araber theils Räder schlugen, sowol vorwärts als seitwärts, theils sich in der Luft um sich selbst drehten, beides mit unerhörter Virtuosität und Geschwindigkeit, von welcher man sich, ohne Zeuge gewesen zu sein, unmöglich einen Begriff machen kann, weshalb wir auf eine detaillirte Beschreibung verzichten müssen. Drei der Araber zeichneten sich durch ihre Leistungen ganz besonders aus, unter ihnen aber wieder einer, der oben zuerst genannte Ali, welcher recht eigentlich als Matador erschien. Dieser machte das ohnehin so unglaublich schwierige Überschlagen in der Luft, welches bei ihm gar keines Anlaufs bedurfte, dadurch noch bewundernswürdiger, daß er während desselben zwei Bayonnete in den Mundwinkeln, ein anderes Mal in den Augenwinkeln hielt, sodaß beide sich genau in derselben Stellung befanden, als er, mehre Schritte von seinem ersten Standpunkte entfernt, wieder auf dem Boden anlangte, ein drittes Mal aber eine Flinte abschoß, während er in der Luft war und sich um sich selbst drehte. Die zweite Abtheilung bestand aus Sprüngen anderer Art, bei denen einer über einen andern, nachher über zwei, drei, endlich über sechs, welche in einer Linie hintereinander standen und Bayonnete in die Höhe hielten, hinwegsprang, indem er einen größern oder kleinern Anlauf nahm, mit dem einen Fuße im Springen ein schräg liegendes Bret berührte und sich dann ebenfalls in der Luft überschlug.

Die dritte Abtheilung, welche gleich den vorhergehenden mit einem feierlichen Zuge der Araber, unter Vortritt ihrer beiden Musiker, begann, zeigte nach den Worten des Programms große equilibristische und athletische Spiele und Pyramiden, welche letztere darin bestanden, daß sich die Araber aufeinander stellten. Zuerst stellte sich einer auf den Kopf des andern und blieb, während sein Träger mit schnellen Schritten hin und her ging, ja fast lief, unbeweglich stehen, kauerte sich gleichzeitig mit ihm nieder und richtete sich zugleich mit ihm wieder auf. Daß der unten stehende den obern auch auf den Vorderarmen, sowie (im eigentlichen Sinne des Worts) auf bei ausgestreckten Armen hoch über den Kopf gehaltenen Händen trug, ein anderes Mal der obere auf den Händen stand, mit denen er sich auf die Schultern des untern stützte, während seine Füße emporgerichtet waren u. s. w.,

waren interessante und ergötzliche Variationen des ersten Themas. Nachher stellte sich ein Dritter auf die Füße des oben Stehenden und noch immer bewegte sich die Maschine mit fast unverminderter Leichtigkeit. Auch als Ali, denn dieser war es, der die schwere Rolle des Trägers durchführte, auf seinem Kopf und seinen Schultern drei und später vier seiner Landsleute zu tragen hatte, welche wegen ihrer sichern und festen Stellung auf so engem Raume nicht minder zu bewundern waren, ging er hin und her, ja stand sogar einige Augenblicke auf einem Beine. Das größte Kunststück, welches die Vorstellung beschloß, war die sogenannte Säule von Pompeji, welche darin bestand, daß drei Araber übereinander standen, jeder auf den Schultern des andern; das Schwierige dieser außerordentlichen Leistung wurde durch eine nichts weniger als schwerfällige Bewegung dieser lebenden Säule, bei welcher dieselbe keinen Augenblick ihre senkrechte Stellung veränderte, noch um Vieles vermehrt.

Die Gesichtsfarbe dieser Araber war nur bei dem Tambourinschläger, der sich auch durch seine Häßlichkeit und Hagerkeit auszeichnete, auffallend dunkel. Den Gesichtern gab die Färbung der Augenbrauen etwas Fremdartiges und Unangenehmes, doch waren die Züge Ali's und eines seiner Landsleute ganz europäisch und fast hübsch zu nennen. Das Costüm bildeten kurze, durch einen Gürtel zusammengehaltene Röcke von einem baumwollenen weißen Zeuche mit weiten Ärmeln, eben solche bis zur Mitte der nackten Füße reichende Beinkleider und weiße Turbans, die aber während des Springens mit rothen oder schwarzen Käppchen vertauscht wurden.

Verdauungstabelle.

In englischen medicinischen Blättern ist eine Zusammenstellung von Beobachtungen über die Zeit enthalten, welche die Verdauung eines großen Theils der dem Menschen als Nahrungsmittel dienenden Speisen durchschnittlich erfodert. Ein Auszug daraus dürfte auch für einen großen Theil unserer Leser von Interesse sein, wobei wir freilich für die Richtigkeit der folgenden Angaben auf keine Weise einstehen können. Die geringste Verdauungszeit beträgt nach jener Tabelle 1 Stunde; in dieser Zeit verdaut man Reis, Schweinefüße, Eingeweide. $1\frac{1}{2}$ Stunde dauert die Verdauung von Wildpret, gebackenen Eiern, Griessuppe, rohen süßen Äpfeln; $1\frac{3}{4}$ Stunde bei Sagosuppe; 2 Stunden sind erfoderlich, um Gerste, gekochte Milch, Rindsleber, Stockfisch, Kohl mit Essig zu verdauen; $2\frac{1}{4}$ Stunden für rohe Milch; $2\frac{1}{2}$ Stunden für Gallerte, Puterbraten, Gänsebraten, Spanferkel, Lammsbraten, frische Forellen und Lachs, gebratene Kartoffeln, rohen Kohl; $2\frac{3}{4}$ Stunden für Knochenmark, Huhn (fricassirt), Eierkuchen, Pökelfleisch, rohe herbe Äpfel; 3 Stunden für hart gesottene Eier, frische Austern, Rindfleisch, Beefsteak, Hammelfleisch, Hühnersuppe, Saucischen, Mehlspeisen, gekochte Äpfel; $3\frac{1}{4} - 3\frac{3}{4}$ Stunden für harte Eier, gebratene Austern, Porksteak, Hammelbraten, Butter, alten, harten Käse, Weißbrot, Mohrrüben, Steckrüben, gekochte Kartoffeln; 4 Stunden für geräucherten Lachs, Kalbsbraten, Geflügel, Enten, Suppe mit Knochenmark, gekochten Kohl; $4\frac{1}{4} - 4\frac{3}{4}$ Stunden für gekochtes Schweinefleisch, wilde Enten, Suppe mit Knochenmark, gekochten Kohl; 5 Stunden für Suppe mit Bohnen u. s. w.; $5\frac{1}{4} - 5\frac{1}{2}$ Stunden für Schweinebraten, Rinderschmalz, gekochten Schinken.

Tödtlicher Stich von Spinnen.

Der französische Reisende Leguevel de la Combe war, wie er erzählt, in Madagaskar Zeuge, wie ein junger Sklave, welcher von einer großen schwarzen Spinne gestochen wurde, an den Folgen dieses Stichs starb. Der Verwundete zeigte nach dem Stiche eine durch die Furcht noch gesteigerte Aufregung. Auf Verordnung des Arztes nahm er ein Dampfbad, worin noch ein Decoct verschiedener Kräuter war; hierauf verfiel er in immer heftigeres Zittern; die Zunge war trocken und die Augen entzündet. Nach dem Bade legte man den Kranken auf eine Matte und ließ ihm durch Frauen die Glieder kneten, welches Mittels man sich in manchen Fällen ähnlicher Art mit gutem Erfolge bedient; aber er verfiel in Schlummer und Ohnmachten. Umsonst bemühte man sich, Schweiß zu erregen, es erkalteten vielmehr die Glieder und nach convulsivischen Bewegungen gab der Verwundete seinen Geist auf. Diese Art von Spinnen, deren Stich nach der Behauptung der Madagassen fast immer tödtlich ist, ist von ziemlicher Größe, behaart und hat auf dem Rücken drei bis vier gelbe Flecken; sie findet sich nur in den unbesuchtesten Wäldern und wohnt dort in kleinen Löchern in der Erde.

Holzgenagelte Fußbekleidung.

In Nordamerika ist es schon seit mehren Jahren üblich, Schuhe und Stiefeln mit Holznägeln zu verfertigen, welche die Stelle des die Sohle befestigenden Hanfes vertreten. Als Vortheile dieser Methode, welche neuerdings auch in Sachsen eingeführt worden ist, werden folgende angegeben: 1) eine engere und festere Verbindung, welche das Eindringen von Staub und Feuchtigkeit unmöglich macht; 2) Zeitersparniß, welche auf jedes Sohlenpaar vier Stunden beträgt; 3) eine freiere und der Gesundheit zuträglichere Bewegung beim Arbeiten. Die Sohle wird vorher auf gewöhnliche Weise behandelt und aufgezweckt, und wie die Sohle eines genähten Stiefels beschnitten. Dann werden auf einer vorgezeichneten, 1½ Linie von der Kante entfernten Linie die Nägel eingeschlagen und die in der Mitte eingeschlagenen Zwecken beseitigt; nachdem die Sohle rundum aufgenagelt ist, beginnt man mit der zweiten Reihe, welche die Zwischenräume gegen das Eindringen der Nässe schützt.

Leuchtgas aus Maikäfern.

Im vergangenen Frühjahre, wo bekanntlich die Menge der Maikäfer ungewöhnlich groß war, wurde in der Gasbeleuchtungsanstalt des Amalgamirwerks bei Freiberg ein Versuch mit der Anwendung der Maikäfer zur Gasbereitung gemacht, welcher ein sehr befriedigendes Resultat lieferte. Nachdem ein dresdner Scheffel = 4⁷⁄₁₀ Cubikfuß Maikäfer (etwa 42,770 Stück enthaltend, welche 80 Pfund wogen) eingesammelt und dieselben getödtet worden waren, wurden 3½ Cubikfuß der getödteten Käfer in die Gasretorte gebracht. Als dieselbe durch Steinkohlenfeuer zum Glühen gebracht worden war, entwickelten sich aus ihr 100 Cubikfuß eines schönen, mit intensivem Lichte brennenden Leuchtgases, das sofort verbraucht wurde. Der Rückstand von Maikäferkohlen maß 1⅓ Cubikfuß und wog 5 Pfd. 12 Loth, wonach 1 Cubikfuß getödteter Maikäfer (17 Pfd.) etwa 28³⁄₅ Cubikfuß Leuchtgas und 1 Pfd. 17 Loth Kohle geliefert hatten. Die erhaltene Kohle, welche schwarz war und halbmetallischen Glanz hatte, verhielt sich einer guten thierischen Kohle gleich und gab, nachdem sie mit gereinigter Pottasche und Eisenhammerschlag geglüht worden war, eine sehr gute Blutlauge; sie könnte zur Bereitung von Berlinerblau sowie auch zur Entfuselung des Branntweins verwandt werden.

Japanisches Palais in Dresden.

Herausgegeben unter Verantwortlichkeit der Verlagshandlung F. A. Brockhaus in Leipzig.

Das Pfennig-Magazin

für
Verbreitung gemeinnütziger Kenntnisse.

411.]   Erscheint jeden Sonnabend.   [Februar 13, 1841.

Dresden.

(Beschluß aus Nr. 410.)

Der Neumarkt.

Vom Neumarkte wenden wir uns zu dem größern, 180 Schritte langen Altmarkte, dem einzigen regelmäßigen Platze der Altstadt, den jedoch wenig ausgezeichnete Gebäude umgeben, da das 1741—45 erbaute Rathhaus diese Benennung nicht verdient; die auf dem Platze stationirten Portechaisen gereichen demselben ebenso wenig zur Zierde. Wenige Schritte vom Altmarkte entfernt steht die Kreuzkirche, nach der Frauenkirche die größte und schönste protestantische Kirche und schon seit 300 Jahren die Mutterkirche der Stadt. Die frühere, nach 1491 erbaute Kirche wurde durch die Bomben einer preußischen Batterie im J. 1760 zerstört; der Bau der jetzigen begann 1764 und wurde 1787 vollendet; aber erst 1792 fand die Einweihung statt. Die Kirche bildet ein längliches Viereck und ist 224 Fuß lang, 160 Fuß breit und 88 Fuß hoch; der Thurm ist 305 Fuß hoch. Die übrigen Kirchen der Stadt, selbst die evangelische Hof- oder Sophienkirche, sind unansehnlich und, mit einer einzigen Ausnahme, thurmlos; dem Ansehen der Stadt thut, wenn man sie aus der Ferne sieht, die geringe Anzahl ihrer Thürme, deren nur fünf zu sehen sind, einigermaßen Eintrag. Vom Altmarkte führen uns mehre Parallelstraßen auf den Antonsplatz, wo uns sogleich das stattliche, erst seit acht Jahren erbaute Postgebäude, ein Viereck mit einem geräumigen Hofe bildend, in die Augen fällt. Außerdem finden wir

hier die 280 Ellen langen Kaufhallen, einen artesischen, 1832—33 gebohrten Brunnen und mehre schöne Privathäuser. Von hier gehen wir durch die Ostraallee, wo die 1838 eingeweihte schöne Freimaurerloge unsere Beachtung verdient, in den sogenannten Zwinger, eins der eigenthümlichsten und merkwürdigsten Gebäude, das im J. 1711 und den folgenden Jahren an und auf den Festungsmauern erbaut wurde. Sechs Pavillons, die mit mancherlei Zierathen überladen und durch eine niedrige einstockige Galerie verbunden sind, umschließen von drei Seiten einen Raum, der 250 Schritte lang und 170 Schritte breit ist, vier Springbrunnen enthält und ursprünglich zu dem Vorhofe eines neuen Schlosses bestimmt war. Im Sommer stehen hier gegen 300 Orangeriebäume, von denen die stärksten aus Nordafrika stammen; von da wurden sie unter August II. Regierung von zwei leipziger Professoren, die eine wissenschaftliche Reise dahin gemacht hatten, ursprünglich für des Königs Drechselbank bestimmt, nach Dresden gebracht, wo es vieler Mühe bedurfte, um sie zum Treiben zu bringen. Der eine der vier Eingänge des Zwingerhofs führt zu einer Doppeltreppe, auf welcher man zu einem mit schattigen Linden besetzten Walle gelangt, der eine schöne Ansicht von Dresden darbietet. In den Pavillons sind mehre der wichtigsten Kunst- und wissenschaftlichen Sammlungen, an denen Dresden so reich ist, enthalten, nämlich: 1) das historische Museum, durch eine Vereinigung der Rüstkammer und der Kunstkammer entstanden und erst seit 1833 in einem neu und geschmackvoll eingerichteten Locale hier aufgestellt. Die reiche, im 16. Jahrhunderte von Kurfürst August gegründete Sammlung von Waffen, Rüstungen, Staatskleidern u. s. w. der verschiedensten Völker und Zeiten, die den größten Theil des Museums bildet, dürfte in der ganzen Welt kaum ihres Gleichen haben. 2) Das Kunstcabinet, aus mehr als 200,000 Blättern bestehend, enthält die seltensten Kupferstiche und Handzeichnungen der besten Meister aus der italienischen, niederländischen, französischen, deutschen und englischen Schule. 3) Das Naturaliencabinet, nach den drei Naturreichen in drei Abtheilungen zerfallend, wurde 1728 von König August II. begründet und ist in vier Galerien und sechs Sälen aufgestellt. Besonders reich und interessant ist das zoologische Cabinet, zu welchem auch ein kleines anatomisches Cabinet gehört. 4) Der mathematische Salon, eine Sammlung mathematischer, physikalischer und astronomischer Instrumente, wurde gleichfalls von Kurfürst August gegründet, wie die meisten vorhandenen Sammlungen, und wird in Verbindung mit der anstoßenden freien Galerie zu astronomischen Beobachtungen gebraucht. 5) Die Modellkammer, über 1360 Stücke enthaltend. 6) Die Modelle von Salomo's Tempel und der Stiftshütte, die ein hamburger Rathsherr genau nach der Bibel verfertigen ließ, August II. aber für 18,000 Thaler kaufte und 1733 nach Dresden bringen ließ; das erste Modell ist 19 Fuß lang und breit und enthält unter Anderm 6736 Säulchen. Alle bisher aufgezählten Sammlungen, mit alleiniger Ausnahme des grünen Gewölbes, sind zu gewissen Tagen und Stunden dem Publicum zu unentgeldlichem Eintritte geöffnet, wiewol die Anzahl der Personen, welche gleichzeitig zugelassen werden, nur bei der Bildergalerie und dem Antikencabinet unbeschränkt ist; an den übrigen Tagen aber werden Einlaßkarten für je sechs Personen zu zwei Thaler ausgegeben. Die südwestliche Seite des Zwingers bildet das 1718 von August II. erbaute große Opernhaus, das eine 75 Ellen lange, 40 Ellen tiefe Bühne hatte, auf welcher 500 Menschen sich bewegen konnten und welches 8000 Personen gefaßt haben soll; hier wurden ehemals Prachtopern gegeben, in denen lebende Elefanten und Dromedare vorkamen und deren Aufwand zuweilen an 100,000 Thaler betragen haben soll. Die letzte Oper wurde 1769 hier aufgeführt; im J. 1782 wurde das Haus zu einem Redoutensaale eingerichtet und 1792 in Anwesenheit des deutschen Kaisers und des Königs von Preußen zu dieser Bestimmung eingeweiht. Jetzt dient es nur noch dann und wann zu großen Musikaufführungen. Vom Zwinger begeben wir uns an der nach Schinkel's Plane seit 1833 erbauten, sehr geschmackvollen neuen Hauptwache und der katholischen Kirche vorüber nach der Elbbrücke zurück und haben dann unsere Wanderung vollendet, bei welcher wir jedoch nur auf die Gebäude und nicht auf die Spaziergänge Rücksicht genommen haben, über welche, sowie über die nächste Umgegend der Stadt wir noch Einiges beizufügen nicht unterlassen dürfen. Vom Palaisgarten, dem Brühl'schen Garten oder der Brühl'schen Terrasse und dem Zwinger ist bereits die Rede gewesen; außerdem aber enthält Dresden noch viele sehenswerthe Gärten, die freilich dem Publicum nur theilweise offen stehen, und freundliche Promenaden, die an die Stelle der jetzt völlig abgetragenen Wälle und Festungswerke getreten

sind. Bei weitem die schönsten Spaziergänge aber enthält der in sehr geringer Entfernung von der Stadt auf der altstädter Seite liegende große Garten, der 3300 Ellen lang, 1650 Ellen breit ist, demnach fast eine Meile im Umfange hat und daher seinen Namen mit vollem Rechte verdient, wiewol er in gleichem Grade schön als groß zu nennen ist. Ursprünglich im J. 1678 zu einem Fasanengehege angelegt, ist dieser sogenannte Garten jetzt der herrlichste Verein von Garten, Wald und Wiese, der sich denken läßt. Auch an Werken der bildenden Kunst kann sich das Auge hier laben; zwar die 1500 alabasternen Bildwerke, die die lange ostwestliche Hauptallee schmückten, welche den Garten in seiner vollen Länge durchschneidet, sind im siebenjährigen Kriege theils vernichtet, theils nach Potsdam entführt worden; aber noch findet man hier mehre sehr schöne Gruppen; die Zeit, welche die Jugend raubt, von Pietro Balestra, und zwei Marmorgruppen von Corradini, welche Centauren, die Nymphen rauben, vorstellen; dazu kommen mehre werthvolle Basen. Mitten im Garten steht außer mehren Pavillons ein königliches Schloß, das in den Jahren 1679—80 aus verschiedenfarbigen Sandsteinen erbaut, 1828 aber restaurirt wurde und seitdem zu Ausstellungen von Blumen und Früchten, zuweilen auch zu Concerten benutzt wird; am Gesims sind ringsherum die Büsten der römischen Kaiser angebracht und vor dem Schlosse stehen mehre gleichfalls bemerkenswerthe Statuen. Wer sich in den vielfach verschlungenen Gängen des Gartens müde gegangen hat und seinen Hunger und Durst gern stillen möchte, darf wegen leiblicher Labung nicht in Verlegenheit sein; er hat die Wahl unter nicht weniger als sieben Wirthschaften, die im weiten Raume des Gartens friedlich nebeneinander existiren und unter denen namentlich drei in Aufnahme sind: die große Wirthschaft, wo im Sommer an mehren Tagen der Woche zahlreich besuchte Gartenconcerte gegeben werden, die des Hofgärtners und die am äußersten Ende des Gartens gelegene, welcher der dresdner Volkswitz von dem Namen des Wirths den Namen Picardie beigelegt hat. Aus den Fenstern der letztern hat man eine ungemein reizende Aussicht auf die grotesken Höhen der sächsischen Schweiz. Durch den großen Garten gelangen wir über Lockwitz, in dessen Nähe sich der Lockwitz-Grund hinzieht, nach dem am Fuße des Wilischberges reizend gelegenen Dorfe Kreischa, wo vor kurzem eine Kaltwasserheilanstalt begründet worden ist; hier ist ein Hauptsitz der ausgedehnten Strohwaarenmanufactur dieser Gegend. Den Rückweg können wir über das Dorf Räcknitz nehmen, um das Denkmal des in dieser Gegend gefallenen Generals Moreau zu besuchen. Ein anderer überaus reizender Ort in der nächsten Umgegend Dresdens ist der plauensche Grund, der bei dem etwa ½ Stunde entfernten Dorfe Plauen (auf dem linken Elbufer) beginnt, ein romantisches, von hohen Syenitwänden eingeschlossenes Thal, das die rauschende Weißeritz durchströmt; im Anfange desselben dienen außer einigen Mühlen das Gasthaus zum Forsthause und Grassi's Villa als Sammel- und Erholungsplätze der Spaziergänger. Auf den Höhen gewähren mehre Punkte (namentlich das sogenannte Canapé) eine reizende Aussicht in das friedliche Thal. Verfolgt man dasselbe weiter, so kommt man an mehren sehenswerthen Fabriken vorbei gemächlich nach drei kleinen Stunden in den freundlichen, vielbesuchten, auch seiner musterhaft eingerichteten Forstakademie wegen bekannten Badeort Tharand, wo wir auf einer Anhöhe die Trümmer einer alten Burg erblicken. Daß im plauenschen Grunde und

deſſen Nähe ein ſehr wichtiger und ergiebiger Stein=
kohlenbau betrieben wird, darf nicht mit Stillſchwei=
gen übergangen werden.

Die Umgebungen Dresdens auf dem rechten Elb=
ufer oder der neuſtädter Seite ſind nicht minder reich
an intereſſanten Punkten. Verfolgen wir die bautzener
Straße, ſo kommen wir zu mehren vielbeſuchten Ver=
gnügungsorten: zunächſt zum Linke'ſchen Bade an der
Elbe, wo ſich auch ein kleines hölzernes Theater be=
findet, in welchem im Sommer Vorſtellungen gegeben
werden, und zu dem Waldſchlößchen (ſeit ſeiner Umge=
ſtaltung richtiger Waldſchloß genannt, da es für ein
Schlößchen zu großartig erſcheint), wo das treffliche Bier
der Societätsbrauerei ſowol (ganz nach bairiſcher Methode)
gebraut als auch verſchenkt wird. Die Einrichtung der
Brauerei und ihre geräumigen Keller, das Gewühl an
ſchönen Tagen, beſonders an Sonntagen, und die Aus=
ſicht von dem hochliegenden Genußplatze vor dem Haupt=
gebäude laſſen dieſen Punkt eines Beſuchs in gleichem
Grade würdig erſcheinen. Nach beiden Orten kann man
für einen Spottpreis mit einem Omnibus fahren,
welche von Stunde zu Stunde von der Elbbrücke abfahren;
nach dem erſten Orte wird auch (namentlich von Alt=
ſtadt aus) häufig zu Waſſer auf Gondeln gefahren. In
geringer Entfernung vom Waldſchlößchen liegt ein dritter
Vergnügungsort, anziehend wegen der anmuthigen Aus=
ſicht auf Dresden, die Elbe und die Berge der ſächſiſchen
Schweiz, der Fintlater'ſche Weinberg, wohin wir uns am
beſten auf einem Fußwege, der dicht an der Elbe hin
führt, begeben. Immer dem Laufe der Elbe folgend,
gelangen wir von da aus zu dem drei kleine Stunden von
Dresden entfernten Dorfe Pillnitz, das der königlichen
Familie ſeit 1763 zum Sommeraufenthalte dient, vor=
her aber kommen wir noch unweit mehrer Punkte und
Gegenden vorbei, deren Beſuch den kurzen Umweg reich=
lich lohnt; dahin gehört der Ziegengrund bei Loſchwitz,
der Keppgrund bei Hoſterwitz und des Königs Wein=
berg zwiſchen Loſchwitz und Wachwitz, deſſen reizende
Anlagen und ſchöne Ausſicht gleich ſehr zu rühmen
ſind. Weit minder intereſſant ſind die Fahrwege, die
an beiden Elbufern nach Pillnitz führen, ſehr ange=
nehm dagegen der Waſſerweg, namentlich wenn wir
uns des Dampfboots bedienen können, das nur leider,
da es zu tief im Waſſer geht, durch niedrigen Waſſer=
ſtand zu oft zum Stillliegen verurtheilt wird. In Pill=
nitz dürfen wir uns nicht begnügen, das mit chineſi=
ſchem Dache verſehene und darum einen wunderlichen
Anblick darbietende, eigentlich aus mehren einzeln ſtehen=
den Pavillons beſtehende Schloß von außen zu betrach=
ten, da das geſchmackvoll eingerichtete Innere, na=
mentlich wegen des neuen mit Frescogemälden verzier=
ten Speiſeſaals und der Kapelle, einen Beſuch wol
verdient. In dem anſtoßenden Schloßgarten findet
man eine reiche Sammlung ausländiſcher Gewächſe.
Ganz nahe bei Pillnitz erhebt ſich der Borsberg, 1106
Fuß über dem Meere erhaben, deſſen Beſteigung uns
einen großen Genuß ganz anderer Art gewährt. Der
angenehmſte und bequemſte Weg zum Gipfel führt an
einer künſtlichen Ruine, welche moderne Zimmer ent=
hält, und einem Waſſerfalle vorbei, der Gipfel ſelbſt
aber, wo über einer Felſengrotte ein hoher Altan an=
gebracht iſt, bietet uns eine der ſchönſten Fernſichten
in die ſächſiſche Schweiz. Was die letztere betrifft, ſo
befinden wir uns auf dem beſten Wege in dieſelbe,
denn über Pillnitz und den Borsberg nehmen die Mei=
ſten, welche ſie zu Fuß beſuchen, ihren Weg; auf eine
Schilderung dieſes romantiſchen Theiles von Sachſen,
der alljährlich von Tauſenden Fremder und Einheimi=

ſcher durchwandert wird, können wir uns aber um ſo
weniger einlaſſen, da ſchon Pillnitz nicht eigentlich zu
der nächſten Umgegend Dresdens gerechnet werden kann.
Nur ſo viel ſei erwähnt, daß Denjenigen, welche nur
einen Tag anwenden können oder einer längern Fuß=
wanderung unfähig ſind, ſchon der Beſuch der ſechs
Stunden von Dresden entfernten Baſtei und des nahen
ottowalder Grundes einigermaßen einen Begriff von den
Herrlichkeiten unſers vaterländiſchen Hochlandes, die ſelbſt
geborene Schweizer angenehm überraſchen, gewähren kann.
Selbſt wer alle früher angeführten Punkte in der Um=
gegend Dresdens beſucht hat, wird von der ganz ei=
genthümlichen Ausſicht, die man von der Baſtei hat,
entzückt und zur Bewunderung hingeriſſen werden.
Auch die Eiſenbahn können wir benutzen, um die ſchön=
ſten Punkte bei Dresden kennen zu lernen. Von dem
nächſten Anhaltepunkte, der Weintraube, aus, welcher
zu dem Dorfe Niederlößnitz gehört, beſteigen wir einen der
zahlreichen, mit ſtattlichen Gebäuden gezierten Weinberge
dieſer Gegend, welcher Staatseigenthum iſt und auf deſ=
ſen Gipfel das ſogenannte Spitzhaus uns abermals eine
überaus freundliche Ausſicht, aber von ganz anderm
Charakter, als die zuletzt erwähnte, gewährt.

Nur kurz gedenken wir noch der wichtigſten Lehr=
anſtalten Dresdens; dieſe ſind die chirurgiſch=mediciniſ=
ſche Akademie (verbunden mit einer Thierarzneiſchule), zu
deren bedeutenden Lehrmitteln ein botaniſcher Garten mit
30,000 Pflanzenarten gehört, die Kreuzſchule, welche von
allen Gelehrtenſchulen Sachſens am meiſten beſucht wird,
das Vitzthum'ſche Geſchlechtsgymnaſium, mit dem treff=
lichen Blochmann'ſchen Inſtitute vereinigt, die Akademie
der Künſte, 1763 von Kurfürſt Friedrich Chriſtian ge=
ſtiftet und ſeit 1819 mit einer Bauſchule verbunden,
das Cadettencorps oder die militairiſche Bildungsan=
ſtalt, die techniſche Bildungsanſtalt, das Blindeninſti=
tut und das Freimaurerinſtitut.

Der Handel der Stadt iſt ihrer günſtigen Lage
ungeachtet weit weniger bedeutend als die Induſtrie,
die ſich in neuern Zeiten ſehr gehoben hat. Erwähnens=
werth iſt unter Anderm die Strohhut=, die Tapeten=
und die Tuchmanufactur, die Verfertigung von künſt=
lichen Blumen, Gold= und Silberarbeiten, Drechsler=
waaren, Malerfarben, mathematiſchen und phyſikaliſchen
Inſtrumenten, vor allen aber die 1822 angelegte Cal=
berla'ſche Zuckerſiederei, welche Raffinaden und Candis=
zucker von ſehr guter Qualität liefert. In der neueſten
Zeit iſt Dresden der Sitz mehrer induſtriellen Actienunter=
nehmungen geworden; dieſe ſind: die Fabrik mouſſirender
Weine (in Niederlößnitz), eine Maſchinenbaugeſellſchaft
(deren Werkſtätten ſich in dem nahen Übigau befinden), die
Societätsbrauerei, deren großartiges Gebäude bereits er=
wähnt worden iſt, die medinger Bierbrauerei und die Zucker=
ſiederei, denen der Vollſtändigkeit wegen noch die ſächſi=
ſche Elbdampfſchiffahrtscompagnie beigefügt werden muß.

Aus der Geſchichte der Stadt können hier nur die
wichtigſten Momente ausgehoben werden. Dresdens
beglaubigte Geſchichte beginnt mit dem J. 1206, wo
es zuerſt in einer Urkunde genannt wird; in einer
andern, zehn Jahre jüngern, kommt es als Stadt
vor. Der Name derſelben wird von den wendiſchen
Wörtern Traſi (Fähre) oder Drozdzin (trotzen) abge=
leitet, weil die erſten Anſiedelungen (auf dem rechten
Ufer) ohne Zweifel von den Sorben herrührten, aus
deren armen Fiſcherhütten die große Stadt emporwuchs.
Anfangs gehörte Dresden zum Bisthume Meißen, kam
aber ſpäter an die meißniſchen Markgrafen, von denen
Heinrich der Erlauchte 1270 ſeine Reſidenz hier auf=
ſchlug. Bald nach 1300 hatte der Stadttheil auf dem

linken Elbufer (die jetzige Altstadt, ehemals Neu-Dresden genannt) schon Mauern, Thore und städtische Vorrechte, der muthmaßlich ältere auf dem rechten (Alt-Dresden) verfiel immer mehr und erhielt erst 1403 die Stadtgerechtigkeit. Seit der Theilung von 1485 war Dresden ununterbrochen der Sitz der Albertinischen Linie. Nach dem Brande von 1491 wurde es fast von Grund aus neu erbaut. Die ersten Festungswerke legte Herzog Georg der Bärtige um 1520—28 an; sein Nachfolger Heinrich der Fromme führte 1539 die Reformation ein. Im J. 1550 wurden beide Stadttheile unter einem Stadtrathe verbunden. Alt-Dresden wurde 1685 durch eine Feuersbrunst fast ganz zerstört, aber seit 1724 neu aufgebaut und seitdem Neustadt genannt; der jenseitige, weit größere Stadttheil aber erhielt seitdem den Namen der Altstadt. Unter den beiden polnischen Königen, August II. und III. (als Kurfürsten Friedrich August I. und II.), erhob sich die Stadt zu ihrem größten Glanze und wurde eine der schönsten Residenzstädte in Europa, litt aber sehr im siebenjährigen Kriege. Schon im zweiten schlesischen Kriege war sie 1745 von den Preußen erobert worden. Dieses Schicksal erneuerte sich im siebenjährigen Kriege. Friedrich der Große nahm die Stadt 1756 ein, ließ zwei Vorstädte, die pirnaische und wilsdruffer, zweimal, in den Jahren 1758 und 1759 bei Annäherung der Östreicher, abbrennen, mußte ihnen aber dennoch im letzten Jahre die Stadt überlassen. Im J. 1760 wurde sie von den Preußen belagert und beschossen, was aber keinen andern Erfolg hatte, als den Ausbruch einer furchtbaren Feuersbrunst, welche drei Tage wüthete, 5 Kirchen (worunter die Kreuzkirche) und 400 Häuser zerstörte und einen unersetzlichen Schaden anrichtete. Bis 1763 hielten die Östreicher die Stadt besetzt; nach dem Frieden blühte sie allmälig wieder auf und hatte sich wieder völlig erholt, als der französische Krieg neue schwere Drangsale herbeiführte. Im J. 1809 besetzten sie abermals die Östreicher, aber erst vier Jahre darauf sollte Dresden die Geißel des Kriegs fühlen. Im März 1813 rückte Davoust, aus Rußland zurückgekehrt, in Dresden ein, aber bald darauf mußten die Franzosen den Verbündeten weichen, bei welcher Gelegenheit Davoust einen Pfeiler der Elbbrücke mit den beiden anliegenden Bogen sprengen ließ. Noch hielten die Russen einen Theil Dresdens besetzt, als am 8. Mai Napoleon's Hauptmacht einrückte, deren Verpflegung seitdem schwer auf der Stadt lastete, in welcher das Hauptquartier blieb und stets gegen 30,000 Mann lagen. Während des zehnwöchentlichen Waffenstillstandes wurde rastlos an der Befestigung der Stadt gearbeitet. Nach dem Wiederausbruche des Kriegs (am 17. Aug.) blieb Dresden der Mittelpunkt der Bewegungen des französischen Heers, weshalb den Verbündeten viel daran liegen mußte, es wegzunehmen. Am 26. Aug. versuchten sie in sechs Heerhaufen, gegen 120,000 Mann stark, den Hauptangriff und beschossen die Stadt, ohne jedoch dieselbe, welche von 100,000 Mann vertheidigt und gut befestigt war, nehmen zu können; am 27. begann die Schlacht aufs neue, endete aber nach hartnäckigem, blutigem Kampfe mit dem Rückzuge der Verbündeten. Bekanntlich war dies Napoleon's letzter Sieg in Deutschland. Am 7. Oct. verließ er Dresden, nachdem Blücher unerwartet über die Elbe gegangen war, aber noch blieb eine starke französische Heeresmacht zurück, die Dresden gegen wiederholte Angriffe der Russen behauptete, welche es seit dem 20. Oct. völlig einschlossen. Seitdem trafen die Stadt alle Lei-

den einer Belagerung, und Hunger und ansteckende Krankheiten decimirten die unglücklichen Einwohner, bis am 11. Nov. eine Capitulation zu Stande kam und Dresden hierauf von den Russen besetzt wurde. Nach der Rückkehr des Königs Friedrich August im J. 1815 erholte es sich langsam wieder und verschönerte sich besonders seit 1817 in Folge der (schon 1810 begonnenen, aber beim Ausbruche des russisch-französischen Kriegs unterbrochenen) Abtragung der Festungswerke, noch mehr aber seit 1827, unter der Regierung der Könige Anton und Friedrich August II., in welcher Zeit sich schnell eine Menge der bedeutendsten Bauten gefolgt sind. Welchen bedeutenden Einfluß die von Dresden westwärts nach Leipzig und Magdeburg führende Eisenbahn auf die Blüte Dresdens theils gehabt hat, theils haben wird, wird erst die Zukunft deutlicher erkennen lassen.

Von den Fernröhren.

(Beschluß aus Nr. 410.)

In der neuesten Zeit hat der wiener Optiker Plößl eine wichtige Vervollkommnung der achromatischen Fernröhre erfunden, nämlich eine Einrichtung, durch welche sie unbeschadet ihrer Leistungen noch kürzer gemacht werden. Dieselbe besteht darin, daß die eigentliche Objectivlinse nur einfach und aus Kronglas gefertigt, die Flintglaslinse aber in einiger Entfernung von derselben, ungefähr in der Mitte des Fernrohrs, angebracht ist. Dies gewährt namentlich den großen Vortheil, daß die Flintglaslinse beiweitem nicht so groß zu sein braucht, als außerdem nöthig wäre, wodurch es möglich wird, gute Fernröhre viel wohlfeiler zu liefern, als sie bei gleicher Güte sein könnten, wenn die achromatische Linse die gewöhnliche Einrichtung hätte. Fernröhre dieser Art nennt der Erfinder dialytische. [*]

Noch sind die sogenannten aplanatischen Fernröhre zu erwähnen, bei denen ein anderes Mittel zur Beseitigung der Farbenzerstreuung angewandt ist, nämlich eine zwischen zwei Gläsern eingeschlossene Flüssigkeit. Die Idee zu dieser Anwendung lag sehr nahe, da wir hinsichtlich der festen Körper, die zu Linsen gebraucht werden können, sehr beschränkt sind, bei flüssigen Körpern aber eine weit größere Auswahl haben. Der Engländer Robert Blair ist der Erste, welcher hierzu brauchbare Flüssigkeiten aufgesucht und im J. 1789 ein solches Fernrohr, das gute Dienste that, verfertigt hat; aber wiewol er Flüssigkeiten von starker Farbenzerstreuung fand (Auflösungen von Salzen und Öle, wie Steinöl oder das aus Steinkohlen und Bernstein gewonnene Öl), so blieben doch seine Untersuchungen lange ohne weitern Erfolg. Neuerdings haben Barlow (ebenfalls ein Engländer) und Blair der Jüngere aufs Neue den Gebrauch der flüssigen Linsen empfohlen. Der Letztere besitzt ein vor 40 Jahren von seinem Vater verfertigtes Fernrohr, das gewöhnliche achromatische Fernröhre von gleicher Brennweite übertrifft und dessen Güte in diesem langen Zeitraume so gut als völlig unverändert geblieben ist. Barlow hat zuerst größere Fernröhre dieser Art verfertigt (von $3\frac{1}{2}$ Zoll und 6 Zoll Öffnung) und braucht als Flüssigkeit Schwefelalkohol, der zwischen zwei Spiegelgläsern eingeschlossen ist; die so gebildete corrigirende, doppeltconcave Linse wird in ziemlicher Entfernung von der vordern Spiegelglaslinse aufgestellt und kann daher viel kleiner

*) Vergl. Nr. 69.

sein als die Öffnung des Fernrohrs. Nach Barlow leisten Fernröhre dieser Art von 10—12 Fuß Länge ebenso viel als die bisherigen achromatischen Fernröhre von 16—20 Fuß Länge; eins der besten von Barlow verfertigten hat eine Vergrößerung von 700 und zeigt selbst die feinsten Doppelsterne sowie den doppelten Saturnsring sehr deutlich. Dennoch sind jene nicht in allgemeinen Gebrauch gekommen. In der That sind die Bedenken gegen den Gebrauch flüssiger Linsen so erheblich, daß ihre gänzliche Beseitigung unmöglich erscheint. Wenn sie auch durch Verdunsten, durch Ansetzen von Krystallen u. s. w. nicht sehr afficirt und verschlechtert werden, so müssen die Flüssigkeiten jedenfalls den Einwirkungen der Temperatur unterliegen und z. B. dann, wenn sie den Strahlen der Sonne ausgesetzt sind, in Wallungen gerathen, die den Beobachtungen nachtheilig sein müssen.

Wir gehen nun zu der zweiten Hauptclasse der Fernröhre über: zu den katoptrischen Fernröhren oder Spiegeltelefkopen (bisweilen auch Reflectoren oder schlechthin Teleskope genannt). Die Erfindung derselben verdanken wir dem unsterblichen Newton, welcher es nicht für möglich hielt, den nachtheiligen Einfluß der Farbenzerstreuung bei dioptrischen Fernröhren zu beseitigen, und daher auf die Anwendung der Hohlspiegel geleitet wurde, welche gleichfalls Bilder entfernter Gegenstände hervorbringen, die aber von den gedachten Nachtheile völlig frei sind. Bekanntlich sind die Hohlspiegel einerlei mit den Brennspiegeln und zeigen die darin gespiegelten Gegenstände nach Maßgabe ihrer größern oder geringern Entfernung auf sehr verschiedene Art. Fallen Strahlen, die einander parallel sind oder von einem sehr entfernten Punkte ausgehen, in einer gewissen Richtung auf den Spiegel, so vereinigen sie sich in einem Punkte vor dem Spiegel, welcher der Brennpunkt heißt, weil vereinigte oder gesammelte Sonnenstrahlen hier eine sehr starke Erhitzung bewirken; in diesem Punkte und dessen Nähe entsteht ein verkleinertes und verkehrtes Bild entfernter Gegenstände, denen der Spiegel zugewandt ist. Befindet sich ein Gegenstand in größerer Nähe vor dem Spiegel, sodaß seine Entfernung von demselben größer als die Brennweite, aber kleiner als das Doppelte derselben ist, so ist das Bild des Gegenstandes noch immer verkehrt, aber vergrößert und vom Spiegel weiter entfernt als der Gegenstand, und zwar desto weiter, je näher der letztere ist. Befindet sich endlich ein Gegenstand zwischen dem Brennpunkte und dem Spiegel, so erscheint sein Bild nicht mehr vor, sondern hinter dem Spiegel, und zwar aufrecht und vergrößert. Im gemeinen Leben pflegt man sich solcher Spiegel nicht selten zu bedienen, um ein vergrößertes Spiegelbild zu erhalten, was z. B. beim Rafiren von Vortheil ist.

Schon früher, im J. 1616, war der italienische Jesuit Zucchi, im J. 1644 der Franzose Mersenne, im J. 1663 der Engländer James Gregory auf dieselbe Idee als Newton gekommen. Alle unabhängig voneinander, wie es scheint, aber Jeder hatte sich mit dem Vorschlage begnügt, ohne ihn wirklich zur Ausführung zu bringen. Dies that erst Newton, der seine 1666 geäußerten Ideen selbst ausführte und zwar anfangs in der Politur der Metallspiegel große Hindernisse fand, dieselben aber endlich überwand und 1668 sein erstes, eigenhändig ausgeführtes Spiegeltelefkop vollendete. Die Einrichtung desselben ist folgende. Im Hintergrunde einer Röhre, die dem zu beobachtenden entfernten Gegenstande zugekehrt ist, befindet sich ein Hohlspiegel von Metall, der in seinem Brennpunkte ein verkehrtes und verkleinertes Bild des Gegenstandes hervorbringt. Dieses

wird von einem ebenen Spiegel, der gegen die Are der Röhre um 45 Grad geneigt ist, aufgefangen und reflectirt, dann aber mittels eines in der Seitenwand der Röhre angebrachten Ocularglases (oder einer Verbindung mehrer Ocularlinsen) vergrößert betrachtet. Newton verfertigte außer dem bereits erwähnten nur noch ein zweites Teleskop dieser Art im J. 1671; später gab er den Rath, statt des großen Metallspiegels wegen der nicht zu erreichenden vollkommnen Politur desselben einen mit Quecksilber belegten gläsernen zu nehmen, und zog statt des kleinen ebenen Spiegels ein dreiseitiges Glasprisma vor. Nachher vergingen viele Jahre, ohne daß an eine Nachahmung und Verbesserung des Instruments gedacht wurde. Die schon vor Newton von Gregory vorgeschlagene, später modificirte und verbesserte Einrichtung des Spiegelteleskops besteht in Folgendem. Der große Hohlspiegel (Objectivspiegel) befindet sich gleichfalls im Hintergrunde einer vorn offenen cylindrischen Röhre und ist in der Mitte durchbohrt; das von jenem hervorgebrachte Bild wird von einem ihm gegenüberstehenden, im vordern Theile der Röhre angebrachten, kleinern Hohlspiegel reflectirt und fällt auf eine Ocularlinse, die gewöhnlich in der Öffnung des großen Spiegels selbst (nach Gregory's Einrichtung hinter demselben) steht; hinter jener Linse steht am Ende einer kleinen Röhre noch eine zweite, durch welche das Bild betrachtet wird. Bei dieser Einrichtung sieht man auf gewöhnliche Weise von hinten in oder durch das Fernrohr, nicht, wie bei den Newton'schen, von der Seite in dasselbe. Seitdem der englische Optiker Short (von 1732 an) eine Reihe trefflicher Gregory'scher Teleskope geliefert hatte (das erste verfertigte Hook im J. 1674, dann der als Erfinder des nützlichen Spiegelsertanten bekannte und verdiente John Hadley zwei neue 1720, worauf die Spiegeltelefkope allgemeine Aufmerksamkeit zu erregen anfingen), so hielt man diese Construction lange Zeit für die beste, ja für die einzig richtige, und in der That leisteten die Short'schen Teleskope in ihrer Art sehr viel. Alle früher gelieferten Spiegeltelefkope aber wurden von denen des berühmten Herschel übertroffen, der sich als praktischer Optiker nicht minder wie als Astronom ausgezeichnet hat. Er kehrte zu der einfachen Newton'schen Construction zurück, verfertigte ein gutes Teleskop nach derselben schon vor 1774 und lieferte seitdem nicht weniger als 430 Metallspiegel von 7, 10 und 20 Fuß Brennweite. Mit einem Teleskop von sieben Fuß Brennweite (Vergrößerung 230—930) entdeckte er den Uranus; an dem 20füßigen konnte er Vergrößerungen von 500—2000 anbringen. Im J. 1789 verfertigte er sein berühmtes Riesenteleskop von 40 Fuß Länge, mit einem Spiegel von 49½ Zoll Durchmesser; die Röhre aus Eisenblech wog nebst dem Spiegel gegen 5100 Pfund; die stärkste Vergrößerung betrug 6400. Bei diesem Teleskop und überhaupt bei den größern hatte Herschel die Newton'sche Construction dadurch vereinfacht, daß er den ebenen Spiegel wegließ. Der Beobachter betrachtet das im Brennpunkte des Hohlspiegels, der etwas schief gegen die Are gestellt ist, entstehende Bild mit einer stark vergrößernden convexen Ocularlinse und hat das Gesicht dem Spiegel, den Rücken den beobachteten Gegenständen zugekehrt. Leider wurde das Riesenteleskop sehr bald unbrauchbar, indem sich der Spiegel mit einziger feuchten Nacht mit Dünsten überzog und dadurch seine Politur verlor. *) Die zahlreichen großen Entdeckungen

*) Vergl. über dasselbe noch Nr. 405.

Herschel's sind mit kleinern Fernröhren (von 7—20 Fuß Brennweite) gemacht. In keinem Lande sind übrigens die Spiegelteleskope so in Gebrauch gekommen, als in England; dort befindet sich auch das größte jetzt existirende, welches 1820 in der königlichen Sternwarte zu Greenwich aufgestellt wurde. Es ist von Ramage in Aberdeen nach Newton's Construction, aber mit Weglassung des kleinen Spiegels verfertigt. Der große Spiegel hat 25 Fuß Brennweite und 15 Zoll Durchmesser und das ihn einschließende Rohr ist kein Cylinder, sondern ein zwölfseitiges Prisma von Holz.

Was nun die Frage betrifft, welche der beiden angegebenen Hauptclassen von Fernröhren den Vorzug verdient, so fällt die Entscheidung derselben schwer, weil jede von beiden eigenthümliche Vorzüge vor der andern voraus hat. Die Spiegelteleskope geben nicht nur farbenlose Bilder, sondern zeichnen sich auch dadurch aus, daß sie bei gleicher Brennweite eine weit stärkere Vergrößerung zulassen und eine sehr bedeutende Lichtstärke gewähren; besonders in der ersten Hinsicht sind sie unstreitig die vorzüglichsten Sehwerkzeuge und übertreffen die dioptrischen Fernröhre beiweitem. Diesen Vortheilen stehen freilich große Nachtheile gegenüber. Zuerst ist so viel ausgemacht, daß bei der Reflexion ungleich mehr Licht verloren geht als bei der Refraction; zwar war der jüngere Herschel früher der Ansicht, daß gut polirte Metallspiegel nur den dritten Theil des auf sie fallenden Lichtes absorbiren oder verschlucken, wonach freilich Spiegelteleskope beiweitem den Vorzug verdienen würden; aber nach neuen sehr genauen Beobachtungen Potter's gehen bei der Reflexion von metallenen Spiegeln von je 100 Strahlen nicht weniger als 45 verloren, also nicht viel weniger als die Hälfte. Dazu kommt ferner die Unvollkommenheit der Reflexion, die von der niemals ganz vollkommenen Politur der Spiegel herrührt. Ferner ist die Dauerhaftigkeit der Spiegelteleskope weit geringer, weil die feinpolirten Spiegel an der Luft, besonders bei der kühlen Nachtluft, sehr leicht oxydiren, ihre vollkommene Politur verlieren und matt oder ganz unbrauchbar werden. Um sie gegen die Einwirkung der Luft und Feuchtigkeit zu schützen, müssen sie nach gemachtem Gebrauche aus dem Rahmen genommen und wieder eingepackt werden. Dieser Umstand sowol als ihre ganze Einrichtung macht ihre Handhabung ungleich unbequemer und beschwerlicher, als es die von dioptrischen Fernröhren ist. Dies Alles wohl erwogen möchte doch wol den dioptrischen Fernröhren, die auf jeden Fall ungleich praktischer, im Allgemeinen auch viel wohlfeiler sind, der Preis zuzuerkennen sein.

Ein merkwürdiger Stammbaum.

Daß die europäischen Fürstenhäuser auf vielfache Weise durch Heirathen miteinander verbunden sind, ist allgemein bekannt; gleichwol wird die merkwürdige genealogische Thatsache, daß sich beiweitem die meisten der jetzt lebenden europäischen Fürsten auf einen und denselben Stammvater zurückführen lassen, und zwar auf einen deutschen und protestantischen Fürsten, der vor nicht viel über 200 Jahren gestorben ist, gewiß der Mehrzahl unserer Leser überraschend, wo nicht unglaublich erscheinen. Ganz kürzlich aber, bei Gelegenheit der Verlobung der Prinzessin Maria von Hessen-Darmstadt mit dem Großfürsten Thronfolger von Rußland, hat der Staatsrath Jaup in Darmstadt in einer eigenen Schrift und einer dazu gehörigen Stammtafel den Beweis geliefert: daß alle diejenigen jetzt regierenden Fürsten europäischer Herkunft, welche die königlichen Ehren genießen, d. h. alle Kaiser, Könige und Großherzoge, mit alleiniger Ausnahme der Könige von Schweden und Belgien, in gerader Linie von dem Landgrafen Ludwig V. von Hessen-Darmstadt abstammen, welcher im J. 1626 gestorben ist. Dahin gehören also 1) die Kaiser von Rußland, Östreich und Brasilien; 2) die Könige von Frankreich, Holland, Dänemark, Preußen, beiden Sicilien, Sardinien, Griechenland, Sachsen, Baiern, Würtemberg und Hanover, die Königinnen von Großbritannien, Spanien und Portugal; 3) die Großherzoge von Toscana, Baden, Hessen-Darmstadt, Mecklenburg-Schwerin, Mecklenburg-Strelitz, Oldenburg, Sachsen-Weimar; 4) der Kurfürst von Hessen-Kassel. Dazu kommen noch: die Herzogin von Parma, die Herzoge von Modena, Lucca, Braunschweig, Nassau, Sachsen-Altenburg, Anhalt-Dessau, Anhalt-Bernburg, die Fürsten von Schwarzburg-Rudolstadt und Reuß-Greiz, der Landgraf von Hessen-Homburg, im Ganzen also 36 Souveraine. Die in Belgien und Schweden regierenden Fürstenhäuser lassen sich nur durch die Königin der Belgier und die Kronprinzessin von Schweden in die gedachte Abstammung mit einreihen, sodaß in Zukunft auch auf diesen beiden Thronen (wenigstens dem gewöhnlichen Laufe der Dinge nach) Abkömmlinge Ludwig's V. sitzen werden. Die genannten Souveraine stammen vom Landgraf Ludwig V. theils im siebenten Grade (z. B. Frankreich, Sardinien, Hanover, Baiern, Modena, Oldenburg, Baden, Sachsen-Weimar), theils (und zwar die meisten) im achten (z. B. Sicilien, Dänemark, Rußland, Östreich, Großbritannien, Preußen, Würtemberg, Niederlande, Griechenland), theils im neunten ab (z. B. Mecklenburg-Schwerin, Nassau, Anhalt-Bernburg). Übrigens läßt sich bei vielen Souverainen ihre Abstammung vom Landgraf Ludwig V. auf mehr als eine Weise herleiten und sogar der Grad der Abstammung auf eine doppelte Weise bestimmen. So, stammt der König von Sachsen zugleich im siebenten und achten Grade, die Königinnen von Portugal und Spanien und der Kaiser von Brasilien aber stammen zugleich im achten und neunten Grade von dem mehr erwähnten Stammvater ab u. s. w.

Nur zwei Kinder Landgraf Ludwig's sind es, deren Nachkommenschaft hier in Betracht kommt: Anna Eleonore, welche an den Herzog Georg von Braunschweig-Lüneburg vermählt war, und Landgraf Georg II. Die Erstere hatte drei Kinder, deren Nachkommenschaft noch blüht: Herzog Johann Friedrich von Hanover; Sophie Amalie, vermählt an König Friedrich III. von Dänemark, und Kurfürst Ernst August von Hanover; Landgraf Georg II. aber hatte zwei Kinder, die hierher gehören: Landgraf Ludwig VI. und Elisabeth Amalie, vermählt an den katholischen Kurfürsten Philipp Wilhelm von der Pfalz (aus dem Hause Neuburg). Die Abstammung so vieler katholischen Souveraine von dem protestantischen Hause Hessen wurde nur dadurch möglich, daß von den gedachten fünf Enkeln und Enkelinnen Herzog Johann Friedrich von Hanover katholisch wurde und Elisabeth Amalie, wie eben erwähnt, einen katholischen Fürsten heirathete (wodurch sie sich ebenfalls zur Annahme der katholischen Confession bewogen fand). Von Johann Friedrich's Töchtern, Charlotte Felicitas und Wilhelmine Amalie, wurde jene an den Herzog Reinald von Modena, diese an den römischen Kaiser Joseph I. vermählt; von ihnen stammen die Regenten von Frankreich, Modena, Sachsen, Spanien, Sicilien, Lucca, Portugal, Brasilien und Sardinien ab. Unter den Nachkommen von Elisabeth Amalie befinden sich die Regenten von Östreich, Parma, Toscana, Baiern, Griechenland, sowie ebenfalls die von Portugal, Brasilien, Lucca und Modena.

Da es nicht thunlich ist, diesem Blatte eine sämmtliche Abstammungen nachweisende genealogische Tabelle beizugeben, wiewol dieselbe gewiß für viele Leser von Interesse sein würde, so beschränken wir uns darauf, die Abstammung der fünf mächtigsten Souveraine Europas, sowie des Königs von Sachsen, vom Landgraf Ludwig V. näher anzugeben, indem wir immer auf den Vater oder die Mutter den Sohn oder die Tochter folgen lassen. A) Rußland: 1) Ludwig V.; 2) Herzogin Anna Eleonore von Braunschweig-Lüneburg (Gemahlin des Herzogs Georg); 3) Königin Sophie Amalie von Dänemark (Gemahlin Friedrich's III.); 4) Herzogin Friederike Amalie von Holstein-Gottorp (Gemahlin des Herzogs Christian Albert); 5) Herzog Friedrich IV.; 6) Herzog Karl Friedrich; 7) Kaiser Peter III. von Rußland; 8) Kaiser Paul I.; 9) Kaiser Nikolaus I. B) Östreich. 1) Ludwig V.; 2) Landgraf Georg II. von Hessen-Darmstadt; 3) Kurfürstin Elisabeth Amalie von der Pfalz (Gemahlin des Kurfürsten Philipp Wilhelm); 4) Kaiserin Eleonore Magdalena (Gemahlin des Kaisers Leopold I.); 5) Kaiser Karl VI.; 6) Kaiserin Maria Theresia (Gemahlin des Kaisers Franz I.); 7) Kaiser Leopold II.; 8) Kaiser Franz I. (früher II.) von Östreich; 9) Kaiser Ferdinand I. C) Frankreich. 1) Ludwig V.; 2) Anna Eleonore von Braunschweig-Lüneburg; 3) Herzog Johann Friedrich von Hanover; 4) Herzogin Charlotte Felicitas von Modena; 5) Herzog Franz Maria von Modena; 6) Herzogin Marie Therese Felicitas von Penthièvre (Gemahlin des Herzogs Ludwig Johann Maria von Penthièvre); 7) Herzogin Luise Marie Adelaide von Orleans (Gemahlin des Herzogs Ludwig Philipp, der sich in der Revolution Egalité nannte); 8) Ludwig Philipp I., König der Franzosen. D) Großbritannien. 1) Ludwig V.; 2) Anna Eleonore von Braunschweig-Lüneburg; 3) Kurfürst Ernst August von Hanover; 4) König Georg I. von Großbritannien; 5) König Georg II.; 6) Prinz Friedrich Ludwig von Wales; 7) König Georg III.; 8) Herzog Eduard von Kent; 9) Königin Victoria I. E) Preußen. 1), 2), 3) wie vorhin, 4) Königin Sophie Charlotte von Preußen (Gemahlin des Königs Friedrich I.); 5) König Friedrich Wilhelm I.; 6) Prinz August Wilhelm; 7) König Friedrich Wilhelm II.; 8) König Friedrich Wilhelm III.; 9) König Friedrich Wilhelm IV. F) Sachsen. 1), 2), 3) wie bei Frankreich; 4) Kaiserin Wilhelmine Amalie (Gemahlin des Kaisers Joseph I.); 5) Königin Marie Josephe von Polen (Gemahlin des Königs August III.); 6) Kurfürst Friedrich Christian von Sachsen; 7) Prinz Maximilian; 8) König Friedrich August II.; oder: 1)—4) wie vorhin; 5) Kaiserin Marie Amalie (Gemahlin des Kaisers Karl VII., Kurfürsten von Baiern); 6) Kurfürstin Marie Antonie von Sachsen (Gemahlin des Kurfürsten Friedrich Christian); 7) und 8) wie vorhin; oder endlich: 1), 2), 3) wie bei Rußland; 4) Kurfürstin Anna Sophie von Sachsen (Gemahlin des Kurfürsten Johann Georg III.); 5) Kurfürst Friedrich August I. von Sachsen, König von Polen (August II.); 6) Kurfürst Friedrich August II. von Sachsen, König von Polen (August III.) u. s. w.

Geht man bis auf den Großvater des Landgrafen Ludwig V., Landgraf Philipp den Großmüthigen (gestorben 1567), zurück, welcher der Stammvater sämmt-

licher noch blühender Linien des Hauses Hessen ist, so lassen sich von demselben noch sieben andere Regentenhäuser oder Souveraine ableiten, nämlich der König der Belgier, die Herzoge von Sachsen-Koburg-Gotha und Sachsen-Meiningen, die Fürsten von Schwarzburg-Sondershausen, Waldeck, Lippe-Detmold und Schaumburg-Lippe.

Da endlich die einzige Gemahlin des Landgrafen Ludwig V., Magdalena, eine Tochter des Kurfürsten Johann Georg von Brandenburg, ferner Ludwig V. Mutter, Magdalena, eine Tochter des Grafen Bernhard von der Lippe war, so läßt sich die ganze Nachkommenschaft Ludwig's V. von den beiden genannten Fürsten und Dynastien herleiten, die noch ausgedehntere Philipp's des Großmüthigen aber vom Herzoge Georg dem Bärtigen von Sachsen, dessen Tochter Christine Philipp's einzige Gemahlin war.

Merkwürdige Operation.

Im Monat August vorigen Jahres wurde in Paris eine Operation vorgenommen, die gewiß einzig in ihrer Art ist. Ein junger Mann von 22 Jahren von guter Familie und entwickelten Verstandeskräften war in Folge eines in seiner Kindheit vorgekommenen Falles und einer damit verbundenen Erschütterung des Nervensystems an allen Gliedern gelähmt und zu dem kläglichsten Dasein verurtheilt; alle Muskeln seiner Arme und Beine befanden sich in einem solchen Zustande der Zusammenziehung, daß seine Glieder, aller Bewegung beraubt, dicht am Körper anlagen. Nachdem der Unglückliche vergeblich alle Mittel versucht hatte, welche die ärztliche Mechanik in solchen Fällen anzuwenden pflegt, und mit dem größten Muthe die Qualen der gewaltsamen Ausspannung erduldet hatte, in der Hoffnung, den Gebrauch seiner Glieder wieder zu erlangen, nahm er seine Zuflucht zu dem geschickten Operateur Jules Guerin, um das letzte noch übrige Mittel zu versuchen: die Durchschneidung der zusammengezogenen Muskeln. Voll Vertrauen in diese neue Methode und in die Geschicklichkeit des Chirurgen unterzog er sich am 25. Aug. mit der Resignation der Verzweiflung jener wirklich ans Wunderbare grenzenden Operation, die im Beisein der berühmtesten Ärzte und Wundärzte der Hauptstadt vollzogen wurde. Nicht weniger als 42 Muskeln und Sehnen an den Beinen, Hüften und Armen durchschnitt Hr. Guerin ohne die mindeste Unterbrechung und ohne eine Klage von Seiten des Patienten; bei jedem Schnitte hörte man einen Ton, als wenn die gespannten Saiten einer Baßgeige oder einer Harfe durchschnitten würden. Der Erfolg war nach Wunsch; der Patient war nach der Operation ganz fieberfrei und schlief ganz ruhig; die 42 Wunden vernarbten bald und nach wenigen Tagen konnten Arme und Beine wieder ihre natürliche Richtung annehmen, ohne daß der Patient einen erheblichen Schmerz empfand.

Der Bluteid der Madagassen.

Ist einer der köstlichsten Schätze, welche der Mensch in sich verwahrt, sein Blut, welches in allen seinen Adern rollt und sein Herz in Bewegung setzt, ist ohne seinen Kreislauf das Leben selbst undenkbar, so ist auch erklärlich, daß, diesen Schatz anzugreifen, als das theuerste Opfer gelten muß. Daher im Mittelalter der Blutbrüder durch ihr Blut geheiligter Bund, daher der schwärmerischen Liebe Beseitigung aufsteigender Zweifel durch ebenmäßige Verschreibung mit ihrem Herzblute und daher auch die den dunkeln Zeiten des Aberglaubens angehörige Meinung, daß durch mit eignem Blute gegebene Handschrift Leib und Leben, Seele und Seligkeit dem ewigen Versucher verfallen könne. Ein merkwürdiger Fall sinniger und hochgehaltener Bedeutung des gegenseitig gespendeten Blutes findet zu Madagaskar statt, auf jener Insel im Osten Afrikas, die, wenn man den reizenden Schilderungen, welche von ihrer Lage, von den Vorzügen, mit welchen die Natur sie geschmückt, und von den äußern und innern Gaben ihrer Bewohner gemacht zu werden pflegen, wenn man dem Enthusiasmus der von dort eintreffenden Europäer Glauben beimessen darf, den Namen einer wahren Zauberinsel verdient.*) Nicht nur werden die Bande der Freundschaft und Verwandtschaft daselbst so hoch geachtet, daß den einen Freund und Verwandten, welcher den andern verläßt, ganz unfehlbar allgemeine Ahnung rügt und rächt, sondern es haben auch die Madagassen namentlich den Bluteid eingeführt, daß er sich ebenso als Bürgschaft für Aufrechthaltung ewiger Treue, wie als zuverlässiger Träger der gegenseitigen hochherzigsten Gesinnung erweise. Diese höchst merkwürdige und wohlthätige Gewohnheit wird so vollzogen, daß die beiden sich durch den Bluteid zu verbinden gesonnenen Freunde sich vor einen Mann stellen, welchen die Ehrwürdigkeit des Alters und der Sitte befähigt, gewissermaßen eines Priesters oder einer Magistratsperson Stelle einzunehmen. Er ist es, welcher sie mit salbungsvoller Rede weiht zu dem festlichen Bunde und hierauf über der Magenhöhle eines Jeglichen den Einschnitt vollbringt. In jede der zwei blutenden Wunden wird ein Stück Ingwer von ihm getaucht und nach Austauschung von diesem zwischen den Freunden dessen bedeutungsvoller Genuß bewerkstelligt. Von nun an gewähren sie einander lebenslänglichen Schutz und leisten sich Hülfe gleich nahen Anverwandten,

*) Vgl. über dieselbe Nr. 190.

ihre Familien selbst bilden von dem Augenblicke eine, sind gleichsam Ein Leib und Eine Seele. Sie werden nach der madagassischen Bildersprache Reis und Wasser gleich, d. h. ebenso unzertrennlich.

Diese Sitte ehrt ohne Zweifel ein kaum der äußersten Barbarei enthobenes Volk und stimmt mit seiner Gastfreiheit gegen alle Fremden überein. Ein europäischer Reisender hat kaum eins ihrer wohlgebauten Dörfer betreten, als ihn auch der Häuptling begrüßt und ihm sein schönstes Haus abtritt. Nun fehlt es nicht an Sendungen von Hühnern, Reis und Früchten. Die Beifügung eines oder mehrer Ochsen richtet sich nach dem größern oder kleinern Gefolge. Welche Milde zeichnet sie ferner gegen ihre armen Landsleute aus! Uneingeladen spricht Jeder in die erste beste Hütte ein, ohne den Namen seiner Familie, den Grund seiner Reise angeben zu dürfen. An der Familientafel ist er ein willkommener Gast, welcher seine Zeche mit einem Kabar, d. i. mit Erzählung alles Dessen, was er auf seiner Reise gesehen hat, entrichtet. Zufolge der den Madagassen eignen Gastfreiheit wird man unter ihnen kein größeres Dorf finden, worin nicht ein Schuppen zur einstweiligen Schirmung gegen Sonne und Regen vorhanden wäre, der den Fremden bis zur Ermittelung einer unentgeltlichen vollständigen Wohnung angewiesen wird. Ein Reisender, welcher neuerlich die schöne Insel besuchte, gedenkt des Verwandten eines Häuptlings, welcher von seinen Bergen herabstieg, jenen kennen zu lernen, ihm einige Geschenke machte und so viel Liebe bewies, daß er ihm den Wechsel des Blutschwurs bewilligte. In Erwägung des großen, den Fremden daraus erwachsenden Nutzens hat jener auf seiner Reise wol mehr als 40 Mal solchen geschlossen, woraus sich freilich auch folgern läßt, daß man mit dem Blute und den Einschnitten sehr säuberlich umgegangen sein müsse, wie etwa bei uns in entgegengesetztem Falle bei der Ausmachung einer Ehrensache durchs Duell ein mittels der Waffen des Ehrenkampfes erfolgtes leichtes Ritzen der Haut, nach vollgültiger Entscheidung der Secundanten, öfter vollkommen genügt.

Ansicht der Altstadt von Dresden mit der Elbbrücke.

Herausgegeben unter Verantwortlichkeit der Verlagshandlung F. A. Brockhaus in Leipzig.

2

Das Pfennig-Magazin

für
Verbreitung gemeinnütziger Kenntnisse.

412.]   Erscheint jeden Sonnabend.   [Februar 20, **1841.**

Sir Humphry Davy.

Unter den großen Chemikern der neuern Zeit hat sich keiner durch glänzendere Entdeckungen ausgezeichnet, keiner größere Verdienste um seine Wissenschaft erworben, als der Engländer Humphry Davy, der bei Gelegenheit der von ihm erfundenen Sicherheitslampe und sonst in diesen Blättern schon mehrfach genannt worden ist. Er wurde geboren am 17. December 1778 zu Penzance, einer damals ziemlich unbedeutenden Mittelstadt an der romantischen Mounts-Bai auf der äußersten südwestlichen Landspitze Englands in der Grafschaft Cornwallis. Sein Vater, ein Holzschneider, der durch allerhand Speculationen im Bergbau mehr zusetzte als gewann, starb schon 1794 und hinterließ seiner Witwe nebst einem äußerst geringen Vermögen fünf Kinder, von denen vier noch ganz unerzogen waren. Davy war somit von seinem 16. Jahre an lediglich an sich selbst und seine eigne Kraft gewiesen. Er hatte bis dahin den gewöhnlichen Schulunterricht genossen, dessen pädagogische Unzweckmäßigkeit in diesem wie in so vielen andern Fällen wenigstens den negativen Nutzen hatte, den Zögling in seiner Selbstentwickelung nicht zu beschränken, und Davy selbst erklärte es später für ein Glück, daß er sich als Kind meist selbst überlassen war und in Mr. Coryton's Schule viel Muße übrig behielt.

„Diese Umstände sind es vielleicht", äußerte er, „denen ich die geringen Talente, die ich besitze, und deren eigenthümliche Ausbildung verdanke. Was ich bin, bin ich, das sage ich ohne Eitelkeit und ganz frei heraus, durch mich selbst geworden." Ohne sich in der Schule, wo er keine Anregung fand, besonders hervorzuthun, hatte er doch bei seinen Gespielen Einfluß und Ansehen; er war der Secretair ihrer geheimen Herzensangelegenheiten, und die poetische Erregbarkeit, welcher sich der gereifte Mann später in dem Umgange mit der Natur so gern überließ und welche in der reizenden, durch die Nähe des Meers und die mannichfaltigsten Gebirgsformationen großartigen Umgebung seiner Vaterstadt vielfältig genährt werden mußte, verräth sich frühzeitig durch seine Vorliebe für Märchen, Wunder und Spukgeschichten, denen er bei alten Leuten gern nachforschte, um, ein kindlicher Rhapsode, sie seinen Gespielen wiederzuerzählen. Die gefährliche Periode des angehenden Jünglingsalters, in welcher grade die kräftigsten und reichsten Naturen sich so leicht verwüsten oder zersplittern, kündigte sich zwar auch bei Davy durch ein mehre Monate dauerndes, haltungslos herumschweifendes Vielerleithun und Nichtsthun an; allein der Tod seines Vaters und die dadurch doppelt nothwendig werdende

Wahl eines Berufs rüttelten ihn aus seinem Schlummer auf, und von diesem Zeitpunkte an entwickelte sich sein Streben und sein Wissen mit einer wahrhaft staunenswürdigen Schnelligkeit. Wir finden ihn bald nach Ablauf seines 16. Jahres als Apothekerlehrling bei Bingham Borlase, zunächst mit der Absicht, sich für Pharmacie und Medicin auszubilden. Seine Thätigkeit war damals gleichzeitig nach den verschiedensten Seiten hin gerichtet und umfaßte die verschiedensten Zweige des menschlichen Wissens, wie sich aus seinen Tagebüchern ergibt, in denen Aufsätze über metaphysische, politische, theologische, physiologische und anthropologische Fragen mit Gedichten und Entwürfen zu größern poetischen Arbeiten abwechseln.

Vom Ende des Jahres 1797 an begann jedoch die Mannichfaltigkeit dieser Studien, die eine Zeit lang neben der Beschäftigung mit der Mathematik hergingen, vor der Chemie entschieden zurückzutreten. Lavoisier's „Cours de chimie" und Nicholson's „Dictionary of chemistry" waren die einzigen Bücher, die ihm anfangs zu Gebote standen; aber das Merkwürdige ist, daß er fast zu derselben Zeit, wo er dieses Gebiet zu betreten anfing, es auch schon durch Entdeckungen erweiterte. Eine Zeit, wo er bloßer Lehrling war, scheint er fast gar nicht gehabt zu haben; selbständige Versuche gingen von Anfang an Hand in Hand mit der Lecture, und mit einem aus Phiolen, Weingläsern, Theetassen, Tabackspfeifen und thönernen Tiegeln bestehenden Apparate, der in seinem Schlafzimmer aufgestellt war und zu dessen Benutzung er sich das Feuer erst aus der Küche heraufholen mußte, brachte er es in Zeit von vier Monaten so weit, daß er sich mit Dr. Beddoes über die Lehre von Wärme und Licht in Briefwechsel setzen konnte. So sehr sich auch günstige Umstände vereinigten, um diese und die spätern schnellen Fortschritte zu fördern, — die vielseitigen Vorstudien, die er schon gemacht hatte, die Möglichkeit, einige Privatbibliotheken zu benutzen, die Bekanntschaft mit Gregory Watt, dem Sohne des berühmten Verbesserers der Dampfmaschinen, und Davies Gilbert, nachmaligem Nachfolger Davy's auf dem Präsidentenstuhle der Royal society (königlichen Gesellschaft der Wissenschaften), der Reichthum der Gegend um Penzance an Mineralien und Vegetabilien, die zur Untersuchung einluden, der Bergbau von Cornwallis, der ihn auf die Resultate geheimnißvoller Naturprocesse in lebendiger Anschauung hinwies, endlich und vorzüglich die allgemeine Umwälzung, welche die Chemie kaum ein Jahrzehnd vorher durch die französische Schule erfahren hatte und auf welche nothwendig eine Periode der Gährung folgte, die dem Geiste der Untersuchung die reichste Nahrung zuführte, — trotz aller dieser sehr günstigen Verhältnisse bleibt von den raschen und glänzenden Erfolgen, die Davy im Laufe weniger Jahre erreichte, immer noch ein großer und gerade der wichtigste Theil übrig, für den man nur in seinem Eifer, seiner Thätigkeit, seinem Scharfsinn, seiner Begeisterung für die Wissenschaft den erklärenden Grund wird finden können. Die mit Dr. Beddoes, einem Manne, der nach Davy's Urtheile Talente besaß, die ihn auf den höchsten Rang als Naturforscher erhoben haben würden, wenn er sie mit Besonnenheit und Umsicht angewendet hätte, angeknüpfte Bekanntschaft verschaffte ihm sehr bald (Ende 1798) die Stelle eines Oberaufsehers in der Pneumatic institution zu Clifton bei Bristol, einem Institute, welches hauptsächlich zu dem Zwecke gestiftet und von der Liberalität uneigennütziger Freunde der Wissenschaft unterhalten wurde, um Versuche über die Heilkräfte der verschiedenen Gasarten zu machen. Wäre — sagt John Davy — dieses Amt ausdrücklich für ihn gestiftet worden, es hätte nicht förderlicher für seine Anlagen, nicht geeigneter sein können, alle Kräfte seines Geistes zu wecken und zu entwickeln; die übrigen Verhältnisse waren im Allgemeinen nicht weniger günstig. Die gesellschaftlichen Verbindungen, unter welche namentlich sein freundschaftlicher Umgang mit den Dichtern Southey und Coleridge gehört, Dr. Beddoes' Familie, selbst die äußern Umgebungen, in welchen er sich befand, Alles trug dazu bei, auf das günstigste auf ihn einzuwirken. Kurze Zeit nach seiner Ankunft in Clifton führte Dr. Beddoes die Erstlinge seiner Untersuchungen, die Abhandlungen über Wärme und Licht nebst einer neuen Theorie des Athmens, und über die Erzeugung des Sauerstoffgases und die Ursachen der Farben organischer Wesen in die literarische Welt ein; die Forschungen über das Vorkommen des Kiesels in der Epidermis gewisser Pflanzen, auf die er durch die Wahrnehmung eines Knaben geführt wurde, die noch wichtigern über das oxydirte Stickgas und das Einathmen desselben, durch die er die Grundlage seines Ruhmes legte, und andere mehr fallen in dieselben Jahre 1799 und 1800, welche für seine wissenschaftliche Entwickelung jedenfalls die wichtigsten waren; und noch ehe er zu Anfang 1801 seine Stelle zu Clifton mit der eines Lehrers der Chemie an der (durch Graf Rumford und andere hochgestellte Freunde der Naturwissenschaften kurz vorher in London gestifteten) Royal institution unter den ehrenvollsten Bedingungen vertauschte, hatte die glückliche Entdeckung Volta's in ihrem ganzen Einflusse auf die Chemie, deren Verfolgung er wenige Jahre darauf seine glänzendsten Entdeckungen verdankte, seine Aufmerksamkeit in vollem Maße auf sich gezogen und die Richtung seiner Arbeiten zum Theil mit bestimmt.

Von seinem ersten Auftreten in London bis zu der Zeit, wo körperliche Leiden seine fruchtbringende Thätigkeit zu unterbrechen anfingen, bietet sein Leben das schöne Schauspiel eines immer wachsenden Erfolgs dar, den die reinste Liebe zur Wissenschaft und zu der Menschheit in Verbindung mit dem ausgezeichnetsten Talente und der unermüdlichsten Thätigkeit nur immer haben kann. Er kam an die Royal institution zuerst als zweiter Docent der Chemie und als Dirigent des Laboratoriums, aber schon am 31. Mai 1802 wurde ihm nach Dr. Garnett's Rücktritt die Professur der Chemie förmlich übertragen. Seine Functionen an derselben bestanden in der Verpflichtung, eine verhältnißmäßig geringe Anzahl von Vorlesungen zu halten; dagegen bot ihm die Anstalt zu seinen Untersuchungen die trefflichsten, später von der Gesellschaft durch freiwillige Subscription auf das großartigste vermehrten Hülfsmittel dar, indem sie ihm die bekannte Volta'sche Batterie von 2000 Plattenpaaren, die zusammen 128,000 Quadratzoll Oberfläche enthielten, aufstellen ließ. Seine Vorlesungen erregten rauschenden Beifall und enthusiastische Bewunderung; Männer vom ersten Rang und Talent, Praktiker und Theoretiker, Staatsmänner und Modedamen, Alt und Jung, Alles drängte sich in den vollgepfropften Hörsaal und aus allen Theilen der Hauptstadt regnete es, so zu sagen, auf Davy Complimente, Einladungen und Geschenke in Masse. Obgleich an diesem Erfolge Davy's einnehmende Persönlichkeit, welche die londner Damen gleich anfangs veranlaßte, ihre Kennerschaft durch das Urtheil zu bewähren: diese Augen seien noch zu etwas Anderm gemacht als in den Schmelztiegel zu gucken, — und der Umstand, daß der Besuch der Vorlesungen in der Royal institution damals zum guten Theile Modesache war, auch Einiges beigetragen haben mag, so blieben doch diese Vorlesungen bei dem wachsenden Ruhme Davy's, bei seiner Geschicklichkeit im Experimentiren, bei der Klarheit und Bestimmtheit seiner Darstellung und bei der gewissenhaften Sorgfalt, mit welcher er sich nicht nur auf den Inhalt, sondern auch auf die Form Dessen, was er sagen wollte, vorbereitete, unausgesetzt einer der stärksten Anziehungspunkte für alle Freunde der Naturforschung, und zwei Mal, 1810 und 1811, wurde er sogar von der dubliner Gesellschaft der Wissenschaften eingeladen, in Dublin Gastvorlesungen zu halten, die ihm das erste Mal mit 400, das zweite Mal mit 750 Pf. St. honorirt wurden. Seit seiner Verheirathung mit Mrs. Appreece 1812, durch welche er in den Gebrauch eines bedeutenden Vermögens kam, gab er die Vorlesungen auf, um desto ungestörter der Erweiterung der Wissenschaft sich hingeben zu können; zu derselben Zeit wurde er zum Ritter (knight) ernannt; die darauf folgenden Jahre, 1813—20, brachte er zum größten Theile im Auslande, namentlich in Italien zu, wo er bekanntlich auch Versuche, die herculanischen Manuscripte aufzurollen, und Untersuchungen über die Malerfarben der Alten anstellte. Seine erste Reise auf das Festland durch Frankreich nach Italien, für welche ihm sein wissenschaftlicher Ruhm Pässe von der Napoleonischen Regierung verschafft hatte, führte ihn mit den ausgezeichnetsten Chemikern und Naturforschern Frankreichs und Italiens zusammen; aber 1820 erfuhr er die größte Auszeichnung, die einem Gelehrten in England zu Theil werden kann, indem er zum Präsidenten der Royal society erwählt wurde, welches Ehrenamt er nicht eher verlor, als bis er es, nicht wegen der mancherlei Abhaltungen und Unannehmlichkeiten, die es für ihn herbeiführte, sondern wegen seiner zunehmenden Kränklichkeit freiwillig niederlegte. Kurze Zeit aber, nachdem er durch diese und noch viele andere Ehrenbezeigungen auch äußerlich auf die Höhe einer vorzüglich hervorragenden Stellung in der Gesellschaft gehoben worden war, stellten sich 1823 auch schon die ersten Vorboten seiner spätern körperlichen Leiden ein, denen er in seinen letzten Lebensjahren durch den Aufenthalt in Italien und Steiermark vergeblich zu begegnen suchte und die am 29. Mai 1829 seinem Leben in der vollen Kraft des Mannesalters zu Genf ein frühzeitiges Ende machten.

Die Auseinandersetzung seiner großen wissenschaftlichen Verdienste muß dem Chemiker vom Fache überlassen bleiben. Grade seine wichtigsten Entdeckungen verdankte er übrigens nicht einem glücklichen Ungefähr, sondern einem absichtlichen Nachdenken, der vielseitigsten Combination und einem vergleichenden Scharfsinn. In Beziehung auf die Art und Weise, in welcher Davy die Naturwissenschaften behandelte, ist es vorzüglich Dreierlei, was an ihm fesselt: seine Empfänglichkeit für die Schönheit der Natur, sein Eifer, die Wissenschaft gemeinnützig zu machen, und sein Bedürfniß, in dem Übersinnlichen eine religiöse Ergänzung des Sinnlichen zu suchen. Das Anschließen an die Natur, das liebevolle Eingehen auf ihre Erscheinungen begleitete Davy durch sein ganzes Leben und spricht sich lebhaft in seinen Gedichten aus, in denen er am liebsten und häufigsten Naturscenen und Naturereignisse besingt und schildert. Es scheint ihm Bedürfniß gewesen zu sein, auch abgesehen von seinen größern Reisen, durch kleine, häufig wiederholte Ausflüge nach Schottland oder in die schönen Gegenden seiner Heimat sich in beständi-

gem Verkehr mit der lebenden Natur zu erhalten; und selbst seine echt nationale Passion für das Jagen und Angeln, die ihm das dazu gehörige Geräth auf Reisen zu einem ebenso unentbehrlichen Begleiter machte als einen portativen chemischen Apparat, wird dadurch in einer Weise veredelt, daß man Swift's beißende Definition, ein Angler sei eine Stange, an der vorn ein Wurm und hinten ein Narr hänge, auf ihn anzuwenden billig Bedenken tragen wird. Der zweite, noch mehr bezeichnende Zug in dem Charakter Davy's ist der Geist des Wohlwollens, des Gemeinsinns, der seinen Stolz darein setzte, die Ergebnisse der Wissenschaft zur Förderung des öffentlichen Wohls zu verwenden. Nicht als ob alle seine Anstrengungen auf diese Quelle allein zurückgeführt werden sollten; der bloße Durst nach Erkenntniß, die Verehrung der Wissenschaft an sich war von früh an der Sporn, der ihn trieb, sodaß er zu der Zeit, wo er sich mit der Zerlegung der Alkalien und alkalischen Erden mittels der Volta'schen Batterie beschäftigte und somit einer seiner größten Entdeckungen entgegenging, durch unausgesetztes Experimentiren seine Körperkraft bis zum Übermaße erschöpfte und in eine lebensgefährliche Krankheit verfiel. Aber außer diesem Durste nach Erkenntniß war auch das Wohlwollen in seiner reinsten Gestalt ein mächtiges Motiv seiner Bestrebungen. Daß es ihm tiefer Ernst war mit dieser Gesinnung, beweist nicht nur der Eifer, mit welchem er jede Gelegenheit, sie zu bethätigen, ergriff, sondern noch mehr die vollkommene Uneigennützigkeit, mit welcher er bei der Bekanntmachung seiner Erfindungen verfuhr. Solcher Gesinnung gegenüber thut es aber auch wohl, neben kleinlichen Versuchen, ihm den Ruhm seiner Entdeckungen zu schmälern, auch Beweisen einer aufrichtigen und ehrenvollen Dankbarkeit zu begegnen. Zwar das Parlament und die Regierung, die dem Erfinder der verwüstenden Brandrakete einen Jahrgehalt von 1200 Pfund ausgesetzt hatte, votirten ihm für seine rettende Lampe weder Dank noch Belohnung; auch seine drei Jahre später erfolgte Erhebung zum Baronet scheint nicht als Ausdruck öffentlicher Dankbarkeit angesehen werden zu können; dagegen aber beeiferten sich Kaiser Alexander von Rußland, die Royal society, die Besitzer der Kohlenminen, ganze Gewerk- und Knappschaften, ihre Dankbarkeit an den Tag zu legen; und die Art, wie ihm unter Anderm die Gewerkschaften von Newcastle=upon=Tyne am 11. October 1817 ein silbernes Tafelservice von 2500 Pf. St. an Werth durch Lambton, den nachmaligen, kürzlich verstorbenen Grafen von Durham, überreichen ließen, hat etwas so Würdiges, daß Davy dafür wol den Mangel einer officiellen Belohnung verschmerzen konnte. Beiweitem nicht so wohl wurde ihm jedoch in Beziehung auf seine Versuche, den Schiffsbeschlag vor Verderbniß zu bewahren. Obwol diese Entdeckung von Laplace für die größte erklärt wurde, die er gemacht habe, und ihr Princip auf eine Menge anderer Gegenstände mit Erfolg angewendet worden ist, so war sie doch für Davy durch die Art, wie man seine Vorschriften mangelhaft auszuführen für gut fand, um dann über den schlechten Erfolg klagen zu können, eine Quelle der tiefsten Kränkungen; er wurde dadurch an der Stelle verwundet, wo er am verwundbarsten war, in dem Ehrgeize, der ihm am höchsten galt, nützliche Erfindungen gemacht zu haben, und die Wirkung, die das Benehmen der Regierung und des Landes auf seine Gemüthslage hatte, dürfte auf die Zerstörung seiner Lebenskraft den nachtheiligsten Einfluß gehabt haben.

Endlich muß noch der tiefen, aber vollkommen prunklosen Religiosität gedacht werden, die ihn beseelte. Seine Frömmigkeit war der schlichte und ehrliche Ausdruck eines von der Größe, Ordnung und Schönheit des Weltganzen und von der höhern Bestimmung des Menschen innigst durchdrungenen Gemüths, dem es ein inneres Bedürfniß ist, durch die Betrachtung der Natur auf ihren Urheber, durch das Bewußtsein der Aufgabe des irdischen Lebens auf die Hoffnung eines künftigen bessern sich hinleiten zu lassen. Charakteristisch ist dabei ein Vorfall aus seinem frühern Leben. Davy befand sich einmal mit einem englischen Edelmann aus der Schule Voltaire's in der Gesellschaft zweier Geistlichen. Der skeptische Freigeist dachte seinen Witz und seine Weisheit an den Mann zu bringen, schon im voraus seines Triumphs genießend, den er mit der mächtigen Beihülfe eines so berühmten Naturforschers über die christliche Religion und über die beiden geistlichen Herren erfechten wollte. Sobald die Damen das Zimmer verlassen hatten, ging er mit der Sprache gerade heraus und wurde ganz keck durch das tiefe Schweigen und die Aufmerksamkeit, mit welcher ihm Davy zuhörte. Endlich hielt er inne, voll triumphirender Erwartung; da fing Davy an, das Christenthum in dem feinsten Tone der Beredtsamkeit und mit so warmer Frömmigkeit zu vertheidigen, daß der anwesende Bischof unwillkürlich aufstand, weil er gleich anfangs die Regung empfand, welche eine ganze Gemeinde bei dem glänzenden Ergusse religiösen Eifers in einer Predigt Bourdaloue's oder Massillon's dazu bringt, sich zu erheben. In Folge dieses Ereignisses wurde Davy von dem Bischofe von Durham unter Eröffnung glänzender Aussichten aufgefodert, Theolog zu werden, weil er überzeugt sei, seine Beredtsamkeit werde der Sache der Religion die größten Dienste leisten; Davy lehnte aber diesen Antrag mit der Erklärung ab, er hoffe durch die Fortsetzung des Naturstudiums hinlängliche Gelegenheit zu finden, die Gefühle religiöser Verehrung und Demuth zu erwecken und den Sinn für die Natur mit dem Sinn für Sittlichkeit zu verknüpfen.

Chilenische Zustände.

Der freie Handel nach den ehemaligen spanischen Besitzungen des großen amerikanischen Continents hat dieselben innerhalb zweier Decennien der europäischen Civilisation näher gebracht, als drei Jahrhunderte der Colonialherrschaft, und schon ist es im Werke, den Verkehr mit den entferntesten südwestlichen Küstenländern durch eine regelmäßige Dampfschifffahrt und Communication über den Isthmus von Panama zu erleichtern. Dennoch sind die Stimmen von den fernen Küsten des stillen Oceans selten, und außer den Reisebeschreibungen einiger berühmten Naturforscher, unter denen neuerdings der Professor Pöppig den ersten Rang behauptet, ist wenig Belehrendes erschienen und mancher herrschende Irrthum unaufgeklärt geblieben. Referent glaubt daher, daß einige Beiträge über Chile, welche er aus eigner Erfahrung gesammelt hat, manchem Leser nicht unwillkommen sein werden, dem es mehr um Wahrheit, als um interessante, mit persönlichen Details gewürzte Neuigkeiten zu thun ist.

I. Land und Bewohner im Allgemeinen.

Die nächste Umgebung von Valparaiso, dem ersten Hafen, welcher sich dem von Europa kommenden See-

fahrer nach langer beschwerlicher Reise öffnet, ist ein Bild der Öde und Unfruchtbarkeit. Überall nackte Felsen, an denen sich das Meer mit großer Gewalt bricht. Kaum bekleidet das Frühjahr ihre wellenförmig gefurchten Abhänge mit einem spärlichen Grün, so vergeht es nach wenigen Wochen unter der Glut der Sonne. Nur in den tiefern Gründen, wo der Boden die nährende Feuchtigkeit länger bewahrt, zeigt er Spuren seiner schöpferischen Kraft. Dies ist der Charakter der ganzen Küste, mit Ausnahme einiger südlichen Punkte. Von dem Hafen von Valparaiso bis zur Wüste von Atacama, in einer Ausdehnung von 10 Breitengraden, und höher hinauf, zeigt die Küste, so weit das Auge reicht, kaum einen Baum; das armselige Gesträuch von harziger Textur kleidet sich ganz in die Farbe des Erdbodens; nirgend ein Punkt, auf dem das Auge mit Wohlgefallen ruhte, mit Ausnahme der Fernsichten auf Meer und Gebirge. Dennoch nennt man Chile nicht mit Unrecht eines der gesegnetsten Länder des Erdbodens. Die den tropischen Gegenden zunächst gelegene Provinz Coquimbo hat zum Ersatz ihrer Dürre und Unfruchtbarkeit einen unerschöpflichen Reichthum an edlen Metallen und mineralischen Producten, deren zwar auch die andern überall in ihrem Schooße bergen, die aber hier vorzugsweise zur Ausbeute sich eignen. Die mittlern und südlichen Provinzen sind im Innern des Landes ergiebig an den edelsten Erzeugnissen. Das ganze Land ist von Bergen durchschnitten, und nur die von den Bergwassern durchströmten Thäler lohnen den Anbau. Aber hier zeigt sich auch die Natur in ewig jugendlicher Frische, und ohne mühsame Cultur gibt der Boden des Korns und der köstlichsten Südfrüchte eine unglaubliche Fülle. Die unabsehbaren Weideplätze dieser ewig grünen Thäler nähren oft auf einer hacienda Heerden von mehr als 20,000 Rindern, welche den Reichthum der großen Gutsbesitzer ausmachen und zu gewissen Jahreszeiten nur decimirt zu werden brauchen. Das Pferd gibt an Schönheit dem andalusischen wenig nach und übertrifft es noch an Stärke und Ausdauer.

Über den erhabensten Naturscenen wölbt sich ein Himmel von wolkenloser Klarheit, dessen Lichtfülle das ungewohnte Auge kaum zu ertragen vermag. Die Hitze wird durch den in den Mittagsstunden an der Küste herrschenden Südwind gemildert und das Klima ist durchgehends gesund, obgleich in einer Ausdehnung von 20 Breitengraden, von Atacama bis zur Insel Chiloe, das Küstenland bis zum Cap Horn, welches die Verfassungsurkunde als ungetheiltes Eigenthum der Republik in Anspruch nimmt, ungerechnet, von merklicher Verschiedenheit. Im Norden und den mittlern Provinzen sind die Winterregen von kurzer Dauer und wechseln mit warmen sonnigen Tagen von erquickender Frische. In den hohen, dem Gebirge nahe gelegenen Orten ist die Kälte empfindlicher, auch wird die Trockenheit der Luft zuweilen lästig, und acute Krankheiten kommen häufig vor. In dem mildern Süden ist dagegen die Wirkung der Sonne schon geringer; größere Waldungen und Ströme und längere Regen mildern die Luft, weshalb das Klima von Concepcion für eins der schönsten gilt und Kranke in ihm Genesung suchen. Auf der Insel Chiloe, welche eine industriöse Bevölkerung von 50,000 Seelen ernährt, sind sogar im Sommer Regen nicht selten. Im Ganzen bringen die Chilener ihr Lebensalter nicht so hoch als die Europäer; in der reinern Luft lebt es sich schneller aus.

Zu den bestcultivirten Provinzen zählt man die von Santiago, Aconcagua und Talca. Erstere hat die beiden einzigen fahrbaren Straßen des Landes aufzuweisen, die von der Hauptstadt westlich nach Valparaiso und südöstlich nach Rancagua führen, aber seit Vertreibung der Spanier sehr in Verfall gerathen und nur mit den geübten Führern ohne Wagniß zu passiren sind. Poststationen gibt es auf diesen Wegen nur für die Couriere; die zum Vorspann nöthigen Pferde werden dem Zuge vorangetrieben; mit leichtem Fuhrwerke legt man auf diese Weise 20 deutsche Meilen in einem Tage zurück. In der Richtung nach Rancagua ist das Land von einem Netze von Kanälen durchschnitten, wozu die Flüsse Maypu, Maypocho und Cachapoal ihr Wasser liefern, eins der großartigsten und segensreichsten Werke der spanischen Herrschaft. Aber auch der Güterbesitz ist fast ausschließlich wenigen großen Familien von Santiago eigen und die armen Inquilinos werden für die Obhut der Heerden und andere gesetzlich ungemessene Dienste mit einem Winkel, kaum zum Bau einiger Wassermelonen und des nöthigsten Hausbedarfs hinreichend, abgefunden. Selbst die pulperias oder Schenken und Buden der kleinen Ortschaften gehen auf Rechnung der Großen und absorbiren reichlich den kargen Gewinn des zu ewiger Abhängigkeit verurtheilten Landmanns.

Das kleine, zwölf Stunden von Valparaiso in der Provinz Aconcagua gelegene Städtchen Quillota zeichnet sich durch eine treffliche Cultur des Bodens aus und liefert seine Producte in reicher Fülle und zu mäßigen Preisen auf den großen Markt des Hafens. Auch diese Verbindung wird jetzt durch eine fahrbare Straße erleichtert, welche seit zwei Jahren im Werke ist. Im Übrigen befördert nichts den innern Verkehr; selbst durch die reißenden Bergströme ist der Reiter genöthigt, mit Gefahr seines Lebens eine Furth zu suchen, und nur über wenige bieten an Baumstämmen in Seilen hängende, aus Reißig zusammengebundene Brücken einen fast ebenso unsichern Übergang. Deshalb ist aber auch der Chilene ein geübter, unermüdlicher Reiter, und die ganze Bevölkerung, jung und alt, lebt auf den Pferden, selbst die Bettler nicht ausgenommen. Nur die Städte nähren eine übrigens rüstige Classe von Lastträgern, welche mit dem verächtlichen Namen Peones, d. i. Fußgänger, bezeichnet werden.

Die Bevölkerung von Chile, welche nach approximativen Schätzungen auf 1,200,000—1,400,000 Seelen angegeben wird, ist großentheils spanischen Ursprungs. Schwarze sind fast ebenso selten, als in den mit den Colonien in Verbindung stehenden Ländern Europas. Die mindere Tauglichkeit des Bodens für die Erzeugung der sogenannten Colonialproducte hat das Land vor dieser Mischung vielschlächtiger Bastarde bewahrt, welche den Fluch des Menschenhandels auf die spätesten Generationen fortwälzt. Selbst des indischen Bluts ist verhältnißmäßig wenig. Während Pizarro mit dem Reiche der Inkas einen völlig organisirten Staat eroberte und seine Krieger mit den ersten Töchtern des Landes vermählte, hatten Almagro und Valdivia es hier mit einer Horde unbändiger Wilden zu thun, welchen jeder Fußbreit Landes mit dem Schwerte abgewonnen werden mußte und die sich kämpfend nach dem Süden zurückzogen. Wenngleich einige Merkmale indischer Abkunft unverkennbar sind und im Süden die Indier bei weitem die Mehrzahl bilden, so ist doch in den mittlern Provinzen, dem Kerne des Landes, das europäische Blut vorherrschend, wie schon der Bart anzeigt, welcher dem Indier fehlt, und der chilenische Städter der höhern und mittlern Classen, selbst die Mehrzahl des Landvolks, ist von dem Spanier kaum zu unterscheiden und verräth seine Abkunft von dem

vielfach eingewanderten kräftigen, arbeitsamen Gallego. In den untersten Ständen, namentlich der Städte, zeigt sich schon mehr indisches Ansehen und in gleichem Maße indianische Untugend, obgleich echte Rothhäute selten sind und nur eingewandert vorkommen. Die Kreuzung der Racen ist hier nur beschränkt und daraus meistens ein erbfahles, misgestaltetes Geschlecht erwachsen; denn mit der Gleichstellung vor dem Gesetze, welche mehr dem Buchstaben als der That nach besteht, sind die Schranken der Sitte nicht gefallen und der Indier würde schon durch das Vorurtheil zu ewiger Unterwürfigkeit verurtheilt sein, wenn ihn nicht ohnedies sein Hang zur Völlerei und seine Trägheit dazu bestimmten. Nie kann er zu festem Eigenthum gelangen; unbekümmert um die Zukunft, zehrt er, so lange er hat, dient, sobald Habe und Credit erschöpft sind, und wechselt mit jedem Rausch seinen Herrn.

Keiner hat wol die Rothhaut treffender geschildert, als der in allen seinen Bemerkungen über die Zustände der Colonien den scharfsichtigen Beobachter verrathende D. Antonio de Ulloa. Eine grobe, kupferfarbene Haut, oft durch die Wirkung der Sonne und Luft mehr oder weniger verdunkelt, unempfindlich gegen Hitze und Kälte, voller, gedrungener Körperbau, kleine Hände und Füße, proportionirte Beine, schwarzes, struppiges, die kleine Stirn fast bedeckendes Haar, kleine, etwas schräge, bald düstere, bald schmeichelnde, lügnerische Augen, eine schlanke, gebogene Nase, große Ohren und ein breites Gesicht sind gemeinsame Kennzeichen des Indiers aller Zonen. Bei körperlicher Gewandtheit und nicht geringen mechanischen Fähigkeiten ist er schwerfälligen Temperaments; Indolenz, unüberwindliche Trunksucht, Hinterlist und kalte Grausamkeit sind die hervorstechendsten Züge seines Charakters.

Wenngleich der Zustand von Erniedrigung, in welchen die Nachkommen des einst blühenden Reichs der Inkas versunken sind und wovon schon Ulloa um die Mitte des vorigen Jahrhunderts ein ebenso wahres als jammererregendes Bild entwirft, mit Recht als ein Zeugniß der unerhörten Barbarei ihrer Unterdrücker betrachtet wird, so zeigt doch schon die Geschichte der ersten Eroberung unverkennbare Spuren indianischer Charakterlosigkeit. Auch begreift man, daß mit dem Sturze einer theokratischen Herrschaft, welche nur die mechanischen Anlagen des Volks auf eine bewundernswürdige Weise auszubilden und zu leiten verstand, dieses in sein Nichts zurückfallen mußte, obgleich die Triebfedern, wodurch sie seine natürliche Indolenz zu besiegen vermochte, zum Theil verborgen sind. Die Stimme der Menschlichkeit wendet sich gern dem schuldlos Unterdrückten zu; mit inniger Theilnahme sieht man den edlen Bischof von Chiaga ein langes Leben voll Mühen und Kränkungen dem heiligen Berufe opfern, Thränen zu trocknen und der Gerechtigkeit Gehör zu verschaffen. Aber seine Bemühungen waren leider von geringem Erfolge; man achtete selbst nicht die Befehle des Kaisers. Die Sünde lag in der Eroberung, in jenem traurigen Rechte des Starken über den Schwachen; alle Unmenschlichkeit war die nur zu menschliche Folge. Die richtende Nachwelt, indem sie über spanischen Fanatismus und Golddurst den Stab brach, hat den Indier idealisirt; Ercilla's „Araucana", Marmontel's und Cooper's Romane entfernen sich von der psychologischen Wahrheit.

Es war eine unvermeidliche Folge der Berührung mit der europäischen Civilisation, daß die indische Volksthümlichkeit gebrochen und der europäischen assimilirt werden mußte. Die Jesuiten erkannten diesen Fingerzeig der Weltgeschichte und verfolgten ihn mit eiserner

Consequenz. Sie haben den streifenden Indier an feste Wohnsitze gewöhnt, sie haben die Mühe nicht gescheut, seine barbarischen Mundarten zu studiren, sie haben ihn die Cultur des Bodens gelehrt, europäische Früchte verpflanzt und Wüstereien in gesegnete Länder umgewandelt, sie haben aus dem Wilden ein geduldiges Lastthier gebildet, welches ruhig seinen Rücken der Zuchtruthe darbietet, seinen Rosenkranz abbetet und nach Vorschrift den Boden mit seinem Schweiße tränkt, gewiß ein Verdienst, indem es ihn zum Träger einer neuen Ordnung der Dinge macht, sowie es eine Schmach und ein sich selbst rächender Frevel gegen die Weltordnung ist, im civilisirten Europa, statt freier glücklicher Menschen, ähnliche Geschöpfe bilden zu wollen.

Nach Vertreibung der Jesuiten fiel das Amt dieser gelehrten und muthigen Völkerbändiger in Chile, wie an andern Orten, in die Hände unwissender Geistlichen, welche kaum mehr als ihr Brevier verstanden. Die Folge davon war, daß die Missionen, deren auch Chile im Araukanerlande mehre zählt, entweder eingingen, oder doch sehr in Verfall geriethen. Wenn selbst die geringen Mittel der chilenischen Regierung hinreichten, ihren Geistlichen eine diesem Berufe entsprechende Erziehung zu geben, so würden sie dennoch unvermögend sein, das Pflichtgefühl zu dem nöthigen Grade von Entsagung zu steigern. Die Missionen sind jetzt fast ganz von geistlicher Sorge entblößt. Ein eignes Seminar, erst vor zwei Jahren auf Betrieb und Kosten des würdigen Bischofs Manuel errichtet, wird vielleicht in Zukunft diesem Mangel abhelfen.

An der Unterjochung der Araukaner hat der Bekehrungseifer aller Orden verzweifeln müssen und lange noch wird dieses ungebändigte, raubsüchtige Volk der Schrecken Chiles bleiben. Ihre Herrschaft beginnt unterhalb des Laxastroms; die Provinzen von Concepcion und Valdivia begreifen nur einzelne von dem Gebiet dieser Wilden umschlossene Küstenstriche, auf denen mehre den Araukanern verwandte Völkerstämme Chile zinsbar oder verbündet geworden sind und in den oft wiederkehrenden Feindseligkeiten gegen ihre wilden Nachbarn aufgeboten werden.

Der Araukaner ist groß, von muskulösem Körperbau und groben, starren, besonders bei den nicht schönen Weibern düstern melancholischen Gesichtszügen, welche mit dem wilden Spiele der Lippen auffallend contrastiren. Er hat feste Wohnsitze; sein mechanisches Talent in Verfertigung des einfachen Hausgeräths überhebt ihn fast alles Verkehrs mit den verhaßten christlichen Nachbarn. Die Weiber, denen, wie überall bei den Indiern, alle häusliche Sorge, sowie die Bestellung des Bodens obliegt, sind geschickt im Weben und Färbung von Wollenzeugen, auch in Bereitung von Heiltränken, wovon schon Herrera wunderbare Dinge erzählt. Übrigens ist das Volk voll dämonischen Aberglaubens, welcher wol in der schreckhaften Thätigkeit der nie ruhenden Erde seinen Grund hat, und Greuelscenen, wie die Verbrennung von Zauberern, gehen selbst in den Chile befreundeten Stämmen unter den Augen der Geistlichen vor.

Mit einer Macht von angeblich an 100,000 berittenen Männern, geübt in allen Künsten des Krieges, würde der Stamm für Chile furchtbar werden, beschränkte er sich nicht, dem Kampfe in offener Feldschlacht abgeneigt, auf kurze Raubzüge. Seine Stärke besteht im hinterlistigen, nächtlichen Überfalle, und dadurch ist er nur den Grenzbewohnern ein Schrecken, welcher durch größere Vorsichtsmaßregeln einer stets activen Grenzarmee von 1200 Mann in dem Lager von Chillan, sowie durch Befestigung einiger Plätze in den Schluchten der Cordilleren, aus denen der Feind hervorzubrechen pflegte, jährlich vermindert wird. Wehe dem Grenzorte, welchen er in sorgloser Sicherheit unerwartet heimsucht! Nackend auf behenden Rossen, den Körper mit den markigen Züge mit Blut bestrichen, das lange schwarze Haar im Winde flatternd, bricht er mit furchtbarem Geheul in die in Ruhe versunkene Ortschaft, und was die lange, mit kupferner Spitze versehene Rohrlanze nicht ereilt, das trifft der sichere Wurf der Steinschleuder. Die Männer werden schonungslos niedergemacht und mit den jungen Weibern und den Heerden ziehen die Räuber davon. Durch die reißenden Ströme des Laxa und Biobio von ihrem Vaterlande getrennt, haben die Gefangenen keine Hoffnung, es je wieder zu erblicken. Von chilenischer Seite wird die jetzt seltene Fehde mit gleicher Grausamkeit geführt und entweder die Gefangenen, Weiber und Kinder, umgebracht, oder den Soldaten preisgegeben, welche dieselben ihren Familien zu den schmuzigsten Hausdiensten zu überlassen pflegen. Selten leben die unglücklichen Opfer lange in der ungewohnten harten Knechtschaft. Wie sich dies System mit dem pomphaften Artikel der Verfassung vereinigen lasse, welcher Jedem den Boden der Republik Betretenden die Freiheit zusagt, mögen Die verantworten, deren Obhut die Achtung des Gesetzes vertraut ist.

(Der Beschluß folgt in Nr. 413.)

Die Hinrichtung mit dem Schwerte.

Unter allen gewaltsamen Todesarten ist vielleicht keine leichter, als die Enthauptung, wenn diese Strafe anders nach den Absichten der Gesetzgeber und Richter vollzogen wird. Derjenige, welchem ein einziger Streich Kopf und Leben nimmt, wird mit so geringem, augenblicklichem Schmerz dem menschlichen Wirkungskreise entrückt, daß man bei glücklicher Vollziehung diese Strafe für die weiseste und leichteste, die man je auf schwere Verbrechen gesetzt hat, erkennen muß. Indem sie dem Leidenden die möglich kleinste Marter verursacht, macht sie doch auf die Zuschauer den stärksten, dauerndsten Eindruck. Allein in unsern Zeiten wird sie leider oft eine der unsichersten und grausamsten. Noch im Mittelalter waren in einigen Reichsstädten die jüngsten Rathsherren, in andern die jüngsten Bürger, sowie in den Klöstern gewisse Geistliche zur Führung des richtenden Schwertschlags gesetzmäßig verpflichtet; ja sogar haben mehre gerechtigkeitliebende Fürsten mit eigner hoher Hand die Straßenräuber ihres Landes enthauptet. Noch während des ganzen 17. Jahrhunderts, selbst im Anfange des 18., waren die Erziehungs= und Policeianstalten in dem größten Theile von Europa so schlecht, daß in den meisten Ländern unsers Erdtheils alle Wälder mit Räuberbanden besetzt, alle Wege unsicher und selbst die Einwohner großer Städte gegen die Gewaltthätigkeiten von Mördern und Dieben nicht genug geschützt waren. Damals waren die Executionen so häufig, daß manche Scharfrichter mehre Hunderte von Delinquenten hinrichteten und durch diese beständige Übung ihres Handwerks eine solche Fertigkeit erlangten, daß es ihnen gewiß nur selten nicht gelang, die Linie an dem Halse ebenso sicher zu treffen, als wenn sie den Hals einer leblosen Puppe vor sich gehabt hätten. In dem Zeughause einer berühmten Stadt werden fünf Schwerter vorgezeigt, mit deren jedem 100 Verbrecher abgethan wurden, die, der schwerttragenden

Göttin geheiligt, als glorreiche Spolien unter andern Trophäen prangen. Ebenso ermangelten die Nachkommen des Scharfrichters nicht, auf dessen Grabstein öfters zu seinem Lobe die Zahl der durch den Bestatteten Hinübergeförderten zu bemerken. Diese Strafe aber, die unter den angeführten Umständen selten mit erheblichen Übelständen verbunden war, hätte billig mit Vertilgung der großen Räuberbanden aufgehoben werden sollen, da die Erfahrungen neuerer Zeiten gelehrt haben, daß die Hinrichtungen mit dem Schwerte bei ihrer an sich so erfreulichen Seltenheit weit öfter, als vormals, ärgerlich mißglücken, was für die Zukunft noch häufiger zu besorgen ist. Je seltener große Verbrechen sich ereignen, desto ungeübter muß selbst die Hand Desjenigen werden, welcher in frühern Zeiten bei manchen Innungen mit dem Namen „des ungenannten Mannes" belegt wurde. Bei immer mehr erwachender Menschlichkeit wird die Unterdrückung ihrer Regungen immer schwieriger, die Verhütung des Zitterns der erhobenen Faust unmöglicher. So setzt das Schwert den Delinquenten der Gefahr einer grausamern als der gesetzlich bestimmten Strafe, die Zuschauer dem Schauspiel unbeabsichtigter Martern, den Scharfrichter selbst der unsäglichen Angst vor einer ihn mit Verwünschungen beladenden Fehlschlagung aus. Muß das Schwert, selbst in der Hand des Unverzagten, schon um der horizontalen Richtung willen, in welcher wir den Arm seltener brauchen, oft fehlen, zu geschweigen, daß das Antlitz des Verbrechers, dem die Merkmale der menschlichen Natur eingeprägt sind und auf welchem sich auch der Schrecken des Todes am deutlichsten ausdrückt, dem Richtenden entgegenstarrt, so wird sich auch ergeben, daß die Anwendung des Fallbeils oder der Guillotine in jeder Hinsicht weit vorzuziehen ist. Auf derselben wird auch nicht die Schimpflichkeit ruhen, welche man mit der Beilstrafe verbunden hielt, während die Strafe des Schwerts allein für ehrlich geachtet, daher im Mittelalter nur der Vornehme mit demselben hingerichtet und hierin überhaupt das römische Recht angenommen wurde.

Über öffentliche geistliche Schaustellungen, insbesondere die zu Oberammergau.

Gleichwie die Alten mit ihren Religionsübungen dramatische Vorstellungen verbanden, wie schon aus den der Allgeberin Ceres zu Ehren begangenen eleusinischen Mysterien hervorgeht, und ursprünglich dem Bacchus bei den öffentlichen Schauspielen geopfert wurde, ebenso vervollständigte auch in den Zeiten des Mittelalters der Gottesdienst, besonders zur Passionszeit, eine Art Drama, welches die ganze Leidensgeschichte Christi in einzelnen Scenen und Auftritten vor die Sinne führte, ja man will unser ganzes Schauspielwesen aus dieser Quelle herleiten. Bekannt sind die in Spanien zu solchem erbaulichen Behufe gedichteten Autos sacramentales, zu deren Abfassung sich die ausgezeichnetsten Dichter hergaben, wie man denn vom berühmten Schauspieldichter Don Pedro Calderon de la Barca an hundert dergleichen Autos zählt. Ein bemerkenswerther Beitrag zur Geschichte dieses eigenthümlichen Andachtsspiels dürfte wol auch darin enthalten sein, daß Herzog Georg zu Sachsen, Luther's bekannter heftiger Widersacher, im Jahre 1513 dem Rathe der Stadt Leipzig 2000 Gulden mit der Verordnung legirte, daß von den Zinsen dieses Capitals jährlich in der sogenannten Marterwoche am grünen Donnerstag, Charfreitag und Sonnabend die ganze Historie vom bittern Leiden und Sterben Jesu Christi auf öffentlichem Markte agirt und gespielt werden sollte. Ob und wie lange dieses Vermächtniß erfüllt wurde, darüber fehlen uns die Nachrichten. In den neuesten Zeiten indeß haben diejenigen Passionsvorstellungen besonderes Aufsehen erregt, welche in der malerischen Gegend von Oberammergau, am Fuße der schneebedeckten tiroler Alpen, in nicht allzuweiter Entfernung von München, von sieben Jahren zu sieben Jahren aufgeführt werden und seit undenklichen Zeiten dort im Brauche sind. Auch in diesem Jahre sind diese mehre Wochen hintereinander zu wiederholten Malen unter Herbeiströmung von vielen Tausenden von Zuschauern gegeben worden, und die vornehmsten Mitglieder des bairischen Königshauses, der König von Sachsen und andere Große haben es nicht verschmäht, sich dabei einzufinden, sowie denn selbst die Erziehungsinstitute in der Hauptstadt ihre Zöglinge beider Geschlechter nach jenem Thale entsendet haben.

Ein Augenzeuge versichert, daß das großartige Drama mit dramatischem Geschick und trefflicher theatralischer Anordnung, auch mit der größten Genauigkeit nach dem neuen Testament in würdiger scenischer Anordnung seine Stadien durchlaufen und die Darstellung ganze neun Stunden in Anspruch genommen habe. „Die Costume — fährt er unter Anderm fort — sind mit größter Treue der geschichtlichen Überlieferung nachgebildet. Sie zeichnen sich durch Geschmack und Schönheit ebenso aus, als die darstellenden Männer und Frauen in der Kunst, in den malerischen faltigen Gewändern sich angemessen zu bewegen und Schritt und Haltung in plastischer Form zu geben. Das Hauptaugenmerk der Unternehmer dieser interessanten Vorstellungen ist immer schon einige Jahre zuvor auf die Auswahl eines durch Schönheit des Wuchses ausgezeichneten Mannes gerichtet, welcher die Rolle des Welterlösers übernimmt. Mit gleich großer Sorgfalt wird die schönste Jungfrau für die Rolle der Maria gewählt. Referent erinnert sich noch sehr lebhaft einer schönen blühenden Oberammergauerin, von welcher man mit allem Rechte sagen konnte, daß ihr die Natur einen anmuthvollen, schönen Madonnenkopf gegeben, wie denn auch kein Fremder nach München gekommen ist, den man nicht auf sie aufmerksam gemacht hätte. Diese Passionsvorstellungen, an sich schon erhaben, werden es noch mehr dadurch, daß sie unter freiem Himmel, umgrenzt von majestätischen Gebirgen an jene heilige Stätte erinnern, welche, dem Libanon nahe, die Erlöserstadt mit ihren Palmen und Cedern umfing. Der für die Passionsvorstellungen abgesteckte Platz bietet einen der Würde des Schauspiels ganz entsprechenden Raum. Jede Stelle, wie sie die heilige Schrift bezeichnet, findet das Auge des Zuschauers, Gethsemane, wie Golgatha, den Palast des Kaiphas, wie die Straße Jerusalems, durch welche der Erlöser in den uns heiligen Tagen wandelte, den Bach Kidron, den einsamen Saal des Abendmahls u. s. w. Die Schaubühne des riesenhaftesten Umfangs, Umgebung, Darstellung, Costume, Alles macht einen tiefen Eindruck. Der Vortrag, voll überraschender Präcision, ist wohllautend, deutlich, durch keinen Dialekt entstellt. Kein aufgespannter Sonnen- oder Regenschirm wird den Zuschauern gestattet, und die städtischen Damen müssen ebenso gut als die Männer der Hüte entbehren. Die religiöse Feierlichkeit des Spiels gebietet Ehrfurcht, und es kann keine von außen kommende Beschwerlichkeit berücksichtigt werden. Die Zwischenacte werden mit Gesängen ausgefüllt, die, wie die Chöre der Alten, durch Inhalt und festlichen Schwung mächtig ergreifen. Der Neugierige, welcher anfänglich gemüthlos gafft, wird durch die Macht des harmonisch dahinbrausenden Chors wider Willen feierlich gestimmt, und sein Inneres weicht einer geheimen, heiligen Macht der mit ehrwürdigen biblischen Traditionen umkleideten Poesie, die in dem Munde kindlicher Einfalt ihre hehre Abkunft verkündigt. Nicht die geringste Störung unterbricht das Schauspiel, ungeachtet des Zudrangs der Menge zu den festgesetzten nur gegen Bezahlung einzunehmenden Plätzen. In diesem Augenblicke beginnen wieder die Darstellungen, hundert Gäste entfernen sich, während neue hundert zuströmen, indem jene Obdach suchen, um sich zu erholen und sich dann an der Vergegenwärtigung 1800jähriger Scenen zu laben, die mit so tiefer Bedeutsamkeit in das europäische Leben eingreifen und in jeder Beziehung ihm eine edle Richtung geben."

Das Schloß Belvoir.

Das Schloß Belvoir steht auf einem ziemlich hohen, isolirten Berge in der englischen Grafschaft Leicestershire und verdient den mit Belvedere und Bellevue gleichbedeutenden Namen, den es führt und der bisweilen in Beevor oder Bever verstümmelt vorkommt, wegen seiner malerischen Lage vollkommen. Der Hügel, welcher das Schloß trägt, ist nach der Sage von den Römern aufgeworfen worden, was jedoch wenig wahrscheinlich ist; allem Vermuthen nach war er schon vor ihrer Zeit vorhanden, doch mögen sie der Natur zu Hülfe gekommen sein, ihn steiler gemacht und ihm dadurch ein imposantes Ansehen gegeben haben. Die Aussicht, die man vom höchsten Punkte genießt, ist ebenso schön als umfassend; man erblickt nicht weniger als 174 Ortschaften. Das alte Schloß, das bis in die Mitte des 17. Jahrhunderts auf der Stelle des jetzigen stand, wurde im 11. Jahrhunderte von Robert de Todeni gegründet, einem edeln Normann, der Wilhelm den Eroberer als Fahnenträger nach England begleitete und dessen Nachkommen, die jetzt den Titel der Herzöge von Rutland führen, noch im Besitze des Schlosses sind. Im J. 1645 war das Schloß während des Kampfes zwischen König und Parlament von den königlichen Truppen besetzt, die von hier aus durch plötzliche Ausfälle den in der Umgegend stehenden Parlamentstruppen großen Schaden zufügten. Die letztern belagerten es daher im Winter 1645—46 vier Monate lang; nach Verlauf dieser Zeit mußte es sich, halb zur Ruine geworden, ergeben und General Poyntz nahm es in Besitz. Im J. 1649 ordnete das Parlament mit Zustimmung des Grafen von Rutland die gänzliche Schleifung des Schlosses an. Nach der Restauration kehrte der Graf nach Belvoir zurück und erbaute das jetzige Schloß, das mit den dazu gehörigen Gärten und Anpflanzungen im J. 1668 vollendet wurde.

Herausgegeben unter Verantwortlichkeit der Verlagshandlung F. A. Brockhaus in Leipzig.

Das Pfennig-Magazin

für
Verbreitung gemeinnütziger Kenntnisse.

413.]   Erscheint jeden Sonnabend.   [**Februar 27, 1841.**

Bethune.

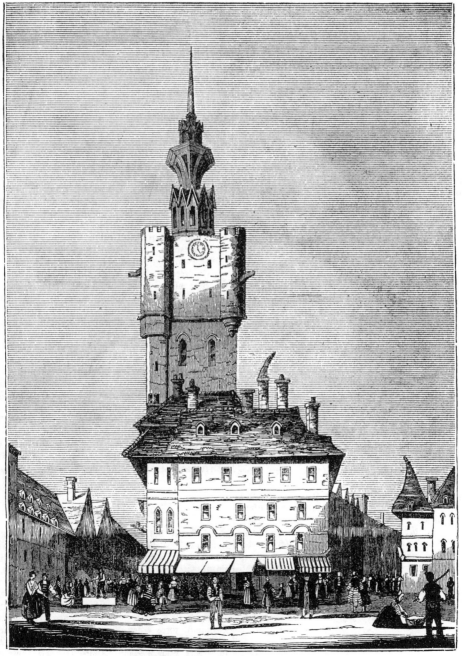

Das Stadthaus zu Bethune.

Bethune.

Bethune ist eine kleine Stadt im Departement Pas de Calais im nördlichen Frankreich, sonst zu der Grafschaft Artois und den französischen Niederlanden gehörig, liegt an den kleinen Flüssen Bietre und Lave und hat 7—8000 Einwohner. Ihre Festungswerke sind von Bedeutung, insbesondere das von Vauban erbaute Castell, das einen Winkel der im Dreieck gebauten Stadt einnimmt. Die Bauart derselben zeichnet sich nicht eben sehr vortheilhaft aus; doch hat sie einen schönen Marktplatz von ansehnlicher Größe. Das an demselben stehende Stadthaus, welches unsere Abbildung vorstellt, ist das merkwürdigste öffentliche Gebäude.

Das umliegende Land ist fruchtbar, erzeugt Korn im Überflusse und hat auch treffliche Weideplätze. Geschätzt werden unter den Producten der Umgegend noch Flachs und Kohl; die Käse von Bethune sind weit und breit berühmt und bilden einen nicht unbeträchtlichen Handelsartikel. Aus dem Flusse Lys geht ein schiffbarer Kanal nach Bethune, wo er eine schöne Docke bildet, welche große Schiffe fassen kann.

Erst in der Mitte des 17. Jahrhunderts kam Bethune an die französische Krone. Es wurde im J. 1645 von Gaston, Herzog von Orleans, in dem Kriege, den Frankreich während der Minderjährigkeit Ludwig's XIV. mit dem Könige von Spanien und dem deutschen Kaiser führte, erobert und im Frieden von den Pyrenäen im J. 1659 wurde Frankreich im Besitze der Stadt definitiv bestätigt. Nachher befestigte sie der berühmte Vauban mit ebenso viel Sorgfalt als Geschicklichkeit; dies konnte aber nicht hindern, daß der Herzog von Marlborough sie den Franzosen abnahm. Die Belagerung desselben begann am 15. Juni 1710; zwei regelmäßige Angriffe fanden statt und am 28. Aug. wurde der Platz übergeben. Im utrechter Frieden 1713 wurde auch diese Eroberung den Franzosen zurückgegeben.

Von Bethune hat eins der vornehmsten und ältesten französischen Geschlechter seinen Namen, von dessen Gliedern Maximilian Bethune, Herzog von Sully, die größte Berühmtheit erlangt hat. Einige Herren von Bethune starben während der Kreuzzüge im heiligen Lande; einer von ihnen, Conon oder Colon de Bethune, nahm 1203 an der Eroberung des griechischen Reichs Theil. Er wurde Gouverneur von Konstantinopel und Herr von Adrianopel, welche letztere Stadt sein Sohn später als König regierte; beim Tode des Kaisers Peter von Courtenay wurde er Regent des Reichs. Der sechste Herr von Bethune, Robert V., begleitete den französischen König nach Canterbury, wo sie das Grab des hingerichteten Thomas von Becket besuchten, und starb bei der Belagerung von Ptolemais. Einer seiner Söhne, der Graf von Aumale, gründete eine Linie des Geschlechts in Schottland, die später, als einer seiner Nachkommen die Erbin des Hauses Balfour heirathete, diesen Namen annahm. Aus diesem Geschlechte stammt der unter dem verderbten Namen Beaton oder Beton bekannte Cardinal, der sich in der Mitte des 16. Jahrhunderts durch seinen katholischen Eifer auszeichnete, den er durch Verfolgung der schottischen Protestanten bethätigte, namentlich aber durch den Antheil, den er an der Verbrennung ihres berühmten Predigers Georg Wishart hatte, wodurch er sich selbst ein tragisches Ende zuzog.

Die wilde Kartoffel.

Über die Heimat der Kartoffel (sowie der meisten zur Nahrung des Menschen dienenden Gewächse) sind wir noch ziemlich im Dunkeln, obgleich so viel ausgemacht ist, daß sie aus Amerika stammt. Humboldt glaubt, daß sie von einer früher unter dem Namen Maglia vorkommenden Pflanze herstammt, die in Chile wildwachsend gefunden wird. Von den Urbewohnern dieser Länder wurde sie nach ihm über Peru, Quito, Neugranada und die Cordillerenkette von 40—5 Grad südl. Breite verbreitet; bei Ankunft der Spanier in Mexico scheint sie daselbst nicht bekannt gewesen zu sein, hingegen sollen die 1584 nach Virginien geschickten Colonisten sie dort angetroffen haben. Pöppig und andere Gelehrte sind gleichfalls der Meinung, daß diese Pflanze in Chile wild gefunden werde. Nach Jenem ist sie eine Seestrandpflanze, die sich nicht mehr als zwei Leguas von der See entfernt und nicht mehr als 400 Fuß über den Meeresspiegel erhebt. Am häufigsten findet sie sich an steilen Abhängen und kleinen Vorsprüngen hoher Felsen; am üppigsten gedeiht sie in lehmigen Abstürzen oder Felsenspalten, die der Seeluft ausgesetzt sind. Die Chilenen nennen die wilde Kartoffel Papa cimarona, weil sie nur sehr kleine und bitterliche Wurzelknollen trägt.

Auf den Chonosinseln ist nach neuern Entdeckungen eine andere wilde Kartoffel zu Hause, die mit der zahmen noch weit mehr als die von Pöppig beschriebene übereinstimmt. Sie wächst ebenfalls am Meeresstrande und zwar in dichten Haufen auf sandigem, muschelreichem Boden, blüht gegen Mitte Januars und trägt nur wenig Wurzelknollen. Die Frucht hat mit der zahmen Kartoffel gleichen Geruch, ist nicht bitter, schrumpft aber beim Kochen stark zusammen und wird wässerig und geschmacklos; sie kann ohne alle Gefahr gegessen werden. Man trifft diese Pflanze, deren Stengel etwa vier Fuß hoch wird und deren eirunde Frucht höchstens zwei Zoll im Durchmesser hat, über den ganzen Archipel selbst auf vereinzelten Felsen an, außerdem auch auf der gegenüberliegenden Küste des festen Landes bis nach Trinidad hinab unter 50° Breite, wo die Einwohner sie Aquina nennen. Aller Wahrscheinlichkeit nach ist nicht die vorhin genannte Maglia, sondern die Aquina die Mutter der zahmen Kartoffel, weil sie eßbare Knollen liefert, während die erstere im nördlichen Chile ausgeartet ist; beide Pflanzen sind übrigens wol nur Spielarten derselben Species. Hiernach wäre das eigentliche Vaterland der Kartoffel südlich vom 42. Breitengrade zu suchen, wo die Luft sehr feucht, das Wetter fast immer stürmisch ist und sehr viel Regen fällt, sowie auch die zahme Kartoffel in feuchten Ländern besser als in trockenen gedeiht.

Das Flachsspinnen.

Die Kunst des Spinnens, welche der Mensch ursprünglich vielleicht der Spinne abgelernt hat, ist nach den übereinstimmenden Sagen aller alten Völker von einem Frauenzimmer erfunden worden. Nach einer alten Sage hat Naema, Schwester des Jubal und Tubalkain, sie erfunden. Die Ägypter schrieben die Erfindung der Isis, die Chinesen der Gemahlin ihres ersten Kaisers, Yao, die Peruaner der Mamaoella, Gemahlin ihres ersten Yncas Manco-Capac, die Griechen der Pallas oder Minerva, die Lydier der Arachne zu. Der Letztern Sohn, Kloster, soll die Spindel zum

Wollespinnen erfunden haben, ein Werkzeug, dessen schon Homer an mehren Stellen Erwähnung thut, indem die Mutter der Nausikaa mit der Spindel purpurne Wolle gesponnen und Alkandra der Helena einen goldenen Spinnrocken geschenkt haben soll. Auch in den Sprüchen Salomonis wird des Rockens und der Spindel gedacht.

Das Spinnrad mit einer Spule, das gewöhnliche Spinnrad zum Flachsspinnen, soll von dem Steinmetz Jurgens zu Wolfenbüttel um das Jahr 1530 erfunden worden sein; doch wird diese Sage vielfach in Zweifel gezogen. Das Spinnrad mit der doppelten Spule, auch zweispuliges oder Doppelspinnrad genannt, auf welchem man mit beiden Händen zwei Fäden zugleich spinnen kann, ist erst im vorigen Jahrhunderte erfunden worden, wahrscheinlich aber nicht von dem 1767 gestorbenen Prediger Trefurt zu Riede in der hanoverschen Grafschaft Hoya, welcher gewöhnlich für den Erfinder angesehen wird, sondern schon früher, nach Einigen um 1714 oder 1724, von einem Drechsler zu Niemeck in der Mark. In neuerer Zeit hat das Spinnrad noch mancherlei Verbesserungen erhalten. Die Spindel, welche noch jetzt an manchen Orten in Gebrauch ist, soll vor dem Rade den Vorzug haben, daß sie einen feinern und geschmeidigern Faden liefert, der sich besser bleichen und färben läßt.

Die erste noch ziemlich unvollkommene Spinnmaschine wurde 1767 von dem Engländer Hargreaves erfunden; sie setzte anfangs nur 8 Spindeln in Bewegung, welche Zahl später bis auf 80 vermehrt wurde. Vollkommener war die von Richard Arkwright (der vorher ein armer Barbier war) um 1774 in Nottingham erfundene Spinnmaschine (Spinnrahmen), welche mittels eines Mühlwerks oder durch Dampf in Bewegung gesetzt wird und eine große Menge wollener oder baumwollener Fäden auf einmal spinnt, ohne daß dabei von Menschenhand etwas Anderes zu geschehen braucht, als das Anlegen des Spinnstoffes und die Anknüpfung derjenigen Fäden, welche etwa zufällig gerissen sind. Später sind diese Maschinen in England sehr wesentlich verbessert worden. In Frankreich wurde die erste Spinnmaschine 1787 vom Minister Calonne eingeführt; in der Schweiz 1798 (zu St.-Gallen). In Deutschland hat Östreich wol die meisten Spinnereien; auch in Sachsen ist dieser Industriezweig in der neuesten Zeit in Aufnahme gekommen.

Auf den bisher erwähnten Spinnmaschinen wurde nur Wolle und Baumwolle versponnen. Die Anwendung von Maschinen zum Flachsspinnen hat lange nicht gelingen wollen, obschon Napoleon am 7. Mai 1810 auf die Erfindung einer hierzu tauglichen Maschine einen Preis von einer Million Francs setzte; die Schwierigkeit, welche der Flachs dem Spinnen entgegensetzt, liegt hauptsächlich in dem ihm eigenen Harze. Zwar war schon im letzten Jahrzehnd des vorigen Jahrhunderts in England eine Flachsmaschinenspinnerei errichtet worden, und der von Napoleon ausgesetzte Preis hatte sehr bald die Erfindung mehrer Flachsspinnmaschinen zur Folge, die jedoch hinsichtlich der bewirkten Ersparniß nicht eben zweckmäßig und vortheilhaft waren. Erst um das Jahr 1825 wurde in England eine Methode erfunden, den Flachs vor dem Spinnen so zu bereiten, daß er sich ebenso leicht als Baumwolle und in weit einfachern Maschinen spinnen läßt, und namentlich hat sich Marshall in Leeds in dieser Hinsicht große Verdienste erworben. Seitdem entstanden bald eine Menge Fabriken dieser Art und in den drei vereinigten Königreichen England, Schottland und Irland bestanden schon 1834 nicht weniger als 373, nämlich 178 in England, 170 in Schottland und 25 in Irland. Die meisten finden sich in den nördlichen Grafschaften Englands und zwar in Leeds allein nicht weniger als 113, von denen eine einzige 2100 Arbeiter beschäftigt. Der Hauptsitz der schottischen Leinenmanufactur ist Dundee, wo jetzt alles Garn auf Maschinen gesponnen wird; 1811 waren hier erst 4, 1831 schon 31 Spinnereien mit 2470 Arbeitern im Gange, sämmtlich durch Dampfkraft bewegt. In Irland, wo die Handspinnerei noch keineswegs verdrängt ist, besaß die Stadt Belfast, der Hauptsitz der irischen Leinenmanufactur, schon 1835 13 Spinnereien mit 2700 Arbeitern. Die jährliche Production an Flachsmaschinengespinst in Großbritannien und Irland beträgt jetzt mehr als $1\frac{1}{2}$ Mill. Centner; der Gesammtwerth der in dem vereinigten Königreiche producirten Leinenwaaren aber beträgt jetzt 8 Millionen, im J. 1800 aber nur etwa 2 Mill. Pf. St. Die früher verhältnißmäßig geringe englische Leinenmanufactur verdankt ihren Aufschwung lediglich der Maschinenspinnerei; schon jetzt führt England sein Maschinengarn nach Amerika, Frankreich, Belgien, ja selbst nach Deutschland aus und auf den überseeischen Märkten werden die deutschen Leinenwaaren immer mehr und mehr von den englischen verdrängt. In Frankreich wurde 1830 zum ersten Male leinenes Maschinengarn eingeführt, im ersten Jahre nur 6000 Pfd., im J. 1837 schon 6,400,000 Pfd., im J. 1838 wahrscheinlich mehr als 12 Mill. Pfd. In Frankreich selbst waren 1839 erst vier große Spinnereien entstanden, vier neue in der Einrichtung begriffen und sechs andere vorbereitet; noch können die Maschinen nicht in hinreichender Anzahl in Frankreich geliefert werden, und ihre Ausfuhr aus England wird durch das bestehende Ausfuhrverbot erschwert und vertheuert; aber in Paris ist ein großes Etablissement zur Erbauung von Flachsspinnmaschinen angelegt worden. Übrigens erfoderten bisher die französischen Maschinen eine Spinnerin zu 28—36 Spindeln, während in Leeds eine Person 132 Spindeln besorgt. In Belgien hat man erst 1836 mit der Anlegung von mechanischen Flachsspinnereien den Anfang gemacht. In Rußland haben Engländer unweit Petersburg, zu Alexandrowsky, eine Spinnerei als Musteranstalt für das Reich angelegt, und auch in Polen besteht eine sehr bedeutende Spinnerei.

In Deutschland ist die mechanische Flachsspinnerei noch in ihrer Kindheit, doch sind bereits an mehren Orten Etablissements dieser Art im Gange oder in der Einrichtung begriffen, namentlich zu Waldenburg und Freiburg in Schlesien, zu Augsburg und bei Kempten in Baiern, zu Emmendingen in Baden, zu Urach in Würtemberg, zu Köln und Herford u. s. w. Die projectirte Flachsspinnerei zu Zittau in Sachsen, für die schon 1837 ein Actienverein zusammentrat, ist noch nicht ins Leben getreten. In der neuesten Zeit hat ein Deutscher, Namens Droßbach, ein neues System der Flachsmaschinenspinnerei erfunden, das auch in England patentirt worden ist, und in Gmund eine Maschinenbauanstalt, die mit einer kleinen Flachsspinnerei verbunden ist, errichtet. Nach den bisher gemachten Erfahrungen muß als ausgemacht betrachtet werden, daß eine Spinnerei nur bei einer großen Zahl von Spindeln (500 oder mehr) mit Vortheil betrieben werden kann. Ganz kürzlich hat ein Hr. von Orth eine kleine Handflachsspinnmaschine construirt, bei welcher die Bewegung durch eine Kurbel hervorgebracht und durch Schnüre und Zahnräder auf die einzelnen Theile

*

fortgepflanzt wird. Bei einem acht Spindeln enthaltenden Exemplare hat sich ergeben, daß täglich neun Stück Garn gesponnen wurden; da nun an der Maschine zwei Arbeiterinnen beschäftigt waren, von denen die eine das Vorgespinnst bereitete, die andere die Kurbel drehte und das Spinnen beaufsichtigte (wozu übrigens keine besondere Kunstfertigkeit erfodert wird), eine gute und fleißige Handspinnerin aber in einem Tage höchstens zwei Stück liefern kann, so kommen auf eine Person bei Anwendung der gedachten Maschine 2¼ Mal so viel, als beim Spinnen auf dem Rade. Gleichwol ist die Anwendung dieser Maschine nicht für vortheilhaft zu halten, da das Maschinengespinnst theils durch die Kosten der Maschine, theils durch die höhern Kosten des Flachses sehr erheblich vertheuert wird. Jene Spinnmaschine für acht Spindeln kostet nämlich nicht weniger als 150 Thaler und der Flachs muß für die Maschinenspinnerei weit sorgfältiger als für die gewöhnliche Handspinnerei ausgehechelt sein, wenn das producirte Gespinnst von guter Qualität sein soll.

Abgesehen von dieser letzten unvortheilhaften Maschine gewährt die Maschinenspinnerei vor der Handspinnerei namhafte Vortheile. Sie liefert viel regelmäßigeres Garn und spinnt das Werg ebenso fein als den Flachs selbst; auch geht das Maschinenspinnen ungefähr viermal schneller als das Handspinnen von statten; der Vorzug größerer Wohlfeilheit scheint bei manchen Sorten allerdings noch auf der Seite des Handgespinnstes zu sein. Aller Wahrscheinlichkeit nach wird es mit dem Flachsspinnen auch in Deutschland so gehen, wie mit dem Baumwolle= und Wollespinnen. Der bedeutendste Theil der Leinenproduction wird dem fabrikmäßigen Betriebe anheimfallen. Freilich kann hierbei die Besorgniß entstehen, daß dadurch viele Menschen ihres bisherigen Verdienstes beraubt werden; diese wird aber durch den Umstand sehr gemindert, daß wegen der Kostspieligkeit von Maschinenspinnereien auf keinen Fall viele Etablissements dieser Art auf einmal entstehen werden, daß mithin die Handspinner nur allmälig und in geringer Ausdehnung eines Theils ihres Verdienstes beraubt werden dürften. Übrigens besitzt die Hausleinwand Vorzüge, welche durch mechanische Fabrikation schwerlich jemals erreicht werden können, und die gewöhnlichsten sowol als die feinern Leinengarne dürften auch künftig den Handspinnern vorbehalten bleiben.

Das kleine Handspinnrad, auch sächsisches Spinnrad genannt.

Chilenische Zustände.

(Beschluß aus Nr. 412.)

II. Verwaltung.

Die Staatseinkünfte betragen nicht mehr als zwei Millionen Thaler, welche durch die Douane, die Patente, Stempel, Regie und einige kleinere Abgaben geliefert werden und wovon die Douane von Valparaiso allein fast die Hälfte einträgt. Mit einem so mäßigen Einkommen den zeitgemäßen Bedürfnissen eines großen Staatshaushalts Genüge zu leisten, hält schwer; unmöglich aber scheint es, denselben durch Einführung directer Abgaben abzuhelfen, an welche das Volk nicht gewöhnt ist.

Die Armee, in Friedenszeiten nur 3000 Mann stark, jetzt auf mehr als das Doppelte vermehrt, und die Anstrengungen des Staats, als Seemacht gegen Peru sich geltend zu machen, kosten dem Lande unverhältnißmäßige Opfer. Eine geordnete, alle Stände gleich belastende Militairpflichtigkeit existirt nicht. Die Zahl der zu stellenden Rekruten wird dem Intendanten jeder Provinz aufgegeben und dieser läßt sie durch seine ihm untergebenen Gouverneure und Inspectoren der Departemente und Gemeinden beliebig ausheben. Das äußere dieser aus der Hefe des Volks gepreßten Truppen ist nicht geeignet, einen hohen Begriff von ihrem kriegerischen Talent zu geben. Unförmliche, kurzhalsige, dickköpfige Chinos, eine eigenthümliche cretinartige Spielart indischer Abkunft, wechseln mit kleinen, höckerigen, erdfarbigen, hohlen und dickwanstigen Ungethümen, welche in der übelangepaßten französischen Uniform ein koboltartiges Ansehen haben. Von den Offizieren, Zöglingen der Militairschule in Santiago, war noch keiner im Stande, eine Karte seines Landes zu entwerfen. Ein besonderes Corps bilden die Milizen, mehr eine Vorschule für die Linie als Garantie der öffentlichen Sicherheit, indem hier gerade der Pöbel bewaffnet, der Bürger aber frei von dem Dienste ist. Ihre Übungen finden wöchentlich statt. Sie sind weiß gekleidet und gut exerzirt in dem langweiligen, feierlichen englischen Paradeschritte. Als Offiziere agiren die Ladendiener der Handwerker und kleinern Kaufleute. Sie machen, wie die Offiziere der Linie, einen großen Staat in Uniformen und tragen oft den Werth einer ganzen Boutique in Goldstickerei.

Der öffentliche Unterricht läßt bei den geringen Hülfsmitteln der Regierung nur langsame Verbesserungen zu; die geringen Besoldungen der Lehrer, selbst an den höhern Lehranstalten, machen keinem Talent diesen Beruf wünschenswerth. Dennoch behauptet hierin Chile vor allen südamerikanischen Staaten, vielleicht mit Ausnahme Venezuela's, den ersten Rang. Rege Intelligenz und Wißbegierde zeichnen den Chilenen vor dem unwissenden selbstgefälligen Peruaner und dem trägen Argentiner vortheilhaft aus. Mit Geschick weiß er aus den literarischen Hülfsquellen, welche sich ihm darbieten, Nutzen zu ziehen und mit Leichtigkeit durch das Studium fremder Sprachen, namentlich der französischen, sich zu den Schätzen ihrer Literatur den Zutritt zu öffnen. Es verdient gewiß ehrenvolle Anerkennung, wenn Männer von Rang und Vermögen sich mit dem uneigennützigsten Eifer dem Unterricht der Jugend widmen, und das Beispiel des Senators Egaña, Stifters des Instituts, gestorben 1836, in dessen Nachlaß sich eine Bibliothek von 15,000 Bänden, gesammelt mit den größten Opfern und unter den ungünstigsten Umständen, vorfand, ist nicht das einzige dieser Art.

Neben den Volksschulen Lancaster'scher Methode bestehen in Santiago mehre auf französischen Fuß eingerichtete Erziehungsanstalten und das sogenannte Instituto nacional, eine aus der Reform der geistlichen Renten hervorgegangene Anstalt, in welcher an 100 Jünglinge größtentheils auf öffentliche Kosten erzogen und für den Staatsdienst gebildet werden. Der Unterricht in alten Sprachen beschränkt sich bis jetzt auf die lateinische; von neuern wird französisch und englisch gelehrt. Obgleich die Besetzung der Lehrfächer noch sehr mangelhaft und zum Theil durch die größere oder geringere Schwierigkeit in Herbeischaffung der Lehrbücher und Autoren bedingt ist, so hat doch mönchische Disciplin und scholastische Philosophie einer freiern Behandlung der Wissenschaften Platz gemacht und das Land fängt bereits an, des Segens der Anstalt sich zu erfreuen. (Der philosophische Cursus des D. Ventura Marin, eines mit den vorzüglichsten Systemen deutscher und anderer Philosophen innigst vertrauten jungen Gelehrten, läßt nichts zu wünschen übrig; aus der mit der Anstalt verbundenen juristischen Schule, wo die Jugend unter Leitung der Herren Montes und Bello nach Ducauroy's Institutionen und Pothier's Pandekten in den Grundsätzen des römischen Rechts eingeweiht wird, sind schon tüchtige Anwälte hervorgegangen; die medicinische Schule, unter Aufsicht des Protomedico W. Blest hat bis jetzt nur Chirurgen für die Armee geliefert.

Eine öffentliche Bibliothek von etwa 10,000 Bänden enthält außer vielen theologischen Schriften eine Sammlung selten gewordener Autoren über amerikanische Ursprachen und eine Anzahl französischer historischer und encyklopädischer Werke. (Manuscripte finden sich nur zwei bis drei, die Geschichte der Missionen von Chillan und Osorno betreffend, interessant als Beiträge zur Charakteristik der Wilden. Das bedeutendste Manuscript über die Geschichte von Chile von Rosales soll sich auf der londoner Bibliothek befinden.) Die Druckereien von Santiago beschäftigen sich fast ausschließlich mit Tagesblättern und Flugschriften, unter denen der „Araucano", ein wöchentlich erscheinendes Regierungsblatt, den ersten Rang einnimmt. In der Provinz hat Valparaiso die einzige Presse. Aller Bedarf an Büchern wird von Frankreich bezogen.

Die katholische Religion ist die alleinige; andere Culten werden nicht geduldet. Innig verschwistert mit dem Staatsleben übt die Kirche einen großen Einfluß auf die öffentlichen Angelegenheiten. Der Bischof hat Sitz und Stimme im Staatsrathe, eine ausgedehnte Gewalt in Ehesachen und der hierin einschlagenden Sittenpolicei; alle politischen Feste beginnen mit feierlichem Hochamt, dem der Präsident und die Ministerien beiwohnen; der Processionen ist kein Ende. Fünf geistliche Orden theilen sich in das Geschäft der Seelsorge; wo man in der Hauptstadt das Auge hinwendet, stößt es auf Kirchen und Klöster. Doch zeigen sie keine Spur ihres frühern Reichthums; mit Gold- und Silberpapier beklebte Candelaber und Heiligenbilder bilden ein auffallendes Gemisch von Armuth und Geschmacklosigkeit.

In den höhern Ständen herrscht eine gewisse vornehme Gleichgültigkeit gegen kirchliche Vorschriften, auch haben Geistliche selten in ihren Gesellschaften Zutritt; die Masse des Volks dagegen hält streng an der kirchlichen Observanz, und je mehr der gemeine Chilene dem Trunke und andern Lastern ergeben ist, desto sicherer kann man darauf rechnen, daß er dafür zu Zeiten in eigens dazu bestimmten Bußhäusern seine Schuld abträgt. Die Frauen fahren dahin in weißem härenen Bußgewande in einer mit Ochsen bespannten, mit Tüchern behangenen, einer Arche Noah's ähnlichen Carreta und kommen nach einigen Tagen, so lange den würdigen Vätern gefällt, ihre Buße dauern zu lassen, wie neugeboren wieder zum Vorschein. Schmuzige Franziskanermönche bieten von Haus zu Haus die Heilandspuppe zu Kuß und Almosen; dem hülflosen Kranken bringt das Bild des heiligen Laudoaldio Trost, womit privilegirte Schächer von Dorf zu Dorf, Wundercuren verrichtend, herumlaufen.

III. Volksleben. Gesellschaft.

Spanier haben das chilenische Volk die Deutschen

von Südamerika genannt. Eine ruhige Außenseite und ein aller Verstellung fremdes, ungeschminktes Betragen bestätigen diese Vergleichung, obgleich hinsichtlich der Körperbildung keine Ähnlichkeit mit der germanischen Race obwaltet. Die Männer sind selten wohlgestaltet; doch sieht man hin und wieder kräftige Landleute und noch häufiger liebliche Frauengesichter. Wenn die Männer der bessern Stände, durch manche Erfahrungen gewitzigt, in der Hafenstadt schon in Folge der Abgeschlossenheit der großen Handelshäuser, eine gewisse Kälte und Einsylbigkeit gegen den Fremden beobachten, so sind dagegen die Frauen äußerst zuvorkommend und liebenswürdig. Ein üppiger, etwas zur Fülle geneigter Bau, kleine Hände und zierliche Füße, schönes schwarzes, bei den Mädchen in Flechten herabhangendes Haar, ein regelmäßiges Oval des Gesichts und dunkle feurige Augen sind sehr allgemeine Eigenschaften. Haltung und Bewegung sind von eigenthümlicher, einem gemeinsamen Typus nachgebildeter Grazie, in welcher eine gewisse wollüstige Gedehntheit vorherrscht. Selbst in den untern Volksclassen zeigt die Chilenin eine Art von Vollendung in den zartesten Formen der Höflichkeit; der willkommene Gast wird unter artigen Freundschaftsbezeigungen mit einer Blume oder Frucht beschenkt, eine liebliche allgemein übliche Sitte; das Wohlwollen thut sich in den unzweideutigsten Äußerungen der Freude kund, ohne je die Grenzen des Anstandes zu überschreiten — kurz Natur und Civilisation treten hier in reizend jugendlicher Vermählung auf. Selbst ihre Coquetterie ist von so liebenswürdiger Offenheit, daß man ihnen unmöglich deshalb gram werden kann. Die Ärmern schmücken sich mit einem großen Kamm und Blumen im Haar, die Reichern wetteifern in allem Luxus französischer Moden in den auffallendsten Farben und Schnitten. Nur die Kirchentracht, die schwarze, kopfbedeckende Mantilla, hüllt sie ganz in ernste Andacht ein.

Im Allgemeinen tragen Natur und Menschen ein weniger fremdartiges Gepräge, als man es bei der großen Entfernung von Europa erwarten könnte. Erstere kleidet sich durchaus nicht tropisch und der Städter gar europäisch. Die Nationaltracht ist der Poncho, ein aus der groben inländischen Wolle gewebter Überwurf, welcher, mit einer Öffnung für den Kopf versehen, kunstlos über die Schultern fällt und den Oberkörper bedeckt. Die Reiter tragen denselben von allerhand bunten Farben und mit den großen über das Knie geschnallten Botas, zum Schutz gegen den Stachel des Weißdorns, den ritterlichen Pfundsporen, den breiteränderten Hüten und gebräunten Gesichtern nehmen sie sich oft martialisch genug aus.

Die Beschaffenheit des Landes und seine bürgerlichen Einrichtungen geben ihm einen Charakter von Stetigkeit, welcher dem ganzen spanischen Amerika mehr oder weniger eigen ist und dasselbe von seinen nördlichen Nachbarn wesentlich unterscheidet. Der Ansiedler am Mississippi und Ohio wird mit dem neuen Boden vertraut, und wenn auch die Trennung der Verbindung mit dem Vaterlande noch so schmerzlich war, so baut er sich doch bald eine neue Welt auf; jedem Schritte entquellen neue Schöpfungen und alle verrinnen in dem Strome eines jugendlichen Lebens. Von dem Allen ist hier keine Spur. Überall treten dem Beobachter die starren Formen einer mittelalterlichen Zeit entgegen. Die gleich Oasen zwischen wüsten Bergen eingeschlossenen Haciendas werden nach Art der alten Encomiendas verwaltet. Den Fremden fesselt nur vorübergehend

das Interesse des Handels oder Gewerbes; nirgend tritt er als Ansiedler auf.

Die Industrie steht noch auf einer so niedern Stufe, daß die freie Concurrenz europäischer Handwerker bis jetzt nicht im Stande war, das alte Vorurtheil gegen die Gewerbe zu brechen oder auch nur zu mildern. Dem Handwerker gegenüber betrachtet sich jeder Taugenichts in erborgten Kleidern als Caballero und wähnt, mit diesem Titel hinlängliche Bürgschaft zu leisten, wenn Jener arglos genug war, ihm Glauben zu schenken. Die Verachtung gegen die (früher den Mulatten eigenen) Gewerbe ist so groß, daß beispielsweise ein Zahnarzt, und wenn er in Paris oder Padua studirt hätte, es nicht wagen dürfte, auf einem öffentlichen Balle neben den Dienern der Kleinhändler zu erscheinen.

Der altspanische Adel lebt vorzugsweise vom Güter- und Minenbesitz; auch bekleidet er die ersten öffentlichen Ämter oder sucht bei beschränkten Vermögensumständen im Handel eine Quelle des Reichthums. Auszeichnende Titel liebt er nicht, und wenn auch Prunksucht unter seine Fehler gerechnet wird, so bleibt doch diese weit hinter den Ausschweifungen europäischen Wohllebens zurück. Carrossen und Livreen gehören zu den Seltenheiten, erstere, weil sie nur in wenigen Straßen zu gebrauchen sind, letztere, weil sie dem Träger Spott und Verachtung zuziehen. Altherkömmlicher Sitte ergeben, wozu namentlich das Recht der Erstgeburt gehört, die jüngern Brüder dem geistlichen oder dem Juristenstande zuführt, leben die höhern Familien in einer gewissen Abgeschiedenheit; doch finden Fremde bei ihnen eine gastliche Aufnahme und die großen Kaufleute des Hafens sind selbst in den Cirkeln des Präsidenten gern gesehen.

Die zahlreichste Classe der Landleute bilden die in Dienstverhältnissen lebenden Inquilinos. Wenn Standeserhebungen und Glückswechsel unter ihnen nicht vorkommen, so darf man die Schuld davon nicht allein dem bürgerlichen Drucke beimessen, sondern sie haben dazu die glücklichsten Motive von der Welt, nämlich Sorglosigkeit und Frohsinn. Die Natur hat den armen Landmann zur Wehr gegen manches Ungemach des Lebens mit einer unerschöpflichen Laune ausgestattet. Auch ist er beiweitem nicht so unglücklich, als man bei dem gesetzlosen Zustande seiner Abhängigkeit glauben könnte. Die wenigen Bedürfnisse seiner in offener Hütte lebenden Familie sind leicht befriedigt, und da nichts ihn an den Boden fesselt, so wendet er sich dem Grundbesitzer zu, welcher ihm die meisten Vortheile gewährt. Der ärmste Inquilino hat sein wohlgezäumtes Roß, auf dem er zu leben gewohnt ist und sogar die meisten ländlichen Arbeiten verrichtet. Bedarf er der Ruhe, so dienen ihm die Widderdecken des Sattels, wo er auch sei, zum Lager. Die gröbste Kost, gewöhnlich aus gedörrtem Rindfleisch bestehend, genügt ihm, wenn nur die aus Mais gegohrene Chicha nicht dabei fehlt. Am frühen Morgen, wie am späten Abend ist seine Heiterkeit unverändert, denn er müht sich nicht ab über Kraft und Gebühr, wie der europäische Tagelöhner, was er durch Raschheit und Gewandtheit reichlich ersetzt. Was er zu Pferde abmacht, gilt ihm für keine Anstrengung. In Valparaiso sieht man täglich ganze Züge von mit Lederkörben behangenen Pferden und Maultieren ankommen, welche den acht deutsche Meilen weiten Weg von Quillota in der Frühe des Morgens zurücklegten und, nachdem sie den Markt mit frischen Früchten versorgt haben, noch am selbigen Tage wieder zurückkehren, ohne daß eine solche Anstrengung für Thiere oder Reiter besonders erschöpfend wird.

Eine gewisse Habsucht, welche auch vor unerlaubten Mitteln nicht zurückbebt, ist dem Volkscharakter nicht fremd. Kaufleute und Handwerker werden bald genug mit diesem Zuge bekannt, und es erfodert die größte Vorsicht, sich dagegen sicher zu stellen. Doch gehören Raub und Einbruch, sowie alle aus einer tiefern moralischen Verderbtheit entspringende combinirte Verbrechen zu den Seltenheiten, und die häufigen kleinern Diebstähle erklären sich aus der rohen Völkern eignen, durch keine höhere sittliche Bildung unterdrückten, kindischen Begier nach dem Neuen. Man darf mit Recht erwarten, daß eine freiere Erziehung allmälig diese Untugend mildern werde, ohne, wie die trübseligen englischen Missionare, welche in der heitern sinnlichen Welt der Freundschaftsinsulaner ein Reich des Satans erblickten, der glücklichen Volksmiene die Larve der Verstellung aufzudrücken.

Unter den öffentlichen Vergnügungen nimmt die Chingana den ersten Platz ein. Es ist dies ein Volkstheater, gewöhnlich unter den hochstämmigen Orangen eines Lustgartens, wo die Zambacueca, ein mit der maurischen Zambra vererbter Nationaltanz, von einigen diesem Dienste geweihten Frauen aufgeführt wird. Tanz und Singweise sind seltsam. Das Geheul des Leoparden ist der menschlichen Stimme nicht unähnlicher als dieser Gesang. Die Guitarre wird fast beständig in einem und demselben Tone mit dem Rücken der Hand gespielt, während ein zu den Füßen der Sängerin ruhender Tänzer im Sechs=Achtel=Takt, mit Hebung der ersten Note, auf den Boden des Instruments trommelt, woraus eine seltsame Melodie entsteht, die in gehobenem Tone wiederholt wird und mit dem eigenthümlichen Nasen= und Gurgellauten in das alte Thema zurückfällt. Die Bedeutung des Tanzes, welcher von einem Paare meistens auf den Fersen aufgeführt wird, ist nicht schwer zu errathen. Was dem Polen die Mazurka, dem Östreicher der Walzer, dem plumpen Auvergner sein Pantoffeltanz ist, das ist dem Chilenen die Zambacueca. Und wenn jene der Tact ihrer Weise bezaubert, wenn rings um die Puy de Dome der schrillende Ton der Viole oder der Dudelsackspfeife die holzbeschuhten Gallier in den Reigen zieht — darf man sich wundern, wenn der Klang der Zither, bei dem Dufte der fruchtprangenden Orangen und einem Weihrauch von Punsch und Chicha, bei dem Anblicke des Mädchens mit brennender Nelke im Haar und des schlanken schnellfüßigen Burschen in weißer Kleidung, mit wehendem Schnupftuche, wie sie immer toller, bald fliehend, bald verfolgend, umeinander auf den Fersen stampfen — darf man sich wundern, wenn dies Schauspiel und die wehmüthig gezogenen, katzenartigen, gleichsam aus der Wildniß der Urwälder herübergetragenen Töne den Chilenen in convulsivische Bewegung bringen? Zu welcher Tageszeit man auch an den armseligen Hütten (Ranchos) des niedern Volkes vorübergehe, man ist gewiß, diese seltsame Melodie in Begleitung der Vihuela zu hören, welche auch dem Ärmsten nicht fehlt und nebst einigem Kochgeschirr und rohen Bänken den einzigen Hausrath der offenen Hütte ausmacht. Während die übrige Familie hier in brahmanischer Beschaulichkeit auf dem Boden sitzt, ergötzt ein schwarzäugiges Mädchen den eintretenden Fremden mit ihrem Gesange.

Für den Hahnenkampf hat ein eigner großer Ort ein eignes Amphitheater. Liebhaber erziehen zu diesem grausamen Spiele besondere Kampfhähne, welche der Gegenstand allgemeinen Interesses sind, wenn sie die Ehre theilhaftig werden, öffentlich aufzutreten, wobei ungeheure Summen verwettet werden. Die Streithähne werden mit gerupftem Halse und Beinen, gestutzten Flügeln und geschärften Sporen, nachdem sie vor die unparteiischen Richter geführt wurden, gegeneinander losgelassen, und der oft mehrstündige Kampf endigt entweder durch den Tod des einen oder durch richterlichen Ausspruch. Halbverblutet und mit ausgerissenen Augen wird eins der Opfer abgeführt, der Gegner, kaum minder entstellt, spreizt sich zu einem heisern Siegesgeschrei und mit dem vor den Richtern aufgehäuften Golde beladen sich die Gewinner nach gefälltem Erkenntnisse.

Wer in südamerikanischen Städten gesellige Vergnügungen nach europäischem Maßstabe sucht, wird sich sehr getäuscht finden. Das in Santiago bestehende Theater und die von einigen Dilettanten unterstützten Winterconcerte sind wenig mehr als rohe Anfänge und schon die der häufigen Erdbeben halber beschränkte Räumlichkeit verkümmert den Genuß.

Fremde Künstler sind seltene Erscheinungen. Das Atelier des berühmten Rugendas, welcher in den letztverflossenen Jahren Santiago zu seinem Aufenthalte gewählt hatte, ward fleißig von den angesehensten Einwohnern besucht, und die kürzlich in dem münchner Salon zur Schau gestellten mexicanischen und araukanischen Bilder wurden auch von den Schönen Santiago's allgemein bewundert. Es war vielleicht das erste Mal, daß ihnen ein genialer Künstler die bunten Bilder ihres Lebens mit treuem und kräftigem Pinsel vor Augen stellte.

Öffentliche Vergnügungsörter für die höhern Stände gibt es nicht. Der Spanier beschränkt sich ganz auf sein Haus und richtet sich in demselben so bequem als möglich ein. Einstöckige, ins Gevierte gebaute Häuser mit weiten Hofräumen, welche zu jeder Tageszeit eine schattige Seite bieten, erinnern ganz an die römische Bauart. Dem Auge wird wenig geboten und für verschönernde Gartenanlagen herrscht kein Sinn.

Wer irgend einen spanischen Haushalt gesehen hat, wird überall in den Colonien dieselben Züge wieder erkennen. Diese Hausfrauen, in behaglicher Ruhe alle Sorge für das Hauswesen ihrem Mayordomo überlassend, nur mit ihrem Putze oder höchstens mit zärtlicher Aufsicht über ihre Kinder beschäftigt, die bräunliche China, des Winks der Herrin gewärtig, vertraulich scherzend, zu ihren Füßen; in den niedern bürgerlichen Familien Frauen und Kinder, die Strohcigarre im Munde, um ein Kohlenbecken auf dem Boden gelagert, das Gefäß mit silberner Röhre, woraus der beliebte Maté geschlürft wird, von Hand zu Hand kreisend, rings Schmuz und Unordnung — das sind die unveränderlichen, freilich wenig ansprechenden Bilder des häuslichen Lebens.

In den höhern Zirkeln der Hauptstadt sind die Frauen die Seele der Gesellschaft. Anmuth und Natürlichkeit sind ihnen in hohem Grade eigen, und das schöne Castilisch läuft ihnen glatt von der Zunge. Die Tertulias oder Abendgesellschaften gelten für Schulen des guten Geschmacks, in denen bald die Verhältnisse des öffentlichen Lebens mit Gewandtheit besprochen werden, bald Scherz und Laune mit dem unerschöpflichen Reichthume der Sprache ein glänzendes Spiel treiben Die europäischen Tänze beschließt in vertrauten Kreisen die Zambacueca.

In den kühlen Abendstunden zeigt sich die schöne Welt auf der Promenade, wozu in Santiago vorzugsweise eine von rauschenden Wassern eingefaßte Pappelallee dient. Es ist ein erhabenes Schauspiel, wenn längst die Schatten der Nacht die Thäler decken, die

16,000 Fuß hohe Cordillere in der Abendsonne flammen und ihre unermeßlichen Gletscher, von purpurner Röthe übergossen, allmälig in dem magischen Lichte des Mondes erbleichen zu sehen. Doch eine eisige Nachtluft läßt die Nähe des Gebirges empfinden, und wenn man des Anblickes genug hat, sehnt man sich nach den milden, angenehmen Nächten der Hafenstadt. Wenn hier aus dem dunkeln Meere die südlichen Sternbilder in unvergleichlicher Pracht auftauchen und über dem fernen Vulkane von Aconcagua elektrische Blitze zucken, eilt Alles hinaus, die erquickende Nachtluft zu athmen, und der Abendmusik der Milizen folgt die halbe Bevölkerung in andächtiger Stille.

Die Einförmigkeit dieses Lebens hat für den durch feinere Genüsse verwöhnten Europäer etwas ungemein Niederschlagendes. Stumm verrichtet er sein Geschäft und sendet manchen Blick nach Osten oder den enteilenden Segeln nach. Die große Entfernung vom Vaterlande und ein mit Mühen und Gefahren durch alle Zonen durchschifftes Meer treten, bei dem Gedanken an die Heimat, der Einbildungskraft und Empfindung störend entgegen. Man ist wie auf einem andern Gestirn, und wenn auch in jedem Herzen der Wunsch der Rückkehr wach bleibt, so liegt er doch eben so fern, als der Gedanke an ein ewiges Leben, bis der Segen des Glücks die Hoffnung beflügelt und ein heimkehrendes Schiff den Harrenden durch die Fluten trägt.

Eine interessante Versteigerung.

Unlängst wurden in Kalkutta die Geschenke versteigert, die der Generalstatthalter Lord Auckland auf seiner vorjährigen Rundreise durch die nordwestlichen Provinzen des ungeheuern englischen Reichs in Ostindien von den einheimischen Fürsten und Häuptlingen erhalten hat. Es waren in Allem 934 Stücke der kostbarsten Art: die schönsten Lahore-Musseline, die feinsten Kaschmirshawls, Pferdezäume mit Gold ausgelegt, Sophas mit Füßen von gediegenem Silber, mit Juwelen verzierte Dolchgriffe, Halsbänder von unvergleichlichen Edelsteinen, scharlachrothe Seidenstoffe, Turbane von Purpur und Gold, Schärpen aus Delhi, die an Geschmack der Muster und der Farbenabstufung, an Feinheit und Vollendung der Ausführung in Europa ihres Gleichen suchen, goldbefranzte, orangefarbige oder grüne, mit Silberfäden durchwobene Shawls von der herrlichsten Arbeit, Kämme, Ohrringe, Hauptgeschmeide, Arm- und Fußbänder und sonstige Zieranhängsel u. s. w. Zu den werthvollsten Stücken gehörten ein Paar Armbänder, deren jedes aus vier Reihen Diamanten, 206 an der Zahl, in Goldemail bestand, und ein Halsband aus einer Doppelreihe von 320 glatten Perlen, in der Mitte vier Smaragde, ein großer Diamantenstern mit dem Miniaturbilde Rundschit-Singh's und ein ungeheurer Diamant in Tropfenform. Der Erlös soll über 50,000 Pf. St. (350,000 Thlr.) betragen haben, welche Summe jedoch nicht in die Börse des Generalstatthalters, sondern in die Kasse der ostindischen Compagnie fließt.

Die künstliche Färbung des Marmors.

Einen gewinnbringenden Industriezweig bildet jetzt in Italien das Färben des Marmors, wobei man die einzelnen Farben durch folgende Stoffe hervorbringt: dunkelroth durch eine Auflösung von salpetersaurem Silber, welche sehr tief eindringt; eine andere schöne rothe Farbe durch eine Auflösung von Drachenblut; eine schöne scharlachrothe Farbe durch mit Alkohol ausgezogenes Cochenillepigment, das mit etwas Alaun versetzt ist; purpurviolett durch Goldauflösung; gelb durch Gummigutt oder eine Auflösung von künstlichem Auripigment in Ammoniak; hellgrün durch Grünspanauflösung oder in Wachs zergangenes Grünspan, das fünf Linien tief eindringt und eine schöne smaragdgrüne Färbung bildet. Vor dem Auftragen der Farben, das durch kleine Pinsel bewirkt wird, muß man den Marmor gut mit Bimsstein poliren. Will man mehre Farben nacheinander auftragen, so trägt man die in Alkohol und Terpenthinöl aufgelösten Farbstoffe auf den Marmor auf, während er heiß ist; nur Drachenblut und Gummigutt kann man, vorher in Alkohol aufgelöst, auf den kalten Marmor auftragen. Die Pflanzentincturen bedürfen keiner großen Wärme, um den Marmor zu durchdringen. Das Auftragen der mit weißem Wachs zusammengeschmolzenen Farben muß mit großer Vorsicht geschehen, weil sie sich bei etwas zu großer Wärme leicht weiter, als man will, ausbreiten und deshalb auch zu zarten Zeichnungen weniger geeignet sind. Alle diese Farben werden um so schöner, je weniger davon gleichzeitig nebeneinander angewandt werden, weshalb man gewöhnlich nur zwei bis drei benutzt. Noch leichter als Marmor können natürlich Steine, die poröser sind, gefärbt werden.

Das Eldorado der Beamten.

In welchem Lande haben es wol die Beamten am besten? wurde in einer Gesellschaft gefragt, in welcher sich viele Beamten befanden. Eine witzige Dame entgegnete: In Amerika; denn wo es viele Urwälder gibt, muß es auch viel Urlaub geben.

Herausgegeben unter Verantwortlichkeit der Verlagshandlung F. A. Brockhaus in Leipzig.

2

Das Pfennig-Magazin

für
Verbreitung gemeinnütziger Kenntnisse.

414.]   Erscheint jeden Sonnabend.   [März 6, 1841.

Die ionischen Inseln.

Die Insel Korfu.

Bereits in einer frühern Nummer (Nr. 367) haben wir einige Nachrichten über diese Inseln und Korfu insbesondere mitgetheilt; gegenwärtig machen wir vorzugsweise die übrigen Inseln zum Gegenstande unserer Aufmerksamkeit, vervollständigen aber zuvor das über jene Hauptinsel und die ganze Republik Gesagte. Aus der Geschichte der letztern erwähnen wir nachträglich die Angriffe, welche sie von Seiten der Ungläubigen zu bestehen hatte. Im J. 1537 griffen die Türken unter dem furchtbaren Barbarossa Korfu an, das der venetianische Gouverneur Pesaro nach Kräften befestigt hatte. Barbarossa landete seine Streitkräfte bei der Stadt Korfu und eröffnete ein mörderisches Feuer, bald aber rissen Pest und Hungersnoth in seinem Lager ein und die Belagerung mußte aufgehoben werden. Darauf blieben die Inseln unbehelligt bis 1716, wo die Türken unter Achmet III., 80,000 Mann stark, einen Angriff machten. Am 15. Juli näherte sich der türkische Admiral der Insel mit 22 Schiffen; die venetianischen Admirale Pisani und Cornari griffen ihn an und schlugen ihn. Der Seraskier unternahm nun einen nächtlichen Sturm auf die Stadt, wurde aber zurückgeschlagen und verlor 4000 Mann. Nach mehren andern vergeblichen Versuchen hoben die Türken die Belagerung auf, nachdem sie 15,000 Mann, 56 Geschütze und zahlreiche Kriegsvorräthe verloren hatten.

Im J. 1815 wurden die Inseln zu einer freien und unabhängigen Republik unter dem Schutze Englands erklärt und erhielten 1817 eine Verfassung; 1819 schloß England mit den Türken einen Vertrag, worin die letztern allen Ansprüchen auf die Inselgruppe auf immer entsagten. Die höchsten Staatsgewalten sind nach der Verfassung die gesetzgebende Versammlung, der Senat und der Lord Obercommissair. Die erstere besteht aus 40 Mitgliedern, von denen 29 von den einzelnen Inseln gewählt werden (Korfu, Kefalonia und Zante wählen jede sieben, Santa-Maura vier, Theaki, Paxo und Cerigo jede einen und jede der letztern Inseln abwechselnd noch einen zweiten); die übrigen elf sind der Präsident und die fünf Mitglieder des vorigen Senats, die vier eingeborenen Regenten der vier größern Inseln während des vorigen Parlaments und ein Regent einer der kleinen Inseln. Die Wahlen sind auf fünf Jahre gültig; die Versammlung kommt alle zwei Jahre zusammen. Der Senat bildet die vollziehende Gewalt und besteht aus dem Präsidenten und fünf Senatoren, welche aus der gesetzgebenden Versammlung nach folgendem Verhältnisse gewählt werden: je einer für Korfu, Kefalonia, Zante und Santa-Maura und einer für Theaki, Paxo und Cerigo zusammen. Auch der Senat bleibt fünf Jahre im Amte und ernennt die Regenten der verschiedenen Inseln, die Richter und andere Beamte, erläßt auch provisorische Gesetze, wenn die gesetzgebende Versammlung nicht beisammen ist, und hat die Initiative (schlägt die Gesetze vor). Der Lord Obercommissair der Inseln wird von der englischen Krone ernannt und ernennt selbst für jede Insel einen Residenten oder Gouverneur, welcher immer ein Offizier der auf derselben stehenden Truppen ist. Die Municipalverwaltung jeder Insel besteht aus fünf Mitgliedern und wird von dem Regenten präsidirt. Die richterliche Gewalt besteht auf jeder Insel in drei Gerichtshöfen, einem bürgerlichen, Criminal- und Handelsgerichte nebst einem Appellhofe; in Korfu besteht ein oberster Gerichtshof mit vier ordentlichen Mitgliedern (zwei Engländern und zwei Griechen) und zwei außerordentlichen Mitgliedern, nämlich dem Lord Obercommissair und dem Präsidenten des Senats. Die Zahl der Rechtsgelehrten auf der Insel ist ungebührlich groß; fast der zehnte erwachsene männliche Einwohner soll ein Jurist sein.

Was die natürliche Beschaffenheit der Inseln betrifft, so sind sie im Ganzen gebirgig und rauh und großentheils unfruchtbar; sie sehen aus wie Massen kahler Felsen, zwischen denen tiefe Schlünde und Schluchten liegen; die Küsten sind von seichten Buchten zerschnitten, deren Ufer Sümpfe sind. Wie alle Gebirgsgegenden sind sie dem plötzlichen Wechsel der Witterung ausgesetzt; Hitze wechselt oft plötzlich mit Kälte, feuchte mit trockener Witterung. Im Winter und Frühling mildern die albanischen Schneegebirge auf den ihnen benachbarten Inseln die Temperatur, aber im Sommer ist die Hitze wegen des die Sonnenstrahlen zurückhaltenden Felsengrundes oft drückend. Der feuchte Südwind ist nicht selten vom Scirocco begleitet und sowol der Vegetation als der Gesundheit ungünstig; aber mit Ausnahme der Monate vom Juli bis November ist der Gesundheitszustand vielleicht besser als in irgend einem Lande. Übrigens soll das Klima der Inseln seit der Besitznahme durch die Engländer merklich gesünder und die Sterblichkeit (namentlich unter den englischen Truppen, von denen 1817 der 20., 1826 nur noch der 67. Mann starb) vermindert worden sein, indem die englische Regierung Hospitäler und Casernen erweitert und verbessert hat und Sümpfe austrocknen, unangebaute Gegenden bebauen ließ.

Unter den Producten der Insel ist das wichtigste die Rosinen oder Korinthen, von denen jährlich fast 20 Mill. Pfund, über eine Million Thaler an Werth, ausgeführt werden. Die andern Ausfuhrartikel sind Olivenöl, Wein (welcher den Transport nicht mit Sicherheit verträgt), Weingeist, Salz; außerdem liefern die Inseln Kermes, Seide, Honig und Wachs, Schwefel, Erdpech, Steinkohlen und Marmor. Die Erzeugnisse der inländischen Industrie bestehen in Baumwollen-, Wollen- und Seidenstoffen, Thonwaaren, Häuten, Tauen, Seife u. s. w. Im J. 1834 betrug die gesammte Einfuhr 609,977 Pf. St. (über 4 Mill. Thlr.), die Ausfuhr nur 565,665 Pf. St.

Hier möchten einige Notizen über die Cultur der Korinthen am Orte sein. Dieselben sind die Frucht einer kleinbeerigen Weinsorte, deren Anbau viel Sorgfalt und Vorsicht erheischt. Nach der Anlegung einer Pflanzung vergehen sechs bis sieben Jahre, bevor sie eine Ernte gibt. Im Anfang des October wird die Erde um die Wurzeln des Weinstocks aufgelockert und in kleine Haufen gesammelt; der Wein wird im März beschnitten, dann aber der Boden um die Pflanze herum wieder geebnet; die letztere wächst niedrig an Pfählen. Im Frühjahre ist eine Art Mehlthau der Ernte gefährlich, um die Erntezeit aber wirkt regniges

Wetter sehr nachtheilig. Die Einsammlung geschieht im September; die Trauben werden sorgfältig abgepflückt und dann einzeln auf einen Steinboden gelegt, hier aber in freier Luft der Sonne ausgesetzt. Der Proceß des Trocknens dauert bei nicht günstigem Wetter 14 Tage; ein heftiger Regenschauer oder ein Gewitter unterbricht ihn nicht nur, sondern bewirkt auch bisweilen eine Gährung, in welchem Falle die Frucht nur den Thieren vorgeworfen werden kann. Entgehen die Trauben diesen Gefahren, so werden sie bis zum Verkauf in Magazinen, welche seraglie heißen, niedergelegt. Unter der venetianischen Regierung war die Freiheit des Handels mit diesem Erzeugnisse ausnehmend beschränkt. In Zante bestimmten fünf aus dem Rathe der Nobili gewählte Personen in Gegenwart des Proveditore den Preis und die Käufer mußten die von ihnen verlangte Quantität der Regierung anzeigen. Als die Inseln unter britischen Schutz kamen, hörte dieses System auf, aber im J. 1829 legte das Parlament auf die Einfuhr der Korinthen in England einen Zoll, der ihrem fünfmaligen Preise am Erzeugungsorte gleich kommt.

I. Korfu.

Die bedeutendste und zugleich nördlichste Insel, Korfu, ist etwa neun Meilen lang und an der breitesten Stelle gegen vier Meilen breit, hat elf Quadratmeilen Flächenraum und ist von der Südostküste Italiens über 20 Meilen, von der türkischen Küste (Albanien) noch nicht eine Meile entfernt. Sie ist ziemlich gebirgig; eine Gebirgskette läuft von Süden nach Norden und erhebt sich an einer Stelle bis zu 2000 Fuß; eine andere Kette läuft von Ost nach West und hat einen 3500 Fuß hohen Gipfel, von welchem man ein herrliches Panorama überschaut, das Macedonien, das adriatische und mittelländische Meer und zu gewissen Zeiten sogar Italien umfaßt. Die Stadt Korfu, der Sitz der Regierung, ist auf der Ostseite der Insel auf einem nach NW. abfallenden Vorgebirge gebaut und sehr fest. Die Citadelle steht am Ende des halbkreisförmigen Vorgebirges, das durch einen 450 Fuß langen, 240 Fuß breiten Graben völlig von der Insel getrennt ist; am südlichen Ende desselben tritt das Meer ein, am nördlichen ist eine Mauer gezogen; eine Zugbrücke verbindet das Fort mit dem Glacis. Innerhalb der Citadelle steht der alte Regierungspalast, eine Caserne, ein paar griechische Kirchen und ein Hospital. Das Glacis, auf dessen Nordseite der neue Palast steht, dient als Paradeplatz für die Truppen, deren Anzahl in der Regel 3000 beträgt, und hat eine reizende Lage; vor sich sieht man die Citadelle, in der Entfernung die Berge Albaniens, rechts und links das Meer. Die Stadt selbst hat 1¾ englische Meilen im Umfange und wird nach Westen zu durch eine starke doppelte Mauer von dem übrigen Theile der Insel getrennt, und Süden und Norden nach dem Meere zu von einer einfachen Mauer umschlossen. Im Vergleiche zu ihrer Größe ist die Stadt ihrer Bauart nach eine der schlechtesten am Mittelmeere, und die Straßen sind, zwei ausgenommen, nur schmuzige, enge Gassen. Seit der Besitznahme der Stadt durch die Engländer hat jedoch ihr Äußeres wesentlich an Schönheit gewonnen. Die Häuser sind auf venetianische Manier gebaut und haben Arkaden, die auf jeder Seite der Straße einen bedeckten Gang bilden. Unter den vielen Kirchen ist die des heiligen Spiridion die schönste. Sie enthält die Reliquien dieses Heiligen, die in einem mit kostbaren Steinen besetzten Kasten von Ebenholz aufbewahrt werden. Die Kirche selbst ist im Innern mit goldenen und silbernen Lampen und andern Kostbarkeiten geziert und enthält unermeßliche Schätze, welche die Frömmigkeit ihr geschenkt hat; auch fließen ihr die Einkünfte mehrer ansehnlichen Ländereien zu. Der Namenstag des heiligen Spiridion wird auf der Insel als hohes Fest gefeiert. Schon acht Tage zuvor werden Thurm, Fenster und Thüren der Kirche mit Gewinden von Lorbern und Myrten geschmückt. Am Vorabend des Festes wird der die Reliquien enthaltende Kasten unter einem kostbaren seidenen Baldachin ausgestellt; am Festtage selbst wird er in Procession durch die Stadt getragen, und der Lord Obercommissair nimmt dann mit seinem Generalstabe und einem großen Theile der Garnison am Zuge Theil. Die Procession bewegt sich zuerst nach der Citadelle, wo sie von der Batterie salutirt wird; dann macht sie die Runde um das Glacis und bewegt sich längs der Mauern an der Hafenseite, wo alle Kriegsschiffe, die ihre Flaggen wehen lassen, Salutschüsse abfeuern. Alle Häuser in den Straßen, durch welche der Zug geht, sind mit Teppichen geziert, die aus den Fenstern hängen; von allen Seiten aber werden Kranke herbeigebracht, um durch die Nähe der heiligen Reliquien geheilt zu werden.

Außer der Stadt enthält die Insel noch gegen 100 kleine Dörfer und hat zusammen 63,000 Einwohner, von denen 16,000 Ackerbauer, 2000 Fabrikanten, 2000 Kaufleute sind. Die Kleidung der Landleute besteht in einem weiten Mantel von Filz oder rohem Wollenzeuche, einer wollenen Weste, weiten baumwollenen Hosen und Sandalen von ungegerbtem Leder; die fremden Ansiedler, Albanesen, Moreoten u. s. w., behalten ihr Nationalcostüm, das rothe Fes u. s. w. bei. Beide Geschlechter tragen fast immer einen seidenen oder baumwollenen Gürtel. Die bessern Classen tragen eine doppelte Weste, gewöhnlich von blauem oder braunem Sammt mit einer doppelten Reihe herabhängender goldener oder silberner Knöpfe, meist mit breiter goldener Schnur besetzt; kurze, am Knie befestigte Beinkleider oder der kurze albanische Rock, weiße Strümpfe und Schnallenschuhe vollenden den Anzug. Das Haar tragen die Männer auf die Schultern herabhängend, die Weiber in Flechten bis zu den Füßen herabfallend und von einem Kopftuche bedeckt. Die Weiber beladen sich mit so vielen Kleidungsstücken von Baumwollenzeuch, Seide oder Brocat als möglich; sie lieben leidenschaftlich jede Art von Schmuck, besonders Halsbänder, Ohrringe und Gürtelschnallen. Wie die Männer, tragen sie Jacken von rothem Sammt, mit Goldschnur besetzt und vorn offen. Viele Weiber färben sich die Nägel und Fingerspitzen mit blaßrother Farbe, und der Gebrauch, die Ränder der Augenlider mit gepulvertem Spießglanze zu überziehen, ist sehr häufig.

II. Zante.

Zante, das alte Zakynthos, unter den sieben Inseln nach Cerigo die südlichste, ist von Kefalonia zwei, von dem nächsten Punkte der Nordwestküste von Morea drei Meilen entfernt, etwa fünf Meilen lang, drei Meilen breit mit einem Flächeninhalte von 5½ Quadratmeilen und hat die Gestalt eines Ovals mit tiefem Einschnitte in Südosten. Die Westküste enthält eine Kette von Kalksteinhügeln, die eine Höhe von 1000-1200 Fuß erreichen und nach dem Meere zu steile Klippen bilden; die Ostküste, Morea gegenüber, enthält einen Hafen und die Hauptstadt. Der höchste Berg ist der 2000 Fuß hohe Monte Scopo, wo einst ein berühmter Dianentempel stand. Das Innere der Insel ist eine von Hügeln im Osten und Westen begrenzte Ebene von ausnehmender Fruchtbarkeit, die fast einen fortlaufenden Weingarten bil-

det, da nur wenige Räume zu Getreidefeldern oder Weideplätzen dienen. Zahlreiche Dörfer und Landhäuser sind über die Ebene zerstreut, von Gärten oder Oliven= und Orangenhainen umgeben; die Seiten der Hügel sind bewaldet. Auch an Baumwolle ist die Insel reich; von Korinthen werden 8 Mill. Pf. gebaut. In naturhistorischer Hinsicht ist Zante noch wegen seiner Erdpechquellen merkwürdig, die etwa zwei Meilen von der Hauptstadt bei dem Orte Chieri im Süden (unweit des Vorgebirges gleiches Namens) liegen und schon zu Herodot's Zeit berühmt waren. Ein kleiner Strich sumpfigen Landes, der sich bis zum Meere erstreckt und an allen andern Seiten von Hügeln umgeben ist, bildet die unmittelbare Umgebung jener Quellen; diese findet man an drei bis vier verschiedenen Stellen des Morastes, kleine Teiche bildend, deren Ufer und Boden mit einer dicken Schicht von Erdöl bedeckt sind. Am merkwürdigsten ist ein kreisrunder Teich von 50 Fuß Umfang und wenigen Fuß Tiefe, wo das Erdöl in großer Menge angehäuft ist. Dasselbe wird meist einmal im Jahre gesammelt und die von sämmtlichen Quellen gewonnene mittlere Quantität beträgt etwa 100 Tonnen; es dient zum Kalfatern der Schiffe. Um es aus den Teichen zu schöpfen, werden noch jetzt, wie zu Herodot's Zeiten, an eine Stange gebundene Zweige angewandt. Die Insel ist vulkanisch und den Erdbeben sehr ausgesetzt, deren oft in einem Monate zwei bis drei vorkommen, weshalb man in den Castellmauern und den meisten Gebäuden Risse bemerkt; im Sommer 1811 wurden 30-40 Tage lang täglich mehre Stöße empfunden; noch stärker und furchtbarer war das Erdbeben in der Nacht vom 28. auf den 29. December 1820, und erst kürzlich, im November 1840, ereignete sich eins der verheerendsten der neuern Zeit.

Die Stadt Zante an der östlichen Küste mit 16—20,000 Einwohnern, welche den stolzen Beinamen fior di Levante (Blume der Levante) führt, ist 1½ englische Meilen lang, aber kaum den vierten Theil so breit und hat einen Hafen. Die Gebäude sind im italienischen Style gebaut, größtentheils von Stein und sehr hoch; die Straßen, von denen die bedeutendsten dem Ufer parallel laufen, sind meist eng, aber sehr reinlich. Daß die meisten Fenster mit dichtem Gitterwerk versehen sind, macht keinen angenehmen Eindruck. Die Zahl der Kirchen ist groß; wenige haben Thürme, die übrigen hohe Façaden, wie die meisten katholischen Kirchen in Spanien und Italien. Unter den öffentlichen Gebäuden ist das Gymnasium zu bemerken. Das von den Venetianern erbaute Fort steht auf einem 350 Fuß hohen Hügel, ist sehr geräumig und enthält außer den Casernen und Magazinen viele Privathäuser mit Gärten; seit der Besetzung durch die Engländer ist es mit Sorgfalt in Vertheidigungsstand gesetzt worden.

Die Bewohner von Zante, etwa 36—40,000 an der Zahl, wovon der vierte Theil sich mit Landbau beschäftigt, sind, wie die der übrigen Inseln, halb Griechen, halb Italiener; die lange Herrschaft der Venetianer und der beständige Handelsverkehr mit Italien mußte den Sitten nothwendig einen halbitalienischen Anstrich geben. Der einheimische Adel von venetianischer Ernennung ist wenig bemittelt und steht auf einer ziemlich niedrigen Bildungsstufe. Einige tausend Arbeiter wandern jährlich zur Ernte nach Morea.

In der ältesten Zeit hieß die Insel auch Hyrie, war fast ganz mit Wald bedeckt und soll mit zum Königreiche des Odysseus gehört haben; die Hauptstadt war eine Colonie der Achäer.

(Der Beschluß folgt in Nr. 415.)

Französischer Aberglaube.

In dem so aufgeklärten Frankreich findet man noch viele Arten von Aberglauben, die man dort nicht sucht. Dahin gehört der Glaube an den unglücklichen Einfluß eines umgeworfenen Salzfasses, dem man dadurch begegnet, daß man eine Messerspitze voll Salz über die linke Schulter (in das Auge des Teufels) wirft, ferner das Vorurtheil gegen 13 Gäste am Tische, das namentlich in den höhern Classen noch ganz allgemein ist; am verbreitetsten aber ist der Glaube an das Unglückbringen des Freitags. Wer in Frankreich reist, thut wohl, seine Reisen so viel wie möglich auf Freitag zu verlegen, weil er dann ziemlich gewiß sein kann, einen Platz in den öffentlichen Wagen zu finden. Eine pariser Omnibusadministration hat berechnet, daß im Durchschnitte jeder Omnibus Freitags nur 35—40 Francs einträgt, während der Durchschnitt der übrigen Tage 65—70 Francs beträgt; dieselbe Erfahrung haben alle Administrationen ähnlicher Wagen gemacht.

Über wahrscheinliche und mittlere Lebensdauer.

Obschon die Vorausbestimmung der Lebensdauer eines einzelnen Menschen oder des Zeitpunktes, wo sein natürlicher Tod eintreten wird, außer dem Bereiche der Möglichkeit liegt, so ist es doch von großem Interesse, sich mit den Resultaten bekannt zu machen, welche die Erfahrung in dieser Hinsicht an die Hand gegeben hat und welche bei den Berechnungen der Lebensversicherungs- und Rentenanstalten, sowie der Witwenkassen zum Grunde gelegt werden müssen. Wenn man nämlich die Lebensverhältnisse einer größern Zahl von Menschen ins Auge faßt, so kommt eine gewisse Regelmäßigkeit zum Vorschein, von der man nichts bemerken kann, so lange man sich auf einzelne Beobachtungen beschränkt; und welche Verhältnisse könnten unserer Aufmerksamkeit würdiger sein als grade diese? Man bemerkt schon nach wenig Jahren, daß im Allgemeinen von derselben Anzahl Menschen, die in derselben Stadt oder demselben Lande leben und in gleichem Alter stehen, in demselben Zeitraume sehr nahe dieselbe Anzahl durch den Tod hinweggerafft wird, eine Ordnung, die in allen Ständen und allen Lebensaltern statthat, wenn nicht ansteckende Krankheiten, verheerende Kriege oder andere außerordentliche Störungen dieser natürlichen Ordnung eintreten.

Da die Bestimmungen, von denen hier die Rede ist, von sogenannten Mortalitäts- oder Sterblichkeitstabellen abhängen, so muß der Begriff derselben zuvörderst erläutert werden. Wenn man an einem Orte eine gewisse Anzahl, z. B. 1000, Neugeborene durch ihr ganzes Leben verfolgt und bemerkt, wie viel von ihnen nach 1, 2, 3 u. s. w. Jahren noch übrig sind, bis zu dem Zeitpunkte, wo der Letzte stirbt, so erhält man dadurch eine für den zum Grunde gelegten Ort geltende Sterblichkeitstabelle; gehörten die Neugeborenen alle demselben Stande an, so gilt sie nur für diesen. Da jedoch ein Verfahren der angegebenen Art nicht füglich auszuführen ist, so gelangt man zu einer solchen Tabelle gewöhnlich auf folgende weniger vollkommene Weise. Man bemerkt während eines längern Zeitraums, z. B. 20 Jahren, alle an einem bestimmten Orte natürlichen Todes verstorbenen Personen nebst ihrem Alter; nimmt man nun an, daß alle diese Verstorbenen gleichzeitig geboren worden sind, so ergibt sich aus der Angabe ihres erreichten Alters, wie viele von ihnen nach 1, 2, 3, . . .

Jahren (nach dem angenommenen gemeinschaftlichen Zeitpunkte ihrer Geburt) noch am Leben sind, woraus sich leicht berechnen läßt, wie viele von einer bestimmten Anzahl, z. B. 1000, Neugeborenen nach 1, 2, 3 . . . Jahren noch leben. Werden dergleichen Tabellen für verschiedene Orte, Stände, Zeiten und Geschlechter berechnet, so zeigen sich Verschiedenheiten von größerer oder geringerer Bedeutung, im Allgemeinen aber eine nicht zu verkennende Übereinstimmung, wenn man nur solche Zeiten ausnimmt, wo epidemische Krankheiten oder Kriege eine ungewöhnlich starke Sterblichkeit herbeiführen. Wir geben im Folgenden eine Zusammenstellung von drei Sterblichkeitstabellen, von denen die erste A (von Süßmilch) für Deutschland im Allgemeinen, die zweite B (von Hüße) für Leipzig und zwar für den Zeitraum von 1820—38, die dritte C (von Duvillard) für Frankreich berechnet ist.

Alter b. noch Lebendem.	A	B	C	Alter.	A	B	C	Alter.	A	B	C
0	1000	1000	1000	33	421	460	418	66	152	145	157
1	750	736	768	34	415	452	411	67	142	135	147
2	661	680	672	35	409	446	404	68	132	124	137
3	618	650	625	36	402	437	397	69	122	114	127
4	593	631	599	37	395	429	390	70	112	103	118
5	579	618	583	38	388	419	383	71	103	95	108
6	567	608	573	39	381	411	376	72	94	85	99
7	556	602	566	40	374	402	369	73	85	76	89
8	547	595	560	41	367	396	362	74	77	68	80
9	539	591	555	42	360	387	355	75	69	59	72
10	532	587	551	43	353	377	348	76	62	51	63
11	527	584	547	44	346	369	341	77	55	44	56
12	523	581	543	45	339	359	334	78	49	37	48
13	519	578	538	46	332	349	327	79	43	32	41
14	515	575	534	47	324	340	320	80	37	27	35
15	511	572	529	48	316	331	312	81	32	22	29
16	507	569	524	49	308	324	305	82	28	18	24
17	503	564	519	50	300	313	297	83	24	14	19
18	499	559	513	51	291	305	289	84	20	11	15
19	495	553	508	52	282	295	282	85	17	9	12
20	491	547	502	53	273	284	274	86	14	7	9
21	486	540	496	54	264	274	265	87	12	5	7
22	481	534	490	55	255	263	257	88	10	3	6
23	476	526	484	56	246	251	249	89	8	2	5
24	471	519	478	57	237	242	240	90	6	2	4
25	466	513	471	58	228	230	231	91	5	1	3
26	461	506	465	59	219	221	223	92	4	1	2
27	456	500	458	60	210	210	214	93	3	0	2
28	451	493	452	61	201	202	204	94	2	0	1
29	445	486	445	62	192	190	195	95	1	0	1
30	439	479	438	63	182	181	186	96	0	0	1
31	433	473	431	64	172	169	176	97	0	0	1
32	427	466	425	65	162	157	166	98	0	0	0

Aus einer solchen Tabelle läßt sich nun durch einen leichten Regeldetrisatz finden, wie viel Personen gleichen Alters einer gegebenen Gesellschaft nach einer gegebenen Anzahl von Jahren noch am Leben sind. Wird z. B. gefragt, wieviel von 120 40jährigen Personen ein Alter von 50 Jahren erreichen, so nimmt man aus einer der Tabellen die bei dem Alter von 40 und 50 Jahren stehenden Zahlen; wie sich die erste zur zweiten verhält, so muß sich 120 zu der gesuchten Anzahl verhalten. Demnach ist diese gesuchte Anzahl nach der Tabelle A $\frac{300.\,120}{374} = 96$, nach der Tabelle B $\frac{313.\,120}{402} = 93$, nach der Tabelle C

$\frac{297.\,120}{369}$ == 97. Nun ist es freilich möglich, daß von 120 Personen, die 40 Jahre alt sind, nach 10 Jahren kein einziger mehr am Leben ist, ebenso, daß Alle noch am Leben sind, wiewol beide äußerste Fälle in hohem Grade unwahrscheinlich sind; aber je größer die Anzahl ist, für welche man die Rechnung führt, desto genauer wird das Resultat der Wirklichkeit mit dem der Rechnung übereinstimmen.

Von 1000 Neugeborenen erreicht nur der dritte Theil nach der ersten Tabelle ein Alter von 46 Jahren, womit die beiden andern sehr nahe übereinstimmen; demnach müßten von 3 Menschen immer 2 vor dem 46. Jahre sterben. Nun können freilich alle 3 früher sterben, auch alle 3 (was schon viel unwahrscheinlicher ist) das 46. Jahr erreichen; aber das Wahrscheinlichste bleibt immer, daß nur Einer dieses Alter erreicht. Viel wahrscheinlicher ist es indessen schon, daß von 6 Menschen nur 2, noch mehr, daß von 12 Menschen nur 4, noch mehr, daß von 24 Menschen nur 8 dieses Alter erreichen u. s. w. So steigt die Wahrscheinlichkeit fortwährend mit der Anzahl, und fast mit Gewißheit läßt sich behaupten, daß von einer Million zugleich geborener Menschen nur der dritte Theil ein Alter von 46 Jahren (nach den beiden andern Tabellen von 48 und 45 Jahren) erreichen wird.

Aus einer solchen Sterblichkeitstabelle läßt sich nun die wahrscheinliche Lebensdauer oder Lebenserwartung eines Menschen von bestimmtem Alter herleiten, was auf folgende Weise geschieht. Um die wahrscheinliche Lebenserwartung eines Neugeborenen zu finden, sehe man in der Tabelle nach, in wieviel Jahren von den zu gleicher Zeit geborenen 1000 Kindern nur noch die Hälfte oder 500 leben, also ebenso viel bereits gestorben sind; dies ist nach den verschiedenen Angaben der

drei Tabellen nach 18, 27 und 20 Jahren der Fall; wir wollen uns aber hier an die Angaben der zweiten, für Leipzig berechneten Tabelle halten. So viel, also in Leipzig 27 Jahre, beträgt nun zugleich die wahrscheinliche Lebenserwartung eines Neugeborenen, denn da vor Ablauf dieser Zeit mehr als die Hälfte, nach Ablauf dieser Zeit aber weniger als die Hälfte der zu gleicher Zeit geborenen Kinder noch lebt, so ist bei einem Neugeborenen größere Wahrscheinlichkeit vorhanden, daß er erst nach, als daß er vor Ablauf von 27 Jahren stirbt. Fragen wir nun ferner, wieviel Jahre ein Knabe von 10 Jahren der Wahrscheinlichkeit nach noch zu leben hat, so ergiebt die Tabelle B, daß von den zu gleicher Zeit geborenen 1000 Kindern nur 587 ein Alter von 10 Jahren erreichen; wir suchen nun, nach wieviel Jahren von diesen 587 Kindern die Hälfte oder 293 gestorben sind, und finden, daß dies ungefähr nach 52 Jahren (von der Geburt an gerechnet) der Fall ist; demnach hat ein Knabe von 10 Jahren wahrscheinlich noch 42 Jahre zu leben, d. h. es ist wahrscheinlicher, daß er nach, als daß er vor Ablauf von 42 Jahren stirbt. Man sieht hieraus, daß die wahrscheinliche Lebensdauer oder Lebenserwartung für ein gewisses Alter im Allgemeinen gefunden wird, wenn man in der Tabelle zuerst nachsieht, welche Zahl von Lebenden bei diesem Alter bemerkt ist, dann aber dasjenige Alter sucht, in welchem nur noch die Hälfte von jener Anzahl am Leben, also die Hälfte der Personen gleichen Alters gestorben ist; zuletzt zieht man das gegebene Alter von dem gefundenen ab und erhält so die Zahl von Jahren, welche ein Mensch von dem angegebenen Alter wahrscheinlich noch zu leben hat. Auf diese Weise ergibt sich für Leipzig (nach der Sterblichkeitstabelle B) folgende kleine Tabelle.

Ein Mensch von	0	Jahren lebt wahrscheinlich noch	27	Jahre
= = =	5	= = =	45½	=
= = =	10	= = =	42	=
= = =	15	= = =	38	=
= = =	20	= = =	34	=
= = =	25	= = =	30	=
= = =	30	= = =	27	=
= = =	35	= = =	24	=
= = =	40	= = =	21	=
= = =	45	= = =	18	=
= = =	50	= = =	15	=
= = =	55	= = =	12	=
= = =	60	= = =	10	=
= = =	65	= = =	8	=
= = =	70	= = =	6	=
= = =	75	= = =	4½	=
= = =	80	= = =	3	=

Anders verhält es sich mit der mittlern Lebensdauer oder Lebenserwartung für ein bestimmtes Alter. Man findet dieselbe, wenn man die Anzahl von Jahren, die eine gewisse Anzahl von Personen des bestimmten Alters zusammen noch zu durchleben hat, unter alle Personen gleich vertheilt oder durch die Anzahl der Personen dividirt, wobei also angenommen wird, daß alle in gleichem Alter stehende Personen ein gleiches Alter erreichen, oder berechnet wird, wie alt jede von

ihnen durchschnittlich wird. Um an irgend einem Orte die mittlere Lebenserwartung eines Neugeborenen zu finden, braucht man also nur das Alter aller Personen, die an diesem Orte während eines gewissen Zeitraumes natürlichen Todes gestorben sind, zu addiren und die Summe durch die Anzahl der Personen zu dividiren. Für Leipzig und zwar für den Zeitraum von 1820—38 beträgt die mittlere Lebenserwartung

in einem Alter von	0,	10,	20	30,	40	50	60	70	80	85	90	Jahren
	30,	40½,	33,	27,	21,	16,	11,	7,	4,	3,	2	Jahre.

Am größten ist die mittlere Lebenserwartung in dem Alter zwischen 3 und 6 Jahren, wo sie über 43 Jahre beträgt. Endlich ist noch die Berechnung der relativen Sterblichkeit interessant, worunter man das

Verhältniß versteht, in welchem die einem gleichen Alter angehörigen Verstorbenen zu den überhaupt vorhandenen Personen desselben Alters stehen. Von 1000 gleich alten Lebenden sterben gegenwärtig

im Alter von	in ganz Sachsen	in Leipzig	in Frankreich
0— 6 Jahren	99	104	101
6—14	4	5	9
14—30	6	7	12
30—40	10	13	17
40—50	15	20	21
50—60	27	38	32
60—70	64	65	56
70—80	148	133	107
80—90	323	267	193
90 und mehr	610	333	236

Am geringsten ist die Lebenskraft im ersten Lebensjahre; von allen gleichzeitig geborenen Kindern ist nach einem Jahre gewöhnlich der vierte Theil schon wieder gestorben; in den folgenden Lebensjahren nimmt sie schnell zu und scheint zwischen dem 11. und 20. Jahre am größten zu sein, in Leipzig im 14. und 15. Jahre, denn von 1000 Personen dieses Alters sterben jährlich nur 4 oder erst eine von 250. Von dieser Zeit an nimmt die Lebenskraft wieder ab, wiewol langsamer, als sie zugenommen hat; um das 66.—68. Jahr ist sie wieder so gering, als im zweiten Lebensjahre, wo (in Leipzig) von 12—13 Personen jährlich eine stirbt, und im 87. Lebensjahre wieder ungefähr ebenso gering als im ersten.

Sehr auffallend ist der Unterschied, der in der Sterblichkeit zwischen großen Städten, kleinen Städten und dem flachen Lande stattfindet, indem die Bewohner der erstern im Durchschnitte das niedrigste, die des letztern das höchste Alter erreichen. In London z. B. erreichen von 1000 zu gleicher Zeit geborenen Menschen ein Alter von 20, 30, 40, 50, 60, 70, 80 Jahren nur 360, 301, 229, 159, 102, 54, 23 Personen, welche Zahlen weit kleiner, als die in obigen Tabellen bei diesen Jahren angegebenen Zahlen von Lebenden, ja zum Theil noch nicht halb so groß sind. Aus den jährlichen Listen der Gestorbenen findet man, daß von der Gesammtzahl der Einwohner in London jährlich der 24., in Wien der 28., in kleinen Städten der 32., auf dem flachen Lande der 40. Mensch stirbt. Im ganzen Königreiche Sachsen ist dieses Verhältniß durchschnittlich 1:33, in Frankreich 1:40. Auch zwischen den einzelnen Ländern ist der Unterschied beträchtlich. Von allen vorhandenen Sterblichkeitstabellen zeigen die für Schweden und Holland berechneten (jene von Wargentin, diese von Kerseboom) die günstigsten Sterblichkeitsverhältnisse. Nach denselben erreichen von 1000 gleichzeitig Geborenen ein Alter von 30, 40, 50, 60, 70, 80, 90 Jahren in Schweden 519, 459, 385, 293, 175, 56, 5, in Holland aber 711, 605, 507, 382, 245, 100, 10 Personen; die letztern Zahlen sind, wie man sieht, großentheils mehr als vier Mal größer, als die für London angegebenen. Die mittlere Lebenserwartung eines neugeborenen Kindes beträgt nach den vorhandenen Sterblichkeitstabellen in Frankreich 28½, in Leipzig 29½, in Berlin 28, in Schweden und Holland 34½ Jahre; die wahrscheinliche Lebensdauer eines Neugeborenen aber in Frankreich 20, in Leipzig 24, in Berlin 24, in Schweden 33, in Holland 50½, in London nicht völlig 3 Jahre. Freilich stehen die beiden letzten Angaben mit den vorhergehenden in so schreiendem Widerspruche, daß man versucht wird, an der Richtigkeit der ihnen zum Grunde liegenden Sterblichkeitstafeln stark zu zweifeln.

Höchst merkwürdig ist der große Unterschied, den die Sterblichkeitsverhältnisse der beiden Geschlechter zeigen, von denen das weibliche ungleich günstiger als das männliche unterliegt. Das weibliche Geschlecht hat im Durchschnitte ein längeres Leben als das männliche, wie die Erfahrung in allen Ländern und zu allen Zeiten unwidersprechlich dargethan hat; hieraus ist auch zu erklären, daß die Zahl der weiblichen Bewohner eines Orts oder Landes die der männlichen in der Regel übersteigt, wiewol mehr Knaben als Mädchen zur Welt kommen (so wurden z. B. in Sachsen im Durchschnitte aus den vier Jahren 1832—35 um 3⅓ Procent mehr Knaben geboren; gleichwol wies die Zählung vom 1. Dec. 1837 44,110 oder fast 5½ Procent mehr weibliche als männliche Einwohner nach). Von 1000 neugeborenen Knaben erreichen das 20., 40., 60., 80. Jahr

				Personen männl. Geschlechts,				Personen weibl. Geschlechts,
in Leipzig	508	363	189	21	549	410	233	30
in Berlin	508	349	174	25	501	370	220	43
in den belgischen Städten	504	374	233	46	550	420	286	68

wo ein einziges Zahlenpaar zu Gunsten des männlichen Geschlechts ist. Die mittlere Lebenserwartung eines neugeborenen Kindes beträgt

	Leipzig	Berlin	den belgischen Städten	Schweden
beim männlichen Geschlechte in	28,	27,	29,	33 Jahre.
weiblichen	31,	29,	33,	36

Dieselben Zahlen, wie für Leipzig, ergeben sich, wenn man aus den Angaben für Berlin und die belgischen Städte das Mittel nimmt. Eine directe Vergleichung der in den Jahren 1834—37 in Leipzig Gestorbenen mit der mittlern Bevölkerung in diesen Jahren ergibt sogar für das weibliche Geschlecht 40½, für das männliche 33½ Jahre, wo der Unterschied noch beträchtlicher ist. Die größte mittlere Lebenserwartung findet bei dem weiblichen Geschlechte im 4. und 5. Jahre statt und beträgt fast 44¾ Jahre; beim männlichen Geschlechte tritt sie ebenfalls im 4. Jahre ein und beträgt nur 42½ Jahre. Von einer gleichen Anzahl Geborener erreichen in Leipzig die Hälfte ein Alter von 21 oder 28, der vierte Theil ein Alter von 54 oder 58, der zehnte Theil ein Alter von 69 oder 72 Jahren, je nachdem sie dem männlichen oder weiblichen Geschlechte angehören. Die wahrscheinliche Lebenserwartung eines neugeborenen Kindes beträgt demnach für das männliche Geschlecht 21, für das weibliche 28 Jahre.

Endlich verdient noch erwähnt zu werden, daß nach der für Leipzig angestellten Berechnung die Sterblichkeitsverhältnisse Unverheiratheter in beiden Geschlechtern ungünstiger erscheinen, als die der Verheiratheten. Ist diese Erfahrung allgemein, worüber es an hinreichend zuverlässigen Nachrichten zur Zeit noch fehlt, so würde auch daraus hervorgehen, daß der Ehestand in der

Ordnung der Natur begründet ist; auch läßt sich ohne alle Beweisführung durch Zahlen schon von vorn herein ein lebenverlängernder Einfluß des Ehestandes im Allgemeinen vermuthen. Mit dieser Bemerkung wollen wir unsere gegenwärtige Mittheilung schließen, indem wir uns vorbehalten, auf die Anwendung von Sterblichkeitstabellen zur Berechnung von Versorgungsanstalten zurückzukommen.

Die ausgezeichneten Todten des Jahres 1840.

I. Fürsten. Ein regierender: König Friedrich Wilhelm III. von Preußen am 7. Juni. — Gemahlinnen und Witwen regierender Fürsten: die Herzogin von Modena, geborene Prinzessin von Sardinien, am 15. Sept.; die verwittwete Landgräfin Elisabeth von Hessen-Homburg, geborene Prinzessin von Großbritannien, am 10. Januar; Prinzessin Elisabeth von Braunschweig (geschiedene Gemahlin des nachherigen Königs Friedrich Wilhelm II. von Preußen) am 18. Febr.; Prinzessin Charlotte Friederike von Mecklenburg (geschiedene Gemahlin des jetzigen Königs von Dänemark) am 13. Juli. — Andere Mitglieder souverainer Fürstenhäuser: Prinzessin Auguste von Großbritannien; Erzherzogin Maria von Östreich; Graf Ernst Wilhelm von Lippe-Biesterfeld; Graf Heinrich XLIX. von Reuß-Köstritz. — Andere fürstliche Personen: Lucian Bonaparte, Fürst von Canino, Bruder Napoleon's; Fürst Alfred von Schönburg-Hartenstein; Fürst Camillus Massimo; Fürst Fr. X. von Radziwill; Fürst Dimitri Galitzin; Marschall Macdonald, Herzog von Tarent; Herzog Arthur von Mortemart; Herzog von Marlborough; Fürstin von Borghese; Prinzessin Victoria von Schönburg-Waldenburg. — Cardinäle: da Silva, Dandini und Falzacappa.

II. Staatsmänner. Dienstthuende Minister: v. Carlowitz, sachsen-gothaischer dirigirender Minister; v. Carlowitz, königlich sächsischer Minister des Cultus; v. Watzdorf, sächsischer Minister des königlichen Hauses; Mansi, Minister in Lucca; v. Wirschinger, bairischer Finanzminister; Graf v. Alten, hanoverischer Kriegsminister; Freiherr v. Altenstein, preußischer Minister des Cultus; Krüger, erster Minister in Mecklenburg-Schwerin; Lord Holland, Mitglied des englischen Cabinets; Villanova, Vicekönig von Sardinien; Freiherr v. Frank, Regierungspräsident in Hohenzollern-Hechingen. — Gewesene Minister: in Frankreich Graf Boulay de la Meurthe, Marschall Maison, Graf Dupont, Bouchotte; in England Graf Durham, Marquis v. Camden; in Holland General Krayenhoff; in der Schweiz Stapfer; in Spanien General Latre; in Deutschland Freiherr v. Malchus (sonst westfälischer Minister). — Andere Staatsmänner: General Santander, Vicepräsident von Neugranada; Graf v. Wedel-Jarlsberg, Statthalter von Norwegen; General Eerens, Generalgouverneur des holländischen Ostindien; General v. Tschudi, Generalgouverneur von Sicilien; der russische Staatsrath Paul Demidoff; der griechische Staatsraths-Vicepräsident Zaïmis; der preußische Geheime Rath Stägemann; der kurhessische Regierungsdirector Eggena. — Dienstthuende Gesandte: der türkische Geschäftsträger am preuß. Hofe, Nuri-Effendi; der anhaltinische Geschäftsträger v. Rebeur (in Berlin); die Bundestagsgesandten General v. Schöler (preuß.) und v. Trott (würtemberg.). — Gewesene Gesandte: die französischen Marschall Maison und Graf Guilleminot;

die spanischen Guttierez de la Rios und Paez de la Cadena.

Von Ständemitgliedern starben: die englischen Pairs Herzog von Marlborough, Graf Durham, Lord Holland u. s. w.; das Unterhausmitglied Ferguson; die französischen Pairs Maison, Guilleminot, Poisson, Daunou, Marquis von Pastoret; die französischen Deputirten Hennequin, Nicod; der bairische Abgeordnete v. Utzschneider; der badische Abgeordnete v. Rotteck u. s. w.

III. Militairs. Die französischen Marschälle Maison und Macdonald; die englischen Generale Sir Henry Fane, Sir Edmund Paget; die englischen Admirale Sidney Smith und Fleming; die östreichischen Generale Graf Clam-Martinitz, Graf Vetter v. Lilienberg, Graf v. Blasics, v. Langenau; der preußische General v. Tippelskirch; die spanischen Generale Cordova und Aspiroz; der polnische General Krasinsky.

IV. Gelehrte. Deutsche: a) die Theologen Francke (in Kiel), Pletz, Hesekiel, Klee, Rhesa, Abegg; b) der Jurist Professor Thibaut in Heidelberg; c) die Ärzte und Lehrer der Heilkunde Niemeyer, v. Gräfe, Rust, Stieglitz, Kuhl, Kühn, Struve, v. Vogel, Wilhelm, Wiedemann; d) die Naturhistoriker Blumenbach, Helfer, Meyen; e) die Historiker v. Rotteck (bereits unter II. genannt) und Wilken; f) die Philologen v. Bohlen, Klaußen, Strahl, Otfried Müller, Othmar Frank, Schäfer; g) die Astronomen und Mathematiker Olbers, Littrow, Brewer, Lohrmann; h) der Technolog v. Gerstner; i) außerdem die Schriftsteller und Dichter Hegner, Gaudy, Follen, Reinhard, v. Schaden, Sotzmann, Immermann, Gaye, d'Alton.

Französische: der Mathematiker Baron Poisson; der Arzt Esquirol; außerdem Mozin, Lemercier, Jacotot, Vicomte de Bonald.

Der russische Dichter Kosloff.

Schwedische: der Arzt Professor Munk af Rosenschöld; der Orientalist Agrell.

V. Künstler. Der Violinist Paganini; der Componist Leidesdorf; der Maler Redouté; die Malerin Seydelmann; der Kupferstecher Riepenhausen; der Schauspieler Eßlair.

Zwei seltene Jubelfeste.

Nur wenigen Sterblichen wird das Glück zu Theil, das hundertste Jahr ihres Lebens mit voller Rüstigkeit zu erleben und diesen seltenen Geburtstag in heiterer Gesellschaft zu feiern. Der Abbé de Chamisac, Kanonikus von Perigueux, gehörte unter diese Zahl. Am 1. October 1840 gab er behufs dieser Feier mehren seiner Amtsgenossen und Freunde ein großes Mittagsmahl. Sie waren zusammen höchlich vergnügt, und unser Jubilar machte den Wirth auf eine Weise, welche nichts zu wünschen übrig und von dem Säculum, das er hinter sich hatte, nicht das Geringste spüren ließ. „Meine geehrtesten Herren!" — sprach der blühende Greis beim Aufheben der Tafel, nachdem er Alle noch einmal die Gläser zu füllen gebeten — „das müssen Sie mir versprechen, und ich halte Sie beim Worte, heute übers Jahr sich grade, wie heute, recht hübsch pünktlich bei mir einzufinden!" ‚Alle stießen unter fröhlicher Zusage mit dem ältesten aller Domherren von ganz Frankreich an, welcher allenthalben geliebt und geschätzt wird und im zwanzigsten Lebensjahre schon das Kanonikat zu bekleiden begonnen hat.

Ist es aber schon als ein außerordentliches Geschenk der Vorsehung zu betrachten, wenn Einem Sterblichen vergönnt wird, hundert Male sich des neu beginnenden Lenzes zu freuen und das schöne Auferstehungsfest der Natur zu begehen, so wird der Fall noch weit seltener vorkommen, daß ein thatkräftiger Staatsbeamter seine Amtsgenossen zum hundertjährigen Dienstjubiläum als fröhlich erstaunte Zeugen versammelt! Dieser Fall trug sich im März 1835 in Savoyen zu. Der Jubilar war der Baron Alexandri, Präsident des Obertribunals in Chambery. Er war gerade hundert Jahre im activen Dienste gewesen und wohnte noch regelmäßig den Sitzungen seines Gerichtshofs bei, übernahm die betreffenden Arbeiten unverdrossen und konnte den um die Hälfte oder zwei Drittel jüngern Richtern zum Muster dienen. Nie war er auch nur einen Augenblick krank gewesen. Zwei seiner Söhne, gleichfalls Tribunalspräsidenten und Provinzintendanten, auch hochgeachtete, natürlich schon bejahrte Männer, waren zur Begehung dieses Tages gegenwärtig, der mit einer kirchlichen Feier begann, an welcher die Präsidenten und Oberrichter aus vielen Theilen des Königreichs mit der ganzen sehr zahlreichen Familie des Jubelgreises, bestehend aus Enkeln und Enkelinnen, Urenkeln und Urenkelinnen, Theil nahmen. Hierauf erfolgte eine Gerichtssitzung, bei welcher er mit gewöhnlicher Thätigkeit präsidirte. Nach Beendigung der Sitzung war ein großes Banket in einem der größern Tribunalssäle vorgerichtet. Feierlich wünschte ihm hier der Gouverneur von Savoyen in des Königs Namen Glück, und hing ihm das Großkreuz des Lazarusordens um. Zur angenehmsten Überraschung erscholl von einem im Nebenzimmer aufgestellten Musikchore Grétry's beliebte Weise: „Où peut-on être mieux, qu'au sein de sa famille?" (Sagt, wo sich's besser lebt, als in der Seinen Schoos?) Der Greis sang selbst mit lauter Stimme mit, und als man um die zehnte Abendstunde auseinander ging, bestand er darauf, nach altherkömmlicher Sitte zu Fuße nach Hause zu gehen. Seine Functionen setzte er ununterbrochen fort, und erst im siebenten Monate darauf, als er wie gewöhnlich den Vorsitz und eben eine Sache zu

Ende führte, kam der Tod und rührte ihn sanft an. Entseelt sank er vom Stuhl, behielt aber noch immer die gewöhnliche Freundlichkeit auf seinen Lippen, ja auch noch im Sarge. Er hatte 120 Jahre gelebt.

Merkwürdiges Beispiel der Vortheile erleichterter Transportmittel.

Unter den zahlreichen und mannichfaltigen Thatsachen, welche die Veränderungen betreffen, die Transportwege erzeugen, ist folgende merkwürdig. Als Michel Chevalier auf seiner Reise in Nordamerika zu Buffalo eine Goelette besuchte, welche in Begriff war, sich über das Netz der großen Seen nach Chicago, also bis zum Michigansee hin zu begeben, befremdete es ihn, Quadern von Mühlsteinen anzutreffen, welche denjenigen Mühlsteinen auffallend ähnlich waren, die man in Frankreich zu Ferté-sous-Jouarre trifft, und die wegen ihrer Vortrefflichkeit berühmt sind. Er äußerte gegen den Schiffscapitain seine Verwunderung, und dieser bestätigte, daß diese Mühlsteine aus Frankreich und zwar aus der Nähe von Paris kämen. Zugleich fügte er hinzu, daß man auf der ganzen Linie längs des Eriekanals, namentlich zu Rochester, das wegen seiner großen Mühlen berühmt ist, von keinen andern Mühlsteinen Gebrauch mache. Seit Eröffnung des Ohiokanals bedienen sich jeder gute Müller des Staats Ohio nur französischer Mühlsteine, und ebenso seien in Indiana, Illinois und Michigan die französischen Mühlsteine beiweitem am meisten im Gebrauche. In Buffalo wären drei Fabrikanten pariser Mühlsteine etablirt. So sind durch die Wohlthat des Handels und der Schiffahrt Ortschaften im Herzen von Amerika im Stande, französisches Material anzuwenden, das in den meisten Departements von Frankreich nicht gebraucht wird, ja wegen des durch den Transport auf der Achse übermäßig erhöhten Preises nicht füglich gebraucht werden kann.

Der Marktplatz in Zante.

Herausgegeben unter Verantwortlichkeit der Verlagshandlung F. A. Brockhaus in Leipzig.

Die ionischen Inseln.

(Beschluß aus Nr. 414.)

Die Stadt Argostoli auf Cefalonia.

III. Cefalonia.

Cefalonia ist die größte der sieben Inseln, sieben Meilen lang, vier breit, mit einem Flächeninhalte von 16 Quadratmeilen; sie liegt im Norden von Zante, nur etwa fünf Meilen von der griechischen Küste, und ist sehr bergig. Ein Bergrücken durchstreicht die Insel von Norden nach Süden und bildet am südlichen Ende den höchsten Berg auf den ionischen Inseln, genannt der schwarze Berg, 5000 Fuß hoch, auf welchem der Schnee selten vor Mitte Mai verschwindet. Derselbe hat vier Gipfel, die sich nach der Reihe folgen und von denen jeder den vorhergehenden nur wenig überragt; auf dem höchsten stand sonst ein kolossaler Altar Jupiter's. Noch vor 30—40 Jahren war dieser Berg bewaldet; seitdem aber die ihn bedeckenden unermeßlichen Cypressen= und Fichtenwaldungen, die ihn mit schwarzer Farbe überzogen und denen er seinen Namen verdankt, durch einen Brand, der des Nachts die ganze Insel erhellte, bis auf wenige Überreste verheert worden sind, hat sich das Klima der Insel merklich geändert, namentlich in den dem Berge benachbarten Thälern. Auch auf dieser Insel sind Erdbeben häufig, namentlich im Sommer, während der Sirocco weht, sie thun aber selten Schaden. Eine der größten Merk=

würdigkeiten der Insel ist eine Wassermasse in den dicht am Meere gelegenen Höhlen in porösem Kalkstein (bei Argostoli), deren Niveau 50—60 Zoll unter dem des Meeres liegt und die hinsichtlich der Ebbe und Flut ganz andern Gesetzen als das Meer unterliegt. Ein unternehmender Engländer hat mitten in diesem Wasserbehälter eine Mahlmühle angelegt, zu deren großem Rade das Meer mittels eines Kanals von $3\frac{1}{2}$ Fuß Breite und 14 Zoll Tiefe zugelassen wird; aber ungeachtet dieses starken Zuflusses von täglich ungefähr 60,000 Tonnen Wasser ist in dem Stande und der Beschaffenheit des Wassers in der Höhle nicht die mindeste Änderung hervorgebracht worden. Ohne Zweifel hängt dieses Höhlenwasser mit einem großen, vom Meere geschiedenen unterirdischen See zusammen. Öfter scheint das Steigen desselben durch einen Zufluß von süßem Wasser hervorgebracht zu werden, welches aus den Felsenspalten bringt; dieser Zufluß ist zuweilen so stark, daß die ganze Oberfläche des in der Regel salzigen Höhlenwassers süß wird, sobald man den Zutritt des Meerwassers hindert.

Cefalonia enthält eine schlangenförmige Bai, die sich tief ins Land erstreckt und ungeachtet ihrer für das Ein= und Auslaufen unbequemen Gestalt einen sehr geräumigen und guten Ankerplatz darbietet. Eine halbe

Meile vom Eingange steht auf der linken oder West-seite die Stadt Lixuri und auf einer gegenüber befind-lichen Halbinsel, am Fuße eines schmalen Vorgebirges, die Hauptstadt der Insel, Argostoli, durch die Brücke von Trapano mit dem innern Lande verbunden. Diese Stadt, welche etwa 5000 Einwohner zählt und einen guten Hafen hat, ist offen und in ziemlich schnellem Wachsthume begriffen. Südwestlich von derselben ha-ben die Venetianer, Franzosen und Engländer Kata-komben entdeckt, in welchen die Überreste alter Krieger in vollständiger Rüstung gefunden wurden; auch an andern Stellen der Insel sind noch viele Alterthümer zu sehen. Die zuerst genannte Stadt Lixuri, gleichfalls mit 5000 Einwohnern, dient als Hauptstapelplatz für Korin-then, von welchen die Insel noch um 1815 jährlich höch-stens 6 Millionen, 1835 aber schon 14½ Millionen Pfund producirte, wovon für 800,000 baare Colon-naten (1 Colonnata oder Piaster = 1½ Thaler) ins Ausland verkauft wurden; nach den bereits angelegten oder begonnenen Pflanzungen wird die Production bald 20 Millionen Pfund erreichen. Auch Öl wird aus-geführt, aber der Wein, auf der Insel selbst vortreff-lich, verträgt den Transport nicht wohl und wird nur in beschränkter Quantität nach dem schwarzen Meere verführt. Außerdem producirt die Insel auch Liqueur, der in zwei sehr bedeutenden Fabriken verfertigt und wegen seiner aromatischen Beschaffenheit sehr geschätzt wird, ferner guten Käse, Baumwolle, Honig u. s. w. Etwa eine Meile von Argostoli liegt das Castell San-Giorgio auf dem Gipfel eines Berges von beträchtli-cher Höhe. Dieses sowol als die venetianische Stadt gleiches Namens, einst die Hauptstadt der Insel, sind jetzt halb eingefallen und in dem schlechtesten Zustande. Um die letztere emporzubringen, bestand ehemals das sonderbare Gesetz, daß Niemand dem cefalonischen Adel angehören konnte, wenn er nicht ein Haus in San-Giorgio besaß, was jedoch den Verfall der Stadt nicht zu hindern vermochte.

Ausgezeichnet sind die von den Engländern ange-legten Straßen, welche die ganze Insel durchstreichen, oft 2—3000 Fuß über dem Meeresspiegel erhaben sind und vollendet eine Länge von 40 Stunden ha-ben werden. Überhaupt ist die Insel unter englischer Herrschaft an Cultur sichtlich fortgeschritten; allen Or-ten ist der Stempel der Wohlhabenheit und Ordnung aufgeprägt und überall herrscht Betriebsamkeit. Die Bevölkerung von Cefalonia beläuft sich auf etwa 50—60,000 und soll die Bewohner von Korfu an Thätigkeit und Unternehmungsgeist in Bezug auf Handel und Schiffahrt weit übertreffen. Übrigens sind die Cefalonier ungemein mäßig und nehmen nur selten animalische Kost zu sich; nur Weintrauben genießen sie nicht selten in außerordentlich großen Quantitäten.

Bei den Alten hieß die Insel Kephallenia; von Homer wird sie auch Samos genannt. Sie enthielt sonst vier Städte: Samos oder Same, Palle oder Pa-laea, Pronos und Cranea, von denen die Römer die erste, welche zum Königreich des Odysseus gehört haben soll, zerstörten; nach ihrem Wiederaufbau bekam sie mit der Insel gleichen Namen. Von allen vier alten Städten sind mehr oder weniger bedeutende Überreste vorhanden, namentlich sind die Befestigungsmauern der ansehnlichen Stadt Cranea fast in ihrer ganzen Aus-dehnung von beinahe 1½ Stunden zu erkennen, aber noch viel mehr steht von den Mauern der Stadt Samos (an deren Stelle jetzt ein Fischerdörfchen getreten ist). In den Gräbern derselben hat man unter Anderm das Gerippe einer Frau mit einem eleganten Halsbande,

Ohrringen und einem Kranze von goldenen Myrten-blättern gefunden.

IV. Cerigo.

Cerigo, die südlichste aller Inseln, liegt von den übrigen ziemlich weit, von Korfu in gerader Linie gegen 60 Meilen entfernt im Süden von Morea und hat etwa 4½ Quadratmeilen Flächeninhalt mit 8500 Ein-wohnern. Im Norden liegt das Cap Sparti, im Süden das Cap Capello und nahe dabei der Hafen und die Hauptstadt Kapsali mit ungefähr 5000 Ein-wohnern. Die Insel ist ziemlich unfruchtbar und schlecht angebaut, weshalb die Bewohner die meisten Lebens-bedürfnisse, selbst Holz, aus dem nahen Morea holen müssen. Ein großer Theil von ihnen pflegt als Ma-trosen auf den die Inseln besuchenden Handelsschiffen Dienste zu nehmen; ein anderer beschäftigt sich mit Viehzucht. Dem Gedeihen der Olivenbäume ist der felsige Boden ausnehmend günstig, daher ist das auf der Insel producirte Öl von vorzüglicher Qualität und wird dem der meisten andern Inseln vorgezogen. In einem Berge, der nach der an seinem Fuße stehenden Sophienkirche benannt wird, befindet sich eine Tropf-steinhöhle von ungeheurer Größe mit vielen tief in den Berg hineingehenden Kammern.

Im Alterthume hieß die Insel Cythera, auch wol wegen der guten Purpurschnecken in ihrer Nähe Por-phyris oder Porphyrusa, und war ganz der Venus ge-weiht. Diese Göttin, welche von der Insel den Bei-namen Cytherea führt, soll nämlich zuerst bei dieser Insel gelandet sein, als sie dem Schaume des Meers entstieg, d. h. hier wurde durch phönizische Seefahrer der Dienst der Venus in Griechenland zuerst einge-führt. Die Insel gehörte den Lacedämoniern, die den guten und geräumigen Hafen der Stadt Cythera als den besten ihres Gebiets schätzten.

Nördlich vom Hafen findet man Ruinen, Paleo Castro genannt, welche die Stelle einer alten Stadt angeben; auch zeigt man die Überreste eines alten Ba-des, welches die Einwohner das Bad der Helena nen-nen, welche bekanntlich des Königs Menelaus Gemah-lin war und zu dem berühmten trojanischen Kriege Anlaß gegeben haben soll.

Unweit Cerigo liegen noch mehre kleine Inseln; auf einer derselben, genannt Strophades, steht das berühmte Kloster des Erlösers mit 60 Mönchen; bei der Insel Ce-rigotto pflegt von den Levantefahrern angelegt zu werden.

V. Ithaka.

Ithaka, auch Theaki genannt, ist das Ithaka Homer's, der Geburtsort und das (freilich sehr win-zige) Königreich seines gefeierten Helden Odysseus oder Ulysses. Die Insel, deren Gestalt sich durch tiefe und schmale Einschnitte der See auszeichnet, liegt östlich von der Insel Cefalonia, von wel-cher sie durch den langen und schmalen, nirgend über eine Meile breiten Kanal Viscardo getrennt ist, von dem griechischen Festlande etwa drei Meilen entfernt, ist vier Meilen lang und an der breitesten Stelle über eine Meile breit, hat drei Quadratmeilen Flächeninhalt und besteht aus zwei verbundenen Ge-birgsmassen, deren höchste Punkte die Berge Stepha-nos im Süden und Neritos im Norden sind. Der letztere ist etwa 3000 Fuß hoch und gewährt eine sehr umfassende, die Mühe des Steigens reich lohnende Aussicht; man erkennt in der Ferne den imposanten Berg Bumisto in Akarnanien, den Parnaß, die Berge von Janina in Epirus und die Pinduskette und zählt mit Einschluß der kleinen Echinaden an 30 verschiedene

Inseln von den mannichfaltigsten Gestaltungen; die seltsamen Formen von Ithaka selbst mit jenem merkwürdigen Bassin oder Einschnitte des Meeres, das die Insel fast in ihrer ganzen Breite durchschneidet und seitwärts mehre Äste in das Land hineintreibt, wodurch dieses fast die Gestalt einer Spinne erhält, kann man von hier aus am besten übersehen. Auf der ganzen Insel sind keine Flüsse, Seen, Sümpfe, überhaupt keine größern Ansammlungen von Wasser (Regenwasser ausgenommen) anzutreffen; doch fehlt es nicht an Quellen, unter denen eine bei Homer den Namen Arethusa führt (jetzt Pegada), aber mit der gefeierten sicilischen Quelle dieses Namens nicht zu verwechseln ist. Das Klima ist mild; um Mittag weht stets ein erfrischender Westwind. Fruchtbares Erdreich ist nur in den Felsenspalten und den beschränkten Thälern zu finden. Der Landbau ist noch sehr in seiner Kindheit, was bei dieser steinigen Natur des Bodens nicht zu verwundern ist; dennoch wäre die Insel eines bessern Anbaus fähig, wenn die Zahl der Ziegen (20,000) nicht so übertrieben groß wäre. Die Producte sind denen der andern Inseln ähnlich; die Production von Öl, Wein, Rosinen, Korinthen ist für den Bedarf der Einwohner mehr als hinreichend, weshalb davon ausgeführt wird, dagegen ist fühlbarer Mangel an andern Lebensbedürfnissen. Eichen (levantische oder Knopperneichen) sind nicht häufig genug, um das davon gewonnene, unter dem Namen Walanidi bekannte Product, die pulverisirten Hülsen der Eicheln, die beim Schwarzfärben der Wolle gebraucht werden und bekanntlich einen nicht unwichtigen Handelsartikel für viele Häfen des Mittelmeers abgeben, ausführen zu können.

Die Einwohner, nicht über 8000 an Zahl, welche großentheils von der Schiffahrt leben und selbst eine ansehnliche Zahl von Schiffen besitzen, wohnen in einer Stadt und vier Dörfern. Die Stadt, Vathi oder Bathi genannt, mit 2—3000 Einwohnern, ist amphitheatralisch längs dem Ufer des Hafens gebaut, welcher einer der vorzüglichsten im Mittelmeere ist, theils auf dem Meere abgewonnenen Boden, theils am Ende eines im Hintergrunde des Hafens liegenden Thales, theils auf den über dem Meere hängenden Felsenklippen. Ihre Lage läßt sie ansehnlicher erscheinen als sie ist, und der Bergkranz um sie her vermehrt das Imposante dieses Anblicks. Mitten im Hafen erhebt sich aus dem Meere ein viereckiges Gebäude, das Lazareth, welches das am besten eingerichtete der ionischen Inseln ist. Die weißgetünchten Häuser sind meist von schlecht verbundenen Steinen erbaut und voneinander getrennt. Die Straßen, von denen die größte fast eine halbe Stunde lang ist, sind gut gepflastert und sehr reinlich; seit kurzem ist ein neuer Quai entstanden, welcher der Stadt zur Zierde gereicht. Unter allen Städten der ionischen Inseln ist diese vielleicht die gesundeste. Gleich Cefalonia ist auch Ithaka durch die Sorgfalt der Engländer mit den schönsten Straßen durchzogen worden, die trefflich unterhalten und meist nach dem Meere zu durch hohe Mauern geschützt sind. Die ganze Bruttoeinnahme der Insel oder des ehemaligen Königreichs beträgt jährlich kaum 30,000 Thaler unsers Geldes.

Erinnerungen an das Alterthum sind in Ithaka noch ziemlich viele vorhanden. Interessant sind namentlich am nördlichen Ende der Bai von Dexia die Überreste alter Felsengräber in einer ungeheuren Grotte, deren Decke leider vor 30 Jahren gesprengt worden ist, um Steine für Bauten in der Stadt Vathi zu gewinnen. Nach dem bekannten Alterthumsforscher

Gell ist diese Grotte identisch mit der von Homer erwähnten Grotte der Najaden, wo Minerva dem Odysseus seine Schätze verbergen half und deren engen Eingang sie mit einem großen Steine zudeckte; indessen widersprechen die Weltgegenden der Eingänge jener Grotte der Beschreibung Homer's, nach welcher sie einen im Norden für die Menschen und einen im Süden für die Götter hatte. In geringer Entfernung davon hat man in der neuern Zeit in einem Hügel eine höchst merkwürdige Höhle entdeckt, die Homer's Schilderung von der Höhle der Najaden noch weit besser entspricht. Der Eingang derselben ist eine enge Felsenspalte gegen Norden; diese führt zu einer geräumigen kuppelartigen Wölbung mit seltsam gestalteten Stalaktiten, die beim Scheine der Fackeln wie Silber und Edelsteine glänzen; das Ende der Höhle ist unbekannt. Auf der andern Seite desselben Hügels ist ein Felsenstück zu einem riesenmäßigen Sarkophag ausgehauen worden. Vom Deckel, auf welchem eine männliche und eine weibliche Figur abgebildet waren, liegen die Bruchstücke umher; der Styl der Sculptur verräth das höchste Alter und die Kindheit der Kunst. Den Palast des Odysseus versetzt man auf die Spitze eines Berges über Aïto, der ganz mit Trümmern cyklopischer Mauern bedeckt ist und wo jedenfalls eine bedeutende Stadt mit ihrer Burg gestanden haben muß; leider führt kein gebahnter Weg hinauf. Unweit jenes Berges, bei einem am Fuße desselben befindlichen Brunnen, hat man zahlreiche Gräber gefunden, welche eine reiche Ausbeute geliefert haben; sie enthielten eine Menge des geschmackvollsten Damenschmucks in Gold, Silber und Edelsteinen und nicht weniger als 20 große silberne Vasen, von denen der damalige englische Resident barbarisch genug den größten Theil einschmelzen ließ und seinen Fund nachher in Italien für 12,000 Piaster zum Verkauf ausbot. Die geschnittenen Steine waren meist Granaten von bedeutender Größe. In den Gräbern des eigentlichen Griechenlands hat man nie etwas Ähnliches gefunden, was auf eine große Verschiedenheit der Sitten zwischen dem griechischen Festlande und den Inseln zu deuten scheint. Eine Reihe von Gräbern derselben Art ist an der Bucht von Poli entdeckt worden; sie enthielten gleichfalls kostbare und merkwürdige Gegenstände. In der Mitte eines geräumigen Thals, welches der fruchtbarste, lachendste und baumreichste Theil der ganzen Insel ist, liegen unter hohen Bäumen versteckt ziemlich ausgedehnte Ruinen cyklopischer Mauern mit dem Reste eines kleinen Gebäudes von etwas neuerer Bauart, welches die Schule Homer's genannt wird. In derselben Gegend stand die spätere römische Hauptstadt der Insel, Alalcomenae, von der nur wenige Reste übrig sind.

VI. Santa-Maura.

Die Insel Santa-Maura, mit ihrem alten Namen Leukadia genannt, den erst die Venetianer mit jenem vertauschten, liegt nördlich von Cefalonia und Ithaka, im Norden dem griechischen Festlande (Akarnanien) ganz nahe, ist etwa sieben Meilen lang und drei breit mit fünf Quadratmeilen Flächeninhalt und besteht aus einer Bergkette, die sich an manchen Stellen bis zu 3000 Fuß Höhe erhebt und im Südwesten sehr spitz zulaufend mit dem schroffen Vorgebirge Ducato endigt, dem alten Leukate, berühmt durch die gefeierte Dichterin Sappho, die hier durch einen Sprung von dem jählings abgerissenen, übrigens nicht sehr hohen Vorsprunge ins Meer ihrem Leben ein Ende machte, weil sie bei dem von ihr geliebten Phaon nicht den gewünschten Grad von Gegenliebe fand. Dieses Vorgebirge hatte seinen Namen von seinem weißen Felsen, nach Andern auch davon, daß es, wenn auch die Umgegend heiteres Wetter hat, immer mit Wolken bedeckt ist; auf demselben stand ein Tempel des Apollo Leukadius. Ehemals war die Insel nur eine Halbinsel, die mit dem festen Lande durch eine ³/₄ Meile breite, 1 Meile lange Landenge zusammenhing. Diese Landenge haben die Korinther da, wo sie mit Akarnanien zusammenhing, durchstochen, wodurch ein Kanal von 400 Fuß Breite entstanden ist, welcher sie vom festen Lande trennt. Derselbe war einst geräumig genug, um Schiffe durchzulassen, ist aber längst mit Schlamm und Kalksteingerölle angefüllt und bildet jetzt eine Lagune, die nur sechs Zoll bis drei Fuß Wassertiefe hat und etwa ¹/₃ Quadratmeile einnimmt. Unweit des Ufers enthält sie mehre vorzüglich seichte Stellen, die für die Gewinnung des Seesalzes aus dem verdunstenden Seewasser sehr geeignet sind; dieselbe bildet ein Gewerbe, mit dem sich 5—600 Menschen beschäftigen. Die Insel hat keine Flüsse, aber zahlreiche und gute Quellen. In einem Thale, das rings von Bergen umschlossen ist, bildet sich jährlich eine Art See, der ¹/₂ Stunde im Umfang hat, gegen Ende des October zum Vorschein kommt und gegen Ende des Mai ganz verschwindet, wobei er einen sehr fruchtbaren Boden zurückläßt.

Den Erdbeben ist auch diese Insel sehr ausgesetzt. Im J. 1820 zählte man vom 12. Februar bis zum 31. März 63 heftige Stöße, außerdem aber etwa 800 schwächere, welche zusammen etwa 70 Häuser in der Stadt in Trümmern stürzten. Bisweilen blieb die Erde 12—24 Stunden lang mit kaum merklicher Unterbrechung in einem zitternden Zustande. Die Einwohner wagten zwei Monate lang nicht in ihren Häusern zu schlafen und suchten in elenden Hütten Schutz, während thörichte Prophezeiungen die Unruhe der abergläubischen Gemüther noch vergrößerten.

Die Bevölkerung beläuft sich auf etwa 16—18,000 Einwohner, die theils in der Stadt Amarichi, theils in 32 unansehnlichen, über die Insel zerstreuten Dörfern und Flecken wohnen. Die gedachte Stadt, mit etwa 6000 Einwohnern, liegt im Norden der Insel an der Seeküste und ist fast ganz aus Holz gebaut, eng und schmuzig. Eine Wasserleitung versieht die Stadt aus einer ¹/₂ Stunde entfernten Quelle, Melagavisi genannt, mit Wasser; die Überreste einer andern auf Befehl des Sultans Bajazet erbauten Wasserleitung, über ¹/₄ Stunde lang, 3 Fuß breit und auf 370 Bogen ruhend, dienen zur Verbindung zwischen der Stadt und der nahen Festung Santa-Maura, welche nebst dem Hafen an dem gedachten Kanale liegt. Im Alterthume war die Stadt Leukas, aus der das jetzige Santa-Maura entstanden ist, die Hauptstadt von Akarnanien und wurde nach Durchstechung des Isthmus durch eine Brücke mit dem festen Lande verbunden. Hinter Amarichi dehnt sich eine schöne Ebene aus, die von einem herrlichen Ölbaumwalde fast gänzlich bedeckt wird. Das höchste Dorf der Insel ist Engluvi, in einem runden Kessel gelegen, der nur nach Nordwesten einen Ausgang hat, welcher dem kühlenden Winde den Einlaß gestattet. In der Nähe liegt die kleine Insel Meganisi.

VII. Paro.

Die kleinste unter allen sieben Inseln, Paro, liegt zwischen Korfu und Santa-Maura, von der erstern nur 1¹/₂ Meile entfernt, hat einen Flächeninhalt von 1¹/₄

Quadratmeile und zählt nicht über 4—5000 Einwohner, von denen 250 mit Landbau, 200 in Fabriken, 100 mit Handel beschäftigt sind. Porto Longone gewährt einen guten Ankerplatz, faßt aber freilich nur wenige Schiffe; außerdem ist kein anderer, innerer, durch eine ganz nahe liegende kleine Insel gebildeter Hafen vorhanden. Auf der letztern steht eine halbkreisförmige Batterie, welche die regellos an der Küste zerstreute kleine Stadt S.-Nicolo beherrscht.

Nicht weniger als 17,000 Morgen werden zur Olivencultur verwandt, auf welche die Insel nach der Natur ihres Bodens vorzugsweise hingewiesen ist. Sowol hier als auf den übrigen Inseln werden zum Auspressen des Öls Vorrichtungen der rohesten und kunstlosesten Art gebraucht; die Quantität, welche zwei geübte Arbeiter in einem Tage auspressen können, beträgt nur 10—12 Krüge.

Südöstlich von Paro liegt eine noch kleinere Insel, Antiparo genannt und fast lediglich von Fischern bewohnt. Zur Zeit der venetianischen Herrschaft war diese Insel ein berüchtigter Sitz der Seeräuber, welche die benachbarten Meere sehr unsicher machten und Alle, die in ihre Gewalt fielen, in Contribution setzten.

Der Haarrauch.

Eine der merkwürdigsten Erscheinungen im nördlichen Deutschland ist in jedem Frühlinge die des Haar- oder Moorrauchs, seit 30 Jahren besonders wahrgenommen. Sobald nämlich die Wiesen zu grünen beginnen, der Wald und die Höhen sich umlauben und die Saat mit smaragdenem Teppich die Thäler überzieht, neues Lenzleben durch die Natur bringt und tausend Vögel ihren Gesang beginnen, sodaß jedes Herz, neu und frisch athmend, dem beginnenden Frühlinge entgegenschlägt, tritt auch zugleich der Moorrauch über Norddeutschland herein, hüllt ganze Tage des lieblichsten Sonnenscheins in stinkenden Qualm und Rauch und macht das Ende des Aprils, den ganzen schönen Mai und den größten Theil des Juni zu den ödesten und unangenehmsten Monaten.

In den ersten 20 Jahren dieses Jahrhunderts stritt man sich in den Zeitschriften und Gesellschaften darum, ob dieser bläuliche Dunst, der die Höhen umgab und die Ebenen einhüllte, von zertheilten Gewittern herrühre oder von dem Abbrennen der Moore herkomme. Viele nannten ihn Heerrauch, Andere waren der Meinung, daß er aus ersterer Ursache entstände und Höhenrauch die richtige Benennung sei; mit den Jahren nahm aber die Menge des Rauchs dergestalt zu und Beobachtungen an Ort und Stelle wurden von so vielen Meteorologen angestellt, daß nun dieser Gelehrtenkampf ein Ende hat und allgemein die Wahrheit feststeht, daß das Verbrennen der Moore der Grund dieser Landplage ist, daher auch Moor- oder Haarrauch die eigentliche richtige und jetzt allgemeine Benennung ist.

Haar nennt man geringe Erhabenheiten in den Mooren, und da vorzugsweise diese trocken gelegenen Flächen in den Torfmooren abgebrannt werden, so ist dadurch der Name Haarrauch entstanden.

Bekanntlich zieht sich eine große Ebene sich längs der Nordküste Deutschlands und der Nachbarländer hin, beginnt schon in der Normandie, dehnt sich über Brabant und die Niederlande, über Oldenburg, einen Theil von Westfalen, die Hansestädte, Holstein, Mecklenburg, Pommern und Preußen aus und streicht bis zur Newa. Diese ungeheure Ebene hat in den östlichen Theilen von Holland, in Oldenburg, Ostfriesland und im nördlichen Hanover ungemein große Torfmoore und Haiden. In jenen Gegenden ist es menschenleer und öde, der Blick schweift oft stundenweit über unangebaute Flächen, sodaß man kaum ahnen sollte, noch im deutschen Vaterlande zu sein. Ein kärglicher Sandboden nährt in diesen Haidegegenden nur mit Mühe seine Bewohner durch Roggen und Buchwaizen; der unfruchtbare Boden verlangt viele Arbeit und reiche Düngungsmittel, der Viehstand ist gering und zerstreut über unabsehbare Haiden weiden einzelne Heerden kleiner Schafe, Haidschnucken genannt.

Die große Mühe, mit welcher der Acker zu bebauen ist, und der Mangel an Dünger brachten schon um die Mitte des vorigen Jahrhunderts die Bewohner dahin, durch Buchweizenaussaat einzelne Versuche mit der Anbauung der Moore zu machen. Diese Bestrebungen gelangen, und nach und nach vermehrte sich diese leichte Culturmethode, die den großen Vorzug hatte, den Dünger entbehren zu können, indem die Menschen Moorflächen, welche trocken lagen, anzündeten und die Asche des ein Paar Zolle eingebrannten Torfmoors und die abgesengte Haide auf einige Jahre ein Düngungsmittel ohne Kosten und Mühe erhielten. Der in diese Asche gesäete Buchweizen gerieth vortrefflich, und brachte reiche und leichte Ernte, und so griff mit den Jahren das Abbrennen der Moore um sich.

Der quälende Rauch jener abgeschwälten Moore überzog den Norden Deutschlands zwischen Weser und Rhein und ward lästig, die Regierungen suchten daher durch Gesetze und Verbote dagegen zu wirken. Die langen Kriege von 1792—1815 beschäftigten die Landesregierungen auf andere Weise, die Moorverbrennungen hatten sich aber immer vermehrt und Tausende von Haidebewohnern lebten davon, und nun haben solche auf eine derartige Weise um sich gegriffen, daß ganze Länderstriche im Frühlinge unter diesem erstickenden Qualm leiden; aber Hunderttausende von Menschen leben jetzt von dem Moorbau, und an eine Verbesserung, an einen lieblichen Lenz ist zwischen Weser und Rhein nicht mehr zu denken.

Sobald im Frühlinge einige warme, regenlose Tage die hohen Moore zugänglich gemacht haben, beeilen sich die Moorbewohner, die Oberfläche mit Hacken leicht aufzulockern und sodann in Brand zu stecken. Das Feuer greift nun, so tief der Boden aufgelockert ist, ein, und die verbrannten Moortheile auf der Oberfläche des Bodens versehen die Stelle des Düngers.

Die Mooräcker sind alle schmal angelegt und nebenher mit Gräben versehen, theils um dadurch den Boden abzutrocknen, theils auch um das Abbrennen beschränken zu können. Mit einer hellen Flamme ist den Moorbewohnern nicht gedient, indem diese zu viele Düngertheile verzehren würde; sie suchen daher blos eine Abschwälung des Oberbodens hervorzubringen und wandern in hölzernen Schuhen über den brennenden Acker, um das Feuer zu leiten und zu vertheilen. Das Feuer dringt nun zwar nur einige Zoll tief ein, aber die Hitze durchzieht oft den Moorboden wol einen Fuß tief und es entsteht eine Entwickelung von Kohlen- und Wasserstoff, Ammoniak und Schwefel, indem die Moore aufgelöste vegetabilische, animalische und selbst mineralische Substanzen enthalten, die nun zu Dämpfen verflüchtigt, die Atmosphäre mit übelriechendem, dickem Rauche anfüllen.

Ist nun das Moor abgeschwält, so wird die Einsaat vorgenommen, und statt sonst solche mit Buchweizen allein zu bestellen, säet man seit Jahren auch

andere Früchte hinein, die sich vortrefflich und lohnend zeigen. Die Einsaat wird leicht übereggt und zu diesem Zwecke führt man Pferde auf das Moor, denen gegen das Einsinken Breter von einem Quadratfuß Raum unter die Hufe, vermittels eines eisernen Rings, der über die Krone greift, gebunden werden. Ein Mann und zwei Pferde bearbeiten zehn Morgen in einem Tage.

Der Ertrag übersteigt beiweitem die Mühe; es ernten die geringern Anbauer etwa 200—500 Scheffel, die größern 1000 und manche sogar 2000 Scheffel, und nimmt man nun an, daß der Scheffel zwischen 10—20 gGr. schwankt, so ist dies ein schöner Ertrag neben ihrem eigentlichen Ackerbau. Überhaupt findet man in den Haide- und Moorgegenden in Deutschland sehr vielen Wohlstand. Dieser leichte und bedeutende Ertrag vermehrt nun auch auf eine für die umliegenden Länder erschreckende Weise die Rauchmasse von einem Jahre zum andern.

Man kann annehmen, daß 100,000 Morgen jetzt schon alle Jahre abgebrannt werden. Nimmt man nun an, daß der Boden des Moors nur einen Zoll einbrenne, so stellen sich auf den Morgen, à 120 Quadratruthen kalenberger Maß, schon 2560 Cubikfuß gebranntes Moor dar, was eine Gesammtmasse von 256,000,000 Cubikfuß verbrannten Moorbodens und eine Rauchmasse von 4,000,000,000 Pfund gibt, die sich über Norddeutschland dahinwälzt.

Aber nicht allein im Norden von Deutschland, Holland und Brabant leidet man von dem Haarrauche, dessen Schwere größer ist als die der atmosphärischen Luft, weshalb er sich selten über 1000 Fuß Höhe erhebt und wegen seiner Dichtigkeit mehr als anderer Rauch zusammenhält; zu Zeiten wird er, vom Windstriche begünstigt, bei Berlin, Frankfurt, Würzburg, Strasburg, Paris und am Fuße der Alpen wahrgenommen, ohne daß man sich dort seine natürlich verdünnte Erscheinung erklären könnte, weil man dort vom Brennen der Moore nichts weiß und ihn dann für Höhenrauch durchgehen läßt.

Die große Unannehmlichkeit, welche der Haarrauch für Norddeutschland mit sich führt, ist es nun nicht allein, er wird auch schädlich, vorzüglich wenn er sich von einem Jahre zum andern mehrt, was in der That geschieht. Das Unangenehme des Rauchs ist aber gewiß groß, wenn die schönsten Lenztage, denn an regnigen Tagen wird und kann nicht gebrannt werden, sich so durch Rauch umdüstern, daß man weder Wald noch Flur und auf 1000 Schritte keinen Kirchthurm, ja gegen Abend oft die Sonne, wenn sie selbst noch hoch am Himmel steht, nicht mehr zu sehen im Stande ist. Gegen Abend ist nämlich der Haarrauch stets am stärksten. Sein Erscheinen ist mit kaltem Nordwinde verbunden; er bringt kalte Nächte und schädlichen Frühlingsfrost, und da Licht und Wärme zum Gedeihen der Pflanzen nothwendig sind, denselben aber durch den Rauch entzogen werden, so ist nicht allein eine große Unannehmlichkeit die Folge des Haarrauchs, sondern auch ein erheblicher Schaden, und bei dem stets sich mehrenden Moorbau wird es in spätern Jahren nur regnige oder Moordampffrühlinge in Norddeutschland und vielleicht demnächst noch in größerm Umkreise geben.   Fr. v. W.

Justizmord zu Dundee.

Gewiß nur zu wahr ist der Satz, daß es besser sei, zehn Schuldige ungestraft zu lassen, als Einen Unschuldigen zu verurtheilen. Und ist es nicht unbedingt sicherer, die Verurtheilung, sofern sie dem Verbrecher das Leben abspricht, lediglich von dessen Geständnisse der That abhängig zu machen? Ist es nicht rathsamer, des Richters Bemühen die Erforschung der Entdeckung zu überlassen, als durch Aussetzung von Prämien deren Ermöglichung zu versuchen? Fürwahr, wenn dort die Pein des Gewissens, die Gewalt der Wahrheit, die Unterwerfung unter das Gesetz den Mund des Schuldigen öffnet, so wird dagegen hier nur zu leicht feilem Verrath und schändlichem Eigennutz der Glanz des Gewinns zur schnöden Lockspeise.

Zu dieser Betrachtung veranlaßt ein Vorfall der Criminaljustiz, der sich im Februar des Jahres 1837 zu Dundee zutrug, welches eine wohlgebaute, volkreiche Stadt am Tayfluß in Mittelschottland ist. Es erfolgte nämlich daselbst zu gedachter Zeit ein bedeutender nächtlicher Einbruch, ein Vergehen, das nach dem dortigen Gesetze die Todesstrafe nach sich zieht. Die Summe betrug 422 Pfund 2 Schilling 6 Pence, und da das Ereigniß die im Erdgeschoß des Rathhauses befindliche Bank betraf und der Wichtigkeit der Anstalt halber die ganze Stadt in Unruhe setzte, beschloß die Bankdirection mit einer Prämie von 150 Pfd. die Entdeckung möglichst zu fördern, dergestalt, daß die eine Hälfte für die Anzeige, auf welche eine Untersuchung gegründet werden könnte, die andere aber nach der Verurtheilung ausgezahlt werden sollte.

Nicht lange, so trat Alexander Macdonald, ein Schneider des Orts, als Ankläger auf, und ob man gleich wider ihn seinen schlechten Ruf anführte, so konnte doch, da er nicht wegen eines mit Deportation zu bestrafenden Vergehens in Untersuchung gewesen war, seine Denunciation als ungültig nicht zurückgewiesen werden. Drei Männer aber zieh er dieses Vergehens, zwei Kaufleute, James Falconer und Peter Bruce, und einen Schiffseigenthümer, James Dick, welcher Letztere aber inzwischen verschollen war. Als im August gedachten Jahres die Verhandlung vor den Assisen erfolgte, versicherte er eidlich, daß bereits vor acht Monaten sich die drei Genannten bei einem Glase Whisky wegen vorzunehmender Beraubung der Bank mit ihm besprochen, und er, um die Anzeige wider ihn Gelegenheit zu gewinnen, anfänglich in das Complot eingegangen, aber nachher, bei erregtem Mistrauen, unter Abnahme des Eides der Verschwiegenheit entlassen worden sei. Wie er nun den Tag, welchen sie zur Ausführung ihres Bubenstücks bestimmt, erfahren, habe er sich des Abends in der Nähe des Rathhauses verborgen, und, als er in den Fenstern der Bank einen Lichtschein bemerkt, sich nach der Thüre, welche zu solcher geleitet, geschlichen, auch wirklich durch das Schlüsselloch bemerkt, daß sich gedachte drei Männer in das Bankzimmer herabgelassen, wie denn auch zwei Weiber, welche sich in der Gegend befunden und von ihm hinzugerufen worden seien, dieselbe Wahrnehmung gemacht hätten. Beide letztere hatten aber, weil ihre Männer bei den Betheiligten Falconer und Bruce sich in Diensten befunden, öffentliches Zeugniß abzulegen angestanden. Obgleich nun aber die beiden genannten Inculpaten das beste Zeugniß für sich hatten und obgleich sie von dem angeschuldigten Vergehen nichts eingestanden, so wurde doch, da sie für die Stunden, in welchen der Einbruch geschehen sein sollte, einen andern Aufenthaltsort nachzuweisen nicht vermochten, wenn schon nur mit Mehrheit Einer Stimme, das „Schuldig" derselben ausgesprochen, hierauf ihr Todesurtheil gegründet und trotz ihrer steten Unschuldbetheuerung vollzogen.

Acht Monate später kam Alexander Macdonald wegen Wechselverfälschungen vor denselben Assisen in Untersuchung, ward für schuldig erkannt und zu vierzehnjähriger Deportation verurtheilt. Bei dieser Gelegenheit konnte der Oberrichter, welcher ohnedies, bei dessen früherer in Erwartung der Prämie geschehener Anzeige des nächtlichen Einbruchs, schmutzige Gewinnsucht besorgt hatte, nicht umhin, ihn nochmals wegen seiner Verhältnisse zu dem Bankdiebstahl zu befragen, worauf er nicht ermangelte, seine Reinheit von aller diesfallsigen Schuld wiederholt zu versichern. Nun ereignete es sich aber im vergangenen Jahre, daß ein Soldat der Festungsgarnison zu Dundee, William Gadesby, 28 Jahre alt, vor dasigen Assisen, mehrer im Frühjahre und Sommer verübter Diebstähle und Straßenräubereien verdächtig und im Verhör noch mehrer anderer Bübereien geständig, eben als er zu der lebenslänglichen Kettenstrafe abgeführt werden sollte, zu deren Verbüßung er vom Oberrichter verurtheilt worden war, frei und unumwunden gestand, daß er mit drei Helfershelfern, von denen zwei inzwischen verstorben waren, den Einbruch in die Bank verübt habe. Daß nun aber Gadesby nicht aus bloßer Großsprecherei sich des Vergehens schuldig bekannte, ging aus den von ihm angeführten speciellen Umständen mit einer Gewißheit hervor, die jeden Zweifel völlig beseitigen. Sicher wurde Macdonald lediglich durch die Prämie von 150 Pfd. zu der Anzeige verleitet, durch welche zwei Unschuldige in Untersuchung und um ihr Leben kamen. Wer wird aber bezweifeln, daß ihr Leben gerettet worden wäre, wenn ihr Geständniß die Richtschnur der Strafe abgegeben hätte?

Die Tataren in Südrußland.

Die Bewohner eines Landes, wie die Krim, die so oft und von so verschiedenen Nationen erobert wurde, bieten eine seltsame Mischung dar; denn obgleich sie alle den Namen Tataren führen, die tatarische Sprache sprechen und sich zum Islam bekennen, so ist doch der Unterschied zwischen ihnen höchst auffallend. Die Bergbewohner im Süden zeichnen sich vor den Steppenbewohnern sehr aus, nicht nur durch höhere Civilisation und minder rohe Sitten und Gewohnheiten, sondern auch durch ihr Äußeres; die Mehrzahl ist schlank und wohl gebaut, von dunkler Gesichtsfarbe, hat regelmäßige Züge, schöne Augen und einen Ausdruck im Gesichte, der auf Verstand und Energie hindeutet; auch sind sie reinlicher in ihrem ganzen Wesen und ehrlicher.

Wenn man über die Landenge von Perekop und von der Krimsteppe sich nach den Ländern im Norden des asowischen Meeres wendet, so findet man, besonders in dem Theile des Landes, welcher Moloschnia-Woda heißt, eine viel größere Mannichfaltigkeit von Tarenstämmen, unter denen die Nogaier die zahlreichsten sind und das ursprüngliche Gepräge am reinsten beibehalten haben. Sie haben ihren Namen von Nagai, einem der größten Kriegshäuptlinge in Dschengiskhan's Heere, der nach dem Tode seines Herrn sich für unabhängig erklärte, an der Spitze eines mächtigen Tatarenstammes die Moldau, Walachei, Bessarabien und Bulgarien eroberte und endlich sich zum Khan aller Tataren am schwarzen Meere aufwarf.

Die nogaischen Tataren stammen, wie sie behaupten, aus Dschagatai her und rühmen sich, die einzigen echten Tataren in diesen Ländern zu sein. Gewöhnlich sind sie stark und gut gebaut, mit voller Brust und breiten Schultern; ihre Gesichtsfarbe ist mehr deshalb, weil sie unaufhörlich jeder Witterung ausgesetzt sind, als von Natur gelbbraun und nicht selten so dunkelfarbig, wie die der Indier. Ihre Züge sind nicht schön, aber gefällig und sehr gehoben durch ein zwar kleines, aber scharfes, lebendiges Auge voll Feuer; die Größe des Kopfes steht nicht im Verhältniß zum Gesicht, obwol er nicht so klein ist, als der des Kalmücken; auch ist die Nase nicht so flach, die Augen nicht so klein, die Ohren nicht so groß und so weit vom Kopfe abstehend; der Mund ist größer als bei den Europäern, mit dicken, aufgeworfenen Lippen und schneeweißen, so sehr hervorstehenden Zähnen, als ob sie kein Zahnfleisch hätten; ihr Haar, dunkelbraun oder schwarz, ist nicht sehr reich, jedoch zeigt sich die mongolische Race am entschiedensten und auffallendsten in den vorstehenden Backenknochen.

Der nogaische Tatar zeichnet sich ebenso sehr durch sein scharfes Gesicht als durch sein feines Gehör aus; sein Falkenauge entdeckt, wenn es über die unermeßliche Steppe hinstreift, in einer fast unglaublichen Entfernung seine eigenen Heerden, ja er kann sogar ihre Farbe angeben, und was dem Europäer in der Ferne nur als ein schwarzer Punkt erscheint, bezeichnet er genau als Pferde, Schafe oder Ochsen. Ebenso scharf ist sein Gehör; denn in derselben Entfernung unterscheidet er das leiseste Geräusch und erkennt, wenn er sich auf den Boden legt, an dem eigenthümlichen Wiehern und Blöken sein eigenes Vieh. Bei allen seinen Wanderungen über die unermeßliche Steppe, ohne Straße, ohne Bäume, ohne Berg, um ihn zu leiten, verirrt sich der nogaische Tatar doch nie: Sonne, Mond, Sterne, das kleinste Leuchten an dem dunklen Himmel, ja die Richtung des Windes sind hinreichend, ihm den richtigen Weg anzuzeigen. Obgleich ihm Thermometer und Barometer durchaus unbekannt sind, so ist er doch mit jeder Andeutung einer Veränderung in der Atmosphäre vertraut; ebenso kennt er die Stunde des Tages fast auf die Minute. Auch durch seine Geistesgegenwart und Erfindungsgabe zeichnet er sich sehr vortheilhaft aus.

Mit allen diesen natürlichen Vortheilen ist der nogaische Tatar, mit einigen Ausnahmen, dennoch immer dasselbe uncivilisirte Wesen, wie seine Vorfahren, und als ein Hauptgrund davon darf wol der Islam, der gegen jede Veränderung und Verbesserung feindselig auftritt, angesehen werden. Seine aus Thon oder im Winde getrockneten Backsteinen aufgeführte Wohnung ermangelt aller Bequemlichkeit, seine Sitten und Gewohnheiten, selbst die Gefäße zum Kochen haben wenig oder keine Veränderung erfahren, und seine Reichthümer bestehen noch immer in der Zahl seiner Heerden. Hieraus läßt sich mit großer Wahrscheinlichkeit folgern, daß, wenn nicht besondere Umstände und Veränderungen eintreten, noch viele Jahrhunderte verfließen werden, bevor es europäischer Bildung und Gesittung gelingt, sich einen Weg zu diesen Völkern zu bahnen und bei denselben einheimisch zu werden.

Beispielloser Leichtsinn auf dem Blutgerüste.

Wenn wir in König Ludwig XVI. und in Charlotte Corday unter vielen andern Schlachtopfern der französischen Revolutionszeit Muster der erhabensten Seelengröße zu bewundern haben, mit welcher sie ihr Leben auf dem Schaffot verbluteten; wenn wir selbst nicht selten Missethäter vor dem ereignißvollen Augenblicke durch die Wahrheiten und Tröstungen der christlichen Religion ergriffen und erhoben finden, so begegnen uns doch auch zuweilen ausgeartete Naturen, welche selbst an den Pforten des Grabes ihren Trotz gegen die Gesetze und ihren Hohn gegen die Ewigkeit aufzugeben sich nicht entschließen können. Ein ebenso seltenes als denkwürdiges Beispiel dieser Entsetzen erregenden Gemüthsart lieferte der Schotte Alexander Millar, als er wegen Ermordung eines gewissen Jarvis am 8. April 1837 zu Stirling in Schottland auf der Blutbühne seinem verdienten Schicksal entgegenging. Während des Gebets des Priesters war sein einziges Bemühen dahin gerichtet, seine Schuhe von den Füßen zu bringen und sie unter die Zuschauer zu schleudern. „Eine alte Hexe", rief er dabei aus, „die Gott verdamme, hat mir geweissagt, ich würde in vollem Anzuge sterben. So soll sie doch wenigstens nicht ganz recht haben!" Er sang und lachte während der hier üblichen letzten Urtheilsverlesung, und als der Priester mit dem Taschentuche das Zeichen zur Vollziehung der Todesstrafe gab, wußte er es ihm aus den Händen zu winden und warf es weit fort; ja die Mütze, welche über das Gesicht des Missethäters gezogen zu werden pflegt, streifte er auf einmal wieder hinauf, sodaß der Nachrichter selbst dadurch in Bestürzung gerieth.

Gewinnung des Bernsteins in Preußen.

So allgemein es auch bekannt sein mag, daß der Bernstein nur an und in der Ostsee sich findet, so dürften doch folgende Mittheilungen über die Gewinnung desselben für die meisten unserer Leser den Reiz der Neuheit haben.

Bis zum Jahre 1811 wurde die Gewinnung des Bernsteins von einer königlichen Behörde beaufsichtigt und der gewonnene Bernstein in öffentlicher Versteigerung verkauft. Seit gedachtem Jahre aber ist sie für 10,000 Thaler an einen gewissen Douglas verpachtet. Der Bernstein, von welchem dieser Pachter einen Vorrath von 150,000 Pfund in einem massiv gebauten, gewölbten Magazin mit eiserner Thüre und eisernen Läden aufbewahrt, ist darin nach der Größe der Stücke geordnet und in Körbe und Kisten verpackt. Man unterscheidet fünferlei Arten: 1) Sortiment (alle Stücke, die fünf Loth und darüber wiegen), 2) Tonnenstein und 3) Ferniz (woraus Perlen und sogenannte Korallen verfertigt werden), 4) Sandstein und 5) Schlick (welche letztere beiden meistentheils zur Erzeugung der Bernsteinsäure benutzt werden).

Der Bernstein wird theils von dem Meere auf den Strand geworfen und an demselben gesammelt, theils in der Nähe des Strandes gegraben; doch überwiegt die Menge des sogenannten Seebernsteins die des Landbernsteins beiweitem. Im Allgemeinen sind es besonders anhaltende Nordwinde, bei denen der Bernstein mit den Wellen ausgespült wird, bei deren Besänftigung durch Westsüdwest= und Nordwestwinde er mit dem sogenannten Bernsteinkraute, worin er eingewickelt liegt, aus dem Wasser an das Land getrieben wird.

Der Landbernstein wurde früher, in den Jahren 1782—1806, bei den Dörfern Groß=Hubricken und Kraxtepelen an der samländischen Küste auf förmlich bergmännische Weise durch Schächte und Stollen zu

Tage gefördert. Der Bernstein findet sich in einer schwarzen, mit Stücken von Braunkohle gemengten, sehr vitriolischen, thonigen Sandschicht, die gegen den Fuß des hohen Ufers, welches hier eine Höhe von 100—150 Fuß hat, ausläuft. Diese Art, den Bernstein zu gewinnen, war wegen der darüber liegenden ungeheuern Sanddecke sehr mühsam und beschwerlich.

Jetzt geschieht die Gewinnung nicht mehr durch unterirdischen Bau, sondern von Tage aus, wobei obengenannter Douglas die ganze Sanddecke abtragen und von einem kleinen Flusse, dessen Richtung er willkürlich verändern kann, ins Meer spülen läßt.

In noch größerer Menge als an der königsberger Küste, wird der Bernstein an der Küste von Danzig gegraben, wo er unter ganz ähnlichen Verhältnissen wie bei Königsberg vorkommt und ebenfalls nur durch Aufdeckarbeit gewonnen wird.

Esther's Grab zu Ekbatana.

Hamadan, das alte Ekbatana, einst eine der Hauptstädte des kolossalen persischen Reichs, ist gegenwärtig eine Stadt von sehr geringer Wichtigkeit, deren Häuser aus Lehm und Erde gebaut sind. Sie war früher im Besitze der Türken, welche mehre Bauwerke errichtet haben, von denen man zahlreiche Spuren findet, unter andern das Schloß, Musallah genannt. Die Bedrückungen, denen die Juden ausgesetzt sind, hindern sie nicht, in dieser Stadt sehr zahlreich zu sein, wozu das Grab Esther's und Mardochai's ohne Zweifel nicht wenig beiträgt. Zu den alten Denkmälern dieser Stadt gehört nämlich das Grab der schönen Jüdin, die hier neben ihrem Oheim Mardochai in der Ecke eines kleinen Platzes und in der Mitte der Ruinen eines den Juden überlassenen Stadtviertels ruht oder ruhen soll. Das Alter des Denkmals scheint nach seiner Architektur keineswegs ausgemacht. Die Kuppel und das Innere sind von muhammedanischem Styl und in Allem dem der Grabmäler der Imans Zadeh (oder Abkömmlinge der zwölf großen Heiligen) ähnlich, die man überall in Persien findet. Das Grab besteht aus zwei Abtheilungen, von denen die eine sehr klein ist; dieses Gemach, in welches man durch eine sehr niedrige Thüre tritt, ist ganz finster, aber angefüllt mit kleinen Lampen, welche an hohen Festtagen zur Erleuchtung des Heiligthums dienen. In das zweite Gemach gelangt man nur kriechend durch eine kleine Thüre von einem Fuß Höhe; es enthält zwei Kenotaphien von geschnitztem schwarzen Holz. An den Wänden sind mehre Inschriften in hebräischer Sprache eingegraben. Gegenwärtig ist dieses Grab ein Wallfahrtsort für die Juden, die jährlich aus allen Theilen Asiens hieher kommen. Durch welche Verkettung von Schicksalen die Königin von Susa, die Gemahlin Ahasver's, ihre letzte Ruhestätte in Ekbatana gefunden hat, weiß die Unwissenheit der Rabbiner nicht anzugeben; man muß es also glauben, wiewol die Echtheit dieses Grabes keineswegs bewiesen ist. Von medischen Alterthümern findet man in der Umgegend von Hamadan nur wenig. Am Fuß des Musallah zeigt man einen steinernen Löwen von riesenmäßiger Größe, ganz verstümmelt und von den Jahrhunderten zernagt. Eine Viertels=Parasange von der Stadt, im Nordosten derselben, findet man in der Ebene zahlreiche Trümmer von Granit, welche dem Anschein nach Theile von Bauwerken waren, von denen sie jetzt nur noch den Platz angeben.

Die Stadt Vathi auf Ithaka.

Herausgegeben unter Verantwortlichkeit der Verlagshandlung F. A. Brockhaus in Leipzig.

Das Pfennig-Magazin

für

Verbreitung gemeinnütziger Kenntnisse.

416.]   Erscheint jeden Sonnabend.   [März 20, 1841.

Friedrich Gottlieb Klopstock.

Friedrich Gottlieb Klopstock, unser herrlicher deutscher Barde, wurde den 2. Juli 1724 zu Quedlinburg am Harz geboren und war der Älteste unter zehn Kindern, fünf Söhnen und fünf Töchtern. Sein Vater, G. H. Klopstock, welcher anfangs Commissionsrath in Quedlinburg war, dann aber das Gut Friedeburg in der Grafschaft Mansfeld pachtete, wird als ein biederer, gerader Mann von unerschütterlichem Muthe gerühmt, der aber nicht frei von Aberglauben war und unter Anderm schwärmerisch an die Möglichkeit des Wiedererscheinens Verstorbener glaubte. Von Krankheit und mancherlei Ungemach betroffen, starb er im Jahre 1756; längere Zeit nachher, im J. 1773, des Dichters Mutter, Anna Marie, geb. Schmidt, eine würdige Frau voll der zärtlichsten mütterlichen Sorgfalt. Der junge Klopstock erhielt zu Friedeburg, dessen anmuthige Umgegend auch das Ihrige gethan haben mag, um seinen Geist zu wecken und zu stärken, durch einen Hauslehrer, Namens Schmidt, zugleich mit den Söhnen einiger Edelleute aus der Nachbarschaft den ersten Unterricht in den Anfangsgründen der Wissenschaften und alten Sprachen; doch wurde darüber die Ausbildung des Körpers nicht vergessen. Wie seine Brüder fand er am Laufen, Klettern, Ringen, Jagen seine Lust und war dabei immer der Erste und Keckste; auch das Baden war ihm ein großes Vergnügen, dem er sich nebst seinen Brüdern ungeachtet der mütterlich ängstlichen Ermahnungen gar gern hingab.*) Nachdem Klopstock so an Geist und Körper erstarkt war, kehrte er im 13. Jahre von diesem Orte jugendlicher Lust mit seinem Vater, dessen Pacht zu Ende gegangen war, nach Quedlinburg zurück und besuchte das dortige Gymnasium. Dem muntern Knaben wollte je-

*) Noch in seinem spätern Alter waren Schlittschuhlaufen und Reiten seine Lieblingsvergnügungen.

doch, wie er später selbst bekannte, nach einer Zeit kindlicher Ungebundenheit und ungehinderten Naturgenusses der städtische Schulzwang nicht recht behagen; während der drei Jahre, die er hier zubrachte, gab er nicht gar viel aufs Lernen und ließ wol von manchem seiner Mitschüler sich übertreffen. Im J. 1739 übergab daher der Vater den jungen Klopstock der damals sächsischen Landesschule Schulpforte, die, unter der Leitung des Rectors Freitag und des Conrectors Stübel stehend, des ausgezeichnetsten Rufes genoß. Hier zeigte er ungleich größern Fleiß als früher, besonders eifrig beschäftigte er sich unter Anleitung der Obengenannten mit den griechischen und römischen Classikern. Die Bekanntschaft mit der classischen Literatur, welche er so sich aneignete, weckte das in ihm schlummernde poetische Talent, und die klösterliche Einsamkeit und die anmuthigen Umgebungen trugen gewiß auch das Ihrige dazu bei; die Idylle und die Ode waren die Gattungen der Poesie, in welchen sich der Jüngling am ersten versuchte, und er übertraf schon durch diese dichterischen Erstlingsversuche alle seine Mitschüler. Aber die in ihm sich regende Kraft trieb ihn auch zu einem größern Werke; er faßte den Plan zu einem Heldengedichte, dessen Held Heinrich der Städteerbauer (gewöhnlich „der Vogler" genannt) sein sollte, dessen unsterbliches Verdienst um Deutschland der vor Liebe zum Vaterlande glühende Jüngling solchen Preises wol werth fand. Bald aber erkannte er die höhere Bahn; seinen frühern Beschluß aufgebend, beschloß er, den Messias zu singen, wozu ihn sein fromm=gläubiges Gemüth hintrieb; seine Begeisterung ließ ihm nicht Ruhe, sodaß er den Plan zu diesem Gedichte schon in Schulpforte vollendete. Seine Vorliebe für religiöse Poesie vermehrte noch die Lecture von Milton's „Verlorenem Paradiese" (nach Bodmer's Übersetzung), das Klopstock ungeachtet des Verbots des Rectors zu seinem Lieblingsstudium wählte; ja er erhob Milton sogar öffentlich in einer lateinischen, durch Reife und Besonnenheit im Urtheile ausgezeichneten Rede, die er beim Abgange von Schulpforte hielt. Schon damals fühlte Klopstock seine geistige Kraft und den heißen Drang seines Herzens, nach dem Höchsten zu ringen; ahnungsvoll schrieb er einst an eine Wand die Worte: „Mich schreibt die Nachwelt einst in ihre Bücher ein."

Ein Jüngling von seltener Reife und Ausbildung und von warmer Religiosität, verließ Klopstock im Herbste des Jahres 1745 Schulpforte und bezog die Universität zu Jena. Er widmete sich hier dem Studium der Theologie und hörte mehre Vorlesungen mit Antheil; mehr aber studirte er für sich in stiller Zurückgezogenheit. Hier arbeitete er die drei ersten Gesänge seines „Messias" aus und zwar, weil ihm die damals gebräuchlichen Versarten nicht zusagten, in Prosa. Der Aufenthalt in Jena konnte ihm indeß nicht behagen theils wegen der ungebundenen, rohen Lebensweise, die damals dort unter den Studirenden üblich war, theils weil sein fühlendes Herz, dem ein freundlicher Umgang mit Gleichgesinnten Bedürfniß war, sich vergeblich nach einem Freunde sehnte. So begab er sich denn im Frühlinge des folgenden Jahres nach Leipzig und bewohnte dort mit seinem Verwandten und Freunde, J. C. Schmidt aus Langensalza, ein Zimmer gemeinschaftlich. An einem glücklichen Sommernachmittage kam er hier auf den Gedanken, nach dem Vorbilde der Alten Hexameter zu machen, und da ihm sein Versuch zu großer Zufriedenheit ausfiel, so beschloß er, dieses Versmaß bei seinem „Messias" anzuwenden. Was er in Jena schmerzlich vermißt hatte, Umgang mit gleichgestimmten Seelen,

das wurde ihm in Leipzig in um so reichlicherm Maße zu Theil; bald bildete sich um ihn ein kleiner Kreis wissenschaftlich strebsamer Freunde, zu dem besonders Olde, Kuhnert und Rothe gehörten; auch schloß er sich an den Verein für deutsche Dichtkunst begeisterter Jünglinge, wie Ebert, Cramer, Gärtner, Gellert, Rabener, J. A. Schlegel, Zachariä u. A., an, der sich zu jener Zeit der Umgestaltung deutscher Sprache und deutschen Geschmacks, gegenüber der steifen Richtung Gottsched's und seiner Anhänger, in Leipzig gebildet hatte und seine literarischen Arbeiten nach vorhergegangener strenger Prüfung in der Zeitschrift „Bremische Beiträge" bekannt machte. In diese Zeit, in das Jahr 1747, fallen die ersten lyrischen Gedichte Klopstock's, die zur Öffentlichkeit gelangten, als „Der Lehrling der Griechen", der „Wingolf" und die Abschiedsode an Giseke. Im J. 1748 erschienen die ersten Gesänge des „Messias" im Druck. Unerhört war das Aufsehen, das diese Erscheinung erregte; Gegenstand und Form waren zu neu und ungewohnt in damaliger Zeit. Viele konnten die Freiheit, mit der sich der Sänger darin bewegte, nicht fassen und dem Adlerschwunge seiner Phantasie nicht folgen. Besonders erklärte Gottsched die Messiade für eine Misgeburt, die durch Unnatürlichkeit der Sprache und des Styls den guten Geschmack beleidige und jedem verständigen Christen anstößig sein müsse. So sehr aber dieser die Messiade, weil er sie nicht begreifen konnte, bekämpfte und tadelte, so warm nahm sie sein Gegner Bodmer in der Schweiz auf und bewillkommnete sie als das Erzeugniß eines echt poetischen Geistes; auch Kleist äußert in einem Briefe an Gleim aus jener Zeit seine Bewunderung.

In demselben Jahre 1748 verließ Klopstock Leipzig und übernahm in Langensalza in dem Hause seines Verwandten, des Kaufmanns Weiß, die Aufsicht über dessen Kinder. Hier erweckte die Schwester Schmidt's, seine Cousine, welche er unter dem Namen Fanny in mehren Oden feierte, eine glühende Liebe in ihm, die, weil sie unerwidert blieb, für ihn die Quelle manches bittern Schmerzes und einer Schwermuth wurde, die sich in jenen Oden und in vielen seiner Briefe so rührend und anziehend ausspricht. Doch zeigen auch mehre Lieder aus den folgenden Jahre, daß sich der hoffnungslos Liebende sich zu ermannen wußte. Auf die freundliche Einladung Bodmer's, mit dem er in vertrautem Briefwechsel stand, reiste Klopstock, nachdem er seine Vaterstadt besucht, im Sommer 1750 nach Zürich, wo die Messiade seinem Namen schon große Achtung erworben und in Vielen den Wunsch rege gemacht hatte, deren Sänger persönlich kennen zu lernen. Bei seinem Aufenthalte in der Schweiz beschränkte er sich nicht auf Zürich, sondern unternahm auch eine Lustreise in die benachbarten Cantone. Fast hätte ihn die großartige Natur mit ihrer kühnen Pracht und der traute Freundeskreis, der der herzlichen und geistvollen Menschen so viele zählte, für immer hier gefesselt. Sein Geist wurde erquickt und erfrischt in diesen himmelanstrebenden Alpen, deren Kette er täglich von der Wohnung Bodmer's aus vor Augen hatte, und seine Vaterlandsliebe zum Preise Hermann's mächtiger entzündet. Allein mittellos, wie er war, mußte Klopstock auf eine feste Anstellung bedacht sein, die ihm ein hinlängliches Auskommen sichern könnte. Der Abt Jerusalem wollte ihm eine Stelle am Carolinum in Braunschweig zu verschaffen suchen; allein in dieser Stellung hätte leicht sein Dichtergeist verdunkelt werden können; zu seinem Glücke war es daher, daß sein Schicksal eine andere Wendung nahm. Auf die Em=

pfehlung des dänischen Ministers nämlich, Grafen von Bernstorff, welchem zu Paris, wo er als Gesandter verweilte, die drei ersten Gesänge des „Messias" zu Gesicht gekommen waren, wurde der Dichter vom König Friedrich V. und dessen Oberhofmarschall Moltke mit einem Jahrgehalte von 400 Reichsthalern nach Kopenhagen berufen, um dort ganz der Dichtkunst leben und namentlich seinen Messias vollenden zu können.

Klopstock, hocherfreut über diese günstige Wendung seines Schicksals, traf im März 1751 in seiner Vaterstadt ein; seine Liebe zu der gefeierten, aber für seine Huldigungen so unempfindlichen Fanny war immer noch nicht erloschen, vielmehr bei der Rückkehr in ihre Nähe nur um so heißer entbrannt; davon zeugt ein liebewarmer Brief an sie, worin er immer noch die Hoffnung ausspricht, Erhörung zu finden: „Darf ich dich auch um das Größte bitten, was ich in dieser und jener Welt bitten kann", — sagt er darin — „darf ich bitten, daß Fanny meine Fanny werde?" Aber seine Hoffnungen wurden leider getäuscht. Klopstock's Vater war über den Ruhm seines Sohnes nicht wenig erfreut, und die durch Alter niedergebeugte Großmutter, die in ihn den ersten Keim der Frömmigkeit gelegt hatte, raffte ihre letzten Kräfte zusammen, den scheidenden Enkel zu segnen. Von Quedlinburg reiste Klopstock nach Braunschweig, wo ihm sein Jugendfreund Giseke empfahl, in Hamburg die Bekanntschaft eines Mädchens, Meta (Margaretha) Moller, zu suchen, die eine seiner eifrigsten Verehrerinnen sei. In Hamburg angekommen, wollte er zuerst Hagedorn sehen, den er wegen seiner Verdienste um deutsche Sprache und Dichtkunst hochachtete. Da er ihn indeß nicht sogleich sprechen konnte, ließ er sich bei Meta anmelden, deren Adresse ihm Giseke mitgegeben hatte. Sie war gerade mit ihrer Schwester bei häuslichen Arbeiten beschäftigt, da sie hörte, wer sie zu sprechen wünsche, rief sie freudig überrascht aus: „Klopstock! Er soll den Augenblick kommen", und machte sich fertig, ihn zu empfangen. Der Dichter kam und Meta schloß sich eng an ihn an, jedes seiner Worte war ihr von unschätzbarem Werthe, begierig hörte sie von seinen Schicksalen und seinen Schriften. Auch Klopstock fühlte sich von ihren Reizen getroffen; bei einem Gastmahle, das am zweiten Tage angestellt wurde, fanden sich die Herzen immer mehr und obgleich auch der hochverehrte Hagedorn daran Theil nahm, so redete Klopstock doch nur wenig mit ihm. Er schreibt in einem Briefe an Gleim über Meta: „Bei ihr habe ich meine meiste Zeit, die ich in Hamburg gewesen bin, zugebracht. Dies Mädchen ist im eigentlichen Verstande so liebenswürdig und so voller Reize, daß ich mich bisweilen kaum enthalten konnte, ihr insgeheim den Namen zu geben, der mir der theuerste auf der Welt ist." Doch erlosch das Andenken an Fanny noch nicht sogleich, ja er glaubte sogar nie eine Andere lieben zu können, wie er in einem Briefe aus Kopenhagen an deren Bruder noch im Herbste dieses Jahres schreibt. Nach drei Tagen verließ Klopstock Hamburg und Meta; ein Briefwechsel ist wurde verabredet.

In Kopenhagen und auf dem Lustschlosse des Königs, Friedensburg, lebte er ungestört den Musen und seinen edlen Freunden Moltke und Bernstorff, durch die er auch nicht selten bei dem Könige Friedrich V. Zutritt erhielt, der sich mit dem Sänger des „Messias", dessen Verdienste wohl erkennend, oft Stunden lang unterhielt. Als der König im Frühlinge des Jahres 1752 zu seiner Zerstreuung eine Reise nach Holstein unternahm, benutzte Klopstock die Gelegenheit, den

Sommer bei seiner Meta in Hamburg zuzubringen, und jetzt, da der unempfindlichen Fanny Bild mehr und mehr in den Hintergrund getreten war, wurde seine Liebe zu ihr, deren er schon zu Ende des vorigen Jahres gewiß geworden war, immer heißer und inniger. „Ich muß Ihnen sagen" — schreibt er an Gleim — „daß ich unaussprechlich glücklich bin, daß ich die kleine Moller liebe, von der ich Ihnen vor einem Jahre einmal schrieb, daß sie mich so sehr liebt, als sie geliebt wird, und daß sie das geliebteste unter allen geliebten Mädchen ist." Diese Liebe athmen auch die Briefe, welche Klopstock von Braunschweig aus, wohin er im Juli 1752 gereist war, freundlich=herzlicher Besorgniß voll an Meta schrieb; auch ihre Briefe strömen über von den Gefühlen der reinsten und begeistertsten Liebe. Klopstock kehrte im Herbste 1752 wieder nach Kopenhagen zurück und brachte das ganze folgende Jahr dort zu; dieser Zeit verdanken wir neben andern trefflichen Gesängen die unvergleichlichen Oden an Cidli, mit welchem Namen er seine Meta bezeichnete. Die schmerzliche Trennung der Liebenden mußte der ununterbrochene Briefwechsel zu mildern suchen; aus den Briefen Beider spricht uns neben der Innigkeit der Liebe der Geist einer vertrauensvollen Frömmigkeit, die Alles der heiligen Vorsehung anheimstellt, so wohlthuend an. Endlich als im Frühlinge 1754 der König abermals nach Holstein reiste, eilte Klopstock nach Hamburg, das Band der Liebe und Treue zu knüpfen. Am 10. Juni wurde Meta seine Gattin. Er eilte zuerst mit ihr nach Quedlinburg zu seinem Vater, der sie freundlich empfing mit den herzlichen Worten: „Solch eine lieb' ich!" Erst zu Ende des Jahres, nachdem er von einem heftigen Fieber, das ihn befallen hatte, genesen war, kehrte er mit seiner Gattin, die eines Klopstock bedurfte, um die Trennung von den Ihrigen und dem Vaterlande zu ertragen, nach Kopenhagen zurück. Im Mai 1756 machten sie Beide eine Reise nach Hamburg und verlebten im Kreise der Freunde und Verwandten glückliche Tage. Im November erhielt Klopstock in Kopenhagen, wohin er schon im September zurückgekehrt war, die Nachricht von dem Tode seines Vaters, welche Trauerbotschaft ihn tief erschütterte; doch trug er in seinem Schmerz „wie ein Mann und wie ein Christ". Aber bald sollte noch ein härterer Schlag den edlen, frommen Sänger treffen; Meta, seine geliebte Meta starb schon den 28. November 1758 an den Folgen einer schweren Entbindung. Ihr Grab auf dem Dorfkirchhofe zu Ottensen beschattet eine Linde; ihr Sohn schlummert in ihrem Arme. Klopstock selbst setzte der Geliebten seines Herzens eine einfach erhebende Grabschrift, die sich anfängt mit den herrlichen Worten:

Saat von Gott gesäet, am Tage der Garben zu reifen.

Ein anderes Denkmal setzte er ihr durch die Herausgabe ihrer „Hinterlassenen Schriften". Der fromme Glaube an ein ewiges Leben und die feste Hoffnung auf dereinstiges seliges Wiedersehen, die er in vielen seiner Lieder so herzerhebend ausspricht, waren nöthig, um den Tiefgebeugten zu trösten, dem von nah und fern Freunde, worunter selbst der berühmte Verfasser der Nachtgedanken, der Engländer Edward Young, Beweise ihrer herzlichsten Theilnahme gaben.

Klopstock bedurfte der Zerstreuung nach solchem Schlage. In den Jahren 1759—62 verweilte er abwechselnd in Quedlinburg, Braunschweig und Halberstadt, wo er sich des Umgangs mit seinem alten Freunde Gleim erfreute. In Blankenburg am Harz lernte er ein Mädchen kennen, das er sich wol zur Lebensgefähr=

tin gewünscht hätte, wenn es die Umstände erlaubt hätten. Später lebte Klopstock wieder in Kopenhagen in fleißigem Briefwechsel mit Gleim und in vertrautem Umgange mit Gerstenberg, welcher in dem benachbarten Dorfe Lingbye wohnte. Schon 1757 hatte er sein Trauerspiel „Adam's Tod" drucken lassen, das in vielen Übersetzungen verbreitet wurde und besonders in Frankreich Anklang fand; großes Aufsehen aber erregte ein anderes „Hermann's Schlacht", 1769 zuerst erschienen, für welches auch Kaiser Joseph II., dem es zugeeignet war, dem Dichter als Zeichen der Anerkennung eine goldene mit Brillanten besetzte Medaille zusandte. Von der Verbindung, die sich nun mit dem östreichischen Minister Fürst Kaunitz und dem Grafen Wellsperg entspann, versprach sich der Dichter viel für das Gedeihen der Wissenschaften in Deutschland, doch blieb die Sache ohne den gehofften Erfolg. Schon früher hatte Klopstock eine Reihe trefflicher geistlicher Lieder für den öffentlichen Gottesdienst gedichtet, sowie einige ältere Lieder umgeändert, und war auf diese Weise auch dem Volke näher getreten.

Bis zu Ende des Jahres 1770 lebte Klopstock, einige Reisen abgerechnet, in Dänemark und zwar bald in Kopenhagen bald in Lingbye, mit literarischen Arbeiten beschäftigt und in vielen brieflichen Verbindungen; selbst die bekannte deutsche Malerin, Angelica Kauffmann in London, knüpfte mit ihm einen Briefwechsel an und ehrte ihn durch Übersendung von mehren ihrer Gemälde, worunter auch eins aus dem „Messias". An dem Grafen Bernstorff hatte er einen edlen Freund und Beschützer. Doch als dieser bei dem Regierungsantritte Christian's VII. durch den Grafen Struensee verdrängt worden war, begab sich Klopstock im J. 1771 nach Hamburg, um dort unter Beibehaltung seines Jahrgehaltes und mit dem Titel eines Legationsrathes im Kreise seiner Freunde zu leben. In demselben Jahre unternahm er eine Reise nach Manheim, Darmstadt und Düsseldorf, auf welcher er auch in Frankfurt am Main Goethe's Mutter kennen lernte. Das Jahr darauf betrübte ihn der plötzliche Tod seines Freundes Bernstorff tief. Bald darauf freute er sich der Vollendung seines Hauptwerks, der Messiade; nachdem 1755 auf Kosten des Königs von Dänemark die zwei ersten Bände erschienen waren, folgte der dritte Band im J. 1769 und der vierte endlich, der den 16—20. Gesang enthielt und das ganze Werk beschloß, im Jahre 1773. Unter den Vielen, die sich mit Klopstock der Vollendung dieses großartigen Werkes freuten und ihm dazu Glück wünschten, war auch Wieland; er sagte, Klopstock sei durch dasselbe der Schöpfer unserer epischen Sprache geworden und habe sich einen Ruhm erworben, den er mit Niemand theile. Für die allgemeinste Verbreitung des Gedichtes wurde durch Übersetzungen in alle gebildeten Sprachen gesorgt. Großes Aufsehen erregte auch Klopstock's Buch: „Die deutsche Gelehrtenrepublik", das ein Jahr später erschien und die Ergebnisse seiner literarischen Untersuchungen, sowie seine Ansichten und Wünsche in Beziehung auf deutsche Literatur darstellte.

Auf den Ruf des Markgrafen, nachmaligen Kurfürsten von Baden, Karl Friedrich, ging Klopstock im J. 1775 nach Karlsruhe und empfing dort von demselben viele Beweise gnädigen Wohlwollens; da er aber sich wieder nach dem Norden sehnte, so verließ er zu Anfang des folgenden Jahres Karlsruhe und kehrte nach Hamburg zurück. Hier erschien 1784 das Drama „Hermann und die Fürsten" und drei Jahre später „Hermann's Tod". Die Huldigungen, die ihm jetzt von vielen

Seiten in reichem Maße zu Theil wurden, und sein immer mehr sich ausbreitender Ruhm thaten seinem Charakter keinen Eintrag; bescheiden, sanft und mild zeigte er sich stets. Merkwürdig ist der Antheil, den Klopstock an der französischen Revolution nahm; anfänglich war er ihr eifriger Freund und sie vermochte ihn zu mehren Oden zu begeistern, weil er von ihr sich ein glücklicheres Zeitalter versprach, sodaß er von ihr singen konnte: „Glückliche Zeit, und ich glücklich, der sie noch sah"; allein späterhin, da sie die von ihr gehegten Erwartungen zu täuschen begann und statt der Freiheit Zügellosigkeit und Willkür das Haupt erhoben, da verlor sich bei Klopstock, wie bei vielen andern Redlichen der Enthusiasmus und er schämte sich des französischen Bürgerrechts, mit dem er durch Vermittelung des bekannten Ministers der französischen Republik, Roland, von der Nationalversammlung beschenkt worden war. Washington und Lafayette aber blieben Gegenstände seiner innigsten Bewunderung und Verehrung. Um diese Zeit, im J. 1791, vermählte sich Klopstock mit einer Witwe, Frau von Winthem, einer Freundin von erprobter Tugend; denn er bedurfte zu einer liebevollen Pflege in den Tagen seines Alters. An ihrer Seite verstrich ihm der Rest seines Lebens in ungetrübter Heiterkeit und voller Geisteskraft. Den Winter über wohnte er in Hamburg, den Sommer hindurch gewöhnlich in einem kleinen, aber wohnlichen Häuschen vor der Stadt; Freunde sah er häufig bei sich oder verkehrte brieflich mit ihnen; noch jetzt war seine Muse nicht verstummt, besonders aber beschäftigte ihn die Herausgabe seiner sämmtlichen Werke.

Am 6. Mai 1802 fuhr der Domherr Meyer mit Klopstock zu einem Freunde bei Ottensen, bei dem noch mehre Freunde sich versammeln sollten. Als sie zur Linde des Grabes seiner Meta nach Ottensen kamen, blickte Klopstock feierlichen Ernstes nach ihr hin, bis er sie aus dem Auge verlor. Eine Stunde darauf überfiel ihn im Kreise der Freunde ein heftiges Fieber, er mußte plötzlich die Gesellschaft verlassen und bei der Rückfahrt befand er sich in einem Zustande stummer Betäubung. Nach zweimonatlicher Krankheit glaubte er, wieder genesen zu sein; im Winter 1803 aber fühlte er seine Kräfte schwinden und wurde von Hämorrhoidalleiden und Koliken heimgesucht; doch sah er noch gern Freunde um sich und beschäftigte sich gern mit den Tagen seiner Jugend, auch las er zuweilen in seiner Messiade. Vom 12. Februar an wurde er ernst und in sich gekehrt; seine Seele war ganz mit Gedanken an Tod und Unsterblichkeit beschäftigt; er ahnete, was ihm bevorstand. Am 17. Februar trat zu seinem gewöhnlichen Übel ein heftiges Fieber, das ihn an das Lager fesselte und von dem er nicht wieder aufstand. Freundliche Traumgestalten umgaukelten ihn; dann begann in schwerem Kampfe das Leben mit dem Tode zu ringen; auf einmal richtete er sich auf und brach aus in die Worte: „Kann auch ein Weib ihres Kindes vergessen, daß sie sich nicht erbarme über den Sohn ihres Leibes? Und ob sie sein vergäße, so will ich doch Dein nicht vergessen. Siehe, in die Hände habe ich Dich gezeichnet. Wir Alle, wir sind in Gottes Hand gezeichnet." Darauf entschlummerte er sanft zum bessern Dasein am 14. März 1803, in einem Alter von 78 Jahren, 8 Monaten und 12 Tagen. In vielen Städten Deutschlands vereinte man sich, den frommen Sänger im Tode noch zu ehren. Den 22. März fand unter dem Hinzuströmen einer ungeheuren Menschenmenge das feierliche Leichenbegängniß statt; die Gesandten, die Behörden, die Geistlichkeit, die

Lehrer, zahlreiche andere Gelehrte, Künstler, Kaufleute, Bürger bildeten das Gefolge. Auf dem Kirchhofe zu Ottensen neben seiner Meta hatte Klopstock zu ruhen gewünscht, hier begrub man ihn; seine zweite, liebende Gattin setzte ihm einen Denkstein, dessen Inschrift auch mit den Worten begann, die er selbst einst gesungen:

Saat von Gott gesäet, am Tage der Garben zu reifen.

Die Orkney=Inseln.

Die Orkney=Inseln oder Orkaden, eine zu Großbritannien gehörige Inselgruppe, liegen nördlich von dem nordöstlichen Ende Schottlands zwischen 58° 44′ und 59° 24′ nördlicher Breite und werden von der großbritannischen Hauptinsel durch die Meerenge Pentland Frith geschieden, die an ihrem östlichen Eingange 5½ englische Meilen (etwas über eine deutsche Meile) breit ist und nach Westen zu immer breiter wird. Die Ebbe und Flut in dieser Straße wird durch Felsen und zwei kleine Inseln gehemmt, wodurch eine starke Strömung hervorgebracht wird, die oft in der Stunde drei bis neun englische Meilen beträgt, ein Umstand, der bei Windstößen diese Straße sehr gefährlich für schwerbeladene Schiffe macht, wiewol sie bei ruhigem Wetter ziemlich sicher befahren werden kann, wozu zwei Leuchtthürme beitragen.

Die Gruppe besteht aus 67 Inseln und Inselchen, von denen aber nur 27 bewohnt sind; die übrigen, Werder (holmes) genannt, werden nur im Sommer besucht, um Soda aus der Asche verbrannter Seegewächse (Seetang) zu bereiten, oder als Weideplätze benutzt. Die größte Insel heißt Pomona oder Mainland, dehnt sich von SO. nach NW. in einer Länge von vier deutschen Meilen aus und theilt die Gruppe in zwei kleinere, die südlichen, von denen 11, und die nördlichen Inseln, von denen 15 beständig bewohnt sind. Sie enthielten im J. 1831 eine Bevölkerung von 28,847 Seelen, wovon 15,787 auf Pomona, 2265 auf South=Ronaldsha, 1839 auf Sanda, 1702 auf Westra, 1388 auf Hoy kamen.

Einige Inseln haben felsige Ufer, die gegen Westen steile Abhänge zeigen; andere sind niedrig und flach und haben Sandufer. Auf keiner derselben stehen Bäume mit Ausnahme einiger weniger kleiner in der Nähe der Stadt Kirkwall, wiewol sie in längst vergangenen Zeiten, nach zahlreichen im Torf vorkommenden Spuren zu schließen, mit Waldungen bedeckt gewesen sein müssen. Der geognostische Charakter der Inseln ist sehr einfach, da die ganze Gruppe mit Ausnahme eines kleinen Granitdistricts der Formation des rothen Sandsteins angehört, der zuweilen Erdharz und fossile Fische enthält.

Nach einer ziemlich oberflächlichen Schätzung beträgt der Flächeninhalt der Inseln 150,000 Acres oder 11, nach andern aber 28 deutsche Quadratmeilen, von denen nicht ganz ein Drittel angebaut ist und zu Weideplätzen dient, der Rest aber wüste liegt oder mit Wasser bedeckt ist. Die flache und niedrige Insel Sanda ist die fruchtbarste und wird der Kornboden der Orkney=Inseln genannt; der höchste Punkt auf den Inseln ist Wart=Hill auf der Insel Hoy, der sich bis zu 1556 Fuß Höhe erhebt. Die Küsten von Pomona und den südlichen Inseln sind in ihrer Gestalt sehr unregelmäßig und enthalten mehre sichere und geräumige Häfen.

Da die Inseln nach dem atlantischen Meere zu ganz frei liegen und dem vorherrschenden Westwinde ausgesetzt sind, so ist das Klima mehr naß als kalt. Der Frost dauert selten mehre Tage hintereinander und die Häfen sind das ganze Jahr hindurch offen und zugänglich. Der Winter ist nur wegen der heftigen Regen, Schneefälle und Stürme unangenehm und erstreckt sich über einen großen Theil des Frühjahrs. Der Sommer ist in der Regel schön und angenehm, da die Wärme sehr mäßig und das Wetter beständig ist; auch der Anfang des Herbstes ist angenehm, aber im November beginnt das schlechte Wetter.

Der Boden von einigen dieser Inseln ist von geringer Qualität, der von andern ist vortrefflich. Der Ackerbau beschränkt sich auf die Production von Hafer, einer Gerstenart, Kartoffeln, Rüben und wenigen andern Gemüsen; Weizen kommt wegen der Feuchtigkeit des Klimas und des späten Eintritts des Sommers nicht fort. Da die Landbesitzer viele Jahre lang ihr Augenmerk ausschließlich auf die Bereitung von Soda richteten, so ist der Ackerbau sehr vernachlässigt worden; in der neuesten Zeit hat aber die Eröffnung einer regelmäßigen Dampfschifffahrt zwischen Aberdeen und Edinburg sowol dem Ackerbau als der Rindviehzucht, für welche sich die Inseln besonders eignen, einen starken Impuls gegeben. Rindvieh sowol als Pferde sind zahlreich, aber klein; besonders gut sind die Schafe; Kaninchen und Seevögel sind auf den meisten kleinern Inseln häufig. Viele Familien leben gänzlich vom Ertrage des Fischfangs; an den Küsten sind Kabeljaus und Heringe häufig, außerdem Hummern und Seehunde. Von den letzten sollen die Inseln ihren Namen erhalten haben, da ork in der alten Sprache der Normannen einen Seehund bedeutete. Die Sodafabrikation, die früher einen Haupterwerbszweig bildete, hat fast ganz aufgehört, da dieser Artikel in den Seifen= und Glasfabriken durch das aus gewöhnlichem Salz gewonnene kohlensaure Natron verdrängt worden ist. Während des Krieges war der Preis der Soda 20 Pf. St. die Tonne und viele Jahre nachher nie unter 12 Pf., aber neuerlich ist er auf drei bis vier Pf. gesunken. Die wenige Soda, die noch gewonnen wird, wird hauptsächlich zur Bereitung von Jod verwandt. Das Herabkommen der Sodafabrikation hat auf diesen Inseln eine totale Änderung aller Verhältnisse herbeigeführt. Früher waren die Einwohner der Mehrzahl nach eigentlich nur Leibeigene, die an die Scholle gefesselt und genöthigt waren, für den Landbesitzer gegen eine elende Hütte und einen Streif Landes an der Sodafabrikation Theil zu nehmen. Das Aufhören des Absatzes der Soda hat sie factisch emancipirt, denn da die Arbeit aufhörte, für den Grundbesitzer von Vortheil zu sein, so stand es ihnen frei, jede ihnen beliebige Arbeit zu wählen, was theils eine ansehnliche Ausdehnung des Ackerbaues, theils das Emporkommen der Heringsfischerei zur Folge gehabt hat. Jetzt sind über 700 Boote, jedes mit sechs Mann besetzt, mit dieser Fischerei beschäftigt und ihre Zahl ist in schneller Zunahme begriffen. In günstigen Jahren werden 30—50,000 Tonnen Heringe ausgeführt und 20—30,000 Pf. St. unter die Fischer und deren Familien vertheilt. Auch der Stockfischfang, der im Mai und Juni stattfindet, ist im Zunehmen und bringt jährlich 5—7000 Pf. ein. Noch andere Erwerbszweige sind Wollenweberei und Strumpfstrickerei.

Die Einwohner sind von schottischer und zum Theil von norwegischer Abkunft. Als die Inseln zu Dänemark gehörten, siedelten sich viele Norweger hier an und ihre Sprache wurde ausschließlich gesprochen. Seitdem die Inseln mit Schottland verbunden sind, ist die norwegische Sprache ganz verdrängt worden. An Charakter, Sitten und Sprache sind die Bewohner jetzt wenig von den schottischen Niederländern verschieden. Im Allgemeinen sind sie verständig und gesittet. An Erziehungsanstalten ist kein Mangel; es gibt wenige Kirchspiele, die nicht wenigstens zwei Schulen enthalten. Eine Anzahl junger Männer geht außer Landes, in der Handelsmarine Dienste zu nehmen, und da sie in der Mehrzahl nüchtern und ehrlich sind und lesen und schreiben können, so machen sie ihr Glück und bringen es nicht selten bis zum Bootsmann; einige gehen auch auf Walfischfahrer, indeß hat seit dem Emporkommen des einheimischen Fischfangs die Zahl der im Auslande Arbeit Suchenden merklich abgenommen.

Die Inseln wurden in früher Zeit von den Normannen besetzt und blieben im Besitz der Könige von Dänemark und Norwegen bis zum Jahre 1468, hatten aber ihre eigenen Oberhäupter oder Grafen, welche sie als unabhängige Herren regierten. Sie dienten als Sammelplatz für die Flotten der Seeräuber, welche so oft die Küsten von England und Frankreich verwüsteten. Der bekannte Rollo, Eroberer der Normandie und Ahnherr Wilhelm's des Eroberers, war ein Graf der Orkney-Inseln. Im J. 1468 wurden die Inseln für 50,000 Gulden an Schottland verpfändet, aber nie wieder eingelöst. Seit 1471 waren die Grafen von Schottland abhängig und wurden nachmals den Häuptlingen schottischer Clans gleichgestellt.

Die Hauptstadt der Inseln ist Kirkwall auf der Insel Pomona. Sie enthält eins der merkwürdigsten Baudenkmäler des Mittelalters in Schottland, die Kathedrale des heiligen Magnus, die noch im Gebrauch und wohlerhalten ist. Nahe dabei stehen die Ruinen des bischöflichen Palastes und des Schlosses von Graf Patrick Stewart, dem letzten Grafen der Inseln, welcher unter der Regierung des Königs Jakob I. wegen Hochverraths hingerichtet wurde. Die Stadt besteht aus einer einzigen engen Straße, ist jedoch mit Gas erleuchtet, hat mehre Schulen und zählte 1831 3721 Einwohner, die ansehnlichen Handel treiben. Im J. 1835 besaß sie 78 Schiffe, mit 326 Matrosen bemannt. Die Insel Pomona ist übrigens noch wegen ihrer Eisengruben und Druidenkreise bemerkenswerth. Auch Stromneß am südwestlichen Ende von Pomona hat einen guten Hafen. Mehre andere gute Häfen werden nur von Fischerbooten benutzt; die besten sind Inganes Bay (für alle Arten von Schiffen) und Long Hope auf der Insel Hoy.

Merkwürdiger Fall aus der gerichtlichen Arzneikunde.

Katharine Lambert, gebürtig von Busbertrancourt, einem Dorfe in der Picardie, wurde in ihrem vierzehnten Jahre nach Paris zu einem gewissen Herrn Martin in Dienst gebracht. Während der ersten Monate zeigte sie so viel Freundlichkeit, guten Willen und Diensteifer, daß sie bald wie ein Kind im Hause gehalten wurde, zumal schon ihre muntern, angenehmen Gesichtszüge und ihr feines, gewandtes Wesen sie empfahlen. Doch war sie immer niedergeschlagen und gedachte öfter weinend ihrer Heimat. Gern ließ man sie gewähren, weil man hoffte, daß es sich mit der Zeit und bei guter Behandlung geben würde; allein auf einmal ging in ihrem Wesen eine Veränderung vor. Eines Morgens, als sie auf ihrer Stube war, rief sie, es wären Spitzbuben im Hause, und man

hätte ihr einen Rock gestohlen. Zwei Tage darauf wiederholte sich der nämliche Auftritt, und das Betttuch war der entfremdete Gegenstand. Da Herr Martin und seine Frau keinen Grund hatten, Mistrauen in ihre Angabe zu setzen, so maßen sie ihr Glauben bei, und suchten sie zu trösten und zu beruhigen. Indessen kamen immer bald hernach mehre Gegenstände weg, als eine Lorgnette, ein Beutel mit Geld. Sie nahmen sie nun ernstlich vor und brachten am Ende von ihr heraus, daß sie selbst ihr Kleid zerrissen, das Betttuch mit der Scheere zerschnitten und die Stücke verbrannt, die Lorgnette hinter den Thorweg, den Beutel aber auf einen Düngerhaufen geworfen. Es fand sich Alles ziemlich so, wie sie gesagt hatte, und man sah wohl, daß sie nicht um der Bereicherung und des Gewinns willen, sondern aus Zerstörungslust Sachen entwendet hatte. Eines Abends war ihre Herrschaft ins Theater gegangen und sie allein zu Hause, da lief sie zum Portier hinunter und wiederholte ihre Klagen über Spitzbübereien. Als er nun die Sache weiter untersuchen wollte, verweigerte sie ihm anfänglich den Zutritt. Ohne sich daran zu kehren, öffnet er die Küche, und sieht da die besten Sachen der Martin'schen Eheleute im Waschtrog, und darüber einen von Wasser triefenden Kaschemirshawl gebreitet, einen italienischen Strohhut unter den Trog zusammengetreten; im größern Zimmer die Vorhänge abgeschnitten, ebenso die seidenen Überzüge von zehn Stühlen durchschnitten. Dabei drang ein dicker Qualm aus dem Kleiderschrank, in welchem die ganze, auf 1200 Francs geschätzte Garderobe Herrn Martin's befindlich war. Da sie diesmal mit größter Strenge über den Vorgang befragt wurde, legte sie sich aufs Leugnen und schob das ganze Unheil auf die dreijährige Tochter ihrer Herrschaft.

Der ganze Verlauf der Sache wurde vor das Zuchtpolizeigericht gebracht, und die Angeschuldigte dem Dr. Olivier aus Angers zur Untersuchung übergeben, nachdem zuvor Alles zu Protokoll genommen worden. Nach langen, öftern Prüfungen und Befragungen der Angeklagten fiel das Gutachten dahin aus, daß in dem Alter derselben der Eintritt der Pubertät wol im Stande sei, eine solche Störung in ihren Seelenkräften zu erzeugen, welche die moralische Handlungsfreiheit gänzlich aufhebe. Man kam darauf von Seiten des Gerichts, in Betracht mehrer analoger Beispiele, dahin überein, daß sie völlig auf freien Fuß zu stellen sei. Nach Bekanntmachung dieses Bescheids hielt noch der Präsident an sie eine väterliche Vermahnung. Unter häufigen Thränengüssen erwiderte sie, daß sie nie wieder so etwas beginnen werde.

„Aber", fügte der Präsident hinzu — „das Kind hat das Heimweh. Man darf sie nicht länger in Paris lassen." Der Sachwalter bemerkte, daß deswegen bereits an ihre Verwandten geschrieben worden sei.

Runkelrübenzuckerfabrikation.

Nach den neuesten Angaben ist der Stand der Zuckerfabrikation aus Runkelrüben, namentlich was die Anzahl der Fabriken betrifft, folgender: In Preußen bestehen: a) in Schlesien 16 Fabriken, die im J. 1839 aus 480,000 Ctr. Rüben 30,000 Ctr. Zucker gewannen; b) im Herzogthum Sachsen 23; c) in den Provinzen Pommern und Brandenburg 10; d) in den Provinzen Westfalen und Rheinland 12; e) in den Provinzen Preußen und Posen 9 Fabriken. Im Königreich Sachsen wollen diese Fabriken nicht gedeihen, die angelegten sind nicht im Schwunge und von der Anlegung neuer hört man nichts, wol aber von dem Verkaufe solcher, die auf Actien gegründet sind, zu andern Zwecken. In Östreich bestehen: a) in den eigentlichen östreichischen Provinzen 3; b) in Böhmen 28; c) in Galizien 9; d) in Mähren und Schlesien 8; e) in Kärnten und Steiermark 3; f) in Ungarn 25; g) in Siebenbürgen 1, zusammen 77 Fabriken, die im J. 1839 15,000 Centner Zucker lieferten. In den italienisch-östreichischen Provinzen und in Illyrien existirt je eine Fabrik. In Würtemberg finden sich drei Fabriken. In Süddeutschland steht es überhaupt mit dieser Fabrikation schlecht, da man kein preiswürdiges Product gewinnt, das mit dem westindischen Zucker des höhern Arbeitslohns wegen nicht Preis halten kann, auch sich mehre Kaufleute verbunden haben, keinen andern als Rohrzucker zu führen. In Holland besteht eine Fabrik zu Geldern. In Rußland bestehen deren 18. In Frankreich bestehen 370 Unternehmungen dieser Art, die im J. 1839—40 90 Mill. Kilogr. Zucker lieferten. Von diesen 370 Fabriken kommen 170 auf das Norddepartement, 140 auf das Departement Pas de Calais, 31 auf das Departement Seine u. s. w.

Der Anbau und die Benutzung der Asclepias syriaca.

Eine Pflanze, die bisher nur wenig benutzt worden ist, gleichwol aber für die Industrie von Wichtigkeit werden könnte, ist die in Syrien und Arabien einheimische, auch in Nordamerika wild wachsende Asclepias syriaca, gewöhnlich syrische Seidenpflanze oder Seidenstaude, auch syrische Schwalbenwurzel genannt, deren zahlreiche Kapseln von einer Menge seidenartiger, ganz weißer, sehr feiner und glänzender Fädchen erfüllt sind. Die Cultur der Pflanze beschränkt sich auf ihre erste Anpflanzung; im Frühjahre werden die Samen ins Mistbeet gesäet, im darauf folgenden Winter werden die jungen Pflänzchen mit Stroh bedeckt und im nächsten Frühlinge werden die Wurzeln versetzt. Die letztern kriechen schnell weit umher. Die Pflanze gedeiht ohne alle Beihülfe selbst in magerm und steinigem Boden, widersteht unserer Kälte, wurzelt sehr tief, treibt viele Seitenäste und hat ein Wachsthum von 20 Jahren. Noch besser als durch den Samen vermehrt sich die Pflanze durch Wurzeln; auf diese Weise erhält man schon im ersten Jahre Früchte, auf die erste erst im dritten. Zu fetter Boden ist dem Anbau der Pflanze nachtheilig; man erhält in demselben eine ungeheure Menge wohlriechender Blüten, aber keine oder nur wenige Früchte; in leichtem und nicht sehr feuchtem Boden erhält man die meiste Seide mit den längsten Fädchen. Die reifenden Kapseln werden gelb, öffnen sich und sind dann abzuschneiden; man breitet sie an einem trockenen und luftigen Orte aus, wo die noch geschlossenen bald von selbst aufspringen, und durch gelinden Druck zwischen den Fingern lösen sich die Körner von der Seide. Nach der Ernte schneidet man alle Stengel ab; dieselben geben seidenartige Fasern, die wie Hanf gesponnen werden können. Die Blüten der Pflanze sind reich an Honig und in dieser Hinsicht den Lindenblüten zu vergleichen.

Der Glanz dieser Pflanzenseide wurde schon vor fast 100 Jahren beachtet. In Liegnitz entstand eine Fabrik, in welcher dieselbe verarbeitet wurde; sie gab

gute Handschuhe und Strümpfe und mit Baumwolle vermischt ein dichtes und schönes Gewebe, das unter dem Namen englisches Leder bekannt war.

Ohne Zusatz von Baumwolle oder andern Fasern dürfte die Pflanzenseide schwerlich zu brauchen sein. Die Fasern sind dazu nicht lang genug (nur 9.—11 Linien lang), überdies schwach und brechen leicht, weshalb davon gefertigte Zeuge sehr bald Bruchflecke erhalten; ihr Glanz aber gibt dem der Seide nichts nach und ihre Farbe ist gelblich-weiß. Bei neuern, in Frankreich angestellten Versuchen wurden gewebte Stoffe gefertigt, bei denen der Einschlag aus einem Theile Asclepiasseide und einem etwas größern Theile Baumwolle, die Kette aus drei Theilen Asclepiasseide und einem Theile Baumwolle bestand. Von dem seidenartigen Glanze zeigte das Gewebe keine Spur; soll derselbe bleiben, so muß man Gegenstände wählen, in denen der Faden seine Eigenthümlichkeit mehr behält, als beim Weben möglich ist; dahin gehören Schnüre, Posamentirarbeiten, Strumpfwirkerwaaren, besonders aber Handschuhe. Da nun die Pflanze so manche schätzbare Eigenschaften in sich vereinigt und mit so wenig Kosten und Mühe angebaut werden kann, so wäre zu wünschen, daß damit Versuche im Großen angestellt würden.

Betrieb von Dampfmaschinen durch Gas.

Nach französischen Blättern ist es dem Civilingenieur Claviere gelungen, eine Dampfmaschine von 30 Pferdekräften durch das von vier Koksöfen erzeugte Gas zu treiben. Die bei der Calcinirung der Steinkohlen entstehenden Gase entzünden sich durch den ihnen zugeführten Sauerstoff und die so entstehende Flamme dient zur Heizung des Kessels, der eine Heizoberfläche von 60 Quadratmètres der Flamme darbietet. Da die Öfen ein ebenso großes Volumen Koks gaben, als Steinkohlen in sie gebracht wurden, und die Koks im Preise den Steinkohlen gleich stehen, so kostet die Erzeugung des Dampfes gar nichts.

Das Irrenhaus zu Dumfries.

Das hier abgebildete Irrenhaus, das von seiner Gründerin Elisabeth Crichton den Namen Crichton-Institution führt, verspricht eine der vorzüglichsten Anstalten dieser Art in Europa zu werden. Der wohlthätigen Gründerin standen so ausgedehnte Mittel zu Gebote, daß nicht nur jede zur erfolgreichen Behandlung der verschiedenen Arten von Seelenstörung nöthige oder nützliche Einrichtung getroffen, sondern auch die Mitwirkung von Ärzten, welche das Wesen und die Behandlung des Wahnsinns zum Studium ihres ganzen Lebens gemacht haben, gesichert werden konnte. Die Schönheit der Gegend, in welcher die Anstalt sich befindet, ist aus der Abbildung ersichtlich. Sie umfaßt das ganze Thal eines der romantischsten und schönsten Ströme Schottlands, des Nith. Die Stadt Dumfries, von den Schotten die Königin des Südens genannt, erstreckt sich längs der Ufer dieses Flusses unmittelbar am Fuße der Anhöhe, auf welcher das Gebäude der Anstalt erbaut ist. Die Bai von Solway und die Berge von Cumberland und Westmoreland begrenzen den südlichen Horizont, während die Hügel von Galloway, Crawford Moor und Annondale die Aussicht im Westen, Norden und Osten schließen.

Vor mehr als 30 Jahren setzten wohlgesinnte Männer ein Gesetz durch, nach welchem den Obrigkeiten jeder Grafschaft in England und Wales gestattet sein sollte (denn noch dachte man nicht daran, daß es nöthig sein könnte, sie dazu zu zwingen), auf Gemeindekosten Anstalten zur geeigneten Behandlung wahnsinniger Armen des Königreichs zu erbauen. Die beabsichtigten Folgen dieses Gesetzes sind nur langsam eingetreten und obgleich statistische Forschungen ergeben haben, daß der Wahnsinn nicht nur unter den Armen, sondern ebenso unter den Reichen in einem weit stärkern Verhältnisse zugenommen hat, als die Bevölkerung gewachsen ist, und in einem wahrhaft bedenklichen und bedauernswerthen Grade um sich greift, so besitzt doch England noch immer nur wenige beifallswürdige Irrenhäuser, und grade die öffentlichen sir großentheils in ihrer Einrichtung verfehlt, wenn auch ihr Aeußeres zum Theil stattlich genug ist. Die genannte Privatanstalt macht eine höchst rühmliche Ausnahme.

Das Irrenhaus zu Dumfries.

Das Pfennig-Magazin

für

Verbreitung gemeinnütziger Kenntnisse.

417.]   Erscheint jeden Sonnabend.   [**März 27, 1841.**

Pisa. *)

Der Domplatz in Pisa.

Von Lucca kommt man mit einem Sprunge, so zu sagen, in eine andere Republik, die eine wichtige Rolle unter den italienischen Freistaaten gespielt hat: Pisa, das stolz darauf ist, von den Griechen gegründet worden zu sein. Noch heutiges Tages behauptet die Stadt, daß sie von den Römern nicht besiegt worden sei, sondern sich ihnen freiwillig unterworfen habe. In der Äneide, jener herrlichen römischen Genealogie, ist der Name der Pisaner ehrenvoll erwähnt. Einst war Pisa ein berühmter Hafen, aber das Meer hat sich vom Hafen entfernt und später sind, um das Maß des Elends voll zu machen, die Barbaren gekommen. Dies war

*) Nach Jules Janin's „Reise nach Italien."

IX.   13

das Loos aller italienischen Städte; im Augenblicke ihrer größten Blüte wurden sie von den schrecklichen Missionaren der Barbarei, Alarich, Genserich, Oddoacer überfallen, welche Feuer und Schwert mit sich führten, worauf Städte, Menschen, Gesetze, Sitten in einer einzigen Finsterniß verschwanden. Indeß ist Pisa noch keine Ruine, sondern hält die Mitte zwischen einer sterbenden und einer gestorbenen Stadt. Sie ist eine Stadt des Mittelalters geblieben und hat keinen Schritt weder zurück noch vorwärts gethan. Das Leben und die Bewegung haben sie verlassen, wie das Meer, das man in der Ferne brausen hört und das sich diesen verlassenen Mauern nie wieder nähern wird. Man muß sie betrachten, wie sie ist, hingestreckt in ihren Marmorsarg und noch schön im Tode, diese kriegerische und handeltreibende Stadt, welche einst die Nebenbuhlerin Venedigs, die Herrin Karthagos war und zur Zeit der Kreuzzüge ihr Königreich auf afrikanischem Boden besessen hat. Zum Glücke wird sie von den Werken einiger großen Künstler beschützt, deren Mutter oder deren Pflegerin sie war; denn hätte sie nichts als ihre Quais am Arno, ihre hohen Mauern und ihren Ruhm in der Geschichte, so wäre Pisa ein leerer, im Raume verlorener Name, ein ferner Klang ohne Widerhall. Aber von allem vergangenen Ruhme, von allen aufgeführten Gebäuden und gestürzten Städten, von allen ihren Eroberungen und Ruinen sind der Stadt drei unvergängliche Meisterwerke geblieben: der Dom, der hängende Thurm und der Campo santo, und mit solchen Überresten kann eine Stadt, wenn sie gleich Ruine ist, nicht sterben.

Diese drei Denkmäler finden sich auf demselben Platze, an dem einen Ende der Stadt, in einem weiten Raume, den sie allein mit ihrer Masse und ihrem Schatten erfüllen, ohne daß ein profanes Gebäude ihnen Eintrag thut. Dom, Thurm und Friedhof sind dasselbe Werk, verschiedene Gesänge eines einzigen epischen und christlichen Gedichts, das sich sehr gut mit der „Göttlichen Komödie" des Dante vergleichen läßt. Hier das Leben, dort der Tod; oben der Himmel, unten das Grab; zwischen diesen beiden so verschiedenen Bauwerken, jenem hohen Thurme, der ewig zu stürzen scheint, und dem Campo santo, wo tiefes Schweigen herrscht, erhebt sich die Kirche, um gleichsam durch ein heiliges Band Das zu vereinigen, was der Künstler getrennt hat.

Der pisaner Dom wurde nach einem Siege der Republik gegen die Sarazenen erbaut und ist vielleicht das schönste Bauwerk der gothischen Kunst in Italien. Durch ihre Reisen im Oriente hatten die Pisaner allmälig Sinn für große Denkmäler erhalten, welche bestimmt sind, die Spur vergangener Völker zu bezeichnen. Was am Dome und unter dem Dome am meisten auffällt, ist nicht die Kühnheit der Architektur, sondern die zahllosen Einzelnheiten dieses Marmorberges, der zugleich griechisch und gothisch, in allen Richtungen und durch alle Arten christlicher und profaner Meisel durchwühlt, halb Tempel und halb Citadelle ist, ein unermeßliches Mauerwerk, an welchem große Künstler ihre werdenden Kräfte versucht haben. Auf dem Giebel steht mit ausgebreiteten Schwingen der eherne Hippogryph aus Konstantinopel, damit ja kein Mysterium fehlen möge in dieser geheimnißvollen Vereinigung aller Fabeln des Alterthums und aller Wahrheiten des Christenthums.

Es war im J. 1063, als die Pisaner, zuerst zu jenem geläuterten Kunstgeschmack erwacht, der ihnen aus dem profanen Alterthume kam, reich wie Kaufleute, aber wie Kaufleute, die ihr Vermögen mit den Waffen in der Hand erworben haben, beschlossen, ihre unermeßlichen Reichthümer und die Erinnerungen von ihren Reisen dazu anzuwenden, um in ihrer Stadt ein so großes, so vollständiges und so reiches Bauwerk aufzuführen, daß nichts im christlichen Italien mit ihm zu vergleichen wäre. Zu diesem Ende ließen sie einen Baumeister, außerdem Maler, Bildhauer und sogar Maurer aus Griechenland kommen und beriefen zu diesem großen Werke Jeden, der Arme oder Genie besaß. Sie verwandten darauf ein ganzes Jahrhundert und Alles was von ihrem Vermögen entbehrlich war; alle Künste gehorchten diesen Herren des Meeres. Eherne Mauern stiegen in die Lüfte empor und wurden mit Sculpturen und musivischen Arbeiten bedeckt; man vereinigte hier Alles, was man von Gräbern und Altären aufhäufen konnte, und so wurde der Thurm von Pisa gleichsam ein Leuchtthurm, von dessen Gipfel das toscanische Genie die Zukunft betrachtete.

Treten wir jetzt in jene Hallen, deren Dach 50 Säulen gen Himmel erheben. Die Kirche ist ein kolossales lateinisches Kreuz, von Pfeilern und Säulen aller architektonischen Ordnungen umgeben, die gleichsam eine Musterkarte aller kostbaren Marmorarten bilden. Zwischen diesen Säulen, in den zahlreichen Kapellen haben Bildhauer und Maler Bildsäulen und Gemälde verschwenderisch ausgestreut. Im Chor, nicht weit von dem Grabmale des Erzbischofs von Pisa, bemerken wir drei eherne Statuen von Giovanni von Bologna, jenem großen Künstler, dem Florenz so viele Meisterwerke verdankt; hier ruht in einem Leichentuche von Marmor der in Toscana gestorbene Kaiser Heinrich VII., der Feind von Florenz und Freund von Pisa, den Dante selbst pries; hier haben ferner der große Künstler Nicola von Pisa und sein würdiger Sohn Giovanni, die nur dem Michel Angelo nachstehen, ihre Kräfte versucht.

Neben dem gewaltigen Dome erhebt sich das Baptisterium oder Taufhaus; hier erscheint es nur als Kapelle, anderwärts wäre eine Kathedrale, aber welch eine zierliche Kathedrale! Die Schule von Pisa hat nichts Herrlicheres hervorgebracht; die zierliche Thüre des Baptisteriums von Pisa hat jener des florentinischen zum Muster gedient, welche Michel Angelo die Pforte des Paradieses nannte. Vor Allem merkwürdig ist die Kanzel mit Sculpturarbeit von Nicola von Pisa und der Taufstein, den Säulen von orientalischem Porphyr tragen. Man sollte meinen, die Basreliefs wären mit dem Grabstichel gearbeitet, so fein sind sie. Die alten Pisaner waren auf dieses Werk ihres großen Landsmannes so stolz, daß der Podesta es durch Bewaffnete bewachen lassen mußte. Durch seine Basreliefs begann Nicola die große Umwälzung in der Kunst, welche Michel Angelo vollenden sollte. Schon im J. 1232 hatte Jener in Bologna die Urne des heiligen Dominicus bearbeitet und für dieses herrliche Werk den Namen Nicola von der Urne (dall' urna) erhalten; erst später hat er die Basreliefs der Kanzel des heiligen Johannes in der Taufkapelle ausgeführt. Leider ist dieses Meisterwerk an mehren Stellen barbarisch verstümmelt. Mehr als ein Kopf ist von seinem schönen Rumpfe getrennt oder des Arms, den er beseelte, beraubt worden. Die Pisaner beschuldigen in ihrer Chronik Lorenzo von Medici, diese schändlichen Verstümmelungen verübt zu haben; sie behaupten, er habe, um sein Museum zu zieren, vielen Figuren Köpfe, Arme und Beine abgeschlagen.

Besteigen wir nun den Gipfel des hängenden

Thurmes, der eins der berühmtesten Wunderwerke Italiens bildet. Er ist ganz von Marmor; man besteigt ihn auf 293 Stufen, die in einer von großen Fenstern durchbrochenen Mauer angebracht sind. Oben angekommen, erklettert man eine Leiter und steht nun höher als die höchsten Glocken des Glockenthurmes, genannt die Jungfrau, das Leiden und die Gerechtigkeit, welche diesen halb auf der Erde liegenden Thurm nicht zu erschüttern vermocht haben. Wie ist aber diese Neigung des Thurmes zu erklären? Lag sie in der Absicht des Baumeisters, oder ist sie die Folge eines Erdbebens, oder ist sie durch eine Senkung des Bodens entstanden? Diese Frage läßt sich mit Bestimmtheit nicht beantworten. Die Kunst war damals noch zu wenig fortgeschritten, um sich mit dergleichen Sonderbarkeiten zu beschäftigen, die in allen Künsten gewöhnlich nur den erschöpften Geistern eigen sind. Übrigens würde diese Abweichung von 15 Fuß den Einsturz so manches Gebäudes herbeiführen, das minder hoch ist, als der Thurm zu Pisa, welcher nicht weniger als 190 Fuß Höhe hat. Dieser Thurm und der Dom erinnern an Galilei, jenen Michel Angelo der Wissenschaft. Von dieser Höhe hat er den Fall der schweren Körper berechnet, wie er in einem Alter von 20 Jahren das Pendel erfand, indem er aufmerksam die Schwingungen einer Lampe verfolgte, die noch jetzt von der Decke der Kathedrale herabhängt. Wie bewundernswürdig sind Männer wie Galilei und Newton, die so Vieles sehen konnten, ohne zu schwindeln! Wir übrigen schwachen Sterblichen klammern uns ängstlich an das steinerne Geländer und schwindeln schon, wenn wir in der Ferne die Berge von Lucca, die Wasserleitungen, das Meer, Livorno und seinen Hafen sehen.

Aber noch haben wir von allen aufgehäuften Meister- und Wunderwerken das merkwürdigste nicht gesehen. Verlassen wir den Thurm und steigen wir in das unermeßliche, zu unsern Füßen geöffnete Grab hinab, um zu wissen, was Ruhm, Ansehen, Wissenschaft, Macht, Freiheit werth sind. Denn am Fuße des Thurmes, der schaudernd zurückzuweichen scheint, im heiligen Schatten der schützenden Kathedrale, unfern von der Taufkapelle, der heiligen Pforte, durch welche der Christ ins Leben eintritt, breitet sich der Campo santo aus, unter Arcaden und Trauercypressen halb verborgen. Der Campo santo war der Friedhof der Republik Pisa, als sie ihre Helden, Vertheidiger, Rathsherren, Künstler hier zu beerdigen hatte. Er stand ihren Todten offen, so lange sie stark und ruhmgekrönt war; mit ihrem letzten großen Manne ist er geschlossen worden. In der That, ein unverletzliches Pantheon, wo die Apotheose von gestern sich nicht schon heute wieder in Verwünschungen verwandelt; ein wahrhaft nationeller Friedhof, der von dem Menschen nichts als seinen Namen und Ruhm übrig läßt. Es ist ein wunderbarer Vorzug dieser eigens aus Jerusalem gebrachten Erde, die Leichname zu verzehren, die man ihr überliefert. Wozu braucht auch der Mensch seine sechs Fuß Erde ewig zu besitzen? Der Campo santo läßt ihm dieses letzte Besitzthum nur auf einige Tage. Auf diesem leeren und doch so vollen Kirchhofe fände der Todtengräber im Hamlet keinen Schädel, um seine Philosophie daran zu üben. An diesem feierlichen Orte ist Alles gleich; hier gibt es weder Verwirrung, noch Vorzug, noch Ehrgeiz, nur Namen auf Stein geschrieben und über ihnen eine unsterbliche Leichenrede – und die Geschichte.

Als die alten Pisaner die kriegerische und bürgerliche Tugend würdig belohnen wollten, wußten sie dies

nicht besser zu thun, als indem sie diese Erde aus Jerusalem kommen ließen; um diesen heiligen Boden errichteten sie hohe Mauern und Arcaden, wie in einem Kloster. Giovanni von Pisa, der Sohn des Nicola, bearbeitete diese ausgezackten Steine, die für die Strahlen des Mondes gemacht sind und am Tage ihre ganze Wirkung verlieren. Als er sein Werk vollendet hatte, überließ die Republik diese Trauermauern ihren Lieblingskünstlern, damit sie das gemeinschaftliche, auch ihr eigenes Grab schmücken möchten. Diesem Ruf gehorchten alle Künstler mit feierlichem Eifer. Nicht eine einzige Wand dieser Mauern wollten sie leer lassen, damit in dieser Stille ein Echo, in dieser Einsamkeit ein Gedränge gäbe.

Unbeschreiblich ist die Wirkung dieser Malereien, welche, wiewol von der Zeit halb verlöscht, noch jetzt von dem Geiste und Glauben ihrer Urheber Zeugniß ablegen. Vergebens sucht der Blick einige Spuren der ersten Versuche des toscanischen Genies zu entdecken. Doch sind auf diesen Mauern, auf denen sich die besten Schüler Giotto's übten, noch einige Namen zu lesen: Buffalmaco, jener geistreiche, von Boccaccio verewigte Spaßmacher, der die Freude Venedigs war und im Hospital laut lachend starb; Bruno di Giovanni, der eifersüchtige Freund Buffalmaco's, und Andere. Der große Orgagna, im Anfang des 14. Jahrhunderts, war einer der Ersten, welche die Mauern des Campo santo zu schmücken begannen. Er war zu gleicher Zeit Bildhauer, Maler, Architekt und Dichter, wie es im 13., 14. und 15. Jahrhunderte so häufig war, einer der ersten Italiener, der den Dante gelesen und diese neue Poesie in sich aufgenommen hatte. Voll von seinen Versen wollte er die Hölle der „Göttlichen Komödie" auf den Mauern des Campo santo darstellen. Noch aber sah er in der Poesie Alighieri's nur Form, Farbe, Bewegung, Drama, ohne ihre innere Melancholie und tiefe Traurigkeit zu begreifen; er hat den jüngsten Tag höchstens skizzirt; Michel Angelo aber hat ihn im Vatican vollendet. Aber Orgagna war nicht der einzige Künstler des 13. Jahrhunderts, der von Dante begeistert wurde. Buffamlaco hat auf dem Friedhofe zu Pisa alle von Dante beschriebenen Himmel dargestellt. Im „Triumph des Todes" hat Orgagna nach Dante's Beispiel seine Feinde und Freunde in der Hölle vereinigt; nahe dabei hat ein würdiger Schüler Giotto's die Väter in der Wüste dargestellt. Auch Giotto selbst, der Rafael jener ersten Kunstperiode, der Erbauer des Glockenthurmes der Kathedrale zu Florenz, hat eine Spur im Campo santo zurückgelassen, nämlich ein Gemälde, von denen leider nur Fragmente vorhanden sind; ausdrucksvoll ist darunter namentlich ein Gemälde von der Trunkenheit Noah's. *) Aber alle jene halbverloschenen Malereien, welche fast die ganze Bibel darstellen, durchzumustern, wäre eine ebenso beschwerliche Arbeit als die Todten zu zählen, die unter diesen Cypressen geruht haben.

Der Tag ist nicht die geeignete Zeit, um diesen Friedhof zu besuchen, der für einen Fürstenverein angelegt zu sein scheint. Zwar kann man die Sonne benutzen, um alle diese Marmorbilder, alle aus den verschiedensten Punkten der pisanischen Republik zusammengebrachten Alterthümer zu studiren; diese Überreste, die aus dem Friedhofe ein Museum machten und zum Theil sehr merkwürdig sind, mag man bei

---

*) Der Verfasser übergeht hier die berühmten, den Campo santo zierenden 23 großen Bilder von Benozzo Gozzoli, sämmtlich aus dem Alten Testamente, an denen derselbe 16 Jahre (1469—85) gearbeitet hat. Das erste stellt die Weinlese Noah's, das letzte die Königin von Saba vor.

Tage betrachten. Aber wenn die Nacht gekommen und der Mond aufgegangen ist, dann ist es erst die rechte Zeit, sich in den Campo santo zu schleichen, denn die Nacht, die alle andern Denkmäler unsichtbar macht, erfüllt dieses mit tausend günstigen Lichtern. Wir betreten den den Todten geweihten Raum, dessen Thor selbst mit einem Sarkophage bedeckt ist. Die herrlichen Überreste der griechischen, etrurischen, italienischen Kunst zeigen sich uns in dieser Stunde der Nacht so, wie sie aus der Hand des Künstlers hervorgingen. Die durchsichtige italienische Nacht bringt die verstümmelten Marmorbilder und halbverloschenen Malereien wieder zu Ehren; sie ergänzt, vergrößert, erneuert, fügt hinzu, sie straft die Zeit Lügen, sie erfüllt diese Einsamkeit und belebt dieses Schweigen. Höchst seltsam ist die Vereinigung heidnischer und christlicher Denkmäler, die sich sehr gut nebeneinander vertragen. Das alte Rom hat hierher seinen Hercules, seine Juno, seinen Vulcan gesandt, Griechenland seine Aphrodite und seine Liebesgötter, Ägypten seine Sphinx, alle aber Proben ihrer Gräber. In einem Sarkophage von weißem Marmor, der ursprünglich einem tapfern römischen Soldaten gehört haben mag, ruht der große Architekt Nicola, neben ihm sein Sohn Giovanni, der Erbauer des Campo santo, in einer zierlichem Amphora von dem schönsten griechischen Style. Alle diese antiken Särge scheinen für die Ewigkeit gearbeitet zu sein; sie sind gleich dem Achillesschilde in Homer mit Bildern, Emblemen, heitern oder schrecklichen Scenen bedeckt. Um sie zu ergänzen, hat man sie mit andern fremdartigen Fragmenten von Säulen, Inschriften, Statuen und Büsten verbunden und nicht ohne Befremden sieht man eine griechische Statue auf einem römischen Grabe oder die Büste eines jungen Mannes auf dem Sarkophag eines jungen Mädchens. Auf dem Grabe eines pisanischen Soldaten erblickt man zwei schöne Bildsäulen von Castor und Pollur, auf dem Grabe eines heiligen Bischofs die tanzenden Grazien. Weiterhin steht auf einem Piedestal, dessen Inschrift den Namen eines gewissen Jacopo d'Appiano nennt, eine Büste des Junius Brutus, des Stifters der römischen Republik; daneben tragen zwei Löwen einen ovalen Sarkophag, der die Reste eines pisanischen Guelfen umschließt, während ein benachbarter, von einer schlanken Säule überragt, die der Turban Mohammed's bedeckt, den Körper eines Ghibellinen enthält. Sogar das vollständige Frontispiz eines Dianentempels ist vorhanden; über diesem Marmorblocke stehen die beiden Apostel Peter und Paulus und schauen mit strengem Blicke auf den schlummernden Endymion. Unter den alten Denkmälern befinden sich auch einige neue, z. B. ein von Thorwaldsen gefertigtes neben dem Grabmale des Bildhauers Thomas von Pisa, welches ihm dessen Schüler errichtet haben; nicht weit davon das prunkende Grabmonument des Venetianers Algarotti, der dem Voltaire nachzuahmen suchte, errichtet von seinem hohen Gönner König Friedrich II. von Preußen, mit der von diesem verfaßten Inschrift: Algarotto, Ovidii aemulo, Fredericus magnus. Unter diesen Todten der neuesten Zeit ruht auch die schöne Gräfin Schuwaloff, die vor 20 Jahren in der Blüte ihrer Jahre starb, zwischen zwei berühmten Rechtsgelehrten des 14. Jahrhunderts. Gegenüber schläft in einem wundervollen Sarkophage, auf welchem ein griechischer Meisel eine Jagd Hippolyt's, des Sohnes des Theseus, und die ganze Phädra des Euripides vorgestellt hat, die Königin Beatrice, Mutter der Gräfin Mathilde, die diese heidnische Graburne einem Bacchustempel entlehnt hat. Gerade dieser

Sarkophag, dessen Urheber unbekannt ist, unstreitig eine der schönsten Sculpturarbeiten des Alterthums, hat das Genie des Nicola von Pisa geweckt.

Die Nacht vergeht schnell in diesen interessanten Umgebungen. Das Ohr vernimmt indessen Töne von mancherlei Art: das schwarze Laub der Cypressen rauscht, unter den gothischen Bogengängen seufzt der Wind, das Meer braust in der Entfernung und von Zeit zu Zeit läßt sich eine Nachtigall hören. Zugleich wirft der Mond vom hängenden Thurme her seine Strahlen auf die Mauern und in diesem bleichen unbestimmten Lichte scheinen alle diese christlichen oder profanen Bilder, die aus dem Pinsel oder Meisel der einst großen Meister hervorgegangen sind, in der Luft zu schweben, als wäre die Stunde der Auferstehung gekommen. Beim Anblicke so vieler Gräber, in denen so viele Tugenden und große Geister schlummern, muß man nothgedrungen an die Verheißung desjenigen Papstes glauben, welcher das Campo santo geweiht hat: „Wer in diesem Campo santo beerdigt werden wird, der wird das ewige Leben besitzen.“

Biber und Biberwiesen in Nordamerika.

Der gemeine Biber ist nicht nur ein Bewohner der nördlichen Gegenden der alten Welt, sondern wird durch die ganze Ausdehnung des Continents von Nordamerika gefunden, wenigstens in allen höhern Breiten. Die Art scheint auf beiden Continenten dieselbe zu sein, wiewol einige frühere Schriftsteller über die Naturgeschichte von Nordamerika der Meinung waren, daß Gewohnheiten und Lebensart hier und dort verschieden seien, und dem Biber der westlichen Welt einen höhern Grad von Klugheit und Betriebsamkeit zuschrieben, was durch neuere Beobachtungen nicht bestätigt worden ist. Nirgend auf der Welt sind aber die Biber häufiger als in dem nördlichen Theile der Vereinigten Staaten westlich von den großen Seen, und da das Fell des Bibers lange Zeit eins der werthvollsten Producte war, die von Nordamerika ausgeführt wurden, so priesen die ersten Erforscher dieses Landes seinen Überfluß an Bibern wol noch mehr, als der Wahrheit gemäß war, um dadurch seinen Werth in den Augen der europäischen Völker zu erhöhen. Ein großer Theil dieser Länder eignet sich vorzugsweise für die Lebensart dieser Thiere, da er reich an Seen, Strömen, unzähligen kleinen Flüssen und angemessenem Futter ist. Wiewol aber ehemals diese Thiere in beträchtlicher Anzahl in Districten angetroffen wurden, wo jetzt nicht ein mehr zu finden ist, so wurde doch die Anzahl derselben gewiß oft sehr übertrieben. Die Biberhöhlen fanden sich immer in Gegenden, wo es ohne eine Zerstörung der ganzen Bibercolonie nicht möglich gewesen wäre, sie zu zählen; mit den Höhlen aber wären die Biber selbst noch gar nicht gezählt gewesen, da nach Buffon und andern Schriftstellern bald 2, bald 5—6, bald 18—20 in einer einzigen Höhle oder einem Baue zusammenwohnen.

Da der Biber von Natur scheu und furchtsam ist, so verläßt er seine gewohnten Wohnsitze, sobald das Land von Menschen bewohnt wird; dennoch war es, wie es scheint, zu der Zeit, als die Europäer zuerst das Land besuchten, keineswegs ungewöhnlich, Biber in der unmittelbaren Nähe indianischer Wohnungen zu finden. Wiewol die Indianer sie ihrer Felle wegen tödteten, so erschienen sie den Ureinwohnern lange nicht so nutzbar und werthvoll, als andere Thiere, deren Felle ebenso gut zur Kleidung verwandt werden konnten und deren Fleisch ein schmackhaftes Nahrungsmittel ab= gab. Eine kurze Bekanntschaft mit den Europäern ver= wandelte aber die Indianer in die grimmigsten Gegner, welche die Biber je gehabt hatten, denn bei allen Pelz= handelsfactoreien wurde es gewöhnlich, die Indianer zur Jagd der Biber sowol als anderer wilder Thiere, deren Fell des Jagens werth schien, zu verwenden und sie zu diesem Zwecke mit Fallen und andern Fang= und Mord= instrumenten zu versehen. Wäre das Fleisch der Otter und des Bibers für den Gaumen der indianischen Stämme von Nordamerika angenehm gewesen, so wür= den wahrscheinlich längs der Flüsse und Seen, wo zahlreiche Indianerstämme angesiedelt waren, nur sehr wenige Exemplare beider Thiergattungen zu finden gewesen sein, als die Europäer jenes Land zuerst erforschten. Es ist seltsam, daß der Geschmack dieser Wilden mit den civilisirten Nationen in Bezug auf das Fleisch dieser und mehrer anderer Thiere, namentlich der Wasservögel und vieler anderer Vögelarten, so nahe übereinstimmt. Die Indianer lieben in der Regel das Fleisch und vie= len ihrer Stämme dienen Fische als Hauptnahrungs= mittel; aber wenn das Fleisch eines Thieres nur ein we= nig fischartig schmeckt, wie bei der Otter und beim Biber, so verwerfen sie es. Übrigens wird das Biberfleisch im Winter, wo die Biber fett werden, von den Jägern im Nordwesten gegessen und sogar schmackhaft gefunden.

Außer dem Biberfell, das bei der Hutmanufactur Anwendung findet, liefern diese Thiere ein Arznei= mittel, das unter dem Namen Bibergeil (Castoreum) bekannt ist. Die Gestalt dieses Thieres hat nichts be= sonders Auffallendes mit Ausnahme des Schwanzes, der etwa einen Fuß lang, fünf Zoll breit und über und über mit Fischschuppen bedeckt ist. Dieser Schwanz scheint ein sehr nützlicher Körpertheil, denn der Biber braucht ihn als eine Art Kelle, um das Innere seiner Wohnung mit befeuchteter Erde oder Thon zu ver= kleben, und als Ruder, wenn er sich im Wasser oder unter demselben bewegt. Der Kopf ist kurz und ab= gerundet und der ganze Körper kürzer und dicker als bei der gemeinen Otter.

Diese Thiere bilden gewöhnlich Gesellschaften von 20—40, zuweilen von 100 und mehr; in den ameri= kanischen Wäldern findet man sie aber zuweilen auch in einzelnen Paaren und hält dann das Fell derselben für minder gut als das des Gesellschaftsbibers, wiewol beide zu derselben Art zu gehören scheinen. Die Berichte über die künstlichen Dämme, welche die Biber über große und kleine Flüsse bauen sollen, sowie über den Bau ihrer Wohnungen, wenn sie in zahlreichen Ge= sellschaften beisammenleben, scheinen sehr übertrieben und phantastisch ausgeschmückt zu sein. Zugegeben, daß sie alle diejenige Klugheit und Geschicklichkeit besitzen, welche Buffon und andere naturhistorische Schriftstel= len ihnen beilegen, so ist es doch ganz unmöglich, daß sie Werke von dieser Größe ausführen könnten, zu denen ein so ho= her Grad von Stärke unumgänglich erfoderlich wäre.

Wiewol häufig behauptet wird, daß der Biber nie= mals oder höchstens in Ermangelung besserer Futters Fische fresse, so hat doch eine genauere Bekanntschaft mit seiner Lebensweise das Gegentheil bewiesen. In den letzten 30—40 Jahren sind in Amerika mehrfache Versuche gemacht worden, den Biber zu zähmen und das Aufziehen von Bibern zu einem Nahrungszweige zu machen, wobei man bemerkt hat, daß sie gewisse Arten von Fischen vorzugsweise lieben, namentlich den Aal, die Meerbarbe und mehre andere Arten, die in Teichen und schlammigem Wasser leben. Indeß haben jene Versuche niemals den gewünschten Erfolg gehabt;

theils ist die Aufmerksamkeit, welche diese Thiere er= heischen, gar zu groß, namentlich im Winter, theils ist auch das Fell in der Gefangenschaft aufgezogenen Biber merklich geringer, als das Fell der in wildem Zustande gefundenen. In der Freiheit bringen sie oft drei, nicht selten vier Junge zur Welt, in der Ge= fangenschaft hingegen nie mehr als zwei, und viele der Jungen sterben bald nach der Geburt.

In manchen Theilen von Nordamerika, fast über= all, wo das Terrain hügelig oder durchschnitten ist, findet man in den Wäldern sumpfige Stellen, welche all= gemein Biberwiesen genannt werden. In vielen Ge= genden nehmen sie fast jedes kleine Thal oder jede Nie= derung zwischen den Bächen und Flüssen ein; wenn sie daher wirklich, wie man allgemein glaubt, in einer entfernten Zeit die Wohnungen von Bibercolonien waren, so muß die Anzahl dieser Thiere in Gegenden, die sich so ganz besonders zu ihren Aufenthaltsorten eignen, sehr bedeutend gewesen sein. Von den hügeligen Ge= genden am Lorenzstrome westwärts durch Neubraun= schweig und das ganze Oberland, von da durch die Vereinigten Staaten bis zu dem großen Thale des Mis= sissippi sind Biberwiesen mehr oder weniger zahlreich, wiewol in diesem ungeheuern, größtentheils von Men= schen bewohnten Gebiete heutzutage nur sehr wenige Biber zu finden sind. Die meisten derselben sind ohne Zweifel ausgerottet worden; in manchen Fällen mögen sie, bei Annäherung des Menschen beständig zurückwei= chend, in dem noch unangetasteten Walde Sicherheit und Schutz gesucht haben. Indeß scheint es sehr zwei= felhaft, daß alle diese Sümpfe oder Niederungen in den Zustand, in dem wir sie jetzt finden, durch Biber ver= setzt worden sind; vielmehr zeigen sie wol nur den na= türlichen und ursprünglichen Charakter des Landes, da viele von ihnen keine Überreste von Biberdämmen zei= gen, die doch vorhanden gewesen sein müssen, wo wirk= liche Biberwiesen sind. In andern lassen sich zwar Überreste dieser Art nachweisen, aber nirgend von einem Biberdamme in einer großen Ausdehnung; niemals kommen sie den ihnen bisweilen zugeschriebenen Dimen= sionen auch nur nahe. Die Lage dieser Dämme ist stets die beste, die sich ersinnen ließ, nämlich da, wo die geringste Anstrengung die größte Wirkung hervor= bringen mußte. Die Bemühungen der Biber sind nie= mals darauf gerichtet gewesen, tiefe Kanäle, breite oder schnelle Ströme in ihrem Laufe zu hemmen; durch= gängig unternahmen sie nur, den Lauf kleiner Bäche oder Flüßchen aufzuhalten, wo schon das Niederwer= fen weniger junger Bäume oder Zweige, in derjenigen Jahreszeit, wo das Holz sein volles Laub hat, ein großer Schritt zur Erreichung ihres Zweckes war. Da die kleinen Flüsse der Mehrzahl nach in der letzten Hälfte des Sommers fast ganz austrocknen, so konn= ten sie dann ihre Arbeiten ungestört vollenden. Aber diese Biberwiesen müssen zum größten Theile schon ur= sprünglich Wiesen oder Niederungen gewesen sein, sonst würde ein Damm von nicht über 3—4 Fuß Höhe (höher war er wol selten) unmöglich eine bedeutende Fläche unter Wasser gesetzt haben. Was die Meinung Vieler bestärkt, daß die vermeintlichen Biberwiesen nie= mals von Bibern bewohnt wurden, sind die kleinen tiefen Teiche, die sich oft in verschiedenen Theilen der= selben finden.

In denjenigen Gegenden, wo es keine Prairien gibt, sind die Biberwiesen nach der ersten Erforschung der Wälder die einzigen holzfreien Landstriche, und einige von ihnen versehen die Ansiedler während der Periode, in der sie einen Theil der Wälder urbar ma=

chen, mit schlechtem Grase. Indeß sind sie nicht immer mit diesem bedeckt, sondern zum Theil mit Zwergerlen, während andere wieder einen fast undurchdringlichen Hain von großblätterigem Lorber oder Rhododendron bilden. Wo die durch die Biberwiesen fließenden Flüsse einen bedeutenden Fall haben, werden beim Entstehen von Niederlassungen in vielen Fällen Dämme errichtet, sodaß die Wiesen wieder überschwemmt werden; in geringer Entfernung unterhalb werden Korn- und Sägemühlen erbaut, namentlich die letztern, und oft werden sie in Wasserbehälter verwandelt, die zu verschiedenen nützlichen Zwecken dienen. Trocken gelegt und nachher angebaut werden die Biberwiesen die werthvollsten Ländereien in den obern Districten.

Der Gletscher im Westerwalde.

Im vorigen Sommer (im Monat Juni) hat man im Westerwalde und zwar am Fuße und südlichen Abhange eines breiten, etwa 500 Fuß hohen Basaltberges, der unter dem Namen der Dornburg bekannt ist (unweit des Dorfes Frickhofen im nassauischen Amte Hadamar), eine Stelle gefunden, wo sich im ganzen Jahre eine ansehnliche Eismasse erhält. Die Urheber dieser Entdeckung waren Tagelöhner, welche von dem am steilen Bergabhange aufgehäuften Basaltgerölle Steine für den Wegbau sammeln wollten, die sie zu ihrem großen Erstaunen in kaum zwei Fuß Tiefe unter der Oberfläche fest aneinander gefroren fanden. Bei genauerer Untersuchung hat sich ergeben, daß die Eisbildung in den Zwischenräumen des Basaltgerölles bis zu 20—22 Fuß Tiefe hinabreicht; weiter hinab folgt eine Art von Reif in regelmäßigen sechsseitigen Krystallen und in 26 Fuß Tiefe hört die Eisbildung völlig auf. In der Länge und Breite mag diese Eisschicht, welche sich im Winter ausbreitet und im Sommer zusammenzieht, eine Ausdehnung von 40—50 Fuß haben. Wo die Zwischenräume nicht ganz mit Eis erfüllt waren, drang aus den Vertiefungen mit einer im Frühjahre und Sommer besonders großen Heftigkeit ein Luftstrom, dessen Temperatur $+1°R.$ war. Eine nachtheilige Wirkung der Kälte ist an der Vegetation der Umgegend nirgend zu bemerken, vielmehr wird die Eisstelle, die selbst nur aus nacktem Gerölle besteht, nach dem Thale zu von einem üppigen Wuchse junger Kiefern begrenzt. Die Ursachen jener Eisbildung liegen nicht in klimatischen Verhältnissen, sondern in den eigenthümlichen Lagerungsverhältnissen des Gerölles, das aus großen Basaltstücken ohne beigemengten Sand oder Erde besteht, sich in einem Winkel von 45 Graden am Abhange hinaufzieht und in der obern und mittlern Region ganz nackt daliegt. Die wahrscheinlichste Erklärung jener Erscheinung möchte folgende sein. In die Zwischenräume des Gerölles senkt sich im Winter die kalte Luft herab und theilt ihm ihre strenge Kälte mit; der auf das Gerölle fallende Schnee wird in Folge der nach Süden gerichteten Neigung der Fläche, welche die Sonnenstrahlen fast senkrecht treffen, und wegen der dunkeln Farbe des Gesteines schnell geschmolzen, aber das mit der niedrigsten Temperatur einsickernde Schneewasser friert in dem kalten Gerölle sogleich wieder und häuft sich als Eis an. Da es von schlechte so schlechten Wärmeleiter umgeben ist und die leichtere warme Luft im Sommer nicht überall eindringen kann, erhält es sich auch im Sommer. Seit der Entdeckung des Eises an der Dornburg haben die Ärzte der Umgegend die Anwendung desselben zuweilen

den Landleuten zu Aufschlägen verordnet. Am Fuße des Berges fließen sehr wasserreiche kalte Quellen zu Tage aus, von denen die eine $+4\frac{1}{2}°$, die andere $+5°$, die dritte $+7—8°$ Temperatur nach Réaumur hat. Die Stelle ist übrigens auch in historischer Hinsicht interessant. An die Dornburg, auf deren Gipfel sich ein riesenhafter Steinwall aus unbekannter (vermuthlich germanischer) Zeit hinzieht, knüpfen sich viele wunderliche Sagen; auf einem Basaltberge gegenüber steht eine aus der ersten Zeit der Verbreitung des Christenthums herrührende Kapelle des heiligen Blasius und auf einer andern nahen Bergkuppe finden sich Reste von altem Mauerwerke, in denen man eine germanische Opferstätte zu erkennen glaubt.

Preußens mineralische Producte im Jahre 1838.

1) **Bergbau.** Aus 1719 Gruben wurden von 35,412 Arbeitern Producte, deren Geldwerth am Ursprungsorte 6,353,164 Thaler betrug, gewonnen. An Geldwerth stehen die Steinkohlen obenan, über $11\frac{1}{2}$ Millionen Tonnen zum Belauf von 4,298,976 Thalern (aus 339 Gruben von 42,237 Arbeitern gewonnen), während der Geldwerth der Braunkohlen (über 3 Mill. Tonnen aus 245 Gruben) nur 334,449 Thlr. beträgt. Die größte Zahl der Gruben, 891, lieferten Eisenerze und Eisenstein und zwar 730,979 Tonnen = 567,748 Thlr.; nächstdem war die Production von Kupfer-, Blei- und Silbererzen (1,140,315 Ctr. = 618,360 Thlr.) und von Galmei (1,094,292 Ctr. = 487,934 Thlr.) am bedeutendsten. Die übrigen Producte bestanden in Kobalt-, Arsenik-, Antimon-, Mangan-, Quecksilber-, Alaun- und Vitriolerzen. — 2) **Steinbrüche.** Aus 923 Brüchen (worunter 366 Dachschiefer, 215 Kalksteine und Kalk, 209 Bau-, Werk-, Sand- und Bruchsteine, 82 Mühlsteine, 27 Traß und 24 Gyps lieferten) wurden von 4298 Arbeitern Producte zum Belauf von 459,507 Thlr. gewonnen. — 3) **Hüttenbetrieb.** In 1093 Hütten (worunter 919 Eisen-, 51 Kupfer-, 36 Zink-, 25 Blei-, 19 Messing-, 15 Vitriol-, 14 Alaun-, 3 Silber-, 3 Schmalte-, 2 Arsenik-, 2 Antimonhütten, 1 Quecksilberhütte) lieferten 17,317 Arbeiter Producte zum Belauf von fast 17 Millionen Thlrn. Beiweitem am wichtigsten war die Eisenproduction: 1,339,702 Ctr. Roheisen = 2,120,323 Thlr., 1,242,424 Ctr. Stab- und gewalztes Eisen = über 6 Mill. Thlr., 354,692 Ctr. Gußwaaren aus Roheisen = 1,341,158 Thlr., 111,770 Ctr. Eisenblech = über 1 Million Thlr. u. s. w., zusammen 3,500,362 Ctr. = 13,058,438 Thlr. Nächst der Eisenproduction war am bedeutendsten die Production von Kupfer (über 36,000 Ctr. = 1,364,546 Thlr.), von Zink (231,587 Ctr. = 982,570 Thlr.), von Messing (20,937 Ctr. = 615,706 Thlr.), von Silber (22,591 Mark = 308,339 Thlr.), von Blei und bleiischen Producten (30,000 Ctr. = 212,787 Thlr.), von Alaun (40,248 Ctr. = 183,878 Thlr.), von blauer Farbe oder Schmalte (6583 Ctr. = 106,432 Thlr.), am geringsten die von Quecksilber (292 Pfd. 367 Thlr.). — 4) **Salinenbetrieb.** In 20 Salinen gewannen 1543 Arbeiter 43,567 Last weißes Salz = 1,333,912 Thlr., außerdem 724 Last gelbes Salz = 2500 Thlr. und 56,099 Scheffel Düngesalz = 13,874 Thlr.

Die Ruinen von Sardes.

Schon aus der Ferne fällt auf einem schroffen Sand= steinfelsen die Akropolis (Burg) der Hauptstadt des alten Lydiens als imposante Ruine ins Auge. In ziemlicher Entfernung von der Burg zeigt sich unten in der Ebene das mächtige Bauwerk der vermuthli= chen Gerusia, wo einst Krösus residirte. Zunächst der Burg ist die Stätte des römischen Theaters und des mit ihm verbundenen Stadiums bemerkenswerth; das von beiden noch stehende Gemäuer ist vom Erdbeben zerrissen; der äußere Durchmesser des einst herrlichen, jetzt von Hyänen, Schakals und verwilderten Hunden besuchten Theaters betrug 396, der innere 162 Fuß. Die wichtigste aller hier befindlichen Ruinen ist aber das mächtige Bauwerk des angeblichen Schatz= und Wohnhauses des Krösus oder des sogenannten Gerusia. Dieses Gebäude, dessen doppelte Mauern aus riesen= haften Werkstücken zusammengefügt sind und welches vermöge seiner massiven Construction von dem ver= heerenden Erdbeben verhältnißmäßig am wenigsten ge= litten hat, scheint wirklich nach seiner Bauart eine Arbeit der alten Lydier, nicht der Römer zu sein. Der erste Saal, den man betritt, ist an beiden Enden halbrund; die Länge beträgt 165, die Breite 43, die Wanddicke 10 englische Fuß. Nach Vitruv hatten die Bewohner des spätern, seit Alexander's des Großen Zeit wieder reich und mächtig gewordenen Sardes das Haus des Krösus zur Gerusia, d. h. zu einem öffentlichen Gebäude bestimmt, worin alle um den Staat ver= diente Männer auf Lebenszeit Wohnung und Verpfle= gung fanden. Das einzige Denkmal aber, das noch in ursprünglicher Schönheit von der Herrlichkeit und Macht des Krösus zeugt, ist der Tempel der Cybele am Fuße des alten Burgberges. Von den Säulen dessel= ben, welche mit dem ältern, von Herostratus angezün= deten Dianentempel von Ephesus gleiches Alter haben und von neuern Reisenden als die schönsten, die man von ionischer Bauart kennt, gepriesen werden, stehen jetzt nur noch zwei, von dem schönsten weißen Marmor; die übrigen sind theils durch das Erdbeben, theils durch die Türken umgestürzt worden, welche das den einzelnen Theilen der 6½ Fuß dicken Säulenschäfte und ihrer Capi= täler zur Verbindung dienende Blei heraushämmerten.

Von den christlichen Sardes findet man die Ruinen zweier Kirchen. Die vom Erdbeben zerrissenen, nicht unansehnlichen Mauern der größern sind zum Theil aus Marmorblöcken und Fragmenten von Säulen und Tafeln zusammengesetzt, welche den zerstörten Tempeln und Palästen einer frühern Zeit entnommen scheinen; dazwischen sieht man Stücke von zerschlagenen Statuen.

Thomas Cranmer.

Unter denjenigen Männern, welche durch ihre Schrif= ten, ihre Predigten und ihren politischen Einfluß die Sache der Reformation gefördert haben, hat schwerlich irgend einer zur Einführung der protestantischen Lehre in England mehr beigetragen als Erzbischof Cranmer. Derselbe wurde am 2. Juli 1489 zu Aslacton in der Grafschaft Nottingham geboren und gehörte einer geach= teten, aber nicht wohlhabenden Familie an. Nachdem er die erste Erziehung auf einer Dorfschule empfangen hatte, bezog er schon in seinem 14. Jahre die Univer= sität Cambridge, wo er mit großem Fleiße studirte und sich namentlich auf das Griechische und Hebräische mit seltenem Eifer legte. In einem Alter von 23 Jahren verheirathete er sich und mußte deshalb die

Gelehrtenpfründe im Jesus=Collegium jener Universität, die er 1510 erhalten hatte, aufgeben, erhielt sie jedoch nach dem schon im ersten Jahre der Ehe erfolgten Tode seiner Gattin wieder; 1524 wurde er in demselben Collegium Lehrer der Theologie, 1526 Examinator. Der Umstand, der ihm die Gunst des Königs ver= schaffte, war folgender. Cranmer, den eine Seuche aus Cambridge vertrieben hatte, befand sich im Hause eines Gutsbesitzers, dessen Söhne er erzog, zu Walt= ham=Abbey in der Grafschaft Esser, als, während sich einmal Heinrich VIII. in dieser Gegend aufhielt, der Staatssecretair Gardiner und der Hofkaplan Fox, die nachmals Bischöfe von Winchester und Hereford wurden, jenes Haus besuchten, und da Cranmer schon damals seiner Gelehrsamkeit wegen einigen Ruf erlangt hatte, so befragten ihn jene Männer um seine Meinung in Betreff der Zulässigkeit einer Scheidung zwischen König Heinrich VIII. und seiner ersten Gemahlin Catharina von Aragonien, der Tochter Ferdinand's und Isabellens von Spanien. Diese war nämlich zuerst mit Hein= rich's Bruder, Prinz Arthur, vermählt gewesen, aber nach Arthur's frühem Tode auf Verlangen seines Va= ters, Königs Heinrich VII., mit dessen anderm Sohne Heinrich vermählt worden. Als dieser den Thron be= stieg, empfand er, wie er vorgab, religiöse Scrupel wegen seiner Heirath mit seiner Schwägerin und befragte deshalb verschiedene Gelehrte seines Landes. Cranmer antwortete auf die ihm vorgelegte Frage, daß es besser sein würde, über diesen Gegenstand die heilige Schrift und das Gutachten gelehrter Theologen als den römischen Stuhl zu Rathe zu ziehen, weil der römische Bischof keine Macht besäße, von dem Worte Gottes zu entbinden. Diese Ansicht kam durch Fox zu Ohren des Königs, der sie beifällig aufnahm und freudig aus= rief: „Bei der Mutter Gottes, der Mann hat die Sau beim rechten Ohre." Dieser Monarch scheint wirklich we= gen seiner Heirath Bedenken gehegt zu haben, wiewol es nicht geleugnet werden kann, daß andere auch minder löbliche Gründe ihn zur Scheidung von der Königin antrieben, namentlich seine wachsende Leidenschaft für Anna Boleyn, eine Ehrendame der Königin. Bald darauf berief ihn der König in seine Nähe und brauchte ihn zur Vertheidigung dieser Ansicht; er machte ihn zu seinem Kaplan und trug ihm auf, eine Schrift über die Scheidungsangelegenheit auszuarbeiten, nach deren Vollendung er ihm eine einträgliche geistliche Pfründe verlieh. Im J. 1529 sandte er ihn auf den Continent, um das Gutachten ausgezeichneter Theologen über jene Angelegenheit einzuholen, dann nach Wieder= anknüpfung der Unterhandlungen mit dem römischen Stuhle nach Rom, um die Einwilligung des Papstes zu seiner Scheidung zu erlangen. Alle hierauf gerich= teten Bemühungen Cranmer's blieben jedoch ohne Er= folg und er war gezwungen, Italien 1531 zu verlassen, ohne den Zweck seiner Reise erreicht zu haben. Er ging hierauf nach Deutschland zurück und warb als Be= vollmächtigter des Königs den Kaiser für die Scheidung zu gewinnen suchte und mit vielen protestantischen Theologen in Verbindung kam, und that bald nachher einen Schritt, der ihm später große Verlegenheiten zuzog, indem er sich heimlich (mit der Nichte des Pfarrers Osiander in Nürnberg) verheirathete, was den englischen Geistlichen damals noch nicht gestattet war. Im J. 1532 ernannte ihn Heinrich zum Erz= bischof von Canterbury, welche Würde er wegen der Launen des Königs und des dem Papste zu leistenden Eides nur ungern annahm.

Als erster Prälat des Königreichs Großbritannien

war Cranmer in den 23 Jahren seiner Amtsführung fast unausgesetzt mit den wichtigsten Angelegenheiten beschäftigt, von denen sich die meisten auf die Verbreitung der Lehren der Reformation bezogen, denen er eifrig zugethan war, während König Heinrich VIII., der Gründer der englischen Kirche, mehr gegen die päpstliche Macht als gegen die katholische Kirche ankämpfte und den Glaubenslehren derselben in Bezug auf Fegefeuer, Beichte, Verehrung der Heiligen u. s. w. fortwährend anhing. So viel bei der Willkür des Königs, der nicht nur dem Namen nach Oberhaupt der englischen Kirche sein wollte, und dem Widerstande der zahlreichen Gegner neuer Kircheneinrichtungen möglich war, beförderte Cranmer, von der Königin Anna Boleyn unterstützt, die Reformation durch Wort und That und sorgte dafür, daß dem Volke die Bibel, von welcher er eine verbesserte Übertragung in die Landessprache seit dem Jahre 1534 hatte ausarbeiten lassen, zugänglicher gemacht wurde. Bei der Aufhebung der Klöster wünschte er, daß deren Einkünfte für Zwecke der Religion und Erziehung verwandt werden möchten, ohne dies durchsetzen zu können, da der habsüchtige König, der überhaupt diese Maßregel ganz schonungslos betrieb, die geistlichen Güter an sich zu reißen beschlossen hatte. Als 1539 eine Parlamentsacte über die streitigen Glaubenslehren erschien, in welcher viele Lehren der katholischen Kirche beibehalten und die Anhänger der Priesterehe und Gegner jener katholischen Lehren mit der Todesstrafe bedroht wurden, widersprach Cranmer vergebens und sah sich genöthigt, seine Frau zu ihren Verwandten nach Deutschland zurückzuschicken. Im J. 1542 wandte er seine Aufmerksamkeit auf fernere Verbesserungen in der Übertragung der heiligen Schrift und erlangte den wichtigen Befehl, daß die beim Gottesdienste vorkommenden Bibelstellen in englischer Sprache vorgelesen werden sollten, sowie die Erlaubniß, daß die Bibelübersetzung auch für den häuslichen Gebrauch von Jedermann angeschafft werden durfte, während sie bisher nur in den Kirchen zu allgemeinem Gebrauche ausgelegt gewesen war.

Nach des Königs Heinrich Tode im J. 1547 bestieg sein minderjähriger Sohn Eduard VI. den Thron und Cranmer konnte nun, unterstützt von dem Herzoge von Somerset, mit besserm Erfolge als bisher für die Umgestaltung der englischen Kirche wirken; außer andern Maßregeln setzte er eine Parlamentsacte durch, welche die Priesterehe gestattete. Daß er in dieser Periode als Haupt der englischen Kirche grausame Verfolgungen Andersdenkender zuließ und sogar selbst anordnete, namentlich gegen die Wiedertäufer mit großer Härte verfuhr, muß als ein Schandfleck seines Lebens betrachtet werden.

Als im J. 1553 die katholische Maria den Thron bestieg, hatte Cranmer's Wirksamkeit ein Ende. Römisch-katholische Bischöfe und Priester wurden wieder eingesetzt, die Protestanten auf jede Weise verfolgt und Cranmer nebst andern Beförderern der Reformation gefangen gesetzt. Im September wurde er in den Tower zu London eingesperrt und im März 1554 von da nach Orford gebracht; das aus päpstlichen Commissaren bestehende Gericht legte ihm auf, binnen 80 Tagen in Rom zu erscheinen, um sich vor dem Papste zu rechtfertigen, ohne daß jedoch durch Entlassung aus dem Kerker jene Reise möglich gemacht wurde; nach Verlauf dieser Zeit wurde er der Ketzerei schuldig erklärt und seiner geistlichen Würden entsetzt. Durch abwechselnde Bitten und Drohungen wußte man den schwachen Greis zu bewegen, mehre Erklärungen zu unterzeichnen, in denen er seine frühern Lehren und Meinungen als Irrlehren widerrief und die Hauptlehren der katholischen Kirche annahm, ohne daß ihn dies vor dem Tode, der über ihn verhängt war, schützen konnte. Nachdem der Befehl zu seiner Hinrichtung von der Königin und ihrem Gemahl, König Philipp II., ertheilt worden war, wurde er zuerst zur Kirche geführt, um hier in öffentlicher Rede seine Schuld zu bekennen; dies verweigerte er aber mit Bestimmtheit und erklärte, daß nur Todesfurcht ihn vermocht habe, seiner Überzeugung untreu zu werden und die Wahrheit abzuleugnen. Am 20. März 1556 bestieg er, 67 Jahre alt, mit ruhiger Fassung den Scheiterhaufen und hielt seine rechte Hand, die den Widerruf unterzeichnet hatte, in die Flammen, um sie langsam verbrennen zu lassen, indem er wiederholt ausrief: „Die unwürdige Hand! — Herr Jesus, empfange meinen Geist!"

Cranmer predigt zu Orford die Reformation.

Herausgegeben unter Verantwortlichkeit der Verlagshandlung F. A. Brockhaus in Leipzig.

Das Pfennig-Magazin

für

Verbreitung gemeinnütziger Kenntnisse.

418.]   Erscheint jeden Sonnabend.   **[April 3, 1841.**

Napoleon's Todtenfeier.

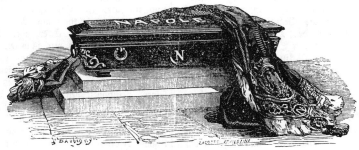

Der neue Ebenholz-Sarg.

Bereits in Nr. 405 haben wir über die Abholung der Überreste Napoleon's berichtet; die Erzählung der Todtenfeier selbst dürfen wir nun unsern Lesern nicht länger vorenthalten, nachdem wir in den Stand gesetzt worden sind, das Interesse derselben durch beigefügte Abbildungen zu erhöhen.*) Vorher erlauben wir uns aber, noch einmal auf den Ort der Ausgrabung zurückzukommen und nach dem Berichte eines Theilnehmers der Expedition, des Barons Emmanuel de Las Cases**) (dessen Vater, Graf de Las Cases, einer der vier Freunde des Kaisers, die ihm nach St.-Helena gefolgt waren, durch den schlechten Zustand seiner Gesundheit verhindert worden war, an der Expedition Theil zu nehmen), mehre Einzelheiten nachzutragen, überzeugt, daß das hohe Interesse des Gegenstandes diese Ausführlichkeit gewiß entschuldigen wird.

Wenn man auf der Insel St.-Helena vom Meere kommend das Rupertsthal hinaufgeht, dessen Unfruchtbarkeit und steile Abhänge einen düstern Eindruck machen, so kommt man nach einer kleinen Stunde zu einer fast kreisrunden Schlucht, genannt des Teufels Punschnapf, wo das Auge keine andere Vegetation als einige Dornensträucher erblickt. Geht man durch die

Schlucht hindurch, verfolgt aber das Thal nicht weiter und wendet sich rechts, so entdeckt man bald mit Erstaunen eine kleine Oase, ein enges Thal, seit Napoleon's Tode Napoleon's Thal oder Thal des Grabes, früher Geraniumsthal genannt. Hier entspringt, etwa 1800 Fuß über der Meeresfläche, eine reichliche Quelle eines besonders klaren und wohlschmeckenden Wassers, aus welchem sich Napoleon, seit er zuerst daraus getrunken, täglich Wasser holen ließ, da das Wasser zu Longwood schlecht, sogar ungesund war.*) Unweit derselben ruhten 19 Jahre lang die Reste Napoleon's. Sein Grab war ausnehmend einfach, äußerlich bedeckt von drei horizontalen Steinen, die ein längliches Viereck bildeten, und umschlossen von einem schlecht gearbeiteten eisernen Gitter. Ehemals wurde es von zwei großen Trauerweiden beschattet, von denen nur eine noch übrig ist; doch sind an die Stelle der abgestorbenen 18 kleinere gepflanzt worden. Keine Inschrift nannte den Namen des unter der Erde Ruhenden; denn diejenige, welche der Gouverneur Hudson Lowe gestatten wollte, hielten die Franzosen für unpassend. Außerhalb des Gitters waren in einem weiten Kreise von 70—80 Fuß Durchmesser, den ein niedriges hölzernes Geländer umgab, 34 Cypressen gepflanzt.

Auf diesem Platze versammelten sich in der Nacht vom 14. zum 15. Oct. 1840 um Mitternacht, während ein feiner Regen oder vielmehr ein dichter Nebel fiel, diejenigen Personen, welche Zeugen der Ausgrabung zu sein berufen waren. Dies waren von französischer Seite Graf Phi-

---

*) Diese mögen als Probe der in Leipzig bei Weber als Supplement zu Laurent's Geschichte Napoleon's erschienenen Beschreibung der Todtenfeier (zwei Lieferungen, ⅔ Thlr.) dienen.

**) Emmanuel Pons Dieudonné de Las Cases, geboren zu Vieux-Chatel bei Brest am 8. Juni 1800, französischer Staatsrath und Mitglied der Deputirtenkammer, wurde während der 100 Tage zum Pagen des Kaisers ernannt, folgte demselber gleich seinem Vater in die Verbannung und diente Napoleon als Secretair, mußte aber die Insel gleichzeitig mit seinem Vater nach 18monatigem Aufenthalt verlassen. Entschlossen, an dem Gouverneur Sir Hudson Lowe wegen der harten Behandlung, die derselbe dem gefangenen Kaiser widerfahren ließ, Rache zu nehmen, begab er sich im J. 1822, als Lowe nach England zurückgekehrt war, nach London, suchte hier seinen Gegner auf und beschimpfte ihn auf die auffallendste Weise, ohne dadurch, wie seine Absicht war, ein Duell herbeiführen zu können, da Lowe den Schutz der Gerichte anrief, weshalb Las Cases zur schleunigen Flucht aus England genöthigt wurde. Seit 1830 nimmt er an den Arbeiten der Deputirtenkammer als Abgeordneter thätigen Antheil.

*) Napoleon's ehemalige Wohnung zu Longwood und deren Umgebungen fand Las Cases bis zur Unkenntlichkeit verändert. In dem Zimmer, wo der Kaiser gestorben war, befand sich eine Kornmühle, die Decke durchgebrochen, der Fußboden halb verfault; von allen andern Zimmern waren nur noch die Wände vorhanden, mit vielen Namen und Inschriften bedeckt. In der Nähe des Hauses sind Scheunen und Viehställe angelegt. Von dem Garten war kaum noch eine Spur zu sehen. Longwood ist die einzige Hochebene der Insel, 1585 Fuß über der Meeresfläche und fünf englische Meilen (etwa zwei Stunden) von der Stadt. Sie hat ihren Namen (deutsch: Langholz) von einer ehemaligen Pflanzung von Gummibäumen, 8—10 Fuß hohen Sträuchern, deren Laub nur an den äußersten Ende der Zweige sitzt und daher keinen Schatten gibt

lipp von Rohan=Chabot als königlicher Commissar, Las Cases, Gourgaud, General Bertrand mit einem seiner Söhne, Arthur, der in Helena geboren ist, Marchand, Napoleon's letzter Kammerdiener (dessen Dienste der Kaiser in seinem Testamente als die eines Freundes bezeichnet), der Almosenier der Fregatte Belle=Poule, Abbé Coquereau, mit zwei Chorknaben, vier ehemalige Diener des Kaisers, St.=Denis, Noverraz, Archambault und Pierron, die seine Verbannung getheilt hatten, die Commandanten der Corvette Favorite und der Brigg Oreste, als der beiden Schiffe, welche an der Expedition Theil genommen hatten, sowie der zweite Commandant der Fregatte, der Schiffschirurg derselben, D. Guillard, und ein Bleiarbeiter; von englischer Seite: der Capitain Alexander als Beauftragter des Gouverneurs, der Oberrichter Wilde, Oberst Hodson, Obristlieutenant Trelawney, Secretair Seale, Marinelieutenant Littlehales und ein Herr Darling, welcher Letztere die Anstalten bei der Beerdigung des Kaisers geleitet hatte. Um 12¼ Uhr begannen die Arbeiten, welche von englischen Soldaten ausgeführt wurden, die sich in kurzen Zwischenräumen ablösten. Mit Sorgfalt nahm man die zum Kopfe und zu den Füßen des Grabes gewachsenen Geranien und Zwiebelpflanzen heraus, welche der Prinz von Joinville für sich verlangt hatte, und entfernte dann das Eisengitter. Die das Grab von außen bedeckenden Steine, durch Eisenklammern verbunden und auf einem zwei Fuß dicken Gemäuer ruhend, welches die ganze 11 Fuß tiefe, 8 Fuß lange, 4⅔ Fuß breite Gruft umschloß, ließen sich nur mit Mühe trennen; dann folgte eine fünf Fuß tiefe Erdschicht, hierauf zwei horizontale Schichten Mauerwerk, bestehend aus römischem Mörtel und Bruchsteinen, die durch Eisenklammern befestigt waren. Diese zu durchdringen, kostete eine sehr anstrengende Arbeit mehrer Stunden, weshalb der englische Commissar auf der linken Seite der Gruft ein Seitengrab graben ließ, um für den Fall, daß jenes Mauerwerk zu großen Widerstand leistete, von der Seite zum Sarge gelangen zu können. Gegen 8 Uhr war es jedoch gelungen, das Mauerwerk zu beseitigen. Als man durch eine Spalte den Sarg ansichtig wurde, stellte man Hebezeug auf und die Anwesenden legten ihre Galauniformen an; das Grab wurde von einer Haie von Soldaten umgeben und diejenigen Personen, die der Ausgrabung selbst nicht beiwohnen sollten, entfernt. Der Almosenier stellte sich mit den Chorknaben, welche ein Crucifix und Weihwasser trugen, an den Rand des Grabes. Um 9½ Uhr Morgens wurde der untere Grabstein durch Hebezeug weggenommen und die Anwesenden, die gleichzeitig nach stillschweigender Übereinkunft ihre Hüte abgenommen hatten, erblickten nun, während der Geistliche Weihwasser ausgoß und das De profundis sprach, einen freistehenden Sarg, auf einem zweiten Steine ruhend, den acht Steinpfeiler trugen. Der Chirurg sprengte mit Chlorkalk und die beiden Commissare stiegen in die Gruft hinab, um den Sarg zu messen, worauf er, um 10½ Uhr, mittels des Hebezeugs heraufgehoben wurde. Zwölf Mann trugen ihn dann in das zu diesem Zwecke errichtete Zelt, wo der Geistliche die bereits begonnenen Gebete vollendete. Der äußerste Sarg war von Mahagony; dieser wurde vorsichtig zersägt (Bruchstücke desselben wurden später als Andenken unter die anwesenden Personen vertheilt) und der dann folgende bleierne Sarg um Mittag, gerade zwölf Stunden nach dem Beginn der Arbeiten, in die aus Frankreich mitgebrachten Särge gestellt, deren drei waren. Auf dem innersten bleiernen sind Lorberzweige und Arabesken eingegraben, welche folgende einfache Inschrift umgeben: „Napoléon empereur

et roi mort à Sainte-Hélène le V mai MCCCXXI." Diesen umgibt ein Sarg von Ebenholz, der durch seine Form an die antiken Sarkophage erinnert; er ist über 7 Fuß lang, 3¼ Fuß breit und 2¼ Fuß hoch, von marmorartiger Politur, und trägt die Inschrift: „Napoléon." Auf jeder Seite befindet sich in einem kreisrunden Medaillon ein N von vergoldeter Bronze; sechs starke Bronzeringe dienen zum Transport; das Schloß ist unter einem goldenen Sterne verborgen. Zum Schutze des Ebenholzsarges diente während der Überfahrt ein (sechster) Sarg von Eichenholz. Das Gewicht aller sechs Särge ist 2400 Pfund. Das Sargtuch oder der sogenannte Kaisermantel ist von violettem Sammt und mit Hermelin eingefaßt; es ist mit goldenen Bienen bedeckt und enthält acht Mal den Namenszug des Kaisers, in den vier Ecken aber Medaillons mit dem kaiserlichen Adler und vier schweren goldenen Eicheln.

Mit der Öffnung der innern Särge nahm man Anstand bis zur Ankunft des Gouverneurs, Generalmajors Middlemore, der wegen des schlechten Zustandes seiner Gesundheit den nächtlichen Arbeiten nicht hatte beiwohnen können. Er traf ¾1 Uhr mit seinem Stabe ein, worauf man den bleiernen Sarg öffnete, in welchem sich wieder ein völlig gut erhaltener Sarg von Mahagony befand. Als dieser und der darauf folgende blecherne geöffnet worden waren, erblickte man noch nicht den Leichnam, da der Sarg nach ostindischem Gebrauch im Innern mit wattirtem weißem Seidenzeug ausgeschlagen gewesen war, das abgefallen war und daher den Körper bedeckte; der Chirug rollte es vorsichtig auf. Der Leichnam war vortrefflich erhalten, besonders die Hände, ebenso die Kleidung; um die Zehen war das Leder der Stiefeln nicht mehr zu erkennen, wol aber höher hinauf; auf den Schenkeln lag in schräger Richtung der Hut. Der Stern auf der Brust war fast schwarz geworden, aber die Orden der Ehrenlegion und der eisernen Krone glänzten noch; die Epauletten waren braun geworden. Dem Gesicht, das wenig verändert war, gab der ein wenig gewachsene Bart eine bläuliche Färbung; zwischen den halbgeöffneten Lippen zeigten sich drei sehr weiße Oberzähne. Der auffallend große Kopf war glatt geschoren. Der unerwartet gute Zustand des Leichnams machte fast alle fernern Erhaltungs= und Gesundheitsmaßregeln für die Überfahrt unnöthig, es schien aber dringend, ihn nicht lange der Luft auszusetzen, daher begnügte sich der Chirurg, ihn mit etwas Kreosot zu bestreuen, und bedeckte ihn nach einer Untersuchung von kaum zwei Minuten wieder mit dem Seidenzeuche. Um 1 Uhr wurden die Särge wieder geschlossen; der von Mahagony wurde zugeschraubt, die metallenen gut vernietet und der von Ebenholz verschlossen. Der Graf von Rohan=Chabot übernahm nun, nachdem der Capitain Alexander ein aufgesetztes kurzes Protokoll vorgelesen und ihm übergeben hatte, feierlich den Sarg, der mit dem Kaisermantel bedeckt und von 40 Mann auf den Leichenwagen gestellt wurde.

Wie derselbe in feierlichem Zuge, welchen der Gouverneur anführte, nach der Stadt Jamestown (vier englische Meilen entfernt), wo alle Läden geschlossen und alle Fenster und Balcons mit Zuschauern besetzt waren, und von da zur Küste gebracht, dort aber der Sarg von dem Prinzen von Joinville übernommen, dann eingeschifft und gegen 6¾ Uhr auf der Fregatte aufgestellt wurde, ist bereits in Nr. 405 ausführlicher erzählt worden.

In Bezug auf die Überfahrt von St.=Helena nach Frankreich ist eines Umstandes zu gedenken, welcher den ritterlichen Sinn des Prinzen Joinville, der sich seines ehrenvollen Auftrags mit so vieler Gewandtheit und Würde entledigt hat, im hellsten Lichte erscheinen läßt. Am 2. Nov. erhielt der Prinz durch das nach Batavia segelnde holländische Schiff Egmont Kunde von dem Bombardement der Stadt Beirut, der Blockade Syriens sowie andere Nachrichten, die ihn einen nahe bevorstehenden Bruch zwischen England und Frankreich fürchten ließen. Sofort sprach er seinen festen Entschluß aus, das Schiff, wenn es angegriffen würde, auf keinen Fall zu übergeben, sondern es lieber entweder in den Grund schießen zu lassen oder selbst in die Luft zu sprengen, und traf in Übereinstimmung mit den Beschlüssen eines zusammenberufenen Kriegsraths die nöthigen Maßregeln, die Fregatte in Vertheidigungsstand zu setzen. Zu diesem Ende ließ er die für die Commission in der Batterie errichteten Kajüten, welche die Stelle von Kanonen einnahmen, einreißen und die darin befindlichen Meubeln in das Meer werfen, wobei er die seinigen zuerst preisgab; in die dadurch disponibel gewordenen Stückpforten wurden die verdrängten Geschütze gestellt und bald hatte die Fregatte sechs bis acht regelmäßig aufgestellte Feuerschlünde mehr und

Batterie auf der Fregatte Belle-Poule.

war zum Kampfe gerüstet. Bei dieser Gelegenheit hatte es nöthig geschienen, sich von der schlechter segelnden Corvette Favorite zu trennen. Schon bei frühern Anlässen, insbesondere bei der Einnahme von San-Juan d'Ulloa, hat der junge Prinz (er hat am Tage vor der Ausgrabung sein 22. Jahr vollendet und ist 1834 nach einem ehrenvoll bestandenen öffentlichen Examen zu Brest in den Seedienst getreten, seit welcher Zeit er sich fast immer zu Schiffe befunden hat) viel Muth und persönliche Tapferkeit an den Tag gelegt und ist daher in seinem Vaterlande sehr beliebt und geachtet.

Am 8. December, also acht Tage nach der Rückkehr der Expedition aus St.-Helena, wurde der Sarg Napoleon's im Hafen von Cherbourg (wo seit dem 30. November die Nationalflagge mit Zeichen der Trauer aufgezogen war) von der Fregatte Belle-Poule, die ihn nach Frankreich gebracht und in der Zwischenzeit zahlreiche Besuche erhalten hatte, auf das Dampfschiff Normandie geschafft, das ihn bis in die Seine bringen sollte. Vorher hatte der Maire von Cherbourg im Namen dieser Stadt auf dem Sarge einen goldenen Lorbeerzweig niedergelegt. Der letztere wurde, mit dem Kaisermantel bedeckt, auf dem Hintertheile der Normandie aufgestellt; ein umgebenes Wachskerzen, und ein von zwölf Säulen getragenes plattes Dach diente zum Schutze gegen Regen und Feuchtigkeit; auf jeder Seite hingen Weihrauchfässer, am Kopfende stand ein vergoldetes Kreuz, zu den Füßen eine eben solche Lampe.

Schon am Morgen des Tages hatten alle im Hafen und auf der Rhede von Cherbourg liegenden Kriegs- und Handelsschiffe zum Zeichen der Trauer ihre Flagge bis zur Hälfte der Masten aufgezogen; während der Feierlichkeit selbst, welcher alle Civil- und Militairbehörden beiwohnten, waren die Nationalgarde der Stadt und sämmtliche Land- und Seetruppen am Hafen aufgestellt und präsentirten das Gewehr, alle Forts aber, die Hafenbatterie und die auf der Rhede liegenden Kriegsschiffe gaben eine Salve von 21 Kanonenschüssen. Das Dampfschiff Normandie verließ nun nebst den beiden zur Begleitung bestimmten Dampfschiffen Courrier und Veloce den Kriegshafen, um sich auf die Rhede zu begeben; während dessen fiel jede Viertelstunde ein Kanonenschuß, nachher gaben die Forts, Batterien und Linienschiffe wieder eine Salve von 21 Schüssen; zusammen wurden nicht weniger als 1000 Schüsse abgefeuert. Halb 3 Uhr fuhren die gedachten Dampfschiffe, auf denen sich sämmtliche Matrosen der Schiffe Belle-Poule und Favorite befanden, welche die Fahrt nach Helena unternommen hatten, nach Havre ab und erreichten bei hellem Mondschein die dasige Rhede, wo sie die Nacht zubrachten. Mit Tagesanbruch stellte sich die Nationalgarde am Ufer auf; unter dem Herbeiströmen der Menge kam die mit den Nationalfarben geschmückte Normandie heran. Als eben die Sonne aufging, verkündigte ein Kanonenschuß, die allgemeine Stille der bewegten Menge unterbrechend, die Ankunft der Überreste Napoleon's in der Seine, zwischen jenen Ufern, die er sich selbst zu seinem Begräbnißorte gewünscht hatte. In der Nacht vom 9. auf den 10. kam das Dampfschiff Normandie zu Val de la Haye, drei Lieues von Rouen, an. Nachdem auf dem Schiffe im Hafen ein Traueramt gehalten worden, wurde um 3 Uhr Nachmittags der Sarg auf das ganz schwarz angestrichene Dampfschiff La Dorade gebracht, das ihn weiter stromaufwärts zu bringen bestimmt war, und hier unter einen mit Adlern und goldenen Bienen verzierten, mit violettem Sammt bedeckten Katafalk gestellt. Begleitet wurde jenes Dampfschiff von nicht weniger als neun andern: zwei andern Doraden, den drei Sternen und den Schiffen Elbeuvien, Parisien, Parisienne und Zampa. In Rouen, durch welche Stadt die Flottille am 10. fuhr, waren zum

*

Empfange der Leiche große Anstalten getroffen; der große Bogen der Kettenbrücke, unter welchem das Schiff durchfahren mußte, war in einen Triumphbogen verwandelt und mit blauen Draperien, goldenen Bienen (36,000 an Zahl) und dreifarbigen Fahnen von 30 Fuß Länge geschmückt. Von den Thürmen und öffentlichen Gebäuden wehten Fahnen, alle Schiffe flaggten; zu beiden Seiten des Flusses war die Nationalgarde von Rouen und den umliegenden Gemeinden nebst den dort garnisonirenden Truppen aufgestellt, und der Cardinal-Erzbischof von Rouen begab sich an der Spitze der aus 200 Priestern bestehenden Geistlichkeit in Procession auf den Quai, um während der Vorüberfahrt des Sarges ein Gebet zu sprechen. Sobald dies gesprochen war, läuteten alle Glocken, die Truppen präsentirten, die Trommeln wirbelten, die Musik spielte Siegesmelodien und eine Salve von 100 Kanonenschüssen wurde abgefeuert.

Auf ähnliche Weise wurde nun an allen Orten, welche das Schiff auf seiner feierlichen langsamen Fahrt berührte, die Vorüberfahrt des todten Kaisers durch Glockengeläute, Kanonensalven, Aufstellung der Nationalgarde u. s. w. gefeiert. Während dessen war auf der Seine in der Nähe des Trauerzugs jede Schifffahrt verboten und der die Flottille commandirende Prinz von Joinville hatte strengen Befehl, in keinerlei Verbindung mit dem Lande zu treten; Niemand durfte aussteigen, außer zur Besorgung von Lebensmitteln an Bord, und Niemand durfte dem Fahrzeuge, das den Sarg enthielt, sich nähern. Der Prinz befand sich stets in voller Uniform als Seecapitain nebst den Generalen Bertrand und

Gourgaud und einem Priester im Ornat auf dem Verdeck, wo der von Wachskerzen umgebene Sarg stand, umflattert von Fahnen, unter denen sich auch eine von den Damen der Stadt Jamestown auf St.-Helena gefertigte und geschenkte befand; der Prinz hatte den Damen versprochen, daß diese Flagge bis nach Paris über dem Sarge des Kaisers wehen sollte. An allen bedeutenden Orten wurde angehalten, bis die Geistlichkeit vom Ufer aus die Absolution ertheilt hatte; übrigens kam die Flottille fast überall lange vor der vorher bestimmten Zeit an, was die von den Uferbewohnern veranstalteten Feierlichkeiten vielfach störte; die Nationalgarde und die Bevölkerung kamen deshalb an vielen Orten zu spät oder konnten nur in der größten Überraschung und Unordnung ans Ufer gelangen. Am 10. kam die Flottille nur bis Pont de l'Arche, am 11. bis Vernon, am 12. bis Mantes.

Am 13. December kam die von dem Dampfschiffe Parisienne geführte Flottille zu Poissy bei St.-Germain-en-Laye an und ging hier vor Anker, worauf die Nationalgarde und die Linientruppen auf dem rechten Seineufer einen Bivouak bildeten, um den Wachdienst trotz der eingetretenen strengen Kälte die ganze Nacht hindurch zu versehen. Um 10 Uhr Abends kam der Herzog von Aumale, des Prinzen von Joinville jüngerer Bruder, an Bord des den kaiserlichen Sarg enthaltenden Dampfschiffs an und brachte hier mit seinem Bruder die ganze Nacht zu.

Am 14. sollte der Sarg von der Dorade auf ein eigens für diesen Zweck erbautes Katafalkschiff gebracht werden. Dasselbe war 72 Fuß lang und 24

Das Katafalkschiff

Fuß breit und trug einen Trauertempel von bronzirtem Holze, an dessen Eingang vier Karyatiden standen und an dessen Ecken vier goldene Adler Guirlanden von Immortellen hielten; auf dem Hintertheile erhoben sich Trophäen von Fahnen, auf denen die Siege Napoleon's angegeben waren, verbunden mit Lorbern und Palmen; rund um das Schiff gingen Dreifüße, auf denen Weihrauch brannte, und Guirlanden von Immortellen; auf dem Vordertheile war ein kolossaler goldener Adler angebracht. Da aber dieses Schiff zu schwerfällig ausgefallen war, so wurde es gar nicht seiner Bestimmung gemäß gebraucht und der Sarg blieb bis zu seiner Ausschiffung auf dem Schiffe Dorade, das seine Fahrt nebst den übrigen Schiffen

am 14. Morgens fortsetzte. Über Pecq und Chatou kam die Flottille um 2 Uhr Nachmittags bei Epinay, unweit St.-Denis an, wo eine ungeheure Menschenmenge beide Ufer der Seine bedeckte; hier wurde ein kurzer Halt gemacht. Kurz vor Paris krümmt sich die Seine so vielfach, daß der Weg nach St.-Germain in geringer Entfernung drei Mal über den Fluß führt; auf diese Brücken hatten sich von Paris aus Tausende von Zuschauern begeben und warfen Immortellenkränze auf den Sarg. Auch die Königin und die Prinzessinnen sahen, in Trauer gekleidet, den Prinzen von Joinville vorüberfahren. Um 4 Uhr Nachmittags traf die Flottille zu Courbevoie (ein Dorf 1¼ Lieue unterhalb Paris auf dem linken Seineufer) ein, worauf Marschall Soult und Admiral Duperré sich an Bord des Sargschiffs begaben. Der Prinz von Joinville, voll Respect gegen die Disciplin, bat hier den Marineminister um einen zweistündigen Urlaub, um nach so langer Abwesenheit seine Ältern und Geschwister umarmen zu können. Am Abend des 14. begann das Geläute aller Glocken von Paris, das am folgenden Tage fortgesetzt wurde und bis nach Beendigung der ganzen Feier dauerte.

(Fortsetzung folgt in Nr. 419.)

Die englisch-chinesischen Händel. *)

Im vorigen Sommer hat der durch das chinesische Verbot der fernern Einführung des Opiums in China veranlaßte Krieg zwischen England und China wirklich begonnen. Gegen Ende Juni traf die englische Flotte, bestehend aus sieben großen Kriegsschiffen (an Bord des Melville befand sich der Oberbefehlshaber Admiral Elliot), drei Dampfbooten und 16—20 Transportschiffen, in Macao ein und am 28. wurde der Hafen und der Fluß von Kanton in Blockadezustand erklärt. Ihre Ankunft erregte keine geringe Unruhe, da die Chinesen an keinen ernstlichen Angriff geglaubt hatten. Mit Ausnahme weniger zur Aufrechthaltung der Blockade zurückgelassenen Schiffe segelte hierauf die Flotte (unter Befehl des Commodore Bremer) nordwärts; auf ihr befand sich der bekannte Missionar Karl Gützlaff als Dolmetscher. Den Admiral, welcher erst am 30. Juni der Flotte folgte, begleitete der Oberaufseher des englischen Handels in China, Capitain Elliot, der als Bevollmächtigter die Unterhandlungen leiten sollte. Am 4. Juli kam das Geschwader vor Tinghai-Hin, der Hauptstadt der Insel Tschusan, an. Diese Insel liegt unweit des festen Landes im östlichen Meere oder Tong-Hai unter dem 30. Breitengrade, etwa 150 Meilen nordöstlich von Macao und 150 Meilen südöstlich von Peking. Der chinesische Gouverneur der Insel wurde zur Übergabe aufgefodert, und da er der Auffoderung nicht nachkam, nach Landung eines Theils der Truppen am 5. die Beschießung der Stadt begonnen. In der folgenden Nacht wurde sie von den Chinesen, die etwa 25 Mann verloren hatten, verlassen, worauf die Engländer am 6. von der Stadt und Insel Besitz nahmen. Leider war das Benehmen der englischen Truppen, von denen in Allem 3650 Mann gelandet waren, nicht sehr rühmlich; sie brachen die Häuser auf, in denen sie Tausende von Krügen chinesischen Branntweins (Samschu) fanden, und übernahmen sich im Genusse desselben so, daß ein großer Theil von ihnen betrunken niedersank und das eine Regiment wegen Trunkenheit auf die Schiffe zurückgeschickt werden mußte. Der Missionar Gützlaff wurde zum ersten Magistrat der Stadt ernannt. Die letztere hat mit den Vorstädten einen ungeheuern Umfang (angeblich gegen 31 englische Meilen, was sicher sehr übertrieben ist) und soll gegen 100,000 Einwohner enthalten haben; sie liegt in einer kleinen bebauten Ebene und die umliegenden, zum Theil in Terrassen bis zum Gipfel bebauten Berge sind 500—1000 Fuß hoch. Die Häuser der Stadt sind, wie in den meisten chinesischen Städten, gut gebaut; die Straßen sind eng, gepflastert und sehr rein gehalten. Am 7. Juli traf Admiral Elliot ein und übernahm den Oberbefehl. Unterwegs hatte eins seiner Schiffe das Fort Amoy beschossen und größtentheils zerstört, weil es einen Parlamentair, der ein Schreiben der englischen Regierung überbringen sollte, mit Schüssen empfangen hatte.

Am 10. Juli segelte Admiral Elliot mit einem Theile der Flotte nach der gegenüberliegenden Stadt Ningpo an der Küste des festen Landes ab, von welchem Hafen aus bisher fast ausschließlich der chinesische Handel mit Japan betrieben wurde; das an den chinesischen Kaiser gerichtete Schreiben, das in Amoy nicht angenommen worden war, wurde zwei vornehmen chinesischen Beamten mit blauen Knöpfen übergeben, aber geöffnet von ihnen zurückgeschickt. Hierauf begann die Blockade von Ningpo und dem Flusse Yang-tse-Kiang, an welchem Nanking (etwa 50 Meilen von der Insel Tschusan) liegt und welcher einer der bedeutendsten Ströme des chinesischen Reichs ist. Gleichwol fand in der Mündung des Flusses mit den Chinesen ein sehr freundlicher Verkehr statt; der Gouverneur der Provinz Schukian correspondirte, was etwas ganz Unerhörtes war, mit den Engländern wie mit seines Gleichen und nannte sie die ehrenwerthen Offiziere der großen fremden Nation. Admiral Elliot segelte nach Ankunft eines von ihm erwarteten Kriegsschiffes weiter nördlich und kam am 9. August mit fünf Fregatten und einem Dampfschiffe vor der Mündung des Flusses Peiho, an welchem Peking liegt, an, Capitain Elliot aber begab sich auf dem Dampfschiffe mit sämmtlichen Booten, welche bemannt und bewaffnet waren, in die Mündung des Flusses. Aus den die Einfahrt beherrschenden Forts kam ihnen ein Mandarinenboot entgegen und nahm ein Schreiben des Admirals in Empfang, das sogleich nach Peking befördert wurde. Zur Antwort hatte der Admiral sechs Tage Frist bewilligt; nach Verlauf derselben verlangte der Kaiser noch zehn Tage Bedenkzeit, die gleichfalls gewährt wurden und während dessen sich die Flottille zu den Inseln im Golf von Petscheli begab, in den der Peiho mündet. Am 27. kehrte sie zum Flusse zurück; die erwartete Antwort der chinesischen Regierung traf ein und am 30. Aug. hatte Capitain Elliot eine Unterredung mit dem Vicekönige Keschan (Kescher?) als kaiserlichem Commissar, einem Mandarin erster Classe mit rothem Knopfe, welcher dem Range nach der dritte Mann im Reiche sein soll. Die Unterhandlung dauerte bis zum 14. Sept., ohne ein entscheidendes Resultat zu geben; die Fortsetzung derselben sollte in Kanton stattfinden, angeblich damit Lin Gelegenheit habe, sich zu rechtfertigen; in der That aber mochte es den Chinesen wol nur darum zu thun sein, Zeit zu gewinnen. Übrigens erklärte sich der chinesische Commissar im Namen des Kaisers geneigt, Lin auf eine den Engländern genehme Weise zu bestrafen, ja sogar auszuliefern, wenn die Engländer es verlangen sollten, und versicherte, daß der Kaiser von dem Verfahren Lin's keine Kenntniß gehabt habe, was indessen schwerlich gegründet war. Die chinesischen Schreiben waren gegen die Gewohnheit sehr höflich und enthielten keins der sonst üblichen beleidigenden Beiwörter zur Bezeichnung der Fremden. Dem Vernehmen nach wurde vom Kaiser versprochen, als Schadenersatz für das in Kanton vernichtete Opium zwei Mill. Pf. St. und für die Kriegskosten der Expedition eine Million Pf. St. an die Engländer zu bezahlen. Ferner will man wissen, Elliot habe dem Kaiser einen Vertrag von 26 Artikeln vorgelegt, von denen dieser 16 angenommen und 10 verworfen habe. Die Hauptbedingungen der englischen Regierung sollen folgende sein: 1) eine Ehrenerklärung für die den britischen Unterthanen zugefügten Beleidigungen und Unbilden; 2) Bezahlung des ausgelieferten und vernich-

*) Vgl. den Artikel in Nr. 375.

teten Opiums; 3) freier Handel mit mehren chinesischen Hafenplätzen außer Kanton, wogegen die Insel Tschusan wieder herausgegeben werden soll.

Um die Mitte Septembers verließ Admiral Elliot mit seinem Geschwader den Meerbusen von Petscheli und kehrte nach der Insel Tschusan zurück; als die wahre Ursache seiner schnellen Abfahrt wird angegeben, daß die Periode herannahte, wo die südöstlichen Winde zu wehen beginnen, und bei südöstlichen Winden das Wasser in jener Bai so seicht wird, daß selbst flache Fahrzeuge auf den Grund gerathen. Auf der Insel Tschusan, deren Klima sehr ungesund ist, waren inzwischen die englischen Truppen sehr decimirt worden; im Durchschnitte starben täglich 10 Mann an Fieber und Dysenterie und von 3650 Mann waren am 24. nur noch 2036 dienstfähig. Im September war es bei Macao zum Kampfe zwischen den Engländern und Chinesen gekommen. Lin's Absicht schien zu sein, alle in Macao befindlichen Engländer aufzuheben; einer von ihnen, ein an der englischen Kapelle in Macao angestellter Geistlicher, war beim Baden im Meere gefangen genommen und nach Kanton (beiläufig 15 Meilen von Macao entfernt) geführt worden. Dies bewog die Engländer, am 19. Sept. auf der chinesischen Seite der Barre von Macao 380 Mann ans Land zu setzen, die nach mehrstündiger Beschießung ein Fort eroberten und in die Luft sprengten, das Lager der Chinesen verbrannten und sich dann wieder einschifften. Von Seiten der Chinesen waren 2000 Mann im Gefechte, von denen 50—60 auf dem Platze blieben; die Engländer hatten keinen einzigen Todten. Am 4. Oct. wurde in Macao ein am 19. Sept. in Kanton angekommenes kaiserliches Edict veröffentlicht, worin bekannt gemacht wurde, daß den Engländern gestattet worden sei, nach Kanton zu kommen und dort ihre Beschwerden bei dem ernannten kaiserlichen Abgesandten anzubringen, und daß die Feindseligkeiten, die ganze Küste entlang, auf beiden Seiten aufhören sollten; wenn daher eins oder mehre der englischen Schiffe in der See ankern sollten, so brauche nicht auf sie gefeuert zu werden. Bereits am 27. Sept. hatte Lin von dem kaiserlichen Hofe zu Peking in mit dem karmoisinrothen Pinsel geschriebenes Absetzungsdecret erhalten, worin ihm Mangel an Strenge gegen die eingeborenen Verräther zum Vorwurfe gemacht wurde. Nach dem im Decret enthaltenen Befehle war Lin schon auf dem Wege nach Peking (in gerader Linie 250 Meilen von Kanton), um sich verhören zu lassen, als ihn der kaiserliche Befehl erreichte, nach Kanton umzukehren und dort die Ankunft des zur Unterhandlung mit Elliot ernannten kaiserlichen Bevollmächtigten zu erwarten. Die Expeditionsflotte zählt jetzt ohne die Dampfboote 18 Segel, wozu noch zwei Kriegsschiffe aus den südamerikanischen Gewässern erwartet werden. Admiral Elliot sollte um die Mitte November in Kanton eintreffen; der kaiserliche Commissar erst gegen Ende dieses Monats, da ihm, wie es heißt, eine Frist von 60 Tagen zur Reise bewilligt worden ist. Zur Erklärung des langen Verweilens des Admirals Elliot in Tschusan wird angeführt, daß er die Rückkehr des Capitains Elliot abwarten wollte, welcher mit einem Dampfboote, dem ein Linienschiff und mehre andere Fahrzeuge folgen sollten, nach Ningpo abgegangen war, um die Freilassung der daselbst gefangen gehaltenen Engländer (außer dem gedachten Geistlichen war noch ein englischer Offizier in die Hände der Chinesen gefallen, die ihn auf der Insel Tschusan aufgehoben hatten; mehre andere Offiziere, überhaupt aber 20

Europäer waren in Folge des Scheiterns eines Proviantschiffes an der Küste in chinesische Gefangenschaft gerathen) nöthigenfalls mit Gewalt zu bewirken; die dortigen chinesischen Behörden erklärten aber mit Bestimmtheit, daß sie dieselben nur gegen Herausgabe der Insel Tschusan freilassen würden. Statt der letztern soll die chinesische Regierung den Engländern die in der Nähe von Macao liegende Insel Lantao oder Typa zur bleibenden Ansiedelung angeboten haben. Übrigens ist, wie es scheint, dem Admiral, dem man die geringe Energie seiner Operationen vielfach zum Vorwurfe gemacht hat, ein möglichst schonendes und mildes Verfahren durch seine Instructionen vorgeschrieben, weshalb er auch in seinen Proclamationen an die Chinesen wiederholt erklärt hat, daß sich England mit dem chinesischen Volke durchaus nicht im Kriege befinde und einen freundschaftlichen Verkehr zu unterhalten wünsche. Abneigung gegen ihre Regierung haben übrigens die Chinesen nirgend kundgegeben und die Engländer haben sich daher verrechnet, als sie auf den Beistand der in China angeblich bestehenden geheimen Verbindungen rechneten.

Der neuernannte chinesische Commissar Keschan soll einen großen Einfluß bei seinem Hofe haben und ein sehr thätiger Beamter sein. Im J. 1839 reichte er dem Kaiser eine lange Denkschrift ein, worin er vorschlug, allen Verkehr mit dem Auslande für einige Zeit aufzuheben, um der Bevölkerung den Genuß des Opiums abzugewöhnen, und an der Küste behufs ihrer Sperrung eine Festungskette anzulegen. Nach seiner Ansicht sind die Ausländer ganz von China abhängig und würden nach Erschöpfung ihrer Vorräthe von Thee und Rhabarber in der demüthigsten Sprache um Wiederanknüpfung des Handels bitten; dann würden sie den Thee und Rhabarber mit Gold und Silber bezahlen, statt daß sie jetzt das Land mit Opium überschwemmen und Silber aus China ausführen. „Die Ausländer", so heißt es in jener Denkschrift, „leben Tag für Tag von Rind- und Hammelfleisch und genießen täglich nach dem Essen jene göttliche Arznei, Thee und Rhabarber, um ihre Eingeweide in Bewegung zu setzen."

Was den abgesetzten Commissar Lin betrifft, so scheint dieser nichts gethan, als gewissenhaft die von Peking erhaltenen Befehle befolgt zu haben, und es scheint nicht, als könne ihm, wie es anfangs hieß, habsüchtige Geldpressung vorgeworfen werden; alle Geldstrafen und angeordneten Confiscationen soll er ehrlich zum öffentlichen Besten verwandt haben. Seine Absetzung wird daher auch allgemein als eine nur scheinbare betrachtet.

Über die Widerstandsmittel der Chinesen verlautet, daß in der letzten Zeit große Heeresmassen aus dem Innern in den chinesischen Küstenprovinzen angekommen sind; an den Ufern der schiffbaren Flüsse, welche durch Versenkung schwerbeladener Jonken für die Schiffahrt augenblicklich unbrauchbar gemacht werden können und zum Theil bereits gemacht worden sind, sowie an der Seeküste werden zahlreiche Batterien errichtet. An großem Geschütz ist übrigens in China Mangel, weshalb einigen nordamerikanischen Schiffern und Kaufleuten, die mit ihren Fahrzeugen unbemerkt zwischen dem britischen Blockadegeschwader hindurch nach Kanton gesegelt waren, die Lieferung einer bedeutenden Anzahl Kanonen von schwerem Kaliber aufgetragen worden sein soll.

————

Marie Lafarge.

Einer der merkwürdigsten Criminalfälle der neuern Zeit ist ohne Zweifel der so berühmt gewordene Proceß der Französin Lafarge, welcher zwar bereits in den meisten öffentlichen Blättern die Runde gemacht hat, dessen kurzgefaßte Mittheilung in unsern Blättern aber auch jetzt noch nicht zu spät kommen dürfte.

Die junge Witwe des Eisenwerkbesitzers Charles Pouch Lafarge in Glandier, Namens Marie, geborene Cappelle, Nichte des Directors der französischen Bank, Garat, erschien vor den Assisen zu Brives (einer der gewerbthätigsten Städte im französischen Departement Corrèze), angeklagt, einen Diamantschmuck entwendet zu haben, der ihrer vertrauten Freundin, der Vicomtesse de Leautaud, gehörte, bei welcher sie sich, als sie noch unverheirathet war, einige Wochen zu Busagny aufgehalten hatte. Man kann sich wol denken, daß eine so hochstehende Dame, wie die Letztgenannte, sich zur Anklage erst entschließen konnte, nachdem sie die frühere Freundin als ihres fernern Umgangs unwürdig erkannt hatte und ihrer Schuld gewiß geworden war. Da der Schmuck im Zimmer der Angeklagten gefunden wurde, so bedurfte es ihrer seltenen Verschmitztheit, Erfindungskraft, Menschenkenntniß und Combinationsgabe, um ein sehr verwickeltes System der Vertheidigung aufzustellen und die Entscheidung so lange zu verzögern. Natürlich machte der Proceß großes Aufsehen; die Angeklagte war von guter Herkunft, mit sehr angesehenen Familien der Hauptstadt verwandt, und flößte außerdem durch ihre Jugend und ihre angenehme Persönlichkeit Interesse ein; daher war es nicht zu verwundern, daß sich die Menge mit großer Begierde zu den Gerichtssitzungen drängte, fast zum größten Theile aus Damen bestehend, die ihrer gewählten Kleidung nach den ersten Ständen angehörten. Aber bald trat das Interesse dieses Processes, der aller Winkelzüge der verschmitzten Angeklagten ungeachtet mit ihrer Verurtheilung zu zweijähriger Gefängnißstrafe endigte, in den Hintergrund vor einer ungleich schwerern Anklage, die gegen sie erhoben wurde: sie wurde nämlich keines geringern Verbrechens beschuldigt, als ihren Gatten vergiftet zu haben, der nach kurzer Dauer der Ehe unter Symptomen gestorben war, die mit höchster Wahrscheinlichkeit auf Vergiftung schließen ließen, worauf auch die plötzliche Veränderung seines Körpers und der Gesichtszüge nach dem Tode deutete.

Marie Lafarge, aus Paris gebürtig und nicht viel über 20 Jahre alt, hatte eine sehr sorgfältige Erziehung genossen und galt für vollendet in allen Talenten, welche das Leben verschönern und in der Gesellschaft empfehlen; in der Musik (dem Pianospiele) hatte sie eine ungewöhnliche Fertigkeit erlangt und wußte mit gleicher Gewandtheit das Roß und die Feder zu lenken. Wie schlecht es aber um die Bildung ihres Herzens gestanden habe, ging aus einem Briefe hervor, den sie unmittelbar nach ihrer Heirath an ihren Gatten schrieb, in welchem sie sofortige Lösung des ehelichen Bandes verlangte, den Vorsatz der Untreue unumwunden aussprach und für gewisse Fälle mit Selbstmord oder mit Flucht nach Smyrna drohte, was sie jedoch nicht hinderte, bald nachher dem bethörten Gatten, dem es mit Hülfe ihrer Familie gelungen war, sie zum Bleiben in seinem Hause und zur Fortsetzung der kaum begonnenen Ehe zu bestimmen, die liebevollste Gesinnung zu heucheln. Freilich mußte ihr das Leben in seinem ärmlichen und einsamen Landhause gegen ihr bisheriges Leben in Paris sehr langweilig erscheinen, und hinsichtlich seines Vermögens hatte sie sich stark verrechnet. Um ihn aber zu bewegen, ein für sie günstiges Testament zu machen, stellte sie sich krank und machte zum Schein ihr eigenes. Als er sich später auf kurze Zeit in Paris befand, übersandte sie ihm als Beweis ihrer Liebe unter auffallenden Umständen einen Kuchen, von dem ihm schon ein kleiner Bissen das heftigste Erbrechen erregte, was die Leute des Gasthofes bewog, den Rest des Kuchens als verdächtig wegzuwerfen. Als nun Lafarge nicht lange nachher in seinem Wohnorte Glandier nach längerer Krankheit unter den angegebenen höchst bedenklichen und verdächtigen Umständen gestorben war, die kein Geheimniß bleiben konnten, wurde die Anstellung einer Criminaluntersuchung nöthig und die Instruction des Processes ergab bald, daß auf seiner Gattin der dringende Verdacht des Gattenmordes lastete.

Dem Gerichtshofe zu Tulle (der Hauptstadt des obengenannten Departements) lag die Untersuchung der Sache ob. Als die Debatten vor den Assisen begannen, strömten die Zuhörer zu Fuß, zu Pferd und zu Wagen aus allen Gegenden (zum Theil sogar aus England) herbei; in ganz Frankreich, besonders in der Hauptstadt, bemächtigte sich dieser Gegenstand der Unterhaltung ausschließlich. Die Debatten stellten fest, daß die Angeklagte an verschiedenen Orten Arsenik in großen Quantitäten gekauft habe, angeblich zur Vertilgung von Ratten bestimmt, wiewol in dem von Lafarge bewohnten Hause nach der Aussage seiner Mutter, die es 32 Jahre lang bewohnt hatte, gar keine zu spüren waren, und daß sie ihrem krank darniederliegenden Gatten in seinen Trank ein weißes Pulver geschüttet habe; ihrer Angabe, daß dieses Pulver ein aus arabischem Gummi bestehendes Mittel sei, dessen sie sich selbst bei katarrhalischen Unpäßlichkeiten öfter bedient habe, war um so weniger Glauben beizumessen, weil sie nie zuvor Jemand etwas von einem solchen Mittel gesagt, noch weniger Jemand es bei ihr gesehen hatte. Überdies erklärten Sachverständige, in den Überresten der von Lafarge genommenen Mittel Arseniktheile gefunden zu haben. Die Hauptfrage war natürlich die: war Lafarge wirklich an Gift gestorben? Eine Untersuchung seines zehn Monate nach dem Tode ausgegrabenen Leichnams hatte in dieser Hinsicht zu keinem völlig zweifellosen Resultate geführt; noch zuletzt hatten mehre herbeigerufene geschickte Chemiker erklärt, keine Spur von Gift finden zu können. Da berief der Gerichtshof den berühmten Arzt und Lehrer der Heilkunde, Orfila, aus Paris nach Tulle. Dieser unterwarf nochmals die innern Theile des Leichnams, insbesondere den Magen, einer sehr sorgfältigen und umständlichen Prüfung, und zwar im Locale der Gerichtssitzungen selbst, ohne daß die dadurch verbreiteten pestilentialischen Gerüche die neugierige Menge zu verscheuchen vermocht hätten. Das Resultat, dem mit unglaublicher Spannung entgegengesehen wurde, war seine bestimmte Erklärung, daß der Körper allerdings Arsenik enthalte, und diese gab den Ausschlag. Die Angeklagte, welche zum Geständnisse auf keine Weise zu bringen war, wurde aller von ihren Vertheidigern angewandten Mühe ungeachtet von den Geschworenen für schuldig erklärt und die Strafhandlung lautete auf lebenslängliche Zwangsarbeit, ein Spruch, der in höchster Instanz von dem Cassationshofe bestätigt wurde. Die damit verbundene öffentliche Ausstellung hat die königliche Gnade der Verurtheilten erlassen.

Ob das gefällte Urtheil gerecht zu nennen sei, ist vielfach bezweifelt worden, und es hat nicht an zahlreichen Vertheidigern der Angeklagten gefehlt, die in ihr nichts als ein unschuldiges Opfer sahen. Wer dem Gange der Untersuchung nur mit einiger Aufmerksamkeit gefolgt ist, kann dieser Meinung gewiß nicht beistimmen. Gegen die Form des geführten Beweises der Schuld läßt sich freilich Manches einwenden und es ist sehr möglich, daß von einem oder dem andern deutschen Gerichtshofe in denjenigen Ländern, wo es keine Geschworenengerichte gibt, die Angeklagte freigesprochen worden wäre; aber gewiß wäre dies nur in Ermangelung hinreichender und unzweideutiger Beweise geschehen. Die Richter aber würden gewiß in Deutschland ebenso gut wie die Geschworenen in Frankreich aus dem Gange der Untersuchung die moralische Überzeugung gewonnen haben, daß Marie Lafarge nicht nur eine abgefeimte Intriguantin, sondern auch des angeschuldigten Verbrechens der Giftmischerei und des Gattenmordes schuldig sei.

Aufbau der Häuser vermittels Dampf.

Hr. Jobard von Brüssel, bekannt durch seine industriellen Kenntnisse, erzählt aus einer neuerlich nach England gemachten Reise Folgendes: „Nahe am Hafen von Liverpool erhebt sich gegenwärtig ein ungeheures Gebäude aus Quadersteinen. Es ist zum Zollhause bestimmt. Da ich keine Arbeiter sah, fragte ich, weshalb man nicht arbeite, man erwiderte mir aber, daß allerdings gearbeitet werde und alle Arbeiter anwesend seien; einer stand oben auf der Mauer, ein anderer unten an einem Krahn und der dritte hielt den Hahn einer Dampfmaschine, und diese drei Leute thaten so viel als 300 Maurer, welche Backsteine legten. Steine von 4000 Pfund Gewicht wurden in die zweite Etage hinaufgehoben an die Mauer, wo der Arbeiter sich befand; dieser empfing, handhabte sie ohne Anstrengung, und auf ein gegebenes Zeichen wurden sie an ihren gehörigen Platz hingesetzt. Man baute in der That vermittels des Dampfes. Man hatte damit angefangen, den Bauplatz mit einer Eisenbahn von einer einzigen Schiene zu umgeben, und auf derselben einen ungeheuern Krahn von 200 Fuß Höhe aufgestellt; dieser Krahn überragt das Gebäude, und ungeheure in großer Entfernung befestigte Taue halten ihn aufrecht. Er hat dreierlei Bewegungen, nach rechts und links, gerade vorwärts und aufwärts. Nichts läßt sich mit der Genauigkeit und der Folgsamkeit dieser vom Dampfe getriebenen Maschine vergleichen, die nach dem Commando die schwersten Lasten hebt und senkt bis auf eine Linie Unterschied. Die ersten Vorbereitungen, um mit Dampf zu bauen, sind etwas kostspielig, aber im Ganzen beträgt der Vortheil am Tagelohn 50 Procent.‟

Kampf gegen die Heuschrecken.

Der Reisende Spencer theilt über die ungeheuern Züge, in welchen die Heuschrecken manche Gegenden verheerend überfallen, in seinen „Reisen durch Circassien, die Krim, Tatarei u. s. w.‟ Folgendes mit: „Die erstaunenswerthen Berichte der Tataren über die Heuschreckenschwärme, welche nicht selten diese Länder verheeren, fand ich in Eupatoria bestätigt; Alles war im eigentlichen Sinne des Wortes davon bedeckt, zugleich aber auch die Luft damit angefüllt, dann erhoben sie sich zu einer unermeßlichen Höhe und verdunkelten das Licht der Sonne. Das Geräusch, welches sie machen, wenn sie sich von dem Boden erheben, ist nur mit dem Brüllen der vom Sturme bewegten See zu vergleichen. Der Schwarm, den ich sah, war von der Art Gryllus migratorius (Wandergrille), von den Tataren Tschigerka genannt, eine Art, welche durch die rothe Farbe ihrer Beine und Flügel sich auszeichnet, sodaß sie, wenn die Sonnenstrahlen quer darauf fielen, einer ungeheuern Feuerwolke glichen. Sie ließen sich indessen nicht auf der Steppe der Krim nieder, wahrscheinlich weil der Anblick der verbrannten Wüsten ihnen nicht behagte, sondern setzten ihren Flug nach Odessa fort. Dasselbe that ich auch; indeß die Flügel der Heuschrecken waren, wie leicht zu begreifen, schneller als unser Dampfschiff. Als wir nach einer kurzen Fahrt in Odessa ankamen, trafen wir die Einwohner in einem äußerst hitzigen Kampfe gegen die unbarmherzigen Feinde aller Vegetation: alle lärmmachende Geräthe, von der Pistole bis zum Mörser, von der Trommel bis zur zinnernen Casserole, rasselten donnerähnlich in den Händen der besorgten Einwohner, die ihre kleinen Gärten und Alleen tapfer vertheidigten, während die Heuschrecken, nicht minder tapfer, von dem üppigen Mahle Besitz zu nehmen suchten. Die ganze Scene bot einen ungemein komischen Anblick dar, und ein Fremder, dem der Zweck dieses ganzen Lärmens unbekannt war, hätte wol die Bevölkerung für närrisch halten mögen. Doch hatte dieses Verfahren den beabsichtigten Erfolg: die Heuschrecken, dadurch in Schrecken gesetzt, nahmen ihren Weg nach einem andern Gebiete, wo man sich ihrer Niederlassung nicht so hartnäckig widersetzte.‟

Seltsamer Proceß.

Vor kurzem verfiel ein Mann in Frankreich in Folge einer schweren Krankheit in einen todähnlichen Zustand und wurde für todt gehalten, weshalb seine Erben Anstalten zu einem Leichenbegängnisse machten und einen prächtigen Sarg bestellten. Der Todtgeglaubte erwachte wieder, erholte sich vollständig und weigerte sich, die Rechnung für die aufgewandten Kosten zu seiner Beerdigung zu bezahlen, worüber namentlich der Tischler nicht wenig aufgebracht war. Ihn und alle Andern verwies der Wiederauferstandene an die nur entfernt mit ihm verwandten Erben, welche die sämmtlichen Unkosten verursacht und den Sarg bestellt hatten. Die Sache wird vor Gericht kommen.

Französisches Deutsch.

Ein französisches Journal enthält wörtlich folgende Aufzählung mehrer deutschen Schriften:
Deutliche und grundliche anweisung, all sorten leder zu tackiren. — Vollstandiges Kandbuch der gaz beleuchtungs Kunst. — Die Kunst aus bronze colossale statuen zu giessen. — DJE geheimnisse der samtlichen zanch und schnubf Tabacks Fabrication. — Neberkalk and mortel. — DENKwurdigkeiten des fleckens Stolberg. — Neber dem gegenwartigen der Zucker fabrication etc.

Herausgegeben unter Verantwortlichkeit der Verlagshandlung F. A. Brockhaus in Leipzig.

Das Pfennig-Magazin

für

Verbreitung gemeinnütziger Kenntnisse.

419.]   Erscheint jeden Sonnabend.   [April 10, 1841.

Napoleon's Todtenfeier.

(Fortsetzung aus Nr. 418.)

Der Trauertempel bei Courbevoie.

Am 15. Dec. um 10 Uhr Morgens wurde der Sarg von den Matrosen der Belle-Poule bei Courbevoie ans Land gebracht und auf den Leichenwagen gestellt, der Tags zuvor in den vor dem Landungsplatze errichteten, mit Adlern, Palmen und einer dreifachen Reihe von Immortellenkränzen geschmückten griechischen Trauertempel von 42 Fuß Höhe geschafft worden war. Dieser Wagen war größer als derjenige, in welchem die Opfer der Julirevolution transportirt wurden, 33 Fuß hoch, 30 lang, 15 breit, und ruhte auf vier massiven vergoldeten Rädern. Er bestand aus fünf Theilen: 1) dem 25 Fuß langen, 6 Fuß hohen, mit Adlern, Lorberkränzen u. s. w. verzierten, unmittelbar auf den vier Rädern von antiker Form ruhenden Sockel, 2) dem Piedestal, das 18 Fuß lang, 7 Fuß hoch und von vier Waffenbündeln, sowie von Gold- und violetten Stoffen (Glasgeweben) mit dem Namenszuge und dem Wappen des Kaisers bedeckt war, 3) zwölf Statuen oder Karyatiden, ebenso viele Siege des Kaisers vorstellend, 4) dem von ihnen getragenen Schilde und 5) dem auf demselben stehenden Sarkophage, auf welchem auf einem kostbaren Kissen das Scepter, die Hand der Gerechtigkeit und die Kaiserkrone aus kostbaren Steinen lag. Die Statuen, Trophäen und alle Zierathen waren vergoldet. Am hintersten Ende des Wagens waren auf einer Trophäe von Fahnen, Palmen und Lorbern die Hauptsiege Napoleon's verzeichnet. Die ganze Höhe des Wagens betrug 31 Fuß, die Länge ebenso viel, die Breite 15 Fuß, das Gewicht 26,000 Pfund. Diesen kolossalen Wagen zogen 16 zu vieren gespannte schwarze Pferde mit Trauernetzen, ähnlich wie die Turnierpferde des Mittelalters angeschirrt und mit Schabracken von reichem Gold-

stoffe bedeckt, auf den Köpfen weiße Federbüsche; geführt wurden sie von 16 Lakaien in der Livrée des kaiserlichen Hauses.

Während eine Salve von 21 Kanonenschüssen abgefeuert wurde, setzte sich der Zug ½12 Uhr in Bewegung und begab sich zuerst stromabwärts bis zu der Brücke von Neuilly, Courbevoie gegenüber, welche er passirte und auf welcher eine 135 Fuß hohe mit Schiffsschnäbeln und Trophäen der kaiserlichen Marine decorirte Säule stand, sowie eine Statue der heiligen Jungfrau, Notre Dame de Grâce, vor welcher sich die Matrosen verneigten, um ihr für die glückliche Überfahrt zu danken. Er ging dann am rechten Seineufer stromaufwärts und verfolgte die gerade Linie bis zu der Place de la Concorde, wobei er unter dem Triumphbogen de l'Etoile passirte; von da bewegte er sich über den Pont de la Concorde, und nun stromabwärts über den Quai d'Orsay und die Esplanade der Invaliden nach seinem Bestimmungsorte. An mehren Punkten, an denen der Zug vorbeikam, namentlich auf dem Pont de la Concorde, außerdem auf der Esplanade oder dem freien Raume, der das Invalidenhaus von der Seine trennt, waren kolossale Statuen und Candelaber von Gyps aufgestellt, und zwar standen 41 Statuen auf der Esplanade, worunter auf der rechten Seite Clodwig, Karl Martell, die Jungfrau von Orleans, Bayard, Turenne, Latour d'Auvergne, Kellermann, Ney, Jourdan, Marschall Lobau, auf der linken Karl der Große, Hugo Capet, Franz I., Heinrich IV., Condé, Vauban, Desaix, Kleber, Lannes, Masséna, Mortier, Macdonald; auf der Brücke standen die Bildsäulen der Gerechtigkeit, Klugheit, Stärke, des Krieges, Handels, Ackerbaus, der Beredtsamkeit,

der schönen Künste; auf der Treppe der Deputirten=
kammer die kolossale und vergoldete Statue der Unsterb=
lichkeit. Auf den Candelabern ruhte ein vergoldeter kai=
serlicher Adler. In den elyseischen Feldern, vom Re=
volutionsplatze bis an den Triumphbogen, standen gleich=
falls hohe Säulen, mit dem Adler und Schilden ver=
ziert, deren jedes den Namen einer der Hauptschlachten

des Kaisers trug. In den Zwischenräumen dieser Säu=
len standen auf viereckigen Fußgestellen Siegesgöttinnen,
die dem vorüberziehenden todten Kaiser den Kranz der
Unsterblichkeit darreichten. Der Triumphbogen de l'Etoile,
dessen Grundstein der Kaiser selbst im J. 1810 gelegt
hatte, war vom Gipfel bis zum Grunde mit Guir=
landen von Immortellenkränzen geziert und um ihn

Der Leichenwagen.

flatterten zwölf ungeheure Fahnen; die obersten Bas=
reliefs, welche die Apotheose Napoleon's vorstellten, tru=
gen Waffentrophäen; in jeder Ecke der Plateform
stand ein Dreifuß, in welchem farbiges Feuer brannte.
Unter der Wölbung dieses großartigen Monuments hielt
der Trauerwagen einige Minuten. Am Quai der In=
validen, dem Dom gegenüber, stand eine kolossale bron=
zirte Reiterstatue des Kaisers im Kaiserornat.

Daß schon am frühen Morgen trotz einer Kälte
von sieben Grad und eines schneidenden Ostwindes ganz
Paris auf den Beinen war und viele Tausende von
Zuschauern den Orten zuströmten, an denen der Zug
vorbeikommen sollte, versteht sich von selbst, sowie daß
alle Fenster, von denen aus der Zug zu sehen war, mit
Zuschauern dicht besetzt waren, von denen nicht wenige
ihren Platz theuer genug hatten bezahlen müssen (das
kleinste Fensterchen in einer hohen Etage wurde mit 50,
ein Fenster in der ersten oder zweiten Etage mit 100
—200 Francs bezahlt; ja ein Speculant miethete ei=
nen Balcon für 3000 und ein noch nicht bewohntes
Haus für 5000 Francs). Besonders in den elysei=

schen Feldern und auf dem Wege nach Courbevoie war
eine ungeheure Menschenmenge versammelt. An vielen
Orten waren Schaugerüste errichtet; so im Garten der
Deputirtenkammer (für die Deputirten und ihre Fami=
lien) und auf beiden Seiten des nach dem Invaliden=
hause führenden Fahrwegs; die Tribunen zu beiden Sei=
ten der Esplanade faßten allein 36,000 Zuschauer.

Auf dem ganzen Wege, von der Brücke von Neuilly
an, wurde von der Nationalgarde und den Linientrup=
pen, deren Offiziere und Fahnen Flöre trugen, Spalier
gebildet, und in Augenblicke, wo der Leichenwagen vor=
beikam, wurden die üblichen militairischen Ehren erwie=
sen. Während der Dauer des Zugs wurde von Minute
zu Minute ein Kanonenschuß abgefeuert und von einem
zahlreichen, aus etwa 200 Musikern bestehenden Musik=
corps wurden Symphonien und Leichenmärsche (von Ha=
lévy, Adam und Auber für diese Feierlichkeit componirt)
ausgeführt. Der Zug selbst wurde von der Gendarmerie
und der reitenden Municipalgarde eröffnet und alle
Heerestheile waren darin vertreten; auch die Militair=
schule von St.=Cyr, die polytechnische Schule und die

Die Decoration des Triumphbogens de l'Etoile.

Generalstabsschule nahmen daran Theil; 86 Unteroffiziere zu Pferd von verschiedenen Waffengattungen trugen die Fahnen der verschiedenen Departements, zu denen noch die Fahne Algeriens kam, die neben der corsicanischen getragen wurde; die Geistlichkeit repräsentirte nur der im Wagen fahrende Abbé Coquereau, der als Geistlicher an Bord der Belle-Poule nach St. Helena gefahren war. Auch des Kaisers Schlachtroß fehlte nicht, bedeckt mit einem violetten Flor mit goldenen Bienen, denselben Sattel, dasselbe Geschirr tragend, deren sich Napoleon als erster Consul bedient hatte. Den Leichenwagen selbst umgaben die vom Prinzen von Joinville angeführten, mit ihren Äxten bewaffneten, zwei lange Reihen bildenden 500 Matrosen der Belle-Poule in ernster, schmuckloser Kleidung; die vier Ehrenschnüre des kaiserlichen Leichentuchs hielten zwei Marschälle, Oudinot, Herzog von Reggio, und Graf Molitor, außerdem Admiral Roussin und der Generallieutenant Bertrand. Daß die ehemaligen Adjutanten und Beamten Napoleon's (unter ihnen General Graf von Ornano mit seinem Sohne und der Herzog von Padua mit seinem Sohne, dem Marquis von Arrighi, nahe Verwandte des Kaisers) und die ehemaligen Soldaten der kaiserlichen Garde, so viel davon noch am Leben waren, im Zuge nicht fehlten, versteht sich von selbst; unter den letztern waren auch fünf alte Mamluken. Zunächst hinter den Soldaten der Garde schritten die polnischen Generale Sierawski, Bem, Rybinski, Dwernicki, Skarzynski, Sznayda, Soltyk, Gawrenski und Dembinski, von vielen Offizieren in polnischer Uniform begleitet; im Ganzen über 100 Polen. Zahlreiche Abtheilungen von Reiterei, Artillerie und Fußvolk bildeten den Schluß des langen und glänzenden Leichenzugs, an welchen sich auch die Nationalgarden und Linientruppen, nachdem sie zu beiden Seiten Spalier gebildet, anschlossen.

(Der Beschluß folgt in Nr. 420.)

Die versteinernde Quelle. *)

Die Quelle bei Pambuk Kalessi (d. h. Baumwollencastell), welche einige Tagereisen von Smyrna, auf einem Vorsprunge einer der mittlern Taurusketten, an dessen Fuße der Mäander mit seinem Zuflusse Gallus vorbeifließt, nicht weit von den Ruinen des alten Hierapolis aus einem Teiche entspringt, übertrifft durch ihren Wasserreichthum, ihren malerischen Fall und das hohe Alter ihrer versteinernden Kraft die meisten Quellen ähnlicher Art beiweitem. Unweit des Ursprungs theilt sie sich in vier Arme, die sich in vielen Zweigen über die ganze Fläche des Plateau verbreiten und theils zur Befruchtung von Gärten und Feldern dienen, theils in dem nahen türkischen Dorfe zum Baden und anderm Hausgebrauch benutzt werden. Die meiste Wassermenge stürzt sich mitten durch ihre selbstgebildeten Gruppen von Steingebilden in wildem, schäumendem Falle in die Tiefe des Thales. Über den dunkeln Grotten, aus denen der Strom, von unten gesehen, hervorzukommen scheint, wölben sich kolossale Gruppen schneeweißer Stalaktitenbildungen von wolligem Ansehen, die der Gegend ein höchst phantastisches Ansehen geben. Aus der Natur dieser Quelle erklärt sich manche Sage des Alterthums über Ströme, die sich selbst ihre Brücken bauen und ganze Städte versteinert haben sollen. Einen Fluß dieser Art findet man zwischen Erzerum und Trapezunt,

über welchen eine seitwärts herabstürzende Quelle eine solche Tuff- und Tropfsteinbrücke gebaut hat, bestehend aus einem großen Bogen, der mit Erde und Vegetation so bedeckt ist, daß man vom Wege aus die Bildung dieser Brücke kaum ahnet. Eine zweite Brücke weiter stromabwärts ist noch im Werden und hat erst die Mitte des Stroms erreicht. Kleinasien ist übrigens an dergleichen incrustirenden und heißen Quellen reich.

Über den Königsstuhl von Rhense. *)

Die Kunde, daß in Koblenz eine Gesellschaft zusammengetreten ist, mit der Absicht, den alten Königsstuhl von Rhense neu zu bauen und durch solches Unternehmen der Mit- und Nachwelt ein Zeugniß deutscher Gesinnung aufzustellen, hat allgemeines Interesse erregt; es dürfte hier wol am Orte sein, über jenes merkwürdige Denkmal deutscher Vorzeit einige nähere Angaben, so weit es die vorhandenen Hülfsmittel verstatten, vorzulegen.

Das Städtchen Rhense, eine kurze Strecke oberhalb Koblenz am Rhein gelegen, war in alter Zeit der Ort, an welchem die Kurfürsten des Reiches sich zu den wichtigsten Berathungen, namentlich zu denen über die Wahl des römischen Königs (des nachmaligen Kaisers), versammelten. Rhense gehörte dem Kurfürsten von Köln; die drei andern rheinischen Kurfürsten, die von Mainz, Trier und von der Pfalz, hatten Besitzungen in solcher Nähe des Ortes, daß sie in ihrem Eigenthume die Trompete des Herolds, der sie zur Versammlung berief, vernehmen konnten. In einem Baumgarten vor der Stadt, aus hohen Nußbäumen bestehend, hielten sie ihre Berathungen; dort ward der Königsstuhl gebaut, eine hohe Tribune, auf welcher sie unter freiem Himmel und im Angesichte des Volkes zusammenkamen. Es war ein achtseitiger Bau etwas über 15 Fuß hoch und 23½ Fuß breit. Acht freistehende Pfeiler und eine Säule in der Mitte trugen das spitzbogige Gewölbe, über dem sich die Sitze der sieben Kurfürsten erhoben; diese nahmen sieben Seiten des Achtecks ein, während auf der achten eine Treppe emporführte. Das Bauwerk war ein Denkmal alter, national-deutscher Sitte. Unter freiem Himmel, unter Bäumen wurden in der Frühzeit der deutschen Geschichte die Versammlungen des Volkes gehalten; auf steinerner Bühne stand Derjenige, welcher zum Volke zu sprechen hatte. Hier aber erscheint die Bühne in der Form, welche die christliche Kunst, in den Ambonen der Kirche, als ein von Säulen oder Pfeilern getragenes Gerüst, ausgebildet hatte.

Die erste Erwähnung von den Versammlungen der Kurfürsten zu Rhense findet sich im Jahre 1308; indeß wird dabei ausdrücklich bemerkt, daß sie, was den genannten Ort anbetrifft, auf alter Sitte beruhten. Mehrfach wiederholen sich dieselben im Laufe des 14. Jahrhunderts; vornehmlich berühmt ist unter ihnen die Versammlung des Jahres 1338, welche den Kurverein von Rhense, die Freiheit der Wahl gegen fremdherrische Anmaßungen zu sichern, gründete. Doch wird dabei zumeist nur des „Baumgartens" bei Rhense, nicht aber des Königsstuhles gedacht. Ob eine Tribune ähnlicher Art vor dem Jahre 1376 vorhanden gewesen, ist nicht zu sagen; von diesem Jahre wird (ohne Zweifel auf den Grund urkundlicher Bestimmung) berichtet, daß damals Kaiser Karl IV. den Bau befohlen habe.

*) Vgl. Nr. 303.

*) Aus der „Preußischen Staatszeitung".

Dies ist dasselbe Jahr, in welchem die Kurfürsten ebendaselbst den Sohn des Kaisers, Wenzel, zum römischen Könige erwählt hatten. Vorzüglich bedeutsam erscheint der Königsstuhl im Jahre 1400, nachdem man Wenzel abgesetzt hatte; die Wahl Ruprecht's von der Pfalz war es, die nunmehr zu höchst feierlicher Benutzung der Tribune Anlaß gab; der neugewählte König selbst wurde dort dem versammelten Volke dargestellt und empfing, auf dem Königsstuhle stehend, die Huldigung. Später verschwindet allmälig die höhere Bedeutung des Ortes. Kaiser Maximilian I. ward nur vorübergehend, als er zur Krönung nach Aachen reiste, auf den Königsstuhl geführt; bei der Wahl Maximilian's II. gedachte man noch der altherkömmlichen Sitte, fand indeß ihre Befolgung nicht mehr für nöthig. So darf es nicht befremden, wenn die Sorge für die Erhaltung des Denkmals allmälig nachließ. Die Bürger von Rhense, denen Karl IV. den Bau aufgetragen, hatten für seine Erhaltung zu sorgen; dafür erfreuten sie sich mannichfacher Begünstigungen, die ihnen auch noch im Jahre 1521 bestätigt wurden. Hundert Jahre später aber war der Königsstuhl bereits so verfallen, daß man seinen Umsturz befürchtete; eine Erneuerung, die im Jahre 1624 stattfand, rettete ihn noch für die kommenden Generationen. Über seine fernern Schicksale, bis auf seinen Untergang, liegen keine nähern Angaben vor. Unter der französischen Herrschaft, im Anfange des gegenwärtigen Jahrhunderts, wurde er abgebrochen. Ein paar unbedeutende Denksteine unter hohen Nußbäumen, zur Seite der jetzigen Chaussee, bezeichnen die Stelle, wo er einst stand.

Über die künstlerische Ausbildung, in welcher der Königsstuhl erschien, haben wir leider keine nähere Kunde. Was oben von seiner Form gesagt wurde, gründet sich auf die Beschreibungen, die sich in ältern topographischen Schriften vorfinden; einige derselben enthalten rohe Abbildungen des Denkmals, doch ist aus den letztern auch nicht mehr zu entnehmen. In einem Gehöfte zu Rhense finden sich einige Theile der mittlern Säule, in einem andern sieben Capitälgesimse, in Kellerpfeiler vermauert, sowie auch einige sehr einfache Sockel; diese sollen von den Pfeilern des Königsstuhls herrühren und bei dessen Abbruch an ihre jetzige Stelle gebracht sein. Die genannten Stücke würden für den Neubau des Denkmals von großem Werthe sein, hätte ihre Form, namentlich die der erwähnten Capitälgesimse, nicht etwas sehr Befremdliches. Sie scheinen auf eine misverstandene Nachahmung der Antike zu deuten, als daß sie den ausgebildet gothischen Formen des 14. Jahrhunderts entsprächen. Sie könnten also, dem Entwickelungsgange der deutschen Baukunst gemäß, möglicher Weise an die ältere Bauperiode um das Jahr 1200 erinnern; da aber, dem Obigen zufolge, nicht anzunehmen ist, daß das Denkmal in so früher Zeit entstanden sei, so sieht man sich genöthigt, die genannten Baustücke einer spätern Zeit, und zwar jener Erneuerung des Jahres 1624 zuzuschreiben. Es ist somit auf sie bei der jetzigen Wiederherstellung — da man doch den alten Königsstuhl des 14. Jahrhunderts, und nicht dessen Restauration im 17., im Auge hat — nicht füglich Rücksicht zu nehmen, und dies um so weniger, als ihre Benutzung oder Nachbildung zugleich die Anwendung schwerer viereckiger Pfeiler und ungegliederter Bogen, die bekanntlich in den Formen der gothischen Architektur eine sehr unschöne Wirkung machen, mit sich führen würde.

Es ist nach alle Dem, wie es scheint, unmöglich, ein Facsimile des alten Denkmals aufzuführen, und es

wird die besondere Ausbildung des neuen — abgesehen von jenen allgemeinen Bestimmungen der Anlage — der künstlerischen Phantasie überlassen bleiben. Mancher könnte somit die Ansicht aufstellen, daß unter diesen Verhältnissen der Neubau überhaupt überflüssig sei. Das möchte indeß eine gar engherzige Meinung sein. Denn nicht um das Detail der Form handelt es sich hier, sondern um die Bedeutung, welche das Denkmal für seine Zeit hatte und welche die Erinnerung an dasselbe für unsere Zeit haben soll. Es war der Ort, der die Häupter Deutschlands zum gemeinsamen Thun vereinigte, der Ort, wo sie die höchsten Angelegenheiten des Vaterlandes beriethen, wo sie zur Einigung in sich und zur Kräftigung gegen die Anmaßungen fremdherrischer Gewalt heilsame Beschlüsse faßten; die Erneuerung des Denkmals aber soll auch uns ein Zeichen der Einigung, nach innen und gegen außen, sein. Für jetzt bleibt uns nur der Wunsch, daß diese Erneuerung in würdiger künstlerischer Gestalt — der höchsten künstlerischen Ausbildung gemäß, welche die gothische Baukunst im 14. Jahrhunderte erreicht hatte — geschehe, und daß hinlängliche Mittel zusammenfließen mögen, damit die zwiefache Bedeutung des Denkmals, für die Vergangenheit und für die Gegenwart, zugleich in lebendiger Bilderschrift könne ausgesprochen werden.

Strenge und gelinde Winter.

Der diesmalige so strenge Winter lenkt die Aufmerksamkeit ganz natürlich auf frühere Winter, welche dieselbe Eigenschaft besaßen. Seit dem Jahre 1500 werden folgende Jahre als solche genannt, die sich durch Winterkälte auszeichnen: 1507, 13, 22, 44, 48, 51, 64—65, 68, 70—71, 76, 79, 86, 93 —94; 1602—3, 8, 15, 21—22, 24, 32, 38, 47, 55—56, 57—58, 62—63, 66, 70, 76, 83 —84, 91, 95, 97, 99; 1702, 9, 16, 26, 29, 31, 40, 44, 54—55, 67, 71, 76, 84—85, 88 —89, 90, 99; 1800, 9, 12, 26—27, 29—30, 37—38.

Inwieweit die aus ältern Zeiten als streng bezeichneten Winter diese Benennung verdienen, läßt sich nur dann beurtheilen, wenn Thatsachen angeführt werden, die auf Intensität und Dauer der Kälte schließen lassen. Dahin gehören unter andern folgende. Im J. 401 war das schwarze Meer ganz mit Eis bedeckt, ebenso 763, wo dies sogar in einem Theile der Dardanellen der Fall war. In den Jahren 860 und 1234 erlaubte die Eisdecke auf dem adriatischen Meere die Waaren von Venedig über dieselbe nach der dalmatischen Küste zu schaffen. Im J. 1081 soll der Po gefroren gewesen sein, was selten vorkommt. In den Jahren 1261 und 1292 war das Kattegat zwischen Norwegen und Jütland mit Eis bedeckt; im J. 1323 reiste man auf dem Eise von Lübeck nach Preußen und Dänemark; auf dem Eise waren Herbergen zum Übernachten angelegt. Dasselbe war der Fall 1399, 1423 und 1460, in welchen man von Schweden nach Dänemark über das Eis ging; 1548 war die Eisdecke nicht vollständig, wol aber zwischen Rostock und Dänemark, sowie zwischen Fünen und Seeland. Im J. 1408 liefen die Wölfe von Norwegen nach Dänemark über das Eis. Im J. 1594 fror das Meer bei Venedig. Im Winter 1621—22 umschloß das Eis die Flotte bei Venedig, das schwarze Meer war mit Eis bedeckt und ein Theil der Dardanellen gefror. Im J. 1658 führte Karl X.

seine Armee über den kleinen Belt von Schleswig nach Dänemark und 1670 war sogar der große Belt gefroren. Allgemein bekannt wegen seines strengen Winters ist das Jahr 1709. In diesem war das Eis in der Ostsee so weit ausgedehnt, daß man das Ende von den höchsten Thürmen herab nicht sehen konnte, und auch das adriatische Meer soll ganz mit Eis bedeckt gewesen sein. Im J. 1726 ging man von Kopenhagen über das Eis nach Schonen; 1784—85 war der kleine Belt wieder gefroren. In dem so strengen Winter 1788—89, wo die heftige Kälte in Norddeutschland am 27. Nov. anfing und mit einer Unterbrechung von nur drei Tagen bis an das Ende des März fortdauerte, scheint gleichwol die Ostsee nicht zugefroren gewesen zu sein. Im Winter 1829—30 war der Bodensee zum ersten Male nach der Erinnerung der noch lebenden ältesten Menschen ganz zugefroren; in Spanien wußte man sich gegen die Kälte gar nicht zu schützen. In dem Winter 1837—38 fand zwischen Dänemark und Schweden eine mehrwöchentliche Communication auf dem Eise statt und die Ostsee war an vielen Stellen bis weit von der Küste mit Eis bedeckt, sodaß dieser Winter zu den kältesten gehört, die seit Jahrhunderten vorgekommen sind; auch gefror der laacher See bei Bonn zum ersten Male seit undenklicher Zeit.

Zu den auffallend gelinden Wintern gehören folgende: 1186, wo nach einer schwäbischen Chronik die Bäume im Januar blühten, die Äpfel im Februar die Größe von Haselnüssen erlangt hatten, im Mai geerntet und im August Weinlese gehalten wurde; 1289, wo nach einer würtembergischen Chronik um Weihnachten die Bäume grünten, im Februar reife Erdbeeren, im April blühende Trauben gefunden wurden, worauf im Mai Schnee und Kälte folgten; 1420, wo im März die Bäume ausschlugen, im April die Trauben blühten und um Pfingsten Ernte war u. s. w. Von 1421—29 waren stets gelinde Winter. Im Winter 1833—34 blühten im Januar die Mandelbäume.

Bemerkenswerth ist endlich, wie derselbe Winter in einem Theile der Erde streng, in einem andern dagegen sehr gelinde auftritt. Der im südwestlichen Europa ungewöhnlich strenge Winter 1829—30 war in Nordamerika sehr gelinde (in Boston war die mittlere Temperatur des December 5, des Januar fast 1, des Februar 2½ Grad über dem Eispunkte); das Gegentheil fand im Winter 1834—35 statt, der in Deutschland und dem größten Theile von Europa gelinde, in Nordamerika aber so streng war, daß am 4. und 5. Januar an vielen Orten unter 43—45 Grad nördlicher Breite 32 Grad Kälte (nach Réaumur) und in der südlichen Stadt Charlestown, unter 32¾ Grad Breite, 14 Grad Kälte beobachtet wurde. Noch auffallender war der Gegensatz im Winter 1821—22, der in ganz Deutschland und ebenso in Rußland sehr gelinde, dagegen in Südamerika ungewöhnlich kalt war. Der Winter 1835—36 war in Süddeutschland sehr gelinde, dagegen im europäischen Rußland sehr streng.

Die Republik Texas.

Seit einigen Jahren kommt der Name des Landes Texas in den Zeitungen sehr häufig vor; vielen unserer Leser wird es daher ohne Zweifel erwünscht sein, über diesen neugeschaffenen Staat, der unter allen amerikanischen der jüngste ist, sowie über seine Entstehung einigen Aufschluß zu erhalten.

Bis vor kurzem bildete Texas einen Theil der Republik Mexico, und zwar den nordöstlichsten Theil derselben, zwischen dem Nordflusse und Sabinaflusse, welcher im Norden und Osten an das Gebiet der Vereinigten Staaten (Arkansas und Luisiana), im Süden an den Meerbusen von Mexico, im Westen an Tamaulipas und Cohahuila grenzte und eine Provinz des zuletzt genannten Staates war. Außer den schon früher hier ansässigen 5—600 spanischen Familien haben sich in neuern Zeiten zahlreiche Auswanderer aus den Vereinigten Staaten hier niedergelassen, gegen welche der spanische Theil der Bevölkerung ganz verschwindet; ein Theil der letztern besteht in Eingeborenen, unter denen der tapfere Stamm der Comanchen der zahlreichste ist.

Der Besitz von Texas hat schon seit 1818 zu Streitigkeiten Anlaß gegeben. Im J. 1816 legten nämlich ausgewanderte Franzosen, zum Theil verbannte Anhänger Napoleon's, eine Colonie hier am Flusse Trinidad an, die sie den Namen Champ d'asyle beilegten; doch wurden sie 1818 durch spanische Truppen vertrieben und genöthigt, in dem nordamerikanischen Bundesstaate Alabama neue Wohnsitze aufzusuchen. In dem Vertrage, der 1819 zwischen den Vereinigten Staaten und Spanien über die Abtretung von Florida an erstere abgeschlossen wurde, wurde Texas förmlich als Theil von Mexico oder Neuspanien anerkannt. Um dieselbe Zeit machte ein gewisser James Long den Versuch, eine Republik Texas zu gründen, die aber nur kurzen Bestand hatte. Im J. 1823 gründete der Nordamerikaner Oberst Austin zwischen den Flüssen S.=Jacinto und Labasca eine Niederlassung, Namens Fredonia, wo später die von ihm benannte Stadt S.=Felipe de Austin angelegt wurde; ebenso wurden andere Districte andern Nordamerikanern zur Colonisation bewilligt.

Den in Mexico lange fortdauernden Bürgerkrieg benutzten die Bewohner von Texas, um sich unabhängig zu machen. Im J. 1834, als es dem General Santana gelungen war, den Bürgerkrieg auf einige Zeit zu beendigen und sich in den Besitz der höchsten Gewalt zu setzen, entstand ein Krieg zwischen den Mexicanern und den Texanern; die Letztern behaupteten, durch die Aufhebung der mexicanischen Bundesverfassung und die Einführung der neuen Centralverfassung sei die Verbindung der Provinz Texas mit Mexico gelöst worden. Aus den Vereinigten Staaten eilten zahlreiche Freiwillige herbei, um die Texaner im Kampfe mit den Mexicanern zu unterstützen; in Neuorleans, Neuyork und Boston traten zu diesem Zwecke Vereine zusammen, selbst im Congresse zu Washington sprachen sich mehre Stimmen für Anerkennung und Beschirmung der Unabhängigkeit der Texaner aus, doch entschied sich die Mehrheit des Congresses für Beobachtung der Neutralität und der Präsident Jackson ertheilte in diesem Sinne Befehle, die indeß nicht sehr genau vollzogen wurden. Die mexicanische Regierung führte daher bei der nordamerikanischen Beschwerde darüber, daß die Aufrührer von Texas von Luisiana aus unterstützt würden, und einige Zeit nachher wurde der mexicanische Gesandte, wegen angeblicher Verletzung des mexicanischen Gebiets durch die Vereinigten Staaten, aus Washington abberufen. Unterdessen rückte im J. 1835 ein kleines mexicanisches Heer unter General Cos in Texas ein und besetzte die Stadt S.=Antonio de Bexar, wurde aber in dieser eingeschlossen und mußte Anfang November 1835 capituliren. Nunmehr sprachen die Texaner ihre Unabhängigkeit und Trennung von Mexico feierlich aus und ernannten den General

Samuel Houston, ehemaligen Gouverneur des nordamerikanischen Bundesstaates Tennessee und Mitglied des Congresses, zum Oberbefehlshaber; eine zusammengetretene provisorische Regierung berief aber für den 1. März 1836 einen Congreß von 56 Abgeordneten zur Annahme einer permanenten Regierungsform ein. Im J. 1836 bereiteten die Mexicaner einen furchtbaren Einfall in Texas vor, während die Texaner, durch ihren Sieg und das Verschwinden des Feindes sicher gemacht, bei ihren Vertheidigungsanstalten nicht die nöthige Thätigkeit entfalteten; sie schickten indeß Bevollmächtigte in die Vereinigten Staaten, um Freiwillige zu werben und Geld zu sammeln. Mittlerweile nahmen die Wahlen zu dem allgemeinen Convente, der sich den 1. März in der kleinen Stadt Washington, dem damaligen Regierungssitze, versammeln sollte, und die Streitfrage über das Verhältniß zu Mexico die Aufmerksamkeit der Texaner so völlig in Anspruch, daß sie sich von den Mexicanern unter General Santana überraschen ließen. Dieser erschien im Januar 1836 mit etwa 7000 Mann in Texas, nahm am 6. März an der Spitze von 2—3000 Mann S.-Antonio de Bexar wieder ein und trieb dessen noch aus 140 Mann bestehende Besatzung in die Festung Alamo, die er nach zwölftägiger Belagerung mit Sturm nahm, wobei der ganze Überrest der tapfern Besatzung niedergemacht wurde. Noch weit blutiger war eine andere Episode des kurzen Kriegs. Der texanische Oberst Fannin, der 500 Mann befehligte, stieß bei der eben von ihm geräumten Stadt Goliad auf eine mexicanische Division unter General Urrea; nach blutigem Gefechte, das bis in die Nacht dauerte, schloß er eine ihm angebotene ehrenvolle Capitulation ab, nach welcher er und seine Mannschaft als Kriegsgefangene behandelt werden sollten. Die Texaner lieferten ihre Waffen ab, wurden aber am 17. März auf Befehl Santana's sämmtlich massacrirt, ihren bereits schwer verwundeten Anführer nicht ausgenommen. Diese Unfälle rissen die Texaner aus ihrer Lethargie und weckten ihr Nationalgefühl. Der Convent versammelte sich und beschloß am 26. März 1836 die Erklärung seiner völligen Unabhängigkeit; vergeblich ließ Santana den Texanern allgemeine Amnestie antragen, wenn sie die Waffen niederlegen und sich der mexicanischen Regierung unterwerfen wollten. Die texanische Armee unter Samuel Houston, nur 1400 Mann stark, aber voll Kampfbegier, stand damals am Flusse Colorado; Houston rückte mit ihr in die Nähe von Brazos, eroberte S.-Felipe de Austin und wandte sich gegen Donahues. Aus den Papieren eines aufgefangenen mexicanischen Couriers sah Houston, daß Santana in guter Zuversicht vorrücke, um die kleinen Städte Harrisburgh und New-Washington zu besetzen; schon hatte er die erste verbrannt und zog an der Spitze einer der drei Abtheilungen seiner Armee an den Ufern des S.-Jacinto vorwärts. Diese günstige Gelegenheit mußten die Texaner benutzen. Houston ging über den ihn von Santana trennenden Fluß und stellte sich am 19. April mit nur 800 Mann am rechten Ufer des Buffalo-Bayou unweit seines Einflusses in den San Jacinto auf. Am 20. erschien Santana mit der Vorhut von 1500 Mann und wurde durch eine unerwartete Salve empfangen. Am 21. wurde Santana durch 500 Mann unter General Cos verstärkt. Länger durfte Houston mit dem Angriffe nicht zögern; er ließ eine Brücke, über welche die Mexicaner fliehen konnten, zerstören und rückte vor. Unter dem Geschrei: „Denk' an Alamo!" griffen die Texaner mit dem Bayonnet an, schlugen die Mexicaner,

nachdem das Gefecht eine Stunde gedauert, in die Flucht und eroberten ihr Lager, ihre Fahnen, Equipagen, Vorräthe u. s. w. Die Mexicaner verloren (nach dem texanischen Berichte) 630 Todte, 208 Verwundete, 730 Gefangene, unter den letztern waren die Generale Santana und Cos; die Texaner hatten (wenn jenem Bericht zu trauen ist) nur 6 Todte und 23 Verwundete. Santana wurde erst am Tage nach der Schlacht, in einem Gebüsche versteckt, gefangen und sagte zu Houston: „Sie können sich schmeicheln, unter einem glücklichen Gestirne geboren zu sein; Sie haben den Napoleon des Westens überwunden." Das noch im Felde stehende mexicanische Armeecorps unter den Generalen Urrea und Filisola zählte noch fast 5000 Mann und war demnach den Texanern weit überlegen; Santana aber, dem an der Wiedererlangung seiner Freiheit mehr als an dem Erfolge der mexicanischen Waffen gelegen war, befahl jenen Generalen, Texas zu räumen, was sie auch thaten, und schloß mit den Texanern einen Vertrag, in dem er sich anheischig machte, nach seiner Freilassung die Waffen nicht wieder gegen Texas zu ergreifen und allen seinen Einfluß anzuwenden, damit der Krieg nicht wieder erneuert und die Unabhängigkeit der Texaner von dem mexicanischen Congresse anerkannt würde. Kurz nachher (am 27. Nov. 1830) erhielt er wirklich seine Freiheit und kehrte nach Mexico zurück. Houston, der Sieger von S.-Jacinto, wurde im Sept. 1836 zum Präsidenten der texanischen Republik für 1837, General Lamar aber, der an Houston's Stelle den Oberbefehl der Armee übernommen hatte, zum Vicepräsidenten erwählt, worauf sich der außerordentliche Congreß am 8. October in Columbia versammelte und am 17. März 1837 eine Constitution votirte. Der neue Staat wurde sehr bald als souverän von der Regierung der Vereinigten Staaten anerkannt und schon im Oct. 1837 wurde bei der Regierung von Texas ein nordamerikanischer Geschäftsträger beglaubigt; auch Frankreich erkannte den neuen Staat an und schloß mit demselben am 25. Sept. 1839 einen Vertrag ab; England, Holland und Belgien sind dem Beispiele Frankreichs gefolgt. Die mexicanische Regierung ist noch immer weit entfernt, ihre Ansprüche auf Texas aufzugeben, obgleich sie dieselben nicht behaupten kann; ein erneuerter ernstlicher Versuch dazu hat seit dem Jahre 1836 nicht stattgefunden. Texas ist im Allgemeinen eben und reich an Wiesen, sogenannten Prairien, die neun Monate im Jahre einen grünen, mit den mannichfaltigsten Blumen geschmückten Teppich bilden. Hat aber das Land keine oder wenige Berge, so enthält es desto mehr Hügel, denn der größte Theil des Landes hat einen wellenförmigen Boden. Die Wälder ziehen sich meistens an den Flußufern hin und enthalten eine zahllose Menge 100jähriger Stämme, die bei Trefflichkeit des Holzes für das Seewesen von großer Wichtigkeit sind. Der Boden des Landes ist so fruchtbar, wie in wenigen Theilen der Vereinigten Staaten, etwa Indiana und Illinois ausgenommen, die Hitze des Klimas wird durch einen unaufhörlich wehenden kühlen Seewind gemildert. Die Producte des Landes bestehen zur Zeit nur noch in Getreide, etwas Zucker, Taback und Baumwolle; doch verspricht namentlich die Cultur der letztern sehr viel, da sie länger als andere und sehr fein ist. Sogar der Weinbau ist mit glücklichem Erfolge versucht worden. Die Einfuhr ist in raschem Steigen begriffen und betrug in den zwei Jahren vom 30. Sept. 1836 bis dahin 1838 in den fünf Zollhäusern des Landes 1,840,376 Dollars.

Die Bevölkerung des Staats ist in etwa 20 Monaten von 40,000 auf mehr als 250,000, also auf das Sechsfache gestiegen; die Ursache dieser schnellen Zunahme ist theils im Reichthume des Bodens, theils und hauptsächlich in der von der Constitution gestatteten unbeschränkten Zulassung der Sklaven zu suchen. Die Pflanzer von Virginien, Georgien, Nord= und Süd=Carolina, welche von den Abolitionisten der nördlichen Staaten in unaufhörlicher Angst erhalten werden und deren Ländereien durch den Tabacksbau erschöpft sind, verlassen in großer Menge jene Gegenden, in denen sie wenig mehr zu hoffen haben. Sollte sich einst der Bund der Vereinigten Staaten in Folge einer Entscheidung der Frage über Aufhebung der Sklaverei auflösen, so wird Texas in dem neuen Bunde der südlichen oder Sklavenstaaten ohne Zweifel eine wichtige Rolle spielen. Wäre Texas in die Union aufgenommen worden, so würden die südlichen Staaten eine mächtige Stütze erhalten haben, weshalb dieselben dieser Aufnahme ebenso geneigt, als die nördlichen abgeneigt waren.

Die erste Hauptstadt des Staates, Houston, nach dem Präsidenten der Republik so genannt, wurde erst gegen das Ende des Jahres 1837 gegründet und liegt an einem schmalen, aber tiefen, sich in vielen Krümmungen hinziehenden, in die Bai von Galveston fallenden Fluß, genannt Buffalo=Bayou, an der Stelle, wo er schiffbar wird. Jetzt hat sie eine feste Bevölkerung von 2000 Seelen, die mit den Fremden auf 4000 steigt, und zählt schon 400 Häuser, neben denen neue zu Hunderten emporsteigen. Sechs bis sieben Dampfboote verbinden Houston mit Galveston und andern Städten am Flusse; eine projectirte Eisenbahn zur Verbindung der Flüsse Brazos und Colorado mit Houston wird nächstens zur Ausführung kommen. Aber schon hat die Anlegung einer andern Hauptstadt begonnen, da für die vorhandene in einer nicht besonders fruchtbaren Gegend an einem Flusse zweiten Ranges liegt. Die für die neue Hauptstadt gewählte Gegend liegt am Flusse Brazos und hieß sonst Waterloo; die texanische Regierung hat ihr den Namen Austin beigelegt. Die Umgegend ist ungemein fruchtbar und enthält Kupferminen, Marmor= und andere Steinbrüche, was für den Bau einer Stadt von großer Wichtigkeit ist. Die ältern Städte des Landes sind, mit Ausnahme von Nacogdoches, im Innern an einem Nebenflusse des Sabina gelegen, wo fast der ganze spanische Theil der Bevölkerung wohnt, im Vorigen bereits genannt worden.

Die Fortschritte der Photographie.

Die Photographie oder Daguerrotypie ist seit ihrem Bekanntwerden der Gegenstand der Bemühungen so vieler Künstler und Gelehrten gewesen und durch ihre vereinigten Anstrengungen so mannichfaltig ausgebildet worden, daß wir unsern Lesern einen gedrängten Bericht über ihre Ausbildung schon jetzt nicht vorenthalten dürfen.

Der ursprüngliche Daguerre'sche Apparat ist beträchtlich vereinfacht worden. Die camera obscura hat Seguier mit biegsamen Seitenwänden versehen, welche sich nach Art eines Blasebalgs zusammenfalten lassen, was jedoch darum weniger wesentlich ist, weil eine sehr gute camera obscura mit festen Wänden sich in ziemlich kleinen Dimensionen herstellen läßt. Der Jod= und Quecksilberapparat sind beide in flache Kästchen verwandelt worden. Ascherson hat gefunden, daß die Silberplatte sich weit schneller und gleichmäßiger

mit Jod überzieht, wenn man sie etwa zwei Linien über einer verdünnten Jodauflösung aufhängt; die letztere gießt man auf den Boden eines ganz flachen Kästchens von Porzellan oder lackirtem Holze, dessen Deckel die Platte abgibt; zur Erzeugung einer hinreichenden Jodschicht reichen 1—2 Minuten hin. Die Vereinfachung des Quecksilberapparats rührt von Donné her und gründet sich auf die Beobachtung, daß eine amalgamirte, d. h. mit Quecksilber überzogene Zinkplatte schon bei gewöhnlicher Temperatur Quecksilberdämpfe, welche die nöthige Wirkung thun, hervorbringt. Demnach schließt man jetzt die Platte, nachdem sie in der camera obscura den Einwirkungen der Sonne ausgesetzt gewesen ist, in einen flachen Kasten ein, auf dessen Boden eine amalgamirte Zinkplatte, etwa eine Linie von der das Bild enthaltenden Platte entfernt, liegt; die letztere liegt, gleich jener, horizontal, sodaß die von Daguerre für unerläßlich gehaltene Neigung von 45 Grad völlig unnöthig ist. Zur Firirung reicht heiße Kochsalzlösung hin. Sehr vorzüglich ist nach der Erfindung des Franzosen Fizeau eine Mischung aus einer Auflösung von Goldchlorid (16 Gran in 1 Pfund Wasser) und einer Auflösung von unterschwefligsaurem Natron (48 Gran in 1 Pfund Wasser), von welcher man einige Tropfen auf die Platte gießt, nachdem sie sorgfältig abgewaschen und außerdem erwärmt worden ist. Bei dieser Operation schlägt sich Gold nieder, während Silber sich auflöst. Ein großer Vorzug der so erhaltenen Bilder soll darin bestehen, daß sie weit weniger leicht verwischt werden können; auch sollen die Gegenstände viel kräftiger und klarer hervortreten.

Um die Lichtbilder zu ätzen und zu vervielfältigen, wandte Donné in Paris folgendes Verfahren an. Nachdem das Bild auf einer ziemlich stark mit Silber plattirten Platte hervorgebracht, mit Lösung von unterschwefligsaurem Natron firirt und trocken geworden ist, umgibt man sie am Rande mit einer Masse, welche durch Salpetersäure nicht angegriffen wird, stellt sie horizontal und übergießt sie nun mit einer dünnen Schicht verdünnter Salpetersäure (5 Theile reine Salpetersäure und 4 Theile Wasser). Die Einwirkung beginnt nach 3—4 Stunden, was man aus aufsteigenden Bläschen erkennt; man läßt sie nur drei Minuten dauern, gießt dann die Säure ab, wäscht die Platte mit vielem Wasser und trocknet sie sorgfältig mit gekrempelter Baumwolle ab, worauf sie für den Druck fertig ist. Die größte Zahl guter Abdrücke, die man erzielen kann, beträgt nicht über 40. Außerdem sind die auf dasselbe Ziel gerichteten Versuche und Resultate des Professors Berres in Wien bemerkenswerth. Er begann seine Versuche am 5. April des vorigen Jahres und fand bald, daß die versilberten oder plattirten Kupferplatten, die zum Daguerrotypiren angewandt werden, wegen ungleicher Auftragung und Verbindung des Silbers zur Erzielung von reinen und tiefgeätzten Metallbildern untauglich sind; er benutzte daher chemisch reine Silberplatten und erzielte seitdem ungleich glänzendere Resultate. Er erhielt nun (nach seiner eigenen Versicherung in öffentlichen Blättern) eine Reihe von größtentheils gelungenen, anfangs matten, dann aber an Vollkommenheit immer mehr zunehmenden Bildern. Eins derselben, den Dom von St.=Stephan in Wien darstellend, ein tiefgeätztes Blatt, welches Hunderte von Abdrücken lieferte, sandte er als Probe seiner Leistungen an die bedeutendsten wissenschaftlichen Gesellschaften und Akademien. Noch haben dieselben kein Urtheil darüber veröffentlicht; aber ein D. Mackenzie hat genauere Nachrichten über das von Berres angewandte Verfahren mitgetheilt. Nach demselben nimmt Berres zum Ätzen sieben Theile Salpetersäure und acht Theile destillirtes Wasser; soll die Ätzung gut ausfallen, so muß man noch arabisches Gummi anwenden, wiewol die Operation dann etwas länger dauert. Es ist vortheilhaft, die Platte von Zeit zu Zeit aus der Säure zu nehmen und herumzuschwenken, wobei sie trocknet, sodaß man die Fortschritte des Ätzens besser beobachten kann; trübe Säure muß durch frische ersetzt werden. Nach Mackenzie sind die Abdrücke von Berres ziemlich verwischt, enthalten jedoch die Zeichnung hinreichend deutlich ausgedrückt. Berres selbst gibt als Bedingungen einer Bervollkommnung für Bilderätzkunst folgende an: sorgfältige Bereitungsart der nöthigen Silberplatten, Verbesserungen der camera obscura in Betreff des Sehfeldes und der Helligkeit, um eine größere Gegend und auch bewegliche Gegenstände auffassen zu können, scharfe Lichtbilder, eine verbesserte, sehr feine Druckerschwärze und eine eigne Druckerpresse, da wegen der Zartheit der Bilder das gewöhnliche Verfahren völlig unzureichend sei.

Die Versuche von Berres sind auch noch in einer andern Beziehung sehr merkwürdig; er bediente sich nämlich dabei zum Theil des Hydro=Orygengas=Mikroskops und fand, daß das künstliche Licht desselben mit dem Sonnenlichte gleiche photographische Wirkungen hat, sodaß man im Stande ist, die mittels dieses Mikroskops erzeugten Bilder festzuhalten. Später haben auch Professor Göppert und Director Gebauer in Breslau ähnliche Versuche mit einem der schlesischen Gesellschaft für vaterländische Cultur gehörigen Hydro=Orygengas=Mikroskop angestellt. Sie brachten die mit Jod überzogene Platte in den Brennpunkt der Vergrößerungslinse des Mikroskops und setzten sie 15—20 Minuten lang der Einwirkung des Knallgaslichtes aus. Auf diese Weise ließ sich auch in der That alles durch das Mikroskop Dargestellte auf die radirte Kupferplatte firiren, indem das erhaltene Bild eine mattweiße Abbildung der durchsichtigen Theile der Gegenstände gab, doch schienen ihnen diese Versuche bis jetzt mehr wissenschaftlich interessant als von großem praktischen Nutzen zur Anfertigung mikroskopischer Zeichnungen zu sein.

Ein neues heliographisches Verfahren, welches Professor Osann in Würzburg ersonnen hat, besteht in der Anwendung einer Auflösung von ameisensaurem Silberoryd in Wasser, einer Flüssigkeit, die durch die Einwirkung des Lichtes außerordentlich leicht zersetzt wird und vollkommen wasserhell ist. Man bestreicht das Papier, auf welchem die Lichtzeichnung hervorgebracht werden soll, mittels eines Pinsels mehrmals mit jener Auflösung, läßt sie im Dunkeln trocknen und bringt dann das Papier, in einen Rahmen eingeklemmt, in die camera obscura. Die Schnelligkeit, mit welcher die Bilder entstehen, hängt von der Temperatur der Lichtstrahlen ab; je wärmer diese sind, desto schneller entstehen die Bilder. Bei einer Temperatur unter dem Eispunkte kann man Tage lang warten; bei einer Wärme von 10° R. entsteht ein Bild schon in zwei Stunden; über die Sommertemperatur fehlt es an Beobachtungen. Das Bild wird vollkommen deutlich und scharf gezeichnet; die von den Lichtstrahlen getroffenen Stellen haben eine hellroth=bräunliche, die beschatteten aber die Farbe des Papiers. Haben die Lichtstrahlen ihre Wirkung gethan, so nimmt man das Papier heraus und bringt es in eine Schale mit destillirtem Wasser, das man bis zugedeckter Schale erwärmt, dann ablaufen läßt und mehrmals erneuert, um das unzersetzte Silberoryd auszuwaschen. Nach dem Trocknen verändert sich die Zeichnung nicht weiter.

In der Hervorbringung Daguerreotypischer Portraits sind in der neuesten Zeit außerordentliche Fortschritte gemacht worden. Der Maler Isenring aus St.=Gallen hat hierfür eine eigene Vorrichtung erfunden. Mittels einer unsers Wissens von Professor Petzval in Wien erdachten und von dem dasigen Optiker Voigtländer ausgeführten Linsencombination wird eine weit größere Lichtmenge auf die iodirte Platte gebracht, ohne der Präcision des Bildes Eintrag zu thun, daher aber auch zugleich eine weit kürzere Zeit (im November etwa 3 Minuten, an hellen Sommertagen wahrscheinlich nur 45 Secunden) für die Einwirkung des Lichtes in Anspruch genommen; dadurch ist es gelungen, Portraits zu liefern, die nichts zu wünschen übrig lassen. Auch Andere, z. B. der Mechanicus Störer in Leipzig, haben ausgezeichnete Daguerreotypische Portraits geliefert. Ganz kürzlich hat Daguerre selbst (nach einer von Arago der pariser Akademie der Wissenschaften am 4. Januar dieses Jahres gemachten Anzeige) ein Verfahren erfunden, bei welchem eine Platte dem Lichte nur e i n e Secunde ausgesetzt zu werden braucht, um ein deutliches Bild zu erhalten; über dieses Verfahren aber, welches die bisherige Daguerreotypie ganz umgestalten würde, ist noch nichts Näheres ins Publicum gekommen.

Der Platz vor dem Invalidenhause.

Herausgegeben unter Verantwortlichkeit der Verlagshandlung F. A. Brockhaus in Leipzig.

Das Pfennig-Magazin

für
Verbreitung gemeinnütziger Kenntnisse.

420.]   Erscheint jeden Sonnabend.   **[April 17, 1841**

Napoleon's Todtenfeier.

(Beschluß aus Nr. 419.)

Die Vorhalle der Invalidenkirche.

Um zwei Uhr Nachmittags hielt der Leichenwagen am Gitter des Invalidenhauses; zwei Herolde mit goldenen Ketten um den Hals riefen in den Hof hinein: L'Empereur! worauf sich Alles in tiefem Schweigen und entblößten Hauptes erhob. 36 Matrosen trugen den Sarg in die im Napoleonshof (so heißt von nun an der erste Hof des Invalidenhauses, bisher Ehrenhof genannt) errichtete drapirte Vorhalle der Kirche, wo der Erzbischof von Paris mit dem Klerus in violettem Gewande den Sarg empfing und weihte. Nach den Weihungsgebeten trugen 36 Unteroffiziere der Nationalgarde und der Linientruppen den Sarg an den Eingang der Kirche; ein feierlicher Trauermarsch empfing ihn, die Kanonen donnerten, die Nationalgarde präsentirte das Gewehr und die Invaliden salutirten mit dem Säbel. Der König trat nun, von allen Prinzen gefolgt, bis in die Nähe des Sarges, welcher mittlerweile auf den Katafalk getragen worden war, hinter welchem 25 Matrosen Platz nahmen, worauf ihm der Prinz von Joinville, seinen Degen zur Erde neigend, die Leiche mit den Worten übergab: „Sire! ich bringe Ihnen die Leiche des Kaisers Napoleon." Der König antwortete: „Ich empfange sie im Namen Frankreichs." General Athalin, des Königs Adjutant, brachte auf einem Sammtkissen den Degen des Kaisers und übergab ihn dem Marschall Soult, der ihn dem Könige überreichte. „General!" sprach der König zum General Bertrand, „ich beauftrage Sie, den glorreichen Degen des Kaisers auf dessen Sarg zu legen!" Als dies geschehen, wandte sich der König zum General Gourgaud mit den Worten: „General! legen Sie den Hut des Kaisers auf den Sarg!" Als auch dies geschehen war, ging der König zu dem für ihn bestimmten Platze zurück. Er selbst trug die Uniform der Nationalgarde, seine beiden ältesten Söhne Generalsuniform; die Königin und die Prinzessinnen waren in tiefe Trauer gekleidet.

Die Kirche, völlig schwarz behängt (nur die Kuppel und die unter derselben stehenden Säulen, Gerüste u. s. w. waren mit violettem Sammt drapirt) und durch mehre Tausende von Wachskerzen erleuchtet, machte einen erhabenen Eindruck. Die zwölf großen Fenster der Kuppel waren durch große Vorhänge von violettem Stoffe geschlossen, welche in der Mitte mit einem goldenen Adler verziert waren. Unter ihnen befand sich ringsherum ein breiter violetter Streifen mit Wappen und Bienen, darunter ein Kranz von Wachskerzen; dann folgten 24 dreifarbige Banner, Guirlanden von Lorberzweigen und eine zweite kranzförmige Reihe von Wachskerzen, hierauf eine bis zum Boden reichende Draperie, funkelnd von goldenen Arabesken, Adlern, Bienen und Namenszügen des Kaisers. Über dieser ganzen glänzenden Decoration flatterten drei große Fahnen mit dem Wappen des Königs. In jeder Bogenwölbung hing ein Kronleuchter und auf großen Candelabern brannte farbiges Feuer. Im Hintergrunde der Kirche war ein Altar errichtet, über welchem sich die Tribunen für das königliche Gefolge befanden; der König selbst hatte seinen Platz rechts vom Altar unter einem prachtvollen, mit Fahnen und Federbüschen geschmückten Thronhimmel von Sammt, umgeben von der Königin, den Herzogen von Orleans, Nemours, Aumale und Montpensier, der Herzogin von Nemours und der Prinzessin Adelaide, sowie von seinen Adjutanten, Ordonnanzoffizieren und Stallmeistern; für die Pairs, die Deputirten und die Behörden (das ganze diplomatische Corps war abwesend) waren schwarz behangene Gerüste aufgeschlagen. Zwischen den beiden königlichen Tribunen hing eine große Fahne mit dem Namenszuge Napoleon's; zwei ganz ähnliche befanden sich den Gräbern von Vauban und Turenne gegenüber. Ferner waren die 48 Fahnen aufgehängt, welche in der Schlacht bei Austerlitz in die Hände des Siegers fielen, später versteckt waren und seit 1832 den Sitzungssaal der Pairskammer zierten, welche sie bei dieser Gelegenheit dem

Invalidenhause überlassen hat. Auf einer Art Tapete, welche schwarz und mit Silber durchwirkt war und von einer der obersten Tribünen herabhing, waren die friedlichen Thaten Napoleon's verzeichnet, als Campo Formio, Code Napoleon, Concordat u. s. w., dagegen feierten die Inschriften der in der Kuppel hängenden Fahnen, sowie diejenigen, welche bei der am Gitter des Invalidenhofs errichteten Vorhalle angebracht waren, die kriegerischen Thaten Napoleon's und seiner Marschälle, deren Portraits in ganzer Figur in der letztern aufgehängt waren. Der Katafalk war 50 Fuß hoch und bestand aus einem Sockel, auf welchem vier Säulen standen, die eine inwendig mit weißem Seidenstoffe ausgeschlagene Kuppel trugen; er war aufs reichste mit dem Wappen des Kaisers, Adlern, Federbüschen, Fahnen und Waffentrophäen geschmückt und in den vier Ecken waren vergoldete Siegesgenien angebracht; das Dach war in den Ecken mit vier Adlern geziert, welche Immortellenkränze hielten, und überragt von einem kolossalen goldenen Adler, von einer Flügelspitze zur andern zehn Fuß lang, der mit seinen ausgebreiteten Schwingen die kaiserliche Leiche zu bedecken schien.

Nachdem der König wieder seinen Platz eingenommen, begann das Hochamt und nach dem De profundis wurde von 150 Musikern und 180 Sängern (der großen französischen und der italienischen Oper) Mozart's erhabenes Requiem unter Direction von Habeneck, dem rühmlichst bekannten Orchesterdirigenten der großen französischen Oper, auf eine so vollkommene Weise aufgeführt, wie vielleicht noch nie zuvor der Fall gewesen war. Unter den Mitwirkenden befanden sich die ersten Sänger und Sängerinnen von ganz Frankreich nicht nur, sondern von ganz Europa. Die Solostimmen waren vervierfacht und folgendermaßen vertheilt: Sopran, die Damen Grisi, Damoreau, Persiani und Dorus-Gras; Alt, die Damen Pauline Viardot-Garcia, Eugenie Garcia, Albertazzi und Stolz; Tenor, die Herren Duprez, Rubini, Alexis Dupont und Massol; Baß, die Herren Lablache, Tamburini, Levasseur und Alizard; am meisten Effect machten Duprez, Lablache und die Grisi. Um 4 Uhr war das Traueramt zu Ende. Um 5 Uhr ertheilte der Erzbischof von Paris, welchem vier Bischöfe assistirten, die Absolution, worauf der König unter Kanonensalven die Kirche verließ; sein Gefolge befand sich in 18 Wagen, die von einer Abtheilung Chasseurs und berittener Nationalgardisten escortirt wurde. Die zahlreiche Volksmenge verlief sich schweigend; die Kirche blieb in ihrem ganzen Trauerschmuck dem Publicum, welches eine Stunde nach der Feierlichkeit zugelassen wurde, noch mehre Tage nachher (bis zum 27. Dec.) von 12—4 Uhr geöffnet und wurde in dieser Zeit von Hunderttausenden (allein bis zum 24. nach der annähernden Zählung eines Invaliden von 870,000, sodaß die Million wol vollgeworden sein dürfte) besucht; der Trauerwagen aber wurde nach beendigter Ceremonie unter den Triumphbogen der l'Etoile gefahren, wo er gleichfalls mehre Tage ausgestellt blieb. Zur einstweiligen Beisetzung des Sarges wurde eine Kapelle im Invalidendome eingerichtet, die Kapelle des heiligen Hieronymus, in welche derselbe am 6. Febr. 1841 gebracht wurde und wo er bis zur Beendigung des großen an der Stelle des Katafalks zu errichtenden Grabdenkmals bleiben wird, dessen Anfertigung dem Bildhauer Marochetti aufgetragen ist und dessen Kosten auf 600,000 Francs angegeben werden. Es soll im Wesentlichen dem Denkmale Königs Franz I. gleichen; vier Karyatiden tragen ein marmornes Gewölbe, auf welchem die Reiterstatue Napoleon's angebracht wird. Nach andern

Nachrichten hat man sich noch über keinen der vorgelegten Pläne vereinigen können.

Unter den noch lebenden Feldherren Napoleon's haben wol Wenige so innigen Antheil am Trauerfeste genommen, als der Marschall Moncey, Gouverneur des Invalidenhauses, der 87 Jahr alt ist und in einem Rollstuhle bis an die Stufen des Chors der Invalidenkirche gebracht werden mußte. In der letzten Woche vor der Feier war er äußerst besorgt für seine Gesundheit und hatte den Oberarzt des Invalidenhauses täglich gefragt, ob er wol den 15. erleben werde; als die Feier vorüber war, äußerte er, nun wolle er gern sterben. General Montholon, einer der Gefährten Napoleon's auf St.-Helena, der an dem Sterbebette des Kaisers gestanden hatte, jetzt aber für seine Theilnahme an dem Attentate von Ludwig Napoleon, dem Neffen des Kaisers, durch Haft im Schlosse zu Ham büßt, hatte die Regierung inständig gebeten, ihn an der Trauerfeier theilnehmen zu lassen und dabei sein Ehrenwort gegeben, daß er nach beendigter Feier wieder in sein Gefängniß zurückkehren werde. Sein Gesuch wurde jedoch nicht gewährt, so unbedenklich dies auch gewiß gewesen wäre.

So groß auch die Theilnahme der Bevölkerung an der ganzen großartigen Leichenfeier gewesen ist — unter andern waren die Eisenbahnen von St.-Germain und Versailles aller Anstrengungen ungeachtet nicht im Stande, dem ungeheuern Zudrange zu genügen —, so ist doch allen Berichten zufolge der an den Tag gelegte Enthusiasmus im Ganzen nur mäßig gewesen, woraus man wol schließen muß, daß das Andenken an die Kaiserzeit und die Kaiserherrschaft bei der Masse des französischen Volkes schon in den Hintergrund getreten und eine Erneuerung derselben, etwa durch einen Verwandten des Kaisers, völlig unmöglich ist. Erfreulich aber ist es gewiß, daß die Feier ohne Unruhen, welche man vielfach befürchtet hatte, vorübergegangen und dadurch das Vertrauen des hochherzigen und scharfblickenden, seine Zeit und sein Volk kennenden Königs Ludwig Philipp, dem die dem Feinde seines Geschlechtes erwiesene Ehre selbst zu großer Ehre gereicht und in dessen Geschichte dieser Schritt nicht vergessen werden darf, glänzend gerechtfertigt worden ist. Man hat ihn den Napoleon des Friedens genannt, aber wahrscheinlich wird die französische Nation ihm erst nach seinem Tode volle Gerechtigkeit als ihrem wahren Wohlthäter widerfahren lassen.

Peking und der Golf von Petscheli.

Die Absendung eines britischen Geschwaders nach dem Norden Chinas und die, nach den neuesten Nachrichten, erfolgte Rückkehr desselben von dort läßt unsere Aufmerksamkeit auf jene fernen Gegenden richten, auf die eigenthümliche Lage derselben, auf die Gründe, durch welche die Engländer bewogen wurden, einen Theil ihrer in den chinesischen Gewässern befindlichen Kriegsschiffe dahin abzuordnen, mit dem Eintreten der schlechtern Jahreszeit aber von dort wieder sofort zurückzuziehen.

In den bei den Chinesen gewöhnlich mit dem Namen Puh-hae aufgeführten Golf von Petscheli gelangt man, nachdem man von Süden nach Norden die von dem chinesischen Continent und der Halbinsel Korea gebildete Straße passirt, durch eine Wendung nach Westen, sodaß der Busen fast ebenso gedeckt ist, wie ein Binnenmeer. Derselbe wird eingefaßt durch die

Küstenstriche der äußerst sandigen und wenig fruchtbaren Provinz Petscheli (Pe-che-lee, Peh-chih-le oder Chih-le), die trotz ihrer Unfruchtbarkeit eine Bevölkerung von 28 Mill. Seelen, also fast der Deutschlands oder Frankreichs gleich, in sich faßt. Die Hauptwichtigkeit dieser Provinz beruht aber nicht in ihrer Lage oder in dem Umfange ihrer Bevölkerung, sondern vielmehr darin, daß in dem nördlichen Theile derselben, in einer Ebene, die etwa 20 französische Lieues südlich von der großen Mauer entfernt ist, die jetzige kaiserliche Residenz Peking, die Hauptstadt des himmlischen Reichs, liegt

Als Gründer Pekings wird gewöhnlich Kublai, der Enkel Dschingis-Khans, angegeben; er nannte den Ort Ta-tu (große Hauptstadt). Die Nachkommen von Dschingis-Khan residirten daselbst von 1280—1367. Als Marco Polo Peking besuchte, hieß dasselbe Kambalu (Kaiserstadt). Von der zweiten Hälfte des 14. Jahrhunderts an hörte es auf, Residenz zu sein, jedoch schon im Jahre 1421 verließ Young-lo, der dritte Herrscher von der Ming-Dynastie, die bisherige südliche Residenz Nanking (Hof des Südens), und verlegte dieselbe nach Kambalu, welches im Gegensatze zu dem alten Wohnsitze Peking (Hof des Nordens) benannt wurde, vorzüglich weil von hier aus die häufigen Einfälle der Tataren mit größerer Leichtigkeit zu unterdrücken waren. Nach der im Jahre 1644 erfolgten Eroberung Chinas durch die Mandschu erwählten die Beherrscher des siegreichen Volkes gleichmäßig Peking zu ihrem Wohnsitze, dessen Bevölkerung von nun an vorzugsweise durch die Mandschu und durch die zu ihrer Partei gehörenden Mongolen und Chinesen gebildet wurde. Im Übrigen ist zu bemerken, daß der eigentliche officielle Name in der Reichssprache nicht Peking, sondern Chun-Chian-fu ist, welches bedeutet: Stadt ersten Ranges (fu), unterworfen dem Himmel.

Das ungeheure Areal der Stadt, welche also erst seit der ersten Hälfte des 15. Jahrhunderts ununterbrochen kaiserliche Residenz und Hauptstadt des ganzen Reichs gewesen ist, zerfällt in zwei miteinander zusammenhängende, aber auch wiederum durch Wälle voneinander geschiedene Haupttheile. Sechszehn große Thore verbinden sowol beide Theile miteinander, wie diese selbst mit den sie umgebenden Vorstädten. Der obere, nördliche Haupttheil, ein längliches Viereck bildend, trägt die Benennung King-tsching und wird allein von den Mandschu bewohnt; der untere, südliche Theil, wie ein breiteres, aber kürzeres Viereck vor King-tsching geschoben, heißt Vai-tsching oder Vai-lo-tsching und ist der Aufenthalt der Chinesen.

Die Mauern der Mandschustadt, von Backsteinen erbaut und mit Zinnen von mehr als 5 Fuß Höhe, sind fast 14 Fuß hoch und mehr als 20 Fuß dick. Hier und da sind Rampen oder Auffahrten angebracht, durch welche die Cavaleristen, deren zwölf in vollständiger Rüstung nebeneinander auf der Mauer Platz haben, hinaufreiten dürfen. Die Mauern der chinesischen Stadt sind viel niedriger und einfacher und hin und wieder durch vorspringende kleine viereckige Thürme gedeckt. Der Umfang beider Städte zusammengenommen würde nach chinesischem Maße etwa 71 Li betragen, die ungefähr 5½ deutschen Meilen entsprechen.

King-tsching (Kaiserhof, Kaiserstadt), von den Europäern gewöhnlich Tatarenstadt genannt, besteht eigentlich aus drei verschiedenen Städten, die sich gegenseitig einschließen, sodaß die innerste von der mittlern, diese aber wiederum von der äußersten umgeben ist. Die äußere Umwallung, mit acht Thoren versehen, umschließt die gesammte Mandschubevölkerung und ist von acht Fahnen kaiserlicher Truppen besetzt. Die zweite oder mittlere Einfassung der Kaiserstadt heißt Houang-tsching (hohe Stadt), und die dritte oder innerste, welche unmittelbar den kaiserlichen Palast umschließt, trägt, wegen der rothen Farbe ihrer Mauern, den Namen Tsu-king-tsching (heilige rothe Stadt). Vai-lo-tsching, die untere oder chinesische Stadt, ist, wie schon erwähnt, weniger ausgedehnt von Norden nach Süden, als von Osten nach Westen. Nicht allein seine Mauern und Wälle, sondern auch alle seine öffentlichen und Privatgebäude sind weniger ansehnlich und prachtvoll, wie die der Mandschustadt; auch ist die chinesische Stadt nur von einer Fahne Truppen, der grünen, besetzt.

Die Straßen von Peking, breit und nach der Schnur gezogen, sind meistentheils nicht gepflastert, sondern häufig nur chaussirt. Die vorzüglichsten haben 120 und mehr Fuß Breite. Die meisten Privathäuser sind ziemlich niedrig, von Backsteinen erbaut und mit grauen Ziegeln bedeckt. Die öffentlichen Gebäude haben mit grünen Ziegeln versehene Dächer, die kaiserlichen Paläste gelbe. Die schönsten Gebäude aber sind die Tempel, umfangreich, prachtvoll verziert, mit Säulen geschmückt und mit Dächern von weißem Marmor versehen.

Außer den beiden Haupttheilen, aus denen das eigentliche Peking besteht, breiten sich vor den zwölf äußern Thoren noch eben so viele umfangreiche Vorstädte aus. Alles zusammen, Städte wie Vorstädte, bildet eine unermeßliche Häusermasse, die von einer Bevölkerung bewohnt wird, über welche die Angaben bedeutend schwanken; nach einigen Neuern werden drei Millionen Seelen als nicht zu hoch angeschlagen betrachtet. Unter dieser ungeheuern Volksmasse herrscht beständig die größte Ruhe und Ordnung, einerseits in Folge des angeborenen Respects, den alle Niedern vor den Höhern hegen, die sie wie Kinder ihre Ältern verehren, andererseits wegen der großen Wachsamkeit und Rührigkeit der policeilichen Behörden.

Ein kleiner, von Norden her kommender Fluß durchströmt King-tsching in mehren Armen, umgibt den kaiserlichen Palast, bildet dann mehre Seen, umfließt die ganze Tatarenstadt, sodann auch die ganze chinesische Unterstadt, setzt dann, wiederum in einem Bette vereinigt, seinen Lauf unter dem Namen Yun-ho (Transportkanal) fort, und vereinigt sich endlich mit dem nördlichen Hauptstrome des Landes, dem Pai-ho oder Pih-ho, welcher sich in den Busen von Petscheli ergießt. Am Ausflusse des Pih-ho aber ist Teen-tsin belegen, das einzige Emporium der Provinz, ein sehr umfangreicher Handelsplatz.

Dahin nun, nur etwa einige 20 Meilen von Peking entfernt, richtete die englische Flotte von der Tschusan-gruppe aus ihren Lauf, zunächst wol, um durch das Erscheinen wohlgerüsteter europäischer Kriegsschiffe die chinesische Regierung zu schrecken. Wie sehr dieser Zweck erreicht worden, geht daraus hervor, daß sofort von Peking aus der Befehl gegeben wurde, die Beschwerden der Briten näher zu untersuchen. Daß die Bedingung, den Meerbusen von Petscheli zu verlassen, daran geknüpft wurde, war nur zu natürlich; ebenso natürlich, daß die Engländer sich dieser Bedingung fügten. Denn da jene nördlichen Gegenden Chinas sehr kalt sind, und die Peking mit dem Meere in Verbindung setzenden Gewässer mit dem Eintreten der rauhern Jahreszeit insgemein mit Eis bedeckt werden, so würde es ihnen so spät doch nicht mehr möglich gewesen sein, bis zur Hauptstadt vorzudringen. Es mußte ihnen überdies wünschenswerth erscheinen, Das,

*

worauf es ankommt, eher durch Güte als durch Gewalt zu erlangen, einerseits weil ein Vordringen ins Binnenland ohne große Heeresmacht immer mit großen Schwierigkeiten verknüpft ist, andererseits weil die mit dem Herbste eintretenden nordöstlichen Monsuns den Golf von Petscheli sehr von Wasser entblößen, also ein längeres Verweilen in der vorgerückten Jahreszeit so bedeutende Fahrzeuge doch an wirksamen Operationen für die nächste Zukunft verhindert, ja denselben sogar wol große Gefahr gebracht haben würde.

Deshalb kehrten sie, um der chinesischen Regierung zur Abhülfe ihrer Beschwerden Zeit zu geben, nach dem günstigsten, mit den besten Häfen versehenen Punkte, nach der ungefähr in der Mitte des Reichs liegenden Tschusangruppe, zurück. Ob sie mit der eintretenden bessern Jahreszeit von diesem Punkte aus, wo die britische Flotte lediglich als auf der Lauer liegend angesehen werden muß, nach dem Norden noch einmal zurückzukehren gezwungen werden oder nicht, muß das weitere vom Hofe zu Peking eingeschlagene Verfahren lehren.

Von den Mikroskopen.

Ein Mikroskop oder Vergrößerungsglas ist bekanntlich ein optisches Werkzeug, welches dazu dient, nahe, aber sehr kleine Gegenstände, die man mit bloßen Augen nicht mehr oder doch nicht deutlich erkennen kann, vergrößert zu sehen. In der Regel besteht es, wie das Fernrohr, aus mehren Glaslinsen, unterscheidet sich aber von jenem dadurch sehr wesentlich, daß es nur aus einer einzigen Linse zu bestehen braucht, und zwar aus einer convexen oder erhabenen, wie sie zu den Brillen fernsichtiger Personen oder zu Brenngläsern genommen werden. Statt der Linsen können auch kleine Kugeln von Glas genommen werden, und diese einfache Art von Vergrößerungsgläsern war gewiß schon den alten Römern und Griechen bekannt. Seneca sagt ausdrücklich, daß man durch hohle gläserne, mit Wasser gefüllte Kugeln die Gegenstände größer und deutlicher sehen könne, und daß der Gebrauch solcher Glaskugeln den griechischen Steinschneidern bekannt war, muß daraus gefolgert werden, daß mehre noch vorhandene Arbeiten derselben (geschnittene Steine) durch ein Mikroskop betrachtet sehr fein ausgeführt erscheinen, während sie dem bloßen Auge unkenntlich sind, noch viel weniger also mit bloßen Augen verfertigt sein können. Der Übergang von den ganzen Kugeln zu den Kugelabschnitten oder Linsen wurde erst im 13. Jahrhundert von dem Araber Alfazen gemacht, der aber bei seinen Versuchen die Kugelabschnitte immer unmittelbar auf die zu vergrößernden Gegenstände legte. Die Erfindung der eigentlichen, aus Glaslinsen verfertigten Mikroskope wurde erst zu Ende des 16. oder im Anfange des 17. Jahrhunderts bald nach der des Fernrohrs gemacht und nach dem Schriftsteller Borellus haben beide Instrumente denselben Erfinder, Zacharias Jansen in Middelburg, der das Mikroskop bald nach 1590 gemeinschaftlich mit seinem Sohne Johann erfunden haben soll, während es nach Huyghens erst um 1618 bekannt wurde. Das zusammengesetzte, aus mehren Gläsern bestehende Mikroskop kam um 1650 in allgemeinen Gebrauch, aber zu wissenschaftlichen Zwecken, nämlich zur Untersuchung naturhistorischer Gegenstände, durch welche sich besonders Stellati, Leeuwenhoek, Swammerdam, Lyonet und Ellis seit 1685 verdient machten, bediente man sich bis in die Mitte des 18. Jahrhunderts fast ausschließlich der einfachen, stark convexen Glaslinsen und wol auch kleiner Glaskugeln. Die ersten zusammengesetzten Mikroskope von Werth verfertigten Hooke (um 1656), Divini und Bonnani (um 1698) und gaben dem Instrumente diejenige Einrichtung, die im Allgemeinen bis auf unsere Zeiten beibehalten worden ist.

Was nun zunächst die einfachen Mikroskope oder sogenannten Loupen anlangt, so kann zwar schon mit diesen die Vergrößerung so weit, als man will, getrieben werden, nur ist zu berücksichtigen, daß, je stärker die Vergrößerung einer Linse, desto kleiner das Gesichtsfeld derselben und desto schwächer die Beleuchtung der beobachteten Gegenstände wird, weshalb man in der Vergrößerung an gewisse Grenzen gebunden ist, da Güte und Brauchbarkeit eines Mikroskops auch von den genannten beiden andern Umständen bedingt werden. Hinsichtlich der Vergrößerung muß hier noch eine Bemerkung über ihre Angabe in Zahlen eingeschaltet werden. Man verfährt nämlich hierbei sehr häufig anders als bei den Fernröhren; während man bei diesen die Vergrößerung nach dem Durchmesser der Gegenstände nimmt, bestimmt man sie bei den Mikroskopen gewöhnlich noch nach der Oberfläche. Beide Bestimmungsarten sind aber so wesentlich verschieden, daß man sich vor einer Verwechselung derselben wohl zu hüten hat. Aus der Vergrößerungszahl für den Durchmesser kann übrigens die für die Oberfläche geltende sehr leicht hergeleitet werden, indem man jene Zahl mit sich selbst multiplicirt; ist die eine 12, so ist die andere 144, und wir z. B. den Mond mit einem 12 Mal vergrößernden Fernrohre betrachten, so erscheint uns der Durchmesser desselben 12 Mal, die Oberfläche desselben aber 144 Mal so groß als mit bloßem Auge. Vergrößerung und Helligkeit eines Mikroskops hängen theils von der Brennweite oder der Convexität der Linsen (je convexer eine Linse oder je kleiner ihre Brennweite ist, desto stärker ist ihre Vergrößerung, desto schwieriger ist sie aber auch zu verfertigen), theils von der Glasart, theils endlich von der Weit- oder Kurzsichtigkeit des Beobachters ab. Dieselbe Linse vergrößert die Gegenstände für kurzsichtige Augen in einem schwächern Verhältnisse als für weitsichtige.

Bei der Wahl der Glasart oder überhaupt des Stoffes der Linsen muß man darauf bedacht sein, den Übelstand, der durch die verschiedene Brechung der einzelnen Farben herbeigeführt wird, da es unmöglich ist, ihn ganz zu beseitigen, möglichst zu vermindern, indem man zu den Linsen solche Stoffe wählt, welche die Lichtstrahlen sehr stark brechen, aber die Farben des Sonnenlichtes nur wenig zerstreuen, und in dieser Hinsicht hat man die Linsen (oder kleinen Kugeln) aus Edelsteinen statt aus Glas zu machen gesucht. Der Erste, der diese Gattung von Mikroskopen empfahl, war der berühmte englische Optiker David Brewster. Allen andern Edelsteinen aber ist, wie es scheint, der Granat vorzuziehen, da er leicht ganz rein und gleichartig zu erhalten ist, was bei dem Diamant nicht der Fall ist, der übrigens wegen seiner geringen Farbenzerstreuung unter allen Stoffen der brauchbarste sein würde. Smaragd ist darum weniger anwendbar, weil er das Licht auf doppelte Weise bricht. Er gehört nämlich zu denjenigen durchsichtigen Körpern, welche denselben Gegenstand doppelt oder zwei völlig getrennte Bilder desselben zeigen, was daher rührt, daß sie auf einige Lichttheilchen mit einer andern Kraft als auf die übrigen wirken; eine Eigenschaft, die namentlich der Kalkspath, auch unter dem Namen des isländischen Krystalls bekannt, in einem hohen Grade besitzt (dem

Glase und andern Stoffen läßt sich diese Eigenschaft künstlich, durch schnelle Abkühlung nach starker Erhitzung, starken Druck u. s. w. ertheilen). Noch erhielt Brewster dadurch sehr brauchbare Mikroskope, daß er die sphärischen Krystalllinsen aus den Augen der Elritze, des Bitterfisches und anderer kleiner Fische nahm, sowie dadurch, daß er verschiedene Flüssigkeiten in kleinen Tropfen auf eine ebene Glasfläche goß. Zur Abhaltung der der Deutlichkeit nachtheiligen Randstrahlen sind die einfachen Mikroskope mit Fassungen versehen, welche den freien Theil der Linse oder die Öffnung derselben verkleinern und gewöhnlich aus bloßen Ringen von Holz, Horn oder Metall bestehen. Zuweilen sind zwei oder mehre einfache Linsen in einer Fassung vereinigt, um nach Befinden einzeln oder vereinigt gebraucht werden zu können. Die kleinste Brennweite, die man den Glaslinsen bisher gegeben hat, ist $\frac{2}{5}$ Linie, womit man eine Vergrößerung von 240 im Durchmesser oder 57,600 in der Fläche erreichen kann; durch Glaskügelchen oder Linsen von Edelsteinen lassen sich noch stärkere Vergrößerungen erhalten.

Der Gebrauch einfacher Linsen ist, wie aus dem Gesagten erhellt, sehr beschränkt. Verbindet man zwei oder mehr sich beinahe berührende Linsen unmittelbar miteinander, so hat man den Vortheil, daß man für dieselbe Vergrößerung weniger stark convexe Linsen gebraucht, daß die Helligkeit viel größer ist und daß endlich die Farbenzerstreuung ganz weggebracht werden kann. Verschieden von diesen Mikroskopen mit vielfachen Linsen sind die zusammengesetzten Mikroskope, d. h. diejenigen, die aus zwei oder mehren voneinander getrennten Linsen bestehen, zwischen denen ein oder mehre Bilder des beobachteten Gegenstandes hervorgebracht werden. Mikroskope mit zwei Linsen (von denen die Objectivlinse immer convex ist) leiden an vielen Übelständen. Das älteste und unvollkommenste hat ein concaves Ocular, aber auch das mit convexem Ocular leidet an zu bedeutender Farbenzerstreuung und ist seiner Länge wegen unbequem. Durch Hinzufügung eines zweiten Oculars (des sogenannten Collectivglases) wird diesen Mängeln größtentheils abgeholfen und zugleich das Gesichtsfeld vergrößert; Mikroskope mit vier Linsen sind noch vorzüglicher. Als einer der wesentlichsten Fortschritte ist die Verbindung mehrer achromatischer Objectivgläser zu einem einzigen anzusehen.

Spiegelmikroskope sind solche, in welchen Hohlspiegel enthalten sind, wie sie Newton zu Fernröhren anwandte und behufs der Beseitigung des Fehlers der Farbenzerstreuung auch zu Mikroskopen anzuwenden rieth. Bekanntlich stellt jeder Hohlspiegel Gegenstände, die um weniger als die Brennweite von ihm entfernt sind, vergrößert dar, und zwar desto größer, je näher sie ihm sind. Das einfachste Spiegelmikroskop besteht nur aus einem Hohlspiegel; das vergrößerte Bild des beobachteten Gegenstandes wird auf einer Tafel aufgefangen und mit unbewaffneten Augen betrachtet. Bedient man sich zur Betrachtung des Bildes einer convexen Linse, wodurch das Bild noch größer und schärfer erscheint, so erhält man ein zusammengesetztes Spiegelmikroskop; die beste Einrichtung hat Professor Amici in Modena angegeben. Übrigens sind die reflectirenden oder Spiegelmikroskope niemals sehr in Aufnahme gekommen, weil sie ihrer geringen Lichtstärke wegen unzweckmäßig sind.

Im J. 1738 erfand Lieberkühn das Sonnenmikroskop, welches wegen der starken Vergrößerungen, die es gewährt, großes Aufsehen erregte und dem Mikroskope aufs neue die allgemeine Aufmerksamkeit zuwandte. Die einfachste Einrichtung des Sonnenmikroskops ist folgende. In einer kleinen Öffnung, die sich im Fensterladen eines verfinsterten Zimmers befindet, ist eine convexe Glaslinse aufgestellt; etwas weiter als der Brennpunkt derselben entfernt, ist ein kleiner Gegenstand befestigt, welcher im finstern Zimmer auf einer weißen Tafel sehr vergrößert erscheint. Je stärker die Vergrößerung ist, desto geringer ist die Helligkeit des Bildes; um sie zu erhöhen, ist, da die Beleuchtung des Gegenstandes durch die Sonnenstrahlen nicht hinreicht, eine andere convexe Linse (oder ein Hohlspiegel) vorhanden, in deren Brennpunkt sich der vor der ersten Linse stehende Gegenstand befindet. Die ganze aus den beiden Linsen bestehende Vorrichtung kann auch in einem Rohre oder Kasten aufgestellt sein und ist dann mit einem Planspiegel verbunden, der das auf ihn fallende Sonnenlicht der einen Linse zuschickt. Das Sonnenmikroskop hat die großen Vorzüge, daß mehre Personen zugleich das Bild sehen können (während ein Mikroskop der gewöhnlichen Art, wie jedes Fernrohr, nur von einer Person auf einmal gebraucht werden kann), daß die Vergrößerung sehr weit getrieben und daß sehr leicht eine Zeichnung des Bildes entworfen werden kann; dagegen steht es einem Mikroskope der frühern Art darin nach, daß es nie die Deutlichkeit und scharfe Begrenzung wie jenes gewährt.

Die Dinge, die man mit dem Sonnenmikroskope sah, mehr noch die, welche man zu sehen glaubte, verleiteten selbst sonst verdiente Naturforscher, wie Buffon, zu manchen seltsamen Ausschweifungen der Einbildungskraft. Im J. 1771 lehrte Adams das Sonnenmikroskop mit der camera obscura zu verbinden und zur Nachtzeit durch eine Lampe zu erleuchten; 1774 erfand sein Sohn das eigentliche, das Auge viel weniger anstrengende Lampenmikroskop, von dem Sonnenmikroskope im Wesentlichen nur darin verschieden, daß es nicht von der Sonne, sondern von dem Lichte einer Lampe erleuchtet wird; dasselbe fällt zunächst auf eine convexe Linse, wird von dieser einem Hohlspiegel zugeschickt, und erst von diesem auf den Gegenstand geworfen, der dadurch stark beleuchtet wird; von da gehen die Lichtstrahlen noch durch drei Linsen, bevor sie ein Bild entwerfen. Von dem Hydro-Oxygengas-Mikroskope, bei welchem die Beleuchtung des Gegenstandes nicht durch gewöhnliches Lampenlicht, sondern durch das außerordentlich glänzende Drummond'sche Licht geschieht, welches entsteht, wenn ein vereinigter Strom von Wasserstoff- und Sauerstoffgas (in demjenigen Mischungsverhältnisse, in welchem die Gasarten Knallgas oder Wasser bilden) auf ein Stückchen Kalk trifft, welches dadurch in ein lebhaftes Glühen versetzt wird, ist in diesen Blättern schon mehrfach die Rede gewesen, weshalb wir uns hier begnügen können, auf diese frühern Mittheilungen zu verweisen.

Die zusammengesetzten Mikroskope sind mit einem Gestelle versehen, welches dazu dient, um mittels einer Schraubenvorrichtung die Gegenstände in die richtige Stellung zum Auge zu bringen und darin zu erhalten. Die Gegenstände werden auf ein Tischchen gebracht, welches so eingerichtet ist, daß es ein Glas, auf welches Tropfen von zu untersuchenden Flüssigkeiten gebracht werden, und ferner einen Aufsatz mit zwei Hohlgläsern, zwischen denen kleine lebende Thiere eingesperrt werden, aufnehmen. Die Beleuchtung wird durch einen besondern Beleuchtungsapparat verstärkt, der im Allgemeinen aus einem Hohlspiegel oder einer größern Sammellinse besteht; bei geringen Vergrößerungen reicht oft schon das gewöhnliche Sonnen- oder Lampenlicht hin. In den meisten Fällen zieht man dem Tages- oder unmittelbaren Sonnenlichte das Kerzen- oder Lampenlicht bei Nacht oder in einem verfinsterten Zimmer vor; doch gewährt nicht selten bei Tage das reflectirte Licht weißer Wolken oder einer weißen Mauer eine vortheilhafte Beleuchtung.

Die Künstler pflegen den von ihnen verfertigten Instrumenten kleine Gegenstände beizulegen, die zwischen Glasplatten eingeschlossen sind, um sie gegen äußere Verletzungen zu schützen; indessen ist es nicht vortheilhaft, die zu beobachtenden Gegenstände zwischen zwei Glasplatten zu legen, weil die obere derselben den Gegenstand verdunkelt und wol gar entstellt. Jene Gegenstände dienen eigentlich nur für Solche, die sich mit dem Mikroskope unterhalten wollen, nicht aber für wissenschaftliche Untersuchungen; sie könnten jedoch dienen, die Schärfe oder Klarheit der verschiedenen Mikroskope zu vergleichen, wenn die Künstler untereinander übereinkämen, in ihren Schiebern immer dieselben Gegenstände einzulegen. Als solche Probeobjecte sind namentlich zu empfehlen: Flügel der gemeinen Hausfliege und der Mücke; Haare von Menschen, noch besser von dem Rücken einer Haus- oder Feldmaus, Schuppen von dem Flügel eines gemeinen weißen Schmetterlings, von der gemeinen Pelz- oder Kleidermotte oder von dem Brillantkäfer; ferner von undurchsichtigen Gegenständen: ein kleines Stück von dem Flügel des erwähnten weißen Schmetterlings; ein dünnes Scheibchen vom Stengel von türkischem Weizen oder von Hollundermark; ein kleines Stück einer Flügeldecke vom erwähnten Brillantkäfer. Bei den Fliegenflügeln erkennt man bei einer Vergrößerung von 15—20 (im Durchmesser) schon die Randhaare, bei einer von 60—100 die Einfügung dieser Haare in den Rand des Flügels und die Basis derselben, bei einer von 200—240 endlich erkennt man sie als hohle gestielte Körper. Die feinen Linien und Schuppen der Kleidermotten erkennt man nur bei einer sehr starken Vergrößerung und der höchsten Lichtstärke in den besten zusammengesetzten Mikroskopen, aber seltsamerweise ungleich leichter mit einfachen Linsen von weit geringerer Vergrößerung.

Die Marquesasinseln.

Eine der bekanntesten Gruppen der Südsee sind die Marquesas- oder Mendanainseln, die schon 1595 von den Spaniern entdeckt, aber erst von Krusenstern, der 1804 hier landete, genauer beschrieben wurden. Der französische Schiffscapitain Abel Dupetit-Thouars, welcher sie erst kürzlich als Commandant der Fregatte Venus besucht hat, theilt folgende Nachrichten über dieselben mit:

„Am 1. Aug. 1838 kamen wir nach ruhiger Fahrt in einem stillen und einsamen Meere im Gesichte der Insel Madalena an. Diese ist die südlichste und zugleich östlichste des ganzen Archipels der Marquesasinseln, welcher eigentlich aus zwei verschiedenen, sich von SO. nach NW. erstreckenden, zwischen 7° 50′ und 10° 32′ südlicher Breite und 140—143° westlicher Länge von Paris liegenden Gruppen besteht. Alle sind vulkanischen Ursprungs und sehr hoch, sodaß sie bei schönem Wetter schon auf 15—20 Lieues gesehen werden können. Theils wegen dieser gemeinschaftlichen Merkmale, theils wegen der Sprache und der Sitten ihrer Bewohner hat man genöthigt, sie als einen einzigen Archipel zu betrachten. Den Namen Marquesas de Mendoça legte ihnen im J. 1595 ihr erster Entdecker, Mendana, zu Ehren des Marquis von Men-

doça, damaligen Vicekönigs von Peru, bei, welcher diese Expedition angeordnet hatte. Die südliche Gruppe wurde zuerst entdeckt; sie besteht aus folgenden fünf Inseln, von Süden angefangen: Madalena oder O-Hitaoya; Cristina oder O-Hitao; San-Pedro oder O-Nateaya; Dominica oder O-Hivaoa; Hood oder Fétu-Huga. Die letzte wurde erst 1774 von Cook entdeckt; dieser benannte sie nach dem Namen des Seecadetten (nachmaligen Lords der Admiralität), der sie zuerst signalisirte. Die Inseln San-Pedro und Hood sind nicht bevölkert; Madalena enthält 2—3000, Dominica 6500, Cristina 1000—1500 Einwohner. Die nordwestliche Gruppe, die Washingtons- oder Neu-Marquesasinseln, besteht aus sechs Inseln: Roa-Poua, Roa-Huga, Nu-ka-hiwa, Chanal, Massa, Hergest, von denen die letzte die westlichste ist. Nur die drei ersten sind bewohnt; die dritte hat 4—5000, die beiden andern 2—3000 Einwohner, wonach die Gesammtbevölkerung der Marquesas nicht über 20—25,000 Seelen beträgt. Die letztere Gruppe wurde erst 1791 entdeckt, und zwar angeblich von Marchand, fast gleichzeitig aber, wo nicht einige Monate früher, von dem Nordamerikaner Ingraham.“

„Als wir uns der südöstlichen Spitze der Insel Madalena genähert hatten, welche von einem bemerkenswerthen hohen und fast senkrecht abfallenden Berge gebildet wird, entdeckten wir im Westen ein reizendes Thal, das eine kleine Bucht und einen Ankerplatz bildet; die Ufer und der Hintergrund dieser Bucht waren mit der glänzendsten Vegetation geschmückt und mit einer Menge indianischer Hütten bedeckt, die dem freundlichen Bilde Leben gaben. Bald waren wir von Kähnen verschiedener Größe umgeben, von denen einige besonders zierlich waren; die darin befindlichen Eingeborenen ließen sich nicht lange bitten, an Bord zu kommen. Im Allgemeinen waren alle häßlich und mit skrophulösen Geschwülsten bedeckt. Sie schienen an den Besuch der Fahrzeuge gewöhnt; mehre konnten ein paar Worte englisch; einige zeigten uns sogar Certificate von Schiffscapitainen, unter denen sie als Matrosen auf englischen oder amerikanischen Walfischjägern gedient hatten. Sie bewogen uns, zum Ankerplatze zu kommen, wo wir reichliches Wasser, Früchte und hübsche Frauen fanden. Übrigens war der Besuch jener Eingeborenen, die nichts zu tauschen mitgebracht hatten, für uns weder angenehm noch nützlich. Sie sind keine Wilden mehr und haben die Originalität ihres Geschlechts, aber von der Civilisation nichts als die Schattenseiten angenommen. Ihre halbbekleidete Nacktheit ist widerwärtig; die wenigen Kleidungsstücke, deren sie sich bedienen, sind nur Lumpen und beleidigen den Gesichts- und den Geruchsinn gleich stark. In nördlicher Richtung längs der Küste steuernd, fanden wir, eine Stunde von jenem ersten Thale entfernt, eine zweite, ebenfalls sehr hübsche und, nach der großen Menge von Hütten zu schließen, stark bevölkerte Bucht, wo wir jedoch keinen Besuch von den Eingeborenen erhielten. Später kamen unweit der Insel Dominica drei Piroguen zu uns, auf denen sich halbnackte Bewohner dieser Insel befanden, die sich ziemlich intelligent zeigten. Im Westen dieser Insel sahen wir einen ansehnlichen, in weiter Entfernung sichtbaren Wasserfall.“

„Als wir an der Insel Cristina in der Bai d’Amanoa vor Anker gegangen waren, kam der König der Insel zu uns an Bord, begleitet von zwei Häuptlingen und seinem kleinen Sohne, den er mir als Geisel lassen wollte. Der König nennt sich Yutati und ist von riesigem Wuchse, aber ebenso auffallend dick. Er ist fast schwarz, vom Kopfe bis zu der Füßen tätowirt und geht nackt; sein Gesicht ist so wohlwollend und freundlich, daß man sich kaum überreden kann, daß er ein Häuptling von Menschenfressern sei, deren schreckliche Mahlzeiten er übrigens nicht theilen soll. Was seine Aufmerksamkeit am meisten zu erregen schien, war die Größe des Schiffes, der Anblick seiner Batterien und die zahlreiche Schiffsmannschaft. Ich sagte dem Könige, daß ich ihn mit vier Kanonenschüssen begrüßen würde, was ihm große Freude verursachte; er äußerte den Wunsch, die Schüsse abfeuern zu sehen, und da ich ihm sagte, daß man die Schüsse erst nach dem Weggange der Person, welche man begrüßen wolle, abzufeuern pflege, bat er mich, zu gestatten, daß wenigstens zwei Schüsse noch in seiner Anwesenheit abgefeuert werden möchten, was ich gern zugestand. Der erste Minister wünschte die Kanonen selbst abzufeuern und wurde gleichfalls befriedigt. So lange die Fregatte vor Anker liegen blieb, kam der König Yutati täglich an Bord, wo er sowol frühstückte als das Mittagsmahl einnahm. Seine Manieren hatten nichts Lächerliches oder Linkisches; er war nicht beschwerlich und gab sich Mühe, uns nachzuahmen und nichts uns Mißfälliges zu thun."

„Gleich in der ersten Zeit unsers Aufenthalts erwiederte ich den Besuch des Königs, der mich beim Landen empfing und in seinen Palast führte. Dieser besteht in einer großen Hütte, etwa 60 Fuß lang und 10—12 breit, und steht wie alle andern auf einer vierseitigen steinernen Plateform, die sich etwa drei Fuß über den Boden erhebt. Im Innern befindet sich an jedem Ende der Hütte eine Erhöhung; diese beiden Plätze sind für den König vorbehalten. Der übrige Raum ist in zwei fast gleiche Theile getheilt und der eine derselben mit trockenem Grase bedeckt, auf welchem Matten ausgebreitet sind, die als gemeinschaftliche Schlafstätte dienen. Als ich eintrat, fand ich die Königin, des Königs Tochter und mehre andere Frauen auf der Erde liegend und in eine Art Mantel gehüllt; ihnen gegenüber kauerten auf den Steinen eine Menge Neugieriger. Der König schenkte mir eine Art Diadem von Hahnenfedern und unterhielt sich mit mir durch Vermittelung unsers Lootsen; er that eine Menge Fragen über Frankreich, seinen König, die Zahl seiner Schiffe u. f. w."

„Nachdem ich den König verlassen, erging ich mich im Dorfe; es besteht aus 30—40 Hütten, die an der Küste und an den Seiten des Thales, welches die Verlängerung dieser Bucht bildet, zerstreut sind. Die Bevölkerung desselben mag sich auf 150—200 Personen belaufen, worunter ein Dutzend Europäer und zwar Engländer, Spanier und Franzosen. Ich sah nichts Bemerkenswerthes als ein neues Moraï, d. h. Grabmal für die Überreste einer der Frauen des Königs, die vor acht Tagen gestorben war. Es hatte Ähnlichkeit mit einer Hütte oder einem Schuppen; die westliche Seite und die Enden nach Nord und Süd waren ganz offen; roth und blau bemalte Pfeiler trugen das Dach. Dieser Ort war tabu, d. h. es war nicht erlaubt, sich ihm zu nähern; übrigens mußte der üble Geruch, den er weithin verbreitete, alle Lust, ihn aus der Nähe zu sehen, benehmen. Der letzte Umstand zeigte uns, daß die Insulaner ihre Todten weder verbrennen noch einbalsamiren, was demnach die Polynesier wol überhaupt nicht thun. Ich bemerkte ferner, daß die jungen Leute sehr wenig tätowirt waren, und glaube gehört zu haben, daß dieser Gebrauch nicht mehr so allgemein als ehedem sei. Unter Andern sah ich mehre

junge Mädchen, worunter eine von hübschem Gesichte und anmuthigen Formen; fast bei allen waren Füße und Hände tätowirt, aber nur bei einigen Lippen und Stirn in der Nähe der Haarwurzeln; aber Alle hatten ein kränkliches Aussehen und waren fast ohne Ausnahme sehr schmuzig."

„Vor meiner Einschiffung ließ mich der König mit seiner ganzen Artillerie begrüßen, die in einer alten halb im Sand vergrabenen Caronade bestand. Als er das nächste Mal an Bord kam, ließ ich ihn vom Kopfe bis zum Fuße mit einer französischen Uniform bekleiden, worüber er ganz glücklich war. Er ging mit stolzer Haltung einher, besah sich im Spiegel und stieg auf das Verdeck, um gesehen zu werden. Außerdem erbat er sich eine Flagge; ich gab ihm eine mit rothen und weißen Quadraten, und schon am folgenden Tage ließ er sie unter großen Festlichkeiten neben seiner Hütte aufpflanzen."

Ein neues Brennmaterial.

Nachstehender Artikel der in Petersburg erscheinenden „Nordischen Biene", dessen Angaben sich freilich erst noch weiter bestätigen müssen, wird auch unsern Lesern von Interesse sein.

Während Hr. Weschniakoff sich mit den Forschungen zur Anwendung des Mechanismus des von ihm erfundenen Kraftmessers beschäftigte, ist es ihm gelungen, ein neues Heizungsmittel zu erfinden, welches einen weit größern Hitzegrad enthält und ungleich weniger Raum einnimmt als die besten Steinkohlen. Hr. Weschniakoff hat dieser Substanz den Namen Carboleïn gegeben. Er gab ein Quantum dieses Materials dem Capitain Waters, Befehlshaber des Dampfschiffes Sirius von 320 Pferdekraft, mit, um damit Versuche im Großen auf dem Meere während der Fahrt von Kronstadt nach London anzustellen. Von diesem Capitain und dessen erstem Ingenieur, Hrn. Dinnen, ist nachstehender officieller Bericht eingegangen: „Am 22. Oct. 1840 (zwischen Kronstadt und Kopenhagen) wurden auf dem Sirius Versuche mit einem neuen Feuerungsmaterial in Vergleich mit den besten englischen Steinkohlen, wie selbige auf diesem Dampfboote immer gebraucht werden, angestellt. Das Quantum Steinkohlen war genau dasselbe, welches immer verbraucht wird, nämlich sieben Pfund in einer Stunde auf eine Pferdekraft; dabei machte das Rad der Maschine in einer Minute zwölf Umdrehungen; der Hitzegrad des Condensators war 90 Grad, der Grad der Elasticität des Dampfes $27\frac{1}{2}$—28 Zoll, der Gang des Fahrzeuges in einer Stunde $6\frac{1}{2}$ Meilen, und der Druck des Dampfes auf den Quadratzoll fünf Pfund. Nach genauer Bestimmung dieser Angaben wurden an demselben Tage auf dem Sirius Versuche mit dem Carboleïn angestellt. Zum größten Erstaunen des Capitains Waters und des Hrn. Dinnen verbrannten in einer Stunde auf eine Pferdekraft nur ein halb Pfund Carboleïn, wobei sich das Rad 13 Mal in Minute drehte und das Schiff sieben Meilen in einer Stunde zurücklegte, d. h. um eine halbe Meile schneller als beim Gebrauche der Steinkohlen. Alle übrigen Bedingungen, wie der Hitzegrad im Condensator, die Elasticität des Dampfes u. f. w. waren vollkommen dieselben." Capitain Waters und Ingenieur Dinnen schreiben, daß die durch dieses neue Feuerungsmaterial hervorgebrachte Flamme so stark war, wie sie selbige in ihrem Leben nie gesehen haben, und in weniger als einer halben Stunde waren sie genöthigt, selbige um ein Drittel im Verhältnisse zu der, welche Steinkohlen geben, zu verringern. Außerdem schreiben sie, daß die gegenwärtigen Öfen der Dampfmaschinen für das kräftige Feuer des neuen Heizungsmittels offenbar viel zu groß sind, denn ein bedeutender Theil der vom Carboleïn erzeugten Hitze geht in den zur Steinkohlenfeuerung eingerichteten Öfen verloren. Wird man also bei den neu zu erbauenden Dampfmaschinen die Öfen nach Berechnung des Hitzegrades des Carboleïn verkleinern, so wird davon noch weniger aufgehen als diesmal auf dem Sirius. Ein englischer Cubikfuß der besten Steinkohlen wiegt 54^{714}/$_{1000}$ Pfd. und ein eben solches Maß Carboleïn 53^{712}/$_{1000}$ Pfd.; folglich nehmen 4,480,000 Pfd. Steinkohlen im Raume des Dampfschiffes 81,884 Cubikfuß ein, dagegen 2,880,000 Pfd. Carboleïn nur 51,694 Cubikfuß bedürfen, wobei folglich 30,190 Cubikfuß im Raume erspart werden. Dieser gewonnene Platz kann mit Waaren gefüllt oder zum Unterbringen von Reisenden verwendet werden. Der billigste Preis für den Waarentransport aus England nach Amerika ist 2½ Schillinge für einen Cubikfuß, und eben so viel für die Rückfracht, also hin und zurück 5 Schill. für den Cubikfuß und für 30,190 Cubikfuß 7547 Pf. St. Dies ist der Vortheil, welchen die mit dem Feuerungsmaterial des Hrn. Weschniakoff versehenen Dampfschiffe auf jeder Fahrt nach Amerika und zurück erhalten werden. Von diesen 7547 Pf. St. müssen 643 Pf. St. abgezogen werden (in diesem Verhältnisse ist das gleiche Quantum Carboleïn bei der jetzigen nicht billigen Anfertigung desselben als Steinkohlen theurer); nehmen wir nun noch an, daß bei jeder Reise nach Amerika und zurück in ungünstigen Fällen 1904 Pf. St. verloren gehen, wenn z. B. nicht alle Plätze mit Waaren verladen oder mit Passagieren besetzt sind, so finden wir selbst dann noch, daß bei jeder Reise nach Amerika und zurück der reine Vortheil 5000 Pf. St. betragen wird. Alles dieses würde unglaublich scheinen, wenn nicht die unbestreitbaren Zahlen für die Sache sprächen. Das Gegentheil ist mathematisch unmöglich. Hr. Weschniakoff hat bereits auf dieses neue von ihm erfundene Feuerungsmaterial in ausländischen Staaten Privilegien erhalten und mit mehren bedeutenden Dampfschifffahrtscompagnien in England, Frankreich und Amerika Verbindungen angeknüpft. Der Vortheil, den er durch diese neue Erfindung von den oben erwähnten Compagnien erhalten wird, besteht nach den bis jetzt getroffenen Bedingungen in einem Drittheile des reinen Gewinnes, den die Fabrikanten und Schiffseigenthümer erhalten, und dieser Vortheil wird offenbar unermeßlich sein, da der Gewinn von einem einzigen Schiffe im Laufe von 14 Jahren des Privilegiums für diese Erfindung gegen 12 Mill. Rubel beträgt.

Der Katafalk in der Invalidenkirche.

Herausgegeben unter Verantwortlichkeit der Verlagshandlung F. A. Brockhaus in Leipzig.

Das Pfennig-Magazin

für
Verbreitung gemeinnütziger Kenntnisse.

421.] Erscheint jeden Sonnabend. **[April 24, 1841.**

Jacquard, der Erfinder des Webstuhls.

Jacquard, der Erfinder des nach ihm benannten weit= verbreiteten Seidenwebstuhls, dem die Stadt Lyon als ihrem größten Wohlthäter vor kurzem (am 16. Aug. 1840) auf dem Platze Sathonay eine von dem lyoner Künstler Foyatier gefertigte Statue hat setzen lassen, kann als der Gutenberg der Seidenweberei angesehen werden. Das lange und lang dunkle Leben dieses merkwürdigen Mannes fällt zwischen die Jahre 1752 und 1834. Das Verdienst seiner Entdeckung würde lange verkannt und selbst bestritten, wie dies so häufig mit Erfindungen und Erzeugnissen des Genies der Fall ist. Aber Unwissenheit und Neid mußten endlich schweigen, und er war auch so glücklich, bei seinem Leben noch Zeuge des unendlichen Nutzens seiner Er= findung zu sein; denn ehe er starb, war sie nicht allein in ganz Europa, sondern auch in Amerika, in Vorder= asien und selbst in China eingeführt. In allen Län= dern hat seine Erfindung nicht blos dieselbe Gestalt, sondern auch denselben Namen; in Kaschmir, in Manchester, in Philadelphia, in Moskau, in Zürich, Elberfeld und Berlin, wie in Lyon, seiner Vaterstadt, heißt sie der Jacquard'sche Webstuhl.

Man hat lange geglaubt, Jacquard's Webstuhl beschränke sich auf die Verfertigung façonnirter Seiden= stoffe; dies ist aber ein Irrthum. Sein Webstuhl macht auch das Weben einfacher Stoffe, der étoffes unies, viel leichter und schneller als ehemals. Jac= quard's Webstuhl schaffte die vielen Pedale ab, und ließ nur eines bestehen. Allerdings aber ist er für die Verfertigung façonnirter Stoffe von weit größerer Wich= tigkeit. Dies wird begreiflich, wenn man weiß, wie es vorher mit der Fabrikation derselben zuging. Am alten Webstuhle hingen in allen Richtungen eine Menge Schnüre, Werkzeuge und Federn von verschiedenen For= men und Größen. In der Mitte aller dieser Anhängsel saß wie eine große Kreuzspinne der Weber, und seine Füße hatten überdies mit einer Menge Pedale zu thun, von denen er eines nach dem andern in Be= wegung setzen mußte. Die Schnüre, welche senkrecht auf das Gewebe herabhingen und mit dessen Fäden in Ver= bindung standen, wurden durch Stricke in Bewegung gesetzt, welche ein zweiter Arbeiter hielt, der sogenannte Tireur de lacs oder Schnurzieher, eigentlich nur eine lebende Maschine. Er mußte den ganzen Tag in der gezwungensten Stellung neben dem Weber kauern und immer zu dessen Verfügung sein. Wenn eine der Schnüre in Bewegung gesetzt werden sollte, so gab dies der Weber durch eine Art Grunzen zu erkennen, und wehe dem armen Tireur de lacs, wenn er nicht gleich und pünktlich gehorchte: ihm war ein Fußtritt von dem Weber gewiß, der wie ein Monarch auf sei= nem Sitz herrschte und den Tireur wie einen Paria behandelte. Da diese Unglücklichen sehr schlecht bezahlt waren, so wurden oft Kinder dazu genommen; diese gingen aber bald physisch und moralisch unter oder versanken in einen kretinähnlichen Zustand. In seiner Jugend war Jacquard auch Tireur de lacs bei seinem Vater, und wurde mit Abscheu vor diesem Geschäft erfüllt. Tag und Nacht dachte er darauf, wie er das Geschick dieser Unglücklichen erleichtern oder sie ganz entbehrlich machen könnte. Es ist ihm vollständig gelungen, freilich erst spät, erst in seinem funfzigsten Jahre. Mit dem Jacquard'schen Webstuhle genügt nicht blos Ein Arbeiter, wo ehemals zwei oder gar drei nöthig waren; jetzt braucht nur Ein Pedal in Bewegung gesetzt zu werden; der sinnreiche Mechanismus ist oben über dem Webstuhl, und leitet von da die Schnüre und die Fäden des Gewebes; er ist ganz unabhängig vom Weber, und dieser hat nichts zu besorgen als sein Gewebe. Höchstens braucht jetzt der Weber bei dem schwersten und complicirtesten façonnirten Stoff so viel Geschick als ehemals einer am alten Webstuhle für ganz einfache Stoffe. Sehr wichtig und zeitersparend ist es auch, daß jetzt nicht mehr wie ehemals die ganze Vorrichtung geändert werden muß, wenn man eine andere Zeichnung zum Weben vornimmt. Jetzt braucht nur ein anderer Carton eingesteckt zu werden, so führt der Webstuhl aufs genaueste die Zeichnung aus, sie mag größer oder kleiner, schmaler oder breiter sein. Die industriellen und commerciellen Resultate der Jacquard'schen Erfindung sind unermeßlich und würden es alle Tage mehr werden, wenn jetzt nicht durch Amerikas Handelskrisen und die Concurrenz Englands, Deutschlands und der Schweiz die lyoner Seidenfabrikation sehr gesunken wäre. Im Jahre 1834, wo allerdings die letztere viel besser stand als jetzt, stellte man folgende Berechnung an. Kurz vor der Einführung des Jacquard'schen Webstuhls zählte man in Lyon 5—6000 Stühle für façonnirte Stoffe aller Art. Auf jedem wurden mit Mühe täglich zwei Ellen gewoben, also ungefähr 12,000 Ellen; dazu wurden für jeden Stuhl zwei, also zusammen 12,000 Arbeiter verwendet. Jetzt (1834) kann man zu gewöhnlicher Zeit 15,000 Webstühle für façonnirte Zeuche rechnen, wo auf jedem bis vier Ellen Stoff täglich gewoben werden, und zwar von 15,000 Personen. Mit einem Mehr von 300 Arbeitern, die zu der alten Zahl von 12,000 kommen, werden täglich 33,000 Ellen gewonnen. Rechnet man die Elle nur zu fünf Francs, so zeigt sich, daß Jacquard dem Lande, der Seidenindustrie und dem Handel täglich einen Mehrerwerb von 99,000 Fr., also jährlich von 30 Millionen verschafft hat.

Man hat in Frankreich oft die Frage aufgeworfen: ist das Genie eine Gabe der Natur oder wird es erworben? Jacquard kann für beide Meinungen angeführt werden. Kaum konnte er sich als kleiner Knabe seiner Hände bedienen, so war er auch schon Tag und Nacht daran, hölzerne Häuser, Hausgeräth, Thürme, Kirchen, Mühlen und andere ähnliche Gegenstände zu bauen. Dieser mechanische Verstand war beim Knaben Instinct; aber bei der Erfindung seines Webstuhls war es anders. Dreißig Jahre lang mußte er darüber nachdenken, und nur durch unermüdliche Beharrlichkeit brachte er ihn zu Stande. Seinem ganz ungebildeten Geiste mußte eine gewaltige Kraft inwohnen, um ganz allein, ohne mechanische Vorkenntnisse, ohne wissenschaftliche Hülfe nicht nur die Lösung der mathematischen Probleme zu finden, sondern auch seine Gedanken Andern mittheilen zu können, ihnen alle Stücke seiner neuen Maschine und das Spiel derselben begreiflich zu machen. Endlich stand also der Jacquard'sche Webstuhl in der Hauptsache da. Dabei aber blieb es nicht. Im Jahre 1804 hatte die Gesellschaft der Künste in London einen ungeheuern Preis für die Erfindung eines Webstuhls ausgesetzt, auf welchem Netze zur Fischerei

verfertigt werden könnten, die bisher nur Handarbeit waren. Die französische Gesellschaft zur Aufmunterung des Gewerbfleißes setzte für dieselbe Entdeckung eine goldene Medaille aus. Jacquard hätte gern diese nationale Auszeichnung erhalten, an der ihm mehr lag als am englischen Geldpreis. Er machte nach seiner Gewohnheit selbst die Werkzeuge zu seinen Versuchen. Oft stand er mitten in der Nacht auf, um einen Gedanken auszuführen, der ihm eben gekommen war. Seine Bemühungen waren aber von keinem Erfolg, und er hatte sie schon mehre Monate liegen lassen. Indessen hatte der Präfect des Rhonedepartements darüber nach Paris berichtet, und die Regierung fürchtete, Jacquard, vom englischen Gelde gelockt, möchte die Erfindung für dieses Land machen. Auf einmal wurde daher Jacquard aufgehoben und mit Bedeckung nach Paris geführt, ein Verfahren in einer Republik, das ziemlich russisch aussieht. In Paris wurde er geradezu ins Conservatorium der Künste gebracht, und da empfing ihn Carnot mit den Worten: „Du willst also machen, was Gott selbst nicht machen kann, einen Knoten mit gespannter Schnur?" Jacquard's Versicherung, daß er in der Sache noch gar nichts geleistet, half nichts. Ihm wurde ein großes Zimmer zum Arbeiten angewiesen, das er nicht verlassen durfte. Dagegen wurden ihm alle Werkzeuge und Arbeiter geliefert und zugegeben; er selbst aber war wie ein Gefangener, denn er durfte ohne Begleitung nicht ausgehen. Er sollte den Webstuhl für Fischernetze ausführen, den er schon in Lyon entworfen hatte. Es gelang ihm, und er arbeitete damit vor den ausgezeichnetsten Gelehrten und Technikern der damaligen Zeit. Schon am folgenden Tage wurde er nicht nur seiner Haft entlassen, sondern erhielt auch die ausgesetzte große goldene Medaille und ward Mitglied des Conservatoriums mit 3000 Francs Gehalt. So entstand seine Pension, die er bis zum Tode bezogen hat, wiewol nicht fortdauernd von der Regierung, sondern von seiner Vaterstadt Lyon. Sie hatte ihn wiederholt von der Regierung reclamirt, weil sie seine Hülfe selbst nothwendig für ihre Fabriken brauchte. Sie übernahm es, ihm seine Pension künftig zu zahlen. Es ist also ein Irrthum, wenn behauptet wird, Jacquard habe für seine wichtige Erfindung nichts von seinem Vaterlande erhalten. Immer aber war dies ziemlich wenig, zumal wenn man es mit Dem zusammenhält, was einige Zeit später in Elberfeld für den Fabrikanten geschah, der dort den Jacquard'schen Webstuhl einführte; auf den Bericht der Landesbehörden erhielt nämlich derselbe von der preußischen Regierung zur Belohnung ein ansehnliches Landgut.

Man hat es Jacquard zum Vorwurf gemacht, daß durch seine Erfindung das Weben mit dem alten Webstuhle, besonders aber die ehemals in Lyon sehr blühende Seidenstickerei sehr gelitten habe. Letztere wurde durch seinen Webstuhl ganz verdrängt, weil er viel mehr leistete als die geschickteste Stickerin. Aber derselbe Sonnenstrahl, der Blüten aufbrechen und Früchte zur Reife kommen läßt, bringt auch andere zum Verdorren und Abfallen. Freilich sind Schaden und Verlust im Einzelnen zu bedauern, sie dürfen aber allgemeine Verbesserungen, die Vermehrung des allgemeinen und öffentlichen Wohls nicht verhindern. Man hat Jacquard auch vorgeworfen, daß er aus seiner Erfindung nicht ein Geheimniß zum Vortheil Lyons und Frankreichs gemacht, daß er sie ins Ausland verbreitet habe. Darauf antwortete vor einigen Jahren ein Lyoner öffentlich die schönen Worte: „Ich begreife, daß in politischer Beziehung zwischen den Ländern und Völkern Grenzen und Scheidungen bestehen; aber für Wissenschaft und Literatur, für Philosophie und Künste gibt es keine Alpen, keinen Rhein und keine Pyrenäen mehr. Gutenberg, Franklin, Watt, Jacquard und andere große Erfinder gehören demselben Lande an. Jenes engherzige und eifersüchtige Gefühl von Nationalität, das für Landsleute Glück und Gedeihen, für Fremde aber Zurückbleiben und wo möglich Elend wünscht, gehört noch in die dunkele, elende Zeit, wo die Völker unter neidischen und argwöhnischen Fürsten nicht anders zu einander kamen, als mit den Waffen in der Hand, um sich so viel Übel als möglich anzuthun. Dies ist noch ein Überbleibsel von dem Kriegs- und Herrschergeist, der von den ältesten Zeiten bis auf unsere Tage gedauert hat, hoffentlich aber auf St.-Helena mit dem berühmtesten Repräsentanten dieser Ideen erloschen ist."

Als Jacquard im Jahre 1801 nach unendlicher Anstrengung seinen wundervollen Webstuhl zu Stande gebracht hatte, ward ihm in Lyon weder Lohn noch Aufmunterung; ja der Schlendrian, die Ungeschicklichkeit und der Egoismus verschworen sich dagegen, sodaß sich die Erfindung nur mit Mühe Bahn brach. Jacquard wurde laut beschuldigt, er verwirre die Seidenfabrikation und bringe die Arbeiter an den Bettelstab; man ging noch weiter und beschuldigte ihn, im Sold des Auslandes zu stehen, das den lyoner Fabriken schaden wolle. Einige Fabrikanten wollten sogar Jacquard persönlich verantwortlich machen für den Schaden, den sie durch Anwendung seines Webstuhls erlitten haben wollten; er wurde deshalb vor den Rath der Prud'hommes gestellt, wo man Schadenersatz von ihm verlangte. Aber mit Verleumdung und ungerechter Klage begnügte man sich nicht: es wurde ihm Tag und Nacht aufgepaßt, man mishandelte ihn und schlug ihn, ja einmal gelang es nur mit Mühe, ihn aus einem Haufen Wüthender zu retten, die ihn schon bis ans Rhoneufer geschleppt hatten, um ihn in den Fluß zu stürzen. Nur nach und nach legte sich der Haß gegen ihn, später ging er in Anerkennung und Dank über. Unter Denen, die jetzt zur Errichtung seiner Statue Bedeutendes beigetragen haben, nachdem sie durch Jacquard's Webstuhl große Summen gewonnen, sind gar manche, die einst den armen verdienstvollen Mann verfolgten.

Jacquard's Uneigennützigkeit ging ins Weite und wurde gar oft gemisbraucht. Als 1804 Napoleon erfuhr, daß Jacquard vom pariser mechanischen Conservatorium für eine jährliche Pension von 3000 Francs mit allen seinen erfundenen und noch zu erfindenden Maschinen nach Lyon übergehen wolle, sagte er mit Erstaunen: "Da ist Einer, der sich mit wenig begnügt." Die Regierung hatte ihm eine Prämie ausgesetzt von jedem Webstuhl, der seinen Mechanismus annehmen würde; nie aber hat er davon Gebrauch gemacht. Fabrikanten wendeten sich oft mit der Bitte an ihn um Werkzeuge zum Weben; gern machte er sie ihnen, sie gebrauchten aber selten daran, sich gegen Jacquard erkenntlich zu zeigen. Beim Dorf Oullins besaß er von seiner Frau ein kleines Gut in reizender Gegend, und da brachte er die letzten Jahre seines Lebens in stillem Wohlthun zu. Hier hatte er die freudige Genugthuung, zu vernehmen, welchen wohlthätigen und bedeutenden Einfluß sein Webstuhl nicht allein auf Lyon, sondern auf die Seidenfabriken in ganz Frankreich und im Auslande hatte; hier erfuhr er, daß seine Erfindung in St.-Etienne zur Fabrikation von façonnirten Seidenbändern, anderwärts zum Weben schöner Wollenzeuche, zu Tafelzeuch, ja in Mühlhausen, Rouen und St.-Quentin selbst zur Verfertigung von Baum-

wollenzeuchen diene und große Reichthümer damit erworben werden. In seiner ländlichen Einsamkeit überraschte ihn das Kreuz der Ehrenlegion, das er ehrte, indem er es bis zu seinem Tode trug. Jacquard starb im 82. Jahr, im August 1834.

Amerikanische Riesenzeitung.

In England begann man zuerst, den politischen Zeitungsblättern ein ungewöhnlich großes Format zu geben, wie namentlich die "Times", der "Sun" und der "Morning Chronicle" zum Beweise dienen können. Ganz kürzlich hat aber in Betreff der Größe der Zeitungen, in welcher indeß wol nicht ein tägliches Blatt erscheinen dürfte, Amerika sein Mutterland durch die Riesenzeitung überflügelt. Von solcher erschien nämlich am Neujahrstage 1841 ein Blatt in Neuyork unter dem Titel: "The new world". Eine Nummer deckt 50 englische Quadratfuß, ist 5½ Fuß hoch und 4½ Fuß breit. Jede der vier Seiten zählt 11 Columnen, die zusammen in ziemlich großem Bourgeois-Druck den Inhalt von drei gewöhnlichen Octavbänden liefern. Unter andern ist auf 6½ dieser 44 Riesencolumnen Ludwig Tieck's "Blaubart" in vollständiger Übersetzung abgedruckt. Man versichert, daß ein Mann mittlerer Größe sich in eine solche "neue Welt" bequem zu hüllen vermöge, ohne daß das Geringste von ihm davon unbedeckt bliebe.

Die chinesischen Würdenträger.

Alle Beamten der chinesischen Regierung, die in der Rangliste figuriren, begreift man unter der allgemeinen Benennung Kuan, welches Wort — wie auch die Zusammensetzung des Zeichens aus Dach, die alle versammelt sind, schon andeutet — zunächst einen Ort bezeichnet, wo öffentliche Geschäfte verhandelt werden. Gewöhnlich fügt man noch ein Synonymum hinzu und sagt Kuan-fu (in Kanton Kun-fu). Ein Beamter vom Civilstande heißt Wen-kuan (literarischer Beamter); einer vom Militairstande aber Wu-kuan (tapferer Beamter). Diese Benennungen sind in China ebenso üblich, wie in Europa das Wort Mandarin, eine Verderbung von Mantri, welches im Alt-Indischen einen weisen Rathgeber und insonderheit einen Minister bedeutet. Mantri ist mit sehr vielen andern Wörtern der Halbinsel diesseit des Ganges in alle bekanntere Sprachen der hinterindischen Halbinsel und des malaiischen Archipels übergegangen; noch jetzt bedient man sich im Birmanenreiche, in Siam, Java und selbst auf den Philippinen dieses Wortes, um höhere Beamte der einheimischen Regierungen oder der Chinesen zu bezeichnen. In jenen Gegenden war es auch, wo die portugiesischen Seefahrer das Wort zuerst aufgriffen und, um es sich mundrechter zu machen, in Mandarim oder Mandarin umbildeten. Im Mandschuischen wird ein chinesischer Beamter Chafan und, wenn er eine höhere Würde bekleidet, Amban genannt.

Seit dem dritten Jahrhunderte unserer Zeitrechnung zerfallen die chinesischen Beamten in neun Classen und jede Classe in zwei Abtheilungen.

Die Würdenträger der ersten und höchsten Classe tragen, wenn große Cour ist, einen kostbaren rothen

*

Stein, sonst aber eine Koralle auf der Mütze. Die erste Abtheilung dieser Classe bilden die Staatsminister; zur zweiten Abtheilung aber gehören die Präsidenten der höchsten Collegien und die Obercensoren oder Oberinquisitoren, denen die Controle über Staat und Kaiser zukommt.

Die gewöhnliche Insignie der Würdenträger zweiter Classe ist eine geblümte Koralle. Erste Abtheilung: die ersten Generalstatthalter oder, wie wir sie nennen, Vicekönige aller Provinzen, und die Vicepräsidenten der höchsten Collegien. Zweite Abtheilung: die geheimen Staatsräthe, die zweiten Generalstatthalter und die Steuerdirectoren jeder Provinz.

Die dritte Classe unterscheidet ein Mützenknopf aus blauem Steine. Erste Abtheilung: die übrigen Staatsräthe und ersten Beisitzer der verschiedenen höchsten Collegien und anderer kaiserlichen Institute; die ersten Gerichtspersonen großer Städte u. s. w. Zweite Abtheilung: die Salzdirectoren u. s. w.

Die vierte Classe gibt ein lichtblauer Stein oder eine Glaskugel zu erkennen. Zu ihr gehören die Assessoren der höchsten Collegien, die Bürgermeister der Städte ersten Ranges u. s. w.

Fünfte Classe. Krystallene Kugel auf der Mütze. Würdenträger: Bürgermeister der Städte zweiten Ranges, kaiserliche Leibärzte, kaiserliche Astronomen u. s. w.

Sechste Classe. Weiße Glaskugel. Beamte: die Secretaire der höhern Behörden; die Adjuncte der Bürgermeister von Städten zweiten Ranges u. s. w.

Siebente Classe. Geblümter goldener Mützenknopf. Beamte: Bürgermeister der Städte vom dritten Range u. s. w.

Achte Classe. Einfache Goldkugel. Beamte: Adjuncte der Bürgermeister in Städten dritten Ranges; zweite Secretaire verschiedener Collegien.

Neunte Classe. Gleichfalls eine einfache Goldkugel. Beamte: Dorfschulzen, niedere Kassenbeamte, Kerkermeister u. dergl.

Die mechanischen Gehülfen an öffentlichen Instituten werden zwar auch als Beamte betrachtet, erhalten aber keine Titel und bilden keine gezählte Classe.

Wenn ein Mandarin wegen eines Rechtsvergehens zur Verantwortung gezogen werden soll, so wird er vor Allem seines Nominalranges baar erklärt. Bei den höhern Würdenträgern (vom ersten bis fünften Range einschließlich) muß diese Degradation dem Verhöre vorangehen.

Wenn höhere Beamte einen Rechtshandel in Ehestandssachen, Schuld- oder Eigenthumssachen u. dgl. bekommen, so dürfen sie nicht persönlich erscheinen, sondern müssen den Proceß durch Bevollmächtigte, die gewöhnlich ihre Subalternen sind, anhängig machen oder führen lassen. In seiner Privatangelegenheit darf der Mandarin kein officielles Schreiben ausfertigen.

Wer in seinem Amte Bestechung annimmt, der wird entweder cassirt oder nicht cassirt; das Letztere vielleicht öfter, weil die Regierung gern ein Auge zudrückt. Dem Buchstaben des Gesetzes nach muß jeder eines solchen Vergehens schuldig befundene Beamte (oder vielmehr Erbeamte, da er als überwiesener Verbrecher dem Staate nicht mehr dienen darf) die empfangene Summe zurückstellen. Hat er monatlich ein Schi (120 chinesische Pfund) an Reis bezogen, und die Bestechung kommt nur höchstens einer Unze Silber gleich, so empfängt er daneben 70 Stockprügel; beträgt die Summe 80 Unzen, so wird er strangulirt. Wenn sein monatlicher Gehalt geringer als ein Schi war, so

muß er wenigstens 120 Unzen angenommen haben, wenn die Todesstrafe ihn treffen soll.

Die Besoldung der Beamten besteht theils in Geld, theils in Naturalien: das erstere ist oft eine wahre Kleinigkeit; die letztern aber werden desto reichlicher verabreicht. Kein Beamter, von welchem Range er auch sei, kann in seiner heimatlichen Provinz eine Anstellung bekommen, und Alle müssen sich periodische Versetzungen gefallen lassen, damit sie nicht in zu nahe Verhältnisse zu ihren Untergebenen treten. Die Vergehungen höherer Würdenträger werden von besondern kaiserlichen Commissarien untersucht.

Reiseskizzen aus einigen griechischen Inseln. *)

1. Tenos.

Wir landeten, nachdem ein ziemlich heftiger Wind unsere Fahrt verzögert, im Hafen der Insel Tenos, welche, zur Gruppe der Cykladen gehörig, zwischen Andros, Mykonos und Syros liegt. Die Haupt- und Hafenstadt heißt eigentlich St.-Nicolo und bestand im 17. Jahrhunderte erst aus ein paar Häusern; seit Besitznahme der Insel durch die Türken zu Anfang des 18. Jahrhunderts aber haben sich die Einwohner von Kastro oder Exoburgo, wo der venetianische Gouverneur seinen Sitz hatte, fast sämmtlich hieher gezogen. Die Insel wird von einer langen Kette hoher und rauher Berge gebildet, die nur auf der Südost- und Ostseite Raum für einige Thalebenen läßt. Da das Gebirge aber dem größten Theile nach aus Schiefer besteht, der an der Luft verwittert und zerbröckelt, und da es auch nicht an Quellen fehlt, so hat der Fleiß der Bewohner dasselbe bis fast zum Gipfel hinauf zu Terrassen umzugestalten und anzubauen gewußt.

Sobald wir eine Wohnung gefunden hatten, mietheten wir Maulthiere, um sogleich den Weg nach Exoburgo anzutreten, welches anderthalb Stunden von der Stadt auf einer hohen Felsspitze liegt. Unsere gewandten Maulthiere trugen uns sichern Schrittes auf holprigem Wege die steilen Anhöhen hinan. Überall erblickte das Auge wohlangebaute kleine Äcker, Weinreben, die sich an den Mauern der Terrassen hinaufrankten, auch Feigenbäume hie und da. Üppiges, fröhliches Grün sahen wir noch in Schluchten und Klüften, in welchen kleine Gießbäche niederrauschten; in dem feuchten Kies ihrer Betten wucherte Schilf und blühender Oleander, an ihrem Rande erblickten wir Weidenbäume, die sonst in Griechenland selten sind und uns an die Ufer deutscher Flüsse und Bäche erinnerten. Unter solchen Betrachtungen über die Beschaffenheit des Landes erreichten wir Exoburgo, das seit der Revolution vollends ganz verödet ist und nur noch etwa zwölf Familien zum Aufenthalte dient. Von der Burg, die ehemals der venetianische Gouverneur bewohnte, sind nur noch Trümmer vorhanden; von dem hohen Felsen aus, den sie krönte, sieht man bei hellem Wetter die sämmtlichen Inseln des ägäischen Meeres um sich liegen. In Exoburgo befindet sich ein Jesuitenkloster; wir fanden einen Prior aus Sicilien, der sich schon seit 1822 in demselben befindet, einen jungen Pater, der erst vor zwei Jahren von Lithauen hieher gesandt worden, und einen dienenden Bruder. Bereitwillig zeigten sie uns ihre kleine Bi-

---

*) Im Auszuge aus L. Roß' „Reisen auf den griechischen Inseln des ägäischen Meeres" (erster Band, Stuttgart 1840).

bliothek, die meist aus ältern kirchlichen Schriften bestand; die Urkunden und Handschriften waren leider bei Aufhebung des Ordens abhanden gekommen. Ein Franziskanerkloster, das eine Viertelstunde entfernt ist, ließen wir unbesucht. Von Exoburgo westwärts reitend, gelangten wir in ein von einem Bache durchströmtes Thal, das sich endlich zu einer Ebene erweitert. Die Gegend ist hier mit Dörfern wie übersäet, die meist von Katholiken bewohnt werden. An den Kirchen, die durch ihre durchbrochenen Thürme an heimatliche Gegenden erinnerten, ist der Marmor verschwendet, Fenster- und Thürgewände, Fußböden, Säulen, selbst Dächer sind aus diesem Steine gehauen. Die Häuser in den Dörfern stehen sehr dicht aneinander und sind oft in niedrigen Bogen quer über den schmuzigen Weg gebaut; sie haben meist platte Dächer, kleine Erker und Freitreppen und Fenster mit Marmorgewänden von mannichfachen Formen; Cypressen, Pappeln und Maulbeerbäume stehen um sie herum, während Weinreben sich an den Wänden hinaufranken. Weiber und Kinder saßen vor den Häusern, mit dem Haspeln von Seide und Baumwollspinnen oder andern häuslichen Verrichtungen beschäftigt. Besonders eigenthümlich sind die Taubenhäuser, die auf der ganzen Insel zerstreut im Felde stehen; sie haben die Gestalt von kleinen viereckigen Thürmchen mit platten Dächern, die öfters noch durch Zinnen verziert sind; das Erdgeschoß dient zur Wohnung oder andern ökonomischen Zwecken, während die Wände des obern mit Öffnungen für die Tauben durchbrochen sind, welche allerlei regelmäßige Figuren bilden. Die Tauben werden im Herbste geschlachtet, eingemacht und nach Konstantinopel und anderwärts hin versandt. Auf unserm Rückwege nach der Stadt sprachen wir noch bei dem katholischen Bischofe ein, der in dem Dorfe Xynara residirt, konnten jedoch von ihm über das Vorhandensein wichtiger Urkunden, welche zur Aufhellung der Geschichte des Mittelalters geeignet gewesen wären, nichts erfahren. Auf einem andern Ausfluge längs der Westseite der Insel, den wir am folgenden Tage unternahmen, fanden wir die Abhänge des Gebirges weniger gut angebaut; an einigen Stellen tritt weißer oder bläulicher Marmor zu Tage, von welchem an mehren Punkten der Insel Brüche betrieben werden. Die Ruinen eines alten Wartthurmes von weißlichem Marmorschiefer, dergleichen auf den griechischen Inseln häufig gefunden werden, waren das Ziel dieses Ausflugs.

Da der heftigste Nordwind unsere Abfahrt von Tenos unmöglich machte, so blieb uns noch Zeit, die seit einem Jahrzehend so berühmte Wallfahrtskirche der Evangelistria (Notre Dame de la bonne annonciation) zu besehen, die fünf Minuten nördlich von der Stadt liegt und von ihren weitläufigen Nebengebäuden umgeben ein seltsames Ganze bildet. Der Anlaß zum Bau derselben ist ein in Griechenland bei ähnlicher Gelegenheit oft geübtes angebliches Wunderwerk. Im J. 1824 nämlich träumte eine Nonne, auf der jetzigen Stelle des Klosters sei ein Muttergottesbild vergraben; da man nachgrub, fand man natürlich das Bild. Scharen von frommen Pilgern aus Kleinasien und der Türkei strömten nun unablässig herbei, von deren reichlichen Spenden die große Kirche nebst Seitengebäuden, sowie Hospital und Schule während des griechischen Freiheitskrieges erbaut wurden und noch erhalten werden. Die Kirche ist meist aus Marmor, theils aus den Brüchen von Panormos auf der Insel selbst, theils aber aus den Ruinen von Delos gebaut; ihr Inneres ist mit Gold und Silber reichlich, aber geschmacklos verziert. Das wunderthätige Marienbild und sein Fundort werden bei matter Erleuchtung in einem Raume unter der Hauptkirche gezeigt. In dem Zimmer, wo die Kirchenvorsteher ihre Sitzungen halten, befindet sich eine kleine Sammlung von auf der Insel selbst oder auf dem benachbarten Delos gefundenen Alterthümern, welche auch aus dem Vermögen der Kirche unterhalten wird.

Was die Einwohner von Tenos betrifft, 15,000 an der Zahl und meist katholischer Religion, so zeichnen sie sich vor den meisten übrigen Griechen durch Gewerbfleiß und Geschicklichkeit aus. Die Tenier sind fast die einzigen, welche einige Fertigkeit in Bearbeitung des Marmors bewahrt haben; sie fertigen daraus Tischplatten, Simse u. dgl., welche besonders nach Konstantinopel ausgeführt werden, aber ziemlich hoch im Preise sind, da sie aller mechanischen Beihülfe dabei entbehren. Handwerker aus Tenos und zwar außer den Marmorarbeitern noch Tischler und Maurer, sind über alle Hauptstädte Griechenlands, in Smyrna und Konstantinopel verbreitet, sowie Dienstboten beiderlei Geschlechts in die letztere Stadt wandern. Auch allerlei Strumpf- und Seidenwaaren werden im Innern der Insel gefertigt. Der berühmte Malvasier, der von Monembasia im Peloponnes den Namen führt, wo er aber nicht mehr bereitet wird, wird einzig noch auf Tenos erzeugt, aber in immer geringerer Menge. Schiffahrt wird fast gar nicht betrieben; nur bei Panormos ist ein erträglicher Hafen.

2. Delos.

Wir waren trotz der Warnung des Hafencapitains von Tenos ausgefahren, um nach Mykonos zu segeln, weil sich der Nordwind etwas gelegt zu haben schien; kaum waren wir jedoch eine halbe Stunde gefahren, als sich der den ganzen Sommer hindurch im ägäischen Meere vorherrschende Nord wieder mit dem heftigsten Ungestüme erhob und unsere kleine Barke gar heftig hin und her warf, sodaß wir froh sein mußten, anderthalb Stunden nach unserer Abfahrt, bis auf die Haut durchnäßt, Delos zu erreichen. Diese Insel, obgleich dem Umfange nach die kleinste unter den Cykladen (sie enthält blos ungefähr $1\frac{1}{2}$ Quadratmeile Flächenraum), war doch einst ihrem Ruhme nach unter ihnen beiweitem die größte. Versetzte doch hierher die altgriechische Sage die Geburt des Fernhintreffers Apollo und der jagdfrohen Artemis (Diana), denn dieses felsige Eiland war es, was der unstät irrenden Latona eine Freistätte für ihre Entbindung gewährte, und erhob sich doch auf der heiligen Insel, deren Städte trotz der unermeßlichen Schätze, die sie bargen, nicht des Schutzes der Mauern bedurften, ein prächtiger Tempel des Apollo von parischem Marmor gebaut und durch Gaben der verschiedenen Staaten Griechenlands verschönt, mit einem Orakel desselben Gottes, das man für das deutlichste und zuverlässigste hielt. Aber jetzt ist Delos nichts als eine wüste Insel und ein großes trauriges Trümmermeer. Einige von Mykonos herübergebrachte Schaf- und Ziegenheerden mit ihren schmuzigen Hirten sind ihre einzigen Bewohner, und die Ruinen, von denen es bedeckt ist, sind nicht solche, die noch ein wohlerkennbares, wenn auch etwas verwischtes Bild von der alten Herrlichkeit geben; nein, Alles liegt zerstückt und zersplittert in kleinen Scherben übereinander. Von dem schönen Apollotempel findet man nur unscheinbare Reste; die Bewohner der benachbarten Inseln Mykonos, Syros und Tenos haben seit einem Jahrtausend hier ihre Baumaterialien geholt und ganze Schiffladungen von Marmor und Säulen sind seit Jahrhunderten nach Venedig und Konstantinopel gegangen. Was noch übrig ist, ist durch die den Alterthümern so gefährliche Steinart grausam verstümmelt. Noch schlimmer ist es den Privathäusern ergangen. Von den meisten sind die Mauern nur in einer Höhe von drei bis vier Fuß erhalten, die besten Steine sind herausgelesen und die übrigen bilden nebst dem Mörtel einen Schutthaufen. Eine ziemliche Anzahl Granitsäulen von einem bis zwei Fuß Durchmesser, die sich wahrscheinlich im innern Hofe der Häuser befanden, sind der Zerstörung entgangen. Im nördlichen Theile der Insel fanden wir den noch völlig erkennbaren runden See, an dessen Ufer eine der alten Sagen den Apollo geboren werden läßt. Von den ungeheuren Apollostatue, die die Naxier einst dem Gotte weihten, sahen wir die Bruchstücke unweit des Ufers liegen; schon im Alterthume war sie umgestürzt. In der Mitte der Insel erhebt sich der berühmte Kynthos, ein Berg von nicht über 500 Fuß Höhe, zu dessen Spitze vor Alters Treppen führten, von denen man noch deutliche Spuren wahrnimmt; auf dem Gipfel finden sich Überreste eines großen Gebäudes. Die gleich bei Delos liegende weit größere Insel Rheneia oder Rhenäa (jetzt Groß-Delos) diente einst nur als Begräbnißstätte; jetzt bietet sie ein gleiches Bild der Verwüstung dar, als jenes; die Gräber, welche, von Granit und Schiefer gebaut, halb über, halb unter der Erde liegen, sind fast alle schon geöffnet und zerstört. Wir waren genöthigt, uns zwei Tage auf dem unwirthbaren Delos aufzuhalten; da unsere Vorräthe aufgezehrt waren, mußten wir uns mit Schaffleisch und salzigem Wasser begnügen. Die Nacht brachten wir in unsere Mäntel gehüllt auf dem Sande des Meerufers zu. Endlich am dritten Tage zu Mittag bestiegen wir unsere Barke, um Naxos zu erreichen, das in duftiger Ferne vor uns lag.

3. Naxos.

Nach dreistündiger Fahrt von Delos aus landeten wir glücklich in Naxos (Naxia), von Herodot die seligste der Inseln genannt. Diese Insel, die nur 11,000 Einwohner zählt, ist die größte der Cykladen und mag über fünf Quadratmeilen fassen. Die Hauptproducte sind Wein, Öl, Getreide und Südfrüchte im Überflusse und von der besten Art; der Marmor steht dem berühmten parischen wenig nach. Die alte Sage macht Naxos zum Sitze des Bacchus, welcher auch die Ariadne, da sie von Theseus hier verlassen wurde, getröstet haben soll. Ein Brunnen der Ariadne wird noch bei der Stadt gezeigt. Wir fanden im Capucinerkloster der alten Burg der Herzöge von Naxos auf der Höhe des Schloßberges beim Pater Angelo, der es jetzt mit einem Diener allein bewohnt, gastliche Aufnahme. Dieser, ein alter Dragonerwachtmeister von der italienischen Armee aus den Zeiten des Kaiserreiches, verleugnete trotz seines langen struppigen Capucinerbartes und seiner Kleider aus grobem rothbraunen Tuche nach der Vorschrift seiner Ordensregel, die er aber nach seinem eigenen Gutdünken zugeschnitten trägt, seinen vormaligen Charakter nicht. Auf dem Schloßberge wohnt nur der lateinische oder abendländische Adel und die katholische Geistlichkeit, während in der untern Stadt, die sich zwischen dem Schloßberge und Hafen ausbreitet, die viel zahlreichern orthodoxen Griechen leben. Dieser abendländische Adel auf Naxos stammt aus der Zeit, da die Venetianer und die französischen Kreuzfahrer sich in Besitz des griechischen Reiches setzten. Marco Sanudo,

der sich der Insel bemächtigt hatte, wurde Herzog von Naxos; nachher kam die Familie Crispo in Besitz der herzoglichen Würde, bis endlich 1566 Naxos in die Hände der Türken fiel. Noch jetzt lebt der lateinische Adel, welcher im Besitze des meisten Grundeigenthums ist, in strenger Absonderung von der griechischen Bevölkerung. Ein Erzbischof hat hier seit 1520 seinen Sitz und steht der nicht über 300 Seelen starken katholischen Gemeinde vor; seit 1626 haben auch die Jesuiten, jetzt unter dem Namen Lazaristen, ein Kloster inne. Bei einem Ausfluge, den wir zu Fuß nach dem Vorgebirge des heiligen Procopius machten, kamen wir über eine überaus fruchtbare Ebene von ungefähr anderthalb Stunden im Durchmesser. Schade nur, daß diesem glücklichen Lande die nöthige Cultur fehlt! Am folgenden Tage brachen wir mit sechs Maulthieren, von einem kundigen Führer geleitet, aus dem Kloster auf, um die Insel zu umreisen. Wir ritten nordöstlich der Küste entlang. Hinter dem Dorfe Engarás mit Gärten von Orangen-, Citronen- und Cedratbäumen, die ihm ein freundliches Ansehen geben, überstiegen wir auf steilem Pfade den Rücken des Gebirges Koronon, das aus Granit und Schiefer besteht, seine zwei hohen Gipfel zur Rechten lassend; die Berge sind mit Ausnahme der Wasserläufe, die voll Platanen sind, nackt und kahl. Kaum hatten wir den höchsten Bergrücken (über 2000 Fuß hoch) überschritten, so kamen wir in eine Thalschlucht voll Weinberge, die das Dorf Komiaki umgeben. Anderthalb Stunden weiter hin gelangten wir zu einer ungeheuern, ganz roh entworfenen Statue des Apollo, die, nahe dem Ufer, am Abhange eines ganz aus weißem Marmor bestehenden Hügels noch in dem Steinbruche liegt, aus dem sie gebrochen worden ist. Wir ließen unsere Betten, da es Abend geworden war, auf der Statue selbst ausbreiten und übernachteten so im Freien. Am folgenden Morgen erreichten wir eine Stunde unterhalb des auch in einem wilden Thale mitten in Weinbergen liegenden Dorfes Botry die Schmirgelbrüche, welche die Regierung mit der Bestimmung, jährlich 10—12,000 Centner zu brechen, für eine ansehnliche Summe verpachtet hat. In der Gegend von Aperathos, wohin wir abermals über einen hohen Bergrücken gelangten, fängt der Kalkstein und weiße Marmor statt des Granits vorzuherrschen an; daraus und aus Schiefer besteht der ganze südliche Theil von Naxos und das hohe Diagebirge. Auf den herrlichen Weinbergen von Aperathos, auf denen viele kräftige Eichen stehen, wächst ein trefflicher, auf den griechischen Inseln unter dem Namen „Bacchuswein von Naxos" berühmter weißer Wein. Die Umgebungen des Dorfes Philoti, am Fuße des Dia und in einem lieblichen Winkel des schönen und üppigen Blumenthales gelegen, ließen uns erkennen, warum Herodot diese Insel die seligste nennen konnte. Von hier aus machten wir noch einen Ausflug nach dem sogenannten Thurme am Bergbache; um zu ihm zu gelangen, mußten wir den höchsten Berg der Insel, sonst Dia, jetzt Zia genannt, übersteigen, von dessen Gipfel man eine weite Aussicht auf alle Inseln des ägäischen Meeres und bis nach Samos hin genießt. Der Thurm selbst, eine merkwürdige griechische Ruine, ist kreisrund, aus weißem Marmor gebaut und gegen 50 Fuß hoch; im Innern schlängelt sich eine Wendeltreppe. Um die Westseite des Berges kehrten wir nach Philoti zurück; dann ritten wir durch ein mit Öl- und andern Fruchtbäumen bewachsenes Thal mit zahlreichen Landhäusern und Dörfern und an dem verfallenen herzoglichen Schlosse Apanokastro vorbei. Erst spät in der Nacht erreichten wir wieder, ermüdet von dem eiligen Ritte, unser Kloster.

Zur Geschichte der englischen Marine.

In englischen Blättern wird darauf aufmerksam gemacht, daß die Engländer in ihren Seeschlachten meistens mit verhältnißmäßig geringem Verluste gesiegt hätten; der Verlust bei St.=Jean d'Acre (Engländer, Oestreicher und Türken verloren zusammen nur 18 Mann, worunter 12 Engländer, und hatten außerdem 41 Verwundete, die Belagerten dagegen 2500 Todte) ist jedoch der geringste gewesen, den man je erlebt hat. Als Beispiele werden angeführt: In Lord Howe's Schlacht, am 1. Juni 1794, waren 26 Linienschiffe mit 17,000 Mann; Gesammtbetrag der Getödteten und Verwundeten 1078. In Lord Bridport's Schlacht, am 23. Juni 1795, waren 14 Linienschiffe mit 10,000 M.; Todte und Verwundete 144. In Lord Vincent's Schlacht waren 15 Linienschiffe mit 10,000 M.; 300 Todte und Verwundete. In Lord Duncan's Schlacht, im October 1797, waren 16 Linienschiffe mit 8000 M.; Todte und Verwundete 751. In Lord Nelson's Schlacht am Nil, am 1. August 1798, waren 14 Linienschiffe mit 8000 M.; Todte und Verwundete 895. Bei Lord Nelson's Angriff auf Kopenhagen, am 1. und 2. April 1801, waren 11 Linienschiffe und 5 Fregatten mit 17,000 M.; Todte und Verwundete 1524. In Lord Nelson's Schlacht bei Trafalgar, am 21. October 1805, waren 27 Linienschiffe mit 17,000 M.; Todte und Verwundete 1524. Bei Lord Ermouth's Angriff auf Algier waren 5 Linienschiffe und 5 Fregatten mit 5000 M.; Todte und Verwundete 818. Während der Beschießung von St.=Jean d'Acre am 4. Nov. 1840 verbrauchte allein das englische Linienschiff Bellerophon in 3½ Stunden die wahrhaft ungeheure Masse von 14,033 Pfd. Pulver und 62,908 Pfd. Eisen. Mit der schnellen Einnahme der wichtigen Festung (der sich nach dem Zeugnisse des Herzogs von Wellington aus der neuesten Zeit nur die Einnahme des Forts San = Juan d'Ulloa bei Veracruz durch französische Kriegsschiffe an die Seite stellen läßt) contrastiren die langwierigen Belagerungen derselben in früherer Zeit; zur Zeit der Kreuzzüge belagerte sie der englische König Richard Löwenherz mit König Philipp August von Frankreich drei Jahre lang (1190—92), Bonaparte aber im J. 1799 61 Tage lang, und zwar der Letztere bekanntlich ohne Erfolg. Mohammed Ali's Sohn, Ibrahim Pascha, hatte Acre, an der Spitze einer Armee von 40,000 M., erst nach achtmonatlicher Belagerung und nach erlittenen schweren Verlusten am 2. Juli 1832 erobert.

Herschel's Verbesserung der Argand'schen Lampe.

Um die Lichtmenge eines gewöhnlichen Argand'schen Brenners zu erhöhen, bedient sich der bekannte Astronom Herschel (der Sohn) seit Jahren folgender Einrichtung. Er erhebt den gläsernen Cylinder um so viel über die Höhe, in der er sich gewöhnlich befindet, daß sein unterer Rand von dem obern Rande des kreisförmigen Dochtes etwa um den vierten Theil des äußern Durchmessers des Dochtes selbst absteht. Die beste Höhe läßt sich leicht durch Versuche finden, indem man den Cylinder abwechselnd hebt und senkt; sobald man die richtige Höhe gefunden hat, blitzt die Flamme gleichsam auf, bekommt einen etwas kleinern Durchmesser, verlängert sich aber, hört zu rauchen auf und erhält eine bedeutende Intensität. An jeder Lampe läßt sich die obige Veränderung mit Leichtigkeit anbringen.

Eine neue Locomotive.

Der „Moniteur belge" enthält Nachstehendes über eine neue von Hrn. Deridder erfundene Locomotive: „Diese Locomotive wird in der Geschichte der Eisenbahnen Epoche machen. Sie legt eine Strecke von 4500 Mètres mit einem Zuge von 80 Personen in 6½ Minuten zurück und verhält sich zu den gewöhnlichen Locomotiven wie ein Pferd zu einem Elefanten. Sie hat nichts Kolossales und Erschreckendes; man fühlt vielmehr bei ihrem Anblicke, daß der Mensch der Herr dieses Renners ist, daß er ihn nach Belieben beherrschen und bändigen kann. Wir haben königliche Eisenbahnen, bald wird es auch Privatbahnen geben, mittels deren alle kleinern Orte sich mit den großen Arterien verbinden und dadurch mächtig zu ihrer Ernährung beitragen werden; denn Belgien ist reicher als irgend ein anderes Land an Flecken und Dörfern, die wichtiger sind als viele Hauptorte französischer Departements. Die Geleise dieser Locomotive sind nur ein Mètre voneinander entfernt, wodurch bedeutend an der Länge und Größe der Achsen erspart wird, und die Schienen, welche so eingerichtet sind, daß man die Pfannen und Unterlagen völlig erspart, wiegen nur die Hälfte der gewöhnlichen Schienen, nämlich 12 Kilogramme statt 25. Jedes Rad hat nur eine Last von einer Tonne, bei den gewöhnlichen Locomotiven dagegen von drei Tonnen zu tragen. Die Ersparung ist daher bedeutend, sowol bei dem Ankaufe des Landes, bei der Terrassirung und den übrigen Arbeiten, als auch namentlich durch die Benutzung des Coke, dessen Verbrauch durch die von Hrn. Deridder zum ersten Male bei Locomotiven angewendete Expansion des Dampfes weit geringer ist. Es ergibt sich ferner, daß dem Maschinisten in jedem Augenblicke drei verschiedene Grade von Kraft zur Disposition stehen; denn er kann im Dampf mit halber Kraft, mit voller Kraft oder mit einer aus diesen beiden resultirenden Kraft wirken lassen. Der Tender hängt mit der Locomotive unmittelbar zusammen, sodaß es für die Zuleitung des Wassers keiner biegsamen Röhren (Schläuche) bedarf. Sehr sinnreich ist ferner auch die Vorrichtung, daß der Dampf, sobald die Öffnung des Ventils eine übermäßige Spannung im Kessel anzeigt, in den Tender überströmt; dadurch wird nicht nur das Gefrieren des Wassers in den Zuleitern verhindert, sondern es empfängt auch einen so bedeutenden Grad von Wärme, daß es fast kochend in den Kessel gelangt, wodurch bedeutend an Brennmaterial erspart wird. Die Cylinder und der ganze Mechanismus befinden sich dicht vor dem Maschinisten, sodaß er während der Fahrt eine Schraube anziehen oder lösen, die Maschine ölen und im Augenblicke das geringste Hinderniß in dem Mechanismus wahrnehmen kann. Durch die äußern Kurbeln an den Rädern werden die gebogenen Achsen, welche so schwer anzufertigen und so theuer sind, unnöthig. Nicht ein einziger Theil des Mechanismus ist verborgen, selbst die excentrischen Räder sind sichtbar und der Hand leicht zugänglich. Hr. Deridder ist aber hierbei nicht stehen geblieben, er hat auch die Räder verbessert; statt nämlich die Räder unter dem Wagen anzubringen, hat er sie neben dem Wagen angebracht, wodurch diese so niedrig gehen, daß die Treppen und

Fußbänke zum Einsteigen erspart und zahlreiche Unglücksfälle vermieden werden. Da die Wagen kleiner sind, indem nur drei Personen nebeneinander sitzen, so bieten sie dem Widerstande der Luft weniger Fläche dar. Eine wichtige Verbesserung ist ferner noch die Anwendung voller Räder statt der Räder mit Speichen. Nach Hrn. Deridder verbraucht seine kleine Locomotive, die 80 Personen transportirt, in einer Stunde 100 Kilogramme Coke. Bei einer gleichen Geschwindigkeit wie die gewöhnlichen Locomotiven haben die Deridder'schen den Vortheil, daß sie viel leichter zu regieren sind als die ungeheuern Remorqueurs, von denen kein Theil ohne Winden und Hebel bewegt werden kann. Fast alle Theile dieser Locomotive sind neue Erfindungen. So wurden unter Anderm die Räder kalt bearbeitet und sind daher nicht dem Zerbrechen bei Temperaturveränderungen ausgesetzt; auch hat Hr. Deridder ein neues Sicherheitsventil angebracht."

Toglakabad.

Nur wenige Meilen von der berühmten Stadt Delhi in Ostindien trifft man die Überreste einer ehemals gleichfalls volkreichen und wichtigen Stadt, Namens Toglakabad oder Tughlikabad, so genannt von ihrem Gründer, dem Großmogul oder Kaiser Tughlik. Wenige elende Hütten beherbergen alle jetzigen Einwohner der Stadt, aber die gewaltigen, massenhaften Ruinen ihrer Mauern, Paläste und unterirdischen Gänge ziehen die Aufmerksamkeit der Reisenden noch immer auf sich. Innerhalb einer abgesonderten unregelmäßigen Verschanzung, die durch einen Damm mit der Stadt zusammenhängt, steht das Grabmal des gedachten Kaisers Tughlik Shah (der um 1321 regierte), erbaut aus gigantischen Granitblöcken in Gestalt einer abgestumpften Pyramide.

Toglakabad scheint zu einer Art Vormauer der kaiserlichen Stadt Delhi bestimmt gewesen und während einer unruhigen Periode des indischen Reichs entstanden zu sein. Im J. 1317 bestieg Mubarick I. den Thron von Delhi, wurde aber bald von seinem Günstlinge Chusero verdrängt, der Jenen mit allen seinen Anhängern aus dem Wege räumte, aber kurze Zeit nachher ein gleiches Loos hatte, indem ihn der Statthalter von Lahore verdrängte, der im J. 1321 unter dem Namen Tughlik I. den Thron bestieg und 1323 die nach ihm benannte Stadt erbaute.

Nach Major Archer hat die alte Citadelle der Stadt, die sehr hoch liegt und mit einem Graben umgeben ist, einen Umfang von fünf bis sechs englischen Meilen. Die ungeheuern Steinmassen, aus denen sie erbaut ist, müssen die größte Verwunderung erregen, da ihre Herbeischaffung und Aufrichtung bei den geringen mechanischen Hülfsmitteln jener Zeit ein unauflösliches Räthsel ist; der Bau scheint nicht Menschen, sondern Titanen zu Urhebern zu haben.

Herausgegeben unter Verantwortlichkeit der Verlagshandlung F. A. Brockhaus in Leipzig.

2

Das Pfennig-Magazin

für

Verbreitung gemeinnütziger Kenntnisse.

422.]   Erscheint jeden Sonnabend.   **[Mai 1, 1841.**

Bukarescht.

Ansicht der Hauptkirche von Bukarescht.

Bukarescht (Bucharest, Bukurescht) oder die Stadt des Genusses (dies bedeutet der Name), die Hauptstadt der Walachei, liegt im westlichen Theile derselben in einer fruchtbaren und ausgedehnten Ebene am Flusse Dumbowitza, der in die Donau fällt. Von einem der benachbarten Hügel herab gesehen, erstreckt sich Bukarescht bis zum Horizont, und umgeben von zahlreichen Gärten nimmt es in der That einen sehr großen Raum ein. Der Anblick, den es darbietet, ist sehr malerisch, theils wegen der verschiedenfarbigen Dächer, theils wegen der Thürme von mehr als 60 Kirchen, theils endlich wegen der grünen Flächen, welche die Masse der Gebäude überall unterbrechen. Ganz anders erscheint freilich das Innere der Stadt; die meisten Häuser sind nichts als hölzerne, mit Schindeln gedeckte Hütten, die dazwischen stehenden neuen Gebäude sind zwar massiver, aber geschmacklos; die Straßen sind sehr unregelmäßig und waren noch vor wenig Jahren entweder ganz ungepflastert oder nur mit sehr roher Holzpflasterung versehen, d. h. mit Baumstämmen und Bretern belegt; gegenwärtig sind indeß wenigstens die Hauptstraßen mit Quadersteinen gepflastert und gut beleuchtet. Selbst viele Häuser der Bojaren oder Edeln des Landes sind sehr verfallen, was ihre verschwenderische Verzierung mit Rosen und andern Blumen nicht verbergen kann. Die Kaufläden sind zahlreich und ziemlich wohl ausgestattet;

ein ganzes Quartier ist mit den Niederlagen der Pelzhändler und den Werkstätten der Schneider angefüllt. Die wichtigsten Gebäude sind der ganz unregelmäßige Palast der Fürsten oder Hospodare, eine gewaltige Steinmasse, ferner die ansehnlichere Wohnung des Erzbischofs und die Metropolitankirche; Schloß und Kirche stehen auf einem großen Platze auf einem Hügel in der Mitte der Stadt, der eine ausgedehnte Aussicht gewährt. Die Kirche ist, sowie viele der übrigen, von weitläufigen Klostergebäuden umgeben; sie hat drei zierliche Thürme, deren Kuppeln gleich dem Dache der Kirche mit grün angestrichenem Metalle gedeckt sind. Vor der Façade läuft eine Säulenhalle hin, die im Innern mit Malereien ausgeschmückt ist. Außer dieser Kirche hat Bukarescht 64 andere, alle mit Thürmen versehen (manche haben deren nicht weniger als 6) und im Allgemeinen in sehr schlechtem Geschmack erbaut; außerdem 26 Klöster. Das Versammlungshaus der Stände ist überaus einfach. Unter den übrigen öffentlichen Gebäuden sind ein großer Bazar, eine Synagoge, ein Hospital, das griechische Gymnasium und das Museum zu nennen; das letztere enthält außer naturhistorischen Sammlungen eine Bibliothek von 7000 Bänden. Zur Gründung eines Nationaltheaters ist im vergangenen Sommer ein Fonds gestiftet worden; mit Sehnsucht sieht man dem Bau eines würdigen Schauspielhauses entgegen. In dem gegenwärtigen provisorischen wechselt eine französische Gesellschaft mit deutscher Oper ab und beide finden lebhaften Beifall. In der Mitte der Stadt steht ein 60 Fuß hoher Thurm, genannt der Feuerthurm, von dessen Gipfel man die Stadt sehr gut übersehen kann. Ein Corso, der sich längs der Hauptstraße und der über die Dumbowitza führenden Brücke erstreckt, wird von den reichern Bewohnern häufig besucht. Bukarescht ist der bedeutendste Markt des Fürstenthums und treibt mit Getreide, Wolle, Honig, Wachs, Talg und Rindvieh bedeutenden Handel. Große Fabriken fehlen freilich ganz, doch werden Wollenstoffe, Teppiche und Branntwein verfertigt. Vor den politischen Unruhen der letzten Jahrzehnde enthielt Bukarescht über 60,000 Einwohner; in der gedachten Periode sank ihre Zahl auf 50,000, betrug aber im J. 1837 wieder gegen 61,000 in 10,074 Häusern, und ist seitdem wieder sehr bedeutend gestiegen. In der Nähe der Stadt sind das fürstliche Lustschloß Golentina und die Ruinen des Klosters Kotroceny bemerkenswerth.

Chronik der Eisenbahnen im Jahre 1840.

Im verflossenen Jahre zeichnete sich Deutschland durch die sehr bedeutenden Fortschritte, welche das Eisenbahnwesen hier machte, vor allen Ländern des Continents auf das rühmlichste aus. Drei schon früher theilweise eröffnete Eisenbahnen wurden in ihrer ganzen Länge dem Verkehr übergeben, von drei andern wurden Sectionen (und zwar von zweien darunter die ersten) eröffnet; die Gesammtlänge der zur Eröffnung gekommenen Strecken beträgt etwa 29 Meilen, sodaß nunmehr in Deutschland beinahe 115 Meilen Eisenbahn theils (80) mit Dampfwagen, theils mit Pferden befahren werden. Die neu eröffneten Strecken gehören folgenden Bahnen an:

1) Die Taunusbahn, von Frankfurt am Main über Castell, Mainz gegenüber, nach Wiesbaden wurde in ihrer ganzen Länge (5½ Meilen) am 13. April eröffnet, nachdem schon im J. 1839 die Strecke von Frankfurt bis Hattersheim (2 Meilen), am 10. März 1840 aber die Strecke von Mainz bis Wiesbaden (1¼ Meile) eröffnet worden war. Im August vorigen Jahres wurde nachträglich noch eine kurze Zweigbahn von Mosbach bis Biberich eröffnet. Die Frequenz der Eisenbahn, welche die Gebiete dreier Staaten, Frankfurt, Nassau und Hessen=Darmstadt, berührt, war großartig und bedeutender als bei irgend einer andern deutschen Eisenbahn; am stärksten im August, wo 107,815 Personen oder im Durchschnitte täglich 3480 Personen fuhren. Im ganzen Jahre 1840 fuhren 658,563 Personen; die Einnahme betrug seit Eröffnung der ganzen Bahn 335,220 Fl., vor derselben seit Anfang der Fahrten 33,192 Fl., zusammen 368,412 Fl. = 210,521 Thaler Preuß. Die größte Steigung der Bahn ist 1 auf 260; die Dämme sind bis 25 Fuß hoch, die Einschnitte bis 20 Fuß tief. Bauführer der Bahn: Denis. Capital: 3 Millionen rheinische Gulden.

2) Die Leipzig=magdeburger Bahn, von welcher 1839 schon 3¾ Meilen befahren wurden, wurde früher als versprochen worden, nämlich am 18. Aug. in ihrer ganzen Länge (15¾ Meilen) eröffnet, nachdem kurz vorher, am 19. Juni und 22. Juli, die Strecken von Kalbe bis Köthen (3 Meilen) und Köthen bis Halle (4¾ Meilen) dem Verkehr übergeben worden waren. Auch diese Bahn geht durch das Gebiet dreier Staaten: Preußen, Anhalt=Köthen und Sachsen; auf den ersten kommen 11⅛, auf den zweiten 3⅛, auf den dritten 1½ Meilen;

seit ihrer Vollendung ist eine ununterbrochene Eisenbahnlinie von 31 Meilen, von Magdeburg bis Dresden, hergestellt, gegenwärtig, wenn von Belgien abgesehen wird, von allen fertigen Bahnen beiweitem die längste und vielleicht auch die wichtigste auf dem Continente. Die große Wichtigkeit dieser Bahn wird es rechtfertigen, wenn wir jetzt, da sie vollendet ist, einige genauere Notizen in Betreff derselben mittheilen. Nachdem die vorläufige Concession am 9. Juli 1836 ertheilt war, wurde eine Subscription eröffnet, die bei ihrem Schlusse am 13. August desselben Jahres den Betrag von 5,200,000 Thalern erreicht hatte, während das bestimmte, in Actien zu 100 Thlr. getheilte Capital nur 2,300,000 Thlr. betrug. Am 13. Nov. 1837 wurden die Statuten der Gesellschaft, am 24. Januar 1838 Bauplan und Baulinie von der Regierung genehmigt, worauf am 17. April 1838 der Bau selbst begann, den Major Grüson als Oberingenieur leitete, während der Oberbürgermeister Francke in Magdeburg als vorsitzender Director an der Spitze der Gesellschaft stand. Im J. 1840 erfolgte eine Vermehrung des Capitals um 700,000 Thlr., die durch eine Anleihe mittels Prioritätsactien bewirkt wurde. Die auf sächsischem Gebiete liegende Strecke gehört der leipzig=dresdner Compagnie, ist aber der magdeburger in Accord gegeben worden. Die ganze Bahn besteht aus 24 krummen und 24 geraden Linien, jene fast drei Meilen lang mit Durchmessern von wenigstens 3000 Fuß. Die Terrainverhältnisse sind im Ganzen ungemein günstig; die steilste Steigung beträgt nur 1 auf 288 und kommt nur einmal (bei Leipzig) vor; etwa 2⅙ Meilen sind völlig horizontal. Der Anfangspunkt der Bahn bei Magdeburg liegt 194 Fuß unter dem Endpunkte bei Leipzig, der höchste Punkt 257 Fuß über den niedrigsten. Das größte Bauwerk der Bahn ist die Saalbrücke bei Kalbe; dieselbe ist 1656 Fuß lang und hat 30 massive Pfeiler (worunter 5 Wasserpfeiler). Sehr schwierig waren auch die Wasserbauten bei Magdeburg, wo der für die Bahn nöthige Raum der Elbe selbst mittels Führung eines Dammes in ihrem Bette und Aufführung einer 1805 Fuß langen Quaimauer abgewonnen werden mußte. Die Spurweite ist die gewöhnliche; die Schienen liegen auf kiefernen Langhölzern, die in 7½ Fuß Abstand durch eichene Querhölzer unterstützt sind. Die Compagnie besitzt 15 Locomotiven, sämmtlich von Sharp, Roberts und C. in Manchester; die Personenwagen sind in der Rauff'schen Fabrik in Berlin gefertigt. Die Personenfrequenz betrug im J. 1840 353,201, die Einnahme 176,100 Thlr.; davon kommen 171,450 Personen und 129,800 Thlr. auf die Zeit seit Eröffnung der ganzen Bahn; als Zinsen und Dividende für 1840 wurden vier Procent gezahlt. Sehr beträchtlich ist auch der seit dem November eingerichtete Gütertransport auf dieser Bahn, der in den beiden letzten Monaten des Jahres 98,150 Centner betragen hat, und es unterliegt wol keinem Zweifel, daß diese Eisenbahn sehr bald zu den am besten rentirenden in Deutschland gehören wird.

3) Die München=augsburger Bahn, bereits im J. 1839 theilweise (von München bis Maisach, 7 Stunden) befahren, gelangte im verflossenen Jahre ebenfalls zu ihrer Vollendung und wurde am 4. Oct. auf ihre ganze Länge (8 Meilen) eröffnet, nachdem früher Partialeröffnungen bis Nannhofen (am 22. Mai) und Althegnenberg (14. Sept.) stattgefunden hatten. Der Bau ist am 9. Febr. 1838 begonnen und vom Baurath Himbsel geleitet worden. Auch diese Eisenbahngesellschaft fand eine Anleihe (von 1,100,000 Fl.) nöthig. Der Betrieb

hat in der ersten Zeit an großen Mängeln gelitten, weshalb auch die Frequenz verhältnißmäßig ziemlich gering war. Dieselbe betrug vor Eröffnung der ganzen Bahn 158,169, seit derselben bis Ende December 45,945, also zusammen 204,114 Personen. Neuerdings sind auch Nachtfahrten mit Pferden eingerichtet worden.

4) Von der Braunschweig=harzburger Bahn, welche auf eine ziemlich ansehnliche Länge über hanoversches Gebiet läuft, wurde am 21. Aug. die Strecke von Wolfenbüttel bis Schladen (2 Meilen) und gleichzeitig die von Harzburg bis Vienenburg (1¼ Meile) eröffnet, sodaß nur die Strecke von Schladen bis Vienenburg (1 Meile) noch zu vollenden übrig ist. Der Betrieb geschieht auf sehr eigenthümliche Art, die kaum bei einer andern Eisenbahn vorkommen dürfte; von Braunschweig bis Schladen gehen nämlich Dampfwagen, von Schladen bis Vienenburg werden die Reisenden durch Postchaisen befördert; von Vienenburg bis Harzburg wird bergauf Pferdekraft angewandt, bergab aber rollen die Wagen vermöge ihrer Schwere von selbst, nachdem sie einen Stoß erhalten haben. Denselben Weg, zu welchem Pferde im Hinauffahren ¾ Stunde brauchen, legen die von selbst herabrollenden Wagen in 10–15 Minuten zurück. Eine Verbindung dieser und der unter 2) genannten Eisenbahn durch eine Bahn von Braunschweig nach Magdeburg (10½ Meilen) ist bereits vorbereitet und dürfte nicht lange auf sich warten lassen.

5) Von der so wichtigen Berlin=anhaltischen Eisenbahn (früher die berlin=sächsische genannt), welche von Berlin ausgeht und bei Köthen in die leipzig=magdeburger Eisenbahn mündet, ist am 31. August die 2¾ Meilen lange Strecke von Dessau nach Köthen eröffnet worden; seitdem bedienen sich die meisten zwischen Leipzig und Berlin Reisenden von Leipzig bis Dessau und umgekehrt der Eisenbahn. Nach den bei der Generalversammlung vom 28. Oct. vorigen Jahres gemachten Mittheilungen waren damals vom Oberbau bereits 7½ Meilen fertig und vom Planum der Bahn sogar 18½ Meilen, sodaß nur 1½ fehlten. Im April oder spätestens am 1. Mai dieses Jahres wird wahrscheinlich die Strecke von Berlin bis Jüterbogk (8½ Meilen) und schon im Juli (dem Vernehmen nach am 1.) die ganze Bahn eröffnet werden. Das ursprüngliche Capital von 3½ Millionen Thalern ist am 16. März vorigen Jahres auf 4 Millionen als Maximum erhöht worden (worunter 1 Million Darlehn); der genaue Kostenanschlag beträgt nur 3,586,000 Thlr. Der gesammte zur Bahn erfoderliche Grund und Boden beläuft sich auf 1140 Morgen. Zu bedauern ist freilich, daß das frühere Project einer Eisenbahn von Berlin nach Riesa aufgegeben worden ist; doch ist zu vermuthen, daß der Bau der Strecke von Jüterbogk nach Riesa später doch noch zu Stande kommen wird.

6) Von der großen, 37¼ geographische Meilen langen Eisenbahn in Baden (von Manheim bis zur Schweizergrenze bei Weil unweit Basel) ist am 12. September die 2½ Meilen lange erste Section von Manheim bis Heidelberg eröffnet worden. Hinsichtlich der Fortsetzung wollte man abwarten, welche Erfahrungen sich beim Betrieb dieser Section herausstellen würden; doch sind die Vorarbeiten jetzt größtentheils vollendet und der Bahnzug von Heidelberg bis Kehl festgestellt; im Frühjahre beginnt der Bau der Strecke von Heidelberg bis Bruchsal (4¼ Meilen). Das beim Bau angenommene System ist in der Hauptsache das der london=bristoler oder großen westlichen Bahn in England; die Schienen sind auf kyanisirten Langschwellen von Föhrenholz befestigt, die auf eichenen Querschwellen

liegen, welche ihrerseits auf Würfeln von Sandstein ruhen, und die Spurweite beträgt fünf Fuß. Der Kostenanschlag beträgt für die ganze Bahn mit einem Geleise 9½, mit zwei Geleisen gegen 13 Millionen Thlr.

Über die bereits früher ganz oder theilweise eröffneten Bahnen ist Folgendes zu erwähnen:

1) Von der Kaiser=Ferdinands=Nordbahn sollte im vorigen Jahre wieder eine neue 7½ Meilen lange Strecke von Lundenburg bis Hradisch der öffentlichen Benutzung übergeben werden, die Eröffnung derselben ist jedoch verschoben worden, weil der Damm noch nicht die nöthige Festigkeit erlangt hatte; inzwischen sind die Arbeiten mit großer Thätigkeit gefördert und durch das ausnehmend günstige Terrain nicht wenig erleichtert worden und im J. 1841 sollen 20 Meilen eröffnet werden. Der Bau einer Zweigbahn von Brünn nach Prag (über Saar, Czaslau, Collin, 35 Meilen lang), wofür vorläufig eine Bausumme von 15. Mill. Fl. Conv.=Münze festgesetzt ist, ist zwar von der Generalversammlung beschlossen worden, scheint aber noch in ziemlich weiter Ferne zu liegen; zwei andere kurze Flügelbahnen, nach Stockerau (3 Meilen) und von Gänserndorf bis an die ungarische Grenze (2½ Meilen), sind wahrscheinlich bereits in Angriff genommen. Auf den bis jetzt eröffneten Bahnstrecken von Wien bis Lundenburg und von da bis Brünn hat im März vorigen Jahres auch der Gütertransport begonnen und sehr günstige Resultate geliefert; die Frequenz betrug im J. 1840 225,284 Personen, die Totaleinnahme 622,307 Fl. (414,871 Thlr.) Conv.=Münze, worunter 214,852 Fl., also über ein Drittel, für Gütertransport. Für den letztern sind bereits 240 Güterwagen vorhanden, deren Zahl auf 600 gebracht werden soll.

2) Von der Leipzig=dresdner Eisenbahn ist im J. 1840 das zweite Geleise vollendet und seit 1. Oct. befahren worden. Seitdem werden auch mit den Güterzügen (deren täglich zwei in Leipzig und Dresden abgehen und ankommen) Personen befördert, und zwar nicht nur nach und von den acht Hauptstationen, sondern auch nach 19 andern zwischen denselben liegenden Anhaltpunkten. Im J. 1840 fuhren 405,135 Personen, von denen 113,703 die ganze Bahn befuhren und nur 16,535 die erste Wagenclasse benutzten; die ganze Einnahme betrug 460,242½ Thlr., worunter 149,731 Thlr., fast ein Drittel, für Fracht. Von letzterer wurden befördert: 211,247 Ctr. Stückgüter (ohne die Eilfracht), 100,560 Ctr. Salz, 377,219 Ctr. andere Producte, Holz, Steine u. s. w. Die Verwaltungskosten betrugen 246,000 Thlr. Von 23 Dampfwagen (worunter 2 der Eisenbahncompagnie nicht gehörige, die nur probirt wurden) sind 46,868½ geographische Meilen zurückgelegt und dabei 105,154 Scheffel Coke verbraucht worden. An Transportwagen waren 236 im Gange, von denen durchschnittlich 9, mit 65 Personen und 147 Ctr. Fracht beladen, von einer Locomotive gezogen wurden.

3) Berlin=potsdamer Eisenbahn. Frequenz im vorigen Jahre 660,162 Personen; ganze Einnahme 190,883 Thlr.; reine Einnahme 89,666 Thlr. (Vertheilt wurden 5 Procent Zinsen und 2½ Procent Dividende.) Von 12 Dampfwagen wurden 16,615 Meilen zurückgelegt. An Vieh wurden 2333 Stück (worunter zwei Drittheile Hunde, außerdem Schweine, Pferde, Schafe, Esel, Kühe) transportirt.

4) Nürnberg=fürther Bahn. Frequenz 460,639 Personen; reine Einnahme 35,799 Thlr.; vertheilt wurden 17 Procent Dividende. In den verflossenen fünf Betriebsjahren sind 12,534 Dampf= und 32,856

Pferdefahrten gemacht und durch dieselben 2,270,483 Personen befördert worden.

5) Düsseldorf-elberfelder Bahn. Von dieser nur 3¾ Meilen langen Bahn, deren erste Section von Düsseldorf bis Erkrath bereits 1838 befahren wurde, ist zwar seitdem keine weitere Strecke eröffnet worden, aber die Vollendung und Eröffnung der ganzen Bahn, bei deren Bau sehr bedeutende Terrainschwierigkeiten zu überwinden waren (bei Erkrath kommt eine 700 Ruthen lange schiefe Ebene mit der Steigung 1 in 30 vor, auf welcher die Wagenzüge mittels zweier stehenden Dampfmaschinen und eines 9000 Fuß langen Seils emporgezogen werden müssen), ist mit Bestimmtheit im Laufe dieses Jahres zu erwarten. Die Gesammtkosten des Baues betragen nach einem neuen Anschlage 1,365,871 Thlr., weshalb die Ausgabe von Prioritätsactien bis zum Belaufe von 600,000 Thlrn. beschlossen ist.

6) Von der Rheinischen Eisenbahn (von Köln über Aachen bis zur belgischen Grenze, wo sie sich an die belgischen Eisenbahnen anschließen wird, zusammen 11¼ Meilen, auf welcher Länge vier Tunnel vorkommen) wird noch immer nur eine kleine Strecke bei Köln von Zeit zu Zeit befahren, indeß ist dieselbe um ⅜ Meile (von Müngersdorf bis Lövenich) verlängert worden und daher jetzt 1⅜ M. lang. Die Erdarbeiten zwischen Köln und Aachen sollen bereits beendigt sein; die Bahn selbst wird noch im J. 1841 (wahrscheinlich im Oct.) vollendet und befahren, die Section von Aachen bis zur Grenze aber im J. 1842 fertig werden. Auch diese Compagnie hat sich genöthigt gesehen, eine Anleihe von 2½ Mill. Thlr. zu contrahiren, wozu der König aus seiner Chatoulle 800,000 Thlr. bewilligt haben soll; dadurch wird das ganze Capital auf 6,575,000 Thlr. gebracht. Dem Vernehmen nach hat die rheinische Eisenbahndirection Erlaubniß erhalten, die Bahn später von Köln bis Preußisch-Minden (27 Meilen) fortzusetzen, wo sich eine über Hanover und Braunschweig nach Magdeburg führende Bahn anschließen soll.

Außerdem sind noch vier deutsche Eisenbahnen in Angriff genommen: die Bahn von Wien bis Raab, welche schon 1840 bis Wienerisch-Neustadt (6 Meilen) fertig werden sollte und nur wegen Mangels an Schienen nicht eröffnet werden konnte; die kleine von Hamburg nach Bergedorf (2½ Meilen, Capital 1½ Mill. Mark Banco, soll im nächsten Herbste eröffnet werden) und die wichtigen Bahnen von Berlin nach Stettin und nach Frankfurt a. d. Oder. Jene ist 18¼, diese 10½ Meilen lang; die Baukosten sind bei jener auf 2,724,000 Thlr., bei dieser auf 2 Mill. Thlr. veranschlagt; beide sollen binnen zwei Jahren vollendet werden. Hinsichtlich der ganz erst projectirten Bahnen beschränken wir uns auf folgende Angaben:

1) Östreich. Von Wien nach Triest; von Prag bis zur sächsischen Grenze in der Richtung nach Dresden; von Pilsen nach Budweis (letztere nur für Pferdekraft). — 2) Preußen. Der Plan einer directen berlin-breslauer Bahn ist vor der Hand in den Hintergrund getreten, da der Staat die beantragte Zinsengarantie abgelehnt hat; dafür ist eine Bahn von Frankfurt nach Breslau (über Sorau, Sagan, Sprottau, Liegnitz und Neumarkt) in Aussicht gestellt, für welche schon früher 6,840,000 Thlr. unterzeichnet waren (Kostenanschlag 7 Mill. Thlr.). Für die oberschlesische Eisenbahn von Breslau nach Brünn (über Ohlau, Brieg, Oppeln, Tarnowitz, Myslowitz, Beuthen u. s. w.; Länge 28 Meilen; Kostenanschlag 2,837,312 Thlr.) Zum Anschluß an die östreichische Nordbahn hat eine Subscription stattgefunden, über deren Resultate so viel verlautet hat, daß zwei Drittel der nöthigen Summe gezeichnet sind. Neuerdings hat die Generalversammlung beschlossen, den Bau der Bahn unverzüglich (im Frühjahre) zu beginnen und vorerst um Concession für die Strecke von Breslau bis Oppeln (10½ Meilen) nachzusuchen, über deren Richtung kein Zweifel obwaltet. Für die Bahn von Berlin nach Hamburg sind zwei Tracte in Vorschlag: der eine auf dem linken Elbufer über Potsdam, Brandenburg, Stendal, Salzwedel, Lüneburg, Bergedorf, zusammen 39 Meilen (sodaß durch diese Bahn die berlin-potsdamer mit der hamburg-bergedorfer Bahn unmittelbar verbunden würde); der andere auf dem rechten Ufer über Wittenberge, Perleberg, Ludwigslust, Lauenburg, etwa 36 Meilen. Das letztere Project scheint den Vorzug zu verdienen und hat auch die vorläufige Genehmigung der preußischen, sowie der dänischen und der mecklenburgischen Regierung erhalten, nur will die letztere dem Vernehmen nach aus Rücksicht auf Hanover die Bahn von der Elbe entfernen und über Schwerin geführt wissen, was ein großer Umweg wäre*); behufs der nöthigen Vorarbeiten hat eine Subscription stattgefunden. Im Werke ist ferner der Bau von Bahnen von Köln nach Bonn (für welche die Concession bereits ertheilt ist) und von Köln nach Düsseldorf, jene 3 Meilen, diese 4 Meilen lang. Wichtiger noch als die genannten Bahnen würde die Bahn von Halle über Kassel und Lippstadt nach Köln (über 55 Meilen) sein, welche dem Vernehmen nach auf Staatskosten ausgeführt werden soll; vorläufig sollen zu derselben 10 Millionen Thaler bewilligt und die Leitung dem Major Grüson, Oberingenieur der magdeburger Bahn, übertragen sein; doch scheint die Richtung noch keineswegs festgestellt zu sein. Vermuthlich wird sie über Naumburg, Weimar, Erfurt, Gotha, Eisenach gelegt und durch eine Zweigbahn von Dürrenberg aus direct mit Leipzig verbunden. Größtentheils in Bezug auf diese Bahn haben die Regierungen von Sachsen-Weimar, Sachsen-Koburg-Gotha und Sachsen-Meiningen am 19. August vorigen Jahres einen Verein geschlossen, welcher zum Zweck hat, dahin zu wirken, daß die von Halle nach Kassel und die von Bamberg nach dem nördlichen Deutschland projectirten Eisenbahnanlagen die Vereinslande so viel als möglich und in angemessenen Richtungen durchziehen; die gedachten Regierungen wollen die Verbindung beider Eisenbahnen, der westöstlichen und der südnördlichen, in ihren Landen zu vermitteln suchen. — Über die beste Richtung der südnördlichen Eisenbahn, welche uns 3) auf Baiern führt, da sie von Bamberg ausgehen soll, sind die Meinungen zur Zeit noch sehr getheilt, was in den öffentlichen Blättern einen ziemlich lebhaften Streit veranlaßt hat. Nach dem einen Projecte sollte die Bahn von Bamberg über Koburg, Hildburghausen, Meiningen, durch den Werragrund nach Eisenach führen und sich hier mit der von Halle nach Kassel führenden Bahn vereinigen, nach dem andern Plane aber von Bamberg über Hof, Plauen, Altenburg nach Leipzig oder Halle gebaut werden. Ganz kürzlich aber, am 19. Nov. vorigen Jahres, hat die bairische Regierung die schon im J. 1836 ertheilte Concession für den Bau einer Eisenbahn von Nürnberg nach der nördlichen Reichsgrenze (zunächst nach Bamberg) zurückgenommen, „weil die für dieselbe zusammengetretene Gesellschaft den von der Regierung für den Beginn des Baues gestellten Termin habe verstreichen lassen"; in-

---

*) Die neuesten Nachrichten melden die Zurücknahme dieser Bedingung.

dessen stand die Gesellschaft eben in Begriff, den Bau beginnen zu lassen, und hatte sowol dazu als zum Bau der Bahn von Bamberg nördlich in der Richtung gegen Koburg um Erlaubniß des Königs nachgesucht. Einer gleichzeitig erlassenen Ministerial-Entschließung zufolge beabsichtigt der König von Baiern, mit dem nächstkommenden Frühlinge (1841), wenn bis dahin für die Erhaltung des Friedens zureichende Gewähr gegeben ist, den Bau einer Eisenbahn von Nürnberg nach Bamberg auf Staatskosten beginnen zu lassen. — 4) Sachsen. Für den Tract von Bamberg über Hof nach Sachsen hatte sich die sächsische Regierung besonders interessirt und deshalb auch einen eigenen Bevollmächtigten nach München geschickt; um aber den Bau der Bahnstrecke von Leipzig bis zur bairischen Grenze möglich zu machen, haben die Stände den von der Regierung genehmigten Beschluß gefaßt, den dritten Theil der Actien auf Rechnung der Staatskasse zu übernehmen und bei der Zahlung der Zinsen den Inhabern der übrigen Actien den Vorzug einzuräumen. Ganz neuerlich (am 14. Jan. 1841) ist wegen einer von Nürnberg über Bamberg, Hof, Plauen und Altenburg nach Leipzig zu führenden Eisenbahn, deren Länge gegen 36 Meilen betragen würde, zwischen den Regierungen von Baiern, Sachsen und Sachsen-Altenburg ein Staatsvertrag geschlossen worden. Wegen einer Zweigbahn bis zur bairisch-koburgischen Grenze wird gegenwärtig unterhandelt. Die erzgebirgischen und lausitzer Eisenbahnprojecte sind vor der Hand zurückgelegt; die Eisenbahn von Dresden nach der böhmischen Grenze in der Richtung nach Prag hat dagegen günstige Aussichten und ist bereits abgesteckt, wiewol noch keine Gesellschaft constituirt ist. — 5) Hanover. Der König hat, wie verlautet, bestimmt, daß eine Eisenbahn von Hanover über Celle und Lüneburg abgeht, nach Harburg (Hamburg gegenüber) geführt werden und die Frage wegen etwaiger Anlegung einer Zweigbahn von Lüneburg nach Bergedorf, welche von den Hamburgern dringend gewünscht wird, künftig weiter erwogen werden soll. Die Ausführung des Baues bleibt einer Actiengesellschaft überlassen, doch will sich der Staat mit 30—50,000 Thaler per Meile betheiligen. Um Hanover auch mit Hildesheim und Braunschweig zu verbinden, soll dem Vernehmen nach eine Eisenbahn in gerader Richtung von Hanover über Peine nach Braunschweig, eine andere von Celle über Burgdorf nach Hildesheim geführt werden, sodaß beide sich kreuzweise durchschneiden, was gewiß höchst zweckmäßig wäre. Auch die Anlegung einer Bahn von Hanover nach Minden hat der König genehmigt. Geld haben freilich die Stände nicht einmal für die kleine Strecke von Goslar nach Vienenburg bewilligt und Compagnien von Capitalisten haben sich auch noch nicht finden wollen. Ein Expropriationsgesetz ist bereits erlassen. — 6) In Mecklenburg ist der Bau einer Bahn von Wismar an der Ostsee über Schwerin nach Boitzenburg an der Elbe (11 Meilen) im Werke; die Stände haben am 30. Nov. vorigen Jahres außer den Expropriationsgesetze eine Actienzeichnung von 30,000 Thlr. für jede Meile sowol der gedachten Bahn als der berlin-hamburger Bahn (auf dem rechten Elbufer), so weit diese Mecklenburg berührt, bewilligt; wegen Fortführung der erstern Bahn nach Lüneburg ist mit Hanover eine vorläufige Übereinkunft getroffen worden. — 7) In Holstein sind mehre Projecte im Gange, unter denen das einer Bahn von Hamburg oder Altona nach Kiel (13¼ Meilen), welche ganz Holstein in nordsüdlicher Richtung durchschneiden und die Ostsee mit der Nordsee verbinden würde, das bedeutendste ist; bereits ist ein Comité für dieselbe gebildet und die Subscription eröffnet worden (Kostenanschlag 5½ Mill. Mark Bco.). Von einer hamburg-lübecker Bahn, welche in hohem Grade wünschenswerth wäre, ist vor der Hand nicht mehr die Rede. Am 18. Mai 1840 hat die dänische Regierung die allgemeinen, durchgängig liberalen Bedingungen veröffentlicht, unter denen Einzelne oder Gesellschaften die Erlaubniß erhalten sollen, in den Herzogthümern Schleswig und Holstein zwischen der Ost- und Nordsee Eisenbahnen zu bauen. — 8) In Hessen-Kassel haben die Stände auf Antrag der Regierung eine Summe zu den Vorarbeiten der durch das Kurfürstenthum zu führenden ostwestlichen Centralbahn (von Halle nach Köln) bewilligt. Von Kassel aus dürfte eine Seitenbahn nach Frankfurt am Main gebaut werden. — 9) In Hessen-Darmstadt sind, so viel bekannt, noch keine ernstlichen Anstalten getroffen, um die durch Staatsvertrag von 1838 verabredete Eisenbahnverbindung zwischen Manheim, Darmstadt und Frankfurt, deren Bau nach demselben bis 1843 beendigt sein sollte, auszuführen, wiewol die Regierungen bereits Concession ertheilt haben. — 10) In Würtemberg hat das Eisenbahnwesen noch wenig Boden gewonnen, doch ist im Beginn des verflossenen Jahres in Isny ein Eisenbahnverein für den Allgäu und den Bodensee zusammengetreten, der den Bau einer nur für Pferdekraft einzurichtenden Eisenbahn von Ulm über Leutkirch nach Friedrichshafen am Bodensee beabsichtigt.

Schließlich theilen wir den Börsencurs der bedeutendsten deutschen Eisenbahnactien am Ende des Jahres 1840 mit: Taunusbahn 132½, Berlin-Potsdam 127¾, Leipzig-Magdeburg 111½, Berlin-Anhalt 100, Leipzig-Dresden 99¾, Köln-Aachen 91½, Wien-Raab 88½, Nordbahn 87½, München-Augsburg 82, sämmtlich auf 100 gerechnet.

(Der Beschluß folgt in Nr. 423.)

Peter der Große und sein Sohn Alexej.

Daß ein würdiger Vater nicht immer auch einen würdigen Sohn habe, davon ist Peter der Große ein Beispiel. Peter's Betragen gegen seinen Sohn Alexej ist ihm sehr zum Vorwurf gemacht worden, obgleich es nicht minder den Stempel seiner Größe trägt, als tausend andere Handlungen, durch die er den Namen des Großen verdient hat.

Alexej wurde am 28. Febr. 1690 zu Moskau geboren. Seine Mutter, Eudoxia Feodorowna Lapuchin, welche Peter in seinem 17. Jahre geheirathet hatte, harmonirte nicht mit dem Vater und erfüllte den einstigen Thronfolger schon in der frühesten Jugend mit einer später durch nichts zu besiegenden Abneigung gegen Alles, was der Vater that. Leider richtete Peter seine Aufmerksamkeit auf den präsumtiven Thronerben erst dann, als sein Kopf bereits mit mönchischem Unsinn vollgepropft und sein Gemüth mit Haß gegen die Schöpfungen des Vaters erfüllt war.

Zwar suchte der Vater seinen Fehler dadurch gut zu machen, daß er dem zwölfjährigen Prinzen in Heinrich Hugßen aus Westfalen einen ausgezeichneten Erzieher gab, aber das Übel wurde dadurch nicht gehoben, ein Umstand, der es Mentschikow, dem Lieblinge des Zaren, welchem mit der höhern Erziehung Alexej's durch Hugßen nicht gedient war, möglich machte, Peter zu bereden, ihm die Aufsicht über Alexej anzuvertrauen und Hugßen für die auswärtigen Angelegenheiten und Staatsverwaltung zu gebrauchen. Unter Mentschikow's Aufsicht verfiel der Prinz in seine frühere Trägheit und in Folge derselben, weil Müßiggang aller Laster Anfang ist; in mancherlei Unordnungen und Ausschweifungen. Er schloß sich immer enger an die Partei seiner verstoßenen Mutter an, welche durch ihn nach Peter's Tode den alten bessern Zustand der Dinge wieder herstellen zu können glaubte, und erlaubte sich bereits eine laute Misbilligung der Regierung seines Vaters.

So kränkend dies für den Vater sein mußte, welcher nichts mehr wünschte, als seine politische Schöpfung zum Wohle seiner Völker durch seinen Nachfolger dauernd zu machen, so verlor er doch nicht die Geduld, sondern wandte nachsichtsvoll die zweckmäßigsten Mittel an, den entarteten Sohn auf einen bessern Weg zu lenken. Er nahm ihn auf mehren Feldzügen mit sich und suchte durch die Erfahrung des Kriegslebens Neigung für die Kriegskunst in ihm zu erwecken. Ein anderes Mal übertrug er ihm in seiner Abwesenheit von der Residenz eine Art von Regentschaft, um ihn durch solches Vertrauen zu rühren und zugleich mit den Staatsgeschäften vertraut zu machen. Er vermählte ihn endlich in seinem 21. Jahre mit einer tugendhaften, liebenswürdigen Ausländerin, der 17jährigen Tochter des Herzogs Ludwig Rudolf von Braunschweig. Aber auch dieses Mittel, von dem sich der Vater so viel versprochen hatte, blieb, wie alle andere, ohne Erfolg. Vier Jahre nach ihrer Vermählung starb die Großfürstin kurz nach ihrer zweiten Niederkunft, von ihrem Gemahle zu Tode gekränkt. Mit ihrem Tode schwand dem betrübten Vater die letzte Hoffnung hin, den Sinn des ungerathenen Sohnes zu ändern; dennoch aber gab er ihn noch nicht schlechthin auf, wie ein Brief beweist, den er ihm am Tage der Leichenbestattung schrieb. „Ich werde noch einige Zeit abwarten — heißt es am Schlusse dieses Briefes —, ob Ihr Euch bessern werdet. Wo nicht, so wisset, daß Ich Euch von der Thronfolge entfernen werde, wie man ein unnützes Glied abschneidet. Glaubt ja nicht, daß ich Euch nur Furcht einjagen will! Verlaßt Euch nicht auf den Titel meines Erben; denn wenn mir für mein Vaterland und das Heil meiner Völker mein eigenes Leben nicht zu lieb ist, warum sollte ich Euch verschonen? Eher werde ich das Reich einem Fremden, der es verdient, überlassen, als meinem eignen Sohne, wenn er sich dessen unwürdig macht."

Vier Tage darauf schrieb Alexej dem Vater, er thue auf die Thronfolge Verzicht. Peter wußte recht gut, was diese Verzichtleistung auf den Thron sagen wollte. Er schrieb einige Zeit darauf noch nachdrücklicher an seinen Sohn, er solle sich bessern und des Thrones würdig machen oder ein Mönch werden, und verlangte eine bestimmte Entscheidung. Alexej antwortete, er wolle ein Mönch werden. Peter sah in dieser Erklärung nichts als den Unverstand und die unbeugsame Hartnäckigkeit seines Sohnes, und da er eben im Begriff war, seine zweite Reise durch das nördliche Europa anzutreten, machte er noch einen letzten Versuch, durch väterliche Worte den Prinzen auf andere Gedanken zu bringen. Als ihm nun dieser durch Eidschwüre seinen Entschluß bestätigte, gab er ihm noch sechs Monate Bedenkzeit und reiste ab. Alexej lebte jetzt nur in der Umgebung der Misvergnügten und die Bedenkzeit verstrich. Der Vater, der von seinem Treiben Nachricht erhalten hatte, schrieb ihm von Kopenhagen aus, er solle sich entscheiden und, wenn er nicht alle Hoffnung auf die Thronfolge verlieren wollte, unverzüglich zu ihm kommen. Alexej kam durch diesen Brief in nicht geringe Verlegenheit, denn zum Kloster hatte er nicht Lust, zum Vater kommen mochte er aber noch weit weniger.

Unter dem Vorwande, zu seinem Vater zu reisen, verließ er die Residenz, nahm aber, nachdem er von Königsberg aus dem Vater seine bevorstehende Ankunft gemeldet hatte, seinen Weg nach Wien und wußte sich dort auf so lange einen sichern verborgenen Aufenthalt auszuwirken, bis sich die Umstände zu seinen Gunsten geändert hätten.

Peter erfuhr aber dennoch, daß Alexej in Wien sei, und verlangte die Auslieferung desselben. Der Kaiser ließ seinen Schützling jetzt nach Innsbruck und von da der größern Sicherheit wegen in das Castell St.-Elmo zu Neapel bringen. Aber auch dieser Aufenthaltsort wurde von den Abgeordneten Peter's ausgespäht. Sie händigten hier dem Prinzen ein Schreiben von seinem Vater ein, worin er ihm, wofern er nicht seinem Willen folgte, mit seinem ewigen Fluche drohte.

Die mannichfachen Demüthigungen, die der Prinz seit seiner Entfernung von Rußland erfahren hatte, die Aussicht auf des Vaters Verzeihung, am meisten aber das Zureden seiner Maitresse Euphrosyne, welche die Abgeordneten in ihr Interesse gezogen hatten, machten Alexej in dem von ihm auf Anrathen der Feinde Peter's gefaßten Entschlusse wankend, sein Recht auf die Thronfolge in Rußland vom Auslande her geltend zu machen. Er kehrte mit Rumjanzow und Tolstoi nach Moskau zurück, warf sich dem Vater zu Füßen und hatte eine lange Unterredung mit ihm. Am folgenden Tage, es war der 4. Febr. 1718, mußte er ihm vor einer feierlichen Versammlung der höhern russischen Geistlichkeit und der Bojaren, als Gefangener ohne Degen, eine Schrift überreichen, in welcher er seine Fehler eingestand und sich der Thronfolge unwürdig bekannte. Hierauf mußte er einen Ukas unterzeichnen, durch welchen er der Thronfolge verlustig erklärt und sein Stiefbruder Peter zum nächsten und rechtmäßigen Thronfolger ernannt wurde.

Mit dieser Bestrafung würde sich Peter wol begnügt haben, wenn Alexej seine vertrauten Rathgeber hätte nennen wollen, dazu war er aber durchaus nicht zu vermögen. Da nun dem Zaren Alles daran liegen mußte, die Faction zu unterdrücken, die den Prinzen als ihr Werkzeug gemisbraucht hatte, so ordnete er eine öffentliche gerichtliche Untersuchung des Betragens Alexej's an, durch welche mehre Thatsachen ans Licht kamen, welche dem Sohne schwer zur Last fielen. Nach Beendigung der Untersuchung mußte die höhere Geistlichkeit, sowie die weltlichen Richter, ihr Gutachten geben. Die letztern, 144 an der Zahl, sprachen einstimmig das Todesurtheil über Alexej aus, welches sogleich dem Prinzen und der ganzen Nation bekannt gemacht wurde.

Die Vorlesung dieses Todesurtheils, welche dem Prinzen jede Hoffnung auf die Thronfolge durch Mitwirkung der Nation benehmen sollte, machte einen solchen Eindruck auf ihn, daß er krampfhafte Zufälle bekam, welche apoplektisch und tödtlich wurden. Er starb, nachdem er sich mit dem Vater ausgesöhnt hatte, den 26. Juni 1718 (alten Styls) und wurde den 30. Juni in der Kirche zu St.-Peter und Paul zu Petersburg neben seiner Gemahlin beigesetzt.

Die Insel Tschusan.

Vor den felsigen Küsten der etwa in der Mitte des Reichs belegenen chinesischen Seeprovinz Tsche-Kiang, die vom östlichen Meere (chinesisch Toung-Hai) bespült werden, dehnt sich in einem weiten Kreise der Archipelagus aus, der in der Regel mit der Benennung

Tschusangruppe bezeichnet wird. Eine dieser Inseln, die vorzugsweise den Namen Tschusan trägt, liegt nahe der neuerdings häufig erwähnten Küstenstadt Ningpo, dem Hauptstapelplatze des chinesisch-japanischen Handels. Der vorzüglichste Ort auf dieser Insel, auf welcher die Engländer schon früher und noch bis zur Mitte des vorigen Jahrhunderts Niederlassungen besaßen, ist die Stadt Ting=Hai, deren sich bekanntlich die Engländer nach kurzem Widerstreben der Chinesen bemächtigten und der sie den bekannten Missionar Gützlaff, einen mit der Sprache und den Gebräuchen der Eingeborenen vertrauten Mann, als erste obrigkeitliche Person vorsetzten. Ting=Hai, in der Nachbarschaft Koreas, Japans, des chinesischen Festlandes und der Insel Formosa, bildet den Vereinigungspunkt der Schiffer und Handeltreibenden dieses gesammten Theiles der Erdkugel. Reich, gewerbsam und durch Verkehr belebt, gleicht der Ort, wenn auch weniger umfangreich, in vielen Beziehungen dem alten Venedig; wie dieses den Verkehr des europäischen Occidents mit der Levante vermittelte, so liegt Ting=Hai auf der Mitte des Weges zwischen Kanton und Peking, zwischen der chinesischen Küste und der japanischen Inselwelt. Seine langen und breiten Straßen sind mit großen viereckigen Steinplatten gepflastert; die Kanäle, welche die Stadt durchschneiden und fast ganz umgeben, haben sehr hohe Brücken, welche man mittels Stufen übersteigt, wie in Venedig über den Rialto. Die Mauern von Ting=Hai, 30 Fuß hoch, verbergen vollständig die Giebel der Häuser, die nur aus einem Stockwerke bestehen; blos die Pagoden, die Paläste, die mit glasirten gelben oder grünen Ziegeln bedachten Glockenthürme und andere öffentliche Gebäude, die sämmtlich auf Grundmauern erbaut sind, ragen mit ihren Spitzen hervor. Wie die Umwallungen aller chinesischen Städte sind diese aus grauen Backsteinen aufgeführten Mauern von hundert zu hundert Schritten durch kleine viereckige steinerne Thürme gedeckt; die Brustwehren derselben aber sind mit Ausschnitten und Schießscharten versehen, wo sich Bogenschützen aufhalten und einige alte eiserne Kanonen gerichtet werden können. Die mittels Gyps verbundenen Ziegel ihrer doppelten Bedachung sind bemalt, und zwar um Zeltdächer, die aus Häuten bestehen, nachzuahmen. Die Winkel und die Giebel sind mit plumpen Thiergestalten von Stein oder gebrannter Erde verziert. Innerhalb des Thores von Ting=Hai und überhaupt innerhalb aller Festungen gibt es noch eine zweite Ringmauer mit einem Wachthause. Hier sind in der besten Ordnung Bogen, Pfeile, Piken und Luntenflinten aufgehängt. Vor jedem Thore in den äußern Mauern befindet sich ein kleines Zelt, vor welchem ein vollständig bewaffneter Soldat Wache hält; nicht weit davon befinden sich die Versammlungshäuser für die Ablösungsposten, auch zuweilen die Casernen. Oberhalb des Eingangs bei jedem Thore ist immer eine breite viereckige Tafel angebracht; auf derselben befindet sich eine gelbe Inschrift, aus welcher sich die Rangclasse ergibt, zu welcher die Stadt gehört, sowie der Name, den sie von Alters her gehabt, oder der, den ihr die neue Dynastie beigelegt hat.

Seltener Gemeinsinn.

Stephan Girard wanderte unvermögend aus der Fremde in Neuyork ein und trieb daselbst die Handlung mit Erfolg, fand es indessen bald vortheilhafter, seinen Sitz in Philadelphia aufzuschlagen. Hier ge-

langte er durch Thätigkeit, Umsicht, durchbringenden Scharfblick und ordnungliebende Rechtschaffenheit, verbunden mit glücklichen Speculationen, zu einem außerordentlich großen Vermögen, welches in seinen Händen zur Quelle des ausgebreitetsten Segens gedieh. In Ermangelung naher Anverwandten nämlich erklärte er laut eines im Jahre 1832 errichteten Testaments den edelmüthigen Entschluß, seine gesammten nachgelassenen Schätze Philadelphia, als seiner zweiten Vaterstadt, zum Opfer zu bringen. Nicht allein die gesammten Mitbürger aber sollten sich seines Vermögens durch Anwendung eines bedeutenden Theils desselben zur Verschönerung des Orts und seiner nächsten Umgebungen freuen, sondern als edler Menschenfreund erbarmte er sich auch vorzüglich der gesammten mittellosen, im verwaisten Zustande lebenden Jugend männlichen Geschlechts, ohne Unterschied des Vaterlandes und Religionsbekenntnisses, so jedoch, daß zunächst die Waisenknaben aus Philadelphia, hiernächst die von Pennsylvanien überhaupt, von Neuyork und Neuorleans, in ihrer Verlassenheit Schutz, Trost und Bildung im weitesten Umfang erhalten sollten. Zu bedauern ist dabei nur, daß Stephan Girard, aus Vorurtheil oder aus sonst einer Ursache, die Farbigen vom Genusse dieser Wohlthaten ausgeschlossen hat. Die Größe des Umfangs dieser Stiftungen läßt sich aber daher ermessen, daß für das anfänglich auf 300 Zöglinge bestimmte Waisenhaus nicht allein zu dessen Errichtung, außer den gesammten Häusern des Stifters, ein großer ihm zugehöriger Platz zwischen vier Straßen, seine Bibliothek, seine Kunstsammlungen und sein ganzes Mobiliar, sondern auch ein baares Capital von zwei Millionen Dollars oder drei Millionen Thaler angewiesen wurden. Dem liberalen Geiste Girard's genügte aber diese Bestimmung noch nicht, sondern da, um dieser Anstalt die möglichste Vollkommenheit zu ertheilen, unterrichtete Männer zuvörderst die ausgezeichnetsten Erziehungsanstalten Europas kennen lernen und nach Befinden Gebrauch von ihren Wahrnehmungen und Beobachtungen machen sollten, so war, in Betreff der erwachsenen Mehrausgaben, die testamentarische Vorkehrung getroffen worden, daß die Testamentsvollstrecker noch weitere Fonds bis zum Belauf von fünf Millionen Dollars erheben konnten. Der dermalige Vorsteher dieser Anstalt, Alexander Dallas Bache, hat zu dem gedachten Zwecke eine Reise nach Europa unternommen, bei welcher er auch Leipzig besuchte, und deren Ergebnisse in einem ausführlichen Werke *) veröffentlicht.

Die unsterblichen Verdienste Stephan Girard's um Pennsylvaniens Hauptstadt bringen den Baron Daniel von Pury ins Gedächtniß, welcher ursprünglich in Neufchatel auf öffentliche Kosten erzogen wurde und gegen Ende der letzten Hälfte des 18. Jahrhunderts bei seinem Tode den Ruhm eines der größten Wohlthäter seiner einst um sein erstes, kümmerliches Fortkommen hochverdienten Vaterstadt hinterließ. Durch Fähigkeiten, Fleiß und Treue erhob er sich zu einem der ersten Bankiers und Juweliere in Lissabon, und hatte dabei der früher genossenen, ihn so bedeutend fördernden Wohlthaten so wenig vergessen, daß aus seinen Mitteln großentheils das neue Armenhaus zu Neufchatel emporstieg, die neue und prächtige Hochstraße nach Basel ihren Ausbau erhielt, das schöne Rathhaus errichtet und eine Kasse zur Erhaltung armer Predigerwitwen begründet wurde. Der wahrhaft großmüthige

---

*) Reports on education in Europe to the Trustees of the Girard-College for Orphans (Philadelphia 1839).

Mann, vom König Friedrich II. mit dem Freiherrn=titel belohnt, setzte nun noch überdies (mit Ausnahme von 125,000 Crusaden, die er Freunden, fernen Ver=wandten und Armen vermachte) zu seinem gesammten, an drei Millionen Francs betragenden Vermögen seine Vaterstadt mit der Bedingung zur Erbin ein, daß die eine Hälfte zur Verschönerung der Stadt und ihres Gebiets, die andere zur Verbesserung von Kirchen, Schulen und Armenanstalten daselbst verwendet würde, welche Bedingungen zu erfüllen man auch nicht unter=lassen hat.

Die Leuchtthürme in Großbritannien und Irland.

Es gibt gegenwärtig in England 44 Staats=Leucht=thürme und 13 auf Kosten der Regierung erbaute schwimmende Seeleuchten, außerdem 46 Leuchtthürme und 4 schwimmende Seeleuchten, die zu den verschiede=nen Häfen gehören; in Schottland gibt es 25 der Regie=rung gehörige, 18 locale Leuchtthürme; in Irland endlich beläuft sich die Zahl der Leuchtthürme auf 38 feste und 3 schwimmende, was im Ganzen 171 Leuchtthürme und 20 schwimmende Seeleuchten für die britischen Inseln gibt. Die jährliche Gesammteinnahme davon beläuft sich im Durchschnitte aus den letzten zehn Jahren auf 240,300 Pf. St.; zieht man hiervon die Kosten der Einnahme mit 22,131 Pf. St. und die Unterhaltungs=kosten mit 74,822 Pf. St. ab, so bleibt eine jährliche Netto=einnahme von 143,337 Pf. St. Die merkwürdigsten sind der von Bell Rock an der Mündung des Firth und der auf dem Felsen von Eddystone, auf der Rhede von Plymouth, jener 1811, dieser 1776 erbaut. Der erste ist über 100 Fuß über der Flut erhaben und sein Licht brennt abwechselnd von vier zu vier Minuten weiß und roth; der letztere ist 85 Fuß hoch und vier Stunden von der Rhede entfernt.

Glengariff.

Glengariff ist eine sehr romantische Gegend an der Südküste Irlands, von der Stadt Bantry in gerader Linie zwei Meilen entfernt. Die meisten Reisen=den, welche die Seen von Killarney ihrer natürlichen Schönheiten und der mit ihnen verknüpften Sagen wegen besucht haben, nehmen von da ihren Weg zu der kaum minder berühmten und vielleicht schönern Ge=gend bei Glengariff. Den Eingang in die kleine Bucht von Glengariff beschützt eine kleine Insel, auf welcher ein sogenannter Martellothurm erbaut ist, der der Sce=nerie einen eigenen Reiz verleiht. Die Bucht wird um=geben von Hügeln, die mit dem reichsten Grün bedeckt sind, hier sich allmälig zum Meere herabsenkend, dort von der Wasserfläche schroff emporsteigend. Die heitersten Farben spiegeln sich in der stillen Flut; in nebelgrauer Ferne erscheinen die hehren Formen der höhern Ge=birge, die sich wie Geister zu den Wolken erheben. Alle Reisenden sprechen mit Entzücken von den Reizen Glengariffs und der Umgegend, die durch die geschmack=vollen Anlagen der benachbarten großen Grundbesitzer noch erhöht werden. Das Klima ist in diesem Theile Irlands gesund und mild und die zartesten Pflanzen halten selbst im Freien den Winter aus. Gleich den meisten schönen oder romantischen Theilen Irlands hat auch Glengariff seine Feenmärchen, die sich besonders an eine Stelle der Bucht von Glengariff knüpfen, wo wegen des Schutzes einer vorragenden Landspitze eine beständige Windstille herrscht, weshalb sie der Sumpf der Bai von Glengariff genannt wird.

Herausgegeben unter Verantwortlichkeit der Verlagshandlung F. A. Brockhaus in Leipzig.

Das Pfennig-Magazin

für

Verbreitung gemeinnütziger Kenntnisse.

423.]   Erscheint jeden Sonnabend.   [Mai 8, 1841.

Johann Gottfried Herder.

Johann Gottfried Herder wurde den 25. August 1744 in Mohrungen, einer kleinen Stadt in Ostpreußen, geboren. Sein Vater, Gottfried Herder, welcher sich erst als Tuchmacher von seinem Gewerbe kümmerlich nährte, später aber die Stelle eines Glöckners und Elementarlehrers annahm, hatte in seiner Ehe mit Anna Elisabeth Pels, der Tochter eines Hufschmieds, fünf Kinder, unter denen unser Herder das dritte war. Der häusliche Friede, die Frömmigkeit und der Berufseifer seiner Ältern mußten von frühester Jugend an einen wohlthätigen Einfluß auf ihn äußern. Bibel und Gesangbuch, zu deren fleißiger Lecture er, sobald er nur lesen konnte, ernstlich angehalten wurde, weckten und schärften seinen religiösen Sinn und mögen auch auf die Bildung seines Ausdrucks in Rede und Schrift von nicht unbedeutendem Einflusse gewesen sein. Seinen frühesten Unterricht genoß Herder auf der Stadtschule zu Mohrungen; der dasige Rector Grimm war ein Mann von rauhem, finstern Wesen, der jedes

kleine Versehen mit der unerbittlichsten Strenge ahndete; obgleich nun der fleißige und eifrige Knabe nie Anlaß zu Tadel gab, so scheint er doch in jener Zeit etwas Scheues und Furchtsames in seinem Benehmen angenommen zu haben. Dagegen übte der Prediger Willamovius in Mohrungen und der Umgang mit dessen gemüthvollem Sohne auf ihn den heilsamsten Einfluß. Jener, von welchem Herder in der Religion unterrichtet und confirmirt wurde, wußte ihm die lebendigste Hochachtung für das Christenthum und den regsten Eifer für treue Pflichterfüllung einzuflößen. Nach Willamovius' Tode wurde der junge Herder, da sich seine Aussichten für die Zukunft trübten, von einer gewissen schwermüthigen Stimmung befallen; eine Thränenfistel am linken Auge und die Armuth seiner Ältern schienen es ihm unmöglich zu machen, seiner Neigung zum Studiren je zu folgen; ja selbst der Diakonus Trescho, der ihn in sein Haus nahm, rieth ihm, dem Wunsche seines Vaters gemäß ein Handwerk zu erlernen. Bei Trescho wurde Herder theils zum Abschreiben, theils zu allerhand kleinen häuslichen Geschäften gebraucht, deren weniger genaue Verrichtung ihm manchmal einen herben Verweis zuzog. Wie sehr er schon damals von Liebe zu den Wissenschaften beseelt war, bezeugt Folgendes. Herder bekam seine Schlafstelle in Ermangelung eines passenden Raumes in dem Bibliothekzimmer Trescho's angewiesen; die theologischen und historischen Schriften, sowie einige römische und deutsche Schriftsteller (von den letztern unter andern Simon Dach und Kleist), die sich hier vorfanden, erregten seine Wißbegierde; so darbte er sich denn am Frühstücke einige Groschen ab, um Öl in seine Lampe zu kaufen, und machte sich begierig über die gefundenen Schätze. Als er aber das Ding eine Zeit lang so getrieben, überraschte ihn einstmals Trescho, der darauf diesen nächtlichen Studien für immer ein Ende machte, auch jetzt noch nicht erkennend, wozu Jener berufen war.

Bald darauf aber, im J. 1762, nahm sein Geschick unvermuthet eine andere Wendung. Der russische Regimentschirurg Schwagerloh, der, aus dem siebenjährigen Kriege zurückkehrend, in Herder's Vaterstadt einquartiert wurde, gewann diesen lieb und machte ihm den Vorschlag, zur Erlernung der Chirurgie mit ihm nach Königsberg zu gehen; der Antrag wurde angenommen und im Sommer desselben Jahres reiste Herder mit seinem Gönner nach Königsberg ab. Da er aber schon bei der ersten Zergliederung, der er dort beiwohnte, in Ohnmacht fiel und so wenig Neigung zu den chirurgischen Studien hatte, so vertauschte er sie bald mit den theologischen, zu denen ihn wahre Sehnsucht schon längst getrieben hatte, und ließ sich nach wohlbestandener Prüfung als Student der Theologie einschreiben. Als solcher hörte er Lilienthal, Kypke, Teske, am liebsten aber Kant, bei dem er auch durch ein Gedicht, in welchem er einige Ideen desselben ausgesprochen hatte, näher bekannt wurde; auch trat er zu dem bekannten Hamann in nähere Beziehung. Nachdem er sich eine Zeit lang durch Privatunterricht ein spärliches Auskommen verschafft hatte, wurde er zu Ostern 1763 Lehrer an dem Friedrichscollegium zu Königsberg. Die Katechisationen, die er in diesem an manchen Sonntagen hielt, zogen allemal zahlreiche Zuhörer an. Im J. 1764 wurde Herder Lehrer an der Domschule zu Riga, und obgleich er hier mit Treue und Fleiß wirkte, so sah er doch selbst diese Stellung nur als eine vorübergehende und vorbereitende an. Hier predigte Herder auch öfter, zum ersten Male 1765, und war dabei um gründliche Erbauung seiner Zuhörer sehr bemüht, ohne nach dem Ruhm einer glänzenden Beredtsamkeit zu jagen. Als er einen Ruf nach St.-Petersburg als Director der Peterschule erhalten, wußte ihn der Rath von Riga dadurch zu fesseln, daß er ihm die Stelle eines Nachmittagspredigers an der in der Vorstadt gelegenen Gertraudenkirche übertrug. Im J. 1767 war es, wo er zuerst als Schriftsteller auftrat, indem er seine „Fragmente zur deutschen Literatur" und nach einigen Jahren die „kritischen Wälder" erscheinen ließ. Bei der Abgeschiedenheit aber, in welcher Herder in Riga lebte, wurde der Wunsch in ihm rege, durch eine größere nach Frankreich, Holland, England und durch Deutschland zu unternehmende Reise seinen Gesichtskreis zu erweitern und seinem Geist Nahrung zuzuführen.

So riß er sich denn im J. 1769, obgleich nicht mit hinreichenden Hülfsmitteln versehen, von seinen Freunden in Riga los und reiste zu Schiffe nach Frankreich. Zu Nantes betrat er zuerst französischen Boden. Bald

machte er sich mit der französischen Sprache vertraut, und schon hatte er mehre Männer von Bedeutung kennen gelernt, als er in Paris den Antrag erhielt, den Prinzen Peter Friedrich Wilhelm von Holstein-Oldenburg in Eutin auf dessen dreijähriger Reise durch Frankreich und Italien zu begleiten. Ihm war dieser Antrag sehr willkommen; er begab sich sogleich über Brüssel nach Antwerpen und von da zu Schiffe über Hamburg nach Kiel, auf welcher Reise er beinahe bei einem Schiffbruche an der holländischen Grenze sein Leben verloren hätte. Im J. 1770 trat er nun wirklich von Eutin aus mit dem Prinzen und dessen Oberhofmeister die Reise an. In Darmstadt, wo sich der Prinz 14 Tage am Hofe aufhielt, lernte Herder seine nachherige Gattin, Marie Karoline Flachsland, kennen, und gleich bei dem ersten Zusammensein verband sie die gegenseitige Neigung der edelsten Art die Herzen Beider. Obgleich Herder schon hier von dem Grafen von Bückeburg zum Consistorialrath, Hofprediger und Superintendent berufen wurde und sich in seiner jetzigen Stellung, weil er sich von dem Oberhofmeister des Prinzen theils beneidet, theils beschränkt sah, nicht allzu wohl fühlte, so folgte er dem Prinzen doch nach Strasburg, wo dieser den Winter zubringen sollte. Da sein Augenübel mit vermehrter Heftigkeit wiedergekehrt war, so sah sich Herder genöthigt, die Hülfe des berühmten Lobstein zu suchen, um die Thränenfistel sich operiren zu lassen. Allein die Operation blieb erfolglos, und in den Tagen empfindlicher Leiden und Schmerzen, die er nun zu überstehen hatte, nöthigte seine Standhaftigkeit Alle, die mit ihm umgingen, unter denen besonders der damals 20jährige Goethe und der schwärmerische Jung-Stilling ihm näher standen, zur Bewunderung.

Im J. 1771, da er die Entlassung, um die er gebeten, von Eutin aus erhalten hatte, trat er die gedachte Stelle in Bückeburg an und schon am 2. Mai 1773 verknüpfte ihn mit der Geliebten seines Herzens das Eheband. Obgleich nun Herder, der gern frisch und kräftig aufs Leben wirken wollte, mit dem ernsten Grafen nicht gänzlich übereinstimmen konnte, so fand er doch für das so Entbehrte reichlichen Ersatz in dem Umgange mit der gemüthvollen, sanftmüthigen Gemahlin des Grafen, der Gräfin Marie. Als Geistlicher wußte er die Liebe seiner Gemeinde immer mehr zu gewinnen. Im Sommer 1774 machte er Gleim's Bekanntschaft, der sich mit inniger Zuneigung ihm anschloß; außerdem stand er damals vorzüglich noch mit dem Buchhändler Hartknoch in Riga, mit Hamann, Lavater, Jung-Stilling, Zimmermann, Lessing, Moses Mendelssohn in freundschaftlicher Beziehung. In dieser Zeit war er mit Ausarbeitung seines größten Werkes, der „Ideen zur Philosophie der Geschichte der Menschheit", und anderer Schriften beschäftigt. Mehre auswärtige Anträge, die jetzt an ihn ergingen, wurden abgelehnt. Nach Göttingen zu gehen, wo er als ordentlicher Professor und Universitätsprediger angestellt werden sollte, war er bereit; doch zerschlug sich nachher die Sache wieder. Da bot sich ihm plötzlich ein Wirkungskreis dar, wie er ihn sich nur passender hätte finden können.

Durch Goethe's Vermittelung nämlich erging an ihn der Ruf als Hofprediger, Generalsuperintendent und Oberconsistorialrath nach Weimar. Mit Freuden nahm er denselben an und traf am 2. Oct. 1776 in Weimar ein. In dieser Stadt, die damals die größten Geister in sich vereinigte, knüpfte Herder das Band der Freundschaft mit Goethe, Wieland, dem Grafen v. Görz, v. Einsiedel, v. Knebel u. A. Nachdem er seine wankende Gesundheit im Sommer 1777 durch den Besuch des Bades Pyrmont wieder gestärkt hatte, wirkte er mit neuen Kräften in seinem hohen, umfangreichen Berufe. Er war eifrig bemüht um Verbesserung des Schulwesens des weimarischen Landes, errichtete 1787 das Schullehrerseminarium und veranstaltete 1795 die Herausgabe eines neuen Gesangbuches, sowie drei Jahre später eines neuen Katechismus. Im J. 1788 sollte ihm einer seiner ältesten Lieblingswünsche verwirklicht werden, indem er auf Veranlassung des Freiherrn Friedrich von Dalberg, der damals Domherr zu Worms und Speier war, in Begleitung der verwitweten Herzogin Amalie eine Reise nach Italien unternahm. Das Land seiner Sehnsucht machte auf sein empfängliches, warm fühlendes Gemüth einen entschieden vortheilhaften Eindruck; nie beseelte ihn größere Heiterkeit und herzlicherer Frohsinn; dieses Gepräge tragen auch die von dort aus an seine Gattin gerichteten Briefe, die des Treffenden und Schönen viel enthalten. Die gleich nach seiner Rückkehr aus Italien erfolgte Ernennung zum Vicepräsidenten des Oberconsistoriums zu Weimar befreite ihn von allerlei untergeordneten Amtsverrichtungen, die ihm bei seiner schwächlichen Gesundheit beschwerlich sein mußten. Denn mochte auch sein Geist durch jene Reise gekräftigt und gehoben worden sein, sein Körper war dadurch eher angegriffen und geschwächt worden, sodaß er sich genöthigt sah, in Karlsbad und in den Bädern von Aachen, wo er mit F. H. Jacobi bekannt wurde, Heilung zu suchen. Von schriftstellerischen Arbeiten ließ sich aber der regsam thätige Geist durch die Hinfälligkeit seines Werkzeugs keineswegs abhalten. Der Theologie und der Dichtkunst war unausgesetzt seine Thätigkeit zugewandt, von der viele Schriften, die in dieser Zeit erschienen, rühmliches Zeugniß ablegen; auch gegen den Übermuth der Zeit, der die ewige Wahrheit wankend machen und erschüttern wollte, führte der für alles Heilige und Wahre glühende Mann, von Schmerz und Zorn ergriffen, gar scharfe Waffen.

Im Jahre 1801 wurde Herder durch den Kurfürsten von Baiern in den Adelstand erhoben; doch war er selbst weit entfernt, auf äußere Auszeichnung einen Werth zu legen, und nur durch die Rücksicht auf seine Söhne, von denen der eine des Adels bedurfte, um ein Gut anzukaufen, zu bewegen gewesen, eine solche Erhöhung zu suchen. In demselben Jahre sah er sich durch eine bedeutende Augenschwäche genöthigt, abermals in Aachen Hülfe zu suchen, sowie im Juni des Jahres 1803 eine Reise nach Franzensbrunn bei Eger zum Gebrauche des dortigen Brunnens unternehmen mußte. Bei seiner Rückkehr verlebte er in Dresden heitere Tage, namentlich that ihm die Güte des damaligen Kurfürsten Friedrich August, den er als „gerecht, bieder, wohlwollend, von Allem unterrichtet und im höchsten Grade bescheiden" schildert, ausnehmend wohl. Im September traf er, scheinbar gestärkt, wieder in Weimar ein; aber Hämorrhoidalleiden, Gicht und heftige Nervenzufälle, die mit immer erneuter Gewalt auf ihn einstürmten, schwächten seinen Körper immer mehr, ohne jedoch die Kraft seines Geistes zu brechen. Mit dem süßen Bewußtsein, durch die treue Thätigkeit in seinem Amte, durch seine Schriften, durch die Erziehung seiner schon herangewachsenen Kinder in seinem Leben des Guten viel gewirkt zu haben, von allen Edlen geliebt und verehrt, verschied er endlich, vielleicht noch mancher großen Pläne voll, am 18. December 1803 Abends halb elf Uhr, nachdem er den ganzen Tag über sanft geschlummert hatte. Seine irdischen Überreste fanden ihre Ruhestätte in der Stadt-

kirche zu Weimar, unfern der Kanzel, von welcher er so oft des Herrn Wort verkündet hatte.

Herder war von blasser Gesichtsfarbe und kräftigem Körperbau, aber höchst reizbarem Nervensystem. Aus seinem seelenvollen Auge strahlte neben einem leichten Anflug von Schwermuth Herzensgüte, Frömmigkeit und Edelsinn. Sein stetes Streben war, in allen Kreisen seiner Thätigkeit wahre, reine Humanität kräftigst zu fördern; aufwärts ging sein Sinnen und sein Trachten. Mäßig in allen Stücken und so fern von Aufwand und jeglicher Verschwendung, daß er selbst keine jener Liebhabereien hatte, die bei den Gelehrten sonst so häufig sind, war er den Unglücklichen und Nothleidenden ein treuer Freund und bereitwilliger Helfer; besonders liebreich aber nahm er sich seiner Verwandten an. Frei von allem Stolze, einfach, bescheiden und anspruchslos war Herder im geselligen wie im Familienkreise höchst liebenswürdig; seine reine, liebevolle Seele war für eheliches Glück aufs tiefste empfänglich. Seine Predigten waren herzliche Ergüsse eines tiefen, christlich geläuterten Gemüths. Er war fern davon, durch Künste der Beredsamkeit glänzen zu wollen; Allen verständlich zu sein, Alle zu erbauen und Allen die christliche Wahrheit gleich nahe zu bringen, das war sein ernstes Bemühen. Was Herder als Schriftsteller betrifft, so gehört er in die Reihe Derer, auf welche Deutschland als auf ihre edelsten Söhne stolz ist; an Vielseitigkeit übertrifft er selbst Lessing. Theologie, Philosophie, Geschichte, Dichtkunst waren die Hauptgebiete, auf denen sich sein Geist bewegte; auf jedem leistete er Ausgezeichnetes. Bei seiner regen Einbildungskraft, seiner zarten Empfänglichkeit, seinem tiefen Gefühle war er ganz zum Dichter geschaffen; seine Dichtungen sind durch einen gewissen feierlichen Ernst und durch sittliche Wärme ausgezeichnet; außer seinen eigenen Gedichten verdanken wir ihm auch die Gedichte vom Cid, eine kostbare Blüte spanischer Dichtung, die in Folge seiner meisterhaft umschaffenden und neugestaltenden Thätigkeit auch uns aufs lieblichste duftet.

Chronik der Eisenbahnen im Jahre 1840.
(Beschluß aus Nr. 422.)

In Belgien ist im verwichenen Jahre nur eine kurze Strecke von Brüssel nach Tubize in der Richtung nach der französischen Grenze (2¾ Meilen) am 17. Mai eröffnet worden, außerdem eine neue Handelsstation der Eisenbahn in Antwerpen am 25. Aug., bei Gelegenheit des Rubensfestes; aber auf allen Punkten wurden die Arbeiten mit Lebhaftigkeit betrieben, um die noch fehlenden Strecken zu vollenden. Die Gesammtlänge der befahrenen Bahnstrecken beträgt gegenwärtig 44¾ Meilen, wovon 28 Meilen eine fortlaufende fast gerade Linie von Ans bei Lüttich über Löwen, Mecheln, Gent, Brügge nach Ostende bilden. Die Frequenz betrug im J. 1840 2,198,419 Personen, die Brutto-Einnahme 5,335,167 Francs (etwa 1½ Mill. Thlr.); seit 8. Mai 1835 aber bis 31. Dec. 1840 war die Totalfrequenz 9,066,776 Personen, die Totaleinnahme 15,193,939 Francs.

In Holland erhielt die amsterdam-harlemer Eisenbahngesellschaft am 22. Juni definitive Concession zur Verlängerung ihrer Bahn über Leyden nach dem Haag (6 Meilen) und von da über Delft nach Rotterdam (3 Meilen); die erstgedachte Section ist zunächst zu bauen. Auf der fertigen Bahn von Amsterdam nach

Harlem betrug im ersten Betriebsjahre (bis 23. Sept. 1840) die Frequenz 371,019 Personen, die Einnahme 183,266 holländ. Gulden = 100,000 Thlr. Preuß., was 5 Procent Dividende gibt. Am 20. Juli machte die erste in Holland gebaute Locomotive eine Probefahrt.

In Frankreich machte das Eisenbahnwesen sehr erfreuliche Fortschritte. Neu eröffnet wurden fünf Bahnstrecken, zusammen $23\frac{3}{4}$ geographische Meilen lang: 1) von Nimes bis Alais und von da nach den Steinkohlengruben von Grand'Combe ($8\frac{1}{2}$ M.) am 19. Aug.; 2) von Paris nach Versailles auf dem linken Seineufer ($2\frac{1}{2}$ M.) am 10. Sept.; 3) von Paris nach Corbeil ($3\frac{1}{2}$ M., Anfang der Bahn nach Orleans, welche mit den Seitenbahnen $19\frac{1}{2}$ M. lang ist und vielleicht eine Fortsetzung über Blois bis Nantes erhält, die Paris mit dem atlantischen Meere verbinden wird) am 17. Sept.; 4) von Colmar nach Benfeld ($5\frac{1}{2}$ M.) am 18. Oct. und 5) von Mühlhausen bis St.-Louis unweit Basel ($3\frac{3}{4}$ M.) am 25. Oct. Die beiden letztern Strecken sind Theile der bedeutenden Eisenbahn von Strasburg nach Basel, welche gegen Ende dieses Jahres fertig werden soll; an der Eröffnung der letzten nahmen auch die Behörden der Stadt Basel durch ein Fest, das sie den Erbauern der Bahn gaben, wirksamen Antheil. Es ist nun entschieden, daß die Bahn von St.-Louis bis Basel selbst verlängert werden wird; eine Zweigbahn von Mühlhausen nach Dijon (25 M.) und eine Bahn von da nach Paris (35 M.) werden projectirt. Im Ganzen sind nun in Frankreich ungefähr $61\frac{3}{4}$ M. Eisenbahn ausgeführt und im Betriebe, wovon also über ein Drittel erst im verflossenen Jahre zur Vollendung gekommen ist. Im April legte die Regierung den Kammern mehre Gesetzentwürfe vor, welche von denselben genehmigt wurden. Nach denselben sollen auf Staatskosten zwei kurze Eisenbahnen von Lille und Valenciennes bis zur belgisch-französischen Grenze ($3\frac{2}{3}$ M.) und eine von Montpellier nach Nimes ($7\frac{1}{4}$ M.) gebaut werden; für die Eisenbahnen von Strasburg nach Basel, von Andrezieux nach Roanne und von Paris nach Rouen wurden Staatsdarlehen bewilligt, der Compagnie für die Eisenbahn von Paris nach Orleans aber ein Zinsenminimum von 4 Procent verbürgt. Freilich ist zu besorgen, daß der seitdem eingetretene Wechsel des Ministeriums und die begonnene, überaus kostspielige Befestigung von Paris der Ausführung jener Pläne nicht sehr günstig sein wird. Von neuen Projecten ist das einer Bahn von Paris nach Meaux (5 Meilen) zu nennen. Zwischen Paris und St.-Germain fuhren vom 1. Jan. — 31. Oct. 987,679 Personen (Einnahme 1,019,629 Francs), zwischen Paris und Versailles (rechtes Ufer) in derselben Zeit 1,259,007 Personen (Einnahme 1,440,416 Francs).

In Italien ist am 17. Mai eine weitere Strecke der kurzen neapolitanischen Eisenbahn von Neapel nach Salerno und Nocera (Portici bei Resina), welche bei Portici durch Lava gesprengt werden mußte, und am 17. Aug. die fast 2 Meilen lange Bahn von Mailand nach Monza, deren Bau erst im März desselben Jahres begonnen hatte, eröffnet worden. Auf der letztern betrug die Frequenz vom 18. Aug. — 31. Dec. 158,218 Personen; (Einnahme 51,886 Fl. Conv.-Münze. Die große, über 39 deutsche Meilen lange venedig-mailänder Bahn, welche die Städte Venedig, Padua, Vicenza, Verona, Brescia, Bergamo und Mailand verbinden soll, hat am 4. April definitive Concession erhalten, aber noch immer hat der Bau (welcher in zehn Jahren vollendet sein soll) nicht begonnen, weil man über die Richtung zum Theil noch nicht ganz einig ist; es ist nämlich streitig, ob die Bahn von Brescia aus direct nach Mailand geführt werden oder einen Umweg über Bergamo machen soll. Nur die Section von Padua bis Mestre unweit Venedig, etwa 4 Meilen, ist bereits in Accord gegeben und soll in 17 Monaten fertig werden. Das kolossalste Bauwerk dieser und wol aller vorhandenen Eisenbahnen wird (wenn sie zu Stande kommt) die ungefähr $\frac{1}{2}$ Meile (11,870 Fuß) lange Brücke über die Lagunen, von Venedig nach dem festen Lande, sein, welche aus 252 Bogen bestehen und gegen 2, nach einer andern Berechnung sogar $3\frac{1}{3}$ Mill. Gulden Conv.-Münze kosten, aber auch zu einem vierfachen Zwecke dienen soll: für die Eisenbahn, für die Passage von Fußgängern, für eine Wasserleitung, welche Venedig mit Quellwasser versorgen soll, und für Gasleitungsröhren, welche Leuchtgas nach Venedig führen sollen. Die Baukosten der ganzen Bahn sind auf 19,300,000 Gulden Conv.-Münze angeschlagen. Die Bahn von Florenz nach Livorno hat die vorläufige Genehmigung der Regierung erhalten.

In Rußland besteht bis jetzt nur die Eisenbahn von Petersburg nach Zarskoje-Selo und Pawlowsk, welche sich einer ungemein großen Frequenz erfreut.

In Polen wird eine Eisenbahn von Warschau bis an die östreichische Grenze in der Richtung nach Oswiecim und Auschwitz (etwa 41 Meilen, zum Anschlusse an die Kaiser-Ferdinands-Nordbahn) gebaut, deren Erdarbeiten dem Vernehmen nach bereits zum größten Theil fertig sind, da das Terrain ausnehmend günstig ist.

In Ungarn wurde am 4. Oct. die 2 Meilen lange Bahn von Presburg nach St.-Georgen, die bis Tyrnau geführt werden soll, aber nur für Pferdekraft construirt ist, eröffnet. Der ungarische Reichstag hat sich im Februar, März und April mit den Eisenbahnprojecten des Landes beschäftigt und beim Kaiser erst für die Eisenbahn auf dem linken, später aber im Widerspruche mit sich selbst, für die auf dem rechten Donauufer intercedirt. Der Bau auf dem linken Ufer soll unter der Bedingung stattfinden, daß die Bahn von Pesth bis Presburg vollendet sein soll, bevor die Strecke von Gänserndorf bis Presburg (Bahnflügel der Ferdinands-Nordbahn) zur Benutzung kommen darf. Der galizische Landtag hat das großartige Project einer Dampfeisenbahn, die von Bochnia, dem Endpunkte der Kaiser-Ferdinands-Nordbahn, über Lemberg nach Brody (45 Meilen von Bochnia) führen und mittels einer Zweigbahn über Brzezany oder Tarnopol die Donau mit dem Dniestr verbinden soll, berathen und viel Interesse dafür an den Tag gelegt.

In der Schweiz ist der Bau einer Bahn von Zürich nach Basel von der bestehenden Compagnie definitiv beschlossen worden; mit der Strecke von Zürich nach Baden (3 Meilen) soll begonnen werden, und bereits ist zu diesem Zwecke die erste Einzahlung ausgeschrieben. Auch der aargauische große Rath hat den Bau genehmigt.

In Dänemark wird eine Eisenbahn auf der Insel Seeland, nämlich von Kopenhagen nach Roeskilde ($4\frac{1}{2}$ Meilen), durch welche der Sundzoll umgangen werden würde, projectirt; mehre andere Linien sind, wie zum Theil bereits erwähnt wurde, in den Herzogthümern Schleswig und Holstein in Vorschlag, im erstern besonders eine Bahn von Flensburg nach Husum und Tönningen, welche die Ost- und Nordsee verbinden würde. In den übrigen Ländern Europas, in Schweden, Spanien und Portugal, der Türkei und Griechenland, ist bis jetzt von Anlegung von Eisenbahnen noch nicht ernstlich die Rede gewesen.

Beiweitem am großartigsten war auch in diesem

Jahre die Thätigkeit, welche in Großbritannien im Eisenbahnbau herrschte, leider aber sind wir nicht im Stande, über die im vergangenen Jahre daselbst eröffneten Bahnstrecken Nachrichten, die auf Vollständigkeit Anspruch machen könnten, mitzutheilen. Die wichtigsten Bahneröffnungen möchten wol folgende sein: 1) 11. Mai London bis Southampton, 17⅓ geographische Meilen, zum größten Theile schon 1839 befahren (Bruttoeinnahme in 25 Wochen bis 30. Oct. 153,840 Pf. St. = 1 Million Thlr.); 2) 1. Juli Midland-Counties-Bahn von Nottingham und Derby bis Rugby, wo sie in die london-birminghamer Bahn mündet, 12 Meilen lang (bis Leicester schon am 14. Mai eröffnet); 3) 2. Juli North-Midland-Bahn von Derby bis Leeds, 16 Meilen, 7 Tunnels enthaltend (Partialeröffnung 11. Mai); durch diese Bahn ist die Eisenbahnverbindung zwischen London und Leeds (44½ Meilen) hergestellt und man gelangt jetzt von einer Stadt zur andern in 10 Stunden; 4) 30. Juni York bis zur North-Midland-Bahn (5 Meilen), wodurch die Verbindung zwischen London und York (47 Meilen) hergestellt ist; 5) 17. Dec. Birmingham bis Glocester 11⅓ Meilen, zur größern Hälfte schon seit 24. Juni befahren; 6) 31. Dec. Manchester bis Leeds, 13 Meilen, den höchsten Eisenbahndamm in England (bis 74 Fuß hoch) enthaltend; ein Theil der Bahn wird schon seit 1839 befahren. Außerdem wurden eröffnet: einige weitere Strecken der großen Westbahn (von London bis Bristol), die seit dem 31. Aug. von London bis Swindon (16½ Meilen) und von Bristol bis Bath (3 Meilen) befahren wird, sodaß nur noch 3½ Meilen zu vollenden sind; am 1. Juli von Hull nach Selby, 6¾ Meilen; am 4. Mai von Preston nach Longbridge, 1½ Meile; am 11. Juli von Lancaster nach Preston, 4⅓ Meilen; am 15. Juli von Preston nach Wyre, 4 Meilen; am 11. Mai eine Zweigbahn der im Bau begriffenen london-brightoner Bahn (Brighton bis Shoreham, 1¼ Meile); zwei Strecken der Hauptbahn, zusammen 6 Meilen lang, sind wahrscheinlich im October eröffnet worden; am 11. Juni die erste, 1¼ Meile lange Strecke der Bahn von Manchester nach Birmingham (bis Stockport); am 1. Juli eine weitere Strecke der von London nach Yarmouth führenden Eastern-Counties-Bahn (bis Brentwood, 3¾ Meilen von London); am 15. Sept. 3½ Meilen der nordöstlichen Bahn von London nach Cambridge; am 22. Sept. und 6. Oct. die Bahnen von Chester nach Bickenhead (3 Meilen) und Crewe (5½ Meilen). Besondere Erwähnung verdient die nur ¾ Meile lange Bahn von London nach Blackwall, welche am 6. Juli eröffnet wurde; auf dieser werden die Züge durch zwei stehende Dampfmaschinen, jede von 120 Pferdekraft, mittels zweier Seile nach London gezogen. Von London aus kann man jetzt auf sechs verschiedenen Eisenbahnen fahren, von denen die Greenwich-Bahn auch für die Bahnen nach Croydon und Brighton (sowie für die noch nicht ins Leben getretene nach Dover) dient. In Schottland wurde im August die gegen 9 Meilen lange Bahn von Glasgow über Paisley nach Ayr eröffnet (der letzte Theil von Irwine bis Ayr wurde schon längere Zeit befahren), außerdem nur einige kleinere Bahnen, meistens für Kohlentransport bestimmt; die Bahn von Edinburg nach Glasgow wird noch in diesem Jahre fertig. Im Ganzen sollten im J. 1840 etwa 630 englische oder 137 geographische Meilen Eisenbahn vollendet werden, während die Länge der schon früher vollendeten und befahrenen Eisenbahnen ungefähr ebensoviel beträgt; concessionirt sind jetzt im Ganzen 1758 englische oder 382 geographische Meilen, von denen im J. 1841 nur 35, später noch 72 Meilen zu vollenden sind. Seit 1830 sind im Parlamente 201 Eisenbahnbills durchgegangen, worunter 74 neue Projecte; das darin genehmigte, für den Eisenbahnbau bestimmte Gesammtcapital beträgt die ungeheure Summe von 63 Millionen Pf. St. oder 440 Mill. Thaler. Einen Begriff von der Großartigkeit des Verkehrs auf vielen englischen Eisenbahnen kann man sich nach folgenden Angaben bilden. Die Bruttoeinnahme der Bahn von London nach Birmingham, auf welcher die ungeheure Zahl von 82 Maschinen im Gange sein soll, betrug in einer einzigen Woche im August 18,764 Pf. St. oder 131,000 Thlr., in den zehn ersten Monaten des Jahres 1840 aber 649,203 Pf. St. oder fast 4½ Mill. Thaler. Auf der Bahn von London nach Greenwich wurden an einem einzigen Tage, 8. Juni (Pfingstmontag) 28,800 Personen für mehr als 960 Pf. St. befördert; alle Viertelstunden geht auf derselben ein Zug ab, Festtags alle fünf Minuten. Auf der Bahn von Manchester nach Liverpool betrug im J. 1840 die Frequenz 1,052,000 Personen, die Einnahme 265,797 Pf. St. (fast 1,800,000 Thlr.), die Jahresdividende 12 Procent. Die Bauten und Kunstarbeiten, die auf den englischen Eisenbahnen vorkommen, sind größtentheils höchst großartig, wie schon aus einigen der frühern Angaben erhellt; vor allen bemerkenswerth ist aber ein auf der North-Midland-Bahn vorkommender Wegübergang. An einer Stelle liegt nämlich die Eisenbahn unter dem Cromford-Kanal, aber über der Landstraße, welche selbst über den Fluß Amber führt, sodaß also vier Communicationswege in eben so vielen Etagen übereinanderliegen. Auf der Bahn von Manchester nach Birmingham befindet sich bei Manchester ein eiserner Viaduct. Auf mehren Eisenbahnstrecken (namentlich der großen Westbahn) sind galvanische Telegraphen angelegt.

Wir beschränken uns diesmal auf Europa, da von den außereuropäischen Eisenbahnen nur wenig Neues zu unserer Kenntniß gekommen ist, und verweisen daher in dieser Beziehung auf unsere frühern Berichte.

Unglücksfälle von Bedeutung kamen im vorigen Jahre auf deutschen Eisenbahnen gar nicht vor; ebenso wenig auf französischen. In Belgien warf der Sturm am 28. Januar zwei Wagen um und am 3. October stießen zwei entgegenfahrende Züge zusammen, ohne daß Menschenleben verloren gingen. Unglücklicher lief ein ähnlicher Zusammenstoß ab, der um Mitternacht am 23. August auf der petersburger Bahn stattfand; hier verloren 6 Menschen ihr Leben und 21 wurden verwundet. In England waren die Unfälle ziemlich zahlreich, was freilich bei der großen Länge der dort ausgeführten Eisenbahnen gar nicht befremden kann. Im August stürzte auf der östlichen Eisenbahn (von London bis Yarmouth) eine Locomotive von einer Anhöhe herab, wobei ein Passagier umkam; Dasselbe war am 17. Oct. auf der london-southamptoner Bahn beim Zusammenstoße zweier Züge der Fall; in demselben Monate wurde auf der großen Westbahn bei dem pfeilschnellen Einlaufen eines Güterzugs in das Maschinenhaus großer Schade angerichtet und zwei Angestellte getödtet u. s. w. Man wird daher in England Maßregeln treffen, um Unglücksfälle dieser Art so viel als möglich zu verhüten. Alles zusammengenommen ist man aber wol überall, wo Eisenbahnen existiren, gegenwärtig zu der Überzeugung gekommen, daß das Reisen auf Eisenbahnen mindestens nicht gefährlicher ist, als jede andere Art des Fortkommens, da keine ganz frei von Gefahr genannt werden dürfte.

Die Landenge von Suez.

Schon seit langer Zeit, seit vielen Jahrhunderten ist man mit dem Plane umgegangen oder hat sich wenigstens mit der Idee beschäftigt, die Landenge von Suez, die bekanntlich Afrika mit Asien verbindet, zu durchstechen und dadurch eine Straße aus dem mittelländischen Meere durch das rothe oder den Meerbusen von Arabien nach Indien und China zu eröffnen, was allem Anschein nach für den Welthandel von der größten Wichtigkeit sein würde. Schon im 7. Jahrhundert v. Chr., also vor drittehalb Jahrtausenden, hat König Necho mittels eines Kanals, der von dem pelusischen Arme des Nils ausging, eine Verbindung zwischen diesem und dem rothen Meere hergestellt, doch scheint der Kanal, der seiner Form nach zwei Seiten eines Dreiecks bildete und eine Länge von 36—40 geographischen Meilen gehabt haben muß, mehr zur Bewässerung des Landes gedient zu haben. Einige römische Kaiser ließen ihn reinigen, später auch Amru, der Feldherr des Khalifen Omar; nachmals wurde der Kanal vernachlässigt, füllte sich nach und nach mit Sande an und ist jetzt bis auf wenige Spuren verschwunden. Ein Kanal, der nur die Verbindung zwischen dem Mittelmeere und rothen Meere herstellen soll, kann viel kürzer, vielleicht nur halb so lang sein und würde bei dem alten Pelusium, dessen versandeter Hafen natürlich gereinigt werden müßte, beginnen und in den alten Kanal Necho's einmünden. Nach einem ungefähren Überschlage eines Engländers würde er 3 Mill. Pf. kosten und könnte in 2—3 Jahren vollendet werden. Vor völliger Schlichtung der orientalischen Streitfrage ist natürlich an die Ausführung dieses Plans nicht zu denken, aber kaum läßt sich bezweifeln, daß es über kurz oder lang dazu kommen wird, da die Engländer seit einigen Jahren den Weg nach Indien über Ägypten zu nehmen pflegen, welcher ohne allen Vergleich kürzer ist, als der ungeheure Umweg um die Südspitze von Afrika.

Was die commerciellen Folgen einer Verbindung beider Meere anlangt, so darf man nicht glauben, daß der Weg ums Vorgebirge der guten Hoffnung dann veröden würde. Der Schiffahrt durch das rothe Meere stehen nämlich beträchtliche Hindernisse im Wege. Das rothe Meer scheint immer mehr zu versanden und der Kanal, in welchem große Schiffe mit Sicherheit segeln können, ist ungemein eng und ändert sich durch das Wachsen der Korallenbänke und der Niederschläge beständig; die Einfahrten der meisten Häfen sind jetzt durch Sandbänke gesperrt, vielen kann man sich mit großen Schiffen nur auf eine Entfernung von 1—1½ Stunden nähern, und die Städte, die sonst dicht am Ufer waren, liegen jetzt über eine Stunde landeinwärts. Namentlich Schiffe von 12—1500 Tonnen haben von Riffen und Stürmen viel zu fürchten, während kleinere Schiffe von 4—500 Tonnen bei einem Sturme innerhalb der Riffe in tiefem ruhigen Wasser Zuflucht finden. Gewiß ist demnach, daß der Handel über das rothe Meer und durch Ägypten den Handel um das Cap nie ganz verdrängen wird. So lange vollends der Kanal nicht hergestellt ist, können nur Waaren von Werth, die einen kleinen Raum einnehmen, über die Landenge transportirt werden, während leichte Waaren, wie Kaffee, Zucker, Baumwolle, Taback, Thee u. s. w., nach wie vor die Fahrt um das Cap machen.

Es ist merkwürdig, daß das Verhältniß jetzt ganz umgekehrt ist als vor 350 Jahren. Damals ging der Handel mit den Waaren Indiens und Arabiens, der in den Händen der Venetianer war, über das rothe Meer; seitdem aber von den Portugiesen der Seeweg nach Ostindien gefunden war, wurde dem ägyptisch-venetianischen Handel großer Abbruch gethan und nach der Eroberung Ägyptens durch die Türken, die bald nachher erfolgte, hatte er ganz ein Ende, wodurch Ägypten immer mehr in Armuth und Roheit versank. Jetzt sind die Engländer beschäftigt, aus politischen Gründen die Verbindung über Ägypten wiederherzustellen, wobei sie jedoch auf Mohammed Ali stoßen, der ihnen nicht günstig ist und Alles thut, um den alten arabischen Handel wieder zu beleben. Schon hatte er durch Besetzung von Dschidda an der Ostküste des rothen Meers den ganzen Handel der Mekkapilger, deren jährlich 70,000 durch Dschidda kamen, an sich gerissen, und hinderte im rothen Meere die Engländer an der Ausbreitung ihrer Handelsmacht, während er im persischen Meerbusen noch offener feindlich gegen sie zu Werke ging. Erst dann, wenn die Verhältnisse zwischen England und Mohammed Ali auf eine dauernde Weise geordnet sind, kann an einen umfassenden Handel über Ägypten und eine vollständige Benutzung des anzulegenden Kanals gedacht werden.

Die Elfen.

Wer hat nicht von diesen anmuthigen Wesen der Fabel gehört oder gelesen? Alle Volksmythologien Europas sind von ihnen erfüllt und tausend liebliche Dichtungen sind durch sie veranlaßt worden; ich erinnere nur an Wieland's „Oberon" und Goethe's „Erlkönig". Der Streit darüber, was der Name eigentlich bedeute, ist der sicherste Beweis, daß er zu einer Zeit entstanden sein muß, zu der keins unserer Denkmale hinaufreicht.

Am meisten empfiehlt sich die Ansicht Derer, welche das Wort Elfen mit dem celtischen Worte Elfydd (Element der Erde) in Zusammenhang bringen und behaupten, daß „Elfen" der Wortbedeutung nach so viel heiße als die Elemente, und daß man sich ursprünglich darunter nichts Anderes gedacht habe als die Elementargeister, die Schutzgeister der Natur, im Gegensatze zu den Naturgöttern, welche nicht blos Beschützer, sondern Herren der Elemente sind. Durch diesen Gemeinbegriff werden alle skandinavischen und deutschen Mythen von den Elfen verständlich und sinnreich. Die Elemente befinden sich theils über, theils unter der Erde. Über der Erde ist Licht, unter der Erde Finsterniß. Daher schied man die Elfen in Lichtelfen und in Elfen der Finsterniß und gab ihnen Naturen, welche dem Lichte und der Finsterniß entsprachen. Die Lichtelfen sind schöner als die Sonne von Ansehen, die Elfen der Finsterniß aber schwärzer als Pech. Jenen schrieb man alle lichten, schönen und edlen Eigenschaften der Seele zu, diesen dagegen alle finstern, häßlichen und tückischen. So wurden aus den weißen Elfen gute, aus den schwarzen aber, wenn nicht böse, doch schlimme und verschlagene Geister, welche sich jedoch als Elementargeister wesentlich von unsern guten und bösen Engeln unterschieden.

Die Lichtelfen wohnen in Alfheim, welches durch Thrudheim, die Donnerregion, das Reich des Donnergottes Thor, von dem Reiche der Asen oder Götter getrennt ist. Sie sind Unterthanen Frey's, des Gottes der Fruchtbarkeit, welcher nicht nur den Regen, sonbern auch den Sonnenschein gab. In dem Sonnenscheine steigen sie herab auf die Erde und bewirken die tausend wohlthätigen Veränderungen, welche wir den Wirkungen der Sonne zuschreiben. Sie hauchen von den starren Winterfluren Schnee und Eis, machen Wald und Feld grün und schmücken die Wiesen mit lieblichen Blumen.

Schon höher aufgefaßt sind sie, wo es heißt, daß der Weltuntergang keinen Einfluß auf sie haben werde, da sie hoch über dem ersten Himmel in einem dritten Himmel als reine und unsterbliche Geister leben. Dabei sind sie die schönsten und liebenswürdigsten Geister und zwar theils männlich, theils weiblich. Die nordische Jugend war gewöhnt, sie sich mit allen Reizen ausgestattet zu denken, die nur die Phantasie zusammenbringen kann, und nicht selten kamen die Fälle vor, daß beim Erwachen der sinnlichen Triebe der feurige Jüngling und die feurige Jungfrau im Traume wirklich zu umarmen glaubten, was sie wachend zum Gegenstande ihrer Sehnsucht machten.

Später, als durch Einführung christlicher Mythen die Mythen der Vorwelt aus Herz und Geist des Volkes verschwunden waren, sank der einst mit Schwärmerei im Traume umfangene Elfenjüngling zu einem garstigen drückenden Alp und die reizende Elfenjungfrau zu einer schmuzigen, beschwerlichen Drude herab.

Als Elementargeister der Natur waren sie auch Schutzgeister derselben und aller ihrer Theile, also auch des Menschen, dem sie ja so vieles Gute erwiesen. Die Schutzgeister der Menschen sind alle weiblich, während die der christlichen Mythen männlich sind, ein Beweis, daß das weibliche Geschlecht von allem Anfange an im Norden eine höhere Bestimmung hatte als im Süden, welchem die christlichen ihren Ursprung verdanken.

Die Schutzgeister der Natur zerfielen nach dem Gebiete, dem sie vorstanden, in Bergelfen, Waldelfen, Baumelfen, Wasserelfen, Quellenelfen u. s. w., welche mit den Oreaden, Dryaden, Hamadryaden, Najaden, Castaliden u. s. w. der griechischen Mythologie verglichen werden können. Der Norden und der Süden begegnen sich hier in ihrer Grundanschauung. Gewiß blieb man bei dieser allgemeinen Eintheilung nicht stehen, sondern gab jeder Art des Lebens, jeder Gewächsart und Thierart, ebenfalls ihre Schutzgeister. Besonders wurden sie bei den Gegenständen vorausgesetzt, welche dem Menschen zum Nutzen oder Vergnügen dienten. Da es aber auch Gegenstände in der Natur gibt, welche dem Menschen entweder wirklich schaden oder doch seinen Abscheu erregen, so sah man sich gezwungen, auch hier den Gegensatz zu machen, der bereits durch den Aufenthalt über und unter der Erde feststand. Den Lichtelfen konnte man nur den Schutz solcher Gegenstände zuschreiben, welche das Wohlsein des Menschen mehrten, alles Andere kam auf die Rechnung der schwarzen Elfen, deren gemeinsamer Aufenthalt weit unter der Erde in Schwarz-Alfheim war. Beide Arten von Wesen wurden auf diese Weise dem Menschen näher gebracht. Aus den schönen liebenswürdigen Lichtelfen wurden nun den Menschen freundlich gesinnte Wesen (gute Feen), aus den häßlichen Elfen der Finsterniß dagegen feindliche Wesen (Kobolde, Hexen, Nixen, böse Feen). Da es indeß unter der Erde auch so Manches gibt, was frühzeitig die Liebe und Achtung der Menschen gewann, wie die verschiedenen Arten der Metalle und Edelsteine, so wurden aus den Elementargeistern der Unterwelt nie so schlechthin böse Wesen, wie aus den Lichtelfen gute wurden.

Liebe und Haß, freundliche und feindliche Gesinnung kreuzen sich in ihnen und machen sie zu neckenden Wesen, wie Herr Rübezahl im Riesengebirge ist.

Die Gestalt von Zwergen trug man auf sie von den Menschen über, welche in uralten Zeiten die Metalle in den Grotten der Berge verarbeiteten. Dieses Geschäft, die Mutter aller Künste, wurde in der Zeit, wo Kampf und Jagd Alles galt, von Menschen betrieben, welche durch ihre Statur genöthigt waren, sich des Kampfes und der Jagd zu enthalten. Zwerge, Schmiede, Künstler waren in jenen Zeiten vertauschbare Worte. Sie hatten ihre Werkstätten in den Bergen, sie durchwühlten die Eingeweide derselben und machten sich zu den Herren der unterirdischen Schätze; sie waren daher die ersten Erd-, Felsen- und Bergmännchen und wurden zuletzt zu unterirdischen Elfen vergeistigt.

Saint-Omer.

St.-Omer ist eine der bedeutendsten Städte des französischen Departements Pas de Calais, das ehemals einen Theil der Grafschaft Artois bildete. Sie ist sehr regelmäßig gebaut, theils auf einem Hügel, theils in einer sumpfigen Niederung, welche der kleine Fluß Aa durchschneidet. Die Straßen sind im Allgemeinen breit und luftig, die Häuser niedrig und von sehr verschiedener Bauart; viele von ihnen enthalten Brunnen, die ihnen zur Zierde gereichen. Der einzige größere Platz der Stadt ist der Exerzierplatz, an welchem das umstehend abgebildete Stadthaus steht.

Das merkwürdigste und schönste Gebäude ist die Kathedrale, die Unserer Lieben Frau gewidmet ist; eine alte gothische Kirche, die das Grab des heiligen St.-Omer enthält, von welchem die Stadt ihren Namen führt. Das Innere derselben enthält viele Basreliefs normannischen Ursprungs, ein schönes Gemälde von Rubens, die Abnahme vom Kreuze darstellend, einen sehr reichen Altar, marmorne Kapellen und viele Reliquien. Nächstdem ist die Abtei von St.-Bertin zu bemerken, gleichfalls ein schönes gothisches Gebäude. Das Collegium von St.-Omer, mit welchem eine öffentliche Bibliothek von 16,000 Bänden verbunden ist, dient als Seminar für junge Katholiken aus England und Irland, die sich dem geistlichen Stande widmen. Außerdem enthält die Stadt ein reiches Arsenal, eine Akademie für Architektur und Zeichenkunst, ein Theater und mehre Hospitäler. Eine Vorstadt, genannt Haut Point, ist längs eines Kanals gebaut; sie wird meist von Gärtnern bewohnt, die durch ein zweckmäßiges Entwässerungssystem den frühern Morast in einen fruchtbaren und anmuthigen Landstrich verwandelt haben. Die Ufer des gedachten Kanals sowol als die Wälle und die Allee vor dem nach Calais führenden Thore bilden angenehme Spaziergänge.

Die Stadt ist sorgfältig befestigt, aber ihre Hauptstärke soll in der Möglichkeit liegen, das umgebende Land gänzlich unter Wasser zu setzen. Ihre Nähe am Meere gewährt nur beschränkte Vortheile, deren größter im Fischfang besteht. In Betracht der guten Straßen und Kanäle, welche die Stadt mit Dünkirchen, Calais, Aire und andern Städten verbinden, sind Handel und Industrie der Stadt nur von geringer Bedeutung. Die meisten Fabriken liefern Leinwand, Hüte, Strümpfe, Musselin, Baumwollen und besonders Wollenstoffe (22 Fabriken mit 1100 Arbeitern) und Leder. Einigen Ruf hat auch der hier verfertigte Schnupftaback.

Nicht ganz eine Stunde von St.-Omer, in den Morästen um die Abtei von Clairmarais, findet man die berühmten schwimmenden oder beweglichen Inseln auf der Oberfläche eines ausgedehnten Sumpfes. Da diese kleinen Eilande treffliche Weideplätze bilden, so ziehen die Umwohner sie ans Land, treiben ihr Vieh auf dieselben und überlassen dann die Inseln sich selbst; seitdem aber die Bäume, deren Wurzeln dem Boden Festigkeit gaben, gefällt worden sind, gehen die Inseln schnell ihrem gänzlichen Verschwinden entgegen.

Nur wenige bekannte Männer sind in St.-Omer geboren; unter ihnen sind zu nennen: Jakob Malebranche (geb. 1582, gest. 1632), bekannt als Verfasser historischer Werke; Martin du Cygne (geb. 1619, gest. 1669), ein Jesuit, unter Anderm wegen seiner Reinigung des Plautus und Terenz, die er für den Gebrauch der Jugend zurichten wollte, bekannt; Claude Dansque (geb. 1566), gleichfalls Jesuit, der, veranlaßt durch die erwähnten schwimmenden Inseln, ein Werk über die wichtigsten Eigenschaften des Wassers unter dem Titel „Erde und Meer" schrieb. Die Stadt gab einem Adelsgeschlechte den Namen, das sich in den Zeiten der Kreuzzüge ausgezeichnet hat. Galfred, Castellan von St.-Omer, war einer der Begleiter Gottfried's von Bouillon und einer der ersten Com-

thure der Tempelherren; seine Nachkommen werden noch mehre hundert Jahre später in der Geschichte genannt. In der Nähe des Schlosses dieser Familie, das auf dem Berge Sithon stand, entstand allmälig St.-Omer als Dorf oder Flecken, der lange den Namen jenes Berges trug. Der Castellan Adroald schenkte ihn um 645 dem heiligen Omer, Bischof von Therouanne. Dieser baute später die Kathedrale und das Bernhardinerkloster, das bald darauf die Regel des heiligen Bertin annahm, dessen Namen es noch jetzt führt. Während des 8. und 9. Jahrhunderts wurde die Stadt mit Mauern umgeben, erhielt allmälig das Ansehen einer Festung und nahm den Namen St.-Omer an. Die Grafen von Flandern besaßen sie lange Zeit hindurch. Um 1500 begann eine Reihe von Kämpfen in Frankreich und den Niederlanden, die St.-Omer oft berührten. Zuerst belagerten die Stadt die Franzosen, dann nahmen sie die Burgunder ein, denen sie der König von Frankreich wieder entriß; von diesem kam sie wieder an den Erzherzog Maximilian. Die Franzosen griffen sie im 17. Jahrhundert zwei Mal an; endlich wurde sie im Frieden von Nimwegen 1687 ganz an die französische Krone abgetreten, der sie seitdem immer gehört hat.

Das Stadthaus in Saint-Omer.

Herausgegeben unter Verantwortlichkeit der Verlagshandlung F. A. Brockhaus in Leipzig.

Das Pfennig-Magazin

für

Verbreitung gemeinnütziger Kenntnisse.

424.]   Erscheint jeden Sonnabend.   [Mai 15, 1841.

Smolensk.

Smolensk, Hauptstadt des russischen Gouvernements gleiches Namens, 78 Meilen von Petersburg und 50 Meilen von Moskau, ist eine sehr alte, an beiden Ufern des Dniepr erbaute Stadt, welcher, noch wenig bedeutend, hier mehre kleinere Gewässer in sich aufnimmt. Unbekannt ist die Zeit der Gründung von Smolensk, aber im J. 854 war es schon eine reiche und bevölkerte Stadt. Beim Tode Wladimir's des Großen herrschte hier einer seiner Söhne unter der Oberhoheit des Großfürsten; aber seine Nachfolger machten sich unabhängig, und am Ende des 12. Jahrhunderts waren dem Fürsten von Smolensk mehre benachbarte Edelleute unterthan. Seit 1224 hatte Smolensk bei den Kämpfen der Russen, Lithauer und Tataren viel zu leiden; mehr als einmal wurde es da durch Feuer und Schwert verwüstet und ausgeplündert. Olger der Große machte sich vorzugsweise diesem Fürstenthume furchtbar und im J. 1393 nahm er zum ersten Male die Stadt. Im J. 1413 kam Smolensk an Lithauen und suchte sich in der Folge vergeblich einen eigenen Fürsten zu geben. Die Russen aber konnten nicht verzichten auf den Besitz eines Platzes, der ihre Grenzen gegen Polen hin deckte. Der Versuch vom J. 1500 mislang, aber 1514 waren sie glücklicher. Der Fürst Michael Glinski, ein moskowitischer Überläufer, hatte sich des Vertrauens des Polenkönigs zu bemächtigen gewußt und überlieferte dem Zar Iwanowitsch die Stadt, deren Befestigung sich nun die russischen Herrscher angelegen sein ließen. Doch hinderte dies nicht, daß im J. 1611 der König von Polen, Sigismund III., nach langer Belagerung sich in Besitz der Stadt setzte, die ihm denn auch russischer Seits im J. 1618 abgetreten wurde. So verblieb sie denn unter polnischer Herrschaft bis zum Jahre 1654, wo der Zar Alexis Michaelowitsch sie wieder einnahm, welche Eroberung ihm auch im J. 1686 der Vertrag von Moskau bestätigte. Die Befestigungen wurden nun von den Russen, in deren Besitze von jetzt an Smolensk verblieb, wiederhergestellt und vermehrt, besonders unter Peter dem Gro-

ßen, der dabei das in Europa übliche System befolgte, sodaß es nun zu einem ansehnlichen festen Platze sich erhob.

Durch die Begebenheiten des Jahres 1812, in welchem ein Theil der Stadt ein Raub der Flammen wurde, hat Smolensk einen Namen in der neuesten Geschichte erlangt. Es war am 16. August 1812, als der Marschall Ney vor Smolensk erschien. Der russische Heerführer, Fürst Bagration, der so eben seine Armee vor diesem Platze wieder gesammelt hatte, vertheidigte die Zugänge zu demselben; zwischen ihm und Marschall Ney kam es zu einem heftigen Feuern, das bis zur Nacht währte. Des Abends kam das erste russische Armeecorps unter den unmittelbaren Befehlen von Barclay de Tolly an und besetzte die Höhen des rechten Ufers, die Smolensk gegenüberliegen. Während die Avantgarde so kämpfte, beeilte Napoleon in der Hoffnung, es werde noch zu einer Schlacht unter den Mauern von Smolensk kommen, den Marsch seiner Truppen, um die Einschließung der Stadt zu vollenden. Murat, Davoust und die Garde nahmen verschiedene Wege nach der Stadt; der Marsch der Truppen dauerte die ganze Nacht und den 17. Morgens war die Einschließung vollendet. Ney lehnte seinen linken Flügel an den Dniepr und seine Stellung reichte bis beinahe an den Weg nach Krasnoi; Davoust und Poniatowski dehnten sich zur Rechten aus, und Murat mit seiner Reiterei lehnte sich an das polnische Corps und an den Dniepr. Die kaiserliche Garde war in Reserve aufgestellt hinter dem ersten Corps, ein wenig vor der Stelle, wo Napoleon sein Hauptquartier hatte. Eugen Beauharnais beobachtete den Weg nach Krasnoi, und Junot hatte Smolensk den 17. um 8 Uhr Morgens erreichen sollen, aber da ihn theils ein Führer irre geleitet hatte, theils die Kosacken seinen Marsch durch Abbrechung von Brücken aufhielten, konnte er erst um 5 Uhr Abends eintreffen. Barclay aber, der zwei Brücken im Angesicht von Smolensk zur Erleichterung der Verbindung hatte schlagen lassen, hatte während der Nacht

Bagration zurückgerufen, um ihn in einer Entfernung von zwei Stunden auf der Straße nach Moskau seine Stellung nehmen zu lassen. Die Armee dieses Generals war ersetzt worden durch 30,000 Mann von dem ersten Armeecorps, die in den Vorstädten, die bedeckten Wegen und hinter den Zinnen der Mauer vertheilt waren. Der übrige Theil des ersten Armeecorps hatte seine Stellung auf den Höhen des rechten Ufers behauptet.

Bei dieser Lage der Dinge mußte man sich auf einen nahen Kampf gefaßt machen. Bald befahl Napoleon den Angriff auf der ganzen Linie. Sobald Murat die feindliche Reiterei genöthigt hatte, sich in den Platz zurückzuziehen, begann sich Poniatowski an den Dniepr zu lehnen. Auf diesem Punkte befand sich eine Anhöhe, sehr nahe am Flusse; hier stellte man eine Batterie von 60 Feuerschlünden auf, und es gelang dem Fürsten Poniatowski, die Russen zu zwingen, sich auf Vertheidigung der bedeckten Gänge und der Mauern zu beschränken. Auf dem linken Flügel, vor der Citadelle, schlug man sich hartnäckig, aber ohne Erfolg; die Russen behaupteten sich in dem Gebüsche, das sich dort befindet, und deckten den Punkt des Platzes, der der festeste zu sein schien, in der That aber der schwächste war. Zu ihrem Glücke war Napoleon mit der wahren Lage der Dinge unbekannt, sonst würde er ohne Zweifel mit aller Gewalt versucht haben, in Smolensk durch die Citadelle einzudringen. Das erste Corps hatte seine Stellung vor den Vorstädten am Thore von Krasnoi und war bestimmt, sie zu nehmen; mit großer Hitze wurden sie angegriffen und vertheidigt; endlich nach dreistündigem Kampfe gelang es Davoust, sich ihrer zu bemächtigen. Zu gleicher Zeit hatte man eine Batterie aufgefahren, die den Russen vielen Schaden that, auch warf man Bomben nach Smolensk, die dort zündeten. Obgleich die Tage damals lang waren, so machte doch die Nacht allein diesem merkwürdigen Kampfe ein Ende, der blutiger gewesen war als viele Schlachten. Die Russen hatten nach eigenen Berichten 4000, die Franzosen mehr als doppelt so viel, die Polen über 5000 Mann verloren.

Man bivouakirte unter den Mauern der Stadt auf demselben Boden, wo man gekämpft hatte. Der Boden, der nach der Stadt hin sanft geneigt ist, war bedeckt mit Feuern, in regelmäßigen Reihen geordnet; dann bildeten die Mauern eine dunkle Linie, hinter welcher man die Flammen sich wirbelnd erheben sah. Während der Nacht ließ Barclai, da er den Platz so hart bedrängt sah und da er fürchtete, Napoleon werde am Ende die Schwäche der Citadelle entdecken und einen heftigen Angriff auf diesen Punkt wagen, die Stadt räumen. Dies geschah mit Ordnung und Schnelligkeit und in der größten Stille. Der Nachtrab legte Feuer an die Hütten, brach die Schiffbrücken ab und verbrannte die übrigen Brücken. Beim Anbruche des Tages drangen die französischen Soldaten, da sie keine Feinde mehr sahen, in die Stadt ein; Napoleon selbst zog ein mit seinen Grenadieren und seinen Gardechasseurs. Man fand hier nur wenig Vorräthe; die Magazine waren ausgeleert oder zerstört; die Feuersbrunst, die bereits die Hälfte der Stadt verheert hatte, wüthete noch mit aller ihrer Stärke, und es gelang erst den folgenden Tag, sie gänzlich zu löschen. Zu dem Mangel, der in der eroberten Stadt herrschte, gesellte sich noch eine furchtbare Epidemie, die bei der schrecklichen Hitze und feuchten Witterung eine Unzahl Opfer dahinraffte. Die Russen waren unzufrieden mit Barclai, daß er ihre „heilige Stadt", diese Vormauer Moskaus, preisgegeben

hatte, und Jener legte daher bald den Oberbefehl nieder, der nun an Kutusoff überging.

Vor der Feuersbrunst vom Jahre 1812 beinahe ganz von Holz gebaut, ist Smolensk mit ansehnlichen steinernen Häusern aus den Flammen gestiegen. Alle frühere Reisende drücken ihr Erstaunen aus über den seltsamen Anblick und die sonderbaren Gegensätze, die einst diese Stadt darbot mit ihren Hügeln, ihren Zinnen, ihren Thürmchen, ihren Kirchen, ihren vergoldeten Kuppeln und ihren hölzernen Hütten. Die Stadt, die jetzt gegen 12,000 Einwohner zählen mag (im Mittelalter soll sie deren 200,000 gehabt haben), welche mehre Fabriken in Leder, Leinwand und Seide unterhalten, wie auch einen bedeutenden Handel nach der Ukraine und nach Danzig hin mit Pelzwerk, Häuten, Hanf und Getreide u. s. w. treiben, besitzt mit ihren Vorstädten 3 Klöster und 16 griechische Kirchen, sowie eine römisch-katholische und eine protestantische. Sie ist Sitz eines Bischofs; auch besteht hier ein Priesterseminarium und ein Gymnasium. Auf einem schönen Platze in der Mitte der Stadt sieht man die Justizgebäude; die zwei Kathedralen sind wirklich großartig und enthalten zahlreiche Schätze und Kostbarkeiten. Das Kloster des heiligen Abraham, innerhalb der Citadelle erbaut, ist aus den ersten Jahren des 12. Jahrhunderts und besitzt seltene und merkwürdige Handschriften.

Der artesische Brunnen in Paris.

Die in Nr. 353 ausgesprochene Vermuthung hat sich bestätigt: der artesische Brunnen im Schlachthause zu Paris (in der Vorstadt Grenelle, auf einem der höchsten Punkte der Hauptstadt) gibt nun wirklich Wasser, das am 26. Februar zuerst sprang und aus einer Tiefe von 547 Mètres (1684 pariser Fuß) kommt, wodurch das Dasein von Gewässern unter den unermeßlichen Grünkreidelagern im Thalgrunde von Paris erwiesen ist. Das Wasser ist bis jetzt noch sehr trübe (schwärzlich und sandig), aber geruch- und geschmacklos, bis auf einen schwachen seifenartigen Beigeschmack, löst Seife vollständig auf und hat eine Wärme von 22½ Grad Réaumur. Die Vermuthung, daß das Wasser nach wenigen Tagen so klar wie die reinste Quelle hervorfließen werde, hat sich noch immer nicht bestätigt. Gleich anfangs strömten in einer Minute drei Cubikmètres (87½ pariser Cubikfuß) Wasser aus und zwar mit solcher Gewalt, daß es in einer aufgesetzten Röhre wahrscheinlich noch über 10 Mètres (31 Fuß) aufsteigen wird, und zwar bei einem Durchmesser von 5 Mètres (15½ Fuß). In der Vorstadt Grenelle hat es einen kleinen 2 Fuß breiten und tiefen Bach gebildet, der nach einem Abzugskanal geleitet wird. Vier ähnliche Brunnen würden hinreichen, ganz Paris mit Wasser zu versehen. Das Bohrloch hat oben 20, unten 6½ Zoll im Durchmesser und ist bis in eine Tiefe von 539 Mètres mit sehr starken Eisenblechröhren ausgefüttert. Die Arbeiten, welche der Civilingenieur Mulot geleitet, sein Sohn Louis Mulot aber mit so großer Ausdauer ausgeführt hat, begannen am 1. Jan. 1834, haben also etwas über sieben Jahre gedauert und 160,000 Francs oder über 40,000 Thaler, nach andern Angaben aber 240,000 Francs gekostet. Der angewandte Bohrer besteht aus Eisenstangen von der Stärke einer Wagenachse und brach in dem Loche drei Mal, doch gelang es Hrn. Mulot jedesmal, alle Stücke herauszubringen, sodaß die Arbeit fortgesetzt werden konnte. Zur Belohnung ist von der Stadt Paris dem ältern Mulot (dem auch der Orden der Ehrenlegion verliehen wurde) eine lebenslängliche Pension von 3000 Francs, die nach seinem Tode zur Hälfte auf seine Witwe übergeht, ausgesetzt worden; sein Sohn soll ein für allemal 5000 Francs erhalten.

Am 8. März wurde der Bohrer aus dem Bohrloche herausgenommen und der Wasserzufluß vermehrte sich nun bedeutend (um etwa 300 Litres in der Minute).

Durch Röhren soll das Wasser in die öffentlichen Anstalten der Vorstadt St.-Germain, namentlich in das Schlachthaus, in das Invalidenhaus und in die Militairschule geleitet werden. Arago hatte früher vermuthet (um nicht zu sagen: gehofft), daß erst in einer Tiefe von 1900—2000 Fuß Wasser gefunden werden würde; in diesem Falle wäre, nach dem durch die Erfahrung ermittelten Gesetze der Zunahme der Wärme mit der Tiefe, das Wasser warm genug gewesen, um warme Bäder zu liefern, die nach Arago's Plan auf Kosten der Stadt und zu unentgeltlichem Gebrauch hergestellt werden sollten. Jetzt macht Arago den Vorschlag, ein neues Bohrloch in der Cité graben zu lassen und öffentliche Waschhäuser zu errichten, welche die unsaubern Waschboote auf der Seine entbehrlich machen würden.

Nach den bei dem Bohren des artesischen Brunnens mit großer Pünktlichkeit geführten Registern besteht der Boden auf dem linken Ufer der Seine bis zu der Tiefe von 547 Mètres aus folgenden Bestandtheilen: 0—10 Mètres angeschwemmter Boden, ehemaliges Bette der Seine; 11—41 M. Thonerde und quarziger Sand; 42—140 M. weiße Kreide und schwarzer Feuerstein; 141—165 M. graue Kreide; 166—506 M. außerordentlich harte graue Kreide, abwechselnd mit Bänken von glimmerhaltigem Thon; 507—546 M. blauer, grüner und schwarzer Thon mit Glimmerschüppchen, in denen sich viele Fossilien und Eisenkies finden; 546—547 M. grüner Thonsand. Unter diesen Sandbänken trifft man nur ganz grünen Sand, in welchem sich das Wasser bewegt, welches bei Berührung der Sonde bis auf die Erdoberfläche dringt.

Fast gleichzeitig, in den ersten Märztagen, hat auch in Wien (am Glacis, vor der Getreidemarktcaserne) ein artesischer Brunnen, dessen Tiefe freilich ungleich geringer ist, Wasser geliefert. Die Bohrung wurde vom Professor Stecker geleitet und die Kosten, welche durch freiwillige Beiträge der Landwirthschaftsgesellschaft bestritten wurden, belaufen sich auf 8000 Gulden Conv.-Münze. Die Tiefe, aus der das Wasser springt, beträgt 577¼ Fuß, also 144 Fuß mehr als der Stephansthurm hoch ist; die oberste Röhre hat 4 Zoll im Durchmesser und das Wasser, welches 13 Grad Réaumur Wärme hat und noch etwas trübe ist, springt etwa 10 Zoll über den Rand hinauf. Das Ergebniß ist wichtig für die benachbarten wasserarmen Vorstädte Wiens. Falls mit 100 Klaftern (600 Fuß) kein Wasser erreicht worden wäre, würde man den Versuch ganz aufgegeben haben.

Der Frosch.

Der Frosch gehört unter die Amphibien, welche, von den Säugthieren abwärts gezählt, die dritte Classe der Wirbelthiere ausmachen und durch die Anordnung ihrer Organe eine Menge von Stufen bilden. Durch diese verschiedenen Stufen erheben sich die Amphibien unmerklich von den Fischen bis zu den Vögeln und Säugthieren. Wenn es wahr ist, daß das ganze Thiergeschlecht aus dem Wasser hervorgegangen ist, so haben wir in den Amphibien die ersten mehr oder minder kühnen Versuche vor uns, welche die Natur machte, das Thiergeschlecht, bei dem Entstehen des Festlandes, einem neuen Elemente anzupassen. Die froschartigen Thiere, welche die Ordnung der Batrachier bilden, sind dann unter diesen Versuchen die ersten und schüchternsten, denn sie sind, während einer langen Zeit ihres Daseins außerhalb des Eis, durch die Anordnung ihres Skeletts, ihres Gefäßsystems und ihrer Athmungswerkzeuge in der That völlig Fische und entfernen sich auch in ihrer vollkommenen Entwickelung nicht so weit von ihnen als die schlangenartigen, schildkrötenartigen und eidechsenartigen Thiere, welche darum schon keckere Versuche darstellen.

Unter den froschartigen Thieren heben wir die eigentlichen Frösche heraus, weil sie der ganzen Ordnung den Charakter geben. Die Molche und Kröten, welche mit ihnen eine Ordnung ausmachen, verhalten sich zu ihnen wie die Kindheit und das Greisenalter zum Mannesalter. Die Molche, welche lebenslänglich Kaulquappen bleiben, stellen die Kindheit dieser Ordnung dar, die Kröten dagegen das Alter, in welchem die Lebensthätigkeit schlaff wird und viele Organe verkümmern. Die Frösche unterscheiden sich von den Molchen durch den Mangel des Schwanzes, von den Kröten durch die Zähne, welche jenen fehlen.

Die Frösche sind muntere, hurtige, schöngefärbte Thiere, welche Sprünge von mehren Schuhen machen können. Sie halten sich größtentheils im Wasser auf, am liebsten im faulenden von Pfützen und Teichen. Hier quaken sie in schönen Frühlingsnächten zu Tausenden um die Wette miteinander. Sie treiben dabei das zarte Häutchen, welches die Stelle der Kiemenspalten bedeckt, durch die Luft als eine große Blase heraus, die man Schallblase nennt und die den Schall, wie ein Resonanzboden, zu verstärken scheint. Es sind jedoch blos die Männchen, die so gewaltig quaken; die Weibchen können nur grunzen, wobei sie den Hals aufblähen.

Die Frösche haben insgesammt ein sehr zähes Leben. Ein Beispiel davon mag folgender Vorfall geben. Ein Naturforscher wollte das Schlagen des Froschherzens beobachten. Er nagelte deshalb einen Frosch ausgestreckt an ein Bret und nahm das Herz heraus. Nach zwölf Stunden mußten die übrigen Eingeweide dem Herzen folgen; der Frosch schien ganz todt und bestand nur noch aus Haut und Knochen. Vier Stunden darauf zieht der Beobachter die Nägel heraus und nimmt den Frosch bei einem Fuße, um ihn wegzuwerfen; aber das blutende Thier macht plötzlich eine gewaltige Muskelanstrengung, springt dem erschrockenen Naturforscher ins Gesicht und hüpft dann mit großen Sätzen im Zimmer umher, als gälte es, die verlorenen Eingeweide wieder zu erlangen.

Sämmtliche Froscharten haben einen kurzen, breiten, fast viereckigen Leib, welcher ganz glatt und schlüpfrig ist. Der Kopf ist niedergedrückt, vorn rund mit weitem Maule und einer nach hinten geschlagenen, ausgeschnittenen Zunge, die sie nach ihrer Beute, nach Würmern, Insekten und Schnecken, mit großer Geschicklichkeit herausstrecken. Die Vorderfüße haben vier freie, die Hinterfüße fünf durch eine Schwimmhaut verbundene Zehen. Die Augen sind mit Lidern und einer Nickhaut versehen; der Schädel ist unter den Augen durchbrochen; die Stelle der Ohren erkennt man durch eine dünnere Haut. Die Nasenlöcher können durch einen Ringmuskel beliebig geöffnet und geschlossen werden. Von Rippen ist keine Spur und die Wirbel sind wenig beweglich, die hintern ganz miteinander verwachsen. Die Eiergänge sind zwei Schuh lang und hin und her gewunden.

Sie paaren sich im Frühjahre und legen schleimige, in Klumpen oder in Fäden aneinander hängende Eier, welche entweder auf dem Boden oder auf der Oberfläche des Wassers ausgebrütet werden. Die daraus hervorkommenden Kaulquappen haben freie Kiemen, mit vier Kiemenbögen und Kiemenspalten an den Seiten des Halses. Sie haben einen langen zusammengedrückten Schwanz und am Maule einen hornigen Schnabel, welcher später mit der Haut abgestreift wird. Die Gedärme sind sehr lang und gewunden, wie bei Pflanzenfressern, werden aber nach der Verwandlung kurz und können dann blos thierische Nahrung verdauen.

Sobald die jungen Frösche ihre wahre Gestalt erlangt haben, verlassen sie, besonders Abends, wenn ihre Feinde, die Staare, Raben und Störche, schlafen, zu Tausenden ihr bisheriges Element, wo die ihnen nun nöthige neue Nahrung nicht zu finden ist, und verkriechen sich unter Gebüsche und Gesträuche. Ein warmer Regen lockt sie scharenweise aus ihrem Verstecke hervor, weil sie zu einer solchen Zeit im Insektenfange am glücklichsten sind. Dieser Umstand hat den Irrthum veranlaßt, als ob die Frösche, von denen früher keine Spur da gewesen war, durch die Vermischung der fallenden Regentropfen mit dem Staube plötzlich entstanden wären.

Im Spätjahre graben sie sich in den Schlamm und halten einen Winterschlaf, gleichsam zur Entschädigung für den ihnen nicht nöthigen Tagesschlaf. In diesem Schlafe, der in einer durch die Kälte herbeigeführten

Der Frosch.

Erstarrung ihres Lebens besteht, können sie durch Überschwemmungen oder andere Zufälle mit so viel Schlamm bedeckt werden, daß kein Wasser und keine Wärme mehr zu ihnen kommt. In einem solchen Falle können sie Jahre, ja Jahrhunderte lang fortschlafen, und wenn sich der sie umgebende sandige Schlamm zu Stein verhärtet, auch in Steinen fortdauern, ohne zu sterben. Ihr Vorkommen in Sandsteinen ist daher keine Fabel und der Umstand, daß alle bisher absichtlich eingegrabene Frösche sämmtlich starben, beweist nichts dagegen, da die eingegrabenen Frösche nicht im Winterschlafe waren und nicht so tief lagen, daß keine Wärme zu ihnen hätte dringen können.

Die Frösche sind über die ganze Erde ausgebreitet. Man findet sie in allen Welttheilen, doch hat nicht jeder Welttheil alle Arten. Bei uns sind am bekanntesten der gemeine Laubfrosch, der Wasserfrosch und der Grasfrosch.

Die Laubfrösche zeichnen sich vor allen andern Fröschen durch die sonderbaren Knötchen aus, die sie an den Spitzen der Zehen haben und durch die sie an den glattesten Gegenständen hinaufklettern können, indem sie wie die luftleeren Schröpfköpfe auf die glatte Fläche wirken. Sie haben nur eine Schallblase, die ihnen, wie die Saugkolben an den Zehen, auch zum Klettern dienen muß, und verändern nach jeder Häutung ihre Farbe, welche nach der Laichzeit bräunlich, dann braun-

gefleckt, graulichweiß, bläulichgrün und endlich glänzend grün ist. Sie lassen, besonders wenn Regenwetter einfallen will, ihre Stimme weithin hören und geben zu Ehren des Frühlings die ersten Quakconcerte. Die Männchen kommen zuerst aus dem Schlamme hervor, die Weibchen einige Tage später. Die Paarung dauert nur zwei bis drei Tage und geschieht nach der Laichzeit des Grasfrosches. Der Laich bleibt auf dem Boden liegen. Nach 14 Tagen kommen die Kaulquappen hervor, welche $2\frac{1}{2}$ Monate darauf als junge Laubfrösche aus dem Wasser kriechen. Sie quaken erst mit dem vierten Jahre, wo sie zu laichen anfangen.

Die Wasserfrösche und Grasfrösche gehören einer Gattung an, unterscheiden sich aber hinlänglich durch ihre Farbe und Lebensart.

Die Wasserfrösche sind grün mit drei gelben Längenstrichen auf dem Rückgrat und den Seiten. Sie erwachen am spätesten aus dem Winterschlafe und lieben die Gesellschaft und den Sonnenschein, dem sie sich gern an dem Rande der Teiche aussetzen, die sie bewohnen. Sie laichen erst im Junius. Der Laich fällt in Klumpen auf den Boden des Wassers und kommt nie herauf, sondern wird unten ausgebrütet. Von ihrem Geschrei, das wie Quoark, Quoark, Geckgeckgeck klingt, heißen sie in manchen Gegenden auch Quarkgäker, und weil es meist am Marcustage beginnt, Marksgäker.

Die Grasfrösche sind gelblichbraun und haben einen

schwarzen Streifen über dem Ohre. Sie erwachen am frühesten aus dem Winterschlafe und leben den Sommer über einsam in Gärten und Feldern an feuchten, schattigen Orten. Sie quaken sehr selten und nicht laut; um die Begattungszeit grunzen sie leise, wie ein Schwein, und das Weibchen geht dabei unruhig und wie übellaunisch auf und nieder. Der Laich fällt in Klumpen zu Boden, erhebt sich aber, wie der Schnuren bildende Krötenlaich, nach acht Stunden dadurch, daß er anschwillt, auf die Oberfläche, wo nach sechs Wochen die Jungen aus ihm kriechen und noch einige Zeit von ihm leben.

Beide Froscharten werden gegessen, vorzüglich gut sind die Keulen des grünen Wasserfrosches, besonders im Juli, wo es für ihn am meisten Nahrung gibt. Daher werden alle Froschkeulen für Keulen des Wasserfrosches ausgegeben und in Paris müssen sogar die Krötenkeulen dazu dienen, ohne daß es die Leckermäuler merken. Die Krebse haben einen von dem menschlichen abweichenden Geschmack, sie fressen nämlich nur das Fleisch des Grasfrosches. Will also einer unserer Leser Froschfleisch als Köder für Krebse gebrauchen, so nehme er nur den Grasfrosch dazu und lasse den Wasserfrosch den Leckermäulern unter den Menschen.

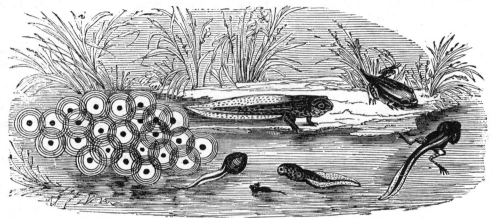

Froschlaich und Kaulquappen.

Vom Magnetismus.

Mit der Electricität oder elektrischen Materie, von der ich meine Leser in frühern Nummern unterhalten habe, ist der Magnetismus oder die magnetische Materie so innig verwandt, daß es in hohem Grade zweifelhaft ist, ob man sie wirklich als einen von jener verschiedenen Stoff anzusehen hat, wie bisher geschehen ist. Wol dürfte noch lange Zeit vergehen, ehe man über die Natur dieser Stoffe, sowie des Wärmestoffes auch nur einen solchen Grad von Gewißheit erlangen wird, wie es bei dem Lichte endlich nach rastlosen Bemühungen gelungen ist oder vielmehr gelungen zu sein scheint. Aber die Frage nach dem eigentlichen Wesen der geheimnißvollen magnetischen Kraft liegt uns hier fern; nur den Äußerungen und Erscheinungen derselben sei unsere Aufmerksamkeit gewidmet. Daß hier nur von dem mineralischen, nicht aber von dem sogenannten animalischen oder thierischen Magnetismus die Rede ist — welcher mit dem mineralischen eigentlich gar nichts zu thun hat, wiewol der Urheber von jenem, Anton Mesmer, anfänglich gewöhnliche Magnete zu Heilungen verschiedener Art in Anwendung brachte — braucht nach dem Gesagten wol kaum erst erinnert zu werden.

Der Magnetismus hat seinen Namen von den Magnete oder Magnetsteine, worunter man ein dunkelgraues Eisenerz versteht, dessen Eigenschaft, Eisen bei der Berührung festzuhalten und kleine Eisentheile (sogenannte Eisenfeilspäne) aus einiger Entfernung anzuziehen, schon den Alten bekannt war. Das Erz selbst soll seinen Namen der Stadt Magnesia unweit Smyrna in Kleinasien (Lydien) zu verdanken haben, wo es zuerst gefunden worden sein soll; bei Plato und Theophrast kommt es unter dem Namen des heracli-

schen Steins vor, weil jene Stadt auch Heraclea hieß. Der gemeine Magnetstein findet sich in großer Menge und Reinheit in Schweden (besonders bei Roßlag), Norwegen, Sibirien, England, Sachsen, Böhmen, auf dem Harze, auf den Inseln Elba und Corsica u. s. w.; die orientalischen Magnetsteine sind meist röthlich und kommen aus China und Ostindien. Am Orte seiner Lagerung ist dieses Gestein nicht magnetisch, nur die einzelnen zu Tage geförderten Stücke sind es. Zu den natürlichen Magneten sind auch verschiedene andere Steinarten und Felsen, an denen man eine Einwirkung auf die Magnetnadel bemerkt hat, zu rechnen; dahin gehören einige Granitfelsen im Harze, namentlich zwei Granitblöcke, die beiden Schnarcher genannt; eine Gebirgsart am frankensteiner Schlosse unweit Darmstadt; der Basaltfels, auf welchem das Dumbarton-Castle in Schottland erbaut ist; Felsblöcke auf dem Wege zwischen La Plata und Honda in Südamerika u. s. w. Außer Eisen werden auch Nickel und Kobalt angezogen, jedoch in weit schwächerm Grade, sowie alle Stoffe, denen nur etwas Eisen beigemischt ist, z. B. die gewöhnliche Damm- oder Gartenerde, Thonerde vor dem Brennen, alle gefärbte Erd- und Thonarten, weiße Thonerde, Pflanzenasche u. s. w.; unter den Edelsteinen zeigen der rothe Rubin, Hyazinth, Smaragd, insbesondere aber der Granat schwache magnetische Wirkungen, dagegen ist die Meinung einiger Physiker, daß reines Messing magnetisch werden könne, für irrig zu halten.

In der Regel sind kleine Magnete verhältnißmäßig stärker als größere; Magnete, die 20—30 Gran, d. i. $\frac{1}{3}$—$\frac{1}{2}$ Quentchen, wiegen, tragen zuweilen das 30—

50fache, Magnete von 2 Pfund aber nur selten das Zehnfache und größere nicht über das Siebenfache ihres Gewichtes. Ja der berühmte Newton besaß einen in einen Ring gefaßten Magnet, welcher drei Gran oder $\frac{1}{20}$ Quentchen wog und dennoch das 250fache seines Gewichts, also über drei Loth, zu tragen vermochte. Zu den größten und stärksten natürlichen Magneten gehören diejenigen, welche sich im physikalischen Cabinete der Universität Dorpat, im Teyler'schen Museum in Harlem und im Cabinete der Akademie der Wissenschaften zu Lissabon befinden, der letzte ein Geschenk des chinesischen Kaisers für König Johann V. von Portugal; von diesen wiegt der erste 30 und trägt 87, der letzte wiegt 38 und trägt 202 Pfund.

Der Magnetstein zieht aber das Eisen nicht überall gleich stark an, wie man bemerkt, wenn man ihn in Eisenfeilicht legt, wo sich an zwei Stellen die meiste Anhäufung zeigt; diese beiden Stellen heißen die beiden Pole. Trennen lassen sie sich nicht, denn jedes Stück eines solchen Steines enthält ebenfalls zwei besondere Pole. Zwischen den Polen ist eine Stelle, welche das Eisen gar nicht anzieht oder gar nicht magnetisch ist. Zuweilen, jedoch sehr selten, kommen Magnete mit mehren Polen vor; es soll deren mit 8, 9—10 geben, und von einem würfelförmigen Magnete wird erzählt, daß er an jeder Seite einen besondern Pol, zusammen also sechs gehabt habe.

Die Anziehungskraft eines Magnets wird dadurch sehr wesentlich verstärkt, daß man ihn zu beiden Seiten mit eisernen Schienen oder Schalen bekleidet, welche in zwei dickere, einander nahe Enden auslaufen und die Armirung oder Bewaffnung des Magnets genannt werden; an jene Enden wird der ebenfalls eiserne Anker gehängt, welcher mittels eines Hakens angehängte Gewichte beliebiger Art zu tragen bestimmt ist, durch deren Gesammtbetrag, mit Einrechnung des Ankers, die Kraft des Magnets gemessen wird. Armirte Magnete tragen 16—320 Mal mehr Gewicht, als ohne Armatur, aber die Wirkung in die Ferne wird durch dieselbe in keiner Hinsicht verändert. Diese Anziehung in die Ferne geht bei starken Magneten auf 10—14 Fuß; auch bei schwächern ist sie in großer Entfernung wahrzunehmen, wenn der angezogene Körper theils leicht, theils beweglich ist, zu welchem Ende man ihn in einem Schiffchen aus dünnem Kupfer oder Papier auf Wasser oder reines, oxydfreies Quecksilber setzt.

Die magnetische Kraft durchdringt sowol feste Körper, wie Holz, Steine, Glas, Metalle, als Flüssigkeiten, wie Wasser, Weingeist, Flammen u. s. w. mit augenblicklicher und ungeschwächter Wirkung; selbst eine Bleimasse von einem Fuß Dicke thut der Wirkung eines starken Magnets nicht im mindesten auf. Die einzige Ausnahme macht das Eisen, welches die ausströmende magnetische Kraft in sich aufnimmt und von einem früher angezogenen Körper ablenken oder ganz zerstreuen kann. Überhaupt setzen Körper, denen feine Eisentheile beigemischt sind, dem Durchgange des Magnetismus ein mehr oder weniger großes Hinderniß entgegen. Legt man über einen Magnet eine glatte Fläche, z. B. eine Glastafel oder steifes geglättetes Papier, und bedeckt diese mit Eisenfeilicht, das aus einem porösen Beutel oder einem feinen Siebe fein zertheilt auf die Fläche fällt, so bilden die Eisentheilchen eigenthümliche regelmäßige Figuren, welche man magnetische Curven nennt.

Besonders merkwürdig ist das Verhalten der Pole oder die Polarität. Beide Pole eines Magnetstabs ziehen das Eisen mit gleicher Kraft an; bringt man aber zwei Magnetstäbe zusammen, von denen der eine

an einem Faden aufgehängt ist, so zieht das eine Ende des einen Stabes das eine Ende des andern an, stößt aber das andere Ende desselben ab, welches dafür von dem andern Ende des ersten Stabes angezogen wird. Hängt man einen einzelnen Magnetstab an einem lothrechten Faden so auf, daß er sich frei drehen kann, so nimmt er nach einigen Schwingungen eine solche Lage an, daß das eine Ende oder der eine Pol ungefähr nach Norden, der andere nach Süden gerichtet ist, weshalb jener Pol der Nordpol, dieser der Südpol des Magnets heißt. Hierbei ist nun wohl zu merken, daß der Nordpol des einen nicht den Nordpol, sondern den Südpol des andern anzieht; die ungleichnamigen Pole sind es, die einander anziehen, weshalb sie auch freundschaftliche Pole heißen, die gleichnamigen dagegen stoßen einander ab und heißen daher auch feindliche Pole. Von den Polen eines Magnets wußten die Alten nichts; die Chinesen sollen diese wichtige Eigenschaft, namentlich die verschiedene Richtung der Pole, worauf der Compaß beruht, entdeckt haben, in Europa aber wurde sie im 13. Jahrhunderte bekannt. Auf der magnetischen Anziehung und Abstoßung beruhen übrigens viele sehr bekannte Spielwerke, z. B. Fische oder Schwimmvögel von Blech, die sich nähern oder entfernen, magnetische Uhrzeiger, Scheiben mit Fragen und Antworten u. s. w., wobei wir nicht länger verweilen können.

Das Eisen hat von allen Metallen allein die Eigenschaft, die magnetische Materie in sich aufzunehmen und von einem Ende zum andern mit augenblicklicher Schnelligkeit fortzupflanzen; mit andern Worten: Eisen, das an einem Magnete hängt, wird selbst magnetisch und fähig, anderes Eisen anzuziehen. Wird ein Magnet in Eisenfeilicht gelegt, so hängen die kleinen Eisentheilchen sich aneinander an und bilden kleine Nadeln; hängt an einem Magnete eine Stahlnadel, so kann an dieselbe eine zweite, an diese eine dritte u. s. w. gehängt werden. Hier findet aber zwischen Eisen und Stahl eine große, sehr auffallende Verschiedenheit statt. Bei reinem, weichem Eisen ist jede Spur von Magnetismus verschwunden, sobald man es vom Magnete entfernt. Stahl dagegen leitet zwar die magnetische Materie weniger gut und schnell, bleibt aber dafür längere Zeit magnetisch und läßt sich in einen bleibenden Magnet verwandeln, und zwar wird dasjenige Ende, welches am Nordpol gehangen hatte, zum Südpol, das andere dagegen zum Nordpol. Die Erfindung der künstlichen Magnete (insofern man darunter nur stählerne Stäbe versteht, die magnetisch gemacht worden sind, nicht Stahlnadeln) soll um 1730 von dem Engländer Savery gemacht worden sein; das Magnetisiren von Nadeln war schon weit früher bekannt. Die gewöhnlichste und bequemste Art, künstliche Magnete hervorzubringen, besteht in dem Bestreichen der dazu bestimmten Stahlstäbe oder Stahlnadeln nach gewissen Regeln (einfacher Strich, Doppelstrich, Strich in die Runde). Ehemals gab man sich viele Mühe, um auf diese Weise sehr starke künstliche Magnete zu verfertigen; so verfertigte der Franzose Lenoble einen, der 15 Pfund wog und so stark war, daß er außer vielem Zugewicht einen Mann trug, welcher den Anker selbst durch lebhafte Bewegungen nicht abzureißen vermochte. Besonders berühmt war aber das magnetische Magazin des Engländers Knight, das aus 480 stark magnetisirten Stahlstäben, jeder zwei Pf. schwer, bestand, aber durch eine Feuersbrunst größtentheils zerstört worden ist. An die Stelle des Bestreichens ist in neuester Zeit der Galvanismus getreten, weshalb die Gelehrten aufgehört haben, sich mit den

Methoden, künstliche Magnete durch Bestreichen zu verfertigen, zu beschäftigen. Zu bemerken ist noch, daß natürliche sowol als künstliche Magnete sehr an Kraft verlieren, sobald sie über ihre Kräfte angestrengt werden; hängt man an den Anker ein Gewicht, das ihn abreißt, so ist er sogleich auffallend geschwächt und kann zwar nach und nach durch allmäliges Beschweren wieder stärker gemacht werden, seine frühere Kraft aber nicht wieder erlangen. Die vortheilhafteste Form eines Magnets, der ein großes Gewicht tragen soll, ist die eines Hufeisens; ein solcher trägt aber immer mit beiden Polen zugleich ein viel größeres, weit mehr als doppelt so großes Gewicht, als mit einem Pole.

Aber Eisen wird nicht blos magnetisch, wenn es mit einem Magnete in Berührung ist, sondern schon in der Nähe desselben, wenn es von ihm noch um mehre Linien oder Zoll entfernt ist, z. B. ein eiserner Stab wird dann ebenfalls magnetisch, aber er enthält an dem genäherten Ende einen Magnetismus, welcher demjenigen, den das zugekehrte Ende des Magnets besitzt, entgegengesetzt ist; dasjenige Ende des Eisenstabes, das dem Nordpol eines Magnets zugekehrt ist, wird selbst in einen Südpol verwandelt, das entgegengesetzte aber in einen Nordpol. Entfernt man den Eisenstab aus dem Bereiche des Magnets, so ist sogleich jede Spur von Magnetismus wieder verschwunden. Man nennt dies den Magnetismus durch Vertheilung, wie es eine ähnliche Vertheilung der Elektricität gibt. Hiernach müssen wir annehmen, daß das Eisen im gewöhnlichen Zustande beide Arten von Magnetismus enthält, aber so fest miteinander verbunden und durcheinander gebunden, daß nichts davon wahrgenommen werden kann; diese Verbindung wird jedoch sogleich getrennt, wenn das Eisen in die Nähe eines Magnets kommt; dann wird die eine Art von Magnetismus von dem nächsten Magnetpole angezogen, die andere zurückgestoßen.

Wol die wichtigste Anwendung des Magnetismus ist diejenige, welche man in der Schiffahrt macht. Was vermag der Schiffer ohne Compaß, der ihn zu jeder Zeit auf der unermeßlichen Fläche des Weltmeers, wo alle irdischen Hülfsmittel der Orientirung fehlen, als Wegweiser dient und ihm die Weltgegenden auch dann zeigt, wenn, wie dies so häufig der Fall ist, der bewölkte Himmel weder Sonne noch Sterne erkennen läßt, um nach ihnen den Lauf des Schiffes zu richten? In alten Zeiten, wo man dieses unentbehrliche Hülfsmittel nicht besaß, mußte die Schiffahrt in hohem Grade mangelhaft sein, da die Schiffer sich ohne tollkühne Verwegenheit nicht auf den Ocean hinauswagen konnten und auf Küstenschiffahrt und eingeschlossene Meere, wie das mittelländische, beschränkt waren. Der Compaß ist bekanntlich nichts Anderes als eine horizontalschwebende und in einem Kästchen eingeschlossene Magnetnadel, die mit einer Kreiseintheilung versehen ist. Bei den Schiffscompassen ist die Nadel, welche sich in einem viereckigen hölzernen, oben mit einem Glasdeckel versehenen Kasten befindet, durch eine kreisförmige, zur Vermeidung des Krümmens auf ein Stück russisches Marienglas geklebte Papierscheibe bedeckt, welche die Windrose heißt und am äußersten Rande die Theilung in 360 Grade enthält; innerhalb derselben ist der Kreisumfang in die bekannten 32 Striche oder Rhumben getheilt, die oft wieder halbirt sind. Im Gehäuse des Compasses ist ein nach dem Vordertheile des Schiffes gerichteter schwarzer Strich auf weißem Grunde angebracht; mit dieser Linie muß der Steuermann den ihm angegebenen Strich der Wind-

rose (die Himmelsgegend, nach welcher gesteuert werden soll) immer in Berührung erhalten. Wegen der starken Schwingungen des Schiffes ist der Compaß mit einem cylindrischen Gehäuse von Kupfer umgeben, das zwischen zwei Ringen aufgehängt ist, sodaß es sich um zwei Achsen drehen kann; bei den sogenannten Sturmcompassen ist das Gehäuse länger und unten mit Blei beschwert, um langsamere Schwingungen zu machen. Die Nadel selbst hat in der Mitte ein Hütchen von hartgeschlagenem Messing oder Achat, das auf der möglichst scharfen und harten Spitze eines aufrechten stählernen Stiftes ruht; durch diese Einrichtung erhalten sie die nöthige Beweglichkeit, um ungehindert ihre natürliche Richtung annehmen zu können. Die Breite der Nadel beträgt am besten den 40. Theil ihrer Länge, die Dicke den 4. Theil der Breite; nach den Enden muß die Nadel spitz zulaufen. Das Magnetisiren der Nadeln geschieht durch Bestreichen mit einem Magnete (den einfachen Strich); je länger dasselbe fortgesetzt wird, desto stärker magnetisch werden sie, was man aus dem Schnellerwerden ihrer Schwingungen erkennt, bis sie mit Magnetismus gleichsam gesättigt sind und keinen stärkern annehmen können.

(Fortsetzung folgt in Nr. 425.)

Die Sklaven in Brasilien.

In Brasilien besteht kein besonderes Gesetz über die Negersklaven und man befolgt meistentheils das römische oder die gewöhnlichsten Grundsätze des Rechts und der Billigkeit. Das römische Recht läßt die Sklaverei nur als einen lästigen Contract zwischen der Gewalt und der Schwäche gelten, jedoch mit der ausdrücklichen Bedingung des Loskaufs, daher die Sklaven lange Zeit „Resgatados‟ (Loszukaufende) genannt wurden.

Die Sklaven werden, nach dem Charakter ihrer Herren, gut oder schlecht behandelt, wünschen aber nur selten in ihre Heimat zurückzukehren, weil sie dort vielleicht das Loos erwartet, noch einmal als Sklaven verkauft zu werden. Überhaupt scheinen sie, da der sanfte Charakter der Brasilier ihnen viel Freiheit bewilligt, mit ihrem Schicksale in Brasilien mehr zufrieden zu sein, als in den englischen Colonien und in den Vereinigten Staaten. Zwischen den Sklaven und ihren Herren herrscht hier ein förmlich patriarchalisches Verhältniß, und obgleich die ersteren oft nach den Launen ihrer Gebieter bestraft werden, so findet man doch fast in allen Familien mehre Sklaven, die ihrem Herrn von ganzer Seele ergeben sind.

Eigentlich sollen die Sklaven, nach dem Gesetze, auf öffentlichem Platze durch die Hand des Nachrichters gezüchtigt werden; allein ihre Herren strafen sie gewöhnlich selbst, und nicht selten härter, als es das Gesetz gestattet, weshalb in der letzten Zeit die Behörden darauf bedacht gewesen sind, die Tödtung der Sklaven durch unmenschliche Gebieter zu verhindern. Wenn die Neger schlecht genährt und behandelt werden, entfliehen sie oft in die Wälder und werden dort zu gefährlichen Räubern, wie sich denn vor nicht gar langer Zeit eine solche Räuber- und Mörderbande in den nächsten Umgebungen der Wasserleitung von Rio de Janeiro bildete und Alles in Furcht und Schrecken setzte.

Die Brasilier lassen ihre Sklaven an allen Tagen der Woche arbeiten, mit Ausnahme des Sonntags. Wollen sie auch an diesem Tage arbeiten, so erhalten sie dafür einen Lohn, der für sie sehr verführerisch ist und sie weder auf ihre Gesundheit noch auf ihr hohes

Alter Rücksicht nehmen läßt. Die gefährlichsten Arbeiten, bei welchen sie nicht selten ihre Gesundheit gänzlich untergraben, sind die in den Steinbrüchen; in der fürchterlichsten Sonnenhitze sieht man sie dann wie schwarze Schatten an den glühenden Felsen schweben.

Viele Brasilier leben in träger Ruhe blos von der Arbeit ihrer Sklaven. Der Neger ist verpflichtet, einem solchen Herrn eine bestimmte Summe täglich abzuliefern, und sollte er über der Erwerbung derselben sterben; im entgegengesetzten Falle setzt er sich harter Strafe aus. Doch gibt es auch menschlichere Herren, die ihren Sklaven den Sonnabend und Sonntag bewilligen, um sich an diesen Tagen etwas zu verdienen. Einige geben ihren Negern ein Stück Acker, das sie für eigene Rechnung bebauen dürfen. Dafür müssen sie, zu gewissen Zeiten und wie die Reihe sie trifft, für ihre Herren arbeiten. Doch ist jede solche Übereinkunft nur mündlich getroffen, nicht durch einen wirklichen Contract festgestellt.

Die Sterblichkeit unter den Negern ist groß, hauptsächlich aber unter ihren Kindern. Die Feuchtigkeit des brasilischen Klimas behagt ihrer körperlichen Constitution nicht. Sie sind zahlreichen Krankheiten unterworfen in Folge ihrer schlechten, oft spärlichen Nahrung, ihrer Unreinlichkeit und des Schmuzes ihrer Hütten, in die man sie während der Nacht einsperrt. Vom Genusse des Branntweins, den sie leidenschaftlich lieben, bekommen sie oft die Wassersucht. Auch kommt bei den Negern nicht selten der Selbstmord vor und zwar hauptsächlich, um dadurch ihrer elenden Lage bei manchen Herren sich zu entziehen.

Die Freilassung der Sklaven ist in Brasilien nicht selten und geschieht gewöhnlich durch ein Testament. Will der Sklave seine Freiheit um einen annehmbaren Preis erkaufen, so kann sich sein Herr dem nicht widersetzen, ohne dadurch eine ungünstige Meinung auf sich zu laden. Wenn die Neger so alt geworden sind, daß sie nicht mehr Dienste leisten können, so bemühen sich ihre Herren, sie auf den öffentlichen Märkten um jeden Preis loszuschlagen, oder sie geben ihnen Freibriefe, um sich an das Mitleiden des Publicums zu wenden und ihr Leben in irgend einem Winkel zu beschließen. Die durchschnittliche Dienstzeit der Negersklaven auf den Plantagen beträgt zehn Jahre.

Obgleich es unter der portugiesischen Herrschaft den Sklavenbesitzern befohlen wurde, ihre Sklaven in der Religion zu unterrichten und Sanftmuth und Menschlichkeit gegen sie zu üben, so ist doch dieser Unterricht stets vernachlässigt worden und hat seit Aufhebung des Sklavenhandels fast ganz aufgehört. Trotzdem sind religiöse Gesinnungen bei den Negern nicht zu verkennen.

Literarischer Vandalismus in Frankreich.

Man erzählt, daß, als der siegreiche Feldherr Amru Alexandria unterjochte, er bei Omar, dem Khalifen, nachgefragt habe, was er mit der dortigen großen Büchersammlung anfangen solle? Da sei von diesem der Befehl gekommen, sie zu vertilgen; denn entweder enthalte sie, was der Koran, dann sei sie überflüssig, oder etwas Anderes, dann seien solche Bücher gottlos. Hierauf wären die Bücher, auf Amru's Geheiß, insgesammt zu mehrwöchentlicher Heizung der Bäder verwandt worden. Obgleich diese Geschichte, als auf dem Zeugnisse späterer Schriftsteller beruhend, von Manchen bezweifelt wird, so hält man sie doch dem höhere Cultur verachtenden Sinne Omar's für entsprechend. Zur Zeit der französischen Revolution nahm ein ähnlicher, fanatisch aller Kunst und Wissenschaft Verderben drohender, auf wahnsinnige Misdeutung des Begriffs edler Freiheit, verbunden mit Anfeindung politischer Ordnung und Regierungsweisheit, sich stützender Geist überhand. Der Gutes wollende und fördernde Ludwig XVI. hatte Herrn von Brequigny aufgegeben, sämmtliche geschichtliche Urkunden Frankreichs in eine Sammlung zu bringen. Unter den schönsten Aussichten wurde dieses Werk begonnen. Aus den Archiven der Klöster und Communen, auch Privatbibliotheken war eine Sammlung von 327 Bänden und 39 Kisten der köstlichsten Urkunden und Pergamente zusammengebracht. Welche unschätzbare Materialien für die Geschichte der Menschheit, der Sitten, der Rechte, der Verhältnisse und Verzweigungen vornehmer Häuser und Geschlechter! Wie viele Aufklärung und Erläuterung bot sich hier dar, wie manche Beilegung von Streitigkeiten und Hebung von Zweifeln! In dem Unheil und Verderben über Frankreich bringenden Jahre 1793 entbrannte Condorcet's unsinniger Eifer in den gräßlichsten Tiraden über die Abscheulichkeit dieser die Ungleichheit der Menschenrechte lügenden und fördernden Denkmäler, und nach solchem thörichten Bombast loderten auf dem „Platze der Piken" in einem hoch aufgethürmten Scheiterhaufen diese köstlichen, unersetzlichen schriftlichen Denkmäler, unter lautem Jubelgeschrei des rasenden Pöbels, in hellen Flammen auf.

Zur Statistik der wilden Thiere.

In den letzten sechs Jahren sind im östreichischen Kaiserstaate nicht weniger als 1259 Bären, 11,023 Wölfe und 60 Luchse erlegt und dafür die ansehnliche Summe von 55,513 Gulden Conv.-Münze an Prämien bezahlt worden. Wer hätte im Herzen von Europa so viele wilde Thiere vermuthet? Das größte Contingent hat wol ohne Zweifel Galizien, das östreichische Polen, geliefert.

Bitte an die Verehrer Moses Mendelssohn's.

Moses Mendelssohn's Werke werden nächstens in einer Gesammtausgabe bei **F. A. Brockhaus** in *Leipzig* herauskommen. In dieser Ausgabe sollen auch die einzelnen zum Theil anonym in verschiedenen Zeitschriften erschienenen Aufsätze, sowie mehre bisher noch ungedruckte Manuscripte des Verewigten gegeben werden. Ferner wird dieselbe eine philosophische Einleitung und eine Lebensbeschreibung Mendelssohn's enthalten, welche durch glaubwürdige Beiträge noch lebender Zeitgenossen vollständig gemacht werden soll.

An alle Verehrer Moses Mendelssohn's ergeht nun die ergebene Bitte: dem unterzeichneten Sohne des Verewigten

Alles, was sie handschriftlich von Moses Mendelssohn besitzen und zum Druck geeignet ist, sowie

Alles, was auf seine Lebensbeschreibung Bezug hat und noch nicht allgemein bekannt sein möchte,

bald gefälligst durch die Post oder Herrn **F. A. Brockhaus** mitzutheilen. Der Unterzeichnete verspricht, die ihm anvertrauten Autographa gewissenhaft zu bewahren und möglichst bald zurückzusenden.

Berlin, im Mai 1841.

Joseph Mendelssohn.

Herausgegeben unter Verantwortlichkeit der Verlagshandlung F. A. Brockhaus in Leipzig.

2

Das Pfennig-Magazin

für
Verbreitung gemeinnütziger Kenntnisse.

425.]   Erscheint jeden Sonnabend.   [Mai 22, 1841

Leith.

Der Hafen von Leith.

Der wichtige Hafen Leith in Schottland liegt in anmuthiger Gegend am Flusse gleiches Namens und zwar an seinem Ausflusse in die Bai von Forth, etwa ¼ Meile nordöstlich von der Stadt Edinburg, welcher Leith (früher Inverleith genannt) als Hafen dient. Schon seit alter Zeit scheint die Eifersucht der Edinburger, welche über den Handel von Leith eine fast despotische Gewalt ausübten, dem Aufblühen desselben im Wege gewesen zu sein. Im J. 1329 verlieh König Robert I. den Hafen Leith den Bewohnern Edinburgs, die aber längere Zeit keinen Gebrauch davon machen konnten, weil die Ufer des Flusses zwischen Leith und Edinburg im Besitze einer Familie waren, welche die freie Beschiffung des Flusses nicht gestatten wollte. Nach vielen Streitigkeiten erlangten die Bürger von Edinburg das ausschließliche Recht, in Leith Handel zu treiben, Niederlagen zu halten und Wirthshäuser anzulegen, sodaß sich die Bewohner von Leith grade aus den ihrer geographischen Lage angemessenen vortheilhaften Beschäftigungen verdrängt sahen. Dies war aber noch nicht Alles; im J. 1483 hatte man entdeckt, daß die Bewohner von Leith sich dadurch zu helfen suchten, daß sie mit den edinburger Kaufleuten in Compagnie traten, weshalb ein Geheimrathsbefehl erlassen wurde, nach welchem es den Bürgern von Leith untersagt wurde, mit den Edinburgern in dergleichen Geschäftsverbindungen zu treten. Im J. 1555

suchten die Bewohner von Leith sich durch den Beistand der Königin-Regentin Maria von Lothringen von ihrer drückenden Abhängigkeit zu befreien, konnten aber weiter nichts erlangen, als die Erhebung von Leith zu einer Stadt. Zu ihrem großen Leidwesen starb die Königin bald nachher und die Leither waren in mancher Beziehung schlimmer daran als zuvor. Noch ist aus der Geschichte von Leith Folgendes zu erwähnen. Im J. 1541 eroberte der Graf von Hertford die Stadt an der Spitze eines englischen Heers, plünderte sie und brannte sie großentheils nieder. Acht Jahre darauf begann der französische General de Desse, der sich in Schottland befand, um die Ansprüche des Königs Franz II. von Frankreich, des ersten Gemahls der Königin Maria Stuart, auf den Thron von Schottland geltend zu machen, die Stadt zu befestigen, um den französischen Truppen einen geeigneten Landungsplatz zu sichern, und baute eine Festung mit acht Bastionen. Dies beunruhigte die schottischen Protestanten; sie baten die Königin Elisabeth um Beistand und diese sandte eine Armee. Die vereinigten schottischen und englischen Streitkräfte begaben sich vor Leith im April 1560 und belagerten die Stadt bis zum Juli, wo ein Friede geschlossen wurde, in Folge dessen die englischen und französischen Truppen in ihre Heimat zurückkehrten. Im J. 1783 wurde zum Schutze des Hafens und der darin liegenden Schiffe gegen den kühnen amerikanischen Seehelden Paul Jones, der sich mit drei Schiffen an der Küste gezeigt hatte, eine Batterie errichtet, die noch vorhanden und jetzt zu einem Fort erweitert worden ist.

Leith besteht aus zwei an verschiedenen Seiten des Flusses liegenden Stadttheilen, Nord- und Südleith; die 1831 zusammen 44,294 Einwohner zählten. Die ältern Straßen sind eng, unregelmäßig, unreinlich und schlecht gepflastert, die neuern aber geben der Stadt Ansprüche auf architektonische Schönheit. Unter den öffentlichen Gebäuden ist die Hauptkirche in Südleith zu bemerken, ein gothisches Gebäude mit massivem Glockenthurme; nahe dabei steht das von Jakob VI. gegründete Hospital, gegenüber das 1555 angelegte Dreifaltigkeitshaus oder Hospital für Seeleute. Nordleith besitzt zwei ansehnliche Kirchen, deren eine kaum 20 Jahre alt ist und eine schöne Säulenhalle hat. Von einer von Cromwell errichteten, nach der Restauration zerstörten Citadelle ist nur der eine Thoreingang noch vorhanden. Die andern bedeutendsten öffentlichen Gebäude sind das Stadthaus, das Zollhaus und die gelehrte Schule. In den Hafen können große Schiffe nicht einlaufen, da er selbst zur Zeit der höchsten Flut nur eine Wassertiefe von 16 Fuß hat; dafür finden Schiffe jeder Größe in den nahen Rheden treffliche Ankerplätze. Im J. 1838 liefen 244 britische und 253 ausländische Schiffe ein, zusammen von 60,859 Tonnen. Leith treibt einen sehr ausgedehnten Handel mit dem baltischen Meere, den nördlichen Ländern Europas, Holland, Frankreich, Spanien, Portugal, dem Mittelmeere, Nordamerika und Westindien; auch hat es ansehnlichen Küstenhandel und großen Antheil am Walfisch- und Heringsfang. Vom wachsenden Wohlstande der Stadt zeugt das Entstehen vieler industrieller Anstalten.

Vom Magnetismus.

(Fortsetzung aus Nr. 424.)

Für den Erfinder des Compasses hält man den Italiener Flavio Gioja, aus Pasitano bei Amalfi im Königreiche Neapel gebürtig, der um 1302 lebte und seinen Compaß in acht Striche theilte. Nach Einigen brachte der bekannte venetianische Reisende Marco Polo (gestorben um 1323) den Compaß um 1295 aus China, eine Behauptung, die dadurch unterstützt wird, daß die Venetianer ehemals den Magnet auf einem Stücke Kork schwimmen ließen und sich also derselben Einrichtung bedienten, die noch jetzt in China üblich ist. Die schwebende Aufhängung des Schiffscompasses haben die Engländer angegeben; von den Holländern rühren die Namen der Weltgegenden auf der Windrose her und von den Franzosen die Lilie, welche dem Nordstriche beigesetzt zu werden pflegt. So rühmen sich fast alle Schiffahrt treibende Nationen, an der Erfindung oder Vervollkommnung dieses wichtigen Instruments Theil zu haben.

Der Compaß wird aber nicht nur von den Schiffern gebraucht, sondern auch von den Ingenieurs oder Feldmessern, die ihn Boussole nennen, und von den Bergleuten. Bei der Boussole ist die Eintheilung nicht an der Nadel, sondern am Gehäuse befestigt; wegen der stärkern Erschütterung des Landtransports wird die Nadel von der Spitze, welche sonst zu sehr abgestumpft werden würde, durch einen Hebel abgehalten, der beim Gebrauche ausgelöst wird. Die Bergleute brauchen den Compaß, wie die Schiffer, um die Himmelsgegenden zu finden, da ihnen Sonne und Sterne ganz unsichtbar sind; ihr Compaß, genannt Markscheider- oder Grubencompaß, unterscheidet sich von dem Schiffscompasse nur dadurch, daß er nicht in Striche oder Grade, sondern in 24 oder zwei Mal 12 Stunden getheilt ist (sodaß bei Norden und Süden XII steht); jede derselben ist wieder in acht Theile getheilt.

Der Gebrauch des Compasses beruht, wie erwähnt, auf der merkwürdigen Eigenschaft des Magnetismus, vermöge welcher eine freihängende oder schwebende Magnetnadel (ebenso ein Magnetstab) von selbst eine solche Lage annimmt, in welcher das eine Ende nach Norden, das andere nach Süden gerichtet ist. Man würde indeß sehr irren, wenn man glauben wollte, daß die beiden Enden genau nach Norden und Süden zeigten, was freilich für den Gebrauch des Compasses überaus bequem wäre und seinen Nutzen noch erhöhen würde; vielmehr macht die Richtung der Magnetnadel oder der sogenannte magnetische Meridian fast an allen Orten der Erde mit der genauen Richtung von Norden nach Süden oder der Mittagslinie (dem astronomischen Meridian) einen größern oder kleinern Winkel, welcher die Abweichung oder Declination der Magnetnadel heißt. Sie ist entweder östlich oder westlich, je nachdem der Nordpol der Nadel vom wahren Nordpunkte nach Osten oder nach Westen abweicht. Wer die Abweichung zuerst wahrgenommen habe, ist unbekannt; schon Colombo soll sie im J. 1492 (nach Erzählung seines Sohnes) beobachtet haben, aber noch im 16. Jahrhunderte äußerte man Zweifel gegen die Wirklichkeit einer Abweichung und erklärte die beobachtete durch Mängel der Instrumente und der Beobachtungen. Erst um die Mitte des 17. Jahrhunderts überzeugte man sich von der Richtigkeit der Entdeckung und zugleich davon, daß die Abweichung an verschiedenen Orten der Erde verschieden sei. Hellibrand erkannte im J. 1634, daß die Abweichung an einem und demselben Orte sich mit der Zeit ändere, Tachard in Siam 1683, daß sie sich täglich verändere, und Graham bemerkte 1722, daß eine solche Veränderung nicht nur von einem Tage zum andern, sondern von Stunde zu Stunde stattfinde. In Paris wich die Magnetnadel 1580 $11\frac{1}{2}$ Grad nach Osten ab, zeigte 1663 genau nach Norden und fing bald nachher an, nach Westen abzuweichen; im J. 1819 wich sie fast 23 Grad westlich ab, worauf die westliche Declination wieder langsam abnahm. In ganz Westeuropa ist gegenwärtig die Abweichung westlich, ebenso in Ostamerika, ganz Afrika und einem Theile von Asien; in Sachsen beträgt sie jetzt etwa 17 Grad. Durch Beobachtungen hat man diejenigen Orte der Erde kennen gelernt, an denen die Abweichung gleich ist, und dieselben auf Landkarten durch krumme Linien verbunden, welche man isogonische Linien nennt. Linien ohne Abweichung heißen diejenigen Linien, welche die Orte verbinden, in denen die Magnetnadel genau nach Norden zeigt; die eine geht durch das östliche Amerika (unweit Washington vorbei), den atlantischen Ocean und den Südpol der Erde nach Neuholland, dann durch den indischen Ocean, Arabien, Persien, Rußland (z. B. Kasan) zum Nordpol der Erde, worauf sie in sich selbst zurückläuft; sie besteht aus vier Abtheilungen, in denen abwechselnd der Nordpol der Nadel nach Norden und nach Süden zeigt. Die andere Linie ohne Abweichung ist weit kleiner, geht durch Ostsibirien, China und das angrenzende Meer und läuft gleichfalls in sich selbst zurück. Je mehr man sich von der einen oder andern Seite einer Linie ohne Abweichung nähert, desto mehr nimmt die Abweichung ab, und wird eine Nadel von der einen Seite einer Linie ohne Abweichung auf die andere gebracht, so geht die vorherige östliche Abweichung in westliche über und umgekehrt. Was die unaufhörliche Veränderung in der Richtung der Magnetnadel betrifft, so besteht diese nicht etwa in einem langsamen Fortrücken nach Osten oder Westen, sondern die Nadel schwingt beständig hin und her und ihre mittlere Stellung ist es, welche nach Osten oder Westen rückt und auf deren Abweichung es ankommt. Die täglichen Schwankungen der Nadel haben mit dem Steigen und Fallen des Barometers Ähnlichkeit und sind am Tage stärker als des Nachts, im Sommer beträchtlicher als im Winter, in nördlichen Gegenden stärker als in solchen, die dem Äquator näher liegen. Ihre Erklärung ist sehr schwierig, doch ist es wahrscheinlich, daß die Sonne dabei einen Einfluß übt. Weit bedeutender als die täglichen Änderungen der Magnetnadel sind diejenigen, welche durch Nordlichter hervorgebracht werden, wie zuerst 1741 von Hiorter in Upsala beobachtet wurde. Die Nadel ist während einer solchen Erscheinung in beständiger Unruhe und eine ungewöhnlich starke Beweglichkeit der Nadel ist ein sicheres Zeichen eines vorhandenen, wenn auch sehr entfernten und an dem Orte, wo jene beobachtet wird, nicht sichtbaren Nordlichtes, wie namentlich aus den sorgfältigen, zu Paris von Arago angestellten Beobachtungen hervorgeht. Nach einem starken Nordlichte scheint die Nadel ihre Reizbarkeit für die nächste Zeit verloren zu haben. Aus diesem Zusammenhange zwischen dem Nordlichte und der Magnetnadel hat man den Schluß gezogen, daß jene prachtvolle, ihrem Wesen nach so räthselhafte Lichterscheinung durch die magnetische Materie hervorgebracht wird, was dadurch an Wahrscheinlichkeit gewinnt, daß sie in der Nähe der Magnetpole der Erde (von denen sogleich die Rede sein wird), am häufigsten vorkommt (in der südlichen Halbkugel unter dem Namen Südlicht). Schon Halley stellte 1716 die Hypothese auf, daß die aus den Polen strömende und unter dem Äquator hin den entgegengesetzten Polen zufließende magnetische Materie während dieser Bewegung in den niedern Höhen leuchte, welcher Ansicht freilich die Schwierigkeit im Wege steht, daß der reine Magnetismus bis jetzt keine Spur von Lichterscheinung gezeigt hat. Neuere Physiker haben noch andere Theorien aufgestellt, die wir hier übergehen müssen.

Mit der Abweichung der Magnetnadel hängt aber noch eine andere höchst wichtige Erscheinung genau zusammen: ihre Neigung oder Inclination. Wenn nämlich eine Stahlnadel magnetisirt und dann genau in ihrem Schwerpunkte auf einer horizontalen Axe im magnetischen Meridiane aufgehängt wird, so nimmt sie nicht mehr, wie vor dem Magnetisiren, eine horizontale Lage an, sondern sie verliert das Gleichgewicht und nimmt eine geneigte Stellung an, indem auf der nördlichen Halbkugel der Erde der Nordpol, auf der südlichen der Südpol herabsinkt. Der Winkel, den sie dabei mit der Horizontallinie bildet, wird die Neigung genannt. Der Erste, welcher diese Senkung durch eine besondere Einrichtung der Nadel zu messen unternahm, war der englische Compaßmacher Normann im J. 1576; er war demnach der Erfinder der sogenannten Neigungsnadel. Wegen der Neigung darf eine horizontale Magnetnadel, wie sie in Compassen gebraucht wird, nicht genau in ihrem Schwerpunkte unterstützt sein, sondern auf der nördlichen Halbkugel der Erde muß das südliche, auf der südlichen das nördliche Ende etwas schwerer sein. Um daher auf Reisen in ent-

fernte Länder, wo die Neigung beträchtlich ab- oder zunimmt, die Nadel horizontal zu erhalten, bedient man sich entweder eines kleinen verschiebbaren Laufgewichts von Messing, das auf die Nadel geschoben ist, oder stellt das Gleichgewicht durch Stückchen von Wachs oder Siegellack wieder her. Auch die Neigung der Magnetnadel ist an verschiedenen Orten der Erde verschieden und scheint sich hauptsächlich mit der geographischen Breite zu ändern, ist aber auch an einem und demselben Orte veränderlich, wie die Abweichung, nur ändert sie sich langsamer; in Sachsen beträgt sie gegenwärtig ungefähr 67 Grad. Unter dem Äquator liegt die Nadel horizontal; von da an nimmt die Neigung nach beiden Polen hin zu. Man hat diejenigen Orte, welche eine gleiche magnetische Neigung haben, auf besondern Landkarten durch Linien verbunden, welche isoklinische Linien genannt werden. Diejenige Linie, welche alle Orte verbindet, die keine Neigung haben, heißt der magnetische Äquator; er stimmt mit dem geographischen nicht völlig überein, sondern schneidet ihn zwei Mal und entfernt sich von ihm über 15 Grad nach Süden und 14¾ Grad nach Norden. Diejenigen Punkte der Erde, wo die Magnetnadel eine genau verticale Lage, aber gar keine bestimmte horizontale Richtung hat, und in denen die Richtungen der horizontalen und verticalen Magnetnadeln zusammentreffen, nennt man die Magnetpole; solcher Punkte gibt es höchst wahrscheinlich zwei (nach Andern zwei auf jeder Halbkugel) und zwar in der Nähe der Erdpole, also von ewigem Eise umgeben und so gut als unzugänglich. Der nördliche liegt im Norden von Nordamerika (20 Grad vom Nordpole); ihn erreichte Capitain Roß auf seiner berühmten Reise zur Auffindung der nordwestlichen Durchfahrt (1829—33). Beim Umfahren dieses merkwürdigen Punktes war die horizontale Abweichungsnadel mit der Nordspitze stets gegen denselben gerichtet; über dem Pole selbst folgte sie dem kreisförmigen Laufe der Sonne. Der südliche Magnetpol, dem man sich viel weniger genähert hat, liegt im Süden von Neuholland oder genauer von Vandiemensland, 17½ Grad vom Südpole. In den zwei letzten Jahrhunderten haben diese Pole ihre Lage auf der Erde so geändert, daß sich der nördliche ostwärts, der südliche westwärts bewegt, doch mit verschiedener Geschwindigkeit.

(Der Beschluß folgt in Nr. 426.)

Erdbeben im Jahre 1840.

Januar. Am 2. und 3. Erdstöße zu St.-Jean de Maurienne in Savoyen, die sich im Februar wiederholten. Am 4. ziemlich heftiges Erdbeben auf der Insel Java; in mehren Ortschaften stürzten steinerne Gebäude ein. Am 12. auf der ganzen Linie der französischen Pyrenäen von St.-Girons bis Bagnères de Bigorre, so heftig, daß kleine Häuser zerstört wurden und fast überall die Kamine einstürzten. Leichte Stöße am 17. zu Triest, am 22. auf den Inseln Sara und Lenkoran im kaspischen Meere, am 30. zu Lissabon.

Februar. Am 2. und 14. auf der holländisch-ostindischen Insel Ternate, welche durch das letzte fast gänzlich verwüstet wurde. Dasselbe hatte sich durch einen kochenden Dampf angekündigt, der aus dem dortigen Krater aufstieg. Die Bewegung der Erde glich nach den Schilderungen einem tobenden Meere. Keine einzige Wohnung blieb unbeschädigt, kein steinernes Haus blieb stehen, selbst das Fort Oranien wurde zerſtört; der Verluſt an Privateigenthum wird auf eine Million Gulden angegeben. Man glaubt, die holländiſche Regierung werde den Beſitz der Inſel ganz aufgeben, da auch die meiſten Einwohner — welche glücklicherweiſe Zeit hatten, ſich auf die Schiffe zu retten — ſie verlaſſen haben.

April. Am 23. zu Skrawnica im öſtreichiſchen Polen; Vögel wurden aus ihren Neſtern geworfen. Am 26. und 30. gleichfalls in den Karpaten bei heftigem Sturme (ziemlich ſtark). Im Grenzdorfe Altendorf zwiſchen Galizien und Ungarn ſtürzten Schornſteine ein; Glocken fingen von ſelbſt zu läuten an und in den Mauern und an Flußufern entſtanden Riſſe.

Mai. Am 2. im Dorfe Knim in Dalmatien und am rechten Ufer des Kiskafluſſes (ſtarker Stoß).

Juni. Am 8. Erdſtöße zu Fours und zu Landes bei Saumur, wo vier Häuſer einſtürzten, ſpäter bei Poitiers. Am 11. zu Athen (ziemlich ſtark).

Juli. Am 7. ziemlich heftiger Erdſtoß auf der Inſel Bourbon.

Auguſt. Im Anfange des Monats wurde durch ein heftiges Erdbeben die Stadt Nachitſchewan in Armenien bis auf den Grund zerſtört, in Eriwan alle Gebäude beſchädigt, zwei Kreiſe Armeniens verwüſtet und alle darin liegenden Dörfer zerſtört. Die merkwürdigſte Wirkung des Erdbebens war aber, daß ſich der oberſte Gipfel des Ararat, eine ungeheure Maſſe, von ſeiner Grundlage trennte, auf ſieben Werſte Spuren der Verwüſtung hinterließ und das Dorf Achuri verſchüttete, wobei über 1000 Menſchen begraben wurden. Aus dem Innern des Ararat drang eine dichte Flüſſigkeit, füllte den Erdfall und warf die Leichname der Bewohner von Achuri hervor. Seitdem dauerten die Erdbeben mehre Tage fort und noch am 10. wurden zwei ſtarke Stöße empfunden. Über die verheerenden Wirkungen des Erdbebens berichtet ein Reiſender folgendermaßen: „Eriwan hat wenig von den letzten Erdbeben gelitten; aber von dieſer Stadt an bis zu dem Berge Ararat, der 30 Werſte davon entfernt iſt, ſind alle Dörfer zerſtört, und ich reiſe beſtändig durch Ruinen, ohne ein ganzes Haus zu finden, in welchem ich hätte die Nacht zubringen können. Ich beſuchte den Berg Ararat und ſah jenen ungeheuren Einſturz, der das Dorf Achuri mit 3000 Einwohnern verſchlungen hat, ohne daß man einen einzigen hätte retten können. Keine Spur von den Wohnungen mehr übrig, nicht einmal von der von den Armeniern beſonders heilig geachteten Kirche, weil ſie behaupten, Noah habe an dem Orte, wo ſie geſtanden, nach der Sündflut Gott das erſte Opfer gebracht. Eben ſo wenig iſt von dem berühmten St.-Jakobskloſter eine Spur zu finden. Alles iſt verſchwunden, und der Blick gewahrt nichts, als eine ungeheure Maſſe von Erde, Sand, Steinen und vulkaniſchen Trümmern. Seit dem 8. Jahrhunderte hatte Armenien kein ähnliches Unglück erfahren. Nach mehr als vier Monaten ließen ſich noch Erdſtöße verſpüren, und die Einwohner der zerſtörten Dörfer wagten noch immer nicht, ihre Häuſer wieder aufzubauen. Von dort begab ich mich nach Nachitſchewan und fand auch dieſe von etwa 6000 Seelen bevölkerte Stadt, die übrigens keine commercielle Wichtigkeit hat, durch das Erdbeben ganz zerſtört, ſodaß ſich kaum ein Haus fand, in dem ich die Nacht zubringen konnte.“ — Am 27. wurde ein Erdſtoß in Venedig, Kroatien, Krain (Laibach, Arriach im villacher Kreiſe u. ſ. w.), Steiermark bemerkt; an mehren Orten ſchlugen Thurmglocken an; die auf dem Felde befindlichen Arbeiter warfen ſich auf die Erde nieder.

October. Am 26. Erdſtoß zu Comrie in England (der dritte in demſelben Monate). Auf der ioniſchen Inſel Zante kamen vom 28.—30. nicht weniger als 48 Erdſtöße vor, von denen einer am 30. ſo ſtark war, daß Stadt und Fort theilweiſe zerſtört wurden. Kein einziges Haus blieb gegen unbeſchädigt und der Schade wird in der Stadt allein auf zwei Millionen Thaler geſchätzt; über 50 Menſchen kamen um. Auf den benachbarten kleinen Inſeln Trenta Nove und Crio Nero wurde das Erdbeben ebenfalls empfunden.

November. Am 6. wurden bald nach Mittag zu Brambach im ſächſiſchen Voigtlande drei Erdſtöße bemerkt; dieſen folgte gegen 1½ Uhr ein heftigerer, wobei die Fenſter klirrten und Gegenſtände herabgeworfen wurden; um 6 Uhr Abends folgte ein gleicher und ſpäter mehre ſchwächere. Ebendaſelbſt hatte man ſchon ſeit dem Sommer ziemlich häufige und heftige Erdſtöße bemerkt. Im engliſchen Fürſtenthume Wales kamen Erdſtöße mit donnerähnlichem Geräuſche vor.

December. Am 7. in Nachitſchewan (Armenien) und der Umgegend, desgleichen am 8. und 10.; am ſtärkſten war es im ſchaurſchen Kreiſe (in Schaur ſelbſt ſtürzten drei Häuſer ein); die Erdſtöße wiederholten ſich hier bis zum 19. December. Am 27. in Coſenza in Calabrien (ſtarke Erſchütterung; Dauer 15 Secunden).

Montenegro und die Montenegriner.

Unfern der Küſte des adriatiſchen Meeres, eingeſchloſſen von türkiſchem und öſtreichiſchem Gebiete, liegt ein kleines Gebirgsland, deſſen durch Kriegsluſt, Einfalt der Sitten und Freiheitsliebe ausgezeichnete Bewohner trotz ihrer geringen Zahl und der geringen Ausdehnung ihres Landes, trotz der mächtigen Staaten, von denen ſie umgeben ſind, Schwert und Flinte in der Hand, ſich von fremder Herrſchaft frei zu erhalten gewußt haben. Dies Ländchen, welches wegen des düſtern Anſehens ſeiner fichtenbewachſenen Gebirgszüge von den Eingeborenen Tſcherna Gora (ſchwarzer Berg), gewöhnlich aber mit dem italieniſchen Namen deſſelben Sinnes Montenegro genannt wird, iſt auf der Nord-, Oſt- und Südſeite von den türkiſchen Provinzen Herzegowina und Albanien begrenzt, und wird auf der Weſtſeite durch den ſchmalen, unter öſtreichiſcher Oberhoheit ſtehenden Streifen Landes, welcher den Namen Bocca di Cattaro führt und die Fortſetzung von Dalmatien bildet, von dem adriatiſchen Meere geſchieden. Montenegro, deſſen Länge von Norden nach Süden ungefähr 12 geographiſche Meilen und deſſen größte Breite etwa 7 Meilen beträgt, iſt ſo von Felſen umringt und durchzogen, daß es eine ungeheure natürliche Feſtung genannt zu werden verdient, daher die Einwohner ſcherzhaft ſagen: „Als Gott einſt Berge über die Erde ausſäete, zerriß der Sack bei Montenegro.“ Das Klima iſt kalt, aber trocken und ſehr geſund, daher die Eingeborenen im Durchſchnitte ein hohes Alter erreichen. Die Zahl der Bewohner kann nicht genau angegeben werden; nach der übereinſtimmenden Behauptung mehrer Reiſender ſoll Montenegro 150,000 Bewaffnete, ja im Nothfalle wol drei Mal ſo viel ſtellen. Sie leben nur in Dörfern, deren bevölkertſte 1000 Seelen zählen. Die Häuſer, aus denen ſie beſtehen, ſind meiſt ohne Mörtel aus Steinen gebaut und mit Stroh gedeckt; ſie enthalten gewöhnlich nur zwei Räume.

von denen der eine als Stall, der andere, höchst einfach und nur mit den Schädeln der vom Hausherrn erschlagenen Feinde verziert, als Wohnung dient. Die zwei Klöster des Landes, von denen das eine, das in einem freundlichen Thale gelegene Cettinge, der regelmäßige Aufenthalt des Erzbischofs oder Wladika, zugleich Versammlungsort der obersten Behörden ist, das andere eine von den Venetianern erbaute und durch viele Geschenke russischer Kaiser verzierte Kirche hat, sind festungsartig durch Kanonen vertheidigt. Die Montenegriner treiben wenig Ackerbau, doch gewinnen sie genug Getreide für den Bedarf, während sie Obst in Überfluß haben; sie pflegen den Boden mühsam mit Spaten aufzuwühlen, theils weil er steinig ist, theils weil Ochsen und Pferde nur in sehr geringer Menge vorhanden sind. Schaf- und Ziegenheerden aber sind ihr Hauptreichthum; wegen Mangels an Fütterung für den Winter verkaufen sie im Herbste einen großen Theil derselben in Cattaro, wissen aber bei herannahendem Frühlinge das Fehlende wieder zu ersetzen, indem sie das Vieh ihrer türkischen Nachbarn wegtreiben. An den genannten Ort bringen sie auch allerlei Producte des Landes, als Butter, Wolle, rohe Seide, Holz, Kohlen, Käse in großer Menge und Hammelfleisch, wogegen sie meist Waffen und Hausgeräth eintauschen. Das nöthige Tuch webt sich eine jede Familie selbst. In der Bildung sind die Montenegriner, mit Ausnahme der obern Geistlichkeit, noch sehr zurück; wer in ihrer Sprache, die eine Mundart des Ostslawischen und der russischen sehr nahe verwandt ist, schreiben und lesen kann, gilt für einen Gelehrten.

Die Verfassung ist republikanisch. Jedes Dorf wählt seinen Häuptling (Knäs), welche Häuptlinge sich zur Ernennung des Wladika und zu Verhandlung anderer wichtiger Angelegenheiten auf einer großen Wiese, in deren Mitte das Kloster in Ezettin oder Cettigne liegt, versammeln. Die geistliche und weltliche Macht ist jetzt in der Person des Erzbischofs oder Wladika (Herrscher) vereinigt; doch darf auch er nicht befehlen, denn von Unterordnung haben die Montenegriner keinen Begriff, sondern nur ermahnen; freilich verleiht diesen Ermahnungen die Religion, deren Diener und Vertreter die Wladika ist, einiges Gewicht. Was die Sitten der Montenegriner betrifft, so wurde bei ihnen noch bis in die letzten Jahre die Blutrache geübt; aus der Übung dieses Gebrauchs entstehen oft blutige Fehden zwischen den Bewohnern verschiedener Dörfer, denen nur durch Angriffe von außen oder durch Schiedsgerichte (Kmeti), die die Sache genau untersuchen und dem Schuldigen eine Geldbuße auferlegen, ein Ende gemacht werden kann. Im Fall eines Mordes muß sich dann der Thäter zu feierlicher Abbitte entschließen. Der Mörder muß vor dem Stellvertreter der Familie des Ermordeten innerhalb eines großen von Richtern und Zuschauern gebildeten Kreises niederknien; der Letztere hebt hernach den Erstern auf mit den Worten: „Gott verzeihe dir", und Alles ist vergessen, worauf die Umstehenden ein Freudengeschrei erheben und sich Alle zu einem auf Kosten des Mörders veranstalteten Gastmahle vereinigen.

Beispiele von Unzucht und ehelicher Untreue sind höchst selten; kommen aber doch dergleichen Vergehungen vor, so werden sie auf das strengste geahndet. Hat der Mann Beweise von der Untreue seiner Frau, so kann er sie auf der Stelle tödten; ein Mädchen, das sich verführen läßt, wird gesteinigt und zwar wirft ihr Vater den ersten Stein auf sie. Ein Dieb muß den siebenfachen Werth des Gestohlenen erlegen; oft wird die Wiedererstattung des Gestohlenen insgeheim durch Mittelspersonen abgemacht, sodaß der Bestohlene nicht einmal den Namen des Diebes erfährt.

Der Montenegriner, allezeit kampflustig, trägt immer, selbst bei friedlichen Beschäftigungen, seine Waffen; Flinte, Pistolen, Yatagan und Patronentasche machen seine Rüstung aus. In Stunden der Muße üben sie sich im Schießen nach einem bestimmten Ziele, daher ihre außerordentliche Geschicklichkeit und Sicherheit im Treffen. Hunger und Entbehrungen aller Art ertragen sie heitern Muthes; sie erklettern Felsen wie Gemsen und schwingen sich über Gräben und Klüfte ohne Mühe, indem sie sich ihrer langen Flinten als Stützen bedienen. Feindliche Überfälle haben sie bei der natürlichen Beschaffenheit ihres Landes nicht zu fürchten; doch bewachen sie ihre Grenzen stets und vermögen binnen 24 Stunden ihre Streitkräfte auf dem bedrohten Punkte zu versammeln. Gewöhnlich suchen sie den Feind in die Berge zu locken, wo dann seine Vernichtung gewiß ist. Im feindlichen Lande zeigen sie sich als ungezügelte Barbaren, die Alles mit Feuer und Schwert verwüsten. Nehmen sie einen Feind, die Waffen in der Hand, gefangen, so schlagen sie ihm den Kopf ab; verschont werden nur Die, welche sich vor dem Kampfe ergeben. Sie selbst wehren sich bis zum letzten Athemzuge, und ist einer von ihnen so schwer verwundet, daß er unfähig ist, sich selbst zu retten, so hauen ihm seine Kameraden den Kopf ab. Im Jahre 1806 sah sich die Abtheilung der mit den Montenegrinern verbündeten Russen beim Angriffe auf Klobuck zum Rückzuge genöthigt; einer ihrer Offiziere fiel vor Erschöpfung zu Boden; mitleidig und um ihm den letzten Freundschaftsdienst zu erweisen, trat sogleich ein Montenegriner zu ihm mit gezogenem Yatagan und sagte: „Du bist tapfer und willst ohne Zweifel, daß ich dir den Kopf abschlage; sprich dein Gebet und bekreuze dich." Entsetzt über dieses Anerbieten sprang der Offizier auf und hatte Kräfte genug, um die Seinigen zu erreichen. Im Kriege führen sie als Proviant nichts weiter bei sich als ein Stück Brot und Käse, etwas Knoblauch und ein wenig Branntwein. Sie sind im Stande, jede Witterung auszuhalten, und mit einem drei- oder vierstündigen Schlafe auf nacktem Felsen und unter freiem Himmel sind sie zufrieden. Nach dem Gefechte wird gesungen und getanzt oder geplündert, worin sie Meister sind. Von Durst nach Beute getrieben, unternehmen sie auch beständig in kleinen Abtheilungen Raubzüge in die benachbarten Länder. Selbst die Priester nehmen thätigen Antheil am Kampfe; ja sie sind gewöhnlich beim Rufe zur Schlacht die Ersten, die sich melden, und schlagen sich an der Spitze ihrer Beichtkinder gar tapfer.

Einen Blick auf die Geschichte Montenegros zu werfen ist uns noch übrig. Dies Ländchen gehörte einst zu dem serbischen Reiche, das ein Zar Duschan im 14. Jahrhunderte zu einer schnell vorübergehenden Größe erhoben hatte. Nachdem es durch den türkischen Sultan Murad I. gestürzt und sein Herrscher Lazarus hingerichtet worden war, wurde Montenegro durch Nachkommen des Stiefsohnes des Letztern, durch Fürsten aus der Familie Tschernowitsch, beherrscht. Um 1516 vermählte sich der Fürst Georg, der grade regierte, mit einer edlen Venetianerin aus dem Hause Mocenigo, die ihn überredete, seinen Aufenthalt in Venedig zu nehmen; bei seiner Abreise dahin übergab er die höchste Macht dem Wladika oder Erzbischofe, dessen Nachfolger noch jetzt im Besitze derselben sind. Von jener Zeit an unterstützten die Montenegriner die Venetianer in einer fortlaufenden Reihe von Kämpfen und Gefechten gegen die Türken; wurden sie auch von den Letztern zuweilen besiegt, ja einmal sogar zur Annahme des Islams genöthigt, so wußten sie doch allezeit wieder ihre Unabhängigkeit zu erringen und vertauschten die aufgedrungene muhammedanische Religion bald wieder mit der griechisch-katholischen. Im Jahre 1712 erklärten sie sich, um Rußlands Unterstützung gegen die Türken zu erhalten, für Unterthanen Peter's des Großen, welcher aber wol Beistand versprach, jedoch nicht leistete. In demselben Jahre überschwemmten Türken ihr Land; nach zwei Jahren wurden sie zwar vertrieben, aber bald kam mit einer Streitmacht von 120,000 Mann der türkische Großvezier Köprili Nuuman Pascha, der durch grausamen Verrath 37 Häuptlinge gefangen nahm, sich des ganzen Landes bemächtigte und die Einwohner zur Flucht theils auf unzugängliche Felsen, theils auf das venetianische Gebiet nöthigte. Doch finden wir vier Jahre später sie wieder zugleich mit den Venetianern im Kampfe mit dem Sultan. Im Jahre 1767 wußte ein Abenteurer aus Kroatien, Stephan Mali, das ganze Völkchen zu täuschen, indem er sich für den russischen Kaiser Peter III. ausgab; er erlangte auf diese Weise die Würde des Wladika und starb erst nach vierjähriger Regierung durch einen vom Pascha von Skutari gedungenen Mörder. Von 1789—91 leisteten sie dem russisch-östreichischen Heere durch den an den Grenzen geführten Krieg gegen die Türken wesentliche Dienste und im J. 1796 erkämpften sie ihre Unabhängigkeit durch eine blutige, aber glänzende Waffenthat. Als nämlich der Pascha von Skodra auf Befehl des Sultans mit den Truppen aller benachbarten Paschaliks in das Land einfiel, um dessen Bevölkerung zu unterjochen oder auszurotten, wußte der berühmte Wladika Peter Petrowitsch die Türken durch brennende Fackeln und rothe Mützen, die auf den Felsen aufgesteckt waren, sodaß sie sich einer großen Armee gegenüber zu befinden meinten, so geschickt zu täuschen und sie so vollständig zu umgehen und ihnen den Rückzug abzuschneiden, daß nach einem drei Tage und drei Nächte während Kampfe die türkische Armee völlig vernichtet war und 30,000 Mann auf der Wahlstatt blieben. Seitdem lassen die Türken die Montenegriner in Ruhe. Auch die Franzosen empfanden die Tapferkeit der Letztern. Denn verbündet mit den Russen, verheerten sie im J. 1806 das Gebiet von Ragusa, dessen sich die Franzosen bemächtigt hatten, und im September desselben Jahres nöthigten sie den General, nacherigen Marschall Marmont, der die Festung Castel nuovo angriff, zum Rückzuge. Der obenerwähnte, durch Bildung wie durch Tapferkeit gleich ausgezeichnete Peter Petrowitsch, welcher von 1777—1830 als Wladika die oberste geistliche und weltliche Gewalt in seiner Person vereinigte, durchlief, nachdem er in der geistlichen Alexander-Newski-Akademie zu Petersburg seine Bildung empfangen, alle Stufen der kirchlichen Hierarchie und empfing endlich 1777 zu Karlowitz in Ungarn die Weihen als Erzbischof von Montenegro. Selbst die russischen Kaiser Paul und Alexander erkannten seine Verdienste an, jener durch Verleihung des Alexander-Newski-Ordens, dieser durch Übersendung einer kostbaren bischöflichen Mitra. Nach einer wahrhaft väterlichen Verwaltung, während welcher er es sich angelegen sein ließ, den Zustand des Landes zu verbessern und den Mordthaten und innern Zwistigkeiten ein Ziel zu setzen, starb er im J. 1830, nachdem er den um sein Lager versammelten Häuptlingen seinen Neffen, einen damals 18jährigen Jüngling, zur Nachfolge empfohlen und Jene zur Einigkeit ermahnt hatte. Der

neue Wladika, der sich nun auch Peter nannte, wurde 1833 in Petersburg zum Erzbischof geweiht. Er ist ein Mann von besonderer Bildung, der sogar als Verfasser lyrischer Gedichte gerühmt wird, und von ausgezeichneter Körperschönheit. Der Verbesserung seiner vaterländischen Zustände und der Verbreitung der Bildung hat er seinen ganzen Eifer geweiht. Zur geordneten Verwaltung hat er einen aus sechs Häuptlingen bestehenden Senat und eine diesem untergeordnete Behörde, die 35 Mitglieder zählt, eingesetzt.

Die Schraubendampfschiffahrt.

Schon vor einiger Zeit (in Nr. 348) haben wir in der Kürze einer neuen von Smith in London, nach frühern Angaben vom Capitain Ericson erfundenen Art von Dampfschiffen Erwähnung gethan, bei denen die Schaufelräder durch eine zwischen dem Steuerruder und dem Schiffe angebrachte Archimedische Schraube (Wasserschraube) ersetzt werden. Gegenwärtig sind wir im Stande, etwas Näheres zwar nicht über den Mechanismus selbst, wol aber über die durch jene Einrichtung erzielten Erfolge mitzutheilen, die fast nichts zu wünschen übrig lassen. Eine bedeutende Vervollkommnung jener besteht übrigens darin, daß statt eines Schraubenganges zwei gegeneinanderlaufende an derselben Achse angebracht wurden; dies hat unter Anderm die Folge, daß sich das Steuerruder stets von selbst in gerader Richtung hält. Die bedeutendsten Vorzüge der Schraubenschiffe sind folgende. Die Schraube setzt nicht, wie die Schaufelräder thun, die Wasserfläche in wogende Bewegung; dadurch wird die Gefahr vermieden, welcher kleinere Kähne bei dem Vorbeifahren eines Dampfschiffes bisher auf Kanälen und kleinern Flüssen ausgesetzt waren; auch die Ufer sind vor dem Schaden sicher, den sie durch den Wellenschlag der Schaufelräder bisher litten. Da die Schraubendampfschiffe sich in ihrer Gestalt und ihrem Baue von den gewöhnlichen Segelschiffen nicht unterscheiden, so können Dampf- und Segelkraft sehr leicht auf einem Schiffe verbunden werden; die Schiffe können entweder segeln oder schrauben oder Beides zugleich. Dies ist sehr vortheilhaft bei Schiffen, die für lange Reisen bestimmt sind, da bei Windstille oder ungünstigem Winde die Maschinenarbeit in Anspruch genommen werden kann. Die Schraube kann selbst bei dem stärksten Sturme gebraucht werden, da sie beständig unter Wasser bleibt, während Räderdampfschiffe, von einem Windstoße auf die Seite geworfen, mit der einen Rade im Wasser bleiben. Die Schraubenschiffe können auch in enge Häfen mit Leichtigkeit einlaufen, da sie nicht durch breite Räderkasten daran gehindert werden. Die zitternde Bewegung der gewöhnlichen Dampfschiffe fällt weg. Für die Kriegsmarine gewähren Schraubendampfschiffe den doppelten Vortheil, daß sie die Aufstellung von Geschütz an den breiten Schiffswänden zulassen, was bei den Räderdampfschiffen wegen der Räderkasten nicht der Fall ist, und daß die unter dem Wasser befindliche Schraube vor Kugeln geschützt ist. Die Geschwindigkeit der Schraubendampfschiffe scheint nach angestellten Versuchen die der gewöhnlichen Dampfschiffe zu übertreffen. Das einzige bisher mit der neuen Einrichtung versehene größere Dampfschiff, der Archimedes (von 240 Tonnen und 60, dem Namen nach 80 Pferdekräften), dessen Maschine noch dazu keinesweges die beste ist, hat die Reise von Dover nach Calais in 1 Stunde 53 Minuten, die von Portsmouth nach Oporto (gegen

800 englische Meilen) in 69 Stunden gemacht, mithin beide Wege schneller zurückgelegt, als bisher irgend ein anderes Dampfschiff; im Durchschnitt macht es 10 englische oder über 2 deutsche Meilen in der Stunde. Auch bei der Drehung des Schiffs zeigen sich die Vorzüge der Schrauben vor den Schaufelrädern; die Dampfboote der alten Einrichtung brauchen bedeutenden Spielraum, indem sie zu jeder Drehung einen Bogen von sechs Schiffslängen machen müssen, wogegen der Archimedes mit nur 1¼ seiner Länge dreht. Ein Übelstand liegt noch in dem Geräusche der vielen ineinandergreifenden Treibräder, welches zwar geringer als das der Schaufelräder ist, aber den Aufenthalt in der Kajüte verleidet, da es im Innern des Schiffs am stärksten gehört wird; indessen glaubt man, diesem Übelstande mit Leichtigkeit abhelfen zu können.

Ohne Zweifel wird die neue Art von Dampfschiffen in kurzer Zeit die allgemeine Aufmerksamkeit erregen und immer mehr in Aufnahme kommen. Der Erfinder hat bereits in England, Nordamerika, Holland und Belgien Patente erhalten. In Bristol hat der Stifter der transatlantischen Dampfschifffahrtsgesellschaft ein eben im Bau begriffenes, für die Fahrt zwischen England und Amerika bestimmtes eisernes Dampfboot von 300 Tonnen mit einer Schraube zu versehen beschlossen, und Admiral Codrington, der den Probefahrten des Archimedes bei Portsmouth beiwohnte, hat die Erfindung der Aufmerksamkeit der englischen Marine empfohlen. Der erste Schiffbaumeister Bremens beabsichtigt jetzt, zum Theil auf seine eigenen Kosten, ein großes Schraubendampfschiff auszurüsten, das für die Verbindung zwischen Bremen und Neuyork gebraucht werden soll; für denselben Zweck ist kürzlich eine Actiengesellschaft in Bremen zusammengetreten.

Technische Notizen.

Bekanntlich muß die Wolle behufs des Kardirens und Verspinnens eingeschmalzt werden, wozu bisher eine große Menge Olivenöl verbraucht wurde; die Herren Peligot und Alcan im Elsaß benutzen zu diesem Zwecke statt des Olivenöls Ölsäure, welche in den Stearinkerzenfabriken als Nebenproduct erhalten wird. Um die versponnene oder verwobene Wolle dann wieder zu entfetten, was besonders bei Wollengeweben eine kostspielige und langwierige Operation ist und gewöhnlich mit Seife bewirkt wird, braucht man weder Seife noch Walkererde mehr anzuwenden, sondern die Tuche blos mit Soda zu behandeln, wodurch die Ölsäure ausgezogen wird. Hierdurch läßt sich das Entfetten und Walken der Tücher schneller, leichter und wohlfeiler bewerkstelligen; auch kann die zum Einschmalzen verwandte fette Materie jetzt wieder benutzt werden.

In Frankreich hat man einen Webestuhl für Lichterdochte construirt, durch dessen Anwendung die Dochte wegen der Zeitersparniß wenigstens um ¾ wohlfeiler zu stehen kommen; Jeder kann sich seine Dochte, deren 24 zugleich fertig werden, ohne alle vorgängige Belehrung auf diesem Webestuhle, der in mehren Theilen Deutschlands schon sehr verbreitet ist, selbst verfertigen. An Güte gewinnen die Dochte, weil sie nicht mehr auf lange Zeit voraus in Vorrath gemacht zu werden brauchen.

Zur Vergoldung des Silbers, Messings und Stahles, sowie zur Erzeugung von Kupferplatten durch Galvanismus hat Rudolf Böttger in Frankfurt am Main einen höchst einfachen Apparat construirt. Nach seinen Versuchen eignet sich eine aus 8 Theilen Wismuth, 8 Theilen Blei und 3 Theilen Zinn bestehende Legirung, die in einer Temperatur von 86° Réaumur schmilzt, am besten zum Abklatschen der zu copirenden Gegenstände; nichtmetallische Stoffe sind nach Böttger viel weniger brauchbar. Das Abklatschen mit diesem Metallgemisch erfodert einige Übung und Mühe; will man noch schneller zum Ziele kommen, so kann man sich auch eines ganz dünn gewalzten, von Fett und andern Unreinigkeiten gereinigten Bleiblättchens bedienen, das man auf die zu copirende Medaille oder Münze legt und nach Bedeckung mit angefeuchteter Pappe mittels eines Schraubstockes oder einer Presse andrückt. Um Silber auf galvanischem Wege zu vergolden, thut man am besten, möglichst kupferfreies Silber und statt des Kupferdrahtes einen Platindraht anzuwenden; die Vergoldung fällt dann ganz vorzüglich aus, ist von der Feuervergoldung nicht zu unterscheiden und man erhält eine hochgelbe Goldfarbe, wogegen bei Anwendung eines Kupferdrahtes die Vergoldung stark röthlich ausfällt. Stahl und Messing lassen sich ebenso schön wie Silber vergolden, aber Argentan, Weißblech und Zinn eignen sich nicht dazu. Wendet man eine verdünnte, möglichst säurefreie Chlorplatinauflösung an, so kann man kupferne, ebenso silberne und messingene Gegenstände mit einer dünnen Platinschicht überziehen. Ein kupferner oder verkupferter Gegenstand wird selbst bei längerer Dauer der galvanischen Wirkung kaum sichtbar vergoldet, man erreicht jedoch diesen Zweck vollkommen, wenn man ihn erst mit Platin überzieht, worauf er sich dauernd vergolden läßt.

Mittel zur Erhaltung der Eier.

Um die Hühnereier gegen Fäulniß und Verderben zu schützen, sodaß sie sich ein Jahr und länger aufbewahren lassen, ohne von ihrer Frische im mindesten zu verlieren, wird folgendes Mittel als untrüglich und probat angegeben. Man schichtet frische Eier mit Sägespänen in einem Kasten (ein Tischkasten ist dazu völlig geeignet), der von einer eisernen Achse durchbohrt ist und um dieselbe gedreht werden kann. Der Kasten muß ganz angefüllt sein und die unterste und oberste Schicht muß von Sägespänen gebildet werden. Wenn nun der Kasten vermittels der Achse täglich einmal langsam umgedreht wird, so halten sich die Eier vollkommen frisch. Nimmt man Eier heraus, um sie zu gebrauchen, so muß die so gebildete Lücke durch neue Sägespäne ausgefüllt werden. Die Wirkung des Umdrehens scheint darauf zu beruhen, daß eine bleibende Senkung des Dotters dadurch verhindert wird.

Bedschapur.

Bedschapur (Bejapoor, Bejapur) in Ostindien, zu dem Gebiete des Radscha von Satarah gehörig, den die Engländer im Jahre 1821 nach gänzlicher Unterwerfung des Marattenstaates als ihren Vasallen eingesetzt hatten, liegt in der Provinz gleichen Namens unfern des Flusses Bima und war im 17. Jahrhunderte eine der größten und festesten Städte des Landes. Nach der Versicherung der morgenländischen Geschichtschreiber, die freilich nie von Übertreibungen sich frei erhalten, hatte Bedschapur, das eine doppelte Mauer von ungeheurem Umfange umschloß, zur Zeit seiner Blüte mehr als eine Million Einwohner und 1600 Moscheen,

Jetzt freilich sind es fast nur Haufen von Trümmern, die von dem ehemaligen Glanze jener alten Hauptstadt eines mächtigen Reiches reden. Doch enthält der Theil der Stadt, der den Namen der „Festung" führt, noch einige ziemlich wohlerhaltene Denkmäler. Die merkwürdigsten sind neben mehren durch Größe und namentlich ihre ungeheuern Kuppeln ausgezeichneten Moscheen mehre Grabmäler, besonders das berühmte Mausoleum Mahmud's, und der (hier abgebildete) weite Wasserbehälter der großen Moschee, dessen geweihtes Wasser zu den Waschungen dient; auch sieht man einen kleinen Hindutempel, der von Steinpfeilern getragen wird. Die Festung hatte zwei Meilen im Umfang. Hier ließ der mächtige Großmogul Aurengzeb, ein Nachfolger des kühnen Baber, welcher zur Zeit der Entdeckung Amerikas sich auf den Thron von Delhi gesetzt und die Macht der Mongolen in Hindostan begründet hatte, als er sie im J. 1689 eroberte, eine messingene Kanone von 14 Fuß Länge und 4 Fuß Dicke, die noch vorhanden ist, gießen. Die Gegend von Bedschapur wird durch schreckliche Räuberstämme, die mit großer List und Klugheit ihr blutiges Handwerk zu treiben wissen, unsicher gemacht; der furchtbarste unter ihnen aber ist der der Phansegaren. Diese haben ihren Namen von dem Phansi oder der Schlinge, deren sie sich bei Verübung ihrer Verbrechen bedienen; haben sie sich ein Schlachtopfer ersehen, so stürzen sie auf dasselbe los, werfen ihm plötzlich die Schlinge um den Hals und, nachdem sie es mit leichter Mühe erdrosselt, bereichern sie sich mit dem Raube.

Wasserbehälter der großen Moschee in Bedschapur.

Herausgegeben unter Verantwortlichkeit der Verlagshandlung F. A. Brockhaus in Leipzig.

Das Pfennig-Magazin

für

Verbreitung gemeinnütziger Kenntnisse.

426.]   Erscheint jeden Sonnabend.   [Mai 29, **1841**.

Saint-Aubin auf der Insel Jersey.

Jersey, die bedeutendste der drei Inseln, welche die Engländer an der französischen Küste besitzen, ist etwa 2½ Meilen lang und 1—1½ Meile breit. Die Küste enthält zahlreiche Buchten, aber nur wenige sind für Schiffe zugänglich wegen der Heftigkeit der dort vorhandenen Strudel; alle den Angriffen eines äußern Feindes ausgesetzten Stellen sind durch Festungswerke geschützt. Der allgemeine Charakter der Insel ist hügelig; zwischen den Hügeln sind üppige, gut bewässerte Thäler. Die höhern Theile der Insel sind ziemlich kahl, die Niederungen aber fruchtbar und wohl angebaut. Das Klima ist mild und gleichförmig; im Winter sind Fröste selten, im Sommer wird die Hitze durch Seewinde gemäßigt. Die Insel enthält zwei Städte, St.-Helier und St.-Aubin, an den beiden Seiten der Bai von St.-Aubin gelegen und 1½ Stunde voneinander entfernt. Die letztere Stadt, welche unsere Abbildung darstellt, ist insbesondere reizend gelegen, theils an der Küste, theils auf bewaldeten Höhen, auf drei Seiten von sehr fruchtbarem und doch malerischem Lande umgeben. Einst war sie der wichtigste Handelsplatz der Insel; im Verlauf der Zeit ist diese Eigenschaft auf St.-Helier übergegangen, aber noch immer ist jene im Besitze eines Theils des auswärtigen Handels. Unweit der Stadt erhebt sich auf einem Felsen, der zur Zeit der Fluth zur Insel wird, ein kleines Fort. Sonst ist von den Merkwürdigkeiten der Stadt nicht viel zu melden, was um so weniger auffallen kann, da sie wenig über 100 Häuser und noch nicht 2000 Einwohner zählt.

Vom Magnetismus.

(Beschluß aus Nr. 425.)

Auch die Stärke (Intensität) der magnetischen Kraft ist an verschiedenen Orten der Erde verschieden. Man mißt dieselbe durch die Anzahl der Schwingungen, welche eine von ihrer natürlichen Richtung abgelenkte Abweichungs- oder Neigungsnadel in gleichen Zeiten vollendet; die Intensität verhält sich dann wie die mit sich selbst multiplicirten Schwingungsmengen. Beobachtungen dieser Art sind erst in der neuesten Zeit auf die Auffoderung des berühmten Naturforschers Alexander von Humboldt angestellt worden; aus ihnen hat sich ergeben, daß die magnetische Intensität im Allgemeinen vom Äquator nach den Polen hin zunimmt und an drei Punkten der Erde am größten, an zwei andern am kleinsten ist, daß aber ihr größter Werth noch nicht ganz das Dreifache ihres kleinsten beträgt. Die Verbindungslinien derjenigen Orte der Erde, wo die magnetische Kraft gleiche Stärke hat, nennt man isodynamische Linien; sie stimmen weder mit den isogonischen noch mit den isoklinischen überein.

Nach diesen Erscheinungen wirkt also die Erde selbst wie ein Magnet, indem sie auf der einen Hälfte den Nordpol, auf der andern dagegen den Südpol einer Magnetnadel anzieht. Schon Euler nahm eine wirkliche magnetische Axe im Innern der Erde an, die nach ihm eine gerade Linie (Sehne der Erde) ist, welche beide magnetische Pole der Erde verbindet; ihr Mittelpunkt sollte das Centrum der gesammten magnetischen Wirksamkeit sein. Später sind zahlreiche Erklärungen des Erdmagnetismus versucht worden; zu den neuern gehört die von Hansteen, welcher zwei Magnetaxen im Innern der Erde annimmt. Viele Erscheinungen machen es jedoch wahrscheinlich, daß die Erde auf ihrer Oberfläche durch einen äußern Einfluß, vermuthlich den des Sonnenlichtes oder der Sonnenwärme, magnetisch werde. Von allen versuchten Erklärungen ist wol keine seltsamer als die von dem Physiker Steinhäuser, welcher einen Magnet im Innern der Erde annimmt, der als selbständiger Planet in einer Entfernung von 172 Meilen unter der Erdoberfläche einen Umlauf in 440 Jahren vollenden soll.

Der Magnetismus der Erde äußert sich aber noch auf eine andere bemerkenswerthe Weise, dadurch nämlich, daß jede vertical oder schräg gehaltene Eisenstange auf der nördlichen Halbkugel an ihrem untern Ende einen magnetischen Nordpol, am obern einen Südpol erhält; umgekehrt ist es auf der südlichen. Schon im J. 1590 wurde diese Erscheinung bemerkt (an einem Kirchthurme zu Rimini); Gassendi beobachtete sie 1630 an einem Thurmkreuze in Aix. Dieser Magnetismus ist aber vorübergehend und nur von der Lage abhängig, weshalb man ihn wandernden Magnetismus oder Magnetismus der Lage nennt; dreht man die Stange um, so werden auch die Pole sogleich umgekehrt. Offenbar ist diese Erscheinung die Folge einer Vertheilung der magnetischen Materie im Eisen, welche die Erde bewirkt. Die Stärke dieses Magnetismus ist am größten in hohen Breiten oder in der Nähe der irdischen Magnetpole, unmerklich dagegen in der Nähe des magnetischen Äquators; er ist ferner am stärksten im reinen und weichen Eisen, und ist im gehärteten Stahl (Gußstahl) nur etwa halb so stark als im Schmiedeeisen. Wenn das Eisen mehr oder weniger hart ist und sehr lange in unveränderter Stellung bleibt, so kann dieser Magnetismus mit der Zeit einen bleibenden Charakter annehmen, wie dies z. B. der berühmte Physiker Leeuwenhoeck 1722 bei dem eisernen Kreuze eines Kirchthurmes in Delft bemerkt hat; noch mehr ist dies bei dem Stahl der Fall, sodaß man auf diese Weise künstliche Magnete erhalten kann. Stellt man einen Stahlstab in der Richtung der magnetischen Neigungsnadel auf und feilt ihn oder schlägt ihn mit einem Hammer, so wird er sehr bald auf längere Zeit magnetisch. Bekannt ist ferner die Erfahrung der Stahlarbeiter, nach welcher stählerne Werkzeuge, Meisel, Feilen u. s. w., mit denen das Eisen kalt bearbeitet wird, magnetisch werden.

Für die Schiffahrt ist der wandernde Magnetismus wichtig, indem die von demselben ergriffenen Eisenmassen im Schiffe auf die Compaßnadel eine störende Wirkung ausüben, und zwar dieselbe von ihrer natürlichen Richtung ablenken. Zuerst wurde dies von einem Begleiter Cook's, dem Astronomen Wales, bemerkt, später aber von Flinders und namentlich von Scoresby (1815—17) genauer untersucht, wobei sich Folgendes ergab. In der nördlichen Erdhälfte wird das Nordende, in der südlichen das Südende der Nadel von den Eisenmassen angezogen; die Ablenkung ist größer in hohen Breiten und nimmt mit der magnetischen Neigung zu. Der Mittelpunkt der Anziehung, welche die gesammten größern und kleinern Eisenstücke eines Schiffes ausüben, liegt nahe an die Mitte des obern Verdecks, näher dem Vordertheile als dem Hintertheile, weil die Anker stärker als die Kanonen wirken; am erheblichsten wirkt die eiserne Spindel des Kabeltaues auf dem obern Verdecke, das zum Aufwinden des Ankers und anderer schwerer Massen dient, weil sie vertical steht und aus geschmiedetem Eisen verfertigt ist. Sehr wichtig ist die von dem Engländer Barlow (Professor an der Militairakademie in Woolwich) um 1824 vorgeschlagene Methode, die ablenkende Wirkung des Schiffeisens zu neutralisiren. Sie besteht darin, daß am Gestelle des Compasses, etwa 7 Zoll unter der Windrose und nach dem Hintertheile des Schiffes zu, eine kreisrunde eiserne Scheibe von 14 Zoll Durchmesser angebracht wird. Indem diese Eisenplatte die Magnetnadel in entgegengesetzter Richtung anzieht, kann sie die ablenkende Wirkung des Schiffeisens aufheben, und durch viele Versuche ist die Wirksamkeit dieses für die Schiffahrt so wichtigen und nützlichen Compensationsapparats außer allen Zweifel gesetzt. Die Zuverlässigkeit des Compasses ist zwar auf dem Meere entbehrlich, wenn Gelegenheit zu astronomischer Ortsbestimmung vorhanden ist; aber von großem Nutzen ist sie zur genauen Aufnahme der Küsten, zur Führung und Orientirung des Schiffes am Eingange eines Hafens oder in der Nähe von Klippen nach der Richtung der Leuchtthürme und Sandbänke, am wichtigsten jedoch dann, wenn man in finstern stürmischen Nächten zwischen dem Lande laviren muß, und kaum ist zu bezweifeln, daß nicht wenige Schiffbrüche, besonders früherer Jahre, den falschen Angaben des Compasses zuzuschreiben sind. Das Verdienst, welches sich Barlow erworben hat, ist daher gewiß nicht gering anzuschlagen; daß seine Vorrichtung noch immer nur selten angewandt wird, ist ein Beweis von der geringen Bildung eines großen Theils der Seefahrer, selbst derjenigen, welche im Seewesen einen hohen Rang einnehmen.

Die Reihe derjenigen hochwichtigen Erscheinungen, welche sich auf den Zusammenhang zwischen Elektricität und Magnetismus beziehen, mag einem besondern Aufsatz vorbehalten bleiben; den gegenwärtigen aber mag die Erzählung einer besondern Classe magnetischer Erscheinungen beschließen, die man mit dem Namen Rotationsmagnetismus bezeichnet hat und welche im J. 1825 von dem französischen Physiker Arago entdeckt worden sind. Wenn man eine Kupferscheibe horizontal aufstellt und über derselben eine Magnetnadel anbringt, deren Länge dem Durchmesser der Scheibe nahe gleich ist, dann aber die Scheibe um ihre verticale Axe dreht, so wird die Nadel von ihrer natürlichen Richtung nach der Seite der Drehung abgelenkt, und nimmt bei schnellerer Umdrehung der Scheibe selbst eine vollständige drehende Bewegung an; selbst ein ziemlich schwerer Hufeisenmagnet, der mittels eines Fadens aufgehängt ist, geräth über der gedrehten Kupferscheibe in Kreisbewegung. Daß diese Ablenkung und Bewegung nicht etwa eine Folge des bei der Umdrehung der Scheibe entstehenden Luftzuges ist, folgt daraus, weil Dasselbe erfolgt, wenn der Luftzug durch die dazwischen gebrachte ruhende Glasscheibe, ein Papierblatt u. s. w. abgehalten wird, ja selbst in einer ganz verschlossenen Boussole, während eine unmagnetische Nadel in Ruhe bleibt. Wird zwischen Nadel und Kupferplatte eine Eisentafel gebracht, so ist jede Wirkung aufgehoben. Ungleich schwächer ist die Ablenkung der Nadel bei einer Scheibe von Zink, Messing, Zinn oder Blei. Dreht man umgekehrt einen starken Hufeisenmagnet schnell um, so werden Metallstücke, die über ihm aufgehängt sind, in Drehung versetzt. Alle diese Erscheinungen sind nur dadurch zu erklären, daß in den Metallen durch Vertheilung ein vorübergehender Magnetismus erzeugt wird; die dem Nordpole des Magnets gegenüberliegende Stelle der Metallscheibe wird südpolarisch, und da mithin beide sich anziehen, so muß der Magnet nachfolgen, wenn die Scheibe umgedreht wird, und ebenso umgekehrt. Der Vollständigkeit wegen mögen endlich noch die Versuche Seebeck's über die Schwingungen einer Magnetnadel über Metallplatten erwähnt werden, aus denen sich ergeben hat, daß diese Schwingungen durch die Metallplatten gehemmt wurden und eine von ihrer natürlichen Richtung oder dem magnetischen Meridian abgelenkte Nadel über denselben weniger Schwingungen brauchte, um zur Ruhe zu kommen, als frei oder über Marmor u. s. w. hängend. Die meiste Hemmung bewirkte das Eisen, dann eine immer schwächere Silber, Kupfer, Messing, Zinn, Zink, Gold, Blei, Platin, die schwächste das Quecksilber.

Siméon Denis Poisson.

Siméon Denis Poisson wurde am **21. Juni 1781** zu Pithiviers geboren. Seine Familie war ohne Vermögen. Der Vater hatte in den Kriegen mit Deutschland als gemeiner Soldat gedient, bekleidete nach seiner Heimkehr eine kleine Gerichtsschreiberstelle und ward zur Zeit der Revolution zum Friedensrichter bestellt. Er war ein einfacher, guter Mann, dessen Festigkeit und Rechtlichkeit einen tiefen Eindruck in dem Herzen des Sohnes zurückließ, welcher ihn nur zu früh verlor und nicht anders, mit Ehrfurcht von ihm zu sprechen. Der künftige große Mathematiker wurde der Wissenschaft nur durch eine Art von Wunder erhalten. Denn noch in der Wiege erkrankte er schwer, und der Vater, welcher alle seine Kinder früh verloren hatte, hielt auch ihn schon für todt, und schickte, da er sich diese plötzlichen Todesfälle nicht erklären konnte, zum Wundarzt, um durch die Section den Grund des schnellen Todes zu erfahren. Das Kind athmete aber noch, und wurde von der Hand geheilt, welche es zergliedern sollte.

Seine erste Erziehung wurde sehr vernachlässigt; er lernte in Pithiviers kaum ein wenig lesen und schreiben, und die barbarische Behandlung, die er von seinem Lehrer erfuhr, hinterließ in seinem jungen Gemüthe einen bleibenden Eindruck, dessen er in spätern Zeiten gedachte, als er auf das Unterrichtswesen so hohen Einfluß gewann. Als die Zeit kam, wo er sich für einen Lebensberuf bestimmen sollte, führte das Glück ihn nach Fontainebleau zu einem seiner Oheime, dem Wundarzt L'Enfant, welcher ihn mit wahrhaft väterlicher Liebe in der Heilkunst unterwies. Er blieb eine Reihe von Jahren bei ihm und wurde von ihm bei

seinen Krankenbesuchen mitgenommen; gleichwol versprach sich der Oheim nicht viel von ihm, da er bei der einfachsten Operation Anwandlungen von Ohnmacht bekam. So verlebte der junge Poisson als Jünger der Wundarzneikunde die Jahre der Revolution. Im J. 1796 veranlaßte L'Enfant seine Schüler, an einem Lehrcursus der Naturgeschichte in der neugegründeten Centralschule zu Fontainebleau Theil zu nehmen. Einer von ihnen, Vanaud, folgte dieser Auffoderung sogleich, aber noch hatten die Vorlesungen nicht begonnen, als der Professor der Mathematik, Billy, welcher wenig Zuhörer hatte, diesen jungen Menschen kennen lernte und ihm die mathematischen Wissenschaften als für die Wundärzte unentbehrlich darzustellen suchte. Darauf besuchte Vanaud eine Lehrstunde Billy's, und schrieb, ohne sonderlich viel davon zu begreifen, nach den Dictaten des Professors einige Aufgaben, welche die bereits in den ersten Anfangsgründen unterrichteten Zöglinge auflösen sollten, auf. Als er aus der Vorlesung kam, theilte er seinen Kameraden Das, was ihm begegnet war, und zugleich die vorgelegten Fragen mit. Hierin lag für Poisson eine Art Offenbarung. Ohne je zu dergleichen Betrachtungen angehalten worden zu sein, ohne die Methode oder auch nur die Zeichen der Algebra zu kennen, ohne je darin Vorstudien gemacht zu haben, löste er die Aufgaben auf, und spürte seit diesem Tage in sich jene Neigung zur Mathematik, die ihn nun nicht wieder verlassen und den Grund zu seinem Ruhme legen sollte. Es wäre zu wünschen, daß man immer auf gleiche Weise den ersten Schritt, den ein ausgezeichneter Mann in irgend einer Laufbahn gethan hat, nachweisen könnte; aber unglücklicherweise ist es schwer, den ersten Ring dieser Kette zu ergreifen, denn oft bereiten die Gegenstände, die uns umgeben, und die Personen, mit denen wir umgehen, unmerklich die Keime vor, die sich später entwickeln. Anders verhält es sich mit den abstracten Wissenschaften. Wenn man hier ohne Suchen fortschreitet, ist man genöthigt, eine Menge Wahrheiten zu errathen, die zusammenhängen und zur Lösung eines Problems oder zum Beweise eines Satzes mitwirken, dessen Platz unveränderlich bestimmt ist und dessen Auffindung der Menschheit bisweilen mehre Jahrhunderte Arbeit gekostet hat. Man erzählt, daß der große Pascal, dem sein Vater das Studium der Geometrie untersagt hatte, ihn dadurch umgestimmt habe, daß er in einem Alter von zwölf Jahren durch die Kraft seines Genies die ersten Sätze des Euklid auffand. Diese außerordentliche Thatsache ist vielfach bezweifelt worden, aber im Grunde nicht schwerer zu begreifen als die Divinationsgabe des jungen Wundarztes, besonders wenn man erwägt, daß Pascal beständig von Geometrie reden hörte, Doctor L'Enfant aber seine Zöglinge niemals von Algebra unterhielt.

Dem jungen Poisson wurde die Erlaubniß, von der Chirurgie abzugehen, nur unter der Bedingung, daß er sich eine andere vortheilhafte, wissenschaftliche Laufbahn für sein Fortkommen eröffnete, ertheilt, ohne daß man den Versprechungen des Professor Billy großen Glauben beimaß. Professor Billy bewog hierauf (im J. 1798), um die Ungläubigsten davon zu überzeugen, den jungen Poisson, sich in Paris zur Prüfung, behufs seiner Aufnahme in das polytechnische Institut, zu melden, und derselbe erhielt, kaum 17 Jahre alt, daselbst, zum Erstaunen Aller, die erste Stelle unter den gemeldeten Candidaten. Diese Schule enthielt damals unter ihren Lehrern die Elite der Gelehrten von Frankreich und ganz Europa, einen Lagrange, Laplace, Monge, Prony, Fourier, Berthollet, Fourcroy, Vauquelin, Guyton=Morveau,

Chaptal, und ihr Beispiel mußte ihre Schüler zur Nacheiferung anreizen. Die damalige Organisation dieser Schule war von der 1805 eingeführten und noch jetzt bestehenden sehr verschieden; statt casernirt zu sein und eine gewisse Summe zu bezahlen, erhielten die Eleven den Sold der Sergeanten der Artillerie und bewohnten besondere Häuser, ohne den strengen Gesetzen der Militairzucht unterworfen zu sein. Nach zwei Jahren glänzender Studien wurde Poisson, auf den Vorschlag des Professors Hachette, einmüthig von den Prüfungen dispensirt, welche zur Aufnahme in den öffentlichen Dienst nothwendig waren, und erhielt die Stelle als adjungirter Repetitor des Cursus der Analysis, während der Titularprofessor Fourier noch mit Bonaparte in Ägypten war. In dieser bescheidenen Stellung konnte er doch ein wenig zu Athem kommen, da er sich während der beiden vorhergehenden Jahre übermäßig angestrengt hatte. Indeß betrug sein Gehalt noch nicht über 36 Francs monatlich, und dafür sollte er Quartier, Kost, Heizung, kurz Alles bestreiten, und seine Familie glaubte schon ein Opfer zu bringen, daß sie ihn in der Wäsche freihielt. In den letzten Jahren seines Lebens erzählte er gern, wie kümmerlich er sich damals hätte behelfen müssen. Daß er sich aus Hitze und Kälte nichts machte, war bei einem ganz seiner Wissenschaft lebenden Jüngling in der Ordnung. Aber das hätte man wol kaum denken mögen, daß er sich in seiner Lebensweise noch mehr beschränkte, sich noch größere Entbehrungen auferlegte, um Racine's und Molière's Meisterwerke zu vernehmen. Einen Tag der Decade speiste er des Mittags bei einem Verwandten, einen andern aß er blos trockenes Brot, und mit dieser zwiefachen Ersparniß verschaffte er sich das Mittel, aller zehn Tage einmal ins Theater zu gehen. Das Gefühl fürs Schöne, das sich so zeitig bei ihm entwickelte, ist ein charakteristischer Zug bei einem Mathematiker; es setzte ihn in den Stand, bis zu einem gewissen Grade die ihm abgehenden literarischen Studien zu ersetzen. Bis auf die letzten Jahre seines Lebens pflegte er gelegentlich Verse, die er im Theater gehört und deren er eine große Menge im Gedächtniß behalten hatte, herzusagen, nicht um als Schöngeist damit zu glänzen oder sie im ernsten Gespräche anzubringen, sondern um seines eigenen Vergnügens willen. Seine Liebe zum Theater bewog ihn, frühzeitig mit den Künstlern Bekanntschaft anzuknüpfen. Während Lagrange dem jungen sich auf so glänzende Weise ankündigenden Gelehrten sein Haus öffnete und Laplace ihn hielt wie seinen Sohn, suchten auch Talma und Gérard den Umgang des liebenswürdigen und geistreichen Mannes. Wer ihn nicht in jener frühern Zeit kennen gelernt, kann sich gar keinen Begriff davon machen, was Poisson damals war; alle seine alten Freunde versichern, daß Niemand unter seinen Kameraden an Lebhaftigkeit gleich kam. Man hat noch ein treffliches von Gérard gemaltes Portrait von ihm, das einen Begriff von dem Ausdrucke seiner damals so beweglichen Physiognomie gibt, welche in seinen letzten Jahren durch vieles Nachdenken und körperliche Leiden so viel Ernst beigemischt erhielt. Wenn hier von der Stellung Poisson's in der Gesellschaft gesprochen wird, so geschieht es nur, um die Stärke seines Charakters und seiner Festigkeit in Beherrschung seiner Neigungen darzuthun, denn nicht allein überließ er sich nie der Zerstreuung, sondern seine Wissenschaft war auch stets seine Hauptbeschäftigung und einzige Leidenschaft. Mitten unter den Verführungen der Jugend begann er die Reihe seiner trefflichen Arbeiten, die erst mit seinem Tode unterbrochen wurden.

Zwei Jahre bekleidete er die Stelle als Adjunct an der polytechnischen Schule mit dem mäßigen Gehalte eines Brigadechefs, aber seine durch Laplace anerkannten und der Welt verkündigten Talente erhoben ihn zu einer glänzenden Stellung, ohne daß er je in den Fall gekommen wäre, sie zu suchen. Laplace wußte ihm bald eine außerordentliche Gratification, bald einen erledigten Lehrstuhl zu verschaffen, und erklärte immer, wenn ihm der junge Mann dafür seine Dankbarkeit zu erkennen gab, man sei es ihm ja schuldig gewesen. So wurde Poisson schnell hintereinander Substitut, dann an Fourier's Stelle Titularprofessor der polytechnischen Schule, Substitut im Collège de France, Adjunct im Längenbureau, Professor der Facultät der Wissenschaften zu Paris, und endlich Mitglied des Instituts. Während er im Collège de France Biot's Stelle vertrat, war er im Stande, eine Aufgabe aufzulösen, deren Schwierigkeit Lagrange und Laplace beschäftigte, und die nicht nur in der Astronomie von der höchsten Wichtigkeit, sondern auch der Aufmerksamkeit aller Gebildeten werth ist: sie betrifft nämlich die Unveränderlichkeit der großen Axen der Planetenbahnen.

Diese treffliche Arbeit setzte alle Mathematiker in lebhafte Bewegung. Denn außer der großen kosmologischen Frage, mit welcher sie zusammenhängt, dient sie zum Beweise, daß die mittlere Dauer des sogenannten Sternjahrs unveränderlich ist, ein Satz, welcher mit dem erstern innig zusammenhängt, und dessen Feststellung erfoderlich war, um sich immer mit Zuversicht astronomischer Tafeln bedienen zu können. Hierbei hat Poisson nicht nur ungeheure Berechnungen gemacht, sondern hat auch in seine Analyse die schwierigsten theoretischen Betrachtungen aufnehmen müssen, wo der Calcul nicht auslangte. Sein Hauptverdienst besteht darin, mit größerer Genauigkeit, als Lagrange im Stande war, zu demonstriren, daß die großen Axen der Planetenbahnen unveränderlich sind, woraus sich ergibt, daß unser Planetensystem stabil ist. Das ganze gelehrte Europa ward von diesem großen Resultate in Erstaunen gesetzt, und Lagrange, ein Greis von 72 Jahren, welcher mehre Jahre sich um die Mechanik des Himmels nicht mehr bekümmert zu haben schien, ward durch die Denkschrift seines frühern Schülers so elektrisirt, daß er seine ältern Arbeiten wieder vornahm, um diese glänzenden Entdeckungen daran zu knüpfen. Der berühmte Greis las dann im Institut hintereinander drei Denkschriften vor, welche ihm ebensowol gerechte Ansprüche auf Unsterblichkeit gewähren, als sie die schönste Huldigung für das Talent Poisson's enthalten. Der Erfolg dieser Arbeiten bestimmte nun die Richtung seiner Beschäftigungen auf die Mechanik des Himmels und die physische Mathematik, und seine ersten physikalischen Forschungen (im J. 1812) über die Vertheilung der Elektricität an der Oberfläche leitender Körper öffneten ihm die Pforten der Akademie der Wissenschaften.

So leicht ihm auch das Arbeiten wurde, so begreift man, daß er unter diesen zahlreichen Beschäftigungen nicht, wie früher, in und mit der Welt leben konnte. Im J. 1817 verheirathete er sich mit einer Mademoiselle de Bardi, aus einer alten Familie in Languedoc, die aus Florenz stammte, und ward Vater von vier Kindern. Allmälig entzog er sich der Gesellschaft und fand allein in seiner Familie das stille Glück, nach welchem er strebte. Der Geschmack an Zurückgezogenheit, genährt durch das Bedürfniß der Arbeit und die Liebe zur Wissenschaft, wurde in ihm so lebhaft, daß er bald nur noch ausging, um die ihm obliegenden Functionen zu verwalten, zu denen seit seiner Berufung in die Pairskammer (im Oct. 1837) auch die eines Gesetzgebers gekommen waren. Der Tag ging ihm in seinem verschlossenen Cabinet hin, ohne daß Jemand unter irgend einem Vorwande zugelassen worden wäre. Hier beschäftigte er sich von Morgens zehn bis Abends sechs Uhr unablässig mit seinen wissenschaftlichen Forschungen. Dann aß er zu Mittag, und des Abends, wenn ihn nicht Correcturen abhielten, mochte er am liebsten mit seinen Kindern spielen und mit einigen Freunden plaudern. Wenn man ihn hier so munter und heiter traf, hätte man nimmermehr glauben sollen, mit welchen Arbeiten er den ganzen Tag über beschäftigt gewesen war. Eine Partie Whist oder Piquet diente ihm auch zur Erholung von seinen ernsten Meditationen, und er enthielt sich sorgfältig, von seinem Fache zu sprechen, ausgenommen mit jungen Studirenden, welche ihn zuweilen befragten, denn gern theilte er ihnen seine Gedanken mit und leitete ihre ersten Schritte. Dieses einförmige, beschäftigte Leben, die beständige Anstrengung des Geistes in einem Körper, welcher sich zu einer steten Bewegungslosigkeit verdammte, mußte, trotz der festen Constitution, seiner Gesundheit Eintrag thun. Er verlor den Schlaf, fing an abzumagern und erlitt häufige Erbrechungen nach der Mahlzeit. Vielleicht hätte er jetzt noch einer Katastrophe zuvorkommen können. Er widerstand aber allen Heilmitteln; je drohender die Gefahr wurde, desto minder verließ er sein Studierzimmer. Endlich im Herbst 1838 meldeten sich Symptome der Brustwassersucht. Beim ersten Erscheinen dieser bösen Krankheit gaben ihn die Ärzte auf, und er selbst erwartete sein baldiges Ende. Indeß solche Übel nehmen oft eine unerwartete Wendung. Da nun nach einiger Zeit die Symptome minder beunruhigend erschienen, hielt er sich schon für geheilt und ging nach wie vor an seine Arbeiten, ohne daß alles Bitten, Drohen und Flehen von Freunden, Ärzten und den Seinigen ihn hätte abhalten können. Er bestand immer darauf, daß arbeiten für ihn gleichbedeutend mit leben sei, und daß es zwischen arbeiten und sterben keine Mitte gebe. Der Winter und der Frühling von 1839 gingen unter großen Leiden dahin. Indessen triumphirte man schon, als man ihn aufs Land bringen konnte. Aber auch hier, so schwach sein Gesicht und so geschwächt seine übrigen Organe waren, sodaß ihm selbst die Kraft zu schreiben mangelte, schloß er sich doch ganze Tage ein, um an seiner mathematischen Theorie des Lichts zu arbeiten, welche auf neuen Grundlagen errichtet werden sollte, wozu ihn namentlich Cauchy's neuere Arbeiten veranlaßt hatten. Am 25. April 1840 wurde er den Wissenschaften und seinen zahlreichen Freunden durch den Tod entrissen.

Was nun Poisson's Verdienste um die Wissenschaften im Allgemeinen anlangt, so scheint es, daß er geboren war, um Das zu vervollkommnen, was seine Vorgänger gethan hatten, und die Schwierigkeiten, vor denen sie stehen geblieben waren, zu übersteigen. Dies zeigt sich, abgesehen von seiner oben erwähnten Entdeckung in Betreff der Stabilität des Planetensystems, in seinen Untersuchungen über die Bewegung der elastischen Flächen, die er aus Anlaß ähnlicher Arbeiten der Demoiselle Sophie Germain angestellt hatte, und in seiner neuen Theorie der Haarröhrchenkraft, wo er die Forschungen von Laplace auf so glückliche Weise vervollständigt hat; es zeigt sich ferner in seiner Theorie der Wärme, die bestimmt ist, Das aufzuklären oder streng zu beweisen, was die Arbeiten Fourier's noch als dunkel und ungewiß darstellen. Zwar fehlte

es ihm keineswegs an Erfindungsgeist, aber er liebte vorzugsweise die schon von Andern behandelten Aufgaben, die sie nicht aufzulösen vermocht oder mindestens nicht erschöpft hatten.

Poisson war aber nicht allein ein Mathematiker des ersten Ranges, sondern auch überhaupt ein ausgezeichneter Mensch. Seine geistige Überlegenheit ging auch daraus hervor, daß er ohne literarischen Unterricht, da er erst ganz spät genug Latein gelernt hatte, um Euler's Schriften verstehen zu können, sich doch durch seinen ernsten, gemessenen, außerordentlich klaren Styl, welcher ebenso wenig trocken als mit Schmuck überladen war, auszeichnete.

Zuckerfabrikation in den Zollvereinsstaaten.

Von den in Preußen bestehenden 91 Rübenzuckerfabriken sind für die Betriebsperiode 1840—41 3,403,615 Ctr. Rüben zur Zuckerbereitung angemeldet worden; von 50 in den übrigen Staaten des Zollvereins befindlichen Rübenzuckerfabriken wurden im J. 1839—40 1,326,462 Ctr. Rüben verarbeitet; nimmt man an, daß das letztere Quantum keine Verminderung erlitten hat, so stellte sich die Menge der zur Zuckerbereitung aus der Ernte des Jahres 1840 verwendeten Rüben auf 4,730,077 Ctr., woraus 236,504 preußische Centner (243,354 Zollcentner) Rohzucker bereitet sein müssen (100 Centner Rüben geben erfahrungsmäßig eine Ausbeute von wenigstens 5 Centner). Dagegen sind 1840 im ganzen Zollvereinsgebiete 1,038,388 Zollcentner Rohzucker zur Versteuerung gekommen. Nimmt man an, daß 1841 die Verzollung von fremdem Zucker dieselben wie im J. 1840 bleiben, so beläuft sich die ganze 1841 zur Consumtion gelangende Zuckermenge auf 1,281,742 Zollcentner und unter 100 Centner verbrauchten Zuckers sind 81 Centner indischer und 19 Centner Rübenzucker.

Einiges Merkwürdige vom Kernbeißer.

Sowie unter den vierfüßigen Thieren, nimmt man auch unter der Schar der Vögel verschiedene Grade der geistigen Bildung wahr, es sei nun das Gedächtniß oder die Einbildungskraft in höherm Grade regsam, es seien Leidenschaften oder andere Gemüthsbewegungen, welche in ihrem Körper eine oder die andere Veränderung veranlassen. Oft ist es nicht bloßer Instinct oder Kunsttrieb; wir werden verleitet, etwas Höheres vorauszusetzen. Man erzählt von einem Papagai, welchen ein reicher Engländer, Okelly, besaß. Dieser schwatzte nicht allein und sang mancherlei Stückchen, sondern er schlug auch mit dem einen Fuße den Takt dazu, wählte genau Dasjenige, zu welchem man ihn auffoderte, und begann vom neuem, wenn er in einer Note gefehlt hatte, bis es richtig herauskam. Nahe verwandt den Papagaien sind manche Arten des Kernbeißergeschlechts (Loxia), von denen der Gimpel oder Dompfaff ebenfalls Worte aussprechen lernt, ja so abgerichtet werden kann, daß ihrer zwei in den Liedern, die sie, als ausnehmend vertrauliche und kirre Geschöpfe, leicht pfeifen lernen, einander accompagniren. Der Kreuzschnabel oder Tannenpapagai hat das Eigene, mitten im Winter, zu Ende des Januars, zu brüten. Da nun das Nest, welches er baut, und das man sehr selten antrifft, von Nässe und Schnee zu Grunde gerichtet werden könnte, so weiß er es sehr sorgfältig

mit Harz auszukalfatern. Der ostindische Kernbeißer —
von dem es scheint, daß er mit dem Cardinal oder
dem indianischen Haubenfinken, welcher Schönheit des
Gefieders mit Wohllaut des Gesanges verbindet, einer=
lei sei — beleuchtet sogar sein Nest, das er aus ein
Paar Grashalmen in Form einer Flasche webt, des
Nachts über mit einem Leuchtwurme. Zu diesem
Zwecke fängt er das Insekt lebendig und befestigt
es mit ein wenig feuchter Erde an der Wand sei=
nes kleinen Palastes. Ein Engländer, der in In=
dien lebte, ließ um die vierte Nachmittagsstunde den
Vogel vom Neste scheuchen und fand richtig bei Unter=
suchung desselben einen solchen Leuchtwurm mit Erde
festgemacht; er schloß das Nest, brachte es wieder an
Ort und Stelle und untersuchte es den folgenden Abend
wieder; ein neuer kleiner Wurm war mit neuer Erde
neben die Stelle angebracht, wo der andere befe=
stigt gewesen, um die Erleuchtung zu erneuern. Ebenso
in drei weitern Fällen; in zweien war die kleine le=
bendige Nachtlampe schon zur Stelle; im dritten war
die Erde in Bereitschaft, nur das Insekt war noch zu
erwarten.

Seidenbau in China.

Zum Füttern der Seidenraupe benutzen die Chinesen
außer dem gewöhnlichen chinesischen Maulbeerbaume,
der von dem europäischen verschieden ist, gelegentlich
eine Art des wilden Maulbeerbaumes, sowie die Blätter
eines andern Baumes, einer Art Esche. Die Haupt=
sache bei der Cultur des Maulbeerbaumes zur Fütte=
rung der Seidenwürmer besteht darin, die größtmögliche
Menge von jungen gesunden Blättern ohne Früchte zu
erzeugen. Deshalb dürfen die Bäume ein gewisses
Alter und eine gewisse Höhe nicht überschreiten. Man
pflanzt sie in gehöriger Entfernung voneinander, und
in drei Jahren sind sie zur Benutzung geeignet. Der
Maulbeerbaum für Seidenwürmer wird hauptsächlich
in der Provinz Che=keang angebaut. Che=keang ist
ein hochgelegenes, angeschwemmtes Land, von vielen
Flüssen und Kanälen durchschnitten, mit einem Klima,
welches beinahe dem derselben Breite in den Ver=
einigten Staaten von Amerika entspricht. Der Boden
ist mit aus den Flüssen gegrabenem Schlamme gemischt;
der Raum zwischen den Bäumen wird gewöhnlich mit
Hirse und andern Hülsenfrüchten besäet.

Die beste Zeit zur Beschneidung der jungen Bäume,
damit sie recht blätterreiche Schößlinge treiben, fällt
in den Anfang des Jahres. Man läßt an jedem
Schößlinge ungefähr vier Augen und sorgt dafür, daß
die Zweige angemessen dünn sind, um den Blättern
gehörig Licht und Luft zu lassen. Beim Einsammeln
der Blätter bedient man sich einer Art Leiter mit einer
Stütze, weil die jungen Bäume für eine gewöhnliche
Leiter zu schwach sind, und außerdem auch ihre Zweige
beschädigt werden möchten. Die Bäume mit ihrem
Blätterwerk werden sorgfältig gepflegt; dem Schaden,
welchen Insekten verursachen könnten, sucht man durch
allerlei Mittel, namentlich durch einige Ölarten vor=
zubeugen.

Die jungen Bäume leiden natürlich stets durch
das Abstreifen ihrer Blätter, und dies ist einer der
Hauptgründe, warum man die Pflanzungen nach kurzer
Zeit erneuert. Der genannten üblen Wirkung sucht man
zum Theil dadurch zu begegnen, daß man, wenn die
Blätter abgestreift sind, den Baum so beschneidet und
kuppt, daß nur wenig Holz übrig bleibt; auch trägt

man stets Sorge, einige Blätter am Baume zurück=
zulassen. Es ist übrigens erstaunlich, wie bald in
diesen Klimaten ein Baum im Sommer oder Herbste
seinen Blätterschmuck wieder bekommt, wenn er dessel=
ben durch einen Orcan beraubt worden ist. Frische
Pflanzen verschafft man sich durch Steckreiser oder Ab=
leger, bisweilen auch durch Samen. Bäume, die zu
alt zur Hervorbringung zarter Blätter werden und mehr
Neigung zeigen, Früchte zu tragen, werden entweder
ganz entfernt oder so tief verschnitten, daß sie wieder
ganz frische, junge Zweige treiben müssen.

Die Häuser, in denen die Seidenwürmer aufge=
zogen werden, stehen gewöhnlich in der Mitte jeder
Pflanzung, um sie so weit als möglich von jeder Art
Lärm zu entfernen; die Erfahrung hat nämlich gelehrt,
daß ein plötzlicher lauter Ton oder das Bellen eines
Hundes auf die jungen Würmer oft vernichtend einwirkt.
Bei einem Donnerschlage ist zuweilen sogar eine ganze
Brut zu Grunde gegangen. Die Einrichtung der
Kammern ist von der Art, daß man, wo nöthig, mit
künstlicher Wärme zu Hülfe kommen kann. Große
Sorgfalt widmet man den Papierbogen, auf welche die
Seidenwürmer ihre Eier gelegt haben. Das Ausbrüten
derselben wird durch eine den Umständen angemessene
künstliche Wärme oder Kälte entweder befördert oder
verzögert, sodaß das gleichzeitige Auskriechen der Würmer
in der Periode stattfindet, wenn die zarten Frühlings=
blätter des Maulbeerbaumes sich am besten zu ihrer
Nahrung eignen. Das Futter wird den jungen Wür=
mern sehr sorgfältig zugewogen. Anfangs werden die
Blätter zerschnitten, später jedoch, wenn jene größer
geworden sind, ihnen ganz gegeben. Die größte Vor=
sicht aber wendet man bei der Regulirung der Temperatur
in den Zimmern an, sowie man sie überhaupt reinlich,
ruhig und geruchfrei zu erhalten sucht.

Man füttert die Seidenwürmer auf kleinen Hür=
den von Flechtwerk; diese werden mit Blättern bestreut,
welche der Reinlichkeit wegen oft gewechselt werden,
indem man die Würmer mit ihrer Hürde nach einer
andern mit frischen Blättern trägt, wo sie der Geruch
derselben bald hinüberlockt. Je größer sie werden, desto
mehr Raum gewährt man ihnen durch allmälige Ver=
mehrung der Hürden, bis sie ganz ausgewachsen sind.

Sobald sie die verschiedenen Häute abgestreift, die
gehörige Größe erreicht und die durchsichtige gelbe Farbe
angenommen haben, bringt man sie in die verschiedenen
zum Einspinnen zubereiteten Abtheilungen. Binnen
einer Woche nach Anfang des Einspinnens sind die
seidenen Cocons vollständig, und jetzt muß verhindert
werden, daß sich die Puppen in Motten verwandeln,
weil diese sich sogleich Bahn machen und die Cocons
zerstören würden. Nachdem die erforderliche Anzahl, um
die künftige Brut zu sichern, bei Seite gelegt worden,
tödtet man die Puppen in den Cocons, indem man
sie in dazu passende Geschirre unter Schichten von Salz
und Blättern legt und alle Luft ausschließt. Hierauf
bringt man sie in mäßig warmes Wasser, welches die
leimige Substanz löst, die die Seide zusammenkittet,
und die Fasern werden dann auf Räder gewunden.
Nachdem man sie in Bündchen von bestimmter Form
und Gewicht gebunden, kommen diese unter dem Na=
men Rohseide entweder in den Handel oder auf den
Webstuhl.

Die Chinesen zeichnen sich in damastartigen und
geblümten Seidenzeuchen aus und können, trotz der an=
scheinenden Einfachheit ihrer Webstühle, die neuesten
und feinsten Muster aus England und Frankreich nach=
ahmen. Sie sind in der Fabrikation des Krepps noch

nirgend erreicht worden, sowie sie auch eine Art Wasch=
seide verfertigen, die durch den längern Gebrauch immer
weicher wird.

Die Speisenfabrik zu Leith.

Zu den größten Merkwürdigkeiten der Hafenstadt Leith
unweit Edinburg (vergl. Nr. 425) gehört das großar=
tige Etablissement der Herren John, Gillon und Com=
pagnie zur Aufbewahrung frischen Fleisches, die einzige
Anstalt dieser Art in Schottland, welche, erst im August
1838 begründet, die beiden in England bestehenden,
sowie die ähnliche in Irland an Großartigkeit übertrifft
und ihre Wirksamkeit auch, was jene nicht thun, auf
Vegetabilien erstreckt. Die Aufgabe, animalische und ve=
getabilische Lebensmittel so zu erhalten, daß sie noch in
Jahren ganz unverändert sind und frisch nach allen
Welttheilen kommen, wird hier nicht etwa durch die be=
kannten Processe des Einmachens, Einpökelns, Räu=
cherns u. s. w. gelöst, sondern nach einer französischen
Erfindung dadurch, daß die betreffenden Substanzen vor
aller Berührung der atmosphärischen Luft nach dem
Zeitpunkte des Verpackens vollkommen gesichert sind.

Die Anstalt befindet sich in einem ausgedehnten
Gebäude, dessen untere Flur die Vorrathskammern für
die Victualien und für jeden Stoff einen besondern Raum
zur Reinigung enthält, die z. B. bei den Rindsklauen
40 Hände beschäftigt. Das erste Stockwerk ist eine
fortlaufende Reihe riesenmäßiger Küchen, die in Folge
geschickt angebrachter Ventilatoren stets reine Luft ha=
ben. Man findet hier neun Kessel, jeder von 400
Quart Gehalt, inwendig mit einer Art Durchschlag ver=
sehen, in welchem das Fleisch liegt, sodaß es nie an=
brennen kann. Mehre Kessel sind ausschließlich mit
Rindsklauen gefüllt, die eine treffliche Gallerte liefern,
welche die Grundlage mehrer Suppen bildet. Die Fleisch=
brühe, zu deren Gewinnung auch viele Rindsknöchel=
chen und geringe Fleischsorten verwandt werden, wird
nach sorgfältiger Abschöpfung des aufschwimmenden öli=
gen Schaumes, der besonders verkauft und stark be=
gehrt wird, in eigenen Gefäßen abgekühlt. Die Zahl
der verschiedenen zur Ausfuhr transportirten Suppen
beträgt 20, unter denen die berühmte Schildkröten=
und die Ochsenschwanzsuppe; alle werden so concentrirt
bereitet, daß sie beim Gebrauche mit einer gleich großen
Menge Wassers verdünnt werden müssen. Namentlich
von schottischen Nationalsuppen (Schotten und Deutsche
begegnen sich in der Vorliebe für Suppen) wird eine
große Quantität ausgeführt, und zwar insbesondere
nach Ostindien, wo die Schotten zahlreich sind, seit=
dem sich unter den Directoren der ostindischen Gesell=
schaft einige Schotten befinden.

In zwei mit den Küchen verbundenen Seitenge=
bäuden ist eine große Zahl von Frauen täglich mit
Zurüstung der verschiedenen Gerichte beschäftigt, deren
Gesammtliste 90 Nummern zählt. Ungeheuer ist der
Verbrauch von gelben und weißen Rüben, die in Ost=
indien nicht wachsen. Besondere Erwähnung verdient
das Schöps= und Rindfleisch, das von allen Knochen
und Knöchelchen befreit in Portionen von zwei bis sechs
Pfund an zahllosen Bratspießen eigenthümlicher Art
vor hohen Glutfeuern geröstet wird; ferner die unter
dem Namen beef=tea bekannte, zu fester Substanz
eingekochte Brühe, ungemein stärkend und nahrhaft
und daher besonders für Reconvalescenten geeignet; die
sogenannte Meg Merillies Soup, ein Gemisch aller
genießbaren Wildpretarten u. s. w.

Im Hofe sind zehn Werkstätten für 30 Klempner
und 10 Lehrburschen, welche die Blechbüchsen fertigen;
von diesen werden nur diejenigen, die zur Versendung
frischer Heringe dienen, muldenförmig, alle übrigen
aber rund gearbeitet und zwar von der Größe einer
Tabacksdose bis zu der eines Hutes. Sind die Büch=
sen gefüllt, so werden sie durch aufgelöthete Deckel her=
metisch verschlossen, zum Schutze gegen Feuchtigkeit
lackirt und mit Etiketten versehen, dann gleich Wein=
flaschen in Gewölben aufgespeichert und zur Ausfuhr
in Fässer gepackt. Jedem der letztern werden mit bis
zwei Exemplare eines zum Öffnen des Deckels dienen=
den Hebelmessers beigelegt, wiewol jedes starke, spitzige
Messer dazu gebraucht werden kann. Die Preise sind
verhältnißmäßig ausnehmend billig; die Güte der Waare
und die Mäßigkeit des Preises haben einen ungeheuern
Absatz (derselbe läßt sich daraus abnehmen, daß täg=
lich 800—1000 Büchsen gefüllt werden, ohne daß je=
mals ein namhafter Vorrath vorhanden ist) und dieser
einen bedeutenden Gewinn zur Folge gehabt.

Hyères.

Hyères, im südlichen Frankreich gelegen, ist eigentlich
keine Stadt, seiner Bevölkerung von 8000 Seelen
ungeachtet, sondern ein großer, prächtiger Garten, in
welchem zwischen malerischen Baumgruppen hübsche
Häuser sich erheben. Von dem mit altem Gemäuer
bedeckten Berge, der die ganze Gegend beherrscht, neben
dem zierlichen Lusthäuschen, welches der reiche Klei=
dermacher Stulz *) zum allgemeinen Gebrauch des
Publicums hat erbauen lassen, entdeckt man zu seinen
Füßen eine reizende Waldung, deren Schattenschläge,
gleich den Wellen des Meeres, übereinander schwellen.

Über diese Gärten, diese Blumen, diese Citronen=
und Palmbaumalleen, welche die Luft mit ihren Wohl=
gerüchen erfüllen, über diese schattigen, fruchtbaren
Ebenen und murmelnden Quellen, welche Leben und
Frische in die Landschaft hauchen, ist ein süßer, reiner
Schmelz, ein Genuß verbreitet, den vielleicht keine
Gegend der Erde in höherm Grade darzubieten ver=
mag. Nicht nur auf Neapel oder Rom, sondern
ebensowol auf Hyères paßt das Lied: „Kennst du das
Land, wo die Citronen blühn."

Das Meer scheint ein uferloser, ruhiger, lächelnder
See, vom Sonnenglanz vergoldet, elastisch unter dem
leichten Nachen sich schmiegend, der wie ein Pfeil seine
funkelnde Fläche durchfurcht. Welch ein wohlthätiger
Lufthauch weht herüber von ihm! wie lispelt er so mild,
so geheimnißvoll in den saftigen Blättern, in den
schwellenden Blüten, in den wogenden Zweigen! welche
Klarheit in der Höhe, welche Lauterkeit in der Tiefe!
Himmel hier und dort.

Hyères ist ein entzückender Ort, eines jener Zauber=
bilder, wie nur Ariosto's glühende Einbildungskraft sie
zu ersinnen vermocht, wie Fénélon's malerische Feder
sie im Telemach geschildert, wie man sie nur in den
Feereien eines Sommernachttraums, in dem Reiche
Oberon's oder in Titania's Paradiese zu finden vermag.

---

*) Gebürtig aus dem Flecken Klippenheim, im Großher=
zogthum Baden, erwarb dieser Mann sein großes Vermögen
in London und starb vor einigen Jahren in Hyères. Seines
edlen Charakters und der seinem Vaterlande erwiesenen zahl=
reichen Wohlthaten wegen erhob ihn der jetzige Großherzog
von Baden in den Adelstand und legte ihm den Titel eines
Freiherrn von Ortenberg bei.

Der Narwal.

Der Narwal gehört nebst dem Walfische, Delphin, Kaschelot, Pottfisch zu der merkwürdigen Ordnung der Walfischarten oder Fischsäugthiere (Cetaceen), die in ihrer ganzen äußern Körperbildung mit den Fischen große Ähnlichkeit haben, ja vielmehr völlig übereinstimmen, daher sie auch lange Zeit zu denselben gerechnet wurden, nach ihrem innern Baue aber den Säugthieren völlig gleichen, indem sie durch Lungen Luft schöpfen und warmes rothes Blut haben, sowie Saugwarzen, an denen ihre Jungen, die sie lebendig gebären, Milch saugen. Sämmtliche Thiere dieser Ordnung leben zwar beständig im Wasser, da sie aber, wie bemerkt, durch Lungen athmen, müssen sie oft an die Oberfläche herauf, um Luft zu schöpfen, und wenn sie schlafen, ganz oben auf dem Wasser liegen. Was nun den Narwal insbesondere betrifft (lateinisch **Monodon Monoceros**, im Deutschen auch Seeeinhorn, Einhornfisch genannt), so ist derselbe von gräulicher Farbe mit schwarzen Flecken auf dem Rücken und erreicht eine Länge von 20—30 Fuß, während er im Durchmesser drei bis vier Fuß dick wird. Der Kopf, der beim Walfische und Kaschelot so ungeheuer ist, ist verhältnißmäßig nicht groß, besonders klein aber sind Mund und Augen. Vorzüglich merkwürdig sind die aus der Oberkiefer hervorragenden zwei Stoßzähne, von denen sich jedoch in der Regel nur der eine, und zwar der linke, entwickelt. Dieser an zehn Fuß lange, gerade, weiße Zahn, gewöhnlich das Horn des Einhorns genannt, ist an der Oberfläche schraubenförmig gewunden, selten ganz glatt und überall fast gleich dick, nur nach der Spitze zu wird er allmälig etwas dünner; an der Wurzel ist er hohl. Er mag dem Thiere wol als Waffe gegen seine Feinde dienen,

doch scheint es selten Gebrauch davon zu machen, denn er ist beständig mit Moos, kleinen Muscheln u. dergl. bedeckt; nur die Spitze ist gewöhnlich etwas abgestumpft, vielleicht weil es sich desselben bedient, um Weichthiere, die ihm zur Nahrung dienen, von den Felsen loszumachen. Dergleichen Einhornzähne, die an der Luft gelb oder bräunlich werden, werden wie Elfenbein verarbeitet, man sieht sie auch öfter in den Sammlungen und in großen Drogueriehandlungen hängen. Die Rückenflosse fehlt dem Narwal und die Schwanzflosse steht, wie bei allen Thieren dieser Ordnung, nicht, wie bei den Fischen, vertical, sondern wagrecht. Er lebt in dem nördlichen Eismeere und in dem atlantischen Ocean; alle seine Bewegungen sind lebhaft und er schwimmt außerordentlich schnell. Als Nahrung dienen ihm kleine Meerthiere, auch wol Seegras. Viele Reisende haben mancherlei von seiner Feindschaft mit dem Walfische erzählt, mit welchem er sich in schreckliche Kämpfe einlasse, aus denen er gewöhnlich als Sieger hervorgehe, indem er geschickt sein Horn in die weichen Theile des Meerriesen zu bohren verstehe. Vielleicht gehört dies ebensowol in das Gebiet der Dichtung, als was man noch von ihm berichtete, daß er nämlich zuweilen seine Waffe mit solcher Gewalt und so tief in den Kiel der Schiffe stoße, daß er sich selbst nur durch Abbrechen derselben wieder frei machen könne. Der Name Narwal heißt übrigens im Isländischen so viel als aasfressender Walfisch (von Nar, Aas); das Thier erhielt ihn deswegen, weil man auch Aas für seine Nahrung hielt.

Herausgegeben unter Verantwortlichkeit der Verlagshandlung F. A. Brockhaus in Leipzig.

Das Pfennig-Magazin

für

Verbreitung gemeinnütziger Kenntnisse.

427.]   Erscheint jeden Sonnabend.   **[Juni 5, 1841.**

Katharina II.

Katharina II., welche Rußland von 1762—96 mit ungewöhnlichem Glücke beherrschte und für das unermeßliche Land ein zweiter Peter der Große war, wurde am 2. Mai 1729 in Stettin geboren, wo ihr Vater, Fürst Christian August von Anhalt-Zerbst, Gouverneur war. In ihrem ersten Lebensjahre auf Friedrich's des Großen Vorschlag von der Kaiserin Elisabeth für ihren Neffen Peter zur Gemahlin gewählt, trat sie am 9. Juli 1744 zur griechischen Kirche über, wobei ihr ursprünglicher Name Sophie Auguste Friederike in Katharina Alexiewna verwandelt wurde, und wurde mit dem gedachten Großfürsten, damaligem Thronfolger des russischen Reichs, am 1. Sept. 1745 vermählt.

Es gibt wenig Menschen, die mehr vergöttert und zugleich mehr verleumdet worden sind, als diese große Frau, ein Beweis, daß sie, wie alle Sterblichen, bei ihren vielen guten Eigenschaften auch ihre schwachen Seiten hatte. Das erste verhängnißvolle Ereigniß in ihrem Leben ist die Thronbesteigung ihres Gemahls im Anfange des Jahres 1762. Bald nach derselben ging das Gerücht, der Kaiser werde seine Gemahlin verstoßen und sich mit einem Hoffräulein, Elisabeth Woronzoff, mit welcher er in sehr vertrauten Verhältnissen lebte, vermählen. Dieses Gerücht verfehlte nicht zu den Ohren Katharina's zu gelangen, die ihm um so mehr Glauben beilegen mußte, als sie die große Abneigung ihres Gemahls gegen sie kannte und wußte, daß nun nichts mehr vorhanden sei, was ihn abhalten konnte, seiner Neigung zu folgen. Unter solchen Umständen hätte sie auch bei weniger Ruhmliebe auf ein Mittel denken müssen, sich in ihrer Stellung zu erhalten. Zu diesem Mittel bot sich ihr die dumpfe Unzufriedenheit, welche Peter durch sein unpolitisches Benehmen bei Truppen, Volk und Geistlichkeit verursacht hatte, dar. Durch eine Freundin, die Fürstin Daschkow, die Schwester der

Geliebten des Kaisers, gewann sie den viel vermögenden Grafen Panin, der durch seine Klugheit das Gelingen der zum Sturze des Kaisers angezettelten Verschwörung außer Zweifel setzte.

In der Nacht zum 8. Juli 1762 wurde dieser Sturz ohne Blutvergießen ausgeführt. Während sich Peter nach dem Lustschlosse Peterhof begab, eilte Katharina nach der Hauptstadt, wo man zwei Compagnien des Ismailowschen Regiments für ihren Sohn Paul vereidet hatte. Sie erschien, von Gregor Orlow begleitet, vor den Casernen und rief die Soldaten zu ihrem Beistande auf. Das herbeigelaufene Volk glaubte, der Kaiser sei todt und die Kaiserin wolle ihrem Sohne die Thronfolge sichern, und bezeugte durch ein tausendstimmiges Hurrah seine Freude darüber; aber bald wurde es durch ein Manifest enttäuscht und erfuhr, daß das zu Gunsten Paul's Unternommene zu Katharina's Gunsten gewendet worden war.

Bei mehr Entschlossenheit hätte Peter jetzt noch leicht den Zweck der Verschwörung vereiteln können; denn wenn er, wie ihm Münnich rieth, sogleich nach Kronstadt gegangen wäre, wo er eine ihm ergebene zahlreiche Besatzung gefunden hätte, so würde sich Katharina des eben bestiegenen Thrones nicht lange erfreut haben. Aber er begab sich erst dann nach Kronstadt, als es bereits in Katharina's Gewalt war, und hörte auch jetzt nicht auf Münnich, der ihm nach Reval zu schiffen und die in Preußen stehende 80,000 Mann starke Armee aufzusuchen rieth, sondern folgte Denjenigen, die der Meinung waren, er solle sich lieber mit seiner Gemahlin aussöhnen. So kam er in die Gewalt seiner Feinde, mußte eine Entsagungsurkunde unterzeichnen und endete sechs Tage darauf, als man unter dem Volke und den Truppen über seine unwürdige Behandlung zu murren begann, auf eine greuelvolle Art unter Orlow's Händen sein Leben. Welchen Antheil Katharina an der schaudervollen Ermordung ihres Gemahls gehabt habe, ist unbekannt, aber Alles spricht dafür, daß dieselbe nicht unmittelbar von ihr ausging. Die Verschworenen hatten nur die Wahl zwischen eigenem Verderben und dem Tode des gestürzten Kaisers. Katharina fügte sich, als die That geschehen war, in die Umstände, die ihr so günstig waren, und ungeachtet alles Dessen, was man ihr mit Recht zum Vorwurfe machen mag, bleibt sie eine der größten Regentinnen, welche die Weltgeschichte kennt. Es gibt keine Regententugend, die sie im Laufe ihrer langen Regierung nicht aufs glänzendste bewährt hätte.

Mit dem Tode ihres Gemahls waren die Gefahren noch lange nicht vorüber, welche ihrem Throne drohten, aber hatte sie ihn durch Entschlossenheit errungen, so wußte sie ihn durch Umsicht zu behaupten. Am meisten war jetzt der unglückliche Iwan III. zu fürchten, der Sohn der Großfürstin Anna und des Prinzen Anton Ulrich von Braunschweig-Wolfenbüttel, der schon in der Wiege nach dem Tode der Kaiserin Anna im J. 1740 zum Kaiser aller Reußen erklärt, aber von der Kaiserin Elisabeth 1741 entthront worden war und seitdem in einem tiefen Kerker zu Schlüsselburg schmachtete. Wie leicht konnten sich Unzufriedene seiner bedienen, um eine neue Revolution zu bewerkstelligen. Seine Wächter erhielten daher den Befehl, ihn sogleich zu ermorden, wenn ein Versuch gemacht würde, ihn zu befreien. In der That wurde dieser Versuch zwei Jahre nach Peter's Tode von dem Unterlieutenant Wasil Mirowitsch gemacht, und darum Iwan von den Wächtern am 5. August 1764 ermordet.

Katharina schien nun sicher auf ihrem Throne zu sein; auch vergingen zehn volle Jahre, ohne daß ihre Sicherheit auf irgend eine Weise gefährdet worden wäre. Da drohte auf einmal Gefahr von einer Seite, woher sie am wenigsten erwartet werden konnte. Ein donischer Kosack, Namens Pugatschew, wagte an dem schon zwölf Jahre stehenden Throne zu rütteln. Die Bemerkung eines Offiziers, daß er Peter III. auffallend ähnlich sei, brachte ihn auf den Gedanken, sich unter seinen Landsleuten für diesen Kaiser auszugeben, der, wegen seiner Nichtachtung der russischen Geistlichkeit, bei denselben in sehr gutem Andenken stand. Er begab sich daher aus einem griechischen Kloster in Polen, wohin er, als man ihm in Rußland seinen Abschied verweigerte, geflohen war, zu den Kosacken am Jaik, welche gerade über die gegenwärtige Regierung sehr erbittert waren, weil sie ihnen einige Stücke ihrer Nationaltracht nehmen wollte. Er fand, wie er vorausgesehen hatte, großen Anhang und hätte, wenn er seine ersten Erfolge besser benutzt hätte, den bestehenden Thron gewiß gestürzt, wenn er ihn auch schwerlich selbst bestiegen hätte. Statt aber in der rechten Zeit nach Moskau zu marschiren, wo eine Menge von unzufriedenen Großen auf ihn harrte, brachte er die kostbare Zeit vor Orenburg und Katharinenburg zu und richtete erst dann sein Augenmerk auf Moskau, als es nicht mehr möglich war, es zu erreichen. Er wurde von Michelson geschlagen und darauf von seinen Freunden den russischen Generale ausgeliefert. Katharina ließ ihn am 21. Jan. 1775 in Moskau enthaupten, ohne zu verlangen, daß er seine Mitschuldigen nennen solle, ein Verfahren, durch das sie ihrem Throne mehr Halt gab, als wenn sie jeden Mitschuldigen von der Erde vertilgt hätte.

In der That blieb sie von nun an bis an ihren Tod (17. Nov. 1796) im unangefochtenen Besitze ihres Thrones. Sie wußte durch Unternehmungen von dem glänzendsten Erfolge ihre Befähigung zur Herrschaft außer Zweifel zu setzen; Polen und die Türkei mußten Gelegenheit dazu geben. Das Vorspiel zu den Gewaltthätigkeiten gegen Polen war die Zurückfoderung Kurlands für Biron, der, von Peter III. aus seiner Verbannung zurückgerufen, Katharina's Schutz öffentlich angerufen hatte. Der Prinz Karl von Sachsen, der von seinem Vater, August III., König von Polen, das Herzogthum als polnisches Lehen erhalten hatte, mußte das Land räumen, so sehr er sich auch weigerte. Da der König August bald darauf (5. Oct. 1763) in Dresden starb, so bediente sich Katharina der in Kurland stehenden Truppen, um ihrem Willen in Bezug auf die Wiederbesetzung des polnischen Thrones Nachdruck zu geben. Unter dem Geklirre russischer Säbel wurde ihr ehemaliger Liebling Stanislaus Poniatowski zu Könige gewählt und ihr zu Ehren am heiligen Katharinentage gekrönt. Aber er war nur ein Schattenkönig und führte durch seine Charakterschwäche, indem er sich bald auf Katharina stützte, bald unabhängig von ihr sein wollte, die berüchtigten drei Theilungen Polens herbei.

Die Verwickelungen in Polen führten zu dem ersten Kriege Katharina's mit den Türken. Durch Repnin war die Conföderation der Dissidenten, d. h. der nicht unirten Griechen und der Protestanten, welche die ihnen durch den Vertrag von Oliva gewährten Rechte mit dem Sturze Karl's XII. verloren hatten, gewaltsam nach Warschau versetzt worden und der Reichstag (im Oct. 1767) gezwungen worden, den Dissidenten vollkommene Gleichheit der Rechte mit den Katholiken zu ertheilen. Entrüstet darüber und auf die Hülfe Frankreichs und der

Türkei rechnend, trat zu Bar in Podolien eine Conföderation zusammen und ergriff die Waffen gegen die russischen Heere. In diesem Kriege flüchteten sich Conföderirte auf türkisches Gebiet. Russische Truppen folgten ihnen und verübten Brand und Plünderung auf türkischem Boden. Darum erklärte der Sultan Mustapha Rußland den Krieg, in dessen Folge die Moldau und Walachei, sowie die wichtige Halbinsel Krim, in russische Hände geriethen. Zwar gaben die Russen (1774) ihre Eroberungen wieder zurück, aber sie legten durch Erringung der Unabhängigkeit der Krim den Keim zur Erwerbung dieses schönen Landes.

Dänemark machte sich Katharina durch die Bande der Dankbarkeit unterwürfig, indem sie den Gottorpschen Antheil an Holstein gegen die Grafschaften Oldenburg und Delmenhorst abtrat und auf Schleswig ganz Verzicht leistete. Ihre Absichten auf Schweden wurden durch Gustav's III. energisches Auftreten durchkreuzt.

Im J. 1788 brach der zweite türkische Krieg aus, der den Erbfeind der Christenheit vertilgen und den Ruhm Katharina's vollenden sollte. Obgleich Katharina in diesem Frieden nicht minder glücklich war als in dem ersten, so entgingen die Türken doch auch dieses Mal dem ihnen zugedachten Schicksale, und Katharina nahm abermals von Polen, was sie von der Türkei nicht erlangen konnte.

Es ist nun Zeit, auch einen Blick auf Katharina's Wirken nach innen zu werfen, durch das sie weit höhere Bewunderung verdient als durch ihr Wirken nach außen. Mitten unter den Genüssen einer orientalischen Machtfülle entwarf sie mit eigener Hand die Instruction zu einem Gesetzbuche, in welcher die Gedanken und Ansichten der damals gefeierten Schriftsteller, besonders Montesquieu's, mit Wärme dargestellt sind. Da sie der Ansicht war, der Gesetzgeber müsse sich in seinen Gesetzen nach dem Geiste des Volkes richten, mußten alle Provinzen des ausgedehnten Reichs Abgeordnete nach Moskau schicken und eine Versammlung bilden, in der alle Classen ihrer Unterthanen vertreten waren. Aber die Erfahrung zeigte bald, daß von diesen unvorbereiteten Männern für das Gesammtwohl des Staates nichts Ersprießliches zu erwarten stand; die Versammlung wurde daher bald wieder aufgelöst, und Katharina beschloß nun, allein eine neue Gesetzgebung zu Stande zu bringen. Für diesen Zweck setzte sie die Statthalterschaften auf 400,000 Bewohner herab und theilte jede in Kreise von 40,000 Menschen. Der Gouverneur sollte der Sachwalter der allgemeinen Wohlfahrt, der Vertheidiger der Unterdrückten und der Absteller von Mißbräuchen aller Art sein. Jedermann sollte nur von seines Gleichen gerichtet werden. In jeder Statthalterschaft gründete Katharina noch zwei Anstalten, aus welchen sich fortwährend ein Strom von Wohlthaten über alle leidenden Unterthanen ergießen sollte, ein Gewissensgericht mit der Sorge für alle Bedrückten und der Pflicht, die Händel so viel als möglich in Güte beizulegen, und eine Behörde der allgemeinen Fürsorge mit der Aufsicht über alle Schulen und Wohlthätigkeitsanstalten.

Sie wünschte so sehr, das Gefühl freier persönlicher Selbständigkeit in den Gemüthern ihrer Unterthanen zu befestigen, daß sie in einem besondern Ukas den Namen Sklav, womit sich die Russen ihrem Regenten gegenüber bezeichneten, förmlich abschaffte. Um für ihre Anordnungen in den Gemüthern eine geistige Unterlage zu gewinnen, machte sie die Erziehung und Bildung ihres Volkes zu einem vorzüglichen Gegenstande ihrer Sorge, indem sie die Anstalten vervollkommnete, welche bereits vorhanden waren, und neue gründete. Sie errichtete daher eine besondere Erziehungscommission mit der Aufgabe, Normalschulen im ganzen Reiche anzulegen, Bildungsanstalten für Lehrer zu gründen und die zu befolgenden Unterrichtsmethoden anzugeben. Für den Unterricht ihrer Enkel schrieb sie selbst ein Werk, das unter dem Titel „Bibliothek der Großfürsten" bekannt ist. Um die Russen mit den geistigen Erzeugnissen des Alterthums und des Auslandes bekannt zu machen, verfaßte sie selbst eine Menge Übersetzungen und munterte durch Belohnungen auch Andere dazu auf. Ebenso förderte sie auf alle Weise die Versuche, eine einheimische Literatur zu gründen, und schrieb selbst verschiedene Schauspiele in russischer Sprache.

Ferner sorgte sie für den innern und äußern Handel, indem sie alle Monopole aufhob, die Peter der Große hatte bestehen lassen. Sie gab der Kaufmannschaft ein Seerecht und eine Schiffahrtsordnung und ließ für Kauffahrteischiffe ansehnliche Werfte bauen. Auf die Stelle eines türkischen Forts ließ sie durch den Eroberer desselben, den Contreadmiral Ribas, als ein Seitenstück zu Petersburg die Stadt Odessa gründen, die heutzutage bereits gegen 70,000 Einwohner zählt. Kurz, sie leistete, ungeachtet der Schwächen ihres Geschlechts, die auch sie nicht verleugnen konnte, was unter tausend Männern an ihrer Stelle kaum einer würde geleistet haben, und hat deshalb die begründetsten Ansprüche auf den Dank und die Bewunderung der Nachwelt.

Elektro-Magnetismus und Magneto-Elektricität.

Schon längst hatte man einen Zusammenhang zwischen Elektricität und Magnetismus aufgesucht und vermuthet, andererseits aber bestritten, als es 20 Jahre nach der Erfindung der Volta'schen Säule dem dänischen Physiker Örsted gelang, jenen Zusammenhang auf unzweifelhafte Weise darzuthun und dadurch den Grund zu einem neuen überaus wichtigen Gebiete der Physik zu legen. Die zuerst im Winter 1819—20 von Örsted beobachtete Erscheinung ist folgende. Wenn man den Schließungsdraht einer Volta'schen Säule oder galvanischen Kette im magnetischen Meridiane ausspannt und in horizontaler Richtung über oder unter einer Magnetnadel vorbeigehen läßt, so wird diese dadurch nach Befinden östlich oder westlich abgelenkt und man erkennt deutlich die Spuren einer Kreisbewegung, welche die Nordspitze der Magnetnadel um den horizontal ausgespannten Draht zu führen strebt; wird die Richtung des elektrischen Stroms umgekehrt, so findet die Ablenkung in entgegengesetzter Richtung als vorher statt; die ablenkende Kraft ist noch in zehn Fuß Entfernung wahrzunehmen. Nicht blos bei starken Apparaten findet diese Ablenkung statt, sondern schon bei einem einzigen Plattenpaare; zwei nur mäßig große Platten von Zink und Kupfer zeigen die Wirkung sogar noch besser als starke Säulen von vielen Platten. Die Wirkung wird sehr bedeutend verstärkt, wenn man den Draht in vielen Windungen um eine Magnetnadel herumgehen läßt; hierzu bedient man sich am besten der von Schweigger erfundenen sogenannte Multiplicator, d. h. ein mit Seide übersponnener Metalldraht (am besten Kupferdraht), der in vielen spiralförmigen Windungen gebogen ist, zwischen denen sich die an einem Seidenfaden hängende Magnetnadel befindet. Hierbei bedient man sich am besten der astatischen Magnetnadel oder Nobili'schen Doppelnadel man erhält dieselbe, wenn man zwei möglichst gleiche Magnetnadeln an einer gemeinschaftlichen Axe so verbindet, daß ihre freundschaftlichen Pole einander gegenüberstehen, wodurch bewirkt wird, daß sie ihr Bestreben, eine bestimmte Richtung gegen die Weltgegenden anzunehmen, ganz verlieren, weil der Erdmagnetismus sie nach entgegengesetzten Seiten zu drehen strebt, und daß sie in jeder willkürlichen Lage zur Ruhe kommen können; bringt man nun die eine Nadel über, die andere unter den Drahtwindungen an, so werden beide nach der nämlichen Seite abgelenkt und die auf eine einzige Nadel ausgeübte Wirkung erscheint verdoppelt. Der große Nutzen, den diese Ablenkung der Magnetnadel durch den galvanischen Strom gewährt, besteht darin, mittels eines dazu eingerichteten Apparats, des sogenannten Magnetometers, auch die kleinsten Spuren von galvanischer Elektricität anzuzeigen, die auf keine andere Weise zu bemerken gewesen wären, und wenn zwei Platten von beliebigen Metallen miteinander zu einer Kette verbunden sind, so gibt die Richtung, nach welcher hin die Magnetnadel abgelenkt wird, sogleich zu erkennen, welches von beiden Metallen positiv und welches negativ ist, woraus sich die galvanische Reihenfolge der Metalle leicht herleiten läßt. Ehemals glaubte man, daß ein durch Reibung erzeugter elektrischer Strom ohne alle Wirkung auf die Magnetnadel bliebe, nach den neuesten Versuchen aber ist es ausgemacht, daß sowol die gehörig verstärkte Reibungselektricität, als auch die atmosphärische, von der Natur bei Gewittern erzeugte Elektricität die Magnetnadel bedeutend abzulenken vermag.

Der elektrische Strom zeigt sich aber auch dadurch magnetisch, daß er Eisentheile anzieht und Eisen und Stahl magnetisch machen kann. Läßt man einen starken galvanischen Strom (stark genug, um dünnen Platindraht zu schmelzen) durch einen Schließungsdraht fließen, gleichviel ob derselbe aus Platin, Kupfer, Silber oder Messing besteht, so zieht er eine bedeutende Menge Eisenfeilicht an, wobei die Eisentheilchen sich in aufrechtstehende Büschel oder Nadeln ordnen, und hält es gleich einem Magnete fest, was sich noch leichter sichtbar machen läßt, wenn man einen spiralförmig gewundenen Draht nimmt, dessen Windungen etwa ½ Zoll voneinander entfernt in einer horizontalen Ebene liegen und eine flache Scheibe bilden. Das Eisenfeilicht drängt sich dann hauptsächlich nach der Mitte der Spirale und bildet hier aufrechtstehende Fasern von ½ Zoll Höhe. Bedeckt man die Scheibe mit einer Glastafel und bestreut diese mit Eisenfeilicht, so bildet dasselbe einen schönen Stern, dessen Mittelpunkt mit dem der Spirale zusammenfällt und dessen Strahlen die Windungen derselben rechtwinklig durchschneiden. Durch Reibungselektricität hat man noch keine Wirkung dieser Art hervorgebracht.

Der elektrische Leitungsdraht kann in Stahlnadeln bleibenden Magnetismus erzeugen. Zuerst gelang es dem französischen Physiker und Astronomen Arago, Stahlnadeln auf diese Weise magnetisch zu machen. Legt man eine Nadel quer über oder unter den geraden Schließungsdraht oder streicht ihre Enden an demselben in derjenigen Richtung, in welcher der Nordpol der Nadel um denselben herumzulaufen strebt, so wird die Nadel magnetisch und zwar an dem zuletzt abgezogenen Ende südpolarisch. Leichter und kräftiger geschieht das Magnetisiren der Nadeln durch cylindrisch oder schraubenförmig gewundene Drähte, wenn die Nadel in die Windungen derselben gebracht wird; sie wird in diesem Falle selbst dann magnetisch, wenn sie sich mit dem

Drahtgewinde unter Wasser, unter Eis oder in einer an beiden Seiten verschlossenen Glasröhre befindet, noch stärker aber in einer von den Windungen umgebenen Messingröhre; nur eine Röhre von Eisenblech hebt die Wirkung völlig auf. Man kann auch die zu magnetisirende Nadel unmittelbar mit dem Drahte umwickeln, der aber in diesem Falle mit Seide (Nähseide oder Seidenband) umsponnen und dadurch isolirt sein muß, sodaß der galvanische Strom nicht auf die Nadel übergehen kann, sondern denselben umkreisen muß. Statt der Seide kann man Streifen von Wachstaffet oder gut gewichsten Haubendraht zur Isolirung brauchen, die bei allen dieser Versuchen von Wichtigkeit ist. Ob übrigens die Windungen um Glas, Seide, Papier, Wachstaffet, Leinwand, Holz u. s. w. gewunden sind und diese Substanzen die Stahlnadeln einschließen, macht durchaus keinen Unterschied. Diese Magnetisirung von Nadeln wird auch durch Reibungselektricität bewirkt, wenn man sie durch einen Leitungsdraht gehen läßt; man muß sie aber in Funken anwenden, welche sowol einfach als verstärkt sein können. Ein einziger starker Funke reicht dazu hin und eine einzige große Flasche ist weit wirksamer als eine Batterie. Läßt man die Windungen eines Drahts zuerst nach einer Richtung laufen, dann in der entgegengesetzten, und wiederholt diese Abwechselung mehrmals, so kann man in derselben Nadel mehre abwechselnde Pole erzeugen; auf diese Weise hat man z. B. einmal durch achtmaligen Wechsel einen 24 Zoll langen Stahlstab mit 16 Polen erhalten. Legt man die Nadel auf eine ebene Spirale, sodaß sie einen Durchmesser bildet, so erhält sie an den Enden zwei gleiche, in der Mitte den entgegengesetzten Pol.

Ungleich auffallender sind die mit weichem Eisen angestellten Versuche, aus denen sich ergeben hat, daß man durch den galvanischen Strom Magnete von ungeheurer Kraft erhalten kann, deren Magnetismus freilich nur vorübergehend ist (man nennt daher solche Magnete temporaire Magnete) und nicht viel länger als der galvanische Strom selbst dauert, eine Entdeckung, die der neuesten Zeit angehört. Man bedarf dazu keiner eigentlichen Säule, sondern eines einzigen Plattenpaares, am besten eines cylindrischen Kupfergefäßes, in welches ein Zinkcylinder eingesenkt und welches mit verdünnter Säure gefüllt wird. Das Verfahren ist folgendes. Man nimmt eine in Hufeisenform gebogene Stange weichen Eisens, das mit starkem Kupferdraht, der mit Seidenfäden umsponnen oder mit Siegellackfirniß überzogen ist, in vielen Windungen schraubenförmig umwunden ist. Die Enden dieses Drahts tauchen in zwei Schälchen mit Quecksilber, in welche auch diejenigen Drähte getaucht sind, welche mit den Polen des galvanischen Apparats in Verbindung stehen und am besten an die Platten angelöthet sind. Sind alle Drähte eingetaucht und dadurch die Kette geschlossen, so verwandelt der galvanische Strom das Hufeisen in einen starken Magnet; legt man an die Enden desselben einen eisernen Anker, so wird dieser nicht nur von dem Hufeisen festgehalten, so lange die Kette geschlossen bleibt, sondern kann sogar angehängte Gewichte tragen, fällt aber sogleich ab, sobald einer der Drähte aus seinem Quecksilbergefäße gezogen wird. Den dazu gehörigen Apparat machte der englische Physiker Brewster 1826 bekannt, aber erst 1830 wurden die Physiker des Festlandes darauf aufmerksam. Die stärksten Magnete sind auf diese Weise von den nordamerikanischen Physikern Joseph Henry und Ten Eyck hervorgebracht worden, und die stärkste Wirkung gab folgender Versuch. Sie nahmen eine 3 Zoll dicke, 30 Zoll lange, 59½ Pfund schwere Stange schwedischen Eisens, die in ein 12 Zoll hohes Hufeisen umgebogen und mit messingenem, mit Baumwollfäden umsponnenem Glockendrahte von 728 Fuß Länge (in 26 Abtheilungen) umwickelt war. Nach Schließung der galvanischen Kette trug das Hufeisen die ungeheure Last von 20 Centnern, gegen welche die Leistungen der stärksten bisher bekannten natürlichen und künstlichen Magnete nur unbedeutend zu nennen sind. Auch nach dem Aufhören des galvanischen Stromes dauerte der Magnetismus einige Zeit fort; bei dem einen Versuche trug das Hufeisen noch einige Tage darauf 4 Centner, bei einem andern drei Tage lang noch 1½ Centner. Die vorhingenannte größte Wirkung wurde mit einer Batterie von 4⁷⁄₉ Quadratfuß Metalloberfläche erhalten, aber auch ein Plattenpaar von nur 1 Quadratzoll bewirkte eine Tragkraft von 85 Pfund. Ein Eisendraht, der 1 Zoll lang, mit 3 Fuß Messingdraht umwunden und sechs Gran schwer war, erhielt mit einer so kleinen Plattenpaaren die Fähigkeit, 2338 Gran oder fast 10 Loth, also fast 400 Mal sein eignes Gewicht zu tragen. Reibt man stählerne Nadeln und Stäbe an magnetischem Eisen, so werden sie dadurch bleibend magnetisch (und zwar bis zur Sättigung), wenn sie es aber schon sind, bedeutend verstärkt.

(Der Beschluß folgt in Nr. 428.)

Die Lagartos.

Der Fluß Guayaquil in Südamerika mit seinen Armen und vielfältigen Mündungen ist außerordentlich reich an einer Krokodilart, Lagartos genannt, die man scharenweise am Ufer in der Sonne ihre Siesta haltend erblicken kann. Oberhalb der Stadt Guayaquil nimmt der Fluß eine westliche Richtung, wodurch das rechte Gestade eine Bucht bildet, die ganz besonders von den Lagartos zu ihrem Erholungs= und Versammlungsplatze erwählt zu sein scheint. Europäer, die auf ihrer Reise hierher kommen, verfehlen dann auch gewöhnlich nicht, jenen Ungeheuerlein zu besuchen, um sich die ihnen ungewohnte Erscheinung in der Nähe zu betrachten, wobei aber, wenn man sich auf kleinen Booten naht, Vorsicht nöthig ist, da die Lagartos schlau genug sind, mit ihren Vorderfüßen den Kahn umzuschlagen und wo möglich einen von den Neugierigen zu verzehren. Es kommt öfter vor, daß sie sich einen schlafenden Indianer von den Flößen herabholen, mit ihrem Raube dann auf den Grund des Flusses hinabtauchen und ihn dort ungestört verschlingen. Hat der Lagarto einmal Menschenfleisch gekostet, so pflegt er andere Nahrung, Fische und vierfüßige Thiere zu verschmähen. Bemerkenswerth ist es, daß die Hunde, welche zum Flusse kommen, um zu trinken, am Ufer durch ein Gebell den furchtbaren Feind anlocken und sich dann schnell entfernen, um an einer andern sichern Stelle ihren Durst zu löschen.

In der Regenzeit, wenn die Umgegend weit und breit vom Flusse unter Wasser gesetzt wird, gehen die Lagartos so weit ins Land hinein, daß sie sich bisweilen, wenn sie nach dem Flusse zurückkehren wollen, verirren und in den sumpfigen Ebenen so lange umherkriechen, bis die günstige Jahreszeit eintritt und die Sonnenhitze den schlammigen Boden fest macht. Da geschieht es denn, daß das unbeholfene Thier in dem anfangs noch zähen Erdreich stecken bleibt und, da dieses endlich steinhart wird, lebend gleichsam sein Grab

findet, über welchem es nur den Kopf aufrecht erhält. So lebt es nicht selten Monate lang und nährt sich dabei nur sparsam von den Insekten, die sich in seinen aufgesperrten Rachen verirren; ja, es kommt sogar vor, daß sie auf diese Art ihr Leben bis zur nächsten Regenzeit fristen, wo sie dann wieder losgeweicht werden. Die eingeborenen Bergbewohner gehen jedoch während der trockenen Jahreszeit gewöhnlich aus, um einen verirrten Lagartos zu suchen, und tödten sie entweder mit Lanzen, oder, wenn sie dieselben in dem eben beschriebenen Zustande finden, durch ein rund um den Kopf der Thiere angezündetes Feuer.

So fürchterlich dieses Thier ist, so unerschrocken gehen die Eingeborenen, an seinen Anblick gewöhnt, auf die Vernichtung desselben aus; besonders gern suchen sie es lebendig zu fangen, und zwar auf folgende Weise. Der Held bei dieser gefährlichen Unternehmung rüstet sich mit einem kurzen hölzernen Knittel, an dessen beiden Enden eiserne, mit Widerhaken versehene Spitzen und in dessen Mitte ein langer Riemen befindlich ist. Diese Waffe nebst einem lebenden Huhne nimmt er in die rechte Hand und begibt sich in den Fluß an die Stelle, wo er den Feind gewahrt. Indem er nun den rechten Arm dem Lagarto entgegenstreckt, schießt dieser begierig auf das Huhn zu, das ihm nun zwar von dem Kämpfer in den Rachen geschoben wird, zugleich aber auch der erwähnte Knittel, und zwar dieser in senkrechter Stellung. Während er das Maul wieder schließt, dringen ihm die beiden Eisenspitzen durch den Ober- und Unterkiefer, und so sieht er sich gefangen. Man zieht ihn dann an das Ufer und reizt ihn, wie bei Stiergefechten, noch eine Zeit lang durch Vorhalten eines rothen Mantels zur ohnmächtigen Wuth, bis man endlich, des Spiels müde, ihn durch Lanzenstiche tödtet. Im Todeskampfe zeigt sich das Thier in seiner ganzen Scheußlichkeit, indem die Wuth seine Augen aus dem Kopfe hervortreibt, und seine Krallen und die Schuppen des Rückens sich krampfhaft bewegen. Will man es ohne lange Marter tödten, so geht ein unerschrockener Indianer, nur mit einem großen Messer bewaffnet und in der linken Hand ebenfalls ein Huhn haltend, in das Wasser, gerade dem Lagarto entgegen, und während dieser nach dem Huhne schnappt, taucht jener schnell unter und bohrt ihm das Messer in den Leib.

Das Lagartoweibchen legt 80—100 Eier am Ufer, wo es dieselben in den Sand verscharrt und das Ausbrüten der Sonne überläßt. Diese Eier sind etwas größer als die einer Gans und haben eine dicke Schale und eine starke Haut. Wenn der Instinct das Thier belehrt, daß die Eier lange genug gelegen haben, so begeben sich Männchen und Weibchen an das Land; das letztere scharrt den Sand weg und zerbricht vorsichtig die Eier, worauf die Jungen schnell herauskommen und auf den Rücken der Mutter springen, welche nun mit ihnen ins Wasser eilt. Diejenigen, welche herabfallen, werden vom männlichen Lagarto gefressen, sodaß vielleicht nur zwei bis drei diesem Schicksale entgehen — eine weise Einrichtung der Natur, der zu großen Vermehrung dieses schädlichen Thieres vorzubeugen.

Über Hängebrücken.

Eine Hängebrücke besteht in der Regel aus folgenden Theilen: 1) aus dem Hängewerke, meist eisernen Ketten; 2) aus Hängestangen, welche an dem Hängewerke befestigt sind; 3) aus einem hölzernen, von den Hänge=

stangen getragenen Boden; 4) aus zwei Land= oder Widerlagspfeilern mit Verankerungsmauern, welche als Befestigungspunkte der Ketten dienen; 5) aus Trag= oder Stützpfeilern, welche über die Landpfeiler zu stehen kommen und die Ketten tragen.

Das Hängewerk kann aus Hanf, Holz oder Eisen bestehen, doch werden die beiden ersten Materialien ihrer geringern Dauerhaftigkeit wegen selten gebraucht. Hänge= brücken aus starken Seilen, von allen Constructionen die einfachste, sind in Asien und Südamerika schon seit Jahrhunderten in Gebrauch. Eisernes Hängewerk bilden entweder eigentliche aus Ringen bestehende Ketten oder Drahtseile, die aus parallel liegenden Drähten zu= sammengesetzt sind. Die Ketten sind an ihren Enden durch eiserne Bolzen und doppelte Ringe oder durchlöcherte Plat= ten verbunden. Zu Drahtseilen nimmt man Eisendrähte von etwa $\frac{1}{8}$ Zoll Stärke und verbindet sie durch Bän= der, die etwa 2—$2\frac{1}{2}$ Fuß voneinander abstehen, zu cy= lindrischen Bündeln. Um dem Eindringen des Wassers, was zuweilen wahrgenommen worden ist, vorzubeugen, ist neuerdings vorgeschlagen worden, die Drahtseile mit Röhren, die aus dünnen Metallplatten bestehen, zu um= hüllen; ein zweckmäßigeres Mittel scheint aber darin zu bestehen, daß das Seil seiner ganzen Länge nach mit geglühtem Eisendrahte umwickelt wird. Bei Verbin= dung der Drähte legt man die Enden der einen ent= weder um vier Zoll über die Enden der andern und umwickelt sie dann mit Schraubenwindungen eines dicken Drahtes. Die so gebildeten Seile werden entweder mit Firniß überstrichen, direct mit Bolzen oder Ankern verbunden, die sich in den Verankerungsmauern be= finden, oder mit starken Ketten verbunden, die in jenen befestigt sind. Nach Gerstner's Urtheil stehen die Stahl= und Drahtbrücken hinsichtlich des Tragungs= vermögens, der Kosten, der Senkung und der Schwin= gungen den Kettenbrücken von Stabeisen nach, die letz= tern aber sind für die größten Spannungen ausführbar, ebenso sicher als die ältern Brücken und meist weit wohlfeiler, besonders bei sehr tiefen Abgründen und tiefen und reißenden Strömen, auch schneller herzu= stellen und daher für die Schiffahrt weit weniger hin= derlich.

Die Hängestangen bestehen gewöhnlich aus Schmie= deeisen; sind sie aus Draht verfertigt, so heißen sie Hängeseile.

Die Brückenbahn besteht aus Theilen von Holz, Schmiede= oder Gußeisen, die an den Hängestangen befestigt sind, und auf denen wieder die die eigentliche Bahn ausmachenden Pfosten ruhen, welche ihrerseits die den Boden bildenden Breter tragen. Die zuerst genannten Theile sind in der Regel senkrecht auf die Länge der Brücke eingesetzt, was auch am zweckmäßig= sten ist; sie sind durch Längenbäume aus Tannen= oder Eichenholz fest miteinander verbunden. Der Quer= durchschnitt der Brückenbahn besteht aus zwei verschie= denen Theilen: den Gehwegen oder Trottoirs und dem Fahrwege, dessen Pfosten von den zum Trottoir die= nenden Längenbäumen um $1\frac{1}{2}$—2 Zoll abstehen, um dem Regenwasser freien Abzug zu verschaffen. Zweck= mäßig ist es, auf den Stellen des Fahrwegs, über welche die Räder der Fuhrwerke laufen, zum Schutze der Pfosten eiserne Schienen anzulegen.

Die Land= oder Widerlagspfeiler bestehen gewöhn= lich aus einem an seinen Ecken verstärkten Vorkopfe, auf welchem zwei Mauern senkrecht stehen. Die Ver= ankerungsmauern werden entweder mit geneigten oder mit theilweise senkrechten, theilweise geneigten Schach= ten versehen; doch ist die erstere Anordnung, bei wel=

cher die Reibung der Ketten an den Schachtwänden ganz vermieden wird, vortheilhafter und zugleich minder kostspielig. Verankerungen durch Schmiedeeisen und Tannenholz sind vorzüglich zu empfehlen. Die zur Aufnahme der Ketten dienenden Bolzen oder Anker werden gewöhnlich durch gußeiserne Platten festgehalten, die auf Schichten starker Quadersteine ruhen.

Die zur Tragung der Ketten nöthigen Stützpfeiler können aus Holz, aus Schmiede= oder Gußeisen und aus Mauerwerk construirt werden und sind entweder Uferpfeiler oder Zwischenpfeiler, je nachdem die Brücke ein Feld oder mehre Felder hat. Die Zwischenpfeiler, auf welche die beiderseitigen Ketten mit ungleicher Spannung wirken, erfodern eine größere Sorgfalt als die Uferpfeiler. Als Material ist Holz nicht zu empfehlen, weil es zu schneller Verderbniß ausgesetzt ist; Schmie= deeisen wird nur wenig angewendet und widersteht dem Zerdrücken weniger gut als Gußeisen, das zugleich wohl= feiler ist; den Vorzug aber verdient jedenfalls die Verwen= dung von guten Steinen, die größere Solidität gewähren.

Benutzung der Haut des Verbrechers als Gegenstand neuerer Gesetzgebung.

Kambyses, bekannt unter den alten Königen Persiens wegen seiner wahnsinnigen Grausamkeit, erfuhr hinsicht= lich seines Verfahrens wider den Sisamnes mehrfältige Rechtfertigung, obschon er ihn dem Schicksale des Marsyas unterwarf, denn er strafte in ihm den un= gerechten und bestechlichen Richter. Er gebot aber, daß der Richterstuhl mit seiner Haut beschlagen würde, und, wie sein Sohn als Nachfolger im Richteramt, Ottanes, so jeder künftige Richter, diesen Stuhl einnahm und hierbei ernstlich seiner Pflicht sowol der furchtbaren Ahndung ihrer Übertretung gedächte. Merkwürdig ist es, daß in neuern Zeiten ebenfalls, wenn auch nicht auf die Haut der ungerechten Richter insonderheit, doch auf die Haut der Missethäter überhaupt nach dem be= liebten Nützlichkeitsprincip speculirt worden ist, wozu das Schwert der Themis leider nur zu häufige Ge= legenheit verschaffte. Wo nicht eine geschärfte Strafe den Leichnam des Delinquenten der anatomischen Zer= gliederung entzog, wurde jener nach derselben den Gerbern verabfolgt, ja sie waren verpflichtet, sich der Verarbei= tung der auf diesem Wege erwachsenden Vorräthe zu unterziehen. Doch mochte es sich öfter ereignen, daß die Gewerbfleißigen, welche die Vorzüge des Materials anerkannten, von andern Zunftgenossen beleidigt und an ihrer Ehre angegriffen wurden, ja daß diese sie nicht in ihrer Zunft leiden wollten. Hierdurch wurde der be= rühmte Criminalist Carpzov, welcher sich selbst einer unge= mein großen, offenbar mit großer Übertreibung auf 20,000 geschätzten Zahl von ihm gefertigter Todesurtel rühmte, im Jahre 1631 zu einem Responsum veranlaßt, als nämlich die Menschenhautgerber wider in obiger Weise sie Beeinträchtigenden klagbar wurden, fiel seine Entscheidung dahin aus: „daß, da das Gemeinwohl (bonum publicum) die Zurichtung der Menschenhäute, als welche zu vielen nützlichen Sachen gebraucht werden mögen, erfodere, die Handwerker nach verbrachter Ana= tomie die Menschenhäute zu gerben schuldig seien, des= halb an ihren Ehren von Niemand angegriffen noch aus den Zünften gestoßen werden mögen, und bei fer= nerer Verweigerung von der Obrigkeit durch gebührliche Zwangsmittel billig anzuhalten wären." Von dieser längst abgekommenen Benutzung der Menschenhaut hat wol nur eine eigene rigoristische Pädagogik die Drohung oder Praxis: widerspenstigen Zöglingen das Fell tüchtig durchzugerben, entlehnt.

Die Fürstenthümer Moldau und Walachei.

Das ganze ausgedehnte Gebiet, das einerseits von dem Flusse Dniestr, andererseits von der untern Donau, Ungarn und Siebenbürgen begrenzt wird, bildete zu den Zeiten der Römer das Königreich Dacien. Als Kaiser Trajan es erobert hatte, wurden in demselben römische Colonien angelegt und die bewohnenden wilden Horden einigermaßen civilisirt. Noch jetzt nennen, um dies im Vorbeigehen zu bemerken, die Walachen sich Römer, bedienen sich auf ihrem Wappen des Adlers und tragen in Sprache, Sitten, Kleidung u. s. w. unzweifelhafte Spuren der Abstammung, deren sie sich rühmen. Beim Verfalle des römischen Reiches wurde Dacien nach der Reihe von den Gothen, Hunnen, Tataren und andern wilden Völkerschaften in Besitz genommen; vom 7. bis zum 9. Jahrhundert wurde es von Bulgaren und Slawen bewohnt. Im 13. Jahrhunderte hatten die Einfälle der Scythen und der Tataren unter Dschingis-Khan den größten Theil der ehemaligen Bevölkerung von Dacien ausgerottet, als das Land selbst getheilt wurde. Die beiden Theile desselben, nachmals unter den Namen Moldau und Walachei bekannt, wurden jedes in ein Fürstenthum verwandelt. Obgleich getrennt, behielten die beiden Länder mit geringer Verschiedenheit dieselbe Regierungsform, dieselbe Religion und Sprache, und nie sind sie bis auf den heutigen Tag feindlich gegeneinander aufgetreten, vielmehr haben sie immer in den bedeutendsten Perioden ihrer Geschichte ein gleiches Schicksal getheilt. Furchtbar wegen ihrer gemeinschaftlichen Interessen, wurde ihr Bündniß von den ungarischen und polnischen Königen gesucht (den letztern leisteten sie 1386 den Vasalleneid) und durch ihren Beistand behaupteten sie mehr oder weniger ihren Charakter unabhängiger Staaten bis zum Jahre 1417, wo Sultan Bajazet die Walachen tributpflichtig machte. Fast ein Jahrhundert lang hat die Walachei, bald allein, bald von den Ungarn unterstützt, vergebliche Versuche gemacht, das türkische Joch abzuschütteln.

Im J. 1520 setzte Sultan Mohammed II. nach Vertreibung des Woiwoden oder Fürsten der Walachei einen neuen Gouverneur unter dem Titel Pascha ein und ordnete die Verhältnisse der Bewohner durch Bestimmungen, die zum größten Theile noch jetzt in Kraft sind. Die Walachen sollten die ungestörte Ausübung ihrer Religion (der griechischen) und ihre gesonderte Regierung und Verfassung behalten; mit jeder mit der Pforte nicht im Kriege befindlichen Macht konnten sie nach Belieben Krieg führen oder freundschaftliche Verbindungen unterhalten; Moscheen sollten im Lande nicht erbaut werden und jeder Eingeborene, der den christlichen Glauben mit dem Islam vertauschen würde, sollte seine Geburtsrechte und sein väterliches Erbe aufgeben. Dafür sollten die Walachen andererseits gehalten sein, der Pforte einen jährlichen Tribut zu zahlen, und ihr, wo nöthig, diejenigen Bodenerzeugnisse, die sie nicht selbst consumirten, gegen Bezahlung überlassen. Diese letztere Bestimmung scheint das Hauptmittel der schweren tyrannischen Bedrückung gewesen zu sein, welcher nachher die Fürstenthümer so lange ausgesetzt waren. Im J. 1536 nahm die Moldau, um nicht erst durch Eroberung zur Unterwürfigkeit genöthigt zu werden, freiwillig dasselbe Verhältniß

wie die Walachei zum osmanischen Reiche an. Der türkische Einfluß nahm seit dieser Zeit so sehr überhand, daß 1544 ein Theil der Walachei dem Sultan völlig abgetreten wurde, der an der Donau die Festungen Ibrail, Giurgewo und Turno errichtete und Besatzungen in dieselben legte. Dies war der Zustand der Dinge im J. 1593, als der Woiwode Michael sich von der türkischen Herrschaft zu befreien beschloß. Mit Hülfe seiner Verbündeten vertrieb er die Türken aus den Festungen an der Donau und hielt sie völlig im Schach, bis Mohammed III., wiewol an der Spitze einer mächtigen Armee, nach langem Kriege seine Ansprüche aufzugeben genöthigt wurde. Michael's Tod stellte den frühern Zustand bald wieder her; in den Rathsversammlungen des Klerus und der Bojaren rissen Verwirrung und Zwietracht ein und der Sultan wurde in den Stand gesetzt, die Einwohner dadurch zu bestrafen, daß er ihnen die Wahl des Woiwoden nicht überließ.

Die Walachei war stets Gegenstand des Streites zwischen Polen und der Pforte, bis ersteres 1699 im Frieden zu Karlowitz seine Ansprüche ganz aufgab. Im J. 1710 unternahm Peter der Große einen Feldzug, in der Absicht, sich der Moldau und vielleicht auch der Walachei zu bemächtigen; er war nicht glücklich und entging der Vernichtung seines ganzen Heers nur durch die Geschicklichkeit seiner Gemahlin Katharina, welche den Großvezier zu bestechen wußte, um einen Waffenstillstand zu erlangen. Im folgenden Jahre setzte Sultan Achmed die Fürsten der Moldau und Walachei ab, weil sie den Angriff des russischen Zars begünstigt hätten, hob das Recht einer freien Wahl der Fürsten definitiv auf, vereinigte beide Länder und sandte einen aus den konstantinopolitanischen Griechen, die für diese Vergünstigung ansehnliche Summen zahlen mußten, gewählten Regenten ab. Nikolaus Maurokordato war der erste Woiwode, welcher über beide Fürstenthümer regierte. Seit dieser Zeit waren die Länder jeder Art von Erpressung und Bedrückung unterworfen, eine Folge des türkischen Gebrauchs, die Fürstenthümer nach dem Tode jedes Woiwoden oder Hospodars, wie der regierende Fürst nun auch häufig genannt wurde, an den Meistbietenden zu verpachten. Während des russisch-türkischen Krieges in den Jahren 1770—74, ferner 1789 und später 1806—12, als Napoleon auf dem Gipfel seiner Macht stand und die Pforte geneigt schien, ein Bündniß mit ihm zu schließen, besetzte Rußland die Fürstenthümer mit seinen Truppen, und welche Pläne diese Macht auch in Betreff derselben gehabt haben mag, unmöglich läßt sich die Wohlthat in Abrede stellen, welche sie den Fürstenthümern jedesmal vor ihrer Räumung durch die mit der Pforte abgeschlossenen Verträge verschafft hat. Die größten dieser Wohlthaten sind noch neuern Ursprungs. Die griechische Revolution ging im J. 1821 von hier aus; damals versuchten die Bewohner der Fürstenthümer, der türkischen Gewaltherrschaft müde und durch die geheime Unterstützung Rußlands kühn gemacht, ihre Unabhängigkeit wieder zu gewinnen. Auch diesmal mislang der Versuch; beide Länder wurden erst von türkischen, dann von russischen Truppen besetzt und kamen in den traurigsten Zustand. Eine ausbrechende Hungersnoth, welche die Landbewohner in manchen Districten nöthigte, von wilden Kräutern, Baumrinde u. s. w. zu leben, trug das Ihrige dazu bei. Die Bevölkerung schmolz in kurzer Zeit sehr bedeutend. Der beklagenswerthen Lage des Landes wurde erst durch den Friedensschluß von Adrianopel im J.

1829 ein Ende gemacht, durch welchen das Recht der Erwählung eines Fürsten oder Hospodars jeder Provinz den Bojaren zurückgegeben, eine Art Volksvertretung oder ein Senat, welchem die Wahl des Fürsten und Überwachung seiner Regierungsmaßregeln obliegen sollte, geschaffen, Handels= und Gewissensfreiheit, sowie Verantwortlichkeit der Minister zugesagt wurde. Seit diesem erst 1832 völlig in Kraft getretenen Vertrage datirt die Emancipation der Moldau und Walachei. National= gefühl und Gewerbfleiß sind seitdem unter den Bewohnern derselben immer mehr erwacht; durch die große Fruchtbarkeit des Bodens und den Wunsch, unter einer so viel versprechenden Regierung zu leben, sind Ansiedler aus den benachbarten Provinzen, namentlich zahlreiche Bulgarenfamilien, herbeigezogen worden und haben Ländereien gekauft, die dadurch sehr im Preise gestiegen sind; Kaufleute und Fabrikanten aus verschiedenen Theilen Europas haben große Etablissements hier angelegt; Alles zusammen begründet den Schluß, daß die Fürstenthümer auf dem besten Wege sind, glücklicher zu werden, als sie je gewesen sind.

Die Walachei wird auf drei Seiten, im Westen, Süden und Osten, von der Donau begrenzt, die sie von der Türkei (Servien und Bulgarien) trennt, im Norden aber theils von der Moldau, theils von den Karpaten, welche sie von Siebenbürgen trennen; ihre Länge beträgt von Osten nach Westen über 60, ihre mittlere Breite etwa 25 Meilen, der Flächeninhalt 1100 Quadratmeilen. Die südöstliche Hälfte dieses Gebiets, das der Fluß Aluta in die große oder östliche und die kleine oder westliche Walachei theilt, besteht aus steppenartigen, baum= und steinlosen Ebenen, die von zahlreichen, aber unbedeutenden Flüssen bewässert werden; die andere oder nördliche Hälfte erhebt sich allmälig gegen die Karpaten und wird durch den großen Reichthum von Wasser und eine reiche Vegetation zu dem angenehmsten Theile des Fürstenthums gemacht.

Dasselbe wird von keinem schiffbaren Flusse durchschnitten. Das Klima ist ausnehmend gemäßigt; der Winter oder wenigstens der strengere Theil desselben dauert nur etwa zwei Monate. Die Ebenen sind leider schrecklichen Überschwemmungen ausgesetzt, besonders im Frühjahre, und wenn die Südostwinde, welche von dem schwarzen Meere herkommen, bis zum Juni dauern, so werden die Ebenen so gänzlich unter Wasser gesetzt, daß sie gar nicht passirt werden können. Im offenen Theile des Landes sind ansteckende Fieber häufig, aber selten gefährlich, und in einigen der Bergdistricte werden die Einwohner durch häßliche Kröpfe entstellt. In der allgemeinen Physiognomie des Landes ist seit 1829 eine überaus erfreuliche Veränderung eingetreten; damals war es von den russischen Truppen besetzt und allen Greueln des Krieges preisgegeben; jetzt ist es im gedeihlichsten Aufblühen begriffen. Wo sich sonst wüste Steppen in unabsehbarer Ferne dehnten, da wechselt jetzt gut bebautes Land mit schönen Wiesengründen und fetten Weidetriften. Von den Höhen ziehen sich Anpflanzungen von den verschiedenartigsten Fruchtbäumen, meist Pflaumenbäumen, hin; dazwischen grünende Weinberge mit freundlichen und anmuthigen Landhäusern, und in den höhern Gebirgen große Waldungen mit allen Arten Laub= und Nadelhölzern. Die Dörfer, die sonst nur Schmuz und Armuth beurkundeten, wo in Erdhütten Menschen und Vieh zusammenwohnten, haben einen freundlichern Anblick gewonnen; diese düstern, ungesunden Wohnungen unter der Erde, Bordei genannt, sind beinahe gänzlich verschwunden und durch Häuser ersetzt worden, die zwar noch immer ärmlich genug aussehen, aber doch wenigstens einen gesündern Aufenthalt gewähren, und dadurch, daß sie zufolge eines Regierungsbefehls längs den Straßen zu beiden Seiten in gerader Linie erbaut werden mußten, auch für das Auge einen erfreulichen Anblick darbieten.

(Fortsetzung folgt in Nr. 428.)

Eine moldauische Ochsenkaravane.

Herausgegeben unter Verantwortlichkeit der Verlagshandlung F. A. Brockhaus in Leipzig.

2

Das Pfennig-Magazin

für

Verbreitung gemeinnütziger Kenntnisse.

428.]   Erscheint jeden Sonnabend.   [Juni 12, 1841.

Der Schädelthurm auf der Insel Dscherbi.

Die Insel Dscherbi ist im mittelländischen Meere an der Ostküste von Tunis gelegen, wozu sie auch gehört, und wird vom afrikanischen Festlande durch einen Kanal getrennt, der an einigen Punkten nicht mehr als zehn Klaftern Breite hat. Die ziemlich zahlreichen Bewohner der durch große Fruchtbarkeit ausgezeichneten Insel (sie mag deren wol gegen 30,000 haben) sind zerstreut in mehre Dörfer oder Flecken, die nahe beieinander liegen, und treiben bedeutende Wollen= und Leinweberei. Der große Markt wird am Hafen gehalten, in dessen Nähe sich ein altes Schloß befindet. Die Insulaner gelten zu Tripolis und Tunis für habsüchtig und ketzerisch; sie zeigen sich aber gegen Christen freundlich, gefällig und gastfrei; da ist keine Spur von Verachtung der Christen, wie sie sonst die Muselmänner so häufig und so gern auf jede Art und bei jeder Gelegenheit kundgeben; man würde glauben, unter Freunden zu sein, wenn nicht das Auge auf ein Maalzeichen tödtlichen Christenhasses fiele, welches das Blut in den Adern erstarren macht — eine Pyramide, erbaut aus Schädeln und Gebeinen grausam hingemordeter Christen. In dem Kriege, welchen die Spanier im Jahre 1558 unter der Anführung des Herzogs von Medina=Celi gegen die Mauren führten, deren Heer Kara Mu= stapha befehligte, warfen sich 800 der Erstern in ein Fort und vertheidigten sich dort mit heldenmüthiger

Tapferkeit. Die Mauren machten mehre heftige An= griffe und berannten die Feste mit aller Macht, aber sie wurden jedesmal mit bedeutendem Verluste zurück= getrieben und drei ihrer Oberanführer fielen, während nicht einem Spanier ein Haar gekrümmt wurde. Allein was so oft schon Belagerte, die das Schwert nicht be= siegen konnte, bezwungen hat, das ward auch unsern heldenmüthigen Spaniern verderblich — der Mangel an Lebensmitteln. Tag für Tag harrten sie zwar sehnlichst auf Hülfe und Entsatz, allein umsonst. Als nun endlich der Hungertod den höchsten Grad erreicht hatte, sah sich die Besatzung genöthigt, zu unterhandeln und erhielt das feierliche Versprechen eines freien Rück= zugs. Kaum hatten sich aber die Mauren in den Besitz des Forts gesetzt, als sie wuthentbrannt über die wehr= losen Gegner herfielen und, ihres gegebenen Versprechens treulos vergessend, sie grausam niedermetzelten. Hernach sammelten sie die Schädel und Knochen der Gefalle= nen und erbauten von ihnen das traurige Denkmal ihrer blutigen That, das unter ihren Händen bis zur Höhe von wol 30 Fuß anstieg. Noch jetzt steht es da und redet von ihr, ja es wird sogar noch von Zeit zu Zeit sorgfältig übertüncht. Dem Wanderer wird seltsam zu Muthe bei diesem traurigen Anblicke; da liegen die Schädel, übereinander geschichtet, und die Augenhöhlen scheinen ein Grab zu suchen, und die

Gebeine, aufeinander gehäuft, scheinen sich zu strecken und der letzten Ruhestätte im Schooße der heimischen Erde zu harren, doch findet sich keine Hand, die christlichen Brüdern den letzten Dienst zu erweisen bereit wäre. Die Mauren, die im Kampfe mit jenen tapfern Spaniern fielen, liegen in der Nähe dieser Pyramide begraben, und aus der Menge der Gräber läßt sich schließen, daß die Anzahl derselben bedeutend war. Eine Kapelle ist über den Gräbern der drei Anführer errichtet.

Elektro-Magnetismus und Magneto-Elektricität.

(Beschluß aus Nr. 427.)

Ist der Schließungsdraht einer galvanischen Kette frei beweglich, so bekundet er seinen Magnetismus auch dadurch, daß er, gleich einer Magnetnadel, von selbst diejenige Richtung annimmt, welche der Erdmagnetismus jeden frei beweglichen Magnet anzunehmen nöthigt. Der französische Physiker Ampère, der Begründer der Lehre vom Elektromagnetismus, war der Erste, welcher einen elektromagnetischen, aus schraubenförmig gewundenem Drahte bestehenden Magnet verfertigte. Unter den vielen angegebenen Apparaten ist besonders der von Raschig ersonnene elektromagnetische Compaß zu bemerken. Man nimmt dazu einen gewöhnlichen Federkiel, umwickelt ihn schraubenförmig mit feinem übersponnenen Kupferdrahte, den man an beiden Enden mit Seide festbindet, und löthet das eine Ende desselben an eine kleine Zinkscheibe, das andere an einen etwas platt geklopften kupfernen oder silbernen Fingerhut oder einen ähnlichen kleinen Becher, der durch Seidenfäden an dem Federkiele aufgehängt ist; der letztere wird in eine horizontale Lage gebracht und an einem möglichst feinen Faden ungezwirnter Seide aufgehängt. Der Zinkstreifen wird durch Siegellackknöpfchen in der Mitte des kleinen Bechers befestigt, ohne die Wände desselben zu berühren, der Becher selbst aber mit einer gesäuerten Flüssigkeit (am besten mit einer Auflösung von schwefelsaurem Zink) angefüllt. Sobald hierdurch die Kette geschlossen ist, stellt sich der Apparat gleich einer Magnetnadel in den magnetischen Meridian. Nimmt man statt eines Federkiels eine Glasröhre, so ist der Erfolg derselbe, doch ist jener seiner größern Leichtigkeit wegen beiweitem vorzuziehen. Befestigt man an beiden Enden einer beweglich aufgehangenen Glasröhre Spiralscheiben, d. h. Scheiben, welche durch spiralförmig gewundene Drähte gebildet werden, so stellen sich die Scheiben, sobald man durch die Drahtwindungen einen galvanischen Strom gehen läßt, so, daß die eine Seite derselben nach Norden, die andere nach Süden gerichtet ist. Statt der Spiralscheiben kann man schraubenförmige Windungen über die ganze Länge der Röhre wählen; wird dann an das eine Ende des Drahtes eine Scheibe Zink, an das andere eine Kupferscheibe gelöthet und beide in eine gesäuerte Flüssigkeit getaucht, die Röhre aber an einem Seidenfaden aufgehangen oder auch mittels Kork über jener Flüssigkeit schwimmend erhalten, so erhält man ebenfalls einen elektrischen Magnet. Endlich kann sich auch der elektrische Schließungsdraht selbst in den magnetischen Meridian stellen, wenn er einen verticalschwebenden frei beweglichen Ring oder ein Viereck bildet. Zwei solche elektrische Magnete ziehen sich mit den ungleichnamigen Polen an und stoßen sich mit den gleichnamigen ab, ganz wie wirkliche Magnetnadeln, und ist der eine sehr stark magnetisch, der andere aber sehr leicht beweglich, so kann der letztere zu einer drehenden Bewegung um den erstern gebracht

werden. Eine genauere Beschreibung der hierzu dienenden Vorrichtungen und interessanten Versuche würde ohne Figur nicht gut verständlich sein.

Hier ist der Ort, der magnetischen Wirkungen des Blitzes Erwähnung zu thun, die schon frühzeitig auf den Zusammenhang zwischen Elektricität und Magnetismus schließen ließen. Der Blitz theilt nämlich dem Eisen durch seine Erschütterung bisweilen magnetische Kraft mit (in einem Falle z. B. der Unruhe in der Taschenuhr eines vom Blitze erschlagenen Mannes), benimmt auch wol Magnetnadeln ihre Kraft oder kehrt ihre Pole um. Das Letztere ist einige Male mit Schiffscompassen geschehen, wodurch die Schiffer, welche die Veränderung nicht gewahr wurden, auf die Meinung kamen, daß der Wind sich gedreht habe, und dadurch verleitet wurden, rückwärts zu steuern.

Noch ist aber eine andere Art der Hervorbringung magnetischer Wirkungen zu erwähnen, welche in hohem Grade Interesse erregt, nämlich der sogenannte Thermomagnetismus, d. h. die Erzeugung von Elektricität und Magnetismus durch Wärme, deren Entdeckung wir dem berliner Physiker Seebeck verdanken, der sie 1821 gemacht hat. Wenn man nämlich aus zwei verschiedenen Metallen durch Zusammenlöthen derselben einen Rahmen, Ring oder Bogen bildet und die eine Berührungsstelle erwärmt, so entsteht ein elektrischer Strom, der sich dadurch zu erkennen giebt, daß eine innerhalb des Bogens stehende Magnetnadel abgelenkt wird. Die Wirkung ist desto größer, je größer der Temperaturunterschied der Verbindungsstellen ist; künstliche Erkältung einer von ihnen bringt entgegengesetzte Wirkung als Erwärmung hervor; erwärmt man aber die eine Verbindungsstelle und erkältet gleichzeitig die andere, so ist die Wirkung stärker, als wenn man nur eins von beiden thut. Auch wenn das eine Metall in geschmolzenem Zustande angewandt wird, ist die Wirkung dieselbe, nur der größern Hitze wegen größer. Aus vielen Versuchen hat sich ergeben, daß die Metalle hinsichtlich dieser Erscheinungen eine besondere mit keiner andern bekannten übereinstimmende Reihe bilden, und zwar folgende: Wismuth, Nickel, Kobalt, Platin, Kupfer, Messing, Gold, Quecksilber, Blei, Zinn, Silber, Zink, Stahl, Eisen, Arsenik, Antimon. Jedes Metall dieser Reihe bewirkt, wenn es mit einem in derselben später folgenden verbunden wird, eine nach derselben Richtung gehende Ablenkung der Magnetnadel, die entgegengesetzte aber, wenn es mit einem in der Reihe vorausgehenden Metalle verbunden wird. Je weiter zwei Metalle voneinander in dieser Reihe abstehen, desto stärker ist die Wirkung, am größten also bei Wismuth und Antimon; nahestehende geben nur schwache Wirkung, z. B. Blei und Zinn. Gewöhnlich wird das eine Metall zwei Mal rechtwinklig umgebogen und die beiden gegenüberstehenden Enden desselben durch einen Stab des andern Metalls verbunden, sodaß ein Viereck entsteht, welches am besten in die Ebene des magnetischen Meridians gebracht wird, was jedoch bei Anwendung einer Nobili'schen Doppelnadel nicht nöthig ist. Macht man die Einrichtung so, daß die beiden Verbindungsstellen in einer horizontalen Ebene liegen und der ganze Apparat sich leicht drehen kann, und hält dann den Nordpol eines Magnets in der Nähe der einen Verbindungsstelle, während dieselbe erwärmt wird, so dreht sich der Apparat nach einer, wird aber die andere Verbindungsstelle erwärmt, so dreht er sich in entgegengesetzter Richtung. Weit schneller erfolgt die Drehung, wenn man gleichzeitig der einen Verbindungsstelle einen Nordpol, der andern einen Südpol entgegenhält; dann kann der Apparat in einer Minute etwa 30 und mehr Umläufe machen.

Verbindet man drei oder mehr Metalle zu einem Kreise und erwärmt einen der Berührungspunkte künstlich, so treten dieselben Wirkungen ein, als wenn die beiden an jenem Punkte zusammenstoßenden Metalle sich mit ihren beiden andern Endpunkten unmittelbar berührten. Werden mehre Stellen einer solchen Kette erwärmt, so können sich die dadurch erzielten Wirkungen nach Befinden gegenseitig verstärken oder schwächen, wodurch sich sehr schwache thermoelektrische Ströme sichtbar machen lassen. Umgekehrt zeigen auch Kreise aus einem einzigen Metalle, wenn zwei verschiedene Stellen desselben in eine ungleiche Temperatur versetzt werden, ähnliche, nur weit schwächere Wirkungen, die dann am stärksten sind, wenn das Metall theilweise zum Schmelzen oder Glühen gebracht wird.

Verschieden von den vorhin angegebenen mehrgliedrigen Ketten sind die thermomagnetischen Säulen, durch welche sich die Wirkungen eines einzigen Metallpaares auf ähnliche Weise verstärken lassen, wie die galvanischen Wirkungen eines Paars sich berührender Metalle durch Anwendung mehrer Plattenpaare. Man bildet sie aus denselben zwei Metallen (z. B. Antimon und Wismuth), die miteinander abwechseln und deren Löthstellen abwechselnd erwärmt und kalt gehalten werden, und stellt nun Versuche an, ob nicht auch andere elektrische Wirkungen außer der Ablenkung der Magnetnadel erzielt werden können. Von chemischen Wirkungen gelang die Zerlegung des Wassers in seine beiden Bestandtheile vollkommen (z. B. durch 120 Paare vereinter Drähte von Platin und Eisen). Die physiologischen Wirkungen sind äußerst schwach, doch hat man Zuckungen an Froschschenkeln und eine Einwirkung auf die Nerven der Zunge wahrgenommen. Drähte, welche mit zwei verbundenen und an der einen Löthstelle erhitzten Metallen leitend verbunden sind, lenken eine Magnetnadel ebenso ab, als der Schließungsdraht einer galvanischen Kette; umwindet man damit weiches Eisen, so wird dieses in einen temporairen Magnet verwandelt. Dieser Versuch wollte lange nicht gelingen; aber der Engländer Watkins ertheilte durch eine Batterie von 30 Paaren Antimon und Wismuth einem Hufeisen von weichem Eisen eine Tragkraft von 98 Pfund. Endlich ist es in der neuesten Zeit auch mehren Physikern (zuerst den Italienern Antinori und Linari durch einen spiralförmigen Draht von 505 Fuß Länge) gelungen, einen glänzenden, selbst am Tage sichtbaren thermoelektrischen Funken hervorzubringen.

Die Umkehrung des Elektro=Magnetismus ist die Magneto-Electricität. Nachdem man die Entdeckung gemacht hatte, daß durch Electricität Magnetismus erzeugt werden kann, lag die Idee nahe, umgekehrt durch den Magnetismus Electricität zu erzeugen; dies gelang zuerst im J. 1831 dem scharfsinnigen englischen Physiker Faraday, welcher also der Entdecker der Magneto-Electricität ist. Wird ein starker Magnet in die Nähe eines schraubenförmig gewundenen Metalldrahtes gebracht, so entsteht in dem letztern bei Annäherung und Entfernung des Magnets ein elektrischer Strom, der zunächst durch Ablenkung einer Magnetnadel wahrgenommen werden kann. Um dies zu zeigen, dient z. B. folgender Apparat. Man nimmt einen hohlen Cylinder von Pappe und umwickelt ihn mit übersponnenem Kupferdrahte, führt die Enden desselben drei Ellen oder weiter fort und löthet sie an die Drahtenden eines Multiplicators oder schraubenförmig gewundenen Drahtes, dessen Windungen eine Magnetnadel umgeben. Stellt man nun den Cylinder senkrecht auf einen Tisch und senkt von oben einen gemeinen Magnetstab schnell hinein, so weicht die Nadel 45 Grade und noch mehr ab und zeigt beim Herausziehen des Magnetstabes eine entgegengesetzte Abweichung. Man könnte glauben, daß die Ablenkung der Magnetnadel nicht durch den elektrischen Strom, sondern durch den Magnet unmittelbar bewirkt wird; daß dies aber nicht der Fall ist, geht theils daraus hervor, daß die Ablenkung wegfällt, wenn man nicht umsponnenen, also nicht isolirten Draht nimmt, obgleich der Magnetismus selbst keiner Isolirung bedarf, theils aus folgendem Versuche. Wenn man den Anker eines starken Magnets in vielen Windungen mit Kupferdraht, der mit Seide übersponnen und dadurch elektrisch isolirt ist, umwickelt, das eine Ende des Drahtes in Quecksilber eintaucht, das andere Ende der Oberfläche desselben möglichst nähert und dann den Anker schnell vom Magnete trennt oder mit demselben verbindet, so kommt in beiden Fällen zwischen dem freien Drahtende und der Quecksilberoberfläche ein kleiner elektrischer Funke von schöner grüner Farbe zum Vorschein. Ob der angewandte Magnet ein gewöhnlicher Stahlmagnet oder ein durch Galvanismus hervorgebrachter temporairer Magnet von weichem Eisen ist, ist hierbei einerlei. Die italienischen Physiker Nobili und Antinori, welche diese Versuche in größerm Maßstabe wiederholten, wiesen nach, daß die durch Magnetismus erhaltene Electricität der durch Reibung und Berührung erhaltenen völlig gleich sei. Auch ist es durch größere Apparate gelungen, nicht nur elektrische Funken und zwar sogar in einem fortwährenden Strome, sondern auch physiologische und chemische Wirkungen zu erhalten. Zu den größten Apparaten dieser Art gehört ein von Pirii in Paris verfertigter, welcher 1200 Francs (über 300 Thaler) kostet; dieser enthält einen aus fünf vereinigten Magneten zusammengesetzten Magnet, dessen Tragkraft 200 Pfund beträgt, und der in 4000 Windungen umgewundene übersponnene Kupferdraht hat eine Länge von 3078 Fuß. Die Hauptwirkungen desselben sind folgende: 1) ein fast ununterbrochener Strom lebhafter Funken; 2) starke Erschütterungen; hält man die Hände in ein Gefäß, das mit gesäuertem Wasser gefüllt ist, in welches die Drahtenden getaucht sind, so verspürt man Erstarrung und unwillkürliche Bewegung der Finger; 3) Wasser wird in seine Bestandtheile zersetzt und die Gasentwickelung geht dabei sehr rasch von statten. Kleinere Apparate werden von Pirii zu dem Preise von 180 Francs an, von Albert in Frankfurt a. M. sogar zu 20—40 Fl. geliefert, doch können mit ähnlichen kleinen Apparaten nur einzelne Funken und keine sonstigen Wirkungen erhalten werden. Auch dann, wenn ein mit isolirtem Kupferdrahte umwundenes gerades oder gekrümmtes Eisen durch den elektrischen Strom zum Magnete gemacht und dann der Strom oder die Verbindung mit der galvanischen Kette schnell unterbrochen wird, so erzeugt der Magnet in dem Draht einen rückwärts gehenden elektrischen Strom, der zuweilen durch einen Funken bemerkbar wird.

***

Die Alpenwirthschaft.

Unter Alpenwirthschaft versteht man die Benutzung derjenigen Weidstriche auf den Alpen, die im Winter wegen ihrer Entfernung, Höhe und Rauheit weder von Menschen noch von Vieh bewohnt werden können. Die Benutzung derselben besteht darin, daß man, sobald der Schnee geschmolzen ist und dem herrlichen Alpen-

*

grafe Plaß gemacht hat, größere oder kleinere Heerden hinauftreibt, damit sie das Alpengras wegfressen und dadurch entweder als junges Mastvieh gut genährt werden oder als Melkvieh jene Milch geben, aus welcher in den Sennhütten der berühmte Schweizerkäse gemacht wird.

Die Alpenwirthschaft kann natürlich nur da eingeführt sein, wo Alpen sind, d. h. wo die Alpen benutzbare Bergweiden haben, was in der Schweiz nicht überall der Fall ist. So hat z. B. der Canton Schaffhausen keine Alpenwirthschaft, weil ihm die dazu nöthigen Alpen oder Bergweiden fehlen. Die Form, Lage, Höhe, Größe dieser Bergweiden ist sehr verschieden. Manche werden durch senkrecht emporsteigende Felsen gebildet, die oben wie abgeschnitten sind und horizontale oder schiefe Flächen, oft von sehr großem Umfange, darstellen; andere entstehen durch die oft bedeutenden Absätze treppenförmig übereinander emporsteigender Felsmassen, noch andere bilden die sehr breiten Rücken der Gebirge. Blickt man aus den Thälern zu den Höhen empor, wo sich diese Weiden befinden, so scheinen sie unfruchtbar und unzugänglich und man kann sich nicht denken, daß daselbst viele Hunderte von Kühen weiden und ohne Gefahr an den unermeßlichen Abgründen herumgehen.

Die Größe und Güte einer Alp wird nach der Menge der Kühe berechnet, die sie den Sommer über ernähren kann. Die Weide für eine Kuh heißt ein Stoß. Eine Alp bestoßen heißt soviel als sie mit so vielen Kühen besetzen, als sie Stöße hat. Es kommt dabei nicht auf die geometrische Ausdehnung der Alp, sondern auf ihre Fruchtbarkeit an, die mit zunehmender Höhe abnimmt. Auf den Voralpen und niedrigen Bergen beträgt ein Stoß ungefähr drei Jucharte (zu 40,000 berner Quadratschuhen), auf den hohen und höchsten Alpen dagegen 9—12 Jucharte. Wenn man bedenkt, daß die Alpen des Glarnerlandes, das nur elf Stunden lang und neun Stunden breit ist und außer zwei engen Thälern nur aus Eisbergen und kahlen Felsenmassen zu bestehen scheint, im Sommer auf 11,000 Kühe und 5000 Schafe ernähren, so kann man sich einen Begriff von dem Umfange der Schweizeralpen machen.

Die meisten Alpenweiden haben zwei bis drei Abtheilungen oder Stäfel, den untersten, mittlern und obersten. Zuerst treibt man das Vieh in den untersten Stafel, wo der Schnee am frühesten wegschmilzt. Dies ist die Alpauffahrt und geschieht meist zu Ende Mai. Zu Ende Juni geht es auf den mittlern Stafel und erst zu Ende Juli auf den obersten. Man läßt dabei das Rindvieh ganz nach Willkür gehen. Es ist kaum begreiflich, wie es die steilen Gebirgsabhänge besteigen kann.

Die untersten Stäfel haben die längsten und breitesten Futterkräuter; je höher man aber hinaufsteigt, desto kürzer und zarter werden sie, bis sie auf den obersten Stäfeln, die über die Region des Holzwuchses hinaus liegen, so kurz werden, daß es unmöglich scheint, sie abzubeißen, und doch sieht man grade hier bei den Kühen die vollsten Bäuche und strotzendsten Euter. Was den Kräutern an Höhe, Breite und Saftigkeit abgeht, wird hundertfach durch die Kraft ersetzt, die ihnen hier eigen ist.

Das beste und kräftigste Futter wächst aber an den Orten, die auf schmalen Felsenabsätzen über unermeßlichen Abgründen liegen. An solchen Orten sammelt der ärmere Theil der Gebirgsschweizer mit augenscheinlicher Lebensgefahr das Wildheu ein, um ein paar

Ziegen zu überwintern oder einen guten Tagelohn zu machen. Jede Gemeinde hat einen eignen Wildheuer, in welchem nur Gemeindegenossen wildheuen dürfen. Der Wildheuer wird bei seiner gefährlichen Unternehmung von einer Ziege begleitet, die es ihm im Klettern gleich thut und ihm mit ihrer Milch den Hunger und Durst stillt.

Die Alpen sind entweder Gemeinalpen oder Privatalpen. Auf die Gemeinalpen kann jeder Landmann sein Vieh treiben, doch muß vorher bei der Gemeinde, in deren Nähe die Alp liegt, die Erlaubniß dazu ausgewirkt und obrigkeitlich bestätigt werden. Damit diese Alpen nicht mit Vieh übertrieben werden, treten die Älpler, Sennen- oder Senntenbauern, welche eine Gemeinalp bewirthschaften wollen, schon im März zusammen und bestimmen für jede Hütte die Anzahl der Kühe.

In den Cantonen Uri und Schwyz hat man fast nur Gemeinalpen, im bernerischen Oberlande dagegen meist Privatalpen, welche entweder einer einzigen Person oder einer ganzen Familie oder einer ganzen Gemeinde gehören. Die Gemeinalpen, sowie die meisten, die einem einzigen Privatmanne gehören, werden an Sennen, die keinen Alpengrund besitzen, für einen Zins verpachtet, der bedeutende Summen einbringt. Alpen von mehren hundert Stößen werden meist von mehren Senntenbauern gemeinschaftlich in Lehenzins genommen und oft auch gemeinschaftlich bewirthschaftet. Man nimmt dann gewöhnlich sechs bis zehn Tage nach der Alpauffahrt das Messen oder Wiegen der Milch vor, welche die einzelnen Kühe geben, und bestimmt darnach den Antheil, den jeder einzelne Senn an dem gemeinschaftlichen Ertrage hat.

Die Kaufpreise sind nach der Höhe und Fruchtbarkeit der Alpen sehr verschieden, 1—20 Louisdor für das Kuhrecht. Im höchsten Werthe stehen die emmenthaler Alpen im Canton Bern, weil sie am frühesten und längsten benutzt werden können und unter allen Alpen am sorgfältigsten gehalten sind. Dafür wird aber auch der emmenthaler Käse am theuersten verkauft. Eine fruchtbare Alp ist für den Besitzer, auch wenn er sie nicht selbst bewirthschaftet, eine wahre Goldgrube. Im Haslithal zahlt man für die Sömmerung einer Kuh während einer einzigen Alpfahrt, die höchstens 20 Wochen dauert, drei Louisdor. Eine Alp von hundert Stößen trägt also jährlich über 1500 Thaler ein, wenn sie verpachtet wird; aber noch weit mehr kann sie eintragen, wenn sie mit Sorgfalt selbst bewirthschaftet wird.

Jeder Canton hat verschiedenartiges Vieh und in manchem Cantone sind drei bis vier verschiedene Viehracen. Die größte und schönste Race in der ganzen Schweiz findet man im Simmenthale, in der Landschaft Saanen und im Canton Freiburg. Die stärkste Kuh, die Ringeri, behauptet auf den Alpenweiden einen gewissen Rang vor den übrigen schwächern. Sie ist die Heerkuh oder Anführerin der ganzen Sennte (Heerde von 20—50 Kühen) und geht mit stolzem Selbstgefühle, mit emporgerichtetem Kopfe, voran. Keine andere wagt es, ihr zuvor zu treten. Sie hat die größte Glocke am Halse, erscheint zuerst bei der Sennhütte, um sich melken zu lassen, und geht zuerst wieder aus auf die Weide. Der appenzeller Senn zahlt für eine gute Heerkuh gern ein paar Louisdor mehr, denn sie sucht ihm auf den Gemeinalpen die besten Weideplätze aus. Die Aufalpfahrt und Abalpfahrt sind nicht blos für die Hirten, sondern auch für die Kühe ein Fest. Jede ist bei diesen Anlässen aufs schönste herausgeputzt und mit einer eigenen Glocke nach ihrem Werthe versehen. Während das Hirtenvolk jauchzt und singt, bezeigt die ganze Heerde ihre Freude durch allerlei Sprünge. Die Heerkuh, und nach ihr immer die stärkere, gehen unmittelbar hinter dem geputzten Senn her. Diesen folgen die übrigen nach dem Range, den sie sich in der Heerde zu verschaffen gewußt haben. Die Alpenkühe dulden hierin keine Ungewißheit. Wird eine fremde Kuh der Heerde beigesellt, so muß sie es nach und nach mit allen aufnehmen, bis ihr Rang entschieden ist. Will der Senn die zerstreute Heerde um sich versammeln, so stimmt er eine Art Gesang an, der in ab= und aufsteigenden Tönen besteht und für jede Viehart verschieden ist. Der den Kühen bestimmte Ruf heißt der Kuhreigen. Jede Viehart kennt die ihm bestimmten Töne und nie folgen die Kühe dem Ziegenrufe oder die Ziegen dem Kuh=rufe oder Kuhreigen. Kühe, die nicht mehr auf den Alpen sind und den Kuhreigen hören, sollen eine Art Heimweh bekommen, das sie oft so wild macht, daß sie sich nicht bändigen lassen und die Stricke zerreißen, die sie von der geliebten Alp zurückhalten.

Die Fürstenthümer Moldau und Walachei.
(Fortsetzung aus Nr. 427.)

Die Walachei enthält 22 Städte, 15 Marktflecken und 3560 Dörfer; die Zahl der Häuser war 1837 339,322, die der Einwohner 1,751,182; nach dem Hof= und Staatsalmanache für 1840 beträgt sie jetzt zwei Millionen. Unter den Einwohnern sind außer der großen Masse des Volkes zwei Classen besonderer Erwähnung werth: die Bojaren oder Edlen und die Zigeuner. Die Bojaren sind die Grundeigenthümer und in ihren Händen ruht ausschließlich die Leitung der öffentlichen Angelegenheiten, während sie zugleich von den Lasten des Staates frei sind. Dieser privi=legirten Classe sind Leichtsinn und Sorglosigkeit eigen; sie ergeben sich einem üppigen Wohlleben, das ihren Wohlstand schnell untergräbt. Bei allem ihren Luxus macht das krankhafte und elende Aussehen ihrer müßi=gen Dienerschaft einen ebenso unvortheilhaften Ein=druck, als ihre großen, aber verfallenden Wohnungen. Besucht man einen dieser Bojaren, so wird man durch die Artigkeit des Hausherrn, die Anmuth und Talente der weiblichen Familienglieder, die Leichtigkeit und Reinheit, mit der sie die Sprachen von Mitteleuropa sprechen, den Geschmack und den Takt und die muthwillige Munterkeit ihrer Unterhaltung angenehm überrascht; man glaubt sich in einer Gesellschaft, die der ausge=zeichnetsten in Europa nichts nachgibt; aber hinter der Thüre zeigt der Haufe schmuziger und müßiger Diener, welche auf der Hausflur oder auf der Treppe schlafen, daß man sich in der Walachei befindet. Die Masse des Volkes, die kräftigen walachischen Bauern, hat zwar viel Interesse, bedarf aber großer moralischer Ver=besserungen; sie könnten viel produciren, würden sie nicht durch ihren Hang zu Müßiggang und Unmäßig=keit und ihre Liebe zu Festlichkeiten und Feiertagen, deren die griechische Kirche leider zu viel hat, daran verhindert; es ist die wichtige Aufgabe einer erleuchte=ten Regierung, diese schlechten Gewohnheiten auszu=rotten. Durch die während der Interimsverwaltung des russischen Generals v. Kisseleff, der sich unbestreit=bare Verdienste um das Fürstenthum erwarb, neu ver=faßten und in Kraft getretenen Landesgesetze wurden nicht nur die Abgaben der Landleute überhaupt an die

Regierung, sondern auch die Lasten und Steuern der Frohnbauern an ihre betreffenden Grundherren festge=setzt, sodaß der Landmann nun nicht mehr der Will=kür und Habsucht der Grundherrschaft, des Güter=pachters oder der Unterbeamten preisgegeben ist, wo=durch sich auch sein Wohlstand bedeutend vermehrt hat und sich noch in einem höhern Grade heben würde, wenn die namenlose Zahl der Feiertage, die dem Feld=bau und allen Gewerben so viele Tage rauben, ge=mindert würde. Eine bemitleidenswerthe Classe bilden die Zigeuner, welche in der Walachei durch das auf ihnen lastende Joch der Sklaverei beinahe aller Würde der Menschheit beraubt sind. Diese Unglücklichen thei=len sich in zwei Classen, nämlich in Solche, die dem Staate gehören und ein herumziehendes Nomadenleben führen, und Solche, die Leibeigene der Bojaren sind und zu allen Dienstleistungen verwendet werden. Die Kutscher, Köche, Bedienten, Stuben= und Kinder=mägde ꝛc. der meisten und angesehensten Familien sind aus dieser Classe und erleiden von ihren Herren und Herrinnen oft für geringe Vergehen die schwersten Stra=fen und die grausamsten Mishandlungen, ohne daß ihnen das Recht zustände, hierüber Klage zu führen. Der Fürst, gerührt von dem traurigen Loose dieser Menschenclasse, hat zwar die Staatszigeuner, sowie seine eignen freigegeben und sie den Landbauern gleich gestellt, doch leider fand dieses edle Beispiel von Sei=ten der Bojaren, wenige Ausnahmen abgerechnet, noch keine Nachahmung. Eine sehr weise und zweckmäßige Einrichtung sichert die Walachei, selbst wenn mehre Jahre hindurch Miswachs eintreten sollte, vor Mangel und Hungersnoth. Sie besteht in der Anlegung von Reservemagazinen, die in jedem Dorfe gegründet wur=den und in welche jeder Bauer einen bestimmten Theil seiner Ernte an Getreide deponiren muß. Diese Ma=gazine werden je nach drei Jahren geöffnet und als=dann wird dem Deponenten das im ersten Jahre depo=nirte Quantum zurückerstattet.

Die Viehzucht, die zwar noch viel zu wünschen übrig läßt, da sie noch beiweitem nicht auf der Stufe, auf der sie stehen könnte, steht, hat sich auch be=deutend gehoben, und selbst der ärmste Bauer besitzt wenigstens ein Paar Ochsen, die er nicht mehr wie früher durch Viehseuchen zu verlieren befürchten darf, da dieser Gefahr durch Veterinairanstalten vorgebeugt ist. Zur Bewachung ihrer Viehheerden halten die Walachen eine gut aussehende und kluge Hunderace; aber wegen ihrer unbegrenzten Vermehrung sind diese Thiere in vielen Gegenden eine Plage geworden. Nicht zu gedenken des lästigen Geheuls, das sie mit Anbruch der Nacht erheben, ist es sogar nicht wenig gefährlich, in den Straßen einer Stadt mit einer Schar dieser Thiere zusammenzutreffen, ohne mit einem Stocke bewaffnet zu sein. Noch von einer ernstlichern Plage wird die Walachei heimgesucht, nämlich von Heuschreckenschwär=men, welche die fruchtbarsten Gegenden in wenig Stunden verwüsten und großen Verlust verursachen. Auf die Zerstörung dieser nachtheiligen Insekten ist ein Preis gesetzt, in Folge dessen im J. 1837 in einem einzigen Districte nicht weniger als 2831 Scheffel dieser Thiere gesammelt wurden. Der Gesundheitszustand hinsichtlich der Pest ist durch zweckmäßig eingerichtete und musterhaft verwaltete Quarantainen und einen Sanitätscordon längs der Donau gesichert. Wenigstens ist es Thatsache, daß seit der Errichtung derselben, trotz den häufigen Pestfällen an der türkischen Grenze, die Walachei stets von dieser Geißel befreit blieb. Ehre dem Staatsrathe v. Mavros, Generalinspector der

Quarantainen in beiden Fürstenthümern, der mit rastloser Thätigkeit und vieler Umsicht seinem wichtigen Posten vorsteht und sich wahre Verdienste nicht nur um die Walachei, sondern um ganz Europa erwirbt! Die sonst so häufigen Räuberhorden sind gänzlich verschwunden und die Straßen so sicher, daß Reisende nicht das Mindeste mehr zu befürchten haben. Der Errichtung regulairer Landestruppen, nach dem Vorbilde des russischen Militairs, sowie guter Policeibehörden im ganzen Lande, und endlich der Verordnung, daß jedes Dorf sich selbst bewachen muß und für die in seinem Bereiche vorfallenden Räubereien verantwortlich ist, hat man diese Sicherheit zu danken.

Chausseen, an denen das Land gegenwärtig noch fühlbaren Mangel leidet, obwol die bestehenden Straßen und Brücken in möglichst gutem Zustande erhalten werden, sollen dem Vernehmen nach nun unverzüglich nach allen Richtungen hin angelegt werden. Zwei derselben sind bereits im Baue begriffen. Das Postwesen ist leider noch immer in seinem frühern erbärmlichen Zustande und dürfte, so lange sich die Regierung nicht selbst dieses so wichtigen Zweiges annimmt — die Posten werden entweder überhaupt oder nach einzelnen Straßen verpachtet — noch geraume Zeit der so nöthigen Verbesserung vergeblich entgegensehen. Zwar muß man der Schnelligkeit der Post, bei trockenem Wege, alle Gerechtigkeit widerfahren lassen, doch tritt auch nur für einige Tage Regenwetter ein, so sind 8, 12, ja 16 Pferde kaum im Stande, ein selbst leichtes Fuhrwerk fortzuschaffen. Die eigentlichen Postkarren, deren sich auch der Reisende, der keinen eignen Wagen besitzt, bedienen muß, sind von der Größe und Form eines Kinderwagens, ohne alles Eisenwerk, und selbst die Radnägel sind von Holz. An dieses Wägelchen werden vier Pferde gespannt, deren Geschirr nur aus Stricken besteht. Mit diesem gebrechlichen Fuhrwerke geht es nun ohne Aufenthalt über Stock und Stein, durch Pfützen und Bäche, bis der wohlgerüttelte Passagier auf der nächsten Station wieder zu Athem kommt. Wehe dem armen Reisenden, der, solcher Strapazen ungewohnt, auf irgend einer Zwischenstation ausruhen wollte; er würde, nähme er nicht seine Zuflucht zu einem gastfreien Bojaren, den gänzlichen Mangel an ordentlichen Gasthäusern schmerzlich empfinden müssen.

Die Walachei ist in 17 Districte getheilt, deren jeder von zwei Beamten verwaltet wird, welche aus den Bojaren gewählt werden und den Namen Ispravniks führen; ein Richter und ein Finanzinspector, welche die Verwaltung der Ispravniks zu controliren haben, sind erst neuerlich dazu gekommen. Nur der zuletzt genannte Beamte wird auf Lebenszeit, die andern auf ein Jahr ernannt. Die Hauptstädte der Districte werden durch Municipalräthe verwaltet. Die Justiz wird im Namen des Hospodars geübt, nach den Bestimmungen des 1818 publicirten Gesetzbuches, das zwar auf das römische Recht gegründet ist, im Ganzen aber einen despotischen Charakter hat. Ein Handels- und ein Criminalgesetzbuch, beide den französischen nachgeahmt, wurden der Landesversammlung im J. 1837 vorgelegt und theils in dieser, theils in der nächsten Sitzung angenommen. Die herrschende Religion ist die griechisch-schismatische Kirche, deren äußere Gebräuche mit der gewissenhaftesten Genauigkeit beobachtet werden. Das Land zählt nicht weniger als 3753 Kirchen, worunter 1364 von Stein gebaut sind; Klöster sind 202 vorhanden. Für den früher so mangelhaften öffentlichen Unterricht ist jetzt aufs beste gesorgt. Außer der reich

dotirten Akademie von St.-Sava in Bukarescht, der Centralschule in Krajowa, welche beide 1837 zusammen 1183 Schüler zählten, und den Normalschulen, deren in jedem Districte wenigstens eine in dem Hauptorte sich befindet, zählt das Land über 2000 Dorfschulen, in denen nach der Bell-Lancaster'schen Methode unterrichtet wird, ungerechnet die vielen Privatschulen, Institute und Pensionen. Zur Bildung des Klerus sind drei Seminarien, aus denen in neuerer Zeit vielfach gebildete Geistliche hervorgegangen sind, errichtet worden. Die Leitung des öffentlichen Unterrichtes steht unter dem Ministerium des Cultus und einer aus den aufgeklärtesten Bojaren des Landes gebildeten Ephorie. Daß auch die vaterländische Literatur sich ermannt hat und kräftig ins junge Leben blickt, das verdanken die Zeitgenossen den edlen Gesinnungen und der kräftigen Unterstützung des regierenden Fürsten, der sie ins Leben rief; auch verdient hierbei die Ständeversammlung vom Jahre 1840, welche von dem Überflusse der Einkünfte des verflossenen Jahres bedeutende Belohnungen für verdiente Männer im Schriftstellerfache aussetzte, rühmend erwähnt zu werden.

Sowie die Literatur, erhoben sich auch Künste, Wissenschaften und Gewerbe, die der Landesfürst vorzugsweise aufmunterte und unterstützte, und die jetzt so hoch stehen, als es die Verhältnisse nur immer zulassen. Die Walachei besitzt gegenwärtig acht Buchdruckereien (im Jahre 1829 existirte nur eine), wovon fünf in Bukarescht, eine in Buseo, eine in Krajowa und eine in Ibraila; vier lithographische Anstalten und drei Buch-, Kunst- und Musikalienhandlungen. Journale und periodische Blätter erscheinen sechs (im Jahre 1829 kein einziges). Leider stellt sich literarischen Unternehmungen der Umstand hemmend entgegen, daß kein in der Nationalsprache in der Walachei erschienenes Buch, sei es selbst eine Sprachlehre oder ein Wörterbuch, nach Östreich, woselbst mehr als zwei Mill. Sprach- und Stammverwandte leben, eingeführt werden darf, es wäre denn, daß ein eigener Paß der hohen östreichischen Landesbehörde das Buch begleitete. Die Zahl der Leser im Fürstenthume ist noch viel zu klein, und so können größere Unternehmungen nur durch Opfer ins Leben treten, nie aber, so lange jene Verhältnisse dauern, ein günstiges Resultat liefern. Das Jahr 1836 gab dem Lande auch eine öffentliche Bibliothek, die sich im Schulgebäude von St.-Sava befindet; sie besitzt bereits nahe an 11,000 Bände. Die Benutzung ist Jedermann von Morgens 9—12 Uhr und Nachmittags von 3—6 Uhr unentgeltlich freigestellt. Eine jährliche festgesetzte Summe ist zur Anschaffung neu erscheinender wissenschaftlicher Werke bestimmt.

Die Staatseinkünfte beliefen sich im J. 1837 auf 14,824,195 Piaster (gegen 1½ Mill. Thlr.); die Haupteinnahmequelle ist die Kopfsteuer den Bauern und Zigeuner, welche 8½ Mill. Piaster liefert; dazu kommen die Zölle und der Pachtertrag der Salzwerke. Die Staatsausgaben betrugen in einem Jahre nahe ebenso viel, 14,638,118 Piaster, worunter 1,400,000 Piaster Tribut an die Pforte. Der Handel gewinnt täglich mehr an Bedeutung und übt den günstigsten Einfluß auf den Wohlstand des Landes aus. Das neue, im Auftrage des Fürsten von der diesjährigen Ständeversammlung entworfene und von diesem genehmigte Handels- und Wechselgesetzbuch trat am 1. Jan. 1841 in Kraft und wird den im Auslande seit einigen Jahren bedeutend gesunkenen Credit der walachischen Handelsleute wieder heben. Ibraila, an der Donau gelegen, mit einem guten Hafen, ist in commercieller Hinsicht besonders bemerkenswerth und wird als Handelsplatz bei stets zunehmender Lebhaftigkeit und der jetzt freien Donauschiffahrt binnen kurzem sich zu bedeutender Wichtigkeit emporschwingen. Im Jahre 1837 ankerten im Hafen von Ibraïla 449 größere Handelsschiffe, meist griechische und türkische, doch auch östreichische, englische, französische, russische und sardinische Flaggen. Nach den Büchern des Finanzministeriums betrug im genannten Jahre die Einfuhr 842,241 Piaster, die Ausfuhr dagegen 8,490,087 Piaster, und in gleichem, wo nicht noch günstigerm Verhältnisse stellen sich die Jahre 1838—40. Die hauptsächlichsten Ausfuhrartikel sind: Salz, wovon die Walachei unerschöpfliche Schätze besitzt; Getreide, vorzüglich Weizen, Gerste und Mais; Pferde, Schweine und Hornvieh; Ochsen=, Kuh= und Büffelhäute; Schafwolle, Ziegenhaare, Hasenfelle, Wein und Branntwein; Unschlitt, Schafkäse, Seide, Faßdauben, Schiffsmaste und Bauholz; in geringer Quantität: Hülsenfrüchte, Flachs und Hanf, Soda, Pottasche, Kanthariden (spanische Fliegen), Tabak und gesalzene Fische.

Auch die Industrie erwachte seit dem Regierungsantritte des Fürsten aus ihrer langjährigen Lethargie und hat bedeutend zugenommen. Zwar fehlt es noch immer an hinlänglichen Fabriken, was hauptsächlich dem Mangel an geschickten Arbeitern zugeschrieben werden muß. Der Fürst, innig beseelt von dem Wunsche, das Wohl seines Landes dauernd zu gründen und somit auch diesem Übelstande, wodurch große Summen für Fabrikate, die hier leicht gefertigt werden könnten, ins Ausland gehen und dem Lande entzogen werden, kräftig und wirksam zu begegnen, unterstützt und beförderet aufs thätigste eine Anstalt, welche sein Leibarzt, D. Zucker, in dieser Absicht gründete. Eine Anzahl von 40 Soldaten, die aus verschiedenen Regimentern genommen wurden, ist dieser Anstalt zugetheilt worden, wo sie die Professionen des Bau= und Meubeltischlers, des Drechslers, Schlossers, Gürtlers ꝛc. von geschickten Ausländern gründlich erlernen und nach beendeter dreijähriger Lehrzeit als geschickte Arbeiter in den verschiedenen Districten des Landes ihre Profession zum eigenen Nutzen und allgemeinen Besten ausüben werden. Da diese Bildungsschule stets durch neue Lehrlinge, sobald einer derselben austritt, ergänzt wird, so wird das beabsichtigte Ziel gewiß aufs vollkommenste erreicht.

Außer Seidenfabriken sind auch Manufacturen von Hüten und gedruckten Tüchern angelegt worden; allein binnen der vier Jahre 1834—37 sind nicht weniger als 631 Fabriken und Manufacturen entstanden, worunter 184 Gerbereien, 28 Seifen=, 91 Tuchmanufacturen u. s. w.; ferner gab es 1837 2999 Wassermühlen, 6 Wind= und 9 von Pferden getriebene Mühlen. Das einzige mit Vortheil gewonnene Mineralproduct der Walachei ist bis jetzt Salz, wiewol das Land an Schätzen dieser Art reich ist und Kupfer, Quecksilber u. s. w., selbst Gold enthält.

(Der Beschluß folgt in Nr. 429.)

Erregung von Tönen durch Wärme.

Wenn man ein Stück heißes Metall auf ein anderes kaltes legt, so entsteht unter gewissen Umständen — und zwar dann, wenn das heiße Metall die Unterlage in zwei Punkten berührt und auf diesem Stützpunkt hin= und herwankt — ein ziemlich starker anhaltender Ton, der den durch das wiederholte Anschlagen bewirk-

ten Erschütterungen seine Entstehung verdankt. (Dasselbe erfolgt, wenn das heiße Metall fest liegt und das kalte Metall auf ihm so liegt, daß es auf zwei Punkten hin= und herschwingt.) Die Theorie dieser von dem Engländer Trevelyan zuerst beobachteten Erscheinung bietet mehrfache Schwierigkeiten dar; namentlich die Frage, wie die Wärme die Kraft liefern kann, durch welche die Bewegung dauernd unterhalten wird, wie es bei einem von dem gedachten Physiker für diesen Versuch angegebenen Instrumente aus Messing oder Kupfer, das auf einer metallischen Unterlage z. B. von Blei ruht, wirklich der Fall ist.

Andere hierher gehörige Erscheinungen sind folgende. Wenn Wasser erhitzt wird, so tönt beim Beginnen des Siedens das Gefäß, durch die Erschütterungen des Wassers in Schwingungen versetzt. Dieser Ton ist mit dem beim Anschlagen des Gefäßes entstehenden von gleicher Höhe und unterscheidet sich dadurch sehr merklich von dem Schalle, den das Aufsteigen der Dämpfe im Wasser erzeugt.

Eine Zinkmasse erklingt beim Erhitzen und Abkühlen; auch hier ist der Ton derselbe, den der Körper beim Anschlagen oder (wenn es eine Zinkscheibe ist) beim Streichen mit dem Violinbogen gibt. Der Ton erscheint schon bei einer schwachen Temperaturveränderung um etwa zwölf Grad, und zwar recht stark bei schnellem Temperaturwechsel.

Bekannt ist der Laut, den eiserne Ofenthüren in der Hitze öfters hören lassen und zwar sowol beim Erhitzen als beim Abkühlen der Thüren; er zeigt sich mit ausgezeichneter Regelmäßigkeit, wenn die Veränderung der Temperatur gleichmäßig stattfindet, wenn man z. B. die heiße Ofenthüre öffnet und so sich abkühlen läßt, wobei die anfangs gleichen Zwischenräume, in denen jener Ton sich hören läßt, immer größer werden. Man bemerkt diese Töne nicht nur an geschmiedetem, sondern auch an Gußeisen, sowie an andern Metallen, z. B. Messingblech.

Eine andere bekannte Erscheinung ist das Knistern des Schwefels beim Erwärmen; es rührt offenbar von der Bildung kleiner Sprünge her, welche wieder eine Folge der großen Sprödigkeit des Schwefels ist.

Nicht unwahrscheinlich ist, daß auch Steinmassen bei der Erwärmung auf ähnliche Weise tönen können; in diesem Falle müßte man vermuthen, daß die bekannten Töne der Memnonsäule in den Granitgemächern von Karnak — einer sitzenden kolossalen Statue aus einem Steine, welche bei Sonnenaufgang einen Ton gab und nach den Berichten neuerer Reisenden noch jetzt zuweilen gibt — von dieser Art sind. Andere schreiben sie einem Luftstrome zu, wonach sie mit den von Humboldt erwähnten Tönen der Granitberge von Orinoco eine ähnliche Ursache haben würden.

Die Riesenzeitung.

Als Beweis, welche hohe Stufe gegenwärtig das Zeitungswesen, insbesondere das englische, erreicht hat (wir meinen hier zunächst in technischer Hinsicht), kann die Nummer der „Times" vom 25. Juni vorigen Jahres dienen. Früher erschien diese Zeitung nur einfach, täglich in einem Bogen von 4 Folioseiten, die dafür von ungeheurer Größe waren und deren jede 6 Spalten hatte; schon seit längerer Zeit erscheint sie doppelt, in 8 Folioseiten; am gedachten Tage aber erschien sie vierfach, in 16 Seiten mit 96 Spalten, von denen fast die Hälfte, nämlich 46 Spalten, mit Anzeigen (Annoncen oder Avertissements) angefüllt war. Die Gesammtmasse des Gedruckten füllt gering angeschlagen 30 mäßige Octavbogen. Die Zahl der Annoncen mag, wenn man 25 auf die Spalte rechnet, 11—1200 betragen und der Ertrag derselben, die Zeile zu einem Schilling gerechnet, etwa 700 Pf. St. Von den übrigen 50 Spalten sind 5 mit Actenstücken über die Juden in Damascus, 2 mit Actenstücken über Neuseeland, 6 mit der Recension einer Geschichte der irischen (protestantischen) Kirche, 2½ mit officiellen Nachrichten über ein in Neufundland begangenes Verbrechen, 12 mit leitenden Artikeln und Börsennachrichten, 3 mit gerichtlichen Nachrichten u. s. w. angefüllt.

Der schlangenartige Proteus.

Der Proteus oder Olm (Proteus anguinus), dessen Abbildung unsere Leser hier erhalten, ist ein sehr wunderliches Thier. Ist er ein Fisch oder eine Amphibie? könnte man bei demselben fragen. Das, was hauptsächlich die Fische von den Amphibien unterscheidet, ist die besondere Fähigkeit, im Wasser, vermittels der Kiemen, durch die das Geschäft des Athmens verrichtet wird, zu leben; der Proteus aber hat, wie die Fische, Kiemen, vermittels deren er im Wasser athmet, das sein Element ist. Ist er also ein Fisch? Nein, denn außer den Kiemen hat er ebenso wie die Amphibien Lungen, mittels deren er die Luft einathmet, und außer dem Wasser ist auch die Erde sein Element. Er ist also zu gleicher Zeit Fisch und Amphibie, er bildet den Übergang von der einen Classe zur andern, steht zwischen beiden. Dieses sonderbare Thier ist ungefähr einen Fuß lang und fingerdick; sein Schwanz ist zusammengedrückt an den Seiten wie der des Aals; es hat vier kurze misgestaltete Füße; die vordern haben drei ziemlich ausgebildete Zehen, die hintern nur zwei noch unausgebildete. Der Rumpf ist walzenförmig, der Kopf verlängert und abgestumpft, und zwar ist der Oberkiefer länger als der Unterkiefer, beide aber sind mit kleinen spitzen Zähnen versehen. Seine äußerst kleinen Augen sind wie das Ohr mit Haut überzogen; die Kiemen endlich haben die Gestalt von Büscheln, die zu beiden Seiten des Halses herabfallen; von Farbe endlich ist dieses Thier weißgelb oder vielmehr gelblich=fleischfarben, und am ganzen Körper wie die Fische mit einer schleimigen Masse überzogen.

Der Proteus hat sich bis jetzt nur in einem einzigen Theile der Erde, und zwar einem sehr eng begrenzten, gefunden, nämlich in Krain, und man hat sogar lange Zeit gemeint, er finde sich nur in den unterirdischen Wasserbehältern des zirknitzer Sees; aber in der neuern Zeit hat man ihn auch in den benachbarten laibacher und adelsberger Grotten angetroffen. Die Naturkundigen haben ihn eine Zeit lang für eine Larve einer unbekannten Salamanderart gehalten; aber seitdem der letzte Kaiser von Östreich in seinem Garten zu Schönbrunn eine Grotte mit mehren unterirdischen Wasserbehältern ausdrücklich, um dort diese Thiere zu halten, anlegen ließ, in denen sie sich sehr wohl befinden, hat man sie beobachten und von der Grundlosigkeit jener Vermuthung sich überzeugen können. Will man sie aufbewahren, so muß man sie an einem dunkeln Orte halten, denn das Licht können sie nicht vertragen und die Sonnenstrahlen tödten sie in wenig Augenblicken; übrigens sind sie gleich empfindlich gegen Kälte als gegen Hitze. Mittels ihres Schwanzes und ihrer kleinen Füße schwimmen sie mit Schnelligkeit, aber auf dem Lande gehen oder vielmehr kriechen sie ziemlich mühsam. Indeß sieht man sie nicht selten aus dem Wasser hervorkommen und am Ufer herumkriechen, doch wählen sie dazu allezeit einen feuchten Boden. Reizt man sie, so bewegen sie sich heftig, stoßen schwache Laute aus und verändern ihre Farbe, sodaß ihr Hals ein sehr lebhaftes Scharlach erhält. Bemerkenswerth ist noch die Zartheit und Feinheit ihrer Haut, die so durchsichtig ist, daß man mit Hülfe einer Loupe den Lauf ihres Blutes verfolgen kann durch die Adern hindurch bis zum Herzen; man sieht dieses genau sich regelmäßig heben und senken, und zählt mit ziemlicher Leichtigkeit 50—55 Schläge in der Minute.

Herausgegeben unter Verantwortlichkeit der Verlagshandlung F. A. Brockhaus in Leipzig.

Das Pfennig-Magazin

für
Verbreitung gemeinnütziger Kenntnisse.

429.]   Erscheint jeden Sonnabend.   **[Juni 19, 1841.**

Cardinal Richelieu.

Dieser große Staatsmann und nicht minder große Mensch, der sich unter den schwierigsten Verhältnissen, unter denen je ein Minister regiert hat, an der Spitze der Geschäfte zu erhalten und in einer Zeit, wo Parteirücksichten Alles entschieden, über alle Parteien zu stellen wußte, war der dritte Sohn von Franz du Plessis, des Herrn von Richelieu im Lande Poitou, geb. am 5. Sept. 1585. Schon als Knabe zeigte er durch seine rastlose Thätigkeit und sein ehrgeiziges Streben, sich weit über seines Gleichen zu erheben, was er einst werden sollte. Als jüngerer Sohn war er anfangs zum Kriegsdienste bestimmt und zeichnete sich in den dazu nöthigen Leibesübungen vor allen Andern aus. Als ihm aber, nachdem sein zweiter Bruder ins Kloster gegangen war, von Heinrich IV. die Aussicht auf dessen Bisthum Luçon eröffnet wurde, legte er sich mit solchem Eifer auf die theologischen Studien, daß er schon mit 22 Jahren die bischöfliche Weihe in Rom erhielt. Auf dem Reichstage von 1614, dem bis 1789 keiner weiter folgte, wurde Richelieu der ver=witweten Königin und ihrem Lieblinge Concini bekannt. Dieser Letztere, der aus einem verbannten florentinischen Edelmanne nach der Reihe Marquis von Ancre, Gouverneur von Amiens, Großstallmeister, erster Edelmann oder Kammerherr des Königs und endlich gar Marschall von Frankreich geworden war, besaß eine grenzenlose Herrschaft über die Königin und brachte darum Richelieu mit leichter Mühe in den Staatsrath, wo er schon 1616 zum Staatssecretair befördert wurde. Obgleich Ludwig XIII. schon vor der Eröffnung des Reichstags für großjährig erklärt worden war, wurde er dennoch von allen Geschäften entfernt gehalten und lebte in einsamer Nichtigkeit, während Ancre und seine Gattin königliche Gewalt übten. Davon nahm sein Gesellschafter Luynes, der nur zu gern die Rolle Ancre's übernommen hätte, Gelegenheit, Ludwig's von Natur argwöhnisches Gemüth gegen seine Mutter Maria von Medici und deren Liebling, den Marschall von Ancre, so aufzureizen, daß er endlich den Befehl zu Ancre's Verhaftung gab und seine Mutter nach Blois verbannte.

Als der Marschall von Ancre gestürzt war, verlor auch Richelieu seine Stelle. Er begleitete die Königin nach Blois, wurde aber, weil man seinen Verstand fürchtete, auf Luynes' Betreiben bald darauf nach Avignon verbannt. Da entfloh Maria von Medici am 22. Februar 1619 aus ihrer Verbannung in Blois und erhob offene Fehde gegen den König. Jetzt wünschte Luynes selbst sich des Einflusses Richelieu's auf die Königin bedienen zu können und der Letztere zeigte keine Abneigung gegen ein Geschäft, das ihn über beide Parteien stellte. Durch seine Vermittelung kam auch wirklich schon am 30. April 1619 ein Vergleich zwischen dem Könige und seiner Mutter zu Stande, und als derselbe alsbald wieder neuen Mishelligkeiten Platz gemacht hatte, am 10. August 1620 ein zweiter, welcher von längerer Dauer war und dem Unterhändler den Cardinalshut einbrachte.

Nachdem Luynes bei der Belagerung von Monheur in seinem 43. Jahre an einem Fieber gestorben war, erlangte Maria von Medici wieder ihre volle Gewalt über ihren Sohn. Daß sie dieselbe nicht misbrauchte, wie zur Zeit ihrer Regentschaft, ist das Verdienst Richelieu's, der jetzt ihr Vertrauter war. Die Leitung der Staatsgeschäfte war noch in den Händen der Anhänger Luynes'. Um diese zu verdrängen, suchte die Königin Richelieu zum zweiten Male in den Staatsrath zu bringen, was ihr auch endlich gelang, so sehr auch der König, welcher, wie die übrigen Staatsräthe, den überlegenen Geist Richelieu's fürchtete, dagegen war. Am 29. April 1624 ward der Cardinal unter der Bedingung in den Staatsrath aufgenommen, seine Meinung nur dann zu sagen, wenn er dazu aufgefodert würde, sonst sich aber jeder Einmischung in die nähere Verhandlung der Geschäfte zu enthalten. Aber schon nach einem halben Jahre stand er an der Spitze derselben, zum Heil des Vaterlandes, welchem nach der schlaffen, schwankenden Regierung, die seit dem Tode Heinrich's IV. stattgefunden hatte, eine kräftige Regierung sehr Noth that.

Schnell wurde der Regierung ein neuer Geist eingehaucht, als sich Ludwig ganz die Leitung des Cardinals überließ. Zunächst führte dieser die äußere Politik auf die Grundsätze zurück, die sich unter Heinrich IV. festgestellt hatten, seit seinem Tode aber zum Nachtheile des europäischen Gleichgewichts aufgegeben worden waren.

Die Holländer wurden in ihren Unternehmungen gegen Spanien unterstützt und der Graf Mansfeld erhielt eine Zusicherung von monatlich 360,000 Livres zur Führung des Krieges wider den Kaiser. Die Spanier waren über diese veränderte Politik sehr aufgebracht und suchten ihrem neuen Gegner von Rom aus, sowie im Innern Frankreichs alle möglichen Hindernisse zu bereiten. Den päpstlichen Nuntius aber, der sich über die Unchristlichkeit der französischen Politik beschwerte, brachte Richelieu bald zum Schweigen, indem er ihn auf den großen Unterschied zwischen Sachen der Politik und Sachen der Religion hinwies. Mehr zu schaffen machten ihm die Hugenotten, die in ihren Unternehmungen gegen die Regierung von Spanien unterstützt wurden. Es gab damals, sowie früher und später, viele unduldsame Eiferer in Frankreich, die zu Gottes Ehren alle Reformirten ausrotten wollten; aber Richelieu war weit entfernt, auf solche Verkehrtheiten einzugehen oder Mittel der Gewalt in Glaubenssachen zu billigen. Jedoch widersprach es allen seinen Grundsätzen, die Hugenotten als Staat im Staate bestehen zu lassen. Er setzte daher alle

Kräfte gegen sie in Bewegung, als sie sich trotz des günstigen Friedens, den sie 1626 erlangt hatten, 1627 schon wieder gegen die Regierung rüsteten. Über ihren Anführer Soubise erging die königliche Acht und ihr Hauptsitz Rochelle wurde von Richelieu selbst belagert und nach der hartnäckigsten und angestrengtesten Vertheidigung (vom 10. August 1627 bis 28. October 1628) zur Übergabe gezwungen. Die Zahl der Einwohner war von 30,000 auf 5000 herabgesunken, die den einziehenden Siegern wie lebendige Gerippe vorkamen. Sie fielen wie hungrige Wölfe über die siegreichen Soldaten her und rissen ihnen das an den Bandelieren hangende Brot ab. Schon im März war die Noth so groß gewesen, daß die Herzogin von Rohan und ihre Tochter täglich nur höchstens vier Unzen Brot und eine Portion Pferdefleisch zu sich nahmen. Am 4. März hatte Johann Guiton das Amt des Maire mit dem Beding übernommen, Jedem den Dolch in die Brust stoßen zu dürfen, der von Übergabe reden würde.

Es fehlte nicht an Leuten, welche von Richelieu die härteste Bestrafung der Rocheller verlangten; aber der Cardinal erklärte, nicht die religiöse Ansicht der Rocheller habe er bekämpft, sondern ihren Ungehorsam, dafür aber hätten sie genug gelitten. Es wurde ihnen eine völlige und unbedingte Verzeihung des Geschehenen bewilligt. Sie behielten Güter, Ämter und Gottesdienst, aber die Befestigung ihrer Stadt wurde zerstört. Am 27. Juni des nächsten Jahres unterzeichneten Rohan und Soubise in Alais für ihre Partei einen allgemeinen Frieden, der ihr alle durch das Edict von Nantes eingeräumten religiösen Rechte zusicherte. Von jetzt an blieben die Hugenotten nur eine kirchliche Partei, deren religiöse Rechte der Cardinal duldsam fortbestehen ließ, so sehr er auch von allen Seiten zum Gegentheil aufgefodert wurde.

In dem Grade, in welchem Richelieu mächtig wurde, verlor er die Gunst seiner ehemaligen Gönnerin, der Königin Mutter, die sich seiner nur für ihre eigennützigen Pläne hatte bedienen wollen, aber bald einsehen mußte, daß sie sich hierbei in ihm geirrt hatte. Der mantuanische Erbfolgestreit veranlaßte sie, zum ersten Male offen mit ihrer Feindschaft gegen den Cardinal hervorzutreten; der König vermittelte indeß eine Versöhnung, die aber, wenigstens von Seiten Maria's, nur scheinbar war. Denn als der König im September 1630 in Lyon tödtlich erkrankte, benutzte die Königin Mutter diesen Umstand, durch treue Pflege das Herz ihres Sohnes wieder zu gewinnen, und als ihr dies gelungen, bat sie so lange den König um Entfernung Richelieu's, bis sich dieser dazu bereit erklärte, jedoch nicht eher als die italienischen Händel beendigt wären. Als nun diese Händel zu Ende waren, erinnerte Maria ihren Sohn sogleich an das ihr in Lyon gegebene Versprechen. Aber der König war jetzt nicht geneigt, den brauchbaren Minister aufzugeben, da ihn die Art, wie er diese Händel zu Ende geführt hatte, im glänzendsten Lichte darstellte, und Richelieu, von den Absichten Maria's unterrichtet, suchte jede ungestörte Zusammenkunft derselben mit dem Könige unmöglich zu machen. Da stellte sich Maria krank und drang, als sie jetzt vom Könige besucht wurde, abermals mit allen Waffen weiblicher Beredtsamkeit auf den König ein, ihn für ihr Verlangen willfährig zu machen. Der König schwankte. Da trat der Cardinal durch eine Seitenthüre ins Gemach und betheuerte der Königin auf den Knieen liegend die Redlichkeit seiner Absichten. Da sich aber die Königin in ihrem Zorne durch nichts beschwichtigen ließ, bat er den König um die Erlaubniß, sich in die Einsamkeit begeben zu dürfen, um daselbst lebenslang das Unglück zu beweinen, die Gnade der Königin Mutter verloren zu haben. Der König entfernte sich, ohne eine bestimmte Antwort zu geben. Unterwegs klagte er gegen seinen Begleiter, den Herzog von St.-Simon, über die Intriguen seiner Mutter. Der Herzog sprach zu Gunsten des Cardinals und der König gab ihm Recht. Richelieu traf unterdessen Anstalten zu seiner Abreise; Jedermann glaubte an seinen Sturz und drängte sich glückwünschend zu der Königin, die sich bereits im Besitze der höchsten Macht glaubte. Da empfängt Richelieu den Befehl, zum Könige nach Versailles zu kommen, und vernimmt dessen vortheilhafte Äußerungen über ihn gegen St.-Simon. Der Befehl wird auf der Stelle ausgeführt; der Cardinal nennt den König den besten Fürsten auf der Welt und der König den Cardinal den treuesten Diener, den man nur finden kann. So war das Einverständniß zwischen dem Könige und seinem Minister wiederhergestellt und fester als je zuvor; der Tag aber, der für alle Parteien so voll von Täuschungen war, empfing fortan den Namen journée des dupes (11. Nov. 1630).

Der Einfluß der Königin Mutter auf den König war seit diesem Tage unwiederbringlich verloren. Am 24. Febr. 1631 erhielt sie ein Schreiben von ihrem Sohne, worin er sie bat, sich einige Zeit auf dem Schlosse zu Moulins aufzuhalten und ihre schlechten Rathgeber von sich zu entfernen. Sie war darüber aufs höchste entrüstet und veranlaßte ihren zweiten Sohn Gaston von Orleans, den Hof zu verlassen. Er that es und sammelte zu Orleans mit großem Eifer Geld und Truppen, um seine Mutter aus der unwürdigen Abhängigkeit von Richelieu zu befreien. Richelieu bewog den König in eigener Person mit einigen Regimentern nach Orleans zu eilen; dies hatte einen erwünschten Erfolg. Der Herzog floh nach Bourgogne, von da nach der Franche-Comté und endlich nach Lothringen, von wo er ein Schreiben an den König erließ, worin Richelieu mit den härtesten Beschuldigungen überhäuft wurde. Als der Herzog von Lothringen gezwungen wurde, allen Verbindungen mit den Feinden Frankreichs zu entsagen, floh Gaston nach Brüssel, wohin auch Maria gegangen war, mit dem Vorsatze, sich eher dem Teufel zu ergeben, als sich an Richelieu nicht zu rächen. Mutter und Sohn boten hier Alles auf, eine Macht zusammenzubringen, mit der sie in Frankreich einfallen und den verhaßten Minister verderben könnten. Dieser aber traf die geeignetsten Anstalten, die Franzosen von ihnen zurückzuschrecken, indem er die Güter und Ehrenstellen ihrer Anhänger in Beschlag nehmen und den Marschall von Marillac, der als ein Hauptanhänger Maria's schon früher eingezogen worden war, hinrichten ließ (10. Mai 1632). Vier Wochen nach dieser Hinrichtung brach Orleans mit seinen wilden Söldnern plündernd und mordend in Burgund ein, bekam aber trotz seiner pomphaften Erklärungen nirgend einen bedeutenden Anhang, bis sich der Statthalter von Languedoc, Heinrich von Montmorency, ein Mann von großem Ansehen, der ihm auf Antrieb seiner mit der Königin Mutter verwandten Gemahlin schon früher seine Unterstützung zugesagt hatte, im August 1632 mit ihm vereinigte. Am 1. September kam es zur Schlacht. Montmorency wurde gefangen und trotz der einflußreichsten Verwendungen am 30. October hingerichtet, um in Zukunft allen weitern Anhang von dem aufrührerischen Prinzen fern zu halten. Dieser verließ jetzt abermals Frankreich und ging nach Brüssel, um dort in Verein mit seiner Mutter Richelieu neue Stürme zu bereiten. Aber ein Zwist mit seiner Mutter führte ihn im October 1634 wieder an den Hof seines Bruders zurück und wir finden ihn in den folgenden Jahren sogar als Mitanführer der französischen Heere gegen die Spanier in den Niederlanden und der Picardie. Als man hier Corbie belagerte, wo die Spanier eine Besatzung zurückgelassen hatten, kam es zu einem neuen Complott gegen Richelieu. Dieser war mit dem Könige nach Amiens gekommen, um die Belagerungsarbeiten vor Corbie zu beschleunigen, und sollte hier, nach dem Plane des Grafen Montresor und seines Vetters St. Ibar, auf ein Zeichen des Herzogs von Orleans und des Grafen von Soissons nach einem zusammenberufenen Kriegsrathe ermordet werden. Die Sache ging höchst erwünscht. Der König fuhr gleich nach dem Schlusse der Sitzung nach Hause und der Cardinal blieb allein unter den Verschworenen zurück. Aber Orleans gerieth in solche Furcht, daß er, statt das verabredete Zeichen zu geben, außer Fassung davon eilte und seine Unentschlossenheit auch dem Grafen von Soissons mittheilte. Unterdessen stieg der Cardinal ruhig in seinen Wagen und entging so der größten Gefahr, in der er jemals gewesen. Gaston und Soissons begaben sich hierauf nach Blois und Sedan in Sicherheit; hier verabredeten sie mit den Herzogen von Guise und von Bouillon einen neuen Aufstand, zu dem ihnen von Östreich und Spanien Geld und Truppen versprochen wurden. Am 6. Juli 1641 kam es in der Nähe von Sedan zu einer Schlacht mit den königlichen Truppen, in welcher die Empörer siegten, doch hatte dieser Sieg keine Folgen, weil sich, als der Graf von Soissons am Ende des Treffens von unbekannter Hand erschossen wurde, das ganze Unternehmen in Nichts auflöste.

Aber Richelieu bekam dadurch keine Ruhe. Eine neue Gefahr entstand für ihn durch Heinrich von Cinqmars, einen vielvermögenden Liebling des Königs. Als dieser hochstrebende junge Mann, dessen Ehrgeize nichts mehr zu groß war, von dem Cardinal in seine Schranken zurückgewiesen worden war, beschloß er den Sturz desselben. Er suchte das Gemüth des Königs, der den Cardinal ohnehin nicht liebte, allmälig mit Widerwillen gegen den mächtigen Minister zu erfüllen und sprach endlich sogar von seiner Ermordung. Da der König diesem Gedanken nur sehr lau widersprach, glaubte Cinqmars, nun Alles wagen zu dürfen. Er gewann die einflußreichsten Männer für seinen Plan und schloß am 13. März 1642 einen Vertrag mit Spanien, der ihm 17,000 Mann Hülfstruppen und bedeutende Jahrgelder zusicherte. Als die Sache ihrem Gelingen bereits ganz nahe war, erhielt der Cardinal eine Abschrift des Vertrags mit Spanien und bald waren die Häupter der Empörung verhaftet und hingerichtet. Der König versöhnte sich wieder völlig mit Richelieu, aber dieser konnte die Früchte dieser Versöhnung nicht lange genießen; denn er starb schon am 4. Dec. desselben Jahres im 58. Jahre seines Alters. Die fortwährenden Anstrengungen des Geistes, verbunden mit den tiefsten Bewegungen des Gemüthes, waren Ursache an seinem frühen Tode. Er starb mit dem Bewußtsein, seine Pflicht gethan zu haben, ruhig und gefaßt, und wirkte auch noch nach seinem Tode wohlthätig für das Land, dem er sein Leben gewidmet hatte; denn Ludwig beharrte, schon um nicht wankelmüthig zu erscheinen, auf der Bahn des Cardinals und als

*

er geftorben war, entfernte fich auch die Regentin nicht von diefer Bahn, indem fie wenigftens den von Richelieu empfohlenen Minifter Mazarin beibehielt, der aber freilich Richelieu nicht erfetzen konnte.

Richelieu war gleichweit entfernt von dem Starrfinne wie von dem Leichtfinne vieler Staatsmänner; das beweifen außer feiner Regierungsweife zwei fchriftftellerifche Werke, feine Denkwürdigkeiten und fein politifches Teftament. Von der kirchlichen und weltlichen Verfaffung verlangte er, daß fie fich beide wechfelfeitig in den gehörigen Schranken halten follten. Die Erziehung wollte er weder der Univerfität noch den Jefuiten allein anvertraut wiffen. Die damals gewöhnliche Verkäuflichkeit der Ämter fuchte er durch Mäßigung der Kauffumme und durch Prüfung der Tauglichkeit der Käufer weniger verderblich zu machen. Der übergroßen Unzahl der Beamten, dem Drucke der Armen, dem Wechfel der Statthalter arbeitete er nach Kräften entgegen. Von einem Könige verlangte er Tüchtigkeit und Bereitwilligkeit, Rath zu hören und anzunehmen, von feinen Räthen aber Fähigkeit, Treue, Muth und Fleiß. Frauen hielt er im Allgemeinen für ungeeignet zum Regieren, weil fie, im Dienfte der Leidenfchaften, felten für Vernunft und Gerechtigkeit empfänglich wären. Die Vernunft fetzte er weit über die Gewalt; wo die Vernunft etwas fodere, müffe man ftark und beharlich fein Ziel verfolgen, denn nur fo entgehe man, wenn man auch für den Erfolg nicht einftehen könne, doch gewiß der Schande. Streng fein gegen Diejenigen, die die Gefetze des Staates übertreten, hieß ihm gut fein gegen das Volk, und das größte Verbrechen gegen das allgemeine Befte war ihm Nachficht mit Denjenigen, welche es verletzen. Das Strafrecht der Staaten leitete er aus dem Umftande her, daß fie außer diefer Welt keine Dauer hätten, daher auch nur für diefe Welt berechnet wären. Die Unzufriedenen in einem Staate verglich er mit Schweinen; wenn eins fchreit, fo fchreien alle. Die ärgfte Peft in einem Staate fah

er in den unwürdigen Lieblingen, Maitreffen und Hofränken, das Geheimniß der Regierungskunft dagegen in der Ergreifung der rechten Gelegenheit. Seiner Zeit war er auch dadurch vorangeeilt, daß er Unterhandlungen weit über den Krieg fetzte und in klugen Verträgen mehr Verdienft fah als in glänzenden Siegen der Waffengewalt. Solche Grundfätze leiteten ihn in feiner Handlungsweife. Er wußte, was er wollte, und er wollte immer aus Gründen der Vernunft. Darum gelang ihm fo Vieles und darum ift er eine fo glänzende Erfcheinung in der Gefchichte Frankreichs. Gewiß hätte er auch den durch Maria, Ancre und Luynes zerrütteten Finanzen wieder aufgeholfen, wenn er unter andern Verhältniffen regiert und nicht geglaubt hätte, um die Ruhe im Innern zu erhalten, den Foderungen Derer, die fie ftören konnten, große Zugeftändniffe machen zu müffen. Die Conceffionen, die er den Großen des Reiches, befonders den Prinzen von Geblüt und ihren Lieblingen machte, zeigen, daß auch der fcharffichtigfte Menfch dem Irrthume unterworfen ift; denn fie waren fo weit entfernt, die Wirkung zu haben, die fie haben follten, daß fie grade zum Gegentheil führten, d. h. die Ruhe des Vaterlandes um ein tüchtiges Abfindungsquantum aller Augenblicke in Gefahr fetzten, wie wir an Gafton von Orleans gefehen haben. Aber diefer Irrthum kann Richelieu nicht zur Schmach gereichen, fondern ift ein Beweis, daß er auch in der Anficht vom menfchlichen Herzen groß war, indem er fich durch taufend Beifpiele menfchlicher Verdorbenheit doch nicht den Glauben an menfchlichen Edelmuth rauben ließ. Er glaubte an die Tugend, weil er die Tugend liebte.

Durch feine Stellung mußte Richelieu reich werden, aber er wurde es ohne Eigennutz; denn er lehnte Revenuen mehrmals mit dem Bemerken ab, fein Ehrgeiz gehe auf etwas Höheres, auf einen Platz in der Weltgefchichte. Diefer Wunfch ift in Erfüllung gegangen, denn er fteht wie ein Riefe unter feinen Zeitgenoffen.

Saumur.

Zu den reizendften Gegenden Frankreichs gehören unftreitig die lachenden Landfchaften, welche die wafferreiche Loire durchftrömt. An ihren Ufern gewähren zahlreiche Städte durch ihre mannichfache Lage und ihre verfchiedene Bauart dem Auge des Wanderers die wohlthuendfte Abwechfelung. Eine diefer Provinzialftädte, deren alterthümliches Anfehen uns in die Zeiten des Lehnwefens zurückverfetzt, ift Saumur, am linken Ufer der Loire in dem Departement der Maine und Loire, nach der frühern Eintheilung Frankreichs aber in der Provinz Anjou, zwifchen Tours und Angers

gelegen. Die Stadt zählt jetzt über 11,900 Einwohner, und obgleich die einft große Gewerbthätigkeit fehr abgenommen hat, fo beftehen doch noch berühmte Email- und Hutfabriken, auch wird die Leinwand- und Lederfabrikation, fowie Salpeter- und Pulverbereitung betrieben. Eine gelehrte Schule (College) und eine königliche Cavaleriefchule vermehren die Bedeutung des Ortes. Das Gebäude, welches uns zuerft in die Augen fällt, ift das Schloß, hoch auf einem Felfen gelegen und vor Zeiten von Thürmchen umgeben, die jetzt faft alle eingeftürzt find. Salvus murus, Sauf mur, was so viel heißt als unverletzt, d. i. uneinnehmbare Mauer, war der Name, den man einst dieser Feste und dann der Stadt gab. Ludwig IX. oder Heilige, der von 1226 —70 über Frankreich regierte, auf Verbesserung der Gerechtigkeitspflege in seinem Lande ernstlich bedacht, und auf einem Kreuzzuge bei der Belagerung von Tunis starb, soll dieses Schloß gebaut haben; später bewohnte es Karl VII., derselbe, dem die heldenmüthige Jungfrau von Orleans die Krone rettete. Auch der protestantische Staatsmann und Krieger Duplessis Mornay hatte hier seinen Sitz; er war von Heinrich IV. nach Saumur geschickt worden und gründete daselbst zu Ausgang des 16. Jahrhunderts eine Universität der Hugenotten, dergleichen damals auch zu Montauban, Sedan und Montpellier entstanden. Jetzt ist das Schloß eine Niederlage von Waffen und Munition. Die Kirche zu unserer Frau von Nantilly (Notre-Dame de Nantilly) gehört zu den ältesten der Stadt und ist merkwürdig durch die an ihren Wänden ausgespannten ungeheuern gewirkten Bilder (Gobelins) aus dem 14. und 15. Jahrhunderte, die theils das Leben der heiligen Jungfrau, theils die Eroberung Jerusalems durch Titus in seltsamer Anordnung und Ausführung darstellen. Die Kirche St.-Peter, nach ihrer Bauart ein Werk des 12. oder 13. Jahrhunderts, zeigt deutlich den Übergang des byzantinischen zum gothischen Baustyl; unglücklicherweise aber ist dies schöne Denkmal des Mittelalters durch ein Portal von ionischen Säulen entstellt, das man der Geschmacklosigkeit des Erneuerers verdankt. Das Rathhaus ist ein hübsches kleines Gebäude, wol aus dem 15. Jahrhunderte, das ein Museum mit allerlei Antiken und andern merkwürdigen Gegenständen enthält; auch eine kleine öffentliche Bibliothek befindet sich hier. Die schönsten Zierden der Stadt sind zwei prächtige Brücken über die Loire. Einst diente zur Verbindung der beiden Ufer des Stromes nichts als eine bescheidene Fähre, deren Einkünfte die habgierigen Mönche der Abtei St.-Florent bezogen. Um dieser Abgabe überhoben zu sein, borgten die Einwohner von Saumur einige Mark Silber von einer benachbarten Stadt und bald waren zwei hölzerne Brücken über die beiden Arme der Loire erbaut. Lange Zeit bemühten sich die Mönche vergeblich um Ersatz des Verlorenen, bis Heinrich II. sie in den Besitz dieser Brücken setzte, mit der Verpflichtung, sie baldigst in steinerne zu verwandeln. Die Stadtbewohner blieben von der Abgabe frei. Jahrhunderte vergingen, ohne daß geschah, was ausbedungen war. Endlich im Jahre 1752 wichen die alten hölzernen Brücken zwei prächtigen steinernen, begonnen von dem Ingenieur Cessart und vollendet von Lecreulx; sie sind wahre Meisterwerke, ebenso fest als schön.

Die blutigen Kriege in der Vendée, wo sich die Anhänger des Throns und der Kirche gegen das Wüthen der Schreckensregierung zu Paris mächtig und kühn erhoben, gaben Saumur in der neuesten Zeit eine militairische Wichtigkeit, die seine geographische Lage ihm gänzlich verweigert zu haben schien. Belagert von der royalistischen Armee wich es endlich der heldenmüthigen Tapferkeit Heinrich's von Larochejacquelin und wurde sogar kurze Zeit der Mittelpunkt der Operationen der Heeresabtheilung, die Cathelineau befehligte, welcher in dieser Stadt wegen seines kriegerischen Talents vom einfachen Landmann zum Hauptanführer des vendéer Aufstandes erhoben wurde. Allein nachdem die weiße Fahne einige Monate auf den Mauern der Stadt geweht hatte, war diese nur noch der Zufluchtsort von einem oder zwei verfolgten oder versprengten royalistischen Bataillonen.

Die Fürstenthümer Moldau und Walachei.

(Beschluß aus Nr. 428.)

Der Walache besitzt ein überaus glückliches Fassungsvermögen, begreift leicht und lernt schnell. Als Beweis hiervon können die Landestruppen dienen, welche hinsichtlich ihrer schönen militairischen Haltung der Präcision in Ausführung der schwersten Manoeuvres kaum den besten Truppen des westlichen Europa nachstehen. Das Loos des gemeinen Soldaten kann übrigens nur ein glückliches genannt werden; er dient nicht länger als sechs Jahre und befreit dadurch seine Familie auf Lebenszeit von allen Abgaben. Jedes Dorf stellt von 100 Familien nur zwei Mann und ist verpflichtet, für jeden derselben eine Summe von 300 Piastern zu erlegen, wovon der Rekrut die Hälfte bei seinem Eintritte, die andere Hälfte bei seinem Austritte erhält; er ist gut und zweckmäßig uniformirt und bewaffnet, erhält gesunde und reichliche Nahrung und angemessene Löhnung. Die Zahl der regulairen Truppen, in drei Infanterieregimentern und einem Cavalerieregimente bestehend, beläuft sich auf ungefähr 5000 Mann, kann aber erfoderlichenfalls leicht verdoppelt und verdreifacht werden. Unter dem Offiziercorps und besonders unter den Stabsoffizieren bemerkt man Deutsche, Engländer, Franzosen und Russen. Außer dem Stabsmusikchore besitzt noch jedes Regiment ein eignes Musikchor, und man muß erstaunen, daß Bauernsöhne, die vor einigen Jahren noch keinen Begriff von Musik hatten, jetzt nicht nur Märsche, sondern selbst schwierigere Piecen und Ouverturen aus Opern ausführen.

Nicht nur in der Hauptstadt, sondern in allen Districtsstädten befinden sich aufs zweckmäßigste eingerichtete Löschanstalten, sodaß der friedliche Bewohner, sicher vor Feuersgefahr, sich ruhig dem Schlafe überlassen kann, ohne befürchten zu müssen, daß, während er von den Mühen des Tages ausruht, seine Habe ein Raub der Flammen werde. Außer den bereits früher angelegten Spitälern und andern Wohlthätigkeitsanstalten, die sich in neuerer Zeit bedeutender Verbesserungen erfreuten und unter Aufsicht einer Ephorie gestellt wurden, sind seit dem Regierungsantritte des Fürsten noch mehre neue entstanden, unter welchen sich die Gebär- und Bildungsschule für Hebammen, das Militairhospital und das öffentliche, im Jahre 1839 beendigte, vom verstorbenen Fürsten Brankovan gestiftete und reich dotirte Krankenhaus besonders auszeichnen. Ein anderes Spital (Kolza genannt) ist unlängst aus seinen Trümmern neu erstanden, und sowol in diesem wie in allen übrigen wird jeder Kranke ohne Unterschied der Nation oder Religion unentgeltlich aufgenommen, gepflegt und ärztlich behandelt.

Jedoch nicht allein in dem Nützlichen, sondern auch in allem Andern, was das Leben angenehm macht, hat die Walachei, wenigstens in der Hauptstadt, ihre frühere Schattenseite verloren; so Manches gestaltet sich anders und freundlicher. Mit der ehemaligen türkischen weiten und unbehülflichen Kleidung schwinden auch die asiatischen Sitten und Gebräuche, und europäische treten an deren Stelle. Die griechische Sprache, sonst die allein übliche in den höhern Cirkeln, hat der französischen weichen müssen, und diese wird von allen Denen gesprochen, die auf Bildung Anspruch machen. Seit kurzem findet auch die deutsche und italienische Sprache einige Anhänger; ich sage einige, denn die Zahl derselben ist und wird gering bleiben. Musik macht einen wesentlichen Theil der Erziehung der Bojarentöchter aus; sie wird sehr gepflegt, und es werden wenige Häuser sein, in denen nicht elegante wiener Flügel zu finden sind.

Beide Fürstenthümer, deren Geschichte so eng verbunden war und deren Regierungsform gleichzeitig durch den Friedensschluß von Adrianopel geregelt wurde, müssen in ihren Hauptzügen eine auffallende Ähnlichkeit darbieten und die Beschreibung des einen muß die des andern zum großen Theil einschließen. Die Moldau grenzt im Osten an die russische Provinz Bessarabien, welche vor dem Frieden 1812 einen Theil des Fürstenthums bildete und von demselben durch den Fluß Pruth getrennt ist, im Süden an die Walachei, von welcher sie die Flüsse Sereth und Milkow trennen, und auf eine kurze Strecke an Bulgarien, von welchem es die Donau trennt, im Westen an Siebenbürgen, im Norden an die Bukowina, einen Theil von Galizien und Podolien. Die größte Längenausdehnung von Norden nach Süden beträgt 45, die Breite 25 Meilen, der Flächeninhalt 570 Quadratmeilen. Von den Karpaten, welche das Fürstenthum von Siebenbürgen trennen, erstrecken sich Äste in das Innere des Landes, die gegen die Flüsse Sereth und Pruth zu immer niedriger werden und mit Hügeln endigen, die mit Weinpflanzungen bedeckt sind. Das Klima ist nicht so mild, als man von einer mit dem Norden Italiens übereinstimmenden geographischen Breite erwarten sollte; die Flüsse sind im Winter oft gefroren und das Land mit hohem Schnee bedeckt. Erdbeben sind häufig, aber nicht verheerend; eins der heftigsten fand am 3. Febr. 1821 statt. Die Moldau zerfällt in zwei Theile, Ober- und Untermoldau, welche wieder in 13 Districte getheilt sind; die Hauptstadt ist Jassy, im östlichen Theile des Landes, kaum zwei Meilen von der russischen Grenze entfernt. Außer derselben gibt es noch sechs Städte, die das Vorrecht einer selbständigen Municipalregierung haben. Die Stadträthe werden jährlich von den Einwohnern neu gewählt; sie haben sich in der neuern Zeit sehr thätig gezeigt und sind bedacht gewesen, den Zustand ihrer betreffenden Städte durch besseres Pflaster, Beleuchtung, Brückenbau u. s. w. zu verbessern. Die Moldau ist ein ausschließlich ackerbauendes Land, dessen Wohlstand daher von der reichlichen Beschaffenheit und Güte der Ernten abhängt. In den Jahren 1831—35 fand ein sehr drückender Getreidemangel statt; um den dadurch bewirkten Übelständen für die Zukunft vorzubeugen, hat man, wie in der Walachei, Reservemagazine angelegt. Der praktische Werth dieser Maßregel muß sich erst noch erproben, denn seit der gedachten Periode haben die neuern Verhältnisse des Landes einen solchen auffallenden Zuwachs seiner Bodenerzeugnisse bewirkt, daß ungeachtet der zunehmenden Ausfuhr der Vorrath häufig den Bedarf weit überstiegen und in keinem Falle Mangel stattgefunden hat.

Das System der Besteuerung war vor dem Vertrage von 1829 wegen der großen Zahl der Befreiungen, die es gestattete, höchst ungleich. Nicht weniger als 7895 Familien oder etwa 40,000 Personen waren unter einer Bevölkerung, die noch lange keine Million betrug, ganz frei von aller Theilnahme an den öffentlichen Lasten. Dieses System der Befreiung besteht zwar noch, ist aber in seiner Anwendung sehr beschränkt worden. Jetzt fließen die Staatseinkünfte hauptsächlich aus einer Abgabe von durchschnittlich 30 Piastern für jede Bauernfamilie und von 60—240 Piastern für Handwerker u. s. w. Eine Zählung jeder Classe von Contribuenten wird alle sieben Jahre vorgenommen und

der Totalbetrag der Einnahme bleibt dann bis zur nächsten Zählung unverändert. Die Besteuerung jeder Bauernfamilie ist der Zahl von Vieh, welche sie besitzt, proportional. Die steuerpflichtige Bevölkerung der Moldau belief sich im J. 1838 auf 1,002,000; die Zahl der Steuerfreien betrug damals höchstens einige Tausende. Die Einnahmen beliefen sich im J. 1839 auf 8,491,956 türkische Piaster. Unter den Abgaben ist der an die Pforte zu entrichtende jährliche Tribut von 740,000 Piastern zu erwähnen.

Die öffentlichen Schulen des Fürstenthums enthielten 1838 1188 Schüler. Wegen Criminalverbrechen wurden in diesem Jahre 232 Personen verhaftet, von diesen wurden 18 zu den Salzminen, 58 zur Arbeit an den öffentlichen Bauten, 7 zur Deportation, 6 zur Einsperrung in Klöstern verurtheilt, 106 freigesprochen; 8 starben im Gefängnisse.

Die Verbesserungen, die seit wenigen Jahren stattgefunden haben, sind höchst augenfällig. Im J. 1837 allein wurden große Landstrecken, die bisher unbebaut gelegen hatten, urbar gemacht, Merinoschafe eingeführt, eine bessere Methode zur Fütterung des Viehs angenommen und einige Fabriken von Papier u. s. w. angelegt. Aber der Betrag der Ausfuhr im J. 1832, verglichen mit der im J. 1837, spricht in dieser Hinsicht lauter als alle andern Thatsachen; in jenem Jahre betrug sie 11,862,430, in diesem 17,353,611 Piaster; die Einfuhr belief sich 1837 auf 10,878,021 Piaster.

Die Bewohner der Moldau sind kräftig, nüchtern, arbeitsam und völlig geeignet, die klimatischen Wechsel, denen sie ausgesetzt sind, gut zu ertragen. In ihrem Äußern weichen sie von den Walachen wesentlich ab; ihr Blick ist weniger offen und ihre Gewohnheit, langherabhängendes Haupthaar und langen Bart zu tragen, gibt ihnen ein fast wildes Ansehen. Die Moldauer, die in höherm Grade als die Walachen den Einfluß des ursprünglich beiden gemeinsamen nomadischen Zustandes bewahrt haben, sind Freunde großer Wanderungen. Vereinigt zu zahlreichen Karavanen bringen sie in einer eigenen Art von Wagen (s. die Abbildung Nr. 527 S. 184) Lebensmittel und andere nutzbare Artikel aller Art in die Städte, welche in den weiten Ebenen nur dünn gesäet sind. Bei dem langsamen abgemessenen Schall der Schritte ihrer Ochsen gehen sie wohlgemuth einher, oft ohne in einem ganzen Tage eine menschliche Wohnung nur zu sehen. Wenn der Abend einbricht, hält die Karavane, die zahlreichen Wagen werden in ein Viereck zusammengestellt und die Ochsen ausgespannt, worauf man die letztern unter der wachsamen Aufsicht der die Karavane begleitenden Hunde nach Belieben grasen läßt. In der Mitte des Vierecks wird ein Feuer angezündet, auf welchem die Wagenführer ihr einfaches Mahl bereiten; ist dies verzehrt, so legt sich Jeder schlafen, beschützt durch eine warme und schwere Decke, die ihn ganz einhüllt. Die Moldauer sind nicht nur unermüdliche Fußgänger, sondern nicht minder treffliche Reiter; im nördlichen Theile des Fürstenthums findet sich eine sehr gute Pferderace. Eins der größten Hindernisse für das Aufblühen des Handels ist der Zustand der Wege. Eigentliche Landstraßen gibt es nicht; die Ebene ist offen und jeder Reisende sucht sich seinen Weg. Die leichtern Fuhrwerke des Landes, von schnellen Pferden gezogen, durchschneiden die Entfernung von einem Orte zum andern in gerader Linie, während die schwereren einen sorgfältiger ausgewählten Pfad einschlagen müssen. Stürme, Regengüsse und Schneefälle machen die Sache natürlich noch schlimmer; zu solchen Zeiten ist ein Fortkommen, wenn überhaupt, nur mit großer Geduld und Entschlossenheit möglich.

Elektrochemische Vergoldung.

Der bekannte Physiker de la Rive hat neuerlich ein sinnreiches Verfahren angegeben, um den Galvanismus zur Vergoldung zu brauchen, das der Galvanoplastik sehr ähnlich oder vielmehr mit derselben ganz identisch ist. Er gießt nämlich eine sehr verdünnte Auflösung von salzsaurem Goldoryd (wovon ein Pfund nur etwa ein Quentchen Gold enthält) in einen cylindrischen Sack und taucht diesen in einen Glascylinder, welcher schwach gesäuertes Wasser enthält. Der zu vergoldende Gegenstand wird in die Goldauflösung, eine Zinkplatte in das gesäuerte Wasser getaucht und beide durch einen Metalldraht verbunden. Nach einer Minute nimmt man den Gegenstand heraus und trocknet ihn ab, wobei man ihn nach starkem Reiben mit einem Tuche schon etwas vergoldet finden wird; sobald dieses Eintauchen zwei bis drei Mal vorgenommen worden ist, ist die Vergoldung schon hinreichend dick. Der elektrische Strom muß sehr schwach sein; der zu vergoldende Gegenstand muß zuvor gut von Oryd, besonders aber von Fett gereinigt werden und darf nicht eher in die Goldauflösung gebracht werden, als bis alles Andere hinreichend vorbereitet ist, sodaß der elektrische Strom in demselben Augenblicke beginnt, in welchem die Goldauflösung jenen Gegenstand berührt. Die Farbe der Vergoldung scheint theils von der Feinheit des aufgelösten Goldes, theils von der Concentration der Goldauflösung, theils von der Natur des zu vergoldenden Metalles u. s. w. abzuhängen. War der Gegenstand vor dem Vergolden nicht polirt worden, so fällt die Vergoldung beiweitem röther aus. Vom Gold braucht man zu einer ziemlich schönen Vergoldung nur wenig; so hat de la Rive einmal zehn silberne Kaffeelöffel mit einer Auflösung vergoldet, die nur 13 Gran metallisches Gold enthielt. Was außer dem Golde zu dem Verfahren nöthig ist, kann mit sehr geringen Kosten hergestellt werden. Auch theilweise kann eine Fläche durch obiges Verfahren vergoldet werden, indem man die Stellen, welche vom Golde frei bleiben sollen, mit Wachs überzieht, oder im Gegentheil die Goldauflösung auf die zu vergoldenden Stellen mit einem Pinsel aufträgt.

Werth und Gewicht eines Schiffes.

Nach neuern Angaben bestimmt sich der Werth der französischen Linienschiffe auf folgende Weise: Schiff ersten Ranges (120 Kanonen) 2,562,000 Francs; zweiten Ranges (100 Kanonen) 2,297,000 Francs; dritten Ranges (90 Kanonen) 2,047,000 Francs; vierten Ranges (80 Kanonen) 1,799,000 Francs; hiervon kommen auf das Schiff selbst 1,280,000, 1,115,000, 1,005,000, 953,000 Fr.; auf die Ausrüstung 902,000, 839,000, 729,000, 576,000 Fr.; auf die Artillerie 380,000, 343,000, 313,000, 270,000 Fr. Im J. 1776 wurden die Kosten eines Schiffgebäudes für 120 Kanonen nur auf 796,000 Fr. tarirt (worunter 140,000 für Arbeitslohn, 656,000 für Material). Das Gewicht eines auf sechs Monate ausgerüsteten Schiffs von 120 Kanonen beträgt 5083 Tonnen (worunter Ballast 400, Artillerie und Munition 530, Mannschaft mit Effecten 238, Lebensmittel und Zubehör 1197 Tonnen); ferner das eines Schiffs von 100 Kanonen:

4666 Tonnen; 90 Kanonen: 4223 Tonnen; 80 Kanonen: 3620 Tonnen; 74 Kanonen: 2925 Tonnen. Nach andern Angaben wiegt ein Schiff von 74 Kanonen nur 1640 Tonnen, aber mit Artillerie, Munition, Mannschaft und Lebensmitteln für sechs Monate 4553 Tonnen (die Tonne zu 2000 Pfund).

Glasfabrikation in Böhmen.

Von 75 böhmischen Glashütten erzeugen 13 selbst raffinirtes Hohl= und Tafelglas, 14 blos rohes Hohl= und 11 nur Tafelglas, 12 Tafel= und Spiegelglas, 8 nur Spiegelglas, dessen Schleifung theils in den Hütten selbst, theils in sechs ausschließend mit dem Spiegelschleifen beschäftigten Anstalten geschieht. Theils neben den genannten Hütten, theils ausschließend erzeugen mehre Hütten Perlen, Hyalith, Stängelgläser, Lustersteine und Uhrgläser. Der Gesammtwerth der Glasproduction läßt sich jährlich zu mindestens sechs Millionen Gulden Conv.=Münze annehmen. Der so bedeutende Glasbedarf der ganzen östreichischen Monarchie wird größtentheils durch böhmisches Glas gedeckt, besonders insoweit er Hohlglassorten betrifft; außerdem aber gehen jährlich 25,000 Centner Glas in das Ausland, meist Glaswaaren, deren Werth durch Schnitt, Schliff, Vergoldung und Färbung sehr gesteigert ist.

Der weibliche Matrose.

Daß Personen weiblichen Geschlechts, dem Heldenmädchen von Orleans gleich, sich in Schlacht und Gefecht wagen, davon gibt uns die Geschichte aller Völker erhebende, wenn schon seltene Kunde, wie denn nur im Anfang dieses Jahres Frankreich Gelegenheit hatte, in dem tapfern und gelehrten Fräulein von Burtiany zu Brives eine Dame zu betrauern, welche früher Oberst war und als solcher mehre Orden erwarb, auch seit 20 Jahren die männliche Kleidung nicht ablegte. Seltener aber wird man wol finden, daß ein Weib, das Strickzeug mit dem Tauwerk vertauschend, sich dem wilden Element im schwankenden Schiffe anvertraut und bald den Mastkorb erklettert, die uferlose Ferne beobachtet, bald die Rae an den Mastbäumen befestigen oder die Segel einziehen hilft. Einen solchen Fall berichten die liverpooler Blätter vom Februar dieses Jahres. Ein junges Mädchen, Namens Anne Blake aus Ballaghkeen in der Grafschaft Werford, unternahm eine Reise auf dem Packetboote nach Liverpool, und hier erwachte plötzlich bei ihr der Geschmack am Seeleben. Als Matrose gekleidet, bewarb sie sich um Dienst am Bord eines Kohlenschiffes der Küste und wurde als Schiffsjunge angenommen. So vollbrachte sie, ohne daß man ihr Geschlecht erkannt hatte, längs der Küste mit bestem Erfolge mehre Reisen, und hatte sich in ihrem 18. Jahre ganz in Art und Wesen des Seedienstes eingelebt. Indessen entging, als sie einmal ans Land ging, dem Scharfblicke eines Policeidieners das Abweichende ihres Körperbaues nicht. Da sie unter der Weste besonders stark war, und er argwöhnte, daß sie am Bord etwas entwendet haben möchte, fragte er sie um die Bewandtniß. Betroffen brauchte sie anfänglich die Ausflucht, daß sie sich ein Stück Brot mitgenommen, sah sich aber zum Geständnisse ihres Geschlechts endlich bewogen, da er zu genauerer Visitation Miene machte.

Die Riesengrotte und der Riesendamm in Irland.

Die Riesengrotte.

An der nördlichen Küste der Grafschaft Antrim in der Provinz Ulster, die der Schauplatz der Helden Ossian's ist und den nördlichsten Theil des an Naturwundern so reichen Irland ausmacht, hat die Natur ein doppeltes majestätisches Kunstwerk geschaffen, aus dem Ringen von Feuer und Wasser wunderbar erstanden: den Riesendamm und die Riesengrotte. Beide liegen nahe beieinander dicht am Meere, westlich von der Stadt Ballycastle und dem Vorgebirge Fairhead, einige Meilen von der Mündung des Flusses Foyle entfernt, unter einer in Trümmern liegenden alten Burg, zu der hinaufzuklimmen nur Ziegen gelingen kann; denn ein menschlicher Fuß darf den über einen fußbreiten Steg ohne Geländer und über einen furchtbaren Abgrund führenden Weg nicht zu betreten wagen. Beim Anblicke der nur vom Meere aus zugänglichen Riesengrotte (Giant's Cave), deren Abbildung unsere Leser hier vor sich sehen, setzen uns am meisten die an beiden Seiten senkrecht aufsteigenden, über unserm Haupte sich wölbenden Felsen von 4—500 Fuß Höhe in Staunen, die aus dem Meere sich erheben. Man unterscheidet leicht die verschiedenen Lager, aus denen sie bestehen; bald ist es ein röthliches Gestein, bald Basalt, dann wieder schneeweißer, mit Feuerstein untermischter Kalkstein; an manchen Stellen sind die Steine in Säulen geordnet, ähnlich den Pfeifen einer Orgel. Ein hoher, einzeln stehender Pfeiler mit zwei kleinern daneben heißt der Schornstein, ein anderer der Webstuhl. Der Riesendamm (Giant's Causeway) oder die Teufelsbrücke ist ein aus regelmäßigen Basaltsäulen gebildeter Damm oder Wall ungefähr 120—200 Fuß breit, der etwa 600 Fuß weit ins Meer hineinreicht. Es sind mehr als 30,000 aufrecht stehende Säulen, die genau zusammenpassen, mehr als 30 Fuß

aus dem Wasser hervorragen und oben eine ebene Fläche bilden, worauf man zur Zeit der Ebbe ziemlich weit gehen kann. Die regelmäßigsten stehen auf der Westseite und bilden viele, treppenartig an Höhe abnehmende Stufen. Merkwürdig ist, daß diese wie vom kunstfertigsten Steinmetz behauenen vier= bis sechseckigen (zum Theil auch sieben= bis neuneckigen) Säulen oder Pfeiler, die zwischen 8 und 20 Zoll dick sind, meist nicht aus einem Stücke, sondern aus mehren Stücken oder Gliedern (mehre aus 30, einer sogar aus 38) bestehen, deren oberes allezeit convex (erhaben) ist und genau in das untere, welches hohl ist, paßt. Die schönsten Säulen, welche abzubrechen gelingt, werden von Leuten aus dem benachbarten Dorfe Bushmills nach England geschickt; kleinere Stücke wendet man sehr passend zum Pflastern der Straßen und zur Verbesserung der Wege an. Die ganze Nordküste ist auf vier Meilen weit voll Basaltsäulen, daher es wahrscheinlich ist, daß dieselben mit denen der gegenüberliegenden hebridischen Inseln und besonders der schottischen Insel Staffa, deren herrliche Fingalshöhle unsere Leser schon kennen (vergl. Nr. 5 und 148), zusammenhängen und eine Basaltgruppe ausmachen.

Der Sage nach ist der Riesendamm die noch übriggebliebene Grundlage einer Brücke, welche ein Riesenvolk, das vor grauen Jahren in diesen Gegenden seinen Sitz hatte, mit kunstreichen Händen hier übers Meer baute, um Irland mit Schottland zu verbinden; daher der Name. Die Riesengrotte gewährte dann den gigantischen Bauleuten, wenn sie sich müde gearbeitet, ein schattiges Obdach und ein kühles Ruheplätzchen. Merkwürdig ist noch der Riesenbrunnen, eine sehr frische und klare Quelle am Ufer, die nahe beim Damm zwischen Basaltpfeilern hervorquillt.

Herausgegeben unter Verantwortlichkeit der Verlagshandlung F. A. Brockhaus in Leipzig.
2

Das Pfennig-Magazin

für

Verbreitung gemeinnütziger Kenntnisse.

430.]   Erscheint jeden Sonnabend.   [Juni 26, 1841.

Segovia.

Römische Wasserleitung zu Segovia.

Segovia, die Hauptstadt der gleichnamigen Provinz in dem Theile Spaniens, welcher Alt-Castilien genannt wird, liegt am Gebirge Guadarrama, zum Theil auf einem hohen Felsen, unter welchem der Eresma hinfließt, und ist von hohen, durch sieben Thore durchbrochenen Mauern, die von vielen Zinnen und Thürmchen überragt sind und viele römische Inschriften enthalten, umgeben. In ihrer Bauart und Lage gleicht sie einem Schiffe, dessen Hintertheil nach Osten und dessen Vordertheil nach Westen gerichtet ist und das nur die Überschwemmung der beiden Thäler unten erwartet, um flott zu werden. Segovia ist der Sitz eines Bischofs und hat nur noch ungefähr 10,000 Einwohner (ehemals 24,000), die vor denen der meisten Städte Spaniens durch Betriebsamkeit ausgezeichnet sind. Außer einer Fayence- und einer Schrotfabrik, welche letztere jährlich 425 Centner Blei verarbeitet, ist hier eine große Tuchmanufactur, die das beste Tuch in ganz Spanien und zwar jährlich ungefähr 4000 Stück liefert. Vier Wollwäschereien reinigen und sortiren die schöne Segoviawolle; denn Schafzucht macht den Reichthum der Provinz aus, die ihren jährlichen Wollgewinn auf mehr als 43,000 Centner anschlagen kann. Die Straßen sind abhängig, eng und winklig; doch kann die Stadt im Allgemeinen für gut gebaut gelten. Von öffentlichen Gebäuden sind bemerkenswerth die herrliche Kathedrale, die Münze, besonders aber das alte Schloß der maurischen Fürsten, genannt Alkazar, welches sich auf einem Felsen neben der Stadt erhebt, von ihr durch einen Graben getrennt, über den eine steinerne Brücke führt. Es ward im 8. Jahrhunderte aus weißem Steine erbaut; die Vorderseite ist etwa 50 Fuß lang, mit vielen kleinen Thürmchen besetzt, und endigt an jedem Flügel mit zwei zugespitzten runden Thürmen; in der Mitte erhebt sich ein viereckiger, von Ziegeln erbauter Thurm, der von schmalen runden Thürmchen und zugespitzten Fenstern umgeben ist. Mit Ausnahme des Mittelthurmes ist das ganze Gebäude mit Blei gedeckt. Daß die einzelnen Theile des Schlosses nach den verschiedenen Zeiten ihrer Entstehung sehr voneinander abweichen, kann nicht auffallen. Eins der merkwürdigsten Gemächer ist der große sogenannte Königssaal, dessen Täfelwerk mit Sculpturen in gothischem Geschmacke verziert und mit einem Gesimse gekrönt ist, welches eine Reihe buntbemalter hölzerner Statuen der alten Könige von Leon und Castilien von 760—1555 trägt; dazwischen bemerkt man vier Grafen, unter ihnen den berühmten Cid. Auch das Zimmer, in welchem König Alfons der Weise seine astronomischen Beobachtungen anstellte, sowie dasjenige, in welchem er die astronomischen (Alfonsinischen) Tafeln verfertigt und in welches in seiner Gegenwart der Blitz eingeschlagen haben soll, werden gezeigt. Noch sind einige Gemächer mit Mosaik und recht frischer Vergoldung verziert. Die weiten Räume, die einst spanische Herrscher, unter andern auch Ferdinand und Isabella, mit Vorliebe bewohnten, enthalten jetzt ein Arsenal und ein Gefängniß; Karl III. bestimmte das Schloß für eine von ihm für 100 junge Edelleute gestiftete Artillerieschule. Die Kathedrale ist in einem gemischten gothisch-maurischen Styl gebaut, 460 Schritte lang und halb so breit. Bemerkenswerth ist namentlich der vom Könige Karl III. geschenkte Hochaltar, der an 30,000 Piaster gekostet hat; er trägt eine vom König Heinrich IV. geschenkte große silberne Statue der heiligen Jungfrau und ist mit vier trefflichen Säulen von schwarz- und weißgeädertem Marmor gezlert. Auch die Seitenaltäre sind kostbar und die schöne Sacristei enthält werthvolle Gemälde. Vor den französischen Kriege waren im Kreuzgange die Kleider der in Segovia von der Inquisition verbrannten Ketzer aufgehängt, unter denen ihre Namen, ungefähr 200, nebst dem Datum der Hinrichtung verzeichnet waren. Das Merkwürdigste, was Segovia aufzuweisen hat, ist unstreitig die berühmte römische Wasserleitung, die Kaiser Trajan (nach Andern Licinius Larcius) dort anlegen ließ. Dieses wunderbare Bauwerk, uneigentlich segovianische Brücke (Puente Segoviano) genannt, leitet das Wasser 2500 Fuß weit von einem Berge zum andern bis zum kleinen Platze der Sebastianskirche und besteht aus 160 Schwibbogen, die zum Theil doppelt, ja dreifach übereinander stehen, und deren größte Höhe 120 Fuß beträgt. Die zwei größten Bogen dienen zu Thoren, die nach einem Marktplatze (der Plaza di Azoguejo) führen. 30 Bogen sind neu, aber ganz im Style der alten gebaut; diese Ausbesserung wurde unter der Regierung Isabellens von Castilien durch die Mönche des Klosters del Paral in Spanien vorgenommen. Die drei Fuß langen und zwei Fuß dicken Steine, aus denen die Wasserleitung aufgeführt ist, liegen ohne irgend ein Verbindungsmittel aufeinander, nur die obersten sind durch eiserne Klammern befestigt. Die Entfernung zwischen den Pfeilern beträgt 14—15 Fuß, die obern sind 4 Fuß, die untern 7—12 Fuß breit; von den untern Bogen sind die niedrigsten 5, die höchsten 39 Fuß hoch. Der Stein ist ein grauer Granit, derselbe, welcher zum Bau des Escurials gedient hat; aus welchem Steinbruche er genommen ist, ist unbekannt. Ausgrabungen, die beim Anlegen von Kellern bis zur Tiefe des Fundaments angestellt worden sind, haben die Sorgfalt, mit welcher der Bau angelegt wurde, dargethan. Und noch jetzt nach 1800 Jahren steht dies Denkmal fast unversehrt und fährt fort, dem Zwecke zu dienen, für welchen es bestimmt war, obgleich Kräuter und Sträucher, die in den Ritzen und Spalten Wurzel geschlagen haben, den Riesenbau dicht überwuchern. Leider sind viele Häuser an die Wasserleitung gebaut, welche zwar kaum den dritten Theil ihrer Höhe erreichen, aber dennoch die Übersicht des Ganzen erschweren. Auf einer der äußersten Seiten befindet sich eine nach Eroberung der Stadt durch die Christen angelegte, mit eisernen Gittern umgebene Nische, in welcher der maurische König der Sage nach den Hungertod sterben mußte. Mehre das Denkmal schmückende Bildsäulen sind leider untergegangen und nur die Stellen, wo sie gestanden, noch zu erkennen.

Von den Versteinerungen.

Unter Versteinerungen versteht man bekanntlich fossile Überreste des Thier- und Pflanzenreichs, die aus längst vergangenen Zeiten herrühren und in Folge des Eindringens mineralischer Substanzen und anderer Einwirkungen jetzt gleichsam in der Mitte zwischen organischen und unorganischen Körpern stehen, zum Theil kaum durch die äußere Form ihre Verwandtschaft mit jenen beurkundend, während in andern Fällen die Veränderung ungleich geringer ist, sodaß alle hierher gehörigen Körper einen ziemlich allmäligen Übergang vom Unorganischen zum Organischen bilden. Die mineralischen Substanzen, welche die Versteinerung bewirkt haben, sind hauptsächlich Kieselerde, Kalkerde, Metalle, besonders Eisen- und Kupferkies, Bitumen oder Erdharz u. s. w. Die in ältern Zeiten ausgesprochene Meinung, daß die Versteinerungen nichts als Naturspiele seien, hat schon längst einer richtigern Ansicht Platz gemacht.

Die große Mehrzahl der hierher gehörigen Körper gehört dem Thierreiche an; man unterscheidet in dieser Hinsicht versteinerte Seegeschöpfe, Amphibien, Vögel, Landthiere und Insekten. Ungemein verbreitet und zahlreich sind die Seegeschöpfe, was auf den Schluß führt, daß in uralter Zeit die ganze Erde mit Wasser bedeckt gewesen sei. Als Hauptarten unterscheidet man unter ihnen: 1) Testaceen oder Schalenthiere, wozu die Ammonshörner gehören, welche von ihrer Gestalt, die den Widderhörnern des Jupiter Ammon ähnlich ist, den Namen haben und von der Größe einer Linse bis zu der eines Wagenrades in mehren hundert Arten vorkommen; auch viele andere Muscheln kommen sehr häufig versteinert vor und nur wenige Arten von ihnen werden noch jetzt lebend angetroffen. 2) Crustaceen, worunter versteinerte Krebse und Krabben. 3) Radiarien oder Strahlenthiere, unter denen die Echiniten oder Stachelthiere und die Encriniten, Reste eines pflanzenartigen Polypenthieres, merkwürdig sind. 4) Corallien, zum Theil den noch jetzt lebenden Arten ähnlich. 5) Versteinerte Fische in großer Menge und Mannichfaltigkeit; zahlreich sind namentlich Abdrücke von Fischgerippen auf Schiefer, besonders im mansfeldschen Kupferschiefer. Man unterscheidet vorzüglich zwei Arten von Bauchflossern, von denen die eine den Weißfischen und Gründlingen, die andere den Hechten ähnlich ist. Gleichfalls zahlreich sind die sogenannten Haifischzähne, besonders in Malta, Toscana und Calabrien, zum Theil drei Zoll lang und ebenso breit, welche Geschlechtern von Squalen zugehört haben mögen, deren Länge auf mehr als 70 Fuß berechnet wird. 6) Überreste von versteinerten Walfischen, Delphinen und Seekälbern sind hauptsächlich in Italien, den Niederlanden und Frankreich gefunden worden.

Überreste von Amphibien sind gleichfalls zahlreich, wenngleich weniger als die von Seegeschöpfen. Dahin gehören: 1) Schildkröten bei Mastricht, Burgtonna u. s. w.; 2) Krokodile von ungeheurer Größe, besonders bei Mastricht, in Baiern u. s. w.; 3) eine riesenmäßige Art Monitor oder Warneidechse von 25 Fuß Länge. Viele andere seltsam gestaltete Reptilien begreift man unter dem Namen der Saurier; dahin gehören der Ichthyosaurus, der Megalosaurus und das Iguanodon.

Ornitholiten oder versteinerte Vögel sind verhältnißmäßig selten und erst seit 1781 bekannt, wo man in den Gypsbrüchen des Montmartre eine versteinerte Meisenart fand.

Den interessantesten, aber zugleich schwierigsten Theil der Petrefactenkunde bilden die versteinerten Landthiere, unter denen man ganz unbekannte Arten und solche, deren Gattungen noch lebend vorkommen, zu unterscheiden hat. Zu den erstern gehören: 1) das Mastodon, ehemals fleischfressender Elefant vom Ohio genannt, welches das ganze ungeheure Gebiet in Amerika vom Ohio bis zu den Patagoniern bewohnt haben muß. Humboldt brachte die ersten Knochen dieses Thieres, die sich in Nordamerika namentlich in der Gegend der Salzsümpfe finden und zum Theil sehr vollständige Gerippe bilden, nach Europa; Cuvier unterscheidet davon sechs Arten, von denen eine in der Gascogne vorkommt. 2) Das Megatherium und 3) das Megalonyx (wenn anders beide wesentlich verschieden sind) müssen zu den größten Landthieren gehört haben; ein aufgefundenes Skelet war zwölf Fuß lang und sechs Fuß hoch, doch sind davon verhältnißmäßig wenige Reste aufgefunden worden, die meisten in Virginien und an den Flüssen La Plata und Paraguay. 4) Paläotherien, grasfressende Thiere, von denen fünf Arten von der Größe eines Schafes bis zu der eines Pferdes vorkommen, namentlich in den Gypsbrüchen auf dem Montmartre. 5) Anoplotherien, fünf Arten, von der Größe eines Kaninchens bis zu der eines Esels, ebendaselbst vorkommend. 6) Pterobaktylus oder Ornithocephalus von der Gestalt einer Eidechse mit einem Vogelkopfe, von einigen Naturforschern für eine fliegende Eidechse gehalten, von andern zu den vierfüßigen Thieren gerechnet.

Zu denjenigen Landthieren, deren Gattungen noch jetzt vorhanden sind, gehören: 1) das Mammuth, ein riesenhaftes, dem Elefanten verwandtes Thier, wovon in Italien, Frankreich, Deutschland, England und besonders Sibirien zahllose Überreste vorkommen, sodaß die wohlerhaltenen, sich zur Verarbeitung eignenden Zähne als fossiles Elfenbein einen Handelsartikel bilden. In Sibirien hat man ein noch mit Fleisch, Haut und Haaren versehenes Exemplar gefunden, das 9 Fuß hoch und 16 Fuß lang war, eine Mähne, keinen Rüssel und keinen Schwanz hatte; der eine Fangzahn war 15 Fuß lang. Bald hielt man diese Thiere für Bewohner der heißen, bald der kältern Gegenden, bald für untergegangen, bald für noch lebend; wahrscheinlich gab es mehre Arten derselben. 2) Überreste des Rhinoceros finden sich im Hanoverschen, in Braunschweig (bei Thiede), Würtemberg (bei Kanstadt), in England u. s. w., meist mit Mammuthknochen vereint; 1771 wurde in Sibirien ein vollständiges Exemplar im gefrorenen Sande ausgegraben. 3) Das Dinotherium, ehemals Tapir genannt, welches dem Elefanten an Größe nahe kommt. Überreste davon sind hauptsächlich zu Eppelsheim bei Darmstadt, außerdem in der Dauphiné und in den Gypsbrüchen bei Paris gefunden worden; in den letzern will Cuvier die Überreste von fünf Arten von der Größe eines Kaninchens bis zu der eines Pferdes gefunden haben. 4) Das Riesenelen, durch die ungeheure Größe seiner Geweihe ausgezeichnet, kommt am häufigsten in Italien und Irland vor; bei einem in dem letztern Lande gefundenen Exemplare, dessen Schädel eine Elle breit war, wog das Geweih neun Centner und die Ausdehnung desselben betrug 14 Fuß.

Endlich zu denjenigen Thierresten, welche aller Wahrscheinlichkeit nach zu den noch jetzt vorhandenen Arten gehören, sind folgende zu rechnen: 1) Das Hippopotamus oder Nilpferd, etwas kleiner als die in Afrika vorkommende Art; 2) die Urstierarten, deren Überreste in Deutschland, Frankreich, England und Italien (besonders in Torfmooren) häufig vorkommen, müssen dem jetzigen Rindvieh sehr ähnlich gewesen sein, zum Theil nur größer. Blumenbach legte dem Thiere den Namen Urstier bei und leitet von ihm die Abstammung der noch lebenden Art ab. Bei manchen Exemplaren sind die Schädel ungeheuer groß, z. B. ein 1772 in der Tiber gefundener ist zwischen den Hörnern über zwei Fuß breit und das eine Horn vier Fuß lang, andere übertreffen die der ungarischen Ochsen nicht und sind sogar noch kleiner. 3) Knochen von wilden Schweinen und Pferden werden in aufgeschwemmter Erde zahlreich gefunden. 4) Vor allen zahlreich werden in Höhlen Überreste einer Bärenart (des sogenannten Höhlenbärs), ferner von Löwen, Tigern und Hyänen gefunden, namentlich in den Höhlen im Baireuthschen und am Harz, sowie in mehren andern in England, Frankreich und Italien. Da man in vielen derselben die Knochen dieser Raubthiere mit vielen Gerippen grasfressender Thiere vereinigt findet, so vermuthen Einige, die Raubthiere hätten die grasfressenden nach und nach als Beute hineingeschleppt, und erklären daraus einen Umstand, daß die meisten Knochen der letztern Thiere zerbrochen vorkommen; in vielen Fällen aber mögen die Knochen durch fließendes Wasser zusammengespült worden sein.

Versteinerte Menschenknochen oder Anthropolithen kommen nicht vor, obgleich man zu verschiedenen Malen dergleichen gefunden zu haben glaubte; denn diejenigen incrustirten und von Kalksinter und andern metallischen Stoffen durchdrungenen Reste von Menschenknochen, die sich hier und da finden, z. B. auf Guadeloupe in Westindien und in den Katakomben auf Malta und Kefalonien, sind nicht eigentliche Versteinerungen, sondern entschieden neuern Ursprungs. Merkwürdig sind insbesondere die in Kalkmergelfelsen eingeschlossenen menschlichen Gerippe auf der genannten westindischen Insel. Incrustirte Menschenknochen finden sich unter andern in Nordamerika (Connecticut), England (bei Sommerset), Deutschland (bei Köstritz), Frankreich (in einer Höhle bei Durfort unweit Alais); die an dem letztern Orte gefundenen sind erwiesenermaßen Überreste von Leichen, die nach einem Gefechte in jene Höhle getragen wurden. Niemals kommen Menschenknochen, die man für Versteinerungen gehalten hat, mit den Überresten ausgestorbener Thierarten vereint, auf Urgebirgsarten oder in ganzen Skeletten vor.

Endlich sind auch Versteinerungen oder Abdrücke von Insekten zahlreich, namentlich im Bernstein, außerdem auch in Schiefer u. s. w.

Eine überaus zahlreiche und höchst merkwürdige Classe von Versteinerungen ist in der neuesten Zeit aufgefunden worden; Ehrenberg in Berlin hat nämlich mit Hülfe starker Vergrößerungsgläser gefunden, daß die verschiedenen Arten Tripel und die Polirerden, Polirschiefer, Kieselguhr u. s. w. fast ganz aus versteinerten Infusionsthierchen bestehen, welche dem größten Theile nach sehr gut erhalten sind und den noch lebenden Arten oft vollkommen gleichen.

Pflanzenkörper werden weit leichter und schneller als thierische durch mineralische Stoffe, die in ihre Gefäße eindringen, verwandelt und versteinert, daher finden sich fossile Überreste aus dem Pflanzenreiche in ungeheurer, wahrhaft unglaublicher Menge. Nicht nur die Braunkohlen, sondern aller Wahrscheinlichkeit nach auch die Steinkohlen, beide bekanntlich Lager von ungeheurer Ausdehnung bildend und nur dem Grade der Umwandlung nach voneinander verschieden, sind vegetabilischen Ursprungs; viele Braunkohlen zeigen noch genau die Textur des Holzes und der Pflanzen, aus denen sie entstanden sind, und in manchen Steinkohlenlagern hat man wohlerhaltene Bäume gefunden. Große versteinerte Bäume finden sich in allen Gegenden der Erde, z. B. im Kiffhäuser in Norddeutschland, in Rußland, in Ostindien, Afrika u. s. w., bald liegend, bald stehend, zuweilen bis 60 Fuß lang und 7 Fuß dick, nicht selten neben Mammuth- und andern Thierknochen. Seltsamerweise findet man zuweilen fossiles Holz, das an einer Stelle am Stahl Feuer gibt, an einer andern aber brennt. An vielen Orten findet man Abdrücke von Pflanzen, z. B. im Schieferthon und Thoneisenstein, Stinkschiefer, Sandstein, in der Grauwacke u. s. w. Völlig umgewandelt sind der Staarstein, der Holzopal, die frankenberger Kornähren u. s. w.

Was die Gegenden betrifft, in denen Versteinerungen vorkommen, so findet man sie am häufigsten in Europa, ohne Zweifel weil man sie hier am meisten gesucht hat, nächstdem in Asien und Amerika; aber auch in Afrika (auf dem Vorgebirge der guten Hoffnung) und Neuholland sind fossile Knochen gefunden worden. Die ältesten Gebirgsarten schließen die rohesten und wahrscheinlich ältesten Thierarten ein, Überreste von Säugthieren aber finden sich nur in der äußersten Erdrinde. In ungeheurer Menge finden sich die Versteinerungen unter andern am Ätna, in den Apenninen und Pyrenäen, im Pilatusberge in der Schweiz, der mit Versteinerungen recht eigentlich angefüllt ist, in dem 15 Meilen langen Gebirgszuge vom Harze bis zur Weser, am Hainberge bei Göttingen u. s. w. Höchst merkwürdig ist die große Höhe, in welcher Versteinerungen vorkommen: im Himalajagebirge (Knochen von Pferden und Hirschen) bis 16,000 Fuß über dem Meere, in Südamerika bis 13,200 Fuß, auf dem Jungfrauhorn in der Schweiz bis 12,000 Fuß, in den Pyrenäen (auf dem Mont-Perdu) bis 12,000 Fuß, in Savoyen (Ammonshörner) bis 7844 Fuß u. s. w. Nicht weniger auffallend ist die große Tiefe unter der Meeresfläche, in welcher man Versteinerungen gefunden hat; so Abdrücke von Pflanzen in Cumberland (in England) 2000 Fuß tief. Endlich findet man in vielen Gegenden Überreste von Thier- und Pflanzengeschlechtern, die jetzt nur in weit wärmern Ländern anzutreffen sind; in Deutschland finden sich fossile Elefanten (nach Breislak gegen 200) und Rhinocerosse, ja selbst in dem kalten Sibirien kommt das Mammuth vor; Knochen von Bären, Tigern und Löwen finden sich in höhern Breiten, d. h. in kältern Gegenden, ebenso viele tropische Gewächse, namentlich Palmen; in den englischen Kohlenminen kommen Holzarten vor, die nach St.-Helena und Südindien gehören. Alle diese Thatsachen führen zu dem Schlusse, daß die Temperatur der Erdrinde und Erdoberfläche früher ungleich wärmer war, als sie gegenwärtig ist, aber ganz allmälig erkaltet ist, während dagegen einige Naturforscher eine (einmalige oder wiederholte) Überschwemmung angenommen haben, um daraus die angegebenen Erscheinungen zu erklären.

Sehr merkwürdig ist, daß man Petrefacten von Land- und Seegeschöpfen, z. B. in Sibirien Elefantenknochen und Walfischgerippe, vereint antrifft. Außerdem sind noch folgende Umstände bemerkenswerth. Wenn Versteinerungen in einer gewissen Erdschicht vorkommen, nicht aber in einer darüber liegenden andern Schicht, so zeigen sie sich abermals, wenn über dieser noch eine dritte der ersten ähnliche Schicht folgt. Sodann liegen Petrefacten in der ihnen eigenthümlichen Erdschicht am häufigsten unten, nehmen nach oben zu ab und verschwinden an der Grenze gänzlich. Daraus ergibt sich, daß die äußerste Erdoberfläche an einzelnen mehr oder minder ausgedehnten Strecken mehrmals abwechselnd vom Meere bedeckt war und wieder trocken gelegt wurde, ja manche Gegenden müssen in verschiedenen Zeiten abwechselnd vom Meere und von angesammeltem süßen Wasser bedeckt gewesen sein, weil man in ihnen in verschiedenen Erdschichten bald Überreste von Seethieren, bald von Bewohnern süßer Gewässer findet.

Die Fischer in Aberdeen.

Die wohlgebaute, blühende Stadt Aberdeen in Schottland hat etwa 60,000 Einwohner, die in Schottland selbst im Rufe der Verschmitztheit und Verschlagenheit stehen. An der Mündung des Flusses Dee und in einem Stadttheile, genannt das Fischerviertel, auch Foot Dee oder verderbt Fittie, welcher von der übrigen Stadt nur durch einige Schiffswerften getrennt ist, wohnt eine Menschenclasse, die sich in Sprache, Sitten, abergläubischen Meinungen und andern Eigenthümlichkeiten von den übrigen Aberdeenern mehr unterscheidet, als die letztern von den übrigen Bewohnern des schottischen Niederlandes. Die Fischer von Aberdeen bilden eine völlig getrennte Gemeinde und ihr Dialekt ist von dem der arbeitenden Classen der eigentlichen Stadt Aberdeen so verschieden, daß die meisten Wörter, welche jene unter sich brauchen, den Aberdeenern unverständlich sind, obgleich beide eine hinlängliche Zahl von Wörtern gemeinschaftlich haben, die ihnen bei ihren gegenseitigen Geschäften dienen. Wollte ein Bewohner der Stadt in das Fischerviertel gehen, dessen Bewohner fast sämmtlich Fischer und Lootsen sind, er liefe nicht geringe Gefahr, mit Steinen und Schellfischköpfen wieder getrieben zu werden. Die aberdeener Fischer verbinden sich fast nie durch Heirathen mit den andern Bürgern. Ihre Kinder schicken sie nur selten in eine Schule, fast nie in eine den verschiedenen Confessionen gemeinschaftliche. Ihre Söhne werden fast ohne Ausnahme angehalten, die Beschäftigungen ihrer Vorfahren zu treiben, und lernen nie ein regelmäßige Handwerke, ausgenommen daß dann und wann ein junger Mann, der unternehmender ist als gewöhnlich, ein Schiffszimmermann wird. Sie wohnen auf patriarchalische Weise beisammen, oft drei bis vier Generationen in einem einzigen Gemach; auf dem Sims an der Decke liegen die Ruder, an den Wänden hängen allerhand Fischergeräthschaften, die Kinder schlafen auf Netzen im Winkel. Die Boote vererben vom Vater auf den Sohn nach dem Rechte der Erstgeburt. Die Weiber haben eine ganz andere Tracht als die Weiber der untern Classen in Aberdeen, und eine fast ausschließliche Vorliebe für die weiße und blaue Farbe; sie tragen in der Regel ein blaugestreiftes Tuch, einen blauwollenen Rock, eine enge Mütze, Strümpfe, welche die Füße frei lassen, und keine Schuhe; sehr häufig tragen sie aber auch die blauen Jacken ihrer Männer und Brüder. Die Männer thun wenig mehr als Fische fangen; die Weiber schaffen die den Fischern nöthigen Lebensmittel herbei, versehen die Haken mit Lockspeise, helfen die Netze tragen und unterziehen sich den beschwerlichsten Arbeiten, während die Männer mit zusammengeschlagenen Armen zusehen. Die Weiber (wie die mehrer Fischerdörfer an der Ostküste Schottlands) tragen in einer eigenen Art großer geflochtener Körbe, die an den Schultern fest gemacht werden und auf den Hüften ruhen, große Lasten von Fischen zu Markte, und legen ganz nüchtern oft zwei bis drei Meilen zurück; die Last wird ihnen so sehr zur Gewohnheit und so nöthig zu einem sichern Gange, daß sie beim Rückwege lieber Steine im Korbe als diesen leer tragen. Sie gehen nie anders als einzeln hintereinander und halten es für unglückbringend, wenn sie gezählt werden, was sich die Straßenjugend von Aberdeen zu Nutze macht, um sie im Vorbeigehen zu zählen und dadurch zu ärgern. Ebenso fürchten sie den Zuruf: „Die Spur eines Hasenfußes ist in eurem Korbe", weil am Abend vor einem Tage, wo eine große Menge Fischer auf dem Meere umkam, ein Hase durch das Fischerviertel lief. Auf ihre Boote mit dem Zeigefinger zu zeigen ist die sicherste Art, sie zu beleidigen. Noch eine Menge anderer abergläubiger Meinungen, die anderwärts eine bessere Erziehung selbst aus den

Hütten der Armen verdrängt hat, sind unter ihnen im Schwange. Der Glaube an Glücks- und Unglückstage, an Vorbedeutungen von Steinen und Wolken u. s. w. wird noch gegenwärtig unter den niedrigen Strohbächern ihrer weißen Häuser zwischen den Sandhügeln an der Mündung des Flusses Dee gefunden, und die Furcht, daß eine Vernachlässigung dieser Dinge großes Unglück über ihre Köpfe bringen möchte, macht die armen Leute zittern. Die größte Seltsamkeit kommt zuletzt: sie feiern Weihnachten nach dem alten Style, richten sich auch in ihren Geschäften und Berechnungen nach diesem und hängen fest an demselben, indem sie der Meinung sind, der neue Styl sei Menschenwerk, der alte aber göttlichen Ursprungs.

Ein aberdeener Fischerweib.

Empfindlichkeit des menschlichen Körpers.

Über die Eigenschaften der Empfindlichkeit des lebendigen Körpers ist man noch in großer Unklarheit, und doch gibt uns gerade diese Seite unserer Organisation die überraschendsten Beweise von der Weisheit und Güte unsers Schöpfers an die Hand. Deshalb werden die folgenden Zeilen wol für Niemanden ohne Interesse sein.

Man unterscheidet von der besondern Empfindlichkeit, die verschiedenen Organen eigenthümlich ist, die allgemeine Empfindlichkeit der Körperfläche und leitet diese von allgemeinen Nerven her. Man stellt sich vor, manche Nerven seien gröber organisirt und weniger

empfindlich, andere dagegen zarter gebaut und für feinere Eindrücke empfänglich; man glaubt z. B., der Sehnerv sei feiner als der Fingernerv, ohne daran zu denken, daß die Nervenhaut des Auges für diejenigen Eigenschaften der Materie unempfindlich ist, die wir durch die Tastnerven der Finger mit der höchsten Bestimmtheit erkennen. Die Nerven sind allerdings sehr verschieden organisirt, je nachdem sie für diesen oder jenen Sinn, für diese oder jene Verrichtung bestimmt sind, aber die Feinheit ihres Gewebes hat damit nichts zu thun, sie ist überall dieselbe. Wenn der Tastnerv keine Empfindung für das Licht hat, so hat dafür der Sehnerv keine für die Berührung. Wäre die Eigenschaft des Gesichtsnerven eine Folge von seinem feinern Baue; wäre die Netzhaut des Auges für den Lichtstoff nur darum empfindlich, weil sie überhaupt empfindlicher wäre, als jeder andere Nerv, besonders der Tastnerv, so wäre das Auge eine ewige Quelle von Schmerz, denn der geringste Druck der Luft, der Feuchtigkeit, des Augenlides darauf würde aufs schmerzlichste empfunden werden. Dem ist aber nicht so, weil die Netzhaut für Schmerz gar nicht empfindlich ist und der Seele nur solche Eindrücke überliefern kann, welche Licht und Farbe bewirken. Wenn wir im Auge dennoch bisweilen Schmerz empfinden, so rührt das von Gefühls- oder Tastnerven her, mit welchen jede Oberfläche, also auch die des Auges versehen ist. Daß dem so ist, beweist jede Staaroperation. Wenn die Spitze der Nadel durch die äußern Augenhäute bringt, fühlt der Kranke einen Stich; sobald sie aber durch die Netzhaut geht, welche nichts anders ist als der ausgebreitete Sehnerv, fühlt er keinen Schmerz, sondern sieht einen Feuerfunken.

Man glaubt allgemein, der Schmerz müsse desto größer sein, je tiefer eine Wunde ist. Das ist aber zum Heil für uns nicht der Fall. Besäßen die tiefern Theile dieselbe Empfindlichkeit, wie die Haut, so würde die leichteste Körperbewegung schmerzhaft für uns sein. Die ausnehmende Empfindlichkeit für die geringste Verletzung, für den schwächsten Eindruck von außen kommt nur der Haut zu und macht sie zur Schutzwache der tiefer gelegenen Theile. Daß der Schmerz nur in der Haut seinen Sitz hat und nur hier überwunden werden muß, wenn man zu den innern Theilen gelangen will, beweist jede Operation, die ein Chirurg mit schneidenden Werkzeugen zu machen hat. Der Kranke erträgt die Durchschneidung der tiefern Theile mit Gleichmüthigkeit, während er über den heftigsten Schmerz klagte, als der der Operation vorangehende Hautschnitt gemacht wurde, und diese Klage wiederholt, wenn nach vorgerückter Operation der Hautschnitt erweitert werden muß.

Wenn einmal die Haut durchdrungen ist, können alle darunter befindlichen Theile, Knochen, Gelenke, Häute und Bänder, geschnitten, gestochen, ja gebrannt werden, ohne daß man den geringsten Schmerz empfindet, denn durch Stiche, Schnitte und Feuer Schmerz zu empfinden, ist nur eine Eigenschaft der Haut, die den Theilen darunter zu nichts dienen kann, da sie von solchen Verletzungen nie getroffen werden können, ohne daß wir vorher durch die Empfindlichkeit der Haut hinreichend vor ihnen gewarnt worden wären. Dagegen haben sie für Verletzungen, die sie erreichen können, ohne daß dabei die Haut ins Spiel kommt, z. B. für Erschütterungen, Quetschungen und Zerreißungen einen hohen Grad von Empfindlichkeit. Wären die innern Organe ganz gefühllos, so fehlte es uns an einem Regulator bei unsern Bewegungen. Damit uns nun dieser Regulator nicht fehle, haben sie eine auf die Art von Verletzungen, welche sie treffen können, ohne daß früher andere Theile getroffen werden dürfen, beschränkte Empfindlichkeit, welche uns vor gefährlichen Unternehmungen ebenso sicher warnt, als auf der Haut ein spitziges oder glühendes Eisen. Dieser innern Empfindlichkeit ist es zuzuschreiben, wenn sich Blinde bei ihren Bewegungen seltener stoßen, als man erwarten sollte, und wenn wir uns bedenken, von bedeutenden Höhen herabzuspringen, zu schwere Lasten auf uns zu laden, oder einen Körper aufzuhalten, dessen Bewegung zu gewaltsam für uns ist.

Eine andere Art von Empfindlichkeit der Haut besteht darin, daß sie die kleinsten Stockungen in der Circulation des Blutes wahrnimmt und uns veranlaßt, unsere Stellung bei einer ruhigen Beschäftigung von Zeit zu Zeit zu ändern und dem Drucke des Körpergewichtes eine andere Richtung zu geben, ohne daß wir uns dessen bewußt sind. Wenn wir gezwungen wären, ganze Stunden in derselben Stellung zu verharren, so würden wir steif und lahm werden. Aus diesem Grunde muß man Kranken, die ihren Körper nicht selbst bewegen können, eine Bewegung verschaffen, indem man ihnen von Zeit zu Zeit neue Polster unter die Hüften und Schenkel schiebt oder die darunter liegenden verrückt; sonst entzünden sich die Theile, auf denen die Körperlast ruht, auch in dem weichsten Bette, und es entsteht Fieber, Brand und Tod. Aus demselben Grunde ist es nicht immer Unaufmerksamkeit, wenn Kinder in der Schule auf ihren Sitzen hin und her rutschen oder andere Bewegungen vornehmen, durch welche die Lage ihres Körpers verändert wird. Sie folgen hier einem Zuge der Natur und thun etwas, dessen Unterlassung die nachtheiligsten Folgen für ihre Gesundheit haben würde. Die Empfindlichkeit der Haut ist also auch von dieser Seite ein Schutzmittel für den ganzen Körper, wie es die Empfindlichkeit der Augenlider für die Augen ist.

Auch das Gefühl für Temperaturveränderung hat seinen Sitz in der Haut und ist folglich auf die Oberfläche des Körpers beschränkt. Die Theile im Innern haben immer gleiche Temperatur, bedürfen also keines Gefühls für ihre Veränderungen. Die äußere Temperatur aber wechselt und würde uns in ihren Extremen verderblich werden, wenn wir nicht durch die Empfindlichkeit der Haut in den Stand gesetzt wären, allen verderblichen Wirkungen vorzubeugen. Durch Krankheiten geht bisweilen dieses Gefühl für Wärme und Kälte verloren. In einem solchen Falle kann der Kranke das gelähmte Glied erfrieren und verbrennen, ohne etwas zu merken. So hob einst ein Mann, der in der rechten Hand das Gefühl der Temperatur verloren hatte, einen glühend heißen eisernen Deckel aus dem Feuer und setzte ihn gemächlich auf die Pfanne, von welcher er gefallen war, ohne zu bemerken, daß die Glut seine Finger zerstörte.

Sehr auffallend ist es, daß das Gehirn, zu dem jeder Sinneneindruck gelangen muß, bevor er zum Bewußtsein kommt, gänzlich unempfindlich ist. Man hat bei Kranken das Gehirn berührt, ja zum Theil weggenommen, ohne daß sie das Geringste bemerkten. Das scheint bei der Voraussetzung, daß ein jeder Nerv empfindlich sein müsse, unglaubhaft, ist aber doch wahr, und beweist, daß die Voraussetzung, der es widerspricht, falsch ist. Bedenken wir, daß die verschiedenen Theile des Nervensystems völlig verschiedene Eigenschaften besitzen, so ist nicht abzusehen, warum das Gehirn die Eigenschaft eines Hautnerven haben soll.

Die Empfindlichkeit ist demnach keine nothwendige Eigenschaft jedes Nerven, sondern eine besondere Eigenschaft, nach Maßgabe des dadurch zu erreichenden Zweckes, die sich an jedem Organe anders ausspricht. Dies wird uns völlig klar werden, wenn wir sie an zwei sehr entgegengesetzten Organen betrachten. Wir wollen dazu das Auge und das Herz wählen.

Das Auge, das aus dem Sehnerv und mehren durchsichtigen Flüssigkeiten und Häuten besteht, unterliegt allen Verletzungen, denen die Körperoberfläche ausgesetzt ist, und ist überdies der Entzündung und Verdunkelung durch Körper unterworfen, für welche wegen ihrer Feinheit die gemeine Haut kein Gefühl mehr hat. Um das Auge vor diesen in der Luft herumschwimmenden Körpern zu schützen, wurden die Augenlider und die Thränensäcke geschaffen. Beide Apparate aber wären umsonst da, wenn das Auge, außer der Fähigkeit zu sehen, nicht auch noch einen hohen Grad jener Empfindlichkeit hätte, welche der Haut zukommt. Darum verbreitet sich ein von dem Sehnerven ganz verschiedener Nerv über die ganze äußere Fläche des Auges und gibt ihr die nöthige feine Empfindlichkeit. Werden durch Verletzung die Verrichtungen dieses Nerven aufgehoben, so dringen Stäubchen und Insekten ins Auge und bleiben hinter den Augenlidern liegen, ohne daß der Kranke eine Empfindung davon hat und ohne daß sich weder der hydraulische Apparat der Thränensäcke noch der Mechanismus der Augenlider in Bewegung setzt. Die Folge davon ist, daß trotz der Schmerzlosigkeit des Auges eine Entzündung entsteht und das Auge bei unversehrtem Sehnerven zu Grunde geht. Jeder Augenarzt kann Belege zu dem eben Gesagten liefern. Merkwürdig ist es, daß die gesunde Empfindlichkeit des Auges durch leichte Dinge in die lebhafteste Thätigkeit versetzt wird, sodaß sich die Augenmuskeln krampfhaft zusammenziehen, während sie durch gröbere Dinge, z. B. den Druck der Fingerspitze auf den Augapfel, ganz aufgehoben wird. Dies zeigt uns, daß die Empfindlichkeit des Auges die zu seinem Schutze bestimmten Theile nur da zu Hülfe ruft, wo sie wirklich schützen können und wo der Wille nichts vermag, aber schweigt, wo die Beeinträchtigungen nur durch den Willen entfernt werden können.

Daß die Empfindlichkeit des Herzens eine ganz andere ist, beweist die Beobachtung des berühmten Harvey. Dieser untersuchte einst einen jungen Mann, dem in Folge einer durch einen Sturz entstandenen Eiterung an der Brust das Innere derselben wunderbar aufgedeckt worden war. Harvey nahm das Herz zu wiederholtem Male in die Hand, ohne daß der junge Mann etwas davon spürte. Dies beweist, daß das Herz keine Spur von der Empfindlichkeit besitzt, die ihren Sitz in der Haut hat, aber deßhalb ist es nicht unempfindlich. Es geht weder im Körper noch im Geiste eine Veränderung vor, die nicht in einer entsprechenden Veränderung des Herzens zurückgespiegelt würde. Während also die Empfindlichkeit des Auges das Organ vor äußern Unbilden schützt, fühlt das für jede Berührung unempfindliche Herz jede Veränderung im Blutlauf, bequemt es sich nach jeder Stellung und Bewegung des Körpers und steht mit den Lebenskräften in der innigsten Sympathie.

Die Empfindlichkeit, die unter den mannichfaltigsten Formen als Schmerz auftritt, die aber auch die Quelle ebenso vieler Arten von Lust ist, ist also keine das Leben nothwendig begleitende Eigenschaft, sondern eine Schutzwache desselben, die auf das weiseste nach dem Wesen jedes Organs, besonders nach dem Grade, in welchem es bloßliegt, verschieden ist und an jedem Punkte des Organismus die nothwendige, ihm zukommende Thätigkeit weckt und unterhält.

Nachträgliches über Gent. *)

Die Kathedrale von St.=Bavon, eine der reichsten in der Christenheit, ist die frühere Johanneskirche, welche

*) Vgl. Nr. 324. 351.

im J. 941 eingeweiht wurde und 1540 in Folge einer Entscheidung des Kaisers Karl V. den Namen Bavon's erhielt. Dieser Heilige war ein vornehmer Herr, mit seinem ursprünglichen Namen Allowin, der durch eine Predigt des Bischofs von St.=Amand bewogen wurde, Buße zu thun, seine Habe halb den Armen und halb einem Kloster zu schenken und dem weltlichen Leben ganz zu entsagen, wofür er im 8. Jahrh. heilig gesprochen wurde. Die Kirche wurde 1559 zur Kathedrale erhoben und enthält 24 Kapellen, die zum Theil mit ausgezeichneten Gemälden geschmückt sind. Der kostbarste Schatz ist ein auf Holz gemaltes Gemälde der Gebrüder van Eyck, welches das Lamm Gottes vorstellt, von den Patriarchen und Propheten der Alten, sowie von den Aposteln und Märtyrern des Neuen Testaments umgeben. An dieses Gemälde schließen sich drei andere an, von denen das mittlere Christus auf dem Throne sitzend vorstellt; zu seiner Rechten steht die Jungfrau, zur Linken Johannes der Täufer. Dieses Gemälde war das zweite in Öl ausgeführte Gemälde in Europa und erlangte bald einen solchen Ruf, daß man weit und breit herbeikam, um es zu sehen. König Philipp II. that Alles, um sich in den Besitz des Bildes zu setzen, da es aber den Domherren um keinen Preis feil war, so begnügte er sich, durch seinen Maler Michel de Coxie aus Mecheln, den man den flamändischen Rafael nannte, eine Copie davon fertigen zu lassen, die so vortrefflich gerieth, daß sie dem Originale wenig nachstand. Während der ersten französischen Revolution war das Gemälde verborgen, büßte aber sechs seiner Tafeln ein, die den Reiterzug Philipp's des Guten, die heilige Cäcilie, einen singenden Engelchor, die Verkündigung, St.=Johannes und St.=Petrus vorstellen und sich jetzt in Berlin befinden; die beiden gebliebenen Tafeln stellen Adam und Eva vor. Napoleon schickte das Bild in die Galerie des Louvre, aus der es erst 1815 zurückkehrte. Eine andere Kapelle enthält ein Meisterwerk von Rubens, St.=Bavon vorstellend, wie er in der Abtei von St.=Amand aufgenommen wird; eine dritte eins der besten Gemälde von Franz Purbus, Christus unter den Schriftgelehrten darstellend.

Das große Beguinenstift ist mit Mauern und Gräben umgeben und bildet eine Stadt im Kleinen. Die Beguinenstifter sind den Niederlanden eigenthümlich und sollen ihren Namen und Ursprung der heiligen Begga, der Mutter Pipin's von Herstall, verdanken, welche mehre Beguinen unter ihrer Schwester Gertrud vereinige, später selbst dieser Genossenschaft beitrat und darin 689 starb. Die beiden in Gent bestehenden Beguinenstifter, das große und kleine, wurden von der Gräfin Johanna, Tochter des Kaisers Balduin von Konstantinopel, gestiftet. Jede Beguine bewohnt ein eignes kleines Haus, muß selbst für ihren Unterhalt sorgen, kann über ihr Vermögen frei disponiren und ist durch kein Gelübde gebunden. Der Eintritt findet in jedem Alter statt.

Unweit des Rathhauses steht ein stattlicher viereckiger Thurm, auf welchem der byzantinische Drache schwebt, den die Einwohner von Brügge aus Konstantinopel mitgebracht, aber in der Schlacht von Beverholdt an die Genter verloren haben. Er dreht sich noch immer nach dem Winde und wird an Festtagen erleuchtet. Eine Glocke von 12,483 Pfund, die ehemals hier hing, ist jetzt verschwunden.

Auf dem Freitagsmarkte steht auf drei steinernen Füßen eine ungeheure Kanone, vielleicht die größte in ganz Europa, genannt die tolle Margaretha. Sie ist

18 Fuß lang, hat 10½ Fuß im Umfange, an der
Mündung einen Durchmesser von 2¾ Fuß und wiegt
33,606 Pfund, also 16,101 mehr als die große peters=
burger Kanone, die häufig mit Unrecht für die größte in
Europa gehalten wird. Ihren Namen führte sie schon
1452, als die Genter sich ihrer gegen Herzog Philipp
den Guten zur Belagerung von Oudenarde bedienten.
Gezwungen, die Belagerung aufzuheben, ließen sie die
Kanone mit dem groben Geschütze zurück und sie kam
in den Besitz ihrer Feinde, die den Namen des Her=
zogs darauf eingraben ließen. Im J. 1578 holten
die Genter sie zurück und stellten sie auf ihrem jetzigen
Platze auf.

Das Sinken des Wasserspiegels im schwarzen und asowschen Meere.

Nach der Meinung des Plinius und Strabo ist die
heutige Krim, früher der taurische Chersones genannt,
ursprünglich eine Insel gewesen, und man kann diese
Annahme nicht wol bezweifeln; denn der Isthmus
(die Landenge) von Perekop ist nicht über fünf englische
Meilen breit, und wäre der stagnirende Kanal, der den
Siwasch (Sumpfsee; man versteht darunter das sum=
pfige Gewässer, welches sich vom asowschen Meere bis
zur Landenge von Perekop erstreckt) mit dem schwarzen
Meere verbindet, mit Wasser angefüllt, so wäre die
Krim noch heutigen Tages eine Insel. Übrigens scheint
das Wasser im schwarzen und asowschen Meere von
Jahr zu Jahr abzunehmen; denn Schiffe, welche noch
vor wenigen Jahren nach Taganrog und an die Mün=
dungen des Don segelten, können jetzt weder dem einen
noch dem andern sich mehr nahen. Namentlich bemerkt
man dies während der Ostwinde, wo das Wasser zu=
rücktritt und mehre Stunden weit trockenes Land zu=
rückläßt, was die Bewohner von Taganrog dazu be=
nutzen, auf die entgegengesetzte Küste hinüberzugehen.

Man kann deshalb, ohne sich dem Vorwurfe der
Leichtgläubigkeit auszusetzen, die Möglichkeit annehmen,
daß in künftigen Zeiten das asowsche und das schwarze
Meer in Sumpf und endlich in anbaufähiges Land sich
umwandeln werden. Sollte hingegen das Wasser des
Meeres sich zu den nicht sehr hoch liegenden See=
muschellagern erheben, so würden sämmtliche Niederun=
gen überschwemmt werden und nichts sichtbar bleiben,
als die hohen Felsenmassen an der Südküste der Halb=
insel. Eine ähnliche Muschelschicht kann man auf der
ganzen Strecke vom schwarzen bis zum baltischen Meere,
nach dem Aralsee und dem kaspischen Meere, sowie
durch die großen Ebenen der östlichen Tatarei verfolgen,
sodaß mit Sicherheit daraus geschlossen werden kann,
dieser ganze ungeheure District sei einst ein unermeß=
licher Ocean gewesen. Daß sehr wichtige physische Veränderungen in der
Krim vorgegangen sein müssen, beweisen die lang an=
haltenden Dürren, die so häufig herrschen, und das
Vertrocknen der zahlreichen Flüsse, die einst das Land
bewässerten und deren Betten man noch bis an ihre
Quellen mit der größten Leichtigkeit verfolgen kann.
Hierin liegt ohne Zweifel der Grund der jetzigen unbe=
deutenden Bevölkerung, im Vergleich mit der unter
Mithridates und seinen Nachfolgern, wo das Land durch
seine Fruchtbarkeit berühmt und mit Menschen an=
gefüllt war, während es jetzt nur 240,000 Ein=
wohner zählt. Wenn auch in den letzten Kriegen zwi=
schen Rußland und der Türkei viele Tausende umge=

kommen und die Mohammedaner bei der Eroberung
des Landes durch die Russen ausgewandert sind, so
kann man doch daraus allein die Entvölkerung nicht
herleiten, indem diese Verluste zum großen Theil durch
zahlreiche Colonien von Deutschen, Griechen und Russen
ersetzt wurden; das Wahre an der Sache ist vielmehr,
daß aus Mangel an hinlänglicher Feuchtigkeit der Boden
in jetziger Zeit nicht mehr im Stande ist, eine zahl=
reiche Bevölkerung zu nähren. Dieser Mangel nimmt
leider fortwährend zu, und wir finden den klaren Be=
weis für die Verschlechterung des Bodens nicht nur
in dem verdorrten Steppengrase und in den geringen
Ernten der bebauten Felder, sondern auch in den Bäu=
men, die entweder bald oder nach einigen Jahren küm=
merlichen Wachsthums absterben, und zwar auf der=
selben Stelle, wo ihre Vorgänger blühten, deren Wur=
zeln noch im Boden stecken und von ihrer riesenhaften
Größe Zeugniß geben.

Leuchtgas aus thierischen Substanzen.

Hr. Seguin in Paris hat die bei der Destillation
thierischer Substanzen hervorgehenden gasförmigen Pro=
ducte gehörig zu reinigen und als Leuchtgas zu benu=
tzen versucht. Jene bestehen aus flüssigen und gas=
förmigen Kohlenwasserstoffarten in Begleitung von
Schwefelkohlenstoff, ferner von kohlensaurem, essigsaurem
und schwefelwasserstoffsaurem Ammoniak, und ihre Rei=
nigung war in hohem Grade schwierig. Sie gelingt
theils durch salzsauren Kalk, welcher alles kohlensaure
Ammoniak zurückhält, theils dadurch, daß man das
aus dem ersten Reinigungsgefäße kommende Gas kalt
und langsam durch eine mit Schwefel gefüllte Röhre
strömen und erst dann, wenn es kein Verbrennen,
keine schweflige Säure mehr gibt, in den Gasometer
treten läßt. Durch das letztere Verfahren wird die so
wichtige Absonderung des Schwefelkohlenstoffes erzielt.
Das so gereinigte Gas besitzt eine so große Leuchtkraft,
daß 22 Litres davon eine Stunde lang ebenso viel Licht
geben, als eine der besten Lampen. Bei der Destil=
lation eines todten Pferdes, das im Mittel 256 Kilo=
gramm (etwas über fünf Centner) wiegt, erhält man
nach Seguin 22,309 Litres eines Gases, womit man
einen großen Gasbrenner 359 Stunden oder fast 15
Tage lang speisen kann (außerdem 22 Pfund Sal=
miak und 31½ Pfd. Knochenkohle). Die vortheil=
hafteste Temperatur bei der Destillation der thierischen
Substanzen liegt ein wenig unter der Kirschrothglühhitze.

Herausgegeben unter Verantwortlichkeit der Verlagshandlung F. A. Brockhaus in Leipzig.

2

Das Pfennig-Magazin

für

Verbreitung gemeinnütziger Kenntnisse.

431.]   Erscheint jeden Sonnabend.   **[Juli 3, 1841**

Lagrange.

Joseph Louis Lagrange, einer der berühmtesten Mathematiker, wurde am 25. Jan. 1736 zu Turin geboren und widmete sich früh den Wissenschaften. Anfänglich studirte er Philosophie, vertauschte dieselbe aber bald mit der Mathematik, zu welcher er den entschiedensten Beruf hatte, und machte in diesem mit glühendem Eifer erfaßten Studium so reißende Fortschritte, daß er schon in seinem 19. Jahre die Stelle eines Professors der Mathematik an der Artillerieschule in Turin erhielt und antrat. Der Wunsch, die berühmten Meister seiner Wissenschaft, welche ihren Wohnsitz in der französischen Hauptstadt hatten, persönlich kennen zu lernen, führte ihn nach Paris, aber Kränklichkeit nöthigte ihn bald zur Rückkehr, worauf er sich durch die Darlegung der ersten Grundzüge seiner Lehre vom Planetensystem berühmt machte und einen von der Akademie der Wissenschaften zu Paris ausgesetzten Preis erhielt. Von Turin ging er nach Berlin, wohin ihn Friedrich der Große als Präsident der mathematischen Classe der dasigen Akademie der Wissen-

schaften an die Stelle des großen Euler, der 1766 nach Petersburg gegangen war, berief. Lagrange lebte in Berlin in den angenehmsten Verhältnissen bis zum Tode Friedrich's des Großen (1786), also 20 Jahre lang. Bald nachher begab er sich, von Mirabeau veranlaßt, nach Paris, hatte aber nach seinem eigenen Geständnisse alle Liebe zu seiner Wissenschaft verloren und gab sich einer unerklärlichen tiefen Schwermuth hin; nur nach und nach kehrte sein Geist in die gewohnten Bahnen zurück. Die Anfänge der Revolution zeigten sich für Lagrange günstig, indem ihm die Nationalversammlung einen ansehnlichen Gehalt (6000 Francs) zuerkannte und er zu mehren Ämtern ernannt wurde. Das Edict von 16. Oct. 1793, welches alle Ausländer aus Frankreich verwies, drohte ihm Gefahr, aber das Anerbieten, bei einer nach Preußen gehenden Gesandtschaft angestellt zu werden, wies er zurück und beschloß, der Gefahr trotzend, im Vaterlande seiner Wahl zu bleiben. Sein Vertrauen wurde belohnt; die Stürme, die damals über Frankreich hinzogen und so vielen

Edeln Verderben brachten, gingen unschädlich an Lagrange vorüber. Nach Wiederherstellung der Ruhe und
Ordnung erhielt er das Amt eines Professors an der
neuerrichteten Normalschule, sowie an der polytechnischen Schule in Paris und wirkte nun für seine Wissenschaft mit größerm Eifer als je. Sein Ruhm wuchs
schnell und die republikanische Regierung, stolz auf den
Besitz eines so ausgezeichneten Gelehrten, gab ihm ihre
Achtung auf eine ganz eigenthümliche und neue Art
zu erkennen; sie gab nämlich dem französischen Gesandten in Turin den Auftrag, Lagrange's Vater aufzusuchen und ihm im Namen Frankreichs zu einem
solchen Sohne Glück zu wünschen. Dies geschah auf
die feierlichste Weise, indem sich der Gesandte mit einem
zahlreichen Gefolge zu dem Greise begab, der in seiner Rührung und freudigen Überraschung kaum Worte
des Dankes finden konnte und mit frommem Sinne
äußerte: „Mein Sohn ist groß vor der Welt; möge
er es auch vor Gott sein." Auch Napoleon ehrte Lagrange und gab ihm als Consul wie als Kaiser zahlreiche
Beweise seiner großen und aufrichtigen Hochachtung,
indem er ihn nach und nach in den Senat berief, mit
dem Orden der Ehrenlegion beschenkte und in den
Grafenstand erhob. So von allem äußern Glanze umgeben, der Gelehrten in Deutschland nur höchst selten
zu Theil wird, starb Lagrange am 10. April 1813
in einem Alter von 77 Jahren und ward im Pantheon beigesetzt. Als Mensch war Lagrange ebenso ach-
tungswerth wie als Gelehrter, bescheiden, anspruchslos
und gerecht gegen fremdes Verdienst. Seine Schriften
bestehen außer einigen wenigen wichtigen Werken meist
in einzelnen Abhandlungen.

Die alexandrinische Bibliothek.

Wenn es für die Culturgeschichte der Menschheit
schwerlich einen merkwürdigern Ort in der Welt gibt
als Alexandrien in Ägypten, so verdankt es diesen Ruhm
ganz besonders den Bibliotheken, welche hier bestanden.
Schon der erste Ptolemäer hatte hier zwei Bibliotheken
gegründet, welche von seinen Nachfolgern auf jede mögliche Weise erweitert wurden. Eine dieser großen Bibliotheken befand sich im Bruchium, dem von den
Königen bewohnten Theile der Stadt, und war zu dem
Dienste des Museums bestimmt, das einen Theil der
königlichen Paläste bildete und den Gelehrten einen Aufenthalt gewährte, wie sie ihn heutzutage schwerlich irgendwo haben; die andere war in einem andern Theile der
Stadt in dem auf einem Hügel erbauten Tempel des
Serapis aufgestellt, um unter dem Schutze dieses Gottes
ein desto sicheres Bestehen zu haben und in Fällen der
Noth als Reserve zu dienen.

Alle Seefahrer hatten den Auftrag, Werke der
Alten aufzukaufen, wo sie nur könnten. Da ihnen
die herbeigeschafften Werke zu jedem Preise abgekauft
wurden, zumal wenn sie berühmte Namen an der
Stirn trugen, so wurden solchen Namen nicht selten
seichtere Machwerke untergeschoben. Um nun solche
untergeschobene Schriften von echten zu unterscheiden,
stellte man unter dem Namen Chorizonten eigene
Gelehrte an, welche die von den Schiffern gekauften Schriften, die sich in besondern Zimmern befanden,
untersuchen und die echten von den unechten sondern
mußten.

Die Ptolemäer suchten es hierin vorzüglich den
Königen von Pergamus zuvorzuthun, welche ihre Residenzstadt ebenfalls zum Sitze der Gelehrsamkeit zu

machen strebten, und verboten endlich, um es Pergamus unmöglich zu machen, mit Alexandria gleichen
Schritt zu halten, die Ausfuhr des Papyrus, ein Verbot, das in Pergamus auf die Erfindung des Per-
gaments führte.

So ungleich sich die verschiedenen Ptolemäer waren,
in der Liebe zu den Wissenschaften waren sie sich alle
gleich, und diese Liebe offenbarte sich vorzüglich in der
Sorge für die Vermehrung der Bücherrollen ihrer Bibliotheken. Ptolemäus Philadelphus verschaffte sich von
dem Erben des Theophrastus die von Aristoteles gesammelte Bibliothek und von Athen, Rhodus und
andern Orten Copien vieler anderer griechischer Schriftsteller. Der tyrannische Ptolemäus Physkon erließ den
Athenern eine Schuld von 15 Talenten Silber für
die Überlassung der Originale der Werke der drei großen Tragiker Äschylus, Sophokles und Euripides.

Unter solchen Umständen mußte sich die Anzahl der
Bücherrollen in den königlichen Bibliotheken ins Ungeheure vermehren. Unter dem zweiten Ptolemäus stieg
die Zahl der Bücherrollen bereits auf eine halbe Million.

Das erste Unglück, das diese Bibliothek traf, war
die Belagerung Cäsar's in Alexandrien. Er hatte sich
im Bruchium eingeschlossen, das durch eine Mauer
von der übrigen Stadt getrennt war, und warf in die
Schiffe am Hafen Feuer, welches auch das Bruchium
ergriff und unter andern Gebäuden auch die Bibliothek
in Asche legte. Gegen eine halbe Million Bücherrollen
gingen auf diese Weise zu Grunde. Zwar wurde der
Verlust durch ein Geschenk des Antonius, welches dieser
mächtige Römer der berühmten Kleopatra machte und
welches in nichts Geringerm als in 200,000 Bücherrollen aus der pergamenischen Sammlung bestand,
einigermaßen wieder gut gemacht, aber mit den Ptole-
mäern waren die Schutzgeister der Bibliothek verschwunden. Dennoch zog sie noch lange Alles nach Alexandria,
was sich in irgend einer Wissenschaft gründlich unterrichten wollte, bis sie 391 n. Chr. unter der Regierung
Theodosius des Großen durch den Fanatismus christlicher
Priester völlig vernichtet wurde. In dem Serapeum,
dem Tempel des Schutzgottes des Nils und damit des
Wohlstandes Ägyptens, war sie bis jetzt sicher gewesen;
die Herrlichkeit des Bauwerks und das Ansehen des
Serapis hatte sie gegen die Angriffe des Fanatismus
geschützt, der die ausgeartete christliche Kirche beherrschte.
Aber als der blut- und geldgierige Theophilus auf den
Patriarchenstuhl kam, drohte dem Reste des alten
Götterdienstes der Untergang. Die Verehrer des Serapis
verschanzten sich in dem Tempel ihres Gottes und
wurden von den Christen belagert. Es geschahen uner-
hörte Grausamkeiten. Die Belagerten vertheidigten
sich mit dem Muthe der Verzweiflung; da erschien
der Befehl des Kaisers, das Serapeum zu zerstören.
Das benahm den Vertheidigern desselben den Muth
zu weiterm Widerstande; sie entflohen und das herrliche Gebäude wurde sammt der noch herrlichern Bibliothek ein Raub der Verwüstung.

Die Musen lassen sich indeß nicht so leicht von
einem Orte vertreiben, den sie einmal liebgewonnen
haben. Die zerstörte Büchersammlung des Serapeums
wurde durch eine neue große Sammlung ersetzt, deren
Entstehen nicht bekannt ist, aber wol erklärt werden
kann, wenn man bedenkt, daß es in Alexandrien damals eine große Menge Kalligraphen gab, die von der
Vervielfältigung der Alten durch Abschriften ihren Le-
bensunterhalt zogen, und die von den Freunden der
Wissenschaft zu einer neuen Büchersammlung recht gut
benutzt werden konnten. Daß die neue Büchersamm-

lung nach und nach wieder sehr zahlreich geworden war, beweist die Sage, daß nach der Eroberung Alexandriens durch die Araber 641 die Bücher der Bibliothek ein halbes Jahr lang zur Heizung von 4000 Bädern hingereicht hätten.

Auch diese dritte Zerstörung der Büchervorräthe in Alexandrien, die gewiß noch umfangreicher war als die zweite, vermochte die Musen noch nicht gänzlich zu verbannen. Unter dem Khalifen Motawackel kam eine vierte Büchersammlung und mit ihr eine abermalige Wiederherstellung der Akademie zu Stande, aber schon 868 eroberten die Türken unter Achmet Ägypten und zerstörten Alexandrien gänzlich. Erst jetzt wandten die Musen Alexandrien gänzlich den Rücken. Ein Jahrtausend ist seitdem beinahe verflossen, Alexandrien spielt längst wieder eine Rolle in der Welt, aber die Musen wagen sich noch nicht in die einst geliebte Heimat zurück. Viel haben sie dort erdulden müssen. Sie ertrugen den Übermuth des Römers, den Haß des Christen, die Verachtung des Arabers; aber die Brutalität des Türken vertrieb sie auf immer.

Konstantine.*)

Die Stadt Konstantine in der Regentschaft Algier liegt unter 36⅓ Grad nördlicher Breite auf einem senkrecht abgeschnittenen Kalkfelsen, der nur gegen Osten mit dem benachbarten Berge Kudiat-Ali durch eine schmale Erdzunge zusammenhängt, nach allen übrigen Seiten aber steil abfällt. Ihr Anblick ist in seiner Art einzig und kann mit dem keiner andern Stadt verglichen werden. Die Farbe der Häuser ist dunkelgrau, wie der Felsen, auf dem sie stehen; verschieden von den Terrassengebäuden der Küstenstädte Algier, Bona, Oran haben sie kurze Ziegeldächer, wie andere Städte im Innern. Außer der Kasbah, einer ziemlich festen Citadelle aus alter Zeit, die sich 2100 pariser Fuß über die Fläche des mittelländischen Meeres erhebt, ragt kein Gebäude sehr bedeutend über die andern hervor, doch unterscheidet man in der Ferne den Palast des Beis und die Moscheen wegen ihrer glänzend weißen Minarets, während alle andern Häuser, an Höhe und Bauart gleich, eine unförmliche Masse bilden, aus der nur hier und da Cypressenbäume ihre dunkelgrünen Pyramiden erheben. An Größe steht Konstantine der Stadt Algier nebst ihren Neubauten um mindestens ein Drittel nach. Die Einwohnerzahl wird von ältern Reisenden viel zu hoch geschätzt; Ritter's Geographie gibt 30,000 an, aber schwerlich mag die Zahl zur Zeit der zweiten französischen Expedition 20,000 überstiegen haben, worin jedoch die unverheiratheten Soldaten nicht mitbegriffen sind. Von diesen 20,000 Einwohnern haben sich etwa 4000 in die tiefer im Innern gelegenen Städte und in das tunesische Gebiet zurückgezogen und die Zahl Derer, welche bei Vertheidigung der Stadt fielen, auf der Flucht über die Felsen der Kasbah verunglückten und in den Gebirgen umkamen, beträgt mindestens 2000, sodaß jetzt in Konstantine schwerlich über 14,000 Eingeborene leben, worunter 6000 Mauren, 4000 Türken und Kuruglis, d. h. Söhne von Türken und Mauren, 3000 Juden und 1000 Abkömmlinge der verschiedenen afrikanischen Völkerschaften, Kabylen, Neger, Mosabiten u. s. w.;

die Zahl der europäischen Civilbewohner aber erreichte zu Ende 1839 noch nicht 900. Die Stadt hat vier Thore, von denen zwei nach der Hochebene El-Mansurah, zwei nach dem Berge Kudiat-Ali führen; die Straßen sind nicht so eng und finster, als im größten Theile von Algier, aber viel schmuziger und elender, wiewol größtentheils gepflastert. Überall findet man eine Menge dicht zusammengedrängter kleiner Buden; sämmtliche Juden, sowie die meisten Mauren und Kuruglis sind nämlich Krämer und treiben in diesen Buden, engen düstern Löchern, die des Nachts durch einen langen Holzpfahl verrammelt werden, einen armselig kleinen Handel mit Schuhen und Sandalen, Sattelzeug, Rosenkränzen, Schmuck, Spiegeln, Pfeifenköpfen, Frauenpantoffeln, andern Kleinigkeiten und den gewöhnlichen Spezereiwaaren, besonders Taback. Eine andere Erwerbsquelle für die Constantiner bestand im Besitze vieler Maulthiere und Esel, mittels deren sie einen großen Theil des afrikanischen Speditionshandels mit Tunis besorgten. Übrigens hatte man sich vor der Einnahme der Stadt den Handel und die Industrie derselben viel blühender und die Bewohner viel reicher vorgestellt.

Das merkwürdigste Gebäude der Stadt ist der fast in der Mitte derselben gelegene Palast des Beis, der mit seinen Gärten, Höfen und Bädern einen besondern Stadttheil bildet, die ganze Schönheit der maurischen Architektur zeigt und wol das schönste Gebäude dieser Art in der ganzen Regentschaft sein möchte. Er besteht aus acht zusammenhängenden, die Nachbarhäuser etwas überragenden Häusern, die von außen nichts Ausgezeichnetes bieten, im Innern aber durch große Eleganz, Symmetrie und Marmorreichthum überraschen. Das Innere des ersten großen Hofes nimmt ein Garten von südlichen Bäumen ein; die Säulen sind von weißem Marmor und nicht über zehn Fuß hoch. Die Wände der Galerien sind mit Frescogemälden bedeckt, von denen die meisten Seeschlachten vorstellen, viele andere aber eine Zahl mohammedanischer Städte, Konstantinopel, Tunis, Kairo u. s. w. mit beigefügten Namen, ohne welche man sie nicht erkennen würde. Den zweiten Hof füllt ein schönes Bad mit einem Bassin von weißem Marmor aus; im dritten sind Springbrunnen, deren Becken Goldfische enthalten; im vierten Hofe oder Zwinger befanden sich sonst die Löwen, etwa ein Dutzend, welche die Franzosen bis auf einen, den der Herzog von Nemours nach Paris brachte, ihres kostspieligen Unterhalts wegen getödtet haben. Aber so bunt und prächtig der Palast des Beis ist, so schmucklos und bescheiden ist das Wohnhaus seines Stellvertreters, des fürchterlichen Ben-Aïssa, in welchem nur Säulen von gemauerten Bausteinen statt von Marmor zu finden sind. Da es viele vermauerte Schätze enthielt, wurde es durch das französische Geniecorps fast gänzlich zerstört, wobei man wirklich sehr große Summen fand.

Die weitläufige, alterthümliche Kasbah oder Citadelle steht auf dem höchsten Punkte des Felsens im Nordwesten der Stadt und ist mit festen Ringmauern umgeben, die aus Trümmern alter zerstörter Gebäude bestehen; auf der Südostseite sind sie durch eine Reihe von Cisternen unterbrochen, über denen die Batterien errichtet waren. Man findet eine fast unversehrte Kirche von byzantinischem Style, die gleich den übrigen Theilen der Kasbah von den Soldaten des Beis bewohnt wurde. Im Westen führt ein furchtbar steiler Felsabhang in das Thal des Flusses Rummel, der hier einen Wasserfall bildet; hier wurden seit vielen

*) Nach Moritz Wagner's „Reisen in der Regentschaft Algier" (3 Bände, Leipzig 1841). Die Vervollständigung der in Nr. 401 gegebenen kurzen Nachrichten wird unsern Lesern sicher willkommen sein.

Jahrhunderten, schon zur Zeit der Vandalenherrschaft und noch bis in die neueste Zeit, schwere Verbrecher und Ehebrecherinnen herabgestürzt.

Konstantine enthielt 10 Moscheen und etwa 20 kleine Gebethäuser mit Marabutgräbern; nur vier der fünf Moscheen haben hohe weiße Minarets. Die Moscheen sind geräumige, selten über 40 Fuß hohe, zum Theil durch Marmorsäulen gestützte Gewölbe mit kahlen Wänden. Nur eine enthielt eine kunstreiche Kanzel, Säulen von geädertem Marmor und einen mit bunten Sammtteppichen bedeckten Fußboden. Jetzt ist die Hälfte der Moscheen in Casernen und Heumagazine, eine aber ist in eine christliche Kirche verwandelt. Die Kaffeehäuser, deren es weniger als in Algier gibt, sind lange enge Gewölbe, an beiden Seiten der Wände Reihen von gemauerten Bänken enthaltend. Eins der merkwürdigsten Bauwerke ist die Brücke, welche über das Thal des Rummel nach der Hochebene El-Mansurah führt. Sie ist ein antikes Meisterwerk, aber im J. 1793 durch Italiener renovirt worden; die Länge derselben beträgt 310, die Höhe 312 Fuß.

Konstantine hieß zur Zeit der Römer Cirta und gehörte zum Lande der Massäsylier; der punische Name war Carta (d. h. Stadt), den die Besieger der Karthager beibehielten, aber verdarben. Sie war die Residenz der numidischen Könige. Im zweiten punischen Kriege herrschte dort der gätulische Fürst Syphax, ein Bundesgenosse Karthagos, der gleich diesem unterlag. Cirta ergab sich hierauf dem mit den Römern verbündeten numidischen Fürsten Masinissa und blieb 60 Jahre lang dessen Residenz; unter seinen Nachfolgern stieg die Blüte der Stadt noch mehr und unter Micipsa soll sie nach Strabo so volkreich und mächtig gewesen sein, daß sie 10,000 Reiter und 20,000 Fußgänger stellen konnte, was augenscheinlich übertrieben ist, wenn das alte Cirta keinen größern Raum als die jetzige Stadt bedeckte, denn selbst bei der dichtesten mohammedanischen Bevölkerung und in der blühendsten Zeit zählte Constantine doch wol nie über 25,000 Einwohner, und nimmt man auch an, daß der Berg Kudiat-Ati einen Theil der Stadt bildete, wiewol dies keineswegs wahrscheinlich ist, so konnte jedoch die Gesammtzahl der Gebäude wol nicht über 40-50,000 Menschen fassen. Unter Adherbal bezwang Jugurtha nach vergeblicher Bestürmung die Stadt durch Hungersnoth und brauchte sie als Hauptwaffenplatz, verlor sie aber später an die Römer, ohne sie wieder erobern zu können. Zur Zeit Cäsar's erhielt Cirta den Beinamen Colonia Sitianorum, weil Cäsar's Anhänger Sitius, dem jener einen Theil des Gebiets des Juba, hier eine Colonie gründete. Im J. 311 n. Chr. eroberte sie der Usurpator Alexander, den später Maxentius besiegte; in diesem Kriege wurde Cirta zum ersten Male erstürmt oder wenigstens nach der Übergabe zerstört. Kaiser Konstantin der Große baute sie wieder auf und ihm zu Ehren wurde die Stadt nun Constantine genannt; dieser Name hat sich, in „Cossamtina" verdorben, unter den Arabern bis jetzt erhalten.

Die spätern Schicksale der Stadt unter den Vandalen, byzantinischen Kaisern und Mohammedanern, welche Letztere sie elf Jahrhunderte lang inne hatten, sind völlig unbekannt, da Konstantine bis zum Jahre 1836 für Europäer eine der unzugänglichsten und daher unbekanntesten Städte der Erde war. In diesem Jahre fand bekanntlich die erste Expedition der Franzosen gegen Konstantine statt, welche nicht zum Ziele führte; ihr folgte im nächsten Jahre 1837 die zweite, welche die Einnahme der Stadt zur Folge hatte. Am 1.

Oct. 1837 brach die Expeditionsarmee aus dem Lager im Thale Medschez-Ammar (27 Lieus von Bona entfernt) auf; sie zählte 8600 Krieger und war in vier Brigaden getheilt, von denen der Herzog von Nemours die erste, der General Trezel die zweite commandirte; die dritte unter dem General Rulhieres deckte den ungeheuern Convoi, der mit seiner Unzahl von Wagen und Maulthieren eine Strecke von zwei Lieus einnahm. Die vierte Brigade unter Obrist Combes bildete die Nachhut; den Oberbefehl führte General Damrémont. Nach fünf Tagemärschen durch eine trostlose, baum- und buschlose Einöde, wo nirgend Menschen zu sehen waren, mit Ausnahme der auf den nackten Höhen erscheinenden Cavalerieposten, die bei Annäherung der Avantgarde schnell verschwanden, erblickten die Franzosen zu ihrer Freude am 5. Oct. von dem Gipfel einer Anhöhe die Stadt Konstantine, die von Medschez-Ammar 23 und von Bona 45 Lieus entfernt ist. Am Abend desselben Tags begannen die Feindseligkeiten; die Gipfel der umliegenden Höhen waren mit arabischen Reiterhaufen bedeckt. Am 6. Oct. wurde das Lager dicht vor Konstantine aufgeschlagen; alle Dörfer der weiten Umgegend standen, von den eignen Bewohnern in Brand gesteckt, in lichten Flammen und von den Minarets der Stadt erschallte die weithin hörbare Stimme des betenden und zum Gebet mahnenden Muessin, während von den Bastionen wildes Kriegsgeschrei und von den Dächern der Häuser das unheimliche trillerartige Geheul der Weiber ertönte. Das Wetter war bis dahin schön gewesen, am Tage die Hitze drückend, die Abende und Nächte kühl, die Morgenstunden empfindlich kalt, aber am Abend des 6. fiel ein heftiger Regen, der fast fünf Tage ohne Aufhören fortdauerte und den Operationen der Franzosen im höchsten Grade hinderlich war. Am 7. Oct. machte die Besatzung einen muthigen Ausfall und zugleich stiegen die arabischen Reiterhaufen von den Bergen herab, wurden aber bald in die Flucht geschlagen. Konstantine war von 6—7000 Bewaffneten vertheidigt, worunter etwa 2000 Türken und Kuruglis, welche die besten und streitbarsten Truppen bildeten, und gegen 3000 Kabylen; die Kanoniere waren meist Türken und Kuruglis aus Algier und französische Deserteurs oder Gefangene. Ein Deutscher, Namens Schlosser aus Erfurt, war Artillerieoffizier des Beis, ein anderer Renegat, Send aus Dresden, Waffenschmied; Oberbefehlshaber der Stadt war der Khalifa des Beis, Ben-Aïssa. Der Bei selbst stand mit etwa 3000 arabischen Reitern und 12—1500 Fußgängern außerhalb der Stadt bei einem großen Landhause; die Gesammtzahl aller Feinde der Stadt betrug etwa 8000. Erst am 9. Oct. konnten die französischen Batterien vom Plateau El-Mansurah aus ihr Feuer beginnen; bald hatten sie die feindlichen Batterien zum Schweigen gebracht; die Versuche mit Congreve'schen Raketen blieben aber wegen Mangels an zündbarem Stoffe ohne Wirkung. Mittlerweile griffen in Folge der endlosen Regengüsse, welche das ganze Terrain unter Wasser setzten, die Krankheiten unter der französischen Armee immer mehr um sich; man mußte mit der Errichtung der Breschebatterien eilen, zumal da auch die Lebensmittel und das Pferdefutter auf die Neige gingen. Am 9. Oct. begann man die zu den Breschebatterien bestimmten Geschütze auf den Berg Kudiat-Ati zu bringen, was nur nach den ungeheuern Anstrengungen gelang, da die Kanonen am Plateau El-Mansurah erst einen steilen Abhang von mehr als 500 Fuß hinab, dann über den damals reißenden, mit großen Steinen angefüllten Fluß Rummel und zuletzt einen hohen steilen Berg hinaufgebracht werden mußten, und zwar bei dunkler Nacht und strömendem Regen.

Am 11. Oct. begannen die aufgestellten Batterien ihre Kugeln gegen die einzige schmale Stelle zu schleudern, wo es möglich war, eine Bresche zu öffnen; die einzige verwundbare Stelle, ohne welche die Stadt uneinnehmbar wie Gibraltar sein würde. Ein Ausfall der Besatzung wurde mit Verlust des Feindes zurückgedrängt. Am 12. war die Bresche schon breit genug für zehn Mann. Da die Absendung eines Parlamentairs in die Stadt keinen Erfolg hatte, begann das Feuer nach kurzer Pause von neuem, wobei der Obergeneral Damrémont, der sich unvorsichtig zu weit vorwagte, um die Wirkung des Feuers zu beobachten, durch eine vierpfündige Kanonenkugel getödtet wurde. An seiner Stelle übernahm der Artilleriegeneral Valée als ältester General den Oberbefehl. Am 13. Morgens, als das Wetter wieder heiter geworden war, wurde Sturm gelaufen Drei Colonnen, unter dem Oberbefehle des Herzogs von Nemours, waren zum Sturme commandirt, die erste unter Obristlieutenant Lamoricière, die zweite unter Obrist Combes, die dritte unter Obrist Corbin. Um 7 Uhr Morgens erstürmte die erste, etwa 600 Mann stark, wovon die Hälfte Zuaven, unter schmetternder Kriegsmusik aller Regimenter die 30 Fuß breite Bresche, während alle auf den Bergen gelagerten Araber und Kabylen ein furchtbares Geschrei erhoben. Bald waren zwei Batterien genommen, aber beim Eindringen in die eigentliche Stadt erwartete die Angreifenden der hartnäckigste Widerstand, viele von ihnen wurden unter den Trümmern eines einstürzenden Gebäudes begraben, noch mehre durch die Explosion einer großen Pulvermasse getödtet, welches eine von den Konstantinern gut benutzte, den kühnen Angreifern verderbliche Pause hervorbrachte. Zur rechten Zeit traf die zweite Colonne ein, deren Anführer Combes bald darauf tödtlich verwundet wurde; Lamoricière war gleichfalls, vom Pulver verbrannt, außer Stand gesetzt, das Commando fortzuführen, die Soldaten kämpften daher in den Straßen auf eigene Faust. Im Wohnhause Ben=Aissa's war der Widerstand concentrirt; als dieses genommen war, war auch die Kraft und der Muth der Konstantiner gebrochen, sie flehten um Schonung, welche gern bewilligt wurde. Die Kasbah wurde nun ohne Kampf besetzt und um 9 Uhr Morgens wehte auf ihr und allen Hauptpunkten der Stadt die dreifarbige Fahne statt der rothen, worauf sich die draußen versammelten Araber und Kabylen in aller Stille zurückzogen. Die Plünderung der Stadt, deren verrammelte Thore erst spät Abends geöffnet werden konnten, ließ sich nicht verhindern und dauerte drei Tage. Von den besiegten Bewohnern suchte sich ein großer Theil an Stricken von der Kasbah hinabzulassen und in den 800 Fuß tiefen Felsengrund zu retten, aber die gegenüberstehenden französischen Truppen feuerten auf die Flüchtigen, von denen über 500 in diesen Abgründen verunglückten. Das französische Hauptquartier wurde in dem Palaste Achmed Bei's etablirt; hier fand man in dem Harem des Beis gegen 80 Frauen, unter denen aber nur eine wirklich schöne Gestalt war, Namens Aischa, ihrer Aussage nach von christlichen Ältern geboren und in frühester Jugend von Corsaren nach Tunis gebracht, übrigens von völlig morgenländischem Aussehen, rosigem Teint, schwarzen Haaren, griechischer Nase und sehr edler Haltung; gleich beim ersten Anblick erkannte man sie für die vornehmste unter den Frauen. Sie empfing die neuen Bewohner des Palastes mit Würde und ver-

anstaltete ihnen zu Ehren in einer großen Marmorhalle einen Ball, eine Aufführung grotesker Tänze, an der der ganze Harem Theil nahm und welcher der ganze Generalstab zusah. Am 17. Oct. kam das Reservecorps unter Obrist Bernelle in Konstantine an, bei welchem sich der Prinz von Joinville befand, welcher ganz unerwartet kam. General Valée wurde zur Belohnung für die Einnahme der Stadt, welche ein Jahr zuvor von dem Marschall Clauzel vergeblich versucht worden war, zum Marschall von Frankreich und Generalgouverneur von Algier ernannt, in welcher Eigenschaft er erst drei Jahre nachher — am Ende des Jahres 1840 — von dem Generallieutenant Bugeaud ersetzt wurde. Konstantine aber ist seit 1837 unausgesetzt im Besitze der Franzosen geblieben und wird von ihnen schwerlich früher als Algier selbst geräumt werden.

Der entsetzte Bei Achmed flüchtete sich nach der Einnahme der Stadt zu den ihm befreundeten Stämmen der Wüste, nahm aber später wieder an mehren Unternehmungen gegen die Franzosen Theil. Neuerdings ist er wieder von einem mit den Franzosen verbündeten Stamme geschlagen worden und wird dem Vernehmen nach in Folge davon, der fruchtlosen Kriegsführung müde, sich durch das Gebiet von Tunis nach Tripoli begeben, hier aber nach Alexandrien einschiffen.

Von Alterthümern hat sich in Konstantine nur sehr wenig erhalten. Dahin gehört das Fragment eines dreifachen Triumphbogens, nach der Inschrift einem Proconsul Cajus Claudius zu Ehren errichtet. Die Brücke über das Thal des Rummel ist bereits genannt; sie war in älterer Zeit mit alten Bildhauerarbeiten, Blumen, Thiergestalten und andern Figuren bedeckt; noch sind einige dieser Basreliefs vorhanden, welche aber grob und schlecht gearbeitet sind. Zu den imposantesten Alterthümern gehören die Überreste einer Wasserleitung, von der noch sechs Arcaden vorhanden sind, deren höchste $61\frac{1}{2}$ Fuß mißt; alle Spuren der Fortsetzung sind gänzlich verschwunden.

Die Umgegend ist reizend; die Ebene oder das Thal des Rummel, im Nordwesten der Stadt, etwa eine Viertelstunde entfernt, ist reich an Quellen und sicher eine der fruchtbarsten Gegenden der Berberei. Von allen höhern Gewächsen gedeiht bei Konstantine keins so gut als der Granatbaum, der im Rummelthale in kleinen Wäldern wächst und der häufigste und ergiebigste Baum ist. Auch die Maulbeerbäume gedeihen trefflich und kommen an Ausdehnung unsern Eichen gleich; der Mastirbaum des Atlas erreicht eine Höhe von 50 Fuß; Dattelpalmen kommen nur einzeln und selten vor. An Brennholz ist jedoch fühlbarer Mangel, da die entfernten Bergabhänge zur Rechten und Linken des Flusses kahl sind. Der Rummel selbst verliert sich an einer Stelle in einem unterirdischen Behälter völlig, kommt unter der Kasbah wieder aus seiner Schlucht hervor und stürzt sich, etwa 1800 Fuß von jener, in drei Fällen über 100 Fuß tief ins Thal. An einer Stelle, zwischen der Hochebene El=Mansurah und dem 2931 Fuß hohen Berge Kudiat=Ali, ist er nicht über 30 Fuß breit und 3 Fuß tief; überhaupt aber ist er so seicht, daß er nicht einmal die kleinsten Kähne trägt, wie denn die ganze Regentschaft Algier keinen einzigen schiffbaren Fluß enthält.

Die transatlantische Dampfschiffahrt.

Das räthselhafte Schicksal des Dampfschiffes Present, welches schon am 11. März d. J. Neuyork verlassen hat, ohne Europa zu erreichen, ja ohne daß bisher die mindeste sichere Nachricht über dasselbe eingetroffen wäre, sodaß man schon längst die Hoffnung aufgeben mußte, wieder etwas von demselben zu sehen und zu hören, lenkt die Aufmerksamkeit aufs neue auf die im Frühjahre 1838 unter den günstigsten Auspicien begonnene Dampfschiffahrt zwischen England und Amerika, von deren Anfängen wir unsern Lesern bereits in Nr. 275 berichtet haben und die seitdem drei Jahre ohne den mindesten Unfall regelmäßig betrieben worden ist. Es dürfte daher wol angemessen sein, über den jetzigen Stand dieser Angelegenheit einige genauere Mittheilungen zu machen. Außer dem der britisch-amerikanischen Dampfschiffahrtscompagnie gehörigen Schiffe Präsident, demselben, welches vermißt wird, machen gegenwärtig fünf englische Dampfschiffe die Reise nach Amerika, nämlich von Bristol aus der Great-Western (450 Pferdekraft, 1340 Tonnen), von London aus zwei, British Queen (500 Pf., 2016 T.) und Neuyork (600 Pf., 2000 T.), von Liverpool aus zwei, Liverpool (468 Pf., 1150 T.) und United Kingdom (500 Pf., 1400 T.). Auch der Präsident fuhr zwischen Liverpool und Neuyork. Im Bau befinden sich: ein Schiff der neuyorker Compagnie, das zwischen Bristol und Neuyork fahren soll (700 Pf., 2500 T.); vier Schiffe, die von London nach Halifar, Boston u. s. w. fahren sollen, zusammen von 1680 Pf. und 3400 T.; zwei Regierungsdampfschiffe zur Fahrt von Glasgow nach Halifar (zusammen 700 Pf., 2200 T.), 14 dergleichen zur Fahrt von der englischen Südküste nach Westindien, Mexico und Südamerika (zusammen 5600 Pf., 19,600 T.); fünf dergleichen, welche von London nach Ostindien fahren sollen (zusammen 2500 Pf., 7500 T.), was mit Einrechnung des Präsident zusammen 22 Schiffe von ungefähr 14,000 Pferdekräften und 46,000 Tonnen gibt. Hierbei ist das Dampfschiff Mammuth noch nicht gerechnet, welches den neuesten Nachrichten zufolge in Bau begriffen sein soll und angeblich 3200 Tonnen halten und Maschinen von 1000 Pferdekraft erhalten wird, wiewol uns diese Angaben etwas sehr unwahrscheinlich und übertrieben scheinen.

Der Präsident wurde am 7. Dec. 1839 zu Limehouse vom Stapel gelassen und begann seine Fahrten nach Amerika erst im Sommer 1840. Folgende Zahlen geben die Dimensionen dieses Schiffes, des Great-Western und der British Queen genauer an.

		Great-Western.	British Queen.	Präsident.
Größte Länge	engl. Fuß	236	275	265
Länge des Kiels	=	205	225	220
Breite zwischen den Schaufelrädern	=	35⅓	40	41
= mit = =	=	59⅔	64	64
Größte Tiefe	=	23	27½	23½
Tonnengehalt oder Lastbarkeit	Tonnen	1321	2016	1840
Kraft der Maschinen in Pferdekräften		450	500	540
Durchmesser der Cylinder	Zoll	73	77½	80
Hubhöhe	Fuß	7	7	7½
Durchmesser der Schaufelräder	=	28¾	30½	31
Gewicht der Maschinen und Kessel und des Wassers	Tonnen	480	500	500
= der Kohlen für 20 Tage	=	600	750	750
= der Ladung	=	250	500	750
Tiefgang bei der angegebenen Belastung	Fuß	16⅔	16½	17

Nach andern Nachrichten hatte der Präsident eine Tragkraft von 2366—2500 Tonnen und Maschinen von 600 Pferdekraft, war 273 Fuß lang, 72½ Fuß breit und 41 Fuß tief. Er hatte ein doppeltes Verdeck, welches den Passagieren selbst bei schlechtem Wetter eine Promenade gestattete. Die innere Einrichtung war geschmackvoll und bequem, obwol minder elegant und kostbar als bei der British Queen. Den Salon schmückten Spiegel und Gemälde; an den darin stehenden vier Mahagonitischen hatten 130 Personen Platz. Das Damencabinet enthielt ein Pianoforte und eine Bibliothek; die Wände der Corridors waren mit Tapeten bekleidet, welche Scenen aus dem Leben des Colombo darstellten. Für einen Platz in der Haupt= und in der Vordercajüte zahlte man 51 Guineen (350 Thlr.). Die Mannschaft bestand aus 80 Personen, sodaß sich mit Einrechnung der 29 Passagiere (worunter zwei Kinder) bei der letzten Fahrt 109 Personen am Bord desselben befunden haben; außerdem hatte es eine so schwere Ladung, daß es schon bei der Abfahrt 18 Fuß tief im Wasser ging. Schnelligkeit hat übrigens nicht zu den Vorzügen des Schiffes gehört.

Die Fahrten selbst anlangend, liegen uns nur von dem Schiffe Great-Western genauere Angaben vor. Dieses Schiff machte im J. 1838 fünf vollständige Reisen nach Neuyork und zurück, bei welchen es 997 Passagiere und etwa 1000 Tonnen Güter transportirte und 35,000 Seemeilen zurücklegte, ohne daß ein Kalfatern nöthig gewesen wäre. Die mittlere Fahrzeit betrug nach Amerika 15 Tage 19 Stunden, zurück 13 Tage 6 Stunden; die kürzeste nach Amerika 14½ Tage, zurück 12½ Tage. Im J. 1839 wurden 1063 Passagiere und 1214 Tonnen Waaren, ferner 96,587 Briefe und 19,571 Zeitungen transportirt. Die Fahrt nach Neuyork dauerte im Mittel 17 Tage 2 Stunden, zurück 13 Tage 16 Stunden, die kürzeste Reise hin 13½, zurück 12½ Tage. Die Lastbarkeit des Schiffes ist jetzt auf 1700 Tonnen erhöht. Die besten Segelschiffe brauchten zu einer Reise hin und her 50 Tage, eins der frühern Packetschiffe durchschnittlich 57 Tage. Im Juli 1840 brachte das Schiff 152 Passagiere nach England, kann aber fast noch 100 mehr fassen; die Bemannung besteht in Allem aus etwa 60 Personen. Die große Kajüte ist 75 Fuß lang, 21 breit und mit der größten Eleganz decorirt. Der mittlere Kohlenverbrauch ist 27 Tonnen täglich gewesen, sodaß man auf acht englische Meilen eine Tonne rechnen kann. Bei der ersten Reise von Bristol nach Neuyork hatte das Schiff 660 Tonnen Kohlen am Bord, wovon aber nur 452 verbraucht wurden.

Größe einiger Theater.

	Vom Vorhange bis zum Hintergrunde der Mittellogen	Breite des Hauses	Breite des Vorhanges	Tiefe der Bühne vom Vorhange an	Höhe vom Fußboden des Parterre bis zur Decke
	Englische Fuß	Fuß	Fuß	Fuß	Fuß
London Opernhaus	102	75	40	35	—
Coventgarden	73	63	32	59	54
Drury-Lane	70	70	32	48	60
neues englisches Opernhaus	57	55	32	—	—
Paris Opernhaus	78	52	40	—	52
Théâtre Feydeau	52	64	48	—	—
Cirque Olympique	86½	83	44	—	—
Bordeaux	64	62½	39½	70	57½
Mailand (la Scala)	94	78	44	—	75
Neapel (San Carlo)	90	76	49	76	80
Venedig (Fenice)	72	67	42	45	49
Petersburg	102	96	52	99	92
Berlin (Opernhaus)	61	58	38	—	43
Hamburg	69	68	39	—	56
Dublin	64	62	33	—	—
Birmingham	44	45	28	—	—
Turin	66½	52	40	98	—
Gent	68	60	37	—	—
Neu-Orleans	73	71	44	—	66

Die Sallaschen auf den Karpaten.

Ein Theil der Karpaten zieht bekanntlich im Nordwesten Ungarns hin und scheidet es von Schlesien. Die Hirten, welche hier wohnen, nennt man Sallaschaken, oder auch Sallaschner, und ihre Wohnungen Sallaschen (Sennhütten). Sie leben von der Viehzucht, besonders Schafzucht, und ihr größter Reichthum ist die daraus gewonnene Milch. Diese Sallaschen sind einzelne zerstreut liegende Wirthschaften (jede mit einem besondern Namen), die sich bis nach Galizien erstrecken, wo ein anderes Hirtenvolk, die Gorallen, sich anschließt.

Das zu einem Sallasch gehörige Grundeigenthum besteht aus Wiesen und Waldungen und ist in der Regel so groß, daß 5 — 600 Schafe, bisweilen auch Kühe und anderes Hornvieh, das ganze Jahr hindurch reichliche Nahrung davon haben. Für die Schafe, welche Sommer und Winter hindurch auf dem Gebirge bleiben, baut man Hütten, in welchen sie überwintern, die Kühe aber werden in der kalten Jahreszeit von den Eigenthümern nach Hause gebracht. Im Sommer hingegen läßt man das Vieh Tag und Nacht unter freiem Himmel, bis Schnee einfällt. Die Hürde, in welcher das Vieh zur Nachtzeit versammelt und gemolken wird, heißt Kolyba und besteht aus einem mit Zaunstücken und Reißig umgebenen freien Platze. Nahe dabei ist gewöhnlich die Hütte der Hirten, die auch zum Butter- und Käsemachen dient und nur aus einem von Balken und Bretern zusammengefügten, auf vier Pfählen ruhenden Wetterdache besteht. In der Mitte derselben brennt das Feuer, über welchem der Kessel hängt, in dem die Milch gesotten wird. Sie bereiten fast täglich Käse, aber gewöhnlich nur alle acht Tage Butter, wozu sie in der Regel Kuh- und Schafmilch mischen. Man bringt die Kolyben, deren mancher Sallasch drei bis vier hat, jedes Jahr an einen andern Ort, um so die Bergwiesen nach und nach zu düngen. Gehört ein Sallasch mehren Hirten an, so wird der Ertrag gleichmäßig vertheilt. Die Schafhirten, welche das ganze Jahr hindurch auf dem Gebirge bei ihren Heerden bleiben, beziehen fast gar keinen Lohn an baarem Gelde, dafür aber gewährt man ihnen an bestimmten Tagen einen Antheil an Milch und Käse; auch erhalten sie einige Kleidungsstücke. Ihre Nahrung besteht fast ausschließlich in Schafmolken und Käse; doch genießen sie im Sommer auch viel Heidelbeeren, die hier in unsäglicher Menge wachsen, und begnügen sich im Winter mit Erdäpfeln. Brot und Fleisch gehören zu denjenigen Genüssen, die ihnen nur bei außerordentlichen Veranlassungen geboten werden. Da sie nur selten das Gebirge verlassen und mit den Elementen fast ebenso viel zu kämpfen haben als mit wilden Thieren (Wölfe zeigen sich hier sogar im Sommer nicht selten), so ist es natürlich, daß sie rohe Naturmenschen bis auf den heutigen Tag geblieben sind und auch so lange bleiben werden, als sie der Kirchen und Schulen gänzlich entbehren. Zu ihrem Lobe aber gereicht es ohne Zweifel, daß sie trotz alles Mangels an Bildung sich nur selten eines groben Verbrechens schuldig machen.

Ihre einfache und ärmliche Lebensweise ist nicht im Stande, ihnen ihre frohe und heitere Laune zu rauben; sie haben nur wenige, leicht zu befriedigende Bedürfnisse, und darin besteht ihr größtes Glück. Sie zeichnen sich überhaupt durch eine herzliche Gutmüthigkeit aus und hegen durchaus keinen Groll, wenn man ihnen eine Bitte abschlägt oder einen Wunsch nicht erfüllt. Was ihre natürlichen Anlagen betrifft, so sind sie besonders in Holzarbeiten äußerst geschickt und verfertigen ihre sämmtlichen Trinkgeschirre und Milchgefäße aus weißbuchenem Holze, das sich hier häufig findet, selbst. Sie haben auch zweierlei musikalische und zwar Blasinstrumente, deren sie sich theils zu ihrem Vergnügen, theils aber auch, um sich in nöthigen Fällen Zeichen zu geben, bedienen und auf denen sie eine Art schweizerischen Kuhreigens spielen.

Die Forstbeamten haben die Verpflichtung, jedes Jahr ein- bis zweimal die Sallaschen zu bereisen und nachzusehen, ob die Sallaschner wirklich nur so viel Vieh haben als ihnen zu halten erlaubt ist. Auch sollen sie bei diesen Untersuchungen ihnen die Regeln vorlesen, welche sie in Bezug auf die Waldungen und das obrigkeitliche Jagdrecht zu befolgen haben; denn Hunde frei herumlaufen zu lassen, oder dem Wildpret, welches sich hier in außerordentlicher Menge aufhält, nachzustellen, ist ihnen durchaus nicht gestattet. Allein die Nothwendigkeit gebietet ihnen gar oft, dieses Verbot aus den Augen zu setzen, weil sonst Wölfe und Adler nicht anstehen würden, ihnen ihre ganzen Heerden zu rauben. Daß der Feldbau bei diesen an Entbehrungen aller Art gewöhnten Menschen höchst unbedeutend sein müsse, braucht nach Dem, was wir angeführt haben, nicht weiter auseinandergesetzt zu werden.

Hoher Grad von Wassersucht.

Ein Mädchen zu Yvetot in Frankreich hatte die Wassersucht in einem besonders hohen Grade, sodaß alle gewöhnlichen Mittel der Kunst und der Charlatanerie scheiterten. Endlich entschloß sie sich zum Abzapfen; ein Arzt bewerkstelligte in 15 Jahren nicht weniger als 866 Abzapfungen (alle sechs bis sieben Tage eine), welche eine Wassermasse von $174\frac{1}{3}$ Hectolitres (ungefähr 18,600 dresdner Kannen) gaben.

Kairo.

Die Citadelle und die große Moschee zu Kairo.

Da in diesen Blättern schon zu wiederholten Malen, besonders in Nr. 79, 177, 311 und 335 von dieser Hauptstadt mehr oder weniger ausführlich die Rede gewesen ist, so begnügen wir uns diesmal, unsere Leser auf die genannten Nummern zu verweisen.

Herausgegeben unter Verantwortlichkeit der Verlagshandlung F. A. Brockhaus in Leipzig.

2

Das Pfennig-Magazin

für

Verbreitung gemeinnütziger Kenntnisse.

432. | Erscheint jeden Sonnabend. | [Juli 10, 1841.

Der Comer-See.

Das vorliegende Bild versetzt uns in eine der reizendsten Gegenden Oberitaliens. Der Comersee, Lago di Como von den Italienern nach seinem südlichen Ufer liegenden Stadt Como, von den alten Römern **Lacus Larius** genannt, ist unweit der Schweizergrenze in der Lombardei und zwar in der Provinz Mailand und unfern der Stadt dieses Namens, gegen 700 pariser Fuß über dem mittelländischen Meere gelegen. Der Fluß Adda, bei Colico eintretend und unfern Lecco in der Richtung von Nord nach Süd ausfließend, ist es hauptsächlich, durch welchen der See gebildet wird; außerdem ergießt sich noch in denselben eine große Anzahl kleinerer Flüsse, von denen nur die in Graubündten entspringende Mera bedeutender ist, welche bald ruhig dahinrauscht, bald in ungestümer Hast sich dahinstürzt. Die hohen Berge, die von allen Seiten den See umschließen, dachen sich nach dem Ufer desselben hin immer mehr ab; an dem südlichen Ufer bei den Städten Como und Lecco treten Hügel von 1—2000 Fuß an die Stelle der gegen 8000 Fuß hohen Berge des obern Theiles. Von Nord nach Süd, von Sorico bis Como, dehnt sich der See in einer Länge von beinahe sieben Meilen aus; seine größte Breite beträgt nicht viel über eine halbe Meile. In der Mitte theilt er sich bei Bellaggio in zwei Arme; der eine zieht sich südwestlich bis Como und behält den Namen des Comersees bei, der andere aber, welcher nach Südost gerichtet ist, wird von dem an seiner Süd-

spitze gelegenen Städtchen Lecco See von Lecco (Lago di Lecco) genannt. Er ist an mehren Stellen mehr denn 100 Fuß tief und sehr fischreich; Forellen und Hechte bevölkern seine Fluten, während an seinen Ufern sich allerlei Alpengeflügel findet. Gegen Abend erhebt sich meist auf demselben der Nordwind (hier Tivano genannt); nachdem er sich bei Aufgang der Sonne gelegt, herrscht bis Mittag Windstille, die dann dem Südwestwind (Breva) weicht.

Um die Schönheit des herrlichen Sees recht zu genießen, besteigt man eine der schmalen und flachen Barken (zu Riva, wenn man von Chiavenna kommt, oder zu Colico, wenn man aus dem Veltlin herkommt) und durchschneidet auf ihr die bläuliche Flut. An kundigen Schiffern, auf deren Kunst sich der Reisende verlassen kann, ist kein Mangel; die von Cernobbio und von Domaso werden für die besten am ganzen See gehalten. Von dem Fuße eisiger Gletscher, hoch ansteigender Granitfelsen und dunkler Tannenwälder, wo Gemsen und Wölfe hausen, bringt uns eine zehnstündige Fahrt mitten hinein in Italiens reizende, durch Kunst geschmackvoll verschönte Natur, unter seinen heitern, milden Himmel. Auf den Bergen und Hügeln mit ihren zu den mannichfaltigsten Gruppen vereinigten, im freundlichsten, bald dunklern, bald hellern Grün prangenden Bäumen ruht dann mit Wohlgefallen der Blick, und von beiden Ufern lächeln kostbar prangende Villen halb versteckt unter anmuthigen Pinien, Lorber-, Feigen- und Ölbäumen, umrankt von dem Weinstocke, der Alles so gern mit seinen Reben umschlingt. Ein paar Tage reichen kaum aus, die Schönheiten und Merkwürdigkeiten der Umgebungen des Sees zu besichtigen. Viele Kirchen, Klöster, Kapellen und Ruinen bedecken die Ufer. Unter den zahlreichen Villen, die den See bekränzen, sind die schönsten und an Kunstwerken reichsten die von Este, Somariva, Mellerio und die alte Villa Pliniana. Die letztgenannte liegt sechs italienische Meilen von Como und ist ausgezeichnet durch einen Wasserfall und eine periodische Quelle, welche schon Plinius der Jüngere beschrieben hat. Dieser schreibt nämlich in einem Briefe an seinen Freund Licinius ungefähr so: „Eine Quelle entspringt auf einem Berge, rauscht durch Felsen hinab und fällt dann, nachdem sie in einer kleinen Erweiterung sich verweilt, in den larischen (d. i. Comer-) See. Die Beschaffenheit derselben ist wunderbar; drei Mal des Tages nämlich findet bei ihr ein regelmäßiges sehr bemerkbares Anschwellen und Abnehmen statt, das sehr ergötzlich anzusehen ist. Man lagert sich daneben, erquickt sich durch Speise, labt sich auch durch einen Trunk aus der sehr frischen Quelle selbst; unterdessen steigt oder fällt diese in festbestimmten Zeiträumen. Legt man einen Ring oder etwas Anderes nahe dabei auf das Trockene, so wird er allmälig bespült und endlich ganz von Wasser bedeckt; dann wird er wieder nach und nach von diesem verlassen; beobachtet man länger, so kann man Beides zum zweiten und dritten Male sehen." Eine sehr ausgedehnte Aussicht auf beide Seeufer genießt man von dem ungefähr den Mittelpunkt bildenden Eudenabbia aus, die ausgebreiteste aber hat man auf dem Monte Legnaro.

Die englisch-chinesischen Händel.
(Fortsetzung aus Nr. 418.)

Noch immer sind wir nicht im Stande, unsern Lesern die Beendigung der Feindseligkeiten zwischen England und China zu berichten, da zwar ein Friedensschluß zu Stande gekommen, aber von den beiderseitigen Regierungen nicht genehmigt worden ist.

Am 20. Nov. 1840 traf Admiral Elliot mit dem zur Führung der Unterhandlungen bevollmächtigten Capitain Elliot in der Tonkai-Bucht in der Nähe von Macao ein, worauf das englische Geschwader auf der Höhe von Kanton aus drei Linienschiffen, vier Fregatten, vier Kriegssloops und vier Dampfbooten bestand. Tags darauf sandte der Admiral, der in der gedachten Bucht vor Anker gegangen war, den Capitain Elliot nach Bocca Tigris ab, um dem kaiserlichen Commissar Keschan anzuzeigen, daß er, der Admiral, an dem zur Unterhandlung festgesetzten Orte angekommen sei, aber obgleich das Dampfschiff, an dessen Bord der Capitain sich befand, eine Waffenstillstandsflagge wehen ließ, wurde von den chinesischen Batterien auf dasselbe gefeuert, worauf das Dampfboot mit zwei Bomben, die es in das Fort warf, antwortete und nach der gedachten Bai zurückkehrte, ohne den Brief abgegeben zu haben. Dieser wurde später einem Mandarinen übergeben, den die chinesischen Behörden abschickten, um die Beschießung des Dampfbootes als irrthümlich geschehen zu entschuldigen; der Admiral bestand jedoch auf einer schriftlichen Abbitte, und da er drohte, widrigenfalls die Bocca-Forts zu beschießen, so wurde ihm die verlangte Genugthuung endlich geleistet. Am 24. Nov. fuhr der Admiral nach der Bocca, ihm folgte bald darauf das ganze Geschwader, aber schon am 29. zeigte der Capi-

tain Elliot den in Macao wohnenden Engländern an, daß der Contreadmiral Georg Elliot wegen plötzlicher und ernstlicher Erkrankung, welche eine Folge der vorausgegangenen Anstrengungen war, den Oberbefehl niedergelegt und dem Commodore Sir James Gordon Bremer übergeben habe, von welchem sich mehr Energie und Entschlossenheit erwarten ließ. An demselben Tage, 29. Nov., hielt der Obercommissar Keschan, nachdem er vorher dem Admiral seine Annäherung hatte melden lassen, seinen Einzug in Kanton und eröffnete bald nachher directe Unterhandlungen mit Capitain Elliot; da aber die höhern Rangclassen der Chinesen in Kanton ihre Entrüstung darüber, daß der kaiserliche Commissar sich zu persönlichen Unterhandlungen mit den Barbaren herablasse und sich zu diesem Zwecke sogar an die Bocca Tigris begeben wollte, laut äußerten, fand sich Keschan bewogen, die gepflogenen Unterhandlungen vor seinen Landsleuten zu verbergen und die Zusammenkunft mit den Engländern an der Mündung des Peiho-Flusses ganz zu leugnen. (Andern Angaben zufolge soll Keschan jeden directen Verkehr mit Capitain Elliot verweigert haben.) Die Engländer ihrerseits bezeichneten den 17. Dec. als Termin, bis zu welchem alle Unterhandlungen beendigt sein müßten, widrigenfalls sie Kanton angreifen würden. Inzwischen kehrte der englische Geistliche Staunton, der von den Chinesen in Kanton gefangen gehalten wurde, am 11. Dec. nach Macao zurück, nachdem er im Hause des Obercommissars selbst sehr gastfreundlich behandelt worden war.

Mittlerweile wurden chinesischer Seits nach den am Eingange der Bocca Tigris liegenden Forts 1500 Mann frischer Truppen geschickt, außerdem aber Munition nebst Sandsäcken dahin geschafft; in der Nähe befand sich eine große Menge mit Steinen beladener Boote bereit, auf das erste Signal versenkt zu werden, um die Einfahrt in den Fluß zu sperren, falls die Engländer versuchen sollten, in denselben einzudringen und vielleicht gar die Forts zu beschießen. Auf der Insel Tschusan war bekannt gemacht worden, daß für die Dauer der Unterhandlungen zwischen England und China ein Waffenstillstand geschlossen sei; die Behörden der Chinesen fingen auf Befehl an, die Engländer mit Schlachtvieh und andern Lebensmitteln zu versorgen, aber der Gesundheitszustand der englischen Soldaten war noch eben so schlecht als früher und vom ganzen 20. Regimente waren nur 100 Mann dienstfähig und 500 lagen krank in den Hospitälern.

Vom 18. Dec. bis zum 6. Jan. 1841 wurde fortwährend ohne Erfolg hin und her parlamentirt und es schien kein Zweifel unterworfen, daß die Chinesen nur Zeit zu gewinnen suchten. Da mithin der von den Engländern gestellte Termin längst verstrichen war, ohne daß die Unterhandlungen ein Ende absehen ließen, begannen jene endlich, durch das lange Zaudern aufgebracht, am 7. Jan. ihre Vorbereitungen, um die beiden Forts an der Bocca Tigris, Namens Tschumpi und Tykokto, welche den Eingang in den Kantonfluß vertheidigen und die eigentliche Mauer der noch 20 Stunden weiter nördlich liegenden unbefestigten Stadt Kanton sind, anzugreifen. In die Nähe des erstern wurden auf drei Dampfschiffen 700 Seapoys, 200 europäische Soldaten und 400 Matrosen und Marinesoldaten gebracht; mehre Kriegsschiffe legten sich vor das Fort und beschossen es, während von den Dampfschiffen Bomben gefeuert wurden. Schon nach einer Beschießung von wenigen Stunden war das von 35 Kanonen vertheidigte Fort in der Gewalt der Engländer, die bei dieser Gelegenheit nur 3 Todte und 23

Verwundete zählten, während von den Chinesen nicht weniger als 700 Mann getödtet wurden. Ziemlich gleichzeitig griff eine zweite Truppenabtheilung das gegenüberliegende Fort an und obgleich die Chinesen hier mehr Widerstand leisteten, so war der Erfolg doch auch hier derselbe, nachdem der Kampf wenig über eine Stunde gedauert hatte. Übrigens hatten die Chinesen sich über Erwarten tapfer gehalten, besonders im zweiten Fort, sei es nun aus Verzweiflung, weil sie keinen Pardon hofften, oder aus Furcht vor der auf feige Flucht gesetzten Strafe oder in Folge einer Befeuerung ihres Muthes mit Opium, wovon man im Fort Tschumpi statt aller andern Beute 160 Ballen gefunden haben soll. Ein Theil der Besatzung bestand aus Tataren, deren große athletisch gebaute Körper gegen die kleinen Chinesen aus der Provinz Kanton auffallend abstachen. Die chinesischen Kanonen waren schlecht bedient und mit Ausnahme einiger altspanischen von der elendesten Beschaffenheit; sie waren von kleinem Kaliber, trugen nicht weit und bestanden aus sehr schlechtem Metalle, sodaß man die Schildzapfen mit einem Hammer abschlagen konnte. Die Befestigungsart an den Forts war zwar höchst unvollkommen, doch war zu bemerken, daß die Chinesen seit Anfang des Krieges einige Fortschritte in der Befestigungskunst gemacht hatten, da die neuen Werke besser als die ältern waren; der Hauptfehler bestand freilich darin, daß die Festungswerke nur gegen den Fluß gerichtet und an der Rückseite blos durch Palisaden gedeckt waren. Sehr gut war das Material der Mauern, in welches die Kugeln Löcher schlugen, ohne ihren Einsturz zu verursachen, gleichwol wurden beide Forts in Folge des furchtbaren englischen Feuers in Schutthaufen verwandelt. Nach Einnahme der Forts wurden Dampfschiffe abgeschickt, um die in der Nähe liegenden Kriegsyonken zu zerstören; wegen der zu geringen Tiefe des Wassers konnten sich zwar die Engländer nicht vollständig nähern, aber dennoch gelang es ihnen, durch Raketen gegen 20 Kriegsyonken in Brand zu setzen und in die Luft zu sprengen; nach Einigen wären die Yonken von ihrer eigenen Mannschaft in die Luft gesprengt worden, was nicht sehr glaubhaft ist. Am folgenden Tage schickten die Engländer sich an, auch die beiden weiter stromaufwärts liegenden Forts Wantang und Annunghoy anzugreifen, als der chinesische Admiral ein altes Weib in einem Fährboote mit einer Parlamentairflagge an Capitain Elliot schickte und denselben bitten ließ, ihm eine Frist zu geben, damit er nach Kanton senden könne, um fernere Befehle einzuholen. Capitain Elliot ging sogleich darauf ein und bewilligte eine Frist bis zum 11. Januar Abends unter der Warnung, daß, wenn bis dahin nicht alle Foderungen genehmigt seien, die Feindseligkeiten wieder beginnen würden.

Am 8. und 9. Januar wurden darauf die beiden eroberten Forts entwaffnet, die Geschütze in die See geworfen und die Todten beerdigt. Der Menschenverlust der Chinesen ist nicht genau ermittelt, muß aber mindestens 1200 Mann betragen haben; der Verlust der Engländer ist dagegen unglaublich gering. Von der europäischen Art, Pardon zu verlangen und zu gewähren, scheinen die Chinesen keinen Begriff zu haben; viele von ihnen, die sich ins Wasser geflüchtet, feuerten nämlich, nachdem sie aufgefodert worden waren, sich zu ergeben, noch einmal ihre Flinten ab und machten dann erst Zeichen der Unterwerfung, wurden aber nun ohne Erbarmen niedergeschossen. Bei der Verscharrung der Gebliebenen boten die vielen halbversengten Leichen einen gräßlichen Anblick dar; die

kattunene, außerdem mit Baumwolle gefütterte, unbequeme und unsern Weiberröcken ähnliche Kleidung der chinesischen Soldaten fing nämlich sehr oft Feuer, theils in Folge ihres ungeschickten Schießens mit den Luntenflinten, theils wenn Verwundete auf die Lunten fielen, wodurch selbst Leichtblessirte ihren Tod fanden. Der Stoff brannte wie Zunder und theilte das Feuer der Patrontasche und dem Pulverhorne mit, welches die Chinesen gleich den Tscherkessen auf der Brust tragen. In den folgenden Tagen kamen viele Chinesen von Kanton her auf die rauchenden Trümmerstätten und suchten unter Weinen und Klaggeheul nach ihren Brüdern und sonstigen Verwandten; Viele gruben schon modernde Leichen aus und nahmen sie mit sich, um sie ehrenvoll zu beerdigen. Englische Officiere, gerührt durch den Anblick so großen Schmerzes, suchten einen Theil der Trauernden durch Geldgeschenke zu trösten, mußten aber bald ihrer Freigebigkeit Schranken setzen, da die Habsucht der Chinesen darauf zu speculiren begann.

Nach Ablauf des gesetzten Termins wurden die Unterhandlungen wieder aufgenommen und führten zu dem gewünschten Ziele, obgleich der chinesische Commissar kurz vorher eine Proclamation erließ, in der es heißt: „Die Foderungen der englischen Barbaren sind übermäßig und ausschweifend; ihre Augen sind größer als ihre Bäuche. Jetzt ist es unmöglich, ihnen den Handel mit uns wie vormals zu erlauben, da ihre ruchlose Empörung im Zunehmen ist.“

Am 20. Januar wurde zwischen Elliot und dem chinesischen Bevollmächtigten Keschan zu Macao eine vorläufige Übereinkunft unter folgenden Bedingungen abgeschlossen: 1) Der Kaiser von China tritt für die aufgewandten Kriegskosten die Insel Hong-Kong an England ab, wo der Handel unter denselben Abgaben und nach denselben Regeln, wie früher zu Whampoa, stattfinden soll, wogegen Tschusan von den britischen Truppen geräumt wird; 2) als Entschädigung für das vernichtete Opium zahlt die chinesische Regierung sechs Millionen Dollars, in sechs Jahren zahlbar; 3) officielle Verbindungen werden auf den Fuß völliger Gleichheit zwischen beiden Regierungen hergestellt. Übrigens wurde weder das System der Hongkaufleute abgeschafft, noch über die Höhe der Zollabgaben etwas festgesetzt, worüber die englischen Kaufleute sehr unwillig waren; in der letzten Beziehung meint man, und wol nicht ohne Grund, daß die Chinesen die versprochene Entschädigung recht wohl durch höhere Zölle von den Ausländern selbst erheben könnten. Aber selbst angenommen, daß die Chinesen die versprochene Entschädigung wirklich geleistet hätten, erscheint sie unverhältnißmäßig gering, da der Werth des von Elliot an die Chinesen ausgelieferten und von diesen zerstörten Opiums auf 2½ Mill. Pf. St., die Kosten der Expedition auf 1½ Mill. Pf. St. berechnet werden, was zusammen 4 Mill. Pf. St. gibt, während 6 Mill. Dollars nur höchstens 1,200,000 Pf. St. betragen. Man glaubte daher, der britische Bevollmächtigte habe aus England Befehl erhalten, den Zwist mit China unter jeder Bedingung schleunigst zu beendigen. Bemerkenswerth ist übrigens, daß Jener in der Proclamation vom 20. Januar, in welcher er von Macao aus den in China befindlichen Engländern den Abschluß des Vergleichs anzeigte, am Schlusse der gewissenhaften Redlichkeit des chinesischen Bevollmächtigten ein hohes Lob spendet. Unmittelbar nach dem Abschlusse des Vertrags wurden die eingenommenen Forts an der Mündung des Kantonflusses den Chinesen zurückgegeben, wogegen diese Befehl ertheilten, die zu Ningpo gefangen gehaltenen Engländer freizulassen, die britische Flotte aber segelte von Kanton ab, um die Insel Hong-Kong in Besitz zu nehmen, was am 1. Febr. durch eine gemeinschaftliche Proclamation des Oberbefehlshabers der Flotte und des Capitains Elliot geschah, in welcher den Einwohnern versprochen wurde, daß sie weder in ihrem Glauben noch sonst beeinträchtigt und in ihrem Eigenthume geschützt werden sollten, zugleich an ihnen aufgegeben wurde, sich von jetzt an als britische Unterthanen zu betrachten; bis auf Weiteres sollten sie nach chinesischen Gesetzen (mit Ausnahme jeder Art von Folter) regiert werden. Durch eine andere Proclamation vom 9. Febr. bezeichnete Capitain Elliot sich selbst als einstweiliger Gouverneur der Insel. Die letztere (zu einer Inselgruppe gehörig) liegt im Meerbusen von Kanton vor dem Flusse gleiches Namens, etwa 1½ Meile östlich von Macao. An sich ist sie unbedeutend und hat nur wenig Einwohner, erhält aber eine gewisse Wichtigkeit durch ihre Lage, deren wegen sie stets von Seeräubern benutzt wurde. Sie ist nämlich der natürliche Landungsplatz für alle von der Nord- und Ostküste Chinas, von Japan und von der Insel Formosa kommenden Schiffe, welche sich nach Kanton begeben wollen, wie Macao für alle aus Ost- oder Hinterindien kommenden. Übrigens ist sie etwa zehn englische Meilen lang und fünf Meilen breit und besteht, ähnlich wie Helgoland, eigentlich nur aus einem einzigen Felsgebirge von Granit, das sich zu beträchtlicher Höhe erhebt. Die nicht sehr breite, aber um so tiefere Bai, die zu beiden Seiten mit ansehnlichen Anhöhen eingefaßt ist und in welche sich ein bedeutendes Bergwasser stürzt, bildet einen trefflichen natürlichen Hafen.

Leider wurden durch diese Übereinkunft die Verhältnisse zwischen England und China keinesweges hergestellt; zwar wurde Capitain Elliot, als er am 27. Jan. nebst dem französischen Vicekonsul und mehren Offizieren auf chinesischem Gebiete (unweit der Bocca Tigris) ans Land ging, von Keschan und dem Oberbeamten der Provinz, sowie auch mehren Hongkaufleuten artig empfangen und in einem eigens dazu errichteten Zelte mit einem Festmahle bewirthet (worauf nach dem Wunsche des chinesischen Commissars die englischen Seesoldaten exerciren mußten), aber am 30. erklärte er in einem Umlaufschreiben, es sei noch nicht rathsam, daß Engländer nach Kanton gingen.

Bald wurde bekannt, daß der Kaiser von China den geschlossenen Vertrag mißbillige; der Commissar Keschan wurde abgesetzt und in Ketten nach Peking gebracht. Schon im Februar brachen die Feindseligkeiten von neuem aus und die Engländer besetzten am 25. dieses Monats sowol die Forts an der Mündung des Kantonflusses, als die Factoreien in Kanton, worüber wir das Nähere in unserm nächsten Berichte mittheilen werden. Die englische Regierung aber erklärte ihrerseits officiell, daß sie den geschlossenen Vertrag nicht genehmige, und so ist für jetzt noch kein Ende dieses seiner möglichen Folgen wegen so interessanten Krieges abzusehen, dessen Veranlassung für die Engländer so wenig ehrenvoll ist.

Der Narrenbund zu Donaueschingen.

In Kleve hatte man vor Zeiten einen Geckenorden; zu Dijon wurde eine Narrenmutter ausgezeichnet, während man in Evreux und Rouen unbedenklich fand, zur Gesellschaft der Hörnerträger sich zu bekennen. Ähnliche Verbindungen zu harmloser Heiterkeit beförderten am Ende in ihrer systematischen Regelmäßigkeit mehr den unschuldigen Lebensgenuß, als gegenwärtig

die raffinirtesten Cirkel und gedrängtesten Routs. Unter die wenigen Institute ähnlicher Art, welche bis jetzt sich erhalten haben, gehört der Narrenbund in Donaueschingen. Diese zahlreiche Gesellschaft gründet sich auf eine mittelalterliche Einrichtung, die aus allen Ständen ihre Mitglieder wirbt. Sie hält einmal des Jahres am Faschingmontag ihre Zusammenkunft. Da versammelt sich das Narrencapitel und beräth sich über die Art und Weise, wie diesmal Sinnbild und Anspielung mit Scherz und Laune verbunden und Satire durch Gelächter gemildert, wie durch öffentliche Umzüge auf ein empfängliches Publicum gewirkt und durch einzelne Masken, wie durch beziehungsvolle Gruppen das Zeitgemäße ins Leben gerufen werden solle. Es trägt dann der Schall ergötzlicher Musik den Jubel triumphirend durch die Stadt. Dabei fehlt es nicht an bunter Abwechselung, und bald ist es ein parodirter Olymp, bald ein diplomatisches Corps aller Völker der Erde, welche zur Apotheose des Narrenvaters zu Fuß und zu Roß, zu Schiff und zu Wagen zum Fürstenbergischen Residenzschlosse ziehen und dort vor der fürstlichen Familie als Huldigung ihre Atellanen aufführen. Nach Beendigung des Zuges versammeln sich die Bundesglieder zu einem heitern Mittagsessen, an welchem Theil zu nehmen selbst der huldreiche Fürst von Fürstenberg nicht verschmäht. Hier werden die neuen Mitglieder feierlich aufgenommen und in witzigen Knittelversen alle Schwabenstreiche besungen, die von den ältern das ganze Jahr über begangen wurden, welche daher sich das Jahr über wol hüten, den launigen Sängern den Stoff zu sehr zu Kopf wachsen zu lassen; denn der Name jedes Thäters, den er sich bei der Aufnahme wählte, wird unbarmherzig, jedoch mit so viel launiger Würze besungen, daß er selbst unter der satirischen Geißel lachen muß. Beim Carneval zu Rom kann es nicht lebhafter und bewegter zugehen. Die Nationalmaske Hansel ist eine Art Pierrot. Er ist mit einem Indiennekleide, das mit großen Figuren bemalt ist, angethan und mit einer Kapuze mit Visir und Fuchsschwanz geziert; dabei dürfen zwei Bandeliere mit großen Schellen nicht fehlen. Eine ähnliche Maske sieht man noch in einigen Städten Schwabens. Auch in Stockach, zwölf Stunden von da, besteht seit Menschengedenken ein Narrengericht, wovon man den Ursprung wahrscheinlich im Mittelalter zu suchen hat.

Der äußerste Norden von Amerika.

Bereits in Nr. 290 fg. statteten wir unsern Lesern Bericht ab über die Entdeckung der nordwestlichen Durchfahrt aus dem atlantischen in das stille Meer, welche den Engländern Dease und Simpson gelungen sein soll. Diese unerschrockenen und unermüdlichen Reisenden haben seitdem ihre Entdeckungen weiter verfolgt und zwar in östlicher Richtung vom Kupferminenflusse, ohne jedoch, wie es scheint, zu einem entscheidenden Resultate gelangt zu sein. Über ihre neueste Expedition enthält ihr Bericht vom 16. Oct. 1839, aus Fort Simpson am Mackenziesflusse datirt, folgende Mittheilungen. Am 22. Juni segelten sie den Kupferminenfluß hinab, bis zu den sogenannten blutigen Fällen, untersuchten den bereits 1838 entdeckten Richardsonfluß, der unter 67° 54′ nördl. Br. und 115° 56′ westl. Länge von Greenwich in Back's Inlet mündet, und fanden erst am 3. Juli eine schmale Durchfahrt durch das Eis, konnten aber in der ersten Woche nur

20 englische Meilen vordringen. Am 28. Juli erreichten sie nach großen Anstrengungen das Cap Barrow am Krönungsgolf, den sie zu ihrer Freude theilweise offen sahen, am 20. das Cap Franklin; am 28. umschifften sie das Cap Alexander (68° 56′ nördl. Br., 106° 40′ westl. L.), was des Treibeises wegen mit großer Gefahr verbunden war. Von hier dehnt sich eine geräumige Bucht bis zu 68° 33′ nördl. Br., 98° 10′ westl. L. aus und erstreckt sich bis nach Süden zu 67° 40′ Br., von wo sich die Küste plötzlich nach jenem nördlichen Punkte wendet. Sie schifften hier längs der Küste durch eine Labyrinth unzähliger Inseln, die ihnen gegen das Treibeis Schutz gewährten, wurden aber durch ein Vorgebirge unter 68° 7′ Br. und 103° 36′ L., das sie das Eisbärenvorgebirge nannten, mehre Tage (1.—5. Aug.) aufgehalten. Nach der nördlichen Küste der großen Bucht steuernd und erwartend, daß diese sie zum Cap Felix des Capitain Roß führen würde, kamen sie am 10. Aug. unvermuthet in eine südöstlich führende, an beiden Enden zehn, in der Mitte drei englische Meilen breite Meerenge, die nach der heftig durchströmenden Flut zu schließen zu der Mündung von Back's großem Fischflusse führen muß. Am 13. Aug. kamen sie in südöstlicher Richtung vor den bereits von Back gekannten Vorgebirgen Richardson, Ogle und Pechell vorbei und segelten nach der Insel Montreal Island. Unterwegs erreichten sie am 17. Aug. ein breites, steiles, sonderbar gestaltetes Vorgebirge, unter 68° 4′ Br. und 94° 35′ L., dem sie den Namen Cap Britannia beilegten und wo sie eine 14 Fuß hohe Säule aus Steinmassen errichteten; in derselben legten sie eine versiegelte Flasche mit einer Nachricht über ihre Entdeckungen nieder. Weiter östlich setzten sie ihre Fahrt nicht fort, weil die Untersuchung des großen inselreichen Meerbusens, den sie erreicht hatten, eine besondere Expedition erheischte; sie

schifften an Pechell vorbei an der Westseite von Ogle nach dem Vorgebirge Richardson, dann 60 Meilen längs der Südküste des von Roß sogenannten Landes Boothia Felix hin, das, wie sie sich überzeugten, weder östlich noch westlich vom großen Fischflusse mit dem amerikanischen Continent zusammenhängt, und liefen am 25. Aug. wieder in die oben gedachte Straße ein. Am 6. Sept. erreichten sie Victoria=Land, dessen Küste an herrlichen Buchten reich ist, von denen die größte nordwestlich vom Cap Alexander unter 69° 40′ nördl. Br. liegt. Längs dieser Küste, wo das Meer überall sehr tief ist, fuhren sie 150 Meilen hin und liefen dann am 4. Oct. in den Kupferminenfluß ein, von wo sie, ihre Fahrzeuge zurücklassend, nach dem großen Bärensee wanderten, um sich hier auf einem sie erwartenden Fahrzeuge wieder nach Fort Simpson einzuschiffen.*)

Durch obige Expedition ist jedoch die Frage über das Vorhandensein einer nordwestlichen Durchfahrt noch keineswegs entschieden worden. Die Reisenden scheinen nicht weiter östlich als bis 94° westl. Länge von Greenwich gekommen zu sein, aber die Landenge, welche die beiden Meere trennen soll, liegt nach der Karte von Roß noch etwa einen Grad weiter nach Osten. An dem östlichsten Punkte, den sie erreichten, erstiegen sie ein Vorgebirge, sahen außer einigen Inseln nur in weiter Ferne nach Nordosten Land und befanden sich ihrer Vermuthung nach in dem großen Golf, der sich nach der Aussage der Eskimos südwärts erstreckt und bis auf 40 Meilen der Repulse= und Wagerbai nähert, konnten aber nicht ermitteln, ob das Meer bis zur Fury= und Heclastraße offen ist, in welcher Gegend die nordwestliche Durchfahrt, wenn eine vorhanden ist, aller Wahrscheinlichkeit nach liegen muß.

---

*) Leider hat der eine beider Reisenden, Dease, kurze Zeit nachher seinem Leben durch Selbstmord ein Ende gemacht.

Die Fabrikation der Töpferwaaren.

Eine Töpferwerkstatt.

Mit dem Ausdrucke Thon bezeichnet man diejenigen natürlichen Erdmischungen, welche aus Kiesel= und Thonerde, den beiden am häufigsten vorkommenden Bestandtheilen der Erdoberfläche, zusammengesetzt sind. Alle solche Erdarten aber haben die Eigenschaft, daß sie sich mit Wasser zu einer Masse, welche sehr bildsam und

alle möglichen Formen anzunehmen geschickt ist, erweichen und im Feuer hart brennen lassen, eine Eigenschaft, die schon in den ältesten Zeiten gekannt und zur Hervorbringung dauerhafter Gefäße benutzt worden ist. Alle dergestalt erhaltenen Erzeugnisse oder Gegenstände nennt man irdene oder thönerne, auch Töpferwaaren, und in der Geschicklichkeit, aus reinem oder gemischtem Thone Geräthe und Gegenstände der verschiedensten Art zu bilden, hart zu brennen, zu bemalen und zu glasiren, besteht die Aufgabe und Kunst des Töpfers oder Hafners, des Steingut- und Porzellanfabrikanten.

Die Mannichfaltigkeit der thönernen Fabrikate ist, abgesehen von ihrer verschiedenen Form und Bestimmung, sehr groß, was theils von den verschiedenen Mischungsverhältnissen der Thonerde, theils von dem verschiedenen Grade der Erhärtung im Feuer, theils endlich von der verschiedenen Behandlung, Verarbeitung u. s. w. abhängt, wonach die Masse hinsichtlich ihrer Farbe, Feinheit, Dichtigkeit, Schmelzbarkeit, Festigkeit u. s. w. sehr verschieden ist. Die ursprünglichen oder natürlichen Gemische werden sehr oft absichtlich verändert und zwar entweder von fremdartigen Theilen gereinigt oder mit solchen verbunden. Was die Erhärtung durch Brennen betrifft, so ist der schwächste Grad der, bei welchem die Bestandtheile nicht verändert werden, sondern nur zusammenbacken, wie bei der gemeinen Töpferwaare; ein stärkerer Grad ist der, bei welchem die Bestandtheile zusammensintern oder sich sehr genau vereinigen und einen mehr gleichartigen, dem Glase näher kommenden Körper bilden.

Als Hauptarten der Töpferwaare lassen sich folgende unterscheiden: 1) das Porzellan von ganz weißer, durchscheinender, sehr harter Masse, welche selbst im heftigsten Ofenfeuer unschmelzbar, sowie bei der schnellsten Veränderung der Wärme und Kälte unveränderlich ist oder sein soll, am Stahle Funken und beim Anschlagen einen reinen glockenartigen Klang gibt. Schon die alten Ägypter sollen Porzellan zu machen verstanden haben; erwiesen aber ist, daß den Chinesen und Japanesen die Erfindung in den ältesten Zeiten bekannt war, aber erst seitdem die Portugiesen um 1500 nach Ostindien Handel zu treiben begannen, kam Porzellan aus China und Japan nach Europa. Hier wurde die Kunst, Porzellan zu verfertigen, erst 1706 von dem 1719 als Reichsfreiherr verstorbenen Apotheker Böttcher aus Schleiz im Voigtlande, welcher eigentlich darauf ausging, Gold zu machen, erfunden und zwar wurde das erste Porzellan in Dresden verfertigt, bald nachher aber (1710) in Meißen die noch jetzt blühende Porzellanmanufactur, die älteste in Europa, gegründet. Das erste Porzellan war braun oder röthlich, verfertigt aus einem braunen Thon, der bei Meißen gefunden wurde; erst seit 1709 wurde weißes verfertigt. In der Regel verfertigt man das Porzellan aus einer natürlichen Erde (Porzellanerde), welche Kiesel- und Thonerde schon in dem gehörigen Verhältnisse gemischt enthält, doch kann die Mischung auch künstlich hervorgebracht werden. 2) Das Steingut, gleichfalls sehr hart und strengflüssig, aber undurchsichtig und nicht weiß; die Oberfläche ist verglast, was durch Bestreuen derselben mit etwas Kochsalz bewirkt wird. Das beste Steingut ist das steinartige Wedgwood-Steingut, so genannt nach seinem Erfinder, dem Engländer Joseph Wedgwood; eine Abart desselben ist das weiße und gelbliche englische Steingut, im Anfang des vorigen Jahrhunderts von einem Töpfer in England erfunden. 3) Fayence. Man unterscheidet feine Fayence, welche mäßig hart ist und eine durchsichtige Glasur hat, von gemeiner, welche weniger hart ist und eine weiße undurchsichtige Glasur hat. Der Name dieser Masse kommt von der Stadt Faenza in Italien (im Kirchenstaate), wo im Anfang des 16. Jahrhunderts vorzüglich gute Töpferwaaren dieser Art verfertigt, angeblich von Rafael, Giulio Romano, Tizian und andern berühmten Künstlern bemalt und weit-

hin verführt wurden, ohne daß sich aber, wie Voltaire thut, behaupten läßt, daß die erste Fayence in Faenza verfertigt worden sei. Die gemeine Fayence hat auch den noch ältern Namen Majolica, welchen Einige von der balearischen Insel Majorca, Andere von dem Namen des Erfinders ableiten wollen, ohne daß eine dieser Meinungen erwiesen oder wahrscheinlich wäre. Die Behauptung, daß Majolica eine Nachahmung des chinesischen Porzellans sei, ist völlig unrichtig, denn jene existirte, bevor letzteres in Europa bekannt war. 4) Gemeine Töpferwaare von grobadiger, poröser, nicht sehr harter Masse, die von den sogenannten Töpfern oder Hafnern handwerksmäßig zu den verschiedensten Arten von Geschirren, hauptsächlich aber zu Koch-, Eß- und Trinkgeschirren, außerdem aber noch zu Öfen verarbeitet wird. Sie ist minder dünn und fein als Fayence, sowie minder dicht als das Steingut, erträgt aber schnelle Abwechselungen von Wärme und Kälte weit besser. 5) Tiegel von grobadiger Masse, die schnellen Temperaturwechsel und große Hitze gut ertragen kann. 6) Ziegel und Backsteine. Von diesen Fabrikaten haben nur das erste und zweite eine zusammengesinterte Masse, das Steingut jedoch mit Ausnahme des englischen.

Bei der Verfertigung der thönernen Fabrikate kommen hauptsächlich vier Operationen vor: 1) die Wahl, Mischung und Zubereitung der Thonmasse, 2) das Formen, 3) das Brennen, 4) das Glasiren und Bemalen.

Wahl und Zubereitung. Die Thonmasse muß wenigstens zur Hälfte oder zu drei Fünfteln aus Kieselerde bestehen; je mehr sie von derselben enthält, desto unschmelzbarer, dichter und zugleich unbildsamer ist sie, dagegen aber desto bildsamer und zugleich zu Rissen geneigter, je fetter und reicher an Thonerde ist. Schmelzbar und zur Verglasung geeignet wird die Masse durch Beimischung von Kalkerde. Sand vermindert das durch großen Gehalt von Thonerde beförderte Schwinden oder Zusammenziehen in der Hitze, das dem Thone eigenthümlich ist, macht aber die Masse geschickt, schnellen Temperaturwechsel zu ertragen, jedoch zugleich porös und brüchig. Je inniger die Theile gemischt und je feiner sie vertheilt sind, desto geschmeidiger wird die Masse. Die reinsten Thonarten leiden im stärksten Feuer keine andere Veränderung als die Erhärtung, sind weiß und behalten diese Farbe auch nach dem Brennen, doch sind nicht alle weiße Thonarten rein, behalten auch nicht immer ihre Farbe im Feuer. Rothe Farbe rührt meist von der Gegenwart des Eisens her; überhaupt färben die Metalloxyde die Masse, besonders im Brennen; rührt aber die Farbe von nicht metallischen, organischen Stoffen her, so brennt sich der Thon oft ganz weiß, sogar wenn er vorher eine schwarze Farbe hatte. Eine künstliche Zusammensetzung der Masse aus reiner Kiesel- und Thonerde wendet man darum nicht an, weil diese Mischung weit kostspieliger, dennoch aber weniger innig, daher auch weniger brauchbar wäre. Der gemeine Töpfer wendet meist farbigen (grauen, bläulichen, gelben u. s. w.) Thon an, der sich wegen seines Eisengehalts mehr oder weniger roth, wol auch gelblich oder graulichweiß brennt, zähe und ziemlich geschmeidig ist. Übrigens hängt die Wahl des Thons von der Hitze ab, bei welcher er gebrannt werden soll; je beträchtlicher diese sein soll, desto weniger Kalk darf jener enthalten. Zur Probe kann der Töpfer verschiedene Mischungen (durch zugesetzten Sand) machen und daraus sogenannte Probegeschirre verfertigen, die im Ofen hart gebrannt werden. Die Vorbereitung der Thonerde kann verschiedene

Zwecke haben: 1) Die Reinigung, die am vollkommensten durch das Schlemmen erreicht wird; dies besteht darin, daß man die Erde mit vielem Wasser zu einem dünnen Brei mischt und diesen kurze Zeit stehen läßt, wobei sich Sand und andere schwerere Theile setzen; hierauf läßt man die noch übrige Thonbrühe in ein anderes Behältniß laufen, in welchem sich der Thon niederschlägt. 2) Die Vermischung verschiedener Thonarten und Beimengung von Quarzsand, Cementpulver, Metalloxyden und andern Zusätzen, jenachdem man der Masse verschiedene Eigenschaften ertheilen will. 3) Die Verfeinerung der Masse und Vermehrung ihrer Geschmeidigkeit und Zähigkeit; dies geschieht durch Zerschneiden mit einem großen gekrümmten Messer, Treten mit den Füßen, Kneten, Schlagen mit dem Thonschlägel, d. h. einem mit einem Handgriffe versehenen Klotze, ferner dadurch, daß man die Erde durchfrieren oder faulen läßt u. s. w. Ist die teigartige Masse gehörig durchgearbeitet und von Steinchen und sonstigen fremden Körpern befreit, so wird die Bildung der Gefäße vorgenommen.

Das Formen geschieht theils mit der Hand, theils mit Hülfe von Formen oder Modeln. Zur Bildung kreisrunder hohler Gefäße, und also der Mehrzahl, bedient sich der Töpfer der bekannten Töpferscheibe, die seit den ältesten Zeiten (schon mehre hundert Jahre vor Christi Geburt war sie in Gebrauch) im Wesentlichen unverändert geblieben ist. Sie besteht aus zwei starken hölzernen Scheiben oder einer hölzernen, die sich oben, und einer steinernen, die sich unten befindet; beide sind durch eine um ihre Are drehbare senkrechte eiserne Welle oder Spindel verbunden, von deren beiden Zapfen der unterste in einer stählernen Pfanne, der obere aber in einem gespaltenen Holze, der sogenannten Zunge oder Schere, läuft. Statt der untern Scheibe ist zuweilen ein großes Rad mit eisernen Speichen vorhanden. Die untere größere Scheibe (die sogenannte Tretscheibe) setzt der Töpfer in der Regel mt dem Fuße in Bewegung, wodurch sich natürlich auch die obere kleinere Scheibe (die sogenannte Drehscheibe) umdreht, auf welcher der Töpfer unterdessen aus dem Thone hohle Gefäße bildet. Um die darauf liegende zähe Thonmasse zu einem hohlen Gefäße zu formen, werden oben beide Daumen eingedrückt und die Höhlung, in welche öfter Wasser gegossen und zuletzt mit einem Schwamme wieder herausgezogen wird, mit den Händen immer mehr erweitert. Die rotirende Bewegung erleichtert sowol die Erweiterung zu einem Gefäße, als auch die Ertheilung einer genau kreisrunden Form ungemein, sodaß das Formen sehr schnell von statten geht. Ein vor der obersten Scheibe befindliches Querbret, die sogenannte Wellbank, dient als Sitz für den Töpfer. Man unterscheidet übrigens Bankscheiben, die sich von einem Orte zum andern tragen lassen, und feststehende Scheiben, bei denen die Wellbank die Scheibe auf allen Seiten umgibt. Die Scheiben mit einem Rade werden entweder auch mit den Füßen, oder, wie es in Frankreich üblich ist, durch einen Stab in Bewegung gesetzt. Noch andere Scheiben werden mit Hülfe einer Kurbel und eines senkrechten Rades von einem Knaben gedreht. Manche Gegenstände, namentlich Zierathen, weniger Gefäße, erhalten die gewünschte Form durch Andrücken einer Lehre oder Schablone (eines Calibers), welche nach der erforderlichen Wölbung oder Biegung ausgeschnitten ist, wobei entweder der Thon an der Lehre herumgeführt oder diese um jenen herumgedreht wird. Einzelne Stücke werden aus freier Hand gebildet, große Gefäße aber und solche, die engere Hälse haben, aus

mehren Stücken zusammengesetzt; Füße, Handhaben u. s. w. müssen gleichfalls mit der Hand gebildet und vor dem Trockenwerden angesetzt werden.

Eigentliche Formen braucht man theils um Ziegel und Backsteine zu bilden, theils für dünne Gegenstände, Teller u. s. w., theils zur Erzeugung von allerlei Verzierungen; sie bestehen meist aus Gyps (auch wol aus Birnbaumholz) und werden behufs der leichtern Ablösung der geformten Gegenstände mit Öl bestrichen oder durch ein Haarsieb mit ungelöschtem Kalke bestreut. Wendet man den Thon in breiartigem Zustande an, so gießt man ihn in poröse Formen, welche das Wässerige schnell einsaugen; nach einiger Zeit schüttet man den Thonbrei wieder aus, wobei an der Form eine dünne Thonschicht hängen bleibt. Wiederholt man dieses Verfahren, so kann man dieselbe endlich zur verlangten Dicke bringen.

Nach dem Formen müssen die Thonwaaren langsam und sorgfältig an der Luft (an einem schattigen Orte oder durch Sonnenwärme, wol auch durch Ofenwärme) ausgetrocknet werden, um vor dem Brennen alle Feuchtigkeit zu verlieren; hierbei ziehen sie sich sehr bedeutend zusammen. Sind sie wasserhart oder windtrocken geworden, so werden sie gebrannt.

(Der Beschluß folgt in Nr. 433.)

Lucca.[*]

Von Genua nach Lucca führt eine vortreffliche Straße am Fuße der Apenninen und zugleich am Meere. Der Reisende genießt zu gleicher Zeit das Gebirge und das mittelländische Meer; zu seiner Linken erblickt er reizende Dörfer, Landhäuser auf Anhöhen, dichtes Gehölz, blühende Orangenbäume; zu seiner Rechten das leicht gekräuselte Meer, welches seinen weißen Schaum fast bis zu seinen Füßen wirft; die ganze Landschaft spiegelt sich in den azurnen Fluten, während die Fluten wieder der Landschaft von ihrer Beweglichkeit und ihrer Durchsichtigkeit mittheilen.

Auf dem Lande und dem Meere herrscht gleiche Thätigkeit. Die Fischer suchen in der Ferne ihre tägliche Beute, während der Landmann seiner kleinen Hufe wenigstens zwei Ernten abnöthigt. Es ist unglaublich, wie viel man in Italien der Erde abgewinnen kann. Der Maulbeer= und der Olivenbaum, der Orangen= und der Citronenbaum, alle Gartengemüse, alle Früchte unserer Obstgärten wachsen hier zu gleicher Zeit und gleichsam auf derselben Scholle; das Korn wächst neben dem Hafer, zwischen beiden ein kräftiges Gras für das Vieh, während der Weinstock, seine langen dichtbelaubten Ranken von einem Zweige zum andern ausstreckend, diese ganze üppige Vegetation mit seinen Blättern und seinen Früchten gegen eine zu brennende Sonne schützt. Längs des Wegs gibt es freudiges Geschrei, Feste, Processionen, Marmorsteinbrüche oder vielmehr Steinbrüche fertiger Statuen, wie in Carrara; Cascaden, die vom Felsen springen, als hätte ihn der Stab Mosis berührt; alte Kirchen, Häfen ohne Namen, aber nicht ohne Leben — sodaß man bei der Ankunft in Lucca fast bedauert, so schnell angekommen zu sein.

Lucca ist eins der kleinsten, aber dafür eins der reizendsten Länder Italiens. Dieses liebliche, stille Thal wird von einem spanischen Infanten, der einst Herzog von Parma und Piacenza sein wird, regiert. Eigentlich

---

[*] Aus dem Reiseberichte eines Franzosen.

regiert die Stadt sich ganz allein; sie wird halb von Ackerbürgern, halb von Müßiggängern bewohnt und gehört der Ruhe und dem Landleben an. Die Wälle sind mit Bäumen und Weinreben bedeckt; in den Gräben wächst die schönste Gerste, in den Straßen das schönste Gras. Einige wohlbeleibte Soldaten von gesetztem Alter, achtbare Veteranen des Friedens mit der wohlwollendsten Physiognomie von der Welt, haben weiter nichts zu thun, als vor allen Ordensbändern, die sich sehen lassen, zu präsentiren. Das herzogliche Schloß, in welchem man ungehindert eintritt, ist groß und prachtvoll; es enthält eine Gemäldegalerie, die mehre werthvolle Meisterwerke besitzt.

So ruhig und friedfertig die Stadt Lucca jetzt erscheint, ist sie doch, gleich so mancher andern Italiens, der Sitz einer unruhevollen Republik gewesen, die sich selbst unter den Römern, in dem unermeßlichen Freistaate verloren, nach ihren eigenen Gesetzen regierte. Cäsar und Narses, der erste Kaiser und der letzte Feldherr der Kaiser, haben diese jetzt verlassenen Straßen durchzogen. Nachdem das kleine Land alle Wechselfälle der wichtigsten italienischen Republiken erduldet, war es wieder eine Republik geworden, als es der Kaiser Napoleon seiner Schwester Elisa zum Geschenke machte. Er verschenkte Freistaaten mit ebenso wenig Umständen als Königreiche, denn er war gewohnt, Alles, was er nicht für sich behielt, den Seinigen zu geben.

In sehr kurzer Zeit weiß man die ganze Stadt auswendig: ihre Wasserleitung, ihre mit Marmor bekleidete Domkirche, ihr altes Schloß, ihr leeres — zu ihrem Glücke leeres — Zeughaus; aber nicht ohne lebhaftes Bedauern verläßt man die berühmten Bäder in der schönsten Gegend Italiens, die forellenreichen Bäche, die mit Viehheerden bedeckte Ebene und den ganzen wohlangebauten Garten, welcher die Stadt mit seinen Früchten, seinem Schatten und seinen Blumen umgibt.

Die fliegenden Fische.

Fliegende Fische kamen dem bekannten Dichter und Reisenden, Adelbert von Chamisso, bei seiner zwischen dem 15. und 18. Jahre dieses Jahrhunderts um die Welt gemachten Reise zuerst am 7. November 1815 zu Gesicht. Er sah sie bei Sanct=Katharina auf dem Wege von Teneriffa nach Brasilien. Nach seiner Beobachtung sind sie an Gestalt den Heringen zu vergleichen und mit außerordentlich großen Brustflossen versehen, die zum Fluge besonders geschickt sind, indem sie sich mittels derselben mehre Secunden in der Luft erhalten können. Sie fliegen mit ausgebreiteten Flossen in wenig gebogenen Linien ziemlich hoch und weit über die Wellen, in welche sie sich freilich nur zu bald wieder tauchen müssen; sie verlassen das Wasser, um Raubfischen (Boniten, Stutzköpfen, Thunfischen, Haien, Delphinen) zu entgehen, werden aber auch in der Luft von Raubvögeln verfolgt. Da sie das scharfe Auge des Vogels nicht haben, so wissen sie Schiffen, denen sie begegnen, nicht auszuweichen, und fallen häufig an den Bord derselben, ja sie werden wol bei Nacht durch den Schimmer eines Lichtes auf dem Verdecke angezogen und schwingen sich danach hin. Im atlantischen und großen Ocean fielen sie so häufig auf das Schiff, auf welchem sich Chamisso befand, daß sie den Passagieren, ja selbst den Matrosen ein Paar Mal, zu

einer gar vorzüglichen Kost gereichten. So widerlegte sich das Vorurtheil der Bewohner der Radack=Inseln, welche deren Genuß für tödtlich halten, die Einwohner von Ulea ausgenommen, die, sich mit ihrem Fange bei Feuerschein erlustigend, solche nach Absonderung der Leber verspeisen.

Uebrigens sind zwei Gattungen fliegender Fische zu unterscheiden, der Flugfisch und der Flughahn. Der Flugfisch, auf den sich Chamisso's Bemerkungen beziehen, findet sich in allen warmen und gemäßigten Meeren; die Hauptarten desselben sind der Springfisch oder fliegende Hering, schön silberglänzend, oben blau mit blauen Flossen, welcher 1½ Fuß lang wird und zu Anfang des Sommers scharenweise ins mittelländische Meer kommt, und der kleinere Hochflieger, der im atlantischen Ocean häufiger ist und rothe Bauchflossen hat. Die Flughähne, welche sich vermöge einer sehr langen überzähligen Flosse in der Luft schwebend erhalten können und im Mittelmeere, sowie in den ost= und westindischen Gewässern angetroffen werden, erheben sich gleichfalls, um den Raubfischen zu entgehen, oder von Schiffen aufgestört oft scharenweise über das Wasser, fliegen wol einen Büchsenschuß weit und werden oft Raubvögeln zur Beute; die bekannteste Art ist der eigentliche fliegende Fisch, von brauner, unten röthlicher Farbe, die er zu Zeiten verändern soll, und schwarzen, blaugefleckten Flossen, der einen Fuß lang wird und sich seines magern, harten Fleisches halber eben nicht zur menschlichen Nahrung eignet. Im Allgemeinen fällt der Aufenthalt der fliegenden Fische (welche Oken Flederfische nennt) hauptsächlich zwischen 35 Grad nördl. und 35 Grad südl. Breite, doch sind sie zwischen den Wendekreisen am zahlreichsten; in ihrer wissenschaftlichen Bestimmung herrscht noch viel Ungewißheit. Nach Linné sind sie zahnlos, während nach Oken alle Zähne haben; in der That aber gibt es zahnlose und bezahnte. Von Raubfischen verfolgt, gehören sie selbst zu denselben und verschlingen kleinere Fische; an den brasilischen Küsten, wo sie ungemein häufig sind, braucht man sie nicht selten als Köder zum Fange größerer Raubfische. Zur Bewegung durch die Luft (die man nicht eigentlich einen Flug, sondern nur ein Fortschnellen nennen kann) qualificirt sie außer den breiten Brustflossen, die wagerecht ausgebreitet sind und sich kaum merklich bewegen, auch die fast die ganze Bauchhöhle einnehmende Schwimmblase und eine Blase im Munde, welche beide Organe sie nach Willkür anfüllen und leeren können; die anfängliche Schnellkraft scheint von der hintern Schwanzhälfte auszugehen, während die Brustflossen nur als Fallschirme zu betrachten sind.

Herausgegeben unter Verantwortlichkeit der Verlagshandlung F. A. Brockhaus in Leipzig.

Das Pfennig-Magazin

für
Verbreitung gemeinnütziger Kenntnisse.

433.   Erscheint jeden Sonnabend.   [Juli 17, 1841.

Ludwig XIV., König von Frankreich.

Dieser durch sein Zeitalter mit Glanz überschüttete König, der gegen 72 Jahre über eins der größten und schönsten Länder Europas herrschte, trat durch einen sonderbaren Zufall ins Leben. Sein Vater Ludwig XIII. war in Folge der Cabalen seiner Mutter, Maria von Medici, und der Verschiedenheit seines Temperaments, mit seiner Gemahlin Anna von Östreich gespannt und hatte sie seit Jahren nicht besucht. Fräulein Lafayette, die, des Hoflebens müde, sich in ein Kloster zurückgezogen hatte, war seine Freundin, die er so sehr schätzte, daß er sich oft an dem Sprachgitter ihres Klosters einfand, um sich ein Stündchen an ihrer geistreichen Unterhaltung zu laben. Eines Tags fiel während der Unterhaltung mit diesem Fräulein ein so schlechtes Wetter ein, daß der König unmöglich nach Versailles kommen konnte und sich entschließen mußte, die Nacht im Louvre bei seiner Gemahlin Anna zuzubringen. Neun Monate nach dieser Nacht, am 5. Sept. 1638,

gebar Anna nach einer 22jährigen Unfruchtbarkeit ihr erstes Kind, Ludwig XIV. Er brachte drei Zähne mit auf die Welt, was Hugo Grotius scherzhaft für eine Vorbedeutung künftiger Raubgier erklärte. Mit diesen drei Zähnen fiel er seinen adeligen Ammen so beschwerlich, daß man zuletzt eine Bäuerin als Amme annahm, die ihm in der Angst durch Schläge das Beißen abgewöhnte.

Vier Tage nach dem Tode seines Vaters Ludwig XIII., welcher den 14. Mai 1643 starb, trat er (noch nicht fünf Jahre alt) bereits redend im Parlamente auf und sprach, wie versichert wird, mit bewundernswerther Anmuth: „Meine Herren, ich bin gekommen, um Ihnen meinen guten Willen zu bezeigen; mein Kanzler wird Ihnen das Übrige sagen." Hierauf sprachen seine Mutter Anna und der Herzog von Orleans über die Lage der Dinge. Ludwig's XIII. Vormundschaftsordnung wurde umgestoßen, Anna zur

unumschränkten Vormünderin erklärt und die in dem
Testamente ihr gleichgesetzten Regentschaftsräthe ihr
untergeordnet. Obgleich Anna so klug war, die tüchtigen Männer aus Richelieu's Schule gegen den Wunsch
ihrer Günstlinge beizubehalten, so hofften diese dennoch,
unter ihr die alte aristokratische Verwaltungsweise herzustellen, alle Statthalterschaften in die Hände ihrer
Freunde zu bringen und Alles aufzuheben, was Richelieu durch vieljährige Anstrengung über die Prinzen
und den hohen Adel gewonnen hatte. Als sie aber
bei der Königin beharrlichen Widerstand fanden, schrieben sie dies dem Einflusse Mazarin's zu und beschlossen, ihn aus der Welt zu schaffen. Ihre Mordplane
aber misglückten und die Wichtigen — so nannte man
sie — verloren ihre Wichtigkeit.

Anna regierte die ersten Jahre ruhig und lebte
ihren Vergnügungen; aber bald kam sie durch die zerrütteten Finanzen in große Noth. Der Finanzminister
Johann Particelli, Herr von Emery, wirthschaftete
in den Tag hinein; dies führte zu allerlei Zwistigkeiten mit dem Parlamente. Um diese zu beseitigen, eröffnete Ludwig XIV. eine königliche Sitzung im Parlamente mit den Worten: „Meine Herren, ich bin gekommen, um mit Ihnen über meine Angelegenheiten
zu sprechen; mein Kanzler wird Ihnen meinen Willen
kundthun." So groß der Beifall war, mit dem diese
Worte aufgenommen wurden, so groß war auch
der Widerwille gegen die neuen Steuergesetze, doch unterwarf man sich ihnen, sowie den ein Jahr später aus-
geschriebenen Verbrauchssteuern. Als aber die Regierung
den 7. September 1647 durch eine neue Zollrolle die
Einnahmen vermehren wollte, kam es zu offenem Bruche
zwischen dem Hofe und dem Parlamente, der es dem
Steuerpflichtigen möglich machte, die neuen Foderungen als gar nicht vorhanden anzusehen. Von den
sechs Steuergesetzen, die am 15. Januar 1648 ans
Parlament gelangten, wurden fünf ganz verworfen
und das sechste völlig verändert, und als der Hof
darauf nicht einging, faßte man am 13. Mai desselben Jahres den merkwürdigen Beschluß, alle Kammern
der Parlamente sollten zusammentreten und durch Bevollmächtigte über die Abstellung der Mängel in der
öffentlichen Verwaltung berathschlagen. Als der Hof
diese Berathungen nicht hindern konnte, bestimmte er
den Saal des heiligen Ludwig für sie mit der Beschränkung, daß sie in acht Tagen beendigt sein müßten. Die Beschlüsse der vereinigten Behörden verlangten unter Anderm die Abschaffung der Intendanten, die
nur für den Fiscus wirkten, der königlichen Sitzungen,
welche die Stimmfreiheit des Parlaments beschränkten, und aller schädlichen Monopole und Vorrechte der
Hofleute, sowie eine besondere Behörde zur Prüfung
der zeitherigen Finanzverwaltung. Auf diese Foderungen konnte und wollte der Hof nicht eingehen und als
man dennoch dabei verharrte, ließ sich die Regentin
im Zorne zu der Äußerung hinreißen: nie werde sie
zugeben, daß diese Canaille das Ansehen des Königs an-
greife. Unter Mazarin's Einwirkung wurde jedoch endlich
eine königliche Verfügung erlassen, welche dem Parlamente viele Zugeständnisse machte, aber gleichwol die
Beendigung der gemeinsamen Berathungen nicht herbeiführte. Die Parteiung war bereits so groß, daß, als die
Nachricht von dem Siege, den Condé am 20. August
1648 über den Erzherzog Leopold davon getragen
hatte, an den Hof gelangte, der zehnjährige König
ausrief: „Das Parlament wird darüber sehr betrübt
sein." Die Hofpartei dünkte sich durch diesen Sieg
so stark, daß sie Alles wagen zu können glaubte. Man

fing damit an, zwei Parlamentsräthe zu verhaften
(den 26. Aug. 1648). Darüber aber entstand ein
solcher Aufruhr in der Hauptstadt, daß sich der Hof
genöthigt sah, jene Männer wieder frei zu geben.
Das Parlament wurde von nun an der Mittelpunkt
weiterer Umtriebe, die durch die Entfernung des Königs
aus Paris immer lebhafter wurden. Am 24. October 1648, an dem Tage, wo der westfälische Friede
unterzeichnet wurde, gewann das Parlament einen
glänzenden Sieg über die Hofpartei, denn es setzte ein
Gesetz durch, welches die Intendanten der Rechtspflege,
die Erhebung nicht bewilligter Steuern, die Verhaftung von königlichen Unterthanen ohne Verhör, die
willkürliche Gründung neuer Ämter und alle Handels-
monopole aufhob. Acht Tage nach der Bestätigung
dieses Gesetzes kam der König wieder nach Paris und
allgemeine Freude verbreitete sich im ganzen Lande.
Aber der Hof hielt dieses Gesetz, das, gewissenhaft
beobachtet, für persönliche Freiheit, Steuerwesen und
Rechtspflege einen sichern Grund und Boden abgegeben
und allen Stürmen der Zukunft vorgebeugt hätte, für
erpreßt und darum alle Mittel für erlaubt, es zu umgehen; das Parlament dagegen behandelte jede Abweichung mit übertriebenem Eifer. Die Misverständnisse
zwischen Hof und Parlament, das als Partei den
Namen Fronde erhielt, weil man am Hofe die heftigen
Gegner darin spottweise Frondeurs (d. i. Straßenjungen,
welche Steine schleuderten) nannte, nahmen daher bald
wieder dergestalt überhand, daß in der Nacht vom 5.
auf den 6. Januar 1649 der König mit seinem ganzen Hofstaate abermals Paris verließ. Darüber entstand
in Paris die allgemeinste Unzufriedenheit. Der Pöbel
schlug alle Wagen, die noch zur Stadt hinaus wollten, in Stücke. Die Manifeste, mit denen der König
die Bürgerschaft dem Parlamente abwendig zu machen
hoffte, hatten die entgegengesetzte Wirkung. Während
sich der Hof zu den härtesten Maßregeln gegen das
Parlament rüstete, verließen der Herzog von Elbeuf,
der Prinz von Conti und der Herzog von Longueville
St.-Germain, wo sich der Hof niedergelassen hatte,
und begaben sich nach Paris, wo sich nach dem Falle
der Bastille auch Beaufort an die Misvergnügten anschloß. Man verlangte nun einmüthig die Entfernung
des verhaßten Mazarin. Die Regentin aber, durch
Karl's I. Schicksal, das sie der Aufopferung seines
Ministers Strafford zuschrieb, bewogen, glaubte Mazarin halten zu müssen. Sie erklärte alle Schüsse des
Parlaments für nichtig und setzte den Prinzen und
Herren, die sich an dasselbe angeschlossen hatten, eine
dreitägige Frist, binnen welcher sie gehorchen oder als
Verbrecher behandelt und ihre Güter eingezogen werden sollten. Der Bürgerkrieg schien nun unvermeidlich. Die Parlamentsfahnen führten die Inschrift:
„Wir suchen unsern König." Jedoch fühlte sich Paris
bei seiner Umlagerung sehr unbehaglich und der Hof
wurde durch Wegfall der Einnahmen, welche das einzige Paris dem Schatze brachte, zur Versöhnung getrieben. Das Parlament aber sah bald ein, daß die mit
ihm verbundenen Prinzen und Edelleute nicht mit seinen Ansichten übereinstimmten. Darum wurden schon
am 4. März 1649 in Ruel zwischen Abgeordneten
des Hofes einerseits und des Parlaments andererseits
Verhandlungen eröffnet, die in dem Augenblicke, wo
Alles verloren zu sein schien, durch die edle Kühnheit
des Präsidenten Molé zum Frieden führten. Am 18.
August zog der König unter dem Jubel des Volkes
feierlich wieder in Paris ein. Das Volk war mit dem
Hofe dermaßen versöhnt, daß man sogar Mazarin

die Hände reichte und seine Gesundheit trank. Die Köni=
gin wäre von den Heringsweibern und andern Damen
der Halle vor lauter Zärtlichkeit bald zerrissen worden.

Trotzdem war dennoch Alles bald darauf schon mit
dem Frieden unzufrieden. Prinzen, Minister, Adel, Par=
lament, Fronde blieben Parteien, von denen jede ihre
eigenen Wünsche hatte und für eigene Zwecke arbeitete.
Kein Wunder, wenn es bald wieder zu Zwistigkeiten
kam. Am 18. Jan. 1650 wurden die drei Prinzen,
Condé, Conti und Longueville verhaftet, worüber das
Volk Freudenfeuer anzündete. Darüber erhoben andere
Prinzen offene Fehde, und als diese besiegt waren,
stand das Parlament auf. Die drei Prinzen erhielten
am 13. Febr. 1651 ihre Freiheit wieder und Mazarin
mußte das Land verlassen. Condé zog wie ein König
in Paris ein, und das Volk jubelte eben so laut über
diesen Einzug, wie 13 Monate vorher über seine Ver=
haftung. Seine Freunde sahen ihn schon als König
oder doch als Regenten und riethen ihm, die Königin
Mutter ins Kloster zu sperren. Diese war auch in
der That in einer bedenklichen Lage, aus der sie nur
durch den Zwist gerettet wurde, der damals zu ihrem
Glücke zwischen dem Parlamente und dem Adel aus=
brach, da er die Feinde des königlichen Ansehens schwächte
und Condé um einen großen Theil des seinigen brachte.

Am 7. Sept. 1651 trat der König seine Groß=
jährigkeit an und erließ bei dieser Gelegenheit mehre
Verfügungen, unter denen eine die Prinzen für un=
schuldig und alles Geschehene für nichtig erklärte, eine
andere aber Mazarin für immer verbannte. Aber schon
am 26. December verließ Ludwig wieder Paris und
empfing am 28. Jan. 1652 den vom Parlamente für
einen Hochverräther erklärten Mazarin in Poitiers mit
offenen Armen. Dies verdroß Orleans und das Par=
lament so sehr, daß sie sich an den mit den Spaniern
verbündeten Condé anschlossen. Am 2. Juli kam es
in der Vorstadt St.=Antoine zu einem blutigen Ge=
fechte zwischen den königlichen und Condé's Truppen,
wobei an 2000 Menschen auf dem Platze blieben. Der
König benahm sich sehr klug. Er verlegte das Par=
lament am 6. Aug. nach Pontoise, entließ am 16.
Aug. Mazarin zum zweiten Male, versprach die Rück=
kehr nach Paris, wenn die Prinzen die Waffen nieder=
legten, erließ verschiedene Verordnungen, welche die
Hauptstadt beruhigten, und hielt endlich am 21. Oct.
seinen Einzug in Paris. Als dem Parlamente jetzt
anbefohlen wurde, sich künftig nicht mehr in die An=
gelegenheiten der Prinzen zu mischen oder über öffent=
liche und Finanzangelegenheiten zu berathen oder die
Verwaltung hoher Staatsbeamten seiner Prüfung zu
unterwerfen, widersprach Niemand, und 13 Steuer=
gesetze wurden ohne Widerstand eingetragen. So sehr
hatten die letzten Ereignisse das Parlament eingeschüchtert.
Den 3. Febr. 1653 kehrte auch Mazarin zurück; das
Volk harrte seiner jubelnd auf den Straßen und des
Abends war ihm zu Ehren die ganze Stadt beleuchtet.

Ludwig war durch die herben Erfahrungen seiner
Jugend zu der Überzeugung gekommen, es sei am be=
sten, wenn er unbedingt und ohne Einrede herrsche,
daher sein bekanntes „l'état c'est moi“. Mit der Be=
siegung von Mazarin's Widersachern waren die letzten
Schranken der absoluten Herrschergewalt in Frank=
reich niedergeworfen. Der Adel suchte fortan nur durch
feine, geschmeidige Sitte in der Mitte des Hofes zu
glänzen, das Parlament bot nur zu bald zur Aus=
führung despotischer Entschlüsse willfährig die Hand.
Ludwig war noch nicht 16 Jahre alt, als er einmal auf
die Nachricht, das Parlament habe sich eigenmächtig

versammelt, um gegen eine vom Hofe ausgegangene
Verordnung Vorstellungen zu machen, mit der Reit=
peitsche in der Hand in die Rathsversammlung trat
und ihr in den härtesten Ausdrücken ihre Widersetz=
lichkeit vorwarf. Mazarin hatte ihm gezeigt, wie viel
ein Herrscher sich erlauben dürfe, der durch Festigkeit
seine Unterthanen an den Glauben zu gewöhnen ver=
möge, daß sein Wille das höchste Gesetz und sein Vor=
theil der oberste Zweck alles öffentlichen Strebens sein
müsse. Mazarin's Anmaßungen nahmen jetzt gewaltig
zu, seit der junge König ganz unter seiner Leitung
stand. Durch große Nachgiebigkeit gegen dessen für alle
Leidenschaften und Genüsse empfängliches Gemüth fes=
selte er ihn untrennbar an sich. Der junge Monarch
zeigte schon früh eine ausschweifende Neigung für das
weibliche Geschlecht. Maria Mancini, eine Nichte des
Cardinals, war eine seiner ersten Geliebten. Der Car=
dinal that nichts gegen dieses Verhältniß; als aber der
König sie am Ende gar heirathen wollte, war er klug
genug, es nicht zuzugeben. Er hatte eine andere Ver=
bindung für Ludwig im Sinne, durch die er dem
Könige von Frankreich die Succession in Spanien er=
ringen und damit Europa zu seinen Füßen legen wollte;
es war die mit Maria Theresia, der einzigen Tochter
Philipp's IV. von Spanien, deren einziger Bruder, der
nachmalige König Karl II., seiner Kränklichkeit wegen
weder ein langes Leben noch Nachkommen erwarten
ließ. Deshalb wurde 1659 vor allen Dingen ein
Waffenstillstand mit den Spaniern abgeschlossen, worauf
Mazarin mit dem spanischen Minister Haro auf der
Fasaneninsel in dem Flusse Bidassoa, welcher Spanien
von Frankreich scheidet, in einem Zelte, das halb auf
spanischem, halb auf französischem Boden stand, mit
Erfolg die weitern Unterhandlungen pflog. Am 7.
Nov. 1659 kam es zur Unterzeichnung einer Urkunde,
die Frankreich abermals eine spanische Prinzessin zur
Königin gab.

(Fortsetzung folgt in Nr. 434.)

Die Fabrikation der Töpferwaaren.

(Beschluß aus Nr. 432.)

Das Brennen dient, dem Thone den gehörigen
Grad von Härte zu geben, und die dabei angewandte
Hitze muß desto heftiger sein, je härter er werden soll;
gemeine Töpferwaare erheischt daher nur ein mäßiges
Feuer. Das Brennen derselben geschieht in einem lie=
genden, aus Steinen (am besten Backsteinen) gemauer=
ten, ein längliches Viereck bildenden Ofen (wiewol läng=
lichrunde in vieler Hinsicht den Vorzug verdienen möch=
ten), der oben flach oder muldenförmig gewölbt und
durch eine dünne senkrechte Zwischenmauer, die mehre
Löcher hat, in zwei ungleiche Räume getheilt ist. In
dem kleinern derselben wird gefeuert, weshalb sich am
Ende Schürlöcher befinden; in den größern werden
Geschirre eingesetzt, wozu sich am Ende eine große Öff=
nung, das Einsatzloch, befindet, durch welche ein Ar=
beiter hineinsteigt, um die Gefäße hineinzusetzen, wobei
sie so aufgethürmt werden, daß die größten und dicksten
Sachen dahin kommen, wo die Hitze am größten ist.
Feinere Gegenstände, z. B. Ofenverzierungen, werden
vor dem Einsetzen in den Ofen in eigene zum Schutz
gegen den Rauch bestimmte Gehäuse, sogenannte Casetten,
eingeschlossen. Nach vollendeter Füllung des Ofens wird
das Einsatzloch zugemauert. Das Brennen dauert 30—40
Stunden. Wenn der Ofen erkaltet ist, wird das Ein=
satzloch wieder aufgebrochen, worauf man die Gegen=

*

stände aus dem Ofen nimmt. Bei einem mittelmäßig großen Ofen (etwa 13 Fuß lang, 5 Fuß breit und im Lichten 5—6 Fuß hoch) dauert die Arbeit des Brennens vom Anfange des Einsetzens bis zum Ende des Herausnehmens der Gefäße etwa drei Tage. Stehende Öfen pflegen seltener angewandt zu werden. In großen Töpfereien können zur Ersparung von Brennmaterial mehre Öfen übereinander gebaut werden, sodaß sich die Hitze aus dem untersten nach oben verbreitet.

Die Zusammenziehung oder das Schwinden ist auch bei noch so sorgfältig getrockneten Gegenständen immer noch merklich und desto bedeutender, je größer die Hitze und je fetter der Thon ist. In mehr einer Hinsicht aber ist diese Zusammenziehung nachtheilig, weil sie leicht kleine Risse erzeugt, ihrem Betrage nach nicht genau vorauszusehen ist (sie beträgt nach jeder Dimension $1/10$ und oft noch mehr) und gewöhnlich nicht ganz gleichmäßig stattfindet, weshalb die Form oft verändert und schief gezogen wird.

Das Glasiren oder Verglasen (dessen Erfindung wahrscheinlich den alten Ägyptern verdankt wird) hat zum Zwecke, der Oberfläche der Töpferwaare ihre Rauhigkeit zu benehmen, zugleich aber sie für Flüssigkeiten undurchdringlich und in dieser doppelten Hinsicht dem Glase ähnlich zu machen, indem man sie mit einer dicht anliegenden Glashaut überzieht, was durch das bloße Feuer nur theilweise und unvollkommen geschehen würde; insbesondere wird durch die Glasur auch verhütet, daß die in den Thongefäßen gekochten oder aufbewahrten Speisen einen unangenehmen Thongeschmack annehmen. In der Regel geschieht das Glasiren dadurch, daß man die halb oder noch gar nicht gebrannten Gefäße (ersteres bei feinerer Masse) in eine leichtflüssige mineralische Mischung taucht oder damit tränkt, dann aber ins Feuer bringt, wo der angenommene, anfangs mehlartig aussehende Überzug zu einer mit dem Gefäße innig verbundenen Glashaut schmilzt. Man wendet zur Glasur entweder blos erdige Substanzen oder erdige mit Zusatz von Potasche oder Bleioryde und bleihaltige Mischungen oder ein zinnhaltiges Email, das eine undurchsichtige Glasur gibt, an. Man hat demnach die Wahl zwischen einer großen Zahl von Materialien: Sand, Kiesel, Bimsstein, Glas, Soda, Borax, Salpeter, Bernstein, Bolus, Bleiglätte, Bleiasche, Bleiglanz, Mennige, Eisenfeile, Hammerschlag, Zinnasche, Schmalte, Ochererde, Kupferocher, Kupferasche, Schlacken, Spießglanz, Eisensafran u. s. w. Blei gemeiner Töpferwaare wendet man vorzugsweise Bleiglasur an und braucht dazu Bleiglätte (Bleiglanz), die man mit Reibsteinen oder Handmühlen fein zerreibt, mit feinem Kieselpulver mengt und mit Wasser zu einem dünnen Brei verwandelt. Wird die Glasur vor dem Brennen aufgetragen, was nur bei ganz geringer Waare geschieht, so benetzt man nur die zu glasirende Seite mit Thonwasser und bestreut sie dann mit der trockenen pulverisirten Glasurmasse. Hierbei verschwendet man zwar viele Materialien an Stücke, die im Ofen misrathen und nicht zu brauchen sind, braucht aber weniger Feuerung und Zeit als bei der andern Methode, die bei bessern Sorten Töpfergeschirr zur Anwendung kommt. Diese werden nämlich erst unglasirt oder halb gar gebrannt, dann mit der Glasirung, welche naß aufgetragen wird, versehen, wobei natürlich die gutgebliebnen, gelungenen Gefäße glasirt werden, dann zum zweiten Male gebrannt.

Eine gute Glasur muß möglichst gleichmäßig vertheilt, dicht angeschmolzen, frei von Rissen und möglichst dauerhaft sein. Je mehr Blei die Glasur enthält, desto leichter springt sie auch ab oder wird durch Säuren, saure Speisen u. s. w. angegriffen. Dies macht den Gebrauch solcher Gefäße gefährlich, da sie dadurch nicht nur verdorben, sondern zugleich die Speisen vergiftet werden, und wol mag die Bleiglasur unserer irdenen Kochgeschirre, wenigstens der geringern und wohlfeilern, in nur zu vielen Fällen der Gesundheit nachtheilig sein und Krankheiten verursachen. Im Allgemeinen verdienen daher erdige Glasuren, die bei den sogenannten Gesundheitsgeschirren angewandt werden, den Vorzug, zumal da sie sich mit Leichtigkeit herstellen lassen, z. B. feingepulvertes Glas, ein Gemisch aus Kieselsand und Soda u. s. w.; nur sind solche Glasuren glanzlos, schwerflüssiger und etwas spröde. Unschädliche Glasuren geben z. B. folgende Mischungen: 1) 4 Th. calcinirte Soda und 5 Th. weißer eisenfreier Sand, in einem Tiegel in der stärksten Hitze des Töpferofens zu einer Art Glas geschmolzen; ferner 2) 32 Th. Glas, 16 Th. Borax, 3 Th. Weinstein; 3) 5 Th. Soda, 9 Th. glühend gemachte und gepulverte Kieselsteine; 4) 8 Th. Soda, 7 Th. Sand, 1 Th. weißer Thon; 5) 16 Th. gepulverter Bimsstein und 1 Th. Braunsteinkalk. Auch phosphorsaures Eisen wird zu demselben Zwecke empfohlen.

Solche Gegenstände, bei denen die Porosität, welcher man durch die Glasur abhelfen will, nicht nachtheilig ist oder wol gar gewünscht wird, werden nicht glasirt. Dahin gehören Ofenkacheln (zum Theil), Zuckerhutformen, deren Verfertigung an Orten, wo Zuckerraffinerien sind, einen besondern Gewerbszweig bildet, Blumentöpfe, namentlich aber auch Kühlgefäße, die in warmen Ländern üblich sind (in Spanien Alcarrazas genannt). Diese müssen ihrer Bestimmung nach so porös als möglich sein, damit das hineingegossene Wasser allmälig durchschwitzt, verdunstet und dadurch Kälte erzeugt, wodurch z. B. Flaschen, die in dem Wasser stehen, kühl gehalten werden.

Der Glasur gibt man durch Beimischung vom Metalloryden, Braunstein und andern Mineralien (Mennig, Smalte, Kupferocher u. s. w.) verschiedene Farben: zur blauen nimmt man Kobaltoryd, Saflor oder Smalte und Bleiasche, zur gelben Bleiasche, Krystallglas und Eisenspäne, zur rothen Eisenoryd, zur grünen Kupferoryd oder eine Mischung von Bleiasche, Sand und Kupferhammerschlag, zur braunen Braunstein und Bleiasche; 2 Th. Bleiasche und 1 Th. weißes Glas geben eine eisengraue, gleiche Theile Bleiasche und Zinnasche eine milchweiße u. s. w.; Beimischung von Zinnasche gibt eine undurchsichtige Glasur. Die Glasur wird entweder früher als die Glasurmasse auf die getrockneten oder halbgebrannten Gefäße aufgetragen, oder der Glasur selbst beigemischt, oder endlich nach dem Einbrennen der Glasur aufgetragen und nur besonders eingebrannt, wozu natürlich Farben erfodert werden, die noch schmelzbarer als die Glasur selbst sind. Das erste Verfahren nennt man die Malerei unter der Glasur, die nur bei den schlechtesten irdenen Gefäßen angewandt wird, das letztere (angeblich von dem Florentiner Luca della Robbia zu Ende des 14. Jahrhunderts erfunden, in der ersten Hälfte des 16. aber von dem französischen Töpfer Bernhard Palissy verbessert) die Malerei auf der Glasur oder auf Schmelze. Bei derselben werden die Geschirre erst gebrannt, dann glasirt, getrocknet, bemalt und nochmals gebrannt. Zur blauen Farbe nimmt man Kobaltoryd, zur grünen Kupferoryd (Grünspan), zur gelben Eisenoryd, zur braunen Braunstein, zur schwarzen Bernstein und Eisenhammerschlag, zur weißen Zinnkalk u. s. w.

Soll die Masse durch und durch gefärbt sein, so

wird die Mineralfarbe schon dem Thonteige beigemengt, wie bei der Wedgwoodwaare geschieht. Zuweilen wird die Töpferwaare vor dem Brennen bemalt und dann gebrannt, aber nicht glasirt, wie z. B. den im Alterthume ihrer Form und Zeichnung wegen so geschätzten etruskischen Gefäßen die Farben vor dem Brennen und ohne Glasur eingebrannt wurden.

Wir schließen mit der Bemerkung, daß wenige Gewerbe durch physikalische und chemische Kenntnisse, Geschicklichkeit, Kunstsinn und Geschmack in so hohem Grade veredelt werden können, als dies bei dem Gewerbe des Töpfers der Fall ist, dessen Producte einen außerordentlichen Grad von Mannichfaltigkeit und Verschiedenheit der Qualität zulassen.

Die elektromagnetischen Maschinen.

Bereits in Nr. 314 und 357 haben wir von der Anwendung des Elektromagnetismus auf Bewegung von Maschinen gesprochen, erst kürzlich aber (Nr. 427 u. 428) eine, wie wir glauben, ziemlich vollständige Übersicht der Lehre vom Elektromagnetismus gegeben; dennoch müssen wir von neuem auf diese vielversprechende, in mancher Hinsicht noch so geheimnißvolle Kraft zurückkommen, weil der Bau elektromagnetischer Locomotiven jetzt das allgemeinste Interesse aller Gebildeten in Anspruch nimmt. Den meisten unserer Leser ist ohne Zweifel bekannt, daß der Mechanikus Wagner in Frankfurt am Main gegenwärtig mit dem Bau einer derartigen Locomotive beschäftigt und ihm auf den Fall des Gelingens für die Veröffentlichung der von ihm angewandten eigenthümlichen Construction von dem deutschen Bundestage am 22. April 1841 eine Belohnung von nicht weniger als 100,000 Gulden zugesagt worden ist. Gleichzeitig (seit Anfang des Jahres 1840) hat ein anderer deutscher Mechaniker, Stöhrer in Leipzig, durch Geschicklichkeit und physikalische Kenntnisse gleich ausgezeichnet und bereits durch seine Vervollkommnung der Daguerrotypie rühmlichst bekannt, die Anwendung des Elektromagnetismus als bewegender Kraft zum Gegenstande seines Nachdenkens und Fleißes gemacht und auf Dem, was Jacobi in Petersburg hierüber bekannt gemacht hatte, fußend, selbständig und mit dem besten Erfolge in diesem vielversprechenden Gebiete fortgearbeitet. Von zwei Modellen, die er verfertigt hat und die ausnehmend geeignet sind, die Wirksamkeit der Kraft im Kleinen anschaulich zu machen, macht das kleinere mit einem Elemente einer elektromagnetischen Batterie 100, mit drei Elementen 250 Umdrehungen in einer Minute; drei Elemente heben zwei Pfund auf eine Höhe von drei Fuß. Das größere macht leer gehend, d. h. wenn es nicht zum Heben einer Last verwandt wird, in jeder Minute 250 Umdrehungen; diese Zahl vermindert sich bedeutend, wenn ein Gewicht angehängt wird, doch bleibt die Geschwindigkeit ansehnlich und die Kraft ist groß genug, um eine kleine Drehbank zum Messingdrehen dergestalt in Bewegung zu setzen, daß damit wirklich Messing gedreht werden kann, wie denn Hr. Stöhrer sich ihrer geraume Zeit hindurch zu diesem Zwecke bedient hat. Gegenwärtig ist der Künstler mit dem Bau einer elektromagnetischen Locomotive für die leipzig-dresdner Eisenbahn von 7—8 Pferdekräften (für 2—3 Personenwagen) beschäftigt, und es wird sich daher bald zeigen, ob die Ausführung im Großen die zu diesem Zwecke nöthige Kraft wirklich liefert, wozu bis jetzt die beste Aussicht vorhanden ist. Gegen Ende des Juli dürfte die Locomotive fertig wer-

den; die Kosten derselben sind auf 1500 Thlr. veranschlagt, während ein Dampfwagen das Achtfache dieser Summe und darüber kostet. Vor Kurzem (im April) hat Hr. Stöhrer von der sächsischen Regierung ein Privilegium für fünf Jahre auf elektromagnetische Umtriebsmaschinen, sowie auf die dazu gehörigen galvanischen Batterien erhalten; dabei ist vorausgesetzt, daß die Construction der Umtriebsmaschinen und der dazu gehörigen Batterien neu und eigenthümlich, demnach innerhalb des Gebiets der Zollvereinsstaaten in diesem Maße weder schon ausgeführt, noch gangbar oder auf irgend eine Weise bereits bekannt sei. Das Privilegium ist aber als erloschen zu betrachten, wenn die Erfindung nicht binnen Jahresfrist in Sachsen im Großen aufgestellt und in Gang gebracht ist, oder sich nach dem Bekanntwerden der von Wagner bis jetzt angewandten Constructionsart elektromagnetischer Umtriebsmaschinen ergeben sollte, daß die privilegirte Construction im Wesentlichen nicht von der Wagner'schen verschieden sei.

In Betreff des allgemeinen Princips, auf welchem die Bewegung dieser Maschinen beruht, verweisen wir auf das in Nr. 314 Gesagte und fügen nur einige Angaben über die Einrichtung des größern Stöhrer'schen Modells bei, so weit sie sich hier ohne Abbildung deutlich machen läßt. Als Haupttheil desselben sind zwölf feste und zwölf bewegliche Eisenstäbe von ungefähr $1\frac{3}{4}$ Fuß Länge zu betrachten, jene wie diese vertical und im Kreise gestellt, sodaß die festen einen größern äußern, die beweglichen, auf zwei Scheibe stehenden einen kleinern innern Kreis, der mit jenem gleichen Mittelpunkt hat, bilden. Sämmtliche Eisenstäbe sind mit starkem Kupferdrahte umwunden, der aber nicht (was in Nr. 314 als nöthig bezeichnet wurde) mit Seide übersponnen, sondern nur durch seidenes Band von dem Eisen getrennt ist; die einzelnen Windungen sind voneinander hinreichend entfernt, um bei der Steifheit des Drahtes eine weitere Isolirung unnöthig zu machen. Die Enden des Kupferdrahtes führen zu den beiden Polen einer galvanischen Batterie, die aus vier Elementen besteht und durch hohle, inwendig ausgepichte Zinkcylinder und dieselben umgebende cylindrische Messinggefäße gebildet wird. Hierbei ist aber (und darin liegt eine wesentliche Abweichung von der sonst bei elektromagnetischen Apparaten üblichen Batterie) das Princip der Daniell'schen oder constanten Kette angewandt; beide Metalle sind nämlich nicht durch eine einzige Flüssigkeit verbunden, sondern im Messinggefäße befindet sich eine Kupfervitriolauflösung, während das Zink durch Blase getrennt von Wasser umgeben ist, das jedoch schon nach dem ersten Anfang der Wirksamkeit der Batterie durch die andere Flüssigkeit gesäuert wird. Der Zweck dieser Einrichtung ist, die Wirksamkeit der Batterie längere Zeit hindurch ungeschwächt zu erhalten, weshalb sie eben eine constante Batterie oder Kette heißt; er wird so vollkommen erreicht, daß bei den Stöhrer'schen Modellen die Wirkung völlig constant ist, sobald alle zwölf Stunden $\frac{1}{4}$ Pfund Kupfervitriol in die Kupfervitriollösung jedes Elements, die immer ganz gesättigt bleiben muß, gethan wird. An den Löthstellen ist der Kupferdraht mit Silber gelöthet, weil dieses das die Elektricität am besten leitende Metall ist. Sobald die Batterie in Thätigkeit gesetzt wird, werden sämmtliche mit Kupferdraht umschlungene Eisenstäbe augenblicklich in Magnetstäbe verwandelt, aber so, daß von zwei aufeinander folgenden Stäben der eine oben einen Nordpol und unten den Südpol, der andere oben den Südpol und unten den Nordpol hat. Im Anfange stehen nun die innern beweglichen Stäbe gegen die äußern festen so, daß immer ein Nordpol eines beweglichen Stabes zwischen dem Nordpol und dem Südpol zweier fester Stäbe, dem erstern aber näher steht. Dann stoßen beide Nordpole sich ab, aber der Nord- und Südpol ziehen sich an, und da dies hinsichtlich aller zwölf beweglichen Stäbe stattfindet, so fängt die Scheibe, auf der sie stehen, und die durch dieselbe gesteckte Welle an sich umzudrehen. Diese Umdrehung müßte eigentlich sehr bald ein Ende finden, nämlich schon dann, wenn rings im Kreise der Nordpol eines festen und der Südpol eines beweglichen Stabes und ebenso umgekehrt einander gegenüber stehen, weil dann die sich anziehenden Pole einander möglichst nahe gekommen sind und mithin durch ihre Anziehung jeder weitern Bewegung, die sie nur entfernen könnte, entgegenwirken müssen; aber in demselben Augenblicke wird der Magnetismus der beweglichen Stäbe umgekehrt und jeder Nordpol in einen Südpol, umgekehrt jeder Südpol in einen Nordpol verwandelt. Die hierzu dienende überaus sinnreiche Vorrichtung, Commutator genannt, nach dem Gesagten ein sehr wesentlicher Theil der ganzen Maschine, läßt sich hier nicht ohne Zeichnung deutlich machen, ist auch ohne Frage der complicirteste Bestandtheil, dessen Wirksamkeit einzusehen nicht eben leicht genannt werden kann; sie wird übrigens von der Maschine selbst in Gang gesetzt und erhalten. Nach dieser Vertauschung der Pole stehen überall wieder die gleichnamigen, also feindlichen Pole einander gegenüber, die Maschine kann daher nicht still stehen, sondern dreht sich weiter, bis wieder die ungleichnamigen Pole gegenüber stehen. Da nun jedesmal, so oft dieser Fall eintritt, sämmtliche Pole der beweglichen Magnetstäbe verwandelt werden, so muß die Umdrehung immerfort dauern, so lange die Verbindung der Drähte mit den Polen der Batterie unterhalten wird; sie hört aber auf, wenn jene Verbindung unterbrochen wird, was mit der größten Leichtigkeit, fast ohne die mindeste Anstrengung geschieht. Daß sich nun die Umdrehung der Scheibe und ihrer verticalen Welle durch conische oder Winkelräder auch einer horizontalliegenden Welle mittheilen kann, durch deren Umdrehung Gewichte gehoben werden, welche an einer um die horizontale Welle geschlungenen Schnur hängen, läßt sich leicht übersehen. Damit ist aber auch leicht zu begreifen, wie eine solche Maschine zur Fortbewegung von Locomotiven dienen kann, da man an die Stelle jener horizontalen Welle nur die Axe zweier Räder der Locomotive zu setzen braucht.

Die Stärke der erzeugten Kraft hängt wesentlich von der Anzahl der Elemente (Metallcombinationen) der angewandten galvanischen Batterie ab und nimmt im quadratischen Verhältnisse dieser Elementenzahl zu, d. h. sie ist unter übrigens gleichen Umständen bei zwei Elementen das Vierfache, bei drei das Neunfache, bei vier das Sechszehnfache, bei zehn das Hundertfache der bei einem Elemente erzeugten Kraft, wächst also weit schneller als die Zahl der Elemente. Dies bestätigte sich auch bei dem von Stöhrer angewandten größern Modelle, indem bei einem Elemente 3 Pfd., bei zwei Elementen 13, bei drei Elementen 27, bei vier etwa 40 Pfd. gehoben wurden. Daß die letztere Zahl von der nach dem angegebenen Gesetze sich ergebenden (48) so bedeutend abweicht, ist nur aus der Schwäche der angewandten horizontalen Axe zu erklären, welcher ein schwereres Gewicht zu tragen nicht gut zugemuthet werden konnte. Außerdem ist noch von der Vergrößerung der Eisenstäbe, die vom galvanischen Strome in Magnete (Elektromagnete) verwandelt werden, eine sehr bedeutende

Vergrößerung der Kraft zu erwarten, deren Betrag aber noch nicht mit Sicherheit ausgemittelt ist.

Die Kosten des Betriebs einer elektromagnetischen Maschine sind so gering, daß sie kaum in Betracht kommen; in dieser Hinsicht ist der Vortheil ganz entschieden auf Seiten der neuen Betriebskraft. Die einzigen Materialien, die verbraucht werden, sind Zink (indem der Zinkcylinder durch den Einfluß der Säure nach und nach aufgelöst werden) und Kupfervitriol. Durch die Auflösung des Zinks wird Zinkvitriol erzeugt, aus dem Kupfervitriol aber schlägt sich auf das Messing reines, regulinisches Kupfer nieder, das von demselben mit leichter Mühe getrennt und wieder verwerthet werden kann; dieses Nebenproduct aber gibt einen nicht unansehnlichen Erlös, der die Betriebskosten außerordentlich vermindert, ja durch welchen sogar der Verlust an Zink in derselben Zeit reichlich gedeckt wird. Auch der Zinkvitriol würde sich verwerthen lassen, steht aber freilich in sehr niedrigem Preise und sein Ertrag kommt daher nicht sehr in Betracht. Bei dem kleinern Modelle Stöhrer's betrugen die Kosten eines Elements an 99 Quadratzoll Zinkoberfläche, durch welches in einer Minute 2 Pfund drei Fuß hoch oder 6 Pfund einen Fuß hoch (also in 12 Stunden 4220 Pfund einen Fuß hoch) gehoben wurden, täglich nur einen Groschen. Nach dem von Jacobi aufgefundenen Gesetze würden 100 solcher Elemente eine 10,000 Mal größere Wirkung ausüben, demnach in einer Minute 60,000 Pfund einen Fuß hoch heben, wobei die täglichen Kosten vier Thaler sein würden; nimmt man nun an, daß die Magnete der Maschine die 25fache Größe des Modelles hätten, so würde die Maschine nach Stöhrer's Rechnung eine Kraft von 45 Pferdekräften ausüben und demnach die Pferdekraft täglich auf 2⅔ Neu- oder Silbergroschen zu stehen kommen.

Die Präsidenten der Vereinigten Staaten von Nordamerika.

Nicht wenigen unserer Leser, deren Aufmerksamkeit durch die kürzlich vorgenommene Wahl und den bald nachher erfolgten Tod eines neuen Präsidenten der Vereinigten Staaten auf die Bedeutung und das Historische dieser Würde geleitet worden ist, wird es willkommen sein, ein Verzeichniß der zehn Männer zu erhalten, welche bisher die gedachte hohe Würde bekleidet haben. Vorher theilen wir die Bestimmungen mit, welche für die Wahl des Präsidenten gelten. Der Präsident wird immer nur auf vier Jahre gewählt, kann aber nach Ablauf dieser Zeit sofort wieder für denselben Zeitraum, aber nicht zum dritten Male gewählt werden. Er muß Bürger der Vereinigten Staaten, seit mindestens 14 Jahren in dem Gebiete derselben ansässig und wenigstens 35 Jahre alt sein. Die Wahl des Präsidenten sowol als des Vicepräsidenten erfolgt durch Wähler, welche von den einzelnen Staaten ernannt werden; jeder Staat ernennt aber so viele Wähler, als er Senatoren und Repräsentanten zum Congresse schickt. Die Gesammtzahl der Wähler beträgt gegenwärtig 294, wovon 42 auf Neuyork, 30 auf Pennsylvanien, 24 auf Virginien, 21 auf Ohio, 15 auf Nordcarolina, 15 auf Tennessee u. s. w. kommen. An einem bestimmten Tage (der erste Mittwoch des December, im vorigen Jahre am 2. Dec.) versammeln sich die Wähler jedes Staates und ernennen den Präsidenten und den Vicepräsidenten, jeden einzeln; die Abstimmungen werden versiegelt an den Präsidenten des Senats geschickt, welcher in Gegenwart beider Kammern des Congresses die Stimmzettel öffnet. Wer hierbei von der Gesammtzahl der Wähler die absolute Stimmenmehrheit (mehr als die Hälfte aller Stimmen) hat, ist Präsident. Hat aber keiner der Candidaten eine solche Stimmenmehrheit erlangt, so wird der Präsident aus denjenigen drei Personen, welche die meisten Stimmen haben, von dem Hause der Repräsentanten gewählt; hierbei haben die Repräsentanten jedes Staates nur eine Stimme. Die Zahl der Stimmen ist also der der Staaten gleich, welche jetzt 26 beträgt, und wer mehr als die Hälfte derselben erhält, ist Präsident. Auf gleiche Weise wird der Vicepräsident durch die absolute Stimmenmehrheit sämmtlicher Wähler gewählt, in Ermangelung einer solchen Mehrheit aber vom Senate aus den zwei Personen, welche die meisten Stimmen erhalten haben, ernannt. Der Präsident hat einen Jahrgehalt von 25,000 Dollars (etwa 37,000 Thlr.), der Vicepräsident von 5000 Dollars (über 7000 Thlr.).

Die bisherigen Präsidenten waren:

1) Georg Washington, geb. am 22. Febr. 1732 in der Grafschaft Westmoreland in Virginien, unstreitig einer der größten Männer seiner Zeit, der vom 14. Juni 1775 — 19. Dec. 1783 als oberster Befehlshaber des amerikanischen Heers die Unabhängigkeit der Vereinigten Staaten durch seine Tapferkeit und sein Feldherrntalent gesichert und entschieden hat, wurde am 1. Febr. 1789, nachdem der Congreß das neue Grundgesetz am 14. Juli 1788 bestätigt hatte, von 69 Wählern einstimmig zum ersten Präsidenten der Bundesregierung auf vier Jahre erwählt, nach Ablauf dieser Periode aber wieder erwählt, sodaß seine Functionen sich 1797 endigten. Er starb am 14. Dec. 1799, 67 Jahre alt, auf seinem Landsitze Mount Vernon in Virginien.

2) John Adams, geb. am 19. Oct. 1735 in Braintree im Staate Massachusetts, gleichfalls einer der trefflichsten Staatsmänner seines Vaterlandes, wurde nach Einführung des neuen Staatsgrundgesetzes 1789 Vicepräsident, 1797 aber Präsident, was er nur die gesetzliche Zeit von vier Jahren bis 1801 blieb. Er starb in dem Alter von 91 Jahren auf seinem Landgute Quincy am 4. Juli 1826, an dem 50. Jahresfeste des Tages, wo die Unabhängigkeitserklärung der britischen Colonien in Nordamerika von sieben Colonien unterzeichnet wurde, denen sich die sechs andern später anschlossen.

3) Thomas Jefferson, geb. am 2. April 1743 zu Shadwell in Virginien, Verfasser der 1776 angenommenen Unabhängigkeitserklärung, hatte schon bei der zweiten Präsidentenwahl von 1796 nur drei Stimmen weniger als Adams (dieser 71, jener 68); am 17. Febr. 1801 wurde er an Adams' Stelle, am 17. Febr. 1805 aber zum zweiten Male zum Präsidenten gewählt und legte diese Würde der Constitution gemäß 1809 nieder, wiewol ihn Pennsylvanien abermals zum Präsidenten zu wählen wünschte. Er starb, merkwürdig genug, an einem Tage mit seinem Vorgänger, am 4. Juli 1826, 83 Jahre alt.

4) James Madison wurde um 1758 in Virginien geboren, war in den acht Jahren 1809—17 Präsident und starb am 30. Juni 1836, 78 Jahre alt.

5) James Monroe, geb. am 28. April 1758 in der Grafschaft Westmoreland in Virginien, wurde 1811 unter Madison's Verwaltung Staatssecretair und blieb es, bis er 1817 zum Präsidenten erwählt wurde; 1821 wurde er so gut als einmüthig, nämlich von allen Stim-

men mit Ausnahme einer, wieder gewählt und blieb daher acht Jahre im Amte. Auch er starb, wie Adams und Jefferson, am Jahrestage der amerikanischen Unabhängigkeit, am 4. Juli 1831, zu Neuyork, 73 Jahre alt.

6) John Quincy Adams aus Massachusetts, der älteste Sohn des zweiten Präsidenten, war unter Monroe's Präsidentschaft 1817—25 Staatssecretair und wurde 1825 Präsident, und zwar durch die Entscheidung der Repräsentantenkammer, da keiner der vier Bewerber die absolute Stimmenmehrheit erlangt hatte; die relative Stimmenmehrheit hatte nicht Adams, welcher nur 84, sondern Jackson, welcher 99 Stimmen hatte. Adams blieb nur vier Jahre im Amte; er ist der älteste, noch jetzt lebende Präsident.

7) General Andreas Jackson, geb. am 14. März 1767 auf einem Landgute unweit Camden in Südcarolina, war acht Jahre lang, 1829—37, Präsident und ist noch jetzt am Leben. (Vgl. über ihn Nr. 277.)

8) Martin van Buren stammt aus der Stadt Neuyork, wurde 1829 von Jackson zum Staatssecretair ernannt (was er bis 1831 blieb), 1833 aber Vicepräsident und war nur vier Jahre lang, 4. März 1837 —41, Präsident. Auch er ist noch am Leben.

9) General William Henry Harrison wurde im Februar 1773 im Staate Virginien geboren und hatte schon bei van Buren's Wahl im J. 1836 unter den Mitbewerbern desselben die meisten Stimmen, nämlich 73; am 4. März 1841 trat er die Präsidentschaft auf vier Jahre an, starb aber schon nach vier Wochen, am 4. April 1841, zu Washington in dem Alter von 68 Jahren, als der erste Präsident, der während seiner Amtsführung mit Tode abging.

10) John Tyler aus Virginien, bisheriger Vicepräsident, übernahm der Constitution gemäß am 4. April 1841 die Präsidentschaft. Er ist etwa zehn Jahre jünger als sein Vorgänger.

Von zehn Präsidenten, welche seit 52 Jahren diese Würde bekleidet haben, stammen also nur drei, die beiden Adams und van Buren, aus dem Norden und keiner wurde nach Ablauf der gesetzlichen Amtsdauer wieder gewählt, sodaß sie zusammen nur zwölf Jahre, die sieben Präsidenten aus dem Süden aber, die bis auf einen alle in Virginien geboren sind, bis jetzt 40 Jahre im Amte gewesen sind.

Miscellen.

Seltsamer Heroismus.

Am 28. April dieses Jahres trug sich bei einem Weinhändler an der Barriere der Militairschule in Paris folgender bemerkenswerther Vorfall zu. Mehre Agenten schmauseten an einer Tafel und spielten um den Wein, welchen der Verlierende bezahlen sollte. Ein junger Mensch von 18 Jahren, Namens Joseph Cartupaul, der wahrscheinlich mehr Sensation hervorbringen wollte, sagte zu einem Kameraden: „Wenn Du willst, so setze ich statt Geldes mein halbes Ohr." „Das geht Alles in Eins", erwiderte der Andere, und die Partie begann. Cartupaul verlor und rückte zum glücklichen Spieler, die Scheere in der Hand: „Nun wohlan! schneide ab", sagte er zu ihm mit größter Kaltblütigkeit. Der Freund weigerte sich. „Nun da werde ich selbst Hand ans Werk legen müssen", sagte Cartupaul, und mit Einem Schnitte schnitt er das Ohr entzwei und warf den abgeschnittenen Theil auf den Tisch. Der Ohrring hing noch darin; er machte ihn heraus und rief: „Der Ohrring ist auch Dein. Nun laß uns dafür trinken." Der Wein wurde gebracht. Cartupaul stillte das herabfließende Blut, lachte dazu und leerte sein Glas, als wäre nichts vorgefallen.

Musikfest in Wien.

Das vorjährige große Musikfest in Wien, welches am 8. und 12. November in der kaiserlichen Winterreitschule stattfand, erreichte die Culminationshöhe alles bisher Geleisteten. Bei demselben hatten sich zur Aufführung des berühmten Alexanderfestes von Händel, einer der herrlichsten Compositionen dieses unsterblichen Tondichters, 1134 Mitwirkende beiderlei Geschlechts aus allen Ständen vereinigt; von diesen führten 791 Producenten die Gesangpartie aus, nämlich 250 Sopranisten, 170 Altisten, 170 Tenoristen und 200 Bassisten, 333 aber die Orchesterpartie, nämlich 120 Violinen, 48 Bratschen, 48 Violoncells, 25 Contrabässe, 12 Flöten, ebenso viele Hoboen, Clarinetten, Fagotte und Hörner, 8 Trompeten, 4 Paar Pauken, 9 Posaunen, 3 Ophikleiden, 2 Contrafagotts, eine große Trommel und eine Donnermaschine. Eine ähnliche große Musikaufführung hatte in Wien zuerst im Jahre 1812 stattgefunden, wo Händel's Cantate „Timotheus oder die Gewalt der Musik" von der damals unerhörten Zahl von 950 Sängern und Instrumentisten aufgeführt wurde.

Surrogat der Pferdehaare.

Als Surrogat der Pferdehaare für Tapezierer eignet sich am besten das Pflanzenhaar oder die Stengel der Tillandsia usneoides, einer Schmarotzerpflanze, die im Überflusse auf der Rinde alter oder kranker Bäume in Amerika, Brasilien, Mexico, Luisiana u. s. w. bis Virginien wächst. Sie bringt fadenförmige und abgegliederte Stengel von sechs bis neun Fuß Länge hervor, die in langen Bündeln von den Bäumen herabhängen, und nimmt durch eine Art Rösten, welches den sie umgebenden seidenartigen Flaum entfernt, ein schwarzes, krauses Ansehen an, das dem Pferdehaare sehr ähnlich ist. Indeß ist das Pflanzenhaar, das in Amerika schon lange zum Verpacken und zum Anfüllen von Polstern gebraucht wird, weniger elastisch, weicher und bricht leicht; durch die Bearbeitung des roh aus Amerika kommenden Haares erhöht sich der Preis desselben bis zum Preise gewöhnlicher Haare; wenn aber die Bereitung am Erzeugungsorte stattfände, so würde die Anwendung dieses Materials auch in ökonomischer Hinsicht vortheilhaft erscheinen.

Das Zollhaus in Dublin. *)

*) Vgl. über Dublin Nr. 386 des Pfennig-Magazins.

Herausgegeben unter Verantwortlichkeit der Verlagshandlung F. A. Brockhaus in Leipzig.

Das Pfennig-Magazin

für
Verbreitung gemeinnütziger Kenntnisse.

434. | Erscheint jeden Sonnabend. | [Juli 24, 1841.

Calais.

Die Seestadt und Festung Calais, von welcher die Frankreich und England trennende, den Kanal La Manche mit der Nordsee verbindende Meerenge Pas de Calais (d. h. Schritt von Calais) ihren Namen hat, liegt im nördlichsten Theile Frankreichs, in der ehemaligen, bis 1640 zu den Niederlanden gehörigen Grafschaft Artois (dem jetzigen Departement Pas de Calais), von allen Städten des Königreichs der britischen Küste am nächsten, nur sechs Meilen von Dover entfernt; die Überfahrt dahin dauert in einem Dampfschiffe kaum fünf Stunden. Sie zählt 11,200 Einwohner, hat die Gestalt eines länglichen Vierecks und ist im Ganzen gut gebaut; die meisten der geraden, gut gepflasterten Straßen laufen auf den stattlichen Häusern gezierten Paradeplatz zu, an welchem das ansehnliche Rathhaus steht. Außer demselben ist die Kathedrale das merkwürdigste Gebäude. Der Hafen, dessen Eingang durch zwei Dämme geschlossen ist und in welchen die Schiffe nicht ohne Gefahr einlaufen können, ist seicht, kann daher nur kleine Schiffe fassen; er wird durch eine große und stark befestigte Citadelle mit einem ansehnlichen Zeughause, das Cardinal Richelieu erbauen ließ, dessen metallene Bildsäule vor demselben aufgestellt ist, außerdem aber durch mehre kleinere Forts vertheidigt. Der an der rechten Seite des Hafens liegende Damm, von welchem aus man Dover mit seinem Schlosse bei heller Witterung unterscheiden kann, dient als besuchter Spaziergang; zu demselben Zwecke dienen die Wälle. Die Menge der Reisenden, welche aus England kommen oder sich dahin einschiffen (wöchentlich gehen und kommen vier Packetboote), betrug in neuern Zeiten jährlich über 20,000 und macht die

Stadt sehr lebhaft; daher trifft man hier viele treffliche Gasthöfe, unter denen der von Dessein berühmt ist, welcher ein englisches Theater, große Lesezimmer und Bäder enthält. Überwiegend groß ist natürlich die Zahl der Engländer, die sich kürzere oder längere Zeit hier aufhalten. Ein Umstand macht den Aufenthalt in Calais weniger angenehm: der Mangel an Quellwasser, statt dessen man sich mit Cisternen behilft. Die Industrie ist ganz unbedeutend und beschränkt sich auf Seifen-, Öl-, Leder-, Strumpf- und Mützenfabrikation; viele Einwohner beschäftigen sich mit dem Fischfange (von Kabliaus, Heringen, Makrelen). Auch der Handel (mit Wein, Branntwein, Salz, Flachs, Butter, Fischen, Pferden) ist von keiner großen Erheblichkeit; zur Beförderung desselben dient der 1681 angelegte Kanal, welcher Calais mit St.-Omer, Gravelines, Dünkirchen, Guines und Ypres verbindet. Eine Viertelstunde von der Stadt liegt das 1680 erbaute Fort Nieuvelet (Nieulet oder Nieulay), das durch einen Damm mit der Citadelle von Calais verbunden ist. Schleusen, die hier vorhanden sind, dienen sowol zur Abführung des Wassers, als dazu, die Gegend von Calais erforderlichen Falls unter Wasser zu setzen, um eine Belagerung zu hindern. Im J. 1347 (am 14. Aug.) wurde Calais in Folge des Sieges der Engländer bei Crecy nach einer elfmonatlichen Belagerung, die der tapfern, wahrhaft heldenmüthigen Vertheidigung wegen unter die merkwürdigsten gehört, von König Eduard III. von England erobert und blieb 211 Jahre lang, bis 1558, wo Herzog Franz von Guise es wieder eroberte, länger als alle andern englischen Besitzungen in Frankreich, im Besitze der Engländer. Im J. 1596 wurde die Stadt von den Spaniern erobert, die sie erst 1598 im Frieden von Vervins zurückgaben. In den drei aufeinander folgenden Jahren 1694—96 wurde sie von den Engländern bombardirt, aber vergeblich. Zur Erinnerung an die Rückkehr Ludwig's XVIII. nach Frankreich am 24. April 1814 wurde demselben im Hafen eine Denksäule errichtet und der erste Fußtapfen des Königs in Bronze gegossen.

Die Verfertigung von Schiffszwieback.

Der Schiffszwieback vertritt bekanntlich für den Seemann die Stelle des Brotes und ist oft das einzige Gebäck, das er Wochen, ja Monate lang genießen kann. Gewöhnliches Brot kann aus vielen Gründen zu langen Seereisen nicht gebraucht werden; der wichtigste darunter ist, daß es, vor der Reise gebacken, wegen des darin enthaltenen Gährungsstoffes (der Hefe) in kurzer Zeit schimmelt und ungenießbar wird; die Bereitung desselben am Bord aber würde gleichfalls ganz unthunlich sein. Schiffszwieback enthält keine Hefe und ist gut ausgebacken, erleidet daher während einer langen Seereise nur geringe Veränderung. Am Bord der englischen Kriegsschiffe erhält jeder Mann der Equipage täglich etwa ein Pfund (sechs Stück) Schiffszwieback, woraus man abnehmen kann, wie bedeutend der Vorrath von Schiffszwieback sein muß, den ein großes Schiff mit zahlreicher Mannschaft für mehre Monate braucht. In England bedient man sich gegenwärtig zur Verfertigung von Schiffszwieback der Backmaschinen, da man im letzten Kriege die Handbäckerei zu langsam und kostspielig gefunden hatte, und unstreitig ist gerade diese Gattung von Bäckerei zur Anwendung von Maschinen vor allen geeignet.

Die früher übliche Handbäckerei ging zu Gosport in England auf folgende Weise vor sich. Das dasige königliche Backhaus enthielt neun Öfen und bei jedem waren fünf Arbeiter angestellt. Die nöthige Mischung von Mehl und Wasser wurde in einen großen Trog gethan und der erste Arbeiter brachte dieselbe mit bloßen Armen in die Form eines Teiges, was eine sehr mühsame Operation war. Dann wurde der Teig aus dem Troge genommen und auf eine hölzerne Platform, genannt die Breche, gelegt. Auf dieser Platform bewegte sich eine Walze von fünf bis sechs Zoll Durchmesser und sieben Fuß Länge. Das eine Ende derselben war lose in der Wand befestigt und der auf dem andern Ende reitende oder sitzende Arbeiter, genannt der Brecher, bewegte die Walze auf dem Teige hin und her. Sobald der Teig durch diese seltsame Methode in eine dünne Schicht verwandelt war, wurde er auf den Formtisch gebracht und mittels eines großen Messers in Streifen geschnitten; jeder derselben wurde sodann in Stücke von der Größe eines Zwiebacks geschnitten, denen mit der Hand eine kreisrunde Form ertheilt wurde. Sowie ein Zwieback geformt war, wurde er einem zweiten Arbeiter zugereicht, der des Königs Stempel, die Nummer des Ofens u. s. w. darauf drückte. Der Zwieback wurde nun durch ein geeignetes Instrument mit Löchern versehen und zum Schluß einer Operation unterworfen, die eine ganz besondere Geschicklichkeit erheischte. Vor der offenen Thüre des Ofens stand nämlich ein Mann, in der Hand den Griff einer langen Schaufel (das Backbret) haltend, deren anderes Ende im Ofen lag. Ein anderer Arbeiter nahm die Zwiebacke, sobald sie geformt und gezeichnet waren, und schob oder warf sie in den Ofen mit solcher unfehl-

barer Genauigkeit, daß sie immer auf die gedachte Schaufel fielen; der dieselbe haltende Arbeiter ordnete dann die Zwiebacke auf der ganzen Fläche des Ofens. Alle diese Arbeiten wurden mit größter Pünktlichkeit vollzogen. In einer Minute wurden immer 70 Zwiebacke in den Ofen geschoben und geordnet; die Verzögerung einer Secunde bei einem einzigen Arbeiter hätte den ganzen Gang der Arbeit gestört. Da der Ofen während der Zeit der Füllung offen gehalten wurde, so wäre ohne eine besondere Veranstaltung der zuerst hineingeschobene Zwieback zu stark gebacken worden, deshalb wurden die zuerst in den Ofen zu schiebenden Zwiebacke in Formen etwas größer als die folgenden gemacht und die Größe in kleinen Abstufungen vermindert.

Seit 1833 werden bei der Verfertigung von Schiffszwieback Maschinen angewandt und der Gang der dabei vorkommenden Processe ist im Wesentlichen folgender. In einen hohlen Cylinder von vier bis fünf Fuß Länge und etwa drei Fuß Durchmesser wird erst das genau abgemessene Wasser (durch eine Öffnung eines Hahns) und dann das Mehl (durch Öffnung eines Schiebers) gethan; in dem Cylinder dreht sich mit großer Geschwindigkeit (in der Minute 15—20 Umdrehungen) eine mit langen Messern besetzte horizontale eiserne Welle um. Dadurch werden in der kurzen Zeit von 2½—3 Minuten 500 Pfund Teig geliefert und zwar unendlich besser als durch Handarbeit. Der Teig wird nun aus dem Cylinder genommen und unter die beiden Brechwalzen, von denen jede 1500 Pfund schwer ist, gebracht, welche die Operation des Knetens verrichten. Dieselben werden durch Maschinen auf der Oberfläche des Teigs hin und her geschoben und in Zeit von fünf Minuten ist der Teig vollkommen geknetet. Die Teigschicht, welcher etwa zwei Zoll dick ist, wird dann in Stücke von 1½ Fuß Länge und Breite geschnitten, die unter ein zweites Paar Walzen geschoben werden, welche jedes Stück so ausstrecken, daß es sechs Fuß Länge auf drei Fuß Breite und die für Zwieback angemessene Dicke erhält. Nun wird der Teig in einzelne Zwiebacke zerschnitten. Zu diesem Ende bringt man ihn unter eine Ausschlagmaschine, die der beim Münzen üblichen einigermaßen ähnlich ist, soweit die Verschiedenheit des Materials dies zuläßt. Eine Reihe scharfer Messer ist so angebracht, daß sie durch eine einzige Bewegung aus einem Teigstücke von drei Fuß Länge und drei Fuß Breite etwa 60 sechsseitige Zwiebacke schneiden. Die sechsseitige Gestalt ist darum gewählt, weil dabei kein Theilchen der Masse verloren geht, indem die Seiten je drei benachbarter Sechsecke genau aneinander passen, während kreisrunde Stücke, die aus einer ebenen Fläche geschnitten werden, immer leere Räume zwischen sich lassen. Jeder Zwieback wird durch dieselbe Bewegung, die ihn aus dem Teigstücke ausschneidet, zugleich mit dem königlichen Stempel, der Ofennummer u. s. w. bezeichnet und mit Löchern versehen. Durch das Ausschlagen werden jedoch die Zwiebacke noch nicht völlig getrennt, sodaß eine ganze Schicht derselben auf einmal auf eine geeignete Schaufel gebracht werden kann. Zum Backen selbst sind 10—12 Minuten hinreichend; die Zwiebacke werden dann aus dem Ofen genommen und mit der Hand vollends getrennt.

Das Getreide zu den Zwiebacken wird auf den Märkten gekauft und in den königlichen Mühlen gereinigt und gemahlen; der Qualität nach ist es eine Mischung aus feinem Mehl und Mittelmehl, indem die Kleie und das Kleienmehl entfernt sind. Die Backöfen sind von Schmiedeeisen und nehmen eine Fläche von 160 Quadratfuß ein. In jeden Ofen werden auf einmal etwa

112 Pfund Zwieback geschoben, die durch das Backen auf 100 Pfd. reducirt werden. In jedem Ofen können jeden Tag 12—16 solcher sogenannten Suiten gebacken werden, selbst bei der Anwendung von Handarbeit, aber wahrscheinlich könnte der Maschinenzwieback im Fall des Bedürfnisses noch mit weit größerer Geschwindigkeit gebacken werden.

Hinsichtlich der relativen Vorzüge der Handarbeit und Maschinenarbeit ist Folgendes zu bemerken. Sind Mehl und Wasser, als die einzigen Ingredienzien der Zwiebacke, nicht vollkommen gut gemischt, so werden die trocknen Theile verbrannt, die mehr mit Feuchtig= keit durchdrungenen aber nehmen eine eigene Art von Härte an; diese Fehler kamen bei der Handbäckerei hier und da vor, werden aber durch das vollständige Mi= schen und Kneten der Maschinen beseitigt. Bereits ist angegeben, daß 500 Pfd. Teig in zwei bis drei Mi= nuten gemischt und in vier bis fünf Minuten geknetet werden; dies ist ohne allen Vergleich schneller als Men= schenhände es leisten können. Die Zwiebacke werden nicht einzeln, sondern 60 auf einmal ausgeschnitten und gezeichnet und nicht einzeln, sondern schubweise in den Ofen geschoben, und da der Ofen weit schneller gefüllt wird, als bei der Handbäckerei, so werden sie auch weit gleichmäßiger gebacken. Die neun Öfen in Gosport brauchten früher 45 Arbeiter, um stündlich 1500 Pfd. Zwieback zu liefern; jetzt liefern 16 Arbeiter, Männer und Knaben, in derselben Ofenzahl stündlich 12,000 Zwiebacke oder 2000 Pfd. Was endlich das Verhält= niß der Kosten anlangt, so kommen 100 Pfd. Zwieback nach der alten Methode etwa 18 Pence, nach der neuen nur 5 Pence zu stehen. Die königlichen Backhäuser in Deptford, Gosport und Plymouth können jährlich 7— 8000 Tonnen Zwieback liefern und ersparen dabei jähr= lich gegen die Kosten der Handarbeit 12,000 Pfd. St.

Ludwig XIV., König von Frankreich.

(Fortsetzung aus Nr. 433.)

Am 9. Januar 1660 empfing Ludwig seine junge Gemahlin zu St.=Jean de Luz und hielt mit ihr ei= nen glänzenden Einzug in Paris. Zwar hatte es de Haro durchgesetzt, daß Ludwig und die Infantin auf jede Art der Nachfolge in spanischen Ländern verzichte= ten, aber dies hinderte Mazarin nicht, zu hoffen, daß sich nach den Umständen dennoch größere oder geringere Ansprüche durchsetzen lassen würden. Schon am Tage nach Mazarin's Tode, der am 9. März 1661 er= folgte, erklärte Ludwig seinem Staatsrathe, daß er nun die Regierung selbst übernehmen wolle; ohne sei= nen ausdrücklichen Befehl solle auch nicht ein Paß ausgefertigt werden. Aber es genügte ihm nicht, blos in seinem Reiche der absolute Herr zu sein; er wollte über ganz Europa gebieten. Dies zeigte sich zuerst in einem Rangstreite mit Spanien. Als 1661 ein schwedischer Gesandter nach London kam, wollten die daselbst be= findlichen Gesandten der verschiedenen Mächte Europas bei ihm vorfahren. Der spanische Gesandte hatte seit 150 Jahren bei dergleichen Gelegenheiten den Vortritt und machte jetzt Gebrauch von diesem Ehrenrechte, aber auch der französische Gesandte machte Anspruch darauf und fuhr ohne Weiteres dem spanischen Gesandten vor. Dies bekam ihm aber so übel, daß sein Wagen zer= trümmert, seine Pferde getödtet und mehre seiner Leute verwundet wurden. Hierauf rief Ludwig sogleich seinen Gesandten aus Madrid zurück und schrieb seinem Schwiegervater, er werde den Krieg sofort wieder be=

ginnen, wenn der Vorrang des französischen Botschaf= ters seinerseits nicht anerkannt würde. Philipp, der als Vater handeln zu müssen glaubte, schickte darauf einen andern Gesandten nach London und den Grafen Fuen= tes nach Fontainebleau. Dieser gab hier in Gegen= wart des Hofes und aller fremden Gesandten die Er= klärung ab, der König von Spanien habe allen seinen Ministern befohlen, bei öffentlichen Feierlichkeiten nie mehr mit den französischen Gesandten um den Vor= rang zu streiten. Ludwig nahm diese Worte für ein vollkommenes Zugeständniß und sagte, indem er sich zu den anwesenden Diplomaten wandte: „Melden Sie Ihren Herren diese Erklärung, damit dieselben wissen, der katholische König habe seinen Gesandten befohlen, den meinigen bei jeder Gelegenheit den Vorrang zu lassen."

Zunächst mußte nun der Papst Alexander VII. seine Anmaßungen empfinden. In Rom befand sich da= mals der stolze Herzog von Crequi als französischer Gesandter. Der Übermuth des Herrn ging auf seine Diener über, die durch ihr freches Wesen mit den päpstlichen Soldaten mehrmals in Streit geriethen. Als die Soldaten darüber bei ihren Obern klagten, erhielten sie die Weisung, bei nächster Gelegenheit die übermüthigen Franzosen nicht zu schonen. Als nun am 20. Aug. 1662 einige Bediente des Gesandten abermals Händel anfingen, bekamen sie tüchtige Schläge. Sie zogen nun andere Franzosen in den Streit, muß= ten aber unterliegen. Die Sieger eilten wüthend nach der Wohnung des Gesandten im Palaste Farnese und schossen nach seinen Fenstern, sowie nach dem Wagen seiner eben nach Hause kommenden Gemahlin. Bei dieser Gelegenheit wurden viele Franzosen verwundet und ein Page getödtet. Als sich Alexander zur Genug= thuung erbot, verlangte Ludwig die Verweisung des Generals der päpstlichen Truppen, Mario Chigi, des Bruders des Papstes, sowie die Degradirung des Gou= verneurs von Rom, des Cardinals Imperiali, und als der Papst nicht sogleich diese Bedingungen annahm, zog er das damals päpstliche Avignon und Venaissin ein und schickte ein Heer von 15,000 Mann Fußvolk und 6000 Reitern nach Italien. Nur durch pünkt= liche Erfüllung eines entehrenden Vertrags, der am 12. Febr. 1663 zu Pisa zu Stande kam, konnte Ale= xander Avignon und Venaissin wieder erlangen.

Nachdem Philipp IV. von Spanien im Jahre 1665 gestorben war, suchte Ludwig, was Mazarin mislungen war, die spanischen Niederlande mit Frankreich zu vereinigen. Den Einwand, daß Maria Theresia feier= lich auf ihre Successionsrechte verzichtet habe, glaubte er durch die Berufung auf gewisse Eigenthümlichkeiten des in einigen niederländischen Provinzen geltenden Erbrechts beseitigen zu können. Turenne mußte im Mai 1667 mit einem starken Heere in Flandern, und Condé bald darauf in die Franche=Comté einrücken. Beide Feldherren waren glücklich und die angegriffenen Länder aller Hülfe entblößt. Ludwig zog mit Ge= pränge in die eroberten Städte ein und kehrte dann triumphirend zu den Festen des staunenden Hofes zu= rück. Zwar gab er, bewogen durch die Tripelallianz zwischen Holland, England und Schweden und die Eifersucht des Kriegsministers Louvois auf Turenne, zu dem aachener Frieden vom 2. Mai 1668 seine Einwilligung, aber kaum waren einige Monate ver= flossen, so gab er neuen Eroberungsplänen Gehör. Die vereinigten Niederlande waren damals der Sammel= platz aller Reichthümer beider Indien und der Markt von ganz Europa. Der Besitz dieses Landes mußte den Besitz der spanischen Niederlande, sowie die Aus=

dehnung Frankreichs bis an den Rhein, ohne Weiteres nach sich ziehen und die Franzosen zu den Herren der Welt machen. Das war genug, um den Krieg gegen Holland zu beschließen. Der Umstand, daß sich die Holländer in den eben beendigten Krieg mit Spanien gemischt hatten, diente zum Vorwand. Die deutschen Reichsfürsten wurden für das französische Interesse mit Erfolg bearbeitet; mehre versprachen zahlreiche Hülfstruppen. Die Tripelallianz wurde aufgelöst und Schweden und England gewonnen; sogar Östreich und Spanien wurden durch Bestechungen und diplomatische Künste vermocht, dem neuen Eroberungszuge ruhig zuzusehen. Zunächst verlor der Herzog von Lothringen, Karl IV., sein Land, weil er sich mit den bedrohten Generalstaaten in Unterhandlungen eingelassen hatte. Im April 1672 erschien Ludwig mit seinem Bruder, umringt von prächtigen Garden, an der Spitze von 112,000 Mann an der holländischen Grenze. Louvois war überall gegenwärtig. Turenne und Condé führten das Heer, Vauban, der erste Ingenieur seiner Zeit, sollte die Belagerungsanstalten leiten, Martinet führte dem Heere die ersten Pontons nach. Auch ein Geschichtschreiber befand sich bei der Armee, um als Augenzeuge die bevorstehenden Heldenthaten für alle Zeiten aufzuzeichnen. Die Fortschritte der Franzosen waren reißend, aber die zahlreichen Städte, die sich ergaben, schwächten das Hauptheer durch die Besatzungen, die man darin zurücklassen mußte. Condé rieth daher, sie zu schleifen und unaufhaltsam nach Amsterdam vorzudringen; aber Louvois war anderer Meinung und rettete dadurch die Republik. Wilhelm III. von Oranien, der am 2. Juli zum lebenslänglichen Statthalter von Holland und Seeland ernannt worden war, wußte den Muth der Republik aufs Neue zu beleben. Ganz Holland wurde unter Wasser gesetzt. Die vereinigte englisch-französische Flotte von 130 Segeln war schon im Mai durch Ruyter so übel zugerichtet worden, daß sie erst im Juli wieder in See gehen konnte, und als sie im Texel landen wollte, wurde sie durch eine wunderbarer Weise zwölf Stunden anhaltende Ebbe daran gehindert und dann durch einen Sturm in die hohe See zurückgetrieben. Ludwig selbst war, des unbequemen Kriegslebens müde, zu seinen Buhlerinnen nach Versailles zurückgekehrt, der Kurfürst von Brandenburg aber näherte sich mit seinen Truppen dem Kriegsschauplatze; das Alles wirkte zur Rettung Hollands zusammen.

Ludwig wollte jedoch die einmal erfaßte Beute nicht wieder fahren lassen und rückte das nächste Jahr 1673 noch stärker gerüstet ins Feld. Orleans sollte die spanischen Niederlande wegnehmen, Turenne die Brandenburger zurückwerfen und durch ein furchtbares Beispiel die deutschen Reichsfürsten von allen Kriegsgedanken zurückschrecken, Condé aber mit der Hauptarmee vor allen Dingen Mastricht wegnehmen. Obgleich dieses Alles gelang, so wußte Wilhelm III. doch der Sieger von Amsterdam zurückzuhalten und war am Ende des Jahres durch Bündnisse mit Spanien und Östreich mächtiger als je.

Im nächsten Jahre (1674) verlor Ludwig seine mächtigsten Bundesgenossen, die Engländer, welche, des Krieges müde, für zwei Millionen Gulden mit den Holländern Friede machten. Münster und Köln söhnten sich mit Holland aus und mehre Reichsfürsten schlossen Bündnisse mit der Republik. Auch das deutsche Reich erklärte den Krieg gegen Ludwig und brachte dadurch auch den Kurfürsten Friedrich Wilhelm von Brandenburg wieder auf den Kriegsschauplatz.

Ludwig fürchtete jedoch die Menge seiner Feinde nicht, sondern rückte mit drei neuen Armeen wieder ins Feld, richtete aber ebenso wenig als in den vorangehenden Feldzügen etwas Entscheidendes aus. Im Jahre 1675 wurde ein vierter Feldzug eröffnet, in welchem Condé, Créqui und Humières die eigentlichen Anführer waren. Der Tod Turenne's, des tüchtigsten und ergebensten Feldherrn Ludwig's, welcher am 27. Juli bei Sasbach unweit Offenburg von einer Kanonenkugel getroffen wurde, hinderte jede bedeutende Unternehmung von Seiten der Franzosen, zumal da auch Condé bereits beschlossen hatte, nicht weiter den Schauplatz des Krieges zu betreten. Im Jahre 1676 war der Krieg der Franzosen blos ein Verwüstungskrieg; 14 Meilen weit ließ Ludwig den ganzen Landstrich an der Saar in eine Wüste verwandeln, um dadurch den Feinden von dieser Gegend aus einen Einfall in Frankreich unmöglich zu machen.

Trotz der Verwüstungen der deutschen Grenzländer ging der Herzog von Lothringen als kaiserlicher Feldherr im Frühjahre 1677 muthig über die Saar und trieb den Marschall von Créqui vor sich her, aber bald mußte er sich wieder über den Rhein zurückziehen und den nachfolgenden Franzosen den Breisgau überlassen, wo ihnen mit Freiburg unermeßliche Beute in die Hände fiel. Der Krieg war durch nichts als Plünderungen, Mordbrennereien und Blutvergießen ausgezeichnet. Nicht anders wurde er im J. 1678 geführt. Die Kriegsflamme hatte nach und nach ganz Europa ergriffen und Ludwig alle Aussicht verloren, weitere Eroberungen machen zu können. Er wünschte daher den Frieden, um nicht wieder zu verlieren, was er gewonnen. Schon 1676 hatte er Unterhandlungen in Nymwegen eröffnen lassen und ließ sie nach der Eroberung Gents, das sich am 9. März 1678 ergab, erneuern. Es kam Alles darauf an, die Holländer von ihren Bundesgenossen zu trennen, und dies gelang. Sie unterzeichneten am 10. Aug. den Frieden, der ihnen nicht ein einziges Dorf kostete. Spanien folgte Holland am 17. Sept., mußte aber die ganze Franche-Comté, sowie 16 feste Plätze in den Niederlanden an Ludwig abtreten. Kaiser und Reich standen nun allein und fügten sich am 5. Febr. 1679 ebenfalls den Foderungen Ludwig's.

(Der Beschluß folgt in Nr. 435.)

Der Tempel Boro-Boedor.

Ein merkwürdiger Boden ist es, auf den uns die nebenstehende Abbildung versetzt: die Insel Java, reich an den grellsten Gegensätzen, denn während im Innern derselben milde gesunde Luft herrscht, scheint die heißfeuchte, höchst ungesunde Luft der Seeküste durchaus keine Bewohner dulden zu wollen; ja es gibt ein kleines Thal (die Eingeborenen nennen es Guepo Upas, Giftthal), dessen Gifthauch als tödtlich geflohen wird; keine Pflanze erblickt man da, wol aber zahlreiche Menschen- und Thiergebeine. Zahllos fürwahr ist die Menge von Bäumen, Blumen und Pflanzen, die in üppiger Fülle sich neben- und übereinander hervordrängen; aber blutdürstige Tiger in großer Anzahl bevölkern die Wälder; neben den nutzbarsten Erzeugnissen des Pflanzenreichs, als Kaffee, Zucker, Indigo, Reis, Baumwolle, Pfeffer, finden wir den berüchtigten Boonpaos (Giftbaum), dessen Ausdünstung zwar nicht, wie man einst meinte, sofort den Tod bringt, aus dessen Saft aber ein sehr starkes Gift bereitet wird. Die Niederländer, die schon seit 1619 sich in Besitz beinahe der ganzen Insel gesetzt und sie zum Stapelplatze für alle Producte ihrer ostindischen Colonien gemacht haben, die Eingeborenen, malaiischen Stammes und seit dem 14. Jahrhundert bis auf die Anhänger des alten heidnischen Buddhaglaubens, die sich in die Gebirge geflüchtet haben, mohammedanischer Religion, außerdem Chinesen, Hindus, Negersklaven, arabische Kaufleute bilden die Bevölkerung der Insel, die nach der Volkszählung im Jahre 1840 7,200,000 Seelen beträgt, worunter 45,000 europäischen Ursprungs, 96,000 Chinesen, 32,000 Araber, Hindus u. s. w. Die hauptsächlichsten niederländischen Städte liegen an der Nordküste; im südöstlichen Theile liegen die Gebiete zweier einheimischen Fürsten, die mit den Niederländern nicht selten im Kampfe begriffen sind. Außerordentlich merkwürdig sind im Innern die zahllosen Trümmer großer Tempel und Paläste aus alter Zeit, die uns auf eine höhere Ausbildung der alten Bewohner von Java schließen lassen. Eins dieser Denkmäler einer längst verschwundenen Zeit zeigt unsere Abbildung.

Boro-Boedor ist ein dem Buddha geweihter prächtiger Tempel in der Mitte der gebirgigen Provinz Kedu, von seltsamer Bauart, muthmaßlich um das Jahr 1300 erbaut. Er nimmt die Spitze eines kleinen Hügels ein, der sich plötzlich aus der Ebene erhebt, und besteht aus sechs von Mauern umgebenen Vierecken, die terrassenförmig ansteigen. Dieses Baudenkmal ist im Jahre 1826 ausgemessen worden; seine Höhe beträgt 116 Fuß, seine Breite 526. Die innern und äußern Seiten der Mauern sind mit einer Menge von Bildwerken verziert und in Nischen findet man mehr denn 300 plastische Darstellungen des Buddha. Die vier Hauptseiten von Boro-Boedor blicken nach den vier

Der Tempel Boro-Boedor.

Himmelsgegenden und sind durch steinerne Löwen verziert, welches Thier es übrigens niemals auf Java gegeben hat.

Die Städte Algeriens.

In dem Theile der Regentschaft Algier, welchen die Franzosen besetzt halten, sind außer Algier und Konstantine, von denen bereits früher die Rede gewesen ist, namentlich folgende Städte von einiger Bedeutung: westlich von Algier Budschia (Bugia) und Bona, östlich von Algier Oran, sämmtlich an der Küste gelegen, wozu noch mehre kleinere kommen.

Die Stadt Budschia liegt in der Mitte einer halbkreisförmigen Bai, die sich vom Cap Carbon bis zum Cap Cavallos hinzieht, an der Stelle der alten Stadt Saldä colonia und hat eine tiefe und sichere Rhede. Sie ist auf einem Abhange des 2010 Fuß hohen Berges Gurria amphitheatralisch erbaut und durch eine ziemlich tiefe Schlucht in zwei Hälften getheilt; vertheidigt wird sie durch vier starke befestigte Forts, von denen eins auf dem Gurria von den Franzosen angelegt ist, sowie durch zahlreiche von denselben errichtete Blockhäuser und Erdschanzen, welche letztere zum Theil aus Stein gebaut und mit Gräben und Palisaden umgeben sind. Von allen Städten Algiers ist Budschia eine der elendesten; der Theil östlich vom Hohlwege, bei der Einnahme 1833 von den Kanonen der Franzosen großentheils zerstört und nachher völlig geräumt, ist gar nicht mehr bewohnt; in dem andern stehen einige neugebaute, meist hölzerne Häuser, das bedeutendste Gebäude aber ist das neugebaute, trefflich eingerichtete Hospital am Meeresufer in hoher und gesunder Lage. Die ehemaligen Moscheen sind in Militairmagazine verwandelt. Zur Zeit der Landung der Franzosen im J. 1833 hatte Budschia 3000 Einwohner, Mauren und Kabylen, die aber nach der Erstürmung der Stadt ausgewandert sind; jetzt sind nur noch drei maurische Familien vorhanden. Die Civilbevölkerung bildeten 1839 nur 302 Personen, worunter 126 Franzosen, 106 Spanier, die übrigen Malteser, Italiener und Deutsche; die Besatzung betrug nicht über 800 Mann. Die Umgegend ist sehr schön, reich an Blumen, Kräutern und Fruchtbäumen, doch hilft dies den Bewohnern der Stadt wenig, da sie dieselbe ohne Lebensgefahr nicht verlassen dürfen; im Osten wird die Ebene um Budschia vom Flusse Summam (dem alten Nasava), im Westen vom Gebirge begrenzt. Die Landschaft erinnert an die schönsten Gegenden Tirols und der Schweiz, mit denen sie nur durch ihre schauerliche Stille contrastirt.

Zwölf Stunden östlich von Budschia liegt auf einer kleinen Halbinsel und zum größten Theile am Abhange eines Felsens das Städtchen Dschischelli, das alte Igilgilis, dessen Hafen tief und sicher, aber klein ist. Diese Stadt wurde erst im Mai 1839 von den Franzosen besetzt und hatte damals etwa 1000 Einwohner, welche bei der Landung Jener sämmtlich in die Berge zu den Kabylenstämmen flüchteten, sodaß Dschischelli wie Budschia eine rein französische Soldatenstadt ist, in welcher die Moscheen jetzt als Pferdeställe dienen. Der früher bedeutende Handel der Stadt, seit 1830 schon sehr gesunken, wurde völlig zerstört. Die Umgegend ist ziemlich fruchtbar, reich an Büschen und Bäumen, besonders Feigen= und Nußbäumen und Eichen. Die sie bewohnenden Kabylenstämme aber sind wie die bei Budschia, sehr zahlreich, kriegerisch, fanatisch und grausam.

Noch weiter östlich liegt in einer ziemlich tief einschneidenden Meeresbucht der Ort Stora (das alte Rusicada), der seit wenigstens 25 Jahren eine bewohnte Stadt zu sein aufgehört hat. Die hierher gesandten französischen Truppen waren nicht wenig erstaunt, als sie nach einem Marsche von 30 Stunden statt der erwarteten Stadt nur wenige leer stehenden Strohhütten neben schönen römischen Cisternen und Tempelruinen erblickten. Im J. 1838 nahmen die Franzosen von diesem für die Communication mit Konstantine wichtigen Punkte definitiv Besitz; später wurde unweit Stora eine rein französische Stadt Namens Philippeville gegründet, die schnell emporblühte. Ende 1839 zählte sie schon 200 Häuser (worunter 50 steinerne) und 1500 europäische Bewohner, worunter viele Malteser; sie erfreut sich einer fruchtbaren Umgegend und dürfte mit der Zeit eine wichtige Handelsstadt werden.

Die Stadt Bona (das alte Aphrodisium), einige Meilen östlich von Stora gleichfalls an der Küste gelegen, ohne deshalb einen Hafen zu besitzen, und zur Provinz Konstantine gehörig, macht mit seiner anmuthigen und mannichfaltigen Gegend, wo hohe Berge, kahle Felsen und von üppiger Vegetation bedeckte Hügel mit weiten wasserreichen Ebenen abwechseln, einen günstigen Eindruck. Sie besteht aus zwei Quartieren; der untere Theil auf ebenem Grunde enthält ziemlich breite und helle Straßen und auf dem mit Bäumen umpflanzten großen Platze meist moderne und zierliche französische Häuser, von denen das kolossale mehre tausend Kranke fassende Hospital Erwähnung verdient. Der obere Theil, auf dem Rücken eines Hügels amphitheatralisch gebaut, ist noch fast ganz maurisch und enthält niedrige Häuser, die meist nur ein Erdgeschoß enthalten. Die stark befestigte Citadelle oder Kasbah liegt auf einem isolirten Hügel und beherrscht Stadt und Gegend vollkommen; am 26. März 1832 fiel sie wie durch ein Wunder in die Hände der Franzosen und flog am 30. Jan. 1837 durch Entzündung des Pulvermagazins zum großen Theile in die Luft, ist aber seitdem wieder ganz hergestellt und gut befestigt worden. Die europäische Bevölkerung betrug 1839 3111 Köpfe, worunter 1120 Franzosen, 1209 Malteser, 524 Italiener, die übrigen Spanier und Deutsche; von Eingeborenen leben nicht über 1500 dort, worunter zwei Drittheile Mauren, seitdem die Stadt von dem Khalifa des Beis von Konstantine 1832 zerstört und die einheimische Bevölkerung, über 6000 Seelen, zur Auswanderung genöthigt wurde. Da das Klima sehr ungesund und der Aufenthalt wenig unterhaltend ist, so haben sich die meisten Ansiedler nur für kurze Zeit hier niedergelassen. Die Malteser, welche unter ihnen die zahlreichsten sind und zwischen Europäern und Eingeborenen gleichsam in der Mitte stehen, sind im Allgemeinen faul, feige, störrisch, unreinlich und diebisch. Der größere Theil von ihnen lebt vom Tagelohn, der bessere treibt Detailhandel, noch andere sind Wirthe und Marketender, nur wenige Handwerker. Die spanischen Ansiedler sind gute Gemüsegärtner und thätige Ackerbauer und haben sich fast alle Grundbesitz erworben. Die nächste Umgebung von Bona ist sehr reich an Bäumen, besonders Johannisbrot=, Oliven= und Feigenbäumen und Weinstöcken, leider aber auch zu reich an stehendem Wasser, indem viele von den Bergen fließenden zahlreichen Quellen und Bäche sich nicht mit den bei Bona ins Meer fallenden Flüssen Seybuß und Budschimah vereinigen, sondern große Moräste bilden und eben dadurch das Klima ungesund machen. In der heißen Jahreszeit leiden zwei Drittheile der Stadtbewohner am Wechselfieber. Ausflüge sind in der Umgegend der Stadt weniger gefährlich als in allen andern Theilen von Algier, nur in den Bergen ist man nicht sicher.

Nur eine Viertelstunde südwestlich von Bona liegen die Ruinen der berühmten alten Stadt Hippo regius, wo die numidischen Könige sich gern aufhielten und wo der heilige Kirchenvater Augustin Bischof war. Auf einem Hügel stand der Palast der numidischen Könige, östlich von demselben das von Augustin gegründete Anstalt der Barmherzigkeit. Die hauptsächlichsten Ruinen bestehen in einer Reihe von Cisternen, in zwei Hauptgebäude getheilt, von denen jedes sieben Cisternen enthält. Die Länge derselben beträgt 147, die Breite 129, die Höhe der Bogen 28 Fuß. In einem engen Thale trifft man die Reste einer römischen oder vielleicht byzantinischen Wasserleitung, von der zehn Arcaden erhalten sind. Am linken Ufer des Seybuß erblickt man an einem Abhange eines Hügels die Spuren eines halbkreisförmigen Theaters, dessen Umfang 330 Fuß beträgt. In der Nähe von Hippo führt eine Brücke von elf Bogen über den Fluß Budschimah, die noch von der Zeit der Römer herrührt, aber ihre alte Form seit der Restauration, welche 1834 nöthig wurde, theilweise verloren hat. Am äußersten Ende der algierer Küste, 27 Stunden östlich von Bona und nicht weit von der Grenze von Tunis, liegt La Calle, eine alte Handelsniederlassung der Franzosen, jetzt ein nur von Korallenfischern bewohntes Dorf, dessen Bevölkerung im Sommer über 500 Köpfe beträgt. Auf einem Sandsteinfelsen am Meere stand ein jetzt in Trümmern liegendes französisches Fort. Schon im J. 1520 gründeten die Franzosen einige Stunden östlich von La Calle eine Niederlassung an der Küste, die sie ihrer ungesunden Lage wegen aufgaben; sie zogen nun nach La Calle, das noch ungesunder ist, wovon die bis an die Wohnungen reichenden Sümpfe (drei sogenannte Seen, eigentlich sumpfige Weiher) die Schuld tragen. Die Handelsgesellschaft hatte mit den feindlich gesinnten Eingeborenen einen endlosen Kampf zu bestehen und wurde am 18. Juni 1827 völlig vertrieben, das Dorf aber niedergebrannt, später jedoch wieder aufgebaut. Die Korallenfischerei ist äußerst ergiebig und wie es scheint unerschöpflich, aber von den Franzosen fast ganz aufgegeben. Früher war ein Drittel der Fahrzeuge von Franzosen ausgerüstet, jetzt unter 200 nur noch 10—12, die übrigen sind aus Neapel, Genua und Livorno.

Die Stadt Oran, von Algier in westlicher Richtung 76 Lieues (45 Meilen) von ihrem Hafen Mers-el-Kebir aber zwei Lieues entfernt, bedeckt zwei kleine Hochebenen, welche ein breiter, mit schönen Gärten angefüllter Hohlweg trennt. Der westliche Stadttheil liegt tief am Meere und enthält die in Ruinen zerfallene alte Kasbah; die neue stark befestigte steht im größern östlichen Quartier, das sehr hoch liegt und sich einer weiten Aussicht erfreut. Die Stadt hat ein mehr spanisches als maurisches Ansehen; dies kommt daher, weil die Spanier dieselbe bis 1791 besessen haben, in welchem Jahre sie von ihnen in Folge eines sehr verheerenden Erdbebens an den Dey abgetreten wurde; ihnen verdankt auch die neue Kasbah ihr Dasein, sowie zwei andere, sehr solid aus großen Quadersteinen erbaute Forts, St.-Andreas am äußersten Südende des obern Stadttheiles, mit sehr schönen Casernen und Brunnen, und weiter westlich St.-Philipp. Die Straßen der Stadt sind breit, gerade und hell, die Häuser niedrig und sehr gleichförmig gebaut mit nach außen gehenden Fenstern, die den maurischen und türkischen

Wohnungen fast ganz fehlen. Im obern Stadttheile sind zwei geschmackvolle Minarets einer Moschee (deren Oran vier hat) mit gefälligen Verzierungen bemerkenswerth, wogegen die neue katholische Kirche ein schwerfälliges und unschönes Thürmchen hat. Die Bevölkerung von Oran zählt ohne das französische Militair gegen 5000 Einwohner, worunter kaum 1000 Mohammedaner (vor der französischen Occupation 5—6000, die nach derselben größtentheils in das Innere auswanderten) und gegen 800 Juden, die übrigen Europäer, meist Spanier (und zwar Andalusier) welche Kramhandel und Gewerbe, Fischfang und Schiffahrt treiben und an ihren zuckerhutförmigen Mützen und weiten Beinkleidern kenntlich sind. Der Handel Orans ist im Frieden nicht unwichtig; nach Spanien wird Getreide, nach dem übrigen Europa werden sehr viele Häute, Schafwolle und Wachs ausgeführt. Bereits findet man reich ausgestattete Waarenmagazine in pariser Geschmack. Die Araber der Provinz Oran, welche viel Vieh zum Verkauf bringen, sind weit kräftiger gebaut und von höherm Wuchse, auch dunklerer Gesichtsfarbe als in den übrigen Theilen der Regentschaft; die meisten von ihnen tragen schwarze Bernusse statt der anderweits allgemein üblichen weißen, weil die schwarzen Schafe in dieser Provinz überwiegen. Die Umgegend ermangelt der nöthigen Bewässerung und enthält keinen nur mittelmäßigen Bach. Nach Westen ist sie sehr rauh und felsig. Auf dieser Seite stehen übereinander auf dem Gipfel, der halben Höhe und am Fuße des Felsens Tammra die von den Spaniern gebauten, sehr festen Forts Santa-Cruz, San-Gregorio und La Mauna; dicht unter ihnen führt die neue, von den französischen Soldaten (den Disciplincompagnien) mit ungeheurer Anstrengung in den Felsen gehauene, 1838 vollendete Landstraße nach dem Hafen Mers-el-Kebir, für welche durch einen der härtesten Kalkfelsen ein Tunnel von 200 Fuß Länge gesprengt werden mußte. Der Hafen Mers-el-Kebir, bei den Alten Portus magnus (beide Namen bedeuten „großer Hafen"), ist einer der besten Ankerplätze der algierer Küste, aber den Windstößen aus Nordost ausgesetzt und sehr beschränkt. Zum Schutze desselben dient eine Citadelle, welche geräumige Casernen enthält; ihre Lage ist glücklich gewählt und ihre Batterien kreuzen sich mit dem Feuer der Felsenforts bei Oran. Östlich von Oran liegt eine grasreiche Hochebene, die einige Quellen enthält und ergiebige Weide darbietet.

(Der Beschluß folgt in Nr. 435.)

Seehunds- und Walroßjagd in der Südsee.

In Folge der günstigen Berichte, welche Capitain Cook über die Inseln Südgeorgien und Kerguelen abstattete, begannen die Engländer im Jahre 1775 Schiffe auszurüsten, welche nach der Südsee gingen, um dort Jagd auf die Seehunde zu machen, deren Thran und Felle gleich willkommen und gesucht waren. Das Unternehmen hatte einen sehr glücklichen Erfolg: schon im Jahre 1778 brachte man 40,000 Seehundsfelle aus Südgeorgien, der magelhanischen Meerenge u. s. w., und diese Zahl stieg fortwährend, sodaß 1791 und 1792 jährlich 350,000 Felle zum Werth von 50,000 Pf. St. eingebracht wurden. Im Jahre 1791 waren 102 Schiffe mit 3000 Matrosen bemannt zu diesem Zwecke nach der Südsee abgeschickt worden. Beim Ausbruche des Krieges mit Frankreich verminderte sich die Zahl der zu diesem Fange ausgerüsteten Schiffe, und folglich auch die der gewonnenen Seehundsfelle, bis zum Jahre 1796, wo nur 7000 Felle nach England gebracht wurden. Die Zahl derselben stieg jedoch im Jahre 1798 wieder bis auf 126,000 im Werth von 35,000 Pf. St., nahm aber dann allmälig ab bis zum Jahre 1811, wo nur 31,000 Felle nach England kamen. Damals erfand man eine neue Methode, die langen Haare von dem feinern Pelz zu trennen, und dadurch stieg ihr Werth bedeutend. Hierauf schwankte die Einfuhr mehre Jahre lang, bis im Jahre 1819 nur ungefähr 10,000 Felle gewonnen wurden.

Als durch Smith im Jahre 1818 die Südshetlandinseln wieder entdeckt worden waren, gingen die nach der Südsee bestimmten Schiffe dorthin, wo die Ausbeute so reichlich war, daß jährlich wieder 215,000 Felle erlangt wurden. Zu gleicher Zeit gingen die amerikanischen Schiffe auf die nämliche Jagd und gewannen eine halbe Million Felle. Allein durch ein solches unkluges Morden unter den Seehunden wurde dieser Handelszweig fast ganz vernichtet, und daher kommt es, daß jetzt der Preis eines Seehundsfelles auf das Sechsfache gestiegen ist.

Ein zweiter gewinnbringender Handelszweig in denselben Meeren war früher der Walroßthran. Der Fang der Walrosse war so leicht, erforderte so wenig Capital und gewährte doch so bedeutende Vortheile, daß er in kurzer Zeit eine große Ausdehnung erhielt. Im Jahre 1788 brachte man 2800 Tonnen Thran, an Werth von 40,000 Pf. St., nach England, und 1810 hatte sich diese Zahl auf 6000 Tonnen erhoben, die einen Werth von 173,000 Pf. St. hatten. In den Jahren 1818, 1819 und 1820, gleich nach Entdeckung der Südshetlandinseln, betrug die Einfuhr 5000 Tonnen zu einem Werth von 150,000 Pf. St. Aber schon im Jahre 1828 hatte dieser Erwerbszweig, sowie der Handel mit Pelzen, sehr abgenommen — man gewann nur noch 960 Tonnen Thran — und in der neuesten Zeit ist er fast auf Nichts herabgesunken, weil man zu schonungslos unter diesen Thieren gehaust hat.

Blos dann, wenn man einen Vertrag mit den Vereinigten Staaten, welche allein den Engländern in diesem Erwerbszweige das Gleichgewicht halten, abschlösse und dadurch dem unsinnigen Morden der Seehunde und Walrosse Einhalt thäte, würde es möglich sein, diesen Handel wieder neu zu beleben und die ganze Erde mit Seehundsfellen und Walroßthran zu versorgen, und zwar zur Hälfte des Preises, wofür diese Gegenstände jetzt gekauft werden. Zu diesem Schlusse gelangt man nothwendig, wenn man die Geschichte des Seehunds- und Walroßfanges in der Südsee von seinem Anfang an verfolgt.

Das goldene Buch.

Schon mehre Jahre arbeitete Donatien Taillandier bei einem bejahrten Schuhmacher, welcher mit seinem jüngern Weibe und zwei Kindern zu Paris im sogenannten lateinischen Quartier wohnte. Der Lehrherr hielt auf ihn wegen seines Fleißes und seiner Ehrlichkeit, und da er dabei viel Treuherzigkeit und ein gutes Herz an den Tag legte, war er in der Familie immer wohlgelitten. Seine gute Gesinnung bewies er auch dadurch, daß er einen hochbejahrten Vetter aus dem Hospital,

in welchem er Alters und Krankheit halber sich zur Versorgung befand, aus bloßem reinen Mitleid in seine höchst beschränkte Wohnung unter dem Dache aufnahm, und seiner pflegte und ihn abwartete, ob er wol bei dessen Armuth auf keine Vergeltung rechnen konnte. Vor kurzem starb der Alte, ohne weiter etwas zu hinterlassen, als ein einziges unscheinbares Buch. „Vetter, laß dir's gesagt sein!" sprach er kurz vor seinem Tode zu ihm. „Achte das Buch nicht so gering, und nimm es zuweilen zur Hand. Es hat mir manchen Trost in meiner Lage gegeben!" Diese Vermahnung hörte Taillandier geduldig mit an, aber nicht ohne Betroffenheit; denn er hätte, da er des Lesens unkundig war, in dem Buche nicht lesen können, und wenn er auch eine Brille gehabt hätte. Wie der Vetter todt war, warf er es in einen Winkel unter anderes Gerümpel. Inzwischen starb auch sein Lehrherr, welcher noch den Kummer erlebte, daß sein Sohn als Rekrut angenommen wurde. Die Witwe hatte nun aber zu dem Gehülfen ihr ganzes Zutrauen, und dieser war wieder ihr gewogen, sodaß sie am Ende nach der Trauerzeit sich zu heirathen beschlossen. Unser Bräutigam verrieth bei aller Seelengüte doch auch etwas von der französischen Eitelkeit, und wollte an seinem Ehrentage im besten Lichte zeigen. Er ließ daher einen Friseur kommen, um recht zierlich gekräuselt vor den Altar zu treten. Da mangelte es an Papier zu den Wickeln und Taillandier fiel am Ende auf das einzige, ihm theuer empfohlene Erbstück, das Buch. Als dieses aus einem Winkel aufgestöbert worden, und unser Figaro, welcher einmal durch die Schule gelaufen, also des Lesens nicht unkundig war, solches aufschlug, wie erstaunte er, eine Banknote von 1000 Francs zu finden! Weiteres Nachsuchen war von so gutem Erfolg begleitet, daß noch 13 Banknoten von gleichem Gehalt sich entwickelten. „Und Ihr behelft Euch mit einem Dachstübchen?" fragte der erstaunte Finder. Unser Taillandier aber sprang spornstreichs zu seiner Braut, rief: „Vivat, alle Noth hat bei uns ein Ende", kaufte flugs den Schwager vom Dienste durch Stellung eines Ersatzmannes los, und versah nach der Heirath sein Aushängeschild mit dem Beisatze „Zum goldenen Buch".

Herausgegeben unter Verantwortlichkeit der Verlagshandlung F. A. Brockhaus in Leipzig.

Das Pfennig-Magazin

für
Verbreitung gemeinnütziger Kenntnisse.

435. | Erscheint jeden Sonnabend. | [Juli 31, 1841.

Lavoisier.

Anton Laurent Lavoisier, dem die neuere Chemie ihre Begründung verdankt, wurde am 16. Aug. 1743 zu Paris geboren und machte daselbst in allen Theilen der Naturwissenschaften unter dem Astronomen Lacaille, dem Chemiker Rouelle, dem Botaniker Jussieu u. s. w. die gründlichsten Studien. Im J. 1764 gewann er den Preis bei Gelegenheit einer von der Regierung gestellten Preisaufgabe über die beste Art der Straßenbeleuchtung, deren Lösung er sich gewiß nicht leicht gemacht hatte; behufs derselben hatte er sich nämlich, um sein Auge für das Licht und die verschiedene Intensität desselben möglichst empfindlich zu machen, sechs Wochen lang in einer dunkeln Kammer aufgehalten. Im J. 1768 wurde er, kaum 25 Jahre alt, zum Mitglied der Akademie der Wissenschaften ernannt. Bald nachher nahm er, weil seine wissenschaftlichen Forschungen, die sich hauptsächlich auf die damals die meisten Chemiker beschäftigende Natur der Gasarten bezogen, einen bedeutenden Aufwand erheischten, eine Stelle als Generalpächter an, wodurch er wirklich zu großem Vermögen gelangte; seine Arbeiten litten indeß durch dieses Amt, welches ihm hinreichende Muße übrig ließ, keinen Eintrag. Allmälig sah er den Irrthum der Stahl'schen Theorie des Verbrennens ein, nach welcher ein eigenthümlicher Stoff, Phlogiston genannt, bei

diesem Processe entweichen sollte, und stieß endlich die ganze alte Chemie über den Haufen, indem er den Satz aufstellte, daß ein verbrennender Körper, sowie ein verkalkendes Metall sich mit Sauerstoff (1774 von Cavendish entdeckt) verbinde. Im J. 1783 gelang es ihm, das Wasser in seine beiden Bestandtheile, Sauerstoffgas und Wasserstoffgas, zu zerlegen und umgekehrt durch Verbrennung beider Wasser hervorzubringen. Außer der Theorie des Verbrennens und der Wärme überhaupt beschäftigte ihn der Athmungsproceß, die Theorie der Gährung u. s. w. Seit 1776 stand er den königlichen Pulverfabriken vor und führte in der Pulverfabrikation sehr bedeutende Verbesserungen ein. Als nach der Revolution die Einführung eines neuen Maßsystems beschlossen wurde, lieferte er für dasselbe genaue Versuche über die Ausdehnung der Metalle; 1791 wurde er zu einem der Commissare des Nationalschatzes ernannt und leistete als solcher Ausgezeichnetes. Aber bald sollte seinem Wirken ein Ziel gesteckt werden; als das Schreckenssystem über das unglückliche Frankreich hereingebrochen war, wurde Lavoisier nebst vielen Andern, die früher Generalpächter gewesen waren, verhaftet und fiel am 8. Mai 1794 unter dem Beile der Guillotine. Noch in dem Gefängnisse setzte er seine wissenschaftlichen Forschungen fort, und als ihm das

Todesurtheil schon gesprochen war, verlangte er noch einige Tage Frist, um eine wichtige Arbeit zu vollenden, worauf nicht eingegangen wurde, weil — so hieß es in der Antwort — die Republik keine Gelehrten und Physiker mehr nöthig habe. Als Mensch war Lavoisier im höchsten Grade achtungswürdig, sanft, redlich, im Umgange sehr liebenswürdig und benutzte sein großes Vermögen auf die edelste Weise zum Wohle seiner Mitmenschen.

Die Bereitung von Rosenöl und Rosenwasser in Gasipur.

Um den Ort Gasipur in Ostindien (Präsidentschaft Kalkutta, Provinz Bahar; liegt am Ganges) herum, der seit langer Zeit wegen seines Rosenöls und Rosenwassers berühmt ist, findet man auf einer Ausdehnung von 150 Morgen lauter kleine Rosengärten, die auf allen Seiten durch Lehmwände und stachelige Hecken gegen das Eindringen von Vieh geschützt sind, den sogenannten Zemindars (Generalpächtern) gehören und jährlich verpachtet werden. Auf einem Morgen stehen etwa 2000 Rosensträucher, die im günstigen Falle zwei Lak, d. i. 200,000 Rosen liefern sollen. Die Rosen kommen im Anfang März zur Blüte, die den April hindurch dauert. Sie werden früh Morgens gepflückt, aber nur selten von dem Anbauer selbst verarbeitet, meist in großen Säcken an Diejenigen, welche die Destillation übernommen haben, verschickt.

Der Apparat zur Destillation des Rosenwassers besteht aus einem großen kupfernen oder eisernen, wohlverzinnten Kessel (Destillirblase) mit weitem Bauche, engem Halse und einer acht Zoll weiten Mündung, der in einem irdenen Ofen ruht; als Helm dient ein an die Blase gekittetes altes Kochgefäß mit einem Loche in der Mitte, welches die Kühl= oder Schlangenröhre aufnimmt. Diese ist aus zwei im spitzen Winkel aneinander befestigten und mit Bändern der ganzen Länge nach umwundenen Bambusröhren zusammengesetzt, deren kleinere, zwei Fuß lang, in ein in der Mitte des Helms befindliches Loch gesteckt wird, während die längere in die Vorlage reicht; d. h. ein Gefäß mit langem Halse, das in einem Kübel mit Wasser steht. Wo sie in die Vorlage eintritt, ist sie mit einer dicken Lage Leinwand umgeben, um das Austreten des Dampfes zu verhindern.

Die Qualität des bereiteten Rosenwassers ist sehr verschieden; das beste ist dasjenige, wo auf ein Seer, oder etwa zwei preußische Pfund, Wasser 1000 Rosen kommen; am häufigsten aber rechnet man 1½ Seer auf 1000 Rosen oder 100 Flaschen auf ein Lak (100,000). Die Destillirblase faßt 8—16,000 Rosen. Nach der Destillation (die immer zwei Mal stattfinden sollte) kommt das Rosenwasser in eine große Glasflasche und wird einige Tage der Sonne ausgesetzt; hierauf wird dieselbe mit Baumwolle verstopft und mit feuchtem Lehm bedeckt, welcher erhärtet und den Geruch nicht entweichen läßt. Nach sechsmonatlicher Aufbewahrung ist das Rosenwasser am besten.

Um Rosenöl (Attar) zu erhalten, werden die Rosen in die Destillirblase gebracht und anfänglich wie bei der Rosenwasserbereitung verfahren. Ist alles Rosenwasser übergegangen, so wird es in ein großes metallenes Becken gefüllt, das zum Schutz von Insekten oder Staub mit feuchtem Musselin bedeckt und zwei Fuß tief in die vorher mit Wasser befeuchtete Erde gesteckt wird, wo es die ganze Nacht bleibt. In der Nacht

bildet sich auf der Oberfläche eine dünne Haut von Rosenöl; diese wird mit einer Feder abgenommen und in ein kleines Fläschchen gebracht, das sodann kurze Zeit in die Sonne gestellt wird. Bis zum dritten oder vierten Tage nach dem Abnehmen hat das reine Rosenöl eine blaßgrünliche Farbe, die sich bei längerer Aufbewahrung nach und nach einigen Wochen ins Blaßgelbe übergeht. Von einem Lak Rosen erhält man gewöhnlich drei Quentchen Rosenöl; sind die Rosen recht ausgewachsen und die Nächte kalt, um das Erstarren zu begünstigen (man verfertigt das Rosenöl immer im Anfang des Frühlings, wenn die Nächte noch kühl sind), so kann man noch etwas mehr erhalten. Im Bazar wird gewöhnlich verfälschtes, mit Sandel= oder Baumöl vermischtes Rosenöl, das reinste aber wird nur an Europäer verkauft.

Die Rosenwasserdestillateurs bringen in der Regel eine große Menge Sandelöl in die Vorlage (weshalb jährlich große Quantitäten Sandelöls aus dem Süden kommen); das dann gewonnene Öl wird sorgfältig gesammelt und als Sandelattar verkauft, das Wasser aber als Rosenwasser behandelt. Den meisten Gebrauch machen die Eingeborenen von dem Rosenwasser bei ihren Festen und Hochzeiten, wo es reichlich an die Gäste ausgetheilt und in den Gemächern ausgesprengt wird. Sie brauchen es auch sehr gern als Arznei oder als Behikel für andere Arzneistoffe. Eine große Menge Rosenwasser wird auch nach Benares verkauft, sowie viele eingeborene Fürsten in Gasipur Rosenwasser kaufen lassen. Der Werth der zur Bereitung des Rosenwassers verkauften Rosen ist auf 15—20,000 Rupien (eine Rupie = ⅔ Thlr.) jährlich anzuschlagen; der für das Rosenwasser bezahlte Preis wirft einen Gewinn von 40,000 Rupien ab.

Ludwig XIV., König von Frankreich.
(Beschluß aus Nr. 434.)

Ludwig sah sich jetzt dem Ziele sehr nahe, das Supremat über Europa zu üben. Er gebot über eine Seemacht von 96 Linienschiffen, 42 Fregatten und 36 Feluken und seine Armee belief sich auch nach dem Friedensschlusse auf 100,000 Mann Linientruppen und 14,000 Garden. Um sich des linken Rheinufers bemächtigen zu können, beauftragte jetzt der König die Parlamente zu Metz und Besançon mit einer genauen Untersuchung über alle diejenigen Territorien und Städte, welche mit den im münsterschen und nymweger Frieden abgetretenen Gebietstheilen des deutschen Reichs irgend einmal in Lehensverbindungen gestanden hätten. Ähnliches geschah zu Breisach für den Elsaß und zu Dornik für die spanischen Niederlande. Diese Commissionen, welche Reunionskammern hießen, erklärten ganze Landschaften für alte Dependenzen der erworbenen Provinzen und sprachen sie deshalb dem Könige von Frankreich zu, welcher die gegenwärtigen Besitzer derselben sogleich vorladen und, als sie nicht erschienen, ihre Besitzungen als verwirkte Lehen Frankreich einverleiben ließ. Hierauf nahm er Strasburg in Besitz; mehre andere Reunionen wurden mit derselben Leichtigkeit vollzogen, und man muß sich fast wundern, daß er nicht das ganze Reich in Besitz nahm, da man seine Anmaßungen so geduldig ertrug. In der That schien er auch noch weiter gehen zu wollen. Er unterstützte die empörten Ungarn auf alle Weise und setzte dem Sultan Mohammed IV. so lange zu, bis er mit seiner ganzen Macht gegen den Kaiser ins Feld rückte.

Deutschland sollte durch die Türken in die äußerste Noth kommen. Dann wollte Ludwig als Schützer und und Retter auftreten und seinem Sohne die Kaiserkrone verschaffen, die er selbst nach Ferdinand's Tode so gern erlangt hätte. Aber die Niederlage Kara Mustapha's vor den Thoren Wiens am 12. Sept. 1683 machte diesen Plänen ein Ende; im Ärger darüber ließ Ludwig mitten im Frieden Luxemburg und Trier wegnehmen. Auch Italien mußte in dieser Zeit seine Macht empfinden. Der Herzog von Mantua hatte durch den Grafen Mattioli den Franzosen die Festung Casale zugesagt. Es lag Ludwig Alles daran, daß die Unterhandlung tiefes Geheimniß blieb, um nicht die Unterhandlungen über den nymweger Frieden zu stören. Da aber Mattioli nicht reinen Mund hielt, wurde er auf die französische Grenze gelockt, verhaftet und unter einem fremden Namen dem Gouverneur von Pignerol übergeben, der ihn bei seinen Versetzungen, statt ihn in einem eng verschlossenen Wagen mit sich zu führen, der Bequemlichkeit halber eine schwarze Maske tragen ließ. Der bekannte, räthselhafte Mann mit der eisernen Maske ist aller Wahrscheinlichkeit nach Niemand anders als dieser Mattioli gewesen. Am 30. Sept. 1681, an demselben Tage, wo Louvois Strasburg besetzte, zogen 4000 Reiter unter Boufflers und 8000 Mann zu Fuß unter Catinat in Casale ein. Ludwig bekam mit dieser Festung den Schlüssel zu Oberitalien, sowie mit Strasburg den Hauptschlüssel zum Rhein in seine Gewalt. Am härtesten mußte Genua die Macht Frankreichs empfinden. Weil diese Republik Spanien im letzten Kriege mit vier Galeeren unterstützt hatte und verschiedene Transporte über Savona nach Casale nicht durch ihr Gebiet lassen wollte, wurde sie furchtbar gezüchtigt und mußte sich endlich den entehrendsten Foderungen unterwerfen.

Die seit dem nymweger Frieden gemachten Erwerbungen wußte sich Ludwig durch einen Waffenstillstand zu sichern, der am 15. Aug. 1684 zu Regensburg zu Stande kam und ihm die nöthige Zeit zu einem dritten Eroberungskriege gab. Den Vorwand zu neuen Feindseligkeiten fand er in dem Bündnisse, das der Kaiser Leopold am 9. Juli 1686 zu Augsburg zur Aufrechthaltung des regensburger Waffenstillstandes mit Preußen, Schweden, Spanien und Baiern abgeschlossen hatte. Am 25. Sept. 1688 mußte der Dauphin mit 60,000 Mann in Deutschland einfallen. Zum Glück für Deutschland verlor Ludwig's Verbündeter, Jakob II. von England, um diese Zeit seinen Thron, welchen am 22. Jan. 1689 der Prinz von Oranien bestieg. Nichtsdestoweniger mußte die Rheingegend abermals alle Greuel des dreißigjährigen Krieges erfahren. Der Krieg dauerte bis 1697 unter abwechselndem, aber am Ende doch wieder für Ludwig ausschlagendem Glücke. Der Friede zu Ryswick, einem Dorfe zwischen dem Haag und Delft, sicherte Frankreich seine neuen Eroberungen und gab Ludwig Zeit, sich zu seinem vierten und größten Eroberungskriege zu rüsten. Es handelte sich darum, sobald der kinderlose König von Spanien, Karl II., gestorben wäre, Spanien zu behaupten, auf das auch der Kaiser und der Kurprinz von Baiern sehr nahe Ansprüche hatten und das voraussichtlich nicht ohne Widerstand auch der übrigen europäischen Mächte Frankreich überlassen werden konnte. Zwar wußte es Ludwig durch Unterhandlungen und Bestechungen dahin zu bringen, daß Karl II. in seinem Testamente den zweiten Sohn des Dauphins, den Herzog Philipp von Anjou, zum alleinigen Erben der ganzen spanischen Monarchie erklärte, und dieser hielt,

nachdem Karl am 1. Nov. 1700 gestorben, am 14. April 1701 als Philipp V. feierlich seinen Einzug in Madrid; aber der Kaiser Leopold I. war entschlossen, Alles aufzubieten, um Spanien für seinen Sohn Karl zu gewinnen, und so begann der zwölfjährige spanische Successionskrieg, der Frankreich an den Rand des Verderbens brachte, aber in seinem Ausgange, nämlich in dem Frieden von Utrecht, der den 11. April 1713 unterzeichnet wurde, doch wieder für Ludwig so günstig ausschlug, daß sein Enkel Philipp V. als König von Spanien anerkannt wurde. Zwar trat der Kaiser diesem Frieden nicht bei, aber da Ludwig jetzt von allen Seiten freie Hand hatte, so schloß auch er endlich Frieden mit Frankreich, der zu Rastadt am 7. März 1714 unterzeichnet wurde und Östreich die spanischen Niederlande, Neapel, Mailand, Sardinien, Mantua und die toscanischen Freihäfen zusprach.

Obgleich Ludwig auch aus diesem Kriege nicht ohne Ruhm hervorging, so konnte er sich darüber doch nicht wahrhaft freuen; denn traurige Erfahrungen aller Art verleideten ihm die letzten Strahlen seiner untergehenden Sonne. Am 14. April 1711 starb sein Sohn, der Dauphin Ludwig, den er von den berühmtesten Gelehrten Frankreichs über alle Zweige des Wissens hatte belehren lassen. Das Jahr darauf tödtete ein hitziges Fieber dessen Sohn, den geistvollen Herzog von Burgogne, und bald darauf den ältesten Sohn desselben, den Herzog von Bretagne. Nur ein zweijähriges Kind, ein jüngerer Bruder des Herzogs von Bretagne, der nachmalige Ludwig XV., blieb für den Thron übrig. Diese außerordentliche Sterblichkeit in seiner Familie mußte Ludwig um so tiefer beugen, als er in ihr eine Strafe des Himmels erblicken mußte; denn durch seine Ruhmsucht sah er das Reich, das er so reich und blühend übernommen hatte, völlig erschöpft. Handel, Gewerbe und Ackerbau lagen darnieder; eine Schuldenlast von 900 Millionen Thalern lag auf den Staatskassen. Kein Wunder, daß er einen schweren Tod starb. Er lag vom 30. Aug. bis zum 1. Sept. 1715 im Sterben. In den lichten Augenblicken betete er: „Mein Gott, komm mir zu Hülfe; eile, mich zu erlösen." Die Nachricht von seinem Tode verbreitete Jubel unter dem Volke. Seine Leiche mußte, um dem Muthwillen des Pöbels zu entgehen, auf Nebenwegen nach St.=Denis gebracht werden; das war der Gewinn eines 72jährigen Strebens nach Ruhm. Ruhm war das Ziel aller seiner Unternehmungen gewesen, aber nicht der wahre Ruhm, der über das Grab hinausreicht, welcher Abglanz der Wirkungen guter Thaten ist und mehr der Nachwelt als der Mitwelt in die Augen fällt, sondern der Ruhm, der die Gegenwart mit Staunen erfüllt, die Sinne der Mitwelt blendet, den Helden zum Abgott seiner Umgebung macht. Diesen Ruhm hat Ludwig XIV. während seines langen Lebens vielleicht reichlicher genossen als irgend ein anderer Sterblicher auf Erden. Sein zahlreicher Hof ward nicht müde, seine Größe, seine Weisheit, seine Unwiderstehlichkeit zu rühmen. In der That hatten seine Einrichtungen und Anordnungen sowol in Bezug auf seine Hofhaltung als auch auf seine Staatsverwaltung so viel Empfehlendes, daß er bald das Vorbild aller Regenten Europas wurde. Durch seine Bauten, durch seine Freigebigkeit gegen Künstler und Gelehrte wirkte er ebenfalls wohlthätig auf seine Mitwelt, aber unsägliches Elend war die Folge seines Einfalls, durch Herstellung des Katholicismus, wo er verdrängt war, seinem Ruhme die Krone aufzusetzen. Von 1681 an wurde eine reformirte Kirche nach der andern niedergerissen. Rohe Dragonerhaufen wurden in die reformirten Ortschaften abgesandt, die Bewohner mit Gewalt der alleinseligmachenden Kirche wieder zuzuführen, eine Bekehrungsweise, gegen die sogar der Papst protestirte. Um den Bekehrten einen Rückfall unmöglich zu machen, wurde am 14. Oct. 1685 das Edict von Nantes widerrufen. Das kostete Frankreich mehr als 50,000 gewerbfleißige Familien, die nun die französische Industrie in ganz Europa verbreiteten, und wirkte auf das ganze geistige Leben in Frankreich höchst nachtheilig; denn die Kämpfe gegen die Kirche wendeten sich nun gegen Offenbarung und Religion überhaupt und trugen nicht wenig dazu bei, Frankreich in den Abgrund der Revolution von 1789 zu stürzen.

Der menschliche Körper in seinem Verhältnisse zu den ihn umgebenden Elementen.

Es gibt wol schwerlich einen würdigern Gegenstand für die Betrachtung des menschlichen Geistes als den Körper, der ihm zur Hülle dient; denn nirgend zeigt sich die Weisheit und Güte der Vorsehung in hellerm Lichte. Der unbedeutendste Theil desselben hat seine weisen Zwecke, ist für das Ganze berechnet und der Verrichtung entsprechend, für welche er da ist. Wir betrachten hier blos sein Verhältniß zu der ihn umgebenden Außenwelt. Das leibliche Gerüst, die Lebenskräfte und Eigenschaften der Sinne sind auf das genaueste nach der Beschaffenheit der Erde abgewogen. Die Stärke der Knochen und die Kraft der Muskeln richtet sich nach der Größe der Erde, die Beschaffenheit der Flüssigkeiten und der Widerstand der Blutgefäße nach der Höhe der Atmosphäre, das Geschäft des Athmens nach dem Gewichte der Luft, die Ausdünstung der Körperfläche endlich nach dem Wassergehalte und der Temperatur derselben. Alles ist geschaffen in Übereinstimmung mit dem ganzen Wesen der Erde und ein Theil des großen Ganzen.

Da unsere Erde Materie, Anziehung, Licht mit andern Weltkörpern gemein hat, da deshalb die mechanischen und chemischen Gesetze auf andern Welten nicht anders sein können als bei uns, so hat man gesagt, ein Bewohner unserer Welt würde, wie er ist, auch in jeder andern fortkommen, nur würde er anfangs einige Mühe haben, sich an das neue Klima und die neuen Sitten zu gewöhnen. Dem steht aber schon die verschiedene Schwerkraft entgegen, die auf der Oberfläche verschiedener Weltkörper stattfindet und theils von der Masse oder Quantität der Materie, theils von der Größe derselben abhängt. Auf der Sonne ist die Schwere 29 Mal größer als auf der Erde, d. h. was auf der Erde ein Pfund wiegt, wiegt auf der Sonne 29 Pfund, und mit derselben Muskelkraft, mit welcher ein Mensch auf der Erde 29 Pfund hebt, würde er auf der Sonne nur ein Pfund heben können; daher wäre kein Mensch auf der Sonne im Stande, sein eigenes Gewicht zu tragen, auch der stärkste würde von demselben erdrückt werden. Ganz anders auf dem Monde. Hier ist die Schwere nur der sechste Theil der irdischen, was auf der Erde sechs Pfund wiegt, wiegt auf dem Monde nur ein Pfund, die menschliche Muskelkraft würde daher auf dem Monde sechs Mal mehr zu leisten im Stande sein, als auf der Erde. Wie aber der menschliche Körper auf der Sonne zu schwer sein würde, würde er auf dem Monde zu leicht sein; hier würde er wie eine Feder hin und her getrieben werden, dort aber wie ein Granitblock in den Boden versinken und unter der eigenen Last erliegen.

Wie die Erde aus Festem und Flüssigem besteht, so auch jeder organische Körper. Im menschlichen Körper hat die Anordnung des Festen und Flüssigen ihre höchste Vollendung erreicht. Alle frühern Bildungen des organisirenden Geistes erscheinen als Stufen, alle Revolutionen der Erde als Bedingungen zur Bildung des Menschen und er selbst als das Ziel aller Veränderungen, als der Zweck des Daseins der Erde. Darauf führen unter Anderm auch die fossilen Knochen, die man in verschiedenem Zustande in der Erde gelagert findet. Entweder ist der thierische Stoff noch in ihnen enthalten oder er hat sich durch die Phosphorsäure in phosphorsauren Kalk zersetzt und ist durch Aufnahme von aufgelöster Kieselerde, Kalkerde u. s. w. zu Stein geworden. Die ursprünglichen Umrisse der also versteinerten Knochen sind dieselben geblieben und geben, da im thierischen Leibe Eins durch das Andere bestimmt ist, dem Forscher Aufschluß über den Bau und die Lebensart der Thiere, denen sie angehört haben; da nun beide nach dem Zustande der Erde sich richten, so ist man berechtigt, von der Beschaffenheit jener auf die Beschaffenheit dieser zu schließen. Auf diese Weise hat man gefunden, daß die vollendete Form, die uns jetzt im Skelett des Menschen entgegentritt, lange vor der Schöpfung des Menschen, ehe noch die Oberfläche der Erde für seinen Bau und seine Fähigkeiten fertig gemacht war, in thierischen Formen vorgebildet war.

Die mehr oder minder vollständigen Skelette, die man viele Ellen tief aus festem Gestein gegraben hat, führen auf Thiere, die einen ganz andern Zustand der Erde voraussetzen, als sie jetzt hat, die aber gleichwol alle die Organe hatten, durch welche die jetzige Thierwelt besteht, auf Thiere, die mittels der Verdauung immer neuen Stoff aufnahmen und durch eine kreisende Flüssigkeit ernährt wurden, die mittels eines Nervensystems fühlten und durch Muskelkraft sich bewegten, die also Organe der Verdauung, des Kreislaufes, des Athmens, der Bewegung der Sinne ebenso hatten, wie die jetzigen. Nur der Bau der Organe war verschieden, wie ihn der verschiedene Zustand der Erdoberfläche verlangte; aber alle Verschiedenheiten erweisen als Modificationen des ursprünglichen Typus, wie er im Menschen ausgeprägt ist.

Wäre der Mensch ins Dasein getreten, als der Plesiosaurus, Ichthyosaurus, Megalosaurus, Hyläusaurus, Iguanodon, Pterodaktylus, und wie die pedantischen Namen weiter heißen, auf der Erde lebten, zu einer Zeit, als es keine Landhöhen und Berge gab, als die Erdoberfläche eben und morastig war und unter einer dicken, nebligen Atmosphäre lag, unter welcher Rohrarten und Gräser zu riesenmäßiger Größe emporschossen, so hätte er sich schwerlich in einem Zustande der Dinge befunden, bei dem seine Fähigkeiten hätten zur Entwickelung kommen können, wenn wir auch annehmen, daß es unter Umständen hätte leben können, welche das Leben von Vögeln und Säugthieren unmöglich machten. Ohne die künstlichen Werkzeuge, die er sich bei dem jetzigen Zustande der Erde bereiten kann, ohne einen festen Boden, auf den sein Bau berechnet ist, ohne die mannichfaltigen Genüsse, welche ein gestirnter Himmel und eine schöne Landschaft auf tausendfältige Weise gewähren, würde er ein einförmiges Amphibienleben geführt haben, wie die Riesenthiere um ihn herum, und das geistige Leben, das ihn zum Herrn der Erde macht, der über sie emporsehen kann bis zu dem Throne des Höchsten, würde in seinen ersten Keimen erstickt sein. Die Erde mußte durch große Umwälzungen zu dem Zustande geführt werden, welcher den Kräften des Menschen entspricht und die volle Entwickelung seiner Vernunft ermöglicht. In dem gegenwärtigen Zustande der Erde besteht nun einerseits zwischen den Eigenschaften der äußern Dinge und der Thätigkeit der Sinnenwerkzeuge, anderseits zwischen den so angeregten Sinnen und dem Wesen des Geistes das genaueste Verhältniß. Der Mensch ist in die Mitte eines herrlich gegliederten Ganzen gestellt, in welchem zwischen seinen Geisteskräften und der materiellen Welt der innigste Zusammenhang herrscht. In den verschiedenen voradamischen Perioden der Erde, auf welche die Geologie den Forscher führt, war die Natur nicht minder ein zusammenhängendes, genau gegliedertes Ganze, aber der Mensch mit seinen Fähigkeiten hätte nicht hineingepaßt, hätte im Widerspruche gestanden mit der ihn umgebenden Welt, und hätte darum untergehen müssen, denn die Natur leidet keine Widersprüche.

Wie angemessen der menschliche Körper für die bestehenden Lebensbedingungen und die zu leistenden Verrichtungen gebaut ist, zeigt schon ein oberflächlicher Blick auf die Eigenschaften seiner festen und flüssigen Bestandtheile. Die Knochen haben die Derbheit, die zum Widerstande gegen den Druck, und die Elasticität, die zum Schutze vor Erschütterung und Bruch nöthig ist. Sie bestehen aus Häuten, phosphorsaurem Kalk und Knorpel in einem Verhältnisse, das keine Abänderung zuläßt, ohne die ganze Maschine unbrauchbar zu machen, und jeder Knochen ist seiner Stelle und Verrichtung gemäß gestaltet. Die Muskeln haben eine nach der Länge der Knochen berechnete Kraft, die Gelenke die gehörige Biegsamkeit, die Gefäße den gegen die darin circulirenden Flüssigkeiten nöthigen Widerstand, die Glieder eine mit dem Körpergewichte im Verhältnisse stehende Stärke.

Gleichwol ist der Mensch nicht sicher vor allen Verletzungen, und das könnte Manchen auf den Gedanken bringen, als ob der Körper desselben wol noch vollkommener eingerichtet sein könnte. Aber Unverletzbarkeit des Menschen konnte nicht in den Absichten des Schöpfers liegen. Ohne die Vorsicht, ohne die beständige Auffoderung zur Thätigkeit, wie sie die Unsicherheit des Lebens mit sich bringt, bliebe ein großer Theil der Geisteskräfte unentwickelt, die zur Entwickelung kommen sollen. Man denke sich weg, was Alles aus der Ungewißheit der Lebensdauer folgt, und es muß eine völlige Umkehrung in der moralischen Verfassung des Menschen eintreten. Betrachten wir die Knochen am Schädel, wo sie zum Schutze der wichtigsten Organe angeordnet sind, oder an den Gliedern, wo sie zu Hebeln dienen, oder endlich an der Brust, wo sie für beide Zwecke vereinigt sind, so können wir uns nichts Angemesseneres denken. Die mechanischen Vorkehrungen sind vollkommen ausreichend für ihre Zwecke und geben bei allen natürlichen Bewegungen des Körpers vollkommene Sicherheit. Diese Bewegungen werden durch einen innern Impuls geleitet, der mit dem Körpergewichte im genauesten Verhältnisse steht, während der Schmerz uns vor dem übermäßigen oder gefährlichen Gebrauche der Glieder warnt. Wir sollten nicht ewig auf der Erde leben, deshalb ist unser Körper nicht aus Elementen gebildet, die seine Zerstörung unmöglich machten; wir sollten während unsers Lebens mit der Natur vertraut werden, deshalb steht unser Körper in so engem Bezuge zu ihr, daß jede Veränderung in ihr vorgeht, der eine Veränderung in unserm Körper entspräche; wir sollen endlich durch die Einwirkungen von außen zu Gegenwirkungen von innen veranlaßt werden und im Kampfe gegen das Äußere

unsere innern Kräfte bilden und kennen lernen, deshalb ist unser Körper bis zur Vernichtung schmerzlichen Einwirkungen von außen unterworfen. So ist die Gebrechlichkeit und Verletzbarkeit unsers Körpers nicht minder ein Vorzug desselben als die Vollendung seines Baues und verkündigt auf gleiche Weise die Weisheit und Güte Dessen, der uns geschaffen hat.

––––––––––

Die Städte Algeriens.
(Beschluß aus Nr. 434.)

Etwa 12 Lieues östlich von Oran liegt der gleichfalls von den Franzosen besetzte Ort Neu-Arzew, der fast nur aus zwei Forts, einigen Casernen und Magazinen besteht und die sicherste Rhede der ganzen Berberei hat. Die alte Stadt Arzew, 1½ Stunde vom Hafen entfernt, ist seit dem Juli 1834 völlig unbewohnt und in einen Schutthaufen verwandelt; damals bestand der Ort aus einigen hundert baufälligen Häusern, deren Bewohner, nicht über 400 an Zahl, von Kabylenstämmen in Marokko abstammten, aber ebenso harmlos als arm waren. Bei Annäherung der Franzosen nahm Abd-el-Kader die Stadt ein und zwang die Bewohner, nach dem Innern auszuwandern. Einige römische Bauspuren sollen von der alten Stadt Arsenaria, nach Andern von Portus magnus herrühren. Die Umgegend ist sehr trocken und zeigt keine Spur von Anbau.

Noch weiter östlich, zwischen Arzew und Algier liegt Mostaganem auf dem Gipfel eines Kalkfelsens, der eine Viertelstunde vom Meere entfernt und 255 Fuß über demselben erhaben ist; diese Stadt enthält fast 5000 Einwohner, worunter 2700 Mauren, 1800 Kuruglis und Türken, 500 Juden und 150 Europäer. Die beiden parallelen Hauptstraßen sind ungepflastert, die Häuser einstöckig und klein. Von den neun Moscheen sind fünf von den Franzosen in Besitz genommen und die größte davon in ein Hospital verwandelt. Die Citadelle, Bordschi-el-Mehal, d. i. das Fort der Störche, einst ein solides Bauwerk aus großen Quadersteinen, liegt jetzt in Ruinen und dient wirklich den Störchen als Wohnsitz. Die Bewohner waren sonst sehr gewerbthätig, Goldsticker, Bernusweber, Teppichfabrikanten u. s. w.; aber seit der französischen Occupation, welche einen großen Theil derselben zur Auswanderung bewog, sind sie sehr verarmt. Die Umgegend war früher sehr fruchtbar und gut angebaut, namentlich reich an Weizen, wiewol bis auf eine Stunde südlich von der Stadt sehr sandig, aber seitdem sie schwer gelitten.

Im Innern halten die Franzosen seit dem April und Mai 1838 noch die Städte Belida und Koleah in der Provinz Algier besetzt. Belida, das am Fuße des Gebirges südlich von Algier liegt, war vor 20 Jahren eine schöne und blühende, von reichen Pflanzern und Handwerkern bewohnte maurische Stadt, wurde aber im J. 1825 durch ein Erdbeben größtentheils zerstört. Die erschrockenen Bewohner wollten ein Neu-Belida eine Viertelstunde weiter nördlich in der Ebene bauen, standen aber bald wieder davon ab. Nur friedliche Gewerbe treibend, wurden sie von den Kabylen oft geplündert und mishandelt, von den Franzosen aber so wenig als von deren Gegnern geschont. Die Bevölkerung ist von 6—7000 auf 2000 herabgesunken, unter etwa 1500 Mauren. Unter den Handwerkern sind namentlich Schuster zahlreich, welche vorzüglich gelblederne leichte Schuhe, wie sie die Araber in den Städten in der heißen Jahreszeit tragen, und die hohen gelbrothen

Winterstiefel, welche die vornehmen Araber an Festtagen oder ihr Streitroß reitend tragen, verfertigen.

Die kleine, aber interessante Stadt Koleah liegt in einem freundlichen Thale nördlich von Belida, etwa zehn Stunden von Algier und ¾ Stunde von dem Meere entfernt. Sie hatte vor 1830 2—3000 Einwohner, 1838 nur 1600, von denen seit der französischen Besetzung wieder ein Drittel auswanderte. Die Straßen sind regelmäßig und ziemlich breit, enthalten aber außer einem Kaffeehause, zwei Moscheen und einem Brunnen nur niedrige, sehr einfache Häuser. Als Wohnung von mehren der berühmtesten Marabuts galt Koleah lange für eine heilige Stadt und erfreute sich daher eines ungetrübten Friedens. Die Umgegend enthält halbnordische Vegetation und viele Gärten von Äpfel- und andern europäischen Fruchtbäumen, steht aber der Gegend von Belida an Fruchtbarkeit, Cultur und Schönheit weit nach.

Im Innern der Provinz Konstantine sind noch zwei Städte zu bemerken: Milah, das alte Milevum, nordwestlich von der Stadt Konstantine in geringer Entfernung vom Flusse Rummel, eine reinliche und hübsche Stadt, von schönen Gärten umgeben, die 2000 Einwohner, Mauren und Kuruglis, zählt und seit 1838 im Besitz der Franzosen ist, und Zammurah (Zamora) in der großen Ebene Medschana mit 1500 Einwohnern, die sich im October 1839 den Franzosen unterworfen haben.

Von denjenigen Städten, die sich gegenwärtig nicht im Besitz der Franzosen befinden, sind folgende erwähnenswerth. 1) An der Küste, östlich von Algier: Dellys, das alte Ruscurium, 15 Stunden von Algier, mit 2500 Einwohnern, die ziemlich industriös sind und lebhaften Handel mit Algier treiben, wohin sie Öl, getrocknete Früchte, Schafhäute u. s. w. ausführen; seit 1838 gehorcht die Stadt dem Emir Abd-el-Kader. Kollo, 15 Stunden östlich von Stora, die einzige noch unbesetzte Küstenstadt der Provinz Konstantine, besteht aus einem Haufen elender verfallener Hütten und wird nur von einigen hundert Kabylen bewohnt, die sehr wild und räuberisch sind. Zu den Zeiten der Römer hieß der Ort Calla oder Collops magnus.

2) An der Küste, westlich von Algier: Scherschell, die alte Julia Caesarea, einst die Hauptstadt des römischen Mauritaniens und nach Karthago die blühendste Stadt der Berberei, zählt etwa 4500 Einwohner, die mit andern Küstenstädten lebhaften Handel treiben, und ist im Besitz Abd-el-Kader's. Tenez, zwischen Scherschell und Mostaganem, besteht aus etwa 80 elenden, meist von Lehm gebauten Häusern, die nicht über 600 Einwohner beherbergen mögen, und ist unter den Eingeborenen seines Schmuzes wegen berühmt.

3) Im Innern Maskara, in der Provinz Oran, 26 Lieues von Oran und 18 vom Meere, einst die Hauptstadt des Beyliks Oran, so lange diese Stadt spanisch war, und seit Jahrhunderten bedeutend. Die fünf Vorstädte sind offen, die innere Stadt von einer 20 Fuß hohen, dünnen und baufälligen Ringmauer umgeben. Ihrer Größe ungeachtet ist die Stadt sehr schlecht; die Häuser sind zwar meist von Stein, aber klein und armselig, die Straßen eng, aber belebt. Bis 1835 residirte hier der Emir Abd-el-Kader, seitdem aber die Franzosen hier gewesen sind, hat er geschworen, seinen Fuß nicht wieder in die von den Christen entweihte Stadt zu setzen, und hat seine Residenz nach Tekedemt verlegt. Der von ihm bewohnte ehemalige Palast des Beys der Provinz, seit Vertreibung der Türken in Trümmern, war übrigens durchaus kein bedeutender Bau. Er hatte einen kleinen, jetzt zerstör-

ten Säulenhof; seine Wände waren mit blauer Fayence bedeckt. Die jetzige Bewohnerzahl beträgt nicht über 7000, worunter 5000 Hadars, d. h. Städtebewohner von maurischem Ursprunge, die zwischen den Mauren und Arabern stehen, 1000 Mauren von reinem Blut, 3—400 Juden, die übrigen sind ein Gemisch fast aller afrikanischen Völker; Türken fehlen ganz. Seit der Anwesenheit der Franzosen im December 1835, die den Emirs Palast zerstörten, hat die Bevölkerung um 1000 Köpfe abgenommen, aber schon lange vor der französischen Expedition war Maskara ein armer und als Stadt sehr elender Ort, dessen Wichtigkeit nur in seiner Lage in gleicher Entfernung von den Grenzen Marokkos und der Provinz Titteri bestand.

Tekedemt, etwa 30 Stunden südwestlich von Maskara entfernt, war zu Ende des 17. Jahrhunderts noch eine bedeutende Stadt, wurde aber gegen 1720 wegen einer Hungersnoth verlassen und erst 1836 von Abd-el-Kader neu gegründet. An der Stelle, wo die ehemalige Festung stand, ließ er eine Kasbah erbauen und neue Ringmauern von 1200 Schritten Länge und 900 Schritten Breite aufführen. Die Stadt, deren Bevölkerung erst einige hundert Familien zählt, ist von ziemlich hohen Gebirgen umgeben, hat ein sehr rauhes Klima (schon im October gibt es Frost) und liegt in einer nicht angebauten Gegend, wo die Lebensmittel theuer sind, da sie weit hergeholt werden müssen.*) Seit der Gründung Tekedemts hat Abd-el-Kader noch folgende Orte angelegt: 1) Boghar, 15 Stunden südöstlich von Medeah, wo 1836 der Bau einer großen Citadelle begonnen wurde. 2) Thaza, 12 Stunden südöstlich von Miliana auf der Atlaskette von Matmala gelegen, 1838 gegründet; es enthält eine Kasbah, mehre Mühlen und ein Hammerwerk. 3) Saïda, anderthalb arabische Tagemärsche südlich von Maskara, soll als Zufluchtsstätte für die Bewohner dieser Stadt dienen, wenn sich die Franzosen ihrer abermals bemächtigen sollten. 4) Tafraua, eine Tagereise südlich von Tlemsan, ist von einigen von dort vertriebenen Kurugli-familien bewohnt und enthält Pulvermühlen, Magazine und Casernen.

Tlemsan im Westen der Provinz Oran, in reizender Gegend gelegen, war einst groß, blühend und volkreich, bis sie 1760 auf Befehl des damaligen Deys von Algier wegen eines Aufstandes fast ganz zerstört wurde. Als die Franzosen unter Clauzel 1836 hier einzogen, hatte die Stadt kaum 5000 Einwohner; 1837 war sie sehr im Verfall; seit dem Vertrage an der Tafna ist sie im Besitze Abd-el-Kader's. Sie steht auf einer Hochebene, südlich welcher sich eine weite sehr gut angebaute Ebene ausbreitet, die gut bewässert und an Blumen, Südfrüchten und edlen Bäumen aller Art reich ist. Die Hügel bei Tlemsan bilden Terrassen mit den schönsten Pflanzungen von Südbäumen. In geringer Entfernung liegen die großartigen Ruinen der arabischen Stadt Mansurah.

Außerdem sind in der Provinz Oran noch zwei Städte zu bemerken: Miliana, hübsch gebaut in sehr hoher, aber freundlicher Lage, und El-Kallah, eine schmuzige kleine Stadt südöstlich von Mostaganem, wo viele Teppiche, Bernusse und andere Stoffe fabricirt werden.

Die Provinz Titteri hat nur eine Stadt, Medeah, in gebirgiger, mit breiten Thälern durchschnittener Gegend auf einem Hügel gebaut, mit 4—5000 Einwohnern, worunter besonders viele Mosabiten. Die Häuser haben

---

*) Nachdem dies geschrieben wurde, ist Tekedemt von den Franzosen unter dem Generalgouverneur General Bugeaud eingenommen und niedergebrannt worden (25. Mai 1841).

Ziegeldächer. Die Stadt treibt mit den Stämmen der Wüste ziemlich lebhaften Handelsverkehr. Auch sie, früher der Sitz eines Beyliks, steht jetzt, wie die ganze Provinz Titteri, unter der Herrschaft Abd-el-Kader's und ist für ihn von großer Wichtigkeit.

Im äußersten Süden der Provinz Konstantine am Flusse Uad-el-Kantara liegt die noch von keinem Europäer besuchte und beschriebene Stadt Biskara, die 5—6000 streitbare und thätige, aber arme Einwohner zählt, von denen jährlich einige hundert nach Algier und Tunis wandern, wo sie als Taglöhner arbeiten, um nach Ersparung einer kleinen Summe wieder in die Heimat zurückzukehren. Die Kabylenstadt Kelah oder Kallah, vier Stunden nördlich von dem berühmten Engpasse Biban, liegt auf einem sehr hohen, überall senkrecht abfallenden Felsen, wird als uneinnehmbar geschildert und soll sehr bedeutende Schätze enthalten; auch sie ist noch von keinem Europäer besucht worden. Die Angaben über ihre Bevölkerung sind sehr widersprechend.

In der neuesten Zeit ist vielfach von dem Kriegszuge Abd-el-Kader's gegen Ain-Maadi die Rede gewesen. Dies ist der Name eines unabhängigen Oasenstaates im Süden der Regentschaft, in der Sahara, neun Tagmärsche südlich von Tekedemt, dessen jetziger Beherrscher den kurzen Namen El-Hadschi-Mohammed-Ben-Salem-el-Idschini führt. Die Stadt Ain-Maadi hat nicht über 300 und die Vorstädten 380 Häuser, und ist mit einer sehr breiten und festen, mit Thürmen besetzten Ringmauer umgeben, gegen welche Abd-el-Kader nichts auszurichten vermochte; sie wird von Arabern und einigen Juden bewohnt.

Im Süden der Provinz Konstantine, gleichfalls in der Sahara, liegt der Oasenstaat Tuggurt oder Tuggurtah mit einer Hauptstadt gleiches Namens, die fast ebenso bevölkert als Konstantine sein soll, nach Andern aber wenig größer als Belida ist.

Der Hausschwamm.

Der Haus- oder Aderschwamm (Merulius lacrymans) entsteht nach der Meinung Einiger aus der fauligen Gährung der Säfte, die in den innern Theilen und Zellgeweben von Baumstämmen enthalten sind, die im Frühjahre oder Sommer gefällt werden, wodurch die Circulation des Saftes plötzlich gehemmt wird. Als Mittel zur Verhinderung der Fortpflanzung des Schwamms haben sich besonders wirksam gezeigt: Quecksilbersublimat und Mastixcement. Da das erstere der Gesundheit leicht nachtheilig werden kann, so ist das letztere weit vorzuziehen. Mit diesem Cement wird das Holzwerk nach Entfernung aller vom Schwamm ergriffenen Theile und der Füllung unter den Fußbodenbretern überzogen; da es einen lackähnlichen Überzug ohne Poren bildet, so ist kein ferneres Wachsthum des Schwammes möglich.

Fest der Wäscherinnen.

Gleich den Poissarden oder Fischhändlerinnen bilden auch die Wäscherinnen zu Paris ein besonderes Corps, welches aber in Absicht auf Energie und Nachdruck der Rede vor der Hand wenigstens sich einen gleichen Grad der Berühmtheit zu verschaffen nicht vermocht hat. Zu Mitfasten feiern sie alljährlich ein Fest, das im März 1841 mit ungewöhnlichem Glanze begangen worden ist. Um die zehnte Vormittagsstunde dieses Tages erschienen diese Wäscherinnen in möglichst voll-

ständiger Versammlung, alle in weißen Gewändern, das Haupt zierlich mit Blumenkränzen geschmückt, in Procession in der Kirche und überreichten das geweihte Brot. Hierauf gingen sie und vertheilten dergleichen in alle zum Waschen bestimmte Schiffe an der Seine. Auch alle Waschzuber waren von ihnen mit mächtigen Sträußern, welche Bänder von allen Farben schmückten, geziert worden. An der Spitze ihres Zugs wurde eine stattliche Fahne getragen, auch begleitete ihn ein vollstimmiges Musikcorps. Auch die Wäscherkarren auf den Quais waren mit vier Pferden bespannt und die Wäscher selbst in glänzender Parade; große Paniere mit den Namen der Gemeinden von Boulogne, Saint Cloud, Sèvres u. s. w. flatterten über diesen verschiedenen Fuhrwerken.

Berchtesgaden.

Eine der reizendsten und romantischsten Gegenden Baierns nicht nur, sondern des gesammten deutschen Vaterlandes ist die Landschaft (ehemalige gefürstete Propstei) Berchtesgaden, die zu dem bairischen Kreise Oberbaiern gehört, im südöstlichen Winkel Baierns und im südwestlichen Theile des alten Salzburggaus liegt und auf neun bis zehn Quadratmeilen zwischen 8—9000 Menschen ernährt, demnach nicht eben stark bevölkert ist. Der letztere Umstand erklärt sich leicht daraus, daß die Landschaft ein völliges Gebirgsland ist, umgeben von einem Kranze 6—8000 Fuß hoher Kalkgebirge, aus denen der 9100 Fuß hohe Watzmann als höchster Gipfel hervorragt; jenseit derselben aber ist sie von der Salzach und Saale umflossen. Zahlreicher als in irgend einem Theile Europas sind hier die Gemsen, welche die Landschaft zu einem Tummelplatze der Jäger machen; in den höchsten Felsenklüften wohnt das Murmelthier, in der Tiefe der Seen außer vielen andern Fischen der wohlschmeckende Salmling. Unter den Seen, sechs an der Zahl, ist insbesondere der vielbesuchte 1½ Meile lange Königs- oder Bartholomäsee zu bemerken, an dessen Westufer das Jagdschloß Bartholomä liegt und aus welchem das Achen kommt, die nachher die Alben heißt und sich in die Salza ergießt.

Unter den Erwerbszweigen der Bewohner sind außer der Alpenwirthschaft, der Viehzucht und dem sehr beschränkten Feldbau namentlich zwei zu bemerken: der Salzbergbau, als die hauptsächlichste Nahrungsquelle, und die Verfertigung von Holz- und Beinwaaren. Die reichen Salzberge des Ländchens stehen seit 1517 im Betriebe. Die größten Siedereien oder Salzpfannen sind bei den Flecken Frauenreith und Schellenberg zu finden und liefern jährlich 150,000 Centner Salz; die erste wurde 1820 eingeäschert, aber in größerm Umfange wiederhergestellt. Die Soole wird dadurch erzeugt, daß heißes Wasser in den Salzstein (die sogenannten Sinkwerke) eingelassen wird; sie wird theils hier versetzen, theils durch hölzerne und eiserne Röhren, die 1817 durch den Salinenrath v. Reichenbach angelegt wurden (im Ganzen 14 geographische Meilen lang), über zwölf Meilen weit nach den gleichfalls bairischen, aber nicht zu Berchtesgaden gehörigen Salinen Reichenhall, Rosenheim und Traunstein geleitet, welche zusammen 620,000 Ctr. Salz jährlich liefern.*) Die Verfertigung unzähliger Waaren aus Holz, Knochen und Elfenbein, welche als Spielzeug und Hausgeräthe in ganz Europa beliebt

*) Wir werden von diesen merkwürdigen Salzwerken und ihrer großartigen Soolenbereitung in einer der nächsten Nummern ausführlicher sprechen.

sind, selbst über das Meer, bis nach Amerika versendet und zum Theil als nürnberger Waaren verkauft werden, nährt etwa 650 Familien. Die Baumwollenstrickerei, welche in einigen Gegenden im 17. Jahrhunderte aufgekommen ist, hat schon lange durch Maschinenweberei bedeutenden Abbruch gelitten. Der Bergbau auf Blei und Galmei ist von geringer Bedeutung.

Der Hauptort des Ländchens ist der in der Abbildung dargestellte Marktflecken Berchtesgaden an der Ucher, 2018 Fuß über dem Meere erhaben, ganz nahe der östreichischen Grenze. Er hat etwa 3000 Einwohner und ist der Sitz eines Landgerichtes, eines Rentamtes und einer Obersalineninspection; unter den Gebäuden (etwa 150) sind das Schloß, Fürstenstein genannt (Residenz der früher gefürsteten Pröpste), drei Kirchen, eine Niederlage der obengenannten Kunstwaaren und ein großes Salzmagazin zu bemerken. Gute Straßen führen von hier nach Reichenhall, sowie nach dem vier Meilen entfernten Salzburg und der berühmten östreichischen Saline Hallein.

Die Landschaft hieß ehemals urkundlich Tuval, was vielleicht so viel als das tiefe Thal oder der tiefe Wald bedeuten sollte; der Name Berchtesgaden heißt in den Urkunden des 11. Jahrhunderts Berthersgadmen; der seit 150 Jahren zuweilen vorkommende Name Bertholdsgaden oder Berchtolsgaden beruht auf einem Irrthume. Irmengard, Gemahlin des Hallgrafen oder Salzgrafen Engelbert III. von Wasserburg, erbaute um 1088 am Priesterstein in Berchtesgaden eine dem heiligen Martin gewidmete Zelle und bestimmte die Ortschaften Berchtesgaden und Grafengaden nebst dem sie umgebenden ungeheuren Walde zu einer geistlichen Stiftung zu Ehren Johannis des Täufers und des heiligen Peter, welche aber erst 1111, nach Andern 1106 durch ihre Tochter Adelheid und deren Gemahl Berengar ins Leben trat. Zum ersten Propst wurde 1122 Eberwein geweiht. Das Stift — ein unmittelbares Reichsstift mit regulirten Chorherren vom Augustinerorden, mit dem ein Frauenkloster verbunden war — bereicherte sich bald durch zahlreiche Schenkungen und erwarb auch beträchtliche Güter und Rechte außer der Landschaft Berchtesgaden im Chiem-, Pinz- und Pangau, ferner in Niederbaiern, Östreich, der Oberpfalz und selbst in Franken. Von 1386—1404 war die Propstei ohne Propst; im J. 1404 wurde die alte Verfassung wiederhergestellt und 1455 das Stift von der geistlichen Gerichtsbarkeit des Erzbischofes von Salzburg befreit und dem päpstlichen Stuhle unmittelbar untergeordnet. Seit dem 15. Jahrhunderte nahm es nur adelige Domherren auf. Am Ende dieses Jahrhunderts wurde den Pröpsten der Titel eines Reichsfürsten ertheilt, den zuerst Ulrich II. (1486—96) führte. Von 1595—1723 stand das Stift unter kurkölnischer Administration. Bis zu seiner Auflösung hatte es 47 Pröpste; der letzte derselben, Joseph Konrad, Freiherr von Schraffenberg, gest. 1803, besaß zugleich die Würde eines Fürstbischofs von Freysing und Regensburg. Im J. 1803 wurde auch dieses Stift gleich so vielen andern säcularisirt und als Fürstenthum mit dem Herzogthume (Kurfürstenthume) Salzburg dem bisherigen Großherzoge von Toscana übergeben; 1806 kam es mit Salzburg durch den presburger Frieden an Östreich, 1809 an Frankreich (durch den wiener Frieden), 1810 an Baiern, bei welchem es auch 1815 blieb, obgleich Salzburg wieder an Östreich fiel. Noch ist aus der Geschichte des Ländchens zu bemerken, daß im J. 1732 etwa 9000 protestantische Bewohner desselben, gleichzeitig mit 30,000 Protestanten des benachbarten Erzbisthums Salzburg, nach Brandenburg (Berlin) und besonders nach Kurbraunschweig (Calenberg) auswanderten, veranlaßt durch die zahlreichen Bedrückungen, die sie besonders unter dem Erzbischofe Leopold Anton Eleutherius von Firmian, welcher 1729—33 regierte, ihrer Religion wegen zu leiden hatten.

Berchtesgaden.

Herausgegeben unter Verantwortlichkeit der Verlagshandlung F. A. Brockhaus in Leipzig.

2

Das Pfennig-Magazin

für
Verbreitung gemeinnütziger Kenntnisse.

436.] Erscheint jeden Sonnabend. **[August 7, 1841.**

Annaberg.

Die Bergstadt Annaberg (Sanct-Annaberg) im sächsischen Erzgebirge, zum Amte Wolkenstein gehörig, liegt hoch und frei, etwa 1800 F. über dem Meere, zwölf Meilen von Leipzig, neun von Dresden und nicht ganz eine Meile von der böhmischen Grenze entfernt, auf dem hohen Abhange des Stadtberges, zwischen dem westlichen Fuße des basaltreichen, kahlen und langgestreckten Pöhlbergs (auch Biehlberg oder Balberg genannt), der 2500—2600 Fuß Seehöhe hat, und dem rechten Ufer des kleinen Flusses Sehm oder Sehma, eines Nebenflusses der Zschopau. Die Lage der weithin sichtbaren Stadt, einer der höchsten in Sachsen, muß gewiß romantisch genannt werden; eine Folge der großen Höhe ist aber Rauheit des Klimas und Zurückbleiben der Vegetation, die gegen die tiefer liegenden Gegenden um drei bis vier Wochen zurück ist, sodaß die Rosenzeit in den Juli fällt. An Seelenzahl ist sie unter Sachsens Städten die elfte (nach der Zählung von 1837 hatte sie 6780 Einwohner in etwa 660 Gebäuden). Das Innere der Stadt mit ihren netten, reinlichen, meist geraden und langen Gassen (worunter besonders die schnurgerade Kirchgasse eben dieser Eigenschaft wegen zu erwähnen ist) ist freundlich und ansprechend; ihr stattliches Ansehen dankt sie freilich hauptsächlich den großen Bränden von 1731 und 1837. Die Häuser sind fast durchgängig mit Schiefer gedeckt, nur hier und da ist ein Schindeldach zu sehen, nirgend ein Strohdach. Die Stadt ist mit Alleen umpflanzt, durchaus mit

Basalt gepflastert, mit Reverberen erleuchtet und mit Brunnen wohlversehen. Auf dem großen und regelmäßigen Marktplatze stehen Linden und Bänke für Lustwandelnde.

Der Ursprung Annabergs fällt in das Ende des 15. Jahrhunderts. Seitdem der Knappe Daniel 1491 in dieser Gegend reiche Silbergänge entdeckt hatte, erhob sich eine Gruppe von Häusern, die 1496 unter Herzog Albert zu einer Bergstadt erklärt und als solche vom Kaiser bestätigt wurde. Ursprünglich hieß sie Schreckenberg oder die Neustadt am Schreckenberge, von einem der Stadt am andern Ufer der Sehm gegenüber liegenden, erzreichen Berge, der vor Erbauung der Stadt wild und unzugänglich war; die ganze Gegend war vorher mit Holzung bedeckt und wurde „die wilde Ecke" oder „das Hungerland" genannt, und noch 1495 erklärten Abgeordnete des Herzogs Georg, es sei unmöglich, in dieser Wildniß eine Stadt anzulegen. Mit reißender Schnelligkeit blühte die Stadt, welcher Kaiser Maximilian 1501 den Namen St.-Annaberg ertheilte, empor, stand bald selbst bei Kaiser und Papst in hoher Gunst und wurde unter den sächsischen Städten die liebste genannt, wie Dresden die feste, Leipzig die beste, Freiberg die größte. Einst zählte sie in 1200 Häusern an 10,000 Einwohner; aber große Drangsale, der Verfall des Bergbaues, Pest und andere Seuchen und mehre Hauptbrände (1604, 1630 und 1664), namentlich auch der dreißigjährige Krieg, wo Annaberg der stete Sammelplatz des Feindes war, brachten sie sehr herunter; in der neuern Zeit hat sie jedoch wieder sichtlich zugenommen.

Unter den Gebäuden steht ohne Frage die Haupt- oder Annenkirche oben an, gewiß eine der schönsten evangelischen Kirchen Sachsens und überhaupt Deutschlands. Sie wurde 1499 begonnen, schon 1507 zum Gottesdienste gebraucht, erst 1525 vollendet und 1834 mit Geschmack und Umsicht restaurirt; für den Baumeister wird Jakob aus Steinfurt gehalten. Das in Kreuzesform aufgeführte Gebäude, dessen Äußeres schlicht und schmucklos ist, besteht durchaus aus Porphyrquadern. Unter den Altären besteht der Hauptaltar aus zehn verschiedenen Marmorsorten; der Knappschaftsaltar zeigt auf der Vorderseite, von weißem Marmor sehr kunstvoll ausgeführt, die Nachkommenschaft Abraham's, dargestellt als Zweige eines aus dem Leibe des Erzvaters hervorgehenden Stammes, auf der Rückseite ein sorgfältig ausgeführtes Gemälde, das die Anfänge des hiesigen Bergbaues und die bergmännischen Beschäftigungen darstellt. Interessant sind ferner die mit Bronzefarbe überstrichenen 100 Hautreliefs von gebrannter Erde, die längs der Emporkirche hinlaufen und die seltsamsten Figuren enthalten. Noch sind an Kunstwerken zu nennen: die sogenannte schöne Pforte; mehre bronzene Denktafeln; Kranach's Ehebrecherin vor Christo und andere Gemälde. Einer der größten Schätze der Kirche ist die heil. Katharina von Albrecht Dürer. Der Thurm, 137 Ellen hoch, 23 Ellen breit, gewährt von seiner Spitze eine reiche und interessante Aussicht. Man erblickt im W. den Greifenstein bei Geyer, den Schreckenberg, das von Bergleuten bewohnte nahe Dorf Frohnau, im SW. den Scheibenberg, die ganz nahe, malerisch an einem Berge ausgebreitete Stadt Buchholz, im S. den Fichtelberg (Sachsens höchsten Berg), den Keilberg und den Bärenstein, im NO. den Pöhlberg, im N. die Stadt Wolkenstein. Eine andere Kirche führt den Namen die Bergkirche, weil sie seit 1530 insbesondere für den Gebrauch der Knappschaft bestimmt ist, und ist die einzige dieser Art in Sachsen. Bei der freundlichen Hospitalkirche, — die auch an ihrer Außenseite eine Kanzel hat, von welcher herab bei gutem Wetter am Trinitatisfeste die Kirchweihpredigt gehalten wird — liegt der schöne Friedhof, ausgezeichnet durch viele alte und neue sehenswerthe Denkmale, zum Theil wahre Kunstwerke (worunter ein 1834 gesetztes Sandsteindenkmal der Barbara Uttmann, von welcher unten) und eine uralte Linde, deren Krone von einigen 30 Fuß Umfang ursprünglich das Wurzelwerk gebildet hat und jetzt auf vielen Stützen und Säulen ruht.

Außerdem sind zu nennen: das große und stattliche, 1791 erneuerte Gebäude des Kreisgymnasiums (früher Lyceums) mit doppelter Freitreppe, die danebenstehende Bürgerschule, das große gethürmte Rathhaus, nach dem Brande von 1731 massiv erbaut; das Bergamtshaus, das Waisenhaus, das Gebäude des Museums (einer geschlossenen Gesellschaft) mit dem Friedrichssaale u. s. w.

Die Industrie der Stadt, welche unter den sächsischen Manufacturstädten einen hohen Rang einnimmt, ist von großer Bedeutung. Oben an steht die zu Ende des 16. Jahrhunderts aus dem nahen Buchholz, dort aber durch die 1589—91 aus Belgien ihres Glaubens wegen ausgewanderten Posamentirer eingeführte Posamentmacherei oder Bandfabrikation mit etwa 1000 Stühlen, die außer Zwirnband hauptsächlich Fransen, Borden u. s. w. liefert. Die Spitzenklöppelei wurde 1561 hier erfunden von Barbara Uttmann, geborene von Elterlein, der Gattin eines reichen Gutsbesitzers, welche 1514—75

lebte und die Kunst angeblich von einer bei ihr wohnenden, durch Alba's Grausamkeit aus ihrer Heimat vertriebenen protestantischen Brabanterin erlernt hatte; jetzt hat dieses Gewerbe an seiner frühern Wichtigkeit sehr verloren. Jeden Dienstag wird ein besonderer Spitzenmarkt gehalten. Bemerkenswerth ist noch die 1827 gegründete große Thilo- und Röhling'sche Seidenwaarenfabrik für Stabwaaren, die bedeutendste dieser Art im Königreich Sachsen, welche über 100 Stühle, meist mit Jacquard's Vorrichtungen, beschäftigt. Der annaberger Bergbau breitet sich etwa eine Meile in die Länge und Breite aus; der Schreckenberg ist der Hauptsitz desselben. Die Gänge bestehen meist aus Quarz und Flußspath und führen außer Silbererzen auch Kobalt, Kupfer, Kies und Fahlerz; doch sind Silber und Kupfer die Hauptproducte. Im Jahre 1492 soll das hiesige Specialrevier vier Tonnen Goldes an Ausbeute gegeben haben, und im Jahre 1536 wurden 350,000 Thaler unter die Gewerken vertheilt. Vom Jahre 1545—1600 sind in der Münze zu Annaberg (wo auch die von dem silberreichen Berge sogenannten Schreckenberger geschlagen wurden) von annabergischem Silber 342,918 Mark oder 3,429,180 Speciesthaler vermünzt worden. In der neuesten Zeit hat sich freilich die Ausbeute sehr vermindert und betrug 1782 nur 46,000 Thaler. Die reichsten Gruben sind noch jetzt im Schreckenberge zu finden und die ergiebigste darunter ist Marcus Röhling.

Unter den Vergnügungsorten in der Umgegend steht oben an das eine Stunde entfernte, von anmuthigen Anlagen und Promenaden umgebene Wiesenbad, das einem annaberger Kaufmann gehört und aus sechs bis sieben Gebäuden besteht, unter denen das neugebaute geräumige und schöne Badehaus hervorragt; außerdem sind das Schießhaus und der auf terrassirten Felsen angelegte Glumann'sche Garten zu nennen. Wer aber mit Annabergs nächster Umgegend vertraut werden will, darf sich die Mühe nicht verdrießen lassen, unablässig bergan und bergab zu steigen.

Von den aus Annaberg gebürtigen Gelehrten und sonst merkwürdigen Männern ist der berühmteste der Jugendschriftsteller Christian Felix Weiße, der als Kreissteuereinnehmer in Leipzig lebte (1726—1804). Zu seinem Andenken wurde bei der Säcularfeier seiner Geburt 1826 eine wohlthätige Stiftung, nämlich eine Erziehungsanstalt für arme Kinder, begründet.

Von den Doppelsternen.

Zu den merkwürdigsten und interessantesten Erscheinungen des Himmels gehören die Doppelsterne, nicht gerade wegen des Anblicks, den sie darbieten, denn wenigstens für Denjenigen, der den Himmel mit unbewaffnetem Auge betrachtet, zeigen sie nicht das mindeste Auffallende, sondern wegen der wichtigen Ausdehnung unserer Kenntniß des Weltalls, welche durch ihre Entdeckung eingetreten ist, und wegen ihrer Anwendung zur Bestimmung des Abstandes der Firsterne.

Schon mit bloßem Auge erblickt man an mehren Orten des Himmels zwei oder mehre Firsterne in so großer Nähe beieinander, daß man sie nur mit einiger Anstrengung unterscheidet, aber doch noch, wenigstens bei guten Augen, unterscheiden kann. Betrachtet man aber den Himmel mit Fernröhren, so erscheinen sehr viele Sterne, die auch dem besten Auge nur einfach zu sein scheinen, doppelt oder mehrfach, d. h. in zwei oder mehre Sterne aufgelöst, und je besser die Fernröhre sind, desto größer wird die Anzahl der sichtbar werdenden sogenannten Doppelsterne, sodaß dieselben als Mittel dienen können, um die Güte der Fernröhre zu prüfen. Stehen nun zwei Sterne, die einen solchen Doppelstern bilden, einander wirklich oder nur scheinbar nahe? Die letztere Vermuthung scheint auf den ersten Blick am meisten für sich zu haben, und Galilei, der bald nach Erfindung der Fernröhre mit denselben Doppelsterne wahrnahm, ging von dieser Ansicht aus; aber nach Dem, was wir jetzt wissen, kommt die nahe Nachbarschaft von Sternen am Himmel viel zu häufig vor, als daß sie den Regeln der Wahrscheinlichkeit nach immer oder auch nur in den meisten Fällen scheinbar oder zufällig sein könnte, vielmehr könnte das Zusammentreffen zweier oder gar noch mehrer in einer Entfernung von wenig Secunden wenigstens außerhalb der Milchstraße nur sehr selten zufällig vorkommen. Hierzu kommt noch ein Umstand. Ist die Nachbarschaft zweier Sterne nur scheinbar, so ist der eine viel weiter von der Erde entfernt als der andere; da man nun im Allgemeinen wol annehmen darf, daß diejenigen Sterne, welche den meisten Glanz haben, die nächsten, die am wenigsten glänzenden aber die entferntesten sind, und umgekehrt, so wird in einem solchen Falle der entferntere Stern weit weniger groß oder glänzend als der nähere erscheinen. Dies müßte also, wenn nicht bei allen Doppelsternen, doch gewiß bei der großen Mehrzahl derselben stattfinden, diejenigen seltenen Fälle ausgenommen, wo der entferntere Stern in der That in solchem Verhältnisse größer und glänzender als der nähere ist, daß dieser Unterschied den entgegengesetzten Einfluß der ungleichen Entfernung compensirt und beide Sterne in Folge dessen beinahe gleich erscheinen. Aber auch dies stimmt mit der Wirklichkeit keineswegs überein; bei einer überwiegend großen Zahl von Doppelsternen sind vielmehr die einzelnen Sterne entweder gleich hell oder nur sehr wenig voneinander verschieden. Schon aus diesen beiden Gründen muß man vermuthen, daß die Zahl der wirklichen oder physischen Doppelsterne weit größer ist als die der scheinbaren oder optischen.

Der erste Astronom, welcher den Doppelsternen eine genauere Aufmerksamkeit widmete, war der ältere Herschel, der bis über 500 zählte, einen Katalog davon lieferte und die Doppelsterne nach ihrer Entfernung in sechs Classen theilte; nur diejenigen Sterne rechnete er zu den Doppelsternen im engern Sinne (von der ersten bis vierten Classe), bei denen die Entfernung der einzelnen Sterne weniger als 32 Secunden (d. h. weniger als den 60. Theil von dem scheinbaren Durchmesser der Sonne oder des Mondes) beträgt. Seine Beobachtungen wurden von seinem Sohne in Verbindung mit dem englischen Astronomen South und von Struve (früher Professor der Astronomie in Dorpat, jetzt Director der neuerrichteten Sternwarte zu Pulkowa bei Petersburg) fortgesetzt und in hohem Grade vervollständigt. Struve, der mit Instrumenten beobachtete, die sich zu diesem Zwecke besonders eigneten, lieferte 1820 einen Katalog von 795 Doppelsternen, worunter gegen 500 im engern Sinne, d. i. von weniger als 32 Secunden Abstand. Später durchmusterte er in einem Zeitraume von zwei Jahren (11. Febr. 1825—27) mit dem bekannten Fraunhofer'schen Riesenrefractor über drei Fünftel des ganzen Himmels, prüfte in diesem Theile des Firmaments fast 120,000 Sterne und lieferte hiernach im J. 1827 einen Katalog von 3112 Doppelsternen (3057 von weniger als 32 Secunden Abstand), von denen nur 340 schon in Herschel's Katalog enthalten sind. Ein 1837 erschie-

nenes großes Werk Struve's über die Doppelsterne, das die Frucht neuer mehrjähriger Beobachtungen ist, behandelt 2710 Doppelsterne, von denen etwa 940 oder mehr als der dritte Theil einen kleinern Abstand als vier Secunden haben; unter jenen Doppelsternen sind auch 2 fünffache, 9 vierfache und 119 dreifache Sterne begriffen. Endlich hat der jüngere Herschel bei seinem Aufenthalte auf der Südspitze von Afrika (1834—38) viele neue Doppelsterne an der südlichen Halbkugel des Himmels entdeckt und zugleich gefunden, daß sehr nahe Doppelsterne in derselben weit seltener als in der nördlichen sind.

Als der ältere Herschel seine Aufmerksamkeit auf die Doppelsterne richtete, hatte er die Absicht und die Hoffnung, durch Beobachtung derselben die Parallaxe und somit die Entfernung der Firsterne zu bestimmen, eine große und seiner würdige Aufgabe, die noch Keiner vor ihm gelöst oder auch nur zu lösen versucht hatte. Unsere Leser erinnern sich aus frühern astronomischen Mittheilungen, was man unter Parallaxe eines Fixsterns versteht: die scheinbare Ortsveränderung derselben, die in der wirklichen Ortsveränderung der Erde, nämlich ihrem Laufe um die Sonne, in dessen Folge die Erde zu irgend einer Zeit über 40 Millionen Meilen von dem Orte entfernt ist, wo sie sich grade ein halbes Jahr zuvor befunden hat, ihren Grund hat oder vielmehr durch dieselbe bewirkt werden zu müssen scheint. Läßt sich eine solche scheinbare Ortsveränderung eines Firsternes nachweisen, so wäre nichts leichter, als aus dem Betrage derselben die Entfernung des Fixsternes von der Erde oder von der Sonne (was hier auf eins hinauskommt) zu berechnen; aber die Firsterne sind so außerordentlich weit entfernt, daß selbst die an sich so bedeutende Ortsveränderung der Erde in ihrem Laufe um die Sonne nicht hinreicht, um eine solche scheinbare Verrückung zu bewirken. Schon Galilei schlug vor, sich zu diesem Zwecke der Doppelsterne zu bedienen, und in der That scheinen sie dazu, insofern sie nur scheinbare oder optische Doppelsterne sind, vorzugsweise geeignet zu sein. Die jährliche Bewegung der Erde muß, so scheint es, nicht nur den scheinbaren Abstand der einzelnen, einen Doppelstern bildenden Sterne, sondern zugleich ihre gegenseitige Lage verändern, welche letztere durch den Winkel der Verbindungslinie eines Doppelsternes mit dem Meridiane (den sogenannten Stellungswinkel) bestimmt wird; der nähere Stern muß um den entfernern scheinbar eine kleine Ellipse oder ovalförmige krumme Linie beschreiben, aber nach Verlauf eines Jahres muß der Abstand sowol als die Lage der beiden scheinbar benachbarten Sterne wieder genau dieselbe wie im Anfang desselben sein, weil die Erde sich dann wieder genau an derselben Stelle als zu Anfang des Jahres befindet.

Von diesen Betrachtungen und Voraussetzungen geleitet, begann Herschel um das Jahr 1778 eine genauere Beobachtung und Prüfung der Doppelsterne, fand sich aber in seiner Erwartung insofern sehr getäuscht, als von den vermutheten Bewegungen nicht das Mindeste zu bemerken war und daher seine anfängliche Absicht nicht erreicht wurde. Statt derselben aber bemerkte er zu seinem größten Erstaunen andere, die er sich anfangs nicht zu erklären wußte und die unmöglich von der Bewegung der Erde herrühren, unmöglich nur scheinbar sein konnten. Es war kein jährlich wiederkehrendes Hin- und Herrücken, sondern eine bald schnellere, bald langsamere Änderung des Stellungswinkels, die nur aus einer Bewegung der Sterne umeinander zu erklären war; eine solche Bewegung aber gab mit Bestimmtheit die wirkliche Nähe und Verbindung derjenigen Sternpaare, an denen sie zu bemerken war, zu erkennen, und konnte im Grunde, sobald man einmal das Vorhandensein wirklicher Doppelsterne annahm, gar nicht überraschen, da zwei Himmelskörper unmöglich einander nahe stehen können, ohne sich umeinander zu bewegen, weil sie außerdem in Folge ihrer gegenseitigen Anziehung zusammenstürzen würden. Die neue Entdeckung nahm aber Herschel's Aufmerksamkeit dergestalt in Anspruch, daß er seinen ursprünglichen Zweck ganz darüber vergaß, ohne ihn später wieder zu verfolgen. In den Jahren 1803 und 1804 erklärte er in Folge eines unermüdeten 25jährigen Forschens und Beobachtens, daß es Sternsysteme gebe, bestehend aus zwei Firsternen, die sich umeinander oder vielmehr um ihren gemeinschaftlichen Schwerpunkt in regelmäßigen Bahnen bewegen. Schon damals zählte er über 50 Doppelsterne auf, an denen er eine solche Bewegung aus der Änderung des Stellungswinkels erkannt hatte, und gab sogar bei einigen derselben die Umlaufszeit an, z. B. bei Kastor, der aus zwei Sternen dritter bis vierter Größe in fünf Secunden Abstand besteht, zu 334, bei dem Sterne γ in der Jungfrau zu 708 und bei γ im Löwen zu 1200 Jahren, welche Zahlen freilich nur genähert richtig sein konnten. (Für die beiden ersten Sterne fand man später 215 und 513 Jahre.)

Die Beobachtungen der spätern Zeit haben die wichtige Entdeckung Herschel's vollkommen bestätigt und jetzt kennen wir (nach Struve's Angabe) 59 Doppelsterne, bei denen eine Bewegung der angegebenen Art und eine daraus folgende Änderung des Stellungswinkels gewiß, und 43, bei denen sie wahrscheinlich ist. Der Erste, welcher die Bahnen und Umlaufszeiten von Doppelsternen genau berechnete, war Savary, welcher fand, daß der Stern γ im großen Bär eine Umlaufszeit von 58¼ Jahren hat. Jetzt kennen wir von neun Doppelsternen die Umlaufszeit mehr oder minder genau (von vier darunter sehr genau), die bei dem einen, wie erwähnt, etwa 1200 Jahre, bei dem andern dagegen nur etwa 43 Jahre beträgt, bei drei andern aber 56, 60 und 80 Jahre. Gewiß ist es in hohem Grade merkwürdig, daß sich hier Sonnen um Sonnen in einer kürzern Zeit bewegen, als der Planet Uranus braucht, um seinen Umlauf um unsere Sonne zu vollenden, woraus wir schließen müssen, daß entweder zwei solche Sonnen einander näher sind, als Uranus zu unserer Sonne, oder daß die gemeinschaftliche Masse beider weit größer ist, als die Masse unserer Sonne. Nach Struve ist es sogar nicht unwahrscheinlich, daß die Periode eines fünften nur 14 Jahre beträgt und für einen sechsten, den er nennt, sei sie vielleicht noch geringer. Einer jener neun Sterne ist dreifach, indem sich zwei kleinere Sterne um einen größern drehen. Vielleicht der merkwürdigste jener Sterne ist aber in mancher Beziehung der Stern γ in der Jungfrau, dessen Umlaufszeit nach Struve ungefähr 513 Jahre beträgt, ein heller Stern der vierten Größe, aus zwei fast genau gleichen Sternen bestehend; schon im Anfang des 18. Jahrhunderts erkannte man ihn als Doppelstern und damals war er leicht zu zerlegen, da der Abstand der einzelnen Sterne sechs bis sieben Secunden betrug; seitdem haben sie sich fortwährend genähert und stehen jetzt nur um einen sehr kleinen Bruchtheil einer Secunde auseinander, sodaß sie selbst durch die besten Fernrohre nicht mehr getrennt erscheinen und höchstens einen etwas länglichen Stern zeigen. Die Bahn dieses Doppelsterns muß, von der Erde

oder dem Sonnensysteme aus gesehen, eine sehr langgestreckte Ellipse sein, deren Breite (kleine Axe) gegen ihre Länge (große Axe) verschwindend klein ist.

Die Gesetze dieser Bewegungen sind zwar in dem kurzen seit ihrer Entdeckung verflossenen Zeitraume noch nicht hinlänglich erforscht worden, indessen sind wir gegenwärtig nahe daran, sie genauer kennen zu lernen, und schon jetzt können wir mit völliger Bestimmtheit die Behauptung aussprechen, daß das Newton'sche Gesetz der allgemeinen Schwere auch in jenen Systemen gilt. Also dasselbe Gesetz, was wir bisher nur als gültig für die Bewegungen der Planeten und Kometen um die Sonne, sowie der Nebenplaneten um ihre Hauptplaneten kannten, gilt für die Bewegungen von Firsternen um Firsterne oder von Sonnen um Sonnen, gewiß eine überaus wichtige Erweiterung der physischen Astronomie, d. h. unserer Kenntniß derjenigen Gesetze, nach denen die Bewegungen der Himmelskörper vor sich gehen, durch welche Herschel schon allein Epoche in der Geschichte der Astronomie gemacht hätte, wenn er auch nicht durch viele andere Entdeckungen unsterblich wäre. Noch ist aber zu bemerken, daß in einigen Fällen (Struve führt fünf an) zwei Doppelsterne oder Sternpaare sich zu nahe beisammenstehen, daß man ihre physische Verbindung vermuthen muß.

(Der Beschluß folgt in Nr. 437.)

Der Cydnus.

Der Cydnus (jetzt Karasu oder Kirkisihi, auch Baradan und Tarso genannt), einer der Flüsse des alten Ciliciens in Kleinasien, der zwischen anmuthigen Ufern schnell und klar dahinfließt, entspringt im Taurusgebirge, strömt mitten durch die Stadt Tarsus und bildete sonst eine Meile davon an seiner Mündung ins mittelländische Meer einen Hafen. Tarsus, ehedem eine große, volkreiche Stadt, im römischen Zeitalter die Hauptstadt der Provinz Cilicia, in weiter, fruchtbarer Ebene gelegen, ist berühmt als Geburtsort des großen Heidenapostels Paulus, der hier auch seine erste Jugend verlebte. Die Einwohner trieben einen schwunghaften Handel, legten sich aber auch mit großem Fleiße auf die Wissenschaften, ja sie wurden, nach Strabo's Zeugniß, zur damaligen Zeit mit unter die gebildetsten Griechen gezählt. Das jetzige Tarsus — jetzt Tarso, Hauptstadt des türkischen Sandschaks gleiches Namens, im Ejalet (Provinz) Itschil, und Sitz eines Bischofs — nimmt kaum den vierten Theil der alten Stadt ein, und man findet nur sehr wenig Reste der alten Denkmäler, welche jener zur Zierde gereichten. Es ist umgeben von einer Mauer, die, wie man glaubt, aus der Zeit des Khalifen Harun al Raschid stammt, und wird durch ein unter der Regierung von Sultan Bajazet erbautes Schloß vertheidigt. Die Thore der Stadt sind heutzutage sehr fern von den Häusern. Die letztern, nach orientalischer Sitte von einander durch Gärten getrennt, welche durch zahlreiche vom Cydnus abgeleitete Kanäle bewässert werden, haben meist nur ein Stockwerk und platte Dächer; sie sind unscheinbar und nur von Erde und Steinen aufgeführt. Bemerkenswerth sind von Gebäuden blos ein Schloß, mehre Moscheen, eine Kirche von hohem Alterthum, als deren Erbauer die Sage den Apostel Paulus nennt, und öffentliche Bäder. Der Einwohner sollen gegen 30,000 sein, worunter ziemlich viele Griechen und Armenier, die mit Baumwolle und Seide Handel treiben.

An den Fluß Cydnus knüpfen sich zwei merkwürdige historische Erinnerungen. Alexander der Große, König von Macedonien, hatte auf seinem großen asiatischen Eroberungszuge sich glücklich der Stadt Tarsus bemächtigt, welche die Perser unter Arsames, sobald sie von seinem Anzuge gehört, in eiliger Flucht verlassen hatten. Da es gerade Sommer und die heißeste Zeit des Tages war, so erweckte der mitten durch die Stadt fließende Cydnus dem mit Staub und Schweiß bedeckten König die Lust, in seinen Fluten Erquickung und Abkühlung zu suchen. Stürmisch wie er war, warf er sogleich sein Kleid ab und sprang noch ganz erhitzt im Angesichte des Heers in den Fluß, der, aus dem Taurusgebirge kommend, ein kaltes und helles Wasser hat. Sogleich erstarren des Königs Glieder, Todtenblässe bedeckt sein Angesicht und man trägt ihn schleunig aus dem Fluß. Alexander soll nun von Krämpfen, gewal-

tiger Hitze und anhaltender Schlaflosigkeit befallen worden sein. Alle Ärzte verzweifelten an seiner Genesung; nur Philippus, ein Arzt aus Akarnanien im Gefolge Alexander's, ein Mann, der sich in der Heilkunde den größten Ruf erworben, auch sonst im Heere nicht ohne Ansehen gewesen, erbot sich, ihn durch einen abführenden Trank wiederherzustellen. Schon hatte er auf Alexander's Wunsch den Becher in Bereitschaft gesetzt, als diesem ein Brief seines Feldherrn Parmenio übergeben wurde, der vor Philippus als einem Verräther warnte, welcher sich vom Perserkönig Darius durch Geld habe bestechen lassen, Alexander durch Gift aus dem Wege zu räumen. Nachdem Alexander den Brief gelesen — so erzählt man weiter — ergriff er den gefüllten Becher mit der einen Hand, mit der andern dagegen hielt er den Brief dem Philippus zum Lesen hin, sodaß zugleich

Fall des Cydnus bei Tarsus.

Jener trank und Dieser das Schreiben des Parmenio-
las. Weit entfernt, durch den Brief erschreckt zu werden, sprach Philippus dem König um so mehr zu,
ihm auch in allem Übrigen, was er verordne, zu folgen; thue er dies, so werde er gerettet werden. Und
Alexander genas wirklich nach einigen Tagen.

Fast 300 Jahre später, im Jahr 41 vor Christi
Geburt, zog der genußsüchtige und leichtsinnige Antonius,
der sich nebst Octavian nach Besiegung der Mörder des
Julius Cäsar der Obergewalt im weiten römischen Reiche
bemächtigt hatte, nach Asien, um diese Länder zu ordnen
und sich mit ihren Schätzen zu bereichern. Als er nach
Cilicien gekommen war, beschied er die reizende Königin
Kleopatra, einst Cäsar's Geliebte, aus Ägypten zu sich
nach Tarsus, um Rechenschaft zu fodern wegen der
durch sie den Feinden Cäsar's geleisteten Hülfe. Nichts
konnte der Kleopatra erwünschter kommen als dieser
Ruf; denn sie hoffte durch ihre jugendlich glänzenden
Reize und durch die Anmuth ihres ganzen Wesens den
für weibliche Schönheit nur zu empfänglichen Antonius
zu fesseln, und so mit der Herrschaft über ihn auch
zugleich die Herrschaft über die Römer zu gewinnen.
Um nun gleich durch ihren ersten Eindruck zu siegen,
bot sie jetzt allen Reichthum, alle Kunst auf, indem sie
sich zu Antonius begab. Sie fuhr den Cydnus hinauf
in einem prächtigen Fahrzeuge mit goldenem Hintertheile,
welches purpurne Segel und silberne Ruder bewegten.
Den Takt der Ruder begleiteten liebliche, sanfte Melo-
dien, und schöne Jungfrauen in großer Anzahl, als
Huldgöttinnen gekleidet, standen am Steuer und an
den Tauen; Knaben als Liebesgötter umgaben die Königin, die auf kostbarem Pfühle unter einem goldenen
Baldachin lag, und fächelten ihr Kühlung zu. Die Luft
war mit köstlichen Wohlgerüchen erfüllt, und längs des
Ufer des Cydnus hörte man die dichtgedrängten Scharen
frohlockend rufen: „Venus kehrt bei Bacchus ein, Asien
zum Heile!"

Öffentliche Vorlesungen in London.

Sehr nachahmungswürdig sind die öffentlichen und
populairen Vorträge über die physikalischen Wissenschaften, welche in London und in kleinerm Maßstabe auch
in andern Städten Großbritanniens gehalten werden.
London hat zwei hierzu bestimmte Anstalten aufzuweisen, die Adelaide Gallery und die Polytechnic Institution, jene 1836, diese später errichtet. Beide Anstalten
mit Ausnahme des Sonntags dem Publicum täglich
von zehn Uhr Vormittags bis gegen Abend gegen den
geringen Eintrittspreis von einem Schillinge, der bei
Abonnement, besonders auf ein ganzes Jahr, sich ohne
Vergleich billiger stellt, für Jedermann offen. Die
Localitäten sind ähnlich, vor der Hand jedoch in der
Adelaide Gallery größer; die andere Anstalt, welche
man in eine förmliche polytechnische Schule umzugestalten beabsichtigt, ist noch nicht ganz ausgebaut. Die
meisten Vorlesungszimmer sind amphitheatralisch angelegt. Die Besucher sind zwar zum Theil blos Neugierige, der Mehrzahl nach aber Wißbegierige; es gibt
darunter Solche, die den ganzen Tag aushalten und
nur in den Pausen an einem Buffet Erfrischungen
einnehmen. Die Vorträge und Experimente, deren
Folge eine große schwarze Tafel im Hauptsaale anzeigt, betreffen alle großen Entdeckungen und Erfindungen der neuesten Zeit und sind theils constant, theils
bilden sie vollständige Curse, z. B. in der Physik und
Chemie. Für die letztere, namentlich die organische, ist

vorzüglich gut gesorgt und sind treffliche Apparate vorhanden. In der zweiten genannten Anstalt ist gegenwärtig
der Vortrags- und Experimentenkatalog auf folgende
Weise abgefaßt: $\frac{1}{2}$11 Uhr Öffnung, 12 U. magnetische Experimente, $\frac{1}{2}$1 U. Mikroskop (Hydro-Oxygen-
gas-Mikroskop), 1 U. Münzen, $\frac{1}{2}$2 U. Industrieerpe-
rimente, 2 U. Daguerréotypie (Lichtbildnerei) oder allgemeine Vorlesung über Optik, $\frac{1}{2}$3 U. Münzen, 3 U.
Elektrotyp oder Kunst, Medaillen und Münzen durch
Elektricität (Galvanismus) hervorzubringen, $\frac{1}{2}$4 U.
Green's Versuche über Luftschiffahrt, 4 U. musikalische
Unterhaltung, $\frac{1}{2}$5 U. Versuche mit der Taucherglocke,
5 U. Mikroskop, $\frac{1}{2}$6 U. Münzen. Hierzu kamen in
der neuesten Zeit Versuche über die Methode, versunkene Schiffe durch Galvanismus zu sprengen. Zu diesen letztern und vielen andern Versuchen, namentlich
denen mit der Taucherglocke, in welcher sechs bis sieben Personen herabgelassen werden, während aus einer
ungeheuern Luftpumpe atmosphärische Luft hinzu-
strömt, dient ein großes hufeisenförmiges Wasserbassin,
das die Säle beider Institute durchzieht.

Beide Anstalten besitzen reiche Sammlungen von
Modellen aus allen Zweigen der Industrie, Webstühle,
Dampfmaschinen, Verbesserungen der Schiffahrt, zahlreiche Erfindungen, die nie ausgeführt worden sind
u. s. w. Für die nur Schaulustigen sind eine Menge
Gegenstände aufgestellt, die mehr in die Curiositäten-
als in ein physikalisches Cabinet gehören, aber dazu
beitragen, Besucher anzulocken. Ein Katalog ward
für einen Schilling verkauft. In einer Halle am
Eingange der Polytechnic Institution ist eine Hoch-
druckmaschine von sechs Pferdekräften aufgestellt, welche
die wichtigsten Maschinen und Modelle in Bewegung
setzt, unter denen namentlich die Glasfadenspinnerei
interessant ist, welche außerordentlich feine verschieden-
farbige, meist goldgelbe Fäden liefert. Jede neue Entdeckung von Bedeutung wird hier zuerst producirt und
fast alle Tage kommt etwas Neues vor.

Unter den Zuhörern sieht man nicht selten gemeine
Soldaten, Bediente u. s. w., welche aufmerksam zu-
hören, Privatlehrer mit ihren Zöglingen, junge Damen in Begleitung ihrer Väter oder Mütter u. s. w.;
übrigens wird von dem gesammten bunt gemischten
Publicum der größte Anstand beobachtet. Zum Besuche der Anstalten wird theils durch Zeitungen und
unzählige Maueranschläge aufgefodert, theils durch her-
umgehende Männer, die an Stangen befestigte Breter
tragen, auf denen die Institute angepriesen werden.
Dieses Mittel, Aufmerksamkeit zu erregen, ist in England zu gewöhnlich und zu nothwendig, um neue Einrichtungen u. s. w. bekannt zu machen, als daß man
daran denken könnte, es anstößig zu finden.

Seewasser als Getränk.

Ein Hauptaugenmerk des Seecapitains muß es sein,
daß es seinen Passagieren nicht an trinkbarem Wasser
gebreche. Die unvorhergesehenen Verzögerungen der
Vollendung der Reise und die eingetretenen Hindernisse, welche die auf dem Laufe der Fahrt bestimmten
Landungsplätze zur Einnahme des nöthigen Trinkwas-
sers zu erreichen nicht gestattet, werden oft Reductionen
der bestimmten Quantitäten des Wasservorraths veranlassen, um nicht namenlose Leiden der Mannschaft und
Scenen des Jammers herbeizuführen. Wie bekannt,
ist es unmöglich, mit dem salzig-bitter schmeckenden
Seewasser, welches sich schon in einiger Entfernung

durch seinen eigenthümlichen Geruch (das Ergebniß von Myriaden lebender und verwester Thiere und Pflanzen) ankündigt und eine Solution einer maßlosen Quantität Bittersalzes enthält, selbst den brennendsten Durst zu stillen. Gleichwol hat man nun gegen Ende vergangenen Jahres ein türkischer Commandant Gefangenen am Bord seines Schiffes das Trinken von Seewasser zugemuthet und dadurch ein Beispiel der schändlichsten Grausamkeit gegeben. Er war nämlich beauftragt, eine zahlreiche Sendung ägyptischer Gefangenen in einer Fregatte nach Konstantinopel zu überbringen. Dieser Auftrag ward von ihm mit solcher kannibalischen Härte vollzogen, daß die unglücklichen Gefangenen von ihm gezwungen wurden, zehn Tage hindurch Seewasser zu trinken. Die Folge war, daß schon unterwegs gegen hundert von ihnen diese entsetzliche Diät mit dem Tode büßen mußten. Die Hälfte Derer, welche noch den Hafen von Konstantinopel erreichten, mußte in die Hospitäler gebracht werden, und täglich gingen einige davon an der blutigen Ruhr zu Grunde. Der Commandant entging indessen dem verdienten Schicksale nicht; er ward vor ein Kriegsgericht gestellt und hier zu lebenslänglicher Galeerenstrafe verurtheilt.

Die Insel Euböa.

Die Insel Euböa, die größte von allen zum Königreich Griechenland gehörigen, überhaupt von allen im ägäischen Meere liegenden Inseln, liegt im Osten des griechischen Festlandes, von welchem sie durch den Kanal von Talanti und den von Egribos getrennt wird; zwischen beiden liegt die Meerenge Euripos, die noch nicht eine halbe Meile breit ist. Die Insel ist schmal, nimmt aber in ihrer Längenerstreckung etwas über einen Breitengrad ein, ist von NW. bis SO. etwa 22 Meilen lang, an der breitesten Stelle nur 5½ Meilen breit, zählt etwa 70 Quadratmeilen und wird durch einen kahlen und ziemlich hohen Gebirgszug gebildet, der an jedem Ende und in der Mitte der Insel drei bedeutende Gebirgsstöcke hat. Die höchsten Berge sind der Dirphis oder Delfi in der Mitte der Insel, wo sie am breitesten ist, 3400 Fuß hoch, der Ocha oder St.-Eliasberg im Süden, 3200 Fuß hoch, und die Lithada im Norden, 1300 Fuß hoch. In der ältesten Zeit hieß die Insel von ihrer Gestalt Makris, kommt aber auch unter den Namen Abantis, Oche, Ellopia u. s. w. vor; schon Homer nannte sie Euböa, welcher Name später allgemein üblich wurde. Im Mittelalter erhielt sie den Namen Egribos, der aus dem verderbten Namen der Meerenge Euripos entstanden ist, und weil über diese Meerenge ehemals eine an jedem Ende mit zwei Thürmen versehene Brücke führte, nannte man die Insel auch Egripont oder Negropont. Diesen Namen führte sie in der türkischen Zeit, hat ihn aber unter der jetzigen Regierung wieder mit ihrem alten Namen Euböa vertauscht. Die gedachte Meerenge ist übrigens höchst merkwürdig wegen des schon den Alten wohlbekannten unregelmäßigen Wechsels von Ebbe und Flut, den sie zu den merkwürdigsten Naturerscheinungen rechneten und dessen Erklärung von Vielen vergeblich versucht wurde. Statt zwei Mal, steigt und fällt hier das Wasser an einem Tage mehrmals; nach neuen Beobachtungen französischer Naturforscher findet in den ersten sechs Tagen des Monats, ebenso vom 14. bis 20. und in den drei letzten Tagen regelmäßige Ebbe und Flut statt; an allen andern Tagen ist sie so unregelmäßig, daß in 24 Stunden oft 11—14 Wechsel vorkommen.

Daß die Insel in vorhistorischer Zeit mit Böotien zusammengehangen habe und durch ein Erdbeben getrennt worden sei, wie vermuthet wird, ist aus mehren Gründen für wahrscheinlich zu halten.

Der Boden der Insel ist im Ganzen fruchtbar; noch jetzt ist sie, was sie zur Zeit der Alten war, die Kornkammer Griechenlands. Am Fuße der Gebirge dehnen sich mehre flache Thäler und Ebenen von üppiger Fruchtbarkeit aus, welche reichliche und gute Erdbedeckung haben und gut bewässert sind. Ausgezeichnet sind die Weideplätze, wegen deren die Insel berühmt war, weshalb die Athener ihr Hornvieh dahin schickten; auch gegenwärtig beschäftigen sich die Einwohner, deren Zahl 40—50,000 betragen mag, stark mit Viehzucht. Außer Getreide wird Öl, Baumwolle, Wolle, Häute und Käse ausgeführt; auch die Bienenzucht und Rosenölfabrikation sind nicht unbeträchtlich. Die mineralischen Producte der Insel sind gegenwärtig unerheblich; die frühern Kupfer- und Eisengruben sind verschüttet, der sonst berühmte und gesuchte weiß- und grüngestreifte Marmor steht zwar noch mächtig an, wird aber nicht benutzt. In mehren Gegenden der Insel findet sich heiße Quellen, die zu Bädern eingerichtet werden könnten. Am wichtigsten ist die Quelle bei Lipso, unweit der alten, jetzt fast spurlos verschwundenen Stadt Aedepsos, wo Deukalion wohnte und seine Gattin Pyrrha begraben wurde. Sie hat 67° Wärme und schmeckt wie heißes Seewasser; das Wasser wurde von ihr in starken, gebrannten thönernen Röhren in die in der Ebene befindlichen Bäder des Herakles geleitet und soll gegen Hautkrankheiten und gichtische Übel sehr wirksam sein. Auch ohne Bäder fehlt es der Insel nicht an Lebhaftigkeit, und da sie eine sehr gesunde Lage hat, an romantischen Gegenden reich ist und Luft und Wasser hier frischer sind als in den meisten andern Theilen des Königreichs Griechenland, so haben sich bis jetzt Fremde vorzugsweise hier angesiedelt.

Die jetzige Hauptstadt der Insel ist Chalkis, sonst Egribos oder Negroponte genannt, mit etwa 16,000 Einwohnern. Sie wurde angeblich durch Phönizier gegründet, welche mit Kadmos einwanderten und die Bearbeitung der Metalle dort einführten, blühte schon zu den Zeiten des trojanischen Kriegs, war schon im Alterthume fest, weshalb sie König Philipp von Macedonien zu den drei Fesseln Griechenlands rechnete (die beiden andern waren Demetrias und Korinth), trieb bedeutenden Handel und hatte mehre Tempel. Der berühmte Philosoph Aristoteles hat seine letzten Lebensjahre hier zugebracht und ist hier, nach Einigen an Gift, nach Andern natürlichen Todes gestorben. Sie hat einen schönen Hafen und ein festes Schloß; ihr Ansehen ist noch ganz orientalisch, da von der türkischen Zeit noch einige schlanke Minarets übrig geblieben sind, die sich nebst mehren Palmen über die Stadt erheben; im Innern ist sie ein schmuziges Häuserlabyrinth mit engen, oft überwölbten Gassen. In geringer Entfernung von der Stadt ist die Meerenge Euripos und die im Alterthume berühmte Quelle Arethusa, die aber nicht mit der weit berühmtern, von den Dichtern gefeierten Quelle Arethusa in Sicilien zu verwechseln ist. Südlich von Chalkis ist die Stelle, wo die alte Hauptstadt der Insel, Eretria, lag, die den Athenern verhaßt und von den Persern zerstört wurde; zwar wurde sie später auf einer andern geeigneten Stelle wieder aufgebaut, aber von den Römern unter T. Quinctius Flaminius nochmals erobert und zerstört, seit welcher Zeit sie sich nicht wieder erholt hat. Einst war sie so mächtig, daß sie einen öffentlichen Aufzug von 3000 Bewaffneten, 600 Rittern und 60 Wagen hielt und die Inseln Andros, Tinos und Keos beherrschte. Näher an Chalkis steht auf einem isolirten Felsen ein zerstörtes Castell der Venetianer, jetzt Basiliko (das königliche) genannt.

Die zweite Stadt der Insel, Karystos, an der Südküste, Athen gegenüber liegend, hat etwa 3000 Einwohner, steht auf einem schroffen, niedrigen Berge, ist mit einer Mauer und Thürmen umgeben und wird von den zurückgebliebenen, noch Ländereien besitzenden Türken bewohnt; rechts unter der Stadt steht auf einem Gebirgsvorsprunge eine nur von Griechen bewohnte Vorstadt. Über der Stadt erheben sich auf steilen, fast senkrechten Felsen die nicht unbeträchtlichen Ruinen der von den Venetianern gebauten Burg Castel Rosso, die durch Lage und Festigkeit wichtig ist und mehrmals belagert wurde, unter andern 1821 von einer Griechenschar, die von der schönen Griechin Modena Maurogenia angeführt wurde. Die Stadt hat keinen Hafen; im Alterthume wurden die Schiffe durch einen Molo geschützt. Ehemals war sie durch den karystischen Marmor berühmt, der aber eigentlich bei Marmarion gebrochen wurde und sich besonders zu Säulen eignete.

An der Ostküste, ziemlich in der Mitte derselben an einer Bucht gelegen, ist noch Kumi zu bemerken, ein ziemlich großer Ort von freundlichem Ansehen, da die Häuser von einer gelblich=weißen Schieferart erbaut und mit Platten von derselben bedeckt sind. Er ist wohlhabend durch den Handel mit Wein, der hier trefflich gedeiht, hat aber leider keinen Hafen. Nicht weit von hier findet sich ein mächtig zu Tage ausgehender Braunkohlenflöz, dessen Bearbeitung unter der jetzigen Regierung begonnen worden ist; nur kommen unter den jetzigen Verhältnissen die Kohlen noch immer zu hoch zu stehen.

Im Alterthume gehörte die Insel meist den Athenern; von diesen kam sie an die Römer, dann an die griechischen Kaiser und an die Venetianer, denen sie im J. 1470 von dem türkischen Sultan Mohammed II. abgenommen wurde. Im J. 1821 empörten sich die Bewohner auf den Zuruf der obengenannten Modena Maurogenia gegen das türkische Joch, worauf sich die Türken in die festen Städte Negroponte und Karysto zurückzogen. Gegenwärtig bildet das nördliche Euböa mit den benachbarten kleinen Inseln Skiathos, Skopelos und Heliodromi das 24., der südliche Theil der Insel aber nebst der Insel Skyros das 25. Gouvernement des Königreichs Griechenland; jenes hat Chalkis, dieses Kumi zur Hauptstadt.

Die Gemeinheit im **Maison des Jault.**

Eine merkwürdige Familieneinrichtung, die sich aus alten Zeiten erhalten hat, findet sich im sogenannten Maison des Jault in der Gemeinde St.=Benin=de=Bois im französischen Nièvre=Departement, das von einer jetzt 36 Köpfe starken Familie, die eine sogenannte Gemeinheit bilden, bewohnt wird. Die Urkunden, auf welchen die Verfassung dieser Gemeinheit beruht, reichen über das Jahr 1500 hinauf und gedenken des Maison des Jault als einer alten Sache. Das daranstoßende Stück Landes hat sich in der Familie Lejault erhalten und durch Arbeit und Sparsamkeit zu einem

Besitzthume von mehr als 200,000 Francs an Werth vermehrt. Ursprünglich war der Familienvater, dann sein Sohn, so lange die directe Linie sich erhielt, der natürliche Vorstand (maître). Im Laufe der Zeit ward der fähigste Mann zum Leiter, die verständigste Frau zur Hausmutter gewählt. Der Vorstand besorgt die Angelegenheiten außer dem Hause, kauft und verkauft Vieh, kauft auch nach Gelegenheit Land im Namen der Gemeinheit an — Alles nach Berathung mit den Gemeindegliedern oder Theilhabern. Das Vermögen besteht 1) aus den alten Gütern; 2) aus den auf gemeinschaftliche Rechnung mit Ersparnissen neu dazu gekauften; 3) aus dem Viehstand; 4) aus der gemeinschaftlichen Kasse, sonst beim Vorstande, jetzt bei einem Notar niedergelegt. Außerdem hat jedes Gemeindeglied sein besonderes Vermögen, das aus dem Heirathsgute der Frau und dem von der Mutter ererbten oder ihm durch Geschenke, Vermächtnisse oder sonst, ohne Beziehung auf die Gemeinheit, zugefallenem Gelde besteht.

Die Gemeinheit besteht nur aus Männern. Bei Verheirathung von Weibern und Mädchen an Nichtmitglieder steuert die Gemeinheit sie baar aus, mit einer Aussteuer, die allmälig auf 1350 Francs gestiegen ist. Das unverheirathet sterbende Gesellschaftsmitglied hinterläßt sein Besitzthum den Übrigen. Die Söhne der Mitglieder werden kraft ihrer Geburt innerhalb der Gemeinheit Mitglieder derselben, die Töchter aber erhalten Anspruch auf eine Aussteuer, und theilen mit den Knaben das väterliche Eigenthum, ohne für sich die Güter der Gemeinheit ansprechen zu können.

Durch diese Familienverbindung wird den Kräftigen Wohlstand, Kindern, Schwachen und Alten eine sichere Zukunft zu Theil. Bei Militairaushebungen werden 2000 Francs von der Genossenschaft für einen Stellvertreter bezahlt, das etwa Fehlende legt der von der Aushebung Betroffene zu. Kein Mitglied hat noch Verurtheilung wegen Vergehen betroffen; Sittenreinheit, Wohlthätigkeitssinn herrschen. Die Mahlzeit ist gesellig; zur Kleidung gibt der Vorstand den Mitgliedern Hanf und Wolle. Die Männer sind groß und stark, die Weiber kräftig, manche hübsch; der Anzug ist anständig und nicht ohne Zierlichkeit.

Das Pfennig-Magazin

für

Verbreitung gemeinnütziger Kenntnisse.

437.]   Erscheint jeden Sonnabend.   [August 14, **1841.**

Papst Gregor VII.

Um diesen großen Mann richtig würdigen zu können, müssen wir zuvor einen Blick auf seine Zeit und die Verhältnisse werfen, die er umzugestalten suchte. Die Geistlichen der katholischen Christenheit hatten ihre Stellung in der bürgerlichen Gesellschaft schon früh dazu benutzt, theils für sich, theils für ihre Kirche Reichthümer zu erwerben. Der Reichthum bestand aber damals fast einzig im Grundbesitze, und dieser brachte Rechte und Pflichten mit sich, welche dem eigentlichen Berufe des Geistlichen durchaus fremd waren. Da nun die vornehmen Geistlichen fast alle aus adeligen Häusern waren und durch ihre erste Erziehung das ritterliche Treiben liebgewonnen hatten, so war es ihnen lieber, an der Spitze ihrer Dienstleute in die Schlacht zu ziehen, in ihren Waldungen zu jagen, oder an den Höfen ihrer Lehnsherren den Genüssen der Welt zu leben, als die Religion des Friedens und der Liebe zu predigen, die Unglücklichen zu trösten und in De=

muth und Genügsamkeit ihrer Gemeinde vorzuleuchten. Die Bischöfe hatten nicht blos in ihrem Weichbilde, sondern oft sogar im ganzen Grafengaue, dem ihr Weichbild angehört hatte, die Grafenrechte an sich gebracht und so mit ihrer geistlichen Würde einen weltlichen Adel verbunden. Daher war es den Königen gar nicht gleichgültig, wer hier oder da zum Bischof erwählt wurde; auch mußten sie sich schon zufolge des Lehenrechtes um die Wahl bekümmern. Wenn nun durch die Wahlberechtigten ein Prälat gewählt worden war, der dem Könige nicht zusagte, so brauchte dieser sich nur zu weigern, dem Gewählten durch die Übergabe von Ring und Stab die weltlichen Rechte zuzuerkennen, und die Wähler mußten dann zu einer neuen Wahl schreiten und zwar so oft, bis eine Wahl getroffen war, die dem Könige gefiel. Wer daher eine Pfründe suchte, wandte sich an den König und suchte durch Erlegung einer Geldsumme oder ähnliche Mittel das Versprechen zu erlangen, er werde keinen Andern investiren. Dieser ließ nun, um allen Weitläufigkeiten vorzubeugen, den Wahlberechtigten oft blos sagen, wen sie wählen sollten. Dieser Misbrauch wurde unter den fränkischen Kaisern immer ärger und stieg unter Kaiser Heinrich IV. auf den höchsten Gipfel. Wucherer und Menschen von dem schlechtesten Rufe kamen in den Besitz der ersten geistlichen Stellen. Um schnell wieder zu ihrem Kaufgelde zu gelangen, verkauften sie die geistlichen Unterstellen ihrer Sprengel an die Meistbietenden. So kamen fast alle geistlichen Stellen in die Hände gemeiner habsüchtiger Menschen und Laster aller Art brachten den geistlichen Stand um alle Achtung. Einige würdige Päpste versuchten es, diesem Unwesen zu steuern, aber ihre Versuche scheiterten an zwei Klippen: an ihrer eigenen Abhängigkeit und der Abhängigkeit des Kirchengutes von den Königen. Diese beiden Klippen mußten entfernt werden, ehe an eine Ausrottung der Simonie — so nannte man die Erwerbung geistlicher Ämter und Pfründen durch Kauf und Bezahlung — und der in ihrem Gefolge entstandenen Unsittlichkeit zu denken war. Vorgearbeitet war jedoch schon durch die Befreiung der Päpste aus der Gewalt der römischen Adelsfactionen, die bisher über den päpstlichen Stuhl nach Belieben verfügt hatten. Zwar waren sie aus einer Abhängigkeit nur in eine andere versetzt worden, in die Abhängigkeit von den deutschen Kaisern, aber ihre Würde war nun doch über die gemeinen Interessen der Stadt Rom erhaben. Überdies gestattete Kaiser Heinrich III., der die Bestätigung des Papstes durch den Kaiser zum Gesetz erhoben hatte, den sich seiner Hoheit unterordnenden Päpsten den freisten Spielraum zu kirchlichen Reformen. Dennoch aber erheischten diese eine Kühnheit und Umsicht, wie sie Sterbliche selten aufzuweisen haben; denn nicht nur der König und der ganze weltliche Beamtenstand, sondern auch alle verheiratheten Geistlichen mußten den Mitteln entgegen sein, durch die allein den Übelständen abgeholfen werden konnte. Niemand war sich dieser Schwierigkeiten mehr bewußt, als Hildebrand, der nachmalige Papst Gregor VII.; dennoch beschloß er, die Kirche zu retten.

Gregor soll der Sohn eines Schlossers, nach Andern aber eines Zimmermanns, Namens Bonizus, aus Siena oder Sauna in Toscana gewesen sein. Durch seinen mütterlichen Oheim, den berühmten Laurentius, nachmaligen Erzbischof von Amalfi, der damals Abt eines römischen Klosters war, ward er erzogen und mit Liebe zum geistlichen Stande erfüllt. Doch scheint er schon frühzeitig der Klostergeistlichkeit einen Vorzug vor der Weltgeistlichkeit gegeben zu haben, denn die Lebensweise jener entsprach der Idee der Christlichkeit, wie sie sich durch seines Oheims Unterricht in Hildebrand's Kopfe gebildet hatte, weit mehr als die der Weltgeistlichkeit, die damals in weltlichem Treiben gänzlich versunken war. Er benutzte daher die Berührung, in die ihn eine Reise nach Frankreich mit dem berühmten Kloster Clugny gebracht hatte, zu einem mehrjährigen Aufenthalte daselbst. Bald jedoch mochte er zu der Einsicht gelangen, daß er nicht bestimmt sei, sein Leben in der Einsamkeit zuzubringen, sondern daß er wirken müsse, dieweil es Tag sei. Daher finden wir ihn schon 1045 wieder in Rom und zwar mitten im Kampfe der Parteien. Er hatte sich dem Erzpriester Gratian, als dem durch Verstand und Wissenschaft ausgezeichnetsten und dadurch für Förderung seiner Pläne geeignetsten Manne, angeschlossen. Benedict IX., der als ein zwölfjähriger Knabe auf den

päpstlichen Stuhl erhoben worden war, hatte das Papstthum so herabgewürdigt, daß es dem Bischofe von Sabina leicht wurde, ihn 1043 aus Rom zu verjagen und an seiner Stelle als Sylvester III. die Leitung der Kirche zu übernehmen. Benedict, der in Rom nicht wieder mächtig werden konnte, bot nun seine Würde feil und verkaufte sie öffentlich an den Presbyter Johann, der unter den Päpsten als Johann XX. bekannt ist, doch nur um alsbald mit dem Kaufgelde gegen beide Päpste zu Felde zu ziehen. Als er aber gegen beide Päpste so wenig ausrichten konnte, als früher gegen einen, versöhnte er sich mit ihnen und brachte 1045 eine Theilung des Pontificats zu Stande. Diese Schmach ging Hildebrand gewiß sehr zu Herzen und auf seinen Antrieb mochte wahrscheinlich Gratian handeln, wenn er, um die Schmach der Kirche zu beendigen, 1046 die päpstliche Würde an sich brachte. Zwar wurde Hildebrand's Absicht, durch ihn dem heiligen Stuhle wieder zu seiner Heiligkeit zu verhelfen, nicht erreicht; denn auch Gratian, jetzt Gregor VI., mußte auf seine Würde resigniren und, um nicht Werkzeug neuer Unruhen zu werden, dem Kaiser, der ihn abgesetzt hatte, nach Deutschland folgen. Was Hildebrand bewog, dem abgesetzten Papste dahin zu folgen, ist nicht bekannt. Vielleicht war es die geheime Hoffnung, seinen hohen Gönner bald von Deutschland aus wieder zum Papste befördert zu sehen, aber der Tod Gregor VI. machte dieser Hoffnung ein Ende und Hildebrand ging, für seine großen Pläne bessere Zeiten erwartend, wieder in das geliebte Kloster Clugny.

Hier wäre er wahrscheinlich auch geblieben, wenn er nicht zur Ausführung großer Dinge bestimmt gewesen wäre. Die nach Aufhebung der päpstlichen Triarchie von Heinrich III. eingesetzten Päpste Clemens II. und Damasus II. lebten nur kurze Zeit. Nach ihrem Tode wurde der Bischof Bruno von Toul, ein bescheidener, strenger, thätiger Mann, den Hildebrand schon in Deutschland kennen gelernt hatte, vom Kaiser auf der Synode zu Worms zum Papste ernannt. Der neue Papst, der sich Leo IX. nannte, war fest entschlossen, der gesunkenen Kirche wieder aufzuhelfen und sich mit Leuten zu umgeben, die von gleichem Eifer brannten. Darum begab er sich auf seinem Wege nach Rom vorher in das Kloster Clugny und wußte Hildebrand zu bewegen, ihm nach Rom zu folgen. Wieviel er auf Hildebrand's Ansichten gab, beweist die Veränderung in seinem Benehmen nach seiner ersten Unterredung mit demselben. Er war im päpstlichen Ornate und mit allen Insignien seiner neuen Würde nach Clugny gekommen, legte sie aber auf Hildebrand's Rath sogleich ab und reiste in der einfachen Kleidung eines Pilgers nach Rom. Hier erklärte er öffentlich, daß er sich selbst noch nicht als Papst ansehe, weil nur die freie Wahl der Römer der Ernennung des Kaisers volle Kraft geben könne. Durch diesen Schritt fand Leo IX. nicht nur eine gute Aufnahme in Rom, sondern leitete auch ein ganz neues Verhältniß ein und gab damit der römischen Politik eine ganz neue Richtung.

Durch die außerordentlichen Folgen seines Rathes wurde Hildebrand der leitende Genius des neuen Papstes und damit die handelnde Hauptperson in der Umgebung desselben. Ja, man kann sagen, daß der Sache nach Hildebrand Papst war; denn während Leo die meiste Zeit außer Rom zubrachte und zwischen Italien und Deutschland hin und her reiste, um seinen neuen Kirchengesetzen Eingang zu verschaffen, hielt Hildebrand in Rom die Fäden zusammen, durch welche die Kirchenreformation geleitet wurde. Er vereinigte mit allen jenen Talenten, welche großen Geistern die Herrschaft über die Menschen vom gewöhnlichen Schlage sichern, alle Künste der gewinnendsten Klugheit und gab durch diese dem Einflusse jene verschafft hatte. Auch war er es, der nach Leo's IX. Tode die Römer bewog, sich noch einen Papst aus Deutschland gefallen zu lassen. Er reiste selbst nach Deutschland und bat den Kaiser, in dem Bischofe Gebhard von Eichstädt, einem Manne, der durch Verstand, Geschäftskenntniß und Willensstärke ausgezeichnet, aber den bisherigen reformatorischen Bestrebungen der Päpste keineswegs gewogen war, der Kirche das nöthige Haupt zu geben. Der Kaiser gewährte die Bitte nicht ohne Widerstreben, da sie ihn um seinen besten Staatsdiener bringen sollte, jedoch auch nicht ohne eine innere Genugthuung, da sie einen seinen Interessen ganz ergebenen Mann betraf, und Gebhard bestieg als Victor II. 1055 den päpstlichen Stuhl. Hildebrand hatte sich in ihm im neuen Papste nicht geirrt. Seit ihm das Interesse der Kirche näher lag als das des Kaisers, trat er ganz in die Fußtapfen seiner nächsten Vorgänger und der Kaiser ließ ihn um so lieber gewähren, als er in ihm nichts als den bewährten treuen Diener sah. Victor reiste nicht selbst überall herum, wie seine Vorgänger, um seinen Willen durchzusetzen, sondern schickte Legaten aus, die Alles, was sie irgendwo der Ordnung zuwider finden würden, rügen und abstellen sollten. Hildebrand übernahm die erste Sendung dieser Art nach Frankreich, um in der Art der Ausführung allen andern Legaten ein Beispiel und Vorbild geben zu können. Er hielt eine Synode zu Lyon und entsetzte darauf sechs Bischöfe ihrer Ämter; 45 legten bald darauf freiwillig die ihrigen nieder, so gewaltig hatte er durch das Feuer seiner Rede die Gemüther ergriffen.

Als Victor im Junius 1057 starb, fiel die Wahl auf einen Mann, der wahrscheinlich längst von Hildebrand zum Papste bestimmt war; denn er war mit allen Eigenschaften des Verstandes und Willens ausgerüstet, die einem Papste nöthig waren, wenn die Kirche durch ihn gehoben werden sollte. Dieser Mann war der Cardinal Friedrich, Bruder des Herzogs Gottfried von Lothringen, der sich durch die Mutter der berühmten Gräfin Mathilde die Markgrafschaft Toscana erheirathet hatte. Er regierte unter dem Namen Stephan IX., war von innen und außen befähigt, große Unternehmungen durchzusetzen, starb aber schon 1058. Als er sein Ende herannahen sah, verordnete er, daß die Wahl eines neuen Papstes bis zu der Zurückkunft seines Legaten Hildebrand, der eben in Deutschland war, aufgeschoben und nichts ohne dessen Rath vorgenommen werden sollte, ein Beweis, daß auch Stephan IX. unter dem Einflusse Hildebrand's stand. Doch diese die ganze Wichtigkeit Hildebrand's an den Tag bringende Verordnung war für seine Feinde die dringendste Auffoderung, das Gegentheil zu thun. Sie machten mit den Grafen von Tusculum, die früher den päpstlichen Stuhl mit ihren Creaturen besetzt hatten, gemeinschaftliche Sache und wählten Johann Mincio, Bischof von Velletri, als Benedict X. zum Nachfolger Stephan's, hatten aber nichts davon, als den Verdruß, ihn bei der Zurückkunft Hildebrand's gestürzt und durch den Bischof Gerhard von Florenz ersetzt zu sehen. Dieser wurde unter dem Namen Nikolaus II. von dem Bruder Stephan's IX., dem Herzoge Gottfried, nach Rom gebracht und die Partei des Gegenpapstes verschwand augenblicklich völlig vom Schauplatze.

Hildebrand lag Alles daran, die Macht des päpstlichen Stuhles zu sichern. Ihr Hauptgegner von außen war der Kaiser, die Hauptgefahr von innen aber die Zufälligkeit der Wahl. Jener Gefahr suchte er durch Fesselung der Normannen an den päpstlichen Stuhl, dieser durch ein neues Regulativ vorzubeugen, dem die künftigen Papstwahlen unterworfen werden sollten. Durch den Antheil des Adels und des Volkes an den Wahlen waren fast alle dem päpstlichen Ansehen so äußerst nachtheiligen Spaltungen veranlaßt worden, durch den Einfluß der Kaiser dabei erschienen die Päpste nur als Vasallen derselben. Von Nikolaus II. an sollte das Recht der Papstwahl der Klerus allein und zwar nicht in Masse, sondern nur durch seine Repräsentanten, die Cardinäle, ausüben. Dem Kaiser wurde das Bestätigungsrecht zwar noch nicht gradezu abgesprochen, aber dafür eine gute Einleitung getroffen, es ihm künftig streitig zu machen, denn es sollte nicht mehr als ein mit der Kaiserwürde verbundenes Recht, sondern als ein persönliches Privilegium angesehen werden, das sich der Kaiser durch sein Benehmen verdienen mußte.

Schon 1061, wo Nikolaus II. starb, bekam Hildebrand Gelegenheit, das neue Regulativ in Anwendung zu bringen. Er versuchte erst alle Mittel der Rede, die Feinde des Regulativs zu beschwichtigen und die Kaiserin für dasselbe zu gewinnen; als aber dies nichts fruchtete, ließ er am 1. October 1061 dem Volke und der Kaiserin zum Trotz die Wahl des neuen Papstes, dem Regulativ gemäß, durch die Cardinäle vornehmen. Der Fürst Richard von Capua mußte dabei das Volk im Zaume halten. Die Wahl fiel auf den Bischof Anselm von Lucca, der sogleich unter dem Namen Alexander II. feierlich als Papst ausgerufen wurde. Aber auch die Kaiserin ließ einen Papst wählen und zwar zu Basel durch longobardische und deutsche Bischöfe, die mit Hildebrand's Reformationseifer im höchsten Grade unzufrieden waren. Die Wahl fiel auf den Bischof Cadolaus von Parma, der im Punkte der Galanterie sehr übel berüchtigt und auch in andern Punkten kein Tugendspiegel war. Die Kaiserin war entschlossen, diesen Papst, welcher den Namen Honorius II. führte, der Kirche aufzuzwingen und brachte ihn auch schon im Frühjahre 1062 nach Rom, wo er von Seiten des Volkes mit Jubel aufgenommen wurde. Jetzt war Hildebrand in nicht geringer Verlegenheit. Da entführte der Erzbischof Hanno von Köln den jungen Heinrich, Sohn des Kaisers Heinrich III., aus den Händen seiner Mutter und ließ durch eine Versammlung der gewonnenen Stände die vormundschaftliche Regierung der Kaiserin abnehmen und sich selbst übertragen; zu gleicher Zeit erklärte er sich für den Papst Alexander. Damit war dem Honorius sein Urtheil gesprochen, obwol er sich bis zu der 1067 in Mantua von Hanno gehaltenen Synode einen Anhang erhielt.

(Der Beschluß folgt in Nr. 438.)

Dover.

In dem südöstlichsten Theile von England, in der Grafschaft (dem ehemaligen Königreiche) Kent, auf dem Gipfel eines 350—400 Fuß hohen Kalkfelsens und etwa 4½ Meilen von der gegenüberliegenden französischen Küste entfernt, steht das Schloß von Dover; unmittelbar darunter steht im Westen die Stadt Dover. Das Alter des Schlosses übertrifft das der Stadt beiweitem. Alles Merkwürdige, was die Stadt enthält, gehört der neuern Zeit an. Vor Allem ist der Hafen zu erwähnen, welcher Schiffe von 4—500 Tonnen aufnehmen kann und wo bekanntlich die nach Calais gehenden und daher kommenden Packetboote und Dampfschiffe auslaufen und anlegen. Die Küsten von Sussex und Kent entbehren natürlicher Häfen gleich der gegenüberliegenden französischen Küste, die Häfen von Dover und Ramsgate können aber als Beweise dienen, in welchem Grade die Kunst diesem Mangel abzuhelfen im Stande ist.

Die Festungswerke des Schlosses, welche eine Fläche von 40 preußischen Morgen einnehmen, gehören verschiedenen Zeiten an, der römischen, der sächsischen, der normännischen und der neuesten Zeit. Der Wartthurm, ein achteckiges Bauwerk, die Brustwehr, die eigenthümliche Form des Grabens verrathen die Arbeit römischer Bauleute, und es unterliegt keinem Zweifel, daß die Römer (welche den zum Gebiete der Cantii gehörigen Ort Dubră oder Dubri nannten) hier einen ihrer Posten, ein verschanztes Lager, hatten. Der Grund zu dem Wartthurm ist nach dem Gebrauche der römischen Maurer in eine Thonschicht gelegt; er ist, statt von Stein, von einer tropfsteinartigen Composition, die mit Reihen' römischer Ziegeln vermischt ist, gebaut. Dieser Thurm, von welchem herab jetzt das englische Banner weht, soll zur Zeit des Julius Cäsar errichtet worden sein; er und eine alte Kirche sind die einzigen noch stehenden Gebäude innerhalb der römischen Burg. Die Entstehungszeit der Kirche ist nicht genau bekannt, sie wurde aber angeblich durch den heiligen Augustin, als er sich im 6. Jahrhundert in England befand, für den christlichen Gottesdienst eingeweiht.

Die Angelsachsen, die den Ort Dofra nannten, dehnten den Grund der römischen Festung weiter aus und erbauten eine von jener wesentlich verschiedene, die aus senkrechten Mauern ohne Brustwehren, von tiefen Gräben umgeben, bestand. In der Mitte der alten sächsischen Werke ist das Gefängniß, das jedoch normännischen Ursprungs ist (erbaut 1153). Es ist ein massives viereckiges Gebäude, von welchem die südwestliche und nordwestliche Seite 103 und 108 Fuß, die beiden andern 123 Fuß Länge haben, und dient jetzt als Zeughaus und Magazin; der nördliche Thurm des Gefängnisses ist vom Boden gerechnet (welcher selbst 373 Fuß über dem Meere erhaben ist) 95 Fuß hoch, die Aussicht von demselben umfaßt bei heiterm Wetter das Vorgebirge North=Foreland, den Hafendamm von Ramsgate, die Insel (vielmehr Halbinsel) Thanet, die im Thale liegende Stadt Dover und die Städte Calais und Boulogne nebst der zwischen ihnen liegenden französischen Küste. Die übrigen Festungswerke, deren einzelne Thürme nach ihren Erbauern benannt werden, sind größtentheils normännischen Ursprungs und rühren von Wilhelm dem Eroberer her, haben aber das veränderte Ansehen, welches ihnen zahlreiche Reparaturen während einer Reihe von Jahrhunderten gegeben haben. Ein 370 Fuß tiefer Brunnen schützt die Bewohner des Schlosses gegen Wassermangel.

Während der französischen Revolution, besonders aber als Napoleon von Boulogne aus England mit einer Landung bedrohte, erschien es von Wichtigkeit, das Schloß von Dover als militairischen Punkt und Grenzfestung gegen Frankreich, sowie als Schlüssel von England noch mehr zu befestigen und sicher zu stellen. Das Parlament votirte zu diesem Zwecke 50,000 Pf. St.; Mineurs und andere Arbeiter wurden angestellt, den Felsen behufs anzulegender Werke auszuhöhlen und neue Wälle zu Batterien u. s. w. anzulegen; unter Anderm wurden ausgedehnte Casernen gebaut, sodaß nun eine Garnison von 3—4000 Mann (2000 Mann in bombenfesten Casematten) untergebracht werden kann. Die neue mit vielen Kosten und großer Mühe erbaute Caserne erhebt sich amphitheatralisch und terrassenförmig auf einer Anhöhe hinter der Stadt, beherrscht das ganze Ufer und ist durch Gänge und Treppen, die in den Felsen gehauen sind und nach der Stadt führen, sowie durch spanische Reiter gegen jede Überrumpelung geschützt; sie ist unstreitig von Allem, was Dover bietet, für Reisende am meisten interessant. Daß das Schloß keineswegs unüberwindlich ist, ergibt sich aus der Thatsache, daß es am 21. Aug. 1625 durch einen

Das Schloß von Dover.

Kaufmann aus Dover, Namens Blake, und zehn andere Bürger überrumpelt wurde; sie vertrieben die Garnison, nahmen das Schloß für das Parlament in Besitz und leisteten den königlichen Truppen längere Zeit mit Erfolg Widerstand. Jetzt ist das Schloß zur Vertheidigung nicht füglich zu gebrauchen, da die große Höhe ein wirksames Feuer gegen die Landenden nicht gestatten würde und die ganze Lage desselben mit den Regeln der jetzigen Befestigungskunst nicht übereinstimmt. Übrigens machen 300 schwere Geschütze und 60 Mörser, die auf den Höhen vertheilt sind, sowie angebrachte Minen jeden Versuch einer Erstürmung des Schlosses gefährlich. Am 7. Jan. 1785 stieg der bekannte Blanchard in Begleitung des Amerikaners Jefferies vom Schlosse aus im Luftballon empor, wurde glücklich über den Kanal getragen und landete im Walde bei Guisnes in Frankreich.

Der Lordoberaufseher über die sogenannten fünf Häfen (Dover, Sandwich, Romney, Hastings, Hythe, wozu aber später noch Rye, Winchelsea, beide eigentlich nur Anhänge von Hastings, und Seaford gekommen sind), dessen Gewalt sich unabhängig von den Sheriffs der Grafschaften Kent und Sussex von Margate bis Seaford erstreckt, übt policeiliche Gewalt über das Schloß von Dover, welches ein Gefängniß für Schuldner und Schleichhändler enthält. Seine Gerichtssitzungen hält er in der Jakobskirche am Fuße des Schloßhügels. Das Amt eines Oberaufsehers der fünf Häfen pflegt dem ersten Lord des Schatzes ertheilt zu werden; jetzt bekleidet es der Herzog von Wellington, der bei der letzten Erledigung dieses Amtes erster Lord des Schatzes war. Den genannten Häfen lag einst vorzugsweise die Verpflichtung ob, das Reich gegen eine Invasion vom Festlande her zu vertheidigen und in Kriegszeiten zum Dienst des Königs Kriegsschiffe zu stellen, wofür sie bedeutende Privilegien genossen. Darunter gehört hauptsächlich, daß jeder derselben zwei Deputirte ins Parlament schickte, denen das Prädicat „Baron" zukam, wenn sie auch schlichte Bürger waren. Bei der Krönung eines Königs trugen sie den Himmel über demselben und behielten ihn hernach zum Andenken; bei der königlichen Tafel hatten sie einen Tisch zur Rechten des Königs u. s. w. Jetzt sind diese Häfen, da sie immer mehr versanden, nachgerade sehr in Verfall gerathen.

In den unterirdischen Gemächern und Gängen des Schlosses, welche den Besuchenden nach eingeholter Erlaubniß des Militaircommandanten gezeigt werden, sind mehre merkwürdige Alterthümer zu sehen, unter andern die Taschenpistole der Königin Elisabeth; so nennt man nämlich ein schönes Geschütz von Erz, welches die holländischen Generalstaaten der Königin Elisabeth zum Geschenk machten, als Zeichen ihrer Dankbarkeit wegen des geleisteten Beistandes gegen Spanien. Es ist 24 Fuß lang und trägt eine holländische Inschrift folgenden Inhalts: „Über Berg und Thal schleudere ich meine Kugel und bin, wie mein Name besagt, ein Mauerbrecher."

Westlich von Dover, dem Schlosse gegenüber, steht der berühmte Shakspearehügel, der in dem Trauerspiele König Lear beschrieben wird. Er ist 350 Fuß hoch und fast senkrecht; seiner Form halber ist er allerdings merkwürdig, aber keineswegs so imposant, als man nach Shakspeare's poetischer Schilderung schließen möchte. Von Dover geht eine alt-römische Landstraße, jetzt Watlingstraße genannt, nach den sogenannten Schootershügel; an derselben erblickt man viele alte Grabmäler in Gestalt kleiner Hügel.

Die Stadt (oder vielmehr der Flecken) Dover, in einem von Kalksteinklippen umgebenen Thale gelegen, besteht aus drei am Ende zusammenlaufenden Hauptstraßen und hat 9000 (nach andern Angaben 12,000 oder gar 20,000) Einwohner. Unter den Gebäuden derselben sind die beiden Kirchen, welche von den frühern sieben noch übrig sind und von denen die Peterskirche, ein stattliches Gebäude, um 1216 erbaut wurde, das neue Theater, das Casino, die Stadthalle am Markte und ein vortrefflich eingerichtetes neues Militairhospital bemerkenswerth. Auch die kalten und heißen Seebäder in Dover dürfen nicht unerwähnt bleiben. Seit dem letzten Frieden hat sich Dover als Hauptübergangspunkt nach Frankreich, wohin man mit dem Dampfschiffe in 3—4 Stunden kommen kann, sehr schnell gehoben. Täglich geht ein Dampfschiff nach Calais und eins nach Boulogne ab, während das Packetboot nur vier Mal wöchentlich geht. Trifft das Dampfschiff nicht zeitig genug ein, um mit der Flut in den Hafen zu kommen, dessen Einfahrt schmal und bei schlechtem Wetter gefährlich ist, so werden die Reisenden von Lootsen auf kleinern Fahrzeugen aus der Rhede abgeholt.

Von den Doppelsternen.

(Beschluß aus Nr. 436.)

Außer jener Umlaufsbewegung, die wir an einer nicht geringen Zahl von Doppelsternen wahrnehmen, gibt es noch ein anderes Mittel, um für einen bestimmten Doppelstern zu entscheiden, ob er zu den optischen oder physischen Doppelsternen gehört: die sogenannte eigene Bewegung der Firsterne. Seit Halley weiß man nämlich, daß die Firsterne nicht, wie man früher glaubte, ihre gegenseitige Stellung unverändert beibehalten, also auch ihren Namen, der ihnen ebendeshalb ertheilt worden war, streng genommen nicht verdienen, sondern daß viele von ihnen eine fortwährende scheinbar geradlinige Bewegung am Himmel haben, die man eben die eigene Bewegung genannt hat. Freilich ist dieselbe so ausnehmend langsam, daß sie in den meisten Fällen erst nach einer langen Reihe von Jahren wahrgenommen werden und auf die Ansicht des Himmels gar keinen merklichen Einfluß haben, weshalb wir die Benennung der Firsterne, sofern es uns nicht um absolute Genauigkeit zu thun ist, nach wie vor beibehalten können; das schnellste Fortrücken eines Sternes, das wir kennen, beträgt in einem Jahre nur etwas über fünf Secunden, also erst in 3—400 Jahren so viel, als der scheinbare Durchmesser der Sonne und des Mondes. Der ältere Herschel nahm an, daß alle Bewegungen dieser Art nur scheinbar und eine Folge davon seien, daß sich das ganze Sonnensystem einer gewissen Stelle des Himmels und zwar dem Sternbilde des Hercules nähert, was natürlich ein scheinbares Auseinanderrücken der in dieser Gegend stehenden Sterne, eine Entfernung derselben von demjenigen Punkte, gegen welchen die Bewegung der Sonne gerichtet wäre, sowie eine Annäherung an den diametral entgegengesetzten Punkt der Himmelskugel bewirken würde. Neuern Beobachtungen zufolge ist eine solche gemeinschaftliche Hinneigung aller zu einem und demselben Punkte keineswegs nachzuweisen, aber allerdings scheint die Sonne zu denjenigen Firsternen zu gehören, welche eine schnellere fortrückende Bewegung haben, und sich gegen das genannte Sternbild zu bewegen. Der berühmte königsberger Astronom Bessel hat gefunden, daß unter fast 3000 Sternen beinahe der siebente Theil, nämlich 425, eine merkliche eigene Bewegung haben, die jährlich über zwei Zehntel einer Raumsecunde beträgt; ein anderer ausgezeichneter Astronom, Argelander in Bonn, hat einen Katalog von 560 Sternen mit eigener Bewegung geliefert. Unsere Leser errathen wol schon, wie diese eigene Bewegung der Firsterne einen Probirstein für die Natur der Firsterne abgeben könne. Unter den Sternen, an denen eine eigene Bewegung zu bemerken ist, sind nämlich viele Doppelsterne und zwar unter den 560 Sternen des Argelander'schen Verzeichnisses 53 Doppelsterne des Struve'schen Katalogs. Zeigt sich nun bei einem dieser Doppelsterne, daß die eigene Bewegung des einen Sternes auch dem andern zukommt, so ist er unstreitig ein physischer Doppelstern; ist dies nicht der Fall, so ist er nur ein optischer oder scheinbarer Doppelstern. Von jenen 53 Doppelsternen haben aber 41 eine Bewegung, die hinreichend groß und genau bestimmt ist, um jetzt schon zu entscheiden, ob sie beiden Sternen gemeinschaftlich ist oder nicht. Durch Vergleichung der frühern Stellungen mit den neuesten hat sich nun ergeben, daß bei 40 dieser Doppelsterne die eigene Bewegung des einen Sternes auch seinem Begleiter zukommt, mithin beide physisch verbunden sind, und daß nur ein einziger Stern sich als optischer Doppelstern zu erkennen gibt, weil der eine der beiden Sterne, aus denen er besteht, eine eigene Bewegung hat, an der der andere nicht Theil nimmt. Zieht man auch solche Sternenpaare in Betrachtung, bei denen der Abstand der einzelnen Sterne mehr als 32 Secunden beträgt, so findet man in Argelander's Verzeichnisse 27 Sternenpaare von 32 Secunden bis 7 Minuten Abstand, von denen 13 physische, 9 optische Doppelsterne und 5 zweifelhafter Natur sind. Auch zu dem hellen Doppelsterne Kastor gehört wahrscheinlich noch ein dritter, 73 Secunden von ihm abstehender Stern der zehnten Größe. Übrigens führt die Verschiedenheit des Zahlenverhältnisses unter den physischen und optischen Doppelsternen bei denen in engern und denen im weitern Sinne zu dem Schlusse, daß die Wahrscheinlichkeit der physischen Verbindung zweier einen Doppelstern bildender Sterne desto größer, je geringer ihr Abstand ist, ein Satz, der auch anderweit vollkommen begründet ist und schon a priori aufgestellt werden kann.

Daß in der neuesten Zeit die schon von Herschel dem Vater beabsichtigte Anwendung der Doppelsterne zur Auffindung der Parallaxe und damit zugleich des Abstandes der Firsterne wieder aufgenommen worden ist, und zwar allem Anscheine nach mit glücklichem Erfolge, braucht hier nur erwähnt zu werden, da schon früher (Nr. 357 fg.) davon ausführlich die Rede gewesen ist. Noch ist in Betreff der Doppelsterne ein höchst interessanter Umstand nicht erwähnt worden, nämlich ihre Farben. Viele unserer Leser wird es befremden, von den Farben der Sterne sprechen zu hören, da doch, wenigstens bei oberflächlicher Betrachtung des Himmels, alle Sterne nur als leuchtende Punkte erscheinen, aber keine Farben zeigen. Wer aber die Sterne genauer und länger betrachtet, wird ohne Schwierigkeit eine Verschiedenheit der Farben an denselben wahrnehmen, indem zwar die meisten ein weißgelbes, einige aber ein entschieden röthliches und andere ein auffallend weißes Licht haben. Unter den Planeten haben Venus und Jupiter ein schönes weißes, Mars ein röthliches Licht; von den größern Firsternen sind unter andern Sirius und Wega in der Leyer weiß, Capella, Procyon und der Polarstern gelb, Aldebaran im Stier, Arktur, Kastor und Pollux röthlich; andere Firsterne erscheinen sogar grünlich. Die größte Mannichfaltigkeit bieten uns aber die Doppelsterne dar, weil in vielen Fällen die zusammengehörigen Sterne verschiedene Farben zeigen. Außer dem reinen Weiß kommen alle Farben des prismatischen Farbenbildes vor. Der häufigste Fall ist der, daß beide Sterne einerlei Farben haben. Unter 596 hellen Doppelsternen — worunter Struve solche versteht, bei denen keiner von beiden Sternen kleiner als von der achten Größe ist*) — fand der gedachte Astronom 375 Sternenpaare von gleicher und gleich tiefer, 101 von gleicher und ungleich tiefer Farbe und nur 120 oder etwa ein Fünftel von verschiedenen Farben. Unter den 476 gleichgefärbten Sternenpaaren (der ersten und zweiten Kategorie) sind wieder die ausgefärbten am häufigsten; 295 Paare sind nämlich ganz weiß, 88 gelb oder röthlich, 5 bläulich, 5 grün; dazu kommen 30 Verbindungen eines weißen und eines gelblichen, 53 eines weißen und eines bläulichen Sterns. In allen Fällen, wo beide Sterne verschiedene Farben haben, ohne daß der hellere Stern weiß ist, nähert sich der Hauptstern im Allgemeinen dem rothen, der Begleiter oder minder helle Stern dem blauen Ende des prismatischen Farbenbildes. In 52 Fällen ist der Hauptstern hellgelb, der Begleiter blau, in ebenso viel Fällen jener röthlich-gelb, dieser blau, in 16 Fällen der erstere grün, der letztere blau. Manche Astronomen haben die Vermuthung aufgestellt, die blaue Farbe sei eine blos subjective, d. h. nicht wirklich vorhandene, sondern nur eingebildete oder scheinbare Farbe, wie sie unser Auge zu sehen glaubt, wenn es durch ein lebhaftes farbiges Licht stark gereizt worden ist und unmittelbar darauf ein schwächeres Licht erblickt, das unter gewöhnlichen Umständen weiß erscheinen würde. Betrachten wir, um dies durch ein Beispiel zu erläutern, längere Zeit mit Aufmerksamkeit ein rothseidenes Band, das auf einem weißen Papier liegt, so wird uns das letztere in der Nachbarschaft des Bandes in der dem Roth entgegengesetzten Farbe (oder der Ergänzungsfarbe des Roth), d. i. grün oder doch grünlich erscheinen, und sowie hier Roth und Grün, so kommen in andern Fällen Hellgelb und Violett, Blau und Orangegelb verbunden vor und bedingen einander so, daß das Auge, durch eine dieser Farben lebhaft gereizt, die andere, welche man die Ergänzungsfarbe derselben nennt, zu erblicken glaubt. Möglich wäre es also, daß die doppelten Farben zweier nahe stehenden Sterne von verschiedener Helligkeit auf diese Weise zu erklären wären; und daß die gelbe oder rothe Farbe des hellern Sternes in uns die Täuschung hervorbrächte, als sei der minder helle Stern von blauer, violetter oder grüner Farbe. Indeß ist es ausgemacht, daß diese Ursache keineswegs in allen Fällen zur Erklärung der blauen Farbe hinreicht, da blaue Sterne ebenso oft mit tiefgelben als mit weißen Hauptsternen verbunden vorkommen, in den letzten Fällen also offenbar wirklich blaugefärbt sein müssen, weil das weiße Licht keine Ergänzungsfarbe fodert, da ferner in vielen Fällen ein gelber Hauptstern auch einen gelben Be-

---

*) Bekanntlich theilt man die Firsterne nach ihrer verschiedenen Helligkeit in Größen; zur ersten gehören die hellsten und glänzendsten (am ganzen Himmel 18), dann folgen die 52 Sterne der zweiten Größe u. s. w. und die sechste Classe enthält die kleinsten Sterne, welche ein unbewaffnetes Auge von gewöhnlicher Schärfe noch wahrnehmen kann. Sterne der zwölften Größe sind nach Struve die schwächsten, welche ein so mächtiges Fernrohr, wie der Fraunhofer'sche Riesenrefractor, am Himmel noch entdecken läßt; andere Astronomen nehmen noch kleinere Größen an. Offenbar hat die ganze Eintheilung der Firsterne nach Größen viel Schwankendes und Willkürliches.

gleiter hat, wo man eine bläuliche Farbe des letztern vermuthen sollte, und da endlich, wie bereits oben bemerkt, in nicht wenigen Fällen beide einzelne Sterne eines Doppelsternes von blauer oder grüner Farbe sind. Andererseits werden einige Fälle angeführt, wo die blaue Farbe erwiesenermaßen subjectiv ist. So besteht ein dreifacher Stern aus einem großen rothen und zwei kleinen blauen, die Farbe der letztern verschwindet aber, wenn man den rothen Stern aus dem Gesichtsfelde verliert, und Dasselbe findet bei der Verbindung eines rothblauen und eines grünen Sternes statt. Ist der farbige Stern minder hell als der weiße, so hat er auf dessen Farbe keinen merklichen Einfluß.

In mehren Fällen scheint seit Herschel's Zeit ein Wechsel in der Farbe der Doppelsterne stattgefunden zu haben, da Struve sie ganz anders als jener genaue und zuverlässige Astronom gefärbt sah. Farbenänderungen dieser Art sind übrigens am Firsternhimmel nichts Neues, da mehre zum Theil sehr helle Sterne jetzt ganz anders gefärbt erscheinen, als sie in frühern Zeiten erschienen. Das auffallendste Beispiel ist das des Sirius, des hellsten Sternes am ganzen Himmel, dem von den alten Dichtern und Astronomen einstimmig eine rothe Farbe beigelegt wird, während er jetzt völlig weiß erscheint. Verschieden hiervon ist eine Änderung der Helligkeit, die ebenfalls an vielen Doppelsternen bemerkt wird; Struve zählt 28 Doppelsterne auf, bei denen ein relativer Lichtwechsel entschieden oder höchst wahrscheinlich, und 43, bei denen er zu vermuthen ist. Man erklärt diese Erscheinung durch eine Umdrehung dieser Sterne um ihre Achse, in deren Folge sie uns bald die hellere, bald die dunklere Seite zuwenden. Bei einzeln stehenden Sternen hat man etwas Ähnliches schon längst wahrgenommen; als Beispiel dienen die beiden größten Sterne in den Zwillingen, von denen noch vor 100 Jahren Kastor der hellere Stern war, während jetzt diese Eigenschaft entschieden auf Pollux übergegangen ist. Hierher gehört auch der regelmäßige periodische Lichtwechsel der sogenannten veränderlichen Sterne. Man kennt jetzt etwa 20 solche veränderliche Sterne, unter denen namentlich zwei merkwürdig sind: zuerst der sogenannte wunderbare Stern im Walfisch, der in einer bestimmten Periode (von elf Monaten) von der zweiten Größe bis zu einer so geringen Helligkeit, daß er selbst mit guten Fernröhren nicht mehr gesehen werden kann, ab- und nachher wieder zunimmt, und dann der helle Stern Algol im Perseus (am Kopfe des Medusenhauptes), der eine Periode von 69 Stunden hat und zwar 62 Stunden lang von der zweiten Größe erscheint, dann $3\frac{1}{2}$ Stunden lang bis zur vierten Größe abnimmt und in andern $3\frac{1}{2}$ Stunden wieder seine vorige Größe erhält. Ein dritter Stern nimmt in 397 Tagen von der sechsten bis elften, ein vierter in 494 Tagen von der vierten bis zehnten Größe, ein fünfter in 18 Jahren von der sechsten Größe bis zum gänzlichen Verschwinden ab und umgekehrt wieder zu u. s. w.; bei einigen ist die Dauer der Periode sehr lang und noch nicht erforscht.

Wir schließen unsern Aufsatz mit einer die Farben der Doppelsterne betreffenden Bemerkung. Bekanntlich sind alle Sterne, welche wir Firsterne nennen, als Sonnen zu betrachten, die mit eigenem Lichte leuchten u. s. w.; aller Wahrscheinlichkeit nach sind sie unserer Sonne auch darin ähnlich, daß sie von kleinern, von Natur dunkeln Weltkörpern umgeben werden, die sich um sie ebenso bewegen, wie die Planeten unsers Systems um die Sonne. Sehen können wir freilich jene muthmaßlichen Planeten anderer Sonnen nicht und dürfen auch nicht erwarten, daß uns jemals auch nur einer derselben zu Gesicht kommen wird, da wir noch nicht einmal gewiß sind, ob wir alle Planeten unsers Systems sehen können und fünf derselben erst seit verhältnißmäßig sehr kurzer Zeit kennen. Tragen wir nun dieselbe Eigenschaft, von planetenähnlichen Körpern umgeben zu werden, auf die zu einem physischen Doppelsterne verbundenen Sterne, auf ihre muthmaßlichen Planeten aber die Eigenschaft der Erde, von lebenden Wesen bewohnt zu werden, über, so muß diesen die Erscheinung bunter und zwar verschiedenfarbiger Sonnen ein höchst eigenthümliches Schauspiel gewähren, von dem wir uns kaum einen schwachen Begriff machen können. Denken wir uns z. B. eine rothe und eine grüne Sonne (bei einer gelben und blauen würde Dasselbe stattfinden), so müssen auf jenen Planeten abwechselnd rothe, grüne und weiße Tage vorkommen; die allgemeine Erleuchtung der Gegenstände wird nämlich roth oder grün sein, je nachdem die rothe oder grüne Sonne allein am Himmel steht, weiß aber oder der bei uns stattfindenden Erleuchtung durch unsere Sonne entsprechend, wenn beide Sonnen zugleich am Himmel stehen, in welchem Falle durch die Verbindung dieser beiden entgegengesetzten Arten farbigen Lichtes wieder weißes Licht entstehen würde. Indeß ist es nach des jüngern Herschel richtiger Bemerkung weit leichter, mit Worten auszusprechen, als mit der Vorstellung aufzufassen, welche Mannichfaltigkeit der Erleuchtung, welche merkwürdige Contraste und angenehme Abwechselungen auf diese Weise entstehen können, wobei wir aber nicht länger verweilen wollen, um uns nicht zu sehr in das Gebiet der Phantasie zu verlieren.

Thätigkeit der englischen Münze.

In den vier Jahren 1837—40 wurden in der englischen Münze geprägt: 4,395,373 Sovereigns (à 20 Schill.), 434,778 halbe Sovereigns (à 10 Schill.), 507,072 halbe Kronen (à $2\frac{1}{2}$ Schill.), 9,741,600 Schill., 7,524,000 Sixpence oder halbe Schillinge, 6,070,680 Vierpencestücke (3 auf einen Schill.), 174,720 Pennystücke (12 auf einen Schill.), 1,075,200 Halfpence (24 auf einen Schill.) und 10,913,280 Farthings (4 auf einen Schill.), im Gesammtbetrage von 5,466,840 Pf. St. oder etwa 38 Mill. Thaler. Von den gedachten Münzsorten sind die beiden ersten von Gold, die drei letztern von Kupfer, die andern von Silber.

Skizzen aus Minorca.

Die spanische Insel Minorca, eine der sogenannten balearischen Inseln, die seit der Eroberung Algiers ein Punkt von großer Wichtigkeit und für Frankreich ein Gegenstand des Verlangens geworden ist, ist ein felsiges, unfruchtbares Eiland, nur mit sparsamer Vegetation bedeckt, das auf zwölf Quadratmeilen etwa 25,000 Bewohner beherbergt. Die Zahl derselben hat seit 1830 durch Auswanderung nach Algier um mehre Tausende abgenommen. Die freundliche Hauptstadt Mahon, deren Häuser sich zum Theil in amphitheatralischer Form erheben, hatte im J. 1830 mit ihrer Vorstadt Villa Carlos noch 8000 Einwohner, von denen jetzt kaum die Hälfte noch übrig ist, sodaß fast der dritte Theil der Häuser leer steht und Wohnungen für einen höchst geringfügigen Preis zu haben sind.

Mahon hat einen trefflichen, sehr tiefen und gegen alle Winde geschützten Hafen, der nur für zahlreiche Flotten nicht geräumig genug wäre und eine etwas zu schmale Einfahrt hat; in der Umgegend sind noch mehre Ankerplätze.

Die männlichen Bewohner empfehlen sich weder durch kräftigen Wuchs noch durch schöne Züge; sie sind knochenfest, aber fast immer mager und farblos. Bei den jungen Mahonesen ist der Schnitt des Gesichts nicht unedel und die feingeformte Nase, das südlich feurige Auge, das üppige rabenschwarze Haar geben ihm einen interessanten Anstrich, der mit der Mannheit, dem Barte und den Leidenschaften bald verschwindet. In ihrer Kleidung gleichen die Männer ziemlich den Fischern Italiens und der Provence; sie tragen wie jene rothe Zipfelmützen und um den Leib eine mehrfach umgeschlungene bunte Binde. Ungleich höher als die männliche steht ihrer äußern Erscheinung nach die weibliche Bevölkerung, die entschieden schön ist und sich durch Adel in Haltung, Gang und Bewegung auszeichnet. Wie die Castilierinnen tragen die Frauen von Minorca das Haupt bedeckende und schleierförmig bis zu den Hüften herabfallende schwarze Mantilla und kleiden sich immer in saubere, oft reiche Stoffe. Die maurischen Physiognomien Vieler lassen auf starke Vermischung mit maurischem Blute schließen.

Die Sprache ist eine angenehm klingende spanische Mundart, die der castilischen näher kommt als der catalonischen. In ihrem Charakter sind die Insulaner (was von allen Balearenbewohnern gilt) von den Spaniern des Festlandes in vielen Stücken verschieden; sie sind viel thätiger und industriöser, gutmüthiger, treuer, friedlicher, weniger stolz und eifersüchtig, als die übrigen Spanier, denen sie freilich an Energie, ritterlichem Sinne, Vaterlandsliebe und Bildung nachstehen. Religiös sind sie gewiß in gleichem Grade, aber frei von Indolenz und Fanatismus. Ihre insularische Lage und ihre Armuth hielt das Getöse der Waffen stets von ihrem Boden entfernt; algierer Corsaren waren die einzigen Feinde, die sich in frühern Zeiten zuweilen an ihrer Küste blicken ließen. Diese Ruhe und Abgeschiedenheit bedingte die Eigenthümlichkeit ihres Charakters. Fast die ganze Bevölkerung der Insel Minorca besteht aus Pflanzern, die den unfruchtbaren Boden ihrer Heimat ohne großen Kampf mit dem fruchtbaren Gebiete von Algier vertauschen; dieser neuen Colonie aber sind die industriösen und genügsamen Insulaner sehr willkommen.

Das Thonessen in Brasilien.

Gleichwie manche Stämme Ostindiens Lüsternheit nach Leichen, die Bewohner des ganzen asiatischen Archipels der Genuß von gefallenem Vieh, die Völkerschaft der Batta in Sumatra der Geschmack am Fleisch eigener Verwandten auszeichnet, haben die Urstämme Brasiliens ihren Appetit auf den Thon gerichtet, wie schon Alexander von Humboldt am Orinoco, Spix und Martius am Amazonenflusse gewahrten; eine Gewohnheit, die allen Indianerstämmen bis zum südlichen Wendekreise eigen ist, in den außertropischen Ländern des mittäglichen Amerika aber nicht vorkommt und nach Maßgabe der Verbindung der brasilianischen Urstämme mit der gesitteten Welt verschwindet oder im Verborgenen geübt wird.

Der Grund dieser Unsitte liegt vielleicht in dem bei misglückender Jagd eintretenden Mangel an Nahrungsmitteln. Der sogenannte zahme Indier nimmt gegenwärtig bei der Jagd einen kleinen Vorrath Maniok, getrocknetes Fleisch oder gekochte Fische auf den Weg mit. In Ermangelung dieser Nahrungsmittel greift der wilde Indianer nach Erde und erregt vermuthlich bei dem Wohlbehagen an der fremden Kost den Nachahmungstrieb Anderer, dergestalt, daß der Thon zum Leckerbissen wird. Doch auch auf der Südsee und auf dem Festlande von Asien ist diese Gewohnheit im Gange, wie z. B. in Neu=Caledonien der Speckstein dem Gaumen geboten wird, in China bei Hungersnoth Steinmehl (wahrscheinlich verwitterter Feldspath).

Der Genuß des Thones ist vielleicht auch klimatisch. Durch die Wärme zu schnellerer Auflösung geneigt, verdaut die Nahrung zwischen den Wendekreisen rascher als in nördlichen Ländern, worauf Leere, in Brasilien beim gesunden Menschen fast stündlich Lust zum Essen und Wiederessen erfolgt, was sich auch von Mexico und den amerikanischen Himmelsstrichen bestätigt. Die Portion Fleisch, die in den dortigen Klöstern den Geistlichen gereicht wird, würde nach Berechnung eines Schriftstellers in ihrem Vaterlande vier Deutsche, acht Italiener befriedigen. In Brasilien bekam früher der oberste Geistliche zwölf, der Ordensbruder sechs Pfund Fleisch täglich, die Fasttage ausgenommen. Die meisten Reisenden schreiben diese Erscheinung dem schlechten Gehalte der Nahrungsmittel zu. Doch muß die Hauptursache in dem vorwaltenden Streben nach schneller Zersetzung der Speisen inner= und außerhalb des Magens liegen: eine den Fleischspeisen zwischen den Wendekreisen im höchsten Grade zukommende Eigenschaft. Nur die langsamer sich auflösenden Pflanzenstoffe sind die passende Nahrung zur Erhaltung des Gleichgewichts der menschlichen Kräfte, weil sie der übermäßigen Absonderung in den Drüsengebilden entgegenwirken, während die Fleischspeisen den Reiz vermehren und den äußern Organen ihre Bestandtheile mit Gewalt zuführen. Darum Hang der Bewohner heißer Gegenden zur Pflanzenkost. Aus Mangel einer solchen Nahrung mögen die Urstämme Brasiliens den Eisen führenden, mit zusammenziehender Beschaffenheit versehenen Thon als Erhaltungsmittel gewählt haben; daher auch den Thon eine Zuspeise zu andern Nahrungsmitteln abgibt, sodaß der Sohn manches Urstammes bei jedem Mahle auch ein Paar Unzen Thon verschluckt. Wo durch krankhafte Zustände vor der Zeit die Auflösung des Körpers heranzunahen scheint, nimmt zuweilen dieser Hang nicht selten mit Hintansetzung jeder andern Kost zu.

Der Hang nach Erde äußert sich in einigen Gegenden Brasiliens auch unter den Kindern der weißen und farbigen Bewohner, z. B. im Sertao von Contendas, in der Nähe von S.=Francisco, wo sie den oft salpeterhaltigen Mergel, bisweilen auch die Kalkbekleidung der Wände verschlingen.

Herausgegeben unter Verantwortlichkeit der Verlagshandlung F. A. Brockhaus in Leipzig.

Das Pfennig-Magazin

für

Verbreitung gemeinnütziger Kenntniſſe.

438.]   Erſcheint jeden Sonnabend.   [Auguſt 21, **1841.**

Die Inſel Rügen.

Das Vorgebirge Arkona.

Unter der nicht eben großen Zahl von Inſeln, die als Anhängſel und Beſtandtheile Deutſchlands zu betrachten ſind, iſt die Inſel Rügen bekanntlich beiweitem die größte und intereſſanteſte und bildet ſehr oft das Ziel von Reiſenden, beſonders aus Norddeutſchland, die ſich an landſchaftlichen Reizen, welche den zunächſt liegenden Gegenden des Feſtlandes faſt ganz abgehen, zugleich aber an dem erhabenen Anblicke des Meeres weiden wollen. Sie liegt in der Oſtſee, gehört zur preußiſchen Provinz Pommern (und zwar nach der frühern Eintheilung zu Vorpommern), von deren Hauptſtadt Stettin der nächſte Punkt Rügens etwa 15 Meilen entfernt iſt, bildet mit einigen kleinern Inſeln den Kreis Bergen im Regierungsbezirke Stralſund und hat einen Flächenraum von 17 Quadratmeilen; die größte Länge von N. nach S. beträgt 7, die größte Breite von O. nach W. 5½ Meilen. Der ¼ Meile breite und gegen 4 Meilen lange Meeresarm Göllen oder Gellen, an deſſen weſtlichem Ufer die Stadt Stralſund liegt, und welcher in den Meerbuſen Bodden zwiſchen Pommern und der Südoſtküſte Rügens mündet, trennt die Inſel im Südweſten vom feſten Lande, mit welchem ſie in uralter Zeit zuſammengehangen zu haben ſcheint; tiefe Buſen, von denen die Inſel zerſchnitten iſt, bilden die Halbinſeln Mönkgut in Südoſten, Jasmund in Nordoſten, Wittow in Nordweſten. Die Inſel iſt faſt überall eben, beſonders im Weſten, erhebt ſich aber nach der Mitte zu; eine der größten Erhebungen im Innern iſt der 500 Fuß hohe Berg Rugard, auf welchem die Reſidenz der alten Fürſten der Inſel ſtand; die nörd-

lichen Küſten beſtehen meiſt aus ſchroffen und ſteilen Kreidewänden. Flüſſe ſind auf der Inſel nicht zu finden, kaum ein einigermaßen beträchtlicher Bach. Die Witterung iſt ſehr veränderlich und die Luft oft ſehr nebelig; der Herbſt iſt die ſchönſte Zeit des Jahres, aber auch der Frühling iſt wegen des trockenen Oſtwindes ſehr angenehm. Der Boden (theils Kreide- und Sand-, theils Kleiboden) iſt mit Ausnahme einiger Sandſtriche und Torfmoore ſehr fruchtbar und liefert ſo viel Getreide, daß davon ſogar ausgeführt zu werden pflegt (jährlich 1000 und mehr Laſten); auch die Fiſcherei und Viehzucht (beſonders die Gänſezucht) ſind wichtig; Holz iſt nicht in hinreichender Menge vorhanden und wird daher aus Pommern geholt, doch wird an einigen Orten Torf gegraben. Die Küſte liefert auch Seehunde und etwas Bernſtein. Die Einwohner, ungefähr 30,000 an Zahl, ſind fleißig, ausgezeichnet durch ihre Gaſtfreundſchaft, der Schiffahrt und des Fiſchfangs wohl kundig. Der Adel iſt ſo zahlreich, daß die Inſel mit Edelhöfen gleichſam überſäet iſt.

Die merkwürdigſten Punkte der Inſel ſind die Nord- und die Nordoſtſpitze, beide ſteile Kalkfelſen (mit Feuerſteinen und Verſteinerungen untermiſcht), deren Gipfel und Abhang zum Theil mit Wald bedeckt ſind und eine weite Ausſicht über das Meer darbieten, deſſen Wellen den Fuß der Felſen beſpülen. Die Nordſpitze (zugleich die nördlichſte Spitze, wenn auch nicht im ſtrengſten Sinne der nördlichſte Punkt Deutſchlands) iſt das 200 Fuß hohe, ſchroff abgeſchnittene Vorgebirge Arkon oder Arkona auf der fruchtbaren Halbinſel Wittow, welches unſere Abbildung darstellt. Es hat seinen Namen von der alten wendischen Stadt oder Burg dieses Namens, die 1168 von dem dänischen Könige Woldemar I. erobert und zerstört wurde und seitdem spurlos verschwunden ist; sie enthielt den Haupttempel des von allen norddeutschen Slawen verehrten Gottes Swantewit, dessen Dienste bei jener Gelegenheit ein Ende gemacht wurde. Auf der Westseite des Vorgebirges ist noch ein hoher aufgeworfener Erdwall mit Einschnitten des Kammes übrig, der zum Schutze der Burg diente; weiter ist nichts von ihr geblieben. Über diesem Walle steht ein in der neuesten Zeit (1826) erbauter, zum Besten der das Vorgebirge umfahrenden Schiffe dienender Leuchtthurm, von welchem aus man eine weite Aussicht über die Insel und das Meer hat und die dänische Insel Moen erblicken kann. In dem Dorfe Altenkirchen auf Wittow, zu dessen Kirchspiel Arkona gehört, lebte der treffliche Dichter Ludwig Theobul Kosegarten (geb. 1758, gest. 1818 als Professor der Theologie zu Greifswald) 15 Jahre lang, 1792—1807, als Prediger.

Noch romantischer und majestätischer ist die Nordostspitze der Insel, das Vorgebirge Stubbenkammer auf der Halbinsel Jasmund, die von Wittow durch einen großen Meerbusen, das Tromper=Wyck, getrennt ist, mit derselben aber durch einen schmalen Landstrich, die sogenannte schmale Haide oder Schabe, durch einen andern mit der Insel selbst zusammenhängt. Die Stubbenkammer (eigentlich Kammer oder Kammin, d. h. Stein oder Felsen) ist ein sehr steiles und hohes, nach dem Meere fast senkrecht abfallendes Kreidegebirge, dessen höchste schön bewaldete Spitze, der Königsstuhl (König=Friedrich=Wilhelms=Stuhl), 543 Fuß über dem Meere ist; eingehauene Stufen führen von ihr zu dem Strande hinab. Südlich vom Königsstuhle ist ein tiefer Abgrund, aus welchem unaufhörlich ein starkes, sehr klares Gewässer auf das in der Tiefe stehende Gebüsch und von da in das Meer stürzt. Das ganze Vorgebirge nimmt ein fast zwei Meilen langer Buchenwald, Stubbenitz genannt, ein; in demselben findet sich ein Burgwall von außerordentlicher Höhe, in welchem nach der Vermuthung Einiger der Tempel der altdeutschen Göttin Hertha gestanden haben soll, die nach der Erzählung des Tacitus (in seiner merkwürdigen Schrift über Deutschland) von den alten Rugiern verehrt wurde; neben demselben der ovale Burg= (Borg=) oder schwarze See, der durchschnittlich 160 Schritte im Durchmesser und 60—66 Fuß Tiefe hat; die Fische desselben sind von schwärzlicher Farbe, aber wohlschmeckend.

Die Insel enthält zwei Städte: 1) Bergen, die Hauptstadt, in alten Zeiten Gora genannt, liegt an und auf einem Berge, in der höchsten Gegend der Insel, wurde 1190 durch Fürst Jaromir I. angelegt, erst 1613 aber zur Stadt erhoben und hat 3000 Einwohner. Die Stadt hat Tuchmanufacturen und Branntweinbrennereien, außerdem Ackerbau, und das von dem Erbauer der Stadt 1193 angelegte adelige Fräuleinstift besteht noch jetzt. Auf der nordöstlichen Seite der Stadt liegt der Berg Rugard oder Rugigard mit der alten Burg der Rügen, die bis 1631 eine ansehnliche Festung war; seitdem liegt sie in Trümmern; nichts als ein Wall ist erhalten. 2) Garz, eine ziemlich gutgebaute Stadt an einem See, zählt nur 1500 Einwohner; sie wurde 1317 angelegt. Einst stand hier die 1169 zerstörte Festung und Residenz Carenza (Charenz), welche zur Zeit der wendischen Herrschaft die Tempel der Gottheiten Rugevit, Poverit und Porenutz enthielt. Interessanter und volkreicher als diese beiden kleinen Orte ist der Flecken Putbus unweit der

Südküste, welcher 4000 Einwohner zählt und der Hauptort der Fideicommißherrschaft der von den alten rügischen Fürsten abstammenden Fürsten zu Putbus ist. Das fürstliche Schloß ist von schönen Anlagen umgeben und das hier befindliche Seebad zieht eine nicht geringe Zahl von Besuchern herbei. Bei dem Flecken Sagard auf der Halbinsel Jasmund ist ein Gesundbrunnen.

Über die Geschichte der Insel Rügen (in frühern Zeiten Roja oder Rojen genannt) bemerken wir Folgendes. Sie hat ihren Namen von den alten Rugiern, die anfänglich auf der pommerschen Südküste jenseit der Oder wohnten, später aber die von ihnen benannte Insel zu ihrem Hauptwohnsitze machten. Im J. 1168 eroberte der dänische König Waldemar I. Rügen, nöthigte die Einwohner zur Annahme des Christenthums und machte die eingeborenen rügischen Fürsten zu seinen Vasallen und Lehnsträgern. Als der letzte Fürst, Wizlaf, im J. 1325 starb, wurde die Insel nicht der Krone Dänemark einverleibt, sondern dem slawischen Herzog Wratislaw IV. von Pommern zu Lehn gegeben, hatte aber bis 1478, wo Herzog Wratislaw XI. starb, eigene Fürsten; im gedachten Jahre wurde es unter Herzog Boguslaw ganz mit Pommern vereinigt. Im westfälischen Frieden, nachdem 1637 die alten slawischen Herzoge von Pommern mit Boguslaw XIV. ausgestorben waren, kam die Insel als abgesondertes Fürstenthum an die Krone Schweden, welcher 1658 und 1660 auch alle von Dänemark bisher noch ausgeübte geistliche und weltliche Gerichtsbarkeit abgetreten wurde. Im J. 1715 kam sie an Dänemark, aber schon 1720 wieder an Schweden; 1815 wurde sie als Bestandtheil des schwedischen Pommern an Preußen abgetreten. Die Fürsten von Putbus stammen von dem Enkel des rügischen Fürsten Stoislaw I., Borante, ab, welcher 1249 als Apanage das Schloß oder den Edelhof Putbus, die Halbinsel Jasmund, 15 Dörfer u. s. w. erhielt. Von jenem Edelhofe nannten sie sich Herren, auch Freiherren von Putbus; 1727 wurden sie deutsche, 1731 schwedische Reichsgrafen. König Gustav IV. von Schweden nannte 1807 den Grafen Malte von Putbus in den schwedischen Fürstenstand; König Friedrich Wilhelm III. von Preußen bestätigte 1817 diese Würde.

Papst Gregor VII.

(Beschluß aus Nr. 437.)

Das Schisma hatte für Hildebrand das Unangenehme, daß das so kräftig angefangene Reformationswerk wenigstens stillstand und das Unwesen der Simonie aufs neue um sich griff; dabei aber geschah doch auch wieder so Manches, was Hildebrand der vollen Ausführung seiner Pläne näher brachte. Als daher Alexander II. 1073 starb, hielt er es für angemessen, den erledigten Stuhl selbst zu ersteigen. Noch vor dem Tode seines Vorgängers, hatte er die Parteien des Klerus, des Adels und des Volkes so stark in sein Interesse gezogen, daß er schon am Begräbnißtage Alexander's als Papst und zwar unter dem so berühmt gewordenen Namen Gregor VII. ausgerufen wurde. Die Art und Weise, wie er sich dabei benahm, spricht klarer als irgend etwas Anderes dafür, daß er nicht von starrem Mönchseifer mit geschlossenen Augen in seine Unternehmungen hinein und auf dem geradesten Wege, unbekümmert um den Ausgang, durch alle Schwierigkeiten hindurch ging, sondern daß er dabei von einer menschlichen, ihre Mittel bedachtsam überschlagenden, alle Umstände zu ihrem Vortheile benutzenden, sich im Nothfalle auch nach den Umständen schmiegenden Klugheit helfen ließ. Er wußte, daß ihm mit Heinrich IV. der härteste Kampf bevorstand; denn nicht nur mußten sich alle Bischöfe, deren Schrecken er war, an diesen wenden, um seine Wahl ungültig zu machen, sondern Heinrich mußte auch aus eigenem Antriebe gegen den neuen Papst sein.

Gregor beschwor den Sturm auf folgende Weise. Unmittelbar nach seiner Wahl schrieb er dem Kaiser, daß er gezwungen worden sei, das Pontificat vor der Hand zum Schein anzunehmen, aber die Consecration zu verschieben gewußt habe, weil er der Hoffnung lebe, daß er durch des Kaisers Hülfe von der schweren Bürde befreit werden könnte. Er ersuche ihn daher, ihn nicht zu bestätigen; er müßte als Papst ohnehin früher oder später in ein feindseliges Verhältniß mit ihm gerathen, da er seine Laster und Ausschweifungen nicht ungestraft würde hingehen lassen können. Heinrich schickte auf diesen Brief einen seiner Räthe mit dem Auftrage nach Rom, die Umstände der Wahl zu untersuchen, und bestätigte dieselbe, sobald das kaiserliche Ansehen scheinbar gerettet war. Diese Wirkung war von Gregor vorausberechnet und nach dem höchsten Ziele seiner Bestrebungen abgemessen. Dieses ging dahin, die Kirche von jeder andern als des Papstes Gewalt frei zu machen. Man könnte sich zwar denken, daß die Allmächtigkeit des Papstes in der Kirche und über die Kirche sein eigentlicher letzter und höchster Plan, die Unabhängigkeit der Kirche aber von der weltlichen Macht blos das Mittel dazu gewesen sei. Aber das paßt nicht zu dem Ganzen seines Charakters. Der Ehrgeiz Gregor's ist der Ehrgeiz eines großen Mannes, dem es unmöglich ist, sich mit einem Plane zu beschäftigen, der nichts Gemeinnütziges und Wohlthätiges hat. Weniger gewiß ist es, ob Gregor wirklich das Verhältniß zwischen Staat und Kirche umkehren und den Staat der Kirche unterwerfen wollte, ob es sein Ziel war, eine Theokratie einzurichten, in welcher das Oberhaupt der Kirche, als Repräsentant Gottes auf Erden, auch als Oberherr aller weltlichen Fürsten anerkannt werden sollte. Zwar handelte und sprach er mehrmals so, als ob diese Theokratie bereits bestände, aber dennoch konnte das nicht sein Ziel sein, denn dazu war er zu wenig Schwärmer und besaß zu viel Klugheit und Menschenkenntniß. Er sah, wie unmöglich es war, den Wirkungskreis der geistlichen und weltlichen Macht völlig voneinander zu scheiden, den Versuchen vorzubeugen, die jede von beiden machen mußte, um sich das Übergewicht über die andere zu verschaffen. Deshalb glaubte er nicht zu viel in die Wagschale der geistlichen Macht zu legen, wenn er die Kirche als die von Gott berufene Beherrscherin der Erde darstellte. Mit solchen Darstellungen und Voraussetzungen war es aber nicht so ängstlich gemeint; desto ernstlicher aber war es auf die Befreiung der Kirche abgesehen, und da diese nicht ohne Kampf möglich war, so konnte es nicht Furcht davor sein, wenn ihn Gregor in seiner eigenen Sache zu vermeiden suchte und, um den Hauptkampf mit desto größerer Kraft führen zu können, den Kaiser bei sich noch einmal sein Bestätigungsrecht ausüben ließ.

Das Erste, was Gregor als Papst that, war die Aufnahme der Reformationsoperationen, die durch das letzte Schisma unterbrochen worden waren. Er erklärte, daß er sich, bei der Bekämpfung der Simonie, mit seinem Strafeifer nicht blos gegen die Käufer der Ämter, sondern eben so sehr gegen die Verkäufer derselben wenden werde. Der Kaiser Heinrich IV. und der König Philipp I. von Frankreich, Hauptsünder in diesem Punkte, waren die Ersten, gegen die er seinen Eifer richtete.

Beide Fürsten nahmen die Strafpredigt mit großer Demuth auf und gelobten Besserung an. Da aber ihre Versprechungen nicht aufrichtig waren, so gaben sie ihm Veranlassung, 1075 mit einem Decrete hervorzutreten, das er wol schon sehr lange mit sich herumgetragen hatte und das die ganze Welt in Staunen versetzte. Er verbot darin allen Geistlichen bei Strafe des Verlustes ihrer Ämter die Investitur durch Laienhand. Bisher war es Brauch gewesen, daß der Landesherr als Oberhaupt des Staates die Wahl eines Bischofs bestätigte und ihm als Lehnsherr die zu seiner Kirche gehörenden Güter verlieh, indem er ihm Ring und Stab als Zeichen des bischöflichen Amtes übergab; dies hieß Investitur. Hierauf folgte erst die Weihe zu dem geistlichen Amte durch die Kirche oder den Papst. Durch dieses Decret machte sich Gregor zum Oberlehnsherrn der Kirchengüter der ganzen Christenheit und zerriß den Lehnsverband zwischen den Landesherren und ihren Bischöfen. Die weltlichen Fürsten kamen dabei aus jeder Berührung mit ihren Landesbischöfen und verloren so jedes Mittel, auf die Kirche einzuwirken. Die Kirche wurde dadurch in jedem äußern Verhältnisse unabhängig vom Staate und Gregor stand am Ziele seiner Wünsche, wenn er das Decret durchzusetzen vermochte. Aber die weltlichen Fürsten ließen sich ihr Investiturrecht nicht ohne Widerstreben aus der Hand winden, und Gregor erwartete das auch nicht, sondern war auf den stärksten Widerstand gefaßt, jedoch entschlossen, sich in keinen directen Streit darüber einzulassen, in welchem er nur verlieren konnte. Er mußte indirect zu seinem Ziele gelangen. Mit den weltlichen Fürsten mußte er einen Kampf beginnen, der mit dem Investiturrechte gar nichts zu thun hatte, aber nach dessen Gewinn dasselbe den Besiegten als Friedensbedingung leicht abgedrungen werden konnte; den Klerus konnte er durch ein größeres, ihm näher liegendes Interesse von dem Investiturstreite abziehen.

Von den weltlichen Fürsten wählte er sich zuerst den Kaiser zum Angriffe, weil, wenn der Kaiser das Opfer gebracht hatte, auch den übrigen Fürsten dasselbe leicht abzuringen war. An einem Vorwande zum Kriege mit ihm fehlte es nicht, denn er hatte sich über alle Scheu vor Gott und vor Menschen nur allzu oft hinweggesetzt und dadurch sich in Deutschland viele mächtige Feinde zugezogen. Auf diese rechnete Gregor, als er auf die Ostersynode des Jahres 1075 über mehre Bischöfe, welche ihre Ämter von Heinrich gekauft hatten, das Suspensionsurtheil und über fünf Räthe des Kaisers, durch welche der Handel getrieben wurde, den Bann aussprach. Da der Kaiser die excommunicirten Räthe an seinem Hofe behielt und den abgesetzten Bischöfen beistehen zu wollen schien, erließ Gregor 1076 ein neues Decret, worin der Kaiser selbst aufgefodert wurde, vor dem Papste zu erscheinen. Das war ganz in der Ordnung des anerkannten Rechtsganges, denn durch die Gemeinschaft, die der Kaiser mit notorisch excommunicirten Personen unterhielt, war er selbst nach den Gesetzen in den Bann verfallen. Der Kaiser, der in der Milde des Decrets nichts als Furcht erblickte, beschloß den Papst ganz aus der Fassung zu bringen und ließ ihn auf einer Synode zu Worms zum Theil durch excommunicirte Bischöfe absetzen, wobei er sich auf die vermeintliche Verhaßtheit Gregor's in Italien und Rom selbst stützte. Gregor sprach dafür über den Kaiser und die sämmtlichen Bischöfe der wormser Synode den Bann aus, entsetzte Erstern der Regierung und sprach alle seine Unterthanen und Vasallen von dem Eide der Treue los. Dieses mußte er thun, wenn er die Partei, die der Kaiser gegen sich hatte, in sein Interesse ziehen wollte; den Häuptern derselben mußte die Aussicht auf den erledigten Thron eröffnet werden. Vielleicht wollte Gregor bei dieser Gelegenheit zugleich den Versuch machen, wie sich die Welt in die Einführung einer Theokratie finden würde; doch war das gewiß nicht der Bestimmungsgrund zu dem kühnen Schritte. Jener lag einzig und allein in der politischen Berechnung, daß die Gier nach dem erledigten Throne die wichtigsten Kräfte mit ihm gegen den Kaiser vereinigen würde.

In dieser Berechnung täuschte er sich nicht. Kaum hatte er den Kaiser abgesetzt, als die Sachsen in Niederdeutschland den Krieg gegen diesen erneuerten und Oberdeutschland unter den Herzogen von Baiern, Schwaben und Zähringen aufstand. Gregor wollte jedoch den Kaiser nicht völlig gestürzt, sondern nur soweit gedemüthigt haben, daß er keinen Preis mehr zu hoch finden sollte, den Frieden mit der Kirche zu erkaufen. Er gab daher den aufgestandenen Fürsten für den Fall, daß Heinrich in ihre Gewalt fiele, die gemessensten Vorschriften, denen zufolge sie ihn anhalten sollten, den Papst als einzigen und unumschränkten Richter über sich anzuerkennen, und seine eigene Beistimmung recht förmlich dazu zu geben, daß das Urtheil seiner Absetzung völlig in Kraft übergehen und ein neuer Kaiser gewählt werden sollte, wenn er nicht innerhalb eines Jahres die päpstliche Absolution erhalten würde. Der rath= und wehrlose Kaiser that, wie ihm vorgeschrieben wurde, wollte jedoch die angekündigte Ankunft des Papstes in Deutschland nicht abwarten, sondern reiste mitten im härtesten Winter, ohne Gefolge, blos von der Kaiserin begleitet, unter Umständen nach Italien, die des Papstes Mitleid im voraus erregen sollten. Der Papst war eben auf seiner Reise nach Deutschland begriffen und zog sich, als er in Vercelli von der Ankunft des Kaisers hörte, erschrocken auf das feste Schloß der Gräfin Mathilde zurück. Die berüchtigten Auftritte, die (zu Ende Jan. 1077) zwischen ihm und dem Kaiser zu Canossa vorfielen, wo der Kaiser im Schloßhofe barfuß und im Bußgewande drei Tage lang Buße that, sind zum Nachtheil Gregor's sehr übertrieben worden. Der Papst mußte der Kirche willen darauf bestehen, daß sich der Kaiser einer kirchlichen Buße unterwürfe, ehe er von dem Banne losgesprochen würde. Weder die Welt noch der Kaiser selbst konnte darin etwas Anderes sehen, als den heiligen Ernst des geistlichen Richters, der ohne Ansehen der Person sein Strafamt vollzog. Nach der Buße hob Gregor wirklich den Bann über ihn auf und erfüllte damit den dringendsten Wunsch, der ihn allein nach Italien geführt hatte. Das Urtheil, das den Kaiser der Regierung und des Reiches entsetzt hatte, konnte er freilich noch nicht aufheben, sondern mußte erst die Beschwerden der Reichsstände an Ort und Stelle untersuchen. Der Kaiser mußte ihm daher eidlich versichern, seiner Reise nach Deutschland kein Hinderniß entgegenzusetzen und sich dann seiner Entscheidung, wie sie auch ausfallen möchte, unbedingt zu unterwerfen. Dabei beabsichtigte Gregor nichts Anderes als ihn zu begünstigen und so desto sicherer zu seinem eigentlichen Ziele zu kommen.

Aber Heinrich's Charakterlosigkeit machte das unmöglich. Als dieser nämlich nach den Auftritten zu Canossa bemerkte, daß die ganze Lombardei gegen den Papst von Haß entflammt war, änderte er seinen Plan, durch den Papst wieder zu den verlorenen Ehren zu gelangen, und eilte, als man in Deutschland, um der Wiedereinsetzung des Kaisers in seine Rechte vorzubeugen, ohne Weiteres in Rudolf von Schwaben einen neuen König gewählt hatte, mit einem Heere nach

Deutschland, schlug seinen Gegner am Neckar und war ihm schon das nächste Jahr (1078) an Macht wenigstens gleich. Beide Parteien suchten nun den Papst zur Erklärung zu bringen. Gregor konnte sich weder für noch gegen den neuen Kaiser erklären; er ignorirte ihn also und erklärte, als dies nicht weiter möglich war, daß, da die Wahl desselben ohne seinen Rath vorgenommen worden sei, ihre Gültigkeit ein Gegenstand der richterlichen Untersuchung bleiben müsse. Bei dieser Sprache blieb er bis zum Jahre 1080, wo ihn ein neuer Unfall Heinrich's, der Verlust der Schlacht bei Fladenheim (am 27. Jan. 1080), endlich bestimmte, sich für Rudolf zu erklären. Dies war der erste übereilte Schritt in seiner politischen Laufbahn und der Anfang zu einer langen Demüthigung. Heinrich erholte sich von seiner Niederlage bei Fladenheim, ernannte durch eine Synode zu Brixen einen neuen Papst und schlug darauf (am 15. Oct. 1080) die Sachsen in einer Schlacht an der Elster, in welcher Rudolf das Leben verlor. Nun eilte er nach Italien und blockirte Rom vom Pfingstfeste 1081 an bis Anfang 1084, wo ihm die Römer endlich die Stadt übergaben, den neuen Papst aufnahmen und den alten in der Engelsburg einschlossen, wo sie ihn einige Monate belagert hielten. Die Normannen befreiten ihn endlich aus seinem Gefängnisse, aber verfeindeten ihn durch ihr barbarisches Benehmen auf immer mit den Römern. Er mußte aus der Stadt fliehen und starb bald darauf, am 24. Mai 1085, in Salerno mit den Worten: „Ich habe das Recht geliebt und das Unrecht gehaßt, deshalb sterbe ich in der Verbannung."

Es gibt wenig große Männer in der Geschichte, die mehr verkannt worden sind als Gregor, der mit mächtiger Faust in die Gestaltung seiner Zeit eingriff und vielleicht der gewaltigste und heldenmüthigste Geist des ganzen Mittelalters ist. Der Mensch kann nur beurtheilt werden nach seinen Thaten, aber nicht nach den Folgen derselben. Gregor's Thaten aber haben alle nur ein Ziel, das Ziel, ein göttliches Institut der Verweltlichung zu entziehen, durch die es alle göttliche Kraft verloren hatte, und dadurch ihm den ganzen wohlthätigen Einfluß auf die Menschheit wieder zu verschaffen, den es seiner Bestimmung nach ausüben soll. Wenn er bei dem Ringen nach diesem Ziele auch Mittel ergriff, die wir nicht billigen können, so müssen wir bedenken, daß er, obgleich er sich über seine Zeit erhob, doch auch an sie gebunden war. Der Zweck ist nur einer, aber der Mittel sind viele, und jede Zeit hat ihre eigenen, von denen sie ihr Heil abhängig glaubt.

Der Nierenbaum.

Zu der Familie der Firnißbäume — wohin man mehre Bäume und Sträucher rechnet, welche Gummi, Balsam, Firniß oder einen scharfen Milchsaft enthalten — gehört außer der Pistacie, dem Mangobaume, dem Sumach auch der westindische Nieren= oder Anacardienbaum, zuweilen auch Acajou genannt (welchen Namen mehre Bäume führen, besonders eine Art des Mahagonibaumes), ein wichtiger Baum, der im warmen Amerika überall vorkommt und auch in Ostindien, wohin ihn die Portugiesen gebracht haben, angebaut ist. Der Baum soll an 80 Fuß hoch werden. Seine lederartigen Blätter sind länglich, fast eirund, glänzend, gestielt und stehen abwechselnd zerstreut. Der Fruchtboden der röthlichen und wohlriechenden Blume hat ausgewachsen die Gestalt einer Birne, die bei der

Reife feuerroth oder gelb oder mit beiden Farben gefleckt ist, ist sehr fleischig (von weißem, schwammigem,
saftigem Fleische) und wird genossen; er hat einen süß-
lichsauren, weinartigen Geschmack, macht aber gekaut
wegen seiner Säure die Zähne stumpf, weshalb man
gewöhnlich nur den Saft aussaugt und auspreßt, den
die Engländer in Jamaica, aus den mäßig gerösteten
Früchten gewonnen, zur Bereitung einer Art Punsch
brauchen, sowie man auch auf Isle de France aus
dem Fleische ein geistiges Getränk bereitet. Jene Birne

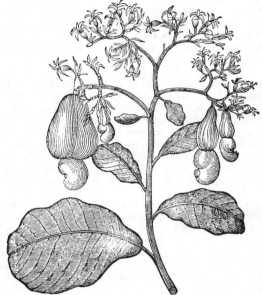

ist eigentlich nur der Fruchtstiel; die eigentliche Frucht
ist eine an der Spitze der Birne sitzende nierenförmige
Nuß oder trockene Steinfrucht, welche eine dicke und
harte, innerhalb mit Zellen versehene Schale hat. Diese
Zellen enthalten ein schwarzes sehr ätzendes Öl, das
im Munde und Gaumen, sowie auf der Haut Entzündungen und das Abschälen derselben verursacht und
daher äußerlich als ein Ätzmittel gebraucht wird, besonders zum Vertilgen der Warzen. An ein Licht gebracht, springen die Nüsse mit einem Knalle auseinander und das Öl entzündet sich, wodurch ein Feuerwerk im Kleinen entsteht. Der Nußkern ist genießbar
und schmeckt angenehm mandelartig, muß aber vor dem
Genusse in kaltem Wasser gewaschen werden, um ihn
von dem daran klebenden Öle zu befreien; auch geröstet wird er genossen. Man macht auch daraus eine
angenehme Art Chocoladensurrogat, sowie aus dem
schwarzfärbenden, milchigen Safte des Baumes Leim;
das glänzendweiße Holz wird zu feinen Tischlerarbeiten
verwandt. Die Nüsse kamen sonst in den Apotheken
unter dem Namen Elefantenläuse vor und wurden in
der Medicin gebraucht; man unterschied aber zwei
Arten: westindische oder amerikanische, von denen bisher die Rede gewesen ist, und ostindische. Die letztern
kommen von einer wesentlich verschiedenen ostindischen
Pflanze, dem ostindischen Firniß- oder Nierenbaume,
der eine ähnliche herzförmige und schwarzbraune Frucht
trägt, die auf der verdickten becherförmigen Scheibe des
Fruchtbodens sitzt. Man schrieb dieser Nuß ehemals
viele heilsame Eigenschaften zu und hielt sie namentlich für heilsam bei Wahnsinnigen, wovon man jedoch
schon längst zurückgekommen ist.

Nachträgliches über Annaberg.

Die große Linde auf dem Gottesacker (vergl. Nr. 436)
nennt Fürst Pückler (in „Semilasso's vorletztem Welt-
gange") „eine der wunderbarsten Linden, die es auf der
Erdenrunde gibt" und theilt von ihr Nachstehendes mit.
„Die Legende erzählt von ihr Folgendes. Zwei Geistliche
hatten lange über die Wahrheit des Dogmas der Auferstehung gestritten. Endlich rief der eine, wie von
einer Inspiration ergriffen: „Sieh diese junge Linde;
ich werde sie ausreißen und verkehrt wieder einpflanzen,
und so wahr sie dennoch von neuem Wurzel fassen
und freudig durch Jahrhunderte zum größten Baume
fortwachsen wird, also werden auch wir trotz Tod und
Fäulniß auferstehen und uns eines ewigen Lebens erfreuen!" Und wie er gesagt, so geschah es. Es unterliegt in der That gar keinem Zweifel, daß der Baum,
den wir vor uns sahen, auf die angegebene Weise gepflanzt worden sei, denn seine Äste zeigen ungeachtet
ihrer enormen Größe noch immer zu deutlich die ganz
von gewöhnlichen Ästen abweichende Wurzelform. Sie
haben im Laufe der Zeit dicht nebeneinander hinwach-
send eine solche Länge erreicht, daß sie jetzt ein dichtes
Dach von außerordentlichem Umfange bilden. Nur
ein glatter Stamm ist nicht in der Mitte, sondern
etwas seitwärts aus diesem Wurzelgeflechte emporge-
schossen, der weiter oben sich in einer zweiten Krone
ausbreitet. Der uralte Koloß lebt übrigens durchgängig in höchster Frische und wir wollen daher gern
die Folgerung seines frommen Pflanzers als durch ihn
bewiesen annehmen. Doch auch ohne diesen classischen
Baum wird der schöne Kirchhof immer noch viel Interesse gewähren. Er ist rings von Arcaden umgeben,
die über den unterirdischen Grabgewölben der angesehensten Familien der Stadt mit vielen bemerkenswerthen Schildereien und seltsam angemalten Statuen
in alter Tracht aus längst verschollenen Zeiten angefüllt sind."

Die Rosen in geographischer Rücksicht.

Wir finden diese schönsten aller Blumen über den
ganzen Erdboden verbreitet, allenthalben mit neuen
Annehmlichkeiten versehen, welche sie dem Himmelsstriche, der Örtlichkeit, insbesondere auch der Vorliebe
der Menschen verdanken, welche sich ihrer Pflege mit
ausgezeichneter Sorgfalt widmen. Manche Arten Rosen scheinen für immer an den Boden gefesselt, wo
sie einmal entsprossen sind. Sie kommen nie in andern Ländern vor; es müßte denn ein Reisender, welcher zugleich Botaniker war, sie den Schoos ihres
Vaterlandes entnommen haben, um sie in andere
Himmelsstriche zu verpflanzen. Die eine Sorte ist in
einem ganzen Lande oder einem großen Theile desselben einheimisch; die andere kommt nicht über ihre
Provinz oder einen Berg, wo man sie zuerst erblickte,
hinaus, und wird vergeblich anderwärts gesucht. So
findet sich die Rosa pollinaria nur am Fuße des
Baldoberges in Italien; die Lyonrose (Rosa Lyonii)
nur zu Tennessee in Nordamerika, während die Feldrose (Rosa arvensis) ganz Europa bedeckt, und die
Heckenrose (Rosa canina) nicht allein in Europa, sondern auch in einem Theile von Amerika und ganz
Nordasien sich findet. Bei der botanischen Excursion,
die wir um die Erdkugel zu machen gedenken, werden wir nicht gerade alle Arten Rosen anzeigen, welche
in jedem Lande vorkommen, sondern nur diejeni-

gen, welche sich besonders durch ihre Schönheit auszeichnen und am leichtesten ziehen lassen.

Zuerst betrachten wir die westliche Halbkugel und beginnen von Norden. Unter dem ewigen Eise, das nordwärts die hohen Berge von Nordamerika bedeckt, in der Nachbarschaft der Eisbäre, wie der Grönländer, welche kaum mehr Cultur besitzen als jene, erblickt man eine reizende Blume, eine Rose von lieblicher Farbe (Rosa blanda). Ihre große Blumenkrone ausbreitend, erscheint sie allezeit, sobald nur die Sonne den Schnee im Thale zerschmilzt, einzeln an ihrem Stengel. Der zierliche Strauch, der sie trägt, findet sich häufig in den Eisgefilden, welche man zwischen dem 70. und 75. Grade nördlicher Breite antrifft.

Unter dem Polarkreise, an den Küsten, welche die Hudsonsbai umgeben, die wegen ihrer Walfische berühmt ist, wächst häufig die schöne Hudsonsrose, deren dünne, aber schön gebogene Zweige sich im Frühlinge mit zahlreichen Büscheln gefüllter Blumen von blaßrother Farbe bedecken. Man möchte glauben, die Natur habe diese anmuthige Blume mit doppelter Schönheit versehen, da sie wol voraussehen mußte, daß die armseligen Eskimos, welche ohne Nachlaß mit dem rauhen Himmelsstriche zu kämpfen und aus dem Meere eine oft spärliche, immer ungesunde Nahrung sich zu verschaffen haben, die Cultur ihres undankbaren und unfruchtbaren Bodens verwahrlosen würden.

Je weiter wir nach Mittag zu kommen, wo die Menschen sich in einem weniger leidenden und mehr zum Genusse der Naturreize geeigneten Zustande befinden, sehen wir auch das Reich der Rosen sich erweitern. Neufundland, das unter dem 53. Grade, und Labrador, das noch ein wenig mehr nördlich liegt, an deren Küsten jährlich mehr als hundert Schiffe der Europäer sich mit dem Fange des Kabliau beschäftigen, besitzen, außer den beiden nur genannten Rosenarten, zwei sehr merkwürdige, die Rose mit dem Eschenblatte (Rosa fraxinifolia), mit kleinen, rothen, herzförmig gebildeten Blättern, und die glänzende Rose (Rosa nitida) von einem schimmernden Roth, gleich ihren Früchten, welche die kleinen Kronen kelchförmig entfalten und unter dem Schatten armseliger Bäume an den Küsten hie und da zerstreut wahrgenommen wird. Oft sieht man die wilden Eskimos ihr Haar und ihre Rennthiere und Robbenfelle, in welche sie sich hüllen, damit zieren.

Der Theil von Nordamerika, welcher die Vereinigten Staaten und die anliegenden Länder umfaßt, wo sich noch die alten Landesbewohner befinden, denen wir den Namen der Wilden beizulegen pflegen, besitzt eine große Menge Rosen, von denen wir nur die interessantesten anzeigen wollen. In den Morästen von Carolina erhebt die leuchtende Rose (Rosa lucida) ihre schönen rothen Blumen über das Schilfrohr, inmitten dessen sie gern wächst. Die Rose von Wood (Rosa Woodsii) spiegelt ihre Rosenblätter in den klaren Wellen des Missuri. Die Rose von Carolina (Rosa Carolina), welche gleichfalls das Wasser liebt, läßt die Hitze des Sommers vorüber, ehe sie die von ihr bewohnten Moräste schmückt. Die Rosa evratina dient den feuchten Gegenden von Carolina und Virginien zum Schmuck. Wenn die Hand des Gärtners sie dem schattigen Ufer des Baches entzieht, wo sie aufwuchs, um sie in den reichen, aber trockenen Boden eines Beets zu verpflanzen, welkt der Strauch, und alle angewandte Sorge ist nicht im Stande, ihre zahlreichen Blumen zu Tage zu fördern, welche gewöhnlich gefüllt, blaßroth und von mittlerer Größe sind.

Wo der Reisende das Ufer der Flüsse und die sumpfigen Savannen verläßt, um in die Waldungen vorzudringen, trifft er am Fuß der steinigen Hügel die Rose mit wirrem Gezweig (Rosa diffusa), deren Blumen gewöhnlich paarweise im Anfange des Sommers erscheinen. An den Hügelabhängen von Pennsylvanien gewahrt man einen Rosenstock mit kleinen Blumen (die kleinblumige Rose, Rosa parviflora), einen kleinen, niedlichen Strauch, dessen gefüllte, liebliche, halboffene, vom zartesten Roth gefärbte Blumen an Schönheit alle andere Rosen von Amerika hinter sich lassen. Es ist zu bedauern, daß eine so köstliche Blumenart so schwer zu ziehen und zu vervielfältigen ist. Am Rande der Waldungen der nämlichen Provinz und mehrer anderer Staaten wächst die Rose mit geradem Stiele (Rosa stricta) mit hellrothen Blumen und die Rose mit dem Brombeerblatte (Rosa rubifolia), welche kleine blaßrothe Blumen, gewöhnlich drei zusammen, hervorbringt; endlich in Nordcarolina die seidenartige Rose (Rosa setigera), deren große Blumenblätter die Gestalt eines umgekehrten Herzens haben. Die schönen Creolinnen von Georgien pflegen in ihr schwarzes Haar die großen weißen Blumen der glatten Rose (Rosa laevigata) zu winden, deren lange Stengel sich häufig um die großen Bäume des Waldes schlingen. Die letzte Rose in der Flora von Amerika ist die Rose von Montezuma. Sie ist wohlriechend, blaßroth, steht einzeln und ihre Zweige sind nicht mit Stacheln zum Schutz versehen. Sie liebt besonders die hohen Bergspitzen des Cerro=Ventoso, unweit der Stadt San=Pedro in Merico, wo sie die Herren von Humboldt und Bonpland antrafen. Die Stadt San=Pedro liegt unter dem 19. Grade. Dies macht diejenigen Botaniker ein wenig irre, welche in Amerika Rosen südlich vom 20. Grade nördlicher Breite nicht statuiren wollen. Aber diese Rose, welche Humboldt gewahrte, ist in Merico nicht die einzige; man fand sie übrigens schon bei der Eroberung dieses Landes.

Von der westlichen Halbkugel sind uns außer den genannten keine Rosen weiter bekannt. Doch kann man voraussetzen, daß man in der Folge noch andere entdecken wird. Es ist allerdings merkwürdig, daß die Botaniker die beiweitem größte Anzahl der Arten in Länder setzen, wo man am fleißigsten botanisirte, und dasjenige aus physischen und geographischen Gründen herleiten, was eigentlich aus unserer Unkunde in Beziehung auf die Vegetation der Länder, wo nach ihrer Behauptung keine Rosen gedeihen, erklärt werden muß.

Die östliche Halbkugel, welche aus vier Erdtheilen besteht, Europa, Asien, Afrika und Australien, bietet uns nur drei besondere Punkte für unsere Nachforschungen dar, bis man im Archipel hinlängliche botanische Ercursionen angestellt haben wird. Wir fangen mit Asien an, als dem größten Theile des alten Festlandes, der als die Wiege der ersten Menschen angesehen wird. Dieses besitzt für sich allein so viel Rosenarten, als die ganze übrige Erde, und die Zahl derer, welche zur Genüge untersucht worden, steigt auf 39. Das unermeßliche China, wo der Ackerbau in Ehren gehalten wird, besitzt ohne Zweifel eine große Anzahl Rosenarten; wir kennen aber bis jetzt davon nur 15, welche von dem mehr künstfleißigen als aufgeklärten Volke mit größter Sorgfalt gepflegt werden. Die immerblühende Rose (semperflorens) zeichnet sich durch ihre Blätter aus, die öfter drei kleinere Blättchen haben. Die Blumen riechen fast gar nicht und haben ein helles, wenig glänzendes Roth, nehmen sich aber so lange, als sie noch nicht ganz aufgeblüht sind, sehr hübsch aus. Viele Botaniker haben die chinesische Rose (Rosa sinensis) damit verwechselt. Ihre Blumen haben ein herrliches Hochroth und dauern die ganze schöne Jahreszeit hindurch. Unter den lieblichsten Rosen von China zeichnet sich eine besonders aus, die Rosa Lawrenciana, welche sehr niedlich ist und deren sehr elegant geformte Stiele sich nicht über drei bis fünf Zoll erheben. Die Blumen, welche das ganze Jahr dauern, sind selten größer als ein halber Gulden. Diese Pygmäenart weicht von allen andern in der Botanik bekannten Zwergarten ab. Oft trifft man ihr zur Seite die vielblumige Rose (multiflora), deren biegsame Zweige 15—16 Fuß in die Höhe treiben. Sie hat kleine, gefüllte, blaßrothe Blumen; diese vereinigen sich in großer Zahl über dem nämlichen Zweige und bilden so allerliebste Sträußer. An den Felsen, welche die mäßig abschüssigen Anhöhen krönen, bilden die unbedornten, sich hinanschlingenden Zweige der Rose von Banks (Rosa Banksii) eine art anmuthige grüner Vorhänge. Sie sind mit einer großen Zahl kleiner, stark gefüllter, sich neigender Blumen bedeckt, von ein wenig ins Gelbe fallendem Weiß, und zeichnen sich durch ihren aegnnehmen Veilchengeruch aus.

Unter den gefüllten Rosen, welche die Felder und Gärten des ungeheuern chinesischen Reichs schmücken, wollen wir hier noch die kleinblättrige Rose (microphylla) bemerken, welche die Chinesen sehr sorgfältig abwarten, theils um der Zierlichkeit ihres Laubwerks, theils um der Annehmlichkeit ihrer kleinen, stark gefüllten, blaßrothen Rosen willen. Andere bekannte Rosen Chinas sind: Rosa histrix, microcarpa, pseudoindica, xanthina, hiphylla, cinnamomea (Zimmtrose), bracteata, indica, sinica u. s. w.

Cochinchina, welches zwischen dem 10. und 20. Breitengrade liegt, hat mehre Rosen von China und einige ihm eigenthümliche Arten. Unter letztern nennen wir die weiße Gartenrose (Rosa alba), welche wir auch in Piemont einheimisch finden, wie in Frankreich und andern Theilen Europas; ferner die dornige Rose (spinosissima), deren des Geruchs ermangelnde Blumen fleischfarben und auch wol gefärbt sind.

Japan, zwischen dem 30. und 40. Grade, besitzt gleichfalls einen großen Theil Rosen gemeinschaftlich mit China, unter andern die so hübsche vielblumige. Eine Art scheint ihm eigenthümlich, nämlich die runzliche Rose (Rosa rugosa), deren einzeln stehende Blume mit der Rose von Kamtschatka Ähnlichkeit hat.

Nehmen wir den ganzen südlichen Theil Asiens zusammen, welcher die verschiedenen Theile von Indien umfaßt, so kommen hier noch viele bemerkenswerthe Arten vor. Auf den nördlichen Theil Indiens kommen sechs Arten, deren zwei sich auch in China finden. Von den vier andern sind zwei in Nepaul einheimisch. Die Rose Lyell's zeichnen viele Blumen von milchweißer Farbe aus. Sie hat in einem Garten, wohin sie verpflanzt wurde, einen großen Theil des Sommers überdauert und widersteht so ziemlich der Härte unsers Winters. Dasselbe Land liefert noch die Rose Brown's (Rosa Brownii) mit Blumenblättern von gleichmäßig schönem Weiß, sowie andere minder gekannte Sorten.

Dem Süden uns nähernd, nehmen wir in Gossan-Than die großblättrige Rose (macrophylla) wahr, welche mit unserer Alpenrose einige Ähnlichkeit hat, aber damit nicht vermengt werden darf. Die Blumen sind weißlich und die Blätter derselben haben an der Spitze ein rothes Pünktchen. Ihr zur Seite blüht die Seidenrose (sericea), deren kleine Blätter unten ein seidenartiges Gewebe zeigen, das ganz die Weichheit und den Glanz von Seidenstoff hat. Die Blumen haben eine hängende Stellung und stehen einzeln.

Die heißen Ebenen am bengalischen Meerbusen schmücken sich im Frühlinge mit einer allerliebsten weißen Rose, welche man ebenso in Nepaul und China trifft. Die Blumen der verhüllten Rose (Rosa involucrata) sind weiß, stehen fast immer allein, von drei bis vier Blättern umgeben, die eine zierliche Krause darum bilden. Oft birgt sich der wilde Tiger Bengalens und das scheusliche Krokodil des Ganges, der Beute auflauernd, in dem dichten Busche der immerblühenden Rose (semperflorens), welche mit immergrünem Laube umgeben ist und immerfort zierliche rothe Blumen hervortreibt.

In den Gärten von Kandahar, Samarkand und Ispahan ziehen die Perser die Rosen als Bäume (Rosa arborea); die Stengel derselben erreichen die Höhe großen Buschwerks und bedecken sich zur Frühlingszeit mit zahlreichen weißen, wohlriechenden Blumen. Hier wächst auch von selbst die Rose mit dem Sauerdornblatte (berberifolia), welche von allem andern Buschwerk ihrer Arten so ganz sich unterscheidet, daß man ihr eine besondere Stelle anzuweisen sich genöthigt gesehen hat. Sie hat ganz einfache Blätter, aber keine Blättchen, und die gelben, in einen Stern sich öffnenden Blumen sind in der Mitte mit einem großen dunkelcarmoisinrothen Flecke bezeichnet.

(Der Beschluß folgt in Nr. 439.)

Brunnen von Kohlensäure zu befreien.

Bekanntlich hat ausgeglühte Kohle die Eigenschaft, eine große Menge kohlensaures Gas einzusaugen, und zwar in 24 Stunden das 35fache ihres eigenen Volumens. Von dieser Eigenschaft kann man Gebrauch machen, um Brunnenschächte, die viel kohlensaures Gas enthalten, davon zu reinigen, und zwar geschieht dies nach dem Vorgange eines nordamerikanischen Physikers auf folgende Weise. Man läßt etwa eine Metze glühender Holzkohlen in einem Kessel bis nahe zur Oberfläche des Wassers hinab; die Kohlen erlöschen dann und beginnen die Verschluckung des Gases, die rasch von statten geht; ist sie nach einer Stunde noch nicht vollendet, so muß man eine neue Quantität brennender Kohlen herablassen, bis alles kohlensaure Gas absorbirt ist, wozu es bei den angestellten Versuchen immer nur weniger Stunden (in einem Falle, wo ein Brunnenschacht von 26 Fuß Tiefe zu reinigen war, eines Nachmittags) bedurfte.

Fernando Po.

Die Schilderungen von dieser westafrikanischen Insel, welche Spanien an England abzutreten in Begriff steht und welche man bald als ein afrikanisches Paradies, bald als den verpestetsten Fleck dieser ungesunden Küste darstellte, haben sich von jeher widersprochen und sind so auf die Spitze gestellt worden, daß es wol der Mühe werth sein dürfte, diejenigen Berichte, welche neuere unparteiische Reisende darüber geben, hier kurz mitzutheilen.

Fernando Po ist unstreitig weit gesünder als das naheliegende feste Land, welches größtentheils mit Sümpfen und Morästen bedeckt ist. Als trockene, hochliegende Insel auf allen Seiten den Seewinden zugänglich, ist sie frei von der unmäßigen Feuchtigkeit, durch welche die benachbarte Küste auf eine unselige Weise sich auszeichnet. Als ungesund wurde Fernando Po besonders deshalb bezeichnet, weil die weißen Arbeiter, die man zur Aufführung von Gebäuden hierher kommen ließ, meistentheils starben; allein diese auffallende Sterblichkeit war nicht sowol der ungesunden Lage der Insel, als vielmehr der Unmäßigkeit und zum Theil der anstrengenden Arbeit jener Menschen zuzuschreiben.

Die Insel hat einen großen Vortheil vor allen Küstenorten: sie ist so hoch gelegen, daß man in jedes Klima gelangen und ein Hospital über der Fieberatmosphäre anlegen kann. Da sich nämlich das Sumpffieber, von dem alle afrikanischen Fieber nur verschiedene Abarten sind, nicht über eine gewisse Höhe, ungefähr 3000 Fuß, erhebt, so ist Fernando Po gleichsam von der Natur selbst als Hospital für die niedern und sumpfigen Ufer des festen Landes hingestellt.

Die Zahl der Eingeborenen beläuft sich etwa auf 5000; sie sind athletisch gebaut, etwas unter Mittelgröße, und sehen weit klüger aus als die Bewohner der gegenüber liegenden Küste. Sie sind gute Fischer und Jäger. Kleines Rothwild gibt es in Menge auf der Insel, und die hier sich aufhaltenden Engländer werden regelmäßig von den Eingeborenen damit versorgt; diese fangen es in Schlingen und tauschen dafür Pulver und Blei ein, um Affen zu schießen, welche ihre Lieblingsnahrung ausmachen. Rothwild essen sie aus irgend einem Vorurtheil oder Aberglauben nicht, dagegen lieben sie die Eingeweide von Vögeln und Schafen.

Sklaverei scheint unter ihnen unbekannt zu sein, und sie haben schon mehrmals blutige Gefechte mit Sklavenhändlern bestanden, welche hier landeten und Menschen fortschleppen wollten. Sonderliche Fortschritte in der Civilisation haben sie noch nicht gemacht; da sie aber anfangen, Palmöl zu sammeln und auf den Markt zu bringen, so steht zu erwarten, daß sie auch in der Bildung vorwärts schreiten werden.

Fernando Po ist, sowie die andern Inseln in der Bai von Biafra, von vulkanischer Formation, und bildet wahrscheinlich einen Theil der großen vulkanischen Kette, welche von Südwest nach Nordwest läuft und von welcher St.=Helena den Mittelpunkt ausmacht.

Die Sachsentaufe.

Als Karl der Große die Bekämpfung der Sachsen unternahm, hielt er vorher zu Worms eine Versammlung der Bischöfe und Prälaten, um mit ihnen zu berathen über die Bekehrung der heidnischen Sachsen. In dieser Versammlung, zu der sich der Erzbischof Riculf von Mainz, die Bischöfe Hildebald, Wolfar, Barnoin, Waltgaud, Burchard und Egilfrid und die Äbte Adelard, Lullus, Friedegis und Angelbert mit ihren Geistlichen und gelehrten Mönchen eingefunden hatten, wurde Folgendes festgesetzt:

Die Sachsen sollten auf den Todtenhügeln keine Waffen, Pferde, Schätze, Sklaven und Gefangene mehr opfern; verboten wurden die Waldopfer auf Felsen und Bergen, die Verehrung des Wodan und Thor, das Wahrsagen aus dem Wiehern der heiligen Rosse, der Gebrauch der Trinkhörner aus den Schädeln erschlagener Feinde, das Ziehen von Zauberringen um die Meierhöfe und der Verkauf christlicher Gefangener. Befohlen ward dagegen die Heilighaltung der zu erbauenden Kirchen und die Spendung der Zehnten, welche bis auf unsere Zeiten schwer lastend die sächsischen Gaue drückte; befohlen ward ferner das Taufen der Neugeborenen, das Hilten der Fasten und die Sicherheit der Priester; bei Todesstrafe bedungen ward endlich die Treue gegen den Frankenkönig.

Wohl staunten die Sachsen, als nach ihrer Besiegung ihnen diese Gesetze genannt wurden; am meisten aber erzürnte die freien Männer die Foderung des Zehnten an die Geistlichkeit. Aber die Hand des mächtigen Karl lag schwer auf den Sachsen, und nirgend zeigte sich Hülfe; ihre Heereshaufen waren an der Diemel geschlagen, ihre Häuptlinge irrten umher, Wittekind suchte jenseit der Weser Hülfe und Beistand, die sächsischen Burgen waren von den Franken besetzt und für Diejenigen, welche in das fränkische Lager gekommen waren oder in den benachbarten Gauen auf ihren Höfen und Wehren saßen, gab es keinen Rücktritt mehr; die Meisten unterwarfen sich daher der Nothwendigkeit und ließen sich taufen.

Eine grüne Wiese, umgrenzt von alten Eichen, durchströmt von einem klaren Bache, ward zu dieser großen Sachsentaufe ausersehen. Im weißen Taufhemde, je zwei nebeneinander, naheten sich nun Tausende von Sachsen dem Bache; ihre Häuptlinge Hessewin, Bruno und Amalvin gingen voran, zahlreiche Geistliche führten mit brennenden Kerzen die Schaaren. In der Ferne umgab zu Rosse und zu Fuß das fränkische Heer diese heilige Handlung und Karl der Große selbst schaute mit Andacht zu. Ehe jedoch von den beiden Bischöfen Burchard und Egilfrid die Taufe selbst vorgenommen ward, mußten die Sachsen eine besonders dazu entworfene Teufelsentsagung und ein Glaubensbekenntniß hersagen, welches ihnen zu zwanzigen und vierzigen vorgesagt ward von den beiden Bischöfen, hat uns die Geschichte als eins der ältesten Denkmäler deutscher Sprache aufbewahrt.

Bevor nun Karl der Große Sachsen verließ, um über die Pyrenäen gegen Abderrhaman, den großen Emir al Mumenin, den omajjidischen Khalifen von Cordova, zu ziehen und diesen zu bekämpfen, ließ er in der Nähe jener grünen Wiese, wo Tausende von Sachsen dem Christenthume gewonnen waren, einen Dom bauen am Borne der Pader — am Paderquell — um welchen ersten Dom Sachsens sich im Laufe der Zeiten die Stadt Paderborn reihte.

Herausgegeben unter Verantwortlichkeit der Verlagshandlung F. A. Brockhaus in Leipzig.

Das Pfennig-Magazin

für

Verbreitung gemeinnütziger Kenntnisse.

439.]   Erscheint jeden Sonnabend.   [August 28, 1841.

Anton van Dyk.

Dieser berühmte Maler wurde im Jahre 1599 zu Antwerpen geboren. Sein Vater stand wegen seiner Leistungen in der Glasmalerei in bedeutendem Ruf, und seine Mutter besaß im Sticken von Landschaften und Figuren eine ausgezeichnete Geschicklichkeit. Die Beschäftigung der Ältern verfehlte nicht, eine günstige Einwirkung auf den Bildungsgang des Sohnes zu üben. Der Vater ließ es ihm nicht an wissenschaftlicher Ausbildung fehlen; er erfüllte aber auch zugleich die angenehme Pflicht, ihn in den ersten Anfangsgründen der Zeichenkunst zu unterrichten. Mit Vergnügen beobachtete er seine glücklichen Fortschritte, und wurde dadurch bewogen, ihn nach Verlauf einiger Zeit dem Maler Heinrich van Balen zu übergeben, welcher in Italien selbst nach der Antike studirt und von da Correctheit in seinen Arbeiten und ein blühendes Colorit herüber nach Antwerpen gebracht hatte. Die Leitung dieses Meisters mußte auf Anton's Bildung einen sehr vortheilhaften Einfluß haben,

und in der That erhöhte sich täglich das Zutrauen des gegen ihn väterlich gesinnten Lehrers. Wer hätte glauben sollen, daß er seinen hoffnungsvollen Lehrling so bald verlieren sollte? Aber der jugendliche Geist desselben strebte nach dem Höchsten, was ihm für sein Fach schon in naher Umgebung geboten wurde. Der Name Rubens war es, welcher rings umher in seiner Nähe erscholl; und wozu es ein hohes Talent, mit der blühendsten Einbildungskraft verbunden, zu bringen vermöge, daran erinnerte ihn dieses Künstlers prachtvoller Palast, der ihm in der Nähe entgegenwinkte, die Equipage, in welcher er ausfuhr, wie die köstlichen Rosse, die ihn zogen. Die Aufnahme in die Arbeitssäle eines Rubens mußte also, zumal bei der Liebenswürdigkeit von dessen Charakter, der lebhaften Phantasie des zarten Jünglings als das schönste Ziel seiner Wünsche erscheinen. Wirklich nahm Rubens ihn auch mit Güte auf, und die Holdseligkeit seiner Gattin trug dazu bei, den besten

Eindruck und eine gewisse Schwärmerei in ihm hervorzubringen, welche der Uebung der Kunst so günstig ist.

Van Dyk's Gaben entwickelten sich immer mehr, und Rubens ward nur zu bald inne, daß ihm der Schüler als Gehülfe dienen könne. Besonders wird ein Vorfall erzählt, der ebenso die Kühnheit seines Talents als den Credit, in welchen er sich bei Denen, welche mit ihm in der Werkstatt des Meisters arbeiteten, gesetzt hatte, in ausgezeichnetes Licht stellt. Es war nämlich leicht begreiflich, daß die Schüler des großen Mannes, nachdem sie während seiner Anwesenheit mit Sammlung und Stille sich der Ausführung und Vollendung der ihnen übergebenen Arbeiten gewidmet hatten, Abends, wenn er selbst von seinem Tagewerke aufstand und sich entfernte, um sich der Erholung zu widmen, vor Begierde brannten, die neuen herrlichen Schöpfungen seines Pinsels zu bewundern. Rubens war soeben mit der berühmten Kreuzabnahme beschäftigt gewesen, welche noch gegenwärtig die Kirche Unserer lieben Frauen zu Antwerpen schmückt. Kaum hatte nun der Meister eines Abends die Zimmer verlassen, so sprangen die Schüler auf von ihren Sitzen und drängten sich um die Staffelei, worauf das Meisterwerk noch feucht und frisch ausgespannt stand. Mitten unter dem Ausbruche des Jubels aber erhielt einer der Schüler, Abraham von Diepenbeck, zufällig von den Andern einen so unglücklichen Stoß nach dem Gemälde zu, daß der Arm einer Magdalene und Kinn und Wange einer Jungfrau darauf verwischt wurden. Es ist leicht zu begreifen, welche große Bestürzung dieser Vorfall unter ihnen hervorbrachte. Alle kamen jedoch darin überein, daß man durch Restauration diesem Unfalle wieder abzuhelfen suchen müsse, worauf denn, unter allgemeiner Zustimmung, Johann van der Hoeck aus ihrer Mitte aufstand und Anton van Dyk als den Einzigen vorschlug, welcher dieses Wagniß übernehmen könne. Und in der That unterzog sich der Beauftragte diesem kühnen Geschäfte mit einer solchen Umsicht und Gewandtheit, daß Rubens, als er zu seinem Werke zurückkehrte, obwol das Vorgefallene innewerdend, schweigend Alles so stehen ließ, wie es gemalt war, und dadurch der Arbeit das ausgezeichnetste Lob ertheilte.

Obgleich nun van Dyk durch die Tüchtigkeit seiner Arbeiten immer mehr das Vertrauen seines Meisters erhöhte, wie namentlich durch Ausführung der Amazonenschlacht und die Cartons für die Geschichte des Decius Mus, so ermangelte Rubens gleichwol nicht, ihm den Besuch von Italien, gewiß aus der reinsten Wohlmeinung und fern von Motiven der Eifersucht, zu empfehlen. Ebenso grundlos ist die Meinung, daß dieselbe Leidenschaft Rubens vermocht habe, ihm insbesondere die Portraitmalerei anzurathen, da vielmehr van Dyk, so lange er sich zu Rubens' Schule bekannte, sich vorzugsweise dem historischen Fache gewidmet hat. Noch stand er in der ersten Blüte seiner Jahre, und zählte kaum zwanzig Jahre, als er nach Hesperien zu wallfahrten ernstliche Vorkehrungen machte. Aber nicht ohne ein Andenken zurückzulassen, wollte er von seinem geliebten Meister scheiden; dasselbe bestand in dem Bildnisse von dessen Gattin Helena und zwei Gemälden aus der heiligen Geschichte. Durch diese schätzbaren Arbeiten wurde Rubens so erfreut, daß er solche eigens in einem schönen Zimmer aufhängen ließ, den jungen Künstler aber dafür mit einem herrlichen Reitpferd, einem Schimmel, aus seinem trefflich versehenen Stalle beschenkte.

Unser van Dyk war jedoch noch nicht weit gekommen, als ihm zu Savelthem, in der Nähe von Brüssel, die Liebe einen Streich spielte. Ein schönes Landmädchen fesselte ihn nämlich hier so, daß er, ganz seiner Pläne vergessend, auf längere Zeit sich hier niederzulassen Miene machte, und der neuen Geliebten, die ihn um diese Gefälligkeit gebeten hatte, insbesondere durch zwei Altargemälde für die dortige Dorfkirche huldigte, in deren einem sie selbst mit ihrem Ältern in einer heiligen Familie, in dem andern er als heiliger Martin auf dem Schimmel von Rubens erschien. Da nun aber Rubens nicht wollte, daß das Vorhaben der Fortbildung seines Schülers in Stocken gerieth, so stiftete er den Ritter Nanni, welcher selbst durch van Dyk's Pinsel glücklich dargestellt worden war, dazu an, den Liebetrunkenen wieder flott zu machen. Dies gelang auch endlich, sodaß er nicht ohne wahrhaft künstlerischen Erfolg, Vermehrung seines Rufs und bedeutende finanzielle Vortheile unter andern Städten Venedig, Genua und Rom besuchte, und in den beiden letzten Städten namentlich durch das Studium von Tizian's und Paul Veronese's sprechenden Bildnissen eine entscheidende Neigung zu dieser Gattung der Malerei gewann. In wie hohem Grade nun er Stellung, Anzug und Blick zu treffen und über dieses Alles der Person, die er malte, außer der sprechendsten Ähnlichkeit noch ein besonderes geistiges Leben einzuhauchen verstand, davon konnte die bildliche Darstellung seines gewichtigen Gönners, des Cardinals Bentivoglio, zum glänzenden Beispiele dienen. Gleichwol wurde er durch die Unverträglichkeit und Eifersucht seiner Landsleute in Rom und ihr Verlangen, daß er dem bestehenden Malerclub (der sogenannten Schilder-Bent) beitreten sollte, welcher sich damals durch Zügellosigkeit und Ausschweifungen auszeichnete, veranlaßt, Rom wieder zu verlassen und seine Reise nach Sicilien fortzusetzen, woselbst er, wie auch in Florenz und Turin, unter sichtbarer Aneignung von Tizian's großem Styl, in seinem Lieblingsfach, der Bildnißmalerei, aber auch im Historischen Vieles arbeitete.

Der Ausbruch der Pest zwang ihn, bald sich nach Genua zurückzuziehen und dort das ihm für Palermo aufgetragene so berühmte Altargemälde zu vollenden. Inzwischen gebrach es ihm auch übrigens hier nicht an bedeutendem Erwerbe als Maler, namentlich von Portraits, welche ihm so leicht von der Hand gingen, daß er öfter solche, der Trefflichkeit der Arbeit unbeschadet, in einem Tage bis auf die letzten Züge zu vollenden sich beeiferte und dadurch bei dem gefoderten hohen Preise ein ansehnliches Vermögen zusammenbrachte. Endlich kehrte er nach seiner Vaterstadt zurück. Wiewol er sich nun hier durch seinen Augustin in Verzückung, in Dendermonde durch seine Kreuzigung den größten Ruhm erwarb, so entblödeten sich die Domherren von Courtray, für deren Kirche er auf Bestellung ein Altarbild gemalt hatte, nicht, solches, als er der Aufstellung halber sich selbst hinverfügte, für eine Sudelei zu erklären. Da sie nun später, beschämt durch den großen Beifall, welchen dasselbe bei den Kennern und Kunstfreunden fand, durch eine neue Bestellung ihr grobes Versehen wieder gut machen wollten, mußten sie sich auch die Antwort gefallen lassen: „es gebe in Courtray Schmierer genug; er habe sich vorgenommen, für Menschen und nicht für Esel zu malen." Dagegen ließ ihn, von seinem großen Rufe geleitet, der Prinz von Oranien, Friedrich Heinrich, kommen, um ihn selbst, seine Gemahlin und sein Kind zu malen, welchen Auftrag er in solcher Vollendung ausführte, daß nun alle Fürsten und berühmte Personen von ihm gemalt sein wollten und selbst Tilly und Wallenstein ihm saßen.

Man erzählt von seiner Reise durch Harlem folgenden artigen Zug, welcher für seine große Bedeutung als Künstler spricht. Er habe nämlich daselbst den berühmten Portraitmaler Franz Hals besucht, und, persönlich ihm unbekannt und unangemeldet, von ihm, als Kunstverwandten, abgemalt zu werden gewünscht. Nachdem nun derselbe mit Bereitwilligkeit dem Verlangen entsprochen und sich von van Dyk ein Gleiches erbeten, so habe Jener, als er nur einen Blick auf die von diesem trefflich vollzogene Arbeit gethan, sich zu dem Ausrufe bewogen gefühlt: „Herr, Ihr seid entweder der Teufel oder van Dyk!"

Wider Erwarten fand dieser große Künstler in England, wohin er nun seinen Weg richtete, nur wenig Beschäftigung und in Frankreich ward sein großartiges Vorhaben, den Louvre mit seinen Gemälden zu schmücken, durch Nikolaus Poussin, welchem bereits früher diese Arbeit übertragen worden war, vereitelt. Er kehrte daher nach Antwerpen zurück, malte für die Capucinerkirche in Dendermonde einen Christus am Kreuze und ging bald nachher, einem Rufe des Königs Karl I. folgend, zum zweiten Male über den Kanal. Schon beim ersten Aufenthalt in England war van Dyk mit dem Ritter Digby bekannt geworden, und hatte sich durch seinen sanften, liebenswürdigen Charakter, welcher durch äußere Anmuth unterstützt wurde, dessen Freundschaft erworben. Bald wußte dieser vielgeltende Mann dem Könige von England, Karl I., begreiflich zu machen, daß die bisherige Hintansetzung eines so merkwürdigen Talents einen Schatten auf den Glanz werfen würde, welcher vom Throne ausgehe, von wannen erst die Kunst würdigen Schutz erwarten könne; und von Dem, was hierauf erfolgte, datirte sich in der That die zweite und denkwürdigste Periode von van Dyk's Leben. Der König sendete den Ritter Digby persönlich an ihn ab und übertraf sich selbst in der Huld seines Benehmens gegen ihn. Bei der ersten Audienz überhäufte er ihn mit Freundlichkeiten und hing ihm eine schwere goldene Kette um den Hals, an welcher sich des Monarchen Bildniß, mit Diamanten reichlich besetzt, befand. Bald darauf schlug er ihn im feierlichen Ordenscapitel zum Ritter des Bathordens. Er ließ ihm eine bequeme Winter- und eine Sommerwohnung einräumen und sicherte ihm einen lebenslänglichen Jahrgehalt von 200 Pfund zu, bestimmte auch selbst, daß ihm für ein Bildniß in Lebensgröße 100 Pfund, für eine Halbfigur 50 Pfund ausgezahlt werden sollten, Preise, die besonders für jene Zeiten außerordentlich hoch erscheinen. Man kann sich denken, wie sehr diese Auszeichnungen dazu dienen mußten, den Maler an dieses Land, die Person des Königs, den Hof und den ganzen Kreis der Vornehmen zu ketten, zumal da er durch sein geistreiches Benehmen wundersam zu gewinnen und einzunehmen wußte. Der König brachte manche Stunde bei der Staffelei des Meisters zu, und mochte gern Zeuge seiner hervorgerufenen Wunderschöpfungen sein. Van Dyk beeiferte sich hinwiederum, seinen königlichen Gönner auf die mannichfaltigste Weise, bald im vollen Panzerkleide zu Pferde, bald im Königsgewand, bald in einfacher Anspruchlosigkeit darzustellen, und sonst seinen Wünschen zu genügen. Van Dyk fand nun nicht allein am Hofe volle Beschäftigung, sondern es wetteiferten auch die Ersten, Größten, Vornehmsten des Reichs, ihm zu sitzen und sein seltenes Talent für sich und die Theuersten ihrer Familien in Requisition zu setzen; ihm, dem Zauberer, welcher ihnen einen so hohen Genuß verschaffte, indem er sie mit dem Köstlichsten, was ihr Gemüth nur wünschte, umgab, wurde dafür von allen Seiten im ehrgeizigen Wetteifer ein Sold gespendet, der ihm sehr bald zu ansehnlichem Reichthum verhalf. Von ihm aber, der fern von aller Kargheit war, wurde Alles aufgeboten, solche Schätze würdig anzuwenden. Seine Werkstätte wandelte sich in das geschmackvollste Haus um, das der herrlichste Hausrath schmückte. Auch mangelte es nicht an stattlichen Equipagen. Und da er als Künstler bei seinen nach der Natur entworfenen Darstellungen, zumal weiblicher Reize, sich an die lebende Natur zu halten vorzog, sah er sich bald von einer Schar schöner Mädchen umgeben, die einen Harem um ihn bildeten und nicht allein auf der Leinwand durch die Macht seines Pinsels festgehalten wurden. Sein Haus ward bald zum Sammelplatze der Vornehmsten, und man weiß von dem Glanze, Geschmack und der Üppigkeit seiner Feste zu rühmen, welche auch die ersten Künstler des Schauspiels, wie der Tonkunst und des Gesangs, die er selbst in eigener Kapelle zu halten liebte, verherrlichten. „Ihr wißt gar nicht, was das sagen will, wenn man 5—6000 Guineen so mit Einem Male nöthig hat!" sagte der König einst in einer vertrauten Stunde zu ihm, und van Dyk antwortete: „Ein Künstler, der täglich für seine Freunde offene Tafel, für seine Maitressen offene Börse hält, weiß leider nur zu oft, was Geldnoth für ein übles Ding ist!"

Der zuletzt berührte Punkt, und die leidige Alchymie, welche damals ziemlich allgemein im Gange war, kosteten ihm so ungeheure Summen, daß man selbst zu seinem Heil bedacht war, ihm hierin Einhalt zu thun. Der beste Ausweg schien eine günstige Vermählung zu sein. Nun sagt man zwar, daß er selbst das Anerbieten seines ehrwürdigen Altmeisters Rubens (welcher es sogar durch des Herzogs von Olivarez Vermittelung zum spanischen Gesandten am englischen Hofe gebracht hatte, und übrigens die Würde eines Secretairs des niederländischen Staatsraths, seiner Malerkunst unbeschadet, bekleidete), ihm seine älteste Tochter zur Gattin zu geben, wegen noch nicht ganz erloschener Liebe zu dessen zweiter Gemahlin ausgeschlagen habe. Der Herzog von Buckingham aber hielt ihn so hoch in Ehren, daß er für Dyk bei einer englischen Hofdame aus einem der vornehmsten Adelsgeschlechter und von der ausgezeichnetsten Schönheit, der Gräfin von Goree, aus dem schottischen Hause Ruthven, welche jedoch freilich kein Vermögen besaß, den Freiwerber machte, worauf der Künstler mit des Königs Einwilligung sich wirklich mit ihr vermählte. Wie traurig, daß dieses so glückliche Ehebündniß bereits nach zwei Monaten, die er zum Theil mit ihr auf vaterländischem Boden und dann in Paris zubrachte, durch seinen Tod, der im Jahre 1641 im zweiundvierzigsten Jahre seines Alters erfolgte, zerrissen wurde! In der Paulskirche zu London, wo er feierlich beigesetzt wurde, hat der Dichter Cowley durch eine sinnreiche Grabschrift sein Andenken verewigt. Van Dyk hinterließ trotz des großen Aufwandes, welchen seine Lebensweise mit sich gebracht hatte, gleichwol seiner Witwe ein baares Vermögen von mindestens 100,000 Thalern. Von der zahlreichen Menge seiner Bildnisse, von denen jedoch die der letzten Periode seinen frühern Werken an Gehalt und Vollendung nicht völlig gleichkommen, ist eine Sammlung von hundert Stücken durch die besten Kupferstecher seiner Schule als Vorstermann, Bolswert, Hendrix u. s. w. (zum Theil auch durch ihn selbst mit ungemeiner Zartheit und Liebe bearbeitet) veröffentlicht worden.

Die Rosen in geographischer Rücksicht.

(Beschluß aus Nr. 438.)

Die Monatsrose oder Rose von Damaskus (Rosa damascena), welche durch die tapfern Ritter im Gefolge des heiligen Ludwig von seinem unglücklichen Kreuzzuge in unser Klima überbracht wurde und eine große Menge von Spielarten erzeugt hat, welche alle sehr schön sind, schmückt Syriens Sandwüsten mit ihren zahlreichen Blumenbüscheln. An der äußersten Grenze von Asien, unweit Konstantinopel, breitet die gelbe Rose (Rosa sulfurea) ihre gefüllten, in glänzender Farbe prangenden Blumen aus.

Wenden wir uns nach dem nordwestlichen Theile Asiens, so erblicken wir die schönsten Frauen auf Erden, die Georgierinnen und Circassierinnen, im herrlichsten Rosenschmuck. Die Centifolienrose, welche sie dazu anwenden, hat in den dem Kaukasus benachbarten Ländern ihre eigentliche Heimat. Alles, was sich von ihrer Schönheit, ihrem süßen Geruch preisen läßt, bleibt hinter der Wahrheit zurück. Nur Dichter haben sie würdig gepriesen. Zuweilen mischt die wilde Rose (Rosa ferox) ihre großen rothen Blumen mit denen der Centifolien, und die Staubrose (Rosa pulverulenta) macht sich am Abhang des Pik von Mazana, nahe dem Kaukasus, bemerklich.

Unsere botanische Wanderung im nördlichen Asien beginnen wir mit Sibirien, jenem kalten Lande, wo die verwiesenen Russen nur zu theuer die Freuden einiger Augenblicke büßen müssen. Die großblumige Rose (Rosa grandiflora), deren Krone der eleganten Form eines antiken Trinkgeschirrs ähnelt, die vom Kaukasus (Rosa caucasea) deren große Früchte ein weiches Fleisch enthalten, die gelbliche Rose, von so traurigem Anblicke als die Landesbewohner jener Gegend, finden sich in den an Kaukasien grenzenden Landstrichen. Näher nach dem Eismeere bis unter dem Polarkreise, in den Ebenen des Jenisei, wächst die röthliche Rose (Rosa rubella), deren Blumenblätter zuweilen sehr dunkelroth sind, gewöhnlich aber bleich und farblos, wie die Natur, welche sie umgibt. Nördlicher trifft man die Rose mit nadelförmigen Blättern (Rosa acicularia), deren einzeln stehende Blumen von blassem Roth sind. Endlich wachsen noch zehn bis zwölf andere Arten in den russischen Besitzungen von Nordasien, unter ihnen die Rose von Kamtschatka, ausgezeichnet durch ihre einzeln stehenden Blumen von röthlichem Weiß.

Wir bleiben noch länger bei den Rosen des außereuropäischen Auslandes und sehen uns um in Afrika, der sogenannten Heimat der Ungeheuer, um zu sehen, ob uns nicht vielleicht die Natur hier einige Lieblinge der Flora zuführen sollte, worauf unsere Blicke ruhen und bei denen unsere Einbildungskraft sich von den Schreckensbildern wilder Menschen und Thiere erheben möchte, welche diese sengende Wüste bevölkern. An den Gestaden des weiten Sandmeers der Sahara und in der ganzen Berberei, zumal in den an Tunis stoßenden Ebenen, blüht in reichen weißen Blumenbüscheln die Bisamrose (Rosa moschata) und duftet einen leichten Moschusgeruch aus. Diese allerliebste Gattung trifft man in Ägypten, zu Marokko, Mogador und sogar auf der Insel Madeira. In Ägypten wächst die Hecken- oder Hundsrose (Rosa canina), die in Europa so gemein ist. In den Gebirgen von Abyssinien findet man eine Rose, die von ihrem Vaterlande Rosa abyssinica genannt wird. Sie hat immergrünes Laub, und die rothen Blumenblätter dienen der wunderbar gestalteten Giraffe zum Futter. Zwei andere Gattungen wachsen gleichfalls im nördlichen Afrika, und man weiß nicht, welche noch im Innern dieses unermeßlichen Landes vorkommen. Bis jetzt wenigstens haben die Menschenracen, welche mehr als Löwe und Panther durch ihre Wildheit Furcht und Scheu einflößen, den Excursionen der unerschrockensten Naturforscher eine unübersteigliche Scheidewand entgegengesetzt.

Wir gehen nun auf Europa über, indem wir von seiner nördlichen Seite beginnen, und treffen hier, uns ein wenig westwärts wendend, zunächst Island. Dieses Land, das sich die verheerenden Feuer der Vulkane und ewiger Eisflächen des Nordpols streitig zu machen scheinen, liefert nur etwa 60 Pflanzen für die Beobachtung der Botaniker, wenn man einige Moosarten und Flechten ausnimmt. Doch wächst zwischen den Spalten der unfruchtbaren Felsen von selbst die bibernellblättrige Rose (spinosissima) mit blassen einzeln stehenden Blumen. In Lappland, das etwas minder stiefmütterlich behandelt ist als Island, glänzt fast zwischen dem Schnee das lebhafteste Incarnat der lieblichen kleinen Mairose (Rosa majalis) hervor. Man trifft sie auch in Norwegen, Dänemark und Schweden. Auch findet sich mitten unter den armseligen Bäumen, von denen die Rennthiere die parasitisch wachsenden Moose und Flechten abnagen, die sogenannte Rosa rubella, eine Rosenart, deren Blumen zuweilen blutroth gefärbt sind. Mehre Rosen, als die Weinrose (rubiginosa), von deren bleichen röthlichweißen Blumen zwei bis drei beisammenstehen, die Mairose (majalis), die Zimmtrose (cinnamomea), einfach oder gefüllt, klein und blaßroth, sowie viele andere Arten, wachsen in Dänemark, Schweden, Rußland und ganz Nordeuropa.

Sechs Arten ungefähr sind in England einheimisch, die Rose mit gerollten Blättern (involuta) pflegt mit ihrem dunkeln Laube und ihren großen, rothen und weißen Blumen mitten in jenen traurigen Tannenwäldern sich zu zeigen, die auf den hohen Bergen Schottlands angetroffen werden. Man möchte zwischen jenen Gewächsen eine eigene Beziehung annehmen; denn auch die Blätter dieser Rosenart lassen, wenn man sie reibt, einen unverkennbaren Harzgeruch zurück. Auf denselben Bergen finden wir die Rose mit dem Sadebaumblatte (Rosa sabini), einen allerliebsten Busch, wo die Blumen oft beisammenstehen; die rauhe Rose (villosa) mit weißen oder dunkelrothen Blumen, gewöhnlich zwei zu zwei; die Hundsrose (canina). In der Umgegend von Belfast in Irland wächst einzig und allein die irländische Rose (Rosa hibernica).

Zwar scheint Deutschland in Europa den mindesten Reichthum an Rosen zu besitzen; doch sind darunter sehr merkwürdige Sorten. Unter die interessantesten gehört die Rose mit kreiselförmiger Frucht (Rosa turbinata), deren sehr gefüllte Blumen über dem kreiselförmigen Fruchtknoten sich befinden, und die Ackerrose (arvensis) mit großen, einzeln, bei gepflegter Abart gefüllten Blumen. Die Schweizergebirge und die ganze Kette der Alpen überhaupt sind an Rosen sehr reichhaltig. Man trifft hier die Ackerrose, deren ich eben gedacht, sehr häufig, und unter andern folgende Arten: die Alpenrose (Rosa alpina), ein höchst zierlicher Strauch, mit rothen, einzeln stehenden Blumen, von dem man durch besondere Pflege eine große Anzahl schöner Varietäten erzielt hat; ferner die Rose mit stachlichten Blättchen (spinulifolia), deren mittelgroße, blaßrothe Blumen minder merkwürdig sind als diese stachlichten Blättchen, welche beim Reiben einen leichten Terpenthingeruch von sich geben. Unter den bemerkenswerthen

Rosen der Schweizeralpen, wie der savoyischen und französischen, führen wir die rothblättrige Rose an, (rubrifolia), deren Stengel von der nämlichen Farbe, sowie die niedlichen dunkelrothen Röschen, sich sehr angenehm von dem Laubwerk der andern Gesträuche hervorheben. Im östlichen und südlichen Europa kommen viele Rosen vor; doch ist eine große Anzahl davon noch unbeschrieben. So ist aus der Krim auch nicht eine einzige bekannt, und doch ist, wie man aus den Berichten der Reisebeschreiber weiß, diese Blume dort häufig zu finden. In Griechenland und Sicilien trifft man die klebrige Rose (glutinosa), deren Blättchen auf ihren beiden Flächen drüsig und klebrig sind. Sie hat kleine, einzeln stehende, blaßrothe Blumen. Auch Italien und Spanien haben eigenthümliche Arten. Die Staubrose (pollinaria) hat schöne große Purpurblumen, zwei oder drei beisammen, und wächst in Veronas Nähe auf dem Monte Baldo. Die Bisamrose und die spanische (hispanica) mit hellrothen Blumen gedeihen beide in Spanien. Die immergrüne Rose (sempervirens), die auf den balearischen Inseln häufig ist, wächst im ganzen mittäglichen Europa, desgleichen in der Berberei wild. Ihre kriechenden Zweige sind mit einem immergrünen, glänzenden, sehr angenehmen Laub geschmückt und zwischen demselben zeigen sich zahlreiche weiße und wohlriechende Blumen.

Noch ist Frankreich übrig, und es wird sich ergeben, daß dasselbe von der Natur nicht minder mit Rosen als andern vegetabilischen Schätzen begünstigt ist. Schlagen wir die französische Flora von Decandolle auf, so finden wir 19 einheimische Arten. Im Süden prangt mitten unter andern Rosenarten die gelbe Rose (eglanteria) oder Wanzenrose, mit goldgelben Blumenblättern, sowie ihre schönen Varietäten mit Blumen von schönem Capucinerroth oder einem Gemische von Gelb und Roth. Die Rose mit dem Bibernellblatte (spinosissima oder pimpinellifolia) liebt vorzugsweise sandigen Boden. Ihre weißen Blumen, unten mit gelben Flecken, gewähren viele reizende Abarten. In den Gehölzen der Auvergne und in denjenigen der Vogesen wächst die Zimmtrose, welche von der Farbe ihrer Stengel den Namen hat. Sie hat kleine, rothe, einzeln stehende Blumen. Die Rose von Champagne (parvifolia), eine der niedlichsten Miniaturschöpfungen, schmückt die reichen Hügel um Dijon und trägt artige, kleine einzelne Blumen, die immer gefüllt und von der herrlichsten Purpurfarbe sind. Den Namen französische Rose (Rosa gallica), auch Zuckerrose, führt eine Rosenart, welche die zahlreichsten und schönsten Varietäten gibt und deren Blumen eine große Anzahl Schattirungen zulassen. Unter dem Namen der Provencerose (Rosa provincialis) findet man höchst angenehme Abarten mit weißen, rosenfarbenen und purpurrothen Streifen. Im Gebiete der Ostpyrenäen wächst die Bisamrose wild, ein schönes Gewächs, dessen zahlreiche Blumen in Büscheln den lieblichsten Geruch verbreiten, welcher mit Bisam einige Ähnlichkeit hat; auch geben sie ein sehr aromatisches Öl. Eine liebliche Abart, mit gefüllten Blumen, kennt man in den Gärten unter dem Namen der Muskatrose. Die weiße Rose, welche man an den Hecken und fast auf allen bewachsenen Hügeln trifft, wird insgemein in den Gärten gezogen, wo man eine große Anzahl Varietäten erzeugt hat.

Schließlich erwähnen wir, daß neuere Botaniker die Gattung Rose (echte Rose) in vier Gruppen getheilt haben: 1) Schlangenrosen, d. h. kriechende Rosen, worunter die Acker= oder Feldrose und die immergrüne Rose; 2) Edelrosen, worunter die Centifolie und die Monatsrose; 3) Bergrosen, worunter die Alpenrose; 4) Heckenrosen, worunter die Hundsrose.

Skizzen aus Algier.
1. Die Kasbah.

Die ganz Algier beherrschende Kasbah oder Citadelle, welche der letzte Dei bewohnte, ist ein weitläufiges festes Schloß mit vielen Zimmern, Höfen und Kellern, das von weitem als eine weiße unregelmäßige Masse erscheint und sich keinesweges durch Schönheit und Eleganz auszeichnet. Ehemals existirte nur ein einziger Eingang derselben, eine nach der Kasbahstraße führende hohe Pforte von weißem Marmor, über deren Wölbung eine arabische Inschrift angebracht ist. Aus dieser Pforte gelangt man in einen dunkeln gewölbten Gang, unter welchem ein Springbrunnen in ein weißes Marmorbassin fällt; eine daran stoßende Galerie führt in einen länglichen Vorhof, der die von sämmtlichen Gemächern der Deywohnung umgebene viereckige Säulenhalle berührt. In dieser standen früher prachtvolle Citronenbäume und ein großer Springbrunnen; die südliche Galerie, wo längs der Mauer Bänke mit goldgestickten Sammtkissen angebracht waren, diente als Hussein Dey's Audienzsaal. Die Wohnung desselben aber lag in der zweiten Etage, zu welcher eine Marmortreppe hinaufführte, und bestand ohne die Gemächer seiner Frauen nur aus vier Zimmern. Jetzt besteht die Kasbah nur aus Casernen und Magazinen und die alte Pracht der Residenz des Deis ist größtentheils verschwunden. Vor 1818 bewohnten die Deis das die südliche Façade des Marktplatzes bildende große Gebäude, nach der Kasbah das höchste und umfangreichste Gebäude der Stadt, das jetzt nur Casernen und Schenkwirthschaften enthält.

2. Gotteshäuser.

Von 10 großen und 50 kleinen Moscheen, die Algier vor der französischen Occupation enthielt, ist nur wenig über die Hälfte (39) noch vorhanden. Viele wurden zur Erweiterung der Straßen u. s. w. niedergerissen, darunter auch die prachtvollste Moschee der ganzen Stadt, welche auf dem Marktplatze stand. Andere Moscheen erhielten eine andere Bestimmung; so ist eine in ein Theater, eine andere in ein Heumagazin, eine dritte in eine Caserne verwandelt. Dafür wurde eine große Moschee in der Marinestraße seit 1836 von der Regierung wiederhergestellt und mit allen von dem Abbruche anderer Moscheen übriggebliebenen Säulen und marmornen Zierathen geziert. Eine lange, nicht über 25 Fuß hohe Säulenhalle schließt mehre Höfe ein, wo Orangenbäume und Cypressen eine Marmorfontaine, an der sich die Muselmänner beim Ein= und Austritte Gesicht, Füße und Hände waschen, beschatten. Eine andere ziemlich schöne Moschee liegt am Eingange der Marinestraße; sie ist glänzendweiß angestrichen. Durch Pracht und Eleganz im Innern zeichnet sich die fast runde Moschee in der Neuthor=Straße aus; die Wölbung der Kuppel ist mit goldenen Zierathen und Fayenceplatten geschmückt und das Geländer der Kanzeltreppe, sowie der marmorne Thronhimmel über dem Prediger sind von vortrefflicher Arbeit. In einer ganz kleinen Moschee, deren Wände, Decken und Boden mit Sammt und golddurchwirkter Seide reich geziert sind, liegt der berühmteste Fürst von Algier, Hayraddin Barbarossa, gegen welchen Karl V.

verunglückter Angriff im J. 1541 gerichtet war, begraben. Der Eintritt in die Moscheen ist den Christen nicht mehr wie sonst untersagt, nur müssen sie gleich den Mohammedanern ihre Fußbedeckung vor dem Eingange ablegen, da die geweihten Teppiche nur mit bloßen Füßen betreten werden dürfen. Die katholische Kirche oder jetzige Kathedrale von Algier war ehemals auch eine Moschee, ist aber weit imposanter als alle jetzigen Moscheen. Die Kuppel ruht auf Säulen von 50 Fuß Höhe und erhält ihr Licht durch gemalte Fensterscheiben. Auffallend sind die arabischen Schriftzüge über dem vom Papste geschenkten Altarbilde, Sprüche aus dem Koran zum Preise Allahs. Der protestantische Betsaal ist ein einfaches Gemach, wo Katheder und Tisch statt Kanzel und Altar dienen. Die acht Synagogen kommen in ihrer Bauart den Moscheen ziemlich nahe, haben aber weder Minarets noch innere Brunnenhöfe. Der Fußboden des länglichen viereckigen Saals, aus dem sie sämmtlich bestehen, ist mit Teppichen oder palmgeflochtenen Decken belegt, die Wände mit Fayence bedeckt, die Kanzel in der Mitte mit verschiedenen Farben bemalt oder mit Schnitzwerk verziert.

3. Die Bazars.

Die Bazars von Algier, wo die fremden Kaufleute ihre Waaren ausstellen, sind weit verschieden von den alten prächtigen Bazars von Bagdad und Teheran, selbst weit armseliger als die von Smyrna und Konstantinopel; sie sind nichts als weitläufige Häuser von maurischer Bauart, deren jedes zwei bis drei Stockwerke und möglichst viele Zimmer hat. Die schönsten und merkwürdigsten derselben, welche zum Theil über 40 Gemächer hatten, sind zerstört worden und haben Magazinen und Kaufläden europäischer Manufacturwaarenhändler im pariser Geschmack Platz gemacht. Die Buden der eigentlichen eingeborenen Händler sind klein und unansehnlich, viereckige Löcher, die des Nachts durch einen hölzernen Verschlag geschlossen werden. In der Divanstraße finden sich reichere Buden, meist Kuruglis (Söhnen von Türken und Maurinnen) gehörig, welche zum Theil sehr reiche Leute sind. Ihre Artikel sind Pantoffeln, Brieftaschen, Waffengehänge u. s. w., meist von rothem oder grünem Sammt und mit schwerer Goldstickerei bedeckt; außerdem wohlriechende Essenzen von Rosen und Jasmin, einheimische Seidenzeuche, Gegenstände aus Aloefäden, wie Jagdtaschen, Damenstrickbeutel, Kinderschuhe u. s. w. Der Absatz dieser Artikel ist bedeutend; auch nach Frankreich geht ein großer Theil derselben.

4. Die Kaffeehäuser.

Zu den interessantesten Orten in Algier gehören die maurischen Kaffeehäuser, deren es allein im obern Stadttheile über 60 gibt; hier lernt man Sprache und Sitten der Eingeborenen am besten kennen, wenngleich auch selten viel gesprochen wird. Groß ist der Contrast, den die verschiedenen Classen der Gäste darbieten. Neben dem unbeweglichen Mauren und Kuruglis in bunter türkischer Tracht sitzt ein schwarzer Jude, in gelbe schmuzige Stoffe desselben Schnitts gekleidet; auf diesen folgt ein hochgewachsener Araber mit sonnenverbranntem Gesicht, in lange weiße Gewänder gehüllt, dann ein zerlumpter, wildblickender Kabyle von kleinem Wuchse; mitten unter ihnen sitzt ein Franzose, in Uniform oder in die neueste pariser Mode gekleidet. Das schönste maurische Kaffeehaus, das einen Saal mit mehren Galerien enthielt, welcher einige hundert Menschen faßte, ist jetzt verschwunden, ebenso ein anderes in demselben Style gebautes. Die noch existirenden sind finstere, länglich gebaute Gewölbe ohne Marmorsäulen,

welche zwei Reihen steinerner, mit Matten aus Palmenblättern bedeckter Bänke enthalten. In einer Vertiefung des Gewölbes befindet sich im Hintergrunde die Küche. Der Kaffee ist ziemlich stark, wohlschmeckend, durch Farinzucker versüßt, und wird in kleinen, auf Blechgestellen ruhenden Porzellantassen dargereicht, welche fast zur Hälfte mit Kaffeesatz erfüllt sind. Eine solche Tasse kostet nebst einer langen, mit trefflichem Taback gefüllten Pfeife von rothem Thon nicht mehr als einen Sou, d. i. vier Pfennige. Der Koch ist in der Regel ein Neger, die Aufwärter sind hübsche maurische Knaben, die auf dem glattgeschorenen Kopfe keinen Turban, sondern eine rothe Mütze tragen und in den besuchtesten Kaffeehäusern fein, fast reich gekleidet sind. In den größern Kaffeehäusern wird regelmäßig Abends Musik gemacht; die Instrumente bestehen gewöhnlich in einer dreisaitigen Violine, mehren Arten von Pfeifen und Guitarren und einem eigenthümlichen Tambourin, wogegen die maurische Trommel und die Klappermusik aus den Kaffeehäusern verbannt sind, weil man dort die Ruhe und daher auch eine mehr sanfte und eintönige Musik liebt. Das besuchteste maurische Kaffeehaus ist in der Divanstraße, wo zuweilen auch öffentliche Mädchen zu dem Takt der Musik tanzen oder singen und fast immer viele Europäer zu finden sind. Auch an glänzenden französischen Kaffeehäusern ist Algier reich und einige darunter könnten den schönsten in Paris an die Seite gesetzt werden, namentlich das im Hause Latour du Pin, wo die Spiegel und Verzierungen des großen Saals allein gegen 25,000 Francs gekostet haben.

5. Der Ramadan.

Den Beginn des Ramadanfestes verkündigen in Algier 101 Kanonenschüsse aus einem großen 36pfünder unweit des Hafens, für deren jeden die mohammedanische Bevölkerung an die französische Stadtbehörde einen Duro oder Piaster (1½ Thlr.) zahlen muß. Unmittelbar nach dieser Salve werden auf den Altanen der Minarets eine Menge Lampen angezündet; hinter ihnen steht ein Priester im Feiergewande, der die weiße Fahne emporhebt, nach allen vier Weltgegenden das Lob Gottes verkündet und die Gläubigen zum Gebet ruft, eine Mahnung, welcher alle erwachsenen Mohammedaner ohne Ausnahme Folge leisten. Alle Moscheen füllen sich mit Betenden, die in mehren langen Reihen ohne Rangordnung und Unterschied der Völkerschaft, das Gesicht dem Allerheiligsten zugewendet und in den Händen einen Rosenkranz haltend, der aus aneinander gereihten Früchten der Zwergpalme besteht, unbeweglich und lautlos stehen oder sitzen. Plötzlich erschallt die Stimme des in der Wandnische des Allerheiligsten stehenden Priesters, welcher die Größe und Herrlichkeit Allahs preist, Stellen aus dem Koran vorliest und oft in eine Art Geheul ausbricht. Bei jedem Steigen oder Sinken seiner Stimme stürzen sich die Betenden auf den Teppich, machen nach dem Takte seltsame convulsivische Bewegungen und krümmen sich vor dem Allerhöchsten. Nach vollendetem Gebete wäscht sich der Muselmann im Hofe der Moschee Hände und Füße, zieht die Sandalen wieder an und verläßt die Moschee. Während der 30 Tage des Ramadan fasten die Mohammedaner vom Aufgang bis zum Untergang der Sonne, halten sich aber in der Nacht dafür schadlos. In dieser schmausen sie namentlich Kuskusu *) mit getrockneten Weinbeeren, Ham-

---

*) Eine Mehlspeise, die aus kleinen, gedrehten Kügelchen von Weizenteig besteht. Sie wird durch Dampf bereitet, mit

melbraten und Früchte und vergnügen sich außerdem durch Musik, Tänze, theatralische Vorstellungen und Possen, die an unsere Carnevalsscherze erinnern und in Maskeraden bestehen, welche man in den größern maurischen Kaffeehäusern findet. Ein anderer während des Ramadans zahlreich besuchter Ort ist das in einem der schmuzigsten Winkel der Stadt gelegene maurische Volkstheater Gharaguß, wo auf einer erleuchteten ölgetränkten Papierwand schwarze redende Figuren erscheinen, unter denen sich Gharaguß, der maurische Hanswurst, durch riesenhafte Größe und frappante Gestalt auszeichnet. Er ist der Held, welcher die meisten Prügel empfängt und austheilt. Der Theaterdirector ist ein angestellter Dolmetscher, welcher zur Unterhaltung der anwesenden Europäer auch französische Phrasen einmischt und dem Schattenhelden auch französische Gegner entgegenstellt. Der dreißigtägigen Ramadanfeier folgt der Beiram oder das Freuden- und Versöhnungsfest, welches drei Tage dauert und sehr geräuschvoll begangen wird. Schon am frühen Morgen ertönt nach uraltem Brauche die betäubende einförmige Musik freier Neger, die mit Trommeln und eisernen Klappern die Straßen durchziehen, vor den Häusern aller reichen Mauren und Kuruglis Halt machen und hier Geschenke erhalten. Während der drei Tage ist die muselmännische Bevölkerung, insbesondere die Kinder, festlich geputzt; die vermummten Weiber treiben sich ebenso zahlreich als das männliche Geschlecht auf den Straßen und Plätzen umher; Bekannte, die sich auf der Straße begegnen, fallen sich um den Hals und küssen sich auf die rechte Schulter. Auf einem großen Platze außerhalb der Stadt belustigt sich die Jugend durch Schaukeln auf einem großen Rade, Fahren in bemalten Schubkarren, die von Negern geschoben werden u. s. w., besonders aber (seit 1830) durch Fahren in europäischen Wagen; die letztern sind beständig mit geputzten Mauren angefüllt, die sich für einen Sou eine kurze Strecke weit im Galopp fahren lassen. Augenscheinlich hat das Beiramfest seit der französischen Occupation, vor welcher sich die europäischen Consuln während desselben kaum außer dem Hause sehen lassen durften, an Heiterkeit eher gewonnen als verloren.

6. Familienfeste.

Die Hochzeitfeier der Mauren geht auf folgende Weise vor sich. Die männlichen Verwandten beten erst bei dem Mufti in der Moschee, dann ziehen sie nach Sonnenuntergang mit Musik und Laternen nach der Wohnung der Braut, die ihnen prächtig gekleidet und in Begleitung ihrer weiblichen Verwandten nach dem Hause des Bräutigams folgt. Hier wird sie in ihr Zimmer geführt, wo sie mit sämmtlichen Frauen ißt und tanzt, während die Männer unter Musik und Jubelruf den Hochzeitschmaus feiern. Zuerst wird eine ungeheure Schüssel von dampfendem Kuskusu gebracht, aus welcher die Gäste mit hölzernen Löffeln zulangen. Diesem Hauptgerichte folgt ein gebratenes Lamm, dessen Stücke mit den Fingern aus hölzernen Tellern verzehrt werden; den Beschluß machen eingemachte und rohe Früchte aller Art, besonders Melonen, Datteln und Orangen. Nach dem Essen wird Kaffee gereicht

und damit bis zum Morgen fortgefahren; zur Unterhaltung der Gäste dienen Musiker, Sänger und Tänzerinnen, welche letztere öffentliche Mädchen der gemeinsten Sorte sind und einförmige, aller Anmuth entbehrende, höchst obscöne Tänze aufführen. Zur Belohnung werden ihnen von den Zuschauern nach jedem Tanze Münzen mit Rosenwasser oder auch mit Speichel ins Gesicht geklebt. Die Frauen vergnügen sich im obern Stockwerke und lassen oft ihr Jubelgeschrei ertönen, bestehend in einem gellenden, unnachahmlichen Triller, der bei Gemüthsaffecten aller Art gebraucht wird. Endlich wird die Neuvermählte von den Matronen nach dem Brautgemache geführt, dort entkleidet und über ihren neuen Stand unterrichtet, der Bräutigam aber wird von seinen männlichen Verwandten an die Schwelle des Gemachs geführt und dort herzlich umarmt. Bald darauf ertönt ein allgemeiner Trillerchor der Weiber, mit dem sich das Jauchzen der Gäste und des Volks auf der Straße, sowie der Lärm der Instrumente der in der Halle anwesenden Musiker mischt.

Ganz ähnliche Feste werden bei Geburten und Beschneidungen gefeiert. Letztere werden von einem sogenannten Bascharah, der kein Priester ist, vollzogen (bei den Arabern von dem Marabut).

7. Friedhöfe.

Sämmtliche Friedhöfe liegen an der Westseite von Algier in einer stillen, anmuthigen Gegend. Die muselmännischen Gräber sind auf einem ziemlich weiten Terrain zerstreut; sie bestehen (die der Marabuts und Häuptlinge ausgenommen) aus vier aufrechtstehenden, ein längliches Viereck bildenden Steinplatten, welche an beiden kurzen Seiten etwas höher sind. Auf den Gräbern der Reichen sind sie sorgfältig eingemauert und bestehen meist aus weißem Marmor, in welchen Zierathen, Blumen, auch zuweilen Inschriften eingehauen sind. Die zahlreichen Familienbegräbnisse sind mit einer Mauer umgeben, deren Zutritt durch Gitterthore verschlossen ist. Vorzüglich prächtig waren einst die Gräber von fünf Deis, welche von der türkischen Miliz im J. 1779 innerhalb 24 Stunden während der Wahl erdrosselt wurden; über ihnen erheben sich fünf in viereckigen minaretähnlichen Thürmen bestehende Monumente, deren innere Wände früher mit Fayence überzogen und mit weißem Marmor geschmückt waren, jetzt aber halb verfallen sind. Leider haben sich die Franzosen kein Gewissen daraus gemacht, die Gräber der Eingeborenen zu entweihen und zu zerstören, zum Theil um vergrabenes Geld nachzuspüren, namentlich aber behufs der Anlegung einer Landstraße und der Aufführung mehrer öffentlicher Gebäude. Allerdings hatte die große Nähe der Friedhöfe bei der Stadt manche Nachtheile, welche aber das barbarische Verfahren der Franzosen unmöglich entschuldigen können. Einem unglaublichen Gerüchte zufolge soll mit der ungeheuren Menge von Knochen ein schmachvoller Handel getrieben und ganze Ladungen davon an Knochenmehlfabrikanten verkauft worden sein.

Die Juden haben keine gesonderten Familienbegräbnisse, sondern einen allgemeinen Kirchhof, der in einer Niederung gelegen und hinsichtlich seiner Monumente von allen der reichste ist. Die bogenförmigen Grabsteine, alle 1½ Fuß hoch und ½ Fuß breit, sind von schönem, geschliffenem, weißem Marmor, alle sauber und glänzend, mit hebräischen Sprüchen, eingeschnittenen Blumen u. s. w. bedeckt.

Der ältere christliche Kirchhof liegt in einer reizenden Gegend auf dem Rücken eines steilen pflanzen-

---

Milch oder Fleischbrühe übergossen und bei festlichen Gelegenheiten, namentlich wenn es gilt, einen Gast zu ehren, mit Rosinen und Weinbeeren vermischt. In der Mitte der Schüssel liegt ein Stück Butter in viereckiger Form, das gleichfalls mit dem Löffel verzehrt wird. Bei vornehmen Hochzeiten werden Fleischspeisen, besonders gebratene Hühner, mit dem Kuskusu gemischt.

reichen Hügels; die Grabmonumente, von verschiedenen Formen, als Kreuze, Pyramiden u. s. w., wie in Europa, werden von keiner Ringmauer eingeschlossen und von gewaltigen Silberpappeln, Riesenagaven, Cactus, Granatbäumen und Pappeln beschattet. Dieser schöne Friedhof wurde leider 1837 verlassen und mit einem weit entfernten, nahe am Meere liegenden Begräbnißplatze vertauscht, dem die schöne Lage des erstern abgeht. Von den Militairs werden nur Offiziere und Unteroffiziere, die einen Sarg bezahlen können, hier begraben; die gemeinen Soldaten nimmt ein ungeheures Grab unweit des großen Hospitals auf. Sobald ein Soldat in diesem verschieden ist, wird er nackt ausgezogen und auf einer Bahre nach der Grube getragen, hier aber ohne alle priesterliche Ceremonien hinabgestürzt und mit ungelöschtem Kalk bedeckt. Seit der französischen Occupation hat dieses Kalkloch mindestens 10,000 Soldatenleichen verschlungen. Viele Leichen werden zuvor in der Anatomie zergliedert; mit den Zähnen treiben die Krankenwärter einen ziemlich einträglichen Handel.

Der rothe Fingerhut.

Zur Familie der Skrophelkräuter zählen die Botaniker außer den Gattungen Löwenmaul, Leinkraut, Braunwurz, Purgir-, Gnadenkraut, Ehrenpreis, Pantoffelblume und andern auch die Fingerhutpflanze (Digitalis), von welcher hauptsächlich zwei Arten zu bemerken sind: der rothe und der blaßgelbe Fingerhut. Der erstere ist zweijährig, wird zwei bis vier Fuß hoch, hat einen einfachen, aufrechten, runden Stengel, der mit kurzen Haaren bedeckt ist, eirunde, lanzettförmige, am Rande gekerbte, runzelige, weichhaarige Blätter, von denen die am Stengel sitzenden kleiner als die Wurzelblätter sind, und eine sehr große, zwei Zoll lange, trichter- oder vielmehr glockenförmige Blumenkrone. Die schönen, ziemlich großen Blumen, welche im Juni erscheinen und bis zum August dauern, und deren wegen die Pflanze häufig in Gärten gezogen wird, stehen in langen Trauben, die nach einer Seite gewandt sind, und sind von dunkel- oder purpurrosenrother Farbe, inwendig mit dunklern runden Augenflecken am bauchigen Theile und behaart; auf der untern Seite sind sie weiß mit runden purpurrothen Flecken, ja bisweilen sind sie wol auch ganz weiß, wie denn ihre Farbe in den Gärten sehr abändert. Die Pflanze wächst in Mitteleuropa auf waldigen Bergen wild und ist in West- und Süddeutschland ziemlich häufig, während sie im östlichen ganz fehlt. Die ganze Pflanze enthält ein sehr heftiges narkotisches Gift; dieses verursacht nach dem Genusse heftiges Brennen derjenigen innern Theile, mit denen es in Berührung gekommen ist, Durchfall und Erbrechen, Unruhe, Flimmern vor den Augen, Zittern der Glieder, Kopfweh, Schwindel, Dunkelheit der Augen oder gar Blindheit, wobei die Pupille sich meist erweitert, zuweilen auch verengert. In den schlimmsten Fällen treten Zuckungen, Lähmungen, kalte Schweiße, endlich der Tod durch Schlagfluß ein. Als Gegengift dienen einfache Brechmittel, fette Milch, zerlassene Butter in heißem Wasser, später Essig, Citronensaft und andere Pflanzensäuren. Übrigens können derartige Vergiftungen nur selten eintreten, da die Berührung der frischen Pflanzen durchaus unschädlich ist und die Blätter mit andern zur Nahrung dienenden Vegetabilien nicht füglich verwechselt werden können. Die Blätter der wildwachsenden sind als ein gutes Arzneimittel, das freilich Vorsicht beim Gebrauche erheischt, officinell. Der blaß- oder ochergelbe Fingerhut hat große, schmuzig- oder ochergelbe, inwendig bräunlich bemalte Blumen, wächst perennirend auf waldigen Bergen und Felsen in der Schweiz und Deutschland, ist aber bei uns selten, und ist ebenso giftig als die vorige Art. Noch andere Arten sind: der rostfarbene Fingerhut in Italien und der Türkei; der kleine Fingerhut in Spanien; der wollkrautartige ebendaselbst; der gelbe in Italien, Frankreich und der Schweiz; der schmalblättrige in Spanien mit röthlichen, inwendig gelben Blumen. Alle diese Arten geben mehr oder minder schöne Zierblumen.

Die Eisenhütte Couillet.

Ein großartiges industrielles Etablissement ist die Eisenhütte Couillet an der Sambre, unweit Charleroi in Belgien. Sie hat acht Hochöfen, verbraucht täglich zur Eisengußfabrikation 640,000 Kilogr. Materialien (worunter die Hälfte Kohlen, 1/8 Kalksteine und 3/8 Eisenerz) und kann täglich 70,000 Kilogr. Eisen für 80,000 Francs, mithin jährlich über 25½ Mill. Kilogr. Gußeisen liefern, also weit über ein Viertel der gesammten belgischen Gußeisenproduction (90 Mill. Kilogr., doppelt so viel als vor 20 Jahren). Das Eisenwerk beschäftigt 16—17,000 Arbeiter und 27 Dampfmaschinen mit einer Gesammtkraft von 1035 Pferden.

Das Pfennig-Magazin

für

Verbreitung gemeinnütziger Kenntnisse.

440.]   Erscheint jeden Sonnabend.   [September 4, 1841

Der Magdeburger Dom.

Unter den nicht eben zahlreichen Merk= und Sehens= würdigkeiten Magdeburgs behauptet die Domkirche ganz entschieden den ersten Rang, ein herrliches, imponirendes, erhabenes Bauwerk, das mit den prächtigsten Kirchen in und außer Deutschland wetteifern kann und von keinem Fremden, der jene Stadt besucht, unbesehen gelassen werden darf. Der Stifter des Doms ist Kaiser Otto der Große. Dieser beschloß nämlich, nach Anlegung mehrer Bisthümer unter den Slawen ein Erzbisthum, unter welchem jene stehen sollten, anzulegen, und be= stimmte zum Sitze desselben die Stadt Magdeburg, theils weil sie die sächsische Grenzstadt, theils aber auch, weil sie seiner frommen Gemahlin Editha, der Toch= ter Königs Eduard von England, wegen einer gewissen Ähnlichkeit ihrer Lage mit London, lieb geworden war. Nachdem Papst Johann XIII. durch die Bulle vom 13. Febr. 962 seine Erlaubniß zur Errichtung eines Erzbisthums ertheilt hatte, ließ Kaiser Otto, damals

IX.   36

der Kaiserkrönung wegen in Italien anwesend, den Bau einer Kathedralkirche betreiben, wozu er außer ansehnlichen Gaben an Geld und Edelsteinen, deren Betrag in alten Schriften auf 19 Tonnen Goldes angegeben wird, mehre Reliquien schickte und worin er sein und seiner Gemahlin Grab bestimmte. Von jener ersten Domkirche (die auf einer andern Stelle als die jetzige stand, an deren Stelle sich ein 937 errichtetes Benedictinerkloster erhob) ist weiter nichts bekannt, als daß sie, etwa 250 Jahre nach ihrer Gründung, am 20. April 1207 der Raub einer sehr verheerenden Feuersbrunst wurde. Im nächsten Jahre 1208 (nach Andern erst 1211) wurde der Grund zu der noch stehenden Domkirche von dem Erzbischofe Albert II. in Gegenwart des päpstlichen Legaten Cardinals Hugolin von Ostia gelegt. Als Baumeister wird Bonsak genannt, der auch in der Kirche abgebildet ist, aber die Vollendung seines Werks erlebte er nicht, denn der Bau wurde wahrscheinlich seiner Kostspieligkeit wegen öfter unterbrochen und so sehr verzögert, daß die Einweihung erst am 22. Oct. 1363, anderthalb Jahrhunderte nach dem Beginn des Baues, stattfinden konnte. Sie geschah durch Erzbischof Dietrich mit großer Feierlichkeit und Pracht. Die Kirche wurde hierbei dem heiligen Mauritius und der heiligen Katharina geweiht, von denen Reliquien in der Kirche aufbewahrt wurden. Noch viel später wurde an den Thürmen gebaut, unter andern 1477—1520. Am 30. Nov. 1567 wurde die Kirche zum ersten Male zum protestantischen Gottesdienste geöffnet, nachdem 21 Jahre lang gar kein Gottesdienst darin gehalten worden war; die Streitigkeiten aber, die zwischen dem Erzbischofe und der Stadt über die Einführung der Reformation entstanden, haben die gänzliche Vollendung des Baus verhindert. Als Tilly 1631 die Stadt erstürmte und einäschern ließ, war der Dom, in welchen sich an 4000 Einwohner geflüchtet hatten, in großer Gefahr; nur der Muth, mit welchem der Domprediger Bake den Sieger anredete, rettete die Kirche und Diejenigen, welche darin ein Asyl gefunden hatten. Im J. 1811 machten die Franzosen den Dom zu einer Hauptniederlage der Colonialwaaren, wobei mehre der schönsten Kunstwerke bedeutend gelitten haben. Im Februar 1813 mußte die ganze Kirche geräumt werden und wurde in ein Militairmagazin, während der Blockade gar in einen Schafstall verwandelt. Der Gefahr gänzlicher Verwüstung entging sie durch die in Folge des pariser Friedens eingetretene Aufhebung der Belagerung; sie wurde am 21. August 1814 dem Gottesdienste wieder zurückgegeben, nachdem schon am 29. Mai ein Dankfest darin gefeiert worden war. In den Jahren 1825—34 wurde eine Reparatur oder vielmehr eine vollständige, radicale Herstellung des in seinen äußern und innern Theilen sehr schadhaften und baufälligen Doms mit einem Kostenaufwande von 221,000 Thlr. ausgeführt und darauf am 18. Jan. 1835 wieder der erste Gottesdienst darin gehalten.

In seinem Äußern gilt der Dom mit Recht als ein Meisterstück der alten Baukunst, das von der Eigenthümlichkeit des gothischen oder vielmehr des altdeutschen Geschmacks einen vollständigen Begriff geben kann. Das ganze Gebäude ist vollständig massiv und mit Ausnahme des Dachstuhls aus sorgfältig bearbeiteten Steinen (meist pirnaischen Sandsteinen) aufgeführt oder damit überblendet; kaum sind die Fugen der Steinblöcke zu erkennen und der Mörtel ist im Verlauf der Zeit fast versteinert, sodaß die ganze Masse aus einem Felsen gehauen zu sein scheint. Die beiden keck emporstrebenden Thürme sind in fünf Absätze getheilt, von denen die untern vier viereckig sind, der oberste aber achteckig ist; auf diesem ruht die 16seitige pyramidalische Kuppel, die auf dem nördlichen Thurme eine zierlich durchbrochene Krone trägt, aus welcher ein Helm hervorragt, während der südliche die seinige in der Belagerung von 1631 eingebüßt hat. Jeder Thurm hat drei zierlich durchbrochene Galerien. Das zwischen beiden befindliche hohe Portal, unter welchem der Haupteingang in einer Nische ist, imponirt in hohem Grade; über demselben stehen elf Statuen von Aposteln und Heiligen, außerdem, wie über dem westlichen Eingange, die Statuen des h. Mauritius und der h. Katharina. Zwei andere projectirte Thürme, welche nicht so hoch als jene werden sollten, sind nicht ausgebaut, sondern mit einem hölzernen Stockwerke und gemeinen Dache geschlossen worden. Die Gesammthöhe des Doms bis zur höchsten Spitze der Thürme beträgt 329 rhein. Fuß, die Länge des Schiffs 350 Fuß, der Umfang der ganzen Kirche 100 Ruthen, der Flächeninhalt 285 rheinl. Quadratruthen. Längs der Seiten des Schiffs ziehen sich zwei Galerien mit zierlich durchbrochener Brüstung, deren höhere einen Gang rund um die ganze Kirche bildet, der zu den Processionen am Mauritiustage bestimmt war. Durch die neueste Restauration hat der Dom ein neues Schieferdach erhalten und ist mit einem Gitter von Gußeisen eingeschlossen worden, welches durch Rasenstücke von dem Gebäude getrennt wird.

Das Hauptschiff der Kirche bildet ein Kreuz; der Stamm desselben ist 294 Fuß lang, wovon 82½ Fuß auf das hohe Chor kommen, vor welchem sich die Flügel des Kreuzes ausdehnen. Der Raum, um welchen diese vorspringen, ist zu Seitenhallen (sogenannten Abseiten) benutzt und theils zu kirchlichen Processionen, theils zu Votivaltären bestimmt, welche von gewissen Personen und Familien gelobt worden sind, um Ablaß zu bekommen oder Seelenmessen daran lesen zu lassen. Solcher Altäre, welche meist hohl und mit einer eisernen Thüre verschlossen sind, sind 43 vorhanden (früher waren es 48). Die Höhe des Hauptschiffs beträgt 108 Fuß; dasselbe ruht auf 12, mit Einschluß des Chors aber auf 22 Hauptpfeilern, die auf allen Seiten mit Dreiviertelsäulen verstärkt sind; die Abseiten sind 31 Fuß hoch und werden auf jeder Seite von zehn Fenstern erleuchtet; ebenso viele hat das Hauptschiff.

Von einzelnen Merkwürdigkeiten ist zuerst die 1493 der Maria geweihte Kapelle unter den Thürmen zu bemerken, sehenswerth wegen des Grabmals ihres Stifters, Ernst, Erzbischof von Magdeburg und Bischof von Halberstadt, der ein Sohn des Kurfürsten Ernst von Sachsen war und 1513 starb. Dasselbe besteht in einem in Erz gegossenen, fünf Fuß hohen, sargähnlichen Monumente, in welchem die Bildsäule des Erzbischofs in Lebensgröße liegt; vollendet wurde es noch bei Lebzeiten des Erzbischofs 1497 von dem Rothgießer Peter Vischer zu Nürnberg. An mehren Säulencapitälern finden sich scherzhafte Darstellungen eines Löwen, eines Ziegenbocks, auf welchem ein nackter Mensch reitet u. s. w. Verschlossen wird die Kapelle durch ein eisernes Gitter, dessen Stäbe ausnehmend künstlich ineinander geflochten sind; von demselben geht die Sage, daß die Stäbe hohl seien und ehemals vermittels einer Pumpe Öl in dieselben getrieben worden sei, um sie gegen das Rosten zu schützen. Noch enthält die Kirche gegen 30 andere Denkmäler von Holz, Sandstein, Marmor, Alabaster und Metall (meist von

Domherren), von denen viele sehr schön sind. Wir erwähnen darunter 1) das Grabmal der Kaiserin Editha, der ersten Gemahlin des Kaisers Otto des Großen, welche 947 starb, das älteste Stück des Doms, von Sandstein kunstreich und geschmackvoll gearbeitet und ein Überrest des früher an der Stelle des Doms stehenden Klosters; 2) das Grabmal des Kaisers Otto des Großen (s. unten) beim hohen Chor; 3) das Monument des ersten Erzbischofs von Magdeburg, Adalbert, gestorben 980; er ist dargestellt, wie er seinen Bischofsstab auf den Kopf einer winzig-kleinen nackten weiblichen Figur setzt, wodurch wol auf die alte Sage gedeutet werden soll, daß er eine sich badende Nonne, deren Anblick ihm ein Ärgerniß gegeben, getödtet habe; 4) das hölzerne Bildniß des Grafen von Gleichen vom Jahre 1278, welcher in Ketten sitzend dargestellt ist, weil er bei einer Fehde zwischen den Magdeburgern und dem Markgrafen Otto von Brandenburg die Drohung geäußert hatte, den Dom zu einem Pferdestalle zu machen. Interessant ist ferner 5) die Kapelle Otto's des Großen und der Editha, ein mit kleinen Thürmchen verziertes Sechseck, das fast elf Fuß im Durchmesser hat. In derselben sitzen die Statuen Beider, von Sandstein gefertigt, in kaiserlichem Ornate auf einem Altare. Die Sage, daß diese Kapelle die Form der von Otto gegründeten ersten Domkirche habe, welche nach dem Muster des Pantheons in Rom erbaut gewesen sein soll, ist ohne Zweifel ungegründet.

Die neuesten Denkmäler des Doms sind: 1) ein auf zehn Fuß hoher Säule, die selbst auf drei Fuß hohem Postament steht, prangendes kolossales preußisches Landwehrkreuz mit der Inschrift: Mit Gott für König und Vaterland 1813; auf der Rückseite steht: Am 24. Mai 1814; an das Kreuz lehnt sich eine preußische Uhlanen- und eine russische Kosakenpike, beide umschlungen von der Feldbinde des Grafen von Tauenzien-Wittenberg. Dieses Denkmal soll nämlich an den Tag erinnern, an welchem nach mehr als halbjähriger Belagerung der seit 1806 von den Franzosen besetzten Stadt die Preußen und Russen, unter Tauenzien's Anführung, in Triumph ihren Einzug hielten. Der Feldherr wurde gebeten, seine Schärpe als ein Vermächtniß der Stadt zu schenken, und fügte zur feierlichen Aufhängung derselben bei dem kirchlichen Dankfeste für die Befreiung der Stadt am 29. Mai dieses Jahres zwei Piken der beiden Tapfersten in seinem Heere, eines Preußen und eines Russen, hinzu; 2) die Büste des Consistorialraths Funk, Rectors des hiesigen Domgymnasiums (gest. 1814), aus carrarischem Marmor von Rauch gefertigt; 3) eine Tafel von weißem carrarischem Marmor zur Erinnerung an die Restauration in den Jahren 1825—34.

Außer den gedachten Denkmälern gibt es der Merkwürdigkeiten und Kunstwerke noch viele. Wir erwähnen zuerst den Ablaßkasten des Dominicanermönchs Johann Tezel, gest. 1519, welcher den Verkauf der Indulgenz- oder Ablaßbriefe übernommen hatte, die Papst Leo X. dem Erzbischofe Albert aus dem Hause Brandenburg auf dessen Ersuchen ertheilt hatte; von dem Erlöse wollte dieser die 30,000 Dukaten an den Papst bezahlen, deren Zahlung ihm bei seiner Wahl zur Bedingung gemacht worden war. Das sogenannte brausende Meer ist eine kleine Nische in der Mauer, welche die Eigenschaft hat, daß, wenn man das Ohr hineinhält, man ein dem Rauschen eines Stromes ähnliches Brausen vernimmt. Der Helm, der Commandostab und die Handschuhe Tilly's, das Schwert,

die Stiefeln und die Sporen eines vormaligen Gouverneurs von Magdeburg, von Eckstädt. Auch ein wunderthätiges Marienbild und eine Copie von dem Schweißtuche Jesu Christi, worin sich sein Gesicht abgedruckt haben soll, bestehend in einem schwarzen Leder, das ganz schwache Spuren eines menschlichen Gesichts enthält, und eine Menge Reliquien, die als Überreste des Aberglaubens gezeigt zu werden pflegen (z. B. Palmzweige von dem Einzuge Christi in Jerusalem, das Waschbecken des Pilatus, ein Stück von der Rippe des Walfisches, der den Propheten Jonas verschlang, ein Stück von dem Stabe Mosis u. s. w.), sind vorhanden.

Eine Vorhalle der Kirche führt von vier Gemälden, welche die Schöpfung Adam's und der Eva, das Paradies und den Sündenfall vorstellen, den Namen des Paradieses; zu beiden Seiten des Eingangs in dieselbe stehen zwei weibliche Statuen, angeblich Sinnbilder des Alten und Neuen Testaments; außerdem sind zehn colorirte Statuen zu bemerken, welche die fünf klugen und fünf thörichten Jungfrauen vorstellen.

Die Orgel, von 1604—15 gebaut, neuerdings restaurirt, hat 43 klingende Register. Sie ist mit vergoldetem Schnitzwerke und einer Menge von Figuren geziert, welche durch Ziehwerke in Bewegung gesetzt werden können. Dahin gehören David und Salomo, welche die Köpfe drehen; zwei Engel mit einer Laute und Zither, welche sich umwenden; mehre Trompeter, welche die Trompete ansetzen und abziehen; ein Engel mit dem Notenbuche, der mit einem Stabe den Takt schlägt, zu seinen Füßen ein vergoldeter Hahn, der mit den Flügeln schlägt; zwei Engel mit Posaunen, welche sie aus- und einziehen u. s. w. Mit dieser Orgel wurde sonst jährlich am Michaelissonntage Nachmittags unter ungeheurem Zulaufe ein Volksschauspiel gegeben, zu welchem die Landleute zu Tausenden hereinströmten. Dasselbe bestand in Folgendem. Nach Absingung eines Liedes wurde die Orgel mit vollem Werke gespielt, wobei sämmtliche daran befindliche Figuren sich mit ihren musikalischen Instrumenten bewegten. Nach beendigtem Orgelspiele schlug der vorhin gedachte vergoldete Hahn dreimal die Flügel, wozu sich ein Hahnengeschrei hören ließ, welches durch eine einzelne Orgelpfeife oder durch das Mundstück einer Oboe bewerkstelligt wurde. Dieser seltsame Gebrauch, dessen Ursprung man nicht kennt, welcher aber zu der Würde der Kirche sehr wenig paßt, mag ursprünglich zur Feier der Verleugnung Petri gedient haben; das Volk hing so sehr daran, daß man lange Bedenken getragen hat, ihn abzuschaffen.

Eine der sehenswerthesten Merkwürdigkeiten ist der trefflich polirte Taufstein von Porphyr, der 3 Fuß 2½ Zoll hoch ist; der Obertheil von 2 Fuß 7 Zoll Höhe bildet ein achteckiges Becken von 4 Fuß 3 Zoll Durchmesser und einem Fuß Tiefe und besteht aus einem Stück. Leider ist vom Becken sowol als vom Fuße ein Stück abgeschlagen; dies soll Tilly gethan haben, um ein Andenken vom Dome mitzunehmen.

Die Kanzel, von einem schönen eisernen Gitter umgeben, besteht, gleich dem darüber befindlichen Himmel, aus trefflichem Alabaster und ist ein Werk des Bildhauers Sebastian Ertle, dem der Dom so viele Zierathen verdankt. Sie wird gestützt durch die Statue des Apostels Paulus in Lebensgröße; an dem Boden sind fünf Felder, auf welchen in Basreliefs folgende Darstellungen enthalten sind: David mit der Harfe, der englische Gruß, die Engel und Hirten bei der Krippe, Jesus als Knabe im Tempel lehrend, die Taufe Jesu. An der Brüstung stehen vier schöne Statuen: Johannes der Täufer, Jesus, der h. Mauritius, die h. Katharina. Auch die in drei Felder getheilte Seitenwand der Kanzeltreppe enthält werthvolle Basreliefs: außer vielen kleinen Köpfen und Figuren namentlich das Paradies und die Schöpfung des Menschen, den Sündenfall, die Sündflut mit der Arche; zwischen den Feldern stehen die vier Evangelisten mit ihren Attributen.

Vielleicht den imposantesten Anblick gewährt das hohe Chor, um welches sich ein gewölbter Gang von 20½ Fuß Breite zieht und dessen Vorderseite unten acht steinerne Statuen in altdeutschem Geschmack enthält. Das kostbarste Stück des hohen Chors ist der Altar, bestehend aus einer 14 F. langen, 6¼ F. breiten, 1 Fuß dicken, über 118 Centner schweren, kolossalen und schön polirten Platte von einem jaspisartigen, röthlichen Marmor, ein Geschenk des Erzbischofs Dietrich. Den Werth dieser Platte geben ältere Nachrichten auf zwei Tonnen Goldes (200,000 Thlr.) an. Seitwärts befindet sich ein kleinerer, ebenfalls mit einer Jaspisplatte belegter Altar. An der Hinterseite des hohen Chors stehen hoch über dem Altare auf Granitsäulen sechs Statuen aus Sandstein, von kolossaler Größe und gewiß von hohem Alterthum, die Apostel Andreas, Paulus und Petrus, ferner Johannes den Täufer und die Kaiser Otto I. u. II. vorstellend. Um den obern Theil des hohen Chors zieht sich der sogenannte Bischofsgang, aus welchem der Bischof über eine später von den Magdeburgern zerstörte Brücke in seinen Palast gehen konnte. Fast mitten im hohen Chore steht das einfache Grabmal Otto's des Großen (gest. 973), ein aufgemauertes Grab, das mit einer weißgestreiften Marmorplatte bedeckt und mit einer hölzernen Einfassung umgeben ist. Um dasselbe findet man die Sitze der ehemaligen Domherren, von Eichenholz und mit vielem künstlichen Schnitzwerke versehen, über ihnen 16 merkwürdige Gemälde aus den Jahren 1618—23, welche Scenen aus der Leidensgeschichte Jesu darstellen, von lebhaftem Colorit und gut erhalten. Auf beiden Seiten steht in der Mitte eine schön polirte Granitsäule von Werth. Von einem im Fußboden liegenden cirkelrunden Marmorsteine behauptet eine nur ihrer Abgeschmacktheit wegen zu erwähnende Sage, daß auf demselben der Bischof Udo wegen seiner Schandthaten in Gegenwart der Maria und der zwölf Apostel vom heil. Mauritius enthauptet worden sei.

Zu einer vollständigen Kenntniß des Doms gehört endlich die Besteigung des allein zugänglichen nördlichen Thurmes, welcher auf 420 Stufen bequem erstiegen werden kann. Man findet auf demselben drei Glocken: 1) Dominica, 1575 gegossen, 100 Ctr. schwer, 2) Apostolica, 1690 gegossen, 115 Ctr. schwer, 3) die größte, 1702 gegossen, 266 Centner schwer. In der achteckigen Laterne oder dem obersten Stockwerke hängt eine zum Schlagen der Viertel dienende Schelle vom Jahre 1396. Von der dritten, obersten Galerie hat man eine reizende Aussicht über die Stadt und Festung und erblickt sowol den Petersberg bei Halle als das ganze Harzgebirge, die Schlösser von Ballenstedt, Blankenburg und Wernigerode u. s. w.

William Shakspeare.

Der Vater des berühmtesten und größten dramatischen Dichters der neuern Zeit, William Shakspeare (über die verschiedene Schreibart des Namens vergl. Nr. 372), war Johann Shakspeare, ursprünglich ein Handschuhmacher, später Fleischer und zugleich Wollhändler in der Stadt oder vielmehr dem Marktflecken Stratford am Avon (in der englischen Grafschaft Warwick). Er bekleidete in seinem Geburtsorte, in dessen Urkunden sein Name zuerst 1555 vorkommt, verschiedene Municipalämter und 1572 sogar das eines obersten Alderman, sowie das eines Friedensrichters. 1574 begannen seine Angelegenheiten in Verfall zu gerathen, er wurde in der Folgezeit Schulden halber verklagt und starb in sehr bedrängten Umständen im J. 1601. Von seinen acht Kindern, die ihm seine Frau, die Tochter und Erbin Robert's von Wellington, geboren hatte, Johann, Margaretha, William, Gilbert, Johanna, Anna, Richard und Edmund, wurde William, unser Dichter, im April (angeblich am 23.) 1564 zu Stratford geboren. Über seine Erziehung und seinen Unterricht herrscht große Ungewißheit; die Kenntniß des Lateinischen scheint er der Schule seines Orts zu verdanken, das Französische und Italienische aber, sowie alte Geschichte und Mythologie für sich gelernt zu haben. Die beschränkten Umstände seines Vaters waren für seine Erziehung ein unüberwindliches Hinderniß; Jener nahm ihn im 16. Jahre aus der Schule, um ihm in seinem Geschäfte, welches damals das Fleischerhandwerk war, Beistand zu leisten, und der junge Shakspeare soll eigenhändig ein Kalb geschlachtet und dabei eine pathetische Rede gehalten haben. Später soll er einige Zeit das Amt eines Landschullehrers bekleidet haben. Er war kaum 18 Jahre alt, als er sich mit der 26jährigen Anna Hathaway, der Tochter eines wohlhabenden Landeigenthümers zu Schottery in der Nachbarschaft von Stratford, verheirathete, ohne durch diese Verbindung seine Umstände oder seine Stellung in der bürgerlichen Gesellschaft zu verbessern. Im folgenden Jahre 1583 gebar ihm sein Weib eine Tochter, Susanna, etwa 18 Monate nachher aber Zwillinge, einen Sohn und eine Tochter, denen die Namen Hamnet und Judith beigelegt wurden.

War Shakspeare's Verheirathung mit einem an Alter so ungleichen, in jeder Hinsicht ihm unangemessenen Frauenzimmer eben kein Beweis seiner Weltklugheit, so war das nächste bedeutende Ereigniß in seinem Leben nicht von weiserer Art. Seine Genossen führten ein lockeres Leben und einige derselben machten sich aus dem Wilddiebstahl kein Gewissen; Shakspeare ließ sich mehr als einmal verleiten, an ihren Angriffen auf das Eigenthum des Grundeigenthümers Sir Thomas Lucy in der Nähe von Stratford Theil zu nehmen. Er wurde darüber ertappt und mußte sich eine harte Behandlung gefallen lassen, die härter war, als er sie verdient zu haben glaubte; um sich zu rächen, klebte er an das Thor des Eigenthümers des entwendeten Wildes ein Spottgedicht. Diese Vergrößerung des begangenen Unrechts hatte vermehrte Strenge von Seiten des Beleidigten, welcher Friedensrichter und Parlamentsmitglied war, zur Folge und es kam so weit, daß der junge Übelthäter von dem Orte seiner Geburt entfliehen mußte; die Zeit, wann dies geschah, ist nicht genau bekannt, fällt aber wahrscheinlich nach 1585. Die erzählte jugendliche Unbesonnenheit war es also, die ihn nach London führte. Nach der Erzählung Anderer kam er erst nach Bristol, schiffte sich dann mit einem Kauffahrer nach Venedig ein und verrichtete sowol auf der Hin- als auf der Herreise Matrosendienste, weil er die Überfahrt nicht bezahlen konnte. Dies mag als eine Probe der vielen Sagen dienen, die über des Dichters Jugendleben im Schwange sind.

Von seiner frühesten Kindheit an war Shakspeare's Aufmerksamkeit auf die Bühne gerichtet gewesen; er hatte das Theater zu besuchen in Stratford häufig Gelegenheit und war wahrscheinlich zeitig mit Schauspielern umgegangen. Die Bewohner von Stratford waren große Freunde theatralischer Unterhaltungen und in den Jahren 1569—87 war jene Stadt 24 Mal von Schauspielertruppen besucht worden. Als eine Änderung seines Lebensplans unvermeidlich war, mag er der Vorliebe seiner Jugend nachgegeben haben; er wandte sich nach London und wurde dort 1589 Mitglied bei der dasigen Schauspielergesellschaft, was er der Empfehlung seines bei derselben angestellten Landsmanns Thomas Green verdankte, später aber Theaterschriftsteller. Für seine Leistungen in der erstgedachten Eigenschaft erhielt er schwerlich jemals mehr als 6²/₃ Schilling (2 Thlr. 7 Sgr.) wöchentlich. Anfangs wurde er in sehr untergeordneten Rollen beschäftigt und schwang sich auch nachmals zu keiner großen Bedeutung als Schauspieler empor, sodaß der Geist im Hamlet für seine beste Leistung, die mit dem meisten Beifalle aufgenommen wurde, gehalten wird. Vielleicht ist der geringe Beifall, der ihm in seinen übrigen Rollen zu Theil wurde, auch daraus zu erklären, daß die natürliche Art seines Vortrags mit dem damals üblichen pomphaften und eintönigen Vortrage zu sehr contrastirte. In der Theorie der Schauspielkunst war er jedoch wohlerfahren. Die Regeln, welche Hamlet den Schauspielern ertheilt, enthalten eine scharfe Kritik über die schwülstige Manier und anmaßende Unwissenheit seiner Zeitgenossen und einen vortrefflichen Abriß allgemeiner Regeln für den Gebrauch des Schauspielers. Da es ihm aber an jenen natürlichen Eigenschaften fehlte, welche erfoderlich sind, um einen Schauspieler ersten Ranges zu bilden, so half es ihm nichts, daß er die höchsten Begriffe von der Vollendung hatte, deren die Darstellungen der Bühne fähig sind. Sein Name war allem Anschein nach auf dem Punkte, in Vergessenheit zu gerathen, aber in ihm brannte ein Geist, den der abkühlende Einfluß der Armuth nicht unterdrücken konnte, und der mittelmäßige Schauspieler erstrebte und erwarb sich als Bühnenschriftsteller die größte Auszeichnung.

Unter den vor 1590 gedichteten Schauspielen gab es viele glücklich erfundene, welche der unausgebildete Geschmack ihrer Verfasser nur mangelhaft ausgearbeitet hatte. Als allmälig die Liebe zum Theater allgemein wurde und man anfing, die Regeln der dramatischen Dichtung besser zu fassen, wurden sehr häufig die ältern Stücke der neuern Bühne angepaßt und selbst die talentvollsten Schriftsteller, gelockt durch den leichten Gelderwerb, da die Mühe der Überarbeitung mit der einer Originaldichtung nicht zu vergleichen war, verschmähten es nicht, Aufträge dieser Art zu übernehmen. Auch Shakspeare's erste schriftstellerische Leistungen waren auf diese undankbare Arbeit beschränkt. Der zweite und dritte Theil von Heinrich VI. (denn an dem ersten hat er ohne Zweifel so gut als gar keinen Theil) sind nichts Anderes als solche verbesserte Ausgaben älterer dramatischer Productionen, die keineswegs verdienstlos waren, und ihr Erfolg war der Art, den Dichter zu einem höhern Fluge zu ermuthigen. Der Preis, der damals in England von den Schauspieldirectoren gezahlt zu werden pflegte, war 20 Nobel oder etwa 44 Thaler nach unserm Gelde, wofür der Verfasser alles Eigenthum des Stücks abtrat; die Summen, welche für die Veränderung alter Stücke gezahlt wurden, waren sehr verschieden und richteten sich ohne Zweifel nach der Ausdehnung der Zusätze und dem Erfolge, den die neue Aufführung hatte; zu-

weilen wurden nur drei Thaler gezahlt. Die dramatischen Schriftsteller waren daher in der Regel arm und von den Theaterdirectoren abhängig. Im J. 1592 war Shakspeare schon bekannt als Bühnenschriftsteller, aber kein Theil seiner Geschichte ist in größeres Dunkel gehüllt als die Zeit seiner beginnenden Autorschaft, und alle Versuche, eins seiner Dramen der Zeit nach als das erste zu bezeichnen (was Viele mit den „Beiden Edelleuten von Verona" und der „Komödie der Irrungen" gethan haben), sind als mislungen zu betrachten.

(Der Beschluß folgt in Nr. 441.)

Das Bilsenkraut.

Das schwarze oder gemeine Bilsenkraut (Hyoscyamus niger, auch Zigeuner-, Schlaf- oder Zankkraut, Teufelsauge, Saubohne oder Rasewurz genannt) wächst in Deutschland und fast durch ganz Europa auf wüsten Plätzen, Kirchhöfen und Schutthaufen, an Wegen und Zäunen, auch sonst auf unbebauten Stellen, besonders in Dörfern. Es hat eine rübenförmige, ästige, weißliche Wurzel und einen, bis vier Fuß langen Stengel mit langen klebrigen Haaren; an demselben sitzen abwechselnd lange schwarzgrüne Blätter ohne Stiele, die ebenfalls klebrig und haarig sind, am Rande spitzige Einschnitte haben und am untern Theile des Stengels fast handbreit sind. Die fast stiellosen, eine Ähre bildenden Blumen, welche vom Mai bis August am Ende des Stengels und der Zweige erscheinen, sind schwefelgelb oder gelblichweiß und von rothen oder violetten Adern durchzogen; sie tragen eine runde Samenkapsel mit einem Deckel, der zur Zeit der Reife in welcher die Samenkörner dunkelbraun aussehen, aufspringt. Die ganze Pflanze ist in allen ihren Theilen sehr giftig und betäubend (schon der Geruch verursacht Kopfschmerzen und Schwindel) und Kinder sind öfter nach dem Genusse der Samen derselben gestorben; in andern Fällen hat derselbe Schlaffucht, Erstarrung der Glieder und Wahnsinn zur Folge gehabt. Von den Ärzten ist die Pflanze (besonders der aus den Blättern bereitete Extract und das aus den Samen ausgepreßte Öl) innerlich und äußerlich angewandt und in der Gicht, im Kinnbackenkrampfe und überhaupt in Nervenzufällen als krampf- und schmerzstillendes Mittel wirksam befunden worden, sowie auch die Blätter äußerlich bei Verhärtungen mit Nutzen gebraucht werden; schädlich aber ist das früher übliche Räuchern mit den Samen zur Vertreibung von Zahnschmerzen oder das Rauchen der Blätter in gleicher Absicht, was oft Schwindel, Betäubung und heftiges Erbrechen zur Folge gehabt hat. Wenn die sorgfältig getrocknete Wurzel im Hause umhergestreut wird, so soll sie die Mäuse und Ratten verscheuchen. Dieses Mittels pflegen sich die Landleute nicht selten im Sommer zu bedienen, doch ist es häufig genug geschehen, daß unvorsichtige Personen solche Wurzeln, in der Meinung, daß es Pastinak- oder Cichorienwurzeln seien, zu ihrem großen Schaden genossen haben. Auf die Thiere bringt übrigens das Bilsenkraut eine sehr verschiedene Wirkung hervor; während es vielen, besonders Vögeln und Fischen, ein todbringendes Gift ist, können Ziegen, Schafe und Rindvieh es ganz gut vertragen und ohne allen Nachtheil fressen. Roßhändler mischen den Samen nicht selten unter das Futter der Pferde, weil diese dann ein wohlgenährtes Ansehen erhalten sollen, das freilich nur trügerisch ist. Das Kraut enthält einen Farbstoff, der sich aber seines unangenehmen Geruchs wegen nicht zum Gebrauch in Färbereien eignen würde. In Südeuropa kommen namentlich noch zwei Arten vor: das goldfarbige Bilsenkraut mit großen, schön goldgelben Blüten und das weiße Bilsenkraut mit weißgelben Blumen; die letzte Art, die sich auch in Süddeutschland findet, soll weit weniger giftig sein.

Kandia unter der ägyptischen Regierung.

Diese im Alterthume so berühmte Insel (früher Kreta genannt) ist seit Jahrhunderten in einem beständig zunehmenden Verfall, und dies blos durch die verschiedenen Regierungen, die aufeinander gefolgt sind und deren eine immer schlechter war als die andere.

Es ist fast mit Gewißheit anzunehmen, daß das alte Kreta über eine Million Einwohner gehabt hat, und ebenso ist es außer Zweifel, daß die Insel jetzt das Doppelte ernähren könnte. Allein schon unter den Venetianern sank die Bevölkerung auf eine halbe Million herab; unter den Türken war die Verwaltung äußerst schlecht, und die Christen, obgleich die Mehrzahl, mußten sich dem unerträglichen Despotismus der Mohammedaner unterwerfen. So kam es, daß beim Ausbruch der griechischen Revolution die Bevölkerung nur 260,000 Seelen stark war. Nach einem langen und blutigen Widerstande unterwarf sich der Pascha von Ägypten, Mohammed Ali, im Jahre 1824 die Insel, und unter seiner Verwaltung hat sich die Einwohnerzahl auf etwa 129,000 Seelen vermindert, von denen ungefähr 90,000 Christen sind. Die Hauptbedrückung erfuhren jedoch die Mohammedaner, da von den Christen nur wenig zu nehmen war. Die Pforte hatte

den Siebenten des Ertrags der Ländereien, verlieh denselben gewöhnlich auf Lebenszeit an Agas und übertrug ihn gegen Bezahlung einer kleinen Summe auf die Söhne derselben. Die Inhaber dieser Lehen (Mukata) bildeten die Aristokratie der Insel. Der Pascha von Ägypten zog jedoch einen großen Theil derselben unter allerlei Vorwänden ein, legte neue Steuern auf Wein und andere Artikel, die früher nie besteuert worden waren, erhöhte die Ausfuhrzölle und führte einen Theil seines Monopolsystems ein, indem er den ausschließlichen Verkauf von vielen Waaren in den Städten an Generalpächter verpachtete.

Die Einkünfte des Pascha bestehen: 1) in dem Siebenten, 2) in der Viehsteuer, 3) in Ausfuhr-, 4) in Einfuhrzöllen, 5) in dem Ertrag der Monopole; sie belaufen sich auf ungefähr 10 Millionen Piaster, nach unserm Gelde etwa 700,000 Thaler. Die Ausgaben erreichen nicht ganz diese Höhe, sodaß jährlich mehr oder weniger Überschuß bleibt.

Die Hauptausfuhr besteht gegenwärtig in Öl (10 Millionen Pfund) und Seife (5 Millionen Pfund). Vor der Revolution, in welcher die Weinberge zerstört wurden, belief sich die jährliche Ausfuhr von Rosinen auf 100,000 Centner, ist aber jetzt bis auf 6000 Centner gesunken; Wein wird gar nicht mehr ausgeführt. Wie schlecht die Verwaltung ist, ergibt sich daraus, daß man jetzt Getreide und Wein einführen muß, während noch im Anfange dieses Jahrhunderts beide Artikel in beträchtlichen Massen ausgeführt wurden. Ebenso muß man den Mangel an Ochsen und Schafen durch Einfuhr beseitigen, und gleichwol sind neun Zehntheile der Insel wüste und unangebaut.

Als Mohammed Ali die Insel vollständig unter seine Botmäßigkeit gebracht hatte, versprach er der christlichen Bevölkerung, sie von allen Bedrückungen, denen sie von Seiten der Türken ausgesetzt gewesen war, zu befreien, und da er wohl fühlte, daß er die mohammedanische Bevölkerung nie für sich gewinnen könnte, so machte er auch einen Anfang zur Ausführung seiner Versprechen. Er errichtete zwei Räthe, den einen in Megalokastron, den andern in Kanea, welche theils aus Mohammedanern, theils aus Christen bestanden und in allen bürgerlichen Sachen Recht sprachen. Der Erfolg war, daß die Christen mit den Mohammedanern gleiches Recht erhielten, und auch manche andere Misbräuche abgestellt wurden. Allein als der Pascha im Jahre 1831 sein Monopol- und Cultursystem auf der Insel einzuführen versuchte, war der Erfolg ein allgemeiner Aufruhr von Seiten der Griechen und eine große Tyrannei von Seiten der Ägyptier, obgleich der Versuch nur theilweise durchgesetzt wurde. Die ganze ägyptische Verwaltung hat daher weiter nichts bewirkt, als daß sowol die christliche als die türkische Bevölkerung gegen die Ägyptier feindselig gestimmt war und nichts sehnlicher wünschte, als unter die Botmäßigkeit einer europäischen Macht zu kommen; nur dann dürfte es möglich sein, daß alle Verhältnisse sich neu gestalteten und die Insel einen Aufschwung nähme, dessen sie nach Maßgabe ihrer natürlichen Verhältnisse, Kräfte und Hülfsquellen fähig ist. In Folge der neuesten Ereignisse, welche die Macht des Paschas von Ägypten so schnell gebrochen haben, ist Kandia wieder unter die unmittelbare Herrschaft der Pforte zurückgekehrt; dies hat jedoch das Signal zu einem allgemeinen Aufstande der christlichen Bevölkerung gegeben, dessen Ende ungeachtet der großen Anstrengungen, welche die Türken gemacht haben, um ihn zu ersticken, noch nicht abzusehen ist.

Veränderung des Holzgewebes durch chemische Stoffe.

Vor einiger Zeit hat ein scharffinniger Arzt aus Bordeaur, Dr. Boucherie, der Akademie der Wissenschaften zu Paris merkwürdige Versuche über die Art mitgetheilt, dem Gewebe verschiedener Holzarten Substanzen einzuverleiben, die dazu dienen, sie vor Zerstörung, Fäulniß, trockenem Wurmfraß, Angriff von Insekten u. s. w. zu schützen, ja im Stande sind, ihnen eine gewisse Härte, Biegsamkeit und Unverbrennlichkeit, auch nach Befinden verschiedene unzerstörbare Farbenschattirungen beizubringen oder sie mit Wohlgerüchen zu durchdringen. Der Bericht, welcher über die commissarische Prüfung dieser Experimente in den Sitzungen der Akademie vom 30. Nov. und 7. Dec. vorigen Jahres abgestattet worden ist, führt zu folgenden Ergebnissen:

Von Dr. Boucherie ist nicht allein ein neuer Weg für Gewerbfleiß, Baukunst und Marine eröffnet, sondern auch die Aussicht gewährt worden, mehre noch bestehende Dunkelheiten zu beseitigen, denen wir in der Pflanzenphysiologie begegnen und die den Kreislauf der Flüssigkeiten im innern Gewebe des Holzes, die Ursache der Zerstörung und den Einfluß angehn, welchen eine Menge äußerer Umstände hinsichtlich des Dunstkreises, der Jahreszeit, der Temperatur u. s. w. mit sich führen. Hierin liegt wol das absolute Endergebniß obiger Arbeiten.

Zuvörderst ist die Absicht darauf gerichtet, dem Holze eine weit größere Dauer zu geben, ihm seine Elasticität zu sichern, dasselbe vor den Veränderungen seines Umfanges zu bewahren, welche es von Trockenheit und Feuchtigkeit erleidet, seine Brennbarkeit zu mindern, seine Zähigkeit und Härte zu vermehren, endlich ihm verschiedene Farbe und Geruch auf die Dauer zu verleihen. Die Commission spricht sich dahin aus, daß alle diese Zwecke und zwar durch die wohlfeilsten, einfachsten Mittel erfüllt, und hierbei gemeine, um den niedrigsten Preis zu habende Substanzen angewendet worden. In der That, um einen ganzen Baum mit erhaltenden, färbenden oder andern Substanzen zu durchdringen, hat man zu nichts weniger, als zu mechanischen, complicirten, kostspieligen Mitteln seine Zuflucht genommen. Die dazu nothwendige Kraft ward in der einsaugenden Gewalt des Gewächses selbst aufgesucht. Sie wurde hinreichend gefunden, vom Schaft des Baumes bis in die gesammten Blätter die Flüssigkeiten zu bringen, welche daselbst eingeführt werden sollten. Nur mußten dieselben in gewissen Schranken der Vereinigung erhalten werden, sodaß man den Baum unten am Fuße in vollem Safte abschneidet und in einen Bottich stellt, welcher diejenige Flüssigkeit enthält, deren Einziehung bezweckt wird, wo dann dieselbe bis in die obersten Blätter steigt. So wird das ganze vegetabilische Gewebe davon erfüllt werden, mit Ausnahme des Kernes des Baumes, welcher bei seiner harten Beschaffenheit und dem Alter des Stammes jederzeit der Durchdringung widersteht. Es ist eben nicht nothwendig, daß der Baum vollständig mit allen Ästen und Blättern versehen sei. Ein am Wipfel gelassener Blätterbüschel reicht hin, die Einsaugung zu bestimmen. Es ist unnöthig, den Baum aufrecht zu erhalten; dies würde die Operation oft unthunlich machen. Man kann ihn niederlegen, nachdem man alle unnützen Zweige entfernt hat, und wenn dann sein Schaft mit der Flüssigkeit in Verbindung gesetzt ist, welche zur Einsaugung bestimmt war, so wird sie, wie gewöhnlich, in alle Theile dringen. Endlich ist auch gar nicht unerläßlich nöthig, den Baum umzuhauen; denn eine Höhlung, welche am Stamme gemacht worden, oder ein Zug mit der Säge, welcher ihn in einem großen Theil der Oberfläche trennt, werden hinreichen, den angeschnittenen Theil mit einer Flüssigkeit in Berührung zu bringen, vermittels welcher eine schnelle und vollständige Einsaugung erfolgt.

Man begreift leicht, daß diese Durchdringungen, welche in einigen Tagen von statten gehn, von aller Schwierigkeit und Mühe entfernt sind und von allen bisher angewendeten Mitteln abweichen. Die bereits abgehauenen Stücke Holz, an denen man vor dem Dr. Boucherie den Versuch anstellte, ließen sich nicht anders wirklich durchdringen, als durch Anwendung geeigneter Maschinen oder Verlängerung der Wirkung der Flüssigkeit, in welche die Eintauchung geschah. Die scharffinnige neue Verfahrungsweise stellt eine natürliche Kraft zur Verfügung des Kunstfleißes und gestattet, alle auflösliche Substanzen, welche man für zweckmäßig hält, ohne Aufwand in das lockerste Gewebe des Pflanzenwesens zu leiten. Gleichwie der genannte Forscher mit Scharfblick das Problem der Durchdringung des Holzgewebes durch fremdartige Substanzen aufgelöst hat, ebenso hat er auch seinen Scharfsinn in der Wahl der letztern erprobt. Sofern es sich darum handelt, die Dauer und Härte der Holzarten zu erhöhen und ihrer Zerstörung durch Holzfraß trockener oder feuchter Art entgegen zu arbeiten, so bringt er in ihr Gewebe ein brenzlich-holzsaures Salz von rohem Eisen gezogen. Diese Substanz ist darum vollkommen geeignet, weil sie sich in allen Waldungen beim Kohlenbrennen erzeugt. Sie ist leicht in eine brenzliche Holzsäure des Eisens zu verwandeln, indem man sie in der Kälte mit Eisen in Berührung bringt. Selbst unabhängig von Eisensalz hat sie die Eigenschaft, das Holz zu härten und vor der Fäulniß zu schützen, welcher es ausgesetzt ist, sowie vor der Verderbniß, die durch Insekten in den zur Verwendung bei Bauten bestimmten Waldungen erleidet. Versuche, welche in den Kellern von Bordeaur mit Fässern, die dazu eigens bereitet wurden, angestellt worden sind, haben dargethan, wie weit länger das auf diese Weise präparirte Holz dauere. Gewöhnliche Fässer zerfielen bei der mindesten Anstrengung, dagegen jene die Festigkeit des ersten Tages beibehielten.

Handelt es sich um Bewahrung des Holzes in aller seiner Geschmeidigkeit und um Schutz vor Verbrennung, so ist in dem Gebrauche der salzsauren Chlorerde ein sehr billiges Mittel gefunden. Ohne sich mit Anwendung des Chlorcalcium zu begnügen, hat man Salzwasser aus salzigen Morästen, bis jetzt ganz werthlos, nicht ohne Entdeckung aller gewünschten Eigenschaften, gebraucht. Das mit solchen Auflösungen bereitete Holz behält bei der Aussetzung in der Luft mehre Jahre seine Geschmeidigkeit. In dünnen Platten verträgt es eine spiralförmige Windung und eine gleichmäßige Behandlung in der entgegengesetzten Richtung, ohne Risse zu bekommen. Der Luft ausgesetzt, verbiegt und spaltet es sich nicht, mag es noch so großer Trockenheit ausgesetzt werden. Endlich brennt es nie oder wenigstens so schwer, daß es zu keiner Feuersbrunst Anlaß geben kann. Ungerechnet die großen und nützlichen Eigenschaften für Schiff= und bürgerliche Baukunst werden durch diese Entdeckung noch andere, wenn auch nicht so bedeutende Stoffe und Mittel für die Künste versprochen. Darunter gehört die Art und Weise, das Holz in Farben so mannichfaltig zu schattiren und diese Färbung in solchen Partien hervorzubringen, daß der

Tischler davon bei Bearbeitung des gewöhnlichsten Holzes sehr großen Nutzen ziehen kann.

Das brenzlich-holzsaure Eisensalz gibt ein bloßes Braun, welches sich mit der Naturfarbe der zu dichten Holztheile da verbindet, wo jenes nicht durchdringt. Folgt auf die Einsaugung jenes Eisensalzes ein Gerbstoff, so entsteht in der Holzmasse eine blauschwarze oder graue Färbung. Wird sofort auf jenes Eisensalz, welches sich eingesogen hat, blaugesäuerte Potasche angewendet, so erzeugt sich Berlinerblau. Läßt man Bleisäure und Chromoxyd nacheinander hineinziehen, so bildet sich Chromgelb. Wenn auf gleiche Manier brenzlich-holzsaures Eisensalz, Berlinerblau, Bleisäure und Chromoxyd das Holz durchziehen, so erhält man Schattirungen des Blau, Grün, Gelb und Braun von dem mannichfaltigsten Farbenspiele. Es soll also nicht nur ein einziges Liquidum eingesogen werden, sondern es sind nacheinander mehre in dasselbe Pflanzenwesen zu leiten. Die Zersetzungen so verschiedenfarbiger Producte vermögen Spielarten ins Unendliche hervorzubringen. Die Scheidekunst ist reich genug an Stoffen, um Bedürfnissen wie Launen zu genügen. Was die Art, dem Holzgewebe einen Wohlgeruch beizubringen, betrifft, so ist diese Methode zu leicht, um nicht begriffen, und zu eng auf den Luxus beschränkt, um mit dem erzählten Experiment in Parallele gestellt zu werden.

Die Anwendung der Idee, große Bäume mit verschiedenen successiv angewandten Flüssigkeiten zu färben und zu schwängern, ist Hrn. Dr. Boucherie patentirt worden. Es hat übrigens Hr. Biot bei Gelegenheit seiner in der Sitzung vom 22. Februar 1841 über diese Entdeckungen mitgetheilten Bemerkungen zuvörderst angedeutet, daß Versuche, manche Flüssigkeiten, als Wasser, Alkohol, Salze in das Holzgewebe einzuflößen, bereits früher von andern Naturforschern angestellt worden sind. Eigene Versuche haben ihn aber auch auf die Beobachtung geleitet, daß die Periode, wo der Baum mit dem ihm eigenen flüssigen Safte angefüllt ist, minder sich eignet, neue Flüssigkeiten in das Gewebe des Holzes zu leiten, da eben der Baumsaft von den Wurzeln in den Stamm und hinauf in die Blätter getrieben wird. Um alle Schwierigkeiten zu beseitigen, stellte Hr. Boucherie in der letztgedachten Sitzung Versuche an und suchte hierbei die zur Erhaltung dienenden Flüssigkeiten durch bloße Filtrirung in den Stamm zu bringen, indem er zu diesem Behuf am obern Theile des abgehauenen Baumstammes eine Art Trichter applicirte.

Die Ölgaslampe.

Viel Aufsehen erregt jetzt eine von den Klempnern Benkler und Ruhl in Wiesbaden an gewöhnlichen Argand'schen Lampen angebrachte Verbesserung, deren überraschender Erfolg dieser Lampe in wenigen Tagen allgemeinen Eingang in der Umgegend verschafft hat. Es bedarf weiter nichts als der Hinzufügung eines einfachen Theiles, um eine gewöhnliche Öllampe mit rundem Dochte mit geringen Kosten in eine „Ölgaslampe", welchen Namen die Erfinder der Lampe mit Recht wegen ihres der schönsten Gasflamme an Glanz und Leuchtkraft gleich kommenden Lichtes geben, zu verwandeln. Die Verbesserung selbst besteht darin, daß man die Flamme der Öllampe nöthigt, durch die Öffnung eines über den kreisförmigen Docht gestürzten

trichter- oder halbkugelförmigen Aufsatzes zu brennen, deren Durchmesser so groß oder etwas kleiner als der des Dochtes ist; daß man einen lebhaften doppelten Luftzug herstellt, durch welchen die Flamme verdichtet wird, und daß man den Zutritt der Luft zu dem aus der Trichteröffnung hervorbrennenden Theile der Flamme von der Seite her gänzlich absperrt. Steckt man den Docht an und deckt den trichterförmigen Aufsatz darüber, so brennt die Flamme aus der Öffnung desselben flackernd und rauchgebend hervor; hat man aber die gläserne Rauchröhre aufgesetzt und so den Zutritt der Luft von der Seite her abgeschlossen, so brennt die Flamme sogleich unter gänzlicher Rauchverzehrung mit einem hellen, der schönsten Gasflamme an Weiße und Glanz gleichenden Lichte. Die Ölconsumtion ist bei dieser Einrichtung der Lampe freilich größer als ohne dieselbe.

Eiserne Häuser.

Der Belgier Rigaud schlägt vor, Häuser von Gußeisen zu verfertigen, die nach dem niedrigen Preise, den das Gußeisen in Belgien der ungeheuern Production wegen erreicht hat, nicht theurer als Häuser von Backsteinen zu stehen kommen, vor diesen aber zahlreiche Vorzüge voraushaben. Sie sind im Sommer kühler und im Winter wärmer, schützen gegen Feuersgefahr, gewähren bei Erdbeben und Überschwemmungen mehr Sicherheit und können sehr schnell hergestellt werden, da es nicht nöthig ist, auf das Austrocknen der Materialien zu warten, wie bei steinernen Häusern; acht Tage nach der Bestellung kann ein solches Haus gegossen, acht Tage nachher an Ort und Stelle geschafft und aufgestellt sein. Den Grundbau machen sie überflüssig und sind der Gefahr des Einsturzes nicht unterworfen, die Gefahr der Zerstörung durch Rost aber ist nicht mehr zu fürchten, seitdem man ihr durch galvanische Überzüge zu begegnen gelernt hat. Wünscht man später eine Veränderung des architektonischen Styls, so kann man das ganze Haus umschmelzen lassen. Die flachen Dächer können mit Rasen bedeckt und zum Trocknen und Bleichen der Wäsche gebraucht werden. Nach den Kostenanschlägen des gedachten Hrn. Rigaud, welche der Director eines großen Eisenwerks in Belgien richtig befunden hat, würde der Guß eines Hauses von Eisen mit drei Stockwerken und 17 bewohnten Zimmern nur 27,972 Francs oder über 7000 Thaler kosten; das Gewicht desselben würde etwa 16,000 Centner betragen. Der Transport eines solchen Hauses würde freilich nur zu Wasser oder auf einer Eisenbahn ohne zu große Kosten bewirkt werden können. Die Heizung dieser Häuser kann durch warme Luft geschehen, die von einer einzigen Wärmequelle im Souterrain ausströmt und in den Zwischenräumen der hohlen Wände circulirt.

Herausgegeben unter Verantwortlichkeit der Verlagshandlung F. A. Brockhaus in Leipzig.

Das Pfennig-Magazin

für

Verbreitung gemeinnütziger Kenntnisse.

441.]   Erscheint jeden Sonnabend.   [September 11, 1841.

Der Atmeidan.

Der Atmeidan oder vormalige Rennplatz (Hippodrom) in Konstantinopel ist ein längliches Viereck von 500 Schritt Länge und 100 Schritt Breite; aber derjenige Theil desselben, welcher zwischen den ihn umgebenden gepflasterten Dämmen enthalten ist und nach der Beschaffenheit des Bodens zur Bestimmung einer Rennbahn allein geeignet scheint, ist nur 240 Schritt lang und 86 breit. An der einen Seite dieses offenen Platzes steht die prachtvolle Moschee des Sultans Achmet mit ihren sechs schlanken Minarets, die aus dem sie umgebenden Gebüsche hervorragen; auf der entgegengesetzten Seite steht ein prächtiges Hospital; die beiden andern Seiten werden von schlechten, halb verfallenden Gebäuden gebildet. Gegen das eine Ende zu steht der Obelisk des Theodosius und der vierseitige Pfeiler von Konstantin Porphyrogennetus; zwischen ihnen in der Mitte ein Fragment der ehernen Säule, auf welcher der delphische Dreifuß gestanden haben soll.

Von jeder der vier Ecken des Atmeidan aus laufen Straßen, die nach den verschiedenen Quartieren von Konstantinopel führen, und ohne Zweifel ist er der passendste Platz in Konstantinopel für eine Volksversammlung, weshalb er auch bei allen Volksaufständen der Sammelplatz der Empörer gewesen ist. Noch sieht man, den Pfeilern ziemlich gegenüber, zwei Bäume, zwischen denen am 19. November 1808 während des von den Janitscharen veranlaßten Aufstandes im Beginn der Regierung des verstorbenen Sultans der kopflose Körper Bairaktar's mit den Füßen aufgehangen wurde. In neuern Zeiten ist der Atmeidan an jedem Freitage der Schauplatz von Pferderennen und kriegerischen Spielen gewesen, die aber jetzt fast ganz außer Gebrauch gekommen sind.

Der Obelisk und das Piedestal, auf dem er steht, sind zwei Denkmäler von ganz verschiedenem Charakter, welche der launische Zufall zusammengeworfen zu haben scheint. Der Obelisk ist von gleicher Form und Größe mit demjenigen, welcher vor einigen Jahren von Luxor in Ägypten nach Frankreich gebracht und in Paris aufgestellt worden ist. Er besteht aus thebanischem Marmor, ist von röthlich=brauner Farbe und hat 75 Fuß Höhe, wozu noch 15 Fuß Höhe des Fußgestells kommen; seine Breite beträgt unten 7 Fuß, oben 5 Fuß. Das Piedestal ist das Werk eines andern Volks und Jahrhunderts und scheint einem andern Denkmale, das sich auf die Belustigungen dieses Platzes bezog, als Fuß=gestell gedient zu haben. Es enthält an einer Seite eine lateinische Inschrift, an der entgegengesetzten eine griechische desselben Inhalts. Theodosius steht, wie es scheint, in keiner andern Beziehung zur Säule, als daß er den seinen Namen tragenden Stein hier aufstellen ließ. Das Piedestal besteht aus mehren Theilen: einem vier=seitigen Marmorblock, der nach oben zu kleiner wird und auf welchem ein anderer cubischer steht. Beide sind mit ausgezeichneten halberhabenen Sculpturarbei=ten bedeckt. Der Untertheil enthält außer den In=schriften zwei Darstellungen des Rennens zu Fuß, zu Pferd und zu Wagen, sowie eine Ansicht des zu Boden liegenden Obelisken. Der obere Block ist mit Figuren von Soldaten, Richtern, Musikern, Tänze=rinnen u. s. w. bedeckt. Der Reisende Tournefort, welcher um 1700 hier war, will auf dem Piedestal eine Darstellung der Maschinerie, die zum Aufrichten des Obelisken gebraucht wurde, gesehen haben; dies ist aber ganz irrig und unerklärlich, da nicht die min=deste Spur einer solchen Darstellung vorhanden ist.

Nur wenige Schritte vom Obelisken steht das Fragment einer ehernen Säule, die genau so aussieht, wie ein in die Erde gestecktes Stück eines ungeheuern Schifftaues. Diese Säule soll aus dem Tempel zu Delphi hierher gebracht worden sein und dort den goldenen Dreifuß getragen haben, den die Griechen nach der Schlacht bei Platää im Lager des Mar=donius fanden. Als Tournefort die Säule sah, war sie 15 Fuß hoch und gebildet aus drei spiralförmig gewundenen Schlangen, die nach oben zu immer dünner wurden, bis endlich die Hälse und Köpfe, die sich nach Art eines Dreifußes ausbreiteten, eine Art Capitäl bildeten. Sultan Murad soll den Kopf der einen Schlange abgeschlagen haben. Im J. 1700, nach dem Frieden bei Karlowitz, wurden auch die bei=den andern Köpfe abgebrochen und die Säule umge=worfen. Jetzt ist dieselbe noch 12½ Fuß hoch; ihr Durchmesser beträgt unten 22, oben 15 Zoll. Wie man aus einigen Ritzen sehen kann, ist sie mit Stei=nen und Erde gefüllt. Jedenfalls ist es zu verwun=dern, daß die Säule des Metalls wegen nicht längst ganz zerstört oder bei Seite geschafft worden ist.

Nahe bei der ehernen Säule steht die vierseitige Säule von Konstantin Porphyrogennetus in einem scheinbar so verfallenen Zustande, daß sie schon vor 100 Jahren den Einsturz drohte. Bei genauerer Untersuchung zeigt sich, daß sie ganz fest und dauerhaft gemauert und jeder Stein=block an den benachbarten durch eine eiserne Klammer befestigt ist. Sie besteht aus Granit, Marmor und weichen Steinarten, die miteinander verbunden sind; ihres Über=zugs von polirten Kupferplatten ist sie längst beraubt worden. Das Fußgestell ist 10 Fuß breit und vom Boden an 3 Fuß hoch, die Säule selbst 8½ Fuß breit und 120 Fuß hoch. Zeit und Wetter haben ihr fast allen Mörtel geraubt, daher rührt das verfallene An=sehen, da die Steine aus Mangel an einem Binde=mittel jeden Augenblick herabgleiten zu müssen scheinen.

Der Ingwer.

Die Ingwerpflanze, Zingiber officinale, ist in Indien einheimisch, wo sie auf der Küste Malabar, in Ben=galen und in Ceylon wild wächst, soll aber ursprünglich aus Guinea stammen. Angebaut wird sie in den mei=sten tropischen Gegenden von Asien und Amerika, be=sonders auf den westindischen Inseln. Der Jamaica=Ing=wer wird dem orientalischen beiweitem vorgezogen. In unsern Gegenden muß diese Pflanze Sommer und Win=ter über im Treibhause stehen.

Die Wurzel der Pflanze ist zweijährig; der kraut=artige Theil derselben ist einjährig und verwelkt im December. Die kriechende, knollige Wurzel wächst unter der Erde und treibt viele grüne Stengel. Diese sind drei bis vier Fuß hoch, werden von den glatten Blattscheiden umgeben und endigen mit länglichen schuppigen Ähren; aus jeder Schuppe erhebt sich eine einzelne gelblich=grüne Blume, die eine dunkel=purpur=rothe Lippe mit blassern Punkten hat.

In einem fruchtbaren und kühlen Boden wächst die Pflanze sehr üppig. Das Land wird durch Hacken und Graben umgearbeitet; im März und April wird die Pflanze gepflanzt, zu welchem Ende die kleinen Wur=zelstücke ausgesucht werden. Die Cultur erheischt wenig Geschicklichkeit oder Vorsicht und macht ebenso schnelle Fortschritte als die Fortpflanzung der Kartoffeln. Im August oder September erreicht die Pflanze ihre volle Höhe und Blüte und verwelkt gegen das Ende des Jahres. Im Januar und Februar, wenn die Stengel ganz verwelkt sind, sind die Wurzeln geschickt, heraus=genommen zu werden; sie werden dann herausgezogen, gereinigt und zum Verkauf vorbereitet. Im Handel unterscheidet man schwarzen und weißen Ingwer; dieser Unterschied rührt aber lediglich von den Methoden des Ein=machens her. Der schwarze wird mit siedendem Wasser gebrüht und dann wiederholt der Sonne ausgesetzt, bis er hinreichend getrocknet ist. Damit dieses Brühen ohne Zeitverlust vor sich gehen kann, wird ein großer Kessel an einer Stelle des Feldes aufgestellt und darin be=ständig kochendes Wasser unterhalten. Der herausge=zogene Ingwer wird in kleine Stücke getheilt, in Körbe gethan und 10—15 Minuten in Wasser getaucht; wo da legt man ihn auf die Plateform, wo er getrocknet werden soll. Ist das Wasser im Kessel stark durch=drungen von dem Safte der Wurzeln, so wird frischer Wasservorrath gebracht und der Proceß von neuem be=gonnen. Der weiße Ingwer wird nicht gebrüht, son=dern jede Wurzel herausgezogen, abgekratzt und einzeln abgewaschen, wodurch das Ansehen verbessert, aber der wirkliche Werth des Ingwers nicht wesentlich erhöht wird. Häufig wird er in Kalkwasser getaucht oder durch Chlorkalk gebleicht; dieses Verfahren dient zum Schutze der Wurzeln gegen Insekten und zur Erhöhung der Weiße. Daß der weiße Ingwer weit höher im Preise steht als der schwarze, ist unnöthig zu bemerken.

Soll der Ingwer mit Zucker eingemacht werden, so werden die jungen Wurzeln, während sie noch grün und saftig und die Stengel nur etwa fünf bis sechs Zoll hoch sind, herausgenommen. Sie werden zuerst gebrüht, bis sie weich sind, dann in kaltes Wasser ge=than, wo sie geschält und abgekratzt werden und einen bis zwei Tage bleiben, während welcher Zeit das Was=ser häufig erneuert wird; dann thut man sie in un=glasirte Töpfe und gießt einen dünnen Syrup darüber; zwei bis drei Tage später wird dieser Syrup entfernt und durch eine größere Quantität ersetzt, was zuwei=len noch zum dritten und vierten Male geschieht. Diese

Zuckersäfte gehen aber nicht verloren; mit Wasser verdünnt und mit einigen andern Ingredienzen vermischt geben sie eine angenehme Flüssigkeit, die in Jamaica Kühltrank heißt.

Die Wurzel der Ingwerpflanze wird in Indien und China als eine Art Salat frisch gegessen; sie wird dann kleingeschnitten und mit Kräutern vermischt. In Europa, namentlich in England, braucht man den Ingwer zur Bereitung von Ingwerbrot, Ingwerbier, Ingwerwein u. s. w.; das erstere ist wohlschmeckend und gesund, die beiden andern bilden in der warmen Jahreszeit angenehme kühlende Getränke. Überzuckerter Ingwer wird wie andres Zuckerwerk genossen, ist aber zugleich ein magenstärkendes Mittel und heilsam für Personen von phlegmatischer Constitution. Bei mehren Heilmitteln gibt Ingwer einen wirksamen Beisatz ab; so kann eine kleine Quantität davon mit Vortheil mit Senna, Jalappe u. s. w. verbunden werden; mit Rhabarber verbunden gibt er magenstärkende Pillen. Kauen von Ingwerwurzel hilft zuweilen gegen Zahnschmerz. Außer den bereits erwähnten Formen sind nachfolgende, in denen Ingwer verkauft wird, zu nennen: Perlen, Tafeln, Syrup, Tinctur, Essenz. Durch einfache Destillation wird aus der Wurzel ein flüssiges röthliches Öl erhalten. Auch beim Einmachen und andern Zweigen der Kochkunst wird Ingwer angewandt.

Bei der Auswahl des Ingwers sind große fleischige, völlig trockene, fast geruchlose und nicht wurmstichige Stücke vorzuziehen. Geschnitten muß er etwas mehlig und von blasser röthlichgelber Farbe, frei von jedem dumpfigen Geruche sein. Er wird sehr leicht feucht und in einem Fasse aufbewahrt schimmelig; daher muß er an einem trockenen Orte, wo er der Luft ausgesetzt ist, aufbewahrt werden. In Pulverform wird er oft mit Bohnenmehl und Burbaumholzsägespänen verfälscht, und um den dadurch entstehenden Mangel an Schärfe zu ersetzen, wird etwas spanischer Pfeffer dazu gemengt.

Zwei andere Arten der Ingwerpflanze sind der Blockingwer (Zingiber Zerumbet), der in Ostindien wächst und blaßstrohgelbe Kugeln hat, und der Cassumuningwer, der ebenfalls in Ostindien wächst und dessen Wurzel ehemals unter dem Namen Cassumunarwurzel in Apotheken vorräthig war.

William Shakspeare.

(Beschluß aus Nr. 440.)

Die Verbindung der Beschäftigung als dramatischer Schriftsteller mit dem Stande eines Schauspielers muß die Geldverlegenheiten Shakspeare's gehoben haben, gewährte ihm aber dennoch wenig Aussicht, sich über die Armuth der meisten Bühnenschriftsteller zu erheben. Die Schauspieler galten damals für Diener der Vornehmen und hießen auch so; dagegen wurde die Gesellschaft der dramatischen Schriftsteller von den Reichen gesucht; der Adel würdigte sie seines Umgangs und behandelte sie mit Freigebigkeit und Achtung. Ein solcher vornehmer Gönner ward unserm Dichter in Lord Southampton, einem Freunde des bekannten Esser, zu Theil; die ersten Zeichen ihrer Verbindung sind aus dem Jahre 1593, wo der Lord eben 20 Jahre alt war. Man erzählt, daß der Lord dem Dichter zu einem Kaufe 1000 Pf. St. gegeben habe, und diese Angabe wird wahrscheinlich durch den Grad von Wohlhabenheit, den wir bei Shakspeare wenige Jahre nach seiner Ankunft in London treffen und der aus seinen eigentlichen Emolumenten als Schauspieler und Dichter nicht erklärt werden

kann. Im J. 1597 kaufte Shakspeare New Place, eins der ansehnlichsten Häuser seiner Geburtsstadt, das er geschmackvoll ausschmücken ließ. Sein immer wachsender Wohlstand ist ersichtlich aus einer Fortsetzung seiner Käufe von Grundstücken; so kaufte er 1602 107 Acres Land in der Nähe seiner Wohnung, 1613 ein Haus in Blackfriars u. s. w. Die Grafen v. Pembroke und Montgomery wetteiferten mit Lord Southampton, um unsern Dichter mit Gunstbezeigungen zu überhäufen; aber auch zwei aufeinander folgende Souveraine zeichneten ihn auf eine ebenso ungewöhnliche als schmeichelhafte Art aus. Die Delicatesse der jungfräulichen Königin Elisabeth wurde durch die derben Einfälle des wohlbeleibten Ritters Falstaff, der in vielen Stücken Shakspeare's eine so komische Figur bildet, nicht beleidigt und der in den beiden Theilen von „Heinrich IV." herrschende Humor sagt ihr so zu, daß sie den Wunsch äußerte, Falstaff möchte auch als Verliebter dargestellt werden. Diesem königlichen Verlangen verdankt die Welt die „Lustigen Weiber von Windsor", ein Stück, das in dem kurzen Zeitraume von 14 Tagen geschrieben sein soll. Die Ausbreitung von dem Rufe des Dichters war eine nothwendige Folge des öffentlich kundgegebenen Beifalls seiner Souverainin, und dies war aller Wahrscheinlichkeit nach der größte Vortheil, der ihm aus ihrer Gönnerschaft erwuchs. Unter den vielen Beweisen ihrer Gunst scheint keiner die Gestalt einer Belohnung gehabt zu haben, die materieller als bloßes Lob gewesen wäre, sodaß sich daraus schließen ließe, daß Elisabeth von ihrer fast unveränderlichen Sparsamkeit, oder richtiger Knickerei, gegen Gelehrte und Schriftsteller bei Shakspeare eine Ausnahme gemacht habe, wiewol der dramatische Dichter nicht karg mit Schmeichelei war als dem angenehmsten Weihrauch, der ihrer Eitelkeit dargebracht werden konnte.

In Jakob I., dem Sohne der Maria Stuart, fand das Schauspiel einen aufrichtigen und warmen Beschützer. Kaum hatte er den englischen Thron bestiegen, als er eine vollständige Revolution in den Theaterangelegenheiten zu Stande brachte. Eine Parlamentsacte aus dem ersten Jahre seiner Regierung beraubte den Adel des Rechts, sich Schauspieler zu halten, und die verschiedenen, meist sehr dürftigen Schauspielergesellschaften der Großen des Reichs wurden in drei großen Instituten unter dem Schutze der königlichen Familie (des Königs, der Königin und des Prinzen Heinrich) vereinigt. Unter der von dem Könige unmittelbar beschützten Gesellschaft, welcher 1603 ein Schutzbrief ertheilt wurde, befand sich auch Shakspeare; ihr Schauspielhaus hieß Globe (Weltkugel); später spielten sie nur im Sommer in diesem, im Winter in Blackfriars, und auf diesen beiden Bühnen wurden alle Dramen Shakspeare's dargestellt. Aus Dankbarkeit für die der Gesellschaft erzeigte Ehre ließ es Shakspeare nicht an Schmeichelei gegen einen für dieselbe in hohem Grade empfänglichen Monarchen fehlen. Der Letztere schrieb an ihn eigenhändig einen huldvollen Brief, wie es heißt, um ihm dafür zu danken, daß er im Trauerspiele „Macbeth" durch glorreiche Prophezeiungen von der Zukunft Banquo's, von welchem der König sein Geschlecht ableitete, seine Ehrfurcht gegen Jenen an den Tag gelegt habe. Wiewol Elisabeth und ihr Nachfolger Bewunderer Shakspeare's und Freunde theatralischer Belustigungen im Allgemeinen waren, besuchten sie doch, wie es scheint, die öffentlichen Theater nie, und befriedigten ihr Verlangen nach theatralischen Genüssen dadurch, daß sie die Schauspieler bei Hofe spielen ließen, was gewöhnlich des

Nachts geschah, sodaß die übrigen Vorstellungen nicht gestört wurden. Das festgesetzte Honorar für eine Vorstellung bei Hofe in London war 46 Thlr. nach unserm Gelde und wurde von der königlichen Freigebigkeit um die Hälfte erhöht; spielte aber die Gesellschaft in einem Schlosse in der Umgegend von London und verlor dadurch die Morgenvorstellung in ihrem eigenen Theater, so wurde das Honorar verdoppelt.

Wenige Jahre später wurde Shakspeare Mitdirector des Theaters und wurde daher nicht mehr, wie bisher, blos für seine Leistungen als Schauspieler und Schriftsteller bezahlt. Um dieselbe Zeit hörte er auf, als Schauspieler aufzutreten, was er bisher ohne besondern Erfolg, ja sogar ohne Widerwillen gethan hatte. Im J. 1603 kommt er zuletzt auf einem Theaterzettel als Mitspieler vor, von da an widmete er seine ungetheilte Aufmerksamkeit der Leitung des Theaters und der dramatischen Literatur. Mit Einrechnung der von ihm umgearbeiteten oder wesentlich verbesserten Stücke hat Shakspeare, so viel mit Sicherheit bekannt ist, von seinem Weggange von Stratford bis zu seiner Rückkehr in diese Stadt 34 Dramen geliefert. Über die Reihenfolge ihres Erscheinens ist wenig Zuverlässiges bekannt. Die ältesten Stücke mögen der zweite und dritte Theil von „Heinrich VI." und die „Beiden Edelleute von Verona" sein (sämmtlich aus dem Jahre 1591), die letzten das „Wintermärchen" und der „Sturm" (aus dem Jahre 1611). Seine Glanzperiode fällt zwischen die Jahre 1600 und 1606; sie beginnt mit „Hamlet" und endet mit „Macbeth", zwischen denselben liegen „Lear" und „Othello". Auf gleicher Stufe der Vollendung mit jenen steht das Trauerspiel „Romeo und Julie", das die Allgewalt der Liebe mit glühenden Farben schildert, wie „Othello" die Macht der Eifersucht und „Macbeth" die des Ehrgeizes; nicht minder trefflich ist das Schauspiel „Der Kaufmann von Venedig". Zehn Schauspiele (wenn man den ersten Theil von „Heinrich VI." dazu rechnet) sind aus der englischen Geschichte geschöpft und bilden eigentlich nur ein einziges historisches Heldengedicht in dramatischer Form. Außer den echten sind Shakspeare noch mehre unechte Stücke zugeschrieben worden; so ist „Titus Andronicus" ohne Zweifel unecht, wiewol es in die erste Ausgabe aufgenommen ist, und in „Perikles", das nicht in der ersten Ausgabe, aber in den meisten folgenden steht, sind augenscheinlich nur einzelne Scenen und Stellen von Shakspeare's Hand. Außer den gedachten Dramen besitzen wir von Shakspeare die Gedichte „Venus und Adonis", „Tarquin und Lucrezia", „Der Pilger", „Des Liebhabers Klage" und 154 Sonette, sämmtlich von unzweifelhafter Echtheit.

Der früh gehegte und geäußerte Wunsch des großen Dichters, den Abend seiner Tage an seinem Geburtsorte (den er schon früher jedes Jahr einmal zu besuchen pflegte) zubringen zu können, geht aus seinem Ankaufe des Grundstückes New Place im J. 1597 hervor, das nach seinem Tode von der Familie Clopton, die es früher besessen hatte, zurückgekauft wurde. Im Garten dieses Hauses pflanzte er mit eigener Hand einen Maulbeerbaum, der mit dem Rufe dieser ausgezeichneten Entstehungsart lange geblüht und gestanden hat. *) Dorthin zog er sich im J. 1613 oder

im folgenden zurück, um sich der Ruhe und den ruhigen Genüssen des Landlebens hinzugeben, wiewol er seinen Jahren nach noch im kräftigen Mannesalter stand. Umgeben von seiner Gattin und seinen verheiratheten Töchtern verlebte Shakspeare hier noch einige glückliche Jahre. Über den schwächlichen Zustand seiner Gesundheit findet sich nirgend eine Andeutung; als er am 25. März 1616 sein Testament errichtete, erfreute er sich der besten Gesundheit und des trefflichsten Gedächtnisses. Dennoch scheint er damals eine Vorahnung seines baldigen Todes gehabt zu haben, der nur wenige Wochen später eintrat. Er starb am 23. April, seinem Geburtstage, als er eben sein 52. Lebensjahr vollendet hatte.

Am 25. April wurde sein Körper unter der Nordseite der Kanzel der großen Kirche zu Stratford der Erde überliefert; die Inschrift eines flachen Steins, der die sterblichen Überreste des Dichters bedeckt, segnet Den, welcher den Frieden des Grabes heilig hält, und flucht Dem, welcher ihn stört. Sieben Jahre später wurde ihm ein Denkmal gesetzt, das ein unbekannter Künstler mit

Shakspeare's Denkmal.

nicht geringer Geschicklichkeit gefertigt hatte. Auf demselben ist der Dichter unter einem Schwibbogen stehend in nachdenkender Stellung dargestellt, mit einer Feder in seiner rechten Hand, während die linke auf einer Papierrolle ruht; vor ihm liegt ein Kissen, unter welchem folgende lateinische Inschrift steht:

Judicio Pylium, genio Socratem, arte Maronem
Terra tegit, populus moeret, Olympus habet,

worin dem Begrabenen, der vom Volk betrauert werde und nun seine Wohnung im Olymp habe, die Klugheit Nestor's, der Geist des Sokrates und die Kunst Virgil's zugeschrieben wird. Auf einer darunter befindlichen Tafel stehen sechs englische Reime, welche die wunderliche Behauptung enthalten, daß mit dem Dichter auch die Natur gestorben sei. Erst 1741 wurde dem Dichter ein Denkmal in der Westminsterabtei gesetzt und zwar von dem Ertrage zweier Vorstellungen, die zu diesem Zwecke auf den beiden großen Theatern

---

*) Unter diesem Baume bewirthete Sir Hugh Clopton um 1769 den berühmten Schauspieler Garrick. Etwa zehn Jahre nachher kam das Haus in die Hände des Geistlichen Gastrell, der nicht nur den gedachten Baum umhauen ließ, weil ihn die Wallfahrten zu demselben störten, sondern auch das nach seiner Meinung zu stark besteuerte Haus gänzlich niederriß.

in London (Coventgarden und Drurylane) veranstaltet worden waren. Dasselbe besteht aus der Marmorbildsäule des Dichters, der sich auf einen seitwärts befindlichen Baumstamm stützt, auf welchem ein Buch liegt. Im Jahre 1769 veranstaltete Garrick zu Stratford an Shakspeare's Geburtstage eine Jubelfeier, deren Hauptvorstellung im Theater Drurylane in London 100 Mal wiederholt werden mußte.

Nach der Versicherung der Zeitgenossen war Shakspeare von Person wohlgebildet, da aber kein authentisches Bildniß von ihm existirt, so hat die Phantasie vollkommene Freiheit hinsichtlich der Bildung seiner Gesichtszüge. Es fehlt zwar nicht an Portraits, deren Ansprüche auf Authenticität zuversichtlich behauptet worden sind, aber dieselben halten vor einer genauern Prüfung nicht Stich und nur wenige darunter sind einer Berücksichtigung werth. Nach einer Tradition wäre die auf Shakspeare's Grabmal stehende Büste nach einer abgenommenen Todtenmaske gefertigt. Sie sowol als die ganze Figur wurden mit den Farben der Natur bemalt: Hände und Gesicht fleischfarben, die Augen hellbraun, Bart und Haare nußbraun, das Unterkleid scharlachroth, der weite Überwurf oder Mantel ohne Ärmel schwarz. Übrigens war Shakspeare ein guter Gesellschafter von immer fertigem und gefälligem, nie auf Verhöhnung Anderer gerichtetem Witze, weshalb er in London sehr beliebt war.

Shakspeare's Freunde waren Männer, mit denen ihn seine Stellung zum Theater zusammengeführt hatte. Seine Collegen Heminges (Henning), Burbage und Condell erfreuten sich seiner Gunst; sein Freund Augustin Phillips bekundete seine Verehrung gegen den Dichter durch ein Vermächtniß von 30 Schilling in Gold. Mit Fletcher, dem literarischen Genossen Beaumont's, stand er auf sehr vertrautem Fuße, ebenso mit Ben Johnson, der nach Shakspeare's Tode eine Elegie auf seinen Tod dichtete und die Vorrede zur ersten Ausgabe seiner Werke schrieb. Noch viele Jahre nachher rief Johnson mit Wärme aus: „Ich liebte den Mann und ehre sein Andenken, ja meine Verehrung grenzt an Götzendienst." Bemerkenswerth ist, daß mit einer einzigen Ausnahme Shakspeare keine einzige Zeile zur Empfehlung eines gleichzeitigen Schriftstellers oder Werks hinterlassen hat.

Noch ist von Shakspeare's Familie etwas zu sagen übrig. Seine Gattin überlebte ihn um sieben Jahre und starb am 6. Aug. 1623, 67 Jahre alt; wie es scheint, hat die Verbindung mit ihr dem Dichter keineswegs den gehofften dauernden Segen gebracht. Sie lebte nicht mit ihrem Gatten in London und gebar ihm seine sämmtlichen Kinder in den ersten Jahren der Ehe; in seinem Testamente gedenkt Shakspeare ihrer mit den kalten und lakonischen Worten: „Meiner Frau hinterlasse ich mein zweitbestes Bette nebst Zubehör", woraus sich auf den Grad seiner Zuneigung gegen sie schließen läßt. Des Dichters einziger Sohn Hamnet starb 1596, 12 Jahre alt. Judith, dessen Zwillingsschwester, heirathete im Todesjahre ihres Vaters den Weinschenken Thomas Queeny und starb im Februar 1662, 77 Jahre alt. Ihre ältere Schwester Susanna, die älteste der Familie und des Vaters Lieblingstochter, heirathete im Juni 1607 den D. John Hall, einen in Stratford ansässigen Arzt, und starb im Juli 1649, 14 Jahre nach ihrem Gatten, in einem Alter von 66 Jahren.

Seit Shakspeare's Tode vergingen sieben Jahre, bis eine Herausgabe seiner gesammten dramatischen Werke versucht wurde; dies erklärt sich daraus, daß es im Interesse der Theaterunternehmer, die von handschriftlichen Stücken den größten Gewinn zogen, liegen mußte, die Veröffentlichung der ihren Theatern gehörigen Stücke zu hintertreiben. Dennoch waren 14 Stücke schon vor dem Tode des Dichters einzeln erschienen, „Othello" wurde 1622 gedruckt; von diesen erlebten nur zwei keine zweite Ausgabe, dafür aber eins eine sechste und eins eine siebente. Die erste vollständige Ausgabe erschien 1623 in Folio, worauf in demselben Jahrhunderte noch die Ausgaben von 1632, 1664 und 1685 folgten, von denen fast eine schlechter war als die andere; die von 1664 wurde durch die große Feuersbrunst von 1666 (in London) fast völlig vernichtet. Die wichtigsten englischen Herausgeber und Commentatoren des Dichters in der spätern Zeit sind Rowe 1709, Pope 1725, Theobald 1733, Hanmer 1744, Warburton 1747, Johnson (der die erste kritische Ausgabe lieferte) 1765, Malone 1790, Steevens 1793, Boswell und Chalmers u. s. w. Die erste deutsche Übersetzung lieferten Wieland und Eschenburg, die beste, dem Original am nächsten kommende A. W. von Schlegel. Der Letztere hat leider nur 17 Stücke übersetzt; in der verbesserten Ausgabe derselben, welche Tieck besorgt hat, sind die übrigen von Graf Baudissin und einigen Andern übersetzt. Neuere Übersetzungen haben Voß mit seinen Söhnen, Benda und Julius Körner geliefert, noch Anderer nicht zu gedenken.

Thermometer und Pyrometer.

Ein Thermometer, zu deutsch Wärmemesser, ist bekanntlich ein Instrument, welches zur Abmessung der Wärme dient; diese beruht aber wieder auf der Ausdehnung, welche alle Körper durch die Wärme leiden, sowie auf der erfahrungsmäßig festgestellten Thatsache, daß ein Körper auch nach wiederholten Veränderungen bei gleicher Wärme wieder in gleichem Grade ausgedehnt wird. Da nun flüssige Körper weit stärker als feste ausgedehnt werden, so sind jene am geschicktesten zur Abmessung der Wärme, insofern man verlangt, daß auch geringere Veränderungen der Wärme angezeigt werden sollen. Unter den flüssigen muß aber ein solcher gewählt werden, der sowol große Kälte als große Wärme vertragen kann, ohne seine Natur (seinen sogenannten Aggregatzustand) zu ändern, d. h. ohne im ersten Falle fest, im zweiten Falle luftförmig zu werden, welche Änderungen alle Flüssigkeiten durch zu geringe und zu große Wärme erleiden, denn sobald dies geschieht, kann der Körper nicht mehr zum Abmessen der Wärme gebraucht werden, weil seine Ausdehnung und Zusammenziehung dann nach ganz andern Gesetzen als vorher erfolgt. Dieser Bedingung leistet keine Flüssigkeit so gut als das Quecksilber Genüge; Wasser dehnt sich zwar ungleich stärker als jenes aus, ist aber dennoch von allen Flüssigkeiten am wenigsten brauchbar, nicht nur weil es schon bei ziemlich geringer Wärme siedet oder sich in einen luftförmigen Körper (Dampf) verwandelt und ebenso bei geringer Kälte fest wird oder gefriert, sondern auch, weil es von dem allgemeinen Gesetze der Ausdehnung aller Körper durch zunehmende und Zusammenziehung durch abnehmende Wärme bei gewissen Wärmegraden eine Ausnahme bildet; es zieht sich nämlich bei abnehmender Wärme nur so weit zusammen, bis die Temperatur noch um einige Grade vom Gefrierpunkte entfernt ist, und wenn die Wärme noch mehr abnimmt, dehnt es sich allmälig wieder aus, bis es beim Gefrieren selbst sich plötzlich noch stärker ausdehnt.

Ein gewöhnliches Thermometer besteht aus einer engen Glasröhre, an welche unten eine hohle Glaskugel angeschmolzen ist; erstere ist zum Theil, letztere ganz mit Quecksilber gefüllt, welches bei zunehmender Wärme in Folge seiner Ausdehnung steigt, bei abnehmender Wärme oder zunehmender Kälte aber fällt und bei der Wiederkehr derselben Wärme oder Kälte genau wieder dieselbe Höhe annimmt; daher zeigt die Höhe des Quecksilbers die stattfindende Wärme, sein Steigen und Fallen aber die Veränderung derselben an. Die Röhre muß überall gleich weit sein; je enger dieselbe und je weiter zugleich die Kugel oder je kleiner der Durchmesser der Röhre im Verhältnisse zu dem der Kugel ist, desto leichter läßt sich das Steigen und Fallen des Quecksilbers auch schon bei einer geringen Änderung der Wärme wahrnehmen, und desto empfindlicher ist mithin das Thermometer. Hat z. B. die Kugel einen halben Zoll im Durchmesser, während die Röhre im Lichten eine Viertellinie weit ist, so mag die Frage aufgeworfen werden: wie hoch wird wol das Quecksilber in der Röhre steigen, wenn die Wärme von der Eiskälte bis zur größten Sommerhitze zunimmt? Man weiß, daß von jener bis zu dieser Temperatur das Quecksilber sich ungefähr um den 200. Theil seines vorigen Raumes ausdehnt; hiernach ergibt die Rechnung (wenn man annimmt, daß das Quecksilber bei der Gefrierkälte gerade die ganze Kugel ausfüllte) ein Steigen des Quecksilbers in der Röhre um 11½ Linien; ist der Durchmesser der Kugel 7 Linien, so beträgt das Steigen 18¼ Linien, ist aber zugleich die Weite der Röhre nur ein Fünftelzoll, so steigt das Quecksilber um 28½ Linien. Das Steigen und Fallen des Quecksilbers beobachtet man an einer Scale oder einem Maßstabe, der mit der Glasröhre verbunden und gewöhnlich auf Holz aufgetragen, zuweilen auch auf die Glasröhre selbst geätzt ist. Das Verfahren, welches bei Eintheilung der Scale und der Verfertigung des Thermometers überhaupt befolgt wird, ist folgendes.

Man nimmt eine enge Glasröhre von 3—10, selten bis zu 18 und mehr Zoll Länge, deren innerer Raum entweder rund (cylindrisch) oder (noch besser) flach (bandförmig), in jedem Falle aber überall gleich weit ist; um die letztere Eigenschaft zu prüfen, muß die Röhre sorgfältig calibrirt worden sein, dies geschieht aber dadurch, daß man einen Quecksilbertropfen in die Röhre bringt, den dadurch gebildeten Quecksilberfaden in der Röhre fortschiebt und mittels eines angelegten Papierstreifens mißt, ob er in allen Theilen der Röhre gleiche Länge hat. Ist das Röhrchen seinem Zwecke entsprechend, so wird das zur Aufnahme des Quecksilbers bestimmte Gefäß — gewöhnlich eine Kugel, nur bei Thermometern mit sehr langen Röhren ein Cylinder — an dieselbe angeblasen. Nachdem dies geschehen ist, so wird die Kugel nebst einem Theile der Röhre mit Quecksilber gefüllt, welches nicht nur rein, trocken und frei vom Staube, sondern auch frei von Luft und Feuchtigkeit sein muß, weil Überreste wie jener theils eine ungleichmäßige Ausdehnung verursachen, theils auch leicht eine Trennung des Quecksilberfadens bewirken können. Zu diesem Ende erhitzt man das Quecksilber über Kohlen so lange, bis es zum Sieden kommt, wodurch Luft und Feuchtigkeit aus demselben vertrieben werden; ist dies bewirkt, so erhitzt man das Quecksilber nochmals, bis es, in Folge seiner starken Ausdehnung emporsteigend, die obere Spitze der Röhre erreicht; hierauf schmilzt man dieselbe zu und bricht die Spitze ab. Durch dieses Verfahren ist die Röhre von aller darin enthaltenen Luft befreit worden; dieser luftleere Zustand ist darum nöthig, weil bei zunehmender Wärme die eingeschlossene Luft von dem steigenden Quecksilber immer mehr zusammengedrückt werden und daher demselben einen immer größern Widerstand entgegensetzen würde, wodurch die Angaben des Thermometers nothwendig falsch werden müßten. Verschlossen werden aber diese Thermometerröhren, um theils das Verschütten von Quecksilber aus dem offenen Röhrchen, theils das Eindringen von Staub und Feuchtigkeit zu verhüten.

Nach dem Füllen und Zuschmelzen sind die sogenannten beiden festen Punkte zu bestimmen, welche nach dem zweckmäßigen Vorschlage des Franzosen Réaumur als Normalpunkte für die Eintheilung der Thermometer dienen. Der eine heißt der Eispunkt oder Gefrierpunkt, weil er nach Réaumur durch gefrierendes Wasser bestimmt werden sollte, der andere aber der Siedepunkt oder Punkt des siedenden Wassers, weil er im siedenden Wasser gefunden wird. Der erste Punkt muß aber eigentlich Schmelzpunkt, Aufthaupunkt oder Punkt des schmelzenden Eises genannt werden, denn nach Réaumur haben spätere Physiker gefunden, daß der Gefrierpunkt des Wassers darum nicht unveränderlich ist, weil das Wasser nach Beschaffenheit der Umstände bei verschiedenen Kältegraden zu gefrieren anfängt, daß aber derjenige Punkt, bei welchem das Eis oder vielmehr der Schnee schmilzt, unveränderlich ist. Um ihn zu finden, bringt man das Thermometer in reinen, schmelzenden Schnee, der nur wenig Wasser enthält und schon anfängt durchscheinend zu werden, und bezeichnet genau den Punkt der Röhre, bis zu welchem das Quecksilber fällt. Eine andere sehr sichere Methode besteht darin, daß man das Thermometer bei einer Temperatur von vier bis sechs Grad Kälte mit festgedrücktem trocknen Schnee umgibt, dann das Gefäß in einen sechs bis acht Grad warmen Raum bringt, und nun wartet, bis ein Theil des äußern Schnees geschmolzen ist. Bei Bestimmung des Siedepunktes muß reines Wasser genommen und in starkem Sieden erhalten, das Thermometer aber nicht ins Wasser selbst eingesenkt, sondern nur den Dämpfen des siedenden Wassers ausgesetzt werden; thut man nämlich das Erstere, so ist der Siedepunkt in Folge der Aufwallungen des Wassers schwankend und hängt zum Theil auch von der Beschaffenheit und Gestalt des Gefäßes ab, indem Ungleichheiten in der Oberfläche der Gefäße das Kochen früher herbeiführen. Eine ganz andere unvermeidliche Unsicherheit des Siedepunktes rührt daher, daß der Barometerstand, d. h. die Größe des Luftdruckes, auf die Siedehitze von bedeutendem Einflusse ist; wenn nämlich der Luftdruck geringer ist, so kocht das Wasser schon bei geringerer Hitze, als bei größerm Luftdrucke, und zwar ändert eine Änderung des Barometerstandes von sieben Linien die Wärme des Kochens schon um einen halben Grad nach Réaumur, weshalb auf hohen Bergen das Wasser weit schneller als in der Ebene kocht und beim freien Kochen in offenen Gefäßen lange nicht bis zu derselben Hitze als in der Ebene gebracht werden, daher auch die Speisen nicht gehörig erweichen und gahr machen kann. Da sich nun ein allgemeiner mittlerer Barometerstand im Niveau des Meeresspiegels nicht bestimmen läßt, so muß man sich über einen willkürlichen, dem mittlern nahe liegenden und daher häufig eintretenden Barometerstand vereinigen, bei welchem der Siedepunkt des Thermometers bestimmt werden soll. Als solcher wird in Deutschland meist 28 (früher wol auch 27) Zoll, in Frankreich allgemein, sowie jetzt auch in einem großen Theile von Deutschland 76 Centimeter (oder 28 Zoll

$^9/_{10}$ Linien pariser Maß), in England aber 30 englische Zoll angenommen.

Hat man die beiden festen Punkte genau bestimmt,
so ist es leicht, die Thermometerröhre einzutheilen oder
die Scale zu verfertigen, welche am besten auf der
Röhre selbst angebracht wird, indem die Theile entweder durch Ritzen mit einer Diamantspitze oder durch
Ätzen mit Flußsäure bezeichnet werden; befindet sich die
Scale auf einem selbständigen Körper, auf welchem
das Thermometer befestigt wird, so besteht sie entweder
aus Holz (häufig mit Papier überklebt), oder aus
übersilbertem Kupfer, oder aus Elfenbein, was in England sehr gewöhnlich ist, oder aus Glas mit eingeätz-
ten Theilstrichen. Genaue Scalen müssen mit einer
Theilmaschine gemacht werden. Abgesehen von dem
Material und der Anbringung der Scalen unterscheidet
man besonders drei Scalen oder Eintheilungsarten, von
denen jede weit verbreitet ist. 1) Die Réaumur'sche,
sogenannt von dem bereits erwähnten Franzosen Réaumur, welche in Deutschland am gewöhnlichsten ist;
man erhält diese Scale, wenn man den Zwischenraum
zwischen dem Gefrier- und dem Siedepunkte in 80
gleiche Theile (Grade) theilt, den erstern mit 0, den
letztern mit 80 bezeichnet, woraus sich die Bezeichnun-
gen der dazwischen liegenden Punkte ergeben, und Theile
von derselben Größe sowol über den Siedepunkt hinaus,
als auf der andern Seite über den Null- oder Gefrierpunkt hinaus aufträgt, so weit der Raum es zuläßt. Die Theilpunkte unterhalb des Nullpunktes bekommen, wie die darüber befindlichen, die Zahlen 1,
2, 3 ... 2) Die hunderttheilige, auch Celsius'sche (von
dem Schweden Celsius, der sie angab), schwedische oder
Centesimalscale genannt, welche in Frankreich, überhaupt aber bei den Gelehrten, mit Ausnahme der englischen, gewöhnlich ist. Bei dieser ist der Zwischenraum zwischen dem Gefrier- und Siedepunkte nicht in
80, sondern in 100 gleiche Theile getheilt, sodaß an
dem letztern Punkte die Zahl 100 steht; der ganze
Unterschied gegen die vorige Eintheilungsart besteht also
darin, daß die Theile in dem Verhältnisse 4:5 kleiner
sind. 3) Die Fahrenheit'sche (von dem Preußen Fahrenheit, der sie um 1709 angab), welche nur noch in
England und Nordamerika gebräuchlich ist. Nach derselben ist der Raum zwischen den beiden festen Punkten in 180 Theile getheilt, am Siedepunkte steht aber
nicht 180, sondern 212, mithin am Gefrierpunkte
32; trägt man 32 dieser Theile unterhalb des Gefrier-
punktes auf, so findet man den Nullpunkt dieser Scale,
der viel tiefer als die vorigen beiden hat, die 14²/₉ Graden der Réaumur'schen und 17⁷/₉ Graden unter Null nach der hun-
derttheiligen Scale entspricht. Fahrenheit setzte den Nullpunkt an diese Stelle, weil sie ungefähr den Stand
angibt, welchen das Quecksilber erreicht, wenn das
Thermometer in eine Mischung von Eis, Wasser und
Seesalz oder vielmehr Salmiak gesetzt wird, sodaß der
Nullpunkt dieser Scale nicht der natürliche, sondern
ein künstlicher Gefrierpunkt ist; übrigens wird der Fahrenheit'sche Nullpunkt bei der Verfertigung einer solchen
Scale nicht etwa dadurch bestimmt, daß man das Thermometer wirklich in die angegebene Mischung setzt, wodurch ꝛc. sich durchaus nicht genau ergeben würde, sondern auf die obenangegebene Weise, indem man vom
Gefrierpunkte des Wassers ausgeht. Alle andere Scalen,
z. B. die von de l'Isle, sind nicht mehr im Gebrauch.

Da nun die drei erklärten Scalen so
sehr voneinander abweichen, so muß oder sollte eigentlich bei jeder Angabe eines Kälte- oder Wärmegrades
angegeben werden, was für Grade gemeint sind, was

durch Beifügung eines der drei Buchstaben R., C.
und F., welche sich auf die erste, zweite und dritte der
obigen Scalen beziehen, zu geschehen pflegt, bei Angaben in öffentlichen Blättern aber nicht selten unterlassen wird, wodurch Verwirrung entstehen muß.
Ist z. B. von 30 Grad Wärme ohne nähere Bestimmung die Rede, so kann damit eine große oder eine
mäßige Wärme oder endlich eine solche, welche die Luft
bei uns nur im Winter haben kann, verstanden werden, jenachdem Réaumur'sche oder hunderttheilige oder
Fahrenheit'sche Grade gemeint sind. Noch müssen die
Grade über den Nullpunkte von denen unter dem
Nullpunkte unterschieden werden; jene heißen auch
Wärmegrade und werden durch das vorgesetzte Zeichen
+, diese heißen Kältegrade und werden durch — bezeichnet, z. B. —7°R. bedeutet 7 Grad unter dem
Nullpunkte (7 Grad Kälte) nach Réaumur's Scale.

Bereits oben ist angegeben worden, daß Quecksilber
sich am meisten zu Thermometern eignet; in großer
Kälte hört aber seine Brauchbarkeit auf, weil es ungefähr bei —30 bis 32°R. gefriert, ein Kältegrad, der
in nördlichen Ländern nicht eben selten vorkommt.
Man nimmt dann gewöhnlich seine Zuflucht zum
Weingeist, der in reinem Zustande bei keiner natürlichen auf der Erde vorkommenden Kälte gefriert und
wahrscheinlich erst bei —80°R. gefrieren würde. (Durch
Anwendung der flüssigen Kohlensäure will Thilorier
in Frankreich ihn neuerdings zum Gefrieren gebracht haben.) In frühern Zeiten waren allgemein Weingeistthermometer in Gebrauch; aber abgesehen davon, daß
der Weingeist eine viel geringere Hitze als das Quecksilber erträgt, da er schon bei +63° siedet, hat das
Quecksilber mehre unbestreitbare Vorzüge vor dem Weingeiste, von denen folgende die bedeutendsten sind: es
läßt sich weit leichter von der anhängenden Luft befreien, unterliegt als einfacher Körper keiner Zersetzung,
ist weit empfindlicher als Weingeist und läßt sich rein
und stets von gleicher Beschaffenheit darstellen, was
beim Weingeiste nur schwer oder gar nicht erreicht werden kann. Der einzige Vorzug des Weingeistes besteht
in seiner stärkern Ausdehnung, die bei ihm vom Gefrierpunkte bis zum Siedepunkte fast ⅛, beim Quecksilber nur ¹/₅₆ des dem Gefrierpunkte entsprechenden
Raumes beträgt. Für hohe Kältegrade aber sind zwei
andere Flüssigkeiten dem Weingeiste noch vorzuziehen,
bisher jedoch wenig oder gar nicht angewandt worden,
nämlich rectificirtes Steinöl und namentlich Schwefelkohlenstoff, von denen jenes bei +68½, dieser bei
+37¼°R. siedet, beide sich weit über ihren
Siedepunkt erhitzen lassen, ohne ihre regelmäßige Ausdehnung zu ändern. Die erstere Flüssigkeit, auch Berg-
naphtha, Bergöl genannt, ist ein ätherisches Öl, kommt
im Mineralreiche natürlich vor und wird besonders im
Morgenlande oft auf Quellen schwimmend gefunden.
Schwefelkohlenstoff ist eine überriechende Flüssigkeit, die
eigentlich gelb aussieht, aber durch Distillation völlig
wasserhell wird und erst seit 1796 bekannt ist. Für beide
Flüssigkeiten ist der Gefrierpunkt bis jetzt selbst durch
künstliche Kälte nicht aufgefunden worden; gewiß ist
nur, daß er sehr tief liegt, wenn auch vielleicht beim
Steinöl etwas höher als beim Weingeiste, und daß
sie demnach beide zur Messung der natürlichen Kältegrade hinreichen; vor dem Weingeiste aber haben sie
den Vorzug, daß sie weit leichter rein und von gleicher
Beschaffenheit darzustellen sind.

Als Erfinder des Thermometers wird gewöhnlich
Cornelius Drebbel, Landmann zu Alkmaar in Nord-
holland, genannt, durch den es in der letzten Hälfte

des 17. Jahrhunderts bekannt wurde; Andere schreiben die Erfindung dem Engländer Robert Fludd zu Orford (geb. 1584), dem Arzte Sanctorius (um 1600) oder dem Galilei zu, welcher Letztere die Erfindung schon 1597 gemacht haben soll, was jedoch sehr unwahrscheinlich ist. Dasjenige Instrument, welches Drebbel 1638 erfand, war eine Art Luftthermometer, oder vielmehr eigentlich nur ein Manometer, welches die Dichtigkeit der eingeschlossenen Luft und daher auch die Ausdehnung derselben durch Wärme zeigte. Das erste Thermometer von der noch jetzt üblichen Gestalt war das der florentiner Akademie (Accademia del Cimento), welches mit Weingeist gefüllt war. Seitdem wurde diese Flüssigkeit beibehalten, auch von Réaumur, der sich um Verbesserung der Thermometer sehr bemühte, die beiden festen Punkte und die nach ihm benannte Scale einführte und Normalthermometer von außerordentlicher Größe anwandte (bei manchen hatte die Kugel über zwei Zoll, die zwei Fuß lange Röhre aber zwei Linien im Durchmesser). Größeres Verdienst hatte Fahrenheit in Danzig, welcher zuerst seit 1709 oder wahrscheinlicher 1714 Quecksilber als thermometrische Flüssigkeit anwandte und nur in der Bestimmung des Nullpunktes seiner Scale fehlte. Durch den strengen Winter von 1709 wurde er nämlich auf den seltsamen Schluß geleitet, der eigentliche absolute Nullpunkt der Wärme sei nicht der Punkt des schmelzenden Eises, sondern entspreche der damals erlebten größten Kälte, die er durch eine Mischung künstlich hervorbrachte. Nachher wies Deluc die Vorzüge des Quecksilbers nach und wandte dasselbe bei dem 80theiligen Thermometer an, welches daher längere Zeit nach ihm benannt wurde.

(Der Beschluß folgt in Nr. 442.)

Eine großartige Flachsspinnerei.

Zu den großartigsten industriellen Etablissements gehört die Flachsspinnerei der Herren Marshall und Comp. in Leeds. Das Gebäude, welches im J. 1838 begonnen und im Juli 1840 bis auf die innere Einrichtung vollendet wurde, bedeckt über zwei Acres Land und besteht aus einem einzigen Raum, der innerhalb der Mauern 396 englische Fuß lang, 216 Fuß breit, in 66 Vierecke von je 1296 Quadratfuß getheilt und durch ebenso viele Kuppeln erleuchtet ist. Rechnet man einen Menschen auf vier Quadratfuß oder eine Quadratelle, so haben 21,384 Menschen in diesem Raume Platz. Die Höhe des Baues beträgt 13½ Fuß zu Anfang des Gewölbes, die Höhe von diesem 7½ Fuß. Das Gewölbe ist aus Backsteinen aufgeführt, mit Erde und Gras gedeckt und von 50 Fuß massiven Eisensäulen gestützt. Am ganzen Gebäude sind drei Millionen Backsteine verwendet und die Fronte ist von Bruchsteinen aufgeführt. Das Ganze ist auf 40,000 Spindeln berechnet. Die Dampfkraft besteht aus zwei Maschinen von je 100 Pferdekraft, die in einem Keller aufgestellt sind. Die Gesammtkosten für das ganze Etablissement werden auf 2—300,000 Pf. Sterl. berechnet.

Im Ganzen beschäftigen die Flachsmaschinen in Großbritannien und Irland wahrscheinlich jetzt über 600,000 Spindeln, wovon auf Schottland 169,500 (betrieben durch 1695 Pferdekräfte), auf Irland 223,000 (in Gang gesetzt durch 2300 Pferdekräfte) kommen. In dem letztern Lande beträgt die Zahl der Arbeiter 18,000, die Kosten der Errichtung der Flachsspinnereien

und der dazu nöthigen Gebäude 1½ Millionen Pf. St. Die Garnausfuhr aus Irland betrug 1840 746,000 Pf. St. (1832 nur 32,000), die Leinwandausfuhr 1838 78 Millionen Yards (1826 37, 1833 61 Millionen), die jährliche Flachsmenge 32,000 Tonnen. Die Flachseinfuhr in allen drei Königreichen betrug 1825 18,000, 1838 81,000, 1840 63,000 Tonnen.

Korkbildnerei.

Die Korkbildnerei oder Phelloplastik wurde um die Mitte des 18. Jahrhunderts von einem römischen Künstler erfunden. Das Material, welches dazu dient, kommt von der sogenannten Korkeiche (Quercus suber Linn.), die in den südlichen Ländern von Europa wächst. Zu noch größerer Vollkommenheit hat sie der frankfurter Baurath Mey gebracht. Die Korkmodelle haben vor denen von Holz, Thon, Stein oder Pappe den Vorzug der Wohlfeilheit und der eigenthümlichen Naturfarbe. Nirgend ist aber wol die Kunst, Gegenstände der Architektur in Kork nachzubilden, so im Großen getrieben worden, als in dem sogenannten Korkkloster nahe bei Cap Rocent in Portugal. Es ist dasselbe mit allen Zellen, der Kirche und den Kapellen in einen Felsen gehauen. Hier sind alle Wände und Thüren mit Kork bekleidet. Auch sind alle Tische, Sitze und Betten, selbst die ganze Ausstattung der Kirche, Crucifixe, Altäre u. s. w. von Kork gebildet.

Leuchtgas aus Torf.

Mehrfache Versuche, um Leuchtgas aus Torf zu gewinnen, sind nicht sehr günstig ausgefallen. Bei Versuchen, die in Emden angestellt wurden, wurde aus einem gewöhnlichen Stücke Torf von 70 Cubikzoll Inhalt und 29 Loth schwer das Gas zu vier Flämmchen entwickelt, welche die Höhe und Dicke einer gewöhnlichen Kerzenflamme, aber keine große Helligkeit hatten und nur 35 Minuten brannten. Bei einem andern Versuche wurden aus drei Torfstücken der angegebenen Größe, jedes etwa ein Pfund schwer, 13 Cubikfuß Gas gewonnen, die 12 Flämmchen gaben, welche 76 Minuten brannten. Das entwickelte Gas war seinem Hauptbestandtheile nach Kohlenoxydgas, die Flammen aber waren auf zwei Drittel ihrer Länge von blauer Farbe. Auch bei einem dritten Versuche wurde kein ölbildendes Gas, sondern Kohlenwasserstoffgas entwickelt. Vortheilhafter waren Versuche, die zu Stettin angestellt wurden, wobei aus einem Cubikfuß gepreßten Torfs sechs bis neun Cubikfuß Gas gewonnen wurden, welches hell und ohne Dunst brannte.

Das Pfennig-Magazin

für

Verbreitung gemeinnütziger Kenntnisse.

442.]   Erscheint jeden Sonnabend.   [September 18, 1841.

Berlin.

Das königliche Schloß.

Berlin, die Hauptstadt der preußischen Monarchie, eine der größten und schönsten Städte nicht nur in Deutschland, sondern in ganz Europa, liegt an der Spree (die sich in geringer Entfernung, unweit Spandau, in die Havel ergießt) in einer durch Fruchtbarkeit und Naturschönheit gleich wenig ausgezeichneten Gegend des nördlichen Deutschlands ziemlich in der Mitte des Staats, wenigstens vom Nordost= und vom Süd= westende desselben beinahe gleich weit entfernt (von jenem etwa 90, von diesem 80 geographische Meilen), und gehört in administrativer Hinsicht zum Regie= rungsbezirke Potsdam der Provinz Brandenburg. Der Name Berlin soll wendischen Ursprungs sein und einen wüsten Lehmboden oder überhaupt eine wüste Gegend bezeichnen. Der Flächenraum der Stadt beträgt in= nerhalb der Ringmauern 5410 preußische Morgen oder 931,935 Quadratruthen, also fast $\frac{1}{4}$ preußische Quadratmeile, wonach die Stadt ohne Zweifel zu den sehr großen gerechnet werden muß; ihr Umfang beträgt $2\frac{1}{2}$ geograph. Meilen. Sie besteht aus sieben Städten, d. h. Stadtabtheilungen und sechs Vorstädten; die er= sten sind: 1) das eigentliche Berlin (der älteste Stadt= theil, schon im 12. Jahrhunderte vorhanden); 2) Köln (in Alt= und Neu=Köln zerfallend, von denen jenes schon im 13. Jahrhunderte, dieses 1681 entstand);

3) Friedrichswerder; 4) Neu= oder Dorotheenstadt seit 1673; 5) Friedrichsstadt seit 1678; 6) Friedrich=Wil= helmsstadt seit 1825 und 7) Luisenstadt seit 1802; die Vorstädte sind die Königs=, spandauer, stralauer, rosenthaler, oranienburger (früher Voigtland genannt) und potsdamer Vorstadt, von denen die drei letzten außerhalb der Stadtmauer liegen. Innerhalb der letz= tern, welche 14 Fuß hoch ist, hat Berlin 158 Stra= ßen, 92 Gassen, 32 öffentliche Plätze, 17 Thore, 40 Brücken; 1838 hatte es 32 Kirchen und Bethäuser, 39 Schulhäuser, 37 Hospitalgebäude und Waisen= häuser u. s. w., zusammen 451 öffentliche Gebäude und 14,220 Privatwohngebäude (wenn die Hinter= gebäude besonders gerechnet werden); rechnet man hierzu noch die Fabrikgebäude, Mühlen, Ställe, Scheunen und Schuppen, so kommen über 20,000 Gebäude her= aus. Die Gesammtzahl der Bewohner beträgt jetzt ge= gen 300,000, worunter über 18,000 Militairpersonen.*) Seit 100 Jahren hat sie sich in einem auffallend schnel= len Verhältnisse vermehrt, indem sie 1721 erst 53,355, unter Friedrich dem Großen 106,606, 1806 155,706

*) Das Resultat der letzten Zählung, die bereits im De= cember 1840 stattgefunden hat, ist unsers Wissens noch nicht officiell bekannt gemacht worden.

Seelen betrug; vor 200 Jahren, im J. 1645, wurden gar nur 9000 Einwohner und 1236 Häuser gezählt. Der Confession nach sind unter den Einwohnern etwa 5000 Katholiken und 4000 Juden, die übrigen sind mit wenigen Ausnahmen Protestanten; der Abstammung nach sind etwa 6000 französische und 1000 böhmische Abkömmlinge, die übrigen der Mehrzahl nach wendischen oder slawischen Ursprungs. Der Einwohnerzahl nach ist Berlin gegenwärtig wahrscheinlich die achte oder neunte Stadt in Europa, unbestritten aber die zweite in Deutschland, indem sie außerhalb Deutschland nur von London, Paris, Petersburg, Moskau, Konstantinopel, Neapel (schwerlich von Lissabon und Dublin), in Deutschland aber nur von Wien übertroffen wird.

Die Straßen sind in den neuern Stadttheilen, namentlich in der Friedrichsstadt, wo sie sich größtentheils rechtwinklig durchkreuzen, schnurgerade und sehr breit, an den Seiten mit breiten Trottoirs versehen, trefflich gepflastert und seit 1826 durch Gas erleuchtet. Die große Ausdehnung der Stadt hat es in den letzten Jahren nöthig gemacht, der bisher bestehenden einzigen Gasbereitungsanstalt vor dem hallischen Thore noch eine zweite davon ganz entfernte hinzuzufügen. Die ganze Anstalt steht unter Leitung einer Compagnie, die mit der Imperial=Continental=Gas=Association in London zusammenhängt; die Gasröhren sind selbst unter dem Bette der Spree hinweggeführt. Einen bisher nicht zu beseitigenden, in den Sommermonaten sehr empfindlichen Übelstand, den der Mangel an Gefälle verursacht, bilden die Rinnsteine; nach den neuesten Nachrichten wird die Beseitigung desseben gegenwärtig auf königlichen Befehl vorbereitet.

Der schönste Theil von ganz Berlin ist unstreitig derjenige, welcher sich vom brandenburger Thore die Straße unter den Linden entlang bis zum königlichen Schlosse erstreckt und einen unaussprechlich imposanten Anblick gewährt, den man in ganz Deutschland vergeblich zum zweiten Male sucht. Wir beginnen unsere Wanderung von dem königlichen Schlosse, einem der größten Residenzschlösser, das ein längliches Viereck mit vier Höfen bildet, 460 F. lang, 276 F. breit und 101 Fuß hoch ist. Es wurde unter der Regierung des Königs Friedrich I. (damals noch Kurfürst Friedrich III.) an der Stelle einer Burg, die Kurfürst Friedrich II. mit dem Beinamen „mit den eisernen Zähnen" schon 1442 erbaut hatte, von dem berühmten Baumeister Schlüter 1699 begonnen, von dem Baron Eosander v. Göthe fortgesetzt und 1716 von Böhme vollendet. Unter den 5—600 Zimmern des Schlosses sind der Rittersaal, der Pfeilersaal, der Audienzsaal, die Bildergalerie und der weiße Saal am merkwürdigsten; außerdem ist die im vierten Geschoß enthaltene Kunstkammer, welche aus einem Kunstcabinet, einem historischen und einem ethnographischen besteht und viele Merkwürdigkeiten des ersten Ranges, in letztern insbesondere eine reiche Sammlung chinesischer Gegenstände enthält, eines Besuchs in hohem Grade würdig. Dem Schlosse gegenüber, von demselben durch den Lustgarten getrennt, erhebt sich seit 1824 das prachtvolle Museum, ein Viereck von 276 Fuß Länge und 179 Fuß Tiefe, das, von Schinkel ausgeführt, unstreitig zu den gelungensten Werken der neuern Baukunst gehört, eine der größten Zierden der Residenz bildet und die meisten bisher in Berlin und Potsdam in den königlichen Schlössern zerstreuten Kunstschätze sowie andere Sammlungen vereinigt. Es wurde am 3. Aug. 1829 eröffnet, sechs Jahre nachdem der Grund dazu (des tiefen Moorgrundes wegen auf einem Pfahlroste von mehren tausend Fichtenstämmen, der allein an 100,000 Thaler gekostet hat), gelegt worden war, und trägt die Inschrift: Fridericus Guilielmus III. studio antiquitatis omnigenae et artium liberalium Museum constituit MDCCCXXVIII. Eine Freitreppe von 21 Stufen, die 91 Fuß breit sind, führt in eine 16 Fuß tiefe, von 18 freistehenden ionischen Säulen gebildete Vorhalle, aus welcher man in eine prachtvolle Rotunde von 72 Fuß Höhe und 67 Fuß Durchmesser tritt, eine Nachbildung des Pantheon in Rom, die den mittlern Theil des Gebäudes einnimmt und ihr Licht von oben durch ein sich schließendes Glasfenster von 22 Fuß Durchmesser erhält. Theils in dieser Rotunde und deren oberer Galerie, theils in den daran stoßenden Sälen des Hauptgeschosses, von denen der größte 204 Fuß lang und 30 Fuß breit ist und 20 Säulen von rothem Stuckgranit enthält, sind Statuen aufgestellt, größtentheils antike Bildwerke, über 400 an der Zahl. Dem Julius Cäsar gegenüber erblickt man in gleich kolossaler Größe von Chaudet in Paris gefertigte Marmorstatue Napoleon's. In den Sälen des obern Stockwerks, zu welchen man von einer Galerie im Innern der Rotunde aus gelangen kann, ist die reiche Gemäldegalerie aufgestellt, wobei die zweckmäßige Einrichtung getroffen ist, daß Gegenstand und Maler an jeder Wand hangenden Gemälde durch aufgehängte Tafeln deutlich und übersichtlich bezeichnet sind, sodaß man auch ohne Katalog über jedes Bild sofort den gewünschten Aufschluß erhalten kann. Im Souterrain befinden sich mehre andere werthvolle Sammlungen vereinigt, als Sammlungen von antiken Vasen, Bronzen, gebrannten Thonwerken oder Majolika (diese bilden das sogenannte Antiquarium), geschnittenen Steinen, Glasmalereien, Münzen u. s. w. Die Münzsammlung zählt gegen 200,000 Stück und hat angeblich einen Werth von mehr als einer Million. Die Gemälde und die Sculpturgalerie sind für Fremde während der Sommermonate täglich zum unentgeltlichen Eintritte geöffnet, die übrigen Sammlungen an bestimmten Tagen. Vor kurzem hat der Bau eines sogenannten kleinen Museums begonnen, welches bestimmt ist, die ägyptischen und nordischen Alterthümer (bisher im nahen Schlosse Monbijou aufgestellt), die Kunstkammer, das Münz= und Medaillencabinet und die Kupferstichsammlung aufzunehmen; es wird mit dem großen durch einen quer über die Straße gehenden Säulengang verbunden werden, der allen Besuchern der Kunstschätze einen bequemen Weg von dem einen zum andern darbietet.

Auf dem Platze vor dem Museum, der den Namen eines Lustgartens führt und jetzt weit mehr verdient als früher, wo er keine Ähnlichkeit mit einem Garten hatte, steht eine kolossale Vase von Granit, 1500 Centner schwer und 22 Fuß im Durchmesser haltend; sie ist aus einem zehn Mal schwerern Block gehauen, der in der Nähe von Fürstenwalde lag. Mitten im Lustgarten springt, von freundlichen Anlagen umgeben, eine schöne Fontaine, welche durch eine nahe am Börsenhause erbaute Dampfmaschine zu einer Höhe von 45 Fuß getrieben wird.

Vom Schlosse kommend, überschreitet man auf der 1822—24 nach Schinkel's Plan erbauten, 156 Fuß langen Schloßbrücke, deren Geländer acht Fußgestelle von polirtem Granit enthält, auf denen künftig Statuen aufgestellt werden sollen, den Schleusengraben und erblickt zur Linken in einiger Entfernung die neue allgemeine Bauschule, die ein Quadrat von 180 Fuß Seite bildet und durch ihre rothe Färbung, sowie die reichen Verzierungen von gebranntem Thon einen eigenthümlichen anziehenden Anblick gewährt. Das Gebäude ist mit bläulichen gebrannten Thonkacheln ausgelegt und die Fensterbrüstungen tragen Basreliefs, die sich auf die Geschichte der Baukunst beziehen; die eisernen Eingangsthüren enthalten die halb erhabenen, ciselirten Köpfe von Baumeistern der alten und neuen Zeit. Jenseit der Schloßbrücke bis zum Anfang der Linden stehen rechter Hand: das Zeughaus, die neue Königswache und das Universitätsgebäude, links des Königs Palais, das Standbild Blücher's und das Opernhaus. Das kolossale Zeughaus, 1695 angefangen und 1706 vollendet unter König Friedrich I., dessen in Erz gegossenes Brustbild über der Thüre angebracht ist, ist nach dem venetianischen wol das größte auf der Erde und bildet ein Viereck von 280 Fuß Seite; über den Fenstern im innern Hofe befinden sich statt der Schlußsteine die berühmten 22 sterbenden Köpfe (Gesichter sterbender Personen) oder sogenannten Schlüter'schen Larven. Das Innere besteht aus zwei durch das ganze Gebäude gehenden Sälen; der untere enthält das schwere Geschütz, mehre hundert Kanonen aller Caliber zum Theil, von den verschiedensten Völkern und Zeiten, der obere in höchst sinnreicher und geschmackvoller, ja künstlicher Aufstellung eine Unzahl von Gewehren, Säbeln, Fahnen, Trommeln u. s. w. Die Flinten stehen in fünffachen Reihen übereinander; an den Wänden hängen Pistolen und Säbel aller Art und französische und andere Fahnen. Ferner findet man hier mehre Geharnischte zu Pferd, Modelle aller Arten von Kanonen, Pulverwagen u. s. w., einen Abguß der kolossalen Statue Blücher's zu Breslau und eine Statue Friedrich Wilhelm's I., eine Fahne und einen Schlüssel von Adrianopel u. s. w. Schon des trefflichen Arrangements wegen verdient diese Sammlung von Mordinstrumenten auch von Denen, die am Kriege und Allem, was an Blutvergießen erinnert, keinen Gefallen finden, in Augenschein genommen zu werden. Die neue Königswache mit drei Reihen von Säulen und Pfeilern wurde im J. 1818 nach Schinkel's Plan und nach der Idee eines altrömischen Lagers gebaut; vor ihr stehen die aus carrarischem Marmor von Rauch gefertigten Statuen der Generale Scharnhorst (1822 errichtet) und Bülow von Dennewitz, jede acht Fuß hoch auf einem Postament von zehn Fuß Höhe. Scharnhorst steht nachdenkend an einen Lorbeerbaum gelehnt, Bülow schlachtfertig auf sein Schwert gestützt. Das Universitätsgebäude, ein sehr weitläufiges Gebäude mit zwei Seitenflügeln, ist 1754—64 erbaut, in den letzten Jahren aber neu eingerichtet und wesentlich verändert worden und war ursprünglich das Palais des Prinzen Heinrich, des Bruders Friedrich II., wurde aber gleich nach der Stiftung der Universität derselben überwiesen. Außer den zahlreichen Hörsälen, Beamtenwohnungen u. s. w. enthält dieses Gebäude drei sehr reichhaltige Sammlungen: das anatomische, das zoologische und das mineralogische Museum, von denen das erste durch seine reichhaltige Sammlung von Misgeburten, das zweite durch seinen außerordentlichen Reichthum an Vögeln ausgezeichnet ist.

(Der Beschluß folgt in Nr. 443.)

Thermometer und Pyrometer.

(Beschluß aus Nr. 441.)

Noch sind folgende eigenthümliche Arten von Thermometern zu erwähnen: 1) Das Thermobarometer, 1819 von Jaubert angegeben, ein Heberbarometer, das zugleich als Thermometer gebraucht werden kann. Es besteht aus zwei weiten Schenkeln, die durch eine enge Röhre in Verbindung stehen; wenn man es umkehrt und am untern Ende aufhängt, so dient der obere Schenkel als Gefäß, die enge Röhre als Thermometerröhre. Freilich steht dieses Thermometer durch ein enges Löchelchen mit der äußern Luft in Verbindung und ist außerdem unbehülflich, jedenfalls aber ein sinnreiches und interessantes Instrument.

2) Das von Wollaston angegebene thermometrische Barometer ist ein Thermometer mit langer Scale und gibt den Barometerstand an, welcher jedem Wärmegrade, bei welchem Wasser zum Sieden gebracht wird, entspricht; der Erfinder hat das Instrument zum Höhenmessen angewandt, doch ist diese Methode der Höhenmessung nichts weniger als genau zu nennen und gibt die Höhen der Berge fast immer viel zu groß.

3) Selbstregistrirende Thermometer sind solche, an welchen sich die Höhe, welche das Quecksilber zu einer gewissen Zeit hatte, auch nachher, wenn es seinen Stand wieder geändert hat, erkennen läßt. Meist dienen sie, um die größten und kleinsten Wärmegrade, die in einer gewissen Zeit stattgefunden haben, anzugeben, und heißen dann auch Maximum- und Minimumthermometer. Das gebräuchlichste ist der von Rutherford angegebene Thermometrograph, aus zwei horizontalen, auf einer Glastafel befestigten Thermometern bestehend, von denen das eine mit Quecksilber, das andere mit Weingeist gefüllt ist. (In engen Röhren werden auch bei horizontaler Lage derselben Weingeist und Quecksilber denselben Gesetzen der Ausdehnung wie bei verticaler Lage folgen, ohne sich nach der ganzen Länge der Röhren auszudehnen.) In dem erstern Thermometer befindet sich vor dem Quecksilber ein kleiner Stahlstift, welchen jenes bei seiner Ausdehnung vor sich hin treibt und beim Zusammenziehen liegen läßt, in dem letztern aber ein dünnes Glasstängelchen mit einem schwarzen Knöpfchen, welches der Weingeist beim Sinken in Folge seiner starken Adhäsion mit sich zurückzieht, beim Steigen aber liegen läßt, weil die von allen Seiten gleiche Adhäsion gar keine Kraft mehr ausübt. Demnach zeigt ersteres den höchsten, letzteres den tiefsten Thermometerstand an. Beide Zwecke werden auf einmal durch das in England sehr gebräuchliche Sixthermometer (so genannt von seinem Erfinder Six) erreicht, dessen man sich hauptsächlich bedient, um die Temperatur in den verschiedenen Tiefen des Meeres zu messen. Es ist ein Weingeistthermometer, dessen Gefäß ein langer und weiter Cylinder ist, um welchen die Röhre zweimal gebogen ist; der Weingeistfaden ist in der letzten durch einen Quecksilberfaden unterbrochen, den der Weingeist bei steigender Wärme vorwärts schiebt, bei abnehmender zurückläßt. Auf beiden Seiten des Quecksilbers liegen kleine Stifte von Stahl oder Eisen (mit kleinen federnden Glasfädchen), welche von dem Quecksilber nach der einen oder andern Seite geschoben werden und liegen bleiben, wenn jenes sich wieder zurückzieht.

4) Metallthermometer. Alle diese Thermometer, als deren Erfinder gewöhnlich der Uhrmacher Jörgensen in Kopenhagen genannt wird, haben die äußere Form einer Taschenuhr, auf deren Zifferblatt die Thermometergrade verzeichnet sind, die durch einen Uhrzeiger angegeben werden. Die Bewegung desselben wird durch einen festgeschraubten Bügel aus zusammengelötheten Blechen von Stahl und Messing bewirkt; da nämlich diese beiden Metalle sich in der Wärme ungleich ausdehnen, so muß dieser Bügel sich abwechselnd erweitern

und verengern; hierbei drückt er mittels eines eisernen Stiftes auf den kurzen Arm eines Winkelhebels, dessen längerer Arm wieder einen gezahnten Bogen bewegt, der mit seinen Zähnen in eine Welle eingreift und sie um ihre den Zeiger tragende Achse dreht. Von Winnerl in Kopenhagen wesentlich verbessert, ist dieser Apparat nach dem Ausspruche des rühmlichst bekannten Astronomen Schumacher in Altona unter allen demselben bekannten Apparaten ähnlicher Art der vollkommenste. Sehr empfindlich ist das von dem Uhrmacher Breguet zu Paris erfundene Metallthermometer, bestehend aus einem schraubenförmig aufgewickelten dünnen Streifen von Platin, Gold und Silber, der am untern Ende einen Zeiger trägt, welcher über einem horizontalen, in Grade getheilten Kreise schwebt. Durch ungleiche Ausdehnung der beiden äußern Metalle (Platin dehnt sich am schwächsten aus, Gold 1½ Mal, Silber doppelt so stark) wickelt sich die schraubenförmige Windung mehr auf oder mehr zusammen und bewegt dadurch den Zeiger.

5) Luftthermometer. Aus vielen Gründen ist Luft oder überhaupt eine permanente Gasart, d. h. eine solche, die bei dem stärksten Drucke und in jeder Temperatur ihre luftförmige Natur beibehält, zur Messung der Wärme vorzugsweise geeignet. Schon Hallen schlug 1680 die Luft statt des Weingeistes anzuwenden vor; der Erste aber, welcher ein eigentliches Luftthermometer construirte, war der Franzose Amontons, dessen unbequeme Construction von Lambert verbessert wurde. Neuerdings hat Gay-Lussac ein zur Messung hoher Kältegrade bestimmtes, Mitscherlich in Berlin aber ein zur Messung solcher Hitzegrade, welche über dem Siedepunkte des Quecksilbers liegen, dienendes Luftthermometer angegeben und das unten zu erwähnende Luftpyrometer von Pouillet kann auch zur Messung tiefer Kältegrade dienen.

6) Das Differentialthermometer, von dem Engländer Leslie um 1800 angegeben, ist zur Messung sehr geringer Wärmeunterschiede mittels ungleicher Ausdehnung der Luft bestimmt. Ganz ähnlich ist das von Rumford construirte sogenannte Thermoskop, bestehend aus einer etwa 17 Zoll langen horizontalen Glasröhre, an deren Enden zwei zehn Zoll lange Röhren vertical in die Höhe gehen, deren jede in einer Kugel von 1½ Zoll Durchmesser endigt. In der horizontalen Röhre befindet sich ein Tropfen gefärbten Weingeistes, der unbeweglich in der Mitte bleibt, wenn beide Kugeln gleicher Wärme ausgesetzt sind, bei ungleicher Wärme aber, welche die in den Kugeln enthaltene Luft in ungleichem Grade ausdehnt, nach derjenigen Seite hingetrieben wird, deren Kugel am wenigsten erwärmt ist. Übrigens muß die verdichtete Luft auf der einen Seite, die ausgedehnte auf der andern entgegenwirken. Noch weit empfindlicher ist das von Schmidt in Gießen erfundene sogenannte Mikrocalorimeter, aus einer drei oder mehr Fuß langen horizontalen Glasröhre bestehend, die an beiden Enden erst aufwärts, dann herabwärts gekrümmt ist und unten in zwei Kugeln endigt; in der Mitte der Röhre befindet sich ein Tropfen gefärbten Weingeistes (oder Schwefeläther), etwa einen Zoll lang, der übrige Theil der Röhre ist nicht mit Luft erfüllt, vielmehr ist diese durch Sieden des Weingeistes ausgetrieben worden, sondern mit Weingeistdämpfen, die gegen Wärme ausnehmend empfindlich sind. Da sich der Dampf bei der Abkühlung niederschlägt, so leistet er der Ausdehnung des stärker erwärmten Dampfes keinen Widerstand. Durch diesen Apparat kann nach Schmidt's Angabe eine Temperaturdifferenz, die nur den 3000. Theil eines Réaumur'schen Grades beträgt, noch wahrgenommen werden, eine Empfindlichkeit,

die in der That nichts zu wünschen übrig lassen würde, doch muß an der Richtigkeit jener Bestimmung billig gezweifelt werden.

7) Thermomagnetisches Thermometer. Von großer Wichtigkeit für die Messung der Wärme war die Entdeckung des Thermomagnetismus durch Seebeck (vergl. Nr. 428). Jeder thermoelektrische Apparat mit zwei Löthstellen oder eine sogenannte einfache thermomagnetische Kette mit zwei vereinten Metallen kann schon an sich als Thermoskop dienen, da die Ablenkung der Magnetnadel desto stärker ist, je größer der Unterschied der Temperaturen beider Löthstellen. Diese einfachen Ketten wandte der bekannte französische Physiker Becquerel an und zwar nicht nur als Thermoskope, sondern als eigentliche Thermometer, indem er die eine Löthstelle auf einer genau bestimmten Temperatur erhielt und die andere der zu messenden Temperatur aussetzte; das Verhältniß zwischen den Graden der Ablenkung der Magnetnadel und der Zahl der Thermometergrade war schon vorher durch genaue Versuche ausgemittelt. Er unterschied Apparate zum Messen höherer und mittlerer Temperaturen. Zu dem ersten Zwecke nimmt man am passendsten zwei in der thermoelektrischen Reihe der Metalle nicht weit abstehende Metalle, z. B. zwei Drähte von verschiedenen Arten Platin, damit die Ablenkung der Magnetnadel bei geringem Wärmeunterschiede gering ist. Mit einem solchen Apparate maß er die Hitze eines Porzellanofens zu Sevres und fand sie gleich 2543°C. Um mittlere Temperaturen zu messen, muß man besser leitende Metalle nehmen, am besten Kupfer und Eisen; auf diese Weise kann die Wärme in größern Tiefen, z. B. in Bohrlöchern, gefunden werden und Becquerel selbst maß die Temperaturen in verschiedenen Tiefen des Genfersees. Höchst wichtig ist die Anwendung dieser Apparate zur Messung der Wärme in den Organen lebender Pflanzen und Thiere, wohin man selbst mit den kleinsten Thermometern gar nicht oder doch nicht ohne Nachtheil gelangen kann. Zu solchen Apparaten, welche Becquerel thermophysiologische nennt und welche so empfindlich sein sollen, daß sie den hundertsten Theil eines Centesimalgrades anzeigen, genügen feine Nadeln aus zwei mit den Spitzen zusammengelötheten Metalldrähten (am besten Kupfer und Stahl), deren beide andere Enden mit den Drahtenden eines Multiplicaters verbunden sind; diese Nadeln werden in den lebenden vegetabilischen oder animalischen Körper eingestochen. Mit einer einfachen Kette aus Kupfer und Wismuth fand Pouillet den Gefrierpunkt des Quecksilbers — 32° R., also sehr genau richtig, und die durch Verflüchtigung der Kohlensäure erzeugte künstliche Kälte — 63°R.

Die gelehrten Italiener Nobili und Melloni wandten statt der einfachen die zusammengesetzte thermoelektrische Kette an. Ersterer verband zuerst sechs Stück Antimon und ebenso viele Wismuth zu einem Kreise; später vereinigte er 40 Elemente und erhielt so ein Thermoskop von staunenswürdiger Empfindlichkeit. Gemeinschaftlich mit Melloni aber erfand er einen allen spätern zum Grunde liegenden Hauptapparat, bestehend aus einer Säule von 38 Paaren Wismuth und Antimon, zu einem Ringe vereinigt, und einem mit den Polen jener Säule verbundenen Multiplicator; seitdem ist diese Construction der thermoelektrischen Thermometer beibehalten worden. (Sehr empfehlenswerthe Instrumente dieser Art werden von Ørtling in Berlin für 32 Thaler verfertigt, bestehend aus 28 an den Enden zusammengelötheten Paaren der genannten Metalle.)

Von den Thermometern unterscheidet man die

Pyrometer (deutsch: Feuer- oder Hitzmesser), welche zur Abmessung sehr hoher Hitzegrade dienen, die über die Grenze hinausgehen, bis zu welcher die Queck-silberthermometer noch brauchbar sind, nämlich über den Siedepunkt des Quecksilbers. Schon mehre der bisher erwähnten besondern Thermometerarten können in diesem Sinne als Pyrometer betrachtet werden.

Die wichtigsten Arten dieser Instrumente sind folgende.

1) Das Thonpyrometer, erfunden 1782 von Wedg-wood; es beruht auf der Eigenschaft sämmtlicher Thon-arten, sich durch die Hitze in Folge der Austrocknung zusammenzuziehen. Wedgwood schlug anfangs vor, nur Thon aus den mächtigen Thonlagern in Cornwallis zu benutzen und daraus kleine Cylinder von gleicher Größe und gleicher Härte zu verfertigen; statt aber jenen Thon unverändert anzuwenden, machte er später eine künstliche Mischung aus Porzellanerde von Cornwallis und reiner Thonerde, und ebenso können auch andere von Kalk und Eisen freie Porzellanerden benutzt werden. Das Instrument selbst besteht aus drei paarweise gegeneinander etwas geneigten Messingleisten oder Linealen, die auf einer massiven Messingplatte aufgelöthet sind; auf den beiden äußersten befindet sich die Theilung der Scale, die in der ersten Abtheilung von 0—120, in der zweiten von 120—240 Grad geht. Zwischen diese Leisten werden die ½ Zoll langen gebrannten Thon-cylinder geschoben und lassen sich desto weiter hinein-schieben, je mehr sie in Folge der Hitze, der sie aus-gesetzt wurden, geschwunden sind; übrigens werden sie nach der Einwirkung des zu prüfenden Feuers im Wasser abgekühlt, wodurch sich ihr Volumen nicht ändert. Nach Wedgwood's Angabe stimmt der Null-punkt seiner Scale mit $+ 465°$ R. überein, und ein Grad der erstern entspricht etwa 58 Grad nach Réau-mur; statt der ersten Bestimmung fand aber der fran-zösische Physiker Guyton de Morveau nur $+ 216°$ R., statt der letztern nur 27 Grad, woraus sich die von Wedgwood bestimmten Hitzegrade ganz anders ergeben, und wies überdies nach, daß das ganze Instrument unzuverlässig sei, was schon daraus folgt, daß dieselben Thoncylinder in gleichen Hitzegraden ungleiche Zusam-menziehungen erleiden.

2) Platinpyrometer. Das von Guyton de Mor-veau erfundene besteht aus einer Platte von hartge-branntem Thone mit einer eingelegten Platinstange, welche mit dem einen Ende gegen den kürzern Hebel-arm eines Winkelhebels von Platin drückt und da-durch bewirkt, daß die Spitze des 20 Mal längern Hebelarms sich über einen eingetheilten Gradbogen fort-bewegt, wodurch die Ausdehnung der Platinstange auf das Zwanzigfache ihres Betrages gesteigert wird. Dieses Pyrometer ist zwar einfach und sehr empfindlich, aber wegen der möglichen Veränderung der Thonplatte durch die Hitze unsicher. Später hat Daniell in England zwei neue Platinpyrometer construirt; bei dem zweiten und vollkommenern besteht der der Hitze auszusetzende Theil aus einer soliden Stange Reißblei, in welcher sich in einem cylindrischen Loche eine Platinstange be-findet, deren Ausdehnung durch einen Winkel- oder Fühlhebel verstärkt wird; aber auch dieses Pyrometer, mit welchem Daniell viele Messungen angestellt hat, die mit den sonst bekannten Erfahrungen ziemlich gut übereinstimmen, ist wegen der ungewissen Einwirkung der Hitze auf das Reißbleistück unzuverlässig. Sehr empfehlenswürdig ist dagegen ein von Petersen angege-benes Pyrometer, dessen Scale von $— 16°$ R. bis $+$ $1600°$ R. reicht, und das nach angestellten Versuchen sehr genaue Resultate gibt; es besteht aus einem hohlen

Parallelepipedum von Schmiedeisen, etwa vier Fuß lang, einem auf dem Boden jener Hülle festgelötheten, wenige Zoll langen Platincylinder und einer mit dem-selben zusammengeschraubten eisernen Stange, die mittels einer Stahlfeder einen Zeiger in Bewegung setzt.

3) Ein Pyrometer aus Metallmischungen hat der Engländer James Prinsep empfohlen. Es beruht auf der Thatsache, daß Metallmischungen aus zwei Me-tallen von sehr verschiedener Schmelzbarkeit nach dem Verhältnisse ihrer Bestandtheile leichter oder schwerer schmelzbar sind, und besteht aus einer Anzahl solcher Mischungen in der Gestalt kleiner Kügelchen von der Größe eines Stecknadelknopfes, welche nach der Reihe der zu prüfenden Hitze in einem kleinen Tiegel ausge-setzt werden; das zuerst schmelzende Metallgemisch gibt dann den Grad der Hitze an. Hierzu ist freilich er-foderlich, daß die Schmelzpunkte sämmtlicher ange-wandten Metallgemische bereits anderweit bekannt und hiernach auf empirischem Wege eine Scale construirt ist, denn die von Prinsep construirte ist rein willkür-lich. Dieser setzte nämlich den Schmelzpunkt des Sil-bers auf Null, den des Goldes auf 10 Grade seiner Scale und nahm an, der Schmelzpunkt einer Mischung aus $^9/_{10}$ Silber und $^1/_{10}$ Gold liege ein Grad, einer Mi-schung aus $^8/_{10}$ Silber und $^2/_{10}$ Gold zwei Grade u. s. w., endlich einer Mischung aus $^1/_{10}$ Silber und $^9/_{10}$ Gold 3 Grade über dem Schmelzpunkte des Silbers; ganz ebenso nahm er an, der Schmelzpunkt des Platins liege 100 Grade über dem des Goldes, und wandte Mischungen aus $^1/_{100}$ Platin und $^{99}/_{100}$ Gold, $^2/_{100}$ Pla-tin und $^{98}/_{100}$ Gold u. s. w. an, für welche er die Schmelzpunkte 1, 2 u. s. w. Grade über dem des Goldes setzte. Allein diese Annahmen waren keineswegs durch Erfahrungen begründet und so konnte von ge-nauen Resultaten dieses Pyrometers nicht die Rede sein, wiewol sich das Princip desselben allerdings durch Leichtigkeit und Bequemlichkeit empfiehlt.

4) Die Luftpyrometer versprechen mehr als die bis-her genannten und sind daher mehrfach in Anwendung gekommen. Verschiedene Constructionen derselben sind angegeben worden von Mill, Petersen und Andern, die sinnreichste und zweckmäßigste wol von Pouillet, be-stehend aus einem birnförmigen hohlen Körper von Platin, welcher der Hitze ausgesetzt wird, einer daran befestigten Platinröhre und drei vertical stehenden Glas-röhren, von denen die eine mit jener und zugleich mit der zweiten Glasröhre communicirt. Wenn die Luft in dem Platinkörper in Folge starker Erhitzung sich ausdehnt, so muß das am Boden der ersten Glas-röhre stehende Quecksilber sinken und in der zweiten Röhre emporsteigen. Eine genauere Beschreibung würde ohne Zeichnung nicht verständlich sein. Dieses Pyro-meter erfodert zwar beim Gebrauche viel Sorgfalt und größern Zeitaufwand, empfiehlt sich aber durch seine Sicherheit und den großen Umfang der damit meß-baren Temperaturen; ja es mißt die Grade einer tiefen Temperatur fast noch genauer, als die einer hohen (Pouillet maß damit eine durch feste Kohlensäure her-vorgebrachte künstliche Kälte von $— 64°$ R.) und könnte daher mit Recht Universalthermometer genannt werden.

Schließlich muß noch bemerkt werden, daß sich die Pyrometrie oder Ausmessung der höhern und höchsten Wärmegrade aller angewandten Bemühungen ungeachtet noch in ihrer Kindheit befindet, wie sich schon aus den verschiedenen Angaben der Wärmegrade ergibt, bei denen die einzelnen Metalle schmelzen und die unglei-chen Grade des Glühens eintreten, indem z. B. Wedg-wood den Schmelzpunkt des Eisens ungefähr bei 6000

Graden N. setzt, wofür Andere nur den vierten oder fünften Theil (Daniell 1270°) setzen.

China, Schina, Sina.

Der Name, mit dem wir China bezeichnen, ist im Lande selbst durchaus nicht gebräuchlich. Er rührt von einem Gebiete des nordwestlichen China, dicht an der westlichen Grenze her, das Tsin (fast wie unser Zinn lautend) hieß und einem Fürstenhause seinen Namen gegeben hat, aus welchem der gewaltige Eroberer Schihoang-ti (246—209 v. Chr.) hervorging. Aus dem Namen Tsin machten die Hindu, Perser u. s. w. Tschina, Tschin, Dschin und Sin. Diesen Namen zu erhalten, trug der Umstand nicht wenig bei, daß im 3. Jahrhunderte eine neue mächtige Dynastie in China emporkam, die gleichfalls wieder Tsin hieß und lange Zeit ganz Mittelasien beherrschte. Tausend und mehr Jahre später, als der Name zu Lande nach Europa gekommen und dort wieder vergessen war, kam er auf dem Seewege nach Europa durch die ersten portugiesischen Seefahrer im 16. Jahrhunderte, die das Wort Tschina durch Malayen empfingen. Seltsamerweise behielt jedes europäische Volk, das den Namen aufnahm (nur die Russen sagen Kitai statt China), die spanisch-portugiesische Orthographie bei, die natürlich zu der in vielen Sprachen eigenen Aussprache des Ch, namentlich zur italienischen, polnischen und deutschen, sehr schlecht paßt.

Noch ein neues Dampfschiffahrtssystem.

Der Franzose Achille de Jouffroy, Sohn des Marquis Achille de Jouffroy, welcher zuerst im J. 1775 Ideen über die Anwendung des Dampfes zur Fortbewegung von Schiffen aussprach und bald nachher durch Fahrten auf dem Doubs und der Saone realisirte, hat ein neues Dampfschiffahrtssystem erfunden, nach welchem statt der Schaufelräder zwei an dem Hintertheile des Schiffes angebrachte Hände oder gegliederte Schwanenfüße angewandt werden, die sich abwechselnd bewegen, öffnen und wieder schließen. Diese Vorrichtung wurde an einer Goelette von 120 Tonnen auf der Seine angewandt und erfüllte ihren Zweck vollkommen. Die Vorzüge, welche sie vor den Schaufelrädern hat, sind angeblich folgende: Bei gleicher Triebkraft theilt sie der hinter dem Schiffe befindlichen Wassermenge, folglich auch dem Schiffe selbst eine größere Geschwindigkeit mit; sie erzeugt eine der Fortbewegung durchaus nützliche Wirkung, was von den Schaufelrädern nicht ohne Einschränkung gilt; sie kann mit Leichtigkeit an allen Arten von Schiffen, sogar den Segelschiffen, angebracht werden u. s. w. Bei einem Fregattenmodell, das abwechselnd mit Schwanenfüßen und Schaufelrädern nach dem im Großen auszuführenden Verhältnisse ausgerüstet wurde, war der Vortheil der Geschwindigkeit ganz auf Seiten der Schwanenfüße. Anton Movillon in London hat auf einen ähnlichen Mechanismus in England ein Patent erhalten.

Nicolo Ugo Foscolo.

Nicolo Ugo Foscolo wurde im Jahre 1777 oder 1778 von venetianischen Ältern zu Zante geboren, welches damals zu Venedig gehörte. In Padua erhielt er seine erste Erziehung, die ziemlich vernachlässigt wurde, und dem republikanischen Sinne, der ihn durchglühte, ward durch Cesarotti, welcher die Schriften der alten Classiker mit ihm las, die reichlichste Nahrung zu Theil. Sein schaffender Geist strebte nach Mittheilung und von vielseitigem Talente begünstigt, trat er bereits im 19. Jahre seines Alters mit einem Trauerspiele „Tieste" hervor, das großes Aufsehen erregte, und kurz hintereinander in Venedig acht Mal aufgeführt, aber von ihm selbst bald darauf und bis an seinen Tod verworfen und für des Auspfeifens werth erklärt wurde. Den 4. Januar 1797 erschien es zum ersten Mal auf der Bühne. Am 17. October desselben Jahres ward durch Bonaparte der Friede zu Campo Formio vermittelt, und der älteste unter den Staaten des neuern Europa, fast der einzige, der aus dem alterthümlichen Weltzustande in die neuere Zeit herüberragte, die Republik Venedig, sank nach einer Dauer von 1350 Jahren in Trümmern. Wie tief mußte jedes edle Gemüth das ganze arglistige Verfahren jenes Weltenstürmers, welches namentlich auch bei diesem Friedensschlusse sich kundgab, empören! Auch Foscolo, der nach dem Ausbruche der Revolution in Italien von der neuen Ordnung der Dinge für sein Vaterland Heil erwartet hatte, war durch das Benehmen der Franzosen mit einem Male enttäuscht worden. „Sehr Viele — so läßt er seinen Jakob Ortis sich briefich vernehmen — setzen ihr Vertrauen auf einen Heldenjüngling, der aus italienischem Blut entsprossen ist und daher gebürtig, wo man unsere Sprache spricht. Ich aber versehe mir von einem niederträchtigen, grausamen Gemüthe nimmer, was uns frommen und erheben könnte. Was hilft Löwenmuth, Löwenstärke bei der Natur eines Fuchses? Ja, niederträchtig und grausam, das ist nicht übertrieben! Hat er nicht Venedig mit offenbarer Barbarei verkauft? Selim I., welcher auf dem Nil 30,000 Cirkassier würgen ließ, die sich ihm ergaben, Nadir Schah, der in unserm Jahrhunderte 300,000 Indier schlachtete, können für wilder gelten, aber gewiß sind sie minder verächtlich. Ich habe von diesem Heldenjünglinge mit meinen Augen gesehen, wie er eine volksthümliche Verfassungsurkunde eigenhändig mit Bemerkungen versah und den Venetianern zur Annahme übergab. Und doch war schon seit mehren Tagen jener Friede bestätigt und genehmigt und Venedig verkauft. Mit Proscriptionen, Auswanderungsgeboten, Landesverweisungen überschwemmte seine Biederkeit Italien. Ich sage nichts von der Staatsklugheit, welche die Nationen wie Viehheerden verkauft; so war es immer, so wird es auch bleiben. Nur um das entrissene Vaterland, um die Art, wie es geschah, klage ich laut. Ich höre sagen: „Er ist Italiener! Er rettet Italien einst noch!" Ein Anderer glaube das; ich aber antworte und werde ewig antworten: Die Natur schuf ihn zum Tyrannen. Ein Tyrann sieht nicht aufs Vaterland; er hat keins!"

Es begreift sich von selbst, daß bei solcher Gesinnung Foscolo's Bleiben in Venedig nicht sein konnte. Er wanderte aus nach Florenz, von da nach Mailand, wo er mit dem hochherzigen Parini, dem berühmten satirischen Dichter der Jahreszeiten, innigen Umgang pflog, und zur Consulta der italienischen Republik im Jahre 1801 nach Lyon berufen, hielt er vor 250 Deputirten an Bonaparte jene berühmte (später zu Lugano im Drucke erschienene) Rede, worin er Italiens Leiden durch fremde Gewaltherrschaft, ohne ihn zu schonen, mit brennenden Farben schilderte. Als im Jahre 1801 durch die Schlacht bei Marengo sich Italiens Schicksal vollends entschied, benutzte er seine „Ultime lettere" (Letzten Briefe), die in fast alle europäische Sprachen übersetzt wurden, um unter dem Namen des Jakob Ortis in hinreißender Sprache seinem Kummer über die getäuschten frohen Erwartungen Luft zu machen. Seine Liebe zu Isabella Roncini, welche durch ihre nachherige Vermählung mit dem Marchese Bartolomei für ihn verloren ging, gab hier seinem Ausdrucke eine leidenschaftliche Glut, wozu ihn ohne Zweifel Goethe's „Werther" begeistert hatte. Die Darstellung von Ortis' Seelenleiden hat mit Werther's Leiden viel Ähnlichkeit. Wie hier die Liebe zu Lotten, führt dort die zu Theresen wegen Unmöglichkeit des Besitzes Beide zum freiwilligen Tode. Lotte gelobte dem sterbenden Mutter die Verbindung mit Albert, Therese dem Vater die mit Odoardo. Beide endigen zur Nachtzeit im verschlossenen Zimmer, Werther mit der Pistole, Ortis mit dem Dolche; aber zeitgemäß wird Ortis' Leidenschaft durch tiefe Wehmuth des Patrioten über sein geknechtetes, in Ketten geschlagenes Vaterland motivirt. Beide Dichter wurden durch tragische Vorfälle, die sie näher berührten, Goethe durch Jerusalem's, Foscolo durch seines Bruders freiwilligen Tod, zu ihrem Werke veranlaßt; aber immer behauptete Foscolo jenen patriotischen Anstrich. „Unser Vaterland ist geopfert" — beginnt der erste dieser Briefe, aus den euganeischen Hügeln datirt — „Alles verloren! Das Leben, wird es anders uns noch gestattet, kann nur dienen, unser Unglück zu beklagen und unsere Schande. Mein Name steht auf der Liste der Verbannten, das weiß ich; aber willst Du, daß ich, mich vor meinen Unterdrückern zu retten, mich meinen Verräthern überlasse? Tröste die Mutter, Lorenzo! Ihre Thränen haben mich besiegt, und gehorsam verlasse ich Venedig, den ersten Verfolgungen zu entgehen, den wüthendsten. Werde ich denn auch fort müssen aus dieser alten Einsiedelei, wo ich, ohne mein unglückliches Leben aus den Augen zu verlieren, noch auf einen Tag Frieden hoffen kann? Macht es, wie ich, wenn Ihr könnt! Nachdem ich verzweifeln müssen an mir und an Vaterland, erwarte ich ruhig Kerker und Tod. Wenigstens meine irdischen Reste sollen nicht in fremde Hände fallen! Leise Klagen weniger Edeln ertönen dann über meinem Namen, die dann die Leidensgefährten, welche mein Gebein in väterlicher Erde bestatten!"

Gern hätte sein reiches Gemüth, das ihm als Tragiker, Redner, Romandichter Ruhm erwarb, unter gelehrten Bestrebungen ausgedauert, und daher übersetzte und commentirte er Kallimachus' Gedicht auf das Haar der Berenice, widmete der Iliade in ungebundenen Versen seinen Fleiß; aber bald trieb es ihn, die Waffen zu St.-Omer in Frankreich wieder zu ergreifen, unter dem General Thuillier, wo er als Hauptmann angestellt war, sowie sechs Jahre vorher bei der neuen italienischen Armee gedient hatte. Ausgezeichnet vom Kriegsminister Caffarelli, kehrte er zurück. Im Lager hatte er Englisch gelernt und erwarb durch seine Übersetzung von Sterne's „Sentimental journey" ins Italienische den größten Beifall; bald versuchte er auch eine Selbstschilderung unter dem Namen Didymo Chierico (vom Hafen Chieri zu Zante entlehnt). Im J. 1808 verließ er das Heer, nach Pavia an Monti's Stelle als Professor der Beredtsamkeit berufen. Da er aber in seiner Antrittsrede über Ursprung und Zweck der Literatur bei aller Beredtsamkeit am Schluße das Lob des Kaisers hintansetzte, veranlaßte er im Jahresfrist der Aufhebung dieser Stelle selbst. Im J. 1810 zog er sich ins Dorf Vico am Comersee zurück, nachdem er früher mit seinen „Gräbern", einem Gedichte voll phi-

losophischer Gedanken, tiefer Empfindung und von classischem Versbau, wie mit seiner Ausgabe von Montecuculi's Werken, neue Lorbern sich erworben hatte.

Immer beeifert, den Sinn für Unabhängigkeit und Freiheit unter den Italienern anzufachen und zu erhalten, schrieb er (im Gange seines Geistes einem Alfieri nicht unähnlich) die Tragödien „Ajax" und „Ricciardo", deren erstere, auf den Theatern in Mailand aufgeführt, ihm eine Verweisung von Seiten des Vicekönigs Eugen zuzog, worauf er sich nach Florenz begab. Nach Napoleon's Sturze faßte er neue Hoffnungen für das Gelingen seiner Pläne, nahm als Escadronchef und Adjutant unter General Pino bei Gelegenheit der mailändischen Unruhen im Jahre 1814 Dienste und schrieb für die mailändische Bürgergarde die Adresse an Macfarlane, worin die Italiener die Unabhängigkeit einer verfassungsmäßigen Regierung begehrten. Nicht ohne bittern Schmerz ob der vergebens für sein Vaterland geopferten Kräfte, ging er, durch seine Schritte der neuen Regierung mißfällig geworden, nun in die Schweiz, und besorgte in Zürich eine vollständige Ausgabe seines „Ortis", wovon in London 1814 die fünfzehnte Auflage ans Licht trat. Glänzende Aufnahme wurde ihm in letzter Stadt, als er 1817 nach England ging, bei den ersten Männern, als Lord Holland, Brougham, Mackintosh, Russell, Lansdown, Byron, Roger, Campbell, Moore, zu Theil. Aber seinem hochfliegenden, unruhigen Geiste war ruhige Ausdauer in seinen Umgebungen fremd. Zurückgezogen schrieb er für einige englische Zeitschriften, dann über Petrarca, begleitete die „Divina commedia" des Dante mit einem, zur historischen Erklärung nicht unwichtigen Commentar, nahm an Pickering's Ausgabe der italienischen Classiker Theil, wobei er den Text des „Decamerone" von Boccaccio Forschungen anstellte, und hielt Vorlesungen über die italienische Literatur, die ihm an 1000 Pfund einbrachten. Ruinirt durch eine so unbedachte als verderbliche Speculation, geschwächt durch vielfältige geistige und körperliche Anstrengungen, starb er dürftig, fast Noth leidend, sechs Meilen von London in Turnham-Green am 10. October 1827 und ruht auf dem dortigen Friedhofe, unter einem Steine, zu welchem er selbst folgende Grabschrift verfertigte:

Didymi Chierici. Vitia. Virtus. Ossa
hic. post. annos. L. conquiescere. coepere.

(Die Fehler, die Tugend, die Gebeine des Didymo Chierico haben nach 50 Jahren hier zu ruhen begonnen.)

Der rothe Hund.

Mit dem Namen des rothen Hundes bezeichnet man in Java einen klimatischen Ausschlag, welchem alle die Tropenländer besuchenden Europäer unterworfen sind und dessen Entstehung durch unzweckmäßige Kleidung, körperliche Anstrengungen, geistige Getränke, schwer verdauliche Speisen und Mangel an Bädern begünstigt wird, während die eingeborenen Tropenbewohner frei davon sind. Er ist lästig und unangenehm, aber nicht ansteckend und völlig gefahrlos; durch kühles Verhalten, leichte Kleidung, kühle Bäder und abführende Mittel wird die Krankheit sehr bald gemildert. Bei anhaltend kühlem Verhalten verschwindet sie ganz, kommt aber von neuem zum Vorschein, wenn man sich abermals der Hitze aussetzt. Der Ausschlag bricht zuerst an den bedeckten Theilen des Körpers aus, gewöhnlich an den Armen, und verbreitet sich nach und nach über den ganzen Körper, wobei die am wärmsten bedeckten Theile zuerst befallen werden. Er ist von hellscharlachrother Farbe und besteht aus einzelnen Punkten, die wie Hirsekörner in der Haut liegen. Bei jeder Temperaturveränderung und dann, wenn man sich der Sonne aussetzt, empfindet man heftiges Jucken; besonders lästig ist aber dieser Zustand kurz vor dem Ausbruche des Schweißes. Nachdem die Krankheit zwei bis drei Wochen gedauert hat, beginnt die Hautabschuppung; nach und nach schält sich die ganze Oberfläche der Haut ab und in 8—14 Tagen ist der Körper mit einer neuen Haut bedeckt. Reicht die Hitze nicht hin, den Ausschlag zur vollkommenen Ausbildung zu bringen, so tritt eine unvollständige ein; an unbedeckten Theilen des Körpers erscheinen weißgraue Punkte, die wie Körner in der Haut liegen. Sie erscheinen oft gleichzeitig mit dem rothen Hunde, wenn dieser sich an bedeckten Stellen bildet, jucken bei Temperaturveränderungen ebenfalls stark und lassen sich durch erhöhte Wärme in den wahren rothen Hund verwandeln.

Das Museum in Berlin.

Die Königswache und das Zeughaus in Berlin.

Herausgegeben unter Verantwortlichkeit der Verlagshandlung F. A. Brockhaus in Leipzig.

Das Pfennig-Magazin

für

Verbreitung gemeinnütziger Kenntnisse.

443.]   Erscheint jeden Sonnabend.   [September 25, **1841.**

Berlin.

(Beschluß aus Nr. 442.)

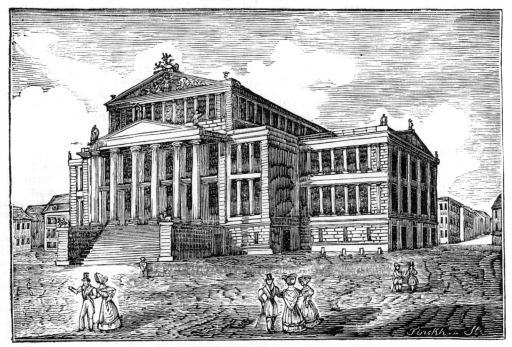

Das Schauspielhaus in Berlin.

Den zuletztbeschriebenen drei Gebäuden gegenüber stehen 1) des Königs Palais, ein einfaches, schmuckloses Gebäude, das von dem verstorbenen Könige bewohnt wurde und durch ein Quergebäude mit dem ehemaligen Palais des Prinzen Ludwig zusammenhängt; 2) das am 18. Juni 1826 aufgestellte Standbild des Feldmarschalls Blücher, nach Rauch's Modell in Bronze gegossen und über 26 Fuß hoch. Auf einer polirten Granitstufe steht das 13 Fuß hohe metallene Piedestal, auf diesem die elf Fuß hohe Bildsäule, welche den Helden in Generaluniform, die der Reitermantel bedeckt, in der Rechten den Säbel haltend und mit dem linken Fuße auf eine umgeworfene Haubitze gestemmt, darstellt. Die kunstvollen Reliefs am Fußgestelle stellen die Kriegsjahre 1813—15 in fortlaufender Reihe bildlich dar. 3) Das Opernhaus, in den Jahren 1740 und folgg. unter Friedrich dem Großen erbaut und 1821 erneuert, bildet ein längliches Viereck von 261 Fuß Länge und 103 Fuß Breite; es trägt die Inschrift: Fridericus Rex Apollini et Musis. Die Bühne ist 39 Fuß breit, 88 Fuß tief und das ganze Haus faßt 2000 Zuschauer; wird das Parterre durch Maschinerie in gleiche Höhe mit der Bühne gehoben, so wird ein großer Saal gebildet, der an 4000

Personen fassen soll. Unweit des Opernhauses stehen am Opernplatze außer der katholischen Kirche das Palais des Prinzen Wilhelm und das große, aber unschöne, 1775 —80 erbaute Bibliothekgebäude, das eine Büchersammlung von 4—500,000 Bänden enthält (eine der größten und berühmtesten in Europa, deren Benutzung mit großer Liberalität erleichtert wird) und die bekannte geschmacklose Inschrift führt: nutrimentum spiritus (Nahrung des Geistes).

Wir betreten nun die Straße unter den Linden, welche 2688 Fuß lang und 170 Fuß breit, mit einer vierfachen Reihe Linden bepflanzt ist und den schönsten Spaziergang innerhalb der Ringmauer bildet, der daher auch vielfach benutzt wird und um die Mittagsstunde von Lustwandelnden wimmelt. Zwischen den Lindenreihen befinden sich auf jeder Seite zwei Reitwege, in der Mitte eine 50 Fuß breite Chaussee für Fußgänger, auf beiden Seiten längs der Häuser gepflasterte Fahrstraßen. Auf beiden Seiten stehen hier durchgängig schöne und stattliche Gebäude, großentheils Paläste; zur Rechten ist noch das Akademiegebäude hervorzuheben, welches von der königl. Akademie der Wissenschaften und von der Kunstakademie benutzt wird und in welchem alle zwei Jahre eine öffentliche Kunstausstellung stattfindet; auf demselben steht der 1833 errichtete Telegraph, der Anfangspunkt einer bis Koblenz laufenden Telegraphenlinie, und im obersten Stockwerke ist eine des Abends erleuchtete Uhr angebracht, nach welcher alle Uhren in Berlin gestellt werden. Am Ende der Straße befindet sich der schöne pariser Platz, der zu dem imposanten brandenburger Thore führt. *) Dieses wurde nach dem Muster der Propyläen zu Athen von Langhans in den Jahren 1789—93 erbaut und besteht aus einer 18 Fuß hohen Hauptöffnung und vier 12⅓ Fuß hohen Nebenöffnungen, die durch 12 große und 28 kleinere Säulen gebildet werden. Die ganze Breite des Thors beträgt 196, die Höhe mit der obenstehenden Gruppe 80 Fuß; die letztere ist 16 Fuß hoch und besteht in einem von vier Pferden gezogenen Triumphwagen (einer sogenannten Quadriga) mit der Siegesgöttin, welche in der Rechten das eiserne Kreuz mit dem preußischen Adler hält. Im J. 1807 wurde diese schöne Gruppe, welche Schadow modellirt hat, auf Befehl Napoleon's nach Paris entführt, aber nach der Einnahme von Paris durch die Verbündeten wieder zurückgebracht.

Wir setzen unsern Weg, der uns nach dem Thiergarten führen würde, nicht weiter fort, um noch länger bei der innern Stadt zu verweilen. Unter den zahlreichen Thoren derselben sind noch bemerkenswerth: 1) das potsdamer Thor, 1824 neu erbaut; es wird durch den leipziger Platz mit der Linden parallel laufenden leipziger Straße getrennt; 2) das hallische Thor, welches am Platze von la belle Alliance liegt. Von demselben gehen drei Straßen aus: die Wilhelms=, die Friedrichs= und die Lindenstraße. Von dieser ist die zweite, welche die leipziger Straße und die Linden rechtwinklig durchschneidet und in gerader Linie vom hallischen zum oranienburger Thore führt, wegen ihrer außerordentlichen Länge bemerkenswerth, die nicht weniger als 10,700 Fuß oder fast eine halbe geographische Meile beträgt, sodaß man bei einem mäßigschnellen Schritte drei Viertelstunden gebraucht, um von einem Ende zum andern zu gelangen.

Von öffentlichen Plätzen sind außer den bereits gedachten noch folgende zu erwähnen: 1) der Gendarmenmarkt, auf welchem das neue Schauspielhaus steht, von welchem unten; 2) der mit Linden bepflanzte, ungepflasterte Wilhelmsplatz, auf welchem die Bildsäulen des Generals Ziethen (errichtet 1794, gefertigt von Schadow), des Fürsten Leopold von Dessau (gleichfalls von Schadow), des Feldmarschalls Grafen v. Schwerin und der Generale Winterfeld, Keith und Seidlitz stehen; 3) der Dönhoffsplatz, gleich den beiden vorigen zur Friedrichstadt gehörig; 4) der Schloßplatz, mit einem neun Laternen tragenden gußeisernen Candelaber; 5) der Alexanderplatz in der Königsstadt, an welchem das königsstädter Theater steht.

Das eben erwähnte neue Schauspielhaus (siehe die Abbildung auf voriger Seite) wurde nach dem Brande des 1800—2 erbauten Theaters, der 1817 erfolgte, in den Jahren 1819—20 nach Schinkel's Plan auf der Stelle des alten erbaut. An der Hauptfaçade befindet sich ein Peristyl von sechs ionischen Säulen, zu welchem 27 Stufen führen; das Frontispiz stellt in Hautreliefs die Geschichte der Niobe dar; andere Darstellungen finden sich auf den Frontispizen der andern Façaden und der Flügel; darüber stehen die Statuen der neun Musen. Den ganzen Bau krönt die Gruppe des Apollo von getriebenem

Kupfer in einem Wagen, der von zwei geflügelten Greifen gezogen wird; auf der Spitze des einen Frontispizes steht ein Pegasus, wie er mit dem Hufe die Quelle Hippokrene aus dem Felsen schlägt; in den Seitenecken stehen große Opferschalen. Unter dem einen Frontispiz, das die Musen Melpomene, Polyhymnia und Thalia darstellt, steht die Inschrift: „Frid. Guil. III. theatrum et odeum incendio consumta maiore cultu restituit MDCCCXXI." Das Gebäude ist 245 Fuß lang, das Mittelgebäude 160 Fuß tief; das 85 Fuß breite Peristyl tritt noch um 52 Fuß hervor. Die Höhe des Mittelgebäudes beträgt 102 Fuß, mit der Gruppe des Apollo aber 120 Fuß. Das Theater ist halbkreisförmig gebaut und faßt 1500 Zuschauer; die Bogen ruhen auf vergoldeten eisernen Säulen. An der Decke des Proscenium ist auf einem 40 Fuß langen Fries ein Bacchanal von Schadow gemalt. In den Flügeln befinden sich ein Probesaal und ein großer Concertsaal, 44 F. breit, 76 F. (mit den Tribunen 107 F.) lang und 43 Fuß hoch; der letztere faßt mit den Oratorien bequem 1200 Personen. — Das königsstädtische Theater ist 1823—24 von Ottmer erbaut worden, 150 F. lang, 176 F. breit, 90 Fuß hoch, im Äußern viel einfacher und schmuckloser als das vorige; es faßt gleichfalls 14—1500 Zuschauer.

Das Schauspielhaus auf dem Gendarmenmarkte wird eingeschlossen von zwei Kirchen, der neuen und der französischen Kirche, deren Thürme, jeder 225 Fuß hoch, Friedrich II. bauen ließ; auf der Kuppel jedes derselben ist eine von Kupfer getriebene, vergoldete Figur angebracht. Außerdem sind folgende Kirchen zu bemerken: der Dom, 1748 von Friedrich II. erbaut, metallene Monumente der Kurfürsten Johann Cicero und Joachim I. enthaltend, von denen letzteres angeblich von Vischer in Nürnberg gegossen ist; die Werder'sche Kirche, in den letzten Jahren nach Schinkel's Entwurf im Style des Mittelalters erbaut; die katholische St.=Hedwigskirche, nach dem Muster des Pantheons oder der Maria rotonda in Rom erbaut. Die ältesten sind die Marienkirche, welche in Urkunden schon 1292 erwähnt wird, und den höchsten Thurm der Stadt, der indeß nur 265 pariser Fuß hoch ist, hat, ferner die Georgenkirche, welche schon 1331 stand, die Nicolaikirche, wahrscheinlich in der ersten Hälfte des 13. Jahrhunderts erbaut, die heilige Geistkirche und die Kirche des grauen Klosters. Im Allgemeinen sind die Kirchen Berlins nicht sehr bedeutend und keine einzige kann mit den berühmten Domkirchen anderer Städte Deutschlands einen Vergleich aushalten.

Unter den öffentlichen Gebäuden nennen wir noch: 1) das Kammergericht in der Luisenvorstadt (siehe die Abbildung auf Seite 312), gewöhnlich Collegienhaus genannt, das König Friedrich Wilhelm I. 1733 durch Gerlach aufführen ließ, 1829 durch einen Anbau vergrößert; außer dem Kammergerichte haben das geheime Obertribunal und das kurmärkische Pupillencollegium hier ihren Sitz. 2) Das Börsenhaus im Lustgarten, 1802 erbaut. 3) Die neue Münze, von Genz erbaut, mit einem 116 Fuß langen, 5¾ Fuß breiten Basrelief von bronzirtem Sandstein und der Inschrift: rei monetariae, mineralogicae et architectoniae. 4) Das Charitégebäude, seit 1784 erbaut, hat drei große Höfe mit weitläufigen Ökonomiegebäuden und Raum für 680 Kranke; 500 andere können in einem 1831 in der Nähe jenes alten aufgeführten Gebäude untergebracht werden. — Nur dem Vergnügen dient das in der neuesten Zeit erbaute Colosseum, das zwei große Tanzsäle und acht kleinere Säle enthält; der größte von jenen ist 70 F. lang, 50 F. breit, 40 F. hoch. Im Souterrain befindet sich der sogenannte Tunnel. Das ganze Local kann 3000 Personen fassen. — Von Palästen zeichnen sich die der Prinzen Albrecht, Wilhelm, Karl und Friedrich, sowie das niederländische Palais aus. An Brücken, welche theils über die Spree selbst, theils über Arme derselben führen, ist Berlin reich, aber keine derselben ist durch ihre Größe ausgezeichnet. Bereits oben wurde die Schloßbrücke genannt. Wir erwähnen noch die sogenannte lange Brücke, deren Länge in der That sehr gering ist; sie verbindet den Schloßplatz mit der Königsstraße, wurde 1692—95 erbaut und wird durch eine eherne Reiterstatue des großen Kurfürsten geziert, welche von Schlüter modellirt und 1703 errichtet wurde. Die Friedrichs- und die Weidendammer-Brücke sind von Gußeisen. Mitten in der Stadt liegt auf der Spree eine Schiffahrtsschleuse.

Wir wenden uns nun zu der Umgegend Berlins, der es ungeachtet ihrer sandigen Natur keineswegs an freundlichen Punkten fehlt, während innerhalb der Ringmauer außer der Promenade unter den Linden nur wenige und beschränkte öffentliche Spazierplätze zu finden sind. Obenan steht der Thiergarten, ein Park, der über 819 Morgen einnimmt, 716 Ruthen lang und 280 Ruthen breit ist und in der neuesten Zeit durch Lichtung, Austrocknung und Anlegung schöner Wege (zu denen man zerbrochenes Porzellan verwandt hat) ungemein gewonnen hat. Man findet hier einen Circus für Kunstreiter und andere Sehenswürdigkeiten, zahlreiche Kaffeegärten und Wirthshäuser, worunter die sogenannten Zelte und das Elysium, und eine große Zahl schöner Landhäuser. An das nahe Lustschloß Bellevue, dem Prinzen August gehörig, stößt ein großer und schöner Garten, der dem Publicum in den Nachmittagsstunden offen steht. Durch den Thiergarten läuft die mit Bäumen und Hecken bepflanzte, nicht weniger als 60 Fuß breite Allee, welche nach dem eine Stunde entfernten Städtchen Charlottenburg führt. Hier ist das königliche Lustschloß, der daran stoßende anmuthige und geräumige Schloßgarten mit zahlreichen Statuen und einem Mausoleum, in welchem König Friedrich Wilhelm III. und seine Gemahlin Luise beigesetzt sind, und das freundliche, elegant eingerichtete kleine Schauspielhaus, in welchem wöchentlich wenigstens einmal (Sonntags) von den berliner Hofschauspielern gespielt wird, der Erwähnung und nicht minder des Besuchs werth. Vor dem potsdamer Thore sind außer der 3½ Meilen entfernten, durch die Eisenbahn innig mit Berlin verbundenen Stadt Potsdam selbst zu bemerken: der botanische Garten, sowie die Dörfer Schöneberg, das sich unmittelbar an Berlin anschließt und viele elegante Landhäuser enthält, und Steglitz. Vor dem hallischen Thore ist der Kreuzberg (früher tempelhofer Berg), theils wegen der schönen Aussicht auf Berlin, theils wegen des hier stehenden gußeisernen Siegesdenkmals bemerkenswerth. Dasselbe ist im gothischen Style von Schinkel entworfen und bildet einen thurmartigen Baldachin, der 12 nischenartige Kapellen bedeckt, die den 12 Hauptschlachten des großen Befreiungskrieges (bei Großbeeren, Großgörschen, Katzbach, Kulm, Dennewitz, Wartenburg, Leipzig, la Rothière, Bar sur Aube, Laon, Paris, Belle-Alliance), von denen die zuerst genannte die Hauptseite einnimmt, gewidmet sind und Siegesgenien (von Rauch, Tieck und Wichmann) enthalten. Unmittelbar daneben befindet sich das 1829 eröffnete Tivoli, ein zur Unterhaltung des Publicums bestimmtes Etablissement das großartig

angelegt und glänzend eingerichtet war, aber in der neuern Zeit in Verfall gerathen ist.

Im Südosten der Stadt, vor dem frankfurter und schlesischen Thore, liegen an der Spree in angenehmer buschiger Gegend einander gegenüber die Dörfer Stralau und Treptow, die sehr oft zu Wasser besucht werden, und gewiß wird Niemand eine Fahrt dahin auf der schönen Spree unternehmen, ohne sich reichlich belohnt zu finden. Das Fischerdorf Stralau ist bekannt wegen eines Volksfestes der Berliner, das alljährlich am 24. August hier gefeiert wird, des sogenannten stralauer Fischzugs, das in dem Dorfe und dessen Nähe viele Tausende zu versammeln pflegt.

Unter den zahlreichen wissenschaftlichen und Lehranstalten steht die königliche Akademie der Wissenschaften oben an, 1700 unter König Friedrich II. nach dem Plane von Leibnitz unter dem Namen „Societät der Wissenschaften" gestiftet und 1743 von Friedrich II. zur königl. Akademie erhoben. Ein Jahr früher wurde die Akademie der Künste errichtet, welche die Bildung junger Leute zu Malern, Bildhauern, Kupferstechern u. s. w. zum Zweck hat und von deren Mitgliedern in vier Classen Unterricht ertheilt wird. Die Reihe der eigentlichen Lehranstalten eröffnet die 1809 gestiftete Friedrich-Wilhelms-Universität, die frequenteste und ohne Zweifel auch die mit den reichsten Lehrmitteln ausgestattete in Deutschland. Die Zahl der Studirenden beträgt gegenwärtig (im Sommer 1841) 1561, worunter 410 Ausländer; vor zehn Jahren betrug sie 17—1800. An Gymnasien enthält Berlin nicht weniger als sieben: das joachimsthalsche, das zum grauen Kloster, das kölnische, das Friedrich-Werder'sche, das französische und das Friedrich-Wilhelms-Gymnasium, wozu noch eine Gewerbschule kommt. Die Zahl der Volksschulen oder Parochialschulen beträgt ungefähr 80, wozu noch 10 Armenschulen und zahlreiche Privatlehranstalten kommen. Die Taubstummenanstalt wurde 1788 von Eschke, die Blindenanstalt 1806 von Zeune gestiftet. Von den Bildungsanstalten für besondere Zwecke nennen wir noch die Bauakademie, von deren Gebäude oben die Rede gewesen ist, und von den zahlreichen Privatvereinen, die sich mit Wissenschaft und Kunst beschäftigen, die Singakademie, die 1790 von Falck errichtet wurde und sich in einem ihr gehörigen, 1825—26 erbauten ansehnlichen Gebäude versammelt. Die Anzahl der milden Anstalten ist zu groß, um sie hier einzeln namhaft zu machen. Unter den Krankenhäusern muß die 1710 gestiftete Charité genannt werden, welche an 1000 Kranke faßt, die entweder unentgeltlich aufgenommen werden oder eine sehr geringe Vergütung zahlen; damit verbunden sind: ein Gebärhaus, eine Heilanstalt für Augenkranke und ein Irrenhaus.

Handel und Industrie der Stadt sind sehr bedeutend. Die Zahl der Fabriken mag 4—500 betragen. Unter andern steht das Maschinenbauwesen, namentlich der Bau von Dampfmaschinen und die Verfertigung mathematischer, chirurgischer und musikalischer Instrumente auf einer hohen Stufe. Hervorzuheben sind ferner die königliche Eisengießerei, Blech-, Bronze-, Porzellan-, chemische, Farben-, Gold- und Silberwaaren-, Gewehr-, Hut-, Holz- und Lederwaaren-, Papier-, Seiden-, Steingut-, Tabacks-, Tapeten-, Teppich-, Tuch-, Uhren- und Wollenfabriken, Baumwollen-, Damast-, Kattunwebereien, Zuckersiedereien u. s. w. Im J. 1834 waren 1715 Seiden-, 2861 Baumwollen-, 451 Wollenwebstühle, 173 Strumpfweberstühle u. s. w. im Gange Auf einer hohen Stufe der Ausbildung steht in Berlin die Schönfärberei.

Die Fabrikate der berliner Wagenfabriken sind allgemein bekannt und geschätzt. Zur Unterstützung des Handels dienen die Bank, die Seehandlung, mehre Assecuranzgesellschaften u. s. w.

Über die Geschichte Berlins fügen wir dem bereits oben Gesagten noch folgende Bemerkungen bei. Die Stadt wurde um 1163 unter Markgraf Albrecht dem Bär, nach Andern erst von seinem Enkel Albrecht II., der 1206—20 regierte, erbaut und zuerst von niederländischen Ansiedlern bevölkert; etwas später entstand die jetzt damit verbundene Stadt Köln. Seit 1495, wo Kurfürst Johann Cicero seinen beständigen Aufenthalt in Berlin nahm, wuchs der Wohlstand der Stadt bedeutend; selbst die Pest, die sich 1500, 1561, 1566 zeigte, konnte ihn nicht merklich mindern. Im Jahre 1536 fand die Kirchenverbesserung Eingang. Im 30jährigen Kriege hatte die Stadt sehr viel zu leiden und viele Häuser wurden verlassen; 1634 hatte Berlin nur 845 Häuser (von denen 156 leer standen), Köln aber nur 364. Kurfürst Friedrich Wilhelm der Große war bemüht, seine so sehr verfallene Residenz wieder emporzubringen, und muß als zweiter Gründer Berlins angesehen werden; unter ihm entstanden mehre Stadttheile. Unter Kurfürst Friedrich III. (nachmals König Friedrich I.) wurde mit der Vergrößerung von Berlin fortgefahren und 1688 der Bau der Friedrichsstadt begonnen; 1709 vereinigte er alle zu Berlin gehörigen Städte und Stadttheile unter dem Namen Berlin (daher die Benennung: die Residenzstädte Berlin) und unter einem einzigen Magistrate. Im siebenjährigen Kriege wurde Berlin zwei Mal von den Feinden gebrandschätzt und im J. 1806 (24. Oct.) von den Franzosen eingenommen. Wie viel in der neuern und neuesten Zeit, insbesondere unter den Königen Friedrich II. dem Großen und Friedrich Wilhelm III., zur Verschönerung der Stadt geschehen ist, ist oben im Einzelnen angegeben worden. Nicht unerwähnt darf bleiben, daß Berlin in Kurzem den Mittelpunkt eines bedeutenden Eisenbahnnetzes bilden wird. Die kurze Eisenbahn nach Potsdam wird schon seit 1838 befahren; die sogenannte berlin-anhaltsche, welche nach Köthen führt und sich dort an die leipzig-magdeburger Bahn anschließt, ist bereits am 10. Sept. dieses Jahres ganz eröffnet worden; zwei andere Bahnen nach Stettin und Frankfurt an der Oder sind in der Ausführung begriffen; endlich eine fünfte Bahn nach Hamburg (auf dem rechten Elbufer) wird vorbereitet und aller Wahrscheinlichkeit nach gleichfalls zu Stande kommen.

Die Mineralquelle zu Selters.

Hat man auf der großen Landstraße, die aus Norddeutschland nach Frankfurt am Main zieht, die freundlichen Umgebungen dieser Stadt erreicht, dann treten dem entzückten Auge die reizenden, wellenförmig dahingereihten Waldhöhen des Taunusgebirges entgegen, das sich wie ein mächtiges Amphitheater um eine weite Arena umherlagert, die gegen Süden vom Main und Rhein scharf begrenzt ist. Ein herrliches fruchtbares Gefilde, das Tempe von Deutschland, die glücklichste Flur des reichgesegneten Nassau, breitet sich zwischen diesen Strömen und den Gebirgshöhen des Taunus aus, wo auf den sonnigen Hügeln die Rebe den feurigsten und köstlichsten Wein liefert, die Kastanie und der Wallnußbaum in üppiger Pracht gedeihen und wo auf den freien Feldern die langen Kolbenbüschel der stolzen Maispflanze schon das Auftreten einer südlichen Vegetation verkünden. Hier hat die Natur mit freigebiger Hand das Füllhorn ihres reichsten Segens ausgeleert, indem sie das Land zugleich mit den schönsten und lieblichsten Reizen schmückte. Tausende wallfahrten jährlich dahin aus weiter Ferne, um unter diesem heitern Himmel, auf diesem glücklichen Boden, Freude und Lebensgenuß zu finden, oder um an den zahlreichen Heilquellen die Befreiung von schweren körperlichen Leiden zu suchen. Mit Erstaunen wird es der Fremde vernehmen, daß auf der nördlichen, wie auf der südlichen Seite der Taunushöhen weit über hundert Mineralquellen, theils kalt, theils warm, dem Gebirgsstock entsprudeln. Nur mit dem kaukasischen Centralgebirge läßt sich in dieser Beziehung der Taunus mit seinen Höhenverzweigungen vergleichen. Dort wie hier muß der Reichthum der Mineralquellen auf einer Ausdehnung von nur wenigen Quadratmeilen die Bewunderung des denkenden Menschen erregen! Die berühmten Bäder von Wiesbaden und Ems, die von Schlangenbad und Schwalbach, von Soden und Weilbach genießen, durch die Wirksamkeit ihrer Heilkräfte, eines Rufes, der sich über Europa, zum Theil über beide Hemisphären, ausgebreitet hat. Die Mineralquellen von Geilnau, Fachingen und Selters spenden Heil und Erquickung auf beiden Seiten des atlantischen Meeres. Wenn die Merkwürdigkeiten und Naturschönheiten eines Landes nicht oft genug geschildert werden können, und wenigstens nach wiederholten Versuchen eine stets correctere Zeichnung, ein immer treueres Bild von ihnen zu liefern, so möge es diesesmal gestattet sein, von dem Ganzen nur einen Theil hervorheben zu dürfen, um ihn der allgemeinen Aufmerksamkeit näher zu bringen.

Auf der nördlichen Seite des Taunus, da, wo durch zahlreiche, meist tief eingeschnittene Thäler die Gebirgswasser nach der Lahn hinüber rasch abfließen, die in weiten und seltsamen Krümmungen mitten durch das Herzogthum dem Rheine zueilt, entspringt unmittelbar aus dem Thonschiefergebirge die berühmte Quelle von Selters. Es ist ein freundliches, offenes Thal, das von dem lebendigen Emsbach, der es anmuthig durchschlängelt, den Namen trägt. Ihm verleihen die vielen schönen und reichen Dörfer, theils auf den Abhängen, theils im Thalgrund selber, mit ihren trefflichen Obstbaumpflanzungen, einen besondern Reiz, vorzugsweise Walsdorf und das alte Städtchen Camberg mit ihren Mauern und Thürmen aus den Zeiten des Mittelalters. Naht man sich der Quelle zur Zeit der ersten warmen Frühlingstage, dann wird das muntere Treiben der langen Züge von Frachtfuhren überraschen, die aus fernen Ländern kommen, um an Ort und Stelle die braunen Krüge von Selters abzuholen. Nicht selten deuten Colonnen von 14—16 Pferden vor dem befrachteten Wagen auf die Schwere seiner Last. Zahlreiche Gebäude, unter dem dunkeln Grün der Pappeln, verkündigen schon in einiger Entfernung die Brunnenanstalt. Sie enthalten die Magazine, die Comptoirs, die Arbeitssäle, die Hallen und die Wohnungen der verschiedenen Beamten. Wer sich ihr zum ersten Male nähert, auf den wird das Ganze einen überraschenden, ja einen bleibenden Eindruck hervorbringen. Mit Sir Francis Head, dem Verfasser der bekannten Bubbles from the brunnens of Nassau, glaubt man eine neue Welt entdeckt zu haben, die blos von steinernen Krügen bewohnt und bevölkert zu sein scheint. Hier sind sie gleich dichtgedrängten Armeen aufgestellt, dort erblickt man sie in unermeßlichen Lagen hoch übereinander geschichtet. Wohin sich auch der Blick wendet, überall gewahrt das Auge die braunen Krüge, wie sie unter mancherlei Verrichtungen rasch von Hand zu Hand wandern. Bald sind es lange Reihen behender, reinlich gekleideter Mädchen, die leere Krüge zur Quelle befördern, während andere die gefüllten in rascher Eile zu den verschiedenen Gruppen bringen, die im weiten Raume des Hofes auf Stühlen sitzen. Schon beim eilfertigen Vorübergehen, beim flüchtigsten Überblick muß hier die fleißige und gewandte Hand bewundert werden, die eine Kappe aus weißem Leder über den Stopfen zieht und sie dann in einem Nu mit Bindfaden umschnürt. Kaum stehen neben diesen Gruppen, die mit festem, unverwandtem Blick die einzige Aufgabe ihres Lebens verrichten, die Krugmassen aneinandergereiht mit ihren weißen Lederkappen, so nahen sie in beständiger Wanderschaft die Pfannen voll siedenden Peches, und da hier Alles wie nach einem beschleunigten Taktschlag geschieht, erscheinen auch schnell die weißen Kappen des Heeres in braune verwandelt. Mit dem Stempel der Anstalt versehen empfängt sie der wartende Frachter, der, froh seiner Beförderung, in fröhlicher Stimmung sein Werk in der Nähe verrichtet.

Überall erblickt das Auge eine strenggeregelte Thätigkeit, Ordnung, Reinlichkeit und ein rasches Ineinandergreifen verschiedenartiger Kräfte und Fähigkeiten. Wenn nun schon durch das Seltsame und Eigenthümliche der bisherigen Scenerien das Gemüth für ernste Betrachtungen empfänglich geworden ist, dann wird es von einem stillen Vorgefühle, von einer innern Anregung auf das Freudigste bewegt, tritt man an die Quelle selbst heran. Gewiß gehört es zu den feierlichsten Augenblicken eines Menschenlebens, auch nur einmal neben dieser merkwürdigen und weitberühmten Quelle gestanden zu haben, den Blick fest auf die geheimnißvolle und wunderbare Bewegung gerichtet, mit der sie ihre reiche und köstliche Gabe durch unbekannte Schachten aus der tiefverborgenen Werkstätte der Natur heraufbefördert. Unter lautem Brausen strömt sie ihren Wasserreichthum in den geräumigen Brunnenschacht von zwölf pariser Fuß Tiefe, aus dem die zahllosen Gasblasen wie silberne Perlen in munterm Spiele emporsteigen, daß man glauben sollte, sie würden von unsichtbarer Hand hervorgezaubert. Es ist ein überaus reizender Anblick, bei dem das Auge nicht lange genug verweilen kann, und in diesem Augenblicke fühlt man lebhaft die Wahrheit einer geistreichen Bemerkung, daß die Erforschung eines hervorsprudelnden Quelles den menschlichen Geist von den einfachsten Gesetzen der Schwere und des Falls zu den zusammengesetztesten der Gesundheit hinübergeführt habe. Noch vor 150 Jahren war die Quelle von Selters nur in ihren nächsten Umgebungen bekannt, jetzt aber wandern die steinernen Krüge von Selters nach allen Regionen soweit die europäische Civilisation ihre Herrschaft ausgedehnt hat. An die Ufer des Ganges und des Indus bringen sie das köstlichste Erfrischungsmittel; unter den Colonisten von Adelaide und Sydney sind sie keine Fremdlinge mehr und selbst auf den Eilanden von Kangaroo und Tasmanien sie sich seit Kurzem eingebürgert. Nach Südamerika und in die nördlichen Unionsstaaten wandert jährlich ein kleines Heer von selterser Krügen, aber in größerm und bedeutenderm Umfange verbreiten sie sich über die europäischen Länder, über die südlichen, wie über die nördlichen. Merkwürdig bleibt die durch lange und viele Erfahrungen bestätigte Eigenschaft, die sich keiner der übrigen Mineralquellen nachrühmen läßt, daß das Wasser von Selters, selbst an den entferntesten Punkten seiner Verbreitungssphäre, alle die eigenthümlichen Vorzüge behält, durch die es sich an der Quelle selbst auszeichnet. Ob es über das Weltmeer oder durch weite Länder seine Wanderschaft zurücklegt, ob es dem Norden oder dem Süden der Erde zugeführt wird, ist für die gute Erhaltung des Wassers gleichgültig. Keine Entfernung, kein Wechsel des Klimas übt darauf einen nachtheiligen Einfluß. Nirgend ist der geringste Verlust an flüchtigen oder festen Bestandtheilen zu beklagen, und vielleicht wird dieser eigenthümliche Vorzug der selterser Quelle auch theilweise durch die große und unermüdliche Sorgfalt unterstützt, die von der Verwaltung bei der Füllung und Versendung beobachtet wird, was einige Worte weiter unten näher andeuten sollen.

Hell und klar, wie flüssiger Bergkrystall, tritt das Wasser aus seinem natürlichen Schachte hervor, und beim Einschenken in das Glas wiederholt sich im Kleinen das muntere Perlenspiel, das hier, wie in der Quelle, durch den Reichthum des kohlensauren Gases veranlaßt wird. Daß es ein Nektartrunk sei, der wie durch geheime Zauberkräfte auf den ganzen Organismus des Menschen wirke, erheiternd und belebend, im leidenden, wie im gesunden Zustande, wird von keiner Seite her in Abrede gestellt werden dürfen.

Nach dem Ursprung der Quellen im Allgemeinen ist schon von vielen aufstrebenden Geistern geforscht worden, wobei die Anstrengungen aber größer waren, als das Glück, das den geheimnißvollen Schleier hätte lüften müssen. Vermuthungen haben sich einander verdrängt und bis auf den heutigen Tag ruht die alte Finsterniß über der kühnen Frage. Nur aus wenigen äußern Erscheinungen können wir einen schwachen Leitfaden gewinnen. Daß die Quelle von Selters mit den plutonischen Processen der Erde in naher Verbindung stehe, das scheinen die geognostischen Umgebungen zu bestätigen. Wie bei den übrigen nassauischen Mineralquellen, bietet sich auch hier die interessante Erscheinung dar, daß vulkanische Gebirgsbildungen in ihrer Nähe zum Durchbruch gekommen sind. Gleich den kalten und warmen Mineralquellen am Kaukasus sind auch die Heilquellen am Taunus von einem nähern oder entfernteren Kranze vulkanischer Bildungen umgeben. Dort sind es massenhafte Trachytbildungen und hier eine Reihe von Basalten, die die Quellen begleiten. In der Nähe der Therme von Wiesbaden haben die Basalte von Sonnenberg, von Rambach und Neurod die Schichten des Thonschiefers durchbrochen, unter bedeutenden Störungen der Lagerungsverhältnisse; ebenso ist die bedeutende Basaltmasse am Forste in der Umgebung der Thermen von Ems zum Vorschein gekommen. Die Basaltkuppe von Weyer und der basaltische Hornköppel bei Niederbonchen umgeben in nur geringer Entfernung die Quelle von Selters.

Die vielen Ärzte und Naturforscher auch nur flüchtig aufzuzählen, die seit ohngefähr 120 Jahren der Reihe nach thätig gewesen sind, um die Bestandtheile des selterser Wassers und seine chemisch=physikalischen Eigenschaften näher kennen zu lernen, oder seine medicinische Wirksamkeit durch lange Beobachtungen tiefer zu erforschen, dazu müßte die Grenze dieser Mittheilung weit überschritten werden. Es wird genügen, wenn nur einige genannt werden, die als Sterne erster Größe in der Geschichte der Wissenschaft glänzen. Friedrich Hoffmann, einst Leibarzt am preußischen Hofe, wendete schon im Anfange des vorigen Jahrh. der selterser Quelle seine Thätigkeit und seine Aufmerksamkeit zu, indem er vom wissenschaftlichen Standpunkte seiner Zeit aus alle seine Vorgänger weit übertraf. Ihm, sowie dem berühmten Ritter von Zimmermann, dem seine Zeitgenossen für vielfältige Wirksamkeit so Vieles zu verdanken hatten, dem großen Hufeland und dem tief forschenden Richter muß der Ruhm zuerkannt werden, im selterser Wasser eins der wirksamsten Heilmittel entdeckt zu haben. Während die ausgezeichnetsten Ärzte in dieser Richtung sich thätig zeigten, trugen die ersten Chemiker das Ihrige dazu bei, die vielfachen Bestandtheile der Quelle offen darzulegen, indem sie, vom Eifer der Forschung gespornt, muthig in das Labyrinth der Naturgeheimnisse vordrangen. Tobern Bergmann, Westrumb, G. Bischof, Struve, Döbereiner und Caventou haben sich auf diesem Felde bleibende Verdienste erworben. Aber selbst nach diesen glänzenden Leistungen erscheinen die Acten noch nicht als geschlossen, denn dem Geiste der Forschung genügt das erreichte Ziel noch nicht, und er verlangt mit einem tiefern Schachte niederzugehen, um neue Entdeckungen heraufzufördern. Die neueste Analyse des selterser Wassers vom Prof. Kastner zu Erlangen gibt Zeugniß davon, daß die Natur ihre Geheimnisse den Fortschritten der chemischen Untersuchungskunst mehr und mehr offenbart, wenn auch der Triumph einer vollständigen Lösung des Räthsels noch weit hinausgeschoben bleibt. Wie Kastner als Naturforscher sich eine höhere Aufgabe stellte, so liefert Dr. A. Vetter zu Berlin, in ärztlicher Beziehung, durch seine Heilquellenlehre den schönen Beweis, daß den Blättern, die den Ruhm der selterser Quelle verkünden, sich neue hinzufügen lassen, und auch von dieser Seite her läßt es sich erwarten, daß vom heutigen Standpunkt der wissenschaftlichen Forschung aus zu den alten neue Beobachtungen und Erfahrungen gesammelt werden können. An die reichhaltige Literatur über Selters, die schon über 200 Schriften zählt, reiht sich eine umfassende Schilderung, die ganz vor Kurzem zu Paris erschienen ist.

Um das oben gegebene Versprechen zu erfüllen, sind zum Schluß noch die wenigen Worte über das Verfahren bei der Füllung der Krüge und ihrer Verkorkung beizufügen, da die kleine Skizze sonst unvollständig erscheinen könnte. Bei der ins Fabelhafte gestiegenen Consumtion mußte, da der Wasserreichthum der Quelle kein Hinderniß entgegensetzte, auf ein Mittel Bedacht genommen werden, wodurch die Füllung in großen Massen möglich wurde. Dieser Zweck ist durch eine kahnartige Füllmaschine vollständig erreicht, die dicht neben der Quelle errichtet ist. Haben die Brunnenmädchen die aufs sorgfältigste gereinigten Krüge in den Füllkorb eingestellt, der ihrer 50 aufnimmt, dann senkt er sich durch die Thätigkeit eines Haspels hinab bis in die tiefsten Wasserschichten der Quelle, die noch den ganzen Reichthum an freier Kohlensäure besitzen. Nach wenigen Secunden, wenn die Krüge gefüllt sind, hebt sie derselbe Hebel dann rasch wieder empor. Während die Mädchen den Korb von seinem Inhalt befreien, senkt sich bereits ein zweiter in die Quelle und ein dritter wird zu derselben Wanderung befrachtet. So geht es ununterbrochen fort, sodaß nicht selten 24,000 Krüge in einem einzigen Tage gefüllt werden. Ohne die geringste Zögerung gelangen die gefüllten Krüge auf eine nahe geräumige Tafel, wo, in dichten Reihen neben einander hingepflanzt, die feinsten catalonischen Stopfen mit hölzernen Hämmern tief in die Mündungen eingetrieben werden. Jeder Stopfen trägt auf der untern Fläche als Erkennungszeichen die eingebrannte Schrift „Nassau-Selters" mit Krone und Äskulapstab. So gegen alle Einwirkungen der äußern Atmosphäre gesichert wandern die Krüge sofort zu den Gruppen, an denen wir bereits vorübergekommen sind, indem wir ihrem Fleiße und ihrer Behendigkeit schon beim Eintritt die gebührende Anerkennung zollten.

Die genaue Anzahl der jährlich gefüllten Krüge zu erfahren, hat dem Einsender nicht gelingen wollen, aber gewiß ist sie mit mehreren Millionen nicht zu hoch angeschlagen. So spendet die selterser Quelle in riesenhaften Massen alljährlich Heil und Erquickung bis in die entferntesten Regionen der Erde!

Merkwürdiger Eindruck alter Bilderwerke.

Unter allen uns aus der goldenen Zeit der Bildhauerkunst aufbehaltenen Werken nimmt unstreitig der Apollo von Belvedere den ersten Rang ein. Wie sind nicht von der auch bei magischem Fackelschein wiederholten Ansicht dieses Meisterbildes nur noch in neuerer Zeit Winckelmann und Lessing, Herder und Goethe, Moriz und Heinse begeistert und zu den edelsten Ideen und scharfsinnigsten Kunstforschungen angeregt worden! Hat doch selbst Campe, welcher mehr dem Nützlichkeitsprincip huldigte, als er in Paris noch in höherm Alter das nun vandalischer Faust nach der Seine geschleppte Götterbild erblickte, sich davon kaum losmachen können und gestanden, daß sein Anschauen desselben ihn bald vernichtet, bald zum Gott erhoben habe. Bei dieser Wunderkraft, welche jenes einzige Erzeugniß menschlicher Kunst ausübt, läßt sich auch erklären, was uns Schubert in seiner orientalischen Reise berichtet. Bei jener Zusammendrängung der vollendetsten Kunstwerke des Alterthums in Paris sei ein Gärtnermädchen fast täglich zu diesen Bildwerken gekommen und habe vor Allem die Statue des belvederischen Apollo mit Bewunderung und einer Art von Ehrfurcht betrachtet. Sie, welche niemals von Opfergaben vernommen, die man einst in der Zeit der Heiden dargebracht, habe zuletzt innerlich gedrungen gefühlt, jeden Morgen, an welchem sie den Besuch wiederholte, dem Götterbilde eine Spende der ausgesuchtesten Blumen und Gartenerzeugnisse zu überbringen.

Der Themsetunnel.

Der große Tunnel unter der Themse, jenes wahrhaft colossale Bauwerk, naht sich seiner Vollendung, und wird wahrscheinlich noch vor Ablauf dieses Jahres dem Publicum eröffnet werden können. Die Gesammtlänge beträgt 1300 Fuß; im Jahre 1839 wurden allein 245 Fuß ausgeführt; am 30. August 1839 wurde das Seichtwasserzeichen am nördlichen Ufer erreicht, wonach 920 Fuß vollendet und noch 380 Fuß zu vollenden übrigen waren, und zur Zeit der Generalversammlung der Tunnelcompagnie im März 1840 war man vom Ziele nur noch 60 F. entfernt. Am 9. September 1839 gaben die Directoren der Tunnel-Compagnie im Tunnel ein Diner von 280 Gedecken, welchem auf einer Platform gegen 500 Zuschauer, meist Damen, beiwohnten. Besucht wurde der Tunnel im J. 1839 von 34,000 Personen, wofür 1572 Pf. St. eingenommen wurden; im folgenden Jahre betrug die Einnahme von Besuchern 1705 Pf. St. Bis zum 15. März 1840, also in 15 Baujahren, hatten die Kosten sich auf 363,000 Pf. St. belaufen und die ganze Ausgabe wird eine halbe Million nicht übersteigen, vielleicht nicht einmal erreichen. Nach dem Berichte, welcher der letzten Versammlung der Actionaire des Tunnels vorgelegt wurde, die am 2. März dieses Jahres stattfand, war der Bau damals bis auf 36 Fuß von dem Eingange auf der andern (nördlichen) Seite des

Flusses vorgerückt; dieser Eingang war ebenfalls bereits angelegt und der Tunnel auf eine Länge von 1238 Fuß vollendet. Der den Bau leitende Ingenieur, Sir Isambert Brunel, setzte hinzu, an der Vollendung des auf eine Dauer von Jahrhunderten berechneten Werks könne nun nicht mehr gezweifelt werden; an keiner Stelle habe sich der Grund auch nur um ein Haar breit gesenkt. Am 12. August dieses Jahres durchschritt Herr Brunel, von einem Parlamentsmitgliede und mehren andern Herren begleitet, den Tunnel zum ersten Mal in seiner ganzen Länge, von den Arbeitern mit enthusiastischem Zuruf begrüßt. Auf der Nordseite, wo jetzt noch 20 Fuß unvollendet sind, geschah der Durchgang in einer zum Wasserauspumpen angebrachten Rinne. Die Wendeltreppe für Fußgänger vom linken oder nördlichen Ufer in den Tunnel wird in der letzten Hälfte des Septembers fertig werden.

Die Radack-Inseln in Australien.

Als durch die in des Capitains Kotzebue Gefolge, vor ungefähr 24 Jahren durch Adalbert v. Chamisso gemachte Reise um die Welt einer der sehnsüchtigsten Wünsche des edeln Dichters erfüllt wurde, da wandte sich sein spähender Blick und sein liebendes Herz namentlich jenen Insulanern zu, welche in östlicher Entfernung von den karolinischen Inseln sich ansässig befinden. Je weniger Anziehendes hinter dürftigen und Gefahr drohenden Riffen zu erwarten war, desto mehr mußte es ihn und seine Gefährten, als sie hier, kaum die Gegenwart von Menschen ahnend, ans Land stiegen, überraschen, zahlreiche Insulaner nach kurzer Zögerung, mit Muschel- und Blumenkränzen geschmückt, freundlich entgegenkommen zu sehen. Friedvoll in ihrem Innern und von anmuthigen leichten Sitten, boten sie gastfreundlich Cocosnüsse dar und erwiderten die kleinen Geschenke an Ringen, Glasperlen, wohlriechendem Gehölz durch Überlassung des zierlichen Schmucks, den sie eben trugen, oder wol auch anderer Gegengeschenke. Weit entfernt, zudringlich oder überlästig zu sein, ließen sie sich durch Vergleichung des überschwenglichen Reichthums der sie besuchenden Fremden mit ihrer Dürftigkeit nie zum Betteln, Diebstahl oder Bruch der Treue verführen. Unbewaffnet konnte Jeder ihre Inseln einzeln durchwandeln und bei weggelegten Schätzen sicher unter ihren Dächern schlafen. Gleich dem Schutze der Gesetze dienten ihre Gesinnungen als Bollwerk, um auf ihren Booten längere Fahrten anstellen zu können. Der Tausch der Namen ward als Zeugniß inniger Freundschaft gefodert, und die Frauen zeichneten sich aus durch Schamhaftigkeit und Zurückhaltung. Die Radacker zeigten ihre Liebenswürdigkeit auch in dem treuen Gedächtnisse, das sie den neuerworbenen treuen Freunden bewahrten. Schon der ersten Wiederkehr, welche nicht mit leeren Händen erfolgte, erschollen frohe Lieder, von ihnen zum Andenken des frohen Ereignisses erfunden. Als nach Verlauf von acht Jahren Capitain Kotzebue (wenn schon ohne Chamisso) an der Spitze einer neuen Expedition wieder eintraf, rechtfertigte sich nur zu sehr die durch die besondere Gutmüthigkeit der Insulaner erregte innigste Sehnsucht durch die ganze Weise ihres so liebevollen Betragens; denn kaum hob sich die erste ängstliche Bedenklichkeit über den Anblick des großen Schiffes, kaum hatten sie ihren Kotzebue wieder erkannt, da durchbebte die Lüfte der lauteste Jubel. Die fröhlichsten Geberden, Tanz und Musik der aus dem Gebüsch Hervorströmenden

gaben eine maßlose Freude zu erkennen. Ein großer Haufe drängte an den Landungsplatz hin. Andere kamen, bis an die Hälfte im Wasser, ihn zu bewillkommen; Andere hoben ihn aus dem Boote, das er bestiegen, und trugen ihn unter durchdringendem Getön der Muschelhörner ans Land. Ihm ward unter dem Schatten der Brotfruchtbäume ein bequemer Sitz bereitet und von in Körben herbeigebrachten Blumen ein Kranz um die Schläfe gewunden. Im dichten Kreise scharten sie sich um ihn, und während Diese die Kinder emporhoben, kletterten Jene auf die Bäume, seines Anblickes zu genießen, und junge Mädchen reichten zur Labung Pandanussaft, den sie nun in Muscheln ausgepreßt hatten. Alle waren voll des Wunsches, daß er als Oberhaupt bei ihnen bleiben möchte.

Was nun die natürliche und sittliche Beschaffenheit und Verfassung der Radack-Inseln anlangt, so wäre in der Kürze Folgendes zu bemerken.

Dürftig ist die Flora dieses ganzen Archipels und ermüdend die Einförmigkeit, nur mit Ausnahme der Insel Otdia, welche sich als ein schönbegrünter Hügel über dem Spiegel der Wellen erhebt und durch starke Bevölkerung auszeichnet. Der gemeine Pandanus der Südseeinseln, durch Ableger veredelt, gewährt die Nahrung des Volkes, indem die zusammengesetzte, faserige, kugelförmige Steinfrucht in ihrer Grundfläche einen würzigen Saft und eine geschmackvolle Mandel enthält, in Gruben gebacken aber den Stoff zum Mogan, einem trockenen Confect, das man sorgfältig für Seereisen aufbewahrt, liefert. Sowie nun auf dem Pandanus vorzugsweise die Kost, so beruht auf der Cocospalme die Schiffahrt. Die Nuß von dieser gibt Trank, Speise und Öl, die Schale die einzigen Gefäße zur Aufbewahrung des Wassers. Sie wird in einem eigens dazu bestimmten, länglichen, geflochtenen Korbe reihenweise befestigt und auf diese Weise dann das Wasser zugetragen. Das Cocosholz aber behauen die fleißigen Radacker zum Kiel und zu den Planken ihrer Piroguen, flechten dann Seile und Schnuren aus Bast und freuen sich, ihr schönes, schwarzes Haar mit den Wohlgerüchen des Pandanus und den anmuthsvollen Blüten der Sida, der **Guestarda speciosa**, des **Crinum** oder der Hakenlilie, des wohlriechenden Loosbaumes (**Volkameria speciosa**) zu schmücken.

Delphine, Kaschelots, selten Walfische beleben das Wasser, und wunderbar schießt der fliegende Fisch empor, welcher, anderwärts giftig geachtet, durch die Bewohner der einen Insel gespeiset wird. Das Tritonshorn gewährt die Signaltrompete, eine zweischalige Muschel Gefäße. Auch gebricht es nicht an Seeschildkröten, an Krebsen, Skorpionen, an Tintenfischen, Seeigeln, Seesternen, wenn schon die Plage furchtbar vermehrter Ratten einen Schatten über das sonst so heitere Bild wirft. Noch ist zu bemerken, daß den Entdeckern dieser Inseln, Kotzebue und Chamisso, die Bewohner wichtige Bereicherungen für Pflanzen- und Thierreich, als Bataten, Yams, Wasser- und andere Melonen, Kürbisse und Citronenbäume, ferner Ziegen, Schweine, zahme Hühner, Hunde und Katzen — werthe Gaben, namentlich bei der ermangelnden animalischen Kost und, was die beiden letzten Thierarten anlangt, wegen ihres Gebrauchs zur Bändigung des Rattengezüchtes, dessen Genuß die Radacker sich gern werden haben streitig machen lassen — verdanken.

Weder groß, noch von bedeutender körperlicher Kraft, erscheint der Radacker schmächtig, wohlgebildet, gesund, hohen Alters fähig, mit heiterer Rüstigkeit, dunkler von Gesichtsfarbe als der Owaihier. Die Männer lassen den Bart lang wachsen, alle mit zum Durchstecken des Pandanusblattes durchbohrtem Ohrknorpel. Eigenthümlich ist die Tatowirung, selten im Gesicht, bei den Männern über Schulter und Brust, bei den Weibern nur über jene und Arme, mit besonderer Auszeichnung bei den Häuptlingen verrichtet. Sie beruht auf religiösem Glauben und herabbeschworener (nicht Jedem gewährter) religiöser Zustimmung, ist von sehr dunkler, scharfer, über der Haut erhobener Zeichnung und besteht der Form nach in einem Dreieck, aus kleinen, verschiedentlich verbundenen Strichen zusammengesetzt; ähnliche Horizontalstriche sind auf dem Rücken und Unterleibe geführt. Nur die Knaben sind ganz unbekleidet; die Mädchen tragen schon früh eine Schürze, und beide Geschlechter erscheinen mit Gewändern, die sie aus Pflanzenstoffen bereiten, die Männer mit Halsschmuck nebst herabhangenden Platten von Schildkröten=, Muschel= oder Cocosschalen, wol auch mit Schwungfedern des Tropikvogels oder der Fregatte und Armbändern aus der Schale einer größern einschaligen Muschel geschliffen.

Nichts ist einfacher als ihre Wohnung, aus einem Dache mit Cocos= oder Pandanusblättern gedeckt, auf vier niedere Pfosten gestützt, nur zum Sitzen, mit einem Hängeboden, der obere Raum durch eine viereckige Öffnung zugänglich; unten oder oben oder in zeltförmiger, offener Hütte die Schlafstätte, grobe Matten das Bette, ein Holzstamm das Kopfkissen.

Auf ihren kunstreichen Booten ziehen die Schiffer mit Habe und Familie bald auf diese, bald auf jene Insel. Der Pandanusbaum ist ein gemeinschaftliches Gut; der Blütenbüschel, an den Baum gebunden, deutet auf besonderes Eigenthum; in Aour sind Bezirke und Baumgärten mit einer Schnur umzogen. Sorge für Nahrung wechselt mit Schiffahrt und Gesang. Wenn am Abend ein hellloderndes Feuer sie in fröhlichem Kreise versammelt, da beginnen ihre heitern Tänze, von fröhlichen Liedern begleitet. Hat dann der Geist der Freude sie inniger ergriffen, da mischen Aller Stimmen sich in lautem Chor, welcher oft weithin über die Inselgruppe erschallt. Hier wird auch, wol zwischen zwei gleichgestimmten Seelen der Bund inniger Freundschaft geschlossen, welcher, fern von dem Blutschwur, die Verpflichtung auflegt, selbst das Weib dem Freunde mitzutheilen. Hier erklärt sich der Fall, daß das uneheliche Kind gleich dem ehelichen erzogen wird. Sonst gilt nur das Dreikindersystem und zwar, trotz der sonst dem Volke eigenthümlichen Liebenswürdigkeit, mit solcher Strenge, daß das vierte und die darauf folgenden Kinder lebendig begraben werden.

Auch sie führen ihre Kriege, und der Insulanerhäuptling Lamari zog aus von Meduro, sich alle nördlichen Inselgruppen Radacks mit den Waffen zu unterwerfen. Im Kriege bilden die Weiber unbewaffnet ein zweites Treffen. Etliche rühren die Trommel erst langsam, dann, wenn Mann gegen Mann ficht, mit verdoppeltem Wirbel. Sie unterstützen durch Steinwurf im Kampfe ihre Männer und werfen sich sühnend und rettend zwischen sie und den siegenden Feind. Schonung trifft die Weiber, aber nicht so die Männer in erbittertem Kampfe. Bei diesen gilt keine Gefangenschaft, aber den Namen des erlegten Feindes nimmt der Sieger an.

Sie verehren im Himmel einen unsichtbaren Gott, ohne Tempel, und bringen ihm Opfer von Früchten, auch im Freien bei Kriegen. Außer Beziehung der Religion liegt aber Ehe und Bestattung. Auf freier Übereinkunft beruht jene; diese ist ein Vorzug der Häuptlinge, während die Leichname der Andern den Fluten überantwortet werden.

Die Häuptlinge üben über alles Eigenthum ein willkürliches Hoheitsrecht aus. Die Erbfolge geht vom ältern Bruder auf den jüngern, wogegen die Weiber von aller Erbfolge ausgeschlossen bleiben.

Das Kammergericht in Berlin.

Herausgegeben unter Verantwortlichkeit der Verlagshandlung F. A. Brockhaus in Leipzig.

Das Pfennig-Magazin

für

Verbreitung gemeinnütziger Kenntniſſe.

444.]   Erſcheint jeden Sonnabend.   [October 2, **1841**.

Dante Alighieri.

Die Zeit Dante's zeigt im Allgemeinen den entſcheidenden, unumgänglich nothwendig gewordenen Kampf der Kirche und des Staates. Der menſchliche Geiſt erwacht endlich aus ſeinem langen Todesſchlafe, wird ſich ſeiner ſelbſt, ſeiner Individualität bewußt und ſtrebt, ſich aufzuklären über die Rolle, welche die Vorſehung ihm im Weltall zugetheilt hat. Die von den Kreuzzügen her aufgeregten Wogen der Begeiſterung ſind kaum beruhigt und noch gähren die germaniſch-orientaliſchen Elemente der Cultur. Die geiſtlichen Ritterorden erheben ſich neben dem weltlichen Adelſtande; mehre Univerſitäten treten ins Leben, der Mittel= oder Bürgerſtand nimmt immer mehr an Stärke zu, und ſo tauchen überall Elemente moraliſcher Vereinigung auf, welche einem gemeinſamen Sinn für Ausbildung des Verſtandes und des Gefühls ihren Urſprung verdanken. Staat und Kirche ermangeln indeß der geſunden Kraft, wie ſie in Beziehung auf den Staat in Karl dem Großen und Friedrich dem Rothbart ſich kundgegeben hatte, daher die beſtändigen Zwiſtigkeiten und Kämpfe der kleinen Fürſten und der Städte, die nicht zur gleichen Unterwerfung unter einem einzigen Herrſcher gebracht werden können, um das Übergewicht und die Freiheit; daher der Verfall der Kirche, welche ihre urſprüngliche Idee, als Vereinigungspunkt der Sitten, des Lebens und der Kunſt zu dienen, verloren hat und vergeblich danach ſtrebt, die Staaten zu unterjochen, ohne ſich ſelbſt halten zu können. Das unglückliche Italien ſehen wir zerfleiſcht durch die beſtändigen Kriege zwiſchen den Guelfen oder Anhängern des Papſtthums und den Ghibellinen oder Anhängern der kaiſerlichen Macht, einſt, wie es ſcheint, zum Spott ſo genannt, die einen Wölfe, wegen ihrer Schlauheit und Grauſamkeit, die andern zibellini, d. h. Zobelthiere, deren Felle ihr unterſcheidender Schmuck waren. Der Herd der Guelfenmacht iſt Florenz, von dem Jahre 1250 an, wo es das vom Kaiser Friedrich II. auferlegte ghibellinische Joch abschüttelte. Die alte Einfachheit der Sitten verschwindet in Florenz immer mehr; mit dem Reichthume und mit dem Handel wächst die Habsucht; den Emporkömmlingen, denen es nur um den Gewinn zu thun ist, machen die alten berühmten Adelsgeschlechter immer mehr Platz. Der politische Fanatismus der Florentiner will ganz Toscana zur Partei der Guelfen bekehren und bekriegt daher die Pisaner, Pistojeser, Saneser und Volterraner. Inzwischen verschwören sich die Ghibellinen, insgeheim mit Manfred, dem Sohne des Kaisers Friedrich, unterhandelnd; sie werden aber verrathen und ein großer Theil derselben gefangen und hingerichtet. Die Andern wandern aus, und verbündet mit den von Farinata degli Uberti angeführten Streitkräften von Siena schlagen sie die florentinische Macht am Arbia bei Monte aperto. Guido Novello und Giordano, der Statthalter Manfred's, ziehen triumphirend in Florenz ein und nur Farinata vermag die angeordnete Zerstörung der ganzen Stadt zu hindern. Gerade in Dante's Geburtsjahre 1265 zieht Karl von Anjou, unterstützt von Papst Urban IV., in Italien ein und am 26. Febr. 1266 verliert Manfred in der Schlacht bei Grandella unweit Benevent sowol Thron als Leben. Umsonst versucht Manfred's Statthalter, Guido Novello, die Parteien zu vereinigen; Karl erhält die Herrschaft der geknechteten Stadt. Nachdem sich die Sicilianer durch die sicilische Vesper am 20. März 1282 befreit und Peter von Aragonien zum König eingesetzt hatten, stellen auch die Florentiner ihre Constitution wieder her, die sich bis zum Fall ihrer Republik erhalten hat.

Inmitten dieser chaotischen Gährung, unter solchen gewaltigen Stürmen wurde Dante Alighieri, seiner Mutter in einem wunderbaren Traume, den Boccaccio erzählt, angekündigt, am 27. Mai 1265 zu Florenz geboren. Der Name, unter dem er allgemein bekannt ist, Dante, ist nur eine Abkürzung von Durante, denn so hieß er eigentlich; der zweite Name Alighieri aber (Andere schreiben Allighieri oder Aldighieri) ist der Name einer edlen Ferrareserin, der Gattin von des Dichters Urältervater Cacciaguida, der unter dem Kaiser Konrad III. focht und im J. 1147 auf einem Kreuzzuge fiel. Dante verlor seinen Vater frühzeitig, kam dadurch in den Besitz eines ansehnlichen Vermögens und genoß eine sorgfältige Erziehung; unter seinen Lehrern war der berühmte Dichter, Staatsmann und Philosoph Brunetto Latini, Secretair der florentinischen Republik, welcher 1294 starb. Die Liebe faßte in Dante's Herzen zeitig Wurzel. Schon im achten Jahre empfand er eine lebhafte Zuneigung für die um ein Jahr ältere Beatrice oder Bice, die Tochter des Folco Portinari; eine Neigung, die mit den Jahren zur Leidenschaft heranwuchs und die selbst ihr unerwarteter Tod, der am 9. Juni 1290 in einem Alter von 26 Jahren eintrat, nicht ausrotten konnte. Seine Reime, seine „Göttliche Komödie“ und andere seiner Dichtungen zeigen, daß diese Liebe, die ihn über das Gemeine erhob, seine reiche und tiefe Seele zur Erkenntniß und Anschauung der Religion führte. Seine von ihm verherrlichte Beatrice blieb sein Palladium, das er im Heiligthum seines von jeder Gemeinheit freien Herzens verehrte, und die Fabeln von seinen mannichfachen Liebschaften, auf falschen Auslegungen mehrer Stellen seiner Werke beruhend, verdienen keine ernsthafte Widerlegung. Einige Jahre nach dem Tode seiner geliebten Bice, entweder 1292 oder nach Andern 1295, heirathete Dante die Tochter des Manetto

di Donato dei Donati, Namens Gemma, aus vornehmem Geschlechte, welche ihm sechs Kinder gebar. Schon nach dieser Thatsache ist die Erzählung von seiner unglücklichen Ehe mit seiner Frau, welche die Natur einer Xantippe gehabt habe, nicht sehr wahrscheinlich. Wenn aber das frühere gute eheliche Einverständniß nicht immer fortdauerte, so lag der Grund davon wahrscheinlich nur in der stolzen und ghibellinischen Gesinnung Dante's. Als nämlich seine Gattin nach der Zerstörung seines Hauses sich mit ihren Kindern unter den mächtigen Schutz der zur Partei der Guelfen gehörigen Donati begab, scheint er ihr Dante zum Vorwurf gemacht zu haben, daß sie auch ihren Gatten zur Dankbarkeit gegen seine schlimmsten Feinde verpflichtete. In Betreff seiner Kinder mag gleich hier Folgendes bemerkt werden. Der älteste, Pietro, studirte in Bologna, wurde Doctor der Rechtswissenschaft, ließ sich in Verona nieder und starb in Treviso. Jakob löste im J. 1340 die schon confiscirten Güter seines Vaters von der Stadtgemeinde von Florenz wieder ein; Aligero und Eliseo starben in frühem Alter; Gabriello lebte noch 1351 und Beatrice (welcher die florentinische Republik durch Vermittelung Boccaccio's im J. 1350 ein Geschenk von zehn Goldgulden machte) ließ sich im Kloster des heiligen Stephan in Ravenna als Nonne einkleiden.

Bei seinen angestrengten Studien (er studirte in Florenz, Bologna und Padua Philosophie und später zu Paris Theologie) vernachlässigte Dante das von ihm mit dem Eifer und der Inbrunst der alten Propheten geliebte Vaterland nicht und zeigte sich stets als unversöhnlicher Feind des Lasters und beharrlicher Vertheidiger alles Dessen, was mit der von ihm in allen Wechseln festgehaltenen Idee von Staate im Einklange war. Nachdem er sich den florentinischen Gesetzen gemäß in dem Stande oder der Zunft der Ärzte und Apotheker hatte einschreiben lassen, kämpfte er am 2. Juni 1289 in der Schlacht bei Campaldino in den ersten Reihen der florentinischen, guelfischen Reiterei gegen die Ghibellinen von Arezzo; auch fehlte er nicht, als die Florentiner im August 1290 die Pisaner das Castell Caprona nahmen, wo er seinen nachmaligen letzten Beschützer, damaligen Söldnerhauptmann Guido da Polenta, zuerst kennen lernte und mit Nino Visconti aus Pisa Freundschaft schloß. Daß er gegen das Ende des 13. Jahrhunderts der florentinischen Republik vielfach gedient habe, ist aus mehren Gründen wahrscheinlich; seine diplomatischen Leistungen aber scheinen übertrieben worden zu sein und gewiß sind nur zwei ihm übertragene Sendungen, die eine 1295 an den König Karl II. von Neapel, die andere am 8. Mai 1291 an die Gemeinde von San Geminiano.

Im Beginn des neuen Jahrhunderts und zugleich der zweiten Hälfte seines Lebens erblicken wir Dante auf dem Höhepunkte des bürgerlichen Lebens, da er von Mitte Juni bis Mitte August 1300 einer der Prioren der florentinischen Republik war, d. h. einer der obersten Magistratspersonen, welche sie verwalteten und im Palaste wohnten, wo sie auf öffentliche Kosten unterhalten wurden. Aber der Glanz seiner Stellung war nur scheinbar und seine Erhebung gereichte zu seinem Unglücke; die innern Streitigkeiten scheinen für ihn nur Vorbereitungen gewesen zu sein auf die Schicksalsschläge, die ihn nun betrafen. Um diese Zeit gewannen nämlich die Guelfen in Florenz die Oberhand, gespalten in die zügellosen Parteien der Weißen und der Schwarzen, von denen jene Viero dei Cerchi, diese Corso Donati zum Anführer hatten. Ebenso zerfielen ihre Gegner, die Ghibellinen, in die Secchi, d. h. die strengen Anhänger des Kaisers, deren Oberhaupt Tarlati di Pietramala war, und die Grünen unter Jaggiolano, welche Einverständnisse mit dem Papste unterhielten. Dante wies die Vermittelung des Papstes Bonifaz VIII., der die Schwarzen begünstigte, zurück, hielt sich neutral und verbannte die hitzigsten Parteihäupter; indem er sich aber den Ränken und Gewaltstreichen beider Parteien entgegenstellte, wurde er ihr Opfer. Nachdem die Zeit seiner Amtsführung vorüber war, wurde er mit einer diplomatischen Sendung an den Papst beauftragt, der im Einverständnisse mit jenen exaltirten Parteigängern den verrathenen und gehaßten Dichter in Rom zurückhielt, gleichzeitig aber Karl von Valois, den Bruder des Königs Karl des Schönen von Frankreich, nach Florenz sandte, unter dem Vorwande, die Zwistigkeiten beizulegen, in der That aber in der Absicht, der Sache der Schwarzen zum Siege zu helfen. Von ihm unterstützt, begannen die Schwarzen gegen ihre Gegner zu wüthen, und eine ihrer ersten Rachehandlungen war, daß sie Dante's Haus plünderten und niederbrannten. Der von Karl eingesetzte Podesta von Florenz lud den Dante, der fälschlich des Betrugs und Unterschleifs angeklagt war, für den 27. Jan. 1302 vor, um sich zu rechtfertigen, und verurtheilte ihn, da er nicht erschien, in eine Geldstrafe von 8000 Lire; diese Summe konnte Dante nicht bezahlen, daher wurde sein ganzes Vermögen confiscirt und er selbst sammt den Häuptern der Weißen auf immer verbannt. Auf diese Nachricht von Dem, was ihm bevorstehe, eilte Dante von Rom herbei, erfuhr aber schon in Siena, daß der ungerechte tyrannische Spruch bereits gefällt sei. Er lebte nun einige Zeit in Arezzo in Toscana und trat nebst seinen Unglücksgefährten auf die Seite der Anhänger des Kaisers oder der Ghibellinen. Die gleichzeitig mit ihm vertriebenen Weißen machten bald nachher (1304) einen verzweifelten Versuch zur Rückkehr. Unter dem Grafen von Romena stürmten 9000 Fußsoldaten und 1600 Reiter die Thore von Florenz, drangen in die Stadt hinein und verbreiteten Verwirrung in derselben; aber schlecht geleitet, geriethen sie selbst in Unordnung und wurden bald in die Flucht geschlagen. Hierauf erschien ein neues noch härteres Decret, worin Dante und die Haupturheber jenes Zugs, zu dem Jener doch höchstens gerathen hatte, für den Fall, daß sie ergriffen würden, mit dem Flammentode bedroht wurden.

Seit dieser Zeit irrte der Dichter, seiner Güter und seiner Gattin beraubt, fast als Bettler von Stadt zu Stadt. Daß er nirgend eine bleibende Stätte fand, dürfte daraus zu erklären sein, daß er seinen Unmuth über das Vergangene zu wenig verbergen konnte und daher in seinem Charakter immer eine gewisse Bitterkeit zur Schau trug, die seinen Umgang selbst seinen Freunden minder angenehm machen mußte. Diese Periode seines Lebens ist übrigens in tiefes Dunkel gehüllt. Selbst die unbedeutendsten Orte rühmten sich nachmals, auf einige Zeit dem Dichter als Aufenthalt gedient zu haben. Wir finden ihn in abwechselnd in Verona, wo er bei Alboin della Scala Zuflucht suchte, der wegen seiner hochherzigen Unterstützung verdienter und talentvoller Männer von seinen Zeitgenossen der Große genannt wurde, in Bologna, Padua, Mantua u. s. w. Um 1307 war er Geheimschreiber eines gewissen Scarpetta degli Ordelaffi in der Romagna. Um 1309 verließ er Italien und ging nach Frankreich, wo damals Boccaccio's Vater lebte. In demselben Jahre wurde Heinrich VII. zum römischen Könige

gewählt und der von Dante gehaßte König Karl II. von Neapel starb. Auf die Nachricht von der Ankunft Heinrich's in Italien 1310 kehrte auch Dante in sein Vaterland zurück und schrieb und handelte auf jede Weise im Namen und Interesse der verbannten Ghibellinen (in diesem Zwecke schrieb er auch sein Werk „De monarchia", um durch dasselbe sich bei Heinrich in Gunst zu setzen). Der Widerstand, den Heinrich erfuhr, bekümmerte ihn sehr; er schrieb an ihn am 16. April 1311 aus Toscana, ihn zu ermuthigen, und befand sich später in Pisa bei ihm. Am 12. Sept. 1312 belagerte Heinrich Florenz; schon winkte dem Dichter die Rache, aber vergebens. Am 23. Febr. 1313 verurtheilte Heinrich über 600 Florentiner zum Tode, starb aber schon am 24. August dieses Jahres, vermuthlich an Gift. Im J. 1314 kam Dante mit neuen Hoffnungen nach Lucca; 1318 finden wir ihn in Verona, der Romagna, dem Friaul, 1319 in Udine bei dem Patriarchen von Aquileja. Im folgenden Jahre verließ er Udine, um sich wieder seiner Vaterstadt zu nähern, und ging in die Romagna zu seinem Beschützer Guido Novello da Polenta, dem Herrn von Ravenna, einem aufgeklärten Freunde der Wissenschaft und ihrer Jünger; dieser sandte ihn mit einem wichtigen Auftrage an den venetianischen Senat, der ihm aber, seine Beredtsamkeit fürchtend, kein Gehör bewilligte. Hierüber aufgebracht, kehrte Dante nach Ravenna zurück und starb hier am 14. Sept. 1321, geehrt durch die allgemeine Trauer und eine Leichenrede, die Guido Novello selbst in seinem Palaste auf ihn hielt. In der Kirche der Minoriten, wo er begraben wurde, ließ ihm 1483 der venetianische Patricier Bernardo Bembo, Vater des bekannten Cardinals dieses Namens, ein prächtiges Denkmal errichten.

Dante war von mittlerer Statur und ging in späterm Alter etwas gebückt. Sein Gesicht war lang und der Ausdruck desselben immer nachdenkend und schwermüthig; er hatte eine Adlernase, große Augen und eine vorragende Oberlippe, braune Gesichtsfarbe, starkes schwarzes und krauses Haupt- und Barthaar. Seinem Charakter nach war er gefällig, bescheiden, schweigsam, ehrliebend, beharrlich, ein Freund der Einsamkeit.

Wie hartnäckig und unversöhnlich der Haß und Groll seiner Feinde gewesen sei, läßt sich daraus abnehmen, daß außer dem Decret der florentinischen Republik vom 9. Aug. 1373, durch welches Boccaccio als der Erste den Auftrag erhielt, Dante's großes geistliches Lehrgedicht, „Die göttliche Komödie", in öffentlichen Vorlesungen zu erklären, nicht einmal der im J. 1396 entworfene Plan, ihm in der Kirche Santa Maria del Fiore ein ehrenvolles Grabmal zu erbauen, zur Ausführung kam und daß im J. 1519 Papst Leo X. die Bitten der mediceischen Akademie nicht erhörte, die Gebeine des Dichters in seine Heimat transportiren zu lassen, wiewol der Bildhauer Michel Angelo sich erbot, dem herrlichen Dichter ein seiner würdiges Grabmal an einem ehrenvollen Orte zu errichten. Statt dessen erzählt Boccaccio, daß im J. 1341 unter dem Papste Johann XXII. der Cardinal Beltrando del Poggetto, damals päpstlicher Legat in der Lombardei, Dante's „Buch über die Monarchie" verdammt habe, weil die darin enthaltenen Gründe zu Gunsten des Herzogs Ludwig von Baiern gegen die römische Kirche benutzt wurden, und daß ohne die Vermittelung einiger aufgeklärten Männer jener unsinnige Prälat zugleich mit dem Buche Dante's auch seine Gebeine würde haben verbrennen lassen. Die spanische Inquisition endlich hat bis in die neuern

Zeiten die „Göttliche Komödie" verboten. Die Florentiner aber erkannten bald das Unrecht, das sie an ihrem großen Mitbürger geübt hatten, und ehrten sein Andenken unter Anderm dadurch, daß sie sein von Giotto gemaltes Bild öffentlich aufstellten. In der Kirche Santa Croce zu Florenz ist seit 1829 ein Kenotaph zu Ehren Dante's errichtet.

Dante's meisterhaftes, wahrhaft erhabenes Gedicht „Die göttliche Komödie" besteht aus drei Theilen: der Hölle, dem Fegefeuer und dem Paradies, von denen der erste 34, jeder der beiden letzten aber 33 Gesänge hat. Es hat seit 1472 über 60 Ausgaben erlebt. Deutsche Übersetzungen desselben haben geliefert Bachenschwanz (in Prosa), Kannegießer, Streckfuß und in der neuesten Zeit Prinz Johann von Sachsen (unter dem Namen Philalethes); die letztere, in reimlosen Versen und von einem Commentar begleitet, nimmt unter ihnen eine sehr ausgezeichnete Stelle ein. Von hohem Werthe sind auch die lyrischen Gedichte, Sonette und Canzonen Dante's, sowie seine prosaischen Werke. Die vielen Schwierigkeiten in Dante's Gedichten haben bis auf die neueste Zeit den Scharfsinn zahlreicher Ausleger beschäftigt.

Das gemeine Tollkraut (Atropa Belladonna).

Eine der gefährlichsten, bei uns einheimischen Giftpflanzen ist das gemeine Tollkraut, auch Tollkirsche, Wolfs=, Sau=, Wuthkirsche oder Teufelsbeere genannt, nebst dem Wollkraute, Bilsenkraute, Stechapfel, Taback, Nachtschatten, Liebesapfel, der Judenkirsche, Weißbeere, dem Alraun und dem Bocksdorne zur Familie der Tollkräuter oder nachtschattenartigen Gewächse, welche sämmtlich narkotische, d. i. betäubende Eigenschaften haben, gehörig. Es hat die Gestalt eines Strauchs, einen dicken, ästigen Wurzelstock, einen 3—6 Fuß hohen, schwach gestreiften Stengel, gabelförmige Äste, ovalrunde, zugespitzte, feinbehaarte, dunkelgrüne Blätter, die meist

abwechselnd stehen und von denen die größern drei bis sechs Zoll lang, die kleinern halb so groß sind, und glockenförmige, einzeln in den Blattwinkeln stehende, grünlichgelbe, am Saume dunkelrothe Blumen mit bräunlichen Adern. Die Beeren, welche im August und September reifen, sind anfangs grün, später roth, zuletzt, wenn sie reif sind, glänzendschwarz, von schönem violetten, rothen, saftigen Fleische mit vielen kleinen Samenkörnern und von der Größe einer mittelmäßigen Kirsche; ihr kirschenähnliches Ansehen pflegt Unerfahrene und Kinder nicht selten zu täuschen und zum Genusse zu verlocken, da der Geschmack nicht grade widrig und abschreckend ist, und hat dadurch schon oft eine tödliche Vergiftung veranlaßt. Nach Maßgabe der genossenen Menge hat der Genuß Schwindel, Gesichtstäuschungen, Erweiterung der Pupille, Hautröthe, Krämpfe, Wahnsinn und selbst den Tod zur Folge, wenn nicht durch ärztliche Behandlung, starke Brechmittel, Trinken starken Kaffees oder mit Wasser verdünnten Essigs in reichlicher Menge u. s. w. vorgebeugt wird. Es ist zweckmäßig, den Kindern bei Zeiten einzuschärfen, daß sie vor allen schwarzen Kirschen hüten mögen, die statt eines Steines viele kleine Samen enthalten; dies dürfte wirksamer sein als die Verbreitung von Abbildungen, deren Eindruck leicht vergessen wird. Aber nicht nur die Beeren sind giftig; die ganze Pflanze enthält von der Wurzel bis zum Samen ein sehr heftiges narkotisches Gift, Atropin genannt. Schon der Geruch oder die Ausdünstung ist widrig und betäubend; reibt man die Hand mit den abgeschnittenen Blättern oder Zweigen, so entsteht Entzündung. Schweine, Schafe und Kaninchen fressen das Kraut ohne Schaden, die erstern sogar gern. Die Pflanze blüht im Juni bis August und findet sich in ganz Deutschland in den Laubwäldern niederer Gebirge, außerdem auch im südlichen Europa und fast in allen europäischen Ländern. In der Medicin hat man die Pflanze, vorzüglich die Wurzel und die Blätter, in kleinen Gaben als Heilmittel und zwar als ein Opiat benutzt, namentlich in der Hundswuth und bei Nervenzufällen; nach Hahnemann ist sie ein Schutzmittel gegen das Scharlachfieber. Der Name Belladonna oder schöne Frau soll daher rühren, daß man in Italien den Saft zur Bereitung von Schminke und Schönheitswasser verwendet.

Noch sind zwei andere Arten zu bemerken: 1) Das südliche Tollkraut, das in südlichen europäischen Gegenden, außerdem auch in Rußland, sowie in Palästina einheimisch ist, einen ekelhaften betäubenden Geruch, ähnliche aber schwächere narkotische Eigenschaften, wie die erstgenannte Art, und gelbe Beeren hat. Die Wurzel ist in der Arzneikunde zuweilen in Gebrauch. 2) Das judenkirschenartige Tollkraut wächst in Peru, kommt aber auch in unsern Gärten sehr gut im Freien fort und kann wegen seiner bläulichen Blumen als Ziergewächs dienen. Die Früchte werden wegen ihrer harntreibenden Eigenschaft von den Indianern gebraucht.

Neuseeland.

I.

Die große Inselgruppe im südlichen Ocean, mit einem herrlichen Klima gesegnet, in üppiger Fruchtbarkeit einen reichen Pflanzenwuchs nährend, von einem bildsamen Menschenstamme bewohnt, früher das Schrecken europäischer Seefahrer und seit einem Vierteljahrhunderte die aus dem Christenthume hervorgegangenen Keime der

Gesittung entwickelnd, ist nahe daran, in den großen Kreis der europäischen Colonialherrschaft einzutreten. Ein Blick auf diese Eilande und ihre seitherigen Schicksale, die sie zu ihrer künftigen Bestimmung vorbereitet haben, möge zur Würdigung der Ansiedelungsplane dienen, deren Ausführung begonnen hat und die bereits ein Gegenstand der Eifersucht zwischen Großbritannien und Frankreich geworden sind. Neuseeland, zwischen 34 und 46° südlicher Breite, wurde schon im 17. Jahrhunderte von den Holländern entdeckt und benannt, ist aber erst seit Cook der geographischen Kunde aufgeschlossen worden. Das Land besteht aus zwei großen Inseln, der nördlichen, Ikanamavi, und der südlichen, Tawai Punamu, die zusammen einen Flächenraum von ungefähr 2850 Quadratmeilen bilden, und mehren umliegenden kleinen Eilanden. Die beiden großen Inseln durchzieht ein hohes Gebirge, das in seinem Gipfel, Pic Egmont, zu mehr als 14,000 Fuß über dem Meer ansteigen soll. Die nördliche Insel, auf welche sich bis jetzt die Ansiedelungen beschränkt haben, ist ein großartiges Alpenland mit Landseen, mächtigen Wasserfällen, üppig bewaldeten Bergen und schönen Thälern. Viele ansehnliche, zum Theil schiffbare Flüsse durchziehen das Land. Die Küste hat viele Buchten und Vorgebirge und einige große und sichere Häfen. Das Klima ist besonders auf der Ostküste so mild, daß auch im Winter die Bäume nicht entlaubt werden. In den Wäldern ragen ungeheure Bäume, die treffliche Masten und das beste Schiffbauholz liefern. Unter den übrigen Erzeugnissen der Pflanzenwelt ist besonders eine Flachsart (phormium tenax) mit ungemein weichen und zarten Fasern ausgezeichnet, die man bereits auch in Europa heimisch zu machen gesucht hat. Europäisches Obst gedeiht vortrefflich, und durch amerikanische Ansiedler ist der Anbau des Mais mit Erfolg eingeführt worden. Die Insel hat wenig einheimische Säugthiere, aber mehre europäische Hausthiere sind eingeführt worden. Metalle, außer Eisen, hat man noch nicht gefunden. Die südliche Insel ist wild und felsig, rings von mächtigen Klippen umgürtet und kaum noch von Europäern betreten.

Die Neuseeländer sind ein schöner Menschenschlag, der sich schon den ersten europäischen Besuchern durch seine große Kunstfertigkeit empfahl. Sie sind den Bewohnern der im australischen Ocean und dem stillen Meere zerstreuten zahlreichen Inseln nahe verwandt, haben aber keine Ähnlichkeit mit dem malaiischen Stamm, und tief unter ihnen stehen in physischer und geistiger Hinsicht die häßlichen und rohen Wilden in Neuholland. Das Inselvolk ist in zahlreiche Stämme getheilt und scheidet sich auffallend in zwei Kasten, die auf eine doppelte Einwanderung hindeuten, eine höhere und eine geringere. Zu jener gehören die Häuptlinge der Stämme, zu dieser die Masse der Inselbewohner. Man hat eine auf Landverleihungen beruhende Art von Lehnshierarchie in den gesellschaftlichen Verhältnissen zu finden geglaubt; so viel ist gewiß, daß der Boden nur den Häuptlingen eigen ist, welche daher auch, wenn mit Bewilligung sämmtlicher Häuptlinge Ländereien an Europäer verkauft werden, den Preis unter sich theilen. Die Obergewalt ist in den Händen der Häuptlinge, und die Gerechtigkeit wird durch Bestrafung des Schuldigen und durch unmittelbare Blutrache des Beleidigten geübt. Unter den einzelnen Stämmen gab es früher häufige Fehden. Die Gefangenen wurden getödtet und verzehrt, zuweilen auch zu Sklaven gemacht; nur Feinde aber wurden geschlachtet und verzehrt, und obgleich dieser Greuel noch bei einem großen Theile der Eingeborenen

herrscht, so haben doch die europäischen Missionare bei Vielen mit glücklichem Erfolge gewirkt, der alten Sitte zu steuern. Als die Europäer zuerst die Insel betraten, fanden sie weder gesellschaftliche Einrichtungen noch Keime der Gesittung. Das Tabu, eine Art von religiöser Weihe, die gewissen Gegenständen, besonders dem angebauten Boden, Unverletzlichkeit sicherte, mochte vielleicht einigen Übeln abhelfen, die aus dem Mangel gesellschaftlicher Ordnung hervorgingen. Die Berichte der Seefahrer am Ende des vorigen und zu Anfange des jetzigen Jahrhunderts schildern die Neuseeländer als diebisch, verrätherisch, schamlos und wild, wiewol sie nicht selten, ohne es zu wollen oder zu wissen, die religiösen und gesellschaftlichen Vorurtheile der Inselbewohner beleidigt haben mögen. Bei der Ausbreitung des Walfischfanges im südlichen Ocean besuchten die europäischen Walfischfänger seit 1794 regelmäßig die Küsten Neuseelands und fanden in den Eingeborenen, die sie oft zum Dienste warben, treffliche Seeleute, welche sich immer sehr gut betrugen. Die Geschichte des Verkehrs der Europäer mit den Neuseeländern bot freilich fast nur unglückliche Ereignisse dar, und noch um das Jahr 1810 wurde durch die Ermordung der Mannschaft des englischen Schiffes Boyd die Erinnerung an frühere Greuel erweckt. Die Neuseeländer waren indessen während dieses Verkehrs bekannter mit den Europäern geworden und scheinen die seltene Einsicht, die ihnen eigen ist, auf den ersten Blick die Überlegenheit der Fremblinge und die Vortheile, die ihnen aus der Verbindung mit denselben zuwachsen könnten, begriffen zu haben. Wahrscheinlich haben sich seit 1794 von Zeit zu Zeit einzelne englische Abenteurer auf der Insel niedergelassen und einige Zeit unter den Eingeborenen gelebt. So weiß man, daß im Jahr 1809 die Tochter eines neuseeländischen Häuptlings, die einen Engländer Namens Bruce geheirathet hatte, nach Kalkutta kam, wo der Gouverneur, Lord Minto, sie sehr freundlich empfing. Bruce hatte mehre Jahre in Neuseeland gelebt und sich besonders mit dem Anbau des einheimischen Flachses beschäftigt, in der Absicht, mit dem Beistand einiger Capitalisten in Sydney eine Ansiedelung von Landbauern zu gründen. Solche Verbindungen mit einzelnen Europäern erklären das überraschende Gelingen der ersten Ansiedelungen, welche von wenigen Missionaren begonnen wurden, die sich vertrauend unter einem Volke niederließen, dessen Küste noch von dem Blute der Europäer gefärbt war. Die Engländer hatten die Ermordung der Mannschaft des Schiffes Boyd furchtbar an den Inselbewohnern gerächt, aber der muthige Stifter der Mission in Neuseeland, der Regierungskaplan Marsden in Sydney, ließ sich durch diese Ereignisse nicht von dem Versuch abhalten, die Eingeborenen zum Christenthum und zur Gesittung zu führen, da er, wie er sagte, den wahren Charakter der Neuseeländer besser kannte.

Im December 1814 kamen die ersten englischen Missionare, drei an der Zahl, unter Marsden's Leitung an. Sie kauften Land, bauten Häuser und begannen den Boden anzubauen. Zum ersten Male seit Penn wurde die Verbindung zwischen Europäern und einem wilden Volke von dem Rechtsgefühle geleitet, seit dem ersten Tage, wo die Gesittung ihren Fuß auf das Gebiet der Barbarei setzte, und man darf glauben, daß diese friedliche und sittliche Begründung der europäischen Ansiedelungen auf Neuseeland den glücklichsten Einfluß auf die spätere Entwickelung gehabt hat. Nach dem Ankaufe der Ländereien siedelte Marsden drei Missionare, Hall, Kendall und King, mit ihren Frauen und Kin=

dern an, und kehrte darauf nach Sydney zurück. Der damalige Gouverneur, General Macquarie, hatte den Missionar Kendall zum Friedensrichter ernannt, ihn ermächtigend, entflohene Sträflinge und Matrosen zu verhaften und die von den Befehlshabern englischer Schiffe gegen die Eingeborenen verübten Vergehungen zu richten. Der Gouverneur verkündigte diese Ernennung in einer öffentlichen Bekanntmachung, worin er Neuseeland für ein von Großbritannien abhängiges Gebiet erklärte, und Großbritannien beruft sich jetzt auf jene Urkunde, um die Besitzergreifung der Insel zu rechtfertigen. Macquarie that jenen Schritt ohne Zweifel, weil er die Folgen der Ansiedelung in Neuseeland ahnete und voraussetzen konnte, daß die neue Colonie in Australien sich künftig unwiderstehlich nach jener Richtung ausbreiten würde. Zu jener Zeit gab es nur zwei Weiße auf der nördlichen Insel, entflohene Sträflinge aus Neusüdwales. Ein Walfischfänger hatte sie ausgesetzt, und sie waren von den Neuseeländern als Diebe gemißhandelt worden. Diese beiden Flüchtlinge waren der Vortrab einer Einwanderung, ganz verschieden von Marsden's tugendhaften Gefährten, entlassene Verbrecher oder Flüchtlinge aus den englischen Strafcolonien, entflohene Matrosen, amerikanische und englische Räuber. Die Missionare mußten in diesen schändlichen Ansiedlern, welchen der lebhafte Verkehr in der Inselbai, einem der besuchtesten Häfen, stets neuen Zuwachs brachte, große Hindernisse des Erfolges ihrer Bemühungen finden. England darf jedoch stolz auf ihr Werk sein. Im Laufe von 25 Jahren haben sie die Eingeborenen, auf welche sie einen unbeschränkten Einfluß haben, unermeßlich weit geführt. Nie hat ein wilder Menschenstamm in so kurzer Zeit eine so außerordentliche Umwandelung erlitten. Die Missionare haben diejenigen Eingeborenen, die zum Christenthum übergingen, von ihrer Fehdelust geheilt und sie bewogen, den Genuß des Menschenfleisches und die Vielweiberei aufzugeben, sie an Ordnung, Arbeitsamkeit und Zucht gewöhnt; sie haben ihnen die Grundlagen geistiger Ausbildung, Lesen und Schreiben, mitgetheilt, mußten aber zu diesem Zweck erst die Elemente der Landessprache zusammenfassen und ordnen, eine Sprachlehre, ein Wörterbuch schreiben, um es möglich zu machen, wenigstens einen Theil der Ansichten und Begriffe gesitteter Völker in dieser Sprache auszudrücken. Die schwierige Arbeit ist vollendet. Das junge Geschlecht, das in den Schulen der Missionare neben ihren eignen Kindern unterrichtet wird, setzt alle Zeugen dieses Schauspiels in Erstaunen durch die ihm eigne Fassungskraft und Lernbegierde und durch die richtige Würdigung der Vortheile der ihm gewährten Ausbildung. Die Fortschritte der Bemühungen der Missionare waren nur langsam, aber ununterbrochen. Der Muth und die Beharrlichkeit der drei Männer ward auf harte Proben gestellt; aber ihre Klugheit, ihre Geschicklichkeit, ihre Tugenden gewannen einen Einfluß auf die Eingeborenen, der weit über die Grenzen ihres Bekehrungsgeschäfts hinausgeht, da ihnen die wilde und heidnische Mehrheit fast ebenso sehr als die christliche und halbgesittete Minderzahl gehorcht. Ihre erste Ansiedelung im nördlichen Theile der Insel Ikanamavi, 1814 in Remgibona gegründet und 1832 nach Tepuna versetzt, hat fünf, von ungefähr 100 Zöglingen besuchte Schulen. Die zweite Schule wurde 1819, die dritte 1825, die vierte 1830, die fünfte 1834 gegründet. Die Zahl sämmtlicher Zöglinge war im vorigen Jahre über 930. Bekehrte Eingeborene zählte man 1630, von welchen 176 zum Abendmahle zugelassen waren. Auch im südlichen Theile der Insel

gibt es fünf Missionsansiedelungen mit Schulen, die in den Jahren 1834 und 1835 gegründet wurden. Zu Anfange des Jahres 1838 wurden diese zehn Anstalten von 35 Engländern besorgt, unter welchen sich zwei Frauen befanden, die als Lehrerinnen wirkten, ferner fünf Missionare, 20 Katecheten, ein Vorstand der Buchdruckerei, ein Drucker, ein Wagner, ein Maurer, ein Verwalter, ein in Neuseeland geborener Missionsgehülfe und der Aufseher der Landgüter. Zu dieser europäischen Bevölkerung kommen noch die Frauen und Kinder der Missionare, der Katecheten und der Missionsbeamten. Die Kinder allein, deren einige über die Jünglingsjahre hinaus sind, bilden eine neue Generation von ungefähr 100 Personen, die bestimmt sind, in Neuseeland zu leben, wo die meisten von ihnen geboren wurden. Während Marsden die Inselbai zum Mittelpunkte seiner Ansiedelungen machte, ließen die methodistischen Missionare sich auf der entgegengesetzten Küste, am Flusse Hokianga nieder, von wo sie sich nach Norden und Süden, aber immer auf der Ostküste der Insel Ikanamavi ausbreiteten. Nie ist zwischen ihnen und den bischöflichen Missionaren Eifersucht oder Zwietracht ausgebrochen, und beide Parteien wetteifern nur in wohlthätigen Anstrengungen. Der Stifter der methodistischen Ansiedelungen ist ein Mitglied des Methodistenvereins in Neusüdwales, Namens Leigh, der im Jahre 1822 auf Marsden's Rath seinen Missionsplan ausführte, als er die großen Veränderungen bemerkte, die seit seinem Besuche durch die Bemühungen der bischöflichen Missionare waren bewirkt worden. Die Kriegslust des Häuptlings Schongi, der 1820 in London war, die wilde Gemüthsart der Anwohner des Hokianga, die weniger Neigung zu den ihnen nicht viel bekannten Europäern hatten als ihre Landsleute in der besuchteren Inselbai, alle diese Umstände machten die Arbeit der methodistischen Missionare weit schwieriger als das Werk Marsden's und seiner Gefährten; aber ihr Muth siegte auch über die größern Gefahren und Schwierigkeiten, und sie üben einen nicht geringern Einfluß auf die Eingeborenen aus als die bischöflichen Missionare. Sie sind jedoch weniger zahlreich als diese, haben nicht so tiefe Wurzeln in den Boden getrieben und erscheinen weniger als die Wiege einer mächtigen Colonie, und zwar darum nicht, weil die gesellschaftliche Verfassung der Methodisten die Bildung eines Grundeigenthumsystems weniger begünstigt. Die Methodisten haben, obgleich Familienväter, doch nicht mehr Ländereien gekauft, als zu ihrem Unterhalte nothwendig waren, und nicht für sich und in ihrem eignen Namen, sondern für die Mission als Gesammtheit. Ihre Berufsgenossen in der Inselbai folgten anfänglich demselben Grundsatz; als aber die Missionsanstalten sich ausdehnten und um sie der Kern einer künftigen Bevölkerung sich bildete, entschlossen sie sich, einen größern Umfang von Ländereien zu erwerben. Ein entscheidender Umstand führte im Laufe der Zeit zu neuen Erwerbungen. Wenn die Kinder der bischöflichen Missionare das fünfzehnte Jahr erreicht haben, bewilligt ihnen der Ausschuß zu London aus den Mitteln des Missionsvereins eine gewisse Summe, und sie haben dann keinen Anspruch mehr auf Unterhalt, wenn sie sich nicht selbst dem Missionsberufe widmen. Die bewilligte Summe, zu klein in England, Mittel zum Fortkommen zu gewähren, ist hinlänglich, Ländereien in Neuseeland anzukaufen, welche so lohnenden Ertrag geben und täglich höher im Werthe steigen. Diese durch die Umstände nothwendig herbeigeführte Thatsache hat in England Aufsehen erregt, zumal als die Missionare spätern Ansiedelungsplanen, die im Mutterlande gebildet wurden, Hindernisse entgegenstellten.

Bei aller Bildsamkeit und Empfänglichkeit der Neuseeländer ist doch beiweitem nicht das ganze Volk zu demselben Ziele gelangt. Mehre Stämme haben große Fortschritte in der Gesittung gemacht, besonders im Innern. Auf der Küste hingegen und in der Nachbarschaft der von den Walfischfängern besuchten Häfen haben die Berührungen mit Europäern unter den Eingeborenen Laster, Krankheiten und Sittenverderbniß verbreitet, die zu ihrer Aufreibung führen müssen. Die entflohenen Verbrecher aus Sydney und Hobarttown werden in allen Familien aufgenommen, wo sie mit den Eingeborenen in scheußlicher Vermischung leben, und doch ist es merkwürdig, mit welcher Begierde diese unglücklichen Wilden alles Europäische auffassen und Alles, was sie mit den Gewohnheiten, der Sprache, den einfachsten Arbeiten der Fremdlinge bekannt machen kann. Der Weiße ist fast immer ein Trunkenbold, roh und boshaft; der Neuseeländer, der dies weiß, läßt ihn in seiner Hütte wohnen, obgleich er ihn von dem Missionar oder dem ehrlichen Ansiedler, der einige Meilen weiter wohnt, wohl unterscheidet; aber der Weiße hat bei all seinen Lastern Kenntnisse und aus der Mitte der Gesittung, in welcher er früher lebte, manche halb verwischte Erinnerung mitgebracht. Für diese Übel läßt sich nicht eher Abhülfe erwarten, bis sich im Fortschritte der Zeit eine gesellschaftliche Ordnung befestigt; wenn die entflohenen Verbrecher und Matrosen die Hoffnung aufgeben müssen, in Neuseeland der Strafe zu entgehen, wenn neben den Missionaren sich Ansiedelungen von rechtlichen und sittlichen englischen Einwanderern bilden, wird auch unter den verderbtesten Stämmen eine glückliche Umwandlung sich zeigen.

(Fortsetzung folgt in Nr. 445.)

Tuchfabrikation ohne Spinnen und Weben.

Bereits in Nr. 350 haben wir die im Jahre 1839 gemachte Erfindung eines Amerikaners erwähnt, mittels deren man ohne Anwendung des gewöhnlichen Spinn- und Webeprocesses Wollentücher durch Maschinen fabriciren kann. Seitdem sind genauere Angaben darüber ins Publicum gekommen. Das Verfahren selbst läßt sich freilich ohne Abbildungen nicht im Einzelnen deutlich machen, besteht aber im Wesentlichen in Folgendem. Die Schafwolle, welche rein oder gemischt sein kann, wird nach vorgängiger Reinigung im gewöhnlichen Wolf maschinirt und dann entweder auf eine Krätz- oder auf eine Windmaschine gebracht, welche die Fasern vereinigt und zu Wolle verarbeitet. Wird nur Schafwolle angewendet, so liefert die Krätzmaschine die beste Watte; dagegen ist eine Windmaschine, welche durch verdünnte Luft in Bewegung gesetzt wird, für andere Arten von Wolle, sowie für Haare geeigneter. Eingeschmalzt wird die Wolle bei dem neuen Verfahren gar nicht. Die Wolle kommt dann auf die aus mehren Walzen bestehende Filzungsmaschine, welche sie durch Druck, Nässe und Wärme in Filz verwandelt; hohle metallene, durch Dampf erhitzte Wärmer, die sich unter dem Tuche befinden, befördern das Krümmen der Filzfasern. Der Filz, welcher aus der Filzungsmaschine hervorgeht, kommt endlich auf die Walkmaschine; hier wird er in heißer Seifenauflösung (oder einer andern geeigneten Walkflüssigkeit), die durch ein Dampfrohr im Sieden erhalten wird, fertig gewalzt, gewalkt und in Tuch verwandelt. Um das festeste Tuch zu erzeugen, muß der Filz in allen möglichen Richtungen gewalkt oder gewalzt werden; da nun eine Walkmaschine nur ein Walzen nach der Länge bewirkt, so muß noch eine zweite vorhanden sein, die auf ähnliche Art eingerichtet ist. Das fertige Tuch kann zuletzt noch auf der gewöhnlichen Walkmühle gewalkt werden, doch ist es, weil jene oft eine ungleiche, rauhe Oberfläche hervorbringt, besser, seine Bearbeitung auf der Walkmaschine zu vollenden. — Aller Wahrscheinlichkeit nach wird die neue Methode in kurzem für die Verfertigung des gröbern Tuchs allgemeinen Eingang finden. Für Rußland hat der Bankier Baron von Stieglitz ein Patent darauf genommen.

Die Affen auf Gibraltar.

Gibraltar ist der einzige Ort in Europa, wo man irgend eine Affenart wild findet. Die Ansichten über diese Erscheinung sind bei den Bewohnern Gibraltars selbst verschieden, zum größten Theile absurd; meist hält man aber die dortigen Affen für Abkömmlinge früher eingeführter, alsdann entsprungener Hausaffen, da man bis in die neueste Zeit dergleichen von dieser Gattung, die man sich von dem gegenüberliegenden afrikanischen Festlande verschafft, sehr viele in Gibraltar sieht. Noch unlängst fand man einen solchen Flüchtling gerade auf der höchsten Spitze des Felsens mit seiner Kette in einer Spalte verwickelt. Ein Artilleriesergeant, der bereits zehn Jahre lang daselbst in Garnison steht, berechnet ihre Gesammtzahl auf wenig mehr als 80; dies war, seiner Angabe nach, die größte Zahl, die er jemals während der schärfsten Ostwinde gesehen hat, durch welche sie aus ihren Höhlen auf der Ostseite vertrieben werden; daß dieselbe sich aber nicht vergrößert habe, schloß er daraus, daß die Affenmütter ihre Jungen allenthalben mit herumschleppen und nur die durch Alter oder Krankheit ganz Entkräfteten zu Hause gelassen werden. Die Affen zu beobachten ist ein Lieblingsvergnügen in Gibraltar, wenn gerade nichts Besseres die Aufmerksamkeit auf sich zieht. Gewöhnlich hat man, so oft sich Gelegenheit, sie zu zählen, darbot, sieben in einem Trupp zusammen gesehen. Eine besondere Berühmtheit hatte unter ihnen ein alter munterer Veteran erlangt, der lange unter dem Namen des Platzmajors bekannt war. Er war immer an der Spitze eines solchen Trupps, führte ihn entweder auf die Weide, wobei er die Spiele seiner Kameraden unter den Abgründen beaufsichtigte, oder bildete im Falle der Gefahr das Hintertreffen, indem die geöffnete weite Batterie seiner Zähne hinreichte, um die muthigste Dogge zur Capitulation zu bringen. Eine, welche unklug genug war, sich einmal in seine Nähe zu wagen, ward in Stücke zerrissen, ehe ihr Herr zu Hülfe kommen konnte. Der erwähnte Sergeant erzählt, daß er die Affen nicht ein einziges Mal während der Tageshitze habe zum Futter kommen sehen; zu dieser Zeit halten sie ihre Siesta und widmen ihren andern Beschäftigungen die angenehmen Abend- oder Morgenstunden. Kaltes Wetter scheinen sie gleichfalls zu vermeiden; denn an rauhen, stürmischen Tagen bekommt man sie nicht zu Gesicht. Ihre Nahrung besteht hauptsächlich aus den Wurzeln und Beeren mehrer auf dem Felsen wildwachsender Pflanzen; die Frucht der kleinen spannenhohen Dattel, die rings um den Felsen wächst und dort die Affendattel heißt, ist ein Leckerbissen für sie, wobei sie aber auch keine andere Sorte von Früchten verschmähen. Gerade wegen des großen Umfangs ihrer Verwüstungen in letzterer Hinsicht, wogegen auch die

forgsamste Wache bei ihrer Fertigkeit in deren Ausfüh=
rung nichts hilft, werden sie von allen Gartenbesitzern
mit keineswegs freundlichem Blick angesehen.

Der „Platzmajor" zeichnete sich sowol durch die
Würde seiner Person aus, indem er der größte unter
allen seinen Stammes auf dem Felsen war, als auch
durch seine große Vorliebe für Militairmusik und Pa=
raden. Selten sah man einen Tag vergehen, an dem
er nicht auf der Spitze eines der hervorragenden Felsen
gesessen hätte, welche die den Revueplatz überragende
Klippe bilden. Hier pflegte er mit einer Art von Ge=
nugthuung die flüchtigen Sprünge der Gefährten seiner
Truppe von Busch auf Felsen und Felsen auf Busch
zu betrachten, die sie längs der Vorderseite des Ab=
grundes der zu seinen Füßen lag, ausführten, wobei
er immer von Zeit zu Zeit einen Blick auf das Mili=
tair drunten warf, als wollte er sagen: macht das
nach, wenn ihr könnt! Er und seine Truppe waren
die Einzigen aus der Affengemeinde, welche sich zur
Tageszeit den Grenzen der Civilisation näherten und
Geschmack daran fanden, das Treiben ihrer mensch=
lichen Mitbrüder anzusehen. Aus diesem Umstande
scheint sich die Annahme rechtfertigen zu lassen, daß
der Major selbst einer der zu Anfange erwähnten Deser=
teure gewesen sei. Ein Engländer, dem man die vor=
liegenden Notizen verdankt, bemerkte, als er mit einer
Partie von Begleitern durch den zu den obern Höhlen
führenden Tunnel plötzlich in die Mitte der Affen ge=
langte, daß alle Übrigen schleunigst die Flucht ergriffen,
wogegen der Major sich nicht rührte, bis die menschliche
Gesellschaft sich auf einige zwanzig Schritte genähert
hatte; erst dann schlich er im Schneckenschritte fort,
wobei er noch von Zeit zu Zeit einen Seitenblick zurück
warf, als wollte er sagen: ich habe von eurem Geschlechte
nichts zu fürchten. Da er und seine Gesellschaft am
häufigsten und zwar in der Nähe menschlicher Woh=
nungen gesehen wurden, so legte man allmälig die
Gartendiebstähle ihnen zur Last, obgleich man gerade
bei ihnen, die man regelmäßig bei Tage auf Futter
ausgehen sah, die wenigste Veranlassung, dies bei der
Nacht zu suchen, hätte vermuthen sollen und von den
Tagschläfern Räubereien zu dieser Zeit am wahrschein=
lichsten zu erwarten waren. Indessen erreichte dies
Diebssystem endlich eine solche Höhe, daß der Gouver=
neur einen Preis auf die Habhaftwerdung des Majors
setzte, indem er von der Gefangenschaft des Anführers
eine respectvollere Haltung und ehrlichere Erwerbung
des Lebensunterhaltes bei den Untergebenen hoffte. Er
ward in dessen Folge von einer Partie Soldaten bei
seinem Mittagsschlafe in einem seiner Lieblingsverstecke
überfallen und nach heftiger Gegenwehr gefangen in die
Garnison abgeführt, wo Kette und Halsband ihn sein
künftiges Loos erkennen ließen. Seine anfänglich wil=
den Ausbrüche von Wuth gingen bald in Melancholie
über, sodaß er in einem verzweifelten Augenblicke einen
Selbstmord versuchte, indem er seinen Kopf in einen
Wassereimer steckte, woran er jedoch durch das zeitig genug
erfolgte Hereintreten seines Wächters verhindert wurde.

Trotz des früher Gesagten kommt es doch vor, daß
Leute Jahre lang auf Gibraltar gewohnt und doch kei=
nen einzigen wilden Affen gesehen haben; der erwähnte
Engländer bemerkte selbst bei seinem mehrmaligen Auf=
enthalte zu verschiedenen Zeiten auf Gibraltar eine an=
sehnliche Verschiedenheit in der Zahl der zum Vorschein
kommenden. Eine Partie von ihnen stieg in der Regel

vom Gipfel des Felsens gegen zehn Uhr Morgens längs
der Oberfläche der Mauer Karl's V. nach einer kleinen
Batterie herab, die den Paradeplatz beherrscht, und
machte sich ihr Vergnügen damit, von Geschütz zu
Geschütz, von Busch zu Busch längs des Abhangs hin
und her zu springen; auch aus dieser Richtung ihrer
Bewegung läßt sich schließen, daß sie ihre eigentliche Be=
hausung auf der Ostseite der Küste haben. Rebhühner
und Füchse sind außer den Affen die einzigen andern
bedeutenden Thiere in wildem Zustande auf dem Felsen.
Jene sind gleichfalls erst hierher verpflanzt und dürfen
ebenso wenig, wie die Affen, gestört werden. Die
Füchse dagegen sind eine Stammgattung; sie haben
gleichfalls an der Ostseite ihre Höhlen, wo sie Niemand
stören kann. Mit Leichtigkeit klettern sie die weiten
Klüfte hinauf und hinab, und nur für sie und die
Affen sind die Pfade gangbar, welche sie beschreiten.

Naturspiele auf der Insel Java.

Von den Frauen der Bergjavaner, welche die gebirgi=
gen Districte dieser Insel bewohnen, werden zuweilen
Kinder geboren, welche am Körper große weiße Flecken
oder Hände, Arme, Füße oder andere Glieder von
milchweißer Farbe haben, was mit der dunkelbraunen
Hautfarbe des übrigen Körpers einen seltsamen Con=
trast bildet. Diese weißen Flecken und Glieder werden
auch mit der Zeit nicht dunkler und sind weißer als
die Haut der Europäer. Die Ursache dieser Abnormität
liegt nach der Meinung der Eingeborenen darin, daß
die Mütter während der Schwangerschaft von einem
gewissen Seefische essen. — Einer Sage nach kommt
es im Hochlande von Java zuweilen vor, daß Kinder
mit 3—4 Zoll langen Schwänzen geboren werden, die
ihnen im dritten Jahre ohne alle nachtheiligen Folgen
abgeschnitten werden sollen; diese Erzählung hat aber
zu viel Fabelhaftes, als daß man ihr, so lange nicht
vollkommen glaubhafte Zeugnisse für ihre Richtigkeit
beigebracht werden, Glauben beimessen könnte.

Herausgegeben unter Verantwortlichkeit der Verlagshandlung F. A. Brockhaus in Leipzig.

Das Pfennig-Magazin

für

Verbreitung gemeinnütziger Kenntnisse.

445. | Erscheint jeden Sonnabend. [October 9, 1841.

Der heilige Johannes als Kind, nach Murillo.

Das Gemälde von Murillo, von welchem wir unsern Lesern eine Nachbildung vorlegen, befindet sich in der Nationalgalerie in London und ist 1840 für 2100 Pf. St. gekauft worden. In Composition, Colorit und Zeichnung ist es ausgezeichnet. Der unschuldige Ausdruck in den Zügen des Jüngers, welchen Jesus liebte, und der an der Ausbreitung des Christenthums einen so großen Theil zu haben bestimmt war, ist sehr gut getroffen. Aber ungeachtet der anmuthigen Einfachheit in der ganzen Composition, sowie in den Zügen des jungen Heiligen und des ihm befreundeten Thieres, mit welchem er spielt, fehlt es nicht an einem Anfluge von Erhabenheit und Würde, der uns andeutet, daß der junge Schäfer bestimmt ist, in Ereignissen von großem und heiligem Charakter eine bedeutende Rolle zu spielen. Obgleich Johannes 25—26 Jahr alt sein mochte, als er zum Begleiter Christi erkoren wurde, so haben die Maler ihn sich als frühzeitigen Spielgenossen des Herrn gedacht und dargestellt. Murillo scheint dieser Ansicht gefolgt zu sein; in diesem Gemälde wollte er, wie es scheint, den Gedanken ausdrücken, daß der sanfte, liebevolle Jünger schon in seiner Jugend das Lamm Gottes mit der zärtlichen Ergebenheit liebte, die ihn in seinem spätern Leben auszeichnete.

Neuseeland.

(Fortsetzung aus Nr. 444.)

II.

Auf allen Küsten der Insel Ikanamavi haben sich im Laufe eines Vierteljahrhunderts Europäer niedergelassen, und die außerordentliche Zunahme der Schiffe, die in Neuseeland anlegen, ist eine der Ursachen und zugleich eine der Wirkungen dieser Veränderung. Im Jahre 1836 liefen blos in der Inselbai 151 Schiffe ein, nämlich 93 englische oder australische, 54 amerikanische, 3 französische, 1 otaheitisches. Die englischen und amerikanischen Schiffe holten Schiffbauholz, neuseeländischen Flachs für Takelwerk und Walfischnetze, Erzeugnisse des Bodens für die Seemacht und zuweilen auch für den Verbrauch in Sydney und Hobarttown. Kaum waren die englischen Missionare einige Zeit in Neuseeland angesiedelt, als die Lage, die reichen Hülfsmittel und die Erzeugnisse des Landes den Unternehmungsgeist reizten. Im Jahre 1820 reiste der Missionar Kendall mit mehren neuseeländischen Häuptlingen nach England und begab sich mit ihnen nach Cambridge, um unter dem Beistande des Sprachforschers Dr. Lee ein Wörterbuch der neuseeländischen Sprache zu bearbeiten. Er lernte zu jener Zeit den Franzosen Baron Karl v. Thierry kennen, der den Plan entworfen hatte, eine Ansiedelung in Neuseeland zu gründen, und sich mit der Erlernung der Landessprache beschäftigte. Als Kendall zwei Jahre später nach Neuseeland zurückkehrte, gab Thierry ihm und dem Capitain eines Walfischfängers den Auftrag, Ländereien anzukaufen und ihm den Kaufbrief nach Europa zu senden. Kendall vollzog diesen Auftrag und kaufte im Jahre 1822 für Thierry von drei Häuptlingen einen großen Landstrich am Ufer des Hokianga für den Preis von dreißig Beilen. Der Flächenraum dieser Ländereien, wovon die methodistischen Missionare jetzt einen kleinen Theil inne haben, ward auf 40,000 Morgen geschätzt. Als Thierry im Besitz des Kaufbriefes war, begab er sich nach Paris, gewann einige einflußreiche Männer für seinen Plan und schlug der französischen Regierung eine Übereinkunft vor, die jedoch von derselben nach reiflicher Prüfung abgelehnt wurde. Nach Verlauf längerer Zeit, im Jahre 1834, kam Thierry nach Guadeloupe, verband sich mit einigen Capitalisten in dieser Colonie und ernannte einen von ihnen, Namens Salomon, zu seinem Geschäftsträger in Frankreich, indem er seine Absicht ankündigte, Neuseeland in Besitz zu nehmen, und zugleich von dem Riesenplane sprach, mittels eines Kanals durch die Landenge von Panama zwei Weltmeere zu verbinden. Im Jahre 1835 erließ er eine förmliche Bekanntmachung an die Regierungen Frankreichs, Großbritanniens und der Vereinigten Staaten, worin er die bevorstehende Besitzergreifung von Neuseeland ankündigte. Im April 1835 schiffte er sich in Panama nach Neuseeland ein, war aber kaum im Südmeere, als neue Hindernisse ihm in den Weg traten, und er mußte anderthalb Jahre in großer Bedrängniß in Otaheiti verweilen. Als seine Bekanntmachung nach Neuyork kam, scheinen die Engländer Besorgnisse gehegt zu haben, und sie ergriffen ein eignes Mittel, Thierry's Ansiedelungsplan entgegenzuarbeiten, indem sie 35 Häuptlinge in der Umgegend der Inselbai bewogen, eine sogenannte Unabhängigkeitserklärung zu erlassen, was durch eine Urkunde vom 28. October 1835 geschah. Es wurde darin unter Anderm festgesetzt, daß die verbündeten Häuptlinge jährlich eine Versammlung halten sollten, um Gesetze zu geben und die Verwaltung des Landes zu ordnen. Einige Monate früher hatten die Engländer denselben Häuptlingen eine eigne Flagge gegeben. Der Plan, die Häuptlinge in einer jährlichen Versammlung zu vereinigen, hatte indeß keinen Erfolg und noch jetzt herrschen sie, wie früher, abgesondert, unabhängig und oft befehdend über ihre Stämme. Im September 1837 kam endlich Thierry in Sydney an und erklärte dem Gouverneur, Sir Richard Bourke, er gehe nach Neuseeland, um sein Eigenthum in Besitz zu nehmen, wogegen der Gouverneur nichts einwendete; zugleich aber versicherte Thierry, er habe nicht die Absicht, den britischen Interessen entgegenzutreten, und hoffe, durch moralischen Einfluß sich Ansehen unter den Eingebornen zu verschaffen. Im November kam er in Neuseeland an und brachte gegen 60 Personen aus Sydney mit, meist Leute von schlechtem Rufe. Als er ein Eigenthumsrecht auf einen Landstrich im Hokiangathal behauptete, versammelten sich die Häuptlinge, und nach langen Verhandlungen mußte Thierry seinen Anspruch aufgeben, da unwiderleglich bewiesen wurde, daß der Kauf im Jahre 1822 bestimmt abgeschlossen, nur ein Angeld auf den Kaufpreis gegeben und die zur Erfüllung der Zahlung festgesetzte Frist längst verstrichen war. Der großen Verlegenheit, in welcher Thierry, von Geld entblößt, sich befand, wurde dadurch abgeholfen, daß einer der Häuptlinge ihm ansehnliche und sehr fruchtbare Ländereien anbot. Der Handel wurde geschlossen und der Preis zu 200 Pf. St. bestimmt, in Leinwand, Tabak, Feuergewehren und andern Waaren zahlbar. Diese Ländereien, ungefähr 4000 Morgen, sind das einzige Eigenthum, das Thierry in Neuseeland besitzt. Die aus Sydney mitgebrachten Ansiedler verließen ihn bis auf drei, weil er sie nicht bezahlen und ernähren konnte.

Neuseeland hatte indeß seit länger als einem Jahrzehnd die Blicke der britischen Regierung und besonders der Colonialverwaltungen in Sydney und Hobarttown auf sich gezogen, und alle bei dem Handel mit Australien und bei dem Walfischfange betheiligten Kaufleute und Schiffseigner hatten ihre Aufmerksamkeit auf jenes wichtige Land gerichtet. Einen Beweis davon lieferte die im Jahre 1830 von Joseph Barrow Montefiore nach Neuseeland unternommene Reise. Er hatte ansehnliche Besitzungen in den australischen Ansiedelungen und rüstete ein eignes Schiff aus, mit welchem er die ganze Ostküste der nördlichen Insel bis in Cook's Meerenge, welche Ikanamavi von der südlichen Insel trennt, besuchte. Er hatte einen großen Theil der Welt bereist war aber so entzückt über das reizende Klima und die Fruchtbarkeit des Landes, daß er es in seinem vor dem Parlamentsausschuß abgelegten Zeugniß ein Paradies nannte. Gewiß würde er seinen Plan, umfassende Ländereien anzubauen und eine bedeutende Handelsunternehmung in Neuseeland zu gründen, ausgeführt haben, wenn nicht ein Umstand ihn gehindert hätte, der auffallend zeigt, in welcher Gestalt die Europäer zuweilen in jenen entfernten Gegenden auftreten, wo sie gleichsam außer den Gesetzen der Gesittung stehen. Als Montefiore an der Entry-Insel in Cook's Meerenge angekommen war, fand er eine englische Brigg, die von einem Zuge nach Banks'-Halbinsel an der Küste der südlichen Insel Tawai Punamu zurückkehrte. Die Eingebornen der Entry-Insel hatten diese kriegerische Unternehmung gegen Mara Nui, den Häuptling der Banks'-Halbinsel, ausgeführt, um eine Beleidigung zu rächen, und den Beistand des Capitains der Brigg erhalten, welcher in sein Schiff 300 Neuseeländer aufnahm, die ihre Feinde überfielen und ihnen 50 Gefangene abnahmen. Als nach diesem Erfolge die Sieger von der Entry=Insel sich weigerten, die festgesetzten Be= dingungen und den Preis für den geleisteten Beistand zu bezahlen, behielt der Capitain den gefangenen Häupt= ling Mara Nui gefesselt am Bord. Vergebens stellte Montefiore ihm die Folgen seines Benehmens vor und drang in ihn, wenigstens das Leben des Gefangenen zu retten und ihn nach Sydney zu bringen. Der Capitain verweigerte dies, und da er genöthigt war, abzusegeln, ohne den neuseeländischen Flachs, den man ihm nach dem abgeschlossenen Vertrage liefern sollte, erhalten zu haben, übergab er den gefangenen Häupt= ling seinen unversöhnlichen Feinden, die ihn alsbald tödteten. Der Capitain wurde in Sydney angeklagt, aber wegen mangelnder Beweise freigesprochen. Dieses Ereigniß hinderte Montefiore, seinen Plan auszuführen, da er blutige Wiedervergeltung fürchten mußte, wenn er in die Gewalt eines mit dem ermordeten Häuptlinge verbündeten Stammes fiel. Er gewann dabei die feste Ueberzeugung, daß Großbritannien eine aufsichtführende Behörde in Neuseeland einsetzen müsse. Vor dem Aus= schusse, den das Oberhaus im Jahre 1837 zur Prüfung der Colonisationspläne ernannt hatte, erklärte er, daß man in England nicht die Hälfte der Greuel kenne, welche in der nördlichen Insel bei dem gänzlichen Mangel an gesetzlichen Verfügungen, bei der Straflosig= keit aller Verbrechen und bei der Unsittlichkeit der mei= sten Europäer, die sich auf längere oder kürzere Zeit dort aufhielten, begangen würden. Ein im Jahre 1828 erlassenes Gesetz hat zwar die Gerichtshöfe in Neusüd= wales und Ban=Diemensland ermächtigt, über alle in dem australischen Meer, in Otaheiti und namentlich in Neuseeland von britischen Unterthanen begangenen Verbrechen zu entscheiden; die weite Entfernung aber und die Schwierigkeit, Zeugen zu stellen und Beweismittel herbeizuschaffen, machte jene Ermächtigung unwirksam. Der jährlich anwachsende Kern europäischer Bevölkerung auf der nördlichen Insel und die Mannschaft der 200 Schiffe, die jährlich in der Inselbai, im Flusse Hoki= anga und an einigen andern Punkten anlegten, erkann= ten weder unter sich noch in ihren Verhältnissen mit den Eingeborenen ein anderes Gesetz als das Recht des Stärkern an, da der lediglich moralische Einfluß der Missionare sich nur auf die Eingeborenen erstreckte.

Die britische Regierung hat ohne Zweifel im Laufe des letzten Jahrzehnds eingesehen, daß endlich in Be= ziehung auf die Colonisation Neuseelands ein entschei= dender Entschluß gefaßt werden müsse. Die Fortschritte des Missionswesens und der immer zunehmende Schiff= fahrtsverkehr mit der Insel mußten ihre Aufmerksamkeit auf sich ziehen. Jene unregelmäßige Colonisation in der Nähe des australischen Festlandes auf einer Insel, die einen so wichtigen Punkt in dem südlichen Ocean bildete, die Ausreißer von den Handelsschiffen, die ent= flohenen Sträflinge, die sich jeden Augenblick zu einer Seeräuberbande vereinigen konnten, die Bildsamkeit der Neuseeländer, die so begierig nach den materiellen Vor= theilen der europäischen Gesittung strebten und so große Geschicklichkeit zum Seedienste zeigten, der Reichthum beider Inseln an Bauholz und die üppigen Getreide= ernten, die für die australischen Ansiedelungen in Mangel= jahren von so großer Wichtigkeit waren, alle diese Umstände mußten eben so viele Beweggründe für Groß= britannien sein, die Angelegenheiten Neuseelands nicht aus den Augen zu verlieren. Dazu kam noch der nicht minder wichtige Umstand, daß nach und nach Bürger des amerikanischen Freistaates einzelne Ansiedelungen in Neuseeland gründeten, welche sich in einer zu günstigen Lage befanden, als daß sie nicht auch ohne den Schutz des Mutterlandes bald zu einer mächtigen Gesammtheit anwachsen konnten. Es läßt sich nicht bezweifeln, daß sowol die britische Regierung als die Verwaltungsbehörde in Sydney schon lange berathen hat, welcher Entschluß in Beziehung auf Neuseeland zu fassen sei, wiewol man sich nicht beeilte, die Frage zu entscheiden, deren einzig mögliche Lösung man sich aber nicht verhehlte.

Als einen Beweis der Unschlüssigkeit der britischen Regierung kann man die Anstellung Busby's ansehen, den der Gouverneur von Neusüdwales, Sir Richard Bourke, im Jahre 1833 nach der Inselbai mit dem Titel eines Residenten absendete. Er sollte hauptsäch= lich bemüht sein, ein gutes Einverständniß mit den einheimischen Häuptlingen zu unterhalten und die In= teressen Großbritanniens und der neuholländischen Colo= nien zu befördern. Sein Titel gab ihm keine Gewalt, und er war nicht im Stande, sich ein Ansehen zu verschaffen. Nicht immer war er einig mit den Missio= naren, die seine Ankunft wahrscheinlich nicht ohne Mis= trauen betrachtet hatten, da sie besorgen mußten, daß er den Auftrag habe, sie zu beaufsichtigen. Er hat auch nichts bewirkt als die erwähnte Unabhängigkeits= erklärung der 35 Häuptlinge, die auf dem Papier aus= gesprochen wurde, um den Ansprüchen des Barons v. Thierry einen Widerstand entgegenzusetzen, die aber ohne allen Erfolg geblieben ist.

Es erhoben sich indessen in England immer mehr Stimmen für die Nothwendigkeit eines Einschreitens von Seiten der britischen Regierung, je mehr die Vor= theile einer Colonisation Neuseelands in politischer und commercieller Hinsicht sich dem Beobachter aufdrängten und je dringender die Aufforderung wurde, den bereits auf der Insel wohnenden Briten, deren Zahl man auf 2000 angab und die ohne Gesetz lebten, Schutz zu gewähren. Wie Großbritannien auf der nördlichen Halbkugel durch Umfang, Klima, Fruchtbarkeit und günstige Lage zum Stapellande für den Welthandel geworden ist, so ist auf der südlichen durch gleiche und zum Theil größere Vortheile Neuseeland dazu bestimmt. Es hat, wie Großbritannien, ein nachbarliches großes Festland, Australien, das ihm vielfache Hülfsmittel dar= bietet, während es den Vorzug hat, ein weites Han= delsfeld in den reichen Inseln des stillen Meeres zu besitzen, den gold= und silberreichen Ländern des west= lichen Amerika nahe zu sein, wie dem volkreichen China und Japan, die alle im Laufe weniger Wochen erreicht werden können. Die südliche gemäßigte Zone hat wegen der unermeßlichen Meeresfläche, wovon sie bedeckt ist, während des ganzen Jahres eine weit gleichmäßigere Temperatur als die nördliche. Neuseeland genießt bei seinem Umfange diese oceanische Eigenschaft in hohem Grade, da es sich vom Nordcap bis zum Südcap auf Stewart's Insel in seiner schmalen länglichen Gestalt durch beinahe 14 Breitengrade erstreckt. Es hat daher ein schöneres und gemäßigteres Klima als irgend ein Land in der Welt, und prangt immer in grünem Schmucke. Der große Bergrücken, welcher sich durch beide Inseln erstreckt, zieht die Wolken und Dünste des südlichen Meeres an, welche eine stete Quelle von Regen und Bewässerung zur Befruchtung des Thal= landes sind. Der bereits von Ansiedlern angebaute kleine Theil Neuseelands liefert in üppiger Fülle und Vollkommenheit alle Früchte und Getreidearten Europas, und Zuchtvieh aller Art könnte während des ganzen Jahres von den freiwilligen Erzeugnissen des Bodens sich nähren. Eben so günstig ist das Klima für die Entwickelung der Menschengattung, und die Eingebo=

*

renen zeichnen sich durch Stärke und Rüstigkeit aus. Kränkliche genesen hier, sagt ein englischer Missionar, Gesunde erstarken und Rüstige werden wohlbeleibt. Unter den britischen Ansiedlern sind die Ehen ungemein fruchtbar und erzeugen einen vollkräftigen Menschenschlag. Von den Bergen im Innern ergießen sich nieversiegende Flüsse, die zahlreiche Fälle bilden, welche Gelegenheit zur Anlegung von Maschinen darbieten, und münden in die schönsten Häfen. Das Holz der ungeheuern Waldbäume von mannichfaltiger Art zeichnet sich vorzüglich aus, da es leichter und vortheilhafter zu bearbeiten ist als das meist schwere und sehr harte Bauholz, das die andern Länder der südlichen Halbkugel erzeugen. Millionen Morgen sind, wie man sagt, mit dem trefflichsten Flachs bedeckt, und an den Küsten gibt es die reichsten Fischereien von der Makrele bis zum Walfisch. Bei diesen außerordentlichen natürlichen Vortheilen, welche das Land einem seefahrenden Volke darbietet, ist es merkwürdig, daß seit der Wiederentdeckung dieser Inseln durch Cook eine so lange Zeit verflossen ist, ehe geordnete Versuche zu britischen Ansiedelungen gemacht wurden. Der barbarische Charakter der Eingeborenen erklärt diesen Umstand; jetzt aber steht die geschmolzene Bevölkerung außer allem Verhältnisse mit dem Umfange des Landes und ist nur noch in einigen geschützten Baien und in einigen der fruchtbarsten Thäler des Binnenlandes zerstreut. Nach dem Zeugnisse der Missionare beträgt die gesammte eingeborene Bevölkerung nicht mehr als gegen 110,000, doch bezieht sich diese Angabe, wie es scheint, nur auf die nördliche Insel.

In dem gegenwärtigen Augenblicke, wo Rußland und die Vereinigten Staaten allmälig ihr Gebiet vergrößern, ihre Hülfsmittel vermehren und einen künftigen Kampf mit Großbritannien um die Meerherrschaft wenigstens im Auge haben, sei es für England, sagen mehre Stimmen, nothwendig, sich überall auf der Erde und auf dem Meer umzusehen, und wo möglich jede günstige Stellung im voraus einzunehmen. Blickt man, sagen sie, auf die östliche Halbkugel, wo bei der Ausdehnung des russischen Ländergebiets und dem rasch zunehmenden Handel der Vereinigten Staaten und Großbritanniens ein wichtiger Theil des Kampfes geführt werden dürfte, so tritt die gebietende Stellung Neuseelands mit seinen zahlreichen Häfen und den unermeßlichen Hülfsmitteln, die es der Seemacht darbietet, hervor, indem es gleichsam als ein ausgedehntes Bollwerk sich erhebt, das die großen britischen Besitzungen in Australien deckt und das ganze stille Meer unter den Winde hat. Warum, fragt man, hat Großbritannien gezögert, sich diese wichtige Stellung zu sichern, um die Vereinigten Staaten und Rußland im Oriente zu beugen, warum hat es nicht dieses unschätzbare Gebiet besetzt, um seinen Handel und seine Hülfsmittel zu vermehren, warum nicht die Eingeborenen gewonnen, die sich als so ausgezeichnete Seeleute erprobt haben? Nicht minder wichtig ist die Colonisation Neuseelands in Beziehung auf Australien. Die britischen Colonien in Neuholland werden bei dem unbeständigen Klima und der häufigen Dürre, welcher diese Ansiedelungen ausgesetzt sind, bei steigender Bevölkerung von Zeit zu Zeit Hungersnoth leiden, wenn nicht ein benachbartes Land Zufuhr liefern kann. Alle übrigen Länder, die unter solchen Umständen Beistand leisten könnten, außer Neuseeland, sind so entfernt, daß die Noth groß werden könnte, ehe Hülfe zu bringen möglich wäre. Vor drei Jahren stieg bei der herrschenden Dürre der Preis des Weizens in Sydney von 40 zu 100 Schill. für das Quarter, und es wurden Kartoffeln und Mais aus

Neuseeland eingeführt, wo britische Ansiedler das Land angebaut hatten, wiewol bei der Unsicherheit des Eigenthums mehre derselben ihre Versuche wieder aufgeben mußten und sich auf die Lieferung von Bauholz beschränkten, das den Beraubungen weniger ausgesetzt ist, als angebaute Felder. Neusüdwales eignet sich so vorzüglich zur Schafzucht und Neuseeland dagegen zur Erzeugung von Getreide und andern Früchten, daß man es für vortheilhafter hält, wenn jenes sich auf den so glücklich gedeihenden Gewerbzweig beschränkte und den größten Theil seines Getreidebedarfs einführte. Ein anderer wichtiger Beweggrund für die Colonisation Neuseelands ist die in der neuesten Zeit eingetretene Vermehrung des Walfischfanges im südlichen Ocean, welche theils durch die Ausdehnung dieses Gewerbzweiges selbst, theils durch die Abnahme desselben in den nördlichen Meeren entstanden ist. Es sind jetzt gegen 15,000 Seeleute mit dem Walfischfange beschäftigt, der 150,000 Tonnen erfodert und größtentheils in den Flußmündungen und Baien von Neuseeland getrieben wird. Gegen drei Viertel dieses Verkehrs befinden sich in den Händen der Nordamerikaner und nur ein Viertel in britischen Händen; wenn aber Großbritannien die ganze Inselgruppe in Besitz nähme, so würde bei der größern Wohlfeilheit und Bequemlichkeit, womit der Walfischfang von britischen Ansiedlern in Neuseeland betrieben werden könnte, derselbe bald größtentheils den Briten zufallen. Auch legt man nicht wenig Gewicht auf einen philanthropischen Grund für die Colonisation von Neuseeland. Diese Inselgruppe, sagt man, biete, wenn auch nicht das einzige, doch das auffallendste Beispiel einer dünnen oder zerstreuten Bevölkerung dar, welche durch die Einwanderung von Europäern nicht nothwendig leiden, sondern vielmehr große Vortheile erlangen würde. Während die Eingeborenen von Nordamerika und Neuholland, als Jägerhorden, die sich nur sehr schwer oder allmälig an Landbau und feste Wohnsitze gewöhnen können, sowol durch die Beschränkung ihres Jagdgebiets als die Verminderung des Wildes nach der Einführung von Feuergewehren in große Bedrängniß geriethen und durch Hungersnoth gezwungen wurden, in das Gebiet nachbarlicher Stämme einzufallen, was Vertilgungskriege zur Folge hatte und in Verbindung mit der Wirkung geistiger Getränke zur allmäligen Aufreibung der Ureinwohner führte, und während bei Hirtenvölkern, wie Hottentotten und Kaffern, nach der Einwanderung von Europäern ähnliche zerstörende Misverhältnisse zwischen der Volkszahl und den Mitteln des Unterhalts eintraten, sind die Neuseeländer, als Bewohner eines fruchtbaren Landes, das fast gar kein Wild und keine Heerden irgend einer Art hat, schon gewöhnt, ihre Nahrung, mit Ausnahme von Fischen, dem Boden abzugewinnen, indem sie theils Farrnkrautwurzeln aufgraben, theils Kartoffeln anbauen. Die Bevölkerung steht aber mit den durch den Anbau des Landes zu erlangenden Unterhaltsmitteln in einem so ungünstigen Verhältnisse, daß sie, in Folge des gesetzlosen Zustandes der Eingeborenen und ihrer blutigen Fehden, nicht den hundertsten Theil der Volksmenge beträgt, die der Boden ernähren könnte, und es ist daher vorauszusehen, daß die Ansiedelung von Europäern, die den Personen und dem Eigenthume Schutz gewähren würden, und die Einführung von Hausthieren, bessern Ackerbauwerkzeugen, Fruchtbäumen und eßbaren Gewächsen und allen Vortheilen und Bequemlichkeiten der Gesittung, welche so sehr zur Vermehrung der Bevölkerung beitragen, den Eingeborenen die größten Wohlthaten bringen müßten. Nicht minder entscheidend ist endlich die Rücksicht auf die bereits angedeutete Lage der britischen Ansiedler in der nördlichen Insel. Sie sind allen Übeln der Gesetzlosigkeit unterworfen, und der Zustand der Barbarei, der trotz aller Bemühungen der Missionare noch herrscht, sowie die Schwierigkeit von Verbindungen in einem so ausgedehnten Lande scheinen eine geordnete einheimische Regierung kaum möglich zu machen, was nach der Versicherung in einer Bittschrift der britischen Ansiedler an den verstorbenen König Wilhelm IV. die Häuptlinge selbst anerkennen. Die einzelnen Stämme halten zwar häufig berathende Versammlungen und haben gewisse Gewohnheiten und Gebräuche, aber die Häuptlinge genießen weder Rang noch Ansehen, und Jeder, der mehr als ein Sklave ist, kann sich ihnen ungestraft widersetzen.

(Der Beschluß folgt in Nr. 446.)

Die Kaffeecultur in Brasilien und Mexico.

Eine Kaffeepflanzung in Brasilien.

Wiewol die Kaffeepflanze in Brasilien einheimisch sein soll, so hat man doch dort erst seit der Revolution auf St.-Domingo und dem dadurch veranlaßten Steigen der Preise in Europa auf die Cultur derselben einige Sorgfalt gewandt. Einige Pflanzer, vertrieben durch die Verbannung, die sich auf alle damals auf jener Insel befindlichen Weißen erstreckte, wanderten nach Brasilien aus; einer davon ließ sich in der Nähe von Rio Janeiro nieder und durch Einführung zweckmäßiger Methoden gelang es ihm, Bohnen von vorzüglicher Qualität zu erzeugen. Dies führte zu einer Nachfrage bei vortheilhaften Preisen; zahlreiche Concurrenten traten auf und heutzutage zeichnet sich die Provinz Rio Janeiro sowol durch die Menge als durch die Güte des Kaffees, den sie producirt. Die schnelle Zunahme dieses Handels war auffallend; sie wird zum Theil durch die Einfuhr der Negersklaven erklärt, die noch bis vor kurzem in Brasilien erlaubt war; ob der Vertrag, den Brasilien mit England wegen Unterdrückung des Sklavenhandels geschlossen hat, nachtheilig auf die Kaffeecultur in diesem Lande wirken wird, muß die Zukunft lehren. Noch vor 50 Jahren wurde aus keinem Theile von Südamerika Kaffee ausgeführt; 1821 versandte Brasilien 15 Millionen Pfund, 1827 Rio allein 47 Millionen, 1832 über 64 Millionen Pfund. Vor vier Jahren führte Brasilien jährlich 72 Millionen Pfund aus, mehr als irgend ein anderes Land in der Welt (die ganze Production wird jetzt auf 134 Millionen Pfund geschätzt) und der ganze Continent von Südamerika wahrscheinlich nicht weniger als 100 Millionen. Es wird nicht ohne Interesse sein, den Betrag dieser Production mit der Ausfuhr anderer Länder, welche Europa mit Kaffee versorgen, zu vergleichen. Von Cuba werden etwa vier Millionen ausgeführt, von Haiti 40 Millionen, vom britischen Westindien 25 Millionen, vom französischen Westindien vier Millionen, von Java 32 Millionen, von Mokka nur eine Million (weshalb nur ein kleiner Theil des Kaffees, der unter dem Namen Mokkakaffee verkauft wird, echt sein kann). Brasilianischer Kaffee geht nach allen Theilen von Europa, hauptsächlich nach Antwerpen, Hamburg, Triest; ferner nach den Vereinigten Staaten, die allein ein Drittel des Ganzen empfangen. Von den Bezugsarten wird der brasilianische Kaffee auch Babia, Maranhon und Rio genannt. Der von Rio ist ziemlich stark, mäßig lang, gelb oder grün und von starkem Geruch. Wir erwähnen bei dieser Gelegenheit, daß die Franzosen die Kaffee-Sorten der Qualität nach auf folgende Weise ordnen: Mokka, Martinique, Guadeloupe, Bourbon, Cayenne, Haiti, Ceylon, Marie Galante, Havana, San-Jago, Portorico, Brasilien, Java, Sumatra, während die Engländer den Jamaicakaffee,

die Holländer den Javakaffee gleich hinter den Mokka=
kaffee stellen. Sämmtliche Sorten bringt man in
zwei Hauptabtheilungen: den ostindischen, wozu auch
der Mokkakaffee gerechnet wird, und den westindischen
oder Plantagenkaffee.

Auch in Mexico ist die Kaffeecultur, auf die man
sich erst in den letzten Jahren zu legen angefangen
hat, in schnellem Zunehmen; schon ist die Zahl der
Pflanzungen bedeutend. Der Boden des Landes ist
für diese Cultur sehr geeignet, und der Umstand, daß
das zur Anlegung einer Pflanzung erfoderliche Capi=
tal verhältmäßig klein ist, gibt dem Kaffeepflanzer
einen Vortheil über den Zuckerpflanzer. Eine Pflan=
zung von 200,000 Kaffeebäumen erheischt bleibend nicht
über 20 Arbeiter. Außerdem sind aber etwa drei Mo=
nate im Jahre noch 50—60 andere erfoderlich, um
die Ernte einzubringen, die Bäume zu reinigen und
zu beschneiden u. s. w. Im Jahre 1830 führte Mexico
zum Belaufe von 20,000 Dollars Kaffee aus; der
jetzige Betrag ist nicht bekannt.

In Mexico und vielleicht auch in andern Ländern,
wo die Hitze sehr groß ist, werden die jungen Pflan=
zen zwei ganze Jahre lang gegen die Sonne geschützt.
Zu diesem Ende wird ein großes Stück Feld, genannt
Semillero, bedeckt und mit jungen Schößlingen dicht be=
pflanzt; im dritten Jahre werden sie ins freie Feld ver=
pflanzt und erreichen im vierten ihre volle Stärke. Auf
18 Quadratfuß wird je ein Kaffeebaum gepflanzt.
Die Bäume blühen im zweiten Jahre und tragen im
dritten schon reichlich Früchte. In Brasilien werden
die Beeren jährlich zwei Mal gesammelt, in den Mo=
naten Februar und August. Die besten und größten
Quantitäten werden in den Monaten Juli und De=
cember zu Markte geschickt. Die Beeren sind anfangs
dunkelgrün; diese Farbe wird später roth und gleichzeitig
füllen sie sich mit einem weißlichen milchartigen Fleische
zwischen der Haut und den Samen; das Laub ist dun=
kel und glänzend und die Büsche 9—10 Fuß hoch.
Beim Einsammeln der Ernte werden die Beeren aus=
gebreitet, um zu trocknen, bis das Fleisch erhärtet; dann
werden sie in eine Mühle geworfen, wo die Hülsen
von den Samen gesondert werden; zuletzt werden die
zur Ausfuhr fertigen Samen in lange Säcke gepackt,
von denen jeder 5 Arrobas oder 160 Pfund enthält.
Diese Säcke werden den Pflanzern von Zwischenhänd=
lern abgekauft, die sie in großer Menge auf Maul=
thieren nach Rio oder dem nächsten Seehafen schaffen
und dort an die Kaufleute, welche sie ausführen, ver=
kaufen. Weder diese, noch die Zollbeamten, welche
den Ausgangszoll erhalten, geben sich die Mühe, nach=
zuwiegen, ob diese Säcke das ordnungsmäßige Gewicht
enthalten, weil sie davon ohnedies überzeugt sind —
ein Umstand, der die Ehrlichkeit der Brasilier in günsti=
gem Lichte zeigt.

Der Ertrag der einzelnen Kaffeebäume ist sehr ver=
änderlich; in Brasilien geben sie durchschnittlich $1\frac{1}{2}$—
2 Pfund, was den mittlern Ertrag in Westindien über=
steigt; in Mexico hingegen betragen die mittlern Ernten
auf gutem Boden fast $2\frac{1}{2}$ Pfund. In einzelnen Fäl=
len ist dieser Ertrag noch weit größer; man findet nicht
selten Bäume, die 16—20 Pfund liefern, ja der Eng=
länder Ward erwähnt in seinem Werke über Mexico ei=
nen Baum, der 28 Pfund trug. Regen, die zur Zeit
der Blüte fallen, Mangel an Wasser für künstliche Be=
wässerung und eine Schmarozerpflanze (eine Art Coran=
thus, Riemenblume), die sich an die Zweige hängt, sind
den Kaffeebäumen sehr nachtheilig und mindern ihren
Ertrag.

Die Brücke über die Moldau in Prag.

Prag, Böhmens Hauptstadt mit 120,000 Einwoh=
nern, wird durch die Moldau in zwei Theile geschieden,
nämlich: in die Alt= und Neustadt am rechten und in
die Kleinseite und den Hradschin am linken Moldau=
ufer. Die Verbindung zwischen beiden wird durch eine
steinerne, auf 16 Doppelbogen ruhende Brücke erhalten,
welche zu den festesten und großartigsten in Europa ge=
zählt werden kann. Sie ist zu beiden Seiten mit
Thürmen, welche einst zur Vertheidigung der Brücke
gedient haben, geschlossen, wie diese ganz aus Quader=
steinen gebauet und von einem Thurme bis zum an=
dern 1790 Fuß lang; ihre Breite beträgt 35 Fuß und
bei mittlerm Wasserstande erhebt sie sich 42 Fuß
über den Spiegel der Moldau. 28 Statuen zieren
diese Brücke, von denen die meisten durch den berühm=
ten böhmischen Bildhauer Lazar Prokoff gearbeitet sind.
Von diesen Statuen sind besonders zu bemerken jene
des heiligen Johann von Nepomuk, vor welcher am
16. Mai jedes Jahres das Fest dieses Heiligen auf das
glänzendste begangen wird, wobei ein solcher Andrang
von Menschen aus allen Gegenden Böhmens stattfindet,
daß während dieser Zeit jede Verbindung zwischen der
Altstadt und Kleinseite aufhört und Menschen und Thiere
auf dazu bereit gehaltenen Fähren überschiffen müssen.
Ferner ist das auf dem dritten Pfeiler rechts (von der
Altstadt gegen die Kleinseite zu) befindliche, aus Kupfer
verfertigte und stark vergoldete Crucifix ein herrliches
Werk der Kunst. Schon Karl IV. ließ hier ein höl=
zernes Kreuz aufstellen, welches aber 1420 von den
Hussiten in die Moldau gestürzt wurde. Zu Anfang
des 17. Jahrhunderts ließ der prager Magistrat ein
neues, aus Holz geschnitztes Kreuz dahinstellen, welches
aber durch die Kugeln der Schweden im Jahre 1648
stark beschädigt und in die ehemalige altstädter Jesuiten=
kirche übertragen wurde. Auch das an dessen Stelle
gesetzte Crucifix wurde im Jahre 1706 durch einen hef=
tigen Windstoß umgerissen, worauf das gegenwärtige
gegossen und aufgestellt wurde. Eine in hebräischer
Sprache darauf befindliche stark vergoldete Überschrift
rührt daher, daß ein Jude, der über die Brücke ging
und gegen den Heiland in Schmähworte ausbrach, durch
das Appellationsgericht verurtheilt wurde, diese Inschrift
auf eigne Kosten verfertigen zu lassen. Das Urtheil
dieses Tribunals ist am Piedestal in deutscher, lateini=
scher und böhmischer Sprache zu lesen.

Von dieser Brücke genießt der Wanderer den herr=
lichsten Überblick, denn außer den beiden Ansichten von
der Stadt, wo der Blick entweder von dem malerischen
Laurentiusberge, vom Berge Sion mit dem Stifte
Strahow, von der Kleinseite und dem Hradschin mit
der majestätischen Königsburg, von der Domkirche zu
St.=Veit und dem k. Damenstifte gefesselt wird, oder
über die Thürme der Alt= und Neustadt hinweggleitend
auf Anhöhen mit Baumreihen und üppige Saaten fällt,
ist es besonders die Ansicht stromaufwärts, wo sich ein
mit immer neuem Zauber geschmücktes Gemälde dar=
bietet. Zur Linken zeigt sich die Neustadt mit ihren
vielen Thürmen, in deren Hintergrunde die schwarzen
Trümmer des ehrwürdigen Wissehrad, des einstigen Re=
sidenzschlosses der böhmischen Herzoge, aus den Fluten
der Moldau auftauchen, in weiterer Entfernung aber die
röthlichen Felsen des braniker Steinbruches sichtbar sind;
zur Rechten dehnt sich eine Kette von wohlbebauten
Hügeln mit Kapellen und niedlichen Landhäusern ge=
schmückt längs dem Ufer des Flusses aus und in der
Mitte desselben ganz im Vordergrunde erblickt man zwei

der beliebtesten und besuchtesten Vergnügungsörter Prags, die Färber- oder Sophien- und die Schützeninsel, über welche letztere so eben eine Kettenbrücke geführt wird, welche, beide Ufer verbindend, Prag die lang ersehnte Wohlthat eines zweiten Überganges gewähren wird. Kahler ist die Aussicht am Flusse abwärts nach Norden.

Schon im Jahre 795 nach Chr. Geb. ließ Herzog Mnata in der Gegend des heutigen Tummelplatzes eine hölzerne Brücke bauen, welche aber 1159 durch eine plötzliche Anschwellung des Stromes gänzlich niedergerissen wurde. Hierauf ließ Herzog Wladislaw I. durch einen Baumeister aus Italien im Jahre 1171 den Bau einer steinernen Brücke beginnen, welche im Jahre 1174 vollendet wurde. Diese bestand aus 24 gewölbten Bogen, der obere Theil aber war von Holz. Von dieser Brücke, welche im Jahre 1272 durch einen Eißstoß stark beschädigt und im Jahre 1342 gänzlich niedergerissen wurde, ist noch ein kleiner Theil unter dem Stifte des ritterlichen Kreuzherrnordens zu sehen. So blieb zehn Jahre ohne Brücke, bis endlich Kaiser Karl IV. im Jahre 1357 zur gegenwärtigen steinernen Brücke den Grund legte und dem berühmten Architekten Peter Arler de Polonia den kühnen Bau übertrug, der jedoch, durch Kriegsunruhen verzögert, erst unter König Wladislaw II. im Jahre 1507 vollendet wurde. Der hierzu erforderliche Aufwand soll sich auf 180,000 Thaler belaufen haben.

So steht dieser massive Bau beinahe fünf Jahrhunderte, und das Gemäuer scheint durch die Länge der Zeit an Festigkeit nur zugenommen zu haben. Denn als sich im Jahre 1744 Friedrich II. mit seiner größten Macht gegen die Neustadt lagerte, faßte der k. General Harsch den Entschluß, sich in der Kleinseite zu vertheidigen. Zu dem Ende wollte er einen Bogen der Brücke abwerfen und den Pfeiler sprengen lassen. Man hob das Pflaster auf und warf den Schutt, der über eine Klafter hoch darauf lag, hinweg. Als man aber die Gewölbe, die doch jetzt schon über vier Jahrhunderte standen, zertrümmern wollte, vereitelte ihre Festigkeit jede Mühe und man mußte zur Freude der Bürger, die über diese nutzlosen Anstalten sehr murrten, davon wieder abstehen.

Ungeachtet vieler Eisgänge und Überschwemmungen blieb diese Brücke bis zum Jahre 1784 unversehrt; allein in diesem stießen die Eismassen an jenen Pfeiler, auf welchem sich das Wachhaus befand, mit solcher Heftigkeit, daß dieses mit der Mannschaft und dem Pfeiler in die Fluthen stürzte. Fünf Jahre arbeitete man an der Ausbesserung der Brücke und die Kosten beliefen sich auf 100,000 Thaler. Kaiser Joseph II. wies hierzu großmüthigst aus seiner Privatkasse zwei Drittheile an und ließ zum Andenken an jene außerordentliche Begebenheit an jenem Platze, wo das Wachhaus stand, ein einfaches Denkmal, bestehend aus einem großen Postamente von rothem Marmor, mit folgender Aufschrift setzen: „Carolus IV. Aug. Pontem extruxit Anno MCCCLVII. Vetustate vitiatum et fluminis glaciem devolventis impetu, Anno MDCCLXXXIV, pene dirutum Josephus II. Aug. instaurari, novisque substructionibus muniri jussit." (Kaiser Karl IV. ließ diese Brücke im Jahre 1357 erbauen. Nachdem sie aber vom Alterthume verletzt und im Jahre 1784 vom Eisgange des Stromes fast zerstört worden war, ließ sie Kaiser Joseph II. ausbessern und mit neuen Widerlagen versehen.)

Bei Gelegenheit dieser Ausbesserung hat man noch zwei neue Zugänge eröffnet, einen für Fußgänger mittelst einer Stiege auf die Insel Kampa, einen für Fah-

rende gegen das Brustkathor zu. Für die erstern, welche sich auf dieser Brücke stets rechts zu halten haben, ist zu beiden Seiten der Brücke ein erhöhtes eisernes Trottoir bestimmt, welches so breit ist, daß zwei Personen bequem neben einander gehen können. Die Geländer sind gleichfalls aus großen Quatersteinen erbaut, tragen aber weder zur Zierlichkeit noch Geräumigkeit der Brücke bei und können füglich durch eiserne ersetzt werden. K.

Das Palmöl.

Dieses Öl wird von der guineischen Ölpalme (Elais Guineensis) gezogen, welche namentlich in Guinea und auf der Westküste Afrikas (auch in den Gärten von Martinique) wächst. Sie hat gefiederte Blätter und eine beerenartige Steinfrucht, welche faserig, ölig und mit einer fast dreieckigen, einfächerigen, dreischaligen Nuß mit drei Löchern versehen ist. Jenes Product zeigt sich als eine butterartige Substanz von orangegelber Farbe und angenehmem Veilchengeruch. Seit einiger Zeit hat man angefangen, dasselbe, befreit von seinem Färbestoffe, zu Seifenfabrikaten zu benutzen und dagegen europäische Producte einzutauschen. Dieser anfänglich nur schwache Betrieb ist in neuesten Zeiten in so hohem Grade gestiegen, daß eben dadurch Englands und Rußlands Alleinhandel mit Talg von einer ungemein verderblichen Katastrophe bedroht wird. Man hat nämlich durch das Anhalten mit diesem Artikel die Preise desselben ungewöhnlich hoch hinaufgeschraubt und dadurch Veranlassung gegeben, daß im vergangenen Jahre 1840 an 15,000 Tonnen Palmöl von Afrika eingeführt wurden, wodurch der Preis des Talges in Zeit von drei Wochen um 6 Pf. St. für die Tonne von 20 Centnern gefallen ist. Für 1841 werden zu gleichem Zwecke gegen 20,000 Tonnen Palmöl in Afrika geladen, welche einen Ersatz für 50,000 Fässer Talg bieten.

Ältere Spuren von Lichtbildern.

Schon vor mehr als 124 Jahren hat man Erscheinungen beobachtet, die bei aufmerksamer Erwägung auf die Erfindung Daguerre's hätten führen müssen. Im Jahre 1716 entdeckte D. Oddoni zu Venedig bei einer außerordentlichen Kälte an den Fensterscheiben seines Gartenhauses vollkommen richtig gezeichnete Abbildungen der daselbst in Töpfen aufbewahrten Pflanzen, wodurch viele Personen, Ärzte, Apotheker, Maler u. s. w. in das größte Erstaunen versetzt worden sein sollen. Im Januar 1744 reiste ein dänischer Geheimrath von Kopenhagen nach Fünen und ließ zu Corsör eine Carosse mit aufgezogenen Fenstern auf das Schiff bringen; kaum war er auf dem Schiffe in die Carosse gestiegen, als er gewahr wurde, wie auf dem gefrorenen Kutschfenster die Gegend von Corsör mit Bäumen, Feldern, Häusern und Thürmen ganz genau und deutlich, jedoch ohne Farben, abgebildet war.

Die Hercules-Bäder bei Mehadia.

An dem östlichen Ende der Banatgrenze, ungefähr 20 Meilen von Temesvar, zwei Meilen von Orsova und eine halbe Meile von dem Grenzorte Mehadia befindet sich das von der Natur mit allen Reizen geschmückte Csernathal. Den Horizont desselben bildet eine Doppelreihe dicht bewaldeter Höhen, die sich terrassenförmig übereinander erheben, und aus deren dunkelm Grün zahllose Felspyramiden gleich Giganten zum Himmel emporstreben und als eben so viele Säulen das Firmament zu tragen scheinen. Im Grunde dieses Thales schlängelt sich in sanften Krümmungen der Esernafluß hin, an dessen beiden Ufern aus mehrern Öffnungen die warmen Heilquellen entspringen, die den Namen der Hercules- oder Mehadia-Bäder führen und jährlich von vielen Tausenden besucht werden. Ihre Temperatur ist verschieden und steigt von 33 bis auf 48° Réaumur, so daß namentlich das sogenannte Räuberbad im Sommer nur durch Vermischung mit kaltem Wasser zum Gebrauch geeignet wird.

Bis jetzt sind acht Quellen gefaßt, von denen beinahe jede, mit einer wohleingerichteten Badestube versehen, auch ihren besondern Namen führt. Am rechten Ufer der Eserna befindet sich das Ludwigs- oder Schindelbad, das alte und neue Gliederbad, das Kalkbad, das Augenbad und Räuberbad oder die sogenannte Herculesquelle, mit deren Gebrauche gewöhnlich jeder Gast die Cur beschließt. Am linken Ufer der Eserna ist das Francisci- und Fieberbad, dessen Quelle — wegen der dunkeln Färbung ihres Wassers auch die schwarze genannt — in mehren hartnäckigen Wechselfiebern ersprießliche Dienste geleistet haben soll, weshalb es den obenerwähnten Namen erhielt.

Waren diese Bäder schon früher trotz der beschränkten Einrichtung sehr besucht, so steigert sich jetzt die Zahl der Hülfesuchenden immer mehr, da die Regierung große Opfer gebracht hat, um sie zu verschönern und zweckmäßig einzurichten; überhaupt scheint es keinem Zweifel zu unterliegen, daß diese herrliche Anstalt, welche von Jahr zu Jahr an Umfang und Bequemlichkeit gewinnt, bald zu den besten Bädern des östreichischen Kaiserstaates gehören werde. Außer einem mit allen Bequemlichkeiten versehenen Gasthause, welches 60 geräumige Gastzimmer enthält, einem Gebäude für kranke Offiziere und einem Gebäude für die Badediener, worin zugleich die ärmern Classen ein Unterkommen finden, sind auch einige Privatgebäude vorhanden, welche zur Aufnahme der Gäste dienen. Ein Kaffeehaus und ein im Gasthause befindlicher Garten tragen viel zur Erheiterung bei; außerdem bietet das romantische Thal, das nah gelegene Mehadia und Orsova Gelegenheit zur Unterhaltung in Fülle dar. Der Zudrang zu diesen Bädern, besonders von Walachen und Illyriern, ist so bedeutend, daß ihre Zahl oft in die Tausende geht.

Der Ruf dieser Heilquellen reicht bis in das graue Alterthum hinauf. Römische Münzen und Gräber, Altäre und Denkmäler mit Inschriften, welche vom Kaiser Antonin dem Frommen, Caracalla, Severus, Marcus Aurelius und dessen Mutter Faustina, sowie von mehren Consuln, Feldherren und Legaten hier aufgefunden worden, beweisen hinlänglich, daß diese Bäder schon früh gekannt und benutzt wurden. Allein nach Vertreibung der Römer wurden sie wahrscheinlich durch die barbarischen Völkerstämme, die wechselsweise Dacien eroberten, gänzlich zerstört. Erst im Jahre 1735 fing man an, sie aus ihren Ruinen wieder hervorzusuchen und allmählig wiederherzustellen.

Eine naturhistorische Merkwürdigkeit verdient hier noch erwähnt zu werden. Ueber dem Räuberbade nämlich in der Mitte des Berges befindet sich eine senkrecht emporsteigende Felsenkluft, unter dem Namen der Hercules-, Mehadia-, auch Räuberhöhle bekannt, von welcher die Bäder ihren Namen führen. Um zu ihr zu gelangen, muß man den schroffen Abhang des Berges hinanklettern; dort angekommen erblickt man eine mehre Klafter tiefe Kluft in dem Felsen, aus welcher ein schauerlicher Abgrund hervorgähnt, der, nach der Volkssage, mit Kobolden und Ungeheuern aller Art bevölkert sein soll. Dicht neben dieser Kluft befindet sich eine zweite, jedoch so kleine Öffnung, daß man nur mit großer Anstrengung in ihr Inneres zu gelangen vermag. Hier erblickt man beim Schein der Fackel eine gegen hundert Schritt im Umfang haltende Höhle, von welcher aus mehre Seitengänge tief in das Innere des Berges zu führen scheinen. Der Boden ist ziemlich ungleich und ganz mit Erde bedeckt, in welche sich das Gestein allmählig auflöst. Läßt man einen großen Stein oder irgend einen andern schweren Körper niederfallen, so verräth der starke Widerhall, daß der Berg auch in der Tiefe, wenigstens unter dem Boden der Höhle, gewölbt sein müsse.

In einigen dieser Höhlen entdeckt man hin und wieder Spuren von Feuerstätten, woraus mit ziemlicher Wahrscheinlichkeit der Schluß gezogen werden kann, daß in frühern Zeiten hier Räuber gehaust haben.

Bandfabrikation in St.-Etienne.

Zu Etienne und in einem Umkreise von zwei Myriametern (fünf Stunden) sind nicht weniger als 27,500 Personen beiderlei Geschlechts mit der Bandfabrikation beschäftigt und verarbeiten jährlich gegen 5750 Ballen, deren jeder im Durchschnitte 140 Pfund wiegt. Dieser Rohstoff gibt (das Pfund zu 29 Francs gerechnet) ein Capital von 23,385,600 Francs; Arbeitslohn, Interessen und Gewinn der Fabrikation werden auf 3/5 des Capitals angeschlagen, sodaß der Gesammtwerth der Arbeit 37,411,960 Francs beträgt. Die im Gebrauch befindlichen Stühle, an Zahl 23,550, sind von dreierlei Art; die tägliche Fabrikation wird auf 350,000 Ellen Bänder angeschlagen; das Ganze wird von etwa 200 Fabrikanten und 500 Commis geleitet.

Literarische Anzeige.

In meinem Verlage ist erschienen und durch alle Buchhandlungen zu beziehen:

Lehrbuch der Geometrie

von

Karl Snell,

Lehrer der Mathematik an der Kreuzschule zu Dresden.
Mit sechs lithogr. Tafeln. Gr. 8. Geh. 1 1/6 Thlr.

Der Verfasser bezeichnet die herrschende Form der Darstellungen der niedern Geometrie, die fast nur durch Rücksicht auf die Consequenz der Demonstration einzelner isolirt stehender Sätze bestimmt wird, als eine solche, welche von Seiten ihrer wissenschaftlichen Vollendung als eine niedere erscheint und von Seiten ihrer Zweckmäßigkeit für die Bedürfnisse der Lehrmethode voller Gebrechen und Übelstände sich zeigt. Sein Bestreben ging deshalb dahin, den gesammten Stoff der geradlinigten Planimetrie, nach der innern Verwandtschaft des Inhalts geordnet, in eine so naturgemäße Folge zu bringen, daß der Lernende nicht blos, indem er den Stoff der Wissenschaft in jedem Augenblick freithätig aus sich selbst zu produciren glaubt, denselben wie alles von ihm selbst Erfundene mit der größten Leichtigkeit sich aneignet und mit Sicherheit behält, sondern auch ein wissenschaftliches Ganze nach innern Gesetzen sich bilden und entwickeln sieht und dadurch eine höhere Übersicht und größern Zusammenhang der Erkenntnisse gewinnt.

Leipzig, im Oct. 1841.

F. A. Brockhaus.

Herausgegeben unter Verantwortlichkeit der Verlagshandlung F. A. Brockhaus in Leipzig.

Das Pfennig-Magazin

für

Verbreitung gemeinnütziger Kenntnisse.

446.]   Erscheint jeden Sonnabend.   [October 16, 1841.

Johann Sebastian Bach.

Der Vater dieses berühmten Tonkünstlers, Johann Ambrosius Bach, war durch Religionsbedrückung bewogen worden, seine Vaterstadt, Presburg in Ungarn, zu verlassen, und bekleidete das Amt eines Hofmusikus zu Eisenach, als ihm sein Sohn daselbst am 21. März 1685 geboren wurde. Bereits in seinem zehnten Jahre verlor dieser seine Ältern, und begab sich hierauf nach Ohrdruf, wo sein älterer Bruder, Johann Christoph Bach, als Organist angestellt war. Das war der rechte Mann dazu, in dem zarten Gemüthe den glimmenden Funken für die Musik anzufachen, woran ihm schon sein Vater frühzeitig einen Geschmack beigebracht hatte. In der That wurde die Begierde zur Tonkunst in ihm so unwiderstehlich entzündet, daß er seinem Bruder ein Notenbuch, auf das jener unbeschreiblich viel hielt und in welchem er Tonstücke der Koryphäen seiner Zeit, eines Froberger, Kerl und Pachelbel, mit großer Sorgfalt eingetragen hatte,

heimlich hinwegnahm, daraus bei mondhellen Nächten verstohlen abschrieb, und sich nur höchst ungern davon trennte, als jener sich wieder in Besitz des schmerzlich Vermißten setzte. Nach des Bruders Tode sorgte man dafür, ihn zur Vervollständigung seiner Kenntnisse auf das Gymnasium zu Lüneburg zu bringen. Es genügte ihm aber hier sein einfaches wissenschaftliches Studium nicht; daher machte er, getrieben von inniger Neigung zur Kunst, häufige Besuche in Hamburg und Celle, um dort den wegen seiner seltenen Gaben in hohem Rufe stehenden Organisten der Katharinenkirche, Johann Adam Reinecke, zu hören, hier sich mit der in französischem Geschmack gebildeten herzoglichen Kapelle bekannt zu machen.

Wie hervorragend Bach's Talent, wie groß sein Fleiß, aber wie günstig auch seine Stellung gewesen sein müsse, sich seinem Lieblingsstudium so ganz mit Leib und Seele widmen zu können, geht daraus hervor, daß er schon im 17. Jahre seines Alters (1703) als Hofmusikus in Weimar und wieder im 18. (1704) als Organist in Arnstadt angestellt wurde, was er doch lediglich seinen großen Fähigkeiten verdankte. Er kannte indeß keinen Dünkel und wußte von keinem Stillstand. Vor ihm lagen die gelehrten Werke eines Reinecke, Buxtehude und Bruhns. Mit ihrem Studium verband er eignes Nachdenken; ja er wirkte sich selbst einen vierteljährigen Urlaub aus, um in Lübeck, wo Dietrich Buxtehude Organist an der Marienkirche war, durch das Anhören der Werke des als einer der ersten und größten Künstler seiner Zeit bewunderten Mannes sich noch einen höhern Schwung zu geben. Von dem dreijährigen Zeitraume, welchen unser großer Meister als feuriger Jüngling seinem Dienst in Arnstadt widmete, rechnet man den Anbeginn seiner entschiedenen Größe in Ausübung der Tonkunst und in der Setzkunst, sowie der allgemeinen Anerkennung und Bewunderung seiner seltenen Eigenschaften.

Kaum war er im Jahre 1707 zum Organisten in Mühlhausen berufen, so erhielt er schon das Jahr darauf (1708) eine neue Anstellung als Hoforganist in Weimar, wo er sich durch die Meisterschaft seines Spiels, wie durch die Großartigkeit und Fülle seiner Orgelcompositionen namentlich bei Hofe einen so ungemeinen Beifall erwarb, daß er sechs Jahre darauf (1714) zum Concertmeister daselbst unter der Verpflichtung, die Kirchenstücke zu componiren und aufzuführen, erwählt wurde.

Bach hatte nun schon einen so großen Namen in der musikalischen Künstlerwelt, daß Jean Baptiste Volumier, um diese Zeit in Dresden Concertmeister, sich seiner bediente, um den phantastischen Einfällen und hohlen Großsprechereien des Ritters Jean Louis Marchand wirksam entgegen zu arbeiten, welchen König August I. von Polen nach seiner Verbannung aus Frankreich im Jahre 1717 als Organist in der Residenz mit mehren tausend Thalern Jahrgehalt festzuhalten gedachte. Dieser merkwürdige Sonderling hatte durch die ungeheuere Fertigkeit und ungemein glänzende Manier seines Spiels sich in Paris den Zutritt zu sechs Orgeln zugleich eröffnet und hatte 20 verschiedene Wohnungen auf ein Mal gemiethet, um dem, trotz der Steigerung des Preises einer Lehrstunde auf einen Louisd'or, zur Mode gewordenen Bedürfniß seines Unterrichts in allen Vierteln der Weltstadt von Monat zu Monat genügen zu können. Gegenwärtig hatte er nun in Dresden soeben in einem Hofconcert ein französisches Thema mit einer Reihe Veränderungen auf eine so nette und brillante Weise ausgeführt, daß es an dem lebhaftesten Applaudissement nicht fehlen konnte. Als nun aber der mit ausdrücklicher Genehmigung des Königs anwesende Bach, der, dem Virtuosen unbekannt, unbemerkt hinter ihn gestellt worden war, der an ihn ergangenen Auffoderung gemäß, sich an den Flügel setzt, in den ersten Griffen schon den Meister kundgibt und zu großer Überraschung aus dieser Einleitung dasselbe Thema mit aller Tiefe der Kunst, verbunden mit Grazie, entwickelt und noch zwölf Mal verändert, wobei eine Variation immer schwerer war, als die andere, da löste sich, als er vom Sitz wieder aufstand, das leiseste Schweigen der Aufmerksamkeit in einen wahren Beifallssturm auf, welcher nicht enden zu wollen schien, und es litt wohl keinen Zweifel, welchem Meister der Vorrang gebühre. Bach aber übergab dem Franzmann ein mit Bleistift auf ein Blättchen Papier entworfenes Thema für die Orgel zum musikalischen Wettkampf für den nächsten

Tag, dem sich jedoch Marchand durch seine Abreise von Dresden entzog.

Nicht sobald kehrte aber Bach von Dresden zurück, als er den Ruf als Kapellmeister zu Köthen bekam, eine Stelle, welche er auch acht Jahre lang (von 1717 —1723) mit größter Zufriedenheit bekleidete. Hier veranlaßte ihn die große Verehrung gegen den trefflichen Organisten Reinecke und die verzeihliche Eitelkeit, ihn von den seit seinem jugendlichen Besuch in der Kunst gemachten Fortschritte zu überzeugen, noch zu einer Reise nach Hamburg, um sich in der Katharinenkirche öffentlich hören zu lassen, worauf der fast 100 jährige Greis, nach aufmerksamer Anhörung, gegen Bach in die Äußerung ausbrach: „Ich dachte schon, die Kunst wäre ausgestorben. Ich sehe aber, daß sie in Ihnen noch lebt."

Und daß diese Kunst nicht allein in ihm fortlebte, sondern daß er sie auch im weitesten Umfange zu einer nie geahnten Höhe erhob, das zeigte sich, als er im letztgedachten Jahre (1723) zum Cantor und Musikdirector an der Thomasschule zu Leipzig an die Stelle des berühmten Johann Kühnau berufen wurde. Wenn auf der einen Seite er es sich zur Ehre rechnen mußte, zum Nachfolger eines Mannes beschieden zu sein, welcher als ausgezeichneter Componist, tiefer Mathematiker, gründlicher Sprachforscher, ausübender Rechtsgelehrter und satirischer Schriftsteller gleich vollendet sich zeigte, so konnte auch auf der andern Niemand mehr Talent und Genie besitzen, den Ruhm des Gesanginstituts der Thomasschule zu Leipzig zu fördern, sodaß Jünglinge aus allen, namentlich protestantischen Ländern Deutschlands, aus Preußen, Ungarn, Polen, Dänemark und Schweden nach Leipzig zusammenströmten, um neben der wissenschaftlichen auch die hier zu erwartende musikalische Unterweisung zur Verherrlichung des protestantischen Gottesdienstes genießen zu können.

Während der 27 Jahre, welche Leipzig das Glück hatte, ihn zu besitzen, fehlte es seinen Leistungen nicht an der Anerkennung der Fürsten, wie er denn vom Herzoge von Weißenfels zum Kapellmeister, und im Jahre 1736 nach Anhörung seines Orgelspiels vom König von Polen zum Hofcomponisten ernannt wurde. Er selbst aber, angezogen durch Friedrich den Großen, den seltenen Kenner und Beschützer der Tonkunst, benutzte im Jahre 1747 seine Anwesenheit in Berlin, wo sein Sohn, der treffliche Karl Philipp Emanuel, seit sieben Jahren bereits als königl. Kammermusikus angestellt war, sich in Potsdam vor dem König hören zu lassen. Dieser gab ihm selbst das Thema zu einer Fuge, und verlangte nach dessen Ausführung eine sechsstimmige Fuge; Bach führte sie sofort auf dem Fortepiano mit bewundernswürdiger Kunst aus, ja er brachte über das Königs Thema noch ein dreistimmiges und sechsstimmiges Ricercar (eine Art Musikstück) und noch einige andere Kunststücke zu Papier, die er, in Kupfer gestochen, dem Einzigen widmete.

Bach führte, erst mit der Tochter des Organisten Johann Michael Bach aus dem schwarzburgischen Amte Gehren, dann mit Anna Magdalene, einer trefflichen Sopranistin, welche jedoch nie öffentlich auftrat, eine glückliche Ehe, gesegnet von 20 Kindern, unter denen elf Söhne waren, die insgesammt die Bahn ihres berühmten Vaters mit seltenem Glück verfolgten, und unter denen nur die drei von ihrem wesentlichen Aufenthalt benannten, als der Hamburger (Karl Philipp Emanuel, gest. 1788), der Bückeburger (Johann Christoph Friedrich, gest. 1795) und der Englische (Johann

Christian, gest. 1782) hier erwähnt werden sollen. Bei der größten Anspruchslosigkeit lebte er mit seinen Amtsgenossen, namentlich mit dem Rector der Thomasschule, dem nachmaligen Professor zu Göttingen, Johann Matthias Gesner, in dem freundschaftlichsten Vernehmen, und gleichwie diesem die Beschäftigung mit der Musik an sich mit Recht für Bildung des Geistes und der Wissenschaftlichkeit förderlich schien, und er Bach's Eifer für sein Fach in hohem Grade schätzte, auch ihn selbst persönlich sehr hochachtete, so setzte er ihm selbst in einer Anerkennung zu seiner Ausgabe des Quinctilian ein schönes, beide große Männer ehrendes Denkmal, indem er dort nach einer schönen Beschreibung seiner vollendeten Kunstfertigkeit die Behauptung aufstellt: „daß sein Bach in seinem Genie eine ganze Schar von Sängern wie Orpheus und Arion überwiege." Dieser vortreffliche Mann, welcher lange und ununterbrochen der besten Gesundheit und körperlichen Kräfte sich erfreute, mußte sich in den letzten Jahren seines Lebens einer Operation und Cur an seinen Augen unterwerfen, welche leider mislang und seinen Gesundheitszustand untergrub, sodaß ihn am 28. Juli 1750 bereits im 65. Jahre ein Schlagfluß der Welt entriß.

Von seiner großen, einzigen Kunst urtheilt einer seiner verdienten Amtsnachfolger, der Kapellmeister Johann Adam Hiller, daß wol nie ein Componist die Vollstimmigkeit in größerer Stärke gezeigt und die verborgensten Geheimnisse der Harmonie kunstreicher zur Ausübung gebracht, einen lebhaftern Erfindungsgeist und einen größern Scharfblick besessen habe. Zog ihn sein ernster Charakter vornehmlich zur schwermüthigen, tiefsinnigen Musik, so konnte er sich doch auch im Spielen zu einer leichten, scherzhaften Weise bequemen. Die beständige Übung in Ausarbeitung vollstimmiger Stücke erwarb seinen Augen eine solche Fertigkeit, daß er in den stärksten Partituren alle zugleich laufenden Stimmen mit Einem Blick übersehen konnte, und sein Gehör war so fein, daß er bei den vollstimmigsten Musiken auch den geringsten Fehler zu entdecken vermochte. Im Dirigiren sah er sehr auf Genauigkeit im Vortrag, und im Zeitmaße, welches er gemeiniglich sehr lebhaft nahm, war er überaus sicher. Als Clavier- und Orgelspieler war er der stärkste seiner Zeit, und dabei waren nicht allein seine Finger gleich geübt, zu der größten Feinheit im Vortrage gleich geschickt, sondern er hatte auch seinen Füßen eine Kunstfertigkeit zu geben verstanden, die billig das größte Erstaunen erregen mußte. Auf dem Pedale mußten sie jedes Thema, jeden Gang den Händen dergestalt nachmachen, daß dabei kein Vorschlag, kein Mordant, kein Pralltriller fehlen, oder nur weniger rund oder nett zum Gehör kommen durfte; ja er machte mit beiden Füßen zugleich lange Doppeltriller, indessen die Hände nichts weniger als müßig waren. Und diese erstaunenswürdige, von dem feinsten Geschmack geregelte Fertigkeit, wie eine nie vor ihm gebrauchte Fingersetzung verdankte er seinem eigenen Fleiße. Oft hatte er sich genöthigt gesehen, die Nacht zu Hülfe zu nehmen, um Dasjenige herausbringen zu können, was er den Tag über geschrieben. Denn nie war er gewohnt, beim Componiren ein Clavier um Rath zu fragen. Auch sein „wohltemporirtes Clavier," welches in zum Theil sehr künstlichen Fugen und Präludien durch alle 24 Töne besteht, soll auf einem Orte eingeschlossen haben, von dem Unmuth, lange Weile und Mangel an jeder Art von musikalischen Instrumenten bewog, sich auf diese Weise die Zeit zu vertreiben.

Es bestehen aber die Werke des unsterblichen Meisters, welche eine originelle, von ausländischem Geschmack unberührte Begeisterung athmen und vorzüglich religiösen Inhalts sind, aus erhabenen Cantaten und Motetten, den fünf Passionswerken, Chorälen, Orgel- und Clavierstücken in gebundenem, strengem Styl. Wiewol Vieles von seinen Meisterwerken gedruckt ist, fehlt doch noch eine vollständige Ausgabe seiner Tonschöpfungen.

Die Wasserpromenade.

Am 14. Juni dieses Jahres hatten die Bewohner von Stockholm ein interessantes und überraschendes Schauspiel: ein Mann ging auf dem Mälarsee und zwar an der Stelle desselben, wo er mit heftigem Falle in den vom Meere gebildeten Hafen von Stockholm fällt, spazieren, in aufrechter Stellung, gekleidet in elegante Sommertracht und unbefangen eine Cigarre rauchend; in der Hand hielt er einen langen Stab gleich einem Ruder und an jedem Fuße war ein kleines schmales, vorn und hinten spitziges Boot von 6—7 Ellen Länge und etwa 4 Zoll Breite befestigt. Diese kleinen Boote glichen den hölzernen Schneeschlittschuhen, deren sich die Bewohner im Norden Skandinaviens, namentlich die Lappländer, bedienen, um über die mit Schnee und Eis bedeckten Moräste und Berge gehen zu können, wobei ihnen ein langer Stab, den sie in der Hand halten, gleichsam als Steuerruder dient. Stand man nicht entfernt genug, um von den Wasserschlittschuhen nichts zu sehen, so war der Anblick des über das Wasser Schreitenden im höchsten Grade überraschend. Der Erfinder dieser Wasserpromenaden ist der schwedische Lieutenant Höökenberg; das Verdienst der Ausführung aber gebührt dem bei der Schwimmanstalt in Stockholm angestellten Lehrer Gjörke, der jedoch schon bei dem ersten Versuche einen Concurrenten fand; ja am 2. Juli stellte in Stockholm sogar ein Weib mit glücklichem Erfolge einen Versuch mit den Wasser- oder Schwimmschlittschuhen an, deren Benutzung überhaupt leicht sein und nichts als Raschheit und Gewandtheit erheischen soll.

Kaum wurde die schwedische Erfindung bekannt, so wurde sie auch außerhalb Schwedens nachgeahmt, zuerst wol in Petersburg, wo der Erfolg gleichfalls befriedigend war. Auch in Deutschland sind glückliche Versuche angestellt worden und zwar gleichzeitig in Magdeburg und Dresden. In Magdeburg hat ein Schwimmlehrer der Pionierabtheilung, von den Chefs derselben mit Schwimmschuhen versehen, sich die neue Kunst mit vielem Geschick angeeignet und schreitet sowol stromabwärts als quer über den Fluß (die Elbe) mit völliger Sicherheit auf dem Wasser. Zu seiner Erleichterung bedient er sich einer zugleich als Ruder dienenden Balancierstange, ohne jedoch ihrer zu bedürfen. Mehrmals ist er in voller Uniform mit Gepäck eine Strecke von mehr als ¼ Stunde stromabwärts gegangen und hat unterwegs sein Gewehr geladen und abgefeuert, woraus sich ergibt, daß die Erfindung auch in militairischer Hinsicht nicht ohne Wichtigkeit ist. Dem Vernehmen nach soll im nächsten Jahre ein Theil der magdeburger Pioniermannschaft auf den Gebrauch der Schwimmschuhe eingeübt werden.

In Dresden übten die Kunst des Wassergehens gleichzeitig ein junger Mechanicus, der zwischen Loschwitz und Blasewitz über die Elbe ging, ein dresdner Schwimmmeister und der Fährmeister zu Loschwitz. Im Allgemeinen bedienten sie sich zweier etwa 6 Ellen langer, ¼ Elle breiter Kähne, die mit festen oder gleich denen eines Parallellineals beweglichen Schienen verbunden sind und eine Art Fahrzeug bilden, das den Körper trägt, der dabei ganz außer dem Wasser erscheint. Die Bewegung brachte Einer durch ein doppeltes Ruder, ein Anderer durch eine schlittschuhartige Bewegung der Kähne hervor. Jeder der Wasserläufer rauchte übrigens, um es ihren Vorbildern in Schweden und Rußland gleich zu thun, eine Cigarre.

Auch in Leipzig wurde die neue Erfindung geübt (am 12. Sept.) und zwar gleichzeitig von zwei Fischern auf einem Teiche. Die Schwimmschuhe, deren sie sich bedienten, mochten 2½ Ellen lang und 1 Fuß breit sein; die Fortbewegung wurde lediglich mittels eines doppelten Ruders bewirkt, wiewol durch eine abwechselnde Bewegung der Füße die Bewegung des Gehens nachgeahmt wurde. Um von den frühern Leistungen abzuweichen und sie doch in etwas zu übertreffen, setzte sich der eine Wasserläufer auf einen Stuhl, der mit je zwei Füßen auf einem der kleinen Kähne stand, auf welchen in derselben Art ein Tisch aufgestellt war, und leerte auf das Wohl der zahlreich versammelten, aber wenig befriedigten Zuschauer ein paar Gläser Wein, ein Kunststück (wenn man so sagen kann), das freilich der eigentlich zu producirenden Leistung — dem Wasserlaufen — ziemlich fremdartig erschien.

Das Rathhaus in Padua.

Eine der größten Merkwürdigkeiten in Padua ist das (in unserer Abbildung zur Rechten stehende) Rathhaus, und zwar wegen des darin enthaltenen Gerichtssaals, der einer der größten Säle in Europa und ungefähr 256 Fuß lang, 100 Fuß breit und 75 Fuß hoch ist. Das Gebäude steht auf der einen Seite des öffentlichen Platzes, der bald (von dem Saale) Piazza Salone, bald von dem hier enthaltenen Gemüsemarkt benannt wird. Es wurde im J. 1132 begonnen, in welchem aber nichts als der Grund zu Stande kam, erst 1209 wurde der Bau fortgesetzt und im J. 1219 vollendet. Ob damals ein flaches Dach vorhanden war, das später nicht gefiel und darum beseitigt wurde, oder ob das erste Dach nicht dauerhaft genug war, ist nicht bekannt, aber 1306 wurde ein zweites und gewölbtes Dach aufgelegt und zwar nach den Plänen eines Mönchs von nicht geringen architektonischen Kenntnissen. Später wurden Wände und Decke mit zahlreichen Frescomalereien von Giotto und seinen Schülern verziert, die im letzten Jahrhundert von Zanoni restaurirt wurden. Die Festigkeit des Mauerwerks des Gebäudes ist durch mehre Erdstöße, die in Padua empfunden wurden und welche es ohne die mindeste Beschädigung aushielt, hinreichend ins Licht gestellt worden.

Das Innere macht durch seine Größe einen gewaltigen Eindruck, der durch nichts geschwächt wird, da das Auge weder durch Galerien, noch durch Pfeiler und andere Hervorragungen gehindert wird, den zweiten Raum zu überschauen. Die Halle enthält mehrere interessante Gegenstände. An einem Ende, in der Nähe des gothischen Stuhls, in welchem der Präsident des Gerichtshofs saß, befindet sich ein Denkmal des großen römischen Geschichtschreibers Livius, der in Padua geboren und gestorben ist. Eine Inschrift am Fußgestell schließt mit der Versicherung, daß, wären die Mittel der Bewohner von Padua ihren Wünschen gleich gekommen, von ihnen statt einer Marmorstatue eine goldene errichtet worden wäre. Von den Frescomalereien sind die in der Decke durch unbekannte Ursachen ganz vernichtet worden; ihre Zahl muß beträchtlich gewesen sein, da allein die Zahl der obersten Reihe enthaltenen 319 beträgt. Die Halle enthält noch mehre andere Denkmäler berühmter Einheimischer, unter andern eins von Belzoni, sowie zwei ägyptische Granitsäulen, die dieser berühmte Reisende seinen Landsleuten zum Geschenk gemacht hat. Endlich enthält sie den Lapis vituperii, wie ihn im Mittelalter die meisten größern Städte Italiens hatten, d. h. einen Stein, auf welchem ehemals zahlungsunfähige Schuldner halbnackt vor dem ganzen Volke sitzen und ihre Insolvenz beschwören mußten. Die Halle ist zu Zeiten auch als Bazar gebraucht, in der neuern Zeit aber sehr baufällig und daher allem Gebrauch entzogen worden. Um das J. 1836 wurde eine vollständige Reparatur derselben begonnen.

Neuseeland.
(Beschluß aus Nr. 445.)

III.

Die vielfachen Vortheile, welche die Colonisation Neuseelands versprach, und die Unschlüssigkeit der Regierung veranlaßten im Jahre 1837 die Gründung einer Gesellschaft, welche den Namen „Neuseeländischer Landverein" annahm und den Zweck hatte, eine Colonie anzulegen, zur Verwaltung derselben einen Ausschuß zu ernennen und dazu die Ermächtigung der Regierung für eine gewisse Reihe von Jahren zu verlangen, nachdem ein früherer, zu Ansiedelungszwecken gestifteter Verein nach einem mislungenen Versuche sich wieder aufgelöst hatte. Der neue Verein, zu welchem mehre angesehene und reiche Männer, wie Sir Francis Baring, Lord Petre, Sir George Sinclair und das mit den britischen Colonialverhältnissen vertraute Mitglied des Unterhauses, Herr Ward, gehörten, war auf den Grundsatz gebaut, den man bei der Colonisation von Südaustralien befolgt hatte. Die Geldmittel zum Ankauf eines Landstriches von den Eingeborenen sollten durch eine Anleihe zusammengebracht und die Ländereien den Auswanderern zu einem so hohen Preise verkauft werden, daß der kleinste Theil desselben dem Werthe des Landes gleichkäme, der Überrest aber für die Kosten der Überfahrt der Ansiedler, die erste Einrichtung der Colonie und die Einführung von Arbeitern zur Unterstützung der Ansiedler bestimmt würde. Mitten unter den Besitzungen der Ansiedler aber sollten einige Ländereien unverkauft bleiben und den Eingeborenen wieder überlassen werden, sobald dieselben durch das Beispiel der Europäer zum Anbau des Landes wären befähigt worden. Eine im Mutterlande befindliche Commission, unbesoldet, nicht verantwortlich und mit hoher Gewalt ausgestattet, sollte die Angelegenheiten der Colonie leiten. Der Verein ging offenbar von dem Grundsatze aus, daß Großbritannien die Oberherrschaft über beide Inseln bereits in Anspruch genommen habe, oder daß dies geschehen werde, und er nur unter dieser Voraussetzung eine zeitweilige Übertragung der Obergewalt von der Regierung verlangen könnte. Außer der bereits erwähnten Erklärung des Gouverneurs von Neusüdwales, daß Neuseeland ein von Großbritannien abhängiges Gebiet sei, war jedoch die Oberherrschaft über die Inseln thatsächlich nie anders in Anspruch genommen worden, als daß Cook bei der Entdeckung derselben auf seiner Weltumsegelung im Jahre 1769 unter den gewöhnlichen Förmlichkeiten im Namen Großbritanniens Besitz davon genommen hatte, und daß 1787, als Capitain Philipps zum Gouverneur von Neusüdwales ernannt wurde, in der amtlichen Bekanntmachung Neusüdwales unter den Zubehörungen der neuen australischen Colonie war genannt worden. Am 1. Juni 1838 wurde von Francis Baring und Sir George Sinclair ein Gesetzentwurf für die zeitweilige Verwaltung der britischen Ansiedelungen auf Neuseeland an das Unterhaus gebracht, welcher die Genehmigung des von dem Colonisationsverein ausgegangenen Planes beabsichtigte. Die Missionare in Neuseeland arbeiteten diesem Plane entgegen und sollen

den damaligen Staatssecretair für die Colonien, Lord Glenelg, für ihre Ansicht gewonnen haben. Der von dem Oberhause zur Untersuchung der Ansiedelungsfrage ernannte Ausschuß foderte auch das Gutachten der Secretaire der methodistischen und bischöflichen Missionsanstalten, welche sich gegen eine Übertragung der Obergewalt der Regierung an den Verein erklärten. Diese Abneigung scheint aus redlichen Beweggründen hervorgegangen zu sein. Die Missionare mochten den entsittlichenden Einfluß europäischer Ansiedler auf die neubekehrten Eingeborenen fürchten und nach dem Zeugnisse einer allgemeinen Erfahrung die Besorgnisse hegen, daß das Wachsthum einer solchen Ansiedelung allmälig zur Vertilgung der Ureinwohner führen werde.

Der Gesetzentwurf, dem das Ministerium entschieden entgegentrat, ward am 21. Juni bei der zweiten Lesung mit bedeutender Stimmenmehrheit verworfen. Die Regierung erklärte durch ihre Wortführer, Sir G. Grey und Lord Howick, sie könne nicht in die im Gesetzentwurfe angegebene Gewalt Personen übertragen, die, von aller Verantwortlichkeit entbunden, bei der Sache nicht wesentlich betheiligt seien und sich zu jeder Zeit von den in dem Entwurfe bestimmten Verbindlichkeiten lossagen könnten. Jede Maßregel, welche auf die Unterstützung der Regierung rechnen wolle, müsse auf die beiden wichtigen Punkte achten, daß erstens die britischen Unterthanen nicht zu einem Plane verleitet würden, der ihr Leben und Eigenthum gefährden könne, und daß zweitens Bürgschaft dafür gegeben werde, den ursprünglichen Bewohnern des Landes volle Gerechtigkeit zu erweisen. Der Regierung müsse eine entscheidende und wirksame Beaufsichtigung der Verwaltungscommission zustehen, worüber in dem Gesetzentwurfe nichts bestimmt sei. Entschieden aber erklärte sich Lord Howick gegen den Plan, die Geldmittel durch eine Anleihe aufzubringen, und setzte hinzu, die Sache würde ganz anders stehen, wenn die Mitglieder des Vereins die Gelder selbst vorschießen wollten, statt auf eine Speculation auf ein zu zehn Procent erborgtes Capital zu bauen.

Nach der Verwerfung des Gesetzentwurfs entschloß sich der Verein, die früher verweigerte Veränderung seiner Grundverfassung vorzunehmen, und verwandelte sich in eine wirkliche Actiengesellschaft, mit einem Capital von 250,000 Pf. St. zu 2500 Actien, jede zu 100 Pf. St. Der Graf von Durham wurde zum Gouverneur ernannt und fünf Mitglieder des Unterhauses gehörten zu den Directoren. Die Grundlage des Vereins blieb unverändert. Es sollten 110,000 Morgen Landes angekauft und in 1100 Sectionen vertheilt, davon aber 110 für die Eingeborenen vorbehalten und die übrigen 990, jede von 101 Morgen, an Auswanderer, den Morgen zu 1 Pf. St. verkauft werden. Von dem Kaufpreise wird nur der vierte Theil zur Deckung der Ausgaben des Vereins bestimmt, der Ueberrest aber ausschließend zum Vortheil der Ansiedler verwendet, theils zu den Kosten der Fortschaffung derselben, theils zu öffentlichen Anlagen, welche den Werth ihres Eigenthums erhöhen werden.

Die neue Einrichtung des Vereins erweckte höheres Vertrauen zu seinem Plane. In Schottland bildete sich im August 1839 eine neue Gesellschaft, die schottisch-neuseeländische Landcompagnie, die sich von der englischen dadurch unterschied, daß sie nicht aus Unternehmern bestand, welche Ländereien in Neuseeland zum Wiederverkaufe erwerben wollten, sondern aus kleinen Capitalisten, die zum Gewerbstande gehörten und die von ihnen zu erwerbenden Ländereien selbst anzubauen, ihre ökonomischen Angelegenheiten, so lange sie einen Verein bildeten, ferner ihre politischen und gesellschaftlichen Verhältnisse, bis die Regierung des Mutterlandes eine Verwaltung einsetzen würde, selbst zu leiten und in der neuen Heimat ihre Einrichtungen nach den örtlichen Umständen zu ordnen die Absicht hatten, frei von aller Aufsicht eines Ausschusses im Mutterlande. Während dieser Plan die betriebsamen Schottländer gewann, war der englische Verein thätig, seine Absichten auszuführen. Die Regierung hielt sich fortdauernd von jeder entschiedenen Begünstigung der Colonisation Neuseelands fern und that, trotz aller Aufforderungen, keinen Schritt, der die Absicht angekündigt hätte, einen Anspruch auf die Oberherrschaft über Neuseeland geltend zu machen. Als mehre Irländer, die dahin auswandern wollten, bei dem Colonialminister, Lord Normanby, angefragt hatten, ob die Insel eine Colonie unter der Leitung der britischen Regierung sei oder unter der Oberaufsicht einer Privatgesellschaft stehe, erhielten sie im Namen seines Nachfolgers, Lord John Russell, im September 1839 die Antwort, Neuseeland sei keine britische Colonie und keine Compagnie oder Genossenschaft in Großbritannien habe von der Regierung die Genehmigung zur Gründung einer Ansiedelung auf der Insel erhalten. Der neuseeländische Landverein in London hatte schon im Mai und Juli 1839 zwei Schiffe nach Neuseeland abgesendet, um die nöthigen Vorkehrungen zur Aufnahme der ersten Auswanderer zu treffen, die England bald verlassen wollten. Der Graf von Durham und die Directoren des Vereins hatten eine Zusammenkunft mit dem Marquis von Normanby, und wünschten die Absichten der Regierung zu erfahren. Auf die Frage des Ministers, was der Unternehmer verlangte, erwiderte Lord Durham mit Nachdruck, man wolle nichts, als was sich mit zwei Worten sagen lasse: Laissez faire. Die bereits nach Neuseeland ausgewanderten Tausende, setzte er hinzu, wünschten dort unter britischen Gesetzen zu leben. Lord Normanby vermied sorgfältig, die Regierung gegen den Verein zu irgend etwas zu verpflichten, freute sich aber, daß die Colonisation Neuseelands in so gute Hände gefallen sei, und fügte hinzu, die Regierung werde alsbald Vorkehrungen für den wichtigen, von den Directoren verfolgten Zweck treffen. Auf die bei dieser Zusammenkunft erregten Erwartungen bauend, fuhr der Verein in seinen Einrichtungen fort, und im September 1839 waren gegen 800 Auswanderer zur Abreise nach Neuseeland bereit. Die britische Regierung begnügte sich, einen von dem Gouverneur in Neusüdwales abhängigen Consul in Neuseeland, den durch seinen frühern Aufenthalt auf der Insel mit den örtlichen Verhältnissen bekannt gewordenen Seecapitain Hobson, zu ernennen, die ihm ertheilten Verhaltungsbefehle aber waren von der Art, daß sie die britische Oberherrlichkeit über Neuseeland wieder in Zweifel zogen. Als sich der Verein in der Erwartung getäuscht sah, daß die Regierung eine entscheidende Maßregel ergreifen werde, veranlaßte er die Auswanderer, eine freiwillige Übereinkunft einzugehen, in Neuseeland unter britischen Gesetzen zu leben und sich zu gegenseitigem Schutze zu verbinden. Es wurde darüber eine Urkunde ausgefertigt und unterzeichnet, worin es ausdrücklich hieß, die Übereinkunft sei nur vorläufig und die eingegangene Verpflichtung solle erlöschen, sobald von Seiten der britischen Regierung eine Verwaltung auf Neuseeland eingesetzt werde.

Man möchte aus dem Verfahren der britischen Regierung bei jener Gelegenheit die Folgerung ziehen, daß sie, durch die Nothwendigkeit gedrängt, bereits den Entschluß gefaßt hatte, die Oberaufsicht über die Colonisation von Neuseeland in ihre Hand zu nehmen. Bald nach der Abreise der Auswanderer erließ Lord John Russell an den Gouverneur von Neusüdwales, Sir G. Gibbs, ein amtliches Schreiben, worin er sagte, es sei zwar zu tadeln, daß der neuseeländische Landverein Personen eingeschifft habe, welche mit den Verhältnissen Neuseelands unbekannt seien, doch möge man denselben eine freundliche Aufnahme bereiten. Es wurde zugleich von ihm verfügt, daß der Consul Hobson ein Gericht einsetzen solle, das über Verbrechen zu entscheiden habe, und sobald demselben ein Gebiet auf der nördlichen Insel von den Häuptlingen abgetreten worden oder das Ansehen der Königin von Großbritannien auf der südlichen Insel gegründet sei und der Consul den Titel eines Statthalters von Neuseeland angenommen habe, solle Sir G. Gibbs ihm eine Abtheilung von 100 Mann zusenden. Die Admiralität, setzte der Minister hinzu, werde eine Kriegsschaluppe abschicken, welche stets zu Hobson's Verfügung stehen solle. Es trat mittlerweile ein Ereigniß ein, das Allen, die bei der Beförderung der Colonisation betheiligt waren, Besorgniß und Eifersucht einflößte. Auch in Frankreich hatte sich nämlich ein Verein von Capitalisten zur Anlegung einer Ansiedelung auf Neuseeland gebildet und die dortige Regierung beabsichtigte, einen Gebietstheil von den Häuptlingen zu kaufen, um eine Strafcolonie zu gründen. Dies war die nächste Veranlassung zu einer zahlreichen Versammlung von Kaufleuten, Bankiers und Schiffseignern, welche am 15. April vorigen Jahres in London gehalten wurde und an die Königin und das Parlament die Bitte richten wollte, schnelle und wirksame Maßregeln zur Sicherung der lange begründeten Oberherrschaft des britischen Krone auf Neuseeland, die sowol durch fremde Ansprüche als durch die Handlungen der britischen Regierung bedroht werde, zu ergreifen, die gesetzlose Auswanderung und Ansiedelung zu hemmen, welche auch den Eingeborenen Verderben drohe, ein wohlthätiges Colonisationssystem einzuführen und eine Colonialverwaltung zum Schutze der Eingeborenen und der Ansiedler einzusetzen. Die Versammlung erklärte sich nachdrücklich gegen die Anlegung einer britischen oder ausländischen Strafcolonie. In der Bittschrift, welche die Versammlung einstimmig genehmigte, ward unter Anderm gesagt, der Consul Hobson sei zwar ermächtigt, sich ein Gebiet abtreten zu lassen, diese Ermächtigung aber so vielen Einschränkungen unterworfen worden, daß sie keine bedeutenden Wirkungen haben könne, da der Besitz von Ländereien in den Händen britischer Unterthanen zur Bedingung jedes Versuches gemacht werde, die Abtretung oberherrlicher Rechte zu erlangen. Auch erklärte sich die Bittschrift gegen die Verfügung, daß jenes abgetretene Gebiet in Neuseeland im Zubehör von Neusüdwales bilden und von dem Gouverneur dieser Colonie regiert werden solle, da die Nachtheile, welche die große Entfernung zwischen Neuseeland und dem Sitze der Regierung von Neusüdwales bereits veranlaßt habe, dadurch verewigt werden müßten und das Gedeihen der Colonie nur durch eine von der Regierung des Mutterlandes unmittelbar abhängige Verwaltung gesichert werden könne.

Während dieses Gesuch die Entscheidung der großen Frage in die Hände des Parlaments gelegt hat, war zur Begründung der neuen Ansiedelung ein wichtiger Schritt geschehen. Der Hauptagent der neuseeländischen Compagnie, Oberst Wakefield, hat im October 1839 den Hafen Nicholson in Cook's Meerenge mit dem umliegenden Gebiete, das gegen 50 englische Meilen lang und gegen 30 Meilen breit ist und ungefähr eine Million Morgen Landes umfaßt, von den Eingeborenen gekauft. Der geräumige Hafen, der gegen 30 englische Meilen von Charlotte's Sund auf der gegenüberliegenden Küste der südlichen Insel entfernt ist, hat trefflichen Ankergrund, ist gegen alle Winde gesichert, sehr bequem zur Ausrüstung von Schiffen zum Walfischfange und liegt an der Straße von Neuholland nach den westlichen Gegenden. In den Hafen ergießt sich ein Fluß, dessen 40 englische Meilen langes und 4 Meilen breites Thal auf beiden Seiten von schön bewaldeten Höhen eingeschlossen ist und sich gut zum Anbau eignet. Wakefield wurde von den Eingeborenen sehr gut empfangen und hat das große Gebiet im Namen der Compagnie in Besitz genommen.

Endlich, am 21. Mai des vorigen Jahres, wurde in Folge eines am 5. Februar mit den Häuptlingen der Eingeborenen abgeschlossenen Vertrags Neuseeland förmlich von den Engländern und zwar von Seiten der englischen Regierung in Besitz genommen, sowol die nördlichen, als die beiden südlichen Inseln.

Der artesische Brunnen von Grenelle.

Der berühmte Brunnen von Grenelle (s. Nr. 424) hörte um die Mitte des Juli in Folge eingetretener Verstopfung auf zu springen und schon besorgte man, das Wasser möchte nicht wiederkehren. Aber schon nach einigen Tagen sprang er abermals und so hoch, daß das Wasser in jedem Hause in Paris bis ins zweite Stockwerk steigen könnte; Hr. Mulot aber glaubte, daß es nach Einsetzung neuer Röhren noch 20 Mètres höher springen werde. Am 22. August wurden in Gegenwart der Herren Alexander v. Humboldt und Arago in dieser Hinsicht interessante Versuche angestellt. Ein Arbeiter mußte die Seitenmündung der Steigröhre, durch welche das Wasser seit drei Wochen in das angelegte Bassin fiel, durch einen großen Stöpsel verstopfen. Das Wasser bot nun einen seltsamen Anblick dar. Indem es durch die kleinsten Ausgänge, die es finden konnte, zu dringen suchte, machte es die Wirkung einer Bewässerungspumpe, aber einer solchen, die das Wasser 18—20 Mètres weit von der perpendiculairen Centrallinie schleuderte. Fünf Secunden nach dem Schlusse der Seitenmündung sprang das Wasser noch immer sehr reichlich aus der Mündung, die 30 Mètres über der Oberfläche angebracht war, wodurch sich die vorläufigen Behauptungen der Sachverständigen bestätigt fanden. Noch aber war ein anderer Versuch vorzunehmen: ob das zu großer Höhe steigende Wasser nicht an Quantität abgenommen hatte? Dies wurde ermittelt, indem man unter die untere Mündung des Ausflußrohrs ein Faß stellte und die Zeit maß, die erforderlich war, um es bis zum Rande zu füllen. Diese Zeitdauer betrug 50—60 Secunden; somit ergibt sich (wenn man die kleinen Quantitäten verlorenen Wassers in Anschlag bringt), daß auch in einer Höhe von 30 Mètres über der Oberfläche der Brunnen noch in einer Minute über 2000 Litres Wasser gibt. Im Allgemeinen aber ergeben sich folgende Schlüsse: 1) In dem ganzen Bassin der Seine und der benachbarten Departements kann man da, wo das Niveau des Bodens nicht über 30 Mètres über dem des Schlachthauses von Grenelle beträgt, artesische Brunnen graben; 2) in ganz Paris ist kein Haus, in welchem nicht das Wasser von der Mündung des Brunnens

von Grenelle bis in das oberste Stockwerk steigen könnte; 3) endlich läßt sich hoffen, daß das Wasser zu noch größerer Höhe der Oberfläche gehoben werden kann.

Leider ist das Wasser des Brunnens noch immer sehr trübe und läßt in dieser Hinsicht nichts mehr hoffen; es ist noch ebenso schwer, schmuzig und untrinkbar, wie am 26. Februar, wo es zuerst sprang.

Die Morlacken.

Mit diesem Namen werden die Bewohner der Kreise Zara und Spalatro in Dalmatien, welche die Gebirgsgegenden bewohnen, bezeichnet. Ihre Zahl beträgt gegen 140,000, wovon ungefähr zwei Drittel der römisch-katholischen, ein Drittel der griechischen Kirche gehören. In dem Kreise Ragusa findet man gar keine Morlacken, weshalb dieser Name hier als Spottname gebraucht wird und einen rohen, ungebildeten Menschen bezeichnet. Auch in dem Kreise Cattaro sind dieselben nur dem Namen nach bekannt. Gegen die Annahme Einiger, nach welchen die Morlacken aus Bulgarien eingewandert sein sollen, scheint vorzüglich der reinserbische Dialekt, welchen sie sprechen, zu streiten. Vielmehr darf man sie wol für echte eigentliche Serben halten, die ungefähr um die Mitte des 14. Jahrhunderts aus Bosnien hierher flüchteten, um sich dem türkischen Joche zu entziehen, und die von den Banen Kroatiens und dem Könige Sigismund von Ungarn als eine Schutzwehr gegen die Türken betrachtet und deshalb in Schutz genommen wurden. Im Jahre 1648 kamen sie unter die Herrschaft Venedigs, blieben aber stets entschiedene Feinde der Türken.

Im Ganzen sind die Morlacken ein schöner Schlag Menschen, groß und stark, aber, trotz den Bemühungen der östreichischen Regierung, unter deren Botmäßigkeit sie sich jetzt befinden, noch immer sehr roh. Einen auffallenden Unterschied bemerkt man zwischen ihnen und den Küsten- und Inselbewohnern, indem die letztern schon ziemlich die Bildung der europäischen Völker sich angeeignet haben, während die Morlacken die von ihren Vorfahren auf sie vererbten rohen Sitten noch immer beibehalten. Eigentliche Dörfer gibt es bei ihnen gar nicht, sondern nur einzelne, zerstreut liegende Wohnungen, die nur selten gemauert sind und gewöhnlich aus vier Wänden von aufgeschichteten Steinen bestehen, ohne daß diese durch irgend ein Bindungsmaterial zusammengehalten werden. Noch andere bestehen blos aus einem Flechtwerk, welches mit Lehm und Dünger überworfen ist. Zur Bedachung nimmt man rohe Kalkschieferplatten, Reisig oder Schilf, und die Stelle der Glasfenster vertritt eine kleine Öffnung, welche zugleich als Rauchfang dient, da in demselben Raume, wo die Familie wohnt, auch gekocht wird. Das Hausgeräth, d. h. die Stühle oder vielmehr Schemel, der Tisch und die Bank, wird von dem Morlacken selbst gefertigt und ist, wie sich leicht denken läßt, sehr einfach. Betten sind unter ihnen eine große Seltenheit; sie schlafen auf vier zusammengefügten Brettern, die auf vier Pfosten ruhen. Die Kinder und das Gesinde liegen des Nachts bis in den Monat November hinein auf der bloßen Erde.

In der Kleidung nähern sich die Morlacken am meisten den Kroaten, was ziemlich deutlich ihre beiderseitige serbische Abkunft beurkundet. Als Luxusartikel kennen sie weiter nichts, als schön verzierte Flinten und Pistolen, und silberne Knöpfe auf einer scharlach-

rothen Tuchweste. Ihre Waffen tragen sie meisten=
theils im Gürtel, so wie ein mit Zinn beschlagenes
und mit Fett angefülltes Horn, um damit ihre Waffen
vor Rost zu schützen. Sie gehen gewöhnlich barfuß
und tragen im Sommer oft blos ein kurzes leinenes
Hemd und dergleichen lange Beinkleider; den Kopf ziert
ein rothes Käppchen.

Die Kleidung des weiblichen Geschlechts ist aus
eben demselben Stoffe gemacht und unterscheidet sich
nur bisweilen bei den jungen Mädchen durch bunte
Farben. Das Loos des morlackischen Weibes ist durch=
aus nicht beneidenswerth. Während der Mann auf
der sogenannten faulen Bärenhaut liegt, muß das Weib
im Hause und auf dem Felde alle Geschäfte verrichten,
und zum Lohn dafür wird sie von dem Manne des=
potisch behandelt und genießt auch nicht entfernt die
Achtung, welche man in civilisirten Ländern dem weib=
lichen Geschlechte zu zollen pflegt.

Die gewöhnliche Nahrung der Morlacken ist Brot,
das aus Gerste, Korn oder Hirse bereitet wird. Die=
ses Brot ist, weil kein Sauerteig dazu genommen wird,
äußerst schlecht und unschmackhaft, besonders wenn es
nicht gesalzen ist, was bei der großen Armuth vieler
morlackischen Familien nicht eben selten vorkommt. Sie
lieben Zwiebeln und Knoblauch, Käse und Milch; ihr
Lieblingsgericht aber ist die Mamaliga, aus Kukuruz
oder Maismehl bereitet, welche überhaupt als Natio=
nalspeise der Walachen bekannt ist. Fleisch essen die
Morlacken nur an hohen Festtagen, wo gewöhnlich ein
ganzes Schaf oder eine Ziege auf einmal gebraten
wird. Übrigens begnügen sie sich, wenn es nöthig ist,
mit der allerschlechtesten Nahrung, z. B. mit halb=
reifem Obst, oder mit den gemeinsten Kräutern und
Gräsern. Trotz dem sind sie, wie bereits gesagt wor=
den, ungemein starker und kräftiger Natur, und ihr
Körper erträgt die größten Beschwerden mit einer fast
beispiellosen Ausdauer. Im Gebrauch der Feuergewehre
sind sie Alle geübt, auch vortreffliche Fußgänger und
Bergsteiger. Die Feinheit und Schärfe ihres Gehörs
ist außerordentlich, weshalb es ihnen möglich ist, aus
Entfernungen miteinander zu sprechen, wo unser Ohr
kaum einen artikulirten Laut vernehmen würde. Ihre
Zähne sind blendend weiß, ob sie gleich dieselben durch=
aus nicht schonen, sondern jede Nuß, Mandel u. s. w.
mittelst derselben öffnen.

Die Morlacken haben ausgezeichnete Anlagen zur
Tonkunst. Bei einer weitern Ausbildung derselben wür=
den sie bald im Stande sein, mit andern gleichbegab=
ten Völkern in die Schranken zu treten; allein bis
jetzt sind ihre Instrumente noch sehr einfach, und nur
selten findet man bei ihnen eine Geige oder einen Du=
delsack. Ihr Gesang ist melancholisch und düster; ihre
Volkslieder besingen meistentheils die Thaten der ehe=
mals für das Vaterland gefallenen Helden und zeugen
von einer reinen Herzlichkeit der Gefühle und einer edeln
Sitteneinfalt. Ihr Lieblingstanz heißt Kolo, ist jedoch
durchaus nicht dazu geeignet, dem Gebildeten einen
Kunstgenuß zu gewähren.

Übrigens sind die Morlacken, wie bereits angedeu=
tet worden, leider noch in einem hohen Grade unwissend
und abergläubisch, weshalb sie auch an unsichtbare
Vampyre, welche jungen Kindern das Blut aussaugen,
sowie an über= und unterirdische Geister und Zauberer
glauben. Da es ihnen jedoch bis jetzt an allen Bil=
dungsmitteln gefehlt hat, so darf uns dies nicht allzu=
sehr befremden. Von Schulen wußten diese Leute bis

auf die neueste Zeit nichts, und selbst ihre Geistlichen
waren so unwissend, daß sie sich von dem gemeinen
Manne nur durch ihre Amtstracht unterschieden. Man
ist jedoch bemüht, die so eben berührten Übelstände
abzustellen, und wird um so eher zum Ziele gelangen,
wenn man fortfährt, die dort anzustellenden Geistlichen
hinsichtlich ihrer wissenschaftlichen Ausbildung und Be=
fähigung einer strengern Prüfung, als bisher, zu un=
terwerfen.

Der Strich des Landes, auf welchem die Morlacken
wohnen, ist ungeachtet des milden Klima's im Gan=
zen karg und unfruchtbar, und die Zahl der Pflanzen
steht in keinem Verhältniß zu den Steinen, womit
der Boden bedeckt ist. Man findet fast nichts als ein
kurzes trocknes Gras, Wachholder, Disteln und Dor=
nen, und ihr verkümmertes Wachsthum auf den gro=
ßen steinigen Strecken bietet einen armseligen Anblick dar.
Die Straßen sind äußerst schlecht und gewöhnlich
ohne alle Spur eines Geleises, die Wagen plump und
schwer zu bewegen, und deshalb bedient man sich der
Saumrosse und Esel zum Fortschaffen der Personen
und Waaren.

Industrie in Rußland.

Die Zahl der Fabriken und Manufacturen in Ruß=
land stieg im Jahre 1840 auf 6855 (405 mehr als
1839), die der darin beschäftigten Arbeiter (ohne die
Arbeiter in den Bergwerken, Hohöfen, Hammerwerken
u. s. w.) auf 412,931, (35,111 mehr als 1839).
Unter den Fabriken sind: 1918 Lohgerbereien, 606 Tuch=
und andere Wollenfabriken, 554 Talgschmelzen, 486
Fabriken von Metallgegenständen, 462 Baumwollen=
fabriken, 444 Lichterfabriken, 270 Seifenfabriken, 216
Linnenwaaren=, 202 Seidenfabriken. Der Mittelpunkt
der Nationalindustrie ist Moskau und sein Regierungs=
bezirk, der 1839 1058 Fabriken mit 83,054 Arbeitern
enthielt. Der vor kurzem fast unbewohnte Bezirk Perm
hatte 352 Fabriken mit 36,599 Arbeitern. — Unter
die Industriezweige, die am meisten blühen, gehört die
Tabackfabrikation. Im Jahre 1839 lieferten die russi=
schen Fabriken 3,800,000 Pfd. Rauchtaback, 2,200,000
Pfd. Schnupftaback, 800 Pfd. Taback in Rollen,
62½ Mill. Cigarren. Aus dem Auslande wurden
3,364,000 Pfd. eingeführt, ausgeführt aber über
2 Mill. Pfd.

Herausgegeben unter Verantwortlichkeit der Verlagshandlung F. A. Brockhaus in Leipzig.

Das Pfennig-Magazin

für
Verbreitung gemeinnütziger Kenntnisse.

447.] Erscheint jeden Sonnabend. [October 23, **1841.**

Die Kathedrale von Toledo.

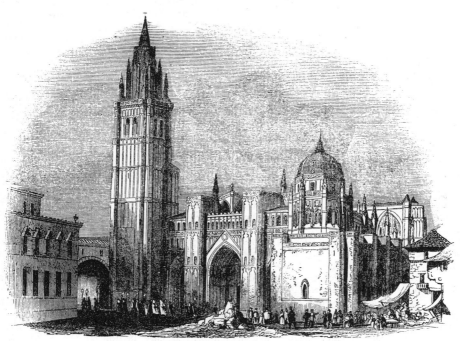

Von dem vormaligen Ruhme von Toledo, der einst so reichen und prachtvollen Hauptstadt Spaniens, ist nur wenig noch übrig. Der herrliche Palast der Könige von Toledo und ihrer Nachfolger, der Könige von Castilien — Alcazar genannt — bildet jetzt eine Art Hospital oder Arbeitshaus. Die Bevölkerung ist von 200,000 Seelen auf höchstens ein Achtel dieser Zahl geschmolzen; die Seiden- und Wollemanufacturen, welche ehemals fast 40,000 Arbeiter beschäftigten, sind beinahe, wo nicht gänzlich verschwunden; die engen, krummen, schmuzigen, fast öden Straßen zeigen nur zu deutlich, daß keine neuen Elemente der Kraft und des Wohlstandes emporgekommen sind, um für den Verlust der alten zu entschädigen. Die berühmte Degenklingenfabrik existirt noch und behauptet bis auf einen gewissen Grad noch ihren alten Ruf; in fast allen andern Hinsichten sind Verkehr, Handel und Wohlstand von Toledo nur ein Schatten Dessen, was sie einst waren. Unter den Denkmälern jener frühern Zeit, welche noch vorhanden sind, um ihren Glanz zu bezeugen und zu verkünden, sind die hauptsächlichsten der vorhin erwähnte Alcazar und die Kathedrale, zu deren Beschreibung wir jetzt übergehen.

Schon im 6. Jahrhunderte scheint eine Kirche an der Stelle der jetzigen Kathedrale gestanden zu haben, die zur Zeit der Eroberung von Toledo durch die Mauren im J. 711 in eine Moschee verwandelt wurde.

Fast 400 Jahre blieb sie dem mohammedanischen Gottesdienste gewidmet, bis im J. 1085, als Alfonso oder Alonzo, erster König von Castilien, Toledo nach einer Belagerung von drei Jahren eingenommen hatte, die Kirche den Christen zurückgegeben wurde, jedoch unter Umständen, die für sie wenig ehrenvoll waren. Alfonso hatte in der Capitulation den fernern Gebrauch der Kirche den Mauren zugesichert, aber kaum hatte er die Stadt verlassen, als seine Gemahlin auf Antrieb des Erzbischofs Bernhard einen Haufen Soldaten in die Kirche schickte, welche die in ihren Andachtsübungen begriffenen Muselmänner vertrieben. Das Gebäude wurde hierauf gereinigt, provisorische Altäre darin errichtet und der Thurm mit einer Glocke versehen, welche am folgenden Morgen zur Überraschung der ganzen Stadt die Christen zum Morgengebete rief. Als Alfonso von diesem Verfahren hörte, war er so entrüstet, daß er sofort nach Toledo zurückkehrte, und wiewol die Priester in Trauerkleidern, um ihre reuige Gesinnung auszudrücken, ihm entgegenzogen, so wurden sie doch von der Strafe nur durch die Bitten der Mauren selbst befreit, welche, die Gewalt der Priester fürchtend, ebenso edel als weise, ihre bigote Unduldsamkeit zu bemeistern suchten; aus demselben Grunde gaben sie ihre Ansprüche auf die Kirche ganz auf. Im Anfang des 13. Jahrhunderts, während der Regierung des Königs Ferdinand III. des Katholischen, der auch wegen

seiner hervorstechenden Eigenschaften der heilige Fer=
dinand genannt wurde, wurde die Kirche umgebaut
und vergrößert; die alte Kirche wurde in eine stattliche
und prachtvolle Kathedrale umgeschaffen. Die Nach=
folger Ferdinand's schmückten sie nach und nach mit
allen erdenklichen Zierathen und machten sie zu Dem,
was sie jetzt ist.

Außer der Kathedrale in Sevilla kann keine andere
in Spanien mit ihr wetteifern. Sie hat im Innern
408 F. Länge und 206 F. Breite; das mittlere Schiff
ist 160 Fuß hoch. Außer dem letztern sind noch vier
getrennte Schiffe vorhanden, welche von den Mauern
und zwei Säulenreihen gebildet werden. Die letztern
sind massiv; die der zunächst stehenden Säulen
haben nicht weniger als 45 Fuß im Umfange. Der
erhabene Eindruck des ursprünglichen Plans wird nicht
wenig geschwächt durch die zahlreichen Abtheilungen,
in welche das Innere durch das Chor und die an ver=
schiedenen Stellen errichteten Seitenaltäre getheilt wird,
besonders aber von dem Transparent, das in neuern
Zeiten mit nicht geringem Kostenaufwand errichtet
worden ist und eine Darstellung der den Hauptaltar
bescheinenden Sonne sein soll. Dennoch ist die Ka=
thedrale eine der größten und herrlichsten gothischen
Kirchen. Ihre ungeheure Ausdehnung, die Solidität
der gigantischen Säulen, welche die Decke tragen, und
die Schönheit und Mannichfaltigkeit derjenigen, welche
das Chor umgeben (156 an der Zahl), die unbe=
schreibliche Pracht der gemalten Fenster (deren nicht
weniger als 68 sind) und die überall verschwenderisch
ausgestreuten Verzierungen erregen das Erstaunen und
die Bewunderung jedes Beschauers.

Die Kirche enthält mehre interessante Alterthümer.
Unter mehren andern wunderlichen Figuren im Chor
befindet sich eine, die den maurischen Schäfer vorstellt,
welcher von Alfons VIII. genöthigt wurde, ihn und
seine Armee durch einen früher unbekannten Paß in
der Sierra Morena zu führen, wodurch Alfons in den
Stand gesetzt wurde, plötzlich über die maurischen
Scharen herzufallen und die blutige Schlacht bei Las
Navas de Tolosa zu gewinnen. Hier findet man auch
die Gräber von vier alten Königen Castiliens und das
eines ausgezeichnetsten Erzbischöfe dieser Stadt,
Cardinal Mendoza. Noch enthalten mehre Kapellen
der Kathedrale interessante Denkmäler. In der der
heiligen Jungfrau geweihten liegt Cardinal Portocarrero
begraben mit der ausdrucksvollen Grabschrift: „Hier
liegt Staub, Asche, Nichts." In der Kapelle des
heiligen Jakob finden wir die prächtig ausgeschmückten
Gräber der zehn letzten Könige und Königinnen von
Castilien, sowie das des Don Alvar de Luna; das
letztere ist bedeckt mit pomphaften Inschriften, die nur
eine Satire auf diesen unglücklichen Granden zu sein
scheinen, den König Johann II. zu dem höchstmög=
lichen Gipfel von Rang und Macht erhob, um ihn
hernach auf dem Blutgerüste sterben zu lassen. Die
Decke der Sacristei ist von Luca Giordano trefflich ge=
malt; in der Kirche finden sich nicht wenige Gemälde
deutscher Künstler. In der Bibliothek der Kirche wer=
den über 700 seltene Handschriften aufbewahrt.

Unter den Merkwürdigkeiten der Kathedrale stehen
die Preciocidades (Kostbarkeiten) obenan, die nicht ohne
eine specielle Erlaubniß in Augenschein genommen wer=
den können, und wenn man die fast unglaublichen
Werth der mit jenem Namen bezeichneten Gegenstände
in Erwägung zieht, so kann diese Vorsicht nicht be=
fremden, denn die Kathedrale von Toledo ist ohne
Zweifel die reichste in der Welt. Von den vielen hier

aufbewahrten Kostbarkeiten können nur wenige hier
namhaft gemacht werden. Den ersten Rang behaupten
der Mantel und die Krone, mit denen eine silberne
Statue der heiligen Jungfrau bei besondern Feierlich=
keiten bekleidet wird. Der Mantel ist von Seide, aber
so vollständig bedeckt mit Perlen und Edelsteinen, daß
von der Seide nicht das Mindeste sichtbar ist; man
sieht nur einen Perlengrund, besetzt mit Smaragden,
Rubinen, Topasen und Diamanten. Auch die goldene
Krone ist fast ganz bedeckt mit den größten und pracht=
vollsten Juwelen und wird überragt von einem Smaragd
von außerordentlicher Schönheit. An großen Festtagen
wird das silberne Bild der Jungfrau, angethan mit
Mantel und Krone und in den Armen ein Jesuskind
von massivem Golde haltend, das gleichfalls mit 800 Ju=
welen geschmückt ist, auf einen gleichfalls silbernen Thron
gesetzt, der über zehn Centner wiegt, und auf den Schul=
tern einer Anzahl kräftiger Männer durch die Straßen
getragen. Der nächste Gegenstand ist die silberne und
goldene, mit Juwelen besetzte Monstranz, die nicht
weniger als 7000 Unzen (437½ Pfund) wiegt; in
der Mitte derselben befindet sich ein Reliquienkästchen
von Gold, 50 Pfund schwer, aber noch werthvoller
wegen seiner Arbeit als wegen seines Metallwerthes,
da es aus sehr kleinen Stücken zusammengesetzt ist,
die einen gothischen Thurm mit der schönsten erhabenen
Arbeit bilden. Außerdem sind fast zahllose Bilder, Ur=
nen u. s. w. von reinem Golde vorhanden, worunter
viele mit Edelsteinen besetzt. In den Urnen sind Re=
liquien fast von allen Heiligen im Kalender enthalten,
unter andern auch von der heiligen Casilde, an welche
sich folgende Legende knüpft. Als einst der heilige
Ildefonso, ein berühmter Erzbischof von Toledo, ein
Werk zur Vertheidigung der unbefleckten Empfängniß
Maria geschrieben hatte, war Maria so erfreut darüber,
daß sie die heilige Casilde an ihn abschickte mit einer
überaus schmeichelhaften Botschaft, die ihm überbracht
wurde, während der Erzbischof eben in Gegenwart des
Königs und seines Hofes Messe las. Die Heilige war
nur ihm sichtbar, aber um Alle, die an der Wahr=
heit der Thatsache zweifeln möchten, zum Schweigen
zu bringen, erbat sich Ildefonso vom Könige das
Messer, das er an seinem Gürtel trug, und schnitt
damit ein Stück vom Schleier der heiligen Casilde ab.
Später erschien die Jungfrau selbst dem Ildefonso,
um ihm ihre Zufriedenheit zu erkennen zu geben, und
warf über ihn ein Gewand. Schleier und Messer wer=
den als Beweise für die Wahrheit der Geschichte noch
jetzt gezeigt, und die Fußtapfen der Jungfrau sind in
den Stein, auf den sie stand, eingeprägt, aber das
Gewand wurde während der Einfälle der Mauren nach
Oviedo gebracht und ist seitdem stets dort geblieben,
da die Einwohner sich beharrlich weigerten, es heraus=
zugeben. Man erzählt sogar, daß ein Vorschlag dieser
Art beinahe einen Aufstand der Bewohner von Oviedo
zur Folge gehabt habe.

Zur Zeit der französischen Occupation wurden die
Schätze von Toledo nur mit genauer Noth gerettet.
Der Erzbischof hatte vorher einen Theil der beweglich=
chen Gegenstände nach Cadiz schaffen lassen, aber ge=
rade die Hauptsachen waren in Toledo geblieben; die
Franzosen begnügten sich jedoch, statt des unermeßlichen
Reichthums, der in ihrer Macht war, mit einer ver=
hältnißmäßig geringfügigen Summe. Der Gesammtwerth
aller hier befindlichen Schätze wird auf mehr als 40
Millionen Dukaten angegeben.

An einer Seite der Kathedrale ist ein vierseitiger
Hof, eingeschlossen von Säulengängen und einem be=

deckten Gange von ansehnlicher Größe und schönen Verhältnissen. Auf den Wänden desselben haben zwei der besten spanischen Maler des vorigen Jahrhunderts, Bayeru und Maella, die Geschichte des heiligen Eugenius und der heiligen Leocadia, der Schutzpatrone der Kathedrale, sowie anderer in Toledo gefeierter Heiligen gemalt; zu bedauern ist nur, daß diese schätzbaren Arbeiten der freien Luft und somit einem frühzeitigen Verfalle ausgesetzt sind. In der Mitte des Hofes befindet sich ein anmuthiger Garten mit einem Springbrunnen, wohlriechenden Gewächsen und Fruchtbäumen. Der Eingang zu den Gotteshäusern der Mauren ging in der Regel durch einen Garten oder Hof dieser Art; ihnen verdankt Toledo diese interessante Zierde der Kathedrale.

Die Kartoffelepidemie.

In mehren Theilen von Deutschland wird jetzt über eine Krankheit der Kartoffelknollen geklagt, welche sie ungenießbar macht und den Ertrag der Ernte vermindert. Die Knollen leiden nämlich an einer verderblichen, bald nassen bald trockenen Fäulniß, dem sogenannten Fruchtkrebs, und vermöge der Fortpflanzungsart der Kartoffeln durch Brutknollen geht die Krankheit von einem Jahrgang auf den andern über. Bisher hat sie sich in folgenden Ländern gezeigt: in Böhmen und Sachsen, besonders im Erzgebirge und dem Schönburgischen, der preußischen Provinz Sachsen, Thüringen, Anhalt, Pommern, Mecklenburg und der bairischen Pfalz. Ueber Wesen und Ursache der Krankheit sind die Ansichten verschieden. Einige glauben, daß sie in einer Veränderung der Grundmischung des Bodens und einer Erschöpfung der Lebenskraft begründet sei und damit zusammenhänge, daß viele Landwirthe nicht sorgfältig genug im Fruchtwechsel sind und die Kartoffeln zu oft in dieselben Felder bauen, statt dem Boden durch Abwechselung in der Cultur diejenigen Elemente wiederzugeben, die er durch einseitige Benutzung verloren hat. Andere leiten die Krankheit daraus her, daß man in vielen Gegenden die Brutknollen zertheile und die neuen Pflanzen aus den einzelnen Augen der zerschnittenen Kartoffeln erziehe. Endlich leiten Einige die Kartoffelpest von Maden, Würmern, Fliegen oder Käferlarven ab, welche die Pflanzen verwunden sollen. Ein kleiner Schimmelpilz pflegt den Fruchtkrebs zu begleiten und mag zur Verderbniß der Säfte nicht wenig beitragen.

Gewiß verdient die Krankheit die größte Aufmerksamkeit von Seiten der Landwirthe sowol als der Regierungen, denn hat sie sich einmal überall festgesetzt, so dürfte es schwer und unmöglich sein, sie gänzlich wieder auszurotten. Ein Mittel ist es, das vorzüglich heilsam wirken würde. Man müßte den Kartoffelbau in den angesteckten Ländern sogleich suspendiren und die Felder mit Hafer, Korn, Kohl, Rüben u. s. w. bestellen, bis Saatkartoffeln aus ganz anderen reinen Gegenden herbeigebracht werden. In der Nähe der angesteckten Gegenden, aber auf noch reinen Feldern, könnte man Kartoffeln im Großen aus Samen erziehen und die gewonnenen Brutknollen auf die kranken Felder bringen. In die Meere näher gelegenen deutschen Kartoffelländer könnte man große Quantitäten von Saatkartoffeln aus England, Schottland, vielleicht selbst aus Amerika einführen. Insbesondere wäre es sehr zu wünschen, daß man aus Chile, wo die echte Kartoffel am Meeresufer wild wächst, Samen und

Brutknollen von der dortigen Sorte in größern Quantitäten nach Deutschland zu bringen suchte. Auf eine durchgreifende Verbesserung des Bodens könnte man durch besondere den Localitäten angemessene Düngungsarten mit Gyps, Torfasche, animalischem Dünger u. s. w. wirken.

Schon in den Jahren 1780—82 wurde an den Kartoffeln in vielen Gegenden Deutschlands eine Art Epidemie bemerkt, die sogenannte Krause oder Kräuselkrankheit; damals litt jedoch hauptsächlich das Kraut, indem es theils in der Größe zurückblieb, theils verdorrte, theils verkümmerte.

Nicht unangemessen möchte es auch sein, die Batate oder westindische Kartoffel in das illyrische Küstenland, sowie nach Dalmatien und Kroatien zu verpflanzen, wo sie gewiß ebenso gut gedeihen würde als in Spanien, wo sie unter dem Namen Camote, besonders in der Gegend des Mittelmeeres, häufig gebaut und ganz wie unsere Kartoffel auf dem Markte verkauft wird.

Die Besteigung der Jungfrau.

Unter die interessantesten Bergbesteigungen der neuesten Zeit gehört gewiß die der Jungfrau, der höchsten Spitze der berner Alpen, 12,800 Fuß hoch, die von dem bekannten Naturforscher Professor Agassiz aus Neufchatel unternommen wurde, nachdem vor ihm diese Bergspitze nur zwei Mal von Gemsjägern aus Grindelwald erstiegen worden war. Am 28. August brach er mit noch fünf Begleitern (unter denen die Professoren Heath aus Cambridge und Forbes aus Edinburg) und sechs Führern, an deren Spitze Jakob Leuthold stand, aus dem Grimselhospiz auf; von hier durchzogen sie den Oberaargletscher, überstiegen den Gebirgskamm zwischen diesem und dem Vieschergletscher, dann diesen selbst und den Kamm der möriler Alpen und übernachteten nach einem Marsche von 14 Stunden in den obersten Sennhütten auf dem Aletschgletscher in der Nähe des Aletsch- oder Mörilsees. Am folgenden Morgen brach die Gesellschaft in erster Frühe auf, nur mit wenigem Gepäck beschwert, bestehend in Hacken, Seilen, Leitern und etwas Brot und Wein; sie durchschritten nun die Eis- und Schneefelder des Aletschgletschers in der Nähe der Grün- oder Viescherhörner und kamen zu einer großen Spalte am Fuß der Jungfrau, welche die höhern Eisgefilde von den niedern trennt und mit Hülfe einer Leiter überschritten wurde. Nach unausgesetztem, sehr beschleunigtem Marsche, während dessen einer von der Gesellschaft mit einem Führer umgekehrt war, kamen sie um 1 Uhr Nachmittags auf der letzten Terrasse 800 Fuß unter der Spitze, wo noch ein zweites Glied der Gesellschaft zurückblieb. Das Hinaufklettern dieses letzten Theils des Berges war sehr beschwerlich, da in die steile Eiswand mit der Art erst Staffeln eingehauen werden mußten. Nach stundenlanger Arbeit erreichte man den letzten, etwa 50 Fuß langen Kamm oder Grat, dessen Überklettern wegen der steilen Abhänge auf beiden Seiten höchst gefährlich war, zumal da sich über den nördlichen Abgrund hinaus eine Schneewand angelehnt hatte; ein Schritt zuviel wäre hier der letzte auf immer gewesen. Links gähnte der senkrechte nördliche Abhang nach dem Lauterbrunnenthale, rechts steile Schneegehänge. Längs des südlichen Abgrunds wurden Tritte eingehauen, und mittels dieser erreichten die kühnen Wanderer, sich mit dem Stocke

*

und den Händen anhaltend, um 3 Uhr den Gipfel, der so wenig Raum bietet, daß immer nur Einer nach dem Andern hinaufgehen konnte und dann einem Zweiten Platze machen mußte. Das Thermometer zeigte zwei Grad Kälte im hellen Sonnenschein; die Aussicht war nur nach Norden durch eine Nebelwand gehemmt. In die den Gipfel überziehende, 15 Fuß dicke Eiskruste wurde ein Alpenstock geschlagen und ein rothes Taschentuch daran befestigt, das einige Tage lang als Fahne wehte und von Interlaken und Thun aus gesehen wurde. Nachdem man ein Glas Wein getrunken, trat man in Eile (da man durch die übrigens sehr bequeme Beschränkung hinsichtlich der mitgenommenen Lebensmittel und anderer Gegenstände zur

Rückkehr nach den am Morgen verlassenen Sennhütten genöthigt war) den Rückzug an, der vom schönsten Mondschein begünstigt wurde. Erst kurz vor Mitternacht wurden nach einem Marsche von 18 Stunden die ersehnten Sennhütten erreicht; eine mehrtägige Augenentzündung des einen Gefährten war die einzige üble Folge der beschwerlichen Expedition. Außer den vier Führern hatten die Herren Prof. Agassiz, Prof. Forbes aus Edinburg, Desor aus Friedrichsdorf in Hessen und Chatelier aus Nantes den Gipfel erreicht, sodaß vier verschiedene Länder, die Schweiz, Großbritannien, Deutschland und Frankreich, je einen Repräsentanten zu dieser Expedition geschickt hatten.

Die Goldminen in Brasilien.

Der Reichthum Brasiliens an Mineralien ist bekanntlich groß, aber die wirkliche Ausdehnung dieses Reichthums ist nicht bekannt und übersteigt wahrscheinlich die höchste Schätzung, die auf Erfahrung gegründet ist. Mit dieser Annahme steht die Thatsache, daß lange Zeit hindurch in Brasilien eine beständige Abnahme in dem Ertrage der Production des werthvollsten aller Mineralien, des Goldes, wahrzunehmen gewesen ist, keineswegs im Widerspruche, da Alle, die über dieses Land geschrieben haben, über den Mangel an Geschicklichkeit, Energie und Capital bei den Mineneigenthümern,

woran freilich auch der Mangel verständiger Beaufsichtigung von Seiten der Regierung großen Theil haben mag, ganz einstimmig sind. Daß die brasilischen Methoden, das Gold zu gewinnen, an den gedachten Fehlern leiden und daß ungeachtet der erwähnten Abnahme wahrscheinlich die reichsten Vorräthe noch unberührt in den Tiefen der Erde liegen mögen, wird aus dem folgenden Berichte über die Goldminen des Landes, dessen Materialien hauptsächlich die „Malerische Reise in Brasilien" von Moritz Rugendas geliefert hat, deutlich zu ersehen sein.

Gold wird in verschiedenen Gegenden Brasiliens gefunden, hauptsächlich aber an beiden Seiten der ausgedehnten Gebirgskette, welche die Serra dos Vertentes heißt, von der Serra de Mantiqueira bis zu dem nördlichen Zweige der Serra dos Paricis, in einer Ausdehnung von etwa 43 geographischen Meilen. Man findet es ferner in fast allen Zuflüssen der Ströme Francesco, Uruguay und Guaporé, namentlich aber in denen des Francesco. Am reichsten an Gold ist die Provinz Minas Geraes, und hier wieder vorzüglich die Umgegend der Hauptstadt derselben, Villa Ricca, die mitten in dem goldreichen Gebirge liegt, das sich in ostwestlicher Richtung nach Cidade Marianna und Morro San-Antonio erstreckt. Zur Basis dient ihm ein eisenhaltiger Glimmer, der viel Sand enthält und mit Eisenthon abwechselt; diese untern Schichten sind 60—70 Fuß mächtig und ruhen auf dem gewöhnlichen Quadersteine des Landes oder auf Thonschiefer, der mit Eisen gemischt ist. Die obern Schichten haben eine Tiefe von 16—18 Fuß und ruhen fast immer auf einem porösen Eisenerz. Die untern Schichten enthalten das meiste Gold, denn hier finden sich die Hauptadern und Schichten von zerreiblichem Quarz, welche das kostbare Metall in der größten Menge liefern und daher der Gegenstand der hauptsächlichen Untersuchung sind. Die andern erwähnten Erze, die ebenfalls reich an Gold sind, vernachlässigen die Brasilier gänzlich, weil sie dieselben nicht zu bearbeiten verstehen. Der Goldbergbau befindet sich in der That noch fast in demselben Zustande, wie bei der ersten Entdeckung des Landes durch die Europäer. Zwar wurden die bestehenden Gesetze erst gegen das Ende des vorigen Jahrhunderts verbessert, sind aber noch auf dieselben Principien gegründet, leiden an denselben Fehlern und passen nur für die Zeit, zu welcher sie entstanden sind. Nach jenen Gesetzen erhielt der Entdecker eines goldreichen Districts oder Lagers einen Antheil von 60 Faden Länge und 40 Faden Breite, den er sich nach Willkür wählen konnte. Ein zweiter Antheil wurde der Regierung vorbehalten, aber selten bearbeitet, sondern gewöhnlich unter Privatpersonen vertheilt oder verkauft. Ein dritter Antheil gehörte gleichfalls dem Entdecker, wenn er eine gewisse Anzahl von Sklaven besaß und ihn binnen einer bestimmten Zeit zu bearbeiten anfing; außerdem wurde auch dieser Antheil nebst dem Reste des Districts unter andere Personen vertheilt und zwar nach der Anzahl von Sklaven, die Jeder anwenden wollte, wobei auf einen Sklaven $2\frac{1}{2}$ Quadratfaden gerechnet wurden.

Hinsichtlich der Gewinnung des Goldes aus seinem natürlichen Lager kommen drei Methoden in Anwendung. Die erste besteht darin, den Berg in verschiedenen Stellen anzubohren, bis die Quarzadern gefunden werden, und dann zu graben, bis der Felsen zu hart wird, um ohne große Anstrengungen weiter zu kommen. Oft wird die Arbeit wegen der Armuth des Erzes unterbrochen; dann wird die Grube verlassen und eine neue Stelle gesucht, wo dieses Hinderniß muthmaßlich nicht vorkommt. Demnach findet man selten eine Verbindung zwischen verschiedenen Gruben, aber die große Zahl derselben gibt dem Gebirge ein zerrissenes Ansehen, das ihm anderwärts die Gießbäche geben. Hat man auf diese Weise Gold erhalten, so ist der Proceß der Reinigung desselben leicht.

Die zweite Methode besteht darin, Wasserströme in Röhrenleitungen über die goldhaltigen Lager zu leiten, welche mit großer Heftigkeit die Bergabhänge hin-

abstürzen, große Massen des Bodens losreißen und mit sich hinab in unten angebrachte Reservoirs führen. Die Sklaven unterstützen diese Operation mit Hebeln und Spaten, indem sie von der Seite des Berges die großen Massen trennen, welche von dem Wasser aufgelockert, aber nicht völlig getrennt worden sind und nun auch mit dem schäumenden und tosenden Wasser hinabstürzt werden. In dem Behälter werden die Massen und Haufen zerkleinert, und während Wasser, Sand und Kies in Folge des Abhangs des Behälters durch engere Kanäle abgeführt werden, werden die größern Steine durch eine Art Gitter zurückgehalten. Beim Fließen durch diese Kanäle wird das Wasser unaufhörlich in Bewegung erhalten, um das Gold zu reinigen, das allmälig zu Boden fällt, wo es auf Ochsenhäuten oder dicken wollenen Decken gesammelt wird. Wenn diese hinreichend gesättigt sind, so werden sie herausgenommen und auf der Erde ausgebreitet, um zu trocknen, hierauf werden sie geschlagen, bis sie ihren ganzen werthvollen Inhalt hergegeben haben. Für diese Arbeit eignen sich am besten ehemalige Flußbetten. Hier ist keine Maschine und keine Mechanik nothwendig; was das Wasser nicht selbst verrichtet, fällt den Sklaven zu, die indeß ihre Arbeit auf die verdrossenste und langsamste Art machen. Man sieht leicht ein, wie ungenügend diese Wäschen sein müssen. Sie sind nur darauf berechnet, die schwerern Theilchen Gold und diejenigen, welche sich von dem begleitenden Erze leicht trennen lassen, zu erhalten, aber alle feinern Theile, welche das Erz nicht leicht fahren läßt, sind ganz verloren und werden im Bette des Flusses versenkt. Diese Methode hat nicht einmal den Vortheil günstiger pecuniairer Resultate, wenn das auf die angestellten Sklaven gewandte Capital und die beständigen Kosten für ihren Unterhalt im ganzen Jahre in Rechnung gezogen werden. Unsere Abbildung zeigt den ganzen Proceß dieses Verfahrens.

Die dritte Methode beruht gänzlich auf den Mängeln der beiden andern. Die vorhin gedachten Steine, welche als werthlos verworfen werden, aber noch reich an dem kostbaren Metalle sind, werden in Bäche und Flüsse geworfen, welche sie deshalb in die bedeutende Menge Gold in ihrem Wasser mit sich führen. Um sie zu gewinnen, stellen sich die Brasilier bis an die Mitte des Leibes ins Wasser und fangen mittels eines hölzernen Gefäßes oder Beckens den Sand des Flusses auf; den Inhalt dieses Gefäßes schütteln und schwenken sie auf eigene Art, sodaß die Erde und Steine entfernt werden, der Goldsand aber zu Boden sinkt. Sie leeren dann den Inhalt dieses Gefäßes in ein zweites und setzen ihre Arbeit fort bis zum Abend. So kann ein Arbeiter ohne Schwierigkeit 150—200 Rees (7—9 Sgr.), und wenn er sehr geschickt ist oder durch frischgefallene Regengüsse begünstigt wird, 4—800 Rees (18—36 Sgr.) in einem Tage verdienen. Andere Arbeiter sind am Ufer beschäftigt, den Sand der Flüsse aufzuhäufen und verschiedenen Wäschen zu unterwerfen. Da die eben beschriebenen Methoden Jedem zugänglich sind, so ist es sehr gewöhnlich, Neger und die ärmern Classen der Bevölkerung damit beschäftigt zu sehen.

Das Product aller dieser Operationen muß in die kaiserliche Gießerei geliefert werden, da die frühere Circulation des Goldes in den Provinzen mit den härtesten Strafen belegt ist. Hier wird das Gold durch Schmelzen vollständig gereinigt, in Stangen von verschiedenen Größen gegossen, bezeichnet und ein Fünftel davon für die Regierung zurückbehalten. Die Goldbarren werden dann dem Eigenthümer zugestellt und können nun in den Verkehr kommen oder nach erlangter specieller Erlaubniß der Regierung ausgeführt werden. Wenn es gewünscht wird, so tauscht die Regierung Barren gegen gemünztes Gold aus, aber da die Ausführung der Barren höchst vortheilhaft ist, so bleibt mit Ausnahme des in den Bergwerken vergrabenen nur wenig Gold im Lande, und Brasilien, das goldreichste Land der Erde, bietet das seltsame Schauspiel dar, daß ein schlechtes Papiergeld fast sein einziges Circulationsmittel ist. Vor dem Anfange des letzten Jahrhunderts war die Menge des gewonnenen Goldes unbedeutend; von da an hat sie mit reißender Schnelligkeit zugenommen. Der größte Betrag wurde zwischen 1753 und 1763 gewonnen; seitdem hat er wieder beständig abgenommen. Nach ziemlich unvollständigen Nachrichten belief sich die von 1720—1820 gewonnene Quantität auf 63,417 Arrobas oder 4,058,688 Mark, was jährlich etwa 33,822 Mark gibt, wobei ein Fünftel, das muthmaßlich aus dem Lande geschmuggelt wird, bereits eingerechnet ist. Zwischen 1753 und 1763 war der jährliche Ertrag 34,560 Mark, zwischen 1801 und 1820 nur 8128 Mark. Die mit Gewinnung des Goldes beschäftigte Bevölkerung hat, wie natürlich, in einem ähnlichen Verhältnisse abgenommen. In der Mitte des vorigen Jahrhunderts waren 80,000 Arbeiter damit beschäftigt, jetzt sind es nur noch 16,000. Überall in den Golddistricten nimmt der Reisende die Veränderung wahr an dem Verfalle von einst blühenden Dörfern und an der Menge verlassener Wohnungen. Lange Zeit glaubte die Regierung oder stellte sich, als glaubte sie, daß der Ausfall nur von geheimer Ausfuhr herrühre; deshalb wurden strenge Gesetze erlassen, Truppen und Zollbeamte vermehrt. Brasilien bietet aber dem Schleichhändler so viel Gelegenheit dar und die Versuchung ist so groß, daß die Regierung ihren Zweck ganz verfehlt, und ihre strengen Maßregeln dienen nur als Hemmnisse des rechtmäßigen Handels. Es ist nicht zu bezweifeln, daß eine bessere Organisation des Bergbaus ihn wieder zu einem blühenden Zustande bringen und diesen wichtigen Zweig der Nationalindustrie vortheilhafter entwickeln würde. Der Gegenstand ist um so wichtiger, weil mit dem Golde oder in dessen Nähe so viele andere werthvolle Producte gewonnen werden könnten. Die an Gold so reichen Berge von Minas Geraes enthalten auch Eisen, Blei, Kupfer, Platin, Quecksilber, Arsenik, Spießglanz, Wismuth u. s. w., ferner Edelsteine von allen Sorten, Topase in den schönsten Farben, Amethysten, Krystalle, besonders aber Diamanten. Schon haben britische Capitalisten mit Erfolg den Versuch gemacht, einen bessern Zustand der Dinge herbeizuführen und zur Belohnung die einträglichen Minen in Gongo Seco am Ufer des Rio des Velhas erlangt.

Mehre Reisende haben die in den Golddistricten stattfindende Vernachlässigung des Feldbaus, selbst während die dazu Anlaß gebende Beschäftigung mit jedem Tag unvortheilhafter wurde, mißfällig bemerkt. In einigen Gegenden jedoch sind die Einwohner klüger gewesen und im Allgemeinen ist die Provinz Minas Geraes weder ärmer noch weniger volkreich als zur Zeit, wo der Goldbergbau im Zenith seiner Blüte stand. Die Bodencultur macht Viele reich, die das Suchen nach Gold arm machte, und die Pflanzer von Barbacena, Sta.Lucia und Mattrodentro erfreuen sich großen Wohlstandes, während ihre Nachbarn in den Districten, die sich nur mit Goldbergbau beschäftigen, mit der Abnahme des Metalls, von dem ihr Wohlstand abhing, natürlich täglich ärmer werden.

Die Vulkane. *)

Der Begriff des Wortes Vulkan, das von dem lateinischen Namen des Feuergottes in der Mythologie der alten Griechen und Römer entlehnt ist (die Erstern nannten ihn Hephästos), wird durch die Verdeutschung desselben „feuerspeiender Berg“ deutlich genug bezeichnet; man pflegt aber außer den eigentlichen Vulkanen auch solche Orte, an denen Gasarten, Dampfmassen, Schlamm u. s. w. gewaltsam aus der Erde geworfen werden, mit demselben Namen zu bezeichnen. Unter den eigentlichen Vulkanen hat man wieder erloschene und noch thätige zu unterscheiden, wiewol dieser Unterschied viel Schwankendes hat, da es sich bei vielen vulkanischen Bergen, bei denen man Spuren eines frühern Kraters und Lava findet, welche denjenigen vollkommen gleichen, die aus noch thätigen Vulkanen ausgeworfen wurden, sehr schwer bestimmen läßt, ob sie ganz erloschen oder noch thätig sind. Manche entwickeln fortwährend Dämpfe, die auf die Thätigkeit feuriger Stoffe in ihrem Innern schließen lassen, und viele geben nach einer Jahrhunderte langen Unthätigkeit plötzlich und unerwartet das Schauspiel furchtbarer Ausbrüche. Im Allgemeinen rechnet man zu den ausgebrannten Vulkanen alle solche Berge, deren Felsarten in einem unverbrennbaren feurigen Flusse gewesen sein müssen (wie man dergleichen in allen Theilen der Erde findet), und hält daher alle Gebirge, die aus Basalt, Dolerit, Trachyt und ähnlichen Felsarten bestehen, für vulkanischen Ursprungs; indeß ist es wahrscheinlich, daß jene Felsarten dem Emporquellen einer heißen zähen Masse aus dem Innern des Erdballs, also nur mittelbar dem Feuer ihren Ursprung verdanken, ohne daß das letztere auf der äußern Erdoberfläche sichtbar wurde. Nimmt man den neuesten Forschungen entsprechend an, daß alle größern Bergketten durch vulkanische und feurige Kräfte von unten herauf gehoben worden sind, so müßte man alle größern Gebirgszüge zu den erloschenen Vulkanen rechnen, indeß pflegt der Begriff nicht so weit ausgedehnt zu werden.

Daß die Angaben über die Anzahl der noch thätigen Vulkane sehr voneinander abweichen, kann nach dem Gesagten nicht sehr befremden. Nach Werner beträgt ihre Anzahl 193; nach v. Leonhard 187, worunter 15 in Europa, 62 in Asien, 10 in Afrika, 94 in Amerika, 6 in Australien; nach Arago nur 163, wovon 12 in Europa, 32 in Asien, 6 in Afrika, 61 in Amerika, 52 in Oceanien oder Polynesien, und zwar 67 auf dem festen Lande, 96 auf den Inseln; Muncke bringt mit Hinzurechnung der Schwefel- und Salmiakberge 297 heraus. In der heißen oder äquatorischen Zone ist ihre Anzahl am größten und nimmt mit zunehmenden Breitegraden nach beiden Polen hin ab.

Auf dem festen Lande von Europa ist der Vesuv unweit Neapel der einzige noch brennende Vulkan und daher von allen Feuerbergen der Erde am genauesten bekannt. Er hat die Gestalt eines Kegels, ist über der Ebene, auf der er steht, 2200 Fuß erhaben und besteht aus zwei Hälften, dem eigentlichen Vesuv und dem Monte di Somma. Die Höhe jenes beträgt 3654, nach Andern 3692 Fuß, doch läßt sich die Höhe der höchsten Spitze nicht mit absoluter Schärfe bestimmen, weil bei den verschiedenen Ausbrüchen von größerer Heftigkeit die Höhe der Krater-Wandungen theils vermehrt, theils vermindert wird. Die Weite des Kraters wird zu 1620 Fuß angegeben. Die ganze obere Mündung besteht aus Anhäufungen von Lava, Asche und Steinen, zwischen denen sich zum Theil sehr tiefe Schlünde öffnen, aus denen Rauch und erstickende Gasarten aufsteigen. Der erste bekannte Ausbruch des Vesuvs fand im J. 79 n. Chr. statt und verschüttete bekanntlich die blühenden Städte Herculanum, Pompeji und Stabiä. *) Seitdem hat der Berg nie geruht und wenigstens beständig Rauch ausgestoßen; heftige Ausbrüche fanden unter andern in den Jahren 512, 1631, 1737, 1760, 1779, 1794, 1804, 1816, 1819, 1822, 1828, 1834 statt, von denen der von 1794 am bekanntesten ist. Bei demselben wurde die Stadt Torre del Greco, von deren 18,000 Einwohnern zum Glück nur 15 umkamen, durch einen Lavastrom zerstört, der bei dieser Stadt 40 Fuß hoch und eine englische Meile breit war und sich in einer Breite von 1204 Fuß ins Meer ergoß; in diesem drang er 625 Fuß weit vor, bildete ein neues Vorgebirge und war nach 2 Tagen noch so heiß, daß das Pech an den Schiffen in 300 Fuß Entfernung schmolz. Die aufsteigende feine Asche wurde durch den Wind 50 geogr. Meilen weit bis Tarent fortgetrieben.

Von den Vulkanen auf den europäischen Inseln ist zuerst der Ätna auf der Insel Sicilien zu bemerken, welcher von allen europäischen Vulkanen der größte ist und schon den Griechen in dieser Eigenschaft bekannt war, weshalb nach der griechischen Mythe die Werkstatt des Feuergottes auf Sicilien sich befand. Die Höhe desselben wird nach verschiedenen Messungen zu 10,032 bis 11,400 pariser Fuß angegeben, jedenfalls reicht also sein Gipfel in die Schneeregion, die hier erst in 9900 Fuß Höhe angetroffen wird. Außer dem großen Krater sind noch gegen 40 kleine Kegel vorhanden, aus denen sich zuweilen Lava ergossen hat. Aus den Beobachtungen über die verschiedenen Lavaschichten schließt Brydone, daß das Alter des Ätna 14,000 Jahre betrage, eine Bestimmung, die freilich höchst unsicher ist, da die Zeit, welche zum Verwittern der Lavaschichten erforderlich ist, nicht mit Sicherheit ausgemittelt werden kann. Vor Chr. werden 9 Ausbrüche des Berges genannt, von denen die um 477 und 121 am stärksten waren. Nach Chr. Geburt fanden heftige Ausbrüche in folgenden Jahren und zwar größtentheils in den Monaten Februar und März statt: 1160 und 1169; 1284; 1329; 1408 und 1444; 1536, 1537 und 1556; 1669 und 1693; 1747, 1755, 1766, 1769, 1775, 1780, 1787, 1799; 1802, 1805, 1809, 1811, 1812, 1819 und 1832. Im Jahre 1693 wurden 16 Städte und 18 Landgüter verschüttet, wobei 93,000 Menschen umkamen; 1775 wurde eine große Menge Wasser ausgeworfen; 1787 flog die ausgeworfene Asche bis Malta; 1819 war der Lavastrom oben, wo er eine feurige Cascade von 5 — 600 Fuß Höhe bildet, 60 Fuß breit, unten 1200 Fuß breit die aufsteigende Säule von Rauch und Asche mindestens 1000 Fuß hoch.

In der Nachbarschaft Italiens liegen die liparischen Inseln Lipari, Salina, Felicuda, Volcano, Stromboli u. s. w., welche nichts Anderes als eine Gruppe vulkanischer Kegel sind; der Hauptvulkan ist der 2520 Fuß hohe Stromboli. Die Insel Island kann als ein einziger Vulkan mit vielen Kratern betrachtet werden; von letztern werden 29 größere und kleinere gezählt, unter denen der Hekla am meisten bekannt, aber jetzt ziemlich ruhig ist. Der erste bekannte Ausbruch ist um 1004, seit dieser Zeit aber zählt man 23 Ausbrüche, von denen die um 1728, 1766, 1768, 1772 die neuesten sind. Spätere Ausbrüche fanden statt bei dem Kötlugia (1823), Skeidera-Jökul (1783), Skaptar-Jökul (1783), Eyafiäl-Jökul (1821 — 22). Bei den letztgedachten wurden große Felsmassen bis zu meilenweiter Entfernung fortgeschleudert. Merkwürdig ist, daß die isländischen Eruptionen so häufig, z. B. 1538, 1554, 1717, 1730, 1754, 1755, 1766, 1783, mit denen des Ätna und Vesuv gleichzeitig stattgefunden haben, was auf einen unterirdischen Zusammenhang schließen läßt. Nördlicher als Island ist nur ein Vulkan bekannt, der 1500 Fuß hohe, unter 72 Grad nördl. Br. liegende Berg Esk, auf der Insel Mayen bei Grönland, welcher 1817 rauchend gesehen wurde.

Das asiatische Festland ist reich an Vulkanen. Ein noch thätiger findet sich auf der höchsten Spitze der größten asiatischen Gebirgskette, des Himalayagebirges, und stößt unaufhörlich eine dicke Rauchwolke aus, während zugleich die vielen Erdbeben jener Gegend auf vulkanische Thätigkeit deuten. Bemerkenswerth ist in derselben Gebirgskette der Poschan oder weiße Berg, auch Agie oder Feuerberg genannt, der eine Menge Salmiak und Schwefel liefert, welche Materien die Einwohner nur im Winter, wo der Schnee die Hitze mildert, sammeln können, weil in den andern Jahreszeiten Flammen aufsteigen. Südöstlich von ihm liegt der Vulkan von Turfan oder von Hotschin, welcher ebenfalls Salmiak liefert, bei dessen Einsammeln wegen der Hitze des Bodens hölzerne Schuhe erfoderlich sind. Außerdem gehören hierher der von Teheran aus sichtbare Demawend und der Seiban-Dagh am See Wan. Eine vulkanische Insel- und Gebirgskette beginnt beim Cap Formosa und erstreckt sich bis Kamtschatka. Japan hat viele Vulkane, worunter der höchste Berg in Japan, Fusino-yama; der nördlichste ist der Yake-yama oder brennende Berg auf Jesso. In Kamtschatka, das durch die vulkanischen kurilischen Inseln, 9 an der Zahl, mit Japan verbunden wird, finden sich nicht weniger als 14 Feuerberge, unter denen der 7500 Fuß hohe Awatschinskaja oder Goralaja-Sopka, der unter andern 1773, 1827 und 1837 tobte und 1827 eine solche Menge Wasser auswarf, daß sie einen mächtigen Strom bildete. Höher noch als dieser ist der 10,210 Fuß hohe Kronotskaja-Sopka, und durch heftige Ausbrüche im letzten Jahrhundert (1727 — 1731 fast unaufhörlich, 1737, 1740, 1762 und 1767) bekannt der 9510 Fuß hohe Klutschefskaja oder Kamtschatskaja-Sopka. Die aleutischen Inseln sind eine Reihe von Vulkanen, deren Namen zugleich die der Inseln sind; auf den Marianen oder Ladronen werden 9 Vulkane gezählt. Auch die Philippinen enthalten mehre, unter denen der Mayon oder Mayonga auf der Insel Lúzon der größte ist. Bekannte Ausbrüche desselben fanden namentlich 1766, 1800 und 1814 statt; im letzten Jahre wurde der Boden mit 30 — 36 Fuß hohem Sande und Asche überdeckt, an der Westseite der Insel aber alle Vegetation gänzlich zerstört und 1200 Menschen kamen ums Leben. Große Vulkane sind der Gunong-Api und der mit ihm zusammenhängende Gunong-Talleng auf einer der 7 Bandainseln, von denen der letzte stets raucht, der erste zuletzt 1820 tobte. Auf den südasiatischen

*) Wir gedenken späterhin unsern Lesern den interessanten Bericht eines Zeitgenossen, des jüngern Plinius, über dieses tragische Ereigniß, dem sein Oheim zum Opfer fiel, mitzutheilen.

Inseln findet man große und noch jetzt thätige Vulkane, z. B. auf Borneo, der Barreninsel (4000 Fuß hoch), den Molukken, Ternate (Gamma=Lammu), Amboina, (Wawani), Timor, Celebes, Sumbava (Tambora) Flores, Deumer. Die Insel Sumatra hat 4 — 6 Vulkane, noch mehr aber ist Java mit Vulkanen übersäet, die aber nur unvollkommen bekannt sind; genannt werden mehre 20, unter denen der Arjuna 10,615 Fuß hoch ist, der Papandayang aber bis zum Ausbruch im Jahre 1772 der größte war, bei welchem 40 Dörfer verheert wurden und 2957 Menschen umkamen, und der Galung=Gung im Jahre 1822 88 Pflanzungen nebst mehr als 2000 Menschen unter Asche und Steinen begrub.

Auf dem Festlande in Afrika sind keine noch jetzt thätigen Vulkane mit Zuverlässigkeit bekannt, doch will Douville in Kongo einen 10,680 Fuß hohen Vulkan Zambi gesehen haben, und der Dschebel=Dokhan in Ägypten, sowie der Kordufan im Innern stoßen beständig Rauch aus. Die Inseln um Afrika sind fast sämmtlich vulkanisch, namentlich die Azoren S.=Miguel, Fayal mit dem Vulkan Caldeira und Pico mit dem 7328 Fuß hohen Vulkan gleichen Namens; die canarischen Inseln Palma, Lanzerote und Teneriffa, mit dem 11,424 Fuß hohen Pico de Teyde, der seit Jahrhunderten nicht mehr aus dem kreisförmigen Hauptkrater, sondern aus den Seitenöffnungen Feuer speit; die Insel Ascension, wahrscheinlich auch Madagaskar. Die Insel Bourbon enthält einen der größten Vulkane der Erde, der 7500 Fuß hoch ist und seit Entdeckung der Insel nicht geruht hat, dessen letzter stärkerer Ausbruch aber im Jahre 1821 stattfand.

Ungemein reich an Vulkanen ist Amerika und zwar hauptsächlich in seinem mittlern und südlichen Theile, wiewol sich auch weit nach Norden, besonders auf der Nordwestküste in der Nachbarschaft der asiatischen Inseln, dergleichen finden, z. B. auf der Barreninsel in 58¾ Grad nördl. Breite. Californien hat fünf. Zu den größern und thätigsten gehören die Riesenvulkane in Mexico, worunter der 16,302 Fuß hohe Citlaltepetl oder Pico de Orizaba, der stets rauchende, 16,620 Fuß hohe Popocatepetl, von allen der höchste (1834 bestiegen), und 6 andere. Guatemala ist voll großer und thätiger Vulkane, von denen der nur 500 Fuß hohe Coseguina an der Bai von Fonseca noch im Januar 1835 heftig tobte; einer der höchsten ist der durch zahlreiche Ausbrüche bekannte Fuegos de Guatimala, 13,985 Fuß hoch. Neugranada hat zahlreiche und außerordentlich hohe vulkanische Kegel; unter diesen ist der 17,190 Fuß hohe Kegelberg von Tolima wol der höchste Berg des amerikanischen Festlandes nördlich vom Äquator, außer ihm aber sind der 14,717 Fuß hohe Cumbal, der 13,650 Fuß hohe Puraze de Popayan, von welchem ein Fluß mit gesäuertem Wasser herabfließt, und der 12,620 Fuß hohe Vulkan von Pasto am meisten bemerkenswerth. Die größten und merkwürdigsten Vulkane finden sich in Quito, ergießen aber nur selten Lava, häufiger Schlamm. Die bedeutendsten vulkanischen Kegel (da vom Chimborazo seiner ganz vulkanischen Beschaffenheit ungeachtet keine Ausbrüche bekannt sind) der Antisana, 17,956 Fuß hoch, der Pichincha 17,644 Fuß hoch, mit vier Spitzen, der 15,471 Fuß hohe Tunguragua, der Cotopari von 17,662 Fuß Höhe, ein durch seine Größe, die Menge von ihm ausgeworfener Massen, seinen ungeheuren Krater von 2868 Fuß Durchmesser und sein donnerähnliches Brüllen höchst merk=

würdiger Vulkan, welcher unter allen Andesspitzen die schönste Kegelform hat, der 16,080 Fuß hohe Sangai oder Macas, der seit 1828 fast unaufhörlich getobt hat, und der 14,706 Fuß hohe Carguerazo, wahrscheinlich ein Seitenkrater des Chimborazo, welcher 1698 eine große Menge Wasser mit Schlamm und vielen Fischen auswarf. Die Angaben über die Vulkane in Chile sind sehr abweichend; Pöppig selbst sah nur 9 rauchen, Andere geben ihre Zahl auf 15 oder gar 26 an. Auch der höchste Berg in Chile, der 21,018 Fuß hohe Aconcagua, soll nach Einigen ein Vulkan sein. — Unter den amerikanischen Inseln sind namentlich die Antillen in bedeutendem Grade vulkanisch; insbesondere sind in dieser Hinsicht die Inseln Martinique (Vulkan Pelée), Guadeloupe, St.=Vincent (wo der Morne=Garou 1812 den starken Aschenregen auf Barbados bewirkte), Sta.=Lucie (Berg von 200 Fuß Höhe), St.=Christoph (der Schwefelberg, auch Mount=misery genannt), S.=Domingo (Vulkan von 5700 Fuß Höhe) zu nennen. Im südlichsten Theile von Amerika liegen: der Monte de los Gigantes in Patagonien, ein Vulkan auf dem Feuerlande und ein stets rauchender auf der Insel Traverse unter 56 Grad südl. Br., der unter allen bekannten der südlichste ist.

(Der Beschluß folgt in Nr. 448.)

Das Riesenbankett.

Am 13. Sept. gab der König der Franzosen, Ludwig Philipp, dem aus Afrika zurückgekehrten 17. leichten Infanterieregimente zu Ehren in Neuilly ein Bankett, bei welchem alle französischen Waffengattungen repräsentirt waren. Der Bankettplatz war im Freien eingerichtet und bot wegen seiner Größe sowol als wegen der Schönheit der Ausschmückung einen großartigen und prachtvollen Anblick dar. Es waren 5300 Couverts vorhanden und die Tafeln bedeckten einen Raum von 2500 Mètres. Das Bankett bestand aus 1559 Schüsseln, worunter 500 Hühner, 300 Truthühner, 200 Pasteten, 250 Schinken, 218 Schüsseln mit Kalbsbraten, 220 mit Rinderbraten, 63 mit compiegner Kuchen, 60 mit Desserts, 5500 Flaschen rothen Weins, 3000 Flaschen Champagner u. s. w.

Herausgegeben unter Verantwortlichkeit der Verlagshandlung F. A. Brockhaus in Leipzig.

Das Pfennig-Magazin

für

Verbreitung gemeinnütziger Kenntnisse.

448.]   Erscheint jeden Sonnabend.   **[October 30, 1841.**

Lodovico Ariosto.

Lodovico Ariosto, geboren am 8. Sept. 1474 zu Reggio im Herzogthum Modena, war der älteste von zehn Geschwistern, fünf Brüdern und fünf Schwestern, und der Sohn des Nicolo Ariosto, eines Edelmanns aus Ferrara, der damals Gouverneur der Stadt Reggio im Dienste des Herzogs Hercules I. von Ferrara, früher Mitglied des ersten Gerichtshofes von Ferrara war, und der Daria Malaguzzi, die aus einem Adelsgeschlechte in Reggio stammte. Schon in seiner ersten Jugend entwickelte sich in ihm der Keim des poetischen Talents, und kaum kannte er die ersten Elemente der Wissenschaften, als er die Mythe von Pyramus und Thisbe in einem kleinen Drama behandelte, das er im älterlichen Hause in Gemeinschaft mit seinen vier Brüdern aufführte. Um seinem Vater zu gehorsamen, wandte er, nachdem er die Schule von Ferrara verlassen, auf welcher er sich auszeichnete, fünf Jahre (1489—94) auf das Studium der Rechtswissenschaft, aber mit

solcher Unlust und Schlaffheit, daher auch mit so ungenügendem Erfolge, daß ihm endlich der Vater volle Freiheit lassen mußte, sich seiner Neigung gemäß eine Beschäftigung zu wählen. Er warf sich nun zunächst auf das sorgfältige Studium der lateinischen Sprache unter der Leitung des gelehrten Gregorio v. Spoleto, der sich damals in Ferrara am Hofe des Herzogs Rinald von Este aufhielt, und las mit großem Eifer die ausgezeichnetsten Schriftsteller in dieser Sprache, hauptsächlich die Dichter, eignete sich auch die weniger bekannten Feinheiten derselben an und ahmte sie in seinen Gedichten häufig nicht ohne Vortheil nach. Schon früher (jedenfalls vor dem Jahre 1500) hatte er einen Versuch gemacht, das italienische Lustspiel auf die Regeln des griechischen und lateinischen zurückzuführen, und zwei Lustspiele („Cassandra" und „Suppositi") in Prosa gedichtet, die er nachher umarbeitete und in Verse brachte.

Im J. 1499 hatte er die Abreise seines Lehrers

Gregorio zu beklagen, der mit der Herzogin Isabella von Mailand nach Frankreich ging. Bald darauf raubte ihm der Tod seines Vaters, der im Februar 1500 eintrat und ihm die Sorge für die ganze Familie auflegte, großentheils die Muße zur Fortsetzung seiner Übungen in der lateinischen und italienischen Poesie. Ganz aber stellte er dieselben nicht ein und seine in diese Periode fallenden lyrischen Gedichte in lateinischer und italienischer Sprache, die mit großem Beifall aufgenommen wurden, erwarben ihm die Gunst des Cardinals Hippolyt von Este, des Sohns von Herzog Hercules I., der ihn 1503 an seinem Hofe anstellte und später (im J. 1508) unter die Edelleute seines Hofes aufnahm. Dieser einsichtsvolle Fürst erkannte bald, daß Ariost außer seinem poetischen Talente noch das besaß, wichtige Geschäfte mit Umsicht zu leiten; er bediente sich daher seiner in den wichtigsten Angelegenheiten, sowol seinen eigenen als denen seines Bruders Alfons I., der im Jahre 1505 ihrem Vater Hercules in der Regierung des Herzogthums gefolgt war. Einen Beweis davon geben hauptsächlich die beiden Sendungen an Papst Julius II. in sehr gefährlicher Zeit, während Jener gegen Herzog Alfons sowol wegen des mit den Venetianern angefangenen Krieges, als wegen des mit Frankreich geschlossenen Bündnisses sehr aufgebracht war; die erste fand statt im December 1509, um vom Papste Unterstützung an Geld und Truppen für den von Venedig bedrohten und angegriffenen Herzog zu erlangen, die zweite im Sommer (Juni—August) 1510, um den erzürnten Kirchenfürsten zu begütigen. Ariost diente aber dem Hause Este nicht nur in diplomatischen Verhandlungen, sondern auch mit den Waffen; er kämpfte tapfer gegen die päpstlichen Streitkräfte am Po und bemächtigte sich mit einigen Edelleuten eines der am besten ausgerüsteten Schiffe der feindlichen Flotte (am 22. Nov. 1510 vor der Schlacht bei Pollicella).

Am Hofe des Cardinals faßte Ariost, in der Absicht, in noch höherm Grade seine Gunst zu erwerben, den Plan zu einem Gedichte, in welchem des Cardinals und seines ganzen Hauses Ruhm gepriesen wurde, und nach einem mislungenen Versuche in Terzinen wählte er achtzeilige Stanzen, als Gegenstand aber die Fortsetzung der vom Grafen Bojardo in seinem „Verliebten Roland" begonnenen Erzählung. Der Geist der Zeit hatte die spanischen Ritterromane in die Mode gebracht; die Fürsten und großen Herren jener Zeit waren vorzugsweise dem Handwerke der Waffen ergeben und fanden daher an den Fabeln von den gewaltigen Unternehmungen der Paladine großen Gefallen. Die Turniere bildeten die Lieblingsunterhaltung der Höfe; man glaubte an Zauberei und diese öffnete dem Dichter eine unerschöpfliche Quelle des Wunderbaren und eine neue Mythologie. Ariost benutzte diese Umstände mit seltenem Talente; nach 10—11 Jahren einer mehrfach unterbrochenen Arbeit glaubte er sein Gedicht so weit vollendet zu haben, um es in Druck erscheinen zu lassen, damit er darüber das Urtheil seiner Freunde sowol als die allgemeine Meinung vernehmen und dann das Werk einer genauen Überarbeitung und Ausfeilung unterwerfen könnte. So trat denn im J. 1516 sein „Rasender Roland", ein romantisches Heldengedicht, dem er seine Berühmtheit verdankt, damals aus 40 Gesängen bestehend, ans Licht; nachdem er die Urtheile Anderer über dasselbe vernommen, überarbeitete er es und ließ es sechs Jahre nachher von neuem erscheinen. Aber noch immer wurde er nicht müde, es zu feilen und zu reinigen, und mit

vielen Veränderungen und Zusätzen, vermehrt um sechs neue Gesänge, erschien das Epos in einer dritten Ausgabe zu Ferrara 1532. Auch in dieser genügte es ihm noch keineswegs; aber abgekühlt und tief gebeugt durch die Ungnade seines Herrn, die ihn nach 15jährigem treuen und angestrengten Dienste betraf, und in Anspruch genommen durch schwierige und bedenkliche Processe, die sein ererbtes Vermögen bedrohten, konnte er lange Zeit entweder gar nicht oder nur flüchtig an der Revision seines Gedichtes arbeiten, und gegen das Ende seines Lebens mußte er klagen, daß sein „Roland" der letzten Feile ermangele, theils durch die Schuld seiner häuslichen Beschäftigungen und Widerwärtigkeiten, theils aber auch durch die seiner Gebieter, die ihn immer durch Reisen, Gesandtschaften und Ämter in Anspruch nahmen. Wol durfte Ariost hoffen, durch sein Gedicht die Gunst des Cardinals verdient und sich hinreichend gesichert zu haben, um sie nicht so leicht wieder verscherzen zu können. Welche Meinung dieser Fürst aber auch ursprünglich über das Gedicht gehabt haben mag — seine wenig fürstliche und ziemlich gemeine Sinnesart geht aus der Natur seiner Gönnerschaft deutlich genug hervor, und bezeichnend würde schon die Frage sein, die er an Ariost bei Überreichung eines Exemplars seines „Roland" gerichtet haben soll: „Meister Ludwig, woher nehmt ihr nur alle die Possen und Albernheiten?" — Gewiß ist, daß Ariost schon nach 18 Monaten der Frucht seiner langjährigen ehrenvollen Bemühungen und angestrengten Dienste deshalb beraubt wurde, weil er den Cardinal auf einer am 20. Oct. 1517 angetretenen zweiten Reise nach Ungarn, wo sich dieser zwei Jahre und einige Monate aufhielt, wegen des schwankenden Zustandes seiner Gesundheit, für welche, wie er fürchtete, das ungesunde Klima jenes Landes nachtheilig sein würde, aus der Rücksicht, die seine Familie erheischte, nicht, wie er auf der ersten gethan, begleiten wollte. Von dieser Zeit an entzog er ihm zwar nicht seine Anstellung, die für den Cardinal vortheilhafter war als für den Dichter, wol aber seine Gunst und gab ihm Beweise seiner an Haß grenzenden Abneigung und Verachtung. Für diesen Verlust entschädigte ihn des Cardinals Bruder, der edle und kunstliebende Herzog Alfons, der ihn, gleich nachdem der Cardinal im J. 1520 gestorben war, unter die Zahl der Edelleute seines Gefolges aufnahm, sehr vertraut mit ihm umging und ihm eine Anweisung auf die Kanzlei zu Mailand gab, welche dem Dichter außer einem kärglichen Gehalt von 21 Lire monatlich den nöthigen Proviant für drei Diener und zwei Pferde verabreichte. Aber nur ein Jahr und einige Monate erfreute er sich in seiner neuen Anstellung der Ruhe und der Muße für seine Studien. Im Februar 1522 sandte ihn der Herzog als Gouverneur nach der gebirgigen und wilden Landschaft Garfagnana, um die dort ausgebrochenen Unruhen zu dämpfen, ein Auftrag, der nicht gerade für eine Gunstbezeigung gelten kann, da dem Dichter in jenem ungewohnten Amte durch Parteien und Räuber ein schwerer Stand bereitet wurde. Als er dort eines Tags mit seiner Familie einen Spazierritt machte, kam er bei Rodea mitten durch eine Schar unter Bäumen sitzender Bewaffneter, deren Ansehen verdächtig war. Der Anführer dieser Schar fragte den den Zug beschließenden Diener, wer denn der Edelmann sei, und als er gehört hatte, es sei Lodovico Ariosto, lief er ihm eilig nach, begrüßte ihn ehrfurchtsvoll, sagte ihm, er sei ein Räuberhauptmann, Namens Filippo Pacchione, und bat, ihn zu entschuldigen, daß er ihn nicht schon im Vorbeireiten angeredet da er ihn nicht gekannt habe; jetzt, da er erfahren wer er sei, sei er gekommen, um ihn persönlich kennen zu lernen, wie er ihn längst durch den Ruf kenne. So wußte selbst ein Räuber den großen Dichter zu ehren, dessen Talent ihm aufrichtige Achtung abzwang.

Nachdem Ariost den gedachten Posten drei Jahre lang verwaltet und sich des ihm gewordenen schwierigen Auftrags glücklich entledigt hatte, kehrte er nach Ferrara zurück, wo er aus Gefälligkeit gegen den Herzog, der ein großer Freund von theatralischen Vorstellungen war, seine drei letzten Lustspiele: „La Lena", „Il Negromante" und „La Scolastica" dichtete, von denen aber das letzte unvollendet blieb; das zweite hatte er schon zur Zeit Leo X. vor dem 16. Jan. 1520 entworfen, aber vor der Aufführung beträchtlich umgearbeitet. Für die Aufführung dieser Lustspiele sparte Herzog Alfons keine Kosten und ließ in einem Saale seines Palastes nach den Angaben und unter der Leitung des Dichters ein permanentes Theater einrichten, das so groß und prachtvoll ausfiel, wie man damals noch keins gesehen hatte. Die gedachten Stücke wurden von Edelleuten und andern angesehenen Personen, der damaligen Sitte gemäß, mehrmals vor verschiedenen Fürsten mit größtem Beifall dargestellt; selbst der Prinz Don Francisco, des Herzogs zweiter Sohn, verschmähte es nicht, bei der ersten Aufführung der „Lena" im J. 1528 den Prolog dieses Stückes zu recitiren. Ariost begann ferner ein neues Gedicht mit dem Entwurfe von fünf Gesängen, die nach seinem Tode dem „Orlando furioso" einverleibt wurden, wiewol es gewiß Ariost's Absicht nicht war, sie an verschiedenen Stellen des bereits fertigen Gedichts einzuschalten. Außerdem schrieb und dichtete er Vieles, zum Theil nur der Übung halber und versuchsweise; besonders beschäftigte er sich mit der italienischen Übersetzung mehrer spanischen und französischen Romane und vieler Lustspiele von Plautus und Terenz.

Ariost's hoher Werth wurde von den ersten Geistern seiner Zeit erkannt, mit denen er freundschaftlichen Umgang pflog und die er in seinem Roland ehrend erwähnt; auch von den vornehmsten Herren und Fürsten in Europa wurde er bewundert und geschätzt. Die größte Ehre aber, die dem Ariost bei seinen Lebzeiten widerfuhr, war die, daß ihm Kaiser Karl V. in Mantua im Nov. 1532 eigenhändig den Lorberkranz aufsetzte. Die Gelehrten sprechen freilich über diese Krönung viele Zweifel aus; ist die Thatsache gegründet, so kann sie den Ruhm des Dichters weder erhöhen noch vermindern.

Die letzten Jahre verlebte Ariost ruhig am Hofe des Alfons, immer beschäftigt, sein großes Heldengedicht auszufeilen und zu verbessern. Kurz nach Vollendung der unter seinen Augen gedruckten Ausgabe von 1532, in der Nacht vor dem letzten Tage dieses Jahres, in welcher der das obenerwähnte schöne Theater enthaltende Theil des herzoglichen Palastes in Flammen gerieth, begann Ariost an einer Verstopfung der Blase zu leiden. Dies war der Anfang einer langen und schmerzlichen Krankheit, die in Auszehrung überging und ihn nach sechs Monaten dem Grabe zuführte. Er starb am Abend des 6. Juni 1533 im noch nicht vollendeten 59. Lebensjahre. In der alten Kirche der Benedictiner wurde er ganz einfach begraben, nur mit zwei Fackeln und von vier Männern getragen; aber sein bescheidenes Grab wurde durch griechische, lateinische und italienische Inschriften vieler Dichter geehrt. Vierzig Jahre nachher wurde ihm auf Kosten des Agostino Mosti, der sich in früher Jugend unter Ariost's Leitung den poetischen Studien beflissen hatte, in der neuen Kirche der Benedictiner in einer Kapelle zur Rechten des Hauptaltars

ein schöneres Grabmal errichtet; Mosti selbst ließ es sich nicht nehmen, in dieses neue Grab unter vielen Thränen die Überreste seines theuren Lehrers eigenhändig zu transportiren (am 6. Juni 1573). Im J. 1612 errichtete ein Urenkel des Dichters, gleichfalls Lodovico genannt, in einer andern Kapelle zur Linken des gedachten Altars ein noch weit prachtvolleres Grabmal, welches Ariost's Gebeine aufnahm und sie noch heutigen Tages umschließt.

Aus Ariost's Gedichten, insbesondere aus seinen Satiren lernen wir des Dichters Gesinnungen, welche der strengsten und besten Sitte gemäß sind, genau kennen, und können demnach Freundlichkeit und Milde, Aufrichtigkeit und Zuverlässigkeit, Bescheidenheit, Gerechtigkeit, Gefälligkeit, edle Begeisterung für Freiheit als die hervorstechendsten Eigenschaften des Dichters bezeichnen, welcher mit denselben die äußern Vorzüge einer edlen Gestalt und eines schlanken Wuchses verband. Sein Verhältniß zum weiblichen Geschlecht, dessen entschiedener Verehrer er war, wird durch den Geist und die freiere Sitte seiner Zeit entschuldigt; gewiß ist, daß er zwei Söhne hatte, Virginio und Giovanbattista, von denen der eine Domherr an der Kathedrale zu Ferrara, der andere Hauptmann der herzoglichen Truppen war; ob beide Söhne von derselben Mutter Orsolina waren, ist nicht ausgemacht. Dem Glanze und Wohlleben war Ariost nicht abgeneigt, mußte sich aber mit der Erbauung eines zwar angenehmen und bequemen, aber kleinen Hauses begnügen.

Außer dem „Rasenden Roland" — einem wahren Meisterwerke, das sich ebenso sehr durch Reichthum der Erfindung als durch Anmuth der Erzählung auszeichnet und dem Dichter den Beinamen des Göttlichen erwarb — besitzen wir von Ariost fünf Gesänge eines aus demselben Sagenkreise entlehnten neuen Gedichts; sieben Satiren, die mehr als Bilder des Mannes in den verschiedenen Lagen seines Lebens und seiner Ansichten in Bezug auf das Leben, denn als strenge Zurechtweisungen und Züchtigungen der Laster und Fehler seiner Zeit von Wichtigkeit sind; Reime, d. h. schlichte, natürliche Ergüsse seines Herzens, die fern von allen Ansprüchen sind; fünf Lustspiele, „Cassandra", „Suppositi", „Lena", „Negromante" und „Scolastica", nach Plautus und Terenz abgefaßt, regelrecht, aber in den Fesseln der Nachahmung befangen; „Erbolato", eine Abhandlung über den Menschen und über die Heilkunst; Briefe und zwei Bücher lateinischer Gedichte.

Gewonnen und doch verloren!

Folgende Rechtssache, die am 16. August zu Croydon in England entschieden wurde, ist gewiß einzig in ihrer Art und vermuthlich ohne Beispiel. Im Juni 1840 wurde der Herausgeber der „Times", Lawson, von einem gewissen Allan Georg Bogle, der in den Jahren 1837—40 Associé eines englischen Bankierhauses in Florenz gewesen war, wegen Libells, d. i. Verleumdung, verklagt, weil in den „Times" ein Correspondenzartikel aus Brüssel gestanden hatte, worin jener Bogle der Theilnahme an einer Conspiration einer Bande schlauer Betrüger, die sich an vielen Orten des Continents durch falsche Wechsel namhafte Summen zu verschaffen gewußt hatte, beschuldigt worden war. Auf die Gefahr hin, zu einer Entschädigungssumme von ein Paar tausend Pfund St. verurtheilt zu werden, was im Fall der Verleumdung eines rechtlichen Mannes leicht möglich gewesen wäre, unterzog sich

Lawson dem Proceß, dem er durch Zurücknahme des betreffenden Artikels leicht hätte entgehen können, beschäftigte sich ein Jahr lang mit Herbeischaffung der nöthigen Beweismittel und erschien am gedachten Tage seinem Kläger gegenüber vor Gericht. Die Reden der Anwälte und die Zeugenaussagen nahmen volle 13 Stunden weg, worauf die Geschworenen dem Kläger eine Entschädigung von — einem Farthing (etwa 2 Pfennige) zuerkannten, damit aber zu erkennen gaben, daß die dem Kläger zur Last gelegte Thatsache hinreichend bewiesen worden sei, sodaß der Kläger den Proceß im Grunde verloren hatte. Dem Herausgeber der „Times" hat der Proceß freilich einige tausend Pfund gekostet. Ein von ihm auf den Continent geschickter Jurist reiste fast ein Jahr lang umher, um zu Paris, Brüssel, Lüttich, Gent, Antwerpen, Ostende, Genua, Turin, Bologna, Florenz, Köln und an vielen andern Orten Beweismittel zu sammeln. Die Geschichte der ganzen Gaunerei (die am 24. April 1840 in Antwerpen entdeckt wurde) füllt in der Nummer der „Times" vom 19. Aug. neun Folioseiten.

Die Insel Ternate.

Ternate, die wichtigste der eigentlichen Gewürz- oder molukkischen Inseln (zu denen im engern Sinne außer Ternate nur noch die vier Inseln Tidor, nächst jener die größte, Motir, Matschian und Batschian gehören), liegt einen Grad nördlich vom Äquator, 145 Grade östlich von Ferro, östlich von Celebes und westlich von der ganz nahen Insel Dschilolo, hat gegen sieben geographische Meilen im Umfange und besteht aus einer Hügelkette, aus deren Mitte sich ein pyramidalisch gestalteter Vulkan erhebt. Auf seinem Gipfel ruht fast immer eine schwere Wolke, die theils von dem Rauche des Berges selbst herrührt, theils von den Dünsten, die aus den Thälern aufsteigen und sich dort sammeln, bevor sie sich in Regen auflösen. Bisweilen wird diese Wolke durch Blitze erhellt, die um den Rand des Kraters spielen, begleitet von Scharen glühender Steine, die bereits mehr als einmal die benachbarten Dörfer und Pflanzungen entzündet und eingeäschert haben. Bei Nacht und während der heftigen Äquinoctialstürme wird dieser Vulkan am meisten laut und erinnert die Bewohner durch seine schreckliche Stimme, auf welchem unsichern und gefährlichen Grunde sie ihre Wohnstätten erbaut haben. Die Seiten dieses Berges waren vordem mit dichten Waldungen bedeckt; diese und die Häufigkeit großer Spalten und Abgründe, abgesehen von den wilden Thieren, die im Gehölz hausen, machten die Besteigung des Kraters zu einem höchst schwierigen und gefährlichen Unternehmen. Der Gipfel ist nicht mit Asche, sondern mit einer leichten bimssteinartigen Erdart bedeckt. Die Winde in dieser Höhe sind ausnehmend kalt; selbst in den Thälern ist die Hitze sehr gemäßigt.

In den Felsen am Fuße des eben beschriebenen Vulkans entspringen zahlreiche Quellen von süßem Wasser, von denen manche sich über die Kämme der Thäler ergießen und gießbachartig ins Meer stürzen, während andere einen ruhigern Lauf längs der Thäler verfolgen. Der Boden der Insel ist fruchtbar. Europäische Gewächse kommen ebenso gut fort wie auf der Insel Java. Mais wird in großer Menge gebaut, aber kein Reis, welchem die Bewohner seiner leichtern Cultur wegen den Sago vorziehen. Der letztere ist als Nahrungsmittel in diesem Theile der Erde sehr allgemein verbreitet und bekanntlich sehr nahrhaft, wiewol die ältern Reisenden ihn unausstehlich fanden. Die Hauptproducte sind außer mehren andern der Culilaban-Lorber, der eine aromatische Rinde liefert, und der Cajeputbaum, aus dessen Blättern das bekannte Cajeputöl, ein vorzügliches flüchtiges Reizmittel von durchdringendem Geruch, destillirt wird, namentlich aber

Gewürze. Die berühmtesten und gesuchtesten Gewürze sind bekanntlich die Gewürznägelein und die Muskatennuß, welche früher auf allen Gewürzinseln zu finden waren, deren Ureinwohner auf diese Artikel wenig oder keinen Werth legten. Die Chinesen aber, welche diese Inseln entdeckten, fanden an den gedachten Producten großen Geschmack und trugen zu ihrer allgemeinern Verbreitung viel bei. Längere Zeit gehörten die Molukken zum himmlischen Reiche, bis die Javanesen und später die Malaien von ihnen Besitz nahmen; die letztern mußten aber bald den Arabern weichen, welche den Islam einführten. Später wurde der König von Ternate so mächtig, daß nicht nur die Häuptlinge aller benachbarten Inseln, sondern selbst einige auf Celebes ihm unterthänig waren. Ternate wurde der Mittelpunkt des gesammten Handels in jenen Gegenden; wenn die Spanier und die Portugiesen in den indischen Ocean kamen, mußten sie nach Ternate fahren, um Ladungen von den geschätzten Producten der Gewürzinseln einnehmen zu können, denn der König hatte Befehl gegeben, daß alle Kaufleute in seine Hauptstadt kommen sollten. So erlangte die Insel allmälig großen politischen Einfluß und wurde für die Nachbarn ein Gegenstand des Neides. Die Könige von Celebes, Tidor und andern umliegenden Inseln empörten sich, sammelten eine Flotte und griffen Ternate an. Die Spanier benutzten die Gelegenheit und besetzten mehre kleine Forts auf den Inseln Amboina, Banda, Timor, Solor, Tidor, ja auf Ternate selbst; auch die Portugiesen, nicht minder geschickt in der Kunst, im Trüben zu fischen, nahmen ihren Vortheil wahr, und so unterlag im 16. Jahrhunderte das ternatische Reich. Die Portugiesen bauten ein starkes Fort auf der Hauptinsel und unterwarfen sich diese gänzlich, nicht ohne einen verzweifelten Widerstand von Seiten der Einwohner zu erfahren, welche sofort nach der Landung jener ganze Wälder von Gewürznelkenbäumen niederbrannten, um die Eroberer von ihrer Eroberung keinen Vortheil ziehen zu lassen. Aber die Bäume erholten sich und wuchsen mit erneuter Kraft empor zu großem Verdrusse ihrer frühern Besitzer, welche die Inseln in der Verzweiflung drei Mal verließen und drei Mal wieder kamen, das letzte Mal bei Nacht, wo sie abermals die Pflanzungen und eigenen Häuser niederbrannten. So vergingen 60 Jahre unter fortwährenden Kämpfen, bis die Holländer einen Versuch machten, auch einen Theil der molukkischen Inseln zu erlangen, die ihnen sehr bald (zu Anfang des 17. Jahrhunderts) ganz gehörten. Von den Eingeborenen wurden sie als Befreier aufgenommen, erschienen ihnen aber bald in ganz anderm Lichte; jene ergriffen die Waffen und begannen den Kampf um ihre Freiheit. Nach einem zweifelhaften Kriege schlossen die Holländer im J. 1638 mit dem Häuptling von Ternate und denen der andern Molukken einen Vertrag, nach welchem alle Gewürzbäume auf den Jenen gehörigen Inseln ausgerottet und nie wieder gepflanzt werden sollten, wofür sie dem Könige von Ternate ein Jahrgeld von 18,000 Thlrn. bewilligten. Die Strenge, mit welcher dieser Vertrag vollzogen wurde, verursachte neue Empörungen, bis die Holländer im J. 1680 die Eingeborenen gänzlich unterjochten. Seitdem haben sie das Princip befolgt, die Gewürznägelein und Muskatennuß auf allen Inseln mit Ausnahme zweier, Amboina und Banda, auszurotten. Auf jene war die Cultur der Gewürznägelein, auf diese die der Muskatennuß beschränkt. Aber ungeachtet aller Vorsichtsmaßregeln — der Gouverneur von Amboina bereiste jährlich sein Gouvernement mit einem Geschwader von 20—50 Schiffen — wuchsen die Gewürzbäume da, wohin die Gewalt der Holländer nicht dringen konnte, so häufig, daß die Engländer mit den Einwohnern beträchtlichen Schleichhandel trieben, und auf den Inseln Ternate und Tidor wächst jetzt die beste Art von Muskatennuß = und Gewürznelkenbäumen. Erst im J. 1778, wo die Pflanzungen auf Banda durch ein Erdbeben sehr beschädigt wurden, gestattete die holländisch-ostindische Compagnie die Cultur der Muskatennuß auf Amboina. In der neuern Zeit hat jedoch die Nachfrage nach beiden Gewürzen sehr nachgelassen, da sie durch Pfeffer und Ingwer großentheils verdrängt worden sind.

Die Hauptstadt der Insel liegt an der Küste und ist zum Theil von einer Mauer umgeben; sie wird (oder wurde vielmehr früher) von dem Fort Oranien, das Admiral Malclief erbaut hat, vertheidigt. Noch sind auf der Insel zwei andere Festungen angelegt: Holland und Wilhelmstadt. Die meisten Wohnungen in der Stadt sind aus einer Art Rohr gebaut und mit Palmblättern gedeckt. Sie stehen voneinander getrennt, aber in regelmäßigen Reihen oder Straßen, denen es nicht an bedeckten Gängen oder Arcaden fehlt; Thüren und Fenster sind zierlich gearbeitet. Die Meubeln sind sehr einfach; die Stelle von Tischen, Stühlen, Betten u. s. w. vertreten einige Matten. Der Palast des Königs ist von leichter, luftiger Bauart, umgeben von schönen Gärten, die viele seltene Pflanzen und Bäume enthalten. In ausgedehnten Vogelhäusern findet man merkwürdige einheimische und fremde Vögel. Unter den einheimischen ist ein sehr reizender, von rother Farbe mit Himmelblau vermischt, den die Eingeborenen „die Göttin" nennen. Ausgeführt werden viele Papagaiarten und Paradiesvögel, die man oft todt in den Wäldern findet.

Im Febr. vorigen Jahres wurde die Insel durch ein sehr verheerendes Erdbeben heimgesucht, das sich durch einen kochenden Dampf angekündigt hatte, der aus dem dortigen Krater aufstieg. Fast keine einzige Wohnung blieb unbeschädigt, Fort Oranien und sämmtliche steinerne Häuser wurden zerstört und der Verlust von Privateigenthum wurde auf eine Mill. Fl. geschätzt; Menschen sind nicht umgekommen, da sie Zeit hatten, sich auf das Meer zu retten. Anfangs glaubte man, die Regierung werde den Besitz der Insel aufgeben, da auch die meisten Einwohner, wie es heißt, sie verlassen hatten, aber den neuesten Nachrichten zufolge sind die Schäden nicht so beträchtlich gewesen, als man anfangs geglaubt hatte. Alle zerstörten Wohnungen sind wieder aufgebaut, bestehen aber, wie früher, nur aus Bambushütten; nur das Fort, die reformirte Kirche, das Kreisamt und die Gouvernementsmagazine, welche massive Gebäude waren und bei jenen Erderschütterungen einstürzten, sind noch nicht wieder aufgebaut; auch wird die Regierung keine neuen massiven Häuser erbauen lassen, da es ihr nicht rathsam scheint, in der Nähe eines Vulkans dergleichen Gebäude zu errichten. Ein großer Theil der Muskaten- und Gewürznelkenbäume hatte bedeutend gelitten, war jedoch nicht gänzlich verbrannt, und wenige Wochen nach dem Erdbeben schlugen die meisten Bäume wieder aus. Für das Jahr 1841 wurde auf ganz Ternate eine recht ergiebige Muskaten= und Gewürznelkenernte erwartet.

Die Vulkane.

(Beschluß aus Nr. 447.)

In Europa sind noch folgende Gegenden vorzugsweise vulkanisch: die Gegend am Niederrhein, die Eifel und besonders der Laacher=See, welcher das Ansehen eines Kraters hat; der Kammerbühl unweit Eger in Böhmen, augenscheinlich ein ausgebrannter Vulkan; die Auvergne in Frankreich, deren vulkanische Kegel, nach den sehr frisch aussehenden basaltischen Laven zu schließen, noch in der geschichtlichen Zeit thätig gewesen zu sein scheinen; Catalonien, wo sich auf dem südöstlichen Abhange der Pyrenäen, besonders in der Nähe von Olot, eine ausgedehnte Kette ausgebrannter Vulkane mit kenntlichen Kratern findet; mehre Gegenden von Italien, wie die von Verona, Vicenza und Padua; der Berg Budosch in Ungarn; viele Inseln des griechischen Archipelagus, namentlich Milo und Santorino u. s. w.

In Polynesien finden sich besonders folgende Vulkane: zwei auf Neuguinea, einer im Archipel von Neubritannien; ferner sind vulkanisch die Inseln Amrhyn (neue Hebriden), Tanna, Kao=Tana, Sesarga (unter den Charlotteninseln). Von den Sandwichinseln enthält die Insel Owaihi oder Hawaii, mehre sehr bedeutende, worunter der Mauna=Roa, der Mauna=Kea und der 3851 Fuß hohe Kiraufa. Des letztern Krater ist nach den Behauptungen eines neuern Reisenden der größte und staunenswürdigste in der Welt, hat eine Grundfläche von 9½ Millionen Quadratfuß und ist mit stets wallender, glühender Lava erfüllt. Auf derselben Insel ist noch der Mauna=Huararai bekannt, welcher mehre ungeheure Krater hat, von denen einer mindestens 1000 Fuß tief ist. Noch sind vulkanisch die Osterinsel, Nukahiwa, die Marquesas=Insel Domenica (Ohiwaua), die Gesellschaftsinsel Otaheiti, deren Vulkan Tobreonu über 11,000 Fuß hoch ist, und die Insel Narborough.

Die allgemeinen vulkanischen Erscheinungen sind bereits in Nr. 84 des Pfennig=Magazins mitgetheilt worden. Die Erzeugnisse der Vulkane zerfallen in folgende Classen: 1) Elastische Flüssigkeiten von ungeheurer Menge, hauptsächlich Wasserdampf, dessen Niederschläge zahlreiche Blitze und Gewitter nebst Regenschauern erzeugen. Die übrigen Gasarten, welche in dem aufsteigenden Dampf enthalten sind, sind an ihrer erstickenden Eigenschaft kenntlich und bestehen hauptsächlich aus Kohlensäure, außerdem aus salzsaurem und schwefelsaurem Gas, deren Mischung die Vegetation zerstört. Wasserstoffgas scheint nicht aufzusteigen, wenigstens nicht in merklicher Menge, und auch die Kohlensäuren entwickeln sich wahrscheinlich erst beim Erkalten der Lava. 2) Sehr feine und trockene Asche, von hellgrauer, zuweilen röthlicher Farbe, die nicht selten große Strecken verdunkelt und meilenweit fortgeführt wird. Daß sie durch das Zerreiben der Lavastücke entstehe, ist nicht nöthig anzunehmen, da fast alle Steinarten durch anhaltende heftige Hitze zerfallen und in Staub verwandelt werden. 3) Der vulkanische Sand, welcher zugleich mit der Asche niederfällt, ist schwerer und von schwarzer Farbe und glänzend; zugleich mit ihm wird oft ein gröberer ausgeworfen, Lapilli genannt. 4) Schlacken von der verschiedensten Farbe und Härte; die größten bilden die sogenannten vulkanischen Bomben. 5) Steine, nicht selten viele Centner schwere und ohne eine Spur von Schmelzung. 6) Bimsstein wird in den isländischen und vielen andern Inselvulkanen in solcher Menge ausgeworfen, daß nicht selten weite Strecken des Meeres davon bedeckt sind. 7) Das Haupterzeugniß der Vulkane ist bekanntlich Lava, worunter man solche mineralische Substanzen versteht, welche durch die Hitze flüssig geworden sind. Die Farbe derselben wechselt vom dunkelsten Schwarz durch Braun, Grau und Gelb bis zum hellen Weiß; schon dies deutet auf die große Verschiedenheit der Lava, wie denn Leopold v. Buch am Vesuv nicht weniger als 18 Arten unterschied. Man unterscheidet gewöhnlich dichte und glasige Lava. Die letztern, welche die Krater der Vulkane auskleiden, haben noch nach Jahrhunderten ein frisches Ansehen, als wären sie soeben ausgeflossen, andere verwittern schnell und geben dann einen sehr fruchtbaren Boden, was theils aus den Bestandtheilen derselben (Feldspath, Leuzit, Augit, Magneteisen), theils aus der schlechten Wärmeleitung, vielleicht auch aus zurückgebliebener Wärme zu erklären ist. Das Val Demona am Ätna gilt für eine der fruchtbarsten Gegenden der Welt; auf Stromboli und am Vesuv wachsen herrliche feurige Weine (an letzterm die Lacrimä Christi). Die Bewegung des Lavastromes ist wegen der Zähigkeit der Masse langsam und erreicht selbst auf steiler Abhängen selten eine Geschwindigkeit von 2½ Fuß in einer Secunde oder 9000 Fuß in einer Stunde (was 2½ Stunden auf die ganze Meile gibt); zuweilen bringt sie mehre Tage über einer Meile zu. In der Regel bemerkt man bei allen Lavaströmen Flammen auf ihrer Oberfläche, wahrscheinlich von anbrennenden Pflanzen herrührend; im Innern der Lava findet man eine Menge leerer Räume, welche von verschlossener Luft und entwickelten Gasarten herrühren. Die Menge der erzeugten Lava geht oft ins Ungeheure. Der Strom, welcher 1669 vom Ätna herabfloß, war 3 geographische Meilen lang, ⅖ Meilen breit und in der Mitte 200 Fuß tief, wonach sein Inhalt auf 11,750 Millionen Cubikfuß berechnet wird. Den Inhalt der Lavaströme, die sich 1783 über Island ergossen, berechnet man auf 18¾ Billionen Cubikfuß oder etwa 1½ Cubikmeile, also 361 Mal so groß als der ganze Vesuv, 6 Mal so groß als der Montblanc und 2⅞₀ Mal so groß als der Chimborazo. Da die Lava die Wärme sehr schlecht leitet, so erkaltet sie ungemein langsam; der Lavastrom, welcher 1669 aus dem Ätna floß, soll nach Einigen selbst 1803 noch nicht völlig erkaltet gewesen sein, und die im August 1790 aus dem Vesuv geflossene Lava war im März 1792 noch so heiß, daß man sie nicht in der Hand halten konnte. Auf der Oberfläche erkaltet sie natürlich zuerst; der Engländer Hamilton erzählt, daß er 1779 über einen noch fließenden Lavastrom von 50 F. Breite hinweglaufen konnte. Die Glühhitze der Lava ist wenigstens der des Kupfers und Silbers (weil man Stücke dieser Metalle in ihr geschmolzen gefunden hat), nach Einigen aber sogar der des Eisens gleich. Als besondere Arten von Lava sind zu betrachten: der Traß, die Puzzolanerde, der Perlstein, der Posilippo=Tuff, der Obsidian u. s. w. 8) Schlamm wird auch von eigentlichen Vulkanen, besonders amerikanischen, häufig ausgeworfen, in vielen Fällen freilich nur scheinbar, indem die vulkanische Asche sich mit dem Wasser des geschmolzenen Schnees mischt. 9) Salzsäure, theils in Gasform in Gestalt weißer Dämpfe, mit Natrum zu Kochsalz verbunden. Reines Kochsalz wurde namentlich bei den Ausbrüchen des Hekla oft in großer Menge erzeugt, noch größer ist die Production des Salmiaks, besonders in Centralasien; bei dem Ausbruche des Vesuv im Jahre 1794 wurde er centnerweise gesammelt. 10) Schwefel und Schwefelsäure liefern außer dem Vesuv viele andere Vulkane; der Schwefel kommt nicht selten gediegen in schönen Krystallen vor. 11) Eisenglanz, salzsaures Kupfer und Eisen, Schwefelarsenik u. s. w. 12) Kali und Natron, meist mit Salz und Schwefelsäure vereinigt.

Die Erklärung der verschiedenen vulkanischen Erscheinungen ist ausnehmend schwierig und auf sehr verschiedene Weise versucht worden. Die älteste wurde am Ende des 17. Jahrhunderts von Martin Lyster aufgestellt, welcher die Vulkane von der Entzündung der unter der Erde in großer Menge vorhandenen Schwefelkiese ableitete; da aber solche Kiese, die sich schwer entzünden, nur selten vorkommen und noch dazu jede solche Entzündung nur beim Zutritte der Luft erfolgen kann, so zeigte sich diese Erklärung, wiewol sie bis ans Ende des vorigen Jahrhunderts in Ansehen blieb, als unhaltbar. Im vorigen Jahrhundert erklärten Beccaria und Hamilton die vulkanischen Erscheinungen aus der Elektricität; sie wurden hierzu durch die häufigen, scheinbar aus den Vulkanen aufsteigenden Blitze veranlaßt, die in den Dampf- und Rauchwolken über den Vulkanen beobachtet wurden. Einige Gelehrte schlugen sogar vor, die Wirkungen der Vulkane, sowie zugleich die der Erdbeben durch lange in die Erde gesenkte eiserne Stangen, welche die Elektricität ableiten sollten, abzuleiten und unschädlich zu machen. Eine dritte Hypothese stellte Davy auf und gewann für dieselbe eine überaus große Zahl von Anhängern. Nach ihm bilden die von ihm entdeckten einfachen Stoffe (Metalloide) den Hauptbestandtheil des Erdkerns, werden durch Verbindung mit Wasser, das in das Innere eindringt, erhitzt, erzeugen dadurch eine ungeheure Menge Wasserdampf und bringen so die unterirdischen Explosionen hervor. Verwandt mit dieser chemischen Theorie, welche neuerdings in dem berühmten Geologen Daubeny einen Vertheidiger gefunden hat, ist die von Cordier entwickelte, nach welcher die in den Vulkanen stattfindende ungeheure Hitze von der dem Erdkerne eigenthümlichen starken Glühhitze herrührt, die sich bis in die Nähe der äußersten Kruste erstreckt. Die vollständigste Theorie aller vulkanischen Erscheinungen hat Bischof aufgestellt, welcher die gesammten vulkanischen Erscheinungen auf die Hitze im Innern der Erde und auf die Wirkungen der Wasserdämpfe zurückführt. In Betreff der erstern findet er aus den Messungen über die Zunahme der Erdwärme mit der Tiefe, daß in einer Tiefe von ungefähr 120,000 Fuß oder 5 Meilen unter der Erde die Schmelzhitze der Lava herrscht. Die Wasserdämpfe werden aus dem in die Erde sinkenden Meerwasser (sofern man eine Verbindung zwischen dem Meere und den unterirdischen Herden annimmt, welche durch das häufige Aufwallen des Meeres in der Nähe thätiger Vulkane direct bewiesen wird) oder dem Quellwasser erzeugt, steigen in den Rauchwolken der Vulkane mit empor und schleudern zugleich die Lava heraus. Eine neue Theorie des jüngern Herschel ist zwar scharfsinnig, aber zur Erklärung sämmtlicher vulkanischer Erscheinungen keineswegs genügend.

Noch mag hier der uneigentlichen Vulkane gedacht werden, bei denen andere Producte als die bekannten vulkanischen ausgeworfen werden und keine Spur der Thätigkeit des Feuers zu finden ist. Dahin sind zuerst die Schlammvulkane zu rechnen, welche fortdauernd oder periodisch Schlamm auswerfen, der von einer emporsteigenden Gasart, Kohlensäure, Stickgas oder Wasserstoffgas emporgehoben wird; man nennt sie Salsen, wenn sie zugleich Salzwasser auswerfen. Zu den bekanntesten Schlammvulkanen gehören: 1) Der Maccaluba unweit Girgenti in Sicilien, ein 150 Fuß hoher Hügel mit vielen kleinen kegelförmigen Erhebungen, welche durch den aufsteigenden Schlamm gebildet worden sind; zuweilen wird der Schlamm zu beträchtlichen Höhen emporgeschleudert, z. B. am 30. Sept. 1777. In der Nähe sind mehre kleine Hügel derselben Beschaffenheit. Ebenso gibt es 2) Schlammvulkane bei Caltanisetta in Sicilien, sowie in mehren andern Gegenden Italiens, z. B. bei Maina, unweit Modena, in den Gebieten von Parma und Bologna, bei Canossa u. s. w.; genauer untersucht ist die Salse bei Sassuola oder Querzuola. Hier zählte Spallanzani 17 kleine Kegel von weißer Erde mit trichterartiger Öffnung, aus der das Gas den Schlamm, der darin zu kochen scheint, mit beständigem Getöse bis zu 2 — 5 Fuß Höhe emporschleudert. Zuweilen, besonders bei trockenem Wetter, erfolgen heftige Explosionen mit donnerähnlichem Getöse; durch anhaltenden Regen aber verschwinden die Kegel. 3) Sehr berühmt sind die Schlammvulkane in der Krim, besonders auf der Insel Taman und bei Kertsch. Auf Taman sind mehre Hügel von 2 — 300 Fuß Höhe, die auf ihren Spitzen kleine Höhlungen enthalten, in denen sich geringe Mengen schlammigen Wassers erheben. Zu verschiedenen Zeiten, z. B. 1794 und 1807, fanden heftige Ausbrüche statt, deren Dauer in der Regel 6 Stunden beträgt. Die ganze Erscheinung soll durch ein unterirdisches brennendes Steinkohlenflöz erzeugt werden. 4) Die Schlammvulkane von Baku, am Ausflusse des Kur, Thonkegel von 20 Fuß auf einem Hügel von 100 Fuß Höhe, hängen mit den dortigen Gasvulkanen zusammen. 5) Zwei kleine Schlammvulkane finden sich auf der Insel Trinidad; das in ihnen enthaltene, anhaltend sprudelnde Wasser ist alaunhaltig. 6) Einer auf Kuhoo auf der Insel Java, aus dessen Wasser das Salz durch die Sonnenstrahlen krystallisirt und dann benutzt wird. In der kleinen innern Fläche, die 2 engl. Meilen im Umfange hat, sieht man dicke, 10 — 18 Fuß hohe Haufen Salzthon, die zuweilen platzen. Bei den größern geschieht dies gegen 8 Mal in der Minute, wobei gegen 60 Centner Schlamm ausgeworfen werden. 7) Salse auf Barbados. 8) Schlammvulkane bei Turbaco unweit Cartagena; hier erheben sich 18 — 20 kleine kegelförmige Hügel von 21 — 24 Fuß Höhe, aus schwärzlich grauem Thone bestehend.

Gasvulkane nennt man diejenigen Orte, an denen Wasserstoffgas aus der Erde aufsteigt, welches sich anzünden läßt und dann längere oder kürzere Zeit, eine 5 Fuß hohe bläuliche Farbe bildend, fortbrennt. Verschieden hiervon sind diejenigen Orte, wo kohlensaures Gas ausströmt, die sogenannten Mofetten, die namentlich in der Nähe thätiger und erloschener Vulkane häufig sind, so in Amerika unweit des Äquators, in der Auvergne bei Pontgibaud, am Rhein in der Gegend des Laacher-Sees (namentlich im Kesselthale bei Wehr), welche Gegend täglich ungefähr 5 Millionen Cubikfuß oder 6000 Centner Kohlensäure liefern mag. Gasvulkane in der vorhin angegebenen Bedeutung finden sich: 1) In Italien bei Pietro-mala, wo 4 Stellen mit Flammen brennen, von denen eine 3 Fuß Durchmesser und 5 Fuß Höhe hat, bei Barigazzo u. s. w. Die kleinern Flammen sind leicht auszublasen oder mit Erde zu ersticken, entzünden aber sich bald wieder, die größern sind blos durch eine große Menge Wasser, nicht aber durch starken Wind auszulöschen und entzünden sich in jenem Falle bald wieder mit heftiger Detonation. 2) In Frankreich bei St.-Barthelemy, unweit Grenoble (sogenannte brennende Quelle der Dauphiné). 3) In Ungarn der Zugo bei Klein-Saros; auch strömt in der Salzgrube bei Szalatina aus einer Spalte seit 1826 stets Leuchtgas. 4) In Lycien bei Phaselis soll das Bergfeuer Yamar in einer Felsenspalte schon seit 2000 Jahren brennen. 5) Die bedeutendsten, schon seit den ältesten Zeiten bekannten Gasvulkane sind die stets brennenden Feuer auf der Insel oder vielmehr auf der Halbinsel Abscheron von Abnheron, 3 Meilen von Baku am kaspischen Meere, von denen in diesen Blättern bereits früher ausführlich die Rede gewesen ist. (Vergl. Nr. 297.) Die Feueranbeter Asiens betrachten dieses Feuer als ein heiliges, weshalb viele Wallfahrten dahin angestellt werden. 6) Ähnliche finden sich in Kurdistan bei Arbela, zu Chittagong in Bengalen und an andern Orten des asiatischen Hochlandes. 7) Im Dorfe Fredonia im Staate Neuyork, etwa eine Stunde vom See Erie, steigt aus dem Wasser des Flusses Canadaway und aus einem am Ufer desselben gebohrten Loche ein Gas auf, das in einem Gasometer aufgefangen wird und zur Erleuchtung des Dorfes dient.

Ähnlich den Gasvulkanen sind diejenigen Gegenden, wo das brennbare Gas aus Bohrlöchern, besonders solchen, die auf Salzflöze stoßen, emporsteigt. Merkwürdig sind in dieser Hinsicht vor allen die artesischen Brunnen in China, die deshalb auch Feuerbrunnen heißen und von denen manche jetzt gar kein Salzwasser, sondern nur noch brennbares Gas geben. Dasselbe ist der Fall zu Rocky=Hill im nordamerikanischen Staate Ohio, wo man auf Salz.bohrte; zu Gajarine im Districte von Conegliano in Oberitalien, und bei dem sogenannten Windbrunnen in der Saline zu Rheina in der westfälischen Herrschaft Tecklenburg, der ein Gas liefert, das seit mehr als 20 Jahren zum Erleuchten und zum Heizen gebraucht wird. Der Ursprung des ausströmenden Wasserstoffgases ist in allen diesen Fällen in der Zersetzung des Wassers oder des Petroleum zu suchen. Räthselhafter sind die in den verschiedenen Gegenden zum Vorschein kommenden Feuer, welche leuchten, ohne zu brennen. Man beobachtet sie namentlich in der Gegend von Baku, wo in dunkeln Nächten nach warmen Herbstregen zuweilen die Felder in hellen Flammen zu stehen scheinen; so wie im nahen Kaukasus, dessen Bergspitzen (namentlich der Berg Sughduku) davon erleuchtet werden; ferner in Ungarn, in Cumana auf dem Rücken eines steilen Kalkgebirges, unweit der Stadt Gonaires auf Haiti u. s. w.

Zu einer verschiedenen Classe gehört die Erscheinung des brennenden Berges im Gebiete der musatarskischen Baschkiren, welcher 1767 angeblich in Folge eines Blitzschlags sich entzündete und 1770 noch immer brannte, aber ohne vulkanische Ausbrüche. Die Ursache liegt wahrscheinlich in verbrennenden Steinkohlen. Erweislich brennende unterirdische Steinkohlen= oder Braunkohlenflöze, sogenannte Erdbrände, finden sich an vielen Orten, z. B. unweit Dutweiler im Nassauischen (1660 entstanden); zu Epterode am Habichtswalde in Kurhessen und im zwickauer Steinkohlengebirge in Sachsen (beide seit 200 Jahren brennend), zu Milhau in Böhmen. Am merkwürdigsten unter allen ist die brennende Steinkohlenmine zu Riccamari bei St.=Etienne in Dauphiné, von deren Brand schon in Nachrichten aus dem 14. Jahrhundert die Rede ist.

Eton Montem.

Das nur alle drei Jahre wiederkehrende große Schulfest der Gelehrtenschule zu Eton, unweit Windsor in England, genannt Eton Montem, ist in diesem Jahre mit herkömmlicher Festlichkeit und in Beisein zahlloser Zuschauer gefeiert worden. Seinen Namen hat es daher, daß die Eton=Schüler auf einen Berg, den sogenannten Salzberg, ziehen. Es beginnt damit, daß mit dem frühesten Morgen einige hundert Zöglinge (die Gesammtzahl der Schüler beträgt 6—700), meist in grotesker Vermummung, auch wol in Weibertracht, alle nach Eton führenden Haupt= und Nebenstraßen besetzen, um die Vorübergehenden um das sogenannte Salzgeld anzusprechen, was auf eine Weise geschieht, daß Niemand den begehrten Beitrag verweigern kann, wiewol nach den bestehenden Vorschriften die Einsammlung mit Bescheidenheit und ohne Belästigung erfolgen soll. Die Jüngsten sammeln ein und liefern das Geld an die Ältesten ab, die mit Riesenstrickbeuteln versehen sind. Der Ertrag der letzten Sammlung war 1400 Pf. St. Das gesammelte Geld wird in zwei Hälften getheilt. Die eine wird verjubelt, die andere erhält der älteste Schüler bei seinem Abgange auf die Universität Cambridge.

Auf das Zeichen einer Glocke ordnet sich der Zug der Schüler und bewegt sich durch die Kreuzgänge, durch Hof und Garten, unter Begleitung der Musik auf den Salzberg, wo Reistänze, Ballspiele, Fahnenschwenken u. s. w. die Zeit ausfüllen. Unter den Zuschauern befand sich diesmal niemand Geringeres als die Königin Victoria, begleitet vom Prinzen Albert und Lord Melbourne; sie hatte den Zug aus den Fenstern des Bibliothekzimmers in Augenschein genommen und als Salzgeld eine Summe von 100 Pf. St. gesteuert. Nachdem das königl. Cortege sich entfernt hatte, begaben sich die Schüler, 623 an der Zahl, in ein Gasthaus und schmausten und zechten. Viele, die des Guten zuviel gethan hatten, brachen hierauf in die anstoßenden Gärten ein und richteten darin nicht geringe Verwüstungen an, bis sie durch eine Abtheilung von Policeidienern zum Rückzuge genöthigt wurden.

Herausgegeben unter Verantwortlichkeit der Verlagshandlung F. A. Brockhaus in Leipzig.

Das Pfennig-Magazin

für

Verbreitung gemeinnütziger Kenntnisse.

449.]　　　　Erscheint jeden Sonnabend.　　　[November 6, 1841.

Salvator Rosa.

Diogenes, der einen Menschen sucht, nach Salvator Rosa.

Salvator Rosa.

Salvator Rosa, einer der berühmtesten Maler Italiens, wurde am 20. Juni 1615 in dem kleinen Dorfe Arenella unweit Neapel geboren. Sein Vater, Vito Antonio Rosa, war ein Architekt und Landmesser von geringen Kenntnissen und bescheidenem Vermögen; seine Mutter Giulia Grecco gehörte einer ebenfalls mittelmäßigen und armen Malerfamilie an. Als er heranwuchs, beschlossen seine Aeltern, ihn nicht in einem Stande, der für sie so wenig einträglich gewesen war, sondern für die Kirche zu erziehen, und gaben ihm in dieser Absicht den Namen Salvator. Die Natur aber vereitelt aber nur zu oft die Absichten der Aeltern. Dies war auch der Fall bei Salvator, oder, wie man ihn nannte, Salvatoriello; er hatte mehr Neigung, in der herrlichen Umgebung von Neapel umherzustreifen und Skizzen von Bäumen und Thieren mit Kreide oder Kohle zu entwerfen, als die geistlichen Bücher zu studiren, die ihm seine Mutter in die Hand gab. Bei seinem feurigen, unruhigen Temperamente konnte er von seinen Aeltern nicht unter Zucht und Aufsicht gehalten werden; sie sandten ihn daher in eine der vielen klösterlichen Erziehungsanstalten, die in und bei Neapel zu finden sind.

Der erste Theil seiner Studien beschäftigte bald seine ganze Aufmerksamkeit: er bestand in classischer Literatur, durch welche er eine Kenntniß der dichterischen Meisterwerke der Alten erlangte. Der Schatz classischer Bildung, den er sich so aneignete, hatte auf seine spätern Leistungen großen Einfluß und paßte zu der poetischen Stimmung seines Gemüths. Endlich kam die Zeit, wo diese ihn so ansprechenden Studien bei Seite gelegt und mit ernstern Gegenständen, Philosophie und Theologie, vertauscht werden sollten; aber an der Schwelle dieser Studien machte Salvator Halt, denn er fühlte einen solchen an Abscheu grenzenden Widerwillen gegen alle Studien, an denen die Einbildungskraft keinen Theil hatte, daß ihn nichts bestimmen konnte, dem Unterrichte Aufmerksamkeit zu schenken. Oft wurde er entdeckt, wie er die Wände des Klosters mit seinen Zeichnungen bedeckte, wodurch er sich ernste Züchtigungen zuzog. Endlich sah man ein, daß sein Widerwille gegen scholastische Studien zu tief wurzelte, um ausgerottet zu werden; er wurde daher aus dem Seminar entfernt und zu seinen Aeltern zurückgebracht.

Er war nun 16 Jahre alt und warf sich mit leidenschaftlichem Eifer auf das Studium der Musik, componirte auch mehre Canzonetten und kleine Musikstücke, die in ihrer Art ausgezeichnet waren. Mit der Zither in der Hand brachte er vielen Damen in Neapel Serenaden und gerieth allmälig in ein leichtsinniges, wüstes Leben, das seinen Aeltern vielen Kummer machte. Die Heirath seiner Schwester mit dem angesehenen Maler Franzesco Francanzani in Neapel führte ihn von der Musik zur Malerei zurück. Er besuchte fleißig die Werkstatt seines Schwagers und beobachtete das Fortschreiten der auf der Staffelei befindlichen Gemälde, copirte Theile derselben und erhielt von Francesco Winke und Belehrungen. Bald begann er nach der Natur zu skizziren; mit Tagesanbruch eilte er fort, beladen mit einer Mappe, durchwanderte wieder wie ehemals die Wälder und Gebirge in der Umgegend von Neapel und zeichnete Alles ab, was ihm aufstieß. Abends kehrte er zu seinem Schwager zurück, der die gefertigten Zeichnungen durchmusterte und kritisirte. Mittlerweile näherte sich Salvator den Jahren der Mannheit und fiel immer noch seinen Verwandten zur Last; Francesco wünschte daher, ihn in seiner Kunst weit genug zu bringen, daß er dadurch sein Brot zu erwerben im Stande war.

Salvator's Liebe zur ungezügelten Freiheit war so groß, daß er der Idee einer Schule der Malerei ebenso abgeneigt war, wie früher der einer Schule der Logik und Philosophie; System, Methode, Subordination waren Ausdrücke deren Sinn er nicht kannte; heftige Leidenschaft und fruchtbare Einbildungskraft waren die Impulse, denen er folgte und denen seine Aeltern vergebens ihr Ansehen und ihre Wünsche entgegensetzten. Statt die Malerschulen Italiens zu besuchen, verließ er, 18 Jahre alt, seine Heimat und durchwanderte zu Fuß den größten Theil des Königreichs Neapel, und viele der besten von ihm nachgelassenen Gemälde, Seeansichten, Bergschlösser und alte Ruinen vorstellend und durch Schäfer, Räuber, Soldaten- und Banditengruppen belebt, wurden entweder während dieser Wanderung gemalt oder entsprangen doch aus den Eindrücken, die in seiner Seele zurückgeblieben waren. Sein Lieblingsaufenthalt waren die Berge von Calabrien, wo die alten Städte und Dörfer, die Spuren altgriechischer Colonien, zeichnete, deren unruhige und unabhängig gesinnte Bewohner mit seinem eigenen Temperament so große Ähnlichkeit hatten. Alle seine Biographen erzählen, nur in der Angabe der Umstände voneinander abweichend, daß er von einer Räuberbande in den Abruzzen gefangen genommen worden sei und ziemlich lange unter ihnen gelebt habe, nach Einigen freiwillig, nach Andern gezwungen. Ein schönes von ihm vorhandenes Bild stellt, wie man glaubt, eine Scene seines Lebens in dieser Periode vor: eine Gruppe bewaffneter Räuber steht in einer Gebirgsgegend im Vordergrunde und sieht aufmerksam nach einem jungen Gefangenen, der auf einem Felsstücke sitzt, und in seinen Zügen, seinem gesenkten Kopfe, seinem herabhängenden Arme die größte Muthlosigkeit zur Schau trägt; hinter ihm steht eine Frau, die mit dem Finger auf ihn zeigt und offenbar zu seinen Gunsten und für die Erhaltung seines Lebens spricht.

Man weiß nicht gewiß, wie lange Salvator in den Gebirgen Calabriens geblieben ist; aber als er in seine Heimat zurückkehrte, traf er dort häusliche Scenen, die sein Herz tief betrüben mußten. Sein Schwager Francanzani war, wiewol ein talentvoller Maler, aus Mangel an Gönnerschaft in große Noth gerathen und sein Vater, Vito Antonio Rosa, starb bald nach seiner Rückkehr, die Sorge für die Unterhaltung der weiblichen Glieder der Familie seinem Sohne überlassend. Wol mag die Nothwendigkeit, für Mutter und Schwestern zu sorgen, für Salvator von heilsamer Wirkung gewesen sein. Seine Mappe war voll von Skizzen, die in unsrer Zeit theuer bezahlt werden würden, damals aber brachten sie ihm nichts ein, denn er war jung und unbekannt und hatte mächtige Nebenbuhler. Seine Armuth war so groß, daß er sich nicht einmal Leinwand zum Malen kaufen konnte, sodaß er genöthigt war, für eine Art präparirtes Papiers zu bedienen. Er arbeitete unablässig den ganzen Tag, aber mit schwerem Herzen in seiner Dachstube, und wenn der Abend kam, trug er seine Arbeiten unter dem Mantel verborgen zu den Trödlern in Neapel, die ihm einen Preis zahlten, der kaum zu seinem Unterhalt genügte. In einem Lande, wo die Kunst so blühte, wie damals in Italien, kann es überraschen, daß meisterhafte Skizzen, wie die von Salvator waren, in seiner Vaterstadt kaum einen Käufer fanden. Aber Neapel behauptete niemals einen so ausgezeichneten Rang in der Kunst, als Rom, Florenz, Bologna und Venedig, und eine kleine Coterie von Malern, welche von dem spanischen Vicekönige begünstigt wurden, hielt alle Mitbewerber im Hintergrunde. Diese Coterie, an deren Spitze Spagnuolo und Lanfranco standen, wußte es zu hintertreiben, daß Annibale Carracci, Domenichino und Guido bei der Ausschmückung der Kirchen in Neapel verwendet wurden. Ein Vorfall aber gab dem jungen entmuthigten Salvator einige Hoffnung. Als Lanfranco eines Tages zu Wagen aus der Jesuitenkirche kam, wo er malte, kam er vor einem unansehnlichen Kaufladen vorbei, wo ein kleines Bild zum Verkauf ausgestellt war. Er ließ den Wagen halten und fand in dem Gemälde eine treffliche Skizze aus der Geschichte Hagar's, welche dargestellt war, wie sie, nachdem sie Abraham's Haus verlassen, mit ihrem Kinde in der Wüste umherirrt. Lanfranco erkannte sofort, daß es das Werk eines genialen und von aller Schule unabhängigen Künstlers war; er bezahlte die geforderten Preis und da der Verkäufer den Namen des Künstlers nicht nennen konnte oder wollte, suchte er ein Zeichen auf dem Bilde selbst und fand in einer Ecke den Namen Salvatoriello. Sogleich gab er seinen Schülern Auftrag, alle von diesem Maler gefertigten und mit diesem Namen bezeichneten Skizzen, die sie auftreiben könnten, zu kaufen.

So kam es, daß Salvator's Bilder mehr gesucht und wenigstens etwas besser bezahlt wurden, er selbst aber von den bisherigen bittern Nahrungssorgen befreit wurde. Aber schon regte sich in ihm wieder der Geist der Unabhängigkeit und in den schneidendsten Satiren antwortete er den andern Künstlern von Neapel, welche aus Neid über seine hervorragenden Talente anfingen, ihn auf jede Weise anzufeinden und zu verleumden. Durch seine Epigramme gegen Diejenigen, denen er überlegen zu sein fühlte, zog er sich noch viel mehr Feinde zu; doch gewann er die Freundschaft des Ancillo Falcone, eines Schülers von Spagnuolo und selbst ausgezeichneten Malers. Da er sich nicht bequemen wollte, solche Gegenstände zu malen, wie sie damals in Neapel beliebt waren, sondern fortfuhr, erhabene Naturscenen darzustellen, so konnte er es aller Anstrengungen ungeachtet nicht dahin bringen, sich die Mittel zu einem anständigen Leben zu verschaffen und beschloß daher, sein Vaterland ganz zu verlassen und anderwärts Arbeit zu suchen. Im J. 1634 verließ er Neapel und ging nach Rom, den größten Theil des Wegs zu Fuß zurücklegend. Rom war damals der Sammelplatz für Künstler von ganz entgegengesetzten Malerschulen. Die Holländer und Flamänder harmonirten mit Salvator's Geschmack und Ansichten gar nicht, und da er zu unbekannt war, um sich unter die großen italienischen Maler seiner Zeit zu mischen, so durchwanderte er die classischen Scenen, an denen Rom und seine Umgegend so reich ist, und verkaufte seine Skizzen Abends auf der Piazza Navona. In einem Gedichte, das er um diese Zeit geschrieben, klagt er über das kummervolle Leben, das er in Rom geführt. Von der in der Umgegend von Rom herrschenden ungesunden Luft litt er nicht wenig, erkrankte endlich und wurde in ein Hospital in Rom aufgenommen; nach seiner Herstellung verließ er Rom, da man ihm zur Rückkehr in seine Heimat gerathen hatte, und kehrte 1635 nach Neapel zurück, wo mittlerweile seine Mutter in dem Hause ihres Bruders Paolo Grecco Zuflucht gesucht hatte.

Um diese Zeit ging einer seiner Freunde und Bewunderer, Girolamo Mercuri, als Haushofmeister des neuernannten aus Neapel gebürtigen Cardinals Francesco Brancaccia nach Rom und bewog den armen Künstler ihn zu begleiten. In Rom erhielt Salvator eine Wohnung im Palast des Cardinals, konnte sich aber auch diesmal nicht entschließen, sich für eine bestimmte Schule zu entscheiden und dem herrschenden Geschmack in der Wahl seiner Gegenstände zu huldigen. Als der Cardinal Bischof von Viterbo geworden war, begleitete er ihn nebst Mercuri dorthin und schmückte Säulengang und Loggia des bischöflichen Palasts mit Malereien al Fresco. Seine Leistung gefiel dem Cardinal so wohl, daß er ihm den Auftrag ertheilte, ein großes Altarblatt für die Kirche della Morte in Viterbo zu malen; als Gegenstand wählte Salvator die Ungläubigkeit des heiligen Thomas. Schon nach Verlauf eines Jahres verließ er den Cardinal und kehrte zum dritten Male nach Neapel zurück, wo er mit mehr Achtung als früher aufgenommen wurde; als aber sein Prometheus in Rom den größten und allgemeinsten Beifall fand, ging er auf Mercuri's Bitten abermals dorthin. Jenes Bild brachte ihm indeß mehr Ruhm als Verdienst und er war noch immer arm, als er im Carneval des Jahres 1639 eine neue Laufbahn betrat. Auf einer der vielen beweglichen Bühnen, welche auf Rädern ruhen, erschien ein neapolitanischer Schauspieler, der in seinen Reden solchen natürlichen Witz und so ausgezeichnete Laune kundgab, daß Alle von ihm entzückt waren, zumal da er auch neapolitanische Balladen sang und sich selbst auf der Laute begleitete. Jeder brannte vor Begierde, den außerordentlichen Mann zu kennen; als er den Corso verließ, lüftete er seine Maske und zeigte die Züge — Salvator Rosa's. Dieser Umstand verschaffte dem Maler Zutritt zu den Gesellschaften der Vornehmen in Rom, wo die Vielseitigkeit seiner Talente als Dichter, Componist, Sänger, Musiker, Schauspieler und Improvisator entfaltete. Aber bald kehrte er aus den Sälen der Großen in seine Werkstatt zurück; die gewonnenen Gönner kauften seine Landschaftsbilder zu guten Preisen und bald wies man diesen ihren Platz neben denen seiner Zeitgenossen Claude Lorrain und Poussin, die sich gleichzeitig mit ihm in Rom befanden, an. Von Nutzen war ihm insbesondere die Freundschaft mit dem reichen römischen Bankier Carlo Rossi und dem Grafen Carpigna, der ihm ein großes Schlachtstück nach eigener Wahl auftrug. An Arbeit hatte er nun keinen Mangel; Altarbilder, große historische Gemälde, kleine Landschaften — Alles entströmte seinem Pinsel, dessen Fruchtbarkeit außerordentlich war, und seine musikalischen und poetischen Compositionen blieben an Schnelligkeit der Ausführung nicht zurück. Die hohen Preise, welche er foderte, zeigten den Werth, den er auf sein Talent legte; selbst seinem Freunde und Gönner Carlo Rossi ließ er nicht einen einzigen Dukaten nach und oft, wenn der Preis mehr betrug, als Rossi zu zahlen Lust hatte, sandte ihm Salvator das Gemälde einige Tage darauf als Geschenk. Einmal fragte ein Fürst nach dem Preise eines Gemäldes und erhielt zur Antwort: „200 Scudi." Dies schien dem Fürsten zu viel; am folgenden Tage kehrte er zurück und fragte nach dem niedrigsten Preise; „300 Scudi," versetzte Salvator. Der Edelmann wußte nicht, was der Künstler damit wollte, und kam zum dritten Male, um dieselbe Frage zu wiederholen. Jetzt lautete die Antwort: „400 Scudi"; weitere Unterhandlungen wartete Salvator nicht ab, sondern nahm ärgerlich das Bild und durchlöcherte es, um seinen Unwillen über diesen Versuch, mit ihm zu handeln, an den Tag zu legen.

Das Jahr 1647 kam und mit ihm der Aufstand des Fischers Masaniello in Neapel. Kaum hörte Salvator von diesem Ereignisse, das mit seinem unabhängigen Geiste so gut übereinstimmte, als er sein Haus in Rom verschloß, Staffelei und Pinsel bei Seite stellte und nach Neapel ging, wo er als Anhänger Masaniello's in die sogenannte Schar des Todes trat. An dem kurzen Kampfe zwischen Masaniello und dem spanischen Vicekönige nahm er Theil, aber seinen Plänen und Hoffnungen machte Masaniello's Tod und die Wiedereinsetzung des Vicekönigs ein nur zu schnelles Ende. Salvator kehrte nun mit seinem Freunde Falcone nach Rom zurück, wo er ein satirisches Gedicht mit dem Titel „Babilonia" schrieb, in welchem er seinen bitter getäuschten Gefühlen freien Lauf ließ. Verleitet von seiner ungezügelten Liebe zur Freiheit malte er zwei satirische Gemälde: die Vergänglichkeit des menschlichen Lebens und die Glücksgöttin, wie sie ihre Habe an Unwürdige vertheilt, in denen Fürsten, Päpste und Cardinäle unter den demüthigendsten, schimpflichsten Umständen dargestellt waren. Ein solches Gemälde im Pantheon in Rom auszustellen, schien die Handlung eines Wahnsinnigen; nur durch eine entschuldigende Erklärung der anstößigen Theile desselben in einer besondern Apologie gelang es dem Maler, der Inquisition zu entgehen. Zum Glück stand er in Gunst bei einem gerade in Rom anwesenden Gliede der mächtigen Familie Medici; auf den Rath dieses Fürsten reiste er nach Florenz, wo sich damals Carlo Dolce, Pietro da Cortona und andere Maler von Auszeichnung aufhielten. Längst schon war sein Ruhm nach Florenz gedrungen, und war seine Abreise aus Rom einer Flucht ähnlich gewesen, so glich seine Ankunft in Florenz einem Triumphe. Der Herzog gewährte ihm ein angemessenes Jahrgeld und bezahlte seine Gemälde fürstlich. Der Künstler machte nun ein großes Haus und versammelte in seinen Sälen, wo er glänzende Feste gab, die edelsten Familien der Stadt, die Gerini, Corsini, Guadagni, Falconieri und Andere. Bald aber mißfiel ihm die Gesellschaft der Edeln, die ihm zu sehr ihre Überlegenheit fühlen ließen, und er umgab sich mit einem Kreise von Männern, die sich mehr durch ihre Talente als durch ihren Adel auszeichneten. Mit diesen bildete er eine Akademie, die sich an bestimmten Abenden bei ihm versammelte. An Gemälden lieferte er um diese Zeit: Heraklitus und Demokritus für Francesco Cordone; den Weisen, der seine Schätze ins Meer wirft, und die Glücksgöttin für den Marchese Gerini; alte Ruinen für Grisoli, eine große Landschaft für den Marchese Guadagni und zahlreiche Schlachtstücke, Landschaften, Seehäfen, Marinestücke u. s. w. für Ferdinand von Medici.

Bald aber war er des Aufenthalts am Hofe der Medici müde und nahm eine Einladung der Grafen Ugo und Giulio Maffei auf ihr Schloß in Volterra unweit Florenz, in einer höchst malerischen und romantischen Gegend gelegen, an. Hier widmete er sich lange Zeit einsamen Studien und beschäftigte sich mehr mit Poesie als je zuvor, indem er gleichzeitig einige werthvolle Bilder für seine Wirthe malte, wie das Opfer Abel's, die Königin Esther u. s. w. Im J. 1652 nahm er von seinen Freunden in Florenz ganz Abschied und ging nach Rom zurück, nur eine kleine ersparte Summe sich bringend, denn seine Verschwendung scheint grenzenlos gewesen zu sein. Er bezog jetzt eine große Wohnung am Monte Pincio, zwischen denen von Claude Lorrain und Nikolaus Poussin, schmückte sie mit einziger Ausnahme seiner höchst ein-

fachen Werkstatt prachtvoll aus und malte für den römischen Fürsten Colonna seinen Mercur und der Bauer, für den König von Dänemark Jonas, der zu Ninive predigt, für Ludwig XIV. ein großes Schlachtstück u. s. w. Als Corsini als päpstlicher Nuntius an den französischen Hof ging und von Seiten des päpstlichen Hofes in Erwägung gezogen wurde, welche Gabe dem Könige Ludwig XIV. am angenehmsten sein möchte, fiel die Wahl auf ein Gemälde von Salvator Rosa, welches eben das zuletzt erwähnte war, woraus man auf die große Achtung schließen kann, in welcher Salvator damals stand. Die Zahl seiner Feinde mehrte sich aber in Folge der bittern Spöttereien, die er sich über Kunstgenossen erlaubte, so sehr, daß er von der römischen Akademie ausgeschlossen wurde.

Während er nach dem Ruhme eines großen Geschichtsmalers strebte, wurden doch die kleinen Landschaften, die er in so großer Zahl lieferte, am meisten gesucht, was seinen Stolz so verletzte, daß er bald nach seiner Rückkehr nach Rom sich ganz weigerte, kleine Landschaften zu malen. Um dieselbe Zeit begann er einige seiner Gemälde zu ätzen, eine Kunst, in der er bald große Fertigkeit erlangte. Bei Gelegenheit einer Vermählung eines Gliedes der Familie Medici ging er 1660 noch einmal nach Florenz, wo er viel radirte und fast gar nicht malte. Im J. 1662 kehrte er nach Rom zurück und machte einen Ausflug nach Loretto, wo er seine Vorliebe für romantische Scenerie befriedigen konnte. Nach seiner Rückkehr stellte er im Pantheon drei schöne historische Gemälde aus: Pythagoras am Meeresufer, Pythagoras unter seinen Schülern und Jeremias; im folgenden Jahre lieferte er dasjenige historische Gemälde, das er selbst für sein bestes erklärte: die Verschwörung des Catilina. Nachdem er dieses vollendet, verfiel er in einen Zustand von Trübsinn, der ihn schon früher zuweilen befallen hatte; nur sein Ehrgeiz war im Stande, ihn davon zu befreien. Im J. 1668 lieferte er zwei Gemälde: der Sieg des heiligen Georg über den Lindwurm und Saul und die Hexe von Endor, die den allgemeinsten Beifall fanden. Als er nachher den Auftrag erhielt, ein Altarbild für die Kirche de' Fiorentini zu malen, nachdem er noch kein Bild für eine Kirche Neapels gemalt hatte, wählte er als Gegenstand das Martyrium der Heiligen Cosmus und Damian. Nachher kehrte sein Trübsinn wieder und mit ihm eine Kränklichkeit, die am 15. März 1673 seinem Leben ein Ende machte. Noch auf dem Todbette äußerte sich seine satirische Laune. Eine große Liebe zur Freiheit, sowie zur Natur und ihren Werken und eine unmäßige Meinung von sich selbst und seinen Talenten waren die hervorstechendsten Züge seines Charakters und die Quellen der vielen Schicksalswechsel seines Lebens. Seine Ausschweifungen finden in dem laren Zustande der öffentlichen Sittlichkeit, der im 17. Jahrhunderte in Italien herrschte, einige Entschuldigung. In der Karthause in Rom wurde ihm ein Denkmal gesetzt.

Salvator Rosa's Gemälde finden sich fast in allen Ländern von Europa, aber nirgend so häufig als in Großbritannien in den Sammlungen der Herzöge von Devonshire, Sutherland, Buckingham, Beaufort, der Grafen Grosvenor, Derby, Durham, Grey, Radnor, Pembroke, Warwick, Harcourt und zahlreicher anderer Großen. Geätzte Blätter hat Salvator Rosa etwa 90 zurückgelassen, die zu den vorzüglichsten Arbeiten der italienischen Maler gehörten, sich durch verständige Behandlung des Helldunkels und ungewöhnliche Lebhaftigkeit des Ausdrucks auszeichnen und in guten Ab= drücken ziemlich selten sind. Darunter befinden sich: der Fall der Giganten, der Tod des Regulus, die Auffindung des Oedipus, Demokritus im Nachdenken, Glaucus und Sylla, Alexander und Apelles, Alexan= der und Diogenes, Diogenes, der seinen Becher weg= wirft, Apollo im Gespräch mit seinen Schülern, Apollo und eine Nymphe, außerdem Darstellungen von Räu= ber= und Soldatengruppen u. s. w. Alle sind von seinen eigenen Gemälden hergenommen, von denen viele andere von den ausgezeichnetsten englischen Künst=

lern, z. B. Browne, in Kupfer gestochen worden sind.

Die Abbildungen zu diesem Artikel beziehen sich auf die Geschichte des alten cynischen Philosophen Diogenes von Sinope, der wol keinem unserer Leser unbekannt sein möchte. Er lebte im 4. Jahrhunderte v. Chr. und lehrte, daß ein Weiser, um glücklich zu sein, von dem Glücke und den Menschen unabhängig sein, daher Reichthum, Macht und Ansehen, Ehre, Künste und Wissenschaften, alle Vergnügungen des Le= bens verachten und sich mit so wenig als nur möglich be=

Diogenes im Begriff, seinen Becher wegzuwerfen, nach Salvator Rosa.

gnügen, von allen Bedürfnissen möglichst befreien müsse. Um seinen Zeitgenossen ein Muster cynischer Tugend zu sein, unterzog er sich den härtesten Prüfungen, ging ohne Schuhe mit einem langen Barte und einem Queersack auf dem Rücken in Athen umher und hatte oft kein bestimmtes Obdach, ja die Sage weist ihm eine Tonne als Wohnung an. Seltsame und wunderliche Äußerungen und Handlungen werden von ihm viel erzählt. Einmal ging er, so heißt es, am hellen Mittage in Athen mit einer brennenden Laterne herum und gab auf die Frage: was er suche? zur Antwort: „Ich suche einen Menschen." (S. Abbildung auf Seite 353.) Seinen hölzernen Becher soll er als entbehrlich weggeworfen haben, als er einen Knaben mit der hohlen Hand Wasser schöpfen und daraus trinken sah. (S. Abbildung auf Seite 357.) Er starb im J. 324 v. Chr. und zwar, wie es heißt, auf offener Landstraße und vor den Augen einer zahlreichen Menge.

Frankreichs Premierminister seit der zweiten Restauration.

(Diejenigen, deren Namen nicht gesperrt gedruckt sind, haben den Titel eines Conseilpräsidenten, d. i. Premierminister, nicht geführt.)

1) Vor der Julirevolution.

Tag der Ernennung.		Amtsdauer.		
		J.	Mon.	T.
1815. 8. Juli	1) Fürst von Talleyrand-Périgord, Minister des Auswärtigen (geb. 1754, gest. 1838)	—	2	—
= Sept.	2) Herzog von Richelieu (geb. 1766, gest. 1822)	3	3	—
1818. 29. Dec.	3) Marquis von Dessoles, Minister des Auswärtigen (geb. 1767, gest. 1828)	—	10	21
1819. 19. Nov.	4) Herzog von Decazes, Minister des Innern (geb. 1780)	—	3	1
1820. 20. Febr.	5) Herzog von Richelieu (zum zweiten Mal)	1	9	27
1821. 17. Dec.	6) Graf von Villèle, Finanzminister, Präsident 4. Sept. 1822 (geb. 1773)	6	—	19
1828. 5. Jan.	7) Vicomte von Martignac, Minister des Innern (geb. 1781, gest. 1832)	1	7	3
1829. 8. Aug.	8) Fürst Julius von Polignac, Minister des Auswärtigen, Präsident 18. Nov. 1829 (geb. 1780)	—	11	17

2) Seit der Julirevolution.

Tag der Ernennung.		J.	Mon.	T.
1830. 11. Aug.	1) Graf Molé, Minister des Auswärtigen (geb. 1780)	—	2	22
= 2. Nov.	2) Lafitte, Finanzminister und Präsident (geb. 1767)	—	4	11
1831. 13. März	3) Casimir Périer, Minister des Innern und Präsident (geb. 1777, gest. 16. Mai 1832)	1	1	14
1832. 27. April	Graf von Montalivet, Minister des Innern (geb. 1801)	—	5	14
= 11. Oct.	4) Marschall Soult, Herzog von Dalmatien, Kriegsminister und Präsident (geb. 1769)	1	9	8
1834. 19. Juli	5) Marschall Graf Gérard, Kriegsminister und Präsident (geb. 1773)	—	3	22
= 10. Nov.	6) Maret, Herzog von Bassano, Minister des Innern und Präsident (geb. 1758, gest. 12. Mai 1839)	—	—	8
= 18. =	7) Marschall Mortier, Herzog von Treviso, Kriegsminister und Präsident (geb. 1768, ermordet 28. Juli 1835)	—	3	22
1835. 12. März	8) Herzog von Broglie, Minister des Auswärtigen und Präsident (geb. 1785)	—	11	10
1836. 22. Febr.	9) Thiers, Minister des Auswärtigen u. Präsident (geb. 1798)	—	6	15
= 6. Sept.	10) Graf Molé, Minister des Auswärtigen und Präsident (zum zweiten Mal)	2	6	25
1839. 31. März	Provisorisches Ministerium (Herzog von Montebello, Minister des Auswärtigen)	—	1	12
= 12. Mai	11) Marschall Soult, Minister des Auswärtigen und Präsident zum zweiten Mal	—	9	18
1840. 1. März	12) Thiers, Minister des Auswärtigen und Präsident (zum zweiten Mal)	—	7	28
= 29. Oct.	13) Marschall Soult, Kriegsminister und Präsident (zum dritten Mal)			

Die Völkerschaften der Regentschaft Algier. *)

Die eingeborenen Bewohner Algériens und der ganzen Berberei überhaupt zerfallen in sieben durch Abstammung und Sitten, größtentheils auch durch Gesichtsbildung, Sprache und Tracht verschiedene Völker: die Araber, welche in Algier und Marokko die Mehrzahl bilden; die Kabylen (Amazirghs), nächst ihnen am zahlreichsten; die Mauren, welche nur in Städten leben; die Türken und die von ihnen abstammenden Kuruglis; die Juden in allen Städten; die Neger aus Westafrika, meist

*) Nach Moritz Wagner's „Reisen in der Regentschaft Algier."

Sklaven; die Mosabiten aus den Oasen der Sahara, welche sich alle mit Ausnahme der Juden zum mohammedanischen Glauben bekennen.

1) Die Araber der Berberei sind die Nachkommen von 50,000 Familien reiner Araber, die im siebenten Jahrhunderte mit den Heeren Akbah's, Haffan's und Muffa's nach Afrika kamen und sich in Numidien und Mauritanien niederließen. Im Allgemeinen haben sie Sitten und Lebensart ihrer Vorfahren bewahrt und sich ungeachtet mannichfacher Vermischung mit den besiegten Arabern und Mauren unter allen Völkerschaften der Berberei am reinsten erhalten und bilden den kräftigsten Theil der Bewohner Algeriens. Ihrer Lebensweise nach theilt man die Araber in zwei Classen: die seßhaften, welche Städte und Dörfer bewohnen und sich von Ackerbau oder Handel nähren, und die wandernden, welche Viehzucht treiben. Die Stadtbewohner, deren Zahl kaum einige Hundert beträgt, werden von ihren Landsleuten Hadars genannt. Eigentliche Beduinen sind diejenigen Stämme, welche gar keinen Ackerbau treiben und mit ihren Kameel- und Schafheerden von einem Weideplatze zum andern ziehen; sie wohnen in Biledulgerid und den an die Wüste grenzenden Strichen; dagegen bewegen sich die meisten arabischen Stämme in einem Stammgebiete, Uthan genannt, das sie ohne wichtige Gründe nicht verlassen.

Was die Körperbildung der Araber betrifft, so sind sie kräftig gebaut, größer als die meisten europäischen Völker und ebenso selten ganz mager als wohlbeleibt. Ihre Gesichtsfarbe ist sonnengebräunt, das kühnblickende Auge schwarz, die Zähne weiß und schön; das Haupthaar wird mit Ausnahme eines langen Busches auf dem Wirbel abgeschoren, dafür aber kurze Bärte und Schnurrbärte getragen. Die Kleidung hat zwei Hauptbestandtheile, den Haikh und den Bernuß (Burnuß). Jener, meist von feiner Wolle gesponnen, umhüllt den ganzen Körper vom Kopf bis zu den Füßen wie ein Hemde, wird daher auch von dem gemeinen Araber auf dem bloßen Leibe getragen, während die Vornehmen ein Unterhemde darunter tragen, und wird durch einen braunen kameelhärenen Strick um den Leib befestigt. Der Bernuß, von grober Wolle gewebt, umgibt den Haikh als ein weiter wollener Mantel, umhüllt auch die nackten Beine (doch tragen die meisten Scheikhs Beinkleider) und endigt oben in einer Art Kapuze, die bei schlechter Witterung ganz über den Kopf gezogen wird; er ist ein malerisches Kleidungsstück, das der römischen Toga verwandt ist. Als Fußbekleidung dient dem gemeinen Araber ein mit Stricken festgebundenes Stück Ochsenhaut, den Häuptlingen und Vornehmen hohe gelbe Reiterstiefel. Die Weiber tragen ein weites wollenes Hemde mit kurzen Ärmeln, mit einem Stricke um den Leib, mit großen eisernen Nadeln um die Brust befestigt. Die Haare tragen sie in unordentliche Zöpfe geflochten, das Haupt umhüllen sie oft mit einem bunten Tuche, um Arme und Beine tragen sie Spangen von Silber, Kupfer oder Eisen und in den Ohren sehr große Ringe; die Nägel färben sie mit Henna roth; Beine, Brust und Gesicht tätowiren sie; das letztere tragen sie, dem Gebote des Korans entgegen, unverschleiert.

Die meisten Araber wohnen in braunen, von Kameelhaaren gewebten Zelten, welche in größern oder kleinern Gruppen von 10—400 Zelten, sogenannten Duars oder beweglichen Dörfern, beisammenstehen und einen Kreis bilden, in dessen Mitte sich die Heerden befinden. Nur wenige Stämme haben die Zelte mit Strohhütten (Gurbi genannt) vertauscht; die von diesen gebildeten Dörfer heißen Dschimas oder Daschkrahs. Zelt oder Hütte trennt ein härener Vorhang in zwei Gemächer. Das Mobiliar der Araber ist sehr einfach; einige Decken von Palmblättern, einige Schafhäute zum Zudecken in der Nacht, ein Dutzend Thongefäße für Wasser, Milch und Butter, Werkzeuge zum Weben der Bernusse, eine Handmühle (für den Weizen), Waffen und Pferdezeug sind die Gegenstände, auf welche sich die Ausstattung der Wohnungen beschränkt.

Jedes Dorf steht unter einem Häuptlinge, der den Namen Scheikh führt; 30—40 (zuweilen auch einige hundert) Dörfer bilden einen Stamm, dessen Oberhaupt Kaïd genannt wird. Die Kaïds, sowie viele Scheikhs, wohnen häufig in steinernen, von Bäumen und Cactushecken umgebenen Häusern, sogenannten Hauschs. Beide üben das Richteramt, der Scheik im Duar, der Kaïd bei großen Versammlungen, und führen den Befehl im Kriege; sie bilden eine Art weltlichen Adel, während die Marabuts einen religiösen Adel bilden und oft noch größern Einfluß üben. Ein Marabut (arabisch Mrabat) ist ein Heiliger, nicht blos ein Priester, wiewol er allerdings auch den Priesterdienst versieht. Würde und Titel sind zwar erblich, aber die Verehrung, welche die Marabuts genießen, hängt hauptsächlich von ihrer Frömmigkeit, Enthaltsamkeit und Mäßigkeit, sowie von ihren Kenntnissen ab, zu welchen Lesen, Schreiben und Koranauslegung gehören. Sie müssen ein zurückgezogenes Leben führen, den sinnlichen Genüssen möglichst entsagen (weshalb sie z. B. nicht einmal rauchen) und durch ihren Lebenswandel ein gutes Beispiel geben. Thun sie alles Dies, so üben sie einen großen, gewiß segensreichen und wohlthätigen Einfluß auf ihr Volk, indem sie Streitigkeiten schlichten, in allen Verhältnissen als Vermittler, Tröster, Rathgeber auftreten und zahlreiche Verbrechen hindern; auch den Christen haben sie nicht selten wirksamen Schutz gewährt und ihnen das Leben durch ihre Dazwischenkunft gerettet. Die Schattenseite ihres Charakters besteht darin, daß sie ihr Volk vor jeder Art Aufklärung und besonders vor dem nähern Umgange mit Christen zu bewahren streben und daher die Araber immer fanatisch zum heiligen Kampfe (Dschad) gegen die Ungläubigen antreiben, sich wol gar an ihre Spitze stellen. In dieser Eigenschaft sind sie den Franzosen weit gefährlicher gewesen als arabische Kriegerhäuptlinge, deren Einfluß in der Regel an gegenseitiger Eifersucht scheitert, und der mächtige Abd-el-Kader ist bekanntlich ebenfalls ein geborener Marabut. Das bisher Gesagte gilt aber keineswegs von allen Marabuts; manche darunter sind theils Heuchler und Scheinheilige, theils Betrüger, die nach Macht und Reichthümern lüstern sind und den großen Haufen täuschen, theils wirklich verrückte Menschen, denen von den Arabern nicht sowol Ehrfurcht als Mitleid gezollt wird. Den gefeierten Marabuts werden freiwillige Abgaben entrichtet, weshalb die meisten von ihnen sehr wohlhabend sind. Marabuts, Kaïds und Scheikhs bilden den Stammadel, den Orden der Großen, und besitzen manche Vorrechte, die aber sehr enge Grenzen haben; übrigens treiben sie dieselbe Beschäftigung, wie ihre Landsleute, und tragen dieselbe Kleidung als der gemeinste Araber, was namentlich von den Marabuts gilt. Nur in Waffen und Sattelzeug der Pferde zeigen Kaïds und Scheikhs etwas mehr Luxus, und bei feierlichen Gelegenheiten kleiden sich einige Häuptlinge in feinere Stoffe, tragen weite Beinkleider, goldgestickte Westen u. s. w., wozu übrigens jeder wohlhabende Araber berechtigt ist.

Die Araber sind untereinander sehr höflich, ja ceremoniös, aber unter den gemeinen Arabern und Häuptlingen findet ganz gleiche Begrüßung statt, Beide behandeln einander ganz auf dem Fuße der Gleichheit. Das Gefühl seiner Freiheit und Gleichheit ist bei dem Araber so tief eingewurzelt, daß er durch menschliche Macht und Größe nicht eingeschüchtert wird und seine kühne stolze Haltung in keiner Lage verliert, selbst nicht dem Feinde oder dem Richter gegenüber.

Die Frauen besorgen alle Arbeiten der Haushaltung, während der Feldbau den Männern obliegt, und haben sich zwar keiner zärtlichen und sanften Behandlung zu erfreuen, aber dafür auch fast niemals über Mishandlung zu beklagen. Sie leben lange nicht so zurückgezogen als die türkischen Frauen und verkehren ohne Scheu mit fremden Männern. Die Erlaubniß des Korans, vier Frauen zu nehmen, benutzen nur Wenige, die Meisten begnügen sich mit einer. Die Mütter werden von den jungen Arabern gleichgültig, ja zuweilen verächtlich behandelt, während den Vätern große Liebe und Ehrerbietung bewiesen wird. Die Mädchen heirathen gewöhnlich im 12. oder 13. Jahre und erleben daher in der Regel mehre Generationen.

Die so gerühmte, weltbekannte Tugend der Araber, Gastfreiheit, wird von ihnen nur gegen Landsleute und Bekannte geübt, während Fremde ohne Empfehlung mürrische Aufnahme finden oder gar weggewiesen werden; tritt man aber als Bekannter in des Arabers Zelt, so wird man von ihm freundlich und herzlich empfangen, auf jede Weise geehrt und mit dem Besten bewirthet. Selbst gegen Freunde und Bekannte ist indessen die Gastfreundschaft ziemlich beschränkt und ungern vermißt der Araber beim Abschied ein Gegengeschenk für seine Bewirthung, die er allerdings umsonst gewährt. Daß der Gast, wenn er ein Christ ist, von seinem Wirthe bestohlen wird, ist gar nicht selten.

Zu den guten Eigenschaften der Araber gehört die fast allen mohammedanischen Völkern eigene Achtung der Todten. Im Kriege thun sie, was sie nur können, um ihre Todten dem Feinde zu entreißen, und begeben sich dabei häufig in Lebensgefahr. Die Todten graben sie sorgfältig ein und bedecken die Ruhestätte mit festgemauerten Steinen, damit der Leichnam nicht von Raubthieren ausgescharrt wird. Verletzung eines Grabes wird bei ihnen mit dem Tode bestraft. Zu Friedhöfen wählen sie die schönsten Gegenden des Landes (im Atlasgebirge oder in den Oasen der Wüste) und bepflanzen sie mit Palmen; über dem Grabe eines Marabut wird ein kleiner weißer Tempel errichtet; jedes andere Grab bezeichnen drei einfache Steine ohne Inschrift oder sonstige Zierde.

Die Mäßigkeit der Araber ist unter ihren Tugenden nicht die geringste. Wein und Branntwein haben über sie keine Macht; sie kosten wol davon, wenn man ihnen etwas schenkt, lassen aber nie das Getränk zum Bedürfnisse werden und geben nie Geld dafür aus. In den Duars gibt es keine andern Getränke als Wasser und Milch; als Speisen dienen der Kuskusu (ein Reisgericht), ungesäuertes Brot und Früchte. Der arabische Krieger begnügt sich Wochen lang mit Brot und Mehl; geht ihm der Proviant aus, so behilft er sich mit einigen Wurzeln und Cactusfeigen.

(Fortsetzung folgt in Nr. 450.)

Das Carbolein.

In Nr. 420 haben wir von einem neuen Brennmaterial berichtet, das von einem Herrn v. Weschniakoff erfunden worden ist. Wenn in der dort gelieferten Beschreibung auf das Zeugniß des englischen Capitains Waters und seines Ingenieurs Bezug genommen wird, so ist durch eine später bekannt gemachte Erklärung dieser Herren Dem theilweise widersprochen worden, indem sie bemerken, die angestellten Versuche seien wegen der geringen hierzu verwandten Quantität keineswegs für genügend zu halten. Beide geben jedoch zu, daß dieses Brennmaterial das stärkste Feuer, das sie gesehen hätten, gäbe, nur sei gewiß, daß die jetzigen Roste der Dampfkessel für dasselbe nicht passend seien. Seinerseits versichert der Erfinder, daß er sich streng an die ihm von den Herren Waters und Dinnen gelieferten Data hinsichtlich der Resultate des angestellten Versuchs gehalten habe, die ebenso unwidersprechlich als viele andere in Petersburg in Gegenwart der ausgezeichnetsten Ingenieurs und anderer Praktiker zu Gunsten seines neuen Brennmaterials seien. Das letztere ist übrigens seinen Bestandtheilen nach sehr einfach, nämlich nichts als eine künstliche fette Kohle, die gewonnen wird, wenn man gepulverte oder gestoßene Steinkohle oder andere Kohlen (auch der bisher für unbrauchbar geltende Steinkohlenstaub kann hierzu genommen werden) mit einer gewissen Menge thierischen oder vegetabilischen Öls von der geringsten Qualität verbindet und dann dieses Gemenge einem sehr starken Druck aussetzt, wodurch die Stücke so fest wie Stein werden. In 100 Theilen Kohle bleiben nach dem Pressen sieben Theile Öl zurück. Das Carbolein gibt angeblich bei gleichem Volumen fünfmal mehr Wärme als die besten Steinkohlen.

Herausgegeben unter Verantwortlichkeit der Verlagshandlung F. A. Brockhaus in Leipzig.

Das Pfennig-Magazin

für

Verbreitung gemeinnütziger Kenntnisse.

450. | Erscheint jeden Sonnabend. | [November 13, 1841.

Theodor Körner.

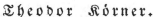

Der begeisterte Sänger, dessen Lieder mächtig widerhallten in den Herzen der deutschen Jugend zu einer Zeit heiliger Erhebung, der kampfesmuthige Held, der zu der Leier das Schwert nahm, um das Heiligste auf Erden vertheidigen zu helfen, der blühende Jüngling, den so früh der Todespfeil traf, steht vor uns, wenn wir den Namen Körner aussprechen. Er verdient es wohl, daß wir auch in diesen Blättern auf den Gang seines kurzen Lebens einen betrachtenden Blick werfen.

Karl Theodor Körner wurde zu Dresden am 23. September 1791 geboren. Der einsichtsvolle Vater, damals kursächsischer Appellationsrath, sowie die treubesorgte Mutter, eine Tochter des leipziger Kupferstechers Stock, ließen dem anfangs ziemlich kränklichen Knaben alle Freiheit, durch Genuß der frischen Luft und muntere Bewegung bald in dem benachbarten Garten, bald auf dem unfern der Stadt gelegenen Weinberge

den schwächlichen Körper zu stärken, und hielten es für Pflicht, die geistige Ausbildung nicht allzu sehr zu übereilen. Neben warmem Gefühl und leicht erregbarer Einbildungskraft bemerkte man schon früh an dem Knaben eine nicht leicht zu beugende Willensfestigkeit und Treue in der Anhänglichkeit an Diejenigen, welche seine Liebe einmal zu gewinnen gewußt hatten. Sobald sein Körper sich zu kräftigen angefangen hatte, waren die Ältern, selbst hochgebildet, auf die sorgfältige Ausbildung der geistigen Anlagen Körner's bedacht. Den Unterricht genoß er theils auf der Kreuzschule in seiner Vaterstadt, theils bei umsichtig ausgewählten Privatlehrern, namentlich bei dem nachmaligen bedeutenden Historiker Dippold, ferner bei dem nachherigen Pfarrer zu Lausa, Roller, welcher für die religiöse Ausbildung bemüht war, bei dem später als Professor an der Ritterakademie zu Dresden angestellten Lehrer der mathematischen Wissenschaften, Fischer, und Andern. War es erst gelungen, die Aufmerksamkeit des unruhigen Knaben zu fesseln, so faßte er leicht und schnell; immer aber war er tüchtiger und williger zum Studium der Geschichte, Naturwissenschaft und Mathematik als zur Erlernung von Sprachen; die französische Sprache vorzüglich haßte er von Herzen. In allerlei Fertigkeiten und Künsten war er schon früh Meister; im Tanzen, Reiten, Schwimmen, Fechten thaten es ihm Wenige zuvor; seine feinen Drechslerarbeiten sowie seine Zeichnungen verriethen ein geübtes Auge und eine geschickte Hand. Auch für Musik war er nicht ohne Anlage; zuerst war die Violine das Instrument, das er sich erwählte; dann aber gab er der Guitarre den Vorzug, die ihm romantischer schien und durch deren Klänge er sich oft und gern in die Zeiten ritterlicher Minne zurückzauberte. Doch vor Allem war es die Dichtkunst, für die Körner schon früh mächtig entbrannte; in ihr versuchte er bald seine jugendliche Kraft und zwar zuerst auf dem Gebiete scherzhafter Dichtung. Seine häuslichen Verhältnisse waren auch in der That ganz geeignet, den schlummernden Trieb zu wecken; denn obgleich der Vater, ein genauer Freund Schiller's, in rühmlicher Vorsicht sich hütete, durch voreilige Aufmunterung und allzu schnellen Beifall den jungen Körner in einem vielleicht nur eingebildeten Dichterberufe zu bestärken, so war doch Alles im älterlichen Hause für Poesie und Kunst empfänglich und begeistert; Schiller und Goethe wurden als Lieblingsdichter verehrt (Schiller's Balladen waren wol die ersten Gedichte, die Körner zu Handen kamen); häufige gesellige Vereinigungen, bei denen namentlich ausgezeichnete Fremde, die gerade in Dresden anwesend waren, nicht fehlen durften, wirkten anregend und bildend.

Als Körner das 17. Jahr erreicht hatte, that die Wahl eines Berufs noth; für den Bergbau sich zu entscheiden, bewog ihn theils die anziehende poetische Seite desselben, theils seine Vorliebe zu den damit in Verbindung stehenden Naturwissenschaften. So bezog er denn, um sich für diesen Beruf auszubilden, die Bergakademie in der altberühmten Stadt Freiberg, damals unter der Leitung des Bergraths Werner; bald fand er wohlwollende Gönner, die ihm in ihren Häusern freundliche Aufnahme gewährten, und mit manchem strebsamen Jüngling ward das Band der Freundschaft von dem sich leicht Anschließenden und warm Fühlenden geknüpft; der Verlust eines dieser Freunde, des oft so schwermüthigen Schneider, dessen treuer Begleiter und Genosse er fast unausgesetzt gewesen war (er fand seinen Tod beim Schlittschuhlaufen, indem die Eisdecke brach), schlug ihm eine schmerzliche, nur langsam heilende Wunde. Das bergmännische Leben zog den Jüngling durch den Reiz seiner Eigenthümlichkeit anfangs mächtig an und begeisterte ihn zu manchem Liede, das sein Lob singt; er unterzog sich willig den mancherlei Beschwerden, die es mit sich bringt; mit der Zeit wandte er jedoch seinen Eifer mehr den Hülfswissenschaften zu, und unter diesen besonders der Mineralogie und Chemie. Bei aller Heiterkeit und Lebhaftigkeit seines Sinnes strebte er doch eifrig, seinem Wissen die nöthige Gründlichkeit zu geben, und kam es ja einmal zu einer kurzen Unterbrechung der Studien, so wurde das Versäumte dann um so emsiger nachgeholt. Zu mancherlei Ausflügen und kleinen Reisen gaben die Nähe Dresdens, wo er bei keinem Familienfeste fehlen durfte, und angenehme Familienverbindungen in der Nachbarschaft Veranlassung. Eine größere Fußreise in die Oberlausitz und die schlesischen Gebirge, die er im Sommer 1809 unternahm, gewährte ihm in reichem Maße Belehrung und Genuß. Die erhabenen Naturscenen, die sich dort dem Auge darbieten, erfüllten sein gefühlvolles Herz mit warmer Begeisterung, von der eine Reihe von Gedichten sinnvolles Zeugniß ablegt. Daß Körner zu einer Zeit aufbrausenden Jugendmuthes dennoch im Innersten seines Herzens auch für Religion und Christenthum eine Stelle hatte, dafür zeugen die geistlichen Sonette, die er damals schrieb und in denen er Erzählungen der heiligen Schrift auf einfache Weise wiedergab, mehr aber noch der von ihm gefaßte Plan eines Taschenbuchs für Christen, der jedoch, schon seiner Verwirklichung nahe gerückt, an unerwarteten Hindernissen scheiterte.

Im Sommer 1810 verließ Körner die Bergakademie zu Freiberg, und bezog — nach glücklichen, in Karlsbad und zu Löbichau im Altenburgischen auf dem Landsitze der Herzogin von Kurland, die ihm, ihrem Pathen, schon früh ihre besondere Gunst geschenkt hatte, verlebten Tagen — die Universität zu Leipzig. Damals wagte er sich zuerst mit seinen dichterischen Erzeugnissen auf den großen Schauplatz der Öffentlichkeit, indem er eine Sammlung Gedichte unter dem Titel „Knospen" herausgab. In Leipzig beschäftigte sich Körner fleißig mit Geschichte und Philosophie, auch sogar mit Anatomie. Er fand hier in den angesehensten Familien der Stadt freundliche Aufnahme. Die damalige Ungebundenheit der studirenden Jugend hatte für ihn vielfachen Reiz, ja der ungestüme, aufbrausende Jüngling verstieß wol öfter gegen die bestehende akademische Ordnung und übersprang manche Schranke. Die neugegründete Universität zu Berlin, welche ihn schon früher angezogen hatte, bezog er schon zu Ostern 1811; kaum waren dort die Studien begonnen und angenehme Verbindungen geknüpft, als auf einmal zu Anfang des Mai ein heftiges Fieber, das ihn plötzlich befiel und längere Zeit anhielt, alle die schönen Aussichten, die sich ihm hier eröffnet hatten, zerstörte; um sich von dessen Folgen zu erholen, reiste er nun nach Karlsbad und verweilte dort mit seinen Ältern einen Monat. Auf den Wunsch des Vaters begab er sich hierauf nach Wien, nicht, wie er selbst wol gewünscht hätte, nach Heidelberg. Hier in der Kaiserstadt mit ihrem regen Leben und ihren reichen Schätzen in Kunst und Wissenschaft begann für ihn ein neuer Lebensabschnitt. Er durfte nun ungehindert seinem Drange folgen und neben den ernsten Studien, die sich besonders auf Geschichte bezogen, der Dichtkunst, für die er schon längst glühte, seine edelsten Kräfte weihen.

Bewundernswerth erscheint die Fruchtbarkeit des jungen Dichters auf dem Gebiete der dramatischen Dichtkunst. Zwei Lustspielen („Die Braut" und „Der grüne Domino"), die im Januar 1812 mit Beifall gegeben wurden, folgte bald eine Posse „Die Nachtwächter", dann neben mehren andern kleinern Stücken zwei Dramen, „Toni", nach einer Erzählung von Heinrich von Kleist bearbeitet, und „Hedwig", sowie ein Trauerspiel „Rosamunde", dessen Stoff der englischen Geschichte entnommen ist. Alle aber überragt das Trauerspiel „Zriny", noch vor den beiden letztgenannten Dichtwerken geschrieben, welches entschieden das hohe Talent seines Verfassers beurkundet und bei seiner ersten Aufführung die wärmste Aufnahme erfuhr. Es schildert in ergreifenden Zügen die heldenmüthige Vertheidigung der ungarischen Feste Szigeth gegen die mächtig andringenden Türken durch den tapfern Feldherrn Zriny (dem sie vom Kaiser Maximilian anvertraut worden war), welche mit der furchtbaren Selbstopferung aller

Belagerten endete. Die glücklichen Verhältnisse, unter denen Theodor Körner in Wien lebte, versetzten ihn in die heiterste Stimmung, trugen jedoch viel mehr dazu bei, seine geistige Kraft zu beleben und zu heben, als dieselbe zu erschlaffen. Die Häuser des preußischen Gesandten Wilhelm von Humboldt, dem sein Vater befreundet war, und Friedrich's von Schlegel, des bekannten Dichters und Gelehrten, waren ihm geöffnet; auch in den gebildeten Abendgesellschaften der geachteten Dichterin Karoline Pichler ward er heimisch. Vorzüglich aber war es die Liebe, die, wie sie des Jünglings heißfühlendes Herz entzündete, so sein Streben adelte und weihte. Ein anmuthvolles Wesen, gleich anziehend durch geistige Vorzüge und Bildung wie durch Hoheit der Gestalt, gewann seine Neigung, und die Aeltern Körner's segneten, nachdem sie selbst die Wahl geprüft, den Bund der Herzen. Die Ernennung des jungen Körner zum k. k. Hoftheaterdichter in der Residenz schien die baldige Vereinigung der Liebenden zu begünstigen. Allein die damalige harte Bedrängniß des deutschen Vaterlandes, für das des Jünglings Herz so hoch schlug, war schon lange ein Gegenstand seiner theilnehmenden Aufmerksamkeit gewesen. Es war ihm nicht genug, den Erzherzog Karl, den männlich kühnen Helden, im Lied gefeiert zu haben; selbst wollte er hingehen und das Schwert ziehen, „der Kunst, die er gepflegt mit jugendlicher Glut, ein Vaterland zu erfechten".

Da erschallte der preußische Aufruf, und der Entschluß reifte zur That. „Ich muß hinaus — schreibt er an seinen Vater — und dem Wogensturm die muthige Brust entgegendrücken. — Ich kann's Euch nicht ersparen. Daß ich mein Leben wage, das gilt nicht viel, daß aber dies Leben mit allen Blütenkränzen der Liebe, der Freundschaft und der Freude geschmückt ist, und daß ich es doch wage, daß ich die süße Empfindung hinwerfe, die mir in der Überzeugung lebte, Euch keine Unruhe, keine Angst zu bereiten, das ist ein Opfer, dem nur ein solcher Preis entgegengestellt werden darf." Am 15. März 1813 verließ Körner Wien, an das er mit so vielen Banden gekettet war; er eilte, mit Empfehlungen an mehre ausgezeichnete preußische Krieger versehen, nach Breslau, wo der Major von Lützow eben seine Freischar zu bilden angefangen hatte, der von allen Gegenden deutsche Männer und Jünglinge der verschiedensten Stände zuströmten. Auch Körner schloß sich ihr, und zwar der Infanterie, am 19. März an, und bald darauf fand in einer Dorfkirche unweit Zobten die feierliche Einsegnung und Eidesleistung statt.

Mit dem größten Eifer erfüllte der junge Krieger seine neuen Obliegenheiten und erwarb sich die Liebe aller seiner Kameraden; in den Mußestunden dichtete er unter dem Geräusche der Waffen kriegerische Gesänge, deren Feuer und Kraft laut davon zeugen, daß der Dichter selbst das Schwert führte. Zum Oberjäger durch die Stimmen seiner Gefährten erwählt, wurde er dem Major Petersdorf auf einer Geschäftsreise nach Dresden beigegeben, wohin eine Woche darauf die Lützow'sche Freischar ihnen nachfolgte. Noch einmal schloß er hier die Seinigen in seine Arme zum Abschied für immer. Dann zog er mit seinem Corps, dem er treu blieb, obgleich eine andere vortheilhafte Stellung sich ihm darbot, nach Leipzig und wurde dort durch Stimmenmehrheit zum Lieutenant erwählt. Von hier zog die Lützow'sche Schar über Dessau, Zerbst und Havelberg bis in die Gegend von Lenzen, wo sie, mit der Armee des Generals Grafen von Walmoden ver-

einigt, über die Elbe ging, um die bei Danneberg stehenden Franzosen anzugreifen. Das Gefecht an der Göhrde am 12. Mai nöthigte die Franzosen, sich zurückzuziehen; die Freischar setzte ihnen noch muthig nach. Allein der General von Walmoden fand es gerathen, am folgenden Tage bei Dömitz wieder über die Elbe zurückzugehen. Nun folgte für das Lützow'sche Fußvolk, das vom Major Petersdorf geführt wurde, eine durch die Verhältnisse herbeigeführte Zeit der Unthätigkeit, die von Allen mit Unmuth empfunden wurde. Unserm Körner wurde sie so lästig, daß er, sobald er bei seiner Anwesenheit in Stendal gehört hatte, der Major von Lützow wolle mit seinen Schwadronen seiner Reiterei und 50 Kosacken einen Streifzug nach Thüringen unternehmen, von demselben sich die Erlaubniß erbat, der Reiterei beitreten und ihn begleiten zu dürfen; Lützow, der den Jüngling liebte, ernannte ihn zu seinem Adjutanten. Zu Ende Mai wurde dann der Zug angetreten; mitten durch feindliche Scharen gelangten die muthigen Reiter in zehn Tagen über Halberstadt, Eisleben, Buttstädt und Schleiz nach Plauen. Dabei wurde allerlei ausgekundschaftet, mancher Kriegsvorrath erbeutet, mancher Courier aufgefangen. Dieser Muth erregte aber den Zorn des Kaisers Napoleon so sehr, daß er die Vernichtung der Kühnen beschloß. Als nun Lützow in Plauen von dem geschlossenen Waffenstillstande Nachricht erhalten, hielt er es für unbedenklich, auf dem kürzesten Wege nach Leipzig zu gehen, um sich dort mit seinem Fußvolke zu vereinigen. Schon hatte er Kitzen, ein Dorf in der Nähe Leipzigs, erreicht, als sich die Reiterschar verrätherisch von einem beiweitem größern feindlichen Haufen umringt sah. Sogleich wurde Körner abgeschickt, um darüber Erklärung zu verlangen; doch kaum hatte er seine Worte an den feindlichen Anführer gerichtet, als dieser durch einen Säbelhieb über den Kopf antwortete. Darauf stürmten die übermächtigen Feinde im Dämmerlichte auf die Lützow'schen Reiter ein und tödteten, verwundeten oder versprengten sie. Lützow erreichte jedoch mit einer nicht unbedeutenden Anzahl glücklich das rechte Elbufer und vereinigte sich dort mit seinem Fußvolke und einer Schwadron seiner Reiterei. Den schwerverwundeten Körner hatte sein Pferd in das nächste Gehölz getragen; von einigen Kameraden unterstützt, war er eben damit beschäftigt, seine Wunde zu verbinden, als einige französische Reiter auf ihn zugesprengt kamen. Da nahm er seine Kraft zusammen und rief, in wunderbarer Geistesgegenwart den Feind täuschend, mit laut erhobener Stimme: „Die vierte Schwadron soll vorrücken!" Und die erschreckten Feinde flohen davon. Die Nacht war hereingebrochen und Körner verbarg sich im tiefern Walde. Heftig brannte die Wunde und er meinte den Tod zu sich herantreten zu sehen; am Ende entschlummerte er. Als er früh erwachte, umstanden ihn einige Landleute, die, auf die Aufforderung mitleidiger Kameraden herbeigekommen, ihre Dienste anboten. Durch ihre Hülfe und von ihnen erquickt, gelangte der Erschöpfte nach dem Dorfe Groß-Zschocher auf unbetretenen Wegen, und obgleich ein feindliches Corps sich gerade dort aufhielt, so wurde ihm doch freundliche Pflege und Unterstützung zu Theil. Treue und der Aufopferung fähige Freunde brachten ihn heimlich nach Leipzig, das damals unter französischem Drucke schmachtete, und ihre liebevolle Pflege stellte Körner so weit her, daß er in kurzen Tagereisen nach Karlsbad sich begeben konnte, wo seiner nicht minder freundliche Sorge wartete.

Nach vierzehntägigem Aufenthalte eilte er durch

*

Schlesien und über Berlin, wo er noch einige angenehme Tage verlebte, seinem Corps zu, um von neuem für Deutschlands Befreiung das Schwert zu führen. Die Lützow'sche Schar stand damals mit der russisch-deutschen und der hanseatischen Legion unter dem Befehl des Generals Grafen von Walmoden an dem rechten Ufer der Elbe oberhalb Hamburg, von wo aus Davoust mit überlegenen französisch-dänischen Truppen Norddeutschland bedrohte, und wartete begierig auf den Wiederbeginn der Feindseligkeiten. Endlich erfüllte der 17. August ihren Wunsch und von jetzt an waren die „Schwarzen", die beim Vorpostendienst verwendet wurden, fast täglich im Kampf. Eines Tages unternahm Lützow mit seinen Reitern einen kühnen Streifzug in den Rücken der Franzosen. Am Abend wurde ein Ort erreicht, wo für diese eine Mahlzeit bereitet war; sie gereichte für unsere muthige Schar zur willkommenen Erquickung. Dann setzte man den Marsch fort bis zu einem Walde bei Rosenberg; hier machte man Halt, um die ausgesandten Kundschafter, welche die Umgegend durchforschen sollten, zu erwarten. Bei der Rast im Gehölz entstand Körner's bekanntes Schwertlied: „Du Schwert an meiner Linken", von dem er nicht wußte, daß es sein letztes sein sollte; sobald der Tag graute, hatte er es in sein Taschenbuch geschrieben und darauf einem Freunde vorgelesen, als der Ruf zum Angriff erschallte. Um sieben Uhr Morgens nämlich (den 26. August 1813) hatten Kosacken von der Anhöhe, auf der sie Wache hielten, einen Transport von Kriegs- und Mundvorräthen entdeckt, den zwei Compagnien französischer Fußsoldaten begleiteten. Sogleich wurde der Angriff beschlossen; 100 Kosacken mußten den Zug von vorn angreifen, Lützow aber, dem Körner als Adjutant zur Seite war, fiel mit einer halben Schwadron dem Feinde in die Flanke, während die andere Hälfte in dichtgeschlossener Stellung die Reserve bildete. Auf dem Wege von Gadebusch nach Schwerin, eine halbe Stunde von Rosenberg, trafen die feindlichen Scharen zusammen; die Franzosen flüchteten sich bald in das benachbarte niedere Gehölz und sendeten von da aus auf ihre kühnen Verfolger einen Kugelregen. Theodor Körner war unter den Kühnsten; eine Kugel durchbohrte den Hals seines Schimmels und drang ihm dann in den Unterleib; Leber und Rückgrath waren verletzt. Die Todesahnung, die in mehren seiner Gesänge erklingt, war Wahrheit geworden. Alle aufopfernde Fürsorge der Freunde für den zu Tode Getroffenen war vergebens; aber sein Verlust ermuthigte sie zum schnellen Sieg. Die drei Opfer des Tages, außer Körner noch der Führer einer Abtheilung Kosacken, der junge Graf Hardenberg, der beinahe gleichzeitig gefallen war, und ein Lützow'scher Jäger, wurden auf Wagen fortgeführt. Beim Dorfe Wöbbelin, eine Meile von Ludwigslust wurde Körner's Leichnam unter dem Schatten einer alten Eiche mit allen kriegerischen Ehren und, was mehr gilt, unter den Thränen seiner Freunde und Waffenbrüder bestattet. Der umliegende Raum, den der verstorbene Großherzog von Mecklenburg-Schwerin, Friedrich Franz, dem Vater geschenkt hat, ist jetzt von einer Mauer umgeben. Innerhalb derselben über dem Hügel, der nun auch die irdischen Reste der Schwester des Sängers, Emma Sophie Luise, umschließt, welche den Tod des innig Geliebten nur so lange überlebte, um sein Grab zu zeichnen und sein Bildniß zu malen, erhebt sich ein nach der Angabe des Vaters in Eisen gegossenes Denkmal. Der Letztere war es auch, der dem geliebten Sohne ein noch lauter zeugendes Denkmal weihte durch Sammlung und Herausgabe der kriege-

rischen Lieder des früh verstummten Sängers unter dem Titel „Leier und Schwert", sowie seines „Poetischen Nachlasses". Ausgaben seiner sämmtlichen Dichtungen aber wurden seit 1834 von Streckfuß mehre besorgt.

———————

Fortpflanzung des Schalls im Wasser.

Sehr interessant sind die Versuche über die Verbreitung des Schalls unter dem Wasser, mit denen gegenwärtig Professor Colladon in Genf beschäftigt ist. Er bedient sich dazu eines von ihm erfundenen eigenen Instruments, gleichsam eines Schallmultiplicators, bestehend in einem unten verschlossenen, oben offenen Gefäße aus ganz dünnem Metall, einer Art von Hörrohr, von 15 Fuß Länge, das in das Wasser gesetzt wird, mittels einer unten befindlichen, gegen die Schallwellen gerichteten Platte den Ton im Wasser aufnimmt und dem Ohre zuführt. Bei Anwendung dieses Instruments braucht der Beobachter nicht mehr wie sonst unter dem Wasser zu sein, sondern sitzt ruhig in seinem Kahn, das Ohr an das Instrument haltend. Die Anstellung der Messungsversuche geschieht auf folgende Weise. In demselben Augenblick, wo an eine im Wasser aufgehängte Glocke ein Hammerschlag geschieht, blitzt eine Pulverflamme auf. Colladon beobachtet dieses Signal in der Entfernung mehrer Meilen (fast neun Lieues) auf dem Genfersee und läßt, sowie er es erblickt, den Zeiger seines Chronometers fortgehen, hält ihn aber sogleich wieder an, wenn der im Wasser fortgegangene Ton an das Metallgefäß stößt. Es hat sich ergeben, daß der Schall im Wasser zu einer Lieue drei Secunden braucht, sich mithin 4¼ Mal schneller als in der atmosphärischen Luft bewegt (in einer Secunde legt er 1435 Mètres oder 4418 Fuß zurück, in der Luft aber nur 332 Mètres oder 1022 Fuß). Colladon's Versuche können aber, von ihrer wissenschaftlichen Wichtigkeit abgesehen, auch für die Schiffahrt nützlich werden, da man auf diese Weise in einer Entfernung, wo bisher alles Signalisiren unmöglich war, miteinander communiciren könnte (nach Colladon unter günstigen Umständen auf 50—60 Lieues, d. i. 30—36 Meilen). Schläge auf Holz, Eisen oder Bronze lassen sich sehr genau voneinander unterscheiden. Seine ersten Versuche machte Colladon im Verein mit Sturm im Jahre 1826 auf der Breite des Genfersees zwischen Rolle und Thonon (3½ Lieues oder fast zwei geographische Meilen), jetzt wiederholt er sie in der Entfernung von fast neun Lieues zwischen der Spitze von Promenthour (zwischen Coppet und Nyon) und der Küste von Grandvaud bei Cully.

Bei den gedachten Versuchen bemerkte Colladon schon früher einige Eigenthümlichkeiten des Schalles im Wasser. Erstens war der Ton nicht klingend, wie in der Luft der Schall einer aus der Ferne gehörten Glocke, sondern ein kurzer Stoß, was eine Folge der geringen Elasticität des Wassers ist. Zweitens gehen die Schallwellen nur dann aus dem Wasser in die Luft über, wenn sie die Oberfläche unter einem nicht gar zu spitzen Winkel treffen; doch scheinen die neuern Versuche in dieser Hinsicht ein anderes Resultat gegeben zu haben, da Colladon bei dem früher fand, daß in 400—500 Mètres Entfernung von der Glocke auch das über das Wasser gehaltene Ohr gar nichts mehr hörte. Endlich haben diejenigen Wellen, welche das Wasser nur mechanisch bewegen, auf die Fortpflanzung des Schalls keinen Einfluß, denn auch bei unruhigem

Wasser war die Stärke und Geschwindigkeit der Schall=
fortpflanzung ungeändert.

Ältere Versuche über die Fortpflanzung des Schalls
im Wasser stellte Perolle an, ohne damit eigentliche
Messungen zu verbinden. Er bediente sich dabei einer
Taschenuhr, die er an einem Faden in ein mit einer
Flüssigkeit gefülltes Glas herabhängen ließ, und fand,
daß das Picken dieser Uhr im Wasser auf 20 Fuß, im
Weingeist auf 21 Fuß, im Olivenöl auf 16 Fuß, im
Terpenthinöl auf 14 Fuß, in der Luft auf 8 Fuß Ent=
fernung gehört werden konnte. Benjamin Franklin
versichert in einem Briefe vom Jahre 1762, daß er das
Zusammenschlagen zweier Steine unter dem Wasser auf eine
Entfernung von mehr als ½ englischen Meile gehört habe.

Die Zuckerraffinerie.

Das Zuckerrohr gehört in die Familie der Gräser und
hat Ähnlichkeit mit unserm Schilfrohre, erreicht aber
zuweilen eine Länge von 16—20 Fuß, wiewol das=
jenige von 7—8 Fuß Länge und 1—2 Zoll Dicke das
beste ist. Zur Zeit der Reife, welche es in Ostindien
9, in Amerika 11—15 Monate nach der Pflanzung
erreicht, hat es eine gelbliche oder bräunliche Farbe und
ist dann mit einem sehr klebrigen und süßen Safte
angefüllt. Es wird dann nahe am untersten Ende
abgehauen, von den Blättern befreit, in Stücke von
3—4 Fuß Länge geschnitten und der Saft von der
Zuckermühle, die aus drei gußeisernen, wag= oder
lothrecht gestellten Walzen besteht, ausgedrückt; aus
dieser wird er, um nicht in Gährung überzugehen, so=
fort in das Siedehaus oder die Zuckersiederei geschafft,
wo er in mehren kupfernen Siedepfannen oder Kesseln
(meist fünf), von denen der letzte der Probekessel heißt,
mit einem Kalkzusatze gekocht und von der damit ver=
bundenen Säure, sowie von manchen Unreinigkeiten
befreit wird. In neuerer Zeit nimmt man statt des
Kalkes häufig Knochenkohle oder getrocknetes Blut. Im
fünften Kessel wird er so lange gekocht, bis der Saft
so viel wässerige Theile verloren hat, daß einige her=
ausgenommene Tropfen in der Kälte erstarren und
fest werden. Der Saft, jetzt eine Art Syrup, wird
nun aus dem Kessel in Kühlbehälter oder Kühlschiffe
gethan, in denen er unvollkommen krystallisiren, d. h.

so weit erkalten muß, bis er anfängt, eine Rinde anzu=
setzen und man den Finger hineinstecken kann, ohne
sich zu verbrennen. Dann kommt er in das Tropf=
haus (das in den englischen Colonien eine ausgemauerte
oder beschalte Cisterne hat, die mit einem Roste von
starken Balken bedeckt ist) und in diesem wieder in
andere (auf diesem Roste stehende) offene Fässer, Kry=
stallisirfässer, in denen er beim allmäligen Erkalten fest
wird oder krystallisirt. Der Boden dieser Fässer hat
eine Anzahl (acht bis zehn) Löcher, in welche ausge=
preßte und wieder rund gedrückte Stücke Zuckerrohr
oder auch Stiele von Pisangblättern gesteckt sind, durch
welche der nicht krystallisirbare Syrup in eigene dar=
unter gestellte Gefäße (die Cisterne) fließt. Der kry=
stallisirte Zucker ist der sogenannte Rohzucker (Mus=
kovade), der nach Europa zum Handel gebracht wird;
wenn er pulverartig ist, so heißt er Mehl=, Puder=
oder Farinzucker.

Der braune oder braungraue Rohzucker wird in
den europäischen Zuckerraffinerien so geläutert oder ge=
reinigt, daß er eine möglichst schneeweiße Farbe erhält,
wobei er zugleich in die Form von Zuckerhüten oder
Zuckerbroten oder auch von Kandiskrystallen gebracht
wird. Die Kunst, den Zucker zu raffiniren, rührt von
den Venetianern her, die seit den Zeiten der Kreuz=
züge Zucker aus der Levante holten, wo er besonders in
Syrien angebaut wurde, und jene Kunst zuerst an

dem schwarzen Zucker, der am Ende des 13. Jahrhunderts aus Ägypten gebracht wurde, ausübten. Bei ihren ersten Versuchen verwandelten sie den schwarzen Zucker in Kandiszucker; bald aber suchten sie raffinirten oder krystallisirten Zucker durch ein schnelleres und vortheilhafteres Verfahren zu erhalten und bewirkten dies durch den Gebrauch konischer Formen, wie sie noch jetzt üblich sind. Von Venedig ging die Kunst in mehre europäische Länder über; zu Ende des 16. Jahrhunderts gab es bereits Raffinerien in Augsburg und Dresden, bald darauf wurden die zu Hamburg, Amsterdam (1650) und Bremen angelegt und 1659 wurden die ersten in England durch Hamburger und Bremer errichtet. Seitdem Amerika so fruchtbar in der Hervorbringung des Zuckers gewesen ist, sind sowol in England als in andern Ländern Raffinerien in großer Anzahl entstanden. Jetzt gibt es die meisten in England, Holland und Norddeutschland. Der deutsche Zollverein zählte bereits 1835 86, worunter 28 in Rheinpreußen und 46 in den übrigen preußischen Provinzen; in Frankreich wurden 1823—35 275 errichtet. In Folgendem geben wir eine gedrängte Beschreibung des Verfahrens, das bei Bereitung der Raffinade angewandt wird und mit dem bei Bereitung der übrigen Sorten zur Anwendung kommenden im Wesentlichen übereinstimmt.

Der Zucker muß von dreierlei Substanzen gereinigt werden: 1) von erdigen und andern Unreinigkeiten, 2) von färbenden Stoffen, 3) von Melasse, wozu mehre verschiedene Operationen erfoderlich sind. Die Reinigung (Klärung) geschieht nicht nur durch Kalk, der jetzt selten mehr als Klärungsmittel gebraucht wird, sondern auch durch frisches Ochsenblut (wol auch durch Hammel- oder Kalbsblut; Schweineblut ist unbrauchbar; bei feinen Zuckern durch Eiweiß oder durch fette süße Milch, welche letztere Mittel zwar reinlicher als Blut, aber auch kostspieliger sind. Der Zucker wird in eine Reihe (drei oder vier) Kessel gethan, mit Kalkwasser nebst frischem Ochsenblut vermischt und unter öfterm Umrühren gesotten; der Schaum wird von der Oberfläche abgenommen. Aus einem Kessel in den andern wird die Flüssigkeit durch ein wollenes Tuch filtrirt.

Am besten ist es, den flüssigen Zucker durch kaltes Filtriren mittels befeuchteter thierischer Kohle (Weinschwarz) zu reinigen, die in einer konischen Form zwischen grober Leinwand und zwei durchlöcherten Deckeln liegt. Unter thierischer Kohle versteht man bekanntlich die erdigen und kohlenhaltigen Theile der Knochen, die durch Brennen derselben in Retorten erhalten werden. Kohle hat die Eigenschaft, aus Flüssigkeiten Stoffe, die darin aufgelöst sind, besonders riechende und farbige, abzuscheiden, worauf ihre Anwendung beim Klären der Flüssigkeiten beruht. Thierische Kohle ist nicht allein die weit geringere Quantität ebenso wirksam als Pflanzenkohle, sondern sie entfärbt sogar viele Flüssigkeiten, auf welche die letztere keine merkliche Wirkung ausübt. Je feiner zertheilt eine gewisse Quantität Kohle ist, desto größer ist ihre entfärbende Wirkung; daher ist die animalische wirksamer, weil in derselben die Kohlentheile voneinander durch eine größere Quantität erdiger Theile getrennt sind.

Das Feuer darf nur den Boden der Pfannen treffen, weil sonst der Inhalt derselben leicht anbrennt, wodurch der Zuckersud verschlechtert wird. Um es zu verhüten, rührt man den flüssigen Zucker viel und sorgfältig um, was jedoch nicht hinreichend ist. Wirksamer und zugleich wegen Ersparung von Brennmaterial vortheilhaft ist die Anwendung von Dampf, der in Schlangenröhren die Siedekessel umgibt; soll er durch die Pfannen selbst strömen, so bringt er in dieselben durch Löcher einer solchen Röhre. Zu gleichem Zwecke bedient man sich in Frankreich der Schwenkkessel und Schwingpfannen, die hin- und hergeschwungen werden.

Auf das Klären folgt das Filtriren, das nach der alten Art auf folgende Weise vor sich geht. Über einer Cisterne ruht auf Balken ein kupferner oder hölzerner Kasten, der einen mit Linnen und Moltong ausgefütterten Korb enthält, in welchen die geklärte Flüssigkeit aus der Klärpfanne fließt; wenn sie durch den Korb gelaufen ist, so wird sie wieder aufgegossen und dies so lange fortgesetzt, bis sie blank ist, d. h. klar abläuft, worauf sie Klärsel heißt. Der im Korbe bleibende Rückstand wird mit Wasser gelind gekocht und durch Leinen filtrirt, das so erhaltene zuckerhaltige Wasser aber bei neuem Klären als Auflösungswasser des Rohzuckers gebraucht; der übrige Rückstand wird als Dünger verkauft. Gegenwärtig bedient man sich häufig statt des gedachten kupfernen eines hohen hölzernen oder gußeisernen Kastens, in welchem 12—50 lange leinene Beutel herabhängen, durch welche filtrirt wird; dieser Apparat filtrirt wenigstens vier Mal so schnell als der erste.

Das Klärsel wird nun gekocht, was meist nach alter Art in kupfernen Siedepfannen geschieht, die etwas kleiner als die Klärpfannen sind. Sie werden halb (einen Fuß hoch) voll Klärsel gegossen, und um den Gasen, die in den entstehenden Schaumblasen enthalten sind, das Sprengen derselben zu erleichtern, sprengt man etwas Butter darauf. Die Hitze des Klärsels muß bis auf einige 90 Grad Réaumur steigen; es muß so weit eindicken, um körnig krystallisiren zu können, was man, abgesehen von andern Proben, durch die Fingerprobe prüfen kann. Eine herausgenommene kleine Probe muß nämlich zwischen Daumen und Zeigefinger einen Faden geben, der erst dann entzweireißt, wenn er ¼ Zoll lang oder länger ist. In neuerer Zeit sind mehre andere Methoden ersonnen worden, das Klärsel einzudicken, unter denen die von Howard vor etwa 30 Jahren ersonnene und jetzt sehr häufig zur Anwendung kommende, welche darin besteht, daß der Zucker im luftleeren oder vielmehr luftverdünnten Raume gesotten wird, eine der besten ist. Unter gewöhnlichen Umständen hat kochendes Wasser bekanntlich fast immer gleiche Temperatur, weil es einem fast immer gleichen Luftdrucke ausgesetzt ist; wird dieser Druck durch die Luftpumpe oder ein anderes Mittel beseitigt, so kocht das Wasser schon bei einer so geringen Wärme, daß die Hand sie recht füglich ertragen kann. Kann nun beim Sieden des Zuckerklärsels der Luftdruck beseitigt oder vermindert werden, so findet das Sieden, das nichts Anderes ist als eine sehr schnelle Verdampfung, schon bei so niedriger Temperatur statt, daß der Zucker weit geringerer Gefahr als außerdem ausgesetzt ist, nämlich bei 45—52 Grad R. Jetzt wird der Zucker in fast allen Zuckerraffinerien in einem mehr oder weniger vollkommen luftleeren Raume gesotten.

Nach dem alten Verfahren kann die Krystallisation des Klärsels nicht eher eintreten, als bis eine Abkühlung (in kupfernen Kühlern) stattgefunden hat. Um es schneller abzukühlen und die Bildung großer Kandiskrystalle zu verhindern, wird das Klärsel mit hölzernen Stäben (Stirrhölzern) umgerührt; wenn es nur noch eine Wärme von 65—70 Grad hat, so fängt es an, sich in Rindengestalt abzusetzen. Nach Howard's Verfahren tritt eine Krystallisation schon im Kessel selbst in einiger Ausdehnung ein und statt einer Abkühlung des Klärsels muß nach dem Sieden eine Erwärmung desselben stattfinden, wodurch es zu der gedachten Temperatur gebracht wird.

(Der Beschluß folgt in Nr. 451.)

Die Völkerschaften der Regentschaft Algier.

(Fortsetzung aus Nr. 449.)

Zu den schlechten Eigenschaften der Araber gehört namentlich Geiz und Geldbegierde. Viele Araber vergraben (was übrigens auch bei andern mohammedanischen Völkern gefunden wird) ihr baares Vermögen an einem einsamen Orte und sterben, ohne denselben Jemand angezeigt zu haben, sodaß diese Summen ganz verloren gehen. Seit der französischen Occupation sind nicht weniger als 10—13 Mill. Thlr. ins Innere gegangen, um niemals zurückzukommen. Bei alle Dem legt der Araber in vielen Fällen eine gewisse Mildthätigkeit an den Tag, namentlich gegen Blinde und Wahnsinnige, unter denen manche Betrüger sein mögen. Mit der großen Enthaltsamkeit der Araber im Essen und Trinken contrastirt die schändliche Ausschweifung im Geschlechtstriebe, welche eine furchtbare Verbreitung der syphilitischen Krankheiten zur Folge gehabt hat. In dieser Hinsicht stehen die Araber vielleicht unter allen Völkern auf der tiefsten Stufe. Keusch sind unter den Arabern nur die Marabuts und auch unter diesen sollen viele heimliche Sünder sein. Im Kriege beweisen die Araber große Grausamkeit und schneiden den Gefangenen in der Regel die Köpfe ab; nur in der neuesten Zeit sind zuweilen Gefangene geschont und ausgewechselt worden.

Bis in ein Alter von 20 und mehr Jahren sind die Araber wahre Kinder an Stimmung und Betragen, lachen viel und finden Gefallen an lustigen Spielen. Mit zunehmenden Jahren wird der Araber stiller und nachdenkender, und namentlich wenn er von der Wallfahrt nach Mekka wiederkehrt, die er in dem Alter zwischen 30 und 40 Jahren antritt, ist sein Wesen wie umgewandelt und er nimmt dann an Spielen, Tänzen und Gesängen keinen Theil mehr, sondern schaut nur dem Treiben der jungen Leute zu. Im Greisenalter wird der Araber völlig in sich gekehrt und beschäftigt sich am liebsten mit dem Gebete und dem Lesen des Korans. In den letzten Jahren aber verfällt er fast in eine solche Stumpfheit und Hinfälligkeit, wie unsere Greise; nicht selten ziehen arabische Greise mit in den Krieg und ersetzen durch Fanatismus die mangelnde Körperstärke. Wenn es zum Ende geht, wird der Araber sehr still und nachdenkend im Gefühl des nahenden Todes, den er freudig erwartet. An Krankheiten erfolgt derselbe verhältnißmäßig selten, meistens schnell und schmerzlos als bloße Auflösung. Der Sterbende wird vor das Zelt getragen und auf weichen Decken liegend, das Gesicht nach Osten gekehrt, umgeben von seinen Söhnen und andern Angehörigen, scheidet er leicht von dem Dasein; lautes Trauergeheul folgt seinem Verscheiden.

2) Die Kabylen (Kbaili) oder Berber bewohnen das ganze Küstengebirge der Berberei von Marokko bis Tripolis und heißen gleich des verschiedenen Dialekte ihrer Sprache verschiedene Namen: in Marokko heißen sie Amazirgh oder Schilhu, in Tunis gleichfalls Kbaili u. s. w. Der Ursprung dieses zahlreichen und wenig bekannten Volkes ist noch nicht hinreichend aufgeklärt;

nach den meisten Historikern und Geographen stammen sie von den alten Numidiern ab, nach Andern von den Vandalen, wahrscheinlich aber sind sie aus einem Gemische der verschiedenen Völker entstanden, welche nacheinander die Herrschaft von Nordafrika ausübten und verloren, als: Numidier, Vandalen, Punier u. s. w. In Algerien sind sie meist im Contrast zu den Beduinen von kleinem Wuchse, schwarzen Haaren und schmuziggelber Gesichtsfarbe, mager, aber knochenfest; sie scheeren den Kopf und haben wenig Bart. Auf dem Berge Auras aber wohnen hellblonde Stämme von rother und weißer Hautfarbe, die wahrscheinlich Vandalen sind, zum Theil lange Haare tragen, statt den Kopf gleich den übrigen Kabylen zu scheeren, und auf ihre Stirnen über den Augen ein griechisches Kreuz tätowiren, was auch die Weiber anderer Kabylenstämme thun. Die in Algier als Tagelöhner arbeitenden Kabylen haben ganz germanische Physiognomien und ohne die zu denselben nicht passenden, stechenden und wilden schwarzen Augen, aus denen Haß und Mordlust blickt, ist man versucht, sie für sonnenverbrannte deutsche Bauern zu halten; in der Gegend von Bona und Stora gleichen die Kabylen mehr Südeuropäern, besonders Calabresen. Die Kabylen und die Mauren wurden im 7. Jahrhunderte von den aus Ägypten kommenden Heeren unterworfen und zum Islam bekehrt; den Türken, welche im 16. Jahrhunderte Algier eroberten, waren sie bis zum Jahre 1830 nur zum Theil unterthänig oder vielmehr tributpflichtig.

Die Kabylenstämme sind in Graubas oder Districte, diese wieder in Daschkrahs oder Dörfer getheilt, welche selten aus mehr als 30 von einer Familie bewohnten Gurbis oder Strohhütten bestehen. Nur einige wenige Stämme haben Dörfer mit steinernen Häusern oder wol gar Städte. Wie bei den Arabern stehen die Stämme unter Kaïds; die Rechtspflege verwalten die sogenannten Thalebs oder Gelehrten, das größte Ansehen aber genießen, wie bei den Arabern, die Marabuts, welche noch fanatischer, unduldsamer und einflußreicher als die arabischen sind und außer der Landessprache auch die arabische verstehen müssen, da ihnen die Erklärung des Korans obliegt.

Was Sitten und Lebensweise der Kabylen betrifft, so sind sie im Allgemeinen Ackerbauer, verstehen sich auch auf manche Handwerke, Waffenschmieden, Pulverbereitung, Bau steinerner Häuser u. s. w. und leben in festen Wohnsitzen; den Arabern geben sie an Mäßigkeit nichts nach. Ihre Kleidung ist immer schmuzig und höchst armselig; den Körper umgibt ein wollenes Gewand, Namens Kandura, das oft aus vielen Lumpen zusammengeflickt ist und vom Vater auf den Sohn vererbt, die Füße ein Stück Schafhaut, die Beine bleiben nackt. Da die Kabylen sehr arm sind und viele Söhne durch das Vergraben des Geldes des väterlichen Vermögens verlustig werden, so müssen viele in jungen Jahren in den Städten als Tagelöhner arbeiten, besonders in Algier und der Umgegend, wo sich gegen 4000 als Tagelöhner aufhalten; hier schlafen sie unter freiem Himmel, leben von Wasser und ungesäuertem Brot und sparen so lange, bis sie genug verdient haben, um ein Weib nehmen und ein Gewehr kaufen zu können. Das Leben der Kabylen ist im höchsten Grade einförmig und langweilig; nur der Krieg, den sie theils gegen Christen, theils insbesondere untereinander fast ohne Aufhören führen, da sie in der wildesten Anarchie leben, bringt einige Abwechselung hinein. Sie kämpfen fast alle zu Fuß und besitzen nur wenige, aber treffliche Pferde, weshalb ihre Reiterei sehr gewandt ist. Alle aber kämpfen sehr tapfer und haben den französischen Truppen immer viel zu schaffen gemacht, wiewol dieselben viel seltener mit ihnen als mit den Arabern zu thun hatten, weil die Kabylen nicht so leicht wie jene den Kampf suchen, was aus ihrer ruhigern Lebensweise zu erklären ist. Sie kämpfen am liebsten in den Bergen, wo sie den Franzosen überlegen sind, oder an Stellen, wo sie durch Gebüsche gedeckt sind, und benutzen alle Vortheile des Terrains, weshalb man sich vor ihren Hinterhalten in Acht nehmen muß. Die Weiber, ebenso wild und schmuzig als die Männer, genießen weit mehr Freiheit und Ansehen als bei den Arabern; sie begleiten die Männer fast immer auf ihren Kriegszügen und ermuntern sie durch Zuruf und Geberden.

Der Charakter der Kabylen ist mistrauisch, treulos und grausam, steht daher tief unter dem der Araber, deren Gastfreundschaft ihnen völlig fremd ist. Bei jeder Gelegenheit zeigten sie sich als fanatische Barbaren und die Franzosen fanden es ganz unmöglich, mit ihnen den mindesten freundschaftlichen Verkehr zu unterhalten. 3) Die Mauren (Maurusier) waren die ältesten Einwohner des westlichen Theils der Berberei, deren Abstammung ganz ungewiß ist, doch machen mehre Gründe es wahrscheinlich, daß sie arabischen Ursprungs und Nachkommen derjenigen Araber sind, welche etwa 1000 Jahre vor Mohammed nach Aegypten und zum Theil auch weiter westlich kamen. Die heutigen Mauren, welche schon seit alten Zeiten vorzugsweise in den Städten, besonders den Seehäfen wohnen, machen etwa den zehnten Theil der Gesammtbevölkerung der Regentschaft Algier aus, nehmen aber seit 1830 an Zahl immer mehr ab. Von allen eingeborenen Völkerschaften der Berberei haben sie die mildesten Sitten und die meisten Kenntnisse; auch durch ihre vortheilhafte Körperbildung zeichnen sie sich aus. Sie sind meist von mehr als mittlerer Größe, wiewol nicht so groß als die Araber, zeigen dabei einige Neigung zum Fettwerden und haben schöne und edle Gesichtszüge; ihre Haare (von denen sie nur auf dem Wirbel einen Büschel stehen lassen) und ihre Augen sind schwarz; ihre Gesichtsfarbe ist bei den Männern ganz weiß oder etwas olivenfarbig, bei den Kindern weiß und rosenroth. Die Frauen behalten bis in ihr Alter einen schönen Teint, weil sie sich nie den Sonnenstrahlen aussetzen, haben ungemein schöne Gesichtszüge, edelgeformte Nasen, treffliche Zähne u. s. w. und übertreffen die sanftblickenden Männer durch den feurigen Glanz ihrer Augen. Die Kleidung der Mauren ist die bekannte alte türkische mit dem bunten Turban, einer mit Schnüren und Goldstickerei verzierten Weste, weiten, nur bis zu den Knieen reichenden Beinkleidern und bunter Leibbinde. Die sogenannten Hadschis, welche die Wallfahrt nach Mekka gemacht haben, tragen einen grünen, die Kadis, Marabuts und Thalebs einen weißen, viele Falten bildenden Turban. Alle Mauren haben wie die Araber weiße oder schwarze Bernusse von feinerm Stoffe und zierlicherer Form, die sie immer mit sich tragen, aber nur bei schlechter Witterung wirklich anziehen. Die Waden sind immer entblößt; an den Füßen werden Pantoffeln getragen. Die Frauen tragen auf der Straße weiße Kleider, lange Pantalons und einen Haïk; um das Gesicht binden sie weiße Tücher, welche nur für die Augen Öffnungen haben. Ganz anders ist ihre Tracht im Innern der Häuser; hier kleiden sie sich bunt und prächtig. Auf dem Kopfe

tragen sie den Sarmah, einen eigenthümlichen thurmartigen Aufsatz von geflochtenem Silber; um den Leib eine Art seidener, reich gestickter Jacke mit kurzen Ärmeln, einen breiten Gürtel von kostbarem Stoffe und weite, in der Regel weiße Beinkleider, welche die Waden frei lassen; ihre Füße bedecken Halbpantoffeln von grünem oder rothem Sammt, gleichfalls mit Goldstickerei geziert.

(Der Beschluß folgt in Nr. 451.)

Die preußische Geldausmünzung.

In den preußischen Münzen wurden geprägt: 1) an Goldmünzen in ganzen, halben und doppelten Friedrichsdor von 1764—1840, in 77 Jahren, für 75,288,747½ Thlr., also jährlich im Durchschnitte für fast 980,000 Thlr. (im Jahre 1831 allein für 3,481,355 Thlr.); 2) an Zweithalerstücken in den Jahren 1839—40 für 1,928,190 Thlr.; 3) an Thalerstücken in 77 Jahren (1764—1840) für 115,637,584 Thlr.; 4) an Dritteln (sogenannten Achtgroschenstücken) in 48 Jahren (1764—1811) nur für 16,989,777 Thlr.; 5) an Sechsteln (Viergroschenstücken) in 77 Jahren (1764—1840) für 37,266,252 Thlr. (wogegen für 2,939,481 Thlr. als abgenutzt eingezogen wurden); 6) an Zwölfteln (Zweigroschenstücken) in den 23 Jahren 1764—86 für 19,668,293 Thlr., wovon seitdem wieder für 4,030,504 Thlr. eingezogen worden sind; 7) an ganzen und halben Silbergroschen bis zum Ende des Jahres 1840 für 3,147,152 Thlr.; 8) an Kupfergeld für 752,273 Thlr. Das Prägen einer Summe von 100,000 Thlr. kostet in Golde 276½ Thlr., in Silber 1190½ Thlr., in Kupfer 40,740¾ Thlr.

Herausgegeben unter Verantwortlichkeit der Verlagshandlung F. A. Brockhaus in Leipzig.

Das Pfennig-Magazin

für

Verbreitung gemeinnütziger Kenntnisse.

451. Erscheint jeden Sonnabend. [November 20, **1841**.

Die Wohlthätigkeit, nach Canova.*)

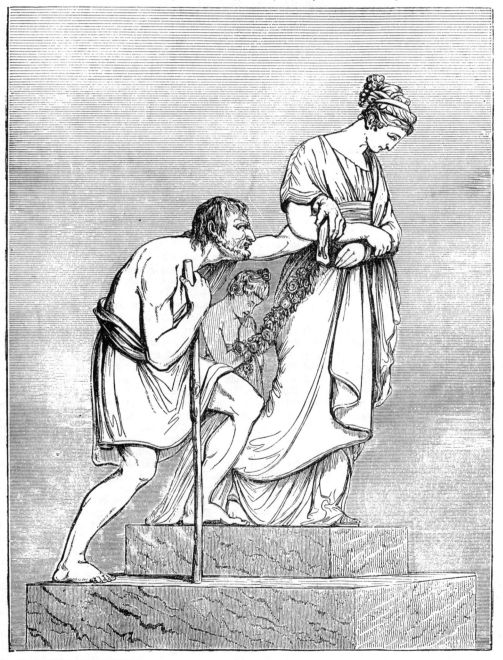

*) Vergl. über Canova Nr. 392.

Die Wohlthätigkeit, nach Canova.

Die hier abgebildete Gruppe bildet einen Theil des von Canova im J. 1805 ausgeführten Denkmals der Erzherzogin Marie Christine von Östreich, der Tochter der Kaiserin Maria Theresia und Gemahlin des Herzogs Albert von Sachsen-Teschen (sie starb am 26. Juni 1798, 56 Jahre alt), das sich in der Augustinerkirche zu Wien befindet und mit Recht für eins der herrlichsten Werke dieses geistreichen Künstlers gilt. Es besteht aus neun menschlichen Figuren in Lebensgröße, einem Löwen und einem Medaillon. Als Piedestal dient eine Pyramide von graulichem Marmor auf einer ebenen vierseitigen Unterlage, von welcher zwei Stufen zu einer Thüröffnung in der Mitte des Grabmals führen, der sich ein Zug von Leidtragenden naht. Die Tugend, ein junges Weib von betrübter, aber würdevoller Miene, trägt in einer Urne die Asche der Hingeschiedenen, begleitet von zwei jungen Mädchen. Dann folgt die Wohlthätigkeit, die einen schwachen alten Mann unterstützt, hinter welchem ein Kind in betender Stellung steht. Gegenüber steht der Genius von Sachsen, der auf einem liegenden Löwen ruht und mit schmerzlicher Miene die übrigen Gruppen betrachtet. Darüber steht die Seligkeit, welche mit einem dienenden Cherub das Bildniß der Prinzessin gen Himmel trägt.

Die Zuckerraffinerie.

(Beschluß aus Nr. 450.)

Die nächste Operation (durch welche, sowie durch die folgenden, die Melasse oder die unkrystallisirbaren Theile entfernt werden) ist das Füllen in die Formen. Diese sind meist irdene, gutgebrannte, unglasirte Trichter von 21 Zoll Weite und 8 Zoll Höhe, welche zum Schutz gegen das Zerbrechen geküpert oder gehupelt, d. h. faßartig mit Holzdauben belegt und mit Reifen versehen werden; sie sind mit der Spitze nach unten in langen Reihen aufgestellt und geben den Zuckerhüten ihre bekannte Gestalt. Sind sie neu, so werden sie mit einer wässerigen Zuckerauflösung getränkt, um nicht zu viel Zucker aus dem Klärsel einzusaugen; sind sie aber schon einige Zeit in Gebrauch gewesen, so legt man sie vor jedem neuen Gebrauche 12 Stunden in Wasser und steckt in die an der Spitze befindliche linsengroße Öffnung einen Leinwandpfropf, worauf sie in der Füllstube in Reihen aufgestellt werden. Sie müssen oft gereinigt werden und werden so viel als möglich geschont, weil die alten weit besser als die neuen sind. In England bedient man sich häufig eiserner Formen (von 2 Fuß Höhe und 6 Zoll Durchmesser), welche viele wesentliche Vortheile darbieten. Die Arbeiter füllen das Klärsel mit einer langstieligen Kelle in kupferne Füllbecken, die etwa einen Centner Zucker fassen und an zwei eisernen Handhaben ergriffen werden; aus jedem werden mehre Formen erst halb voll, dann bis einen Zoll vom obern Rande ganz voll geschüttet. Wenn alle Formen gefüllt sind und der Zucker sich noch in flüssigem Zustande befindet, aber schon eine Krystallkruste angesetzt hat, so macht man mit hölzernen Stäben den Zucker locker, indem man längs der Wand der Formen bis auf die Spitze herunterfährt, um die Bildung großer Krystalle und das Anhängen an die Form zu hindern. Die Formen, welche nun Zucker und Syrup vermischt enthalten, bleiben in der Füllstube bis zum folgenden Tage,

damit das Festwerden des Zuckers durch Abkühlung und die theilweise Trennung des Syrups von statten gehen kann. Sind die Brote in den Formen so lange erkaltet, daß sich die Mitte der Oberfläche gesenkt hat, so bringt man sie auf die Böden; hier zieht man den Leinwandpfropf heraus und stellt die Formen auf irdene, glasirte Töpfe, in welche der Syrup abfließt. Dieser heißt grüner oder ungedeckter Syrup; er enthält noch einen Antheil krystallisirbaren Zuckers und wird daher abermals gesotten, um Lumpenzucker von geringerer Qualität zu erhalten; der Rückstand ist dann der eigentliche oder gedeckte Syrup. Nach etwa acht Tagen hat der abfließende Syrup die obern Drittheile des Zuckerhuts verlassen; um ihn auch aus dem letzten Drittel zu bringen, wird die Operation des Deckens vorgenommen, die in Folgendem besteht. Von feinem, weißem, eisenfreiem und ganz reinem Thon oder Mergel (ähnlich demjenigen Thon, woraus die weißen irdenen Tabackspfeifen gebrannt werden) wird mit reinem Wasser ein weicher Brei gebildet und von diesem eine zollhohe Schicht mittels einer kleinen Schaufel auf die Oberfläche des Zuckers gebracht; das im Thon enthaltene Wasser sickert nun vermöge seiner Schwere durch den Zucker, verbindet sich mit dem noch darin enthaltenen Syrup und führt ihn durch die Öffnung an der Spitze ab. In der neuern Zeit wird diese poröse Oberfläche nach der Angabe des bereits genannten Howard häufig von Zucker statt von Thon gemacht; dies gewährt den Vortheil, daß die Operation nur den vierten Theil der früher erforderlichen Zeit in Anspruch nimmt. Die rauhe, unebene Oberfläche des Zuckers wird abgekratzt und in einem Gefäße mit Wasser gemischt, bis sie einen mörtelähnlichen Zustand annimmt; dann wird sie auf die Oberfläche des Zuckers gelegt. Hat dieser Zuckerbrei den nöthigen Grad von Trockenheit erlangt, so wird eine Auflösung sehr feinen Zuckers darauf gegossen; diese sickert langsam durch und nimmt den größten Theil des noch übrigen Syrups, freilich auch einen Theil guten Zucker mit fort. Von Zeit zu Zeit wird die Zuckerauflösung erneuert, bis der Syrup so durchaus weggespült ist, daß der Zucker in einem schönen weißen Zustande zurückbleibt. Man läßt nun das Brot, nachdem man die noch rauhe Grundfläche abgebürstet, d. h. mittels eines Instruments abgekratzt und dadurch glatt gemacht hat, noch so lange in der Form, bis die breite Grundfläche auf einen Zoll Dicke hart geworden ist, worauf die Brote gelöscht, d. h. die Formen gegen den sogenannten Löschstuhl, einen Holzblock, gestoßen werden, bis die Brote losgehen, die man nun noch nach Befinden $\frac{1}{2}$—4 Tage auf ihrer Grundfläche stehen läßt, damit sich das Wasser gleichmäßig vertheilt.

Den Beschluß macht das Trocknen in der Trockenstube (Trockenkammer, Darrstube), in welcher durch eiserne Dampfröhren eine Wärme von etwa 45—50 Grad R. hervorgebracht und erhalten und dann bis auf 35 Grad vermindert wird. Die Stube ist meist viereckig, massiv gebaut und an den Wänden mit breternen Absätzen versehen; auf diese werden die Zuckerbrote aufgestellt, welche ihren noch übrigen Wassergehalt als Dampf fahren lassen, der durch einen Abzugskanal abgeführt wird. Zu schnell darf die Hitze nicht steigen, weil sonst die Brote gelb werden und Risse bekommen; auch die Verminderung der Wärme muß allmälig stattfinden. Sind die Brote hinlänglich getrocknet, so werden sie in blaues Papier eingeschlagen und mit Bindfaden umwunden, in welcher Gestalt sie in den Handel kommen.

Bei dem Lumpenzucker geschieht das Füllen in Formen, die 24 Zoll hoch und 13 Zoll weit sind (Lumpenformen), bei dem Farinzucker in 29 Zoll hohen und 15½ Zoll weiten, sogenannten Basterformen (Bastardformen), von denen der Farinzucker selbst auch Basterzucker genannt wird. Die Lumpenbrote werden mit hölzernen Hämmern in Stücke zerschlagen und so in den Handel gebracht, woher ihr Name kommt, da lump im Englischen Klumpen bedeutet.

Die Bereitung des Kandiszuckers oder Zuckerkands geschieht ebenfalls in europäischen Raffinerien und zwar dadurch, daß man den Zucker in großen Krystallen anschießen läßt. Nachdem der Zuckerrohrsaft geklärt und gesotten, aber nicht stark eingekocht worden ist, wird das Klärsel in kupferne, inwendig gut verzinnte Kästen oder runde Töpfe (Kandistöpfe) gefüllt, in denen durch kleine Löcher in den Seitenwänden, welche letztere jener wegen nachher von außen mit Papier beklebt werden, damit der Zucker nicht herausdringen kann, weiße Zwirnfäden ausgespannt sind. Man läßt hierauf die Kästen etwa eine Woche lang in der Trockenstube bei 32 Grad Wärme stehen, wobei der Zucker sich in großen Krystallen an die etwa 1½—2 Zoll voneinander entfernten Fäden ansetzt. Sobald sich der Zucker hinreichend krystallisirt hat, wird das übriggebliebene heiße Wasser (Kandissturzel) abgegossen; die Krystalle werden gewaschen, getrocknet und durch Klopfen an den Boden des Kastens herausgeschlagen. Statt der kupfernen Kästen können auch alte Formen genommen werden, die unten mit Leinwand geschlossen sind; doch muß eine kleine Öffnung bleiben, durch welche der Syrup langsam abtröpfeln kann. Sind die Krystalle trocken, so werden die Formen zerbrochen, um den an den Wänden derselben stark anhaftenden Zucker zu erhalten. Durch eine vorgängige Färbung des Klärsels mit Cochenille oder einem andern Färbstoffe kann der Zuckerkand jede gewünschte Farbe erhalten. Diejenigen Krystalle, die sich an den Fäden gebildet haben, sind die schönsten, weit weniger schön und auf der einen Seite immer platt sind die an den innern Wänden angeschossenen. Der schönste Kandiszucker ist weiß und durchsichtig wie Glas und wird aus schon raffinirtem weißen Hutzucker bereitet, der wieder eingeschmolzen und noch einmal geklärt wird; vieler wird auch aus feinem Rohzucker oder feinem Syrup gemacht.

Im Handel werden alle Zuckersorten, die eigentlich eine ununterbrochene, fast zahllose Reihe von Nuancen bilden, in drei große Hauptabtheilungen gebracht: Rohzucker, raffinirter und Kandiszucker. Die Rohzuckersorten werden nach ihrem Vaterlande benannt und zerfallen in zwei große Abtheilungen, die amerikanischen (westindischen) und asiatischen (ostindischen) Sorten. Die ersten sind im Allgemeinen heller, auch weit zahlreicher; die wichtigsten asiatischen Sorten sind Bengal, Batavia oder Java, Manila, Siam, Kanton. Auch Afrika liefert diese Sorten: Mauritius, Bourbon, Alexandria. Der raffinirte Zucker zerfällt in vier Hauptsorten: Farin, Lumpen, Melis, Raffinade. Die erste, auch Baster- oder Bastardzucker (wol auch Mehl- oder Puderzucker, wiewol man mit diesem Ausdrucke nicht selten Rohzucker bezeichnet), ist die geringste; dann folgt der Lumpenzucker, noch feucht, braungelb und nicht sehr fein (die feinste Sorte heißt Canarienlumpen); hierauf der Meliszucker (Großmelis oder Kleinmelis, d. h. in großen und kleinen Broten, und zwar ist fein Kleinmelis am feinsten), welcher am meisten in Gebrauch ist und bei größerer Wohlfeilheit dennoch süßer ist als die beste Sorte, Raffinade, die durchaus

weiß, trocken, hart, klingend und etwas durchscheinend ist. Die feinsten Raffinadensorten heißen Canarienzucker oder Kandisbrote, auch Königs- oder Royalzucker, dann folgen: Superfein, Ordinairfein, Fein. Mittel und Ordinair-Raffinade. — Die verschiedenen Sorten des Kandiszuckers werden nach den Farben benannt.

Syrup oder Melasse, der bei Bereitung des rohen raffinirten Zuckers abtröpfelnde süße Saft, kommt ebenfalls in mehren Arten vor: Muscovadesyrup (Melasse im engern Sinne), Farin-, Lumpen-, Melis- und Raffinadensyrup; diejenigen, welche in den Raffinerien erhalten werden, zerfallen wieder in solche, die vor, und in solche, die nach dem Decken abtröpfeln, von denen letztere (gedeckter Syrup) mehr Werth als jene haben. Den nach dem letzten Decken ablaufenden bezeichnet man mit dem Namen Nalop (Nachlauf) oder Tröpfel, er ist weder dem übrigen gedeckten Syrup vorzuziehen. Die Güte eines Syrups ist nämlich desto größer, je mehr krystallisirbaren Zucker er aufgelöst enthält. Der, welcher gewöhnlich in den Handel kommt, ist Farinsyrup, der eine sehr dunkelbraune Farbe hat und wenig oder gar keinen krystallisirbaren Zucker mehr enthält; der Raffinadensyrup ist weit süßer und von lichter Farbe und zwar der gedeckte blaßgelb oder gelblichbraun.

Deutsche Locomotiven.

Vor kurzem ist in Baiern die erste Locomotive in dem Eisenwerke des Vorstandes der münchen-augsburger Eisenbahndirection, Joseph Maffei, erbaut und am 7. October nach dem münchner Bahnhof gefahren worden; sie hat den ihr vom König beigelegten Namen „der Münchner" erhalten und ist 12 Tonnen schwer; ihre Cylinder haben 12 Zoll Weite und 18 Zoll Kolbenhub. Außerdem sind, so viel bekannt, bis jetzt in folgenden Theilen Deutschlands Locomotiven hergestellt worden:

1) In Sachsen eine, nämlich eine (Saxonia) von der Maschinenbaugesellschaft in Übigau bei Dresden, die erste deutsche Locomotive, welche ihre erste Probefahrt am 5. Februar 1839 machte, und zwei (Phönix und Pegasus) von der chemnitzer Maschinenbauanstalt, von denen die eine im Januar, die andere im April 1840 die ersten Probefahrten zwischen Leipzig und Dresden gemacht hat.

2) In Preußen drei, nämlich Carolus Magnus aus der Werkstätte von Dobbs und Poensgen in Aachen, welche am 10. September 1839 eine Probefahrt machte; der Rhein, in Ruhrort erbaut und seit Mitte Mai auf der Taunusbahn im Gebrauch, und Borsig, von dem Mechaniker gleiches Namens in Berlin gefertigt, welche bei der Totaleröffnung dieser Bahn am 10. September 1841 ihre Brauchbarkeit bewährte.

3) In Östreich zwei, nämlich eine, genannt Patria, gefertigt in den Werkstätten der Kaiser-Ferdinands-Nordbahn und auf derselben in Gang gesetzt am 18. October 1840, und eine zweite, genannt Presburg, hervorgegangen aus der Werkstätte der wien-raaber Eisenbahn-Compagnie und gebraucht bei Eröffnung dieser Bahn bis Wiener-Neustadt am 20. Juni 1841. Dies gibt uns die oben erwähnten neun deutsche Locomotiven, sämmtlich von entschiedener Brauchbarkeit.

*

Der Riesenthurm in Gozzo.

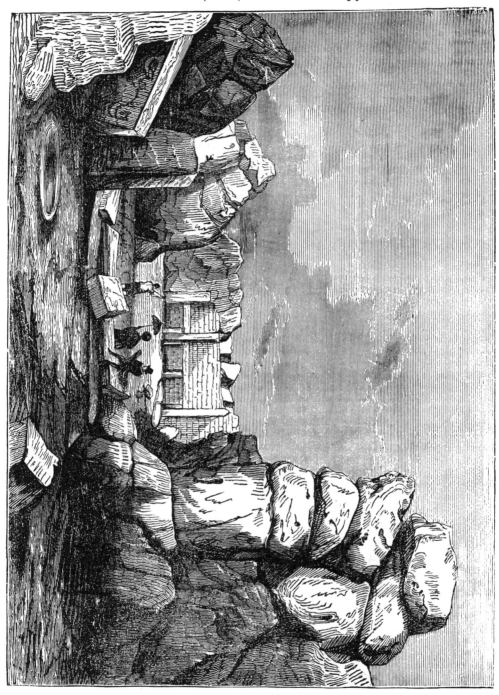

Die kleine Insel Gozzo im mittelländischen Meere, südlich von Sicilien und nordwestlich (in einer Entfernung von etwa einer Meile) von der Insel Malta gelegen, gehört gleich dieser und der beide trennenden, noch weit kleinern Insel Comino, mit welcher sie seit den ältesten Zeiten verbunden gewesen ist, den Engländern und enthält auf zwei Quadratmeilen etwa 15,000 Einwohner (worunter etwa 20 Engländer), die ansehnliche Baumwollweberei und lebhaften Handel (besonders mit Geflügel) treiben. Sie wird vertheidigt durch das an der südöstlichen Küste stehende Fort Chambray und enthält außer sechs Flecken eine volkreiche Stadt im Innern, Rabbato, die am Fuße eines alten verfallenen Bergschlosses liegt und von den Bewohnern der phönizischen Stadt Tyrus angelegt worden sein soll. Merkwürdig ist auf dieser Insel ein ohne Zweifel druidisches, von den Celten herrührendes Denkmal, der sogenannte Riesenthurm, dessen Inneres erst seit einigen

Jahren vom Schutte befreit und zugänglich gemacht worden ist. Man denke sich einen rohen Steinblock (als Beispiel mag der größte der Ruine dienen, welcher 19¾ Fuß lang und 10 Fuß breit ist) horizontal auf dem Boden liegend; an einem Ende desselben steht ein anderer aufrecht; an diesen schließt sich wieder ein horizontaler an, und so wechseln immer verticale und horizontale Steine miteinander ab. Auf diesem Grunde denke man sich andere kleinere Massen unregelmäßig und ohne Mörtel aufgehäuft, so hat man ein Bild von der äußern Mauer des Riesenthurmes. Sie hat einen Umfang von 451½ Fuß, der durch eine größere Curve von 196½ , eine kleinere von 136½ und eine unregelmäßige, fast geradlinige Fronte von 118½ Fuß gebildet wird. In der letztern sind zwei Eingänge, die in zwei abgesonderte Räume führen, welche im Vergleich zur Ausdehnung der äußern Mauer wegen der ungeheuern Dicke derselben (20—40 Fuß) nur klein sind. Widerstand gegen außen scheinen die Erbauer weit mehr im Auge gehabt zu haben, als die Bedürfnisse gottesdienstlicher Gebräuche, für welche der Bau der Sage nach gebraucht wurde. Es heißt nämlich, das Denkmal sei früher dem Meere weit näher als jetzt gewesen und ein fremdes Volk sei zu Schiffe hierher gekommen, um religiöse Gebräuche in dem Gebäude zu verrichten. Mit dieser Überlieferung stimmen die Namen überein, die man mehren Theilen desselben

beigelegt hat; die Nischen nennt man Altäre und eine etwas hohle Stelle im Fußboden des einen größten Raumes, der 74 Fuß lang ist, wird als die Stelle bezeichnet, wo Opferfeuer brannten. Andererseits scheinen die felsenartige Stärke der Mauern, die engen Eingänge, zu deren große Löcher zu sehen sind, von etwa einem Fuß Durchmesser, offenbar bestimmt zur Aufnahme von Stangen oder Ketten, um mittels derselben den Eingang zu verrammeln, ja selbst der Name Riesenthurm auf einen Zufluchtsort zu deuten, und vielleicht war dies eine Nebenbestimmung vieler Tempel des Alterthums. Die äußern Mauern des Riesenthurmes, sowie eine kreisrunde Umzäunung in seiner Nähe gehören ohne Zweifel der celtischen Periode der Geschichte von Malta an, welche der phönizischen und karthagischen vorausging, aber mehre Theile des Riesenthurmes sind Zusätze einer spätern Zeit. Dahin gehören die thorartigen Eingänge, die sogenannten Altäre, ein Theil der innern Mauern und des Fußbodens, sämmtlich aus sorgfältig behauenen Steinen bestehend. In der größern Abtheilung findet sich ein Basrelief, das einen Seehund vorzustellen scheint, in der anstoßenden Abtheilung aber eine auf der Oberfläche behauener Steine nicht ohne Kunst ausgehauene Rolle. Münzen sind in dieser Gegend nicht aufgefunden worden.

Englands Premierminister seit 1754.

Tag der Ernennung.			Dauer der Amtsführung.					
5. April	1754.	1) Herzog von Newcastle	8 J.	1 Mon.	24 T.
29. Mai	1762.	2) Marquis v. Bute (John Stuart; geb. 1713, gest. 1792).	— =	10 =	18 =
16. April	1763.	3) George Grenville (geb. 1712, gest. 1770)	2 =	2 =	26 =
12. Juli	1765.	4) Marquis v. Rockingham	1 =	— =	21 =
2. August	1766.	5) Herzog v. Grafton	3 =	5 =	26 =
28. Jan.	1770.	6) Lord North (Graf v. Guilford; geb. 1732, gest. 1792)	12 =	1 =	3 =
3. März	1782.	7) Marquis v. Rockingham (zum zweiten Mal; gest. 1. Juli 1784)	— =	4 =	10 =
13. Juli	=	8) Graf v. Shelburne	— =	8 =	23 =
5. April	1783.	9) Herzog v. Portland	— =	8 =	22 =
27. Dec.	=	10) William Pitt (geb. 1759, gest. 23. Jan. 1806) .	17 =	2 =	18 =
17. März	1801.	11) Henry Addington (Lord Sidmouth; geb. 1755) .	3 =	1 =	25 =
12. Mai	1804.	12) William Pitt (zum zweiten Mal) . . .	1 =	7 =	27 =
8. Jan.	1806.	13) Lord Grenville (Sohn des Obigen; geb. 1759, gest. 1834).	1 =	2 =	5 =
13. März	1807.	14) Herzog v. Portland (zum zweiten Mal) . . .	3 =	3 =	10 =
23. Juni	1810.	15) Spencer Perceval (ermordet 11. Mai 1812) . . .	1 =	11 =	16 =
8. Juni	1812.	16) Graf v. Liverpool (Jenkinson, Lord Hawkesbury; geb. 1770, gest. 4. Dec. 1828)	14 =	10 =	3 =
11. April	1827.	17) George Canning (geb. 1770, gest. 8. Aug. 1827) . .	— =	3 =	30 =
10. August	=	18) Lord Goderich (Robinson, Graf v. Ripon; geb. 1781)	— =	5 =	15 =
25. Jan.	1828.	19) Herzog v. Wellington (geb. 1769)	2 =	9 =	28 =
22. Nov.	1830.	20) Graf Grey (geb. 1764)	3 =	7 =	19 =
11. Juli	1834.	21) Lord Melbourne (William Lamb; geb. 1779) . .	— =	4 =	5 =
16. Nov.	=	22) Herzog v. Wellington (zum zweiten Mal; provisorisch)	— =	— =	22 =
8. Dec.	=	23) Sir Robert Peel (geb. 1788)	— =	4 =	13 =
21. April	1835.	24) Lord Melbourne (zum zweiten Mal) . . .	6 =	4 =	10 =
31. August	1841.	25) Sir Robert Peel (zum zweiten Mal)			

Jeder der 24 (eigentlich nur 19, da 5 von ihnen zwei Mal vorkommen) zuerst genannten Minister, von denen sechs noch am Leben sind, war im Durchschnitte 3 Jahre 7 Monate 22 Tage im Amte. Das längste Ministerium war, wie man sieht, das von William Pitt; es wurde jedoch an Dauer noch übertroffen von dem des Grafen von Orford, Robert Walpole (geb. 1674, gest. 1745), der kurz vor dem Beginne des

hier betrachteten Zeitraumes 21 Jahre lang (1721—42) Premierminister oder, wie der eigentliche Titel lautet, „erster Lord der Schatzkammer" war; ihm folgte Lord Carteret. An dem jetzt in Wirksamkeit getretenen Toryministerium nehmen außer Robert Peel von den aufgezählten frühern Premierministern noch Lord Goderich und der Herzog von Wellington Theil.

Die Völkerschaften der Regentschaft Algier.

(Beschluß aus Nr. 450.)

Phlegma und Ruhe sind diejenigen Eigenschaften, welche den Fremden an den Mauren am meisten auffallen. Die zahlreichen maurischen Kaufleute sitzen den ganzen Tag mit gekreuzten Beinen regungslos, stumm, vor sich hinstarrend vor ihren Kramläden, die meisten aus langen Pfeifen von rothem Thon rauchend, auch wol abwechselnd eine Tasse Kaffee schlürfend. Die maurischen Handwerker aller Art, Schreiner, Drechsler, Uhrmacher, Schneider, Goldsticker, Waffenschmiede, Schuster (diese sind besonders zahlreich) u. s. w. arbeiten sämmtlich mit unerträglicher Langsamkeit und abgemessener Gravität. Man darf aber nicht glauben, daß hinter den schwermüthigen, sinnenden Gesichtern Gedanken ernster und bedeutender Art verborgen sind; der Mehrzahl nach sind die Mauren ebenso gedankenleer als wortkarg und der melancholische Ausdruck ihrer Gesichter deutet mehr auf Phlegma und Stumpfheit, als auf Resignation und Nachdenken. Aber eben ihres phlegmatischen Temperaments und friedlichen Sinnes wegen sind die Mauren den Franzosen nicht gefährlich und viele von ihnen stehen als Dolmetscher, Policeiagenten, Gendarmen u. s. w. im Dienste der französischen Regierung, während etwa ein Drittel aus Haß gegen die Christen ausgewandert ist. Die Zurückgebliebenen stehen jetzt mit den Franzosen, denen sie in den ersten Jahren jeden Verkehr vermieden, in gutem Vernehmen; schon durch den pecuniairen Gewinn, den viele Mauren von den Franzosen zogen, wurde ihre feindselige Stimmung gemildert, denn gewinnsüchtig und geizig sind sie in hohem Grade, weshalb auch Ehrlichkeit nicht zu ihren Tugenden gehört. Die maurischen Pflanzer sind von besserm, zutraulicherm Charakter als die Städter, die durch ihre Gewerbe eigennütziger und verschmitzter werden; zur Zeit der Fruchtreife werden viele Europäer von bekannten Mauren auf das Land eingeladen und von ihnen gastfreundlich aufgenommen. Mauren und Araber hassen einander.

4) Türken und Kuruglis. Die ersten Türken kamen 1516 unter dem Renegaten Horuk Barbarossa, dem berühmten Seeräuberfürsten, nach Algier; nach seinem Tode schickte auf Gesuch seines Bruders Khaireddin Barbarossa, der nachher Pascha von Algier wurde, Sultan Selim 2000 Janitscharen, die später durch neue Truppensendungen, sowie durch Werbungen von Freiwilligen in Konstantinopel und Smyrna verstärkt wurden. Viele Türken verheiratheten sich, wiewol sie dadurch einen Theil ihrer Vorrechte einbüßten, an Maurinnen; die Sprößlinge dieser Ehen heißen Kuruglis und werden von den eigentlichen Türken, denen sie fast in allen Eigenschaften gleichen, argwöhnisch bewacht. Jetzt beläuft sich die Zahl der Türken in der Regentschaft nur noch auf einige Tausende, von denen die meisten in Konstantine, die wenigsten in den Küstenstädten wohnen. Sie sind weniger hochgewachsen und knochenfest, aber fleischiger als die Araber und ihre schönen Gesichtszüge sind viel ausdrucksvoller und kräftiger als die der Mauren, dagegen sind ihre Augen viel weniger schön und verrathen Wildheit und Grausamkeit. Ihre Tracht ist der maurischen gleich, nur noch bunter und reicher. Sitten und Charakter sind dieselben, wie bei ihren Stammgenossen in der Türkei. Sie sind stolz, mäßig, tapfer und in Geschäften sehr ehrlich, als Bundesgenossen treu und zuverlässig und weniger fanatisch als die übrigen Mohammedaner. Zu ihren Fehlern gehören Habsucht, Grausamkeit, Trägheit und Ausschweifung. Allen übrigen Völkern der Berberei sind sie entschieden überlegen und selbst jetzt, nach dem Sturze ihrer Herrschaft, stehen sie unter den übrigen Stadtbewohnern in hohem Ansehen. Ein großer Theil der Türken und Kuruglis steht in französischen Diensten, besonders in Konstantine, wo sie mehre Corps bilden und gute Dienste leisten; die meisten aber sind vermögend und leben von ihren Renten. Ein Theil der Kuruglis treibt Kleinhandel und führt hübsche Stickereiwaaren, wohlriechende Essenzen, Pfeifenköpfe u. s. w.; sie überbieten nie, lassen aber auch nicht mit sich handeln und bedienen die Käufer mit Anstand und Höflichkeit. Im Umgange sind die Türken angenehm, lieben die geselligen Freuden und schließen sich auch dann nicht aus, wenn es gilt, Wein zu trinken.

5) Die Juden der Berberei haben sich in diesem Lande wahrscheinlich nach der Zerstörung von Jerusalem niedergelassen. Der Tradition nach landete jedoch die Mehrzahl von ihnen erst nach der Eroberung von Granada an der afrikanischen Küste und unter der Regierung des fanatischen Philipp vermehrten sich die Einwanderungen der Juden aus Spanien. In Bezug auf ihre Körperbildung sind die algierer Juden den europäischen im Allgemeinen überlegen, namentlich aber sind es die Weiber, welche die Jüdinnen in Europa an Schönheit weit übertreffen. Als Mädchen haben sie einen schlanken, zierlichen Wuchs, einen schönen, frischen und rosigen Teint und sanfte Züge, in der Ehe verliert sich der schlanke Wuchs bei den Meisten und macht in den dreißiger Jahren einer ziemlichen Fülle des Körpers Platz. Der Schnitt der Kleidung ist wie bei den Mauren, mit Ausnahme der die Waden bedeckenden Strümpfe; die Farbe der Stoffe ist immer dunkel und in der Regel schwarz, was selbst vom Turban gilt. Die Mädchen tragen ein wollenes oder seidenes, auf der Brust mit Gold und Silber durchwirktes, langes Kleid ohne Ärmel, während die Arme von dem feinen Musselinhemde nur halb bedeckt sind, um die Hüften ein das Kleid eng anpressendes seidenes Tuch, an den nackten Füßen gestickte Pantoffeln, um den Kopf ein seidenes, die langen reichen Haare nur zum Theil verbergendes Tuch. Die verheiratheten Frauen tragen einen höchst seltsamen Kopfputz, nämlich eine zwei Fuß hohe, von Silberdraht geflochtene Mütze, Sarmah genannt, um welche ein langer wallender Gazeschleier gewickelt ist. Die Gesichter der Jüdinnen sind in Folge eines frühern, jetzt freilich nicht mehr geltenden Gesetzes immer unverschleiert.

In ihrer Lebensweise kommen die Juden den Mauren ziemlich nahe. Sie wohnen in bescheidenen Häusern von maurischer Bauart, sind mäßig, trinken gern Kaffee und treiben zum größten Theil Handel; nur wenige sind Handwerker (Schneider, Schuhmacher, Blech- und Goldarbeiter, Waffenschmiede), um den Ackerbau aber kümmern sie sich gar nicht. Viele Araber, welche Vieh oder Getreide zu Markte bringen, brauchen die Juden als Vermittler und wollen ohne ihre Hülfe nicht verkaufen. Die Betriebsamkeit der Juden beginnt in frühester Jugend. Der Markt in Algier ist voll kleiner Juden, welche Käufern und Verkäufern ihre Dienste anbieten; arme jüdische Knaben aber treiben das Gewerbe des Stiefelwichsers und durchkreisen in dieser Eigenschaft die Straßen von Algier zu Hunderten. Die französischen Schulen, welche allen Eingeborenen offen stehen, werden fast nur von Juden besucht, deren Wißbegierde und geistige Fähigkeiten in der That außerordentlich sind.

Die jüdischen Mädchen zeigen sich vom 13. Jahre an bis zu ihrer Verheirathung nur sehr selten und nicht ohne wichtige Ursache auf der Straße und zeichnen sich durch Sittsamkeit und Anmuth gleich sehr aus. Sie sind häuslich und arbeitsam, waschen, nähen, sticken u. s. w. und sind ihren Ältern mit zärtlicher Liebe ergeben. Gewöhnlich heirathen sie in einem Alter von 13—16 Jahren, während die Männer sich beim Heirathen weniger an ein bestimmtes Alter binden und oft bis um 30. Jahre ledig bleiben. Statt daß der Mann etwas für die Frau bezahlt, wie bei den Mohammedanern geschieht, erhalten die Mädchen eine Aussteuer. Nimmt ein Mädchen von einem jungen Manne einen Ring an, so ist sie seine verlobte, rechtmäßige Braut, auf welche der Bräutigam nun ein rechtskräftiges Anspruch machen kann. Den Ehecontract macht der Rabbiner und die Hochzeitfeierlichkeiten, in gemeinschaftlichen Zusammenkünften und Mahlzeiten der Verwandten bestehend, wobei die Geschlechter getrennt sind, beginnen schon sechs Tage vor der Hochzeit. Am Hochzeitabend wird die Braut von Verwandten und Freunden, welche papierne Laternen tragen, abgeholt und in Procession, wobei zwei Greise sie an der Hand führen und der Haufe immerfort: „Juh! juh!" schreit, nach dem Hause des Bräutigams gebracht. Hier spricht der Rabbiner ein langes Gebet und der Bräutigam reicht der Braut einen goldenen Ring; dann nehmen die Gäste in der Säulenhalle Platz und unterhalten sich mit Essen, Trinken, Tanzen und Musik, was bis Mitternacht dauert, wo die Brautpaar allein gelassen wird und sich in das phantastisch ausgeschmückte Brautgemach begibt. Acht Tage nach der Hochzeit dürfen die jungen Gatten das Haus nicht verlassen.

Bei einem Todesfalle versammeln sich alle Weiber aus der Verwandtschaft um das Bette der Leiche und stimmen ein Klaggeschrei an, wobei sie einander ablösen; Diejenigen, welche nicht an der Reihe sind, sind munter und guter Dinge. Bei der Bestattung selbst werden mehre Geldstücke in die Ferne geschleudert, während die Träger in Eile die in Leinwand gewickelte Leiche in die Grube senken und mit Erde bedecken. Dies geschieht, um den in der Nähe lauernden Teufel, der sich des Todten bemächtigen will, durch das Geld wegzulocken und um seine Beute zu betrügen. Die Gräber der Juden sind schön und mit Denkmälern von weißem Marmor geziert. Die nächsten Verwandten eines Verstorbenen begeben sich am 30., 90. und 330. Tage auf den Kirchhof, um den Grabstein zu küssen und dabei Gebete zu verrichten.

6) Die Neger sind in den Küstenstädten ziemlich zahlreich und sind theils Freie, theils Sklaven, doch leben die letzern seit dem Ende der Deiherrschaft bei mohammedanischen Herren mehr in einer Art freiwilliger Knechtschaft. Die meisten von ihnen stammen aus dem westlichen Sudan, der kleinere Theil aus Guinea; das Klima ist ihrer Vermehrung nicht günstig, weshalb Negerkinder verhältnißmäßig selten sind. Alle Neger der Regentschaft sind sehr häßlich, besonders die alten, welche stark hervortretende Backenknochen, eine breite und eingedrückte Nase, einen großen Mund und stark aufgeworfene Lippen haben; die Weiber aber, welche das Gesicht größtentheils unverhüllt tragen, sind wegen der vielen Einschnitte in den Gesichtern noch häßlicher als die Männer, haben lange, herabhängende Brüste und einen sehr unangenehmen Geruch. Die Hautfarbe ist sehr selten dunkelschwarz und spielt meist ins Aschgraue, auch zuweilen ins Gelbe. In Kleidung und Sitten gleichen sie in den Städten den Mauren, auf dem Lande den Beduinen. Auch die freien Neger leben der Mehrzahl nach vom Tagelohn; nur wenige sind wohl-

habend, besitzen Landhäuser und treiben Gartenbau; einige sind in französische Dienste getreten. Diejenigen, welche noch immer als Sklaven dienen, werden ungemein mild behandelt und haben große Anhänglichkeit gegen ihre Herrschaften, was namentlich von den Negerinnen gilt, welche mit ihren Gebieterinnen jedes Schicksal theilen. Mehre Mauren in Algier sind mit Negerinnen verheirathet, wie denn überhaupt die Mohammedaner keinerlei Abneigung gegen die Neger haben.

Die algierer Neger sind nicht ohne Anlagen, namentlich lernen sie alle Sprachen leicht, sprechen sie jedoch sehr schlecht; sie sind immer guter Laune, lieben Tanz und Musik leidenschaftlich und treten bei Volksfesten als Spaßmacher des großen Haufens auf. Ihr Charakter hat viel gute Seiten; sie sind gutmüthig, treuer als jedes andere afrikanische Volk und großer Aufopferung fähig. Im Felde kämpfen sie tapfer und gehen dem Tode mit kühner Verachtung entgegen, weshalb die Leibwache Abd=el=Kader's, gleich der des Sultans von Marokko, ganz aus Negern besteht.

7) Die Mosabiten oder Beni=Mzab, ein interessantes, aber wenig bekanntes Volk, bewohnen drei Oasen der Sahara, scheinen aber ursprünglich aus Asien (vielleicht aus Kanaan) zu stammen; die Rabbiner halten sie für Nachkommen der Moabiter (also des Sohnes Loth's), welche wegen der Verfolgungen, die sie namentlich zu Josua's Zeit von den Israeliten zu erdulden hatten, nach Afrika gewandert zu sein scheinen. Die drei Oasen der Mosabiten haben theils wegen ihrer Entfernung von dem anbaufähigen Boden von Biledulgerid, theils wegen der Befestigung ihrer Städte wenig von außen zu fürchten, würden aber im Fall eines Angriffes den kraftvollsten Widerstand leisten. Gleich den Arabern haben sie Scheikhs, die eine weltliche und priesterliche Gewalt üben, und Kadis, welche die Gerichte erster Instanz bilden, aber keine Marabuts, statt welcher die Thalebs, welche lesen, schreiben und den Koran auslegen können, übrigens sich durch guten Lebenswandel auszeichnen müssen, ziemlich großen Einfluß üben. Verbrechen sind nirgend seltener, als bei den Mosabiten, welche sich im Allgemeinen durch Gemüthlichkeit und Sittenreinheit, Einfachheit und Biederkeit des Charakters empfehlen, große Achtung gegen das Eigenthum haben und sich besonders mit Gartenbau beschäftigen, außerdem auch lebhaften Handel treiben. Sie besitzen viele Kameele und einige Schafe und lieben die Löwen=, Gazellen= und Straußenjagd, ganz besonders aber die geselligen Freuden, weshalb sie sich Abends in ihren zahlreichen Kaffeehäusern versammeln. Die Frauen werden bei ihnen sehr gut behandelt, ja die Männer sind ihnen im Allgemeinen sehr zugethan und gelten für verliebt, weshalb auch Ehescheidungen selten sind, sie begnügen sich aber doch meist mit einer Frau; das Klima ist der Fruchtbarkeit der Frauen nicht günstig. Freiheit und Gleichheit wurzelt bei den Mosabiten wo möglich noch tiefer als bei den Beduinen; die vorhin genannten Beamten werden in öffentlichen Versammlungen gewählt und die Gewählten müssen nicht selten zur Annahme ihrer Würde gezwungen werden. Die Mosabiten sind fromm, ohne fanatisch zu sein; für gute Mohammedaner gelten sie freilich nicht, sondern für Ketzer, weshalb sie außer ihrer Heimat in den Moscheen nicht zugelassen werden. In Algier sind einige hundert Mosabiten ansässig, die mit ihrem Vaterlande in lebhaftem Verkehr bleiben und bei der ganzen übrigen Bevölkerung ihres friedlichen Wesens halber sehr beliebt sind. Sie besitzen das Monopol der Mühlen, der Bäder und Schlachthäuser, ein Privilegium,

das sie seit der berühmten Expedition des Kaisers Karl V. haben, zu dessen Niederlage die Mosabiten durch eine beträchtliche Subsidienzahlung nicht wenig beitrugen. Ihre Kleidung gleicht der arabischen; ihr Gesicht ist leicht gebräunt und zeigt interessante Züge von sanftem Ausdruck, während der der Augen schwermüthig und schwärmerisch ist.

Stahlstabgeläute.

Der kurzen Notiz über diesen Gegenstand in Nr. 318 fügen wir folgende ausführlichere Nachricht bei. In dem neuen Thurm der evangelischen Gemeinde zu Schleiden in der Eifel (preuß. Rheinprovinz) ist seit dem 4. April 1841 ein Stahlstabgeläute aufgehängt, das sich von den bisher gebrauchten dadurch vortheilhaft unterscheidet, daß es mit einer Resonanz versehen ist, wodurch es allein möglich ist, den Stahlstäben einen wirklichen Glockenton zu geben. Das Geläute besteht aus vier nach Art der Stimmgabeln gebogenen Stäben von Gußstahl, zusammen 634 Pfund schwer, welche frei in einer Resonanz hängen und durch hölzerne, mittelst einer Walze in Bewegung gesetzte Hämmer angeschlagen werden. Sie sind rein und harmonisch gestimmt; drei Stücke bilden den C-dur-Accord (C, E, G), der dritte hat den Ton Es und dient zum Anschlagen des C-moll-Accords. Gewiß war dies ein glücklicher Gedanke, da nun mit der Dur- und Molltonart abgewechselt werden kann, je nachdem das Geläute frohen oder traurigen Veranlassungen dienen soll. Die Töne sind übrigens angenehm und ihrer Reinheit und Harmonie wegen sehr ansprechend. Nach Belieben kann mit einem, zwei oder drei Stäben geläutet werden, da die Hämmer, welche nicht anschlagen sollen, durch eine Vorrichtung außer den Bereich der Daumen der sich drehenden Walze gebracht werden können.

Nordamerikanisches Bauholz.

Der Holzhandel wird fast auf allen amerikanischen Strömen, namentlich aber auf dem Mississippi und St.-Lorenz, sehr lebhaft betrieben und beschäftigt eine große Zahl von Menschen. Auf dem St.-Lorenz werden folgende Hölzer verflößt: Weißeiche, Weißfichte, Rothfichte, Ulme und Weißesche; die Preise, welche für dieselben in Quebeck durchschnittlich bezahlt wurden, sind 125, 37, 88, 37 und 83 Pfennige (1 Thaler = 300 Pfennige) für den Cubikfuß. Zum Schiffsbau werden verwandt: immergrüne Eiche, weiße Ceder, Robinie oder unechte Akazie, gelbe Eiche und langblättrige Fichte.

Die immergrüne Eiche wächst nur in den südlichen Staaten, in Virginien und südlicher bis zum Ausflusse des Mississippi, immer in geringer Entfernung vom Meere, nie über drei bis vier Meilen von der Küste, am häufigsten an Buchten, kleinen Flüssen und auf den fruchtbaren Inseln längs der Küsten. Sie erreicht in der Regel eine Höhe von 40—50 Fuß und wird 1—2 Fuß stark; zum Schiffbau wird ihr Holz wegen seiner großen Schwere nicht in großer Ausdehnung und nur in Verbindung mit Weißeiche und Ceder gebraucht. Die weiße Ceder ist das dauerhafteste amerikanische

Holz; sie wächst in den nördlichen Staaten, wird 45—80 Fuß hoch und hat oft über 10 Fuß im Umfange. Das Holz ist von rothbrauner Farbe und hat einen schwachen Wohlgeruch. Die Robinie wächst im ganzen Lande, aber besonders in den südlichen Staaten, wird über 70 Fuß hoch und über 4 Fuß dick und liefert ein hartes dauerhaftes Holz. Die gelbe Fichte auf den Westen, die langblättrige auf den Süden beschränkt, beide werden zu Schiffsmasten und Spieren verwendet. Der Reichthum des Landes an Bäumen ist außerordentlich, man zählt nicht weniger als 140 Arten, die im Lande einheimisch sind und über 30 Fuß hoch werden, während es in Frankreich und England deren etwa 30 geben mag.

Der Holztransport geschieht in Nordamerika auf Flößen, die mit Masten und Segeln versehen sind und durch lange Ruder oder Stangen gesteuert werden. Auf dem Lorenzstrom soll jedes Floß 21—35,000 Thaler werth sein. Die Ausdehnung der Flöße ist oft ungeheuer groß und es gibt deren von 300,000 Quadratfuß Oberfläche. Man kann sich denken, daß die Leitung so ungeheurer Holzmassen nicht geringe Geschicklichkeit erfodert, namentlich beim Passiren der Stromschnellen, die ihnen oft verderblich werden. Auf den Flößen sind kleine Häuser zur Wohnung der Flößer und ihrer Familien erbaut. In Quebeck werden die Flöße aufgebrochen und die Stämme und Klötze auf den in der Nähe dieser Stadt befindlichen zahlreichen Sägemühlen zu Planken, Bretern u. s. w. zerschnitten; doch wird das Holz auch zuweilen so, wie es ist, verschifft.

Glasspinnerei.

Herrliche Stoffe werden jetzt in der Seidenfabrik von Lamberti in Mailand aus Glasfäden gewoben; sie können sich mit den schönsten gold- und silberdurchwebten Stoffen messen, haben Muster, die den neuesten pariser und lyoner gleichkommen und sind besonders zu Zimmertapeten und Meubelüberzügen geeignet. Lamberti hat eine eigene Spinnerei und liefert das Gespinnst um 40 Procent billiger als die französischen Fabriken.

Herausgegeben unter Verantwortlichkeit der Verlagshandlung F. A. Brockhaus in Leipzig.

Das Pfennig-Magazin

für
Verbreitung gemeinnütziger Kenntnisse.

452.   Erscheint jeden Sonnabend.   [November 27, 1841.

Gottfried Wilhelm Leibnitz.

Leibnitz's Haus in Hanover.

Gottfried Wilhelm Freiherr von Leibnitz, einer der tiefsinnigsten Philosophen und größten Gelehrten, welche Deutschland besessen hat, ja einer der größten Denker aller Zeiten, wurde am 3. Juli 1646 zu Leipzig geboren, wo sein Vater, den er schon im sechsten Jahre verlor, Professor der Rechte war, und wurde nach dessen Tode von seiner vortrefflichen Mutter zu allem Guten angehalten. Schon früh äußerte sich in ihm eine nicht zu stillende Wißbegierde; er las schon als Knabe den Livius für sich allein, ja fast die ganze Bibliothek seines Vaters; den Virgil wußte er fast auswendig. Nachdem er die Nikolaischule in Leipzig be=

sucht, ging er aus dieser im 15. Jahre als ein Wunder von Gelehrsamkeit auf die Universität über, wo er sich mehr mit Mathematik und Philosophie als mit seinem (nominellen) Hauptstudium, der Rechtswissenschaft, beschäftigte, und wo Jakob Thomasius, der Vater des berühmten, sein liebster Lehrer war. Ein Jahr studirte er in Jena, vorher und nachher in Leipzig, wo er im 18. Jahre Doctor der Philosophie und Magister wurde. Als man ihm aber hier ungeachtet der glänzenden Beweise seiner ausgezeichneten Befähigung, die er durch mehre Schriften abgelegt hatte, die juristische Doctorwürde, um die er im 20. Jahre nachsuchte, seiner Jugend wegen verweigerte, erwarb er sie in Altdorf und ging von da nach dem nahen Nürnberg, wo er auf kurze Zeit in Verbindung mit einer sich daselbst aufhaltenden alchymistischen Gesellschaft trat, was seiner freilich nicht würdig war. Das Versprechen einer Anstellung im kurmainzischen Dienste, das ihm der kurmainzische Minister von Boineburg gab, der ihn an der Wirthstafel kennen lernte und von der Gründlichkeit, mit der er über Alles zu sprechen wußte, in Erstaunen gesetzt wurde, bestimmte ihn, nach Frankfurt am Main und von da 1667 nach Mainz zu gehen, wo er zum Beisitzer der Justizkanzlei ernannt wurde und dem Kurfürsten in diplomatischen Geschäften wichtige Dienste leistete, aber, an seinem Amte keinen Geschmack findend, mit dem Sohne seines Gönners, des Ministers von Boineburg, 1672 nach Paris ging, wo er sich mit Eifer der Mathematik widmete und mit dem berühmten Huyghens Umgang pflog. Den Antrag, der dasigen Akademie der Wissenschaften beizutreten, lehnte er wegen der damit verbundenen Bedingung des Übertritts zum Katholicismus ab und ging 1673, als sein Gönner gestorben war, nach London, wo er mit den berühmten Mathematikern und Philosophen Wallis, Bayle, Oldenburg und Newton in Verbindung trat. Von hier aus bewarb er sich, da der Kurfürst von Mainz inzwischen ebenfalls gestorben war, um eine Anstellung bei dem Herzoge Ernst August von Braunschweig=Lüneburg, der ihm eine Rathsstelle mit Gehalt und die Erlaubniß, seinen Aufenthalt im Auslande auf unbestimmte Zeit zu verlängern, bewilligte. Er kehrte nun auf 15 Monate, die den mathematischen Studien gewidmet waren, nach Paris zurück und ging dann über England und Holland nach Hanover (1676), wo die Einrichtung der dasigen Bibliothek anfänglich sein Hauptgeschäft war, aber mit historischen und staatsrechtlichen Arbeiten, chemischen, mathematischen und theologischen Untersuchungen abwechselte. Als ihm später des Herzogs Nachfolger, Georg Ludwig, nachmals Kurfürst von Hanover und König von Großbritannien (Georg I.), den Auftrag ertheilte, die Geschichte des Hauses Braunschweig zu schreiben, ging er 1687 nach Wien, um die nöthigen Quellen zu erforschen, und von da nach Italien; überall wurde er mit der ihm gebührenden Auszeichnung empfangen. Bei seiner Rückkehr nach mehrjähriger Abwesenheit wurde er 1696 zum braunschweig=lüneburgischen geheimen Justizrath und Historiographen (mit 1300 Thlrn. Gehalt, freier Equipage und Bedienten) ernannt, als welcher er zwar keine eigentliche Landesgeschichte schrieb, aber Urkunden in Bezug auf dieselbe in mehren Folianten herausgab. Im J. 1700 ernannte ihn der Kurfürst von Brandenburg, nachmaliger König von Preußen, Friedrich I., zum Präsidenten der von ihm erst gestifteten und nach Leibnitz's Rathe eingerichteten Akademie der Wissenschaften zu Berlin. Als der König 1713 gestorben war, ging Leibnitz nach Wien, um Kaiser Karl VI. zur Stiftung einer Akademie der Wissenschaften zu bestimmen; er wurde in dieser Residenz und insbesondere am Kaiserhofe auf das ehrenvollste aufgenommen und vom Kaiser auf die Empfehlung des Herzogs von Braunschweig=Wolfenbüttel zum Baron und Reichshofrathe mit einem Jahrgehalte von 2000 Gulden ernannt, ohne seinen eigentlichen Zweck zu erreichen. Fast noch mehr als der Kaiser ehrte ihn Prinz Eugen, der berühmte Feldherr, der, die Lernbegierde eines Schülers an den Tag legend, sich glücklich schätzte, wenn er sich mit Leibnitz unterhalten konnte. Schon früher, im J. 1711, hatte

dieser eine Unterredung mit dem russischen Zar Peter I. zu Torgau gehabt und demselben Rathschläge zur Civilisation des russischen Reichs ertheilt, wofür ihm jener Monarch den Titel eines Geheimraths und einen Jahrgehalt von 1000 Rubeln verlieh. Endlich gab ihm auch der Herzog von Braunschweig=Wolfenbüttel einen Jahrgehalt von 600 Thalern. Bei den Fürsten jener Zeit fand demnach sein Verdienst eine vollständige Würdigung und Anerkennung, wie sie nur sehr wenig Gelehrten in gleichem Grade zu Theil wird.

Die letzten Lebensjahre verbitterte ihm außer der Gicht der Streit mit Newton über die Erfindung der Differentialrechnung, deren Ehre sich Beide zuschrieben, aber Newton wol mit Unrecht, da diesem die Erfindung erst 1699 vindicirt wurde, also 15 Jahre, nachdem Leibnitz sie vollständig dargestellt hatte. Der Streit wurde mit der größten Erbitterung bis an den Tod Leibnitz's geführt, der im J. 1716 in seinem 71. Jahre erfolgte. Im Sommer desselben Jahres hatte Leibnitz in Pyrmont Hülfe gegen die Gicht gesucht und war hier abermals mit Zar Peter zusammengetroffen; nachher hatte er gestärkt eine Reise nach Halle zum Philosophen Christian Wolf gemacht. Bald nach seiner Rückkehr nach Hanover starb er, der wiederkehrenden Krankheit erliegend, nachdem er eben die Feder aus der Hand gelegt, in seinem Lehnstuhle am 14. Nov. 1716 und wurde an der Esplanade zu Hanover am Ende des Exercierplatzes unter einem einfachen tempelartigen Monumente mit der Inschrift: Genio Leibnitii, in welchem auch seine Büste von carrarischem Marmor aufgestellt ist, begraben. Seine Nichte, die an einen Pfarrer verheirathet war, fand nach seinem Tode in einer Kiste unter seinem Bette nicht weniger als 60,000 Dukaten, und dieser völlig unerwartete Anblick, da sie nicht geglaubt hatte, daß ein Weltweiser Geld hinterlassen könnte, machte auf sie (wie Zimmermann in seinem Buche von der Erfahrung erzählt) einen so gewaltigen Eindruck, daß sie Todes verblich.

Leibnitz war nie verheirathet und in seinem Hauswesen eben kein Muster von Ordnung; sein Äußeres anlangend, war er von mittlerm Wuchse, ging etwas gebückt und hatte eine einnehmende Gesichtsbildung. Er war heiter und im Umgange liebenswürdig; Jähzorn, Geldliebe und Eitelkeit waren indessen Fehler, die ihm zur Last gelegt werden. Meist bei Nacht studirend und gewöhnlich bis zwei Uhr nach Mitternacht arbeitend, widmete er dem Schlafe nur wenige Stunden und kam oft, wenn ihn eine Arbeit lebhaft beschäftigte, gar nicht ins Bette, sondern schlummerte nur in seinem Lehnstuhle und setzte beim Erwachen sogleich die abgebrochene Arbeit fort. So studirte er, in demselben Stuhle sitzend, oft mit sehr geringen Unterbrechungen Monate lang, fast ohne aufzustehen. Zum Essen hatte er keine bestimmte Zeit; nie unterbrach er dieses für die meisten Menschen so wichtige Geschäfts halber eine Arbeit, am liebsten befriedigte er die unabweisbaren Bedürfnisse des Magens erst kurz vor dem Schlafengehen.

Seine Hauptschriften (theils in französischer, theils in lateinischer Sprache verfaßt, außer welchen Sprachen er noch vieler andern mächtig war) sind: „Versuch einer Theodicee oder über die Güte Gottes, die Freiheit des Menschen und den Ursprung des Bösen", eins seiner letzten und berühmtesten Werke, das er auf Veranlassung der Königin Sophie Charlotte von Preußen schrieb; „Sammlungen zur braunschweigischen Geschichte"; „Coder des Völkerrechts" und „Etymologische Collectaneen". Nicht unerwähnt dürfen seine angestrengten Versuche bleiben, eine Vereinigung zwischen Protestanten und Katholiken zu Stande zu bringen; hierauf bezieht sich das von ihm herausgegebene „Systema theologicum", aus welchem man seine Hinneigung zum Katholicismus geschlossen hat.

Englands Eisenbahnnetz.

Von London gehen folgende zehn Eisenbahnen als ebenso viele Strahlen nach allen Himmelsgegenden aus.

a) Im Betrieb befindlich:

I. nordwestlich nach Birmingham (seit 17. September 1838) 112½ engl. Meilen.

II. westlich nach Bristol (seit 30. Juni 1841) . . . . . 118¼ = =

III. südwestlich nach Southampton (seit 11. Mai 1840) . 76½ = =

IV. V. südlich nach Brighton und Croydon (seit 14. September 1841 und 1. Juni 1839) . . . . 51 = =

VI. südöstlich nach Greenwich (seit 24. December 1838) . . 3¾ = =

VII. südöstlich nach Blackwall (seit 6. Juli 1840) . . 3½ = =

zusammen 315½ engl. = 68 deutsche Meilen.

b) Theilweise eröffnet:

VIII. östlich nach Colchester . . . . 51 = = wovon 17½ eröffnet.

IX. nordöstlich nach Bishop's-Stortford . . . . . . 32½ = = = 19 =

c) Noch gar nicht befahren:

X. südöstlich nach Dover . . . . . 79½ = =

An diese Bahnen schließen sich bis jetzt folgende an:

I. Bahn nach Birmingham . . . . 112½ engl. Meilen.

1) Flügelbahn nach Aylesbury (10. Juni 1839) . . . . 7 = =

2) (Midland-Counties-Bahn) von Rugby, einer Station der I. Bahn, nach Leicester, Derby und Nottingham (1. Juli 1840) . . . . 57 = =

3) von Leicester nach Swannington . . . . 16 = =

4) (Birmingham-and-Derby-Junction) von Hampton, einer Station der Bahn nach Birmingham, nach Derby (12. August 1839) . . . . 38½ = =

5) (North-Midland-Bahn) von Derby nach Leeds (und Sheffield) (2. Juli 1840) . 72¾ = =

6) von Sheffield nach Rotherham (1. November 1838) . . . . . . 5¼ = =

7) (York-and-North-Midland) von Methley (Station der fünften Bahn, 6 Meilen von Leeds) nach York (30. Juni 1840) . . . . 23 = =

8) (Great-North of England-Bahn) von York nach Darlington (31. März 1841) (wird bis Newcastle verlängert) . . . . 45 = =

9) von Stockton nach Darlington (4. October 1825) . . . . 43½ = =

10) von Stockton nach Hartlepool (1. October 1840) . . . . 8¼ = =

11) von Leeds nach Selby . . . . 22 = =

12) von Selby nach Hull (1. Juli 1840) . . . . 31 = =

13) von Manchester nach Leeds (mündet bei Normanton in die fünfte Bahn) (1. März 1841) . . . . 50 = =

14) (Grand-Junction) von Birmingham bis Newton, wo sie in die folgende Bahn mündet (3. Juli 1837) . . . . 82¾ = =

15) von Manchester nach Liverpool (eröffnet 15. September 1830) . . . 31 = =

16) von Crewe (Station der 14. Bahn) nach Chester (6. October 1840) . . 21 = =

17) von Chester nach Birkenhead (22. September 1840) . . . . . . 15 = =

18) von Manchester nach Birmingham 45 Meilen (mündet bei Crewe in die 14. Bahn); vollendet bis Stockport (11. Juni 1840) . . . . 5 = =

19) von Manchester nach Bolton . . . . 10 = =

20) (North-Union-Bahn) von Newton an der 16. Bahn bis Preston (31. October 1838) . . . . 25 = =

21) von Preston nach Lancaster (27. Juni 1840) . . . . 20½ = =

22) von Preston nach Wyre und Longridge (15. Juli und 4. Mai 1840), zusammen . . . . 26½ = =

23) von Bolton nach Preston 20½ Meilen, wovon eröffnet (4. Februar 1841) . 12 = =

24) von Bolton nach Leigh . . . . 10 = =

25) von Birmingham nach Gloucester (17. December 1840) . . . . . 52½ = =

Dies gibt zusammen über 840 englische (183 deutsche) Meilen.

II. Bahn nach Bristol (genannt große Westbahn) . . . . 118¼ = =

1) von Swindon nach Cheltenham (zur Verbindung mit der vorhin unter I. 26 erwähnten Bahn) 33 Meilen, wovon eröffnet (31. Mai 1841) . . . . 18 = =

2) von Bristol nach Exeter 75½ Meilen; eröffnet bis Bridgewater (1. Juni 1841) 32½ = =

Demnach ist dieses System bis jetzt nur 168¾ englische (36 deutsche) Meilen lang. Eine Bahn von Exeter nach Falmouth (104 englische Meilen) wird projectirt.

Von den übrigen, oben genannten von London ausgehenden Bahnen hat bis jetzt nur die nach Brighton führende (IV.) eine Zweigbahn nach Shoreham, 5½ Meilen (im Betriebe seit 12. Mai 1840); im Bau begriffen ist eine Zweigbahn der Eisenbahn nach Southampton (III.), von da nach Gosport unweit Portsmouth führend (16 englische Meilen). Die IX. Bahn soll bis Cambridge verlängert werden, von wo eine

Bahn nach Norwich und Yarmouth projectirt wird. Die X. Bahn (nach Dover) wird eine Zweigbahn nach Canterbury, Ramsgate und Margate erhalten. Hiernach bilden die sämmtlichen von London ausgehenden Eisenbahnen nebst ihren Verlängerungen und Zweigbahnen, soweit sie jetzt (bis zum Herbst 1841) vollendet und eröffnet sind, eine zusammenhängende Eisenbahnverbindung von beiläufig 1180 englischen oder über 250 deutschen Meilen.

Getrennt von derselben ist bis jetzt noch (außer andern kleinern Bahnen, die wir hier übergehen) das System der Bahn

von Newcastle nach Carlisle (10. Juni 1838) . . . . 60¼ engl. Meilen.

An dieselbe schließen sich folgende Bahnen an:

von Carlisle nach Maryport 28 englische Meilen, wovon eröffnet . . . . 9¼ = =
von Newcastle nach North-Shields (18. Juni 1839) . . . . . . 6¾ = =
Brandling-junction von Durham nach Newcastle (18. Juli 1839) . . . . 15¼ = =
von Durham nach Sunderland . . . . 29¼ = =

zusammen etwa 120 englische oder 26 deutsche Meilen. Die Isolirung dieses Systems wird in sehr kurzer Zeit ein Ende finden. Eine Bahn von Carlisle nach Penrith ist noch nicht vollendet.

Der Berg Ossa.

Der Berg Ossa, den die vorstehende Abbildung darstellt, zugleich mit dem Dorfe Baba, das zu der Stadt Ambelakia führt, liegt in der europäischen Türkei in der Sandschakschaft oder Provinz Trikala in demjenigen Theile des alten Griechenlands, der den Namen Thessalien führt. Einst war er nach der Sage der Wohnsitz der Centauren, jener fabelhaften Wesen, die halb Menschen, halb Pferde waren, hing mit dem Olymp zusammen, von dem er jetzt durch das Thal Tempe getrennt ist und wahrscheinlich durch ein Erdbeber losgerissen wurde, und gehörte nebst dem Pelion und Pindus zu den Bergen, welche die Giganten in ihrem Kriege mit den Göttern aufeinander thürmten, um den Himmel zu stürmen. Er enthält einen groben, graublauen Marmor mit Adern von feinerer Qualität.

Die Stadt Ambelakia am Ossa (mit 4000 Einwohnern) ist vermuthlich das alte Atracia, das von dem alten thessalischen Könige Atrax gegründet wurde. Nordöstlich von ihr liegt das türkische Dorf Baba am Flusse Salambria und zwar gleich dem Berge und jener Stadt am südlichen Ufer, während der Berg Olymp sich am nördlichen erhebt. Dieser Fluß hieß ehemals Peneus und entsteht durch die Vereinigung zweier Flüsse, die vom Pindus herabfließen und sich am Khan von Malakossi unweit des alten Äginiums vereinigen. Die Hauptquelle scheint bei Mezzovo am Fuße des Gebirges Zigos zu sein. Er heißt in seinem obern Theile auch Kachia, fließt nordöstlich, nimmt mehre Nebenflüsse auf, unter denen der Gura oder Apidanos und der Emikassos, beide von Süden kommend, am bedeutendsten sind, und ergießt sich in den Golf von Salonichi. Ehemals soll er die thessalischen Ebenen überschwemmt haben, bis das Erdbeben die Berge Ossa und Olymp trennte und das schöne Thal Tempe bildete.

Gedanken über Luftschiffahrt. *)

Wenn man die Geschichte der Luftschiffahrt durchgeht und sich der ersten Versuche erinnert, die theils mit glücklichem Erfolge, theils von schrecklichen Katastrophen begleitet, von Männern voll Eifer und Muth gemacht worden sind, um die Aufgabe der Luftschiffahrt zu lösen, so muß man ergriffen und von einer gewissen Bewunderung durchdrungen werden. Es ist bekannt, daß hinsichtlich der Luftballons Alles, was der verwegenste Muth des Menschen ersinnen kann, versucht worden ist, sodaß man sogar zwei so gefährliche Elemente, wie Feuer und brennbare Luft, miteinander verbunden hat und sich durch diesen furchtbaren Apparat, der alle Todesgefahren zu vereinigen schien, in den unermeßlichen Himmelsraum emportragen ließ. Es genügte nicht, sein Leben einem gebrechlichen Ball anzuvertrauen, der bald mit erwärmter und durch die Wärme ausgedehnter Luft, wie bei den Montgolfieren, bald mit Wasserstoffgas, wie bei den eigentlichen Luftballons, erfüllt war. Bezeugte es nicht die Geschichte und gehörten die Opfer solcher Unvorsichtigkeit nicht der neuesten Zeit an, man würde es kaum glauben, daß Menschen verwegen genug gewesen seien, um Feuer und Wasserstoffgas, eine Montgolfiere und einen mit brennbarer Luft gefüllten Ballon zu verbinden, wie Pilatre de Rozier that, um das Gas mittels einer Lampe zu erwärmen, wie der Graf Zambeccari, oder Feuerwerk an den Wänden des Ballons zu befestigen, wie die unglückliche Madame Blanchard. Beklagenswerth und tadelnswürdig ist eine Kühnheit, bei welcher man sein Leben auf das Spiel setzt, um ein wenig Ruhm zu erlangen oder die Neugierde des Volks bei öffentlichen Festen durch ein neues Schauspiel zu befriedigen. Fehler dieser Art haben die Zukunft einer Erfindung gefährdet, welche bestimmt schien, zu den schönsten Resultaten zu führen und den Menschen die größten Genüsse zu verschaffen. Fern sei es, den Muth dieser unerschrockenen Luftschiffer gering zu schätzen; es hieße ihr Unglück höhnen, wenn man die Versuche verdammen wollte, die mehre von ihnen bei dem Entstehen dieser neuen Kunst gemacht haben; sie glaubten, das Rechte gefunden zu haben, und einige ihrer Versuche waren scharfsinnig und geschickt berechnet; sie haben sich der Zukunft einer Entdeckung aufgeopfert, die sie fördern wollten. Unter andern wird man immer die unglaubliche Energie und Kaltblütigkeit bewundern müssen, welche der Graf Zambeccari bei allen seinen Versuchen und in den Gefahren, denen er sich aussetzte und die einer den kühnsten Unternehmungen geweihten Laufbahn endlich ein Ziel gesetzt haben, an den Tag gelegt hat.

Bei dieser Gelegenheit theilen wir den letzten Theil einer interessanten Beschreibung seiner Luftfahrt zu Bologna am 21. Aug. 1804 mit: „Zambeccari beschloß sich herabzulassen, und der Ballon gehorchte dem Willen der ihn Lenkenden, wovon Tausende von Zuschauern Zeugen waren. Als jener sich der Erde näherte, schwebte er einige Zeit über einer morastigen Gegend; als aber Zambeccari und sein Freund ein paar hundert Schritte von da entfernt ein Feld erblickten, wo sie nichts zu fürchten hatten, so ließen sie sich herab und warfen den Anker aus, der in den Zweigen einer Ulme faßte. Die Bewohner eilten herbei und bezeugten ihre Freude durch Flintenschüsse; aber noch im Hafen erwartete die Landenden der Schiffbruch. Der Ballon sank in schiefer Richtung herab, einerseits den Gesetzen der Schwere, andererseits der Gewalt des Windes folgend. Kaum war der Anker hinreichend befestigt, als die Gondel einen Seitenstoß erhielt, der dem Ballon eine so geneigte Lage gab, daß der Weingeist der Lampe überlief und in Flammen gerieth. Augenblicklich theilten sich diese der Galerie mit, auf welche unglücklicher Weise Weingeist verschüttet worden war. Schon vom Feuer ergriffen und von der plötzlichen Gefahr bestürzt, hatten die Reisenden nicht Geistesgegenwart genug, augenblicklich die Steigkraft zu vermehren, um den Ballon an weiterm Sinken zu hindern; er fiel mit seiner ganzen Last zur Erde und dieser neue Stoß, welcher den ersten an Stärke übertraf, verschüttete eine solche Menge Weingeist, daß die Flamme auf allen Seiten um sich griff; um das Unglück zu erhöhen, theilte sie sich einer großen Flasche mit, die ungefähr 30 Pfund Weingeist enthielt, der sich sogleich mit starker Explosion entzündete; die merkliche Verminderung des Gewichts war Ursache, daß die immer noch am Anker festgehaltene aerostatische Maschine mit großer Gewalt emporstieg; Fall, Stoß und Gegenstoß, Alles war das Werk eines Augenblicks.“

„Die von Feuer umgebenen Luftschiffer riefen, man möchte am Seile ziehen; ihre Kleider brannten; ihre Geräthschaften, ihr Netz, die Galerie, Alles stand in Feuer. Zur Überlegung war keine Zeit; doch goß Zambeccari eine Flasche Wasser auf den Kopf und löschte so die Flamme, die seine Kleider ergriffen hatte. Andreoli ließ sich, um schneller zur Erde zu kommen, am Ankerseil herab, aber seine Übereilung und der Stoß waren Schuld, daß es ihm entglitt; er fiel sehr unsanft auf den Baum und auf die Erde. Sogleich erhob sich der beträchtlich erleichterte Ballon mit solcher Gewalt, daß es unmöglich war, ihn zurückzuhalten; die Schnelligkeit seines Steigens war furchtbar. Das Schwanken der Galerie dauerte sehr lange; man bemerkte es deutlich und es schien allen Zuschauern ein schlechtes Zeichen. So lange man Zambeccari mit den Blicken verfolgen konnte, sah man ihn beschäftigt, sich von dem an seinen Kleidern hängenden Feuer zu befreien und die ihn umgebenden brennenden Gegenstände zu löschen oder herauszuwerfen; aber bald verlor man ihn aus dem Gesichte; er wurde nach Nordwesten getrieben. Während dieser ganzen Katastrophe verlor Zambeccari den Muth nicht; aber welche Hülfe konnten ihm Gewandtheit und Scharfsinn in so verzweifelter Lage gewähren? Er wurde in so ungeheure Höhe getragen, daß ihm die Wolken, die er unter sich sah, nur wie ein grundloser Abgrund erschienen. Da sein Barometer beim Falle zerbrochen worden war, war es ihm unmöglich, die erreichte Höhe zu bestimmen. Seine schon vom Feuer verletzten Hände hatten bald von der empfindlichsten Kälte zu leiden.“

„Während er so zwischen Furcht und Hoffnung schwebte, wurde er von einem Luftstrome ergriffen, der ihn schnell über das adriatische Meer trieb. Um 2 Uhr Nachmittags wurde er von mehren Punkten wahrgenommen, aber in solcher Höhe, daß man den Gegenstand nicht unterscheiden konnte; man hielt ihn für ein Meteor. Allmälig sank der Ballon herab und fiel ins Meer, etwa 25 Seemeilen von der italienischen Küste. Ein Theil der Galerie tauchte unter. Zambeccari selbst war bis an den Gürtel eingetaucht; er hoffte an der Küste landen zu können oder ein Fahrzeug zu treffen, das ihn aufnähme. Traurig warf er die Blicke umher; aber ach! er sah nur Himmel und Wasser. Indessen verlor er den Muth nicht, er dachte, daß er von

*) Aus dem Französischen des Dr. Alex. Donné.

der Küste nicht sehr entfernt sein könnte, und hoffte, daß ihn der Wind gegen die Küste treiben würde. Nachdem er aber lange Zeit vergeblich gewartet hatte und nichts am Horizonte erscheinen sah, wollte er sich wenigstens gegen die Gefahren des Schlafes und der Erschöpfung schützen, indem er sich an ein Seil festklammerte, und zog daher das des Ankers, das neben ihm ins Wasser herabhing, an sich. Aber wie groß war sein Erstaunen, als er bemerkte, daß der Anker auf dem Grunde gefaßt hatte und folglich den Ballon an weiterer Fortbewegung hinderte. Es blieb ihm kein anderes Mittel übrig, als das Seil abzuschneiden; aber wie und womit? Er hatte kein Instrument und konnte nicht einmal seine Hände gebrauchen, da die rechte erfroren, die andere verbrannt war. Die Noth machte ihn erfinderisch; er zerbrach die Linse eines Fernglases, das er bei sich hatte, faßte das größte Stück mit den Zähnen und bediente sich desselben als einer Säge, um das Seil zu durchschneiden; endlich gelang es ihm, den Ballon flott zu machen. Hierauf wurde er, unterstützt von einem guten Winde und von der regelmäßigen Bewegung seiner Arme, die er wie Ruder brauchte, und aufrecht erhalten durch die Hoffnung, nach der Küste von Italien getrieben. Kaum hatte er auf diese Weise 15 Seemeilen zurückgelegt, als er sieben Fischerbarken traf, die von Magna Vacca kamen. Die Mannschaft war von panischem Schrecken ergriffen, als sie die außerordentliche Maschine auf dem Wasser sah, näherte sich daher langsam und mit vieler Vorsicht. Es war übrigens Zeit, daß der arme Zambeccari Hülfe erhielt; denn vier Stunden befand er sich nun in der See und die Gondel sank immer tiefer ein, sodaß er sich selbst bis an den Hals im Wasser befand; aber ungeachtet der ausgestandenen unerhörten Strapazen hielt die Kraft seines Geistes seinen Körper aufrecht und er brachte am Bord einer der Barken eine ruhige Nacht zu."

Damals kam Zambeccari mit dem Verluste zweier Finger davon; bei einer andern Luftfahrt brachte er eine ganze Nacht in der Luft zu; bei einer dritten fiel er abermals in das adriatische Meer, ganz erfroren von der Kälte der obern Regionen, zu denen er, ohne es selbst zu wollen, emporgestiegen war; endlich fand er den Tod ohne allen Nutzen für die Wissenschaft, indem seine Montgolfiere Feuer fing und er halb verbrannt herabstürzte.

Nach diesem schrecklichen Ende des muthigen Mannes, nach dem nicht minder schrecklichen Tode von Pilatre de Rozier, der mit seinem Gefährten Romain am 15. Juni 1785 am Ufer des Meeres bei Boulogne umkam, von wo er nach dem Beispiele Blanchard's, der kurz vorher eine glückliche Luftballonreise von England nach Frankreich gemacht hatte, durch die Luft nach England fahren wollte; nach dem Tode Olivari's in Orleans, Mosment's in Lille, Bittorff's in Deutschland; nach den neuern Unglücksfällen von Harris und Sadler in England wird es befremdlich erscheinen, wenn wir die Behauptung aufstellen, daß die Luftfahrten nicht eben sehr gefährlich sind und in weit geringerm Grade, als viele Reisen, die wir täglich theils zu Wasser, theils unter gewissen Umständen zu Lande ohne Bedenken und Furcht unternehmen. Die Gefahr hängt ab von dem Verhältnisse zwischen der Anzahl von Fällen, die damit verbunden sind, d. h. hier der Anzahl von Luftfahrten, und der Anzahl von Unglücksfällen, sowie man bei Vergleichung der Gefahr einer Seereise mit der einer Landreise zu Wagen oder auf einer Eisenbahn die Zahl der Personen, welche die Reise gemacht haben, in Rechnung nehmen und das

Verhältniß zwischen der Zahl der Unglücksfälle und der Zahl der Reisenden aufsuchen muß; aber insbesondere muß man die begangenen Fehler und Unvorsichtigkeiten in Betracht ziehen, z. B. die Verbindung des Feuers und des Wasserstoffgases bei einem und demselben aërostatischen Apparat. Es wäre ebenso unbillig, den Luftballons das in diesem Falle geschehene Unglück Schuld zu geben, als wenn man den Eisenbahnen den Tod eines Menschen zuschreiben wollte, der während der schnellen Fahrt der Locomotive aus dem Wagen springt. Berechnen wir aber die Zahl der Luftfahrten bis zum Jahre 1830, so finden wir, daß sie mehr als 1000 und die der Luftschiffer mehr als 200 beträgt; bei dieser ansehnlichen Zahl von Luftreisen und Luftschiffern in einem Zeitraume von 40 Jahren sind nicht mehr als neun umgekommen und zwar unter folgenden Umständen. Pilatre de Rozier und Romain bedienten sich eines mit Wasserstoffgas gefüllten Ballons, der mit einer durch Feuer aufgeblasenen Montgolfiere verbunden war; das brennbare Gas fing Feuer und die Luftschiffer wurden herabgeschleudert. Eine ähnliche Ursache führte den erzählten Tod Zambeccari's herbei, der sich einer Weingeistlampe bediente, um das Wasserstoffgas eines Ballons zu erwärmen und auszudehnen. Olivari war mit einer papierenen Montgolfiere gestiegen, die in der Luft Feuer fing. Die Ursache von dem Tode des Luftschiffers Mosment ist nicht genau ermittelt; er soll freiwillig und von ihm im voraus angezeigt gewesen sein. Auch Bittorff hatte sein Leben einem papierenen Luftballon anvertraut; von Madame Blanchard ist bereits die Rede gewesen. Harris wurde das Opfer einer von ihm versuchten lächerlichen Neuerung an der Klappe seines Ballons, die alles Gas schnell entweichen ließ. Der berühmte englische Luftschiffer Sadler ist der Einzige, dessen Tod als durch die Gefahren der aërostatischen Maschine selbst herbeigeführt betrachtet werden kann. In Folge eines zu langen Aufenthalts in der Atmosphäre sah er sich seines Ballasts beraubt und genöthigt, sich über hohen Gebäuden herabzulassen; die Heftigkeit des Windes trieb ihn gegen einen Schornstein und durch die Gewalt des Stoßes wurde er aus der Gondel geworfen. Die Geschicklichkeit und Zuversicht dieses Luftschiffers sind nicht in Zweifel zu ziehen und durch 60 frühere Luftfahrten erprobt; wir haben hier einen eigentlichen Luftschiffbruch, aber es ist der einzige, der diesen Namen verdient, unter mehr als 1000 Luftfahrten, welche mehr als 200 Personen unternommen haben, worunter 21 Frauen, nämlich 16 Französinnen, 3 deutsche Frauen, 1 Italienerin und 1 Engländerin. Seit 1830 hat sich die Zahl der Luftfahrten noch beträchtlich vermehrt. Der Luftschiffer Green hat seit dem 21. Juli 1821, dem Tage der Krönung König Georg's IV. von England, bis zum October 1840 gegen 250 Luftfahrten, wenn wir nicht irren, gemacht; bei seiner 221. legte er im Luftballon mit noch zwei Begleitern den Weg von London bis Weilburg in Nassau in 18 Stunden zurück (7— 8. Nov. 1836), und am 9. Aug. 1841 stieg er um Mitternacht auf, wobei sein Ballon erleuchtet war. Dlle. Garnerin in Paris machte am 26. Juni 1836 bereits ihre 39. Luftfahrt und ist seitdem noch mehrmals gestiegen. Außer den gedachten Luftschiffern machten in den letzten Jahren Ascensionen: Graham und dessen Frau in England, Reichard und dessen Tochter in Deutschland, Margat in Belgien, Richardson in Kalkutta 1836, Clayton in Nordamerika u. s. w.

Ist es demnach für bewiesen zu halten, daß die Luftballons als Reisegelegenheit nicht gefährlicher sind als Eisenbahnen und Dampfschiffe, so bleibt nur die Frage nach dem wissenschaftlichen Nutzen neuer Luftfahrten zu erörtern. Der berühmte Chemiker Gay-Lussac hat sorgfältig die chemische Zusammensetzung der Luft in verschiedenen Höhen geprüft und ist zu dem Resultate gelangt, daß von der Oberfläche der Erde an bis zu der gewaltigen Höhe von 21,600 pariser Fuß, in welcher das Barometer weniger als die Hälfte seiner gewöhnlichen Höhe zeigt (etwa 12 Zoll), der größten Höhe, welche der Mensch jemals erreicht hat und welche den Gipfel des Chimborasso um mehr als 1800 Fuß übertrifft, die Zusammensetzung der Luft, das Mischungsverhältniß ihrer Elemente sich nicht ändert. Gay-Lussac hat ferner gefunden, daß die magnetische Kraft in keiner Höhe über der Erde hinsichtlich ihrer Richtung und Intensität eine merkliche Änderung erleidet. Seine und Biot's Beobachtungen des Barometers, Thermometers und Hygrometers sind ohne Zweifel genau und richtig. Aber interessant wäre es, diese Beobachtungen von Zeit zu Zeit zu wiederholen, mit Benutzung aller Fortschritte der Wissenschaft sowol in den Instrumenten, als in den Beobachtungsmethoden und in der Theorie. Außerdem gibt es eine ganz neue Reihe von Versuchen, die in den weiten Gefilden der Luft anzustellen und mit Sorgfalt fortzusetzen wären: nämlich in Betreff der Elektricität der Luft, jenes mächtigen Stoffes, den man überall findet, in den größten wie in den kleinsten Erscheinungen der Natur, zwischen zwei Atomen wie zwischen den entferntesten Körpern, welche gleichsam den Himmel mit der Erde in Correspondenz setzt und vielleicht einmal allen andern natürlichen Erscheinungen der physischen Welt und der organischen Körper, deren einziges Princip und geheime Kraft sie ist, als Band dienen wird. Über diesen Punkt allein gibt es eine reiche Ernte von Entdeckungen für den Physiker, der sich in die Luft erhebt nicht ein Mal, sondern 10—20 Mal, ausgerüstet mit angemessenen Instrumenten und mit den Kenntnissen, die zu ihrem Gebrauche erfodert werden.

Das Studium der verschiedenen Arten von Wolken, ihrer äußern Formen, ihrer Bildung und innern Bewegungen wäre für die Meteorologie nicht minder wichtig, für jene große Wissenschaft, die noch ganz in ihrer Kindheit und für den Menschen fast die wichtigste ist, die ihm einmal, wenn er sie besitzt, gestatten wird, sich gegen die Elemente zu schützen, ihre Unregelmäßigkeiten und Revolutionen vorauszusehen, hinsichtlich welcher er fast ganz schutzlos ist, und so zur Bezwingung der physischen Natur zu gelangen, die den Zweck aller seiner Bemühungen bildet. Nur im Vorbeigehen erwähnen wir, wie wünschenswerth Aufschlüsse sein würden über die Änderung der blauen Farbe des Himmels in verschiedenen Höhen, über die Wirkung der chemischen Strahlen des Sonnenlichts, über die Polarisation der Atmosphäre, endlich über die Richtung der Winde, die, wie es scheint, in einer gewissen Höhe eine regelmäßige und beständige Richtung haben, gleich den Meeresströmungen, die man, weil sie der Schiffahrt so nützlich sind, so sorgfältig studirt. Nach den physischen Beobachtungen und Versuchen kommen die physiologischen, die gewiß in gleichem Grade wichtig und interessant sein würden. Man weiß, wie sehr die Verdünnung der Luft und die eigenthümlichen Eigenschaften, die sie in gewissen Höhen besitzt, den Blutumlauf, das Athemholen, die Wärme, die Gesammtheit der Functionen der organischen Wesen modificiren. Nichts ist in dieser Hinsicht interessanter,

als die Erzählung von den zuweilen schmerzhaften, oft aber angenehmen Empfindungen des Luftschiffers, wenn er die Erde verläßt, sich in die Luft erhebt, ihre verschiedenen Regionen durchschifft und sich zu den Grenzen, die dem Menschen zu erreichen verstattet ist, erhebt. Ja, wer kann sagen, welchen Nutzen die Heilkunde selbst von diesem mächtigen Mittel, einen Einfluß auf unsere Organe zu üben, ziehen könnte, wenn es regelmäßig und täglich zu ihrer Verfügung wäre, und wie viele unheilbare Nervenkrankheiten durch ein Luftbad in den höhern Regionen der Atmosphäre und in der sanft geschaukelten Gondel eines Luftballons vertrieben werden würden?

Endlich wäre der Luftballon in unsern Zeiten der Langweile und des Überdrusses eine Quelle lebhafter, neuer und unaussprechlicher Genüsse für eine Menge verwöhnter Menschen, die jetzt ihre lange Weile in die Ferne und durch tausend Mal größere Gefahren tragen, ohne sie loswerden und einen neuen Eindruck finden zu können.

Wie aber soll das bezeichnete Ziel erreicht, durch welche Mittel das wünschenswerthe System von Versuchen und Beobachtungen realisirt werden? Weder an die Regierungen darf man sich wenden, welche ganz andere Dinge zu thun haben und sich längst nicht mehr für Luftschiffahrt interessiren, noch an die Akademien, welche nichts Gemeinschaftliches mehr ausführen, noch an die großen Herren, die es ihrer nicht mehr würdig finden, einen Theil ihres Einflusses und ihres Vermögens einer großen wissenschaftlichen Unternehmung zu opfern. Aber was weder die Regierung, noch die gelehrten Körperschaften, noch die Reichen thun würden, kann ein Verein von Liebhabern, Neugierigen und Freunden der Wissenschaft ohne Schwierigkeit ausführen; es bedarf nur etwa eines Hunderts von Theilnehmern, um alle Kosten einer solchen Unternehmung zu decken, wofür ihnen nach Befinden, wenn sie nur selbst die Vorurtheile und Besorgnisse der Menge überwunden haben, der Genuß einer Luftfahrt zu Theil werden könnte. Die Furchtsamsten würden sich wenigstens dem an Seilen gehaltenen Ballon anvertrauen und nicht über die untersten Regionen der Luft hinausgehen, wie dies so oft zum Vergnügen in den Parks mehrer Großen geschehen ist; die Kühnsten würden sich dem Winde preisgeben und großartige Excursionen in die höhern Regionen unternehmen. Die Gelehrten aber würden sich von dem Unternehmen nicht nur nicht ausschließen, sondern hier wie überall wetteifern, um das Unbekannte zu erforschen und neue Wahrheiten zu entdecken.

Das galvanisirte Eisen.

Galvanisirtes Eisen nennt man Eisen, welches äußerlich mit Zink überzogen ist, sowie Weißblech verzinntes Eisen ist. Das Zink hat die Eigenschaft, daß es das Eisen gegen die orydirende Einwirkung von Luft und Feuchtigkeit schützt, und weil dieser Schutz auf dem Galvanismus beruht, indem Eisen und Zink, durch eine Flüssigkeit oder Feuchtigkeit verbunden, eine einfache galvanische Kette bilden, so hat man das verzinkte Eisen galvanisirtes genannt. Das Eisen wird hierbei nicht nur an den mit Zink bedeckten, sondern auch an den bloßgebliebenen Stellen, wenn diese nur keine zu große Ausdehnung haben, geschützt. Dieser Eigenschaft wegen ist das verzinkte Eisen dem verzinnten zu vielen Anwendungen vorzuziehen, denn durch

die Berührung mit Zinn wird das Eisen noch orydir-
barer, d. h. geneigter zum Rosten, als wenn es ganz
bloß ist, und bei nicht ganz sorgfältiger Verzinnung
werden die bloßgebliebenen Stellen sehr schnell zerstört.
Das Zink, womit das Eisen überzogen ist, orydirt sich
allerdings ebenfalls, wenn es einige Zeit mit der feuchten Luft in Berührung gewesen ist; allein die Oryda-
tion dringt nicht sehr tief ein, zudem wird die Oryd-
kruste sehr stark, haftet sehr fest an dem Metalle und
schützt dasselbe vielmehr, statt ihm nachtheilig zu sein.

Um eiserne Gegenstände zu verzinken, werden sie
gehörig gereinigt oder blank gemacht, dann in ein in
Kesseln aus starkem Eisenblech enthaltenes Zinkbad gebracht, auf welches man von Zeit zu Zeit gepulverten
Salmiak streut. Nach und nach bildet sich eine Legirung von Eisen und Zink, die zu Boden fällt, während, wenn das geschmolzene Metall nicht umgerührt
wird, das im obern Theile desselben befindliche Zink
ziemlich rein bleibt. Wird der Boden des Kessels
stärker als gewöhnlich erhitzt, sodaß er fast rothglühend
wird, so erhält man eine eigenthümliche Legirung,
welche über zwei Mal so viel Eisen als die gewöhnliche enthält, nämlich in 100 Theilen 90 Th. Zink
und 9¼ Th. Eisen.

Man kann alle eisernen Gegenstände verzinken,
z. B. Nägel, Ketten, Metallgewebe, Gitter, Pferde-
geschirre, Gartenwerkzeuge. Am meisten anwendbar ist
aber das galvanisirte Eisen als Blech. Dieses Blech
ist bereits im Großen zum Dachdecken, zur Verfertigung von Dachrinnen, Wasserleitungen über und unter
der Erde, Dampfröhren u. s. w., sowie zur Verfertigung von Zuckerformen benutzt worden. Es ist nicht
theurer als das bloße Eisenblech, steht auch mit dem
gewalzten Zink ziemlich in gleichem Preise, übertrifft
dasselbe aber dadurch, daß es viel zäher und biegsamer
ist und bei Feuersbrünsten weder schmilzt noch sich entzündet.

Dem Franzosen Sorel, der sich mit der Fabrikation
des galvanisirten Eisens vielfach und mit Glück beschäftigt hat, ist es gelungen, mittels einer nach dem
Daniell'schen Princip construirten Kette eine Zink-
schicht auf dem Eisen zu befestigen. Hierbei haftet das
Zink besser, als wenn das Eisen auf trockenem Wege
damit überzogen wird, und das so galvanisirte Eisen
ist vollkommen gegen das Rosten geschützt.

Die Bevölkerung von China.

Über die Bevölkerung von China lauten die Angaben
sehr verschieden. Balbi gibt in seinem großen Werke
nur 170 Millionen an, während in den neuerdings
von Panthier herausgegebenen statistischen Documenten
361,693,179 Seelen gezählt werden. Die frühern
Bevölkerungsberechnungen beruhen auf den alten Steuer-
listen, in denen nur die Personen zwischen 3 oder 5 und
60 Jahren und zwar nur aus den steuerbaren Familien verzeichnet sind. In den ersten anderthalb Jahrhunderten der christlichen Zeitrechnung fanden zehn
Zählungen statt: die erste vom Jahre 2 gibt 12 Mill.
Familien, die zweite vom J. 57 nur 4 Mill.; bis zum
J. 105 steigt die Zahl auf 9 Mill. und so bleibt sie bis
146; 155 werden 16 Mill. gezählt. Von 976 bis in
die Mitte des 13. Jahrhunderts fanden 16 Zählungen
statt: die erste (976) gibt 3, die zweite (997) 4,

die dritte (1021) 8½ Mill. Familien; von da steigt
die Zahl bis auf 20 Mill. (1102), aber das Jahr
1161 gibt nur 11 Mill., weil die herrschende Dynastie
der Song im J. 1125 alles Land nördlich vom Hoangho
und somit den dritten Theil des Landes und fast die
Hälfte der Bevölkerung verloren hatte. Im J. 1745
gaben die Steuerrollen eine Bevölkerung von 142
Mill. an; die Berechnung nach dem Umfange der damals angebauten Ländereien steigt auf 223 Mill.;
jene ist die letzte auf eine officielle Angabe gestützt. Daß
die Bevölkerung der herrschenden Meinung gemäß zwischen 360 und 400 Mill. betragen sollte, ist nach
dem Flächeninhalte (333 Mill. Hectaren) nicht sehr
wahrscheinlich.

Zugänge und Aufgänge der Newa.

Nach 123jährigen Beobachtungen (1718—1840) über
den Eisgang und das Gefrieren der Newa ergibt sich
Folgendes. Frühester Zeitpunkt, wo sich der Strom mit
Eis bedeckte: 28. Oct. (1805) spätester 26. Dec. (1826);
frühester Termin des Aufthauens 18. März (1822),
spätester 12. Mai (1810). Mittlerer Termin des Zu-
gangs 24. Nov., des Aufgangs 21. April. Im Mittel aus allen 122 Beobachtungen ist die Newa jährlich
146 Tage lang mit Eis bedeckt und 219 Tage lang
vom Eise frei. Nennt man die erstere Zeit die mittlere Winterdauer, die zweite die mittlere Sommerdauer,
so fand die kürzeste Sommerdauer (187 Tage) im
Jahre 1810, die längste Sommerdauer (279 Tage) im
Jahre 1822, die längste Winterdauer (191 Tage) im
Jahr 1806—7, die kürzeste Winterdauer (103 Tage)
im Jahre 1821—22 statt, sodaß die Extreme sämmtlich in das 19. Jahrhundert fallen.

Literarische Anzeige.

Herausgegeben unter Verantwortlichkeit der Verlagshandlung F. A. Brockhaus in Leipzig.

Das Pfennig-Magazin

für

Verbreitung gemeinnütziger Kenntnisse.

453.]　　　Erscheint jeden Sonnabend.　　　[December 4, 1841.

König Karl XII.

Karl XII., geboren am 27. Mai 1682, gestorben den 11. December 1718, einer der merkwürdigsten Fürsten, welche die Geschichte kennt, der nach Voltaire's Urtheile alle großen Eigenschaften seiner Vorfahren besaß und keinen andern Fehler hatte, als den, seine Tugenden zu übertreiben, war der Sohn des Königs Karl XI. von Schweden und der tugendhaften dänischen Prinzessin Ulrike Eleonore. Er wurde frühzeitig in allen für einen Fürsten erfoderlichen Geschicklichkeiten unterrichtet. Schon als Kind mußte er den Historiker Samuel Pufendorf lesen und in dem Alter von sieben Jahren konnte er bereits ein Pferd regieren. Durch die Leibesübungen, zu denen er durch sein Temperament vorzugsweise hingezogen wurde, härtete er frühzeitig seinen Körper ab, ein Umstand, der ihm später gar sehr zu statten kam.

Obgleich er als Kind sanft war, bestand er doch meist mit einer unüberwindlichen Hartnäckigkeit auf seinem Willen und nur durch den Sporn der Ehre konnte man ihn lenken, wohin man ihn wollte. So überwand man seinen Abscheu vor dem Latein damit, daß man ihm bemerklich machte, auch die Könige von Polen und Dänemark verstünden diese Sprache. Er lernte es nun sehr schnell und so gut, daß er es bis an seinen Tod sehr geläufig sprach. Gegen das Französische stemmte er sich noch mehr, doch lernte er so viel davon, als nöthig war, es zu verstehen; aber zum Sprechen dieser Sprache vermochte ihn keine Gewalt der Erde zu bewegen. Das Deutsche lernte er von allen Sprachen zuerst und sprach es so gut wie seine Muttersprache.

Als man ihn den Quintus Curtius übersetzen ließ, flößte ihm der Inhalt eine so außerordentliche Liebe für dieses Buch ein, daß Alexander der Große seinen Homer nicht höher geachtet haben kann. Einst fragte ihn sein Lehrer, was er von Alexander dächte. „Ich möchte ihm wol gleichen", antwortete Karl. „Aber er hat nur 30 Jahre gelebt", wandte der Lehrer ein. „Ist das nicht genug, wenn man Königreiche erobert hat?" entgegnete Karl mit Leidenschaft. Eines Tags besah er in dem Zimmer des Königs zwei geographische Karten, von denen die eine eine dem Kaiser von den Türken entrissene ungarische Stadt, die andere aber Riga, den Hauptort Lieflands, das seit einem Jahrhundert den Schweden gehörte, darstellte. Unter der erstern Karte standen die dem Buche Hiob entnommenen Worte: „Der Herr hat mir sie gegeben, der Herr hat mir sie genommen; der Name des Herrn sei gelobt." Als der Prinz diese Worte gelesen hatte, nahm er einen Bleistift und schrieb unter die Karte von Riga: „Gott hat mir sie gegeben, der Teufel soll mir sie nicht nehmen."

Als er elf Jahre alt war, verlor er seine Mutter, und vier Jahre darauf starb sein Vater und hinterließ ihm einen von außen geachteten Thron mit geordneten Finanzen und kriegerischen Unterthanen. Karl XII. war bei seiner Thronbesteigung nicht nur unbeschränkter und von außen unangefochtener Herr von Schweden und Finnland, sondern beherrschte auch Liefland und Ingermannland und besaß Wismar, Wiborg, die Inseln Rügen und Öfel und den schönsten Theil von Pommern, lauter Eroberungen seiner Vorfahren, die durch langen Besitz und die feierlichen Verträge von Münster und Oliva der schwedischen Krone zugesichert und durch die Furcht vor den schwedischen Waffen behauptet wurden. Durch den ryswyker Frieden wurde Karl XII. beim Antritt seiner Regierung der Friedensstifter Europas.

Nach den schwedischen Gesetzen, nach welchen die Mündigkeit der Könige mit 15 Jahren beginnt, wäre Karl XII. bei dem Tode seines Vaters mündig gewesen; aber dieser hatte die Mündigkeit seines Sohnes in seinem Testamente auf 18 Jahre hinausgerückt und bis dahin seine Mutter, Hedwig Eleonore von Holstein, zur Vormünderin des Königs und Regentin des Reichs bestellt. Die Regentin hatte schon unter dem vorigen König Theil an der Leitung der Geschäfte genommen und besaß einen außerordentlichen Ehrgeiz. Sie schmeichelte sich, unter ihrem Enkel die Freuden der Macht recht lange genießen zu können, und entfernte ihn auf alle Weise von den Geschäften. Auch schien sich der junge König ganz in ihre Wünsche zu fügen. Er brachte seine Zeit auf der Jagd zu, oder musterte die Truppen und zeigte durchaus keinen Verdruß über seine unwürdige Lage.

Einst hatte er — sein Vater war noch kein Jahr todt — eben Musterung über mehre Regimenter gehalten; der Staatsrath Piper war bei ihm und suchte ihn zu unterhalten. Der König aber war in eine tiefe Träumerei versunken. „Darf ich fragen, woran Ew. Majestät denken?" sagte endlich Piper, welcher ahnete, was in dem jungen König vorging. „Ich denke", erwiderte Karl, „daß ich würdig bin, über diese braven Leute zu herrschen und daß es für mich und sie besser wäre, nicht Befehle von einer Frau annehmen zu müssen." Piper faßte sogleich den Plan, der Königin Großmutter die Regentschaft zu entreißen und so sein Glück zu machen. Da er selbst nicht Ansehen genug besaß, wußte er den feurigen Grafen Axel Sparre ins Spiel zu ziehen. Dieser beredete die Regentschaftsräthe mit leichter Mühe, den eben versammelten Ständen die Sache vorzutragen. Auch hier wurde keine einzige Stimme gegen den von Piper ausgegangenen Plan laut, sodaß kaum drei Tage verflossen waren,

als man Karl XII. einstimmig die Regierung übertrug. Am Krönungstage, welcher auf den 14. Dec. 1697 fiel, hielt er, unter dem Jubelgeschrei des Volks, auf einem mit Silber beschlagenen Fuchse, den Scepter in der Hand, die Krone auf dem Haupte, seinen feierlichen Einzug in Stockholm. Der Erzbischof von Upsala verrichtete die Ceremonie der Salbung und Krönung. Als ihm dieser nach der Salbung die Krone auf das Haupt setzen wollte, entriß er sie seinen Händen und krönte sich selbst, indem er den Prälaten stolz anblickte.

Piper wurde nun sein Premierminister und bald darauf in den Grafenstand erhoben. Karl selbst erregte in der ersten Zeit seiner Regierung keine günstigen Erwartungen. Kein Mensch ahnete, was in ihm ruhte, am wenigsten er selbst. Da gab der Versuch dreier Fürsten, sich seine Jugend zu Nutze zu machen, seinen verborgenen Talenten plötzlich freien Spielraum. Diese drei Fürsten waren sein Vetter, König Friedrich IV. von Dänemark, der König August von Polen und der Zar Peter der Große. Die Gerüchte von den Rüstungen dieser drei mächtigen Fürsten setzten Schweden in Schrecken und den Reichsrath · in Furcht und Angst. Die großen Generale waren todt; der junge König berechtigte zu keinen Erwartungen. Er zeigte die größte Zerstreutheit, Gleichgültigkeit und Theilnahmlosigkeit bei den Berathungen über die nahende Gefahr. Dies bewog einige Räthe zu dem Vorschlage, den Sturm durch Unterhandlungen abzuwenden; da erhob sich auf einmal der junge Fürst mit dem Ernste und dem Selbstvertrauen eines überlegenen Geistes, der seinen Entschluß gefaßt hat. „Meine Herren", sagte er, „ich habe beschlossen, nie einen ungerechten Krieg zu führen, aber einen gerechten nur mit dem Untergange meiner Feinde zu endigen. Ich werde den zuerst angreifen, der sich zuerst erklären wird. Seine Besiegung soll den andern einige Furcht einjagen." Diese Worte versetzten die Räthe in ein freudiges Staunen. Voll Scham, weniger zu hoffen als er, empfingen sie mit Bewunderung seine Befehle für den Krieg.

Seit sich Karl zum Kriege rüstete, entsagte er den unschuldigsten Freuden der Jugend und fing ein ganz neues Leben an. Voll von dem Gedanken an Alexander und Cäsar beschloß er, Beide nachzuahmen, nur ihre Fehler nicht. Er entfernte von seiner Tafel jeden Ueberfluß und kleidete sich wie ein gemeiner Soldat. Er entsagte den Frauen auf immer, obgleich er für sie nicht unempfindlich war; denn seine Soldaten, die er unter der strengsten Mannszucht zu halten gedachte, sollten in Allem und Jedem ein Beispiel an ihm haben. Deshalb beschloß er endlich auch, fortan keinen Wein mehr zu trinken.

Um seinen Schwager, den Herzog von Holstein, dessen Gebiet von den Dänen überfallen und verwüstet worden war, zu unterstützen, sandte er 8000 Schweden nach Pommern. Damit war der große nordische Krieg eröffnet, der Schweden auf den Gipfel seines Ruhms, aber auch zugleich an den Rand eines Abgrunds brachte, der es gänzlich zu verschlingen drohte. Auf Seiten der Dänen standen Sachsen, Brandenburg, Braunschweig und Hessen=Kassel, auf Seiten Holsteins Schweden, Hanover, Holland und England. Am 8. Mai 1700 verließ Karl seine Residenz Stockholm, um nie wieder dahin zurückzukehren. Eine unzählige Menge Volks begleitete ihn unter Thränen bis nach Karlskrona, wo die schwedische Flotte auf ihn wartete. Er bestieg den „König Karl", das größte Schiff, das man bis dahin in Schweden gebaut hatte, und vereinigte sich alsbald mit den Flotten seiner Verbündeten. Bevor er sein Vaterland verlassen, hatte er in Stockholm einen Vertheidigungsrath niedergesetzt, der für Alles sorgen sollte, was die Flotte, die Armee und die Befestigung des Landes betraf, während der Senat alle übrigen Staatsangelegenheiten zu besorgen hatte, sodaß sich Karl ausschließlich mit dem Kriege beschäftigen konnte.

Auf den Vorschlag Karl's wurde Kopenhagen zu Lande und zu Wasser angegriffen. Bei der Landung fragte Karl, als er die Musketenkugeln pfeifen hörte, was das leise Pfeifen sei, das er vernähme. „Das kommt von den Flintenkugeln", sagte man ihm. „Gut", erwiderte der König, „das wird von jetzt an meine Musik sein." Der Umstand, daß während dieser Deutung der Erklärer eine Kugel in die Schulter bekam und ein Lieutenant an seiner Seite niedergeschossen wurde, hinderte ihn nicht, diese verhängnißvolle Musik über jede andere zu setzen. Dem Vorbilde seines großen Ahnen, Gustav Adolf, folgend, hielt er die strengste Mannszucht in seinem Lager. Täglich wurde zweimal, früh um 7 Uhr und Nachmittags um 4 Uhr, ein gemeinschaftliches Gebet verrichtet, bei dem er nie fehlte. Die Feinde, welche gezwungen wurden, Lebensmittel aller Art ins Lager zu bringen, waren nicht wenig erstaunt, als sie auch von dem geringsten Soldaten edelmüthig und ohne Verzug für Alles bezahlt wurden, was sie brachten. In dem Lager vor Kopenhagen herrschte eine bessere Policei als in Kopenhagen selbst, und die Bauern brachten lieber ihre Waaren in das feindliche Lager als in die Stadt, wo ihnen allerlei Unrecht geschah.

Der König von Dänemark sah sich bald genöthigt, mit den Schweden Frieden zu schließen (zu Travendahl den 18. August 1700), und mußte froh sein, daß Karl weiter nichts verlangte, als Gerechtigkeit für seinen Schwager, den Herzog von Holstein. Als dieser Friede zu Stande kam, schwebte Riga, die Hauptstadt Lieflands, in großer Gefahr, von den Polen genommen zu werden, und der Zar zog von Osten her an der Spitze von 100,000 Mann gegen die Schweden. Der Commandant von Riga, der alte, aber rüstige und kriegserfahrene Graf Alberg, wußte alle Bemühungen August's fruchtlos zu machen, sodaß diesem die Bitte der Holländer, welche viele Waaren in Riga hatten, er möge die Stadt ihretwegen schonen, sehr willkommen war, weil sie ihm Gelegenheit gab, die Belagerung mit Ehren aufzugeben.

Karl konnte sich nun mit ganzer Macht gegen seinen größten Feind, Peter den Großen, wenden. Er hatte gerechte Sache gegen ihn; denn Peter war mit 80,000 Mann in Ingermannland eingefallen, ohne daß ihm Schweden den geringsten Grund dazu gegeben hatte. Auch konnte der Zar selbst keinen andern Grund zu seinen Feindseligkeiten anführen, als den unbegründeten Vorwand, daß man ihm bei seiner Durchreise durch Riga, die incognito geschah, nicht genug Ehre erwiesen und seinen Gesandten zu Stockholm die Lebensmittel zu theuer verkauft hätte. Am 1. October 1700 erschien er mit seiner Armee vor Narwa; der Herzog von Croi hatte das Commando, Peter selbst aber den Rang eines bloßen Lieutenants. Narwa war fast ohne Befestigung und hatte nur ungefähr 1000 Mann regulairer Truppen zur Besatzung, welche von dem Baron von Horn befehligt wurden. Trotzdem widerstand es dem mit 150 Kanonen versehenen Feinde gegen zehn Wochen. Am 15. November erfuhr Peter zuerst,

daß sich Karl mit 20,000 Schweden näherte. Er suchte schnell noch eine zweite Armee zusammenzubringen und Karl zwischen zwei Armeen einzuschließen. Eine Meile vor Narwa waren 30,000 Mann, etwas weiter von diesen 20,000 Strelitzen und noch weiter eine Vorhut von 5000 Mann aufgestellt. Karl XII., der zu Pernau am Meerbusen von Riga ungefähr 16,000 Mann Infanterie und 4000 Mann Cavalerie ans Land gesetzt hatte, zog dieser furchtbaren Macht nur mit seiner Cavalerie und 4000 Mann Infanterie entgegen. Er stieß zuerst auf die als Vorhut aufgestellten 5000 Mann, welche eine Stellung hatten, in welcher 100 Mann eine ganze Armee aufhalten konnten. Trotzdem überließen sie sich, weil sie glaubten, Karl rücke mit einer ganzen Armee heran, einer wilden Flucht, an der bald auch die auf sie folgenden 20,000 Strelitzen und die andern Truppen Theil nahmen. So stand Karl alsbald vor dem von 150 Kanonen gedeckten Lager von 80,000 Mann. Obgleich seine 8000 Mann von dem langen Marsche todtmüde waren, gab er dennoch den Befehl zum Angriff. Als ihn ein Stabsoffizier auf die Größe der Gefahr aufmerksam machte, antwortete er mit dem Ausrufe: „Was, Sie zweifeln, daß ich mit meinen 8000 Schweden über zehnmal so viel Russen siegen werde?" und gleich darauf geschah der Angriff. Den 12. November 1700 um 12 Uhr drangen die Schweden mit gefällten Bayonneten in die Verschanzungen der Russen, von einem wüthenden Schneewetter unterstützt, welches den Russen ins Gesicht wehte. Die Flucht derselben wurde fast allgemein. Der rechte Flügel wollte sich über die Narwabrücke retten. Sie brach und der Fluß füllte sich mit Todten; dies trieb die Flüchtlinge wieder ins Lager zurück. Man vertheidigte sich aufs tapferste, aber umsonst; die meisten Generale der Armee ergaben sich; Karl wußte nicht, was er mit den Gefangenen machen sollte. Er ließ ihnen Kähne geben und sie nach Abgabe ihrer Waffen über die Narwa gehen, um in ihre Heimat zurückzukehren. So brach die Nacht ein und machte dem Kampfe ein Ende. Obgleich von den Russen über 18,000 Mann getödtet, viele ertrunken und noch mehr über die Narwa entkommen waren, so waren doch noch so viele im Lager, daß sie unter andern Umständen leicht hätten die Schweden bis auf den letzten Mann erdrücken können. Der König wußte das wohl und nahm die vortheilhafteste Stellung, um mit Anbruch des Tages das so glücklich angefangene Werk wo möglich auch glücklich zu beendigen. Er schlief, in einen Mantel gehüllt, einige Stunden auf der Erde. Während dieser Zeit hörte der General Wede, der die noch im Lager befindlichen Truppen befehligte, von dem huldreichen Betragen des Königs gegen die Truppen, die sich ihm Tags vorher ergeben hatten, und bat um dieselbe Gnade. Sie wurde ihm unter denselben Bedingungen. Nur die Generale wurden zurückbehalten; die Subalternoffiziere und Soldaten durften über die Narwa gehen und in ihre Heimat zurückkehren.

Hierauf hielt Karl seinen Einzug in Narwa, begleitet von den moskowitischen Generalen, denen er ihre Degen zurückgeben ließ. In dem Siegesberichte, den man aufgesetzt hatte, um ihn nach Stockholm zu senden, strich er mit eigener Hand Alles aus, was zu vortheilhaft für ihn, zu beleidigend für den Zar schien. Er konnte jedoch nicht verhindern, daß man in Stockholm eine Denkmünze schlug, die auf der einen Seite einen Russen, einen Dänen und einen Polen in Fesseln, auf der andern aber einen Hercules, der einen

*

Cerberus unter seinen Füßen hatte, mit der (lateini=schen) Umschrift zeigte: „Mit einem Schlage zerschmet=terte er Drei."

König August von Polen hatte nun Alles von Karl zu fürchten. Er verband sich deshalb auf das engste mit dem Zar und verabredete zu Birzen in Lithauen mit Peter Karl's Ruin; aber Karl wußte das Bünd=niß unschädlich zu machen. Er erschien im Frühjahre 1701, ein Paar Monate nach der birzener Conferenz, in Liefland bei Riga, wo die polnisch=sächsische Armee stand, und setzte seine Truppen auf eigenthümlichen Barken, deren Seitenwände, wie Zugbrücken, auf= und niedergelassen werden konnten, unter dem Schutze dicker Rauchwolken, die er durch Anbrennung nasser Stroh=haufen erzeugte, auf das südliche Ufer der Dwina. Als die Sachsen wieder einige Schritte vor sich sehen konnten, waren die Schweden im vollen Marsche gegen sie. Bei dem ersten Zusammenstoß beider Armeen wur=den die Schweden bis an den Fluß zurückgedrängt, aber von Karl ermuthigt, ergriffen sie mit verdoppeltem Feuer wieder die Offensive und die Sachsen wurden geschla=gen (Juli 1701). Karl eilte nach diesem Siege un=aufgehalten nach Kurland und von da nach Lithauen und zog mit nicht geringer Freude siegreich in dieselbe Stadt ein, wo man sich vor kurzem zu seinem Unter=gange verschworen hatte.

Hier faßte er den Entschluß, den König von Polen durch die Polen selbst zu entthronen. Am 5. Mai 1702 erschien er vor den Thoren Warschaus, die ihm sogleich geöffnet wurden. Hier erklärte er öffentlich, daß die Polen nicht eher einen Frieden von ihm zu erwarten hätten, als bis sie einen andern König ge=wählt haben würden. August bot nun Alles auf, seinem gefallenen Glücke durch eine Schlacht wieder aufzuhelfen. Er sammelte in Krakau seine Völker um sich und zog, als er stark genug zu sein glaubte, sei=nem Feinde entgegen. Bei Klissau zwischen Krakau und Warschau kam es am 9. Juli zu einer blutigen Schlacht, welche dem Schwager Karl's, dem jungen, durch Muth und Tapferkeit ausgezeichneten Herzog von Holstein, das Leben kostete, aber für den Kur=fürsten, wie alle bisherigen Unternehmungen gegen Karl, sehr unglücklich ausschlug. Jener verlor seine ganze Artillerie und Kriegskasse. Karl nahm Krakau mit Gewalt weg und verfolgte dann den Kurfürsten weiter. Obwol er durch einen Sturz mit seinem Pferde auf ein sechswöchentliches Krankenlager geworfen und ge=nöthigt wurde, von dieser Verfolgung abzustehen, und August diese Zeit gut benutzte, so konnte Letzterer doch durch nichts seine Entthronung hindern. Von der Nordsee bis zur Mündung des Dniepers, ja bis zu den Thoren Moskaus zitterte Alles vor Karl. Es fehlte ihm nur der Sinn Napoleon's, um sich zum Herrn von Europa zu machen. Nachdem er am 12. Juli Stanislaus Leszczynski feierlich hatte zum König wählen lassen, nahm er den abgesetzten König in dem festen und reichen Lemberg den letzten bedeutenden Platz weg, und nöthigte ihn selbst, sich nach Sachsen in seine Erbstaaten zurückzuziehen. Am 12. Februar 1706 kam es zu der Schlacht bei Fraustadt, in der sich zwei der ersten Feldherren ihrer Zeit, Renschild (Rehnschöld) und Schulenburg, gegenüberstanden. Der Kampf dauerte kaum eine Viertelstunde; der Sachsen und Russen bemächtigte sich eine solche panische Furcht, daß man über 7000 Gewehre mit voller Ladung auf dem Schlachtfelde fand. Bei dieser Gelegenheit kam auch ein ganzes Regiment Franzosen, welches 1704 in der Schlacht bei Hochstedt von den Sachsen gefangen worden

und nachher in sächsische Dienste getreten war, in die Gewalt der Schweden und trat noch denselben Tag in schwedische Dienste. Am 1. September 1706 war Karl in Sachsen. Die Bewohner flohen nach allen Seiten; der Name Schwede war ihnen fürchterlicher als der Tod, doch als Karl erklärte, Jeder, der seine Contribution bezahlen würde, sollte wie sein Unterthan behandelt, sonst aber ohne Gnade verfolgt werden, ka=men die Flüchtigen haufenweise zurück, denn man wußte, daß Karl stets sein Wort gehalten habe. Er schlug sein Lager bei Altranstädt in der Nähe von Lützen auf und ließ sich sogleich an die Stelle führen, wo sein großer Vorfahr Gustav Adolf gefallen war. „Ich habe zu leben gestrebt, wie er", rief er bewegt, „vielleicht gibt mir Gott einmal einen ebenso glor=reichen Tod."

(Die Fortsetzung folgt in Nr. 454.)

Der Musivboden in Salzburg.

Im vergangenen Frühjahre hat man in Salzburg auf dem Michaelsplatze an der für Mozart's Stand=bild ausersehenen Stelle bei den Arbeiten, welche der Aufstellung des Denkmals vorausgehen mußten, in einer Tiefe von 8—10 Fuß unter dem Boden einen römischen Mosaikboden entdeckt, der in Arabesken von gelbem und dunkelblauem Material nebst einigem Laub=werke ausgeführt ist und ein Viereck, das ungefähr 400 Quadratfuß einnimmt, bildet. Die Oberfläche ist vollkommen erhalten und ohne bemerkbare Beschä=digung. Etwa einen halben Fuß tiefer fand man einen zweiten ältern Mosaikboden von feinerer Arbeit, mit der Inschrift: „Hic habitat.... nihil intret mali", d. h. „Hier wohnt... nichts Böses möge hin=eingehen", wo die Lücke mit dem Namen des Eigen=thümers oder einer Gottheit ausgefüllt gewesen sein muß. Das Viereck ist umgeben von solidem Mauer=werk, das zum Theil aus antiken Ziegeln besteht und nur noch an einzelnen Stellen über die Oberfläche des Musivbodens vorragt. An denselben schließt sich ein kleines Cabinet mit gleichfalls vollkommen erhaltener Mosaik an, dessen eine Seitenwand noch rother Farbe, mit Laubwerk und Vögeln ausgeschmückt ist. Malereien und Mosaiken tragen das Gepräge des 3. oder 4. Jahrhunderts nach Christus. In den klei=nen Mosaiken ist das Zeichen des Kreuzes auffallend. Verschiedene andere Mauern und Kanäle laufen vom Mosaikboden aus. In der Nähe desselben hat man einige bronzene Münzen aus der Zeit Konstantin's des Großen und einige rothe Schalen gefunden, sonst aber nichts von Metall, Marmor u. s. w.; in den Gruben zunächst am Gemäuer sollen auch Thierknochen, be=sonders von Schweinen, aufgefunden sein. An einer Seite ist eine große Masse schwarzer brandiger Erde ausgegraben worden, deren Beschaffenheit auf eine fort=während mit Feuerung verbundene Manipulation oder einen gewaltsamen Brand deutet. Für Mozart's Standbild, dessen Aufstellung durch den unerwarteten Zwischenfall eine bedeutende Verzögerung erleidet, braucht nach den neuesten Nachrichten kein anderer Platz aus=gewählt zu werden, da man zu dem Entschluß gekom=men ist, die aufgefundenen Mosaiken von dem Fundort wegzunehmen und an einer andern passenden Stelle, wo sie vor den Einflüssen der Witterung geschützt sind, neu zu legen.

Die Meteorenklöster in Griechenland. *)

Die Zahl der Meteorenklöster — von denen die Abbildung eins zeigt, das Kloster Barlam — ist von 18 auf 10 geschmolzen. Sie stehen gleich Adlernestern auf steilen Felsen, deren durchschnittliche Höhe 400 Fuß beträgt; unter dem höchsten derselben liegt das Dorf Kalabaki. Lebensmittel, Brennmaterial u. s. w. werden mittels eines Seils und einer Rolle emporgezogen und auch für Menschen, welche den Mönchen einen Besuch abstatten wollen, gibt es keinen andern Weg. Die Letztern sind sehr unwissend und wissen nicht einmal über die Geschichte ihrer Klöster Auskunft zu geben. Das Kloster Barlam hat einen Umfang von etwa 600 Fuß; eine umfassende Aussicht sucht man auf dieser Höhe vergebens, da sie durch die übrigen Felsen und ihre Klöster beschränkt ist. Die Bibliothek enthält nicht über 300 Bände.

Bilder aus Sibirien und vom nördlichen Eismeere. **)

1. Jakuzk.

Jakuzk trägt ganz den Stempel des kalten, düstern Nordens. Die Stadt liegt im östlichen Sibirien auf einer kahlen Fläche am linken Ufer der Lena, eines der größten Ströme der Erde. Die breiten Gassen werden durch unscheinbare Häuser und Hütten gebildet, die von hohen hölzernen Geländern umgeben sind. Keinen Baum, keinen fröhlich grünenden Strauch erblickt hier das Auge, nur graue Balken und Breter; allein die Abwesenheit des Schnees, der doch vielleicht das traurige Bild noch belebte, erinnert an den Sommer. Die Stadt Jakuzk hat 4000 Einwohner; sie besteht aus ungefähr 500 Häusern, 5 Kirchen, von denen zwei von Holz sind, und einem Kloster. Eine alte hölzerne Festung (Ostrog) mit ihren verfallenen eckigen Thürmchen, von den Kosacken, den Eroberern Sibiriens,

*) Vgl. Nr. 311.

**) Im Auszug aus der Reise des kaiserlich-russischen Flottenlieutenants Ferdinand von Wrangel längs der Nordküste von Sibirien und auf dem Eismeere in den Jahren 1820—24.

im Jahre 1647 erbaut, ist die einzige Merkwürdigkeit der Stadt und für die Einwohner derselben, die dabei der Tapferkeit ihrer Vorfahren gedenken, ein Gegenstand des Stolzes. Seit den letzten 50 Jahren hat sich die Stadt bedeutend gehoben. Die pyramidenförmigen Hütten (Jurten) der Jakuten, die sonst zwischen den Bürgerhäusern verstreut waren, stehen nicht mehr, und die Eisfenster (im nördlichen Sibirien vertreten in die Fensteröffnung eingesetzte Eisplatten die Stelle der Glasscheiben), ja selbst die aus Marienglas sind meistentheils in Folge des wachsenden Wohlstandes und der rühmlichen Sorgfalt des Oberbefehlshabers der Provinz den gläsernen gewichen. Jakuzk ist der Mittelpunkt des innern Handels von Sibirien. Aus den entlegensten Gegenden Sibiriens, von den Küsten des Eismeers, von Ochotsk, Kamtschatka und den südlichern Gebirgen werden hierher die kostbarsten so gut wie die geringern Pelzwaaren der verschiedensten Art, Wallroßzähne und die seltsamen Reste der Vorwelt, die Mammuthsknochen, gebracht und während der zehn Wochen, die man hier Sommer nennt, verkauft und vertauscht; der Umsatz beläuft sich auf 2½ Millionen Rubel. Kaum ist die Lena vom Eise befreit, so eilen die Kaufleute von Irkuzk herbei und bringen zum Eintausch, was zum Leben in dieser armen Gegend nöthig ist, vor allen den tscherkessischen Blättertaback, dann Getreide und Mehl, Thee, Zucker und Branntweine, allerlei seidene, wollene und baumwollene Stoffe, Geräthschaften u. s. w. Die Einwohner müssen sich dann in dieser Zeit schnell mit allem nöthig versehen, weil nach Verlauf derselben die Waaren, die dann bei den Krämern noch zu bekommen sind, ganz ungemessen im Preise steigen. Diese Zeit des Handels und Verkehrs ist freilich nicht ein Jahrmarkt oder eine Messe nach unsern Begriffen; öffentlich ausgestellte Waaren, Volksbelustigungen u. s. w. würde man hier umsonst suchen; denn die Waaren sind in Häusern und Höfen verborgen, die Geschäfte werden dort ganz in der Stille abgemacht und als etwas Geheimes behandelt, da Niemand Andere gern wissen läßt, mit wem er verkehrt hat. Die fremden Kaufleute schließen auch fast nie untereinander, sondern nur mit den Einwohnern der Stadt Geschäfte ab. Diese sind theils Bürger und Kaufleute, theils Kosacken, und beschäftigen sich sämmtlich fast ausschließlich mit Verkauf der vorher von den Jakuten der Umgegend eingehandelten Pelzwaaren. Die dortigen Russen treiben fast gar kein Handwerk; dagegen finden sich unter den Jakuten, die sich hier angesiedelt haben, ganz tüchtige Zimmerleute und Tischler, ja sie sind es auch, welche Heiligenbilder und Schnitzwerke recht gut zu fertigen wissen.

Geistige Bildung dürfen wir zu Jakuzk nicht eben suchen; der Heiligenkalender ist bei den meisten Bewohnern die einzige Lecture, höchstens noch der allzeitfertige Briefsteller von Kurganow oder der petersburger Kalender. Die neugeborenen Kinder werden gewöhnlich sogleich zur Auffütterung irgend einer Jakutin übergeben, die sie dann nach ungefähr drei Jahren den Ältern wiederbringt; daher ist es zu erklären, daß die jakutische Sprache selbst bei den Vornehmen als Umgangssprache eine Hauptrolle spielt. Die heranwachsenden Kinder werden von einem Priester oder Kirchendiener ein wenig im Lesen, Schreiben und der Religion unterrichtet und dann und nach in die Geheimnisse des Pelzhandels eingeweiht.

So berühmt und beinahe sprüchwörtlich die Gastfreundschaft der Bewohner von Jakuzk in Sibirien auch ist, so finden dieselben doch nur selten Gelegenheit, sie zu üben, da sich nur wenige Reisende in diese Einöden verirren. Gewöhnlich verbringen sie ihre lange Muße unter sich bei lärmenden Mahlzeiten und Trinkgelagen. Nach dem stets sehr reichlichen Mittagsmahle, bei dem der Naliwki, das ist ein mit Beeren und Zucker vermischter Branntwein, nicht gespart werden darf, setzen sich die ältern Herren zum Spieltische und führen das Punschglas fleißig zum Munde, die Damen aber lassen sich's wohl sein bei der dampfenden Theemaschine und einem Teller mit gedörrten Cedernüssen, die fleißig geknackt werden; unterdessen unterhält sich die lebensfrohe Jugend durch ein Tänzchen nach den Tönen des hier allein gekannten musikalischen Instruments, der Gußli, die einer liegenden, mit Metallsaiten bezogenen Harfe gleicht. Das Einerlei des hiesigen Lebens unterbricht höchstens einmal eine in der übrigen Welt längst vergessene Mode, die zufällig hierher verschlagen, Bewunderung, Nacheiferung und Neid erweckt; denn auch zu Jakuzk putzt man sich gern.

2. Die Jakuten.

Die Jakuten, eine der Völkerschaften Sibiriens, werden für einen ausgearteten tatarischen Volksstamm gehalten, und Gesichtsform und Sprache bestätigen diese Überlieferung. Eigentlich sind sie ein Hirtenvolk, dessen Reichthum fast nur in den Heerden von Hornvieh und Pferden besteht, die ihnen Unterhalt gewähren. Allein der große Überfluß von Pelzthieren in ihren endlosen Wäldern, sowie die guten Preise, welche die Russen ihnen für das Pelzwerk zahlten, machten sie zu leidenschaftlichen Jägern von nie ermüdendem Eifer und erstaunlicher Geschicklichkeit. Durch frühzeitige Gewöhnung sind sie zu Entsagungen jeder Art und Ertragung von Beschwerden, deren das traurige Klima ihres Landes ihnen viele zu überwinden gibt, geschickt; namentlich scheinen sie gegen Hunger und Kälte gleich unempfindlich zu sein. Gesäuerte Kuh= und Stutenmilch ist ihr Getränk, Pferde= und Kuhfleisch, das sie nur zu kochen, nicht aber zu braten verstehen, ihre Speise; der Gebrauch des Brotes ist ihnen unbekannt. Ihr größter Leckerbissen ist Fett, dessen Übermaß sie glücklich macht; dies genießen sie ebenso gierig roh als geschmolzen, frisch als verdorben; denn es kommt ihnen nur auf die Menge, nicht aber auf den Wohlgeschmack der Nahrungsmittel an. Die innere Rinde des Lärchenbaums oder der Fichte wird geschabt oder gestampft, theils als Würze, theils die Masse zu vermehren, mit Fischen, etwas Mehl und Milch, vorzüglich aber Fett vermischt, zu einem Brei gekocht und dann in ungeheurer Menge verzehrt. Die sogenannte jakutische Butter aber, welche aus Kuhmilch bereitet eher dem Käse gleicht, ist, selbst ohne Brot genossen, schmackhaft. Männer und Weiber sind leidenschaftliche Liebhaber des Tabackrauchens und zwar ist ihnen der schärfste Taback, besonders der tscherkessische, der liebste. Der Rauch dieses Tabacks, den sie immer verschlucken, versetzt sie in einen der Trunkenheit ähnlichen Zustand der Betäubung, bei dem man sich vor ihnen zu hüten hat. Auch der Branntwein ist ihnen leider nicht unbekannt geblieben, und da sie demselben nicht abgeneigt sind, so spielt derselbe so gut wie der Taback eine Hauptrolle bei dem Verkehr der russischen Pelzhändler mit ihnen. Die Wohnungen der Jakuten sind doppelter Art. Im Sommer bewohnen sie die Uroßy, leichte Zelte von der Gestalt eines Kegels, aus Stangen zusammengestellt und mit Birkenrinde bedeckt, die zuvor in großen Stücken abgeschält, durch Kochen erweicht und zusammengenäht wird. Diese schlagen sie bald da bald dort auf den grasreichen Wiesen auf, auf denen ihre Heerden weiden, unaufhörlich beschäftigt, die nöthigen Heuvorräthe für den langen Winter zu bereiten. Kommt dieser heran, so beziehen sie die Jurten, aus dünnen Baumstämmen über der Erde erbaute und mit Rasen, Lehm und Gras von außen dick belegte Hütten in Form einer abgestumpften Pyramide. Die Wohnung zu erhellen, dienen ein paar ziemlich kleine viereckige Öffnungen, in die im Winter Eisplatten, im Sommer aber Fischblase oder mit Öl getränktes Papier statt des Glases eingesetzt sind; der Fußboden ist gewöhnlich aus Lehm gestampft, und nur bei den Reichern mit Bretern gedielt. Die längs den Wänden aus liegenden Stangen erbauten breiten Sitze dienen Nachts als Schlafstellen und sind daher gewöhnlich nach der Anzahl der Bewohner oder doch der Ehepaare durch leichte Scheidewände abgetheilt. In der Mitte der Jurte befindet sich eine Art von Herd oder offenem Kamin, der Tschuwal, mit einem Schornstein zum Dache hinaus, auf dem beständig Feuer unterhalten wird, theils um die Hütte zu erwärmen, theils um die Speisen zu bereiten. An den Wänden hängen Kleider, Waffen und einige wenige Hausgeräthe herum; das Ganze gibt ein Bild der Unsauberkeit und Unordnung. Die Kühe werden im Winter in einigen um die Jurte herum erbauten Schuppen untergebracht und mit Heu gefüttert, ja bei strenger Kälte selbst in die Jurte aufgenommen, während die Pferde im Freien bleiben, sich das abgestorbene Herbstgras mühsam unter dem Schnee zur kümmerlichen Nahrung hervorscharren müssen und nur dann, wenn eine entferntere Reise etwa bevorsteht, einige Tage vorher mit Heu gefüttert werden. Die Jurte, wie ärmlich auch ihre Einrichtung sei, dünkt dem Jakuten doch bequem und wohnlich; in ihr verbringt er zufrieden die Tage des langen, schrecklichen Winters, ohne von der Kälte zu leiden. Am Tage gehen die Männer auf die Jagd, während die Weiber, um den Herd sitzend, Thierfelle zubereiten, Kleidungsstücke nähen, Stricke drehen und dergl. mehr. Der Abend versammelt die ganze Hausgenossenschaft, man raucht, man schmaust, man zecht; auch schlichtet dann wol das Haupt der Stammabtheilung kleine Zwistigkeiten unter den Seinigen, während die wichtigern vor den Golowá, das Oberhaupt des ganzen Stammes, gebracht werden, oder der Schaman wird noch zur Mitternachtsstunde bei glimmendem Feuer des Herdes aufgefodert, durch seine Beschwörungen die Auffindung eines vermißten Rindes oder Pferdes zu bewirken, eine Krankheit zu heilen, für eine wichtigere Unternehmung Segen zu erflehen oder einen lange geführten Streit zu schlichten.

Obgleich die Jakuten fast alle getauft sind, auch die zehn Gebote, einen Theil des Neuen Testaments und die hauptsächlichsten Kirchengebote in ihrer Sprache besitzen, so haben doch nur Wenige von ihnen, die lange unter Russen lebten, einige Begriffe von den Lehren und Grundsätzen der christlichen Religion; daher legen die Meisten unter ihnen den Schamanen und allerlei abergläubischen Gebräuchen aus dem Heidenthume eine große Wichtigkeit bei. Was den Charakter der Jakuten betrifft, so sind die Hauptzüge desselben Rachgier, Proceßsucht, Ungeselligkeit und Verschlossenheit. Eine Beleidigung, die er erlitten, vergißt der Jakute nie; vermag er sie nicht selbst zu rächen, so muß dies ein Sohn oder ein Verwandter thun. Wo sie nur können, oft um das geringsten Anlasses willen, erheben sie Klagen, machen Processe anhängig,

und scheuen zu dem Ende selbst weite und kostspielige Reisen nicht. Für ihre Ungeselligkeit, gegen die freilich die Gastfreundschaft absticht, mit der sie gutmüthig dem Fremden entgegenkommen, zeugt es, daß gemeinschaftliche Ansiedelungen sehr selten sind; jenseit des werchojanskischen Bergrückens liegen sogar die einzelnen Jurten oft einige hundert Werste weit auseinander, sodaß die nächsten Nachbarn sich zuweilen Jahre lang nicht sehen.

3. Die Tschuktschen.

Der noch wenig bekannte Stamm der Tschuktschen hat vielleicht unter allen Völkerschaften Nordasiens seine eigenthümliche Nationalität am reinsten erhalten. Sie bewohnen die Nordostspitze Asiens von der Tschawanbucht bis zur Behringsstraße, sowie von dem Anadyr bis an die Küste des Eismeeres, haben im Süden die Koräken, im Westen die Tschuwanzen und Jukahiren zu Nachbarn und nomadisiren in den Einöden, Gebirgen und Schluchten ihres kalten Vaterlandes, dessen Grenzen durch frühere blutige Kämpfe sehr beschränkt worden sind. Sie haben wenige Bedürfnisse, deren Befriedigung ihnen größtentheils die Rennthiere verschaffen, welche ihnen ihre Wohnungen, die in aus Fellen zusammengenähten Zelten bestehen, Kleidung, Nahrung und noch manches Andere gewähren. Vor der Eroberung Sibiriens durch die Russen lebten sie mit den übrigen Völkerschaften im nordöstlichen Asien in ewiger Uneinigkeit und ununterbrochenem Kriege, ihre schwächern Nachbarn immer besiegend. Die Invasionen der Russen brachten 1759 eine Verbindung sämmtlicher kleinerer Volksstämme mit den Tschuktschen zuwege, denn jene wie diese hofften vereint dem Feinde mit besserm Erfolge widerstehen zu können; aber im ungleichen Kampfe wurde der Stolz der Tschuktschen, die sich bisher für unüberwindlich gehalten hatten, nur zu bald herabgestimmt und zuletzt sahen sie sich genöthigt, sich in ihre unzugänglichen Gebirge zu flüchten, wohin es schwer und zugleich zwecklos gewesen wäre, sie zu verfolgen. Lange dauerte es, bevor die Russen nach Unterwerfung der näher liegenden kleinern Völkerschaften mit den Tschuktschen, die mistrauisch anfangs nur in großer Zahl und gewaffnet an den Grenzen ihres Landes erschienen, Handelsverbindungen anknüpfen konnten. Nach mehrjähriger Erfahrung wurden endlich die Tschuktschen zutraulicher und jetzt kommen sie mit Weibern und Kindern weit über die russische Grenze, um Tauschhandel zu treiben. Dieser Verkehr hat auf sie einen günstigen Einfluß gehabt; schon haben sie viel von ihrer ehemaligen Roheit abgelegt.

Die meisten Tschuktschen haben sich taufen lassen, aber in der Regel nur aus Eigennutz, bewogen durch die Aussicht auf ein Geschenk, das in einigen Pfunden Taback, einem kupfernen Kessel und dergleichen besteht; von den Lehren der christlichen Religion wissen sie nicht das Mindeste, da kein vorbereitender Unterricht irgend einer Art vorausgeht, und sind nur getaufte Heiden. Die petersburger Bibelgesellschaft hat die zehn Gebote, das Vaterunser, ein paar Evangelien u. s. w. in den Dialekt der Tschuktschen übersetzen und mit russischen Buchstaben drucken lassen; aber bei der Unvollkommenheit der Sprache der Tschuktschen, deren Laute sich ohnehin durch russische Schriftzeichen nur höchst mangelhaft ausdrücken lassen, ist diese Übersetzung ganz unverständlich und ohne allen Nutzen. Viele schon getaufte Tschuktschen melden sich nach einiger Zeit abermals zur Taufe und sind sehr unwillig, wenn sie abgewiesen werden. Die Vielweiberei ist unter den getauften Tschuktschen ebenso allgemein als unter den ungetauften, die reichern haben zwei, drei oder noch mehr Frauen, die sie nach Willkür nehmen und verstoßen; dennoch ist die Lage der Frauen erträglich, da sie eine gewisse Art von Achtung genießen. Zu den beibehaltenen heidnischen Gebräuchen gehört die unmenschliche und unnatürliche Sitte, schwächlich erscheinende oder bei der Geburt mit Gebrechen behaftete Kinder umzubringen und die entkräfteten Alten, die den Beschwerden des Nomadenlebens nicht mehr gewachsen sind, zu tödten, was oft auf das ausdrückliche Verlangen derselben geschieht.

(Der Beschluß folgt in Nr. 454.)

Miscellen.

Bereitung künstlicher Hefe. Man nehme auf sechs Quart Wasser zwei Hände voll geschroteten Gersten- oder Weizenmalzes, lasse es langsam ins Kochen kommen und bis auf zwei Quart einkochen, dann abkühlen, bis es lauwarm geworden, und thue dazu einen kleinen Löffel cremor tartari und einen etwas großen Löffel Ciner. clavell. opt. Die auf diese Art erhaltene Hefe, welche bei der ersten Bereitung die Anwendung schon vorhandener Hefe in kleiner Quantität aussetzt, ist kräftig, sicher und sehr brauchbar; der Bäcker muß die Quantität, die er braucht, verdünnen und durch ein Sieb reinigen lassen.

Der geprellte Wirth. Zur Zeit der letzten Parlamentswahl in Glasgow erhielt ein Gastwirth dieser Stadt einen von dem Torycandidaten unterzeichneten Brief, worin derselbe ihn ermächtigte, auf seine Kosten für die seiner Partei angehörigen Wähler offene Tafel zu halten. Der Wirth that, wie ihm geheißen, schaffte Speisen und Getränke in großer Menge an, öffnete die Thüren seines Hauses und lud alle vorübergehenden toryistischen Wähler ein, zu essen und zu trinken, wie viel sie wollten, was sich Jene nicht umsonst gesagt sein ließen. Nach beendigter Wahl, bei welcher übrigens der gedachte Torycandidat durchfiel, begab sich der Wirth in das Local der Torycommittee, um dem Candidaten seine Rechnung zuzustellen; aber wer schildert seinen Schrecken, als er vernahm, daß der erhaltene Brief unecht war!

Die Höhe der Wolken.

Zur Bestimmung der Höhe der Wolken sind sehr verschiedene Methoden angewandt worden; aber alle mittels derselben erhaltene Resultate führen zu dem Schlusse, daß die Wolken alle möglichen Höhen von den untersten Luftschichten bis zu den sehr kalten und lockern, die sich in einer Höhe von 24—30,000 Fuß über dem Meere befinden, einnehmen können. Dieselbe Folgerung führt zu den beiden Thatsachen, daß zwischen den Wolken und den Nebeln dicht am Boden kein wesentlicher Unterschied stattfindet und daß sich die Wolken oft weit über die höchsten Gipfel der höchsten Berge erheben. Gay-Lussac und Biot durchschnitten bei ihrer Luftreise die Wolken in 3600 F. Höhe und als sie einige Tage nachher sich in 21,000 Fuß Höhe befanden, sahen sie die Wolken hoch über sich. Lambert in Berlin bestimmte die Höhe der Wolken zu 7500, Legentil in Pondichery zu 9000, Shuckburgh in den Alpen zu 2700 Fuß. Als sich Alexander von Humboldt auf der Spitze des Pik von Teneriffa befand, sah er eine Wolkenschicht anscheinend 4800 Fuß über sich; auch Bouguer sah die Wolken auf den Cordilleren mehre hundert Toisen über sich. Nach den in den Pyrenäen angestellten Beobachtungen können die zwischen den Gipfeln dieser Gebirge schwebenden Wolken alle Höhen zwischen 450 und 2500 Mètres annehmen. Kämtz bestimmte im Sommer 1830 die Höhe einiger Wolken und fand, daß die Haufenwolken sich zwischen neun Uhr Morgens und sechs Uhr Abends in Höhen zwischen 3000 und 10,000 Fuß bewegen; im Durchschnitt glaubt er nicht viel über 5000 Fuß annehmen zu können. Die Höhe der wenigen von ihm beobachteten Federwolken schwankte zwischen 10,000 und 24,000 Fuß; eine Höhe von 20,000 Fuß scheint nach ihm der in Deutschland für den Sommer und für heiteres Wetter geltenden Größe am nächsten zu kommen. Die Höhe von Gewitterwolken fand er zwischen 1500 und 5000 Fuß schwankend; die Schichtwolken, welche nichts als Nebelschichten sind, berühren die Oberfläche der Erde. Hinsichtlich aller übrigen die Wolken betreffenden Fragen: welche Beziehungen zwischen ihrer Höhe und ihren Eigenschaften stattfinden, oder in welcher Höhe die einzelnen Wolkenarten schweben, ob die Höhe derselben während des ganzen Tages oder Jahres gleich und ungleich ist, mit welcher Geschwindigkeit sie sich bewegen, wie lange sie ihre Wolkenform beibehalten können u. s. w. — schweben wir in vollkommener Unwissenheit.

Herausgegeben unter Verantwortlichkeit der Verlagshandlung F. A. Brockhaus in Leipzig.

Das Pfennig-Magazin

für
Verbreitung gemeinnütziger Kenntnisse.

454.]   Erscheint jeden Sonnabend.   [December 11, 1841.

Die Abtei Jumièges.

Die Procession des grünen Wolfs.

Wenn man den Lauf der Seine von Havre stromaufwärts bis Rouen verfolgt, so findet man vier Lieues von der letztern Stadt eine kleine Halbinsel, welche von den Windungen dieses Flusses gebildet wird. Dieselbe hat über drei Lieues im Umfange und wurde ehemals fast ganz eingenommen von der Abtei Jumièges und den dazu gehörigen Gebäuden. Zu den Zeiten des ersten Abts faßte das Kloster bequem nicht weniger als 900 Mönche und 1500 Laienbrüder, in Allem 2400 Personen.

Die Abtei Jumièges wurde 654 von dem heiligen Philibert gegründet; der Grund wurde von König Clovis oder Clodwig II. hergegeben. Die Gegend war damals ungesund, öde, morastig und mit einem Walde bedeckt, der sich längs der Seine mehre Meilen lang erstreckte. Die Kirche, in demselben oder dem folgenden Jahre erbaut, wurde 841 von den Normannen zerstört, die auch dem Kloster großen Schaden zufügten und es zehn Jahre später ganz zerstörten, die Mönche theils tödtend, theils vertreibend. Im J. 930 weckte Wilhelm Langschwert, Sohn Rollo's, das Kloster aus den Ruinen, und 1067 hatte es unter Abt Robert II. wieder seinen ersten Glanz erlangt. Damals wurde die alte Kirche ganz niedergerissen und der gedachte Abt legte den Grund zu einer neuen, die in Gegenwart Wilhelm's des Eroberers geweiht wurde und von welcher noch Ruinen vorhanden sind. Das östliche Ende und

das Chor wurden 1230 umgebaut; eine nochmalige Weihung fand 1252 statt.

Von den Klostergebäuden in Jumièges ist nur das Thorhaus, jetzt in ein Wohnhaus verwandelt, noch übrig. Ein großer Theil der Kirche wurde während der Revolution niedergerissen, aber die ältesten Theile sind glücklicherweise erhalten. Das ganze Gebäude war ursprünglich 265 Fuß lang und 63 Fuß breit und kann noch jetzt als schöne Probe der normännischen Architektur dienen. Es hat wenig oder gar keine Zierathen, macht aber dennoch großen Effect durch Größe und Breite des Schiffs, durch die herrlichen Bogen unter dem Mittelthurme und durch die westliche Façade. Die Bogen des Schiffs ruhen auf Pfeilern; alle Capitäler sind glatt, nur auf einigen sind Blätter gemalt; über den Flügeln auf jeder Seite des Schiffs sind weite Galerien; das Dach ist ganz verschwunden. Zu dem Baue sind Blöcke von Kalkstein aus den nahen Steinbrüchen genommen. Außer dem Mittelthurme, der ursprünglich 124 Fuß hoch war und 41 Fuß im Quadrat hatte und mit einer sehr hohen hölzernen Thurmspitze von bewundernswerther Arbeit versehen war, standen an der Ecke der westlichen Fronte achtseitige Thürme von 155 Fuß Höhe, von denen nur noch einer ganz übrig ist, der seiner Höhe wegen als Landzeichen für Schiffer dienen kann. Das westliche Portal ist sehr einfach und von römischem Charakter; sein runder Bogen ruht auf zwei Pfeilern. An die Klosterkirche stößt eine kleinere von schöner gothischer Architektur, die schon 1330 stand.

In der Klosterkirche war früher das Herz der schönen Agnes Sorel, welche in der Nachbarschaft wohnte, beigesetzt; dieser Umstand erklärt die Anhänglichkeit des Königs Karl VII. an Jumièges, wo er ein Gemach des Klosters für seinen eigenen Gebrauch einrichten ließ. Ferner war hier ein Grab mit den Figuren zweier Jünglinge, das folgenden Ursprung hatte. Clovis II., Nachfolger Dagobert's, hatte fünf Söhne. Als er einst eine Reise zum heiligen Grabe nach Jerusalem antrat, übergab er die Regentschaft seiner Gemahlin Bathilde, gegen welche sich aber in des Königs Abwesenheit viele Große, an ihrer Spitze die zwei ältesten Söhne desselben, empörten. Bei der Rückkehr des Königs wurden die Empörer unterworfen und die beiden Anführer streng bestraft, indem ihnen die Sehnen der Arme, welche ihnen gedient hatten, die Fahne der Empörung zu erheben, durchschnitten und sie dadurch zur Nachfolge auf dem Throne unfähig gemacht wurden. Hierauf wurden sie ohne Ruder in ein Boot auf der Seine gesetzt und dieses sich selbst überlassen. Das Boot schwamm die Seine hinab bis in die Normandie und wurde bei Jumièges ans Ufer getrieben; hier ging der Abt St. Philibert, von seinen Mönchen begleitet, den Königssöhnen, die er kannte, entgegen und nahm sie in das Kloster auf, wo er sie in der klösterlichen Zucht unterwies.

Die in der Abbildung dargestellte Procession bezieht sich auf eine Geschichte ganz anderer Art. Der heilige Philibert war zugleich der Gründer des vier Lieues von Jumièges entlegenen Nonnenklosters zu Pavilly, in welchem die heilige Austrebertha erste Äbtissin war. Die Heilige hatte das Geschäft übernommen, die Wäsche der Mönche von Jumièges zu waschen, und bediente sich zum Transport derselben eines Esels, der so gelehrig war, daß er dies Geschäft regelmäßig ohne Führer verrichtete. Eines Tags verschlang ein Wolf den vierfüßigen Boten, aber die Äbtissin kam dazu und legte nun dem Wolfe die Pflicht auf, den Dienst des Esels zu verwalten; dies that der Wolf und erfüllte die Pflichten des ungewohnten Amts mit musterhaftem Eifer. Eine im 8. Jahrhundert erbaute Kapelle bezeichnete die Stelle, wo der Esel verschlungen wurde; nach ihrem Verfalle wurde sie durch ein steinernes Kreuz ersetzt, das noch vor ungefähr 60 Jahren stand. Das Gedächtniß der wunderbaren Begebenheit wird alljährlich in Jumièges durch die Procession des grünen Wolfs erneuert. Am 23. Juni holt die Brüderschaft St.-Johannis des Täufers (sämmtliche Glöckner der Umgegend) den derzeitigen Vorsteher ihrer Verbrüderung, welcher der grüne Wolf genannt wird, in dem Dorfe Conihout ein. Jener stellt sich, angethan mit einem grünen Gewande und einer hohen kegelförmigen Mütze von derselben Farbe, an die Spitze seiner Brüder und der ganze Zug begibt sich nun, Hymnen singend, unter dem Abbrennen von Feuerwerk und Abfeuern von Schießgewehren und unter Voraustragen einer Fahne nach einem Orte, welcher Chouquet heißt. Hier schließt sich die Landgeistlichkeit des Districts dem Zuge an und der letztere begibt sich nun in die Kirche von Jumièges, wo Vesper gesungen wird. Ein im sogenannten Wolfhause bereitetes Mahl und Tänze im Freien füllen den Rest des Tages aus bis zum Abende, wo die das Fest besonders auszeichnenden Feuer angezündet werden. Nach dem Absingen eines geistlichen Hymnus in der Nähe eines aufgerichteten Holzstoßes wird dieser unter dem Geläute der Glocken von einem Knaben und einem Mädchen, die Beide mit Blumen geschmückt sind, angezündet; hierauf nehmen der Wolf und seine Amtsbrüder einander bei der Hand und laufen um das Feuer herum, um Denjenigen zu fangen, der für das nächste Jahr zum Wolf gewählt ist. Dieser muß drei Mal umzingelt und ergriffen werden, bevor er für gefangen gilt; während dieser Zeit revangirt derselbe sich damit, daß er einen dicken Stock, mit dem er bewaffnet ist, gegen die Personen seiner Verfolger braucht. Ist er zum letzten Mal ergriffen, so kehren die Brüder in das Haus des derzeitigen Wolfs zurück, die unterbrochene Mahlzeit wird fortgesetzt und dauert bis in die Nacht. Am folgenden Morgen beginnt das Fest von neuem; ein neuer Zug wird gehalten, bei welchem ein riesiger Kuchen getragen wird, überragt von einer mit Bändern geschmückten grünen Pyramide. Hierauf werden die Glocken des Klosters der Sorgfalt des neuen Wolfs überantwortet.

König Karl XII.

(Fortsetzung aus Nr. 453.)

Die Sachsen wurden furchtbar gebrandschatzt; außer einer monatlichen Contribution von 625,000 Thalern verlangte Karl für jeden seiner Soldaten täglich 2 Pfund Fleisch, ebenso viel Brot, 2 Kannen Bier und 15 Pfennige nebst Fourage für die Cavalerie. Dafür aber schützte er die Bewohner vor jedem Unrecht von Seiten der Soldaten. Jeder Wirth, bei welchem Soldaten lagen, mußte ihnen alle Monate ein Zeugniß über ihr Benehmen ausstellen, außerdem gingen alle vierzehn Tage Aufseher von Hause zu Hause, um sich zu erkundigen, ob die Schweden nirgend Schaden gethan. In Leipzig wurde die Messe gehalten, wie gewöhnlich, und mit gänzlicher Sicherheit besucht.

Karl erhielt in seinem Lager bei Altranstädt fast von allen Fürsten der Christenheit Gesandte und schrieb dem deutschen Reiche von hier aus Gesetze vor. Besonders mußte der Kaiser sein Uebergewicht empfinden. Karl erklärte sich zum Beschützer der Protestanten Schlesiens, das damals noch zu den Erbstaaten des Kaisers gehörte, und verlangte für sie alle die Privilegien und Freiheiten, die sie seit Ende des dreißigjährigen Kriegs haben sollten. Der Kaiser bewilligte sie und sagte, als ihm der päpstliche Nuntius Vorwürfe darüber machte: „Sein Sie froh, daß Karl nicht verlangt hat, ich solle lutherisch werden; denn wenn er es gethan hätte, so weiß ich nicht, was geschehen wäre." Die Furcht des Kaisers vor dem Könige von Schweden war so groß, daß er den Grafen Zobor, seinen Kammerherrn, welcher in Folge seiner Liebe zu seinem Herrn von dem schwedischen Gesandten, als er sich weigerte, auf des Königs von Schweden Gesundheit zu trinken, eine Ohrfeige erhalten hatte, statt ihn zu schützen, der Macht des erzürnten Königs überlieferte. Am meisten aber hatte der arme Kurfürst von Sachsen zu erdulden. Er bat, nachdem er sein Königreich und sein Kurfürstenthum an Karl verloren hatte, in einem eigenhändig geschriebenen Briefe um Frieden, mußte aber während der Unterhandlung, um nicht von den Russen gefangen genommen zu werden, mit seinen wenigen Truppen wider Willen an einer Unternehmung gegen den schwedischen General Meyerfeld in Polen Antheil nehmen, die zu seinem Unglücke so glücklich ausfiel, daß Meyerfeld fast ganz aufgerieben wurde. Karl war darüber nicht wenig erbittert und bestand nun mit doppelter

Hartnäckigkeit auf den harten Bedingungen, welche Sachsen den Frieden geben sollten, der am 24. September 1706 zu Stande kam.

Erst im August 1707 verließ Karl, an der Spitze von 43,000 Mann, das jetzt arme Sachsen, das in einem Jahre das Eisen seiner Armee in Gold und Silber umgewandelt hatte. Jeder Soldat hatte 50 Thaler bei sich, alle Regimenter waren vollzählig und die einzelnen Compagnien sogar überzählig. In Polen standen 20,000 Schweden unter Renschild, in Finnland 15,000 und in Schweden wurden neue Aushebungen gemacht. Eine solche Macht hielt Karl für mehr als hinreichend, den Zar zu entthronen. In der That hatte Karl damals den Gipfel seiner Macht erreicht und Rußland schien ebenso verloren, wie 1812, als es Napoleon mit seinen Heeren zu seinen Füßen legen wollte. In dieser Zeit bewarb sich auch die Pforte um die Freundschaft Karl's und erkannte Stanislaus als König von Polen an.

Im Januar 1708 wiederholten sich zu Grodno die Scenen von Narwa. Karl zog mit etwa 600 Mann zu dem einen Thore siegend herein, Peter aber mit mehr als 2000 fliehend zu dem andern hinaus. Am 25. Juni befand sich Karl an den Ufern der Beresina, Borisow gegenüber. Peter wollte ihm den Übergang wehren, aber während er den Anfang desselben erwartete, war Karl an einer entferntern Stelle schon über den Fluß gegangen und warf Alles vor sich nieder, was Widerstand leistete. Bei Nollosin kam es zu einer Schlacht, wo Karl Wunder der Tapferkeit that und sein Feldherrntalent im höchsten Glanze zeigte. Er verfolgte die Russen bis an den Dniepr und ging bei Mohilew über diesen großen Fluß. Jetzt fing Peter an für seine großen Pläne zu fürchten und machte Karl die ersten Friedensvorschläge. Karl antwortete stolz: „Ich werde mit dem Zar zu Moskau unterhandeln." Peter antwortete darauf: „Ich hoffe, mein Bruder Karl wird keinen Darius in mir finden." Er floh auf dem Wege, der über Smolensk nach Moskau führt; Karl folgte ihm. Am 22. September kam es bei Smolensk zu einer Schlacht, in welcher Karl wie durch ein Wunder am Leben blieb und Sieger wurde. Er wurde von einem Regimente von der Armee abgeschnitten; Alles um ihn herum wurde niedergeschmettert und verwundet, nur er blieb wundenfrei, obgleich er wie ein Löwe kämpfte. Zwölf Feinde hatte er bereits mit eigener Hand niedergestreckt und auf fünf Mann war sein Regiment zusammengeschmolzen. Da gelang es dem Obersten Dardof, mit einer Compagnie seines Regiments bis zu ihm durchzudringen und ihn zu retten, und die Russen wurden geschlagen.

Da die Lebensmittel zu mangeln anfingen, rieth man jetzt dem König, sich einige Rast zu gönnen und den General Löwenhaupt abzuwarten, welcher sich mit Proviant und frischen Truppen näherte; aber der König that dies nicht nur nicht, sondern verließ auch die Straße nach Moskau und schlug den Weg nach der Ukraine ein. Hier regierte damals unter russischer Oberhoheit der bekannte Mazeppa, welchen Peter persönlich beleidigt hatte. Mazeppa unterstützte den König nach der Ukraine zog, indem er ihn mit Kriegs- und Mundvorräthen aller Art zu unterstützen versprach. Aber dieser Zug war ein unglücklicher Einfall, der Karl um alle Früchte seiner achtjährigen Siege brachte; denn er fand in der Ukraine nicht nur nicht, was er erwartete, sondern verlor auch auf dem Wege dahin fast seine ganze Artillerie und Alles, was ihm Löwenhaupt zuführen sollte. Zu der Noth, mit der er zu kämpfen hatte, gesellte sich

der furchtbare Winter, durch den sich das Jahr 1709 ausgezeichnet hat. Die Cavalerie hatte keine Stiefeln, die Infanterie keine Schuhe, beide kein Brot; täglich erfroren Tausende vor seinen Augen. Trotzdem klagte Niemand. Ein einziger Soldat überreichte einmal, vor der ganzen Armee, murrend dem Könige ein Stück schwarzes verschimmeltes Haferbrod, die einzige Nahrung, die der Armee um knapper Noth das Leben fristete; der König nahm das Brod, aß es auf und sagte ruhig zu dem Soldaten: „Es ist nicht gut, aber es läßt sich essen."

Im Monat April 1709 hatte Karl von seiner ganzen Armee nur noch 18,000 Mann; dennoch gab er die Hoffnung nicht auf, Moskau zu erobern. Gegen Ende Mai belagerte er Pultawa, das mit Mund- und Waffenvorräthen angefüllt war und den Weg nach Moskau öffnete. Aber Peter rückte mit 70,000 Mann heran. Am 27. Mai schlug Karl eine Abtheilung dieses Heers, aber ein Schuß zerschmetterte ihm das Fersenbein; trotzdem blieb er noch gegen sechs Stunden zu Pferde und gab ruhig seine Befehle. Als die Chirurgen seine Wunde untersuchten, waren alle der Meinung, das Bein müsse abgelöst werden. Die Bestürzung der Armee war unbeschreiblich. Ein gewisser Neumann verhinderte zwar die Ablösung, aber der König war doch auf lange Zeit in seiner Thätigkeit gehemmt. Trotz der furchtbaren Schmerzen, die ihm seine Wunde, trotz der trüben Besorgnisse, die ihm der Zustand seiner Armee verursachen mußte, verlor er keinen Augenblick die ihm gewöhnliche Ruhe. Am 8. Juli kam es zu der berühmten Schlacht von Pultawa, welche, wie die Schlacht von Waterloo, durch Verirrung eines Generals mit einer bedeutenden Macht verloren ging. Der König entging nur durch die aufopferndste Hingebung der Seinigen der Gefangenschaft und floh mit ihnen längs des Dnieprs. Menzikoff folgte mit 10,000 Reitern, von denen jeder einen Infanteristen hinter sich hatte, und machte alsbald den Rest der Armee zu Gefangenen. Zu Oczakow gerieth der größte Theil der Begleiter des Königs in die Hände der Feinde, weil der Pascha von Oczakow ihren Übergang über den Bug nicht sogleich gestatten wollte; Karl selbst flüchtete sich mit seinem Gefolge auf türkisches Gebiet.

Hier wurde er sehr ehrenvoll aufgenommen und nach Bender gebracht, wo man es ihm an nichts fehlen ließ, ebenso wenig als seinem Gefolge, das aus ungefähr 1800 Personen bestand. Da er nicht in der Stadt wohnen mochte, so ließ man ihm vor Bender ein prächtiges Zelt errichten und rings herum für die Herren aus seinem Gefolge ähnliche. Später ließ sich der König dafür ein Haus bauen; seine Offiziere folgten seinem Beispiele; die gemeinen Soldaten bauten sich Hütten und so verwandelte sich das Lager des Königs nach und nach in eine kleine Stadt. Als der König hier von seiner Wunde genesen war, lebte er wieder ganz so wie sonst. Er stand mit Tagesanbruch auf, ritt täglich drei Pferde müde und exercirte seine Soldaten von früh bis auf den Abend. Die einzige Erholung, die er sich gönnte, war das Schachspiel. Die Türken und Tataren achteten und bewunderten ihn; sie brannten vor Ungeduld, mit ihm zur Eroberung Moskaus auszuziehen, an welche Karl immer noch ernstlich dachte. Aber der Vezier des Sultans war jetzt anderer Meinung, denn die bei Pultawa eroberte Kriegskasse Karl's setzte den Zaren in den Stand, den Vezier für sich zu gewinnen. Karl's Gefolge war darüber außer sich, nur Karl verlor den

Muth nicht. Er wußte den Sultan von dem Benehmen seines Beziers zu unterrichten, aber dies führte
zu keiner Veränderung; ebenso wenig änderte die Absetzung des bisherigen Beziers, und so wartete Karl
umsonst auf eine Kriegserklärung von Seiten der Pforte
an Rußland.

(Der Beschluß folgt in Nr. 455.)

Die verbrannte Säule in Konstantinopel. *)

Die hier abgebildete interessante Säule steht in einer
der Hauptstraßen von Konstantinopel unweit des Chat-
ladithors und soll ihren jetzigen Namen (früher hieß
sie die purpurne Säule) von einer Beschädigung durch
Feuer haben. Einer unter Franken und Türken um-
laufenden Sage zufolge, die aber durch nichts verbürgt ist, haben die Juden die goldenen Platten, mit
denen sie bedeckt war, abgeschmolzen. Einem oberflächlichen Beobachter erscheint die Säule wie ange-
brannt; bei genauer Untersuchung bemerkt man keine
Spur des Feuers; ihr schwarzes rauchiges Ansehen
dankt sie der Zeit und den Elementen. Die Säule
besteht aus sechs Blöcken von rothem Granit oder Porphyr, jeder etwa 10 Fuß hoch und 6 Fuß im
Durchmesser haltend. Das Capital besteht aus 12

Reihen Mauerwerk und das Ganze bedeckt eine qua-
dratische Reihe von Steinen, die 18 Zoll hoch sind.
Die Gesammthöhe beträgt 105 Fuß. Umgeben ist
die Säule von 14 Eisenreifen, offenbar neuern Ursprungs als die Säule selbst, die dem drohenden, sonst
unvermeidlichen Verfall der Säule vorgebeugt haben.
Die Inschrift unweit des Gipfels ist in griechischer
Sprache, aber sehr verwittert und zu hoch, um von
der Straße aus gelesen werden zu können.

Ursprünglich soll die Säule 120 Fuß hoch gewesen
sein und die eherne Statue des trojanischen Apollo getragen haben, angeblich ein Werk des Phidias, der um
450 v. Chr. lebte. An ihre Stelle trat eine Statue
des Kaisers Konstantin; vielleicht blieb auch die alte
und wurde nur durch die Zugabe von Attributen der
Herrschaft zur kaiserlichen gestempelt. Sie war von
kolossaler Größe, trug in der linken Hand eine Welt-

*) Vgl. Nr. 352, S. 413 des Pfennig-Magazins.

kugel, in der rechten ein Scepter, auf dem Kopfe eine Strahlenkrone. Nach Glykas wurde die Säule unter der Regierung des Nicephorus Botoniates (1080 n. Chr.) vom Blitze getroffen und der Statue beraubt; nach der daran stehenden Inschrift wurde sie durch den Kaiser Emanuel Komnenus (1180) wiederhergestellt. Jetzt ist die Säule nichts als eine unförmliche Masse, um die sich ihre jetzigen Besitzer nicht im mindesten mehr bekümmern.

Bilder aus Sibirien und vom nördlichen Eismeere.

(Beschluß aus Nr. 453.)

Trotz der christlichen Taufe spielen die Schamane (Zauberer), deren jeder Stamm einen oder mehre hat, noch immer eine große Rolle, indem sie bei allen wichtigen Angelegenheiten um Rath gefragt werden und ihren Aussprüchen williger Gehorsam geleistet wird. Die wahren Schamane bilden eine höchst merkwürdige psychologische Erscheinung. Sie gehören zu keiner besondern Kaste, sondern entstehen einzeln aus Menschen, die mit feuriger Einbildungskraft und reizbaren Nerven begabt sind und jene durch lange Einsamkeit, Wachen, Fasten, erhitzende und narkotische Mittel aufs höchste gesteigert haben. Sie werden unter gewissen Ceremonien zur Nachtzeit mit den angenommenen Handgriffen, der Zaubertrommel u. s. w. bekannt gemacht. Äußerlich unterscheidet die Schamane ein wilder Blick, blutdürstige Augen, heisere Stimme, eine krampfhafte Verzerrung des Gesichts und Körpers, und emporgesträubtes Haar. Verschieden von diesen geborenen oder echten Schamanen sind die Gaukler, die unter dem Namen Schamane im Lande herumziehen und das niedere Volk durch allerhand Taschenspielerkunststücke, Anfassen eines glühenden Eisens, Einhergehen auf demselben, Durchstechen der Haut mit Nadeln u. s. w. in Erstaunen setzen.

Die Tschuktschen sind mehr haushälterisch als die meisten Nomaden; sie schaffen Vorräthe für die Zukunft an und verlassen ihre Wohnplätze nicht eher, als wenn Mangel an Futter für ihre Rennthiere sie zur Aufsuchung frischer Weideplätze nöthigt. Auch die Kleidung der Tschuktschen, bestehend in langen breiten Pelzhosen und einen weiten Kuchlanka, ist mehr auf eine sitzende Lebensart berechnet. In früherer Zeit lebten die Tschuktschen alle fast ausschließlich von dem Ertrag ihrer großen Rennthierheerden; viele von ihnen verloren aber durch Seuchen u. s. w. den größten Theil dieser ihnen unentbehrlichen Thiere, und legten sich dafür, das Innere des Landes verlassend und sich nach der Küste hinziehend, auf die Walfisch-, Seehunds- und Walroßjagd. Jetzt theilt sich die ganze Bevölkerung in zwei Classen: die ansäßigen oder Küsten-Tschuktschen und die Rennthier- oder nomadisirenden Tschuktschen, welche letztere beiweitem die Mehrzahl bilden. Beide Kasten vertragen sich gut miteinander und versehen sich gegenseitig mit Lebensbedürfnissen; die Küstenbewohner liefern Walfischfleisch, Walfischribben, Walroßriemen und Thran, den größten Leckerbissen der Tschuktschen; die nomadisirenden Rennthierfelle und fertige, daraus gemachte Kleider. Die ansäßigen Tschuktschen leben in kleinen dorfartigen Ansiedelungen längs der Küste, in kegelförmigen Hütten, die aus Stangen, zuweilen auch aus Walfischribben zusammengesetzt und mit Fellen überzogen sind. An der gerade hinabgehenden südlichen Seite befindet sich die niedrige Eingangs-

thüre, in einer mit Fellen verhängten Öffnung bestehend. In der Spitze des Kegels ist ein rundes Loch angebracht, durch welches der von dem Kochherde aufsteigende Rauch abzieht; im nördlichen ausgebogenen Theile des Zeltes steht ein zweites viereckiges und niedriges Zelt, das aus doppelten Fellen genäht ist und als Wohn- und Schlafgemach, bei großer Kälte aber auch als Küche dient, in welchem letztern Falle in Thran getränktes Moos zur Feuerung und Beleuchtung verwandt wird. In der Küche werden fast immer Walfisch- und andere Ribben und Knochen, die des bessern Brennens wegen mit Thran begossen sind, gebrannt, da Holz selten ist; Waldungen fehlen ganz und Treibholz kommt nur wenig vor.

Verschieden von den Tschuktschen und allen andern Völkerschaften des Landes sind die Tungusen, die zwar gleichfalls Nomaden sind, sich aber durch Sorglosigkeit und einen unveränderlich heitern Charakter von den Tschuktschen unterscheiden und außerdem durch Gewandtheit und Beweglichkeit ausZeichnen.

Die Hauptbeschäftigung der Küstenbewohner ist der Seehunds- und Walroßfang. Jener geschieht durch Netze aus Riemen, die unter dem Eise ausgelegt werden; doch wird auf die Seehunde auch im eigentlichen Sinne Jagd gemacht, wobei der Jäger ganz weiß gekleidet, um gegen den Schnee nicht abzustechen, auf dem Eise liegt und mit einem Wurfspieße bewaffnet sich kriechend dem Seehunde nähert. Das Walroß ist den ansäßigen Tschuktschen fast ebenso nützlich als den nomadisirenden das Rennthier, denn es liefert Nahrung (Fleisch und Speck), Feuerungsmaterial zum Bereiten der Speisen und zum Erwärmen und Erleuchten der Wohnungen (im Thran und Speck), Riemen und Sohlenleder, Kleidungsstoff, Zwirn (aus Sehnen), endlich Elfenbein (zu Trinkgeschirren dienend) aus den großen Hauzähnen, die auch als Brechstangen zum Lösen des Eises dienen und einen Hauptartikel im Handel mit den Rennthier-Tschuktschen bilden. Gefährlicher ist die Jagd auf die weißen Bären, die sie in ihren Höhlen aufsuchen und mit Spießen erlegen und deren Fleisch als ein besonderer Leckerbissen gilt. Auf die im Lande zahlreichen wilden Rennthiere, Schafe, Füchse, Wölfe, Bären und andere große Pelzthiere wird keine Jagd gemacht; den Wölfen stellen sie aber auf eine eigene sehr sinnreiche Art mittels einer Art von Fallen aus Fischbein nach. Für die Vogeljagd haben sie eine Art von Schleuder aus langen Riemen, an denen Steine befestigt sind; zum Fischfange brauchen sie eine Art Netz aus dünnen Weidenruthen.

Die Tschuktschen haben Bogen und Pfeile, wissen sie aber nicht eben geschickt zu brauchen; ihre Hauptwaffen sind verschiedene Gattungen Speere; statt des seltenen Eisens bedienen sie sich der harten Walroßzähne. Die ansäßigen Tschuktschen fahren mit Hunden, die den im übrigen Sibirien zum Fahren von Schlitten gebräuchlichen an Größe, Kraft und Schnelligkeit nachstehen. Die Speisen der Tschuktschen sind nur animalisch. Die häufigste Speise ist Rennthierfleisch mit Seehundsfett und Thran, außerdem gelten Eisbärfleisch und Walfischhaut als Leckerbissen; Fische dienen nur als Nothbehelf. Alle Speisen werden, was bei der Kälte des Klimas sehr auffallen muß, fast ganz kalt gegessen. Gegen Salz haben die Tschuktschen einen entschiedenen Widerwillen. Als Nachtisch dient gewöhnlich ein großes Stück Schnee, selbst in der größten Kälte.

4. Die Hundeschlitten.

Das dem Norden Sibiriens eigenthümliche Fuhrwerk, die Narte oder der mit Hunden bespannte Schlit-

ten, ist ganz aus Holz, am besten aus Birkenholz con=
struirt und hat 2½ Arschinen (ruff. Ellen) Sohlenlänge,
¾ Arschin Breite, ⅜ Arschin Höhe. Um die Birkenfohlen
zäher und dauerhafter zu machen, werden sie in siedendem
Waffer eingeweicht und dann auf einige Wochen unter
das Eis in fließendes Waffer gesenkt; bei starkem Froste
werden sie herausgenommen und sind dann ganz glatt
und fast eisenhart. Eisen kommt an der Narte gar
nicht vor; alle Theile derselben sind nur mit Riemen
(meist Walroßriemen, da die besten, aus Elensleder,
ziemlich selten und kostbar sind) verbunden und be=
festigt, um bei starker Bewegung nachgeben und sich
biegen zu können. Die Stelle des Eisens unter den
Kufen vertritt ein Überzug mit Eis, genannt Wojda;
man begießt nämlich bei starkem Froste die untere
Kufenfläche mit Waffer, welches gefriert und eine Eis=
kruste von etwa ½ Zoll Dicke bildet, die oft einen
ganzen Tag lang dauert und die Sohlen immer feucht
und naß erhält; bei geringer Kälte muß man Wal=
fischribben nehmen und unter die Kufen binden. Die
ganze Ladung der Narte wird in eine Decke aus Renn=
thierfell eingeschlagen und mit Riemen fest auf dem
Schlitten angebunden. Zu einer großen und vollstän=
digen Narte braucht man 108½ Saschen (ruff. Klafter)
Riemen von verschiedener Breite. Im Frühling kann man
bis 35 Pud (1400 Pfund) auf die Narte laden; bei
starker Winterkälte fällt den Hunden schon eine Ladung
von 10 Pud schwer. Beträgt jene 28 Grad und
darüber, so ist das Fahren überhaupt weit schwerer als
bei gelinder Witterung, am leichtesten aber im März.

Zu einer ordentlich beladenen Narte sind zwölf
Hunde erfoderlich. Fahren mehre Narten hintereinan=
der, so hat die vorderste einen mehr, nämlich einen
gut abgerichteten Leithund, der sich weder durch offene
Stellen im Eise noch durch andere Hinderniffe irre
machen läßt, sondern unverrückt den geraden Weg ver=
folgt. Man darf nur solche Hunde nehmen, die an=
einander gewöhnt sind; die besten sind die von der In=
digirka und Jana; Hunde, die zu weiten Reisen be=
stimmt sind, müffen vorher die nöthige Ruhe und Er=
holung genoffen haben und ordentlich gefüttert und
gepflegt worden sein. Ein paar Wochen vor der ersten
größern Fahrt setzt man sie auf eine geringere Ration
härtern Futters und macht während deffen mit ihnen
Fahrten von 10—30 Wersten, indem man sie alle
4—5 Werste sich erholen läßt; hierauf kann man,
wenn die Kälte nicht zu streng ist, ohne Nachtheil
100—150 Werste (14—21 Meilen) täglich fahren.
Die Geschwindigkeit der Hunde ist sehr verschieden;
wenn sie ein Rennthier, einen Bären oder ein anderes
Thier wittern, so laufen sie von selbst wol 15 und
mehre Werste in einer Stunde, unter gewöhnlichen
Umständen aber nur 6—12 Werste, sodaß man im
Mittel 9 Werste (1¼ Meile) annehmen kann. Bei
gelinder Witterung muß alle Wochen, bei rauher alle
zwei bis drei Tage einen Tag gerastet werden; am
Anfange der Reise müffen die Hunde am meisten ge=
schont werden; gut eingefahrene Hunde können bei
großer Kälte 1—1½ Stunde, bei geringerer 3 Stun=
den und mehr in einem Stücke fortlaufen. Das beste
Futter sind die spät gedörrten, halbtrocken eingefrore=
nen Heringe, deren jeder Hund 10 Stück täglich
braucht. Bei Winterfahrten gibt man den Hunden
lieber möglichst viel frischgefrorene Fische, die man am
Feuer aufthauen läßt und in Stücke zerhackt. Nach
der Ankunft im Nachtlager müffen die Hunde vor dem
Futtern 2—3 Stunden ausruhen. Hunde, die sich
die Füße wund gelaufen haben, sodaß sie bluten und

aufschwellen, sind vor gänzlicher Heilung, die über einen
Monat dauert, ganz unbrauchbar; daher hat man jede
anfangende Beschädigung dieser Art wohl in Acht zu
nehmen. Sobald sich etwas Blut an den Pfoten zeigt,
müffen dieselben mit starkem Branntwein eingerieben
werden, beim Weiterfahren werden über den kranken
Fuß kleine Fellstiefeln gezogen. Hat ein Hund sich zu
heftig angestrengt, so muß ihm am Schwanze oder aus
den Ohren Blut gelaffen werden.

Die chinesisch=englischen Händel.

(Fortsetzung zu Nr. 432.)

Nachdem am 20. Januar dieses Jahrs die Präli=
minarien eines Friedensvertrags zwischen England und
China von den beiderseitigen Bevollmächtigten ange=
nommen worden waren, räumten die Engländer die
Forts in der Bocca Tigris (21. Jan.), sowie die
Insel Tschusan und nahmen die Insel Hong=Kong in
Besitz. Vergebens wartete man aber auf eine chinesische
Proclamation in Betreff der für den 2. Februar ver=
abredeten Öffnung des Hafens von Kanton für den
Handel aller Nationen, und untrügliche Zeichen gaben
zu erkennen, daß die Feindseligkeiten zwischen England
und China von ihrem Ende noch fern seien. Die
Edicte des chinesischen Kaisers waren entschieden feind=
lich und in einer Proclamation wurden Preise, jeder
von 50,000 Dollars, für den Kopf des englischen
Admirals Bremer und des Bevollmächtigten Elliot ge=
setzt. Die Chinesen selbst waren es, welche am 19.
Februar, nachdem in der Zwischenzeit Befestigungs=
werke und Batterien aufgeführt und Truppen zusam=
mengezogen worden waren, die offenen Feindseligkeiten
wieder begannen. Am 26. Febr. griffen die Engländer
mit neun Schiffen und mehren Raketenbooten die
furchtbaren, von Kanonen starrenden Batterien in ihrer
Fronte um das alte Fort von Annunghoy herum und
auf der Insel Nord=Wangtong, welche selbst eigentlich
eine fortgesetzte Batterie bildete, an. Es bedurfte keiner
Stunde, um die chinesischen Batterien von Wangtong
zum Schweigen zu bringen; hierauf besetzten Deta=
schements englischer Truppen in wenigen Minuten die
Insel Nord=Wangtong, auf welcher sich 1300 Chinesen
ergaben; ebenso wurden die Chinesen aus den Batterien
von Annunghoy vertrieben und bald wehte die britische
Flagge auf der ganzen Kette dieser Festungswerke. Von
den englischen Truppen waren in Allem nur fünf
Mann verwundet worden, während die Chinesen an
Todten und Verwundeten etwa 500 Mann verloren
hatten; unter den erstern war der Oberadmiral Kwan,
der zu Annunghoy gefallen war, nebst mehren vorneh=
men Mandarinen.

Am 27. Februar fuhr ein Theil der englischen
Flotte den Kantonfluß hinauf, traf aber bald auf Hin=
dernisse und lebhaften Widerstand, der namentlich bei
dem Angriffe auf die Batterien am linken Flußufer
bei Whampoa durch gelandete Truppen an manchen
Stellen tapfer und hartnäckig war; dennoch wurden
die Werke sehr schnell genommen, wobei 300 Mann
fielen. Am 1. März näherten sich mehre Schiffe bis
auf Kanonenschußweite dem Howqua=Fort in Kanton,
sodaß man von den Mauern dieser Stadt aus zum
ersten Male fremde Kriegsschiffe erblickte; als man am
4. das gedachte Fort besetzen wollte, fand man es
geräumt, worauf eine Besatzung in dasselbe gelegt wurde.
Weiterhin traf man auf einer Insel ein zum Andenken
an den Tod des Lord Napier angelegtes Fort; von

diesem aus zog sich eine Reihe befestigter Flosse, die eine Brücke bildeten, nach beiden Ufern des Flusses, an deren jedem Batterien standen; zu diesen Bauten kamen mit Steinen versehene Yonken, die überall im Flusse versenkt waren. Am 5. März wurde die Batterie am linken Ufer von den Engländern genommen; bald nachher traf der Gouverneur von Kanton (Kwang-Scho-Fu) mit den Hong-Kaufleuten im englischen Lager ein, um die Briten um Schonung der in die größte Bestürzung versetzten Stadt zu bitten, die von allen Bewohnern, die sich entfernen konnten, verlassen und ganz in den Händen der Engländer war. Die Letztern setzten nun zwar ihrem Fortschreiten ein Ziel, erfuhren aber, daß oberhalb der Stadt mehre neue Fahrzeuge ausgerüstet und Foots gebaut wurden, sowie daß es dem Volke verboten worden sei, den Engländern Nahrungsmittel zu bringen und daß alle werthvollern Gegenstände aus Kanton weggeschafft wurden, was mit den Betheuerungen friedlicher Absichten von Seiten der Chinesen nicht eben im Einklange stand.

Am 15. März nahmen die Engländer das einzige noch übrige Fort zum Schutze der Zugänge der Stadt Kanton, und zwar, wiewol dieser Posten von allen der furchtbarste war, mit gleicher Leichtigkeit als die übrigen; in dem Fort wurden viele Todte gefunden, während die Engländer nur drei Verwundete hatten. Gleichzeitig drang ein englisches Dampfschiff mit Gewalt in den von Macao nach dem Ankerplatze zu Whampoa führenden innern Kanal ein, den die Chinesen ganz unzugänglich gemacht zu haben glaubten. Begleitet von einigen Booten, vollendete es glücklich seine Fahrt innerhalb drei Tagen und zerstörte unterwegs fünf Forts, eine Batterie, zwei Militairstationen und neun Kriegsyonken.

Endlich erfolgte am 18. März der Angriff auf die Forts von Kanton selbst, veranlaßt durch das Feuern der Chinesen auf eine von den Engländern abgesandte Parlementairflagge. Das aus acht Kriegsschiffen bestehende Geschwader beschoß die Batterien, welche 123 Kanonen enthielten, etwa eine Stunde lang; das Resultat war wieder die Wegnahme der Forts, wobei die Chinesen 400 Mann verloren, die Engländer aber nur sechs Verwundete hatten. Zu gleicher Zeit wurde die chinesische Flottille genommen, versenkt, verbrannt oder zerstreut und auf der britischen Factorei in Kanton die britische Flagge aufgezogen. Nun folgte (am 20. März) ein Waffenstillstand zwischen dem englischen Oberbefehlshaber und dem neuen chinesischen Obercommissair (Yang); später wurde ein Edict erlassen, welches den Handel zu Kanton für wieder geöffnet erklärte und allen Kaufleuten, sowol britischen als anderer Nationen, wenn sie sich nach Kanton begeben würden, vollkommenen Schutz verhieß. So waren zum ersten Male in der chinesischen Geschichte fremde Kriegsschiffe bis unter die Mauern von Kanton vorgedrungen und beherrschten alle Zugänge zu der zweiten Stadt des Reichs am westlichen wie am südlichen Arme des Flusses. Der Verlust der Chinesen in den verschiedenen Gefechten wird auf 2500—3000 Mann und 800 Kanonen geschätzt; einige Tausend Mann waren desertirt. Am Tage nach dem Falle der Forts erschien ein chinesisches Edict, das folgende Belohnungen verkündigte: 100,000 Dollars für Zerstörung eines britischen Linienschiffs, 10,000 für die eines Dampfboots, 50,000 für die Gefangennehmung des Capitains Elliot, 30,000 für die Einlieferung seines Kopfes u. s. w.

Sobald die Nachricht von dem Angriffe auf die Bocca-Forts nach Peking gelangte, sandte der Kaiser drei der vornehmsten Mandarinen, worunter einer seiner nahen Verwandten, Yekschan, nach Kanton, um die Engländer auszurotten, weil beide Mächte nicht länger nebeneinander bestehen könnten. Keschan wurde in Ketten nach der Hauptstadt abgeführt, weil er sich so weit erniedrigt hatte, mit den englischen Bevollmächtigten eine Zusammenkunft zu halten und in die Abtretung der Insel Hong-Kong zu willigen; man beschuldigte ihn der Bestechung und zur Strafe dafür sollte ihm der Leib aufgeschlitzt und allen seinen Verwandten und Anhängern der Kopf abgeschlagen werden. (Die Strafedicte trafen am 26. und 30. März in Kanton ein, waren aber nach den Nachrichten vom 20. Mai noch nicht zur Vollziehung gebracht.) Ein anderer Mandarin von hohem Range, Paoutsung, war gleichfalls des Einverständnisses mit den Engländern angeklagt, worauf der Kaiser befahl, ihm das Fleisch stückweise von den Knochen zu reißen, hundert Meilen im Umkreise seines Geburtsorts zu verwüsten und alle Verwandte desselben zu verbannen. Gleichzeitig wurde der Vorgänger Keschan's, Lin, wieder in seine frühere Stelle eingesetzt. Endlich verkündigte eine Proclamation (im März), daß der jüngere Bruder des Kaisers und dessen oberster Minister mit 50,000 Mann auf dem Marsche sei, um die Engländer zu vernichten, und im Fall der Noth wolle sich der Kaiser selbst an die Spitze der ganzen Bevölkerung der nördlichen Provinzen nach Kanton begeben, um die Nester und Höhlen der Engländer in Indien und England vom Grunde aus zu zerstören. In dieser Proclamation heißt es: „Laßt die beiden Worte „Frieden schließen" fortan niemals wieder einen Platz finden in euren Herzen und gebt ihnen auch nicht einmal Gestalt dadurch, daß ihr sie niederschreibt."

Zwei der neuen kaiserlichen Commissare kamen zeitig genug in Kanton an, um das Glück der britischen Waffen mit anzusehen, einen Waffenstillstand zu unterzeichnen und eine einstweilige Wiederaufnahme des Handels zu gestatten. In Folge dieser Übereinkunft wurde nun der Handelsverkehr in Kanton wieder eröffnet; die britischen Kaufleute nahmen wieder Besitz von den Factoreien, von denen wieder die britische Flagge wehte und welche eine Schutzwache von 50 Marinesoldaten erhielten. Freilich schlug der Handel fast nur zum Vortheil der Chinesen aus, da sie für ihre Waaren die höchsten Preise stellten und den Austausch derselben gegen britische Waaren, wenn auch für dieselben noch so billige Preise gestellt wurden, verweigerten. Gleichwol wurde ein lebhafter Theehandel betrieben; am 15. Mai waren schon über 11 Millionen Pfund nach England eingeschifft und vor Ablauf dieses Monats sollte ein gleiches Quantum versendet werden. Alle britischen Kriegsschiffe kehrten mit den Truppen von Kanton nach der Insel Hong-Kong zurück. Durch kaiserliche Edicte von milderm Tone wurden die Behörden in Kanton ermächtigt, bis zum Eintreffen der Truppenverstärkungen ihre Operationen auf die Vertheidigung der Stadt (Altstadt) zu beschränken, falls sie es für unklug halten sollten, die Engländer mit den ihnen zur Disposition stehenden Streitkräften anzugreifen. Gegen Ende Aprils kamen aber die ersten Verstärkungen aus dem Norden des Reichs in Kanton an und nun wurde das Benehmen der Chinesen allmälig wieder feindseliger. Die Mandarinen in Kanton legten den Kaufleuten von neuem jedes mögliche Hinderniß in den Weg und verlangten nichts weniger als die Auslieferung aller von den Engländern besetzten Punkte, indem sie erklärten, daß an keinen Frieden zu denken sei, so lange die Engländer in China auch nur einen Fuß breit Land besetzt hielten. Die Kaufleute geriethen daher abermals in lebhafte Besorgniß, weshalb sich Capitain Elliot am 18. Mai persönlich nach Kanton begab und allen Streitkräften Befehl gab, ihm zu folgen.

Mittlerweile wurde Contre=Admiral Sir William Parker zum Oberbefehlshaber der ostindischen Flotten= station, an Elliot's Stelle aber Oberst Sir Henry Pot= tinger zum Bevollmächtigten ernannt. Beide sind bereits am 7. Juli in Bombay angekommen und von da nach China abgegangen, wohin auch am 25. Mai Admiral Bremer mit der zweiten Expedition von Kal= kutta unter Segel gegangen ist. In Betreff des von Parker erwarteten neuen Systems der Kriegführung erfährt man, daß er eine strenge Blockade der südlichen und westlichen Küste von China anordnen und den Krieg auf das ernstlichste betreiben wolle, aber mit möglichster Schonung der Bewohner von Kanton; die äußerste Sorgfalt soll angewandt werden, um jede un= nöthige Aufregung der Eingeborenen zu vermeiden. Die Expedition wird dann nördlich steuern und die der Insel Formosa gegenüberliegende Insel Amoy besetzen, die eine vortheilhafte Lage und gesunde Luft hat und wo die englischen Soldaten von der Seuche frei zu blei= ben hoffen dürfen, welche auf der Insel Tschusan so viele von ihnen hinweggerafft hat; später wird auch Tschusan und die gegenüberliegende Stadt Ningpo auf dem festen Lande besetzt; hier und in Amoy bleibt die Expedition ein halbes Jahr lang. Sobald die gelbe See schiffbar wird und die dort herrschenden Stürme vorüber sind, begibt sich der britische Bevollmächtigte in Person nach Peking, von dem größten Theile der Flotte begleitet, und dürfte unter dem Donner der 68pfündigen Geschütze der englischen Dampfschiffe seine erste Conferenz mit dem Kaiser haben.

(Der Beschluß folgt in Nr. 455.)

Wunderbare Lebensrettung.

Zu Clavier im französischen Var=Departement ereignete sich unlängst ein Vorfall, welcher an denjenigen erin= nert, der sich zu Lyon mit dem Arbeiter Dufavel zutrug.

Man war nämlich zu Clavier mit Anlegung eines öffentlichen Brunnens beschäftigt, und nach erfolgter Ausgrabung bedurfte es noch der Beseitigung eines Quells, welcher der weitern Arbeit hinderlich war. Zur Einfügung einer hölzernen Ableitungsröhre wurden in den obern Theil dieses Brunnenbaues zwei Arbeiter hinabgelassen. Sie waren aber kaum an dem Orte ihrer Bestimmung angelangt, als das ganze Erdreich über ihnen zusammenstürzte, doch zufälligerweise so glück= lich, daß es über ihrem Kopfe eine völlige Wölbung zurückließ. Vergebens suchten die Männer aus dem um sie entstandenen Kerker herauszukommen. Auch war keine Möglichkeit vorhanden, ihnen einen Ausg= gang zu eröffnen; denn bis zu ihnen zu gelangen, hätte schlechterdings die über ihnen lagernde Schicht durchschnitten werden müssen: eine fast unausführbare Arbeit, da die Erde sich mehr als sieben Mètres über sie erhob. Man wußte aber, daß sie noch lebten.

Sogleich wurde den Behörden davon Meldung gethan und von ihnen ein Ingenieur abgesandt, das Werk ihrer Rettung zu betreiben. Bei seiner Ankunft traf er die ganze Bevölkerung an der Stelle des Er=

eignisses versammelt und eifrig mit der Arbeit beschäf= tigt, alle Hindernisse wegzuschaffen. Zwei peinlich lange Tage waren so verstrichen. Nun ergingen Auffoderun= gen von der Gerichtsobrigkeit zu Calles und Bourge= mont an ihre jenem Orte benachbarte Gemeinden, und zahlreiche Männer aus denselben zogen mit Hacke und Spaten, Schippe und Schaufel aus zu der schweren Arbeit. Sie arbeiteten den ganzen Tag auf dem Bau= platze. Es war ein merkwürdiges Schauspiel, diese Masse Arbeiter zu erblicken, wie aus ihren Augen die Begeiste= rung für Menschenrettung, vereinigt mit der Hoffnung, nicht umsonst ihre Kräfte aufzubieten, strahlte: eine Auf= opferung, welche über alles Lob erhaben war. Endlich aber nahte die Erlösung und führte der Eifer und Muth der Arbeiter zum glücklichen Resultate. Die 78. Stunde trat ein und mit ihr der Moment der Befreiung der unglücklichen Arbeiter aus ihrem schau= derhaften Kerker. Sobald man überzeugt war, zu ihnen gelangen zu können, wurde durch eine kleine Öffnung, welche der Erdfall gebildet hatte, mittels eines Stabes ein daran befestigtes Fläschchen mit Fleisch= brühe ihnen gereicht. Durch diese Öffnung kamen sie, nach glücklicher Erweiterung derselben, am Ende zum so lange vermißten Tageslichte. Fünf Ärzte, von gleich edlem Verlangen für ihren Beruf beseelt, wichen während 24 Stunden nicht vom Platze, da es ungewiß war, wenn die Zeit der Ausgrabung der Verschütteten ein= trete, und was und wie sie ihrer bedürfen würden. Sie ordneten an, daß die höchst geschwächten Männer auf mit Matratzen belegten Tragen fortgeschafft und ihre Augen vor dem Eindringen des Sonnenlichts die erste Zeit geschirmt würden. Zahllose Menschen dräng= ten sich um die Geretteten, und als man sie in ihr Dorf brachte, wurde mit den Glocken geläutet, um die allgemeine Freude über die höchst wunderbare Ret= tung zu verkündigen.

Herausgegeben unter Verantwortlichkeit der Verlagshandlung F. A. Brockhaus in Leipzig.

Das Pfennig-Magazin

für

Verbreitung gemeinnütziger Kenntnisse.

455.]   Erscheint jeden Sonnabend.   [December 18, 1841.

Giovanni Boccaccio.

Giovanni Boccaccio (im Deutschen auch häufig Boccaz genannt), einer der Koryphäen der italienischen Literatur, der seinen Rang unmittelbar nach den bekannten vier Heroen derselben behauptet, und Vater der italienischen Prosa, war der Sohn eines Kaufmanns in Florenz, die Frucht eines vertrauten Verhältnisses desselben zu einer schönen Pariserin, und wurde zu Paris, wo Jener sich in Handelsgeschäften aufhielt, im Jahre 1313 geboren. Seine Familie stammte aus Certaldo, einem Dorfe in Toscana, weshalb er sich Boccaccio da Certaldo nennt. In frühem Alter kam er nach Florenz, wo er seine Studien unter Meister Giovanni, dem Vater des bekannten Dichters Zenobio da Strada, begann und frühzeitig Neigung zur Dichtkunst zeigte; sein Vater gab ihn aber schon im zehnten Jahre in die Lehre zu einem Kaufmanne, der ihn nach Paris führte und sechs Jahre bei sich behielt. Nach vielfachen Reisen ließ sich Boccaccio im 28. Jahre nach dem Willen seines Vaters in

Neapel nieder und blieb hier acht Jahre. Statt mit Kaufleuten Umgang zu pflegen, den er so wenig als den ihm aufgedrungenen Kaufmannsstand selbst liebte, schloß er Freundschaft mit mehren neapolitanischen und florentinischen Gelehrten, die König Robert dahin gezogen hatte, und erfreute sich der Gunst einer natürlichen Tochter dieses Königs, welche die Dichtkunst gleich ihm leidenschaftlich liebte und die er unter dem Namen Fiammetta in mehren um diese Zeit und später entstandenen Werken in Prosa und in Versen verherrlichte.

Als er einst auf einem Spaziergange bei Neapel das Grab Virgil's erblickte, gedieh der längst gefaßte Vorsatz, einem verhaßten Stande nicht länger anzugehören und sich ganz der Literatur und Dichtkunst zu widmen, zur Reife; auch die Anwesenheit Petrarca's in Neapel, der am Hofe mit der größten Auszeichnung aufgenommen wurde und dessen genaue Bekanntschaft zu machen Boccaccio das Glück hatte, scheint nicht ohne

Einfluß auf seinen Entschluß gewesen zu sein. Mit glühendem Eifer warf er sich nun auf die Dichtkunst und machte in kurzer Zeit durch den glücklichen Verein von Eifer und Talent unglaubliche Fortschritte. Sein Vater, dem sein entschiedener Beruf zur Dichtkunst nicht entgehen konnte, mußte in diese Änderung seines Lebensplans einwilligen und unterstützte ihn auch nachher auf jede Weise. Boccaccio beschäftigte sich nun mit philologischen Studien und lernte unter der Anleitung des gelehrten Leontius Pilatus aus Thessalonich, den er auf seine Kosten von Venedig nach Florenz hatte kommen lassen, Griechisch; daß er aber durch Abschreiben griechischer Autoren einen Theil seines Unterhalts verdient habe, ist eine Sage, die durch nichts begründet ist, wie sich schon aus dem eben angegebenen Umstande ergibt. Mit Leontius las er den Homer und ließ ihn durch Jenen ins Lateinische übersetzen.

Nachdem sich Boccaccio zwei Jahre in Florenz bei seinem Vater aufgehalten hatte, kehrte er nach Neapel zurück und wurde von der jungen Königin Johanna sehr gütig aufgenommen. Ihr zu gefallen, schrieb er, wie man glaubt, sein Hauptwerk, den „Decameron", eine Sammlung von hundert Novellen, die seinen Namen unsterblich gemacht hat. Als der Tod seines Vaters ihn in den Besitz eines größern Vermögens und größerer Freiheit setzte, ließ er sich in Florenz nieder. Seine erste schriftstellerische Arbeit, die er hier lieferte, war die dem „Decameron" als Einleitung dienende Beschreibung der furchtbaren Pest in Florenz, der später eine Lebensbeschreibung Dante's folgte. Von der größten Wichtigkeit war für ihn die Verbindung mit Petrarca, dem er im Jahre 1351 im Namen und Auftrage seiner Mitbürger die Nachricht von seiner Zurückberufung und der Zurückgabe seines väterlichen Erbes nach Padua überbrachte, wo er mit ihm eine Freundschaft für das ganze Leben schloß. Viele und große Dienste leistete ihm der edelmüthige Freund und half ihm unter Anderm zu einer Zeit, wo Boccaccio sein mäßiges Vermögen durch Vergnügungen und den Ankauf kostbarer Bücher (er hatte auf seine Kosten aus Griechenland Abschriften der Homerischen Gedichte kommen lassen und sich außerdem mit großer Mühe eine große Zahl anderer guter griechischer und lateinischer Handschriften verschafft) fast ganz erschöpft hatte. Ja als Boccaccio von einem sterbenden Karthäusermönche bewogen worden war, allen Freuden dieser Welt zu entsagen und fortan selbst das Leben eines Karthäusers zu führen, war es wieder Petrarca, der ihn auf andere Gedanken brachte und sein herrliches Talent der Welt erhielt.

Unruhen, die in Florenz ausbrachen, veranlaßten unsern Dichter, sich nach Certaldo, woher seine Familie stammte, auf ein kleines Landgut, welches er daselbst besaß, zurückzuziehen. Hier lebte er ungestört nur den Musen, theils studirend in den Schriften der Alten, theils selbst schaffend. Einem für seine Zeit dringenden Bedürfnisse half er ab, indem er die in den Werken der alten Classiker enthaltenen zerstreuten Nachrichten und Andeutungen über die Mythologie der Griechen und Römer, ohne deren Kenntniß so viele Stellen ihrer Dichter nicht verstanden werden können, in einem mit Fleiß gearbeiteten Werke in lateinischer Sprache sammelte. Außerdem schrieb er Bücher über die Namen der Flüsse, Berge, Wälder, Seen und Meere, die in den historischen und poetischen Schriften vorkommen, über die Schicksale berühmter Männer und über berühmte Frauen. Zeigt sich in diesen trockenen Werken des Fleißes keine Spur von dem dichterischen Talente des Verfassers, so tritt dieses in seinen italienischen

Schriften um so glänzender hervor. Dieselben zerfallen in vier Abtheilungen: 1) Gedichte im engern Sinne: „Theseide", ein episches Gedicht in Octaven und achtzeiligen Stanzen, der schönen metrischen Form, die Boccaccio nach der gewöhnlichen Meinung erfunden hat; „Philostratus", ebenfalls in Octaven; „Admet" ein Schäfergedicht; Sonette und Canzonen. 2) Romane: „Philocopus"; „Die liebende Fiammetta"; „Das Labyrinth der Liebe". 3) „Der Decameron". 4) Das Leben des Dante; Commentar über die ersten 16 Gesänge von Dante's Hölle; einige Briefe. Alle werden von dem „Decameron" übertroffen, einem Buche, dessen Einfluß auf Sprache und Geschmack der Italiener ungeheuer genannt werden muß und das in Italien allein über hundert Ausgaben erlebt hat, woraus sich auf seine Beliebtheit schließen läßt.

Bei seinen Mitbürgern stand Boccaccio in solchem Ansehen, daß er zwei Mal mit wichtigen diplomatischen Aufträgen an Papst Urban V. gesandt wurde, worauf er nach Certaldo zurückkehrte, um seine Studien fortzusetzen. Leider wurden dieselben von einer langwierigen Krankheit, die einen höchst peinlichen Zustand von Ermattung und geistiger Abspannung zur Folge hatte, unterbrochen. Nach seiner Genesung wurde ihm (zwei Jahre vor seinem Tode) abermals ein schwieriger, aber höchst willkommener und ehrenvoller Auftrag zu Theil, indem er auf den in Florenz errichteten Lehrstuhl für die Erklärung des dunkeln und mit der Zeit immer dunkler werdenden Gedichts „Divina commedia" von Dante, dem Boccaccio stets die innigste Bewunderung und Verehrung gewidmet hatte, berufen wurde. Boccaccio nahm den Auftrag nicht nur freudig an, sondern ließ sich die Erfüllung der mit seinem neuen Amte verbundenen Pflichten in einem Grade und mit einem Eifer angelegen sein, daß seine bereits so sehr geschwächte Gesundheit durch diese außerordentlichen Anstrengungen unfehlbar noch mehr zerrüttet werden mußte. Die Nachricht von dem Tode seines Lehrers und Freundes Petrarca trug noch mehr dazu bei, seinen eigenen Tod zu beschleunigen. Er überlebte Jenen wenig über ein Jahr und starb zu Certaldo am 21. December 1375. Die von ihm selbst verfaßte lateinische Grabschrift lautet verdeutscht: „Dieser Stein bedeckt Asche und Gebeine Giovanni's; sein Geist steht vor Gott, geschmückt mit den Verdiensten der Mühen des sterblichen Lebens. Sein Vater war Boccaccio, seine Heimat Certaldo, sein Studium die erhabene Dichtkunst."

König Karl XII.
(Beschluß aus Nr. 454.)

Unterdessen waren alle seine Feinde wieder mächtig geworden und griffen seine Staaten an; August kehrte nach Polen zurück und protestirte gegen den Frieden von Altranstädt; Peter nahm Wiborg und ganz Karelien und überschwemmte Finnland mit seinen Truppen; der König von Dänemark suchte sich Holsteins und Bremens zu bemächtigen; der König von Preußen machte seine alten Rechte auf Schwedisch-Pommern geltend; Mecklenburg suchte Wismar wieder zu gewinnen; auch Hanover und Münster suchten Karl's Unglück zu benutzen. Der König von Dänemark bewerkstelligte sogar mit 17,000 Mann Dänen eine Landung in Schweden und nahm Helsingborg, wurde aber bald wieder verjagt. Karl erhielt die Nachricht davon im Juli 1710 und wurde um diese Zeit durch eine Kriegserklärung der Türken gegen die Russen zu neuen Hoffnungen angeregt. Im Juni 1711 standen sich die beiden Armeen bei Jassy ungefähr so gegenüber, wie die Russen und Schweden vor Pultawa. Peter schien verloren; aber die Geistesgegenwart seiner Gemahlin rettete ihn. Es kam am 1. August, gerade als Karl von Bender ankam, um seinen Erzfeind vernichten zu sehen, zu einem Vertrage, welcher den Russen eine ruhige Heimkehr gestattete. Karl, der mit Lebensgefahr den Pruth durchschwommen und das russische Lager durchritten hatte, ging mit wuthentbranntem Gesichte zum Großvezier und setzte ihn barsch wegen dieses Friedens zur Rede. „Ich habe das Recht, Frieden zu schließen‟, sagte der Türke ruhig. — Hattest du nicht die Russen in deiner Gewalt? — „Das Gesetz befiehlt, den Feinden den Frieden zu gewähren, wenn sie um Barmherzigkeit bitten.‟ — Konntest du nicht den Kaiser als Kriegsgefangenen nach Konstantinopel schicken? — „Es können nicht alle Könige außer ihrem Lande sein.‟ Darauf konnte Karl nichts weiter antworten. Er warf sich auf sein Pferd und ritt mit Verzweiflung im Herzen wieder nach Bender.

Als er zurückkam, fand er sein ganzes Lager überschwemmt. Er zog sich mit seinen Leuten bis Varnitza zurück und ließ sich dort ein festes Haus bauen, das im Nothfall einen Sturm einige Stunden lang aushalten konnte. Unterdessen unterhandelte der von ihm beleidigte Großvezier mit Östreich, damit diese Macht der Rückkehr Karl's durch die östreichischen Erbstaaten kein Hinderniß entgegensetzen möchte. Hierauf ließ er dem Könige den Befehl eröffnen, das türkische Gebiet zu verlassen; aber Karl erklärte, daß er nicht eher von der Stelle gehen würde, als bis der Sultan seinen Großvezier bestraft und ihm 100,000 Mann zur Rückkehr nach Polen gegeben haben würde.

Der Großvezier entzog ihm nun die tägliche Lieferung von 500 Thalern und den übrigen Subsistenzmitteln. Aber dies bewog Karl nur, seinen Aufwand zu vergrößern; er lebte auf Borg, so lange Jemand borgen konnte oder wollte. Die Umstände wurden immer mislicher, da erbarmte sich ein englischer Kaufmann des Königs und borgte ihm 40,000 Thaler. In dieser Zeit wurde der bisherige Vezier abgesetzt; aber der neue war Karl nicht günstiger. Der Sultan schrieb ihm selbst, daß er Befehl gegeben, ihn mit Allem zu versehen, was seine Reise durch Polen nöthig machte, und daß ihm 8000 Mann auf dieser Reise begleiten sollten. Karl appellirte gegen die Zumuthung, mit 8000 Mann durch ein Land zu ziehen, das sein Erzfeind Peter mit seinen Truppen überschwemmt hätte, und wußte eine abermalige Kriegserklärung der Pforte gegen Rußland durchzusetzen, die aber, wie die erste, zu nichts führte. Es wurde Karl nochmals eröffnet, daß er ohne Aufschub abreisen müßte. Er schützte seine Schulden vor; man schickte ihm 1200 Beutel, aber er verlangte noch 1000 Beutel. Das brachte den Sultan auf den Gedanken, Gewalt zu gebrauchen; der Pascha von Bender erhielt den Befehl dazu. Er fragte Karl, ob er freiwillig abreisen wolle oder auf Befehl des Sultans; Karl war wüthend über diese Behandlung, machte aber dadurch seine Lage noch mislicher. Man schnitt ihm die Lebensmittel ab, belagerte ihn in seinem Lager zu Varnitza und brannte ihm endlich das Haus über dem Kopfe an. Endlich, den 12. Februar 1713, bemächtigte man sich Karl's und brachte ihn in das kleine Schloß Demirtasch bei Adrianopel und dann in die kleine Stadt Demotika, wo er 11 Monate im Bette blieb; da brachte ihm endlich die Nachricht, daß der schwedische Senat an einen

Frieden mit den Russen und Dänen denke, zu dem Entschlusse, wirklich zurückzukehren. Den 14. October 1714 brach er auf, reich beschenkt von dem Sultan. Der Kaiser Karl VI. hatte Vorkehrungen getroffen, den unglücklichen König überall mit Ehren zu empfangen, und Alles war gespannt, den Mann zu sehen, dessen Thaten und Schicksale in den Hütten wie in den Palästen von ganz Europa bekannt waren. Aber Karl hatte keine Lust, von den ihm zugedachten Ehren Gebrauch zu machen. Als er seine türkische Bedeckung entlassen hatte, nahm er von seinem Gefolge Abschied und reiste mit einem einzigen Begleiter, Düring, incognito durch Ungarn, Mähren, Östreich, Baiern, Würtemberg, die Pfalz, Westfalen und Mecklenburg nach Stralsund, welche Reise er in 16 Tagen meist zu Pferde zurücklegte.

Die Freude in Stralsund war grenzenlos, als man erfuhr, der König sei da, und diese Kunde verbreitete sich von da aus über ganz Schweden mit wunderbarer Schnelligkeit. Alle niedergeschlagenen Hoffnungen lebten wieder auf und junge Männer kamen haufenweise herbei, von dem Könige zu neuen Siegen geführt zu werden.

Karl suchte vor allen Dingen die Befestigung Stralsunds zu vollenden und verschaffte sich durch die Verheirathung seiner Schwester Ulrike Eleonore an den Prinzen Friedrich von Hessen-Kassel einen tüchtigen General. Aber das Glück hatte ihn verlassen. Die Engländer, Dänen, Preußen, Sachsen und Russen nahmen ihm einen Platz nach dem andern weg. Schon im October 1715 wurde Stralsund selbst belagert. Karl glaubte, daß die Festung uneinnehmbar wäre, denn sie war westlich durch einen unzugänglichen Morast und östlich durchs Meer gedeckt. Aber wenn der Westwind stark ging, war das Meer an der Festung nur etwa drei Fuß tief; das entdeckte in dieser Zeit ein Soldat, welcher zufällig bei den Festungsarbeiten ins Meer fiel. Er entfloh und verkaufte seine wichtige Entdeckung dem Feinde. Den Tag darauf wehte ein starker Westwind; um Mitternacht näherten sich 1800 Preußen durchs Meer der Verschanzung, während die Aufmerksamkeit der Belagerten auf alle Weise von diesem Punkte abgezogen wurde. Das Unternehmen gelang, Karl floh am 20. December 1715 unter Gefahren ohne Gleichen nach Schweden, und Stralsund ergab sich den folgenden Tag.

Karl hielt sich den Winter über in Karlskrona auf und befahl von da aus neue Aushebungen in seinem Königreiche. Um die fehlende Flotte zu ersetzen, stellte er Kaperbriefe aus; um sich Geld zu verschaffen, ließ er alles Eisen mit Scheinen aufkaufen und gegen Silber verkaufen. Abgaben wurden sogar auf die Perücken gelegt und aus jedem Hause mußte die Hälfte der Mundvorräthe in die Magazine geliefert werden. Unter jedem andern Könige würde sich das von so vielen Lasten niedergedrückte Volk empört haben; aber der unglücklichste Bauer wußte, daß sein König ein noch härteres Leben führte als er, und unterwarf sich deshalb ohne Murren den Beschwerden, die der König selbst ertrug.

Die öffentliche Gefahr zog Aller Augen vom eigenen Elende ab; man mußte jeden Augenblick auf die Landung von Russen, Engländern, Dänen, Sachsen und Preußen gefaßt sein. Unter solchen Umständen ging Karl im März 1716 mit 20,000 Mann nach Norwegen, ein Unternehmen, das eine Handvoll Leute hätte unmöglich machen können, wenn man darauf vorbereitet gewesen wäre. Zum Glück für Karl hatte sich der Zar, von dem am meisten zu fürchten war, mit seinen Allirten vereinigt, weil sie ihm durchaus keine Besitzung in Deutschland zukommen lassen wollten. Er ließ daher seine Russen wider die Verabredung nicht in Schweden landen und war sogar geneigt, mit Karl eine Verbindung einzugehen, die ihm wieder aufhelfen und Europa eine ganz andere Gestalt hätte geben können, wenn es im Rathe der Vorsehung nicht anders beschlossen gewesen wäre. Hätte sich Karl gehörig mit Lebensmitteln versehen, so wäre Norwegen in seine Gewalt gekommen, aber er mußte sich aus Mangel daran wieder nach Schweden zurückziehen, als eine dänische Armee in Norwegen landete, und wartete nun auf den Ausgang der politischen Unternehmungen seines Lieblings, des Barons von Görz, der in der Politik Das, was Karl in der Kunst des Kriegs, d. h. ein Meister, war.

Görz war unermüdlich; er wußte das Unmögliche möglich zu machen, doch Karl ging Alles zu langsam. Er hatte im Jahre 1718 wieder 35,000 Mann regulairer Truppen und alle Küsten waren mit Milizen besetzt. Er machte daher im October 1718 einen zweiten Einfall in Norwegen und hoffte diesmal ganz bestimmt das Königreich zu erobern. Zuerst aber mußte die Festung Friedrichshall, die man als den Schlüssel zu dem Königreiche betrachtete, weggenommen werden. Karl ließ mitten im December in der strengsten Kälte die Laufgräben eröffnen und nahm selbst an allen Arbeiten Antheil. Er war so abgehärtet, daß er mitten im härtesten Winter auf einer Schütte Stroh schlief, von nichts bedeckt als seinem Mantel. Einst wollte er sehen, wie lange er den Hunger und Durst ertragen könnte, ohne sich schwach zu fühlen; er nahm fünf Tage lang weder Speise noch Trank zu sich; am fünften ritt er eine Meile und nahm dann bei seinem Schwager ein sehr reichliches Mahl ein, ohne darauf die geringste Beschwerde zu empfinden.

Am 11. December untersuchte er Abends gegen 9 Uhr die Laufgräben und war, da er die Arbeiten nicht genug vorgerückt fand, sehr unzufrieden. Megret, welcher die Arbeiten leitete, versicherte, in acht Tagen werde die Festung genommen sein, und der König ging weiter. An einem Orte, wo der Laufgraben einen Winkel machte, blieb er und sah den Arbeiten zu. Auf diesen Winkel war eine Batterie gerichtet, der König aber ragte mit halbem Körper über die Böschung hinaus. Plötzlich fiel der König auf die Brustwehr, indem er einen langen Seufzer ausstieß. Die beiden Franzosen Siquier und Megret, welche Zeugen des Vorfalls waren, näherten sich ihm und fanden ihn todt. Ein Halbpfünder hatte ihn in den rechten Schlaf getroffen und augenblicklichen Tod veranlaßt. „Das Stück ist aus, wir wollen zu Tische gehen“, sagte Megret ruhig, als er den König todt sah. Diese Worte, verbunden mit der Unzufriedenheit, die der König eben gegen ihn geäußert hatte, und andern Umständen, haben den Verdacht erregt, als habe er mit Siquier den Tod des Königs herbeigeführt; derselbe hat aber wenig Wahrscheinlichkeit.

Karl war erst 36½ Jahre alt und hätte nach seiner eisernen Constitution recht gut noch einmal so lange leben können, ob zum Nutzen seines Landes, ist freilich sehr die Frage, denn er verfolgte einen falschen Ruhm mit einer Hartnäckigkeit, die nur der Tod überwinden konnte.

Die Stadt Janina.

Janina ist die Hauptstadt eines Paschaliks gleiches Namens in der türkischen Provinz Albanien, unweit der östlichen Küste des adriatischen Meeres und zwölf Meilen nördlich von der am Eingange des Meerbusens von Arta liegenden Stadt Prevesa gelegen, berühmt als die Residenz des einst mächtigen, 1822 hingerichteten Satrapen Ali Pascha. Kommt man von Süden, so erscheint die Lage der Stadt ungemein malerisch

Ein ziemlich bedeutender See von 1½ Meile Länge und ½ Meile größter Breite breitet sich am Fuße eines hohen und steilen Gebirgs aus, welches den ersten Rücken des Pindus nach dieser Seite bildet, und eine Höhe von mehr als 2500 Fuß über der Ebene erreicht. Gegenüber dem höchsten Gipfel dieses Gebirges und einer unter demselben liegenden kleinen Insel läuft eine Halbinsel vom westlichen Ufer her in den See, die sich in eine senkrechte Felswand endigt. Diese Halbinsel bildet die Festung von Janina; eine hohe Mauer umschließt sie auf der Landseite und die Oberfläche des Gewässers spiegelt das unregelmäßige, aber glänzende Bild eines türkischen Serails und die Minarets und Kuppeln zweier von alten Cypressen umgebenen Moscheen. Wendet sich das Auge rückwärts, so ruht es auf der ganzen Ausdehnung der Stadt aus, die sich am westlichen Ufer des Sees ausbreitet und bis zu einer Reihe niedriger Hügel, etwa ¼ Meile entfernt, erstreckt. Die innere Ansicht der Stadt ist finster. Die Straßen sind sehr unregelmäßig; diejenigen, in denen die untersten Classen der Einwohner wohnen, enthalten fast nur schlechte Lehmhäuser. Besser sind die Wohnungen der mittlern Stände, von Holz gebaut und mit einer kleinen offenen Galerie unter dem hervorragenden Dache versehen. Die Wohnungen der höhern Classen, Griechen wie Türken, haben mehr einen orientalischen Charakter, indem sie ein Viereck bilden, das einen offenen Hof umgibt, und geräumige Galerien haben.

Die Bazars sind, wie in andern türkischen Städten, der lebhafteste und interessanteste Stadttheil; sie bestehen aus 10—12 Straßen, die einander unter verschiedenen Winkeln durchschneiden; dieselben sind eng und werden verfinstert durch die niedrigen vorragenden Dächer und die hölzernen Buden, in denen die Waaren ausgestellt sind. Jeder Bazar enthält eine besondere Classe von Gegenständen; den einen haben die Verkäufer von Juwelen und andern Schmuckgegenständen inne, einen zweiten die Verkäufer von Pelzen, türkischen Shawls und andern Theilen der Kleidung; in einem dritten findet man Baumwollenwaaren, im vierten Taback, getrocknete Früchte u. s. w., im fünften farbiges Leder, türkische Pantoffeln u. s. w. Einige dieser Bazars sind reich ausgestattet.

Janina enthält 16 Moscheen, von denen jede auf einem freien Platze steht und von großen Cypressen umgeben ist; außerdem, als Sitz eines griechischen Erzbischofs, sieben bis acht griechische Kirchen und eine griechische hohe Schule.

Die Paläste des Paschas sind große und ansehnliche Gebäude. Der größte steht in der höchsten Gegend der Stadt, von Holz gebaut, aber unterstützt und umgeben von hohen und massiven, mit Kanonen besetzten Steinmauern. Er ist ganz im türkischen Style gebaut; die Dächer ragen weit über das Gebäude hinaus und die Wände sind reich mit Arabesken verziert. Das schönste Gebäude in der Stadt ist der in der nördlichen Vorstadt gelegene Pavillon des Paschas. Er steht in der Mitte eines Gartens und besteht aus einem großen Salon von 240 Fuß Umfang; ihn bilden vier abgesonderte Abtheilungen, deren jede neun Fenster enthält und welche zu dem kreisrunden Mittelraum führen. Der Fußboden ist von Marmor und enthält ein breites und tiefes Marmorbassin; in der Mitte desselben steht das Modell einer pyramidalischen Festung, besetzt mit zahlreichen Kanonen, aus jeder ein Wasserstrahl springt. An einem Pfeiler des

Pavillons befindet sich eine kleine Orgel, welche spielt, während das Wasser fließt.

Die vorhin gedachte Halbinsel wird breiter, je weiter sie in den See vordringt, und bildet zwei felsige Vorgebirge; auf dem einen derselben steht eine große Moschee mit hohem Minaret und ausgedehntem Hofe, umgeben von Cypressen. Auf dem andern Vorgebirge steht das alte Serail der Paschas von Janina, das sie vor der Erbauung des früher erwähnten bewohnten. Die ganze Halbinsel ist befestigt und bildet für sich allein eine kleine Stadt, getrennt von dem Haupttheile derselben durch eine hohe Steinmauer und einen breiten Graben, der die Gewässer des Sees aufnimmt. Die Ufer des Sees sind malerisch durch an demselben stehende Gebäude, das Serail, einen Kiosk, ein türkisches Kloster u. s. w. Den erhabensten Anblick aber gewährt der Bergrücken, welcher das Thal, in welchem der See liegt, auf der Janina gegenüberliegenden Seite begrenzt. Der See selbst wird an jedem Ende durch ein niedriges Marschland begrenzt, ist nicht tief und wird durch Quellen und mehre Bergströme gespeist; durch einen Ausfluß gegen Norden ergießt sich das Wasser desselben in einen andern, etwa eine Meile entfernten See, tritt dann in eine unterirdische Schlucht und kommt in beträchtlicher Tiefe wieder zum Vorschein.

Die Stadt Janina, deren Einwohnerzahl 30—40,000 betragen mag, hat ansehnliche Saffianfabriken und treibt einen lebhaften Handel. Eingeführt wird hauptsächlich Tuch aus französischen und deutschen Fabriken, und die Nachfrage nach demselben ist groß, seitdem die reichen Griechen und Türken, nicht nur in Albanien, sondern auch in Rumelien und sogar aus einem Theile von Morea, ihr Tuch in Janina einkaufen. In den letzten Jahren hat auch englisches Tuch hier einen Markt gefunden. Ausgeführt werden Öl, Wolle, Korn, Taback für die italienischen Häfen; nach Albanien und Rumelien gehen Baumwollenwaaren, Sammt, Tuch, Flinten und Pistolen. Auf einem Markte, der jährlich unweit der Stadt gehalten wird, werden große Heerden von Schafen und Ziegen, sowie Rindvieh und Pferde verkauft, die letztern von Albanesen, während das andere Vieh meist in die ionischen Inseln geht.

Die chinesisch-englischen Händel.

(Beschluß aus Nr. 454.)

Aber noch vor der Ankunft des neuen Oberbefehlshabers traten in China wichtige Ereignisse ein. Am 21. Mai erließ Capitain Elliot eine Proclamation, in der er alle in den Factoreien zu Kanton befindlichen Ausländer aufforderte, vor Sonnenuntergang die Stadt zu verlassen, worauf sie sich, mit Ausnahme zweier Amerikaner, sämmtlich auf die Schiffe und nach Whampoa begaben. An demselben Tage traf das englische Linienschiff Blenheim, von einem Dampfschiffe gezogen, sechs englische Meilen von Kanton ein; in der folgenden Nacht versuchten die Chinesen, diese Schiffe mittels paarweise zusammengebundener Barken anzuzünden, was ihnen aber nicht gelang. Eine ansehnliche Flottille ihrer Brander wurde von den Engländern zerstört.

Am 23. Mai waren sämmtliche Kriegs- und Transportschiffe an derselben Stelle eingetroffen. Den folgenden Tag, als den Geburtstag der Königin von England, wünschten die Anführer der Engländer, Capitain Senhouse und Generalmajor Sir Hugh Gough, durch eine Waffenthat zu feiern. Ihre Absicht ging dahin, im Nordwesten der Stadt eine Landung zu bewerkstelligen, zu welchem Ende eine vorgängige Recognoscirung nothwendig war. Um diese vorzunehmen, wurde Capitain Belcher am 23. Mai mit neun Booten ausgesandt. Eine zahlreiche Flotte schnellsegelnder Boote der Chinesen, welche sich dem Vorhaben der Engländer widersetzen wollten, wurde durch einige Artilleriesalven theils in die Flucht gejagt, theils (28 Fahrzeuge) in Brand gesteckt. Capitain Belcher überzeugte sich, daß es an einem bequemen Landungsplatze auf der Nordseite nicht fehle und daß die auf dieser Seite stehenden Batterien ohne Schwierigkeit zu nehmen sein müßten.

Am 24. Mai rückten die Engländer in zwei Colonnen vor; ihre Streitkräfte bestanden aus 1000 Mann Marinetruppen und Matrosen, 2277 Mann Landtruppen mit 117 Offizieren nebst 7 Feldkanonen, 4 Zwölfpfünderhaubitzen, 4 Mörsern und 152 Brandraketen. Die rechte Colonne nahm fast ohne allen Widerstand von den Factoreien Besitz. Leider hatte die Plünderung der Magazine der Hong=Kaufleute durch den raubsüchtigen Pöbel von Kanton schon früher begonnen, doch konnten die englischen Truppen noch Vieles retten. Die linke Colonne konnte sich auf der schmalen und seichten Wasserstraße nur langsam bewegen und erreichte erst mit Einbruch der Dämmerung das Dorf Tinghae, wo Capitain Belcher's Schiff vor Anker lag. Hier wurde Abends ein Regiment, welches die Ausschiffung der Geschütze decken sollte, am Morgen der übrige Theil der Colonne gelandet und bald nach Tagesanbruch setzte sich dieselbe in Marsch. Gegen 8½ Uhr Morgens wurde das Signal zum Angriff gegeben; bald nachher waren auf dem linken Flügel die beiden östlichen Forts genommen und zwar mit einem geringen Verlust an Mannschaft. Auch der Angriff auf dem rechten Flügel war glücklich und bald, nach einem kaum halbstündigen Kampfe, wehte die englische Fahne auch auf den beiden westlichen Forts, deren heftiges Schießen während des Marsches sehr lästig gewesen war. In einem stark verschanzten Lager von beträchtlicher Ausdehnung, nordöstlich von der Stadt auf einer Erhöhung, standen etwa 4000 Mann. Dieses Lager, aus welchem die Briten durch häufige Angriffe beunruhigt wurden, wurde angegriffen, genommen, wiewol nicht ohne bedeutenden Verlust an Menschen, und sammt Magazinen und andern Gebäuden verbrannt; der Feind floh nach allen Seiten. Nach einer Recognoscirung der Mauern und Thore entschloß sich Generalmajor Gough, die Stadt und namentlich eine stark befestigte Anhöhe innerhalb der Stadtmauer mit Sturm zu nehmen, verschob aber diesen auf den folgenden Tag, weil es rathsam schien, zuvor mehre Vorkehrungen zu treffen. Am 26. Mai zogen die Chinesen eine Waffenstillstandsfahne auf und erklärten ihren Wunsch, Frieden zu schließen; der englische General bewilligte aber nur einen Waffenstillstand von zwei Stunden, binnen deren der chinesische Befehlshaber selbst kommen und Friedensvorschläge thun müsse, und da chinesischer Seits keine Unterhandlungen eröffnet wurden, ließ er die weiße Flagge abnehmen, während die der Chinesen aufgepflanzt blieb, in der folgenden Nacht aber alle Anstalten zum Sturme treffen und eine Batterie errichten. Am 27. Morgens sollte die Kanonade eröffnet und um 8 Uhr der Sturm in vier Colonnen unternommen werden. Nach 6 Uhr wollte Generalmajor Gough eben erklären lassen, daß er auf die Stillstandsflagge keine weitere Rücksicht nehmen

könne, als er ein Schreiben des Capitains Elliot, der sich mit der Flotte im Süden der Stadt befand, erhielt, worin ihm derselbe den Abschluß einer Übereinkunft mit den chinesischen Behörden meldete. Die Hauptartikel derselben sind: 1) „Die drei kaiserlichen Commissare verlassen mit allen nicht der Provinz angehörigen Truppen binnen sechs Tagen die Stadt und entfernen sich mindestens auf 60 englische Meilen; 2) binnen sieben Tagen werden 6 Millionen Dollars bezahlt, welche Summe nach Verlauf von 7, 14, 20 Tagen auf 7, 8, 9 Millionen erhöht wird; 3) binnen sieben Tagen werden alle im J. 1839 durch Plünderung der Factoreien verursachten Verluste ersetzt. Ist Alles bezahlt, so ziehen sich die Engländer bis zur Bocca=Tigris zurück und übergeben den Chinesen sämmtliche Festungswerke am Flusse, die zwar ausgebessert, aber vor vollständiger Beilegung aller Streitigkeiten zwischen beiden Nationen nicht wieder bewaffnet werden dürfen.“ Sogleich wurden alle Feindseligkeiten eingestellt. Der 28. ging mit Unterhandlungen hin; man kam dahin überein, daß die tatarischen Truppen (ihre ganze versammelte Streitmacht gaben die Chinesen zu 45,000 Mann an) die Stadt räumen und Waffen und Gepäck mitnehmen, aber weder Fahnen entfalten, noch Musik spielen lassen sollten.

Am 29. Mai war von der Räumung keine Rede mehr. Chinesische Truppencorps, mehre tausend Mann stark, meist mit Speeren, Schildern und Schwertern und nur zum kleinsten Theile mit Luntenflinten bewaffnet, offenbar irregulaire Truppen, boten auf verschiedenen Punkten den Engländern die Spitze, ließen sich aber ziemlich leicht in die Flucht schlagen, wiewol sie auf manchen Punkten unerwartete Entschlossenheit zeigten. In diesen Kämpfen, welche hauptsächlich der glühenden Hitze und später der strömenden Regengüsse wegen für die Engländer ermüdend und lästig waren, verloren die Chinesen viel Mannschaft; schon im Treffen vom 25. hatten die tatarischen Truppen gegen 500 Todte und 1500 Verwundete verloren, ihr späterer Verlust war wenigstens doppelt so groß. Die Engländer haben bei dem Angriffe auf Kanton angeblich nur 15 Todte und 112 Verwundete verloren.

Am 30. Mai ließ Sir H. Gough dem chinesischen Commissar (Kwang=schufu) anzeigen, daß die über die Räumung und Brandschatzung der Stadt getroffene Übereinkunft null und nichtig sein und der Angriff auf die Stadt von neuem beginnen würde, falls eine ähnliche Demonstration wie am vorigen Tage wiederholt würde; aber gleichzeitig erschienen auf den Hügeln in der Nähe der Stadt wieder 12—15,000 Mann Bewaffnete, die aus Kanonen und Gewehren nach allen Richtungen feuerten. Der chinesische Mandarin versicherte aber in einer Zusammenkunft, daß jene Truppen nur bestimmt seien, die Dörfer in der Ebene zu beschützen, und über ihre Verhaltungsbefehle hinausgingen, weil sich kein Mandarin bei ihnen befinde. Als ein solcher an sie in Begleitung eines britischen Offiziers abgeschickt wurde, zerstreuten sie sich augenblicklich. Mittlerweile hatten 13,500 Mann tatarische Truppen die Stadt zu Lande, 3000 andere aber zu Wasser verlassen; von der bedungenen Brandschatzung waren 5 Millionen Dollars bereits bezahlt und für die restirende Summe die nöthige Sicherheit gestellt, wie Capitain Elliot in einer Proclamation am 5. Juni bekannt machte, weshalb die Engländer die eroberten Forts räumten und nach Tinghae zurückkehrten. Aber schon am 10. Juni erklärte Elliot in einer neuen Proclamation, daß es für britische Handelsschiffe gefährlich sei, in den Kantonfluß einzulaufen; später brachen die Chinesen den abgeschlossenen Vertrag förmlich, indem sie an der Herstellung und neuen Bewaffnung der zerstörten Forts zu arbeiten begannen. In ihren Berichten an den kaiserlichen Hof stellen die chinesischen Commissare alle von den Engländern gemachten Concessionen nur als eine Kriegslist dar, die angewandt worden sei, um die erforderliche Zeit zur Vollendung der angeordneten Rüstungen zu gewinnen, und der Neffe und Commissar des Kaisers, Yihschan, spricht in seinem Berichte vom 30. Mai (worin er die von Kanton bezahlte Kriegscontribution auf 1 Million statt 6 Millionen angibt) unverhohlen die Absicht aus, die Barbaren von neuem anzugreifen, um das verlorene Hong-Kong wieder zu erlangen. Die Erneuerung der Feindseligkeiten ist daher unausbleiblich.

Der neue Bevollmächtigte, Sir H. Pottinger, soll beauftragt sein, für das Opium, die Kriegskosten und die Schulden der Hong-Kaufleute 15 Millionen Dollars zu fodern und auf Zulassung eines britischen Gesandten in Peking, Gestattung des Handels in allen Hafenplätzen und Abtretung des in denselben erforderlichen Plätze zur Anlegung von Factoreien zu bestehen; außerdem soll auch die bereits abgetretene Insel Hong-Kong im Besitz der Engländer bleiben. Er ist angewiesen, sich mit keinem Mandarin, der nicht vom Kaiser besonders bevollmächtigt ist, in Unterhandlungen einzulassen.

Magdeburg.

Da wir in Nr. 440 eine Beschreibung von dem herrlichen magdeburger Dome geliefert haben, so theilen wir hier nachträglich noch genauere Nachrichten über die Stadt Magdeburg selbst mit.

Magdeburg, die Hauptstadt der preußischen Provinz Sachsen, zugleich der Hauptort eines Regierungsbezirkes und landräthlichen Kreises, eine wichtige Festung und der Sitz eines evangelischen Bischofs, liegt am linken Elbufer unter 52 Grad 8 Minuten nördl. Breite und 29 Grad 18½ Minuten östl. Länge von Ferro, 234 pariser Fuß über dem Nordseespiegel erhaben, und ist von der Residenz Berlin 19¾, von Halle 11 Meilen entfernt. Außer der Elbe, die an der Ostseite der Stadt in südnördlicher Richtung vorbei fließt und bei einer mittlern Breite von 300 Schritten eine Normaltiefe von 10 Fuß hat (die Tiefe im Allgemeinen wechselt zwischen 1 und 30 Fuß), fließen in der Nähe Magdeburgs zwei kleine Flüsse: die Schrote, welche sich bei Wolmirstädt in die Ohre, und die Ehle, welche sich bei Biederitz in die Elbe ergießt. Über die Elbe, die sich bei der Stadt in drei Arme theilt und einige Inseln (Werder) bildet, führen drei Brücken, die letzten Elbbrücken nach Norden zu: 1) die Strombrücke, 274 Fuß lang, bestehend aus zwei massiven Bogen und vier hölzernen Jochöffnungen; 2) die Elbzollbrücke über den Mittelarm, der den Commandantenwerder bildet, 224 Fuß lang, 1828 völlig neu und theilweise massiv erbaut; 3) die lange Strombrücke, über den östlichsten und breitesten Stromarm und zugleich über die oft überschwemmten Niederungen führend, durchaus von Holz erbaut und 814 Fuß lang. Über die Ehle und deren Niederungen führt die eine Meile entfernte, 960 Fuß lange Friedrich-Wilhelms-Brücke.

Magdeburg besteht aus vier Stadttheilen: der Altstadt nebst dem Neumarkt, welche sechs Thore und 125 Straßen hat, der Friedrichsstadt oder Thumschanze mit sieben Straßen, der (alten und neuen) Neustadt und der Sudenburg; diese nehmen zusammen einen Flächenraum von 600,009 Quadratruthen ein, wovon die Hälfte auf die Festungswerke, ein Viertel auf die Altstadt und ebenso viel auf die andern Stadttheile kommt. Die Einwohnerzahl betrug ohne die Garnison, sowie ohne Sudenburg und Neustadt, welche besondere Verwaltung haben, 1840 45,061, worunter über 2700 Katholiken und über 400 Juden. Die Neustadt hatte 1837 6800 Einwohner in 646 Wohnhäusern; die Sudenburg 2017 Einwohner in 191 Wohnhäusern. Die Straßen sind meist eng und krumm; nur eine darunter macht in ersterer Hinsicht eine rühmliche Ausnahme: der 394 Ruthen lange, 215 Häuser zählende Breite Weg, welcher der Elbe ziemlich parallel läuft und nicht nur die längste und breiteste, sondern auch die schönste von allen Straßen der Stadt ist. Dieselben sind ziemlich schlecht gepflastert, aber bei Nacht gut erleuchtet (durch 380 mit Salzwasser gefüllte Reverberen); die Bauart der Häuser ist sehr verschieden und im Allgemeinen nicht eben schön zu nennen, wiewol es an neuen geschmackvollen Gebäuden nicht fehlt. Das einzige Denkmal der Baukunst in höherm Sinne ist der bereits beschriebene Dom, von dem man sagen kann: „Eins, aber ein Löwe." Unter den fünf öffentlichen Plätzen zeichnen sich der alte und der neue Markt aus; an letzterm, der bei weitem der schönste, größte und regelmäßigste ist, steht der ebengenannte prachtvolle Dom, außerdem viele andere stattliche Gebäude: das königliche Palais, das Commandantur- oder Gouvernementsgebäude, das Regierungsgebäude, das Oberlandesgericht, das Land- und Stadtgericht, das Militairlazareth, die Artilleriecaserne u. s. w; an erstem das imponirende, mit einem Porticus und einem tempelartigen Thurme gezierte Rathhaus, das von 1691—1713 gebaut wurde. Das Frontispiz desselben schmücken drei massive Bildsäulen: der Themis, der Hygiea und der Friedensgöttin. In diesem Gebäude befindet sich die etwa 12,000 Bände zählende Rathsbibliothek, welche unter andern Merkwürdigkeiten die von Otto von Guericke, der bekanntlich Bürgermeister in Magdeburg war (geb. 1602, gest. in Hamburg 1686), 1650 erfundene und verfertigte Luftpumpe enthält. Zwei colonnadenartige, 160 Fuß lange Seitenflügel des Rathhauses, im J. 1828 an der Hinterfronte erbaut, enthalten Hallen und 24 Kramläden. Unweit desselben steht das älteste in der Stadt vorhandene Denkmal: die Reiterstatue des Kaisers Otto I, einige Zeit nach dem Tode desselben (973) von der städtischen Behörde aus Dankbarkeit errichtet. Der Kaiser ist im Ornate, mit Mantel und Krone geziert und zu Pferde sitzend dargestellt und seine Statue ruht auf einem vierseitigen Postemente; neben ihr befinden sich zwischen acht Säulen seine Gemahlinnen Editha und Adelheid und vier geharnischte Ritter, die das Wappen Otto's halten. Sämmtliche Figuren sind aus hartem Sandsteine in Lebensgröße gearbeitet. Als Kunstwerk hat das Denkmal (welches mehrmals restaurirt und mit eisernen Stangen unterstützt wurde) keinen Werth in Anspruch zu nehmen, da es aus einer Zeit stammt, in welcher die deutsche Bildhauerkunst in ihrer Wiege lag. Über demselben ist seit 1540 eine auf freistehenden Säulen ruhende, zum Schutze dienende kupferne Haube angebracht. Unter dem Denkmale soll ehemals die Torturkammer gewesen sein. Außer dem Dome sind in der Altstadt noch zehn Kirchen vorhanden, worunter drei reformirte, nämlich eine deutsche, eine wallonische und eine französische, und eine katholische Kirche, außerdem eine Synagoge. Auf der Johanniskirche ist 1832 eine Telegraphenstation (zu der aus 61 Stationen bestehenden Linie von Berlin bis Koblenz gehörig) errichtet worden, von Berlin her die 14. In den Vorstädten stehen drei Kirchen.

Die von weitläufigen Wällen umgebenen Festungs= werke bestehen in elf Bastionen und zehn kleinern Ra= velinen, die sich an die Elbe anlehnen; andere Punkte im Süden, Westen und Norden sind durch doppelte Reihen von Werken, Bastionen u. s. w. vertheidigt. Die zum Schutze der Festung dienenden Hauptforts sind: 1) die Citadelle, 1689—1702 erbaut, besteht aus vierseitigem Fünfeck mit hohem Walle ohne Außenwerke und enthält ein großes Proviant= und Zeug= haus, eine Militairkirche, eine Commandantenwohnung u. s. w. Unter den merkwürdigen Männern, die sich hier als Staatsgefangene aufgehalten haben, sind La= fayette, Carnot (der 1823 in Magdeburg starb) und Rudolf Zacharias Becker, der Verfasser des „Noth= und Hülfsbüchleins" zu nennen. 2) Die Thurm= schanze (von einem jetzt abgetragenen Pulverthurme so genannt) ist von Kurfürst Friedrich Wilhelm I. erbaut, liegt am rechten Elbufer und schließt die Vorstadt Friedrichsstadt völlig ein; sie hat drei ganze und zwei halbe Bastionen, vier Ravelinen u. s. w. 3) Die südlich liegende Sternschanze, vor dem suden= burger Thore nahe an der Elbe gebaut, ist ihrer Bauart wegen am meisten merkwürdig. Hier schmachtete zehn Jahre lang der bekannte Freiherr von der Trenck, eine Zeit lang Adjutant Friedrich's II., welcher 1794 zu Paris unter der Guillotine fiel, in harter Ge= fangenschaft, ebenso 23 Jahre lang, 1753—76, bis an seinen Tod der preußische Generalingenieur Wall= rave (welcher die Festung Neisse an das östreichische Cabinet verrathen wollte) nachdem er sieben Jahre lang in der Bastion Preußen in einem von ihm selbst erbauten Gefängnisse detinirt worden war. 4) Das Fort Scharnhorst (von den Franzosen 1811 auf der Stelle der abgetragenen Sudenburg erbaut und Fort Napo= leon genannt), eine große vierseitige Lunette in der Nähe der Sternschanze. Hierzu kommt ein Brücken= kopf am rechten Elbufer.

(Der Beschluß folgt in Nr. 456.)

Frankreichs Geldausmünzung.

Es gibt gegenwärtig in Frankreich sieben Münzstätten: zu Paris, Bordeaux, Lille, Lyon, Rouen, Strasburg und Marseille, von denen die zuletztgenannte im J. 1840 gar nicht gearbeitet hat. In den ersten Jahren der gegenwärtigen Regierung, sowie unter der Restau= ration gab es 13 (von denen 6, zu Bayonne, La Ro= chelle, Limoges, Nantes, Perpignan und Toulouse, vor einigen Jahren aufgehoben wurden), unter dem Kaiserreiche 18. Neuerdings ist die Rede davon, alle Münzen in den Provinzen, welche etwa ein Fünftel des gesammten ausgeprägten Geldes liefern, aufzuheben und die Geldprägung auf Paris zu beschränken.

Die 1840 geprägten Münzen sind: A) Goldmünzen: 2,079,587 Zwanzigfrancsstücke, für 41,591,740 Fr. Nominalwerth, und von einem Feingewicht von 12,071½ Kilogramm, nur in Paris und (zum klein= sten Theile) in Lille geprägt. B) Silbermünzen: 12,421,364 Stücke zu 5 Fr., 340,465 Stücke zu

2 Fr., 779,595 ganze Francsstücke, 1,364,943 halbe, 1,386,582 Viertelfrancsstücke. Nominalwerth der ab= gelieferten Silbermünzen: 64,596,462 Fr., Feingewicht derselben: 290,593 Kilogramm oder fast 5812 Zoll= centner. Gesammtwerth der geprägten Gold= und Sil= bermünzen: 106,188,202 Fr. (wovon über 67½ Mill. auf Paris, über 17 Mill. auf Rouen, gegen 9 Mill. auf Lille, über 6 Mill. auf Bordeaux, ebenso viel auf Strasburg, noch nicht 400,000 auf Lyon kommen). Der Gewinn, den der öffentliche Schatz dabei zieht, beträgt 32,019 Fr. Die bis zum 31. Dec. 1839 geprägten Decimalmünzen (des neuen, jetzt gültigen Münzfußes) betrugen 4,406,068,930 Fr.; außerdem waren schon vor Erlassung des Münzgesetzes vom 28. März 1803 Fünffrancsstücke mit dem Bilde des Her= cules für 106,237,255 Fr. ausgeprägt worden.

Die pariser Münze ist auch mit dem Prägen und dem Verkauf von Medaillen und Schaumünzen von Platina, Gold, Silber, Kupfer und Bronze beauf= tragt. Der Verkaufspreis der 1840 ausgegebenen be= trägt 403,639 Fr. 83 Centimen, der reine Gewinn aber, welcher dem Staat anheimfällt, 37,153 Fr.

Verhütung des Funkensprühens der Locomotiven.

Der Ingenieur Klein in Wien, welcher 18 Monate lang in Begleitung des verstorbenen Ritters v. Gerstner die Vereinigten Staaten von Nordamerika bereiste, um sich mit den dortigen Eisenbahnen bekannt zu machen, hat nach mehrmonatlichen Bemühungen eine sehr wich= tige Erfindung gemacht: nämlich die einer Vorrichtung, welche das Funkensprühen aus den Rauchfängen der Dampfwagen gänzlich beseitigt, dieselben mögen nun mit Holz oder einem andern Brennstoffe geheizt wer= den, ohne daß dadurch, was der Hauptpunkt ist, der Luftzug gestört wird. Die Vorrichtung ist übrigens sehr einfach, mit sehr geringen Kosten herzustellen, und unterliegt bei längerm Gebrauche keiner Zerstörung. Die Direction der Kaiser=Ferdinands=Nordbahn hat nach mehrfachen gelungenen Versuchen im Großen sich ent= schlossen, sie bei ihren Locomotiven allgemein anzu= wenden und demnach an die Stelle der kostspieligen Heizung mit Coke die Holzfeuerung einzuführen, wo= durch eine Ersparniß von 60 Procent erzielt wird. Der genannte Erfinder hat ein dreijähriges ausschließliches Privilegium für die östreichischen Staaten erhalten.

Herausgegeben unter Verantwortlichkeit der Verlagshandlung F. A. Brockhaus in Leipzig.

Das Pfennig-Magazin

für

Verbreitung gemeinnütziger Kenntnisse.

456.]   Erscheint jeden Sonnabend.   [December 25, **1841.**

Die Sulioten.

Die Suliotenhügel.

Wenige Meilen südwestlich von der Stadt Janina finden wir die Suliotenhügel und zwischen ihnen vier Dörfer: Suli, Avarico, Kiaffa und Samoniva, die Hauptwohnsitze dieses einst mächtigen, gemischten griechisch-arnautischen Völkerstamms, gelegen auf einer 2000 Fuß über dem benachbarten Flusse Acheron, der sich in einen Abgrund herabstürzt, erhabenen Ebene. Von den Ufern dieses Flusses führte ein schmaler gewundener Pfad zu den Dörfern; ihn beherrschten starke Forts, sodaß die Suliotenebene eine der unzugänglichsten Gegenden in Europa bildete. Hier wohnten die Sulioten und nährten jene Liebe zur Freiheit, welche Bergbewohner so oft auszeichnet. Unter ihnen gab es die schönsten Männer, die man sehen kann, deren braune Gesichtsfarbe einem tapfern Volke wohl anstand. Wenn sie ihre Dörfer verließen, um in den Krieg zu ziehen, so nahmen sie keine Zelte mit sich, sondern schliefen auf ihren Mänteln und der Himmel diente ihnen als Decke. Die meisten von ihnen konnten geborene Soldaten heißen, denn schon im frühesten Alter trugen sie Waffen, und ihre Tapferkeit war so bekannt und geschätzt, daß ein Su-

liot seinen Nachbarn Dasselbe war, was die alten Spartaner den übrigen Griechen.

Die Sulioten waren griechische Christen, redeten theils die arnautische, theils die romanische Sprache und lebten unter republikanischer Verfassung. Geschriebene Gesetze hatten sie nicht; aber ein Herkommen, das seit undenklichen Zeiten gültig war, diente ihnen als Richtschnur. Ihre Niederlassung zwischen diesen Hügeln auf dem früher sogenannten kassiopeischen Gebirge setzt die Überlieferung in das 17. Jahrhundert, wo einige arnautische und hellenische Ziegen- und Schweinehirten, die ihre Heerden auf die Höhen von Kiaffa getrieben hatten, sich mit ihren Familien hier ansiedelten. Nach Andern gewährten die Berge einer Anzahl jener Albanesen, welche nach dem Tode Skanderbeg's vor dem türkischen Despotismus flohen, einen Zufluchtsort. Die Ortschaften waren überaus einfach, die Häuser niedrig und roh gebaut. Das Leben, welches die Männer im Frieden wie im Kriege führten, war voller Entbehrungen. Die Frauen standen in der größten Achtung; den Männern war es bei schwerer Strafe untersagt, sich in die Streitigkeiten der Weiber zu mischen, ausgenommen wenn ein Weib dabei todt geblieben sein sollte. Der Mörder eines Weibes wurde viel strenger als der eines Mannes bestraft. Die Rangfolge der Weiber beim Wasserholen an den Brunnen richtete sich nach dem Rufe der Tapferkeit ihrer Männer; hatte ein Weib einen schwachen und feiggesinnten Mann, so mußte sie am Brunnen bis zuletzt warten.

Außer den genannten vier Dörfern bevölkerten die Sulioten nach und nach gegen 70 Orte, von denen fast jeder mehre tausend Einwohner enthielt. Diese zerfielen in mehre Abtheilungen, sogenannte Faras, von denen jede eine gewisse Anzahl von Familien unter einem Häuptling oder Capitain umfaßte. Kurz vor dem zwölfjährigen Kampfe dieser kleinen Republik von dem mächtigen Ali Pascha von Janina, der sie 1803 unterwarf, bestand das befestigte Dorf Suli, von welchem die Völkerschaft den Namen hatte und das ihr als Vereinigungsschutzort diente, aus 19 Faras und 425 Familien; Kiaffa enthielt 4 Faras und 60 Familien; Avarico 3 Faras und 55 Familien; Samoniva 3 Faras und 30 Familien. Die übrigen Dörfer wurden als eroberte oder tributpflichtige Besitzungen betrachtet und die Bewohner derselben genossen mit denen der Hauptdörfer nicht gleiche Rechte. Vor einem Jahrhundert hatte die Völkerschaft hinlängliche Wichtigkeit erlangt, um die Aufmerksamkeit der benachbarten Machthaber zu erregen und mit den Beis von Paramythia und Margariti, sowie mit den Paschas von Janina und Arta Krieg zu führen. Die fast unzugängliche und uneinnehmbare Lage ihrer Wohnsitze schützte sie wirksam gegen Angriffe von außen, während ihre Tapferkeit und Kühnheit sie in den Stand setzte, ihr Gebiet allmälig zu vergrößern. Krieg war das Hauptgewerbe des Stamms. Die Sulioten hatten eine Schar auserlesener Truppen und Palikaren, etwa 1000 Mann, sämmtlich Bürger der Hauptorte; dazu kamen 1500 Mann aus den abhängigen Dörfern. Ihre Kriegführung bestand mehr in Scharmützeln als in geregelten Gefechten, in kühnen Expeditionen, plötzlichen Angriffen und schnellen Rückzügen. In der Erziehung dieses rohen, aber kräftigen Volkes bildeten natürlich kriegerische Übungen die Hauptrolle; selbst ihre Vergnügungen, Tanz und Gesang, waren, jener auf die Erhöhung ihrer Körperstärke, dieser auf die Befeuerung ihrer Vaterlandsliebe berechnet. Ihre Weiber trugen zur Erhaltung des kriegerischen Sinnes der Männer nicht wenig bei und theilten mit diesen alle Beschwerden und Gefahren des Kriegs, indem sie den Kämpfenden Kriegsvorrath und Lebensmittel zutrugen, den Verwundeten beistanden und sogar in einigen Fällen am Gefecht activen Antheil nahmen.

Im höchsten Grade romantisch und interessant ist die Geschichte des Kampfes der Sulioten mit Ali Pascha. Dieser, der alle neuern türkischen Statthalter, mit Ausnahme des Paschas von Aegypten, an Energie und Klugheit übertraf, wurde im Jahre 1744 in der kleinen Stadt Tepeleni in Albanien geboren. Sein Vater, Vely Bei, aus dem Geschlecht der Häuptlinge eines früher unabhängigen mohammedanischen Stammes, der Tocziden, hatte sich an der Spitze einer Räuberbande gewaltsam in Besitz der gedachten Stadt gesetzt und allmälig eine Art von Souverainetät über die umliegenden Districte zu verschaffen gewußt. Ali's Mutter war ein Weib von ungewöhnlichen Talenten, unbeugsamer Willensstärke und großer Grausamkeit; die letztere Eigenschaft zeigte sie, indem sie ihre Nebenbuhlerin vergiftete und bald nach ihres Gatten Tode, welcher 1760 er-

folgte, auch deren Sohn, wodurch sie ihrem eigenen, der damals 16 Jahre alt war, die Herrschaft sicherte. Dieser machte schnelle Fortschritte in allen männlichen Fertigkeiten; bald war er der beste Reiter, der schnellste Läufer, der geschickteste Schütze in dem ganzen Districte, welchen er verwaltete. Durch seine eigenen und seiner Mutter Anstrengungen dehnte er allmälig die Sphäre seiner Macht aus und wurde ein Gegenstand der Furcht und Eifersucht der Beis und Agas der benachbarten Gebiete. Im Kampfe war er ebenso muthvoll als gewandt, in Intriguen listig und scharfblickend. Diese vereinten Eigenschaften machten es ihm möglich, sich um das Jahr 1785 zur Würde eines Paschas von Trikala emporzuschwingen, eine Würde, welche ihm die Pforte für die wesentlichen Dienste verlieh, die er ihr im Kriege mit Rußland und Östreich erwiesen hatte. Von dieser Zeit an ging sein Streben dahin, sich eine unabhängige Herrschaft in Albanien und Epirus zu gründen. Die Mittel, welche er zur Erreichung dieses Zwecks anzuwenden beschloß, bestanden darin, Schätze anzuhäufen, Agenten am türkischen Hofe zu besolden, dem Divan Argwohn gegen andere Mächte einzuflößen, sich jedem europäischen Staate, der seine Dienste zu vergelten im Stande war, nützlich zu machen, und sich endlich des Eigenthums seiner Nachbarn zu bemächtigen, wo und auf welche Art er nur konnte. In Ausführung dieser Maßregeln war seine Raubgier grenzenlos, sein Scharfsinn bewundernswerth, seine Treulosigkeit mehr als punisch und sein Erfolg eine Zeit lang vollständig. Der Stadt Janina bemächtigte er sich, indem er einen untergeschobenen Ferman vorzeigte, und zwang darauf die Einwohner, ihn sich als Statthalter zu erbitten. Um das Jahr 1792 griffen die Sulioten den Pascha im südlichen Theile seines Gebiets an, getrieben von unversöhnlichem Hasse gegen die Tyrannei, die er allmälig einführte. Sofort beschloß er die Ausrottung der Sulioten. Er brachte eine Armee von 10,000 Mann zusammen, und während er seine Anstalten traf, sandte er an die beiden Oberanführer der Sulioten Briefe, durch welche er sie zu einem verrätherischen Frieden zu bestimmen suchte. Diese Verrätherei gelang nicht ganz, da die Sulioten einen Verdacht hegten, den die Gefangennehmung von 70 unbewaffneten Sulioten rechtfertigte, worauf der Stamm sich zum hartnäckigsten Widerstande rüstete.

Der Pascha marschirte mit seiner Armee gegen die suliotischen Dörfer und mußte erfahren, wie wirksam die von der Seite des Flusses zu denselben führenden Felsenpässe vertheidigt werden konnten, denn bald waren alle Zugänge mit den Leichnamen der Türken angefüllt und erst als den Sulioten die Munition ausging, zogen sie sich in ihre Dörfer zurück. Hier kam ein seltener Act des weiblichen Heldenmuthes vor. Eben zogen sich die Sulioten nach der Feste Suli zurück, als Mosco, die Gattin des Capitains Tzavella, mit dem Schwerte in der Hand, begleitet von vielen andern gleichfalls bewaffneten Weibern, aus der Feste stürzte und die Truppen mit begeisterten Worten auffoderte, sich den vorrückenden Türken noch einmal entgegenzustellen. Dies weckte den Enthusiasmus der Sulioten in solchem Grade, daß sie umkehrten und die Türken mit unwiderstehlicher Wuth anfielen. Mosco fand bald darauf den Leichnam eines geliebten Verwandten; seine kalten Lippen küssend, rief sie aus: „Da ich nicht zeitig genug gekommen bin, dein Leben zu retten, so will ich wenigstens deinen Tod rächen." Diesen Worten folgte ein anderer so gewaltiger Angriff, daß Ali zum Rückzuge gezwungen wurde und fast alle seine Truppen, sowie Munition, Bagage,

Geschütz u. s. w. verlor. Ein den Sulioten sehr vortheilhafter Friede folgte diesem Ereignisse.

In den nächsten acht Jahren mischte sich Ali in die verschiedenen politischen Unterhandlungen zwischen Rußland, der Türkei, Frankreich und Venedig, indem er durch erheuchelte Freundschaft gegen alle Parteien, eine nach der andern, sein Interesse zu fördern und im Trüben zu fischen suchte. Um das Jahr 1800 beschloß er einen zweiten Angriff auf die Sulioten; er suchte ihren Häuptling Bozaris zum Verräther an seinen Landsleuten zu machen, was ihm nur zu gut gelang, und bestimmte die benachbarten Agas und Beis zur Theilnahme am Kampfe, indem er demselben durch Anwendung einer Stelle des Korans einen religiösen Anstrich gab. Der verrätherische Bozaris that den Sulioten großen Schaden und verließ sie dann im Augenblicke des Angriffs, wo 3000 Sulioten sich gegen 18,000 Türken zu vertheidigen hatten. Angriffe wurden an mehren Punkten versucht, aber an allen entschlossen zurückgewiesen; Bozaris selbst führte einen derselben, aber schmachvoll zurückgetrieben, starb er bald nachher, wie man sagt, aus Kummer. Nur zwei Tage dauerte der Kampf zwischen den Sulioten und Ali und endete, gleich dem ersten, mit der vollständigen Niederlage des Letztern. Bei dem einen Angriffe schlugen 200 Sulioten 3000 Türken, indem sie selbst nur 20 Mann verloren.

Ali beschloß nun, die Sulioten zu belagern, indem er die zu den Dörfern führenden Defilés mit fünf starken Truppencorps besetzte. Diesen stellte sich sogleich eine gleiche Zahl suliotischer Kriegerscharen entgegen, jede von einer Anzahl von Weibern begleitet, welche Munition herbeitrugen, die Schildwachen ablösten u. s. w. Die Vertheidigung war so energisch, daß Ali sah, mit einer Belagerung sei nichts auszurichten. Er verwandelte sie daher in eine Blockade, indem er die Sulioten auszuhungern hoffte; aber diese kannten Wege, die seinen Truppen unbekannt waren, und waren mittels derselben nicht in Verlegenheit wegen Herbeischaffung von Lebensmitteln. Er versuchte nun einen verrätherischen Waffenstillstand, und da er 17 Sulioten in seine Hände bekommen hatte, bedrohte er sie mit einem martervollen Tode, wenn die Feste nicht übergeben würde. Aber ein solches Volk ließ sich durch Todesfurcht nicht bestimmen; seine Drohung wurde daher mit Hohn zurückgewiesen. Nun beschloß er Bestechung anzuwenden und sandte an Capitain Zerva, einen der tapfersten Sulioten, eine große Geldsumme, damit er die Republik verrathen möchte. Die Antwort Zerva's verdient erwähnt zu werden: „Ich danke Euch, Vezier, für Eure gütige Meinung, aber ich bitte Euch, mir keine Beutel zu schicken, da ich nicht weiß, wie ich sie zählen soll; wüßte ich es, so glaubt mir, daß ein einziger Kieselstein meines Vaterlandes, geschweige denn dieses selbst, in meinen Augen ein zu großes Gegengeschenk für jene scheinen würde. Ebenso überflüssig sind die Ehren, die Ihr mir anbietet; die Ehre eines Sulioten liegt in seinen Waffen. Durch diese hoffe ich meinen Namen unsterblich zu machen und mein Land zu schützen."

So schlugen alle Kriegslisten Ali's fehl, als aber die Blockade fortgesetzt und verschärft wurde, begannen die Sulioten die Wirkungen des Hungers zu fühlen; sie waren zuletzt genöthigt, von Eicheln, Wurzeln und Kräutern zu leben und geriebene Baumrinde mit einer geringen Quantität Mehl zu vermischen. Ungeachtet dieses Elends vergaßen sie die Natur des Kampfes, in den sie verwickelt waren, nicht; sie wußten, daß, wenn Ali einmal zum Besitz ihres Gebiets gelangt wäre, ihre Lage noch viel schrecklicher sein würde. Länger als 12

Monate dauerte diese Blockade, während welcher Ali alle Künste der Verschlagenheit und Überredung anwandte, um einige der suliotischen Chefs zum Uebertritte zu bestimmen. Die meisten dieser wiederholten Versuche waren fruchtlos, doch wurde der Muth der Sulioten durch die Länge der Blockade gebrochen; am 12. December 1803 capitulirten sie und erhielten die Erlaubniß, auszuwandern. Hier zeigte sich aber wieder Ali's schändliche Verrätherei. Die Sulioten wurden in zwei Hälften getheilt; die eine davon sollte sich in die benachbarte Stadt Parga begeben, die andere auf die Insel Santa-Maura, bekanntlich eine der sieben ionischen Inseln. Aber Ali's Truppen fielen, ohne auf die geschlossene Capitulation Rücksicht zu nehmen, über sie her und ermordeten nicht nur Männer, sondern auch eine große Menge Weiber und Kinder; nur ein kleiner Theil der Sulioten erreichte seinen Bestimmungsort. Auch diese wurden später von Ali und seinen Emissairen verfolgt und irrten in den Grenzgebieten und auf den ionischen Inseln unstät umher. Auf den letztern diente ein Theil von ihnen unter den Truppen der verschiedenen Mächte, welche die Inseln besaßen; ein anderer diente den gegen Ali feindlichen Paschas. Als Ali in der Folge von den Albanesen verlassen und von den Türken eingeschlossen wurde, suchte er bei den von ihm vertriebenen Sulioten, früher seinen ärgsten Todfeinden, Hülfe, rief sie aus den ionischen Inseln herbei und gab ihnen einen ihrer festen Plätze zurück, seinen Enkel aber als Geisel, worauf der kühne Markos Bozaris mit glänzendem Erfolge für Ali kämpfte. Aber auch der Beistand der tapfern Sulioten konnte den Fall des Paschas, welcher im Jahre 1822 erfolgte, nicht hindern. Bald nachher wurden die Sulioten abermals von den Albanesen, welche vom türkischen Pascha Kurschid erkauft waren, in ihren Felsen eingeschlossen und übergaben, vom Hunger decimirt, am 9. September 1822 ihre Feste Suli den Türken unter dem Pascha Omer Brione. Der englische Consul in Prevesa hatte die Capitulation, welche diesmal besser gehalten wurde, vermittelt. 3000 Sulioten wurden am 16. September auf englischen Fahrzeugen nach Kephalonia eingeschifft, während sich die übrigen im Gebirge zerstreuten.

In den spätern Kämpfen zwischen den Türken und Griechen dienten die Sulioten häufig als Freiwillige in den Reihen der Letztern und bei der Belagerung von Missolunghi sowol als in vielen andern Gefechten zeichneten sie sich durch Tapferkeit und Gewandtheit ungemein aus. Das Corps von 500 Mann, welches Lord Byron auf seine Kosten anwarb und equipirte, bestand größtentheils aus Sulioten, für welche der Lord immer große Bewunderung hegte. Seit dem Abschlusse des Friedens haben die Sulioten ihre frühere Freiheit wol theilweise wiedererhalten, sind aber an Zahl so geschmolzen, daß sie nicht mehr eine besondere Völkerschaft bilden. Man spricht von ihnen als einem heldenmüthigen Stamme, dessen Thaten ihre Vollbringer überlebt haben.

Magdeburg.

(Beschluß aus Nr. 455.)

Ein Theil der Festungswerke ist der an der Elbe liegende, mit einer Ringmauer versehene Fürstenwall, 122 Ruthen lang. Dieser schöne Weg, der mit einer Linden= und Kastanienallee geschmückt ist, wurde 1702 von dem Fürsten Leopold von Anhalt=Dessau, als Gouverneur der Stadt, angelegt und ist größtentheils

caſernirt, d. h. unter demſelben befinden ſich Wohnungen. Er gewährt bei heiterm Wetter eine reizende
Ausſicht auf die Elbe, die Inſeln derſelben, den Werder, die Feſtungswerke und die nahen Städte Schöne-
beck und Salza. Mit dem Fürſtenwalle, welcher zu
Aufführung von Wachparaden benutzt wird, ſteht das
Gouvernementsgebäude durch eine Brücke in Verbindung. Außerdem iſt das ganze Glacis der Feſtung rund
um die Landſeite der Stadt durch Anpflanzung von
Bäumen und ausländiſchen Gewächſen, geſchlängelte
Sandwege u. ſ. w. in einen engliſchen Garten, der
einen angenehmen Spaziergang bildet, umgewandelt.

Unter den Erholungsorten der nähern Umgebungen
iſt vor allen der Friedrich-Wilhelmsgarten zu nennen,
angelegt 1825 auf den Trümmern einer ſonſt blühenden Erziehungsanſtalt, des Kloſters Bergen, welches 937
gegründet, 965 hierher verlegt, 1810 aufgehoben und
1812 zerſtört wurde. In weiterer Entfernung iſt der
1½ Stunde entlegene Herrenkrug, in freundlicher Umgebung an der Elbe nordöſtlich von der Stadt gelegen,
am meiſten beſucht, namentlich von den höhern Ständen.

Der Handel Magdeburgs iſt ſehr bedeutend; befördert wird er durch die Lage der Stadt an der Elbe,
mit welcher mehre Kanäle verbunden ſind. Die Schifffahrt zwiſchen Magdeburg und Berlin wird ſehr ver-
kürzt durch den von Friedrich dem Großen 1743—45
angelegten, 4½ Meilen langen Plauenſchen Kanal,
welcher die Havel mit der Elbe verbindet und bei Parey
aus der Havel, bei Plauen aber in die Havel geht. Die
Elbſchiffahrt hat ſeit der Errichtung des Zollvereins
an Lebhaftigkeit ſehr gewonnen; im J. 1835 wurden
zwiſchen hier und dem zu Waſſer 48 Meilen entfernten Hamburg auf der Elbe nicht weniger als 5 Mill.
Centner Handelsgüter transportirt. Das ehemalige von
Karl dem Großen der Stadt verliehene Stapelrecht iſt
durch die Elbſchiffahrtsacte aufgehoben. Von dem vor-
theilhafteſten Einfluſſe auf dieſen Verkehr iſt die Errichtung zweier Dampfſchiffahrtsgeſellſchaften in Magdeburg und Hamburg (im J. 1837) geweſen, die ſich
im J. 1841 zu einer einzigen vereinigt haben und
deren ſieben Schiffe täglich von beiden Orten abgehen;
der Weg zu Thal oder ſtromabwärts wird bei günſtigem
Wetter und Waſſerſtande in 20 Stunden zurückgelegt,
während die Fahrt ſtromaufwärts in zwei Tagen erfolgt. Der Verkehr zwiſchen Magdeburg und Leipzig
iſt durch die beide Städte verbindende, ſeit dem Auguſt
1840 eröffnete Eiſenbahn, deren Verlängerung nach
Braunſchweig vorbereitet wird, ungemein geſteigert worden. Den Zwecken des Handels dienen in Magdeburg
folgende Gebäude: das Kaufhaus, über deſſen Portal
ſich die Reiterſtatue des Ritters Georg befindet; der
Packhof, dem vor wenig Jahren ein neues maſſives
und ſehr geſchmackvolles Gebäude beigefügt worden iſt;
die Maſchinenbaufabrik und Eiſengießerei des Hrn.
Aſton und ein Etabliſſement gleicher Beſtimmung, das
1837 auf Actien gegründet wurde, anfangs nur auf
den Neubau der Dampfſchiffe und deren Reparaturen
berechnet war, ſpäter ausgedehnt wurde und ſich in
dem nahen Orte Buckau befindet. Unter den vielen
Fabriken ſind die Woll-, Leinwand-, Tabacks-, Zucker-,
Cichorien- und Fayencefabriken bedeutend. Wir erwähnen hier auch das ſtattliche, neu erbaute Poſtge-
bäude, das der Stadt zur Zierde gereicht. Außer drei
Jahrmärkten hat Magdeburg noch eine jetzt ziemlich
unbedeutende Meſſe, welche vom 22—29. September
dauert und die Heermeſſe heißt, ſowie einen Wollmarkt.

Über die Geſchichte der Stadt theilen wir ſchließ-
lich Folgendes mit. In den älteſten Chroniken wird

ſie ſchon im J. 805 als eine Waarenniederlage und
ein Handelsplatz erwähnt, der wahrſcheinlich kurz vorher
entſtanden war; die erſten Bewohner waren Sachſen.
Der Name kommt von dem altdeutſchen Worte Magd,
d. i. Mädchen, und bedeutet mithin ſo viel als Mädchen-
ſtadt; daher das alte Wappen und die verſchiedenen latei-
niſchen und griechiſchen Benennungen der Stadt (Par-
thenope, Virginopolis u. ſ. w.). Gegen die Wenden
war der Ort ſchon in der älteſten Zeit durch Wall und
Mauer geſichert, was aber nicht hinderte, daß er von
ihnen verwüſtet wurde; hierauf blühte er durch ſeine
Wohlthäter, Kaiſer Otto den Großen und deſſen Gemahlin Editha, im 9. Jahrhunderte ſchnell wieder auf
und wurde zur Hauptſtadt eines wichtigen Erzſtifts,
das 937 gegründet und 967 zu einem Erzbiſthume
erhoben wurde. Im 10. Jahrhunderte litt die Stadt
durch die Empörungen der Sachſen gegen Heinrich IV.,
ſpäter durch die Kriege der Erzbiſchöfe gegen Heinrich
den Löwen, beſonders aber durch eine große Feuers-
brunſt im J. 1188. Im J. 1524 nahm Magdeburg die Reformation an und mußte nachher, wegen
verweigerter Annahme des Interims, in die Acht erklärt, vom 16. Sept. 1550 bis 9. Nov. 1551 eine
14monatliche Belagerung des im Auftrage des Kaiſers
handelnden Kurfürſten Moritz von Sachſen aushalten
und ſich ihm endlich ergeben, worauf derſelbe im Namen des Kaiſers ſich huldigen ließ. Im J. 1554 erhielt die Stadt unter dem Adminiſtrator Chriſtian
Wilhelm von Brandenburg das verlorene Stapelrecht
wieder, das ihr Kaiſer Maximilian II. auf ewige Zeiten
beſtätigte. Das größte Unglück traf die Stadt im 17.
Jahrhunderte, im dreißigjährigen Kriege. Schon im
J. 1629 war ſie 28 Wochen lang, aber vergebens,
von den Kaiſerlichen eingeſchloſſen geweſen. Im J.
1631 wurde ſie von neuem belagert, weil ſie aus
Anhänglichkeit an ihren vom Kaiſer vertriebenen Adminiſtrator Wilhelm von Brandenburg einen Bund
mit Schweden geſchloſſen hatte, und in Hoffnung
baldiger Unterſtützung leiſteten die Bürger mit Hülfe
einer ſchwediſchen Beſatzung tapfern Widerſtand. Endlich ſahen ſie ſich aber doch genöthigt, Unterhandlungen
anzuknüpfen; noch ſchwebten dieſe und ſorglos hatte ein
Theil der Bürger die Poſten verlaſſen, als die Stadt,
nach ſechswöchentlicher heldenmüthiger Vertheidigung,
am 10. Mai (alten Styls) 1631 von den kaiſerlichen
Generalen Tilly und Pappenheim erſtürmt wurde; in
Folge deſſen wurde ſie drei Tage lang geplündert,
in Brand geſteckt und in Zeit von zwölf Stunden faſt völlig eingeäſchert, was Tilly die magde-
burgiſche Hochzeit nannte. Nur der Dom, das Lieb-
frauenkloſter nebſt den umliegenden Gebäuden und 139
kleinere Häuſer blieben von den Flammen verſchont.
Damals mögen 25—30,000 Menſchen ihren Tod gefunden haben; mehr als 6000 Leichname wurden auf
Tilly's Befehl in die Elbe geworfen. Der Dom, in
den ſich nach Otto von Guerike gegen 5000 Einwohner geflüchtet hatten, war in großer Gefahr, niedergebrannt zu werden. Als Tilly am 12. Mai ſeinen
Einzug hielt und jene Unglücklichen auffoderte, ſich zu
ergeben, öffnete der muthige Domprediger Bake die
Thüre der Kirche und redete den Sieger mit einigen
der Äneide Virgil's nachgebildeten Worten an. Dieſe
verfehlten ihren Eindruck nicht; Tilly ſchenkte den
Flüchtlingen das Leben, nahm den Dom in ſeinen
Schutz und ſetzte der Plünderung ein Ziel. Am Ende
des Jahres 1631 belagerte der ſchwediſche General
Baner die Stadt und war im Begriffe, davon Beſitz
zu nehmen, als General Pappenheim ihn vertrieb und

die Überreste der Stadt von neuem plünderte. Von den Kaiserlichen im folgenden Jahre (8. Jan. 1632) wieder verlassen, wurde die Stadt von den Schweden besetzt, im Mai des Jahres 1636 von den Kaiserlichen und Sachsen abermals belagert und mit Capitulation übergeben, aber auch 1644 von den Schweden unter Torstenson eine Zeit lang eingeschlossen. Durch reichliche Collecten aus allen Theilen Deutschlands blühte sie allmälig wieder auf, wiewol eine verheerende Pest am Ende des 17. Jahrhunderts Tausende von Einwohnern wegraffte. Viel trugen zum Aufblühen der Stadt die eingewanderten Colonisten aus Frankreich und der Pfalz bei, die der Confession wegen aus ihrem Vaterlande vertrieben worden waren. Die französische Colonie betrug 1719 1582, die der Pfälzer 1704 2022 Köpfe. Im J. 1680 wurde sie nach dem Tode des letzten Administrators August von Sachsen in Folge des Vertrags von Klosterberge (28. Mai 1666) von Kurfürst Friedrich Wilhelm von Brandenburg als Ersatz für den an Schweden abgetretenen Theil von Pommern in Besitz genommen, nachdem schon im westfälischen Frieden das Erzbisthum säcularisirt und an Kurbrandenburg abgetreten worden war. Im J. 1681 nahm der große Kurfürst in eigener Person die Huldigung an, desgleichen König Friedrich I im J. 1701. König Friedrich Wilhelm 1. verlegte die Landesregierung von Halle nach Magdeburg. Sehr großes Verdienst um die Wiederherstellung der Stadt (die seit 1706 der polnisch-sächsischen Regentenfamilie mehre Jahre lang zum Aufenthalt diente) erwarb sich der Fürst Leopold von Dessau als Gouverneur (1702—45). Vom Jahre 1722 an entstand die Vorstadt Friedrichsstadt. Im J. 1755 war die Einwohnerzahl wieder auf 25,000 gewachsen. Nach der Schlacht bei Jena übergab der Commandant General von Kleist am 11. Nov. 1806 die Stadt, deren Besatzung gegen 20,000 Mann zählte, dem französischen Marschall Ney ohne Schwertstreich und die Franzosen hielten sie nun 7½ Jahre lang mit sehr starker Truppenmasse besetzt. Während dieser Occupation wurde in Folge zweier kaiserlichen Decrete aus militairischen Gründen (wegen der großen Nähe an den Festungswerken) die Neustadt Magdeburg zu zwei Drittheilen (gegen 500 Häuser) und die ganze Sudenburg demolirt, letztere aber auf Anordnung und Kosten der westfälischen Regierung wieder neu aufgebaut. Am 2. Februar 1812 wurde sie in Belagerungsstand erklärt und vom 8. Nov. 1813 an von den Preußen und Russen unter General Tauenzien eng eingeschlossen; aber erst am 24. Mai 1814, nach Abschluß des pariser Friedens, hielten die Preußen ihren Einzug.

Die Höfe der Himmelskörper.

Der Name Hof wird bekanntlich von farbigen Ringen gebraucht, von denen der Mond ziemlich oft, seltener die Sonne, umgeben ist. Man hat jedoch zweierlei Ringe dieser Art zu unterscheiden, kleine und größere, die nicht etwa nur durch Größe und äußere Erscheinung, sondern aller Wahrscheinlichkeit nach auch durch die Bedingungen und Ursachen ihres Entstehens völlig verschieden sind. Im Allgemeinen ist zu bemerken, daß sämmtliche hierher gehörige Erscheinungen hinsichtlich ihrer Erklärung zu den schwierigsten gehören, welche überhaupt in der Natur vorkommen.

Die kleinen Höfe haben einen Durchmesser von wenigen Graden und zeigen sich bei dünnbewölktem Himmel, wenn entweder die ganze Luft mit Dünsten erfüllt ist, ohne das Blau des Himmels wesentlich zu beeinträchtigen, oder wenn Wolken vor dem Monde vorbeiziehen. Man sieht dann um den Mond einen farbigen Ring, in welchem das Roth vorherrscht, und zwar so, daß das Roth auf der äußern, das Blau an der innern Seite wahrgenommen wird; zuweilen sieht man auch mehre Ringe, die dann durch anscheinend grüne Zwischenräume getrennt sind. Daß bei der Sonne Ringe dieser Art nur selten wahrzunehmen sind, ist aus dem blendenden Lichte derselben zu erklären; man kann sie aber bemerken, wenn man sich so stellt, daß man die Sonne selbst nicht sieht, sondern nur den benachbarten Theil des Himmels, und noch besser sieht man sie, wenn das Sonnenbild im Wasser oder von einem auf der Rückseite geschwärzten Glasspiegel gespiegelt wird. Am schönsten erscheinen sie in den Nebeln, die sich während der Nacht in den Thälern bilden und gegen Mitternacht zu den Bergspitzen erheben. Selten zeigte sich die Erscheinung so schön und vollständig, als sie im Juni 1692 von Newton gesehen wurde. Dieser unterschied um die Sonne drei Reihen von Ringen; in der ersten Reihen war der Sonne am nächsten ein mattes Blau, worauf Gelb und Roth folgten; in der zweiten Reihe folgten Purpur, Blau, Grün, Gelb, Roth, in der dritten Blau und Roth.

Man erklärt diese Erscheinungen aus der sogenannten Beugung oder Inflexion der Lichtstrahlen, d. h. aus derjenigen Ablenkung derselben von ihrem geraden Wege, die beim Vorübergehen am Rande fester Körper eintritt. Auf derselben Ursache beruht es, daß sich am äußern Rande des Schattens fester Körper hellere und farbige Strahlen zeigen; ferner die Farbenbilder an dünnen cylindrischen Körpern, an Spinnenfäden und Haaren, die Farben an feinen Ritzchen in Glas und andern Körpern, an nebeneinander stehenden kleinen Härchen u. s. w. Eine solche Beugung der Sonnenstrahlen bewirken aber die in der Luft schwebenden Dunstbläschen. Wenn dieselben größtentheils gleiche Durchmesser und so große Entfernungen voneinander haben, daß durch ihre Zwischenräume Lichtstrahlen dringen können, so entstehen durch die Beugung des Lichtes an den Bläschen Farbenringe, die desto größer, je kleiner die Bläschen sind.

Ähnliche leuchtende Erscheinungen entstehen durch reflectirtes Sonnenlicht, wenn dasselbe auf Kugeln oder cylinderförmige Körper fällt. Dahin gehört eine seltsame Erscheinung, nämlich ein heller Schein, den man oft, namentlich bei niedrigem Stande der Sonne, um den Schatten seines eigenen Körpers bemerkt, wenn dieser auf bethautes Gras, Getreide oder eine andere bethaute Fläche fällt. Er entsteht aus der Reflexion der Lichtstrahlen von den Thautropfen oder Gras- und Getreidehalmen; glänzende Körper sind dazu nothwendig. Vom Kopfe aus nimmt die Helligkeit des Schattens ab, da sie von der Stellung des Auges abhängt; aus demselben Grunde sieht Jeder den Schein nur um seinen eigenen Kopf, nicht bei einem neben ihm stehenden Menschen oder bei Thieren und andern in der Nähe befindlichen Gegenständen, mindestens ist er bei diesen beiweitem nicht so lebhaft. Sehr verwandt damit sind die gefärbten hellen, einer Glorie und einem Heiligenschein ähnlichen Ringe, welche sich um den Schatten des Kopfes zeigen, wenn dieser auf eine Wolke fällt. Man nennt diese Erscheinung eine Gegensonne, zuweilen auch eine Apotheose oder Verklärung; in der Schweiz, wo sie oft vorkommt, namentlich auf dem Rigi, auf dem Weißenstein bei Solothurn und andern Höhen, ist sie unter dem Namen Nebelbild bekannt; auf dem Brocken heißt sie Brockengespenst

Der erste Beobachter derselben war Bouguer, der sie nebst Condamine und sämmtlichen Reisegefährten im Anfang des vorigen Jahrhunderts auf den Cordilleren öfter gesehen hat. Das erste Mal auf dem Gebirge Pambamarca sah Jeder um den Schatten seines Kopfes (aber nur seines eigenen) 3—4 lebhaft farbige concentrische Ringe, umgeben von einem großen weißen Kreis von 67 Grad Durchmesser. Zschokke gibt in seinen „Classischen Stellen in der Schweiz" von den Nebelbildern folgende Beschreibung: „Sie treten nur dann vor das erstaunte Auge, wenn man auf einer schroffen Felswand über ihrem Abgrund steht, und ein dichter feuchter Nebel aus der Tiefe steigt, auf welchen der Schatten der Person fallen kann, in deren Rücken die Sonne leuchtet. Dann schwingt sich um das Schattenbild des Sehers ein Regenbogen in allen sieben Farben schimmernd, zuweilen ein zweiter noch, wenig von diesem entfernt, über demselben herum, der aber schmäler und weißlich ist. Die Farben des innern Bogens vom Dunkelpurpur seines untern Randes bis zum Flammenroth des äußern Saums strahlen so brennend, daß das Auge manchmal die Stärke des bunten Lichtglanzes nicht zu ertragen vermag. Wohin man geht, folgt auch der umstrahlte Schatten und immer wandelt dieser im Mittelpunkt des ihn umlodernden Farbenkreises. Je näher die Nebel stehen, um so schärfer sind die Umrisse der Schatten darin; alle Anwesende erblicken sich nebeneinander mit ihren verschiedenen Bewegungen. Sind aber Wolken und Schatten entfernter, so nimmt Jeder darin nur die eigene Gestalt wahr und niemals die des Nachbars. Reicht er diesem die Hand, so sieht er nur die Bewegung des eigenen Armes. Jedem also erscheint dann ein anderer Farbenbogen auf seiner Stelle. Aber das Nebelbild mit seiner Pracht, welche an die Verklärung auf Tabors Höhen mahnt, ist nur von flüchtiger Dauer. Es währt oft einige Minuten, oft mehrere, bis die Sonne verhüllt und der Nebel entführt wird. Zuweilen sind diese Erscheinungen sehr weit vom Zuschauer entfernt, dann aber undeutlicher." Nur selten ist die Erscheinung so schön und vollständig als sie der bekannte englische Seefahrer Scoresby während seines Aufenthalts in dem nördlichen Eismeere sah. Nach ihm kommt sie immer vor, wenn Sonnenschein und Nebel zugleich vorhanden sind, was in den Polargegenden oft der Fall ist, wo der Nebel auf der Oberfläche des Meeres sich nur zu einer Höhe von 160—200 Fuß erhebt. Ein im Mastkorb in einer Höhe von 90— 100 F. über dem Meeresspiegel befindlicher Beobachter sieht dann auf dem Nebel 4—5 farbige Kreise und im Mittelpunkt derselben den Schatten seines Kopfes.

Die größern Höfe oder Höfe im engern Sinne kommen unter sehr verschiedenen Abänderungen vor und sind häufig mit Nebensonnen verbunden. Sie erscheinen weit häufiger als man glaubt (vielleicht in unserm Klima jährlich wenigstens 60 Mal, wie der gelehrte Meteorolog Kämtz vermuthet, übereinstimmend mit der Erfahrung, daß ein Beobachter in Frankfurt in einem Jahre 47 Höfe um die Sonne und 12 um den Mond sah), sind aber nicht immer mit bloßen Augen, sondern nur mittels eines geschwärzten Spiegels wahrzunehmen. Erscheinen sie am Tage, so hat der Himmel ein etwas mattes Ansehen und der Horizont ist weiß; in der Nacht zeigen sich die Höfe oft dann, wenn alle Sterne mehr oder weniger glänzend erscheinen, und während die kleinen Höfe sich in Haufenwolken bilden, erscheinen die großen in Federwolken. Den Hauptbestandtheil der Erscheinung bildet ein Ring von etwa 22 Grad Halbmesser, in dessen Mittelpunkt die Sonne steht;

er ist im Innern roth, nach außen blau gefärbt, was ihn wesentlich von den kleinen Höfen unterscheidet. Oft ist noch ein zweiter Kreis in 44 Grad Abstand von der Sonne gesehen worden, welcher reinere Regenbogenfarben als der erste zeigt, nur einmal aber ein dritter von 90 Grad Abstand. Außerdem kommen noch folgende Kreise vor: solche, die durch die Sonne (oder den Mond) gehen, und Bogen, welche die Höfe von außen berühren. Hinsichtlich jener ist der einfachste Fall der, wo über der niedrigstehenden Sonne ein Stück eines vertical stehenden Kreises in Gestalt einer Säule steht; seltener zeigt sich der Bogen auch unter der Sonne oder dem Monde. Durch die Sonne hindurch geht häufig ein weißer Kreis von einer Breite, die dem Sonnendurchmesser gleich ist, um den ganzen Himmel und mit dem Horizonte parallel, der mit dem verticalen Kreis oder Bogen bei der Sonne oder dem Monde selbst oder gegenüber ein weißes Kreuz bildet.

Nebensonnen nennt man glänzende Stellen, ungefähr von der Größe der Sonne, die sich neben, über und unter der Sonne oder ihr gegenüber zeigen; ihr Glanz ist oft nur wenig stärker als der weißer Wolken, in der Regel aber sind sie farbig. Sie zeigen sich immer an solchen Stellen, wo sich zwei Kreise durchschneiden, am häufigsten in den Durchschnittspunkten des innern Rings und des Horizontalkreises, also horizontal neben der Sonne in 22 Grad Abstand. Hier zeigen sie sich oft deutlich, auch wenn der letztere Kreis schwach oder gar nicht und vom Hofe nichts als schwache Spuren zu sehen sind; oft haben sie einen von der Sonne abwärts gerichteten, mit dem Horizonte parallelen weißen Schweif. Der Sonne gegenüber und gleichfalls auf dem weißen Horizontalkreise kommen auch ziemlich oft Nebensonnen vor, selten aber auf dem zweiten Hofe um die Sonne und am seltensten in 90 Grad Abstand von derselben. Auch in den verticalen Bogen kommen sehr selten Nebensonnen vor, am vollständigsten 1586 in Kassel, wo vor dem Aufgange der Sonne über der Stelle, wo diese zu erwarten war, eine verticale Lichtsäule erschien, in welcher sich ein glänzendes Sonnenbild zeigte; in derselben Säule zeigte sich die wahre Sonne und darunter ein neues Sonnenbild; alle drei Sonnen von völlig gleicher Gestalt dauerten eine Stunde. Mit seltener Vollständigkeit sah Lowitz (am 29. Mai 1790 in Petersburg) die ganze Erscheinung und zwar 5 Stunden lang bei einer mit Dünsten erfüllten Atmosphäre. Sie bestand aus 12 Bogen, worunter neun farbige, welche sämmtlich das Roth der Sonne zukehrten, und fünf Nebensonnen; statt des die Sonne umgebenden einfachen Ringes von 22 Grad Halbmesser sah Lowitz zwei sich oben und unten durchschneidende Kreise, außerdem einen zweiten Hof von 44 Grad Halbmesser, einen weißen horizontalen Kreis, zwei den äußern Ring berührende Kreise u. s. w.

Schon die Alten hielten die Höfe für Vorboten von Sturm und Regen, und diese Beobachtung ist später vollständig bestätigt worden; das Erscheinen von Höfen ist oft gleichzeitig mit heftigen Gewittern und Hagelschlägen an mehr oder weniger entfernten Orten.

Wie sind aber die Höfe und Nebensonnen zu erklären, woher kommen sie? Cartesius schreibt ihre Entstehung den in den Wolken vorhandenen Eissternchen zu. Nach der scharfsinnigen Theorie von Huyghens entstehen sie, wenn sich runde Körper, inwendig aus einem minder durchsichtigen Schneekorne bestehend und außen mit Wasser umgeben, in der Luft befinden. Am meisten Beifall verdient unstreitig die von Venturi weiter ausgeführte Erklärung Mariotte's. Nach diesem werden

Höfe und Nebensonnen dadurch hervorgebracht, daß dreiseitige Eisnadeln in der Luft schweben, in denen das Licht gebrochen wird, und in der That läßt sich aus dieser Annahme die ganze Erscheinung mit allen ihren einzelnen Theilen herleiten. Hier entsteht freilich zuerst die Frage: ist es wahrscheinlich, daß solche Eistheilchen in der Luft schweben? Die Bemerkung, daß Höfe am häufigsten im Winter und in kalten Gegenden vorkommen, hat man schon in alten Zeiten gemacht. Auch das ist gewiß, daß im Winter selbst bei heiterm Himmel Eistheilchen in der Luft vorhanden sind, die man zuweilen in der Sonne blinken sieht. Daß auch im Sommer Höfe vorkommen, kann darum nicht als Einwand gelten, weil auch in dieser Jahreszeit in den hohen und darum kalten Gegenden der Atmosphäre Eisnadeln entstehen können. Höfe erscheinen im Sommer gewöhnlich dann, wenn ein aufsteigender Luftstrom die Dämpfe, mit denen die Luft durch Südwinde gesättigt ist, nach so hohen Gegenden führt, daß sie sogleich niedergeschlagen und krystallisirt werden, doch können zu andern Zeiten auch kalte Luftströme herabsinken und die in tiefen Schichten befindlichen Dämpfe niederschlagen. Die Gestalt der Eisnadeln ist in ihrer einfachsten Gestalt wahrscheinlich die eines drei= oder sechsseitigen Prismas, und schon Mariotte bemerkte sehr richtig, daß die sternförmigen Schneeflocken aus solchen Prismen zusammengesetzt sind.

Eisenindustrie in Frankreich.

Zu Ende des J. 1839 gab es in Frankreich im Ganzen 974 Eisenhütten und Hammerwerke mit 109 Dampfmaschinen von 3278 Pferdekraft und 2647 hydraulische Maschinen von 18,296 Pferdekraft. Von diesen verschiedenen Hüttenwerken wurden an Roheisen, Stabeisen und andern Eisenwaaren folgende Quantitäten geliefert: 1) Mit Gewinnung und Aufbereitung der Erze waren 18,314 Arbeiter beschäftigt. Diese lieferten 22,900,391 metrische Centner (à 2 Zollcentner oder 214 Pfd. preuß.) Roherz, 8,296,816 Centner Wascherz, 966,749 Centner geröstetes Erz; Gesammtwerth des Products 13,893,019 Francs. 2) An Roh = oder Gußwaaren lieferten 6969 Arbeiter 3,501,718 metrische Centner, Werth 63½ Millionen Francs und nach Abzug des Werthes des dazu verwendeten rohen Materials 50½ Millionen Francs; 3) an Stabeisen lieferten 9337 Arbeiter 2,317,609 metrische Centner; Werth 93 Millionen Francs und nach Abzug des Materialwerths 37,866,201 Francs; 4) mit fernerer Bearbeitung des Stab = und Gußeisens waren 8880, 5) mit Fabrikation und Zubereitung des Stahls 2362 Arbeiter beschäftigt. Das von jenen gelieferte Product ist auf 19,931,435 Francs, das von diesen gelieferte auf 5,266,650 Francs (nach Abzug des Materialwerths) anzuschlagen. Im Ganzen waren 45,862 Arbeiter beschäftigt; der Werth des von ihnen gelieferten Productes beträgt, gleichfalls nach Abzug des rohen Materials, gegen 127½ Millionen Francs. Die Eisenindustrie concentrirt sich auf etwa 25 Departements, auf welche fast 104 Millionen Francs kommen, also auf jedes durchschnittlich über 4 Millionen Francs, so daß für die übrigen 61 Departements nur ein Totalwerth von 23½ Millionen Francs bleibt. Allein die acht Departements Ober=Marne, Côte d'or, Ober=Saone, Mosel, Nièvre, Ardennen, Loire, Maas geben einen Werth von mehr als 61 Millionen, also fast die Hälfte des Gesammtwerths; das zuerst genannte De-

partement gibt über 13½ Millionen, also fast ein Neuntel des Gesammtwerths.

Bei der Fabrikation und den Hauptschmelzprocessen des Eisens und Stahls wurde Brennmaterial jeder Art in folgenden Verhältnissen angewandt: 1) Holzkohlen 5,795,639 metrische Centner (= 43,642,432 Francs), 2) Holz 291,198 Cubikmètres oder 87,359 preußische Klafter (= 1,665,737 Francs); 3) Coks 1,471,848 metrische Centner (= 3,684,801 Francs); 4) Steinkohlen 3¾ Millionen metrische Centner (= 7,901,647 Francs); 5) Torf 8218 Cubikmètres (17,166 Francs), wonach der Gesammtwerth des aufgewandten Materials 56,911,783 Francs betrug. Die Anwendung der Steinkohlen (die vor 1818 unbekannt war, bis wohin man sich ausschließlich des vegetabilischen Brennmaterials bediente) hat die Production der Hüttenwerke außerordentlich vermehrt und zugleich eine ansehnliche Preiserniedrigung herbeigeführt. Diejenigen Hüttenwerke, welche die Holzfeuerung beibehalten haben, sehen sich genöthigt, bedeutende Verbesserungen bei ihrer Fabrikationsweise einzuführen; dahin gehört die Anwendung der erhitzten Gebläseluft bei den Hochöfen und Frischfeuern, ferner des getrockneten und gedörrten Holzes statt der Holzkohlen, namentlich aber die Benutzung der verlorenen Hitze der Öfen und Herde zu vielen Zwecken, die ehemals einen besondern Aufwand an Feuerung forderten.

Eingeführt wurden zur weitern Bearbeitung folgende Rohstoffe: an Roherz (aus der Insel Elba und der Schweiz) 9331 metrische Centner, an Roheisen (aus England, Belgien, Deutschland und Italien) 160,456 metrische Centner, an Stabeisen (aus Schweden, Rußland, Norwegen, Spanien u. s. w.) 55,910 Centner, an Rohstahl (aus Preußen, England, Östreich, Deutschland, Holland und der Schweiz) 7950 Centner, altes Eisen aus England und den Niederlanden 2747 Centner.

Bergersteigungen.

Im September dieses Jahres wurden im salzburger Gebirge zwei Bergriesen erstiegen, die bisher für unersteiglich gegolten hatten und deren Gipfel demnach ganz jungfräulich genannt werden konnten: die im Hintergrunde des prachtvollsten Gletschers des Sulzauthales bei Neukirchen im Bezirke Mittersill gelegene Eisspitze des großen Venedigers, 11,622 wiener Fuß hoch, und das 11,318 Fuß hohe Großwiesbachhorn im Bezirke Zell am See. Jener Gipfel wurde am 3. September von einer zahlreichen Gesellschaft, dieser zehn Tage darauf von einem fürstlichen Reisenden mit wenigen Begleitern erstiegen.

Die eiserne Kirche.

Die erste gußeiserne Kirche in England und ohne Zweifel in der ganzen Welt ist die St.=Georgskirche zu Everton bei Liverpool, welche 119 Fuß lang, 47 Fuß breit ist und in welcher die Rahmen der Thüren und Fenster (unter den letzten ist ein prachtvolles mit gemalten Scheiben), die Querbalken, Böden, Dielen und Zierrathen alle aus Eisen gegossen sind. Die Wände sind, wie sich von selbst versteht, gemauert. Schon seit zehn Jahren haben in England die meisten großen Fabrikgebäude gußeiserne Treppen, Thüren, Böden, Schornsteine und Fenster, und bei dem hohen Preise des Holzes, sowie dem niedrigen des Eisens sind dort die Baukosten für eiserne Häuser geringer als für hölzerne.

Unerklärlicher Wahnsinnsanfall.

Nach einem einfachen Mittagessen gingen drei junge Männer im Garten des Palais royal zu Paris miteinander spazieren. Auf einmal entfernt sich der Eine, schreitet auf einen Gendarmen zu, der am Bassin des Springbrunnens steht, sagend: „Dem will ich einen Stoß geben!" und bemüht sich, ihn ins Wasser zu stoßen. Zwar konnte er damit nicht fertig werden, aber der Gendarm entging darum seinen Mishandlungen nicht, indem Jener nicht abließ, ihn auf Kopf und Hals zu schlagen, ja ihm den Säbel zu entreißen suchte. Seine Begleiter wußten nicht, was sie davon denken sollten. Er war immer friedfertig gewesen; mit Wein hatte er sich auch nicht übernehmen können, denn sie alle drei hatten zusammen nur eine einzige Flasche von gewöhnlichem Tischwein aufgehen lassen. Indessen blieb nichts übrig als der Transport des unruhigen Gastes nach dem Wachthause am großen Brunnen auf den Boulevards.

Der hier befehlende Offizier, obgleich er der Familie der Familie des Verhafteten befreundet war, konnte nicht von der Vorschrift abgehen. Dieser aber war ruhig wie ein Lamm, und die nach der Einsperrung in seinem Zimmer entstehende Todtenstille wurde am Ende so bedenklich, daß der Schreckliches befürchtende Offizier öffnen und nachsehen ließ. Da lag der räthselhafte Krakeler auf dem kalten, feuchten Boden nackt ausgestreckt und in einen tiefen Todtenschlaf versunken. Man hatte Noth, ihn zu erwecken. Als er aber wieder zur Besinnung gelangte, blickte er erstaunt um sich fragte, wo er sei und konnte nicht begreifen, wie er nach dem Wachthause gekommen sei. Des Vorfalls, welcher seine Verhaftung nach sich gezogen, konnte er sich nicht entsinnen und bat den Offizier um Bewirkung seiner baldigen Befreiung.

Dies war jedoch nicht mehr möglich. Er mußte vor die Policeipräfectur und ward nach einigen Tagen zur Vernehmung vor das Zuchtpoliceigericht gestellt; doch war er gänzlich außer Stand, einen Grund für sein Verfahren anzugeben. Es blieb weiter nichts übrig, als eine Geistesverwirrung anzunehmen, die ebenso plötzlich entstand als vorüberging. Das Gericht fand eine solche Annahme zu fernliegend und erkannte auf eine Geldstrafe von 50 Francs.

Suliotische Krieger.

Herausgegeben unter Verantwortlichkeit der Verlagshandlung F. A. Brockhaus in Leipzig.